中国电力工业志丛书

吉林省电力工业志

（1991～2002）

中国电力出版社
CHINA ELECTRIC POWER PRESS

长白山天池

2002年吉林省220千伏及以上电网地理接线图

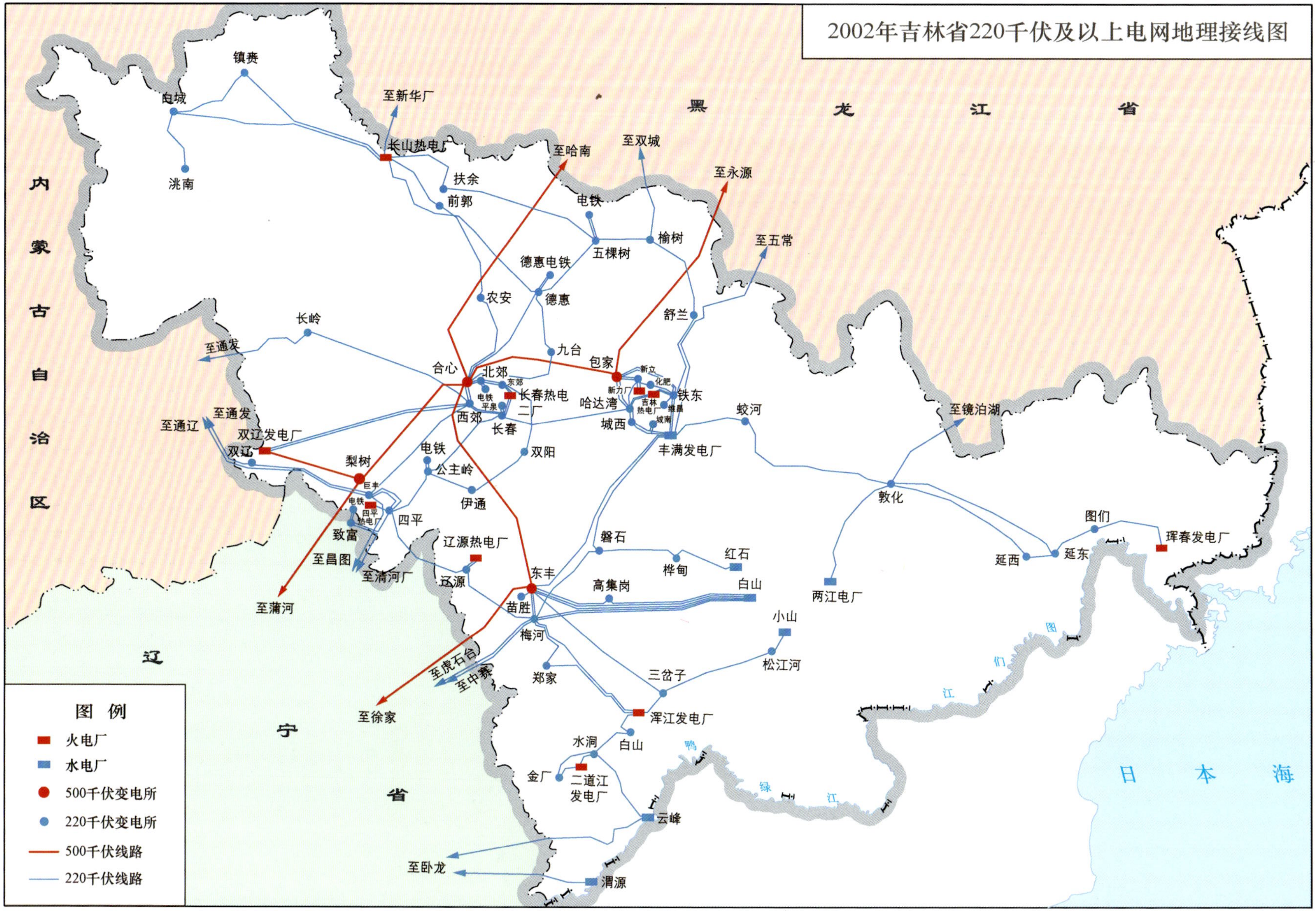

中共中央总书记、国家主席江泽民1991年1月9日视察丰满发电厂

国务院总理李鹏1991年6月12日在吉林省电力工业局视察工作

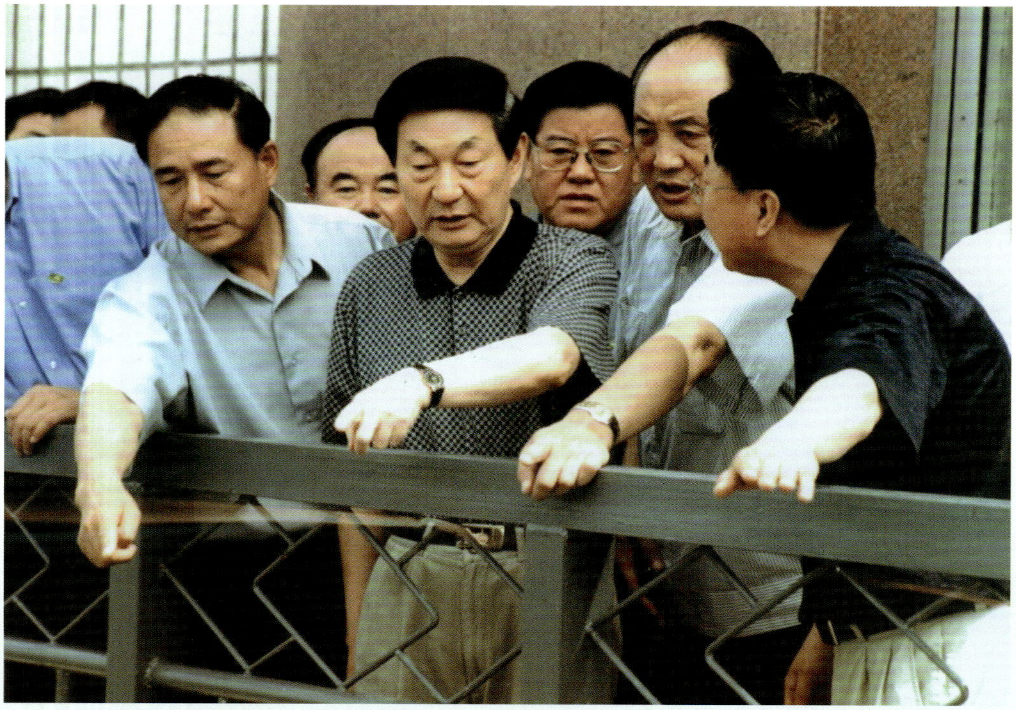

国务院总理朱镕基2002年7月25日视察吉林电力

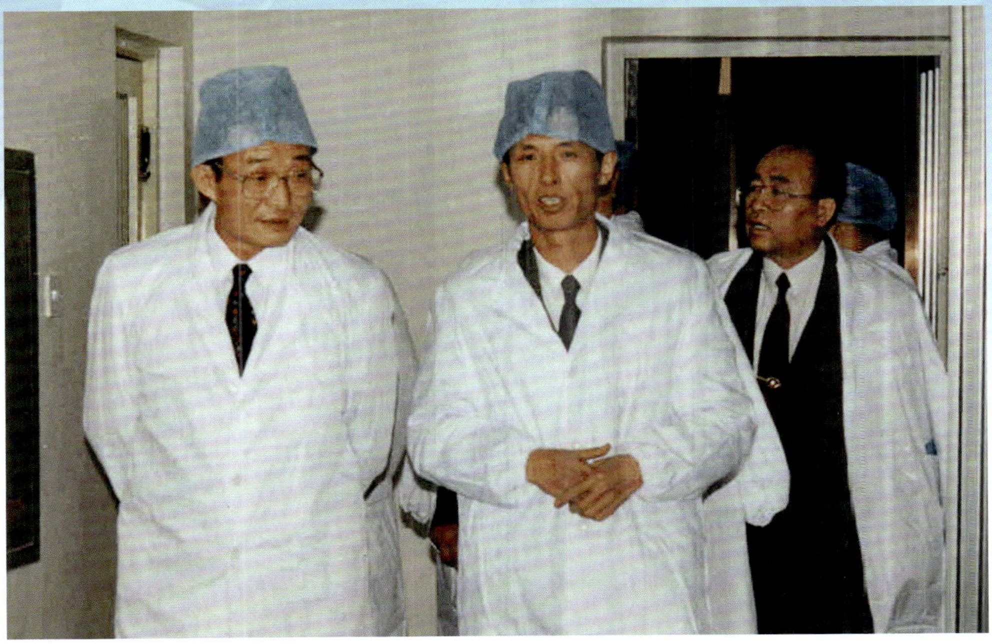

中共中央政治局委员、中央书记处书记吴邦国1994年11月在吉林省电力公司多经企业长春盖普药业有限公司视察工作

1992年2月5日，吉林省省长王忠禹到吉林省电力调度中心慰问春节值班运行人员，并向全省电力值班人员拜年

1995年7月11日，吉林省委书记张德江到长春热电一厂扩建工地检查工程进展情况

1996年4月18日，吉林省省长王云坤在双辽发电厂检查工作

1996年1月，电力工业部部长史大桢到吉林省电力系统检查工作，并为长春热电二厂题词。“树立鲜明旗帜，发挥示范作用”

2001年9月17日，国家电力公司副总经理陆延昌到双辽发电厂观察工作

1998年1月26日，副省长李介车代表吉林省委、省政府向电力职工拜年

1999年3月26日，吉林省副省长王国发、国家电力公司副总经理赵希正为吉林省电力有限公司揭牌

吉林省电力公司副总经理张立志在榆树川发电厂关停仪式上讲话

吉林电力股份有限公司二道江发电公司揭牌仪式

2000年11月16日，国家电力公司东北公司长春超高压局成立揭牌仪式

吉林省电力有限公司办公大楼

吉林省电力调度室

吉林省电力调度通信传输中心机房

白城供电公司

白山供电公司办公楼

吉林供电公司办公大楼

通化供电公司办公大楼

长春供电公司办公大楼夜景

延边供电公司办公大楼

四平供电公司办公大楼

辽源供电公司办公大楼

长春供电公司营业大厅

延边供电公司延吉供电分公司营业大厅

通化供电公司营业大厅

吉林省第一座500千伏变电所——东丰变电所

长春供电公司长春东郊220千伏变电所主控室

长春供电公司220千伏平泉路室内变电所66千伏组合电气设备

汽轮机转子就位

锅炉钢架吊装

锅炉汽包吊装

500千伏输电线路张力放线

吉林省送变电公司工人正在进行组塔施工

500千伏辽长吉哈佳输电线路耐张塔挂线施工

500千伏辽长吉哈佳输电线路液压机高空压接

500千伏辽长吉哈佳输电线路

在220千伏线路带电作业

吉林省电力科学研究院高电压试验大厅

风力发电机组风叶片吊装

吉林省风力发电有限公司通榆风场

中朝共建为双方供电的界河电站——云峰发电厂

运行中的丰满发电厂

白山发电厂

松江河发电厂梯级电站之松山引水工程大江截流

施工中的松江河发电厂梯级电站之12.63千米的松山引水隧道

松江河发电厂小山电站堆石坝混凝土施工

建设中的松江河发电厂

松江河发电厂小山电站坝体填注

白山水电站冬季施工

2001年8月，松江河发电厂松山库区泄洪

发电机定子安装

发电机转子安装

全国最大的热电联产电厂——吉林热电厂

全省最大的火电厂——装机容量121.2万千瓦的双辽发电厂

国产机组全国第一个一流火电厂——长春热电二厂

吉林热电厂20万千瓦汽轮发电机组

二道江发电厂

双辽发电厂汽轮发电机房

浑江发电厂

吉林省地处边陲距煤矿1.5千米的坑口火电厂——珲春发电厂

草原明珠——长山热电厂

辽源热电厂

长春热电一厂

整厂关停后的榆树川发电厂

吉林市东关热电厂

吉林油田电厂

洮南热电厂

四平热电厂

吉化公司动力厂

四平热电厂汽轮发电机组机房

桦甸油母页岩示范电厂

1992年12月二道江发电厂首台10万千瓦机组并网发电

1998年扩建施工中的珲春发电厂

白城热电厂

蛟河热电厂

长春发电设备总厂研制的斗轮堆取料机荣获国家重大技术装备成果一等奖

吉林热电厂兴办的龙裘服装厂

四平线路器材厂生产的金具用在500千伏的输电线路上

吉林省龙源电力特和变压器生产车间

长春供电公司供电服务宣传日活动现场

长春电力学校学生正在进行30万千瓦机组仿真学习

长春电力需求侧管理中心

东北电力学院

白城供电公司向海培训中心

吉林省电力系统运动会

1998年吉林省电力局直属机关职工田径运动会

吉林省电力局直属机关运动会运动员入场式

吉林省电力有限公司第二届文化节美术书法摄影艺术展

吉林省电力系统运动会女子长跑

吉林省电力局直属机关运动会男子径赛起跑

延边供电公司职工表演舞蹈“山村来电”

吉林热电厂游泳馆

四平热电厂职工参加文艺演出

1992年8月18日，全省最后一个无电村屯通榆县什花道乡曙光村水龙山屯实现了通电

线路连通全省，乡村绽放光明

中国电力工业史志编辑委员会成员名单

名誉主任委员　赵希正

主 任 委 员　张绍贤　谢振华

副主任委员　刘振亚　袁懋振　李小鹏　翟若愚　曹培玺　周大兵　陆启洲　李永安　陈必亭　钱智民　潘　力　吴国潮　孙玉才　王永干　刘　宏　叶荣泗　王宏超

编　委　（按姓氏笔画排列）

王开成　王　方　王日文　王　利　王志平　王季平　王　敏　卢　健　帅军庆　杜大明　刘叔友　刘春瑺　朱跃良　张丽英　张炜清　杨　柏　陈一勤　陈勇慧　宗　健　范继祥　徐祖永　陶士俊　曹景山　黄鹏良　谭德骏

主　编　张绍贤

副主编　刘　宏　王宏超

中国电力工业史志编辑室

王　利　刘正平　闫道行　张迎建　仙文杰

《吉林省电力工业志》
（1991～2002）
编 纂 委 员 会

《吉林省电力工业志》
（1991～2002）
编 纂 办 公 室

总　　序

《中国电力工业志》（1991～2002）丛书的陆续出版，是全行业电力史志工作者辛勤耕耘、通力合作的结果。这套续志丛书的出版，标志着在新的电力管理体制格局下，电力行业精神文明建设取得的丰硕成果。

中国电力工业第一部志书记述了自中国有电开始至1990年，百余年中国电力工业发展的历史。由于时间跨度大，为了填补国内尚无一部系统记述电力事业发展的专业志书的空白，修志人员以拓荒和补救的方式来收集濒临泯没的资料，经过近20年的努力，这套38卷丛书到1995年已经全部出版。从整体上看，第一部《中国电力工业志》丛书资料丰富、内容翔实、体例严谨，可供后人借鉴，受到史学界和广大读者的好评。

从第一部志书的下限至2002年，正处在国家经济建设突飞猛进，也是电力工业发展最快的时段。2002年底，又恰逢电力体制改革进入了重组国有电力资产，组建电网、发电公司，实行厂网分开的重要时期。为了记录电力资产重组前的这段历史，续修1991～2002年电力工业志丛书的任务便被提上了日程。根据上届修志的经验，这届续修电力工业志，继续由中国电力企业联合会领导，各网、省、自治区、直辖市电力史志编委会组织实施。

1991年以来，中国电力工业进入高速发展时期，发电装机容量、发电量持续增长。全国发电装机容量继1987年突破1亿千瓦后，到1995年超过了2亿千瓦，2000年又跨上3亿千瓦的台阶，2002年底达到3.56亿千瓦。发电量在1995年超过了1万亿千瓦·时，2002年底达到1.65万亿千瓦·时。12年间，全国发电装机容量和发电量年均增长率分别达到8.4%和8.5%，从1996年底开始一直位居世界第二位。与此同时，中国电力工业已经步入大机组、大电网、西电东送、南北互济、跨区联网，实现更大范围资源优化配置新的发展时期，中国电力工业正向高效、环保、安全、经济的更高目标迈进。

12年间，电力工业作为关系国家经济发展全局的重要基础产业，为满足国民经济发展和人民群众需求，保障全面建设小康社会奋斗目标的实现，为贯彻落实科学发展观，充分体现国家能源发展战略的要求，逐步转变电力增长方式，实现电力工业持续、稳定、健康发展作出了重要贡献，取得了举世瞩目的成绩。但是，与发达国家相比，全国人均拥有的发电装机容量和电力消费占能源消费的比重还很低，因此，把这一时期电力工业发展过程中积累的经验、教训如实记录下来，力求为现在和未来的电力工业发展提供有益的借鉴是续志的重要责任。

修志是一项千秋大业，必须经世致用。在续志过程中，我们以邓小平理论和“三个代表”重要思想为指导，以辩证唯物主义和历史唯物主义为准则，力求把12年里电力工业所走过的道路，客观、真实地反映出来。既突出时代特点、全面记述；又继承延续、据实创新的编纂；使续志成为一部具有资料性著述的丛书。提高续志的可读性和适用性，为广大读者学志、用志提供帮助。

电力工业志是以电力生产力的发展为主线，全面记述对电力工业发展有影响、起推动作用的有关事件和人物。修志，既是总结昨天的记录，又是把握今天、创造明天的导向，不仅有助于当代人认识现实世界，而且能使后代人从用志的过程中得到启迪。希望这套《中国电力工业志》（1991～2002）丛书的面世，能使国内外广大读者从中得益，以便更好地为电力工业发展服务。

中国电力工业史志编辑委员会

序　言

《吉林省电力工业志》（1991～2002）是《吉林省电力工业志》第一卷的续著，汇聚了1991～2002年吉林省电力工业发展的历史和所取得的丰硕成果，记述了吉林省电力工业生产、基建、供电、用电、农电、科技、教育、管理、多种经营、党群工作等诸方面的改革和发展进程，展现了吉林省电力战线广大职工12年来在电力发展、生产建设中，遵循社会主义市场经济规律，勇于开拓进取的精神风貌。

1991～2002年，吉林省电力工业在管理体制改革和现代企业制度建设中快速发展。截至2002年，全省发电装机容量达到877.52万千瓦，比1990年增加了近一倍。66千伏及以上输电线路达到16 973.82千米，变电容量达到3521.27万千伏·安。全省用电量达到306.29亿千瓦·时，比1990年增长60.94%。新建两条跨东北三省500千伏输电线路和4座500千伏变电站，220千伏主网更加完善，城市电网经建设和改造发生了根本性变化。农村电网得到了明显改善，66千伏线路延伸到乡镇，10千伏线路通到村屯，低压线路进入千家万户，全省6万个村屯实现村村通电，2002年当年减少农民用电负担约3亿元。1991～2002年的12年间，吉林省电力工业发展的历史，是发、供电能力不断增强、电能质量不断提高、能量损耗不断下降、科技含量不断增加、服务工作不断改进的历史。

吉林省电力工业的发展，适应了吉林省经济社会发展的需要，满足了城乡人民物质文化生活水平不断提高的需求。吉林省电力工业的发展，凝聚着广大电力职工的智慧和辛勤创造，饱含着各界对电力工业鼎力支持的深情厚谊，其功绩，诚当载入史册。

《吉林省电力工业志》（1991～2002）坚持辩证唯物主义、历史唯物主义观点和实事求是的态度，以电力生产建设为主线，溯本寻源，求实存真，不仅总结了成功的经验，也总结了应该吸取的教训，客观、真实、全面地记述了12年来吉林省电力工业的发展变化。毋庸置疑，志书的刊行对推进吉林省电力事业物质文明和精神文明建设将起到重要作用。

本志的编纂是根据中国电力工业史志编辑委员会的统一部署，在东北电力工业志编写协作组的指导下，由吉林省电力有限公司牵头组织的一项重要工作，是在电力体制改革不断深入，经济社会发展不断加快的形势下开展的，其难度可想而知。但由于吉林省电力行业各单位和部分行业外单位的大力支持，许多老领导、老同志也积极参与，为成书创造了很好的环境和重要的基础条件。

历史转瞬，往事如烟。为真实反映历史，昭示后人，编纂人员克服了诸多困难，本着对历史高度负责的态度，广征博采、不辍笔耕、披阅几载、数易其稿，终成志书。志书的出版是吉林省电力系统文化建设的一项重大成果。在此志书付梓问世之际，谨向为此志书编纂付出艰辛努力的各级领导和全体参修人员表示由衷的感谢和崇高的敬意。

吉林省电力工业志编纂委员会主任
吉 林 省 电 力 有 限 公 司 总 经 理

二〇一二年四月

凡　例

一、《吉林省电力工业志》（1991～2002）按照中国电力工业史志编辑委员会的统一部署进行编纂，为中国电力工业志丛书的一个分卷，也是吉林省电力工业志第二卷。资料来源以档案资料为主，选用经过考证的图书、刊物、访问实录及有关单位的志书或提供的资料。

二、本志以马列主义、毛泽东思想、邓小平理论和“三个代表”重要思想为指导，以电力生产建设为主线，全面贯彻落实科学发展观，坚持辩证唯物主义和历史唯物主义立场、观点和方法，存真求实，记述了吉林省电力工业1991～2002年这一时段的历史和发展状况。

三、本志采用公元纪年。断限上起1991年，下讫2002年。志书部分内容，将上限酌情追溯，下限适当延伸。

四、本志用语体文、记述体，由述、志、记、传、图、表、录体裁表述，志为主体，横分门类，纵记史实，一般设篇、章、节、目层次，大事记采用编年体，结合记事本末体。

五、本志前有序言和概述，后有附录和编后记，主体部分有14篇（电源建设、电网与输变电建设、勘测设计、施工企业与管理、发电、供电、农村电气化、电力调度、用电营销、电力设备修造、科技与教育、多种经营、电业管理、党群工作）重点内容记述。

六、本志采用第三人称，人物入志，直呼其名。吉林省电力公司（有限公司）副总经理及以上领导干部记入简历，全国劳动模范作简要介绍，省、部级劳动模范列名单。

七、称谓：断限期间，吉林省电力管理部门，历经政企一体化到分开，称谓变化较大，为叙述方便，1990～2002年末，单位称吉林省电力公司；1991～2001年3月，称吉林省电力工业局党组；2001年4月开始，称吉林省电力有限公司党组。

八、行文规范，66千伏电压及以上设备，用输电设备表述；水电企业、开关场统称水电厂、变电所；长度统一用千米，重量用千克，面积用米^2，体积用米^3。其他字体、标点符号、计量单位、数字使用、科学技术名词术语等，均按国家有关部门规定和《中国电力工业志行文规范》执行。

目　录

概　述

吉林省地处中国东北地区腹地，与辽宁省、黑龙江省、内蒙古自治区相连，东与俄罗斯联邦接壤，东南与朝鲜民主主义人民共和国隔江相望。全省面积18.70万千米^2，户籍人口2627.31万(2002年)。吉林大地，东有巍巍长白山，西为广袤大草原，中部是肥沃的松辽大平原，滔滔松花江横贯东西，土地肥沃，农业发达，森林密布，资源丰富，水能、风能、太阳能、煤炭、石油、天然气、油母页岩等资源，为吉林省电力工业的发展提供了有利条件。

一

1991～2002年，乘改革与发展大好形势东风，为迎接"八五"计划的实施，在国家能源部和吉林省委、省政府的领导支持下，吉林省电力公司党组继续按照省电力工业局(简称省电力局)提出的"东水、西火、中部热电联产"的电源建设方针，在东部通化、延边地区建设水电基地，在西部白城地区建设大型火电基地，在中部长春、吉林市地区建设热电联产基地，并和全省电网建设和改造同步安排，以适应本省国民经济和社会发展的用电需求，推动吉林省电力工业较快发展。电源建设、发电生产、电网治理、用电营销、科技教育等工作取得较好成绩，设备的科技含量提升、安全状况较好、节能减排成效显著。但是，12年的发展很不平衡，前6年，水、火电发电量年均以两位数字增长，用电量增长7.82%，电能从供不应求、以电定产的紧张局面走向缓和；后6年，电源发展相对减缓，用电量下降，有的大型发电机组处于停备状态。1999年开始，通过产业结构调整，吉林省经济发展趋于回升态势，供电量呈现正增长，同时由于全省广大营销职工转变观念，采取减免费用、电费补贴、电煤抹账、争取平价电等措施，扩大市场开发，增供扩销，全省用电量逐步走出低谷。

1990年，全省水、火电总装机容量475.07万千瓦，发电量173.99亿千瓦·时，用电量190.31亿千瓦·时。通过中央、地方和企业积极办电和联合办电，2002年，全省水、火电装机容量达到877.52万千瓦，比1990年增长84.72%，年均增长7.06%；全省水、火电发电量304.86亿千瓦·时，比1990年增长75.43%，年均增长6.29%；全省用电量306.29亿千瓦·时，比1990年增长60.94%，年均增长5.09%。

"八五"计划期末，吉林省水、火电总装机容量697.72万千瓦，比1990年增长46.86%，年均增长9.37%。1992年，丰满发电厂新装单机容量8.5万千瓦机组2台，全厂容量达到72.25万千瓦。1992年和1993年，白山发电厂2台单机容量30万千瓦机组发电，全厂容量达到150万千瓦，成为吉林省第一大水电厂。1991年，新建的长春热电二厂单机容量20万千瓦机组2台投产发电，浑江发电厂扩建1台20万千瓦机组，两厂装机容量分别达到40万千瓦和45万千瓦。1994年和1995年，双辽发电厂新建2台单机容量30万千瓦机组，成为吉林省首台最大容量火电机组。还有一批地方和企业自备小电厂投运。1995年，全省发电量284.38亿千瓦·时，比1990年增长63.43%，年均增长12.69%。其中，水力发电量82.88亿千瓦·时，比1990年增长82.70%，年均增长16.50%；火力发电量201.5亿千瓦·时，比1990年增长64%，年均增长12.80%，水、火电发电量年均增长率均超过2位数。1995年，全省用电量265亿千瓦·时，比1990年增长39.25%，年均增长7.85%。

"九五"计划期间，在国家宏观经济调控和产业结构调整政策的影响下，尤其地处东北老工业基地中的吉林省工业，设备老化、技术落后与经济发展之间的矛盾凸显，部分工业企业通过调整产业结构，进行关、停、并、转，社会用电量明显下滑，1998年，全省用电量出现-4.77%增长，吉林省电力工业进入一个缓慢增长期。

2000年，吉林省水、火电总装机容量843.04万千瓦，比1995年增长20.83%，年均增长4.17%，比"八五"计划期间增长率降低3.12%。1997年和1998年，随着丰满发电厂扩建2台单机容量14万千瓦机组发电，使日伪时期一个带有隐患的险库和战争创伤的发电厂改造、建设为库容107.80亿米^3、装机100.25千瓦，成为具有综合利用的大型水利枢纽和电网主要调峰电厂。1997年和1998年，吉林省长白山区松江河梯级电站小山电厂2台8万千瓦机组投产发电，总容量16万千瓦。吉林省能源交通总公司与国家能源投资公司合资建设的浑江发电厂一台20万千瓦机组于1997年投产。1999年，省电力公司与长春市城市开发集团合资建设的长春热电一厂3台共12.5万千瓦机组发电。同年12月，新建四平热电厂2台锅炉、3台机组容量为20万千瓦机组发电供热。2000年末，随着双辽发电厂3、4号30万千瓦机组投运，吉林省首座超百万千瓦容量的大型火电厂，屹立在吉林大地的西部。

2000年，全省水、火电总发电量288.98亿千瓦·时，比1995年仅增长1.62%。全省用电量291.37亿千瓦·时，比1995年增长9.95%，年均增长1.99%，比"八五"计划降低5.86个百分点。

2001年和2002年，吉林省电源发展缓慢，省电力公司管理的火电厂新增机组4台，容量22.4万千瓦，其中辽源热电厂2台单机容量10万千瓦机组和蛟河电厂2台单机1.2万千瓦机组发电供热。

至2002年，吉林省地方电厂5座，装机总容量10.80万千瓦；企业自备电厂32座，装机总容量60.30万千瓦，其中高压机组9台，共31.7万千瓦，占自备电厂总容量的53%，其他均为以供热为主的中压机组。

20世纪90年代建设的水、火电发电机组，90%以上设备的技术经济水平提高。2001年，省电力公司管理的火电厂20万千瓦及以上发电机组电调和协调中的输煤、制水、吹灰等设备及装置实现自动化，4台30万千瓦、8台20万千瓦机组和2台8万千瓦水电机组，实现远程自动发电控制；东北电网公司管理的梯级布置的水电厂发电机组实现远方发电自动控制及调整，自动化程度上了新台阶。

2002年，省电力公司管理的13座火力发电厂实现连续安全生产超千天纪录52个；发电综合等效可用系数达到92.84%；12年间累计供电标准煤耗率降低28克/(千瓦·时)；停运低效率、高能耗、严重污染的发电机组容量28.8万千瓦；工业废水和生活污水实现达标排放，6座火电厂达到零排放；脱硫装置从无到有，静电除尘器新增25台，综合利用粉煤灰1977.06万吨。吉林省广大电业职工，在企业内部环境相对困难的情况下，坚持以安全生产为基础，以提高经济效益为中心，发愤图强，努力奋斗，取得了较好的发电安全生产、节能减排等成效。

二

20世纪90年代，吉林省电网建设的重点，是发展500千伏输变电设施，完善220千伏电网和城市电网的建设与改造。

1993年，扩建1986年建设的辽源东丰500千伏变电所3台75万千伏·安变压器，全所达到150万千伏·安。同年，建成长春500千伏合心变电所，4台106.80万千伏·安变压器。同时，东丰经长春到哈尔滨500千伏南岗变电所，跨东北三省的第一条500千伏输电线路建成，实现历史性突破。2000年12月，吉林地区500千伏包家变电所竣工投运，从辽宁沙岭500千伏变电所，经四平梨树、长春合心、吉林包家到黑龙江省永源500千伏变电所，跨东北三省的第二条500千伏输电线路投入运行。使东北电网主网与黑龙江省网500千伏电网联网运行，实现了北电南输、南北互济的发展战略。同年，吉林省双辽发电厂3、4号30万千瓦发电机组，通过500千伏双梨线路、梨树500千伏开闭所联入主网。2002年，吉林省公用500千伏变电所4座，变压器14台，总容量356.80万千伏·安；500千伏输电线路8条，杆路长831千米。500千伏无功补偿装置总容量2559.52兆乏，其中并联电抗器容量890兆乏、并联电容器容量1669.52兆乏。500千伏电网继电保护装置55套，安全自动装置15台，继电保护和安全自动装置微机型普及率100%，线路保护实现双重化配置。2000年12月，除500千伏双梨线一条73千米线路外，其他500千伏设备划归东北电力公司管理。

1987年，吉林省220千伏电网实现7个地区统一联网后，20世纪90年代至2002年期间，得到了进一步发展和完善，覆盖全省9个地区和各市、县。

1990年，吉林省220千伏公用变压器51台，容量420.40千伏·安。1995年，全省220千伏公用变压器60台，容量557.60千伏·安，比1990年增加9台，137.2万千伏·安。2000年，全省220千伏公用变压器73台(732.30万千伏·安)，比1996年增加13台(174.7万千伏·安)。2002年，全省220千伏公用变压器73台，容量812.30万千伏·安。1990年，全省输电线路78条共4598.08千米，1995年90条共5258千米，比1991年增加12条(659.92千米)。2000年，全省220千伏线路103条，5784千米，比1996年增加12条(526千米)。2002年，全省220千伏线路123条，6139千米，比2000年增加20条(355千米)。总体上，吉林省220千伏电网发展较慢。

20 世纪 80 年代末，吉林省 220 千伏电网有 4 个枢纽点，即长春、吉林、梅河、四平形成四边形结点，构成井字形网架，90 年代有新的发展。长春地区新建西郊、东郊和双阳 220 千伏变电所，长春地区电网围绕负荷中心建成六边形双环网，拥有长春热电一、二厂，长山、通辽、双辽发电厂和吉林、四平电网等 8 个电源支撑，网架十分坚强。吉林地区电网 80 年代建成四边形环网。90 年代，新建 220 千伏变电所 6 座，在吉林、丰满两大电厂电源支撑的基础上，新建 500 千伏东北电网第二条输电大动脉的支持，地区建成的 220 千伏双环电网更加坚强稳固。90 年代初，白山地区没有 220 千伏电网，1994～1998 年，建成 3 座 220 千伏变电所，总容量 36 万千伏·安。新建三岔子 220 千伏变电所，为浑江发电厂 20 万千瓦机组发电直送东丰 500 千伏变电所，同时疏通至临江、湾沟、青松、靖宇的 66 千伏线路，缩短了输电路程。松江河 220 千伏变电所的投运，为松江河水电站梯级开发提供了充足电源，又为电站发电输出创造了条件。白山 220 千伏变电所建成后，大大减轻了浑江发电厂向市区直配电能的负担。其他 5 个地区 220 千伏电网建设都有新的建树。12 年的电网建设，尤其通过 5 年城市电网建设与改造后，实现了长春、吉林地区 220 千伏双环网，长春、吉林、四平、辽源、通化、松原、延边地区 66 千伏双环网，白城、白山地区 220 千伏电网达到“$N-1$”标准要求。电网新设备的投入，对保证吉林省电网供电安全，提高供电能力，改善电能质量和节能降耗都起到了重要作用。

20 世纪 90 年代，继续按照原水电部武汉全国城网建设会议要求，“贯彻电力要为人民生活用电服务，不能拉闸拉路灯、限电限居民”精神。1992～1997 年，吉林省用于城网建设与改造资金 2.57 亿元，年均投资 4283.33 万元，全省城网工程新增 10 千伏线路 581.56 千米，低压线路 638.62 千米；10 千伏电缆线路 257.97 千米，低压电缆线路 322.19 千米；绝缘线路 109.44 千米；箱式变电站 352 座，25.75 万千伏·安；新增和更换节能变压器 4337 台，104.87 万千伏·安；更换柱上开关 772 台，接户线 11.33 万千米。1997 年末，全省 10 千伏用户供电可靠率 99.853%，公用配电线路损失率 7.91%，配电事故率 0.58 次/(百千米·年)。经过 7 年的建设与改造工程，全省城网运营状况虽有一定改善，但未能从根本改变设备陈旧落后状态，以致在城市负荷中心供用电方面成为制约全省经济发展和人民生活质量提高的瓶颈。

1998 年，全国城市电网建设与改造会议后，国家先后向吉林省投资 45.30 亿元，用于全省 8 个地区、9 座城市的电网建设与改造。经过 5 年的艰苦奋斗，吉林省地级及以上城市的电网运营水平发生了根本性变化。2002 年末，吉林省完成城市电网建设与改造项目 1196 项，主要有：新建和改造 220 千伏输电线路 111 千米，66 千伏线路 666 千米，10 千伏配电线路 1874 千米，其中电缆线 227 千米，绝缘线 1008 千米；新建 220 千伏延西、维昌变电所，改造舒兰等 4 座 220 千伏变电所，增容 45 万千伏·安；新建 7 个城市 66 千伏变电所 23 座，容量 100.2 万千伏·安，改造 66 千伏变电所 30 座，增容 151 万千伏·安；变电所新增无功装置 32.30 万乏；淘汰高能耗配电变压器 45.60 万千伏·安和全部柱上油开关；改造一户一表 226 万户；完成 9 个地级城市电力通信光纤城网建设。

吉林省在完善 220 千伏电网和城网建设与改造中，电网调度自动化设备上了新台阶。1999 年，省电力调度公司淘汰主机容量、软件功能等不足的“五机”自动化系统，同年建成德国ABB公司生产的斯派德(SPIDER)自动化系统，该系统具有电网控制监测、能量管理、计费核算、发电自动控制等功能。有各种类型远动装置61台，采集装置74套，电能关口计量表324块。全省8个地区电网调度自动化系统，普遍采用微机型远动装置，吉林、长春地调建成EMS自动化系统，6个地调完成电网自动化系统改造，并通过上级有关部门的实用化验收。

电网通信网络建设日新月异，由电力线载波通信到数字微波通信，又向光纤通信发展。2002年，全省数字微波通信线路20条共2179千米，光纤通信线路38条共2185千米，成为电网调度通信主力军。与此同时，全系统大容量局（厂）行政用交换机和调度用交换机也迅速发展，构成以省电力公司为一级交换中心和8个地区供电公司、15座发电厂及若干关联单位为二级汇接交换中心的全省电力系统固定电话网络。

1997年，吉林省城网综合线路损失率为10.21%，城网建设与改造后的2002年为9.02%，降低1.19%；1997年，城市居民客户低压监测点电压合格率为83.78%，2002年升至97.56%，提高13.78个百分点；1997年，全省城网供电可靠率(RS1)99.853%，2002年，达到99.934%，升高0.081%，用户平均停电时间减少3.892小时/户。

三

吉林省农电事业经过几十年的建设，打下了较好的基础。1990年，全省66千伏农电线路156条，3000千米，66千伏变电所256座，100万千伏·安；10千伏线路5.75万千米，配电变压器6万台，268万千伏·安；低压线路8.8万千米。全省农电用电设备容量313.23万千瓦，用电量21.88亿千瓦·时。66千伏输电线普及到乡镇，10千伏配电线通到村屯，低压线进入千家万户。1992年8月18日，全省6万个村屯实现村村通电，成为继京、津、沪三市之后，全国第一个达到村村通电的省份。

1991～2002年，是吉林省农村电气化事业快速发展时期。2002年，全省共有66千伏输电线路259条，杆路长4010.5千米；66千伏变电所372座，193.30万千伏·安；10千伏配电线路6.91万千米，配电变压器8.15万台，450万千伏·安；低压线10.69万千米。吉林省农网布局趋向合理，设备、装置较为先进，管理水平进一步提高，全省农村用电设备容量416.90万千瓦，用电量38.31亿千瓦·时，为1990年1.38倍。

12年以来，全省农电战线广大职工重点实现了两大目标：一是按照国家能源部通知要求，1991～1998年开展农村电气化县、“三为”(为农业生产、为农村经济、为农民生活)服务达标县建设，经过8年的努力，全省建成农村电气化达标县22个，30个县(市)农电局被电力工业部授予“三为”服务达标单位，8个县(市)农电局被吉林省农电局评为“三为”服务达标单位；二是按照国家“两改一同价”(改造农村电网、改革农电管理体制、实现城乡同网同价)通知精神，1998年11月～2002年，全省农电职工积极开展改造农村电网、改革农电管理体制工作。用国家为吉林省农村电网建设与改造提供的50.38亿元资金，掀起建设和改造工程高潮，并实现“两改一同价”阶段性目标。

吉林省农电局(简称省农电局)认真落实能源部农村电气化县和“三为”服务达标县建设的通知要求，分别成立“两项建设”领导小组，制定规划和实施细则，并要求各县(市)农电局实事求是，因地制宜，不搞一刀切。电气化县建设选择基础较好的桦甸、梨树、德惠三个市、县进行试点，学习外省经验，省、县农电局和县(市)政府筹集资金，培训人员，做好管理方面的准备。3个试点市、县农电局，按照计划，层层发动，落实责任，及时解决遇到问题，经过一年的努力，试点首战告捷，1993年12月，经吉林省政府验收，报电力工业部批准，授予试点的三个市、县为“农村电气化达标县”。1994年，全省普遍展开，经全省广大农电职工的努力，1998年末，全省22个县(市)建成农村电气化达标县。

在“三为”达标活动中，省农电局做出统一部署，各县(市)农电局，按优质服务工作标准做到党、政、工、团齐抓共管，设立日常办事机构，开展职业道德、职业规范教育，实行办事公开制度，设立用户义务监督员，发放征求用户评议卡等工作，全省农电系统掀起为农民办好事、办实事的热潮。农忙季节组织支农小分队走村串户，服务到田间地头，为农民无偿安装、维护农电设备，处理故障。农闲季节拆除设备，防腐防盗。据不完全统计，1996年，农电职工、电工做好事近万件，收到表扬信1552封，省、市、县新闻单位表扬200余次。1998年末，电力工业部授予吉林省“三为”服务达标单位30个，省农电局授予达标单位8个。同年，全省农电售电量30.57亿千瓦·时，比1991年增长39%。

省农电局为全面落实国务院关于“两改一同价”的各项工作，加强领导，建立机构，全面管理，制定办法。在改造农村电网中，实行工程项目法人责任制等四项制度，制定的《吉林省农网建设与改造工程管理实施程序》和《二期农网建设与改造工程实施方案》，详细规定了工程可研、立项、初设及审核、设备材料招标采购、工程施工管理、竣工验收、工程决算、审计等各个环节的标准、制度和办法，组织工作组定期检查、审计监督，保证电网建设与改造工程顺利进行。1998～2002年末，累计完成投资28.94亿元，占总投资的47.93%。1999～2002年新建和改造66千伏变电所71座，142台，64万千伏·安；新建和改造66千伏输电线路85条，730千米；新建和改造10千伏配电线路5700千米；新建(改造)10千伏配电变压器16 676台，容量108万千伏·安；新建(改造)低压线路11 551千米。经过两期农网建设与改造，供电可靠率由80%提高到99.40%，客户端电压合格率由60%提高到90%，综合线损率由18.01%降到13.80%，村民生活照明电价由0.716元/千瓦·时降到0.486元/千瓦·时，2002年，全省减轻农民用电负担约3亿元。农网设备科技含量增加，建成小型化变电所16座，引进KFE自动真空重合器13台，4座小型化变电所实现集中和远方操作控制，新建、改造调度自动化系统41套，完成410座变电所的自动化改造，总投资17 137.12万元。在农网建设中，省电力修造企业和多经企业，提供了大量质优、价廉的塔材、金具等器材和开关、变压器等设备，大力支援了农村电网建设与改造。

1999年6月，省电力公司在贯彻国务院《改造农村电网、改革农电管理体制、实现城乡同网同价》的通知中，经吉林省人民政府和国家电力公司批准，对全省农电管理体制进行改革：农电企业资产无偿上划省电力公司，各县农电企业组建为县供电公司，成为省电力公司的全资子公司，直接归省电力公司管理。原由省电力公司代管的44个县(市、区)，其中农电和供电两家共管的28个县(市)实现“农供合一”的县供电公司；7个由电力管理的县农电局更名为县供电公司；9 个交叉供电的市郊农电局分别按行政区并入市内供电公司。2000 年 5 月，吉林省 851 个乡(镇)电管站全部改制为县供电公司直管的乡(镇)供电所。

四

按照国务院“政企分开、省为实体、联合电网、集资办电、因地因网制宜”的原则，1990 年 8 月 9 日，经吉林省人民政府同意，能源部批准，成立吉林省电力公司。省电力公司为独立核算、自负盈亏的经济实体，并保留吉林省电力局建制，行使省政府管电职能。1999 年 3 月 16 日，将吉林省电力公司改制为吉林省电力有限公司。2001 年 4 月 3 日，撤销吉林省电力工业局。2002 年末，厂网分开，吉林省电力有限公司成为国家电网公司的全资子公司，代表国家电网公司负责经营吉林省境内的电网资产，负责 220 千伏电网调度运行管理和农电网管理，并具有电力设计、施工、生产、科研、技术监督、培训和经营等综合管理职能。

1999 年 7 月，根据省电力公司改制为国家电力公司全资子公司和建立现代企业制度的需要，吉林省电力有限公司成立了人事与董事管理部，下设董事监事处，负责管理局管正、副处级干部和各公司董事、监事会成员，并建立实施董事派驻、审计派出制度。1996 年以来，逐步将 14 个发电等企业改制为有限责任公司或股份制公司，各公司都建立了董事会和监事会。先后向参股的元宝山、松花江、远通发电有限公司，吉林电力股份公司以及向控股的或全资的双辽、珲春发电公司，长春第二热电公司，省电力通信、建维电力工程、信维物资招标公司董事会和监事会派驻董事和监事；对辽源热电厂有限责任公司、吉林龙华热电股份公司、吉林省能源交通投资总公司、吉林华能发电公司等部分董事和监事进行调整。2000 年，共派驻和调整董事 54 名，监事 20 名。2002 年，发电企业中，省电力公司有全资、控股公司 9 个，出资参股的公司 10 个，无直接资产关系的公司 5 个。

遵照党中央“因人制宜，扬长避短，人尽其才，才尽其用”的原则，开展了干部制度改革。1991 年，继续实行省电力公司管理的党政领导干部跨地区、跨岗位交流制度。1992 年 4 月，开始进行省电力公司管理的企、事业单位劳动、人事、工资三项制度改革。实行干部聘任制，打破工人、干部身份界限，实行干部职务能上能下，干部队伍能进能出。开展公平竞争、公开选聘、择优录用，当年，省电力公司本部 32 个处室减为 21 个，421 名干部减为 260 名。1994 年，开始第二步改革，职能处室改为职能部建制，省电力公司本部 21 个处室减为 15 个部，处级干部自愿报名，公开答辩、评委测评、择优聘用。1995～1997 年，共招聘干部 3 批、52 人。1996～2002 年，实行领导干部任期制，任期内实行聘任制，每届任期 4 年；同一岗位、同一职务不超过两届。1999 年，省电力公司本部选聘 130 人，调整各单位正、副处级干部 12 批，306 人。

电力科技与信息化建设取得了长足进步。20 世纪 80 年代末和 90 年代，吉林省新建了 8 台 20 万千瓦超高压技术规范的机组和 4 台 30 万千瓦亚临界技术规范的大型发电机组。为了适应吉林省电网发展的需要，省调加快了电网调度自动化建设。1990 年，建成投运了“五机”自动化系统，基本配置为：两台微机为后备机，1台为通信节点机，2台为前置机和模拟盘显示系统，具有监测控制功能，为吉林省电网服务达10年之久。1998年，省调中心引进德国ABB公司生产的斯派德（SPIDER）电网自动化系统及高级应用软件。该系统具有电网监控、能量管理、计量和计费核算、自动发电控制等功能，第二年投入运行，为吉林省电网的安全稳定运行、事故处理发挥重要作用。1999年，省调开发和投运了发电侧电力市场技术支持系统和管理系统，为电力系统“网省分开”、“厂网分开”改革奠定了技术基础。2000年5月，吉林省电网实现了联络线关口调度；20万、30万千瓦火电机组和8万千瓦水电机组共14台，容量296万千瓦设备实现自动发电控制管理。发电自动化不仅在技术上有了长足的发展，也为减人增效创造了技术条件。1996～2002年，吉林省电网建成220千伏和66千伏变电所集控站20座，有140座一、二次变电所实现遥测、遥信、遥调、遥控（简称“四遥”），自动化水平提高，实现了无人值班或少人值守。1991～2002年，省电力公司加强了电力通信网和电力信息网建设，共建成数字微波线路20条，全长1894.55千米，微波通信站99个；建成光纤通信线路38条，全长2185.21千米，光纤通信站92个。全省电力系统大容量局、厂用行政交换机和调度用交换机快速发展，技术水平有较大提高，构成了以省电力公司为一级交换中心和8个地区供电公司、15座发电厂及若干个关联单位为二级汇接交换中心的，初具规模的全省电力系统电话网络，通信四通八达，畅通快捷。省电力公司开发建设的管理信息网络，具有生产信息、企业管理和办公自动化等功能，范围涉及电力生产、企业经营、行政管理、党务工作等各个方面。通过升级改造和完善，基础数据、文档、综合信息服务等传输内容不断丰富。开通的电子公文传递信箱、文件、图像等清晰、准确，办公自动化水平明显提升。

吉林省系统内电力企业职工整体素质提高的工作业绩明显。根据《中国教育改革和发展纲要》和省电力公司“教育发展八年规划”，发挥“三级培训网”的作用，20世纪90年代，省电力公司每年轮训班组长1000人（占全省班组长总数的1/3），特殊工种（电、火焊接等）培训班3～5期；企业对高、中、初级技工进行专业技术培训和考核，对应知、应会和业绩考核均合格者，省电力公司颁发技术等级合格证书；车间（分场）开展岗位资格培训。对技工、中专、高等院校毕业生和复转军人开展有针对性的培训。采用仿真机进行发电生产准备培训，新建20万、30万千瓦火电机组企业的生产人员，都参加了仿真机培训，有近百名全能值班员上岗值班；新建500、220千伏变电所企业的供电生产人员，除需经500、220千伏仿真变电所培训外，还要到500、220千伏变电所实地学习。省电力公司对电力企业干部培训工作以岗位培训为重点，以提高现代化管理水平为目标，以适应电力企业改革和发展的需要。“八五”计划期间，系统内电力领导干部经培训，有1032人获大专专业证书。1998年和2000年，相继举办2期青年干部培训班，培训青年干部58人。至2002年，全省培训电力专业技术干部近8000人，占技术干部总数的83%。10多年来，省电力公司有计划地培训实用型高级人才，有汽轮机、锅炉、电气等主要专业的中青年专家；培训成人高教、职业技术教育等学科带头人，培养涉外工程、涉外贸易的专业人才、高级综合型管理人才及其他高科技人才等，为吉林省电力事业的改革与发展，提供了高素质科技、管理和文化力量。

"双达标、创一流"活动，推进全省系统内电力企业管理创新。1991～2002 年，省电力公司按照能源部(电力工业部、国家电力公司)和东北电力公司的部署和要求，制定规划，配备人员，设置机构，组织发电、供电、调度、科研、设计等单位，开展"安全文明生产创水平达标"和创建"一流企业"活动。经过广大职工和各级领导干部的 10 余年的不懈努力，有 13 座火电厂分别达到网标和部标，其中有 3 座火电厂进入"国家一流企业"行列；8 个供电公司达网标和部标，其中 5 个供电公司被电力工业部命名为"国家一流企业"；省电网调度中心、省电力科学研究院(简称省电科院)和省电力勘测设计院也被评为"国家一流企业"。在"双达标、创一流"活动中，各单位确立了"以标准化管理指导生产、经营、管理活动"的指导思想，建立了以技术标准为主体的、包括技术标准、管理标准和岗位工作标准在内的管理体系，并组织职工学习、落实，职工树立了"按标准工作，照程序办事"的良好职业行为规范，为企业打下了各项管理工作的基础。电力企业普遍采用了 ABC、PDCA 闭环管理等新方法。1993 年，省电力公司制定并推行了火电厂设备检修模式，逐步进行改进，完善了标准项目检修停工带检点、见证点、定置图绘制原则，细化了设备检修网络图规定，下发了设备检修程序卡。1995 年，有计划地开展电力设备"缩短检修工期、延长大修期间隔"的试点，创新了火电厂设备检修方法和程序。省电力公司制定并实施了《省级电网安全区域性监督方式》、《安全性评价实施方案》，供电企业创立和实施了《安全立体防护法》、《安全工作危险点控制及分析》，这些新措施在安全生产和提高设备检修质量上都起到了重要作用。在激烈的市场竞争中，修造企业引进了国际先进标准，在提高和保障产品质量上赢得了市场。1995 年，长春发电设备总厂引进 ISO 9000 系列国际标准，建立了 GB/T 19001 质量管理体系，形成《质量手册》及其所要求的程序控制文件，并按国际标准组织生产，提高了产品质量，产品在市场竞争中站稳了脚跟，还增加了多项新品种产品。同年，通过了中国质量管理协会质量保证中心的认证考核批准，从此产品进一步扩大了市场销路。1996 年，四平线路器材厂、长春干式变压器厂、长春华电电力设备厂等都相继引进国际先进标准，并通过了考核认证，多项新产品质量得到提高，进一步拓展了国内、国际市场，经济效益明显提高。

省电力系统各级党组织的组织保障作用，推动了"两个文明"建设水平的不断提升。1991～2002 年，省电力公司的几届党组，努力加强自身的思想、组织建设，认真贯彻执行党的方针、路线、政策，做到了"两个文明"一起抓，加强职工的思想教育，提高了广大职工的社会主义思想觉悟，纠正行业不正之风，树立全心全意为人民服务、服好务的新风尚。狠抓贪污腐败和违反国家政策行为，保护了国家财产，避免了经济损失，涌现了一大批如李清森、孟繁军等先进模范人物和党的优秀分子。几届党组做出的电源建设、电网发展、电力通信、职工教育、改善职工生活条件等重大决策，推动了吉林省电力工业的较快发展和职工生活水平的提高。电力企业的基层党组织充分发挥了组织保证作用，发挥了党支部的战斗堡垒作用和党员的先锋模范作用，团结广大职工群众，为吉林省电力事业的发展立下了汗马功劳。

第十个"五年"计划的后 3 年，吉林省电力工业正处在发展的有力时期，同时也是需要加强产业结构调整、实现增长方式根本性转变的时期。认真搞好这个"调整"与"转变"，才能使电力工业生产适应吉林省“十五”计划期间国民经济“跨越式发展”目标的要求。1991～2002年，吉林省的能源与电网建设发展较快，成效显著，但仍存在能源结构不够合理、少数地区电网和城乡电网安全可靠性不高、电能损失大的问题。改变这种状况，电源发展有待于优化火电能源结构，大力发展大容量、高参数、调峰能力强的大型机组，并做好关停小机组和“以大代小”的工作。高度重视环境保护，搞好节能减排，促进电力工业的可持续发展。积极开发有限水资源，增强吉林省电网调峰能力。发展以风电为主的新能源，逐步形成吉林省多种能源互补的格局。同时加快核电的前期工作，争取核电能够尽早起步，改善电源结构。同步发展电网，加强负荷预测，电网建设结合电源建设和负荷发展同步进行。坚持“统一规划，远近结合，分步实施”的原则，重点治理和加强云浑电网，延边、白城地区电网，改善与主网的连接，增强供电可靠性。提高电网自动化水平，建成结构合理、运行可靠、经济灵活的现代化电网。高质量地完成城乡电网的建设与改造工程为调整、优化电力结构的一项重点工作。吉林省地级城市除长春、吉林两个城网以220、66千伏形成较强双环网供电外，5个城市电网初步形成以66千伏环网供电或多电源供电，还有两个城市电网只能满足“$N-1$”要求。其他大部分县级市城网结构薄弱，设备陈旧。吉林省虽然实现村村通电，但农网可靠性低，能耗高是个普遍现象，更需加快建设与改造。面对新的形势及要求，要用新思路、新方法进行市场需求预测，以市场为导向，以经济效益为中心，搞好吉林省电力产业结构调整，实现增长方式的转变，以保证吉林省电力工业可持续发展。

第一篇　电　源　建　设

第一篇 电 源 建 设

20世纪80年代，吉林省电力工业局党组召开献策献计的专家座谈会，提出“东水、西火、中部热电联产”方针。80年代，火电扩建长山、吉林两热电厂，新建长春第二热电厂、珲春发电厂。水电有白山发电厂一期投产、红石水电站建成；1990年，全省装机容量为475.07万千瓦，十年翻了一番，并赶上全国步伐，装机容量保持全国第14位。

为做好“八五”规划，省电力工业局党组向省里汇报，并取得省长王忠禹支持，1990年春责成省科协组织研究能源问题。由省电机工程学会牵头，由省能源、石油、煤炭、化工、金属、铁道、公路等9个学会共同研究，经半年调查研究，12月开会，有国家计划委员会(简称国家计委)、全国科学技术协会(简称科协)，能源部等单位相关领导或负责人参加会议。会议共提出7项建议，其中，修建霍(林河)—白(城)铁路，在白城建设大型火电基地是解决吉林省缺煤少电的出路；同时提高煤炭自给率，发展核电。并得到国家计委经济技术研究所论证。

1991～2000年，吉林省电源建设成果显著。火电建成单机容量30万千瓦，总容量120万千瓦的双辽发电厂，是吉林省首座亚临界，超百万千瓦容量的大型火电厂；地方及企业自备电站快速增长，热电联产电站增加。水电建设完成白山发电厂二期及三满二、三期扩建工程，建成两座超百万千瓦容量水电厂；松花江上游开工建设松江河梯级电站和两江电站；小水电工程，进行了第二批、第三批试点县建设。开发了新能源建设项目，建成首座风力发电场——通榆风电场。2000年，全省装机总容量达843.04万千瓦，其中火电装机容量498.35万千瓦、水电装机容量341.69万千瓦、风电装机容量3.006万千瓦。

1998年，吉林省用电出现负增长，全省用电量增长率下降。2001～2002年，仅增加火电装机容量43.1万千瓦；水电装机容量4.01万千瓦。2002年末，总装机容量877.52万千瓦，用电量为360.29亿千瓦·时，增长3.79%。

第一章 发 电 资 源

吉林省可用作发电的自然资源品类较多，煤炭、石油、天然气、油母页岩、水能、风力都有相当储量。其中，煤炭开发利用最早，但储量较少，不能满足需要，靠邻省、区输入；石油开发始于20世纪60年代末，曾一度采用燃油发电，80年代初，国务院颁布压缩烧油政策后，又进行油改煤。吉林省油母页岩储量居全国第一，因属热值较低的低品位燃料，90年代才开始用于火电建设项目；水力资源较为丰富、开发利用较早，已建设一批大、中、小型电站；风能资源储量也颇丰富，90 年代末，建成第一座风力发电场；此外，太阳能发电具有广阔前景；可用于发电的还有秸秆、城市垃圾中的生物质资源，城市垃圾发电等已得到开发，生物秸秆电站工程正开展可行性研究。

第一节 矿 物 资 源

一、煤炭

吉林省采用煤炭发电较早，20 世纪三四十年代就有辽源(西安)、蛟河、二道江、白城小容量发电厂。1958～1985 年，煤炭探明储量 26.49 亿吨，仅占全国储量的 0.24%，占东北及内蒙古东部地区储量的 3.2%。80 年代，产量下降，四大国有煤矿，有的枯竭，有的减产，只有珲春产量上升，但年产量不足 1500 万吨。改革开放以来，加大了煤炭勘探力度，随着科学技术手段的进步，曾发现一些新煤田，老煤田区的储量有所增加，至 1999 年，探明煤炭储量 28.32 亿吨，可开采量 11.19 亿吨。1995 年，煤炭产量曾达 2379.3 万吨，1996 年后，产量逐年下降，2000 年，只有 1654.5 万吨。省内火力发电用煤多半从内蒙古霍林河、扎赉诺尔，大雁，黑龙江鸡西、鹤岗、双鸭山、七台河等矿区输入。至 2002 年，吉林省煤炭地质储量 20.31 亿吨，工业储量 15.71 亿吨，可开采量 10.44 亿吨。

二、石油、天然气

20 世纪 60 年代末～70 年代初，吉林省建成扶余油田，当时曾采用原油和渣油供长山热电厂发电之用，据当时形势，吉林热电厂和白城发电厂也改烧油。1980 年 10 月，国务院发布《关于压缩各种锅炉和工业窑炉烧油的指令》，国家计委和电力部门实施油改煤政策，至 90 年代初，吉林省所有燃油电厂全部改为烧煤，石油不作发电燃料。

2002 年之前，天然气是石油开采的伴生产品，探明储量 3.3 亿米^3，未发现单独的大型气田，因而没有进入火力发电的燃料领域。

三、油母页岩

吉林省油母页岩蕴藏量十分丰富。1980 年探明储量 174.5 亿吨，居全国第一，占 55.98%，主要分布在农安、桦甸、汪清等县(市)。其中农安储量最多，达 168.94 亿吨，占吉林省储量的 96.81%，含油率 5.1%～5.7%；桦甸市储量 3.6 亿吨(80 年代末为 4.81 亿吨)，含油率一般在 6.87%～8.89%，最高的可达 12.4%，最具工业开采价值；汪清县储量 1.95 亿吨，含油率居中。20 世纪 40～50 年代，曾在桦甸、农安建厂提炼石油。

油母页岩热值较低，一般在 4186～12 558千焦/千克(1000～3000 大卡/千克)之间，多数在 7535 千焦/千克(1800 大卡/千克)左右，属于低品位燃料。由于稳定燃烧技术不过关，20 世纪 90 年代以前，只是在民用、一般工业锅炉和个别电厂作掺烧燃料。随着科学技术的进步、循化流化床燃烧锅炉设备的出现和完善，解决了低热值燃料的稳定燃烧问题，油母页岩作为单独燃料的火电厂才得以建设。

1998 年，桦甸市建成 3 炉 2 机，共 2.4 万千瓦的油母页岩示范电厂。

第二节　可 再 生 资 源

一、水能

吉林省水能资源比较丰富，主要有松花江和鸭绿江水系。早在 1937 年，日伪时期开始建设丰满发电厂。1945 年抗战胜利时，已建成 4 台主机，2 台厂用机，总容量 26.25 万千瓦，1947 年汪清县已出现小水电站。

新中国成立后，加大了水能资源勘测开发力度，据吉林省水利勘测设计院 1983 年对全省平原地区河流长度 30 千米以上，山区河流长度 10 千米以上的 987 条江河水电资源普查结果，理论蕴藏量 456.5 万千瓦，理论年发电量 399.86 万千瓦·时，可开发水电 640＋15/2 座，总装机容量 543 万千瓦，发电量 130.68 亿千瓦·时。根据吉林省地方水电局对全省电能资源调查评价最新成果：全省可开发水电站 589＋15/2 座，技术可开发装机容量 574.41 万千瓦，理论年发电量 172.32 亿千瓦·时。其中，松花江水系，可开发水电站 263＋1/2 座，装机容量 431.65 万千瓦，年发电量 129.50 亿千瓦·时，占全省的 75.1%；鸭绿江水系，可开发水电站 247＋8/2 座，装机容量 102.26 万千瓦，年发电量 30.68 亿千瓦·时，占 17.8%；图们江水系，可开发水电站 70＋6/2 座，装机容量 35.00 万千瓦，年发电量 10.50 亿千瓦·时，占 6.1%；绥芬河水系，可开发水电站 7 座，装机容量 1.60 万千瓦，年发电量 0.74 亿千瓦·时，占 0.3%；辽河水系水电资源仅占全省的 0.2%。

二、风能

吉林省风能资源比较丰富，主要集中在西部地区、长白山天池周围和东部珲春近海一带。据气象部门观测资料，西部地区有效风能密度多在 120 瓦/米^{2}以上，年有效风速小时数在 4000 小时以上，白城地区的通榆县高达 6197 小时。珲春近海一带风能密度 160～170 瓦/米^2，但有效风速小时数较少，一般在 4000 小时左右。长白山天池周围风能密度最大，可达 1100 瓦/米^2，属国内上等风能资源。

20 世纪 90 年代初，省电力公司为开展风电建设，按照气象部门的资料，对白城地区风能资源状况进行了调查，在通榆县进行了测风，粗略估计该地区风能资源可装机百万千瓦以上。

风能资源利用前景远大，由于风电建设起步较晚，全省风能资源状况有待进行广泛深入的调查、观测与统计，为风电建设的规划发展，提供决策数据。

第三节　生 物 质 资 源

一、秸秆

吉林省是农业大省，2002 年，粮食作物产量 2200 多万吨，按粮食产量与秸秆生成量 1∶1 计算，秸秆量也有 2200 多万吨。此前，秸秆在广大农村作为生活燃料消耗外，大多就地焚烧还田。2002 年，吉林省已在主要粮食产区，开展建设秸秆发电厂的可行性研究，着手在辽源地区建设秸秆发电厂。

二、城市垃圾

吉林省中部地区城市较多，仅长春、吉林两市，城区人口集中，总数约 500 万人。每天产生的生活垃圾超过 500 吨。2000 年以前，都采取掩埋处理，既占用大片场地，又污染环境。这些垃圾中，如果壳、菜帮、枯树枝叶，以及纸屑、包装袋等，均可做发电燃料，变废为宝。

2002 年，长春市垃圾电站(装机容量 6000 千瓦)已开工建设，吉林市垃圾电站完成可行性研究设计审查。

第二章 火 电 建 设

1991～2000 年，吉林省火电建设取得了新的成就。新建成电厂 3 座，老厂扩、改建工程 4 个，新增容量 247.5 万千瓦；在多渠道集资办电的方针政策下，地方电厂、企业自备电站数量和装机容量快速增长。2002 年，全省火电装机容量 529.81 万千瓦，比 1990 年增长 1.06 倍。

第一节 大中型电厂工程

20 世纪 80 年代，电力基本建设投资体制进行改革，大中型电力工程项目从国家单一投资转变为多渠道投资，包括国家专项投资，国家、地方共同投资，地方投资，以及境外投资、集资、银行贷款等方式。1991～2002 年，新、扩、改建大中型工程，主要采用单机容量 20 万～30 万千瓦机组。其容量占全省新增装机容量的 68.24%。若计及单机容量 10 万千瓦机组，则占 92.12%。其中，由省电力公司管理的占 85.03%。

一、新建工程

（一）长春热电二厂

20 世纪 80 年代前期，长春市酝酿建热电厂，初拟建 5 万千瓦机组 4 台，厂址选在二道区乐群街东侧，紧接市区，正式立项为 20 万千瓦 2 台，初期规模 40 万千瓦。因原长春发电厂改为长春热电一厂，后建的发电厂命名长春热电二厂。

1985 年 12 月 19 日，国家计委计燃〔1985〕474 号文件，批准长春热电厂工程设计任务书，投资总概算 4.48 亿元，其中电厂工程 3.56 亿元，热网工程 0.77 亿元，送变电工程 0.15 亿元；由国家和吉林省共同出资，其中国家投资 3.085 亿元(包括基建投资 1.305 亿元、节能投资 1.78 亿元)，其余 1.413 亿元由吉林省自筹。该厂工程初步设计审查后，东北电业管理局以东电发〔1985〕965 号文件批准发电厂工程概算 3.92 亿元。

在工程建设过程中，因概算投资额度不足和资金不能及时到位，工程进度受到影响。经 3 次概算调整，实际工程投资 8.42 亿元(单位工程造价 2104.2 元/千瓦)，其中国家投资 5.27 亿元，占 62.6%；吉林省投资 2.17 亿元，占 25.8%；长春市投资 0.97 亿元，占 11.6%。

工程由东北电力设计院设计，其中铁路工程由沈阳铁路局吉林勘测设计院设计、热网工程由吉林省石油化工设计院主设计，吉林省火电一公司、二公司、三公司和东北电业管理局烟塔公司等单位承担施工。1988 年 6 月 1 日开工，1991 年 1 月 26 日，1 号机组移交生产，1992 年 1 月 9 日，2 号机组建成投产。

(二) 双辽发电厂

双辽发电厂地处吉林省西部，靠内蒙界，紧接通辽来煤，是吉林省首座超百万千瓦火电厂，规划容量240万千瓦。1989年9月16日，国家计委以机密计工〔1989〕1142号文件《关于双辽发电厂设计任务书的批复》，批准一期工程建设规模120万千瓦，安装4台30万千瓦国产燃煤机组；先装两台，由吉林省与国家合资，工程总投资概算16.48亿元，其中由吉林省承担60%、国家能源投资公司40%，按投资比例分享产权和分电分利。

工程电站部分由东北电力设计院设计，铁路运输部分由沈阳铁路局锦州勘测设计院设计。主要设备选用引进型国产机组，锅炉、汽轮机、发电机由哈尔滨电站设备成套集团公司所属三大动力厂提供，主变压器为沈阳变压器厂制造；重要附属机械和辅助设备采用经济性能较好的电动液力耦合器和汽动调速给水泵、动叶可调式送风机、静叶可调式双速引风机、三电场除尘器，六氟化硫开关及计算机监控为主，辅以常规仪表的单元热工控制设备。送出工程1～2号机组接入220千伏系统，送长春，3～4号机组送四平梨树，接入500千伏系统。

1990年3月22日，能源部能源电规〔1990〕242号文件《关于双辽发电厂新建工程初步设计批复》，核定一期工程总概算19.33亿元(每千瓦造价约1611元)，其中1～2号机组概算11.51亿元。同年6月1日，国家计委计资〔1990〕581号文件，确定工程列入当年开工计划项目，10月12日举行开工典礼。

承建工程的主要施工单位有8家。其中：吉林省火电第二工程公司承担主厂房，烟囱循环水及处理系统、辅助生产和附属生产及厂区性建筑工程；火电第一、三公司承担机组安装工程；吉林省电力管道工程公司承担混凝土管道制作与安装工程；中国人民解放军81021部队机械工程大队与吉林省送变电工程公司承担储灰场工程；东北电业管理局烟塔工程公司承担水塔工程；沈阳铁路局吉林省铁道建设公司承担铁路运输工程。

1. 1～2号机组工程

1991年8月23日，主厂房开工，1994年9月15日，1995年12月11日，1、2号机组分别完成168小时试运行移交生产。

1～2号机组建设工程概算采用20世纪80年代定额标准，且只列静态投资，建设期间物价上涨、政策性取费及贷款利率上调，投资额度不足，经过3次概算调整，从11.51亿元调到29.20亿元；年度资金到位不足和不及时，影响工程进度；1～2号机组实际投资28.265亿元，单位工程造价4754元/千瓦。其中国家到位资金15.81亿元约占56%；吉林省到位资金12.46亿元，占44%。

2. 3～4号机组工程

1995年，国家计委、电力工业部、国家开发银行(原国家能源投资公司)，为深化基本建设投资管理体制改革、提高投资效益，要求新建设电站项目实行现代企业制度，建立新的管理经营机制。3～4号机组建设是吉林省第一个实行“五制”(资本金制、项目法人制、招投标制、工程监理制、合同管理制)管理的建设项目。

1995～1996年，经东北电业管理局东电发展〔1995〕726号文件和吉林省计委吉计能字〔1996〕255号文件批准，1996年11月2日成立了双辽发电有限责任公司，对工程的资金筹措、建设、生产经营、债务偿还和资产的保值增值实行全过程管理。

3～4 号机组工程动态投资概算 27.03 亿元，投资方为吉林省能源交通总公司(代表吉林省)和东北电力集团公司(代表国家)，出资比例为 6∶4。双辽发电有限责任公司为保证工程建设进度，积极向上级有关部门反映，改善投资环境。经吉林省电力公司与吉林省计划委员会(简称省计委)协商，1997 年 4 月 28 日，联名以吉电计字〔1997〕181 号文件，向国家开发银行报送《关于申请调整双辽发电厂 3、4 号机组发电工程投资比例的申请》，经国家开发银行批复，同意投资比例调整为国家投资 60%，其中国家开发银行贷款 48%、吉林省电力公司出资 12%、吉林省能源交通总公司投资 40%。

双辽发电有限责任公司实行资本金制，注册资本金 5.41 亿元，占工程投资的 20%。原规定由东北电力集团公司出资 2.16 亿元，占 40%；吉林省能源交通总公司出资 3.25 亿元，占 60%。在投资比例改变以后，公司资本金也作了相应调整，改为吉林省电力公司出资 60%，吉林省能源交通总公司出资 40%。工程投资与资本金差额 21.62 亿元。双辽发电有限责任公司负责借贷、还款、付息。资本金额缴纳期限，规定由出资方在 3 年内分 4 期缴纳，实际执行情况是 5 年内分 5 期金额到位。

双辽发电有限责任公司在“五制”管理过程中，东北电力设计院开展工程优化设计，对施工组织设计和总平面布置进行重大调整；开展了施工、设备招投标；实行工程监理制和合同管理制，推动了 3～4 号机组建设的顺利进行。

1997 年 4 月 10 日，主厂房土方开挖，2000 年 12 月 2 日和 26 日，3、4 号机组分别完成 168 小时试运行移交生产，取得一年内投产双机的胜利成果。2001 年 7 月 4 日，在试生产期结束后，双辽发电有限责任公司向上级主管部门，申报“达标投产”申请，同年 8 月 16～17 日，国家电力公司东北公司和吉林省电力公司组成的检查验收组，进行考评验收。2002 年 2 月，国家电力公司命名双辽发电厂 3～4 号机为 2001 年度基建达标投产机组。

3～4 号机组工程投资决算 21.294 亿元，单位工程造价 3549 元/千瓦。

（三）四平热电厂

四平市是吉林省第三大城市，虽然处于水火电源交汇处，并不缺电，但改革开放以后，按照国家环保要求，四平市政府提出建立热电厂，改善环境，减少污染，净化空气。1985 年开始酝酿，1988 年四平市正式成立筹建机构，要求吉林省电力公司支持，四平市长曾领队去北京申报项目，资金由四平市、省能交公司、国家节能投资公司三方出资。因四平缺水，市委书记亲自到水利部请示，要求从二龙山水库引水。先后完成项目的初步可行性研究、可行性研究报告、环境影响报告审查与批复工作。1991 年 1 月 9 日，国家计委计资源〔1991〕24 号文件，批准四平热电厂新建工程设计任务书。同意工程规模 20 万千瓦，安装 2 台 5 万千瓦双抽式和 1 台 10 万千瓦单抽式供热机组，配置 3 台 410 吨/时燃煤锅炉，并留有扩建余地；工程投资概算 5.1 亿元，其中电厂工程 4.16 亿元，配套送变电工程 0.17 亿元，热网工程 0.77 亿元；资金来源为国家能源投资公司节能公司贷款 1 亿元、四平市自筹 1 亿元、吉林省承担 3.1 亿元。

工程由吉林省电力勘测设计院设计，铁路工程由沈阳铁路局吉林勘测设计院设计。锅炉选用武汉锅炉厂生产410吨褐煤锅炉；汽轮机全部采用哈尔滨汽轮机厂生产的设备，发电机选用济南生建电机厂生产的空冷发电机；主变压器为长春变压器厂和沈阳变压器厂产品，送出工程以66千伏6回和220千伏1回线路接入系统。

1992年4月15日，四平热电厂新建工程开工建设。吉林省火电第二工程公司三分公司承建主厂房、烟囱、输煤系统及开关场建筑工程；吉林省电建总公司(挂靠吉林省电力建设局)承建水塔、化学水及附属生产建筑工程；中国人民解放军81021部队机械化施工大队承建储灰场工程；吉林省火电第一工程公司二分公司承担全部安装工程。

在建设过程中，因投资严重不足，工程进展缓慢。1995年12月8日，省计委吉能字〔1995〕687号文件，再次调整工程概算为13.1亿元，单位工程造价6549元/千瓦；工程建设管理处为缓解资金到位难的压力，根据市区供热发展情况，报上级主管部门批准停建锅炉1台(3号)，但工程仍时断时续；1997年，吉林省政府决定引进资金，由省能源交通总公司和香港中国长江基建有限公司合资建设该工程项目，注册成立吉林吉长热电股份有限公司(以下称合营公司)，前者资本占55%；合营公司对工程概算又进行了核定和调整，调整后概算总投资达17亿元，单位工程造价8499元/千瓦；1997年10月26日，合营公司与吉林省电力建设局(总公司)签订“交钥匙”的总承包合同。

随着投资环境和资金注入的改善，工程建设进度加快。1997年12月30日，1号机组完成72小时试运行，经消除缺陷运行24小时后，于1998年1月12日移交生产，2、3号机组分别于1998年9月11日，1999年12月26日移交生产，开始商业运行。

四平热电厂新建工程实际建成3机2炉，工程决算投资17.01亿元，单位工程造价8505.5元/千瓦。

二、扩改建工程

(一) 浑江发电厂扩建工程

该厂始建于1973年，经两期建设，至1980年装机容量25万千瓦。为适应吉林省经济发展，按照“多渠道集资办电”方针，1986～1997年，对该厂进行三、四期扩建，新增装机容量40万千瓦，总装机容量65万千瓦。

1. 三期扩建工程

1986年5月7日，国家计委计燃〔1986〕701号文件批准三期工程设计任务书，工程规模为1台超高压20万千瓦燃煤机组，工程投资概算1.98亿元，由吉林省能源交通总公司投资建设。

三期工程原为东北电力设计院设计，初设完成后，由吉林省电力勘测设计院承担施工图设计；主设备锅炉、汽轮机、发电机选用哈尔滨三大动力厂产品，分别为670吨锅炉，20万千瓦汽轮发电机组。主变压器为沈阳变压器厂产品，容量24万千伏·安。施工单位采用“议标”方式确定，建筑工程分别由黑龙江农垦建筑工程总公司、哈尔滨建筑滑模公司、吉林省林业建筑工程公司承建，安装工程全部由吉林省火电第三工程公司一分公司承担。执行施工图预算加签证的技术经济管理模式。

1988年8月1日工程开工，1991年12月30日投产，实际工程投资决算5.16亿元，单位工程造价2579.60元/千瓦。

2. 四期扩建工程

1991 年 9 月 17 日，国家计委以计能源〔1991〕1483 号文件，批准四期扩建工程项目建议书。国家能源投资公司和吉林省政府按 4∶6 出资建设。吉林省电力勘测设计院承担设计；主设备形式、施工单位及管理方式均与三期工程一致。四期工程设计经中国电力建设工程咨询公司审查，1993 年 5 月 28 日，电力部电力〔1993〕97 号文件，批准工程概算动态投资 4.03 亿元，单位工程造价 2012 元/千瓦。

1994 年 8 月 1 日工程开工。在建设过程中又进行两次概算调整，1996 年 7 月 9 日，国家开发银行开行电力〔1996〕211 号文件，核定概算总投资 7.34 亿元；1997 年 4 月 1 日，工程建成投产，1997 年 12 月 2 日，省计委设计审字〔1997〕908 号文件，批准工程总投资为 8.51 亿元，其中静态投资 7.3 亿元。实际资金到位情况是国家开发银行贷款 3.2 亿元，建设银行贷款 1 千万元，吉林省电力公司出资 1032.8 万元，吉林省能源交通总公司出资 5.105 亿元。

1998 年 9 月 30 日，经半年试生产后投入商业运行，经吉林省电力公司达标领导小组考核评定并报东北电业管理局审查、验收、批准，基建移交生产又一台 20 万千瓦达标机组。

（二）二道江发电厂改扩建工程

该厂始建于 1939 年，1963 年装机容量 8.9 万千瓦。1980～1985 年，老机组相继报废，装机容量减至 5.6 万千瓦。1986 年为向通化钢铁厂供热，实行一期供热改造，在报废机组基础上安装 1 台 0.6 万千瓦背压式供热机组，1990 年建成，电厂总容量 6.2 万千瓦。

1991～2000 年，吉林省为解决小机组能耗高和电厂生存发展，按照“以大代小”政策，先后对该厂进行改建和扩建，2000 年，装机容量 20.6 万千瓦，成为热电联产电厂。

1. 改建工程

1988 年 8 月 22 日，国家计委技改〔1988〕446 号文件，批准二道江发电厂改建工程设计任务书，同意就地新建 1 台高压 10 万千瓦燃煤机组顶替原有 5.6 万千瓦中压凝汽式发电机组。初步设计概算投资 8496 万元，资金来源由吉林省地方建设基金、能源交通基金、国家清欠注入投资性借贷、技改贷款及银行贷款组成。

改建工程由吉林省电力勘测设计院承担设计，选用哈尔滨三大动力厂生产的 410 吨锅炉和 10 万千瓦汽轮发电机组，主变压器选用沈阳变压器厂生产的 12 万千伏·安变压器。有多家施工单位参与施工。安装工程全部由吉林省火电第三工程公司一分公司承担，黑龙江农垦建筑总公司承建主厂房，哈尔滨市化工滑模建筑工程公司承建烟囱，通化市第一建筑工程公司承建输煤系统建筑部分，吉林省火电第三工程公司承担设备安装。

1991 年 4 月 26 日，主厂房工程开工。1993 年 3 月 4 日，发电机组移交试运，同年 6 月 6 日，正式移交生产。实际工程投资决算 2.061 亿元，单位工程造价 2705.55 元/千瓦。

2. 扩建和二期供热改造工程

1996～1997 年，吉林省电力公司为进一步提高二道江发电厂的发电、供热能力，向国家有关部委提出项目建议书。1997 年，国家计委分别以计交能〔1997〕1567 号文件和计基础〔1998〕2485号文件批复，同意该厂扩建1台10万千瓦单抽供热机组，并对原10万千瓦凝汽式机组采用打孔抽汽方式改成供热机组，向通化市区供热，供热面积360万米^2，最大供热能力820吉焦/时。工程初步设计静态投资3.67亿元，动态投资3.99亿元，单位工程造价3991元/千瓦，由吉林龙华热电股份有限公司出资建设。

扩建和二期供热改建工程由吉林省电力勘测设计院设计，设备和施工单位采用招标方式确定。主设备分别为杭州富春锅炉容器有限公司（原杭州锅炉厂）生产410吨锅炉；北京汽轮电机有限责任公司（原北京重型电机厂）生产的10万千瓦单抽汽轮机；哈尔滨电机有限责任公司（原哈尔滨电机厂）生产的10万千瓦氢内冷静励磁发电机；沈阳变压器有限责任公司（原沈阳变压器厂）生产的12万千伏·安主变压器。吉林省火电第二工程公司、哈尔滨化工滑模建筑公司、二道江发电公司承建建筑工程；吉林省火电第三工程公司一分公司承建安装工程。

1998年9月2日，主厂房开工，2000年11月14日完成机组试运行，同年12月1日正式移交生产；改建工程的10万千瓦机组供热改造已在1999年10月完成。工程投资决算3.80亿元，单位工程造价3800元/千瓦。

（三）长春热电一厂扩建与环保改造工程

该厂始建于1909年，1910年2月正式发电。1943年4月1日丰满发电厂向长春送电后，机组停运拆迁。1958年，该厂恢复，先后安装2台1.2万千瓦机组及1台0.6万千瓦背压机组，容量3万千瓦。1989年改低真空供热，改称长春热电一厂。1991～2001年，相继进行了扩建和环保改造两项工程，总装机容量16.5万千瓦。

1. 扩建工程

1986～1989年，长春市计委、吉林省计委为解决省会城市发展中的热电需求，向上级主管部门报送了《长春发电厂热电联产项目建议书》。1990年3月，国家计委以计资源〔1990〕230号文件批准项目建议书。同年9～11月，吉林省电力公司、东北电业管理局、能源部逐级向国家计委报送《长春热电一厂扩建工程设计任务书》。1991年3月4日，国家计委计资源〔1991〕225号文件批复设计任务书，同意扩建工程规模10万千瓦，安装1台2.5万千瓦双抽机组、1台2.5万千瓦背压机组、1台5万千瓦双抽机组，配置2台220吨/时、1台410吨/时燃煤锅炉；工程投资3.15亿元，资金来源除国家能源投资公司节能公司贷款0.6亿元外，其余由长春市筹集。

1991年10月，经中国电力建设工程咨询公司对工程初步设计审查，12月，能源部能源电源〔1991〕1227号文件批复初步设计，概算总投资3.78亿元，含配套送变电工程投资564万元。

扩建工程由吉林省电力勘测设计院设计，其中，铁路专用线由沈阳铁路勘测设计院设计。主设备选用北京锅炉厂和四川东方锅炉厂生产的锅炉；哈尔滨汽轮机厂生产的汽轮机；济南生建电机厂生产的发电机；长春变压器厂生产的主变压器。多家单位参与施工，吉林省火电第二工程公司承建主厂房、化学水处理系统、3号冷却水塔建筑工程；吉林省送变电工程公司承担主厂房桩基础、储煤罐、储灰场工程；吉林省电力建设总公司承建输煤系统建筑，1、2号冷却水塔、综合楼工程；长春铁路承包公司承建铁路专用线工程；

吉林省火电第一工程公司承担电站全部安装工程；长春电业局负责配套送变电工程。

1994年4月28日正式开工。在工程建设过程中，由于工业热负荷变化，1997年11月12日，省计委以吉计能字〔1997〕847号文件批准，将原设计的2.5万千瓦背压机改为5万千瓦单抽机。扩建工程分别于1996年4月16日，1997年1月25日，1999年2月10日建成投产。工程实际装机容量12.5万千瓦，总投资12.06亿元，其中，长春市建设投资公司出资75%，省电力公司出资25%。

2. 环保技改工程

长春热电一厂旧厂房位于铁北二路，紧临火车站，烟囱高45米，锅炉采用多管除尘器，除尘效率只有70%。烟尘、二氧化硫排放严重超过国家标准，污染周边环境、影响省会城市形象和居民生活。1999年，长春市环境保护局分别以长环控字〔1999〕25号和长环保〔1999〕94号文件，提出该厂老厂按“一控双达标”标准进行环保技术改造。2000年，长春热电一厂以厂字〔2000〕第10号文件向市政府呈报废除原有锅炉、烟囱和煤场，利用扩建工程的3台锅炉(有150吨/时蒸汽余量)供应老厂机组。为解决高压锅炉蒸汽与中压汽轮发电机组参数匹配和运行稳定，拆除老厂原有的调相机，在原地安装1台1万千瓦高背压前置式汽轮机，排汽供中压机组，同时设置2台120吨/时减温减压装置(1台运行，1台备用)。工程投资290万元，由吉林龙华股份有限公司出资。建成后老厂机组共4万千瓦容量，产权划归龙华热电股份有限公司春城发电厂。

工程由吉林省电力勘测设计院设计，非标准高背压汽轮机由哈尔滨汽轮机厂提供，长山热电厂检修公司承担施工。2000年9月24日开工，2001年12月5日，经吉林省电力科学研究院调试合格，移交生产。

(四) 辽源发电厂技改工程

辽源发电厂始建于1918年，地处辽源市区中心。中华人民共和国建国之初为2台1.5万千瓦。1958年扩建2台1.2万千瓦，总容量5.4万千瓦。20世纪80年代，为向市区工业和居民采暖供热，拆除1台1.5万千瓦凝汽机组，原位安装0.6万千瓦背压机组，同时对2台1.2万千瓦凝汽式机组改为低真空供热，实现热电联产，装机容量减至4.5万千瓦。90年代进行技术改造，经历漫长过程。

1991年8月，吉林省电力公司主持研究，辽源发电厂技改工程是原地扩建或易地新建两方案，报上级主管部门。1992年12月15日，国务院经济贸易办公室(简称国家经贸委)以国经贸改〔1992〕511号文件，批准易地安装2台10万千瓦供热机组方案开展可行性研究。在完成易地新址地质、煤源、铁路运输、供热管网、环境评价、资金来源、设备选型等可行性研究报告审查上报后，1994年1月7日，国家经贸委以国经贸改〔1994〕26号文件，批准技改工程项目。1995年7月，经技改工程初步设计审查上报，同年12月21日，国家经贸委国经贸改〔1995〕810号文件，批准列入新开建设工程项目。

技改工程初步设计概算(2机3炉)，发电工程静态投资9.974亿元，动态投资12.685亿元，铺底流动资金508万元，单位工程造价5789元/千瓦。资金来源分别为省电力公司4.833亿元；辽源市集中供热管理处2.547亿元；吉林省能源交通总公司1.248亿元；建设银行贷款3.057亿元；中国银行贷款1236万美元(折合人民币1.051亿元)。

为加快技改工程资金筹集和加强工程建设管理，1995年10月，成立辽源热电有限责任公司。1999年5月，经公司第二届董事会决定，对投资方出资比例进行调整。其中，省电力公司出资2.87亿元；辽源市供热管理处出资0.287亿元；吉林省龙源技术开发公司出资0.603亿元；调整后所缺投资转入银行贷款解决，辽源发电有限责任公司负责还本付息。

工程由吉林省电力勘测设计院设计，其中，沈阳铁路局吉林勘测设计院设计铁路运输系统，吉林省石油化工设计院设计热网系统。主要设备选用俄罗斯西伯利亚机械有限公司生产420吨锅炉；乌拉尔汽轮机厂生产12万千瓦汽轮机；埃西尔比机电股份公司生产11万千瓦发电机，沈阳变压器厂生产15万千伏·安主变压器，美国Locse-cottell公司生产的高效静电除尘器。

参建单位通过招投(议)标方式选定，分别由中国人民解放军81021部队机械化施工大队和吉林省送变电工程公司承建灰场和灰水回收工程；通化铁道建设总公司承建铁路及其附属建筑工程；吉林省火电第二工程公司承建热力、燃料、供水、水处理、电气系统建筑工程；吉林省火电第三工程公司承担主辅设备安装工程；吉林省火电第一工程公司承担输煤系统设备安装工程；吉林省电力建设监理有限公司承担工程监理；吉林省电力科学研究院负责机组调整试验。

1997年8月15日，主厂房开工。建设过程中，对技改工程进行10项重大设计变更和概算调整，缓建3号锅炉。省电力公司〔2000〕389号文件，按2机2炉核定工程投资额度：发电工程静态投资13.223亿元，动态投资14.315亿元，单位工程投资6507元/千瓦，辅底流动资金342万元，工程总投资14.349亿元，单位工程总投资6522元/千瓦。工程竣工后，投资决算14.015亿元，单位工程造价6370.3元/千瓦。

2001年1月14日、11月5日，1、2号机组正式移交生产。

(五) 吉林热电厂一期技改工程

吉林热电厂始建于1955年，经6期建设，至1990年共有11机、15炉，装机容量85万千瓦，设备繁多复杂。其中，前5期9机13炉，容量45万千瓦，是20世纪60年代初建成，长期运行，年久老化，多次发生爆损事故。1991～1992年，省电力公司向东北电业管理局、能源部上报老机组技术改造可行性研究。1993年10月，电力工业部以电计〔1993〕406号文件，向国家经贸委报告，提出分三期改造方案。1994年3月1日，吉林热电厂发生12号锅炉因燃油管路爆裂烧塌，死亡4人的特大事故后，更显得技改工程迫切。省电力公司向上级主管局、部、委提出将原三期改造方案改为一期实施。1994年6月～1995年3月，完成了可行性研究及环境影响评价报告的审查。1996年2月，国家经贸委以国经贸改〔1996〕71号文，批准一期技改工程项目：工程规模为25万千瓦，总投资9.44亿元，由国家开发银行专项贷款3.3亿元，省电力公司自筹2亿元，吉林省地方自筹1.32亿元，日本输出输入银行“协力基金”贷款3314万美元(折合人民币2.82亿元)组成。1997年11月，东北电业管理局东电电建〔1997〕905号文，批准初步设计概算静态投资10.09亿元，动态投资11.83亿元，单位工程造价5919元/千瓦。建设过程中，2001年7月，省电力公司吉电计〔2001〕326号文件核定工程投资概算：静态投资10.44亿元，动态投资11.19亿元，单位工程造价5593元/千瓦。

为确保一期技改工程的进行和提高投资效益，推行以项目法人制为核心的“五制”管理。1997年，吉林省计委〔1997〕639号文件批准成立吉林热电有限责任公司，注册资本金2.38亿元，其中东北电力公司出资1.90亿元，占80%，吉林省能源交通总公司出资0.48亿元，占20%。建设期间，由于资产的多次转让，最后由吉林龙华热电股份有限公司拥有100%股权。

工程由吉林省电力勘测设计院设计。主设备中，选用俄罗斯叶卡捷琳堡涡轮发动机厂生产12.5万千瓦单抽供热汽轮机；俄罗斯西伯利亚动力机械厂生产500吨超高压燃煤锅炉；俄罗斯埃尔西比机电股份公司生产12.5万千瓦氢冷静励磁发电机；保定天威电气股份有限公司生产的15万千伏·安主变压器。全部施工任务由吉林省电力建设总公司承担。

1997～2000年末，一期技改工程完成了旧设备（含基础）拆除、主厂房改造、加固、生产系统设施过渡以及设备订货、施工图纸交付进度安排等准备工作。2001年5月1日，工程正式开工，至2002年末，新1号机组（替代原9号机组）完成分部试运和分系统调试，具备整套试运条件（2003年1月17日，完成72小时+24小时运行）；新2号机组（替代原8号机组）完成锅炉安装工程（2003年12月23日，移交生产）。

第二节 老电厂供热改造

省电力公司所属火电厂中，有6座电厂是早期建成的电厂，20世纪80年代末～90年代，在国家和地方政府的支持下，二道江发电厂、长春热电一厂、辽源发电厂经过扩建、技术改造后获得了新生。对白城发电厂、龙井发电厂、蛟河发电厂也进行供热扩改建工程，虽然不能从根本上解决老厂能耗高、效益低下的生存压力，但起到了稳定职工队伍的重要作用。

一、白城发电厂

白城发电厂始建于1939年，几经变迁，至1980年，装机容量2.4万千瓦。1982～1984年，为向白城市造纸厂供汽和周边城市居民采暖供热，实施了一期供热改造工程，新装2台65吨/时锅炉和1台0.6万千瓦背压式供热机组，并对2台1.2万千瓦凝汽机组进行低真空供热改造，1990年，装机容量3.0万千瓦。

20世纪80年代末，白城市政府为满足城市生产、生活的电热需求，投资进行二期供热改造，扩建1台0.6万千瓦背压机组和1台65吨/时锅炉。1987年6月动工，1992年12月30日竣工，装机容量为3.6万千瓦。1993年，供热总量133.53万吉焦，其中工业供热85.76万吉焦，采暖供热面积57.2万米^2。

白城市地处吉林省西部，是电网末梢。90年代初，省电力公司为改善电网电源结构，促进地区经济发展和提高该厂经济效益，向上级部、委提出了改建工程可行性研究报告。1993年1月29日及10月29日，国务院经济贸易办公室，国家经贸委相继批准改建工程，安装2台10万千瓦机组，因投资原因而搁置。

二、龙井发电厂

龙井发电厂始建于 1938 年，因老旧机组报废拆除与退役，1989 年，只有 2 炉 1 机 0.6 万千瓦。

1989～1992 年，在报废的机炉位置，地方投资安装 1 台 35 吨/时锅炉和 0.3 万千瓦背压机组，向延边化工总厂供汽，并对 0.6 万千瓦机组进行低真空供热改造，向市区居民供热。

1998 年，利用原退役的 0.6 万千瓦机组位置，安装 1 台 0.6 万千瓦背压机组，至 2000 年，全厂共有 3 机 3 炉，装机容量 1.5 万千瓦。工业供热 42 万吉焦，采暖供热面积 68 万米^2。

三、蛟河发电厂

蛟河发电厂始建于 1934 年，20 世纪 50 年代，有 3 台机组，总容量 0.88 万千瓦，1988～1995 年，为适应蛟河市集中采暖供热需求，进行供热改造，3 台机组相继改为低真空供热，实现年供热量 18.9 万吉焦，采暖面积 50.8 万米^2。

1996～1998 年，省电力公司为适应蛟河市区供热需求，稳定发电厂职工生活，对该厂提出二期供热技术改造方案；吉林省电力勘测设计院编制可行性研究报告。1999 年 3 月，省电力公司吉电规〔1999〕31 号文件，同意废除原生产设备，新建厂房，新装 2 台 75 吨/时循环流化床锅炉，利用原榆树川电厂 2 台 1.2 万千瓦凝汽机组设备改为低真空供热。2000 年 9 月，吉林省经贸委吉经贸改资字〔2000〕736 号文件，批准供热技术改造工程项目。此方案，年供热量 71.06 万吉焦，供热面积 105 万米^2；工程投资 8000 万元，由吉林省龙华热电股份有限公司自筹。

2000 年 10 月，技改工程正式开工。分别由吉林省电力建设总公司承建主厂房建筑及锅炉安装工程；东北电业管理局烟塔工程公司承建烟囱工程；黑龙江农垦集团公司承建输煤系统改建工程；珲春发电公司检修公司承担汽轮机及发电机组拆迁、安装工程；长山发电公司检修公司承担电气设备拆迁、安装工程；长春热电二厂检修公司承担热控设备安装工程；长春发电设备总厂承担电除尘器安装工程；蛟河发电厂自身承担水处理设备安装工程。

2001 年 12 月 18 日、12 月 28 日，1、2 号机组完成整套试运工作，移交生产，实际工程决算投资10 810万元。

第三节 地方电厂及企业自备电站

改革开放以后，国民经济的快速发展和人民生活水平的提高，地方电厂及企业自备电站建设增长较快。1990 年，有地方电厂 1 座，企业自备电站 17 座，总装机容量 26.91 万千瓦。1991 年后，在电力建设投资体制改革中，“多渠道集资办电”、“谁投资谁受益”方针政策的实施，进一步推动了地方电厂及企业自备电站的建设进程，至 2002 年，共有地方电厂 7 座；企业自备电站 36 座，总装机容量 93.15 万千瓦。

地方电厂及企业自备电站，绝大多数采用热电联产机组，大大提高经济效益，而且在燃料结构上，利用低热值油母页岩、煤矸石，以及利用高炉煤气、水泥生产窑余热等，既节约能源，又改善环境。

一、地方电厂

1984 年，吉林市西关热电厂(后改名源源热电有限责任公司)开工建设。1988 年建成，装机容量 1.2 万千瓦。1991～2002 年，新建地方电厂 6 座，扩建电厂 1 座，装机总容量 32 万千瓦。地方电厂名称、规模、主设备状况统计及开竣工日期见表 1－2－1。

表 1－2－1　　1991～2002 年新(扩)建地方电厂规模一览表

序号	名　　称	规模(兆瓦)	主　设　备	开竣工日期	备注
1	源源热电有限责任公司(原名吉林市西关热电厂)	24	一期 2 台 65 吨/时流化床炉 2 台 6 兆瓦背压机 二期 1 台 75 吨/时流化床炉 1 台 12 兆瓦双抽机	一期 1984.9～1988.2 二期 1990.11～1993.11	吉林地区
2	吉林市东关热电厂	24	3 台 75 吨/时流化床炉 1 台 12 兆瓦双抽机 1 台 12 兆瓦抽背机	1992.9～1999.1	吉林地区
3	吉林省桦甸油页岩示范电厂(原名桦甸市热电厂)	18	3 台 65 吨/时流化床炉 1 台 12 兆瓦双抽机 1 台 6 兆瓦抽背机	1993.4～1998.10	吉林地区
4	吉林新力热电有限公司(原名吉林市哈达湾热电厂)	200	俄罗斯进口设备 3 台 E－360－13.8－560KT 型炉 2 台 ПТ－90/125－130/10－2 型机	1996.6～2002.11	吉林地区
5	梅河口市热电有限责任公司(原称梅河口市热电厂)	24	3 台 75 吨/时煤粉炉 1 台 12 兆瓦双抽机 1 台 12 兆瓦背压机	1990.6～1992.10	通化地区
6	洮南热电厂	18	3 台 75 吨/时煤粉炉 1 台 12 兆瓦双抽机 1 台 6 兆瓦背压机	1992.6～1994.7	白城地区
7	辽源市热力能源公司	12	3 台 35 吨/时炉 2 台 6 兆瓦单抽机	1994～2001.4	辽源地区
合计	7 个电厂	320	21 台炉 15 台机		

吉林地区的地方电厂有 4 座，装机容量最大的新力热电有限公司(原哈达湾热电厂 20 万千瓦)和首座以油母页岩为燃料的电厂。

吉林省油母页岩示范电厂，原称桦甸油母页岩热电厂。工程规模 1.8 万千瓦，安装 2 台 65 吨/时锅炉，1.2 万千瓦双抽汽和 0.6 万千瓦抽汽背压式汽轮机组各 1 台。可行性研究设计投资概算 8530 万元，其中电厂工程 6637.2 万元，热网工程 1448.8 万元，送变电工程 419 万元，载波通信工程 25 万元。由国家节能公司出资 2808 万元、吉林省能源交通总公司出资 900 万元，桦甸市政府自筹 4822 万元共同建设。1992 年，批准初步设计投资概算为 9808.6 万元。

工程由东北电力设计院热电设计研究所设计，采用了高效燃烧新技术，专门燃烧低热值油母页岩(低位发热量 9923 千焦/千克)、高灰分(应用基灰分 49.2%)的半塔式次高压循环流化床锅炉及灰渣综合利用(不建储灰场，灰渣用于生产水泥、型砖和铺路)。其他设备和热工控制系统设备按中档水平、经济实用原则选型。

黑龙江省火电第二工程公司承建发电厂建筑安装工程。1993 年 4 月开工，1998 年 6 月建成投产。建设期间，资金到位不足和 1995 年桦甸市发生大洪水、设备被淹，电气设备损坏返修量很大，延误工期达 1 年。

工程实际总投资 2.21 亿元。由吉林省能源交通总公司出资 6400 万元，桦甸市地方自筹资金 2700 万元，贷款 1.3 亿元。

二、企业自备电站

吉林省企业自备电站始于 1937 年，至 1945 年，已有 9 个，装机容量 3.55 万千瓦，除东洋人绢纸浆株式会社(后改名石岘造纸厂)、东满人绢纸浆株式会社(后改名开山屯化学纤维厂)自备电站(共 2 台，3900 千瓦)运行至 20 世纪 80 年代中期退役外，均已拆除。新中国成立后，企业自备电站发展较快，到 1990 年，有企业自备电站 17 座，装机容量 25.515 万千瓦。其中长春第一汽车制造厂自备电站装机容量 9.1 万千瓦，吉林化学工业公司动力厂装机容量 7.5 万千瓦，占总装机容量的 65%。

1991～2002 年，新建企业自备电站 22 个，扩建自备电站 5 个，新增装机容量 44.09 万千瓦，电站所在企业名称、规模、主要设备状况及开竣工日期，见表 1-2-2。

表 1-2-2　　1991～2002 年新(扩)建企业自备电站规模一览表

序号	电站所在企业	规模(兆瓦)	主　设　备	开竣工日期	备注
1	大成玉米开发有限公司	6	新建：2×35 吨/时流化床炉 2×3 兆瓦背压机	1996～2001 1998 年 2 号投产，2001 年 1 号投产	长春市
2	亚泰水泥有限责任公司	24	新建：2×75 吨/时余热炉 2×12 兆瓦背压机	2000～2002	长春市
3	吉林化纤股份有限公司	12	二期扩建：3×20 吨/时炉 1×6 兆瓦背压机 三期扩建：1×35 吨/时炉 1×6 兆瓦背压机	1990.7～1991.4 1993.1～1993.11	吉林市一期 2×35 吨/时炉 1×6 兆瓦背压机 (1989.1～1990.4) 总容量 18 兆瓦
4	吉林奇峰华纤有限公司	33.4	新建：一期 3×75 吨/时炉 1×9.4 兆瓦抽背机 1×12 兆瓦抽背机 二期 2×75 吨/时炉 1×12 兆瓦抽背机	1996～1998.7 1999～2000.4	吉林市

续表

序号	电站所在企业	规模(兆瓦)	主设备	开竣工日期	备注
5	吉林化学工业公司丙烯腈厂	50	新建：2×220吨/时炉 1×25兆瓦双抽机 1×25兆瓦背压机	1994.6～1997.10	吉林市 最大出力55兆瓦
6	吉林省吉发生化医药食品有限公司(原新源玉米开发公司)	7.5	新建：2×75吨/时炉 1×6兆瓦背压机 1×1.5兆瓦凝汽机	1989.3～1993.9(其中锅炉1990年11月投产，1号机1992年6月投产，0号机1993年9月投产)	吉林市
7	吉林化学工业公司乙烯厂	18	新建：韩国产2×110吨/时炉 日本产18兆瓦供热机	1996.3～1997.2	吉林市
8	吉林沱牌农产品开发有限公司(原吉林天河农产品开发有限公司)	3	新建：2×20吨/时流化床炉 1×3兆瓦背压机	1993.4～1993.11	吉林市
9	吉林市建龙钢铁有限责任公司(原明城钢厂)	1.5	新建：1×1.5兆瓦凝汽机	2000～2001	吉林地区
10	黄龙食品工业有限公司(原公主岭市黄龙玉米深加工厂)	6	新建：3×35吨/时炉 1×65吨/时炉 2×3兆瓦背压机	1990.4～1999.6	四平地区一期2炉1机1991年11月投产，二期1炉1机1996年10月投产，三期1炉，1999年6月投产
11	双辽发电厂多种经营公司(双兴电站)	12	新建：1×12兆瓦凝汽机改低真空供热	1996～1998	四平地区(锅炉为双辽发电厂原有1台75吨/时启动锅炉)
12	中信集团新龙醇酒有限公司(梨树县无水酒精厂)	6	新建：一期3×20吨/时炉 1×3兆瓦抽背机 二期1×3兆瓦抽背机	1997～1999 2001～2002	四平地区

续表

序号	电站所在企业	规模（兆瓦）	主 设 备	开竣工日期	备注
13	万宝煤矿	3	扩建：二期 2×20 吨/时炉 1×3 兆瓦凝汽机 低真空供热	1996～1998	白城地区一期 1960～1962 建设 3×10 吨/时炉，3×1.5 兆瓦，2000 年报废
14	长山化肥厂	3	新建：1×35 吨/时炉 1×3 兆瓦背压机	1991～1998	松原地区
15	中石化集团公司前郭石化分公司（前郭炼油厂）	6	新建：1×6 兆瓦	1990～1997	松原市（锅炉为该厂原有 1 台 75 吨/时炉）
16	吉林石油集团有限责任公司（吉林油田热电厂）	100	新建：4×220 吨/时 2×50 兆瓦双抽机	1995～2001	松原市
17	华润赛力事达玉米工业公司	6	新建：2×75 吨/时炉 1×6 兆瓦抽背机	2000～2002	松原市
18	通化特种水泥集团股份有限公司（原通化白山水泥总厂）	3	扩建：二期 1×3 兆瓦凝汽机	1991～1992	通化地区（一期 1989～1990 建 2×35 吨/时炉 1×3 兆瓦凝汽机）总容量 6 兆瓦
19	辽源恒汇工贸有限责任公司（山城镇钢铁厂）	3	新建：2×10 吨/时炉 2×1.5 兆瓦凝汽机	1996～1998	通化地区
20	通化化工股份有限责任公司（二密化肥厂）	9	新建：2×35 吨/时炉 1×6 兆瓦背压机 1×3 兆瓦凝汽机	1999.7～2002.4	通化地区
21	通化钢铁股份有限公司（原通化钢铁厂）	73	新建：一期 5×35 吨/时炉 1×75 吨/时炉 1×20 兆瓦抽凝机 1×3 兆瓦凝汽机 二期 1×50 兆瓦蒸汽—燃气联合循环机组	2000.11～2001.6 2001.7～2003.1	通化市

续表

序号	电站所在企业	规模（兆瓦）	主　设　备	开竣工日期	备注
22	白山嵩华纸业集团有限公司	3	新建：3×35 吨/时炉 1×3 兆瓦抽背机	1993.10～1995.6	白山市
23	湾沟林业局水泥厂	6	新建：一期 1×20 吨/时余热炉 1×3 兆瓦凝汽机 二期 1×20 吨/时余热炉 1×3 兆瓦凝汽机	1994.10～1996.9 2001～2002	白山地区
24	通化矿务局石人煤矿	3	新建：2×20 吨/时炉 1×3 兆瓦凝汽机	1997～1999	白山地区
25	白麓纸业股份有限公司（原石岘造纸厂）	24	扩建：二期 1×12 兆瓦双抽机 三期 1×130 吨/时炉 1×12 兆瓦双抽背机	1996～1997 2001～2002	延边地区（一期 1989～1990 年建成 4×75 吨/时炉、1×12 兆瓦抽背机），总容量 5 炉 3 机 36 兆瓦
26	开山屯化学纤维浆厂（原开山屯纸浆厂）	12	扩建：二期 2×65 吨/时炉 1×12 兆瓦双抽机	1991～1992.11	延边地区（一期 1981～1982 年建成 2×65 吨/时炉、1×6 兆瓦抽背机）总容量 4 炉 2 机 18 兆瓦
27	吉林新元木业股份有限公司（原敦化林业局胶合板厂）	7.5	新建：一期 2×10 吨/时炉 1×1.5 背压机 二期 2×65 吨/时炉 1×6 兆瓦抽背机	1993～1996 2000～2001	延边地区
合计	27 座	新增 440.9	新建：22 座 扩建：5 座		

1990 年前建成的企业自电站中，有部分电站和机组退出运行、拆除。2002 年末，吉林省共有企业自备电站 36 座，65 台汽轮发电机组，装机总容量 65.15 万千瓦。其中，吉林地区有企业自备电站 11 座，机组 22 台，装机容量 23.45 万千瓦，占 1/3；松原市吉林油田自备电站装机容量 10 万千瓦，是吉林省最大的企业自备电站。

企业自备电站绝大多数是热电联产机组，湾沟林业局水泥厂、长春亚泰水泥有限公司利用水泥煅烧窑高温余热发电；白山地区煤矿利用煤矸石发电；通化钢铁股份有限公司利用高炉煤气发电的节能环保型电站。其中，通钢自备电站新装机组，还是吉林省首台蒸汽燃汽联合循环机组。

第三章 水 电 建 设

吉林省水电开发较早，始于1937年，日伪时建设的丰满发电厂，曾投产主机4台，厂用机2台。解放之初，只剩2台主力发电机组和2台厂用机组，容量13.25万千瓦。

新中国成立后，吉林省水电建设发展很快，除丰满发电厂扩机外，对松花江、鸭绿江实施梯级开发；对小水电工程给予优惠扶持，开展农村电气化试点县建设。至1990年末，吉林省水电装机容量218.00万千瓦，其中大中型电厂装机容量204.75万千瓦，小水电站装机容量15.27万千瓦。

1991～2002年，为充分利用水能资源，提高电网的调频、调峰能力，先后完成丰满发电厂二、三期扩建，白山电厂二期扩建；在松花江上游建成松江河发电厂小山电站和两江电厂；地方小水电建设在国家实施第二、第三、第四批农村电气化试点县建设中也迅速发展，至2002年末，全省水电装机容量344.70万千瓦，其中大中型水电厂装机容量331.75万千瓦。

第一节 大中型水电工程

吉林省大中型水电工程集中在松花江、鸭绿江流域。1990年前，松花江干流建成丰满、白山、红石3个电站，装机容量共有165.25万千瓦；鸭绿江干流建成云峰、渭源两个电站，装机容量共有79万千瓦，中朝双方各拥有一半容量。

1991～2002年，丰满发电厂完成二、三期扩建，白山发电厂完成二期扩建，建成松江河发电厂小山电站及两江水电厂。2002年末，吉林省大中型水电装机总容量331.75万千瓦，比1990年增加62.03%。

一、丰满发电厂二、三期扩建工程

丰满发电厂经1950～1960年扩建和改建，装有8台主机和1台厂用机，总容量55.375万千瓦。

1987年，东北电业管理局为增加电网调峰、调频和事故备用容量，决定利用原设计大坝预留两条引水钢管和厂房场地，进行二期扩建，安装2台8.5万千瓦机组，共17万千瓦。1988年4月1日开工，分别在1991年12月，1992年6月建成投产。

1970～1984年为保证大坝安全，在大坝左岸修建两条直径9米的泄洪洞，白山、红石电站建成后，具有水库梯级联合调度优势，大大减轻了防洪压力。东北电业管理局为增大调峰能力，利用泄水洞引水进行三期扩建工程，安装2台14万千瓦机组，丰满发电厂成为百万千瓦大厂，进一步发挥了经济和社会效益。

工程由东北勘测设计研究院设计，主设备选用哈尔滨电机厂的水轮机和发电机；朝阳变压器厂生产的主变压器。水利电力部第六工程局承担土建工程及一次设备安装，丰满发电厂检修公司承担二次设备安装。1995年4月18日，工程开工。两台机组分别于1997年12月8日，1998年7月21日投产。工程总投资6.25亿元，单位工程造价2231元/千瓦。资金来源：东北电业管理局自筹4.57亿元、国家开发银行贷款1.68亿元。

三期扩建工程完成后，丰满发电厂共有机组12台，总容量100.25万千瓦。

二、白山发电厂二期扩建工程

白山发电厂位于桦甸市境内，距丰满发电厂250千米，1959年3月开工建设，因国民经济调整，1962年停建。1971年3月，国家批准恢复建设，1974年2月，水利电力部批准重新规划的初步设计，一期规模增为90万千瓦。白山发电厂是国内自行设计、采用国产设备、自行施工的“三自”大型水电站，也是采用新技术、新结构、新设备的新型电站，东北勘测设计院设计，中国水利水电第一工程局施工。白山电站大坝为单曲三圆心混凝土重力拱坝，坝长676.5米，坝高149.5米，库容59.07亿米^3，一期工程为地下厂房，安装3台哈尔滨电机制造厂生产的单机容量30万千瓦水轮机和发电机组。1975年5月开工建设，1984年12月竣工；红石电站位于白山电站下游43千米的红石镇，工程规模20万千瓦，安装4台武汉汽轮机制造厂生产的水轮机和哈尔滨电机厂制造的发电机组，单机容量5万千瓦，1982年11月开工，1986年12月全部建成发电。

为充分利用电站高水头、库容较大的优势，水利电力部、东北电业管理局、东北勘测设计院多次研究论证，在电站左岸引水再建地面厂房扩建工程，并在大坝28、29号坝段布置引水口。1983～1984年，水利电力部分别以水电计字〔1983〕199号、水电计字〔1984〕238号文件向国家计委报送二期扩建工程项目建议书和计划任务书。1984年7月，国家计委计燃〔1984〕1479号文件，批准二期工程规模60万千瓦，安装2台30万千瓦机组，工程投资控制在2亿元以内，包干使用；一、二期工程衔接施工准备投资，由水电部调剂解决。

二期工程的设计、施工单位及主设备选型，与一期工程相同。初步设计概算2.33亿元。1985年工程开工，两台机组分别于1991年12月6日，1992年6月23日投产发电，1993年工程全部竣工。实际投资决算为4.738亿元。

白山水电站二期工程竣工后，白山发电厂总装机容量170万千瓦(含红石电站20万千瓦)，在桦甸市生产调度中心对白山、红石电站发电机组进行远方开停机，功率、频率控制、调节与监测。

三、松江河发电厂工程

松江河发电厂工程是松花江上游支流头道江梯级开发的水利工程，包括小山、双沟、石龙3座电站和松山、三道两个引水工程，位于吉林省抚松县境内漫江和松江河的50千米范围内。1985年12月，东北勘测设计院完成可行性研究报告，设计常规装机容量51万千瓦，其中，小山电站16万千瓦，双沟电站28万千瓦，石龙电站7万千瓦。可利用双沟、石龙电站水库特点，在双沟电站建设抽水蓄能机组，再增装机容量50万千瓦，建成一个新的超百万千瓦容量水电大厂，进一步解决电网调峰容量不足问题。

1986年，水利电力部以〔1986〕水电水规字第67号文件《关于松江河梯级水电站可行研究报告审查会议纪要的批复》，同意松江河梯级水电站先按常规电站开发，对环境影响评价和移民规划进一步充实；远景建设双沟抽水蓄能电站要求专题研究，提出论证报告。1987～1988年，中国国际工程咨询公司和水利水电建设工程咨询公司，以及农大、林业厅、地方政府等对可行研究报告进行评估。东北勘测设计院提出松江河梯级水电站初步设计报告。1989～1990年，经水利水电规划设计总院和吉林省计经委对初步设计报告审查，水利水电规划设计总院以能源水规〔1990〕616号文件批准初步设计，并按照国家计委建设〔1990〕867号文件要求，先建松山引水工程、小山电站、三道松江河引水工程列入小山电站工程一并建设，后建双沟、石龙电站的开发方案。

1990年8月，能源部、国家能源投资公司与吉林省政府签署合资建设松江河梯级水电站协议，国家投资70%，吉林省投资30%；由省电力公司负责建设和管理。同年11月，省电力公司在抚松县成立筹建处，1992年改为建设管理处，1997年撤销管理处、成立松江河发电厂。经水利水电规划设计总院对已批复的初步设计概算进行复核，松江河梯级水电站总投资20.707 6亿元，其中小山电站4.912 3亿元，三道松江河引水工程0.166 8亿元，松山引水工程4.240 7亿元，双沟电站6.914 4亿元，石龙电站2.728 4亿元，送出工程1.745 0亿元。

1991年5月，国家计委以计能源〔1991〕595号文件《关于吉林省松江河梯级水电站设计任务书的批复》，同意工程列入国家大中型建设项目。1993年11月，国家计委批准松江河梯级水电站开工建设。

（一）小山电站工程

小山水库正常蓄水水位683.00米，库容1.05亿米^3，可调节库容0.53亿米^3。坝体为混凝土面板堆石坝，最大坝高86.30米，坝顶长度302.00米，坝顶宽度7米。电站采用有压引水发电，引水隧洞长度（进水口至调压井）1202.55米，内径8.10米，调压井底部分为2条长度177.58米，内径5.70米压力钢管连接至坝下地面式厂房的发电机组；电站装机容量16万千瓦，安装2台哈尔滨电机有限公司（杭发）生产的混流式水轮机和克瓦纳（杭州）发电设备有限公司生产的8万千瓦发电机、长春变压器厂生产的9万千伏·安主变压器，用1回220千伏线路接入松江河一次变电所。主要承担系统调峰和事故备用任务，汛期大发水电期间也承担部分基荷。

施工单位采用协议方式确定，铁道部第十八工程局承建引水洞工程，中国水利水电第一工程局承建大坝、电站厂房等全部建筑、安装工程。1994年6月28日，主体工程开工，11月24日实现截流，1997年9月22日下闸蓄水，同年12月12日、次年6月26日，2号、1号机组建成投产。共完成（包括三道松江河引水工程）土石方开挖、填筑327.42万米^3，钢筋混凝土17.48万米^3（钢筋5957吨），钢管及钢结构安装工程5959吨。实际工程投资（2002年统计数）13.72亿元。

（二）松山引水工程（引漫入松）

松山引水工程是引漫江水入松江河小山电站水库，增加电站发电能力。松山水库最大库容1.33亿米^3，调节库容1.07亿米^3。采用混凝土面板堆石坝，最大坝高80.80米，坝顶长度258.26米，坝顶宽度8米。左岸坝头布置3孔岸坡式溢洪道，挑流消能，最大泄流量2315米^3/秒；右岸布置引水洞，长度12.60千米，截面为城门洞形，按岩质分别采用高 5.2 米，宽 4.0 米钢筋混凝土衬砌结构和高 5.9 米，宽 4.4 米混凝土喷锚结构，引水流量 29.41～58.82 米^3/秒。主要工程量包括土石方开挖、填筑 303.74 万米^3；钢筋 4792 吨，混凝土工程 15.03 万米^3；金属结构工程(钢材及钢管)6276 吨。

施工单位经招投标确定，中国水利水电第一工程局承建大坝、引水洞出入口工程及金属结构工程；铁道部第十三工程局和十七工程局承建引水洞工程；中国水利水电第六工程局承建溢洪设施工程。

1992 年 12 月 11 日，引水隧洞开工，在引水隧洞施工中，因工程地质复杂，出现塌方和大量涌水，施工受阻，历经 9 年 4 个月(2001 年 4 月 19 日)贯通，增加了工程造价。1997 年 7 月 4 日，导流工程开工。1998 年 9 月 15 日，大江截流；1998 年 5 月 15 日，大坝工程开工，2002 年 3 月 30 日，下闸蓄水；2002 年 5 月 13 日，松山引水工程通水验收。至 2002 年末，投资已达 10.30 亿元。

（三）三道松江河引水工程

三道松江河引水工程是将三道松江河水引至小山电站水库，增加电站发电能力。库容 0.02 亿米^3，采用混凝土重力坝，坝顶长度 175 米，最大坝高 22 米；引水隧洞长 1486 米，最大引水流量 11.9 米^3/秒。1998 年 10 月～2000 年底仅完成征地、10 千伏线路 19.84 千米、施工临时建筑 640.78 米^2、部分厂内施工道路工程和引水洞出口挖方工程等准备工作，因资金不足而停工，完成投资 1300 余万元。

在松江河梯级水电站常规开发进程中，先期建设小山电站、松山、三道松江河引水工程的同时，后续双沟电站工程于 1998 年开始准备，1999 年 6 月进行导流洞施工，因投资不足，12 月停建，2000 年 10 月复工，11 月再次停工，已用去投资近亿元。

2001 年 5 月，中国水利水电工程顾问有限公司和新能源发电工程顾问有限责任公司对松江河梯级水电站工程调整概算审定，总投资 48.49 亿元。其中小山电站13.571 1亿元，三道松江河引水工程1.343 1亿元，松山引水工程11.601 0亿元，双沟电站15.541 3亿元，石龙电站6.104 4亿元，送出工程光纤通信0.332 2亿元，尚待批复。

（四）抽水蓄能电站

1998 年 3 月，中水东北勘测设计研究有限责任公司(简称东北勘测设计研究院)提交《增设双沟抽水蓄能机组的预可行性研究报告》，提出利用双沟、石龙两个电站水库河流弯道多，直线距离短的特点，在双沟电站增设抽水蓄能机组，装机容量按 50 万千瓦设计，同年 6 月，经水利水电规划设计总院会同吉林省计委审查上报，同年 10 月 20 日，国家电力公司以国电水规〔1998〕545 号文件批准了预可性研究报告。随后，水利水电规划设计院在北京召开增设双沟抽水蓄能机组可行性研究阶段勘测设计工作大纲讨论会，并以水电规设〔1998〕0038 号文件下发了讨论会议纪要。2000 年 8 月，东北勘测设计研究院又建议以双沟电站地下厂房全部安装 4 台 19.5 万千瓦可逆机组，取消常规机组的抽水蓄能电站作为重点研究方案。因受国家电力建设政策调整和国家电力公司体制改革影响，至 2002 年末，此项工作没有新的进展。

四、两江水电站工程

两江水电站位于松花江上游支流二道江上，地处延边朝鲜族自治州安图县两江镇。最初为地方水利水电项目，经省政府授权，安图县政府委托吉林省水利水电勘测设计院和电力勘测设计院分别进行主体工程与送出工程设计。1990 年 10 月 13～17 日，能源部水利水电规划设计总院会同松辽水利委员会对工程的可行性研究报告进行了审查，同年 12 月 27 日，能源部以水规〔1990〕80 号文件《关于吉林省两江水利枢纽工程可行性研究报告的批复》，同意电站规模 6 万千瓦，安装 3 台 2 万千瓦机组，总投资 1.845 亿元；一期工程先装两台，投资 1.702 亿元；送出工程投资 1479 万元。

1991 年 10 月，经水利水电规划设计总院对吉林省水利水电勘测设计院提交的工程初步设计进行审查、上报，12 月 10 日，水利部以水规〔1991〕53 号文件批复，核定一期工程总投资 1.978 亿元，二期工程投资 893 万元。工程建设资金包括水利部补助 3000 万元，国家建设银行贷款 3000 万元，吉林省政府筹集 6600 万元，延边朝鲜族自治州和安图县政府自筹 4100 万元，当地金融部门贷款 3000 万元。安图县政府组建两江水利枢纽管理局，承担工程建设与管理。

工程由大坝、泄洪洞、溢流道、引水隧洞、调压井、压力管道、电站厂房和尾水渠组成。水库库容 2.00 亿米^3，调节库容 1.34 亿米^3，调洪库容 0.27 亿米^3。大坝采用钢筋混凝土面板堆石坝，坝高 56.6 米，坝顶长度 270 米，顶宽 6 米；右岸布置泄洪洞，左岸布置溢洪道，电站采用地面厂房，位于大坝下游沿河道 9 千米右岸。

电站主设备为湖南零陵水电设备总厂生产的 2 万千瓦混流式水轮机、空冷发电机。长春变压器厂生产的三绕组强制油循环风冷 6.3 万千伏·安主变压器各 1 台，采用 2 回线接入系统，其中 1 回至敦化一次变电所，1 回至松江一次变电所。

施工单位共十余个，按标段通过议标方式确定，其中吉林省水利水电工程局第五工程处承建大坝，第二工程处承建泄洪洞无压段，溢洪道、大坝面板工程；中国水利水电第六工程局一处承建引水洞及泄洪洞有压段工程，三处承建金属结构及电站设备安装工程；延边朝鲜族自治州第四建筑工程公司承建电站厂房工程。东北水利水电开发总公司承担工程监理。

1992 年 1 月，吉林省计委批准开工报告，同年 5 月，工程正式开工。由于投资不足和资金短缺，至 1996 年，仅完成泄洪洞、闸门井及部分边墙、溢洪道闸室。水利部以水规计〔1996〕603 号文件，批准修正概算为 4.63 亿元。同时，与马来西亚拉律公司(简称拉律公司)进行合资谈判，寻求资金来源。1997 年 7 月，成立吉林省拉律两江水电站有限责任公司。受东南亚金融危机影响，拉律公司资金不到位，安图县政府另寻资金渠道与合作伙伴。1998 年 7 月与拉律公司解除合同，9 月与吉林省电力投资有限责任公司签署协议，组建吉林两江水力发电有限责任公司，合资建设两江电站。公司注册资本金 9268 万元，双方出资比例为 51%、49%，由吉林电力投资有限责任公司控股。

1999 年 1 月，一期工程两台机组安装工程开工，同年 9 月大坝施工完成并于当月 15 日下闸蓄水。1999 年 12 月 18 日、2000 年 6 月 1 日，1、2 号机组建成发电。

2000 年 8 月，吉林两江水力发电有限责任公司改制为股份有限责任公司，股份公司资本总额 1 亿元，其中省电力公司股本 3060 万元，占 30.6%；吉林省长明水电集团有限公司股本2940万元，占29.4%；自然人股本4000万元，占40%。

二期工程(3号机组)1999年11月开工，因发电机静子结合面出现间隙2.3毫米，铁芯椭圆度超差0.83毫米的严重缺陷，被迫返厂检修，2001年3月26日建成发电。两期工程实际投资近6.4亿元。

第二节 地方小型水电站

吉林省地方小水电建设起步较早。20世纪50年代，中东部地区广大农村开始建设小水电站并发电，进行粮米加工、推水灌田和生活照明，经“大跃进”与“文化大革命”时期两次起落，逐步走上正轨，至1979年，有小水电站96座，总装机容量7.16万千瓦。其中，500千瓦及以上电站25座，装机容量5.28万千瓦。1980～1984年，吉林省政府为充分利用水能资源，推动和加快农村山区经济发展，按照全国小水电建设会议精神及水利电力部在全国首批建设100个农村初级电气化试点县的安排，两次调整小水电建设管理规模、范围，把吉林省农电局小水电的管理职能全部移交至吉林省地方水电局。按照“地方为主，县为实体，统一规划，集中调度，分级管理”的原则，进行体制改革，把政企合一的水电局所属企业划出，成立统一归口管理的水电公司经济实体，负责小水电工程的建设、运行与供用电管理。既重点保障了首批长白、抚松、安图三个初级电气化试点县建设，也推动了各地区小水电建设进程。至1990年，有小水电站118座，装机容量15.27万千瓦，年发电量5.176亿千瓦·时。其中，装机500千瓦及以上容量电站73座，容量14.22万千瓦，年发电量4.606亿千瓦·时。

1991～2002年，国家在“八五”、“九五”计划期间，先后在全国开展第二、第三批农村初级电气化试点县建设和“十五”水电农村电气化县建设(第四批)，吉林省地方小水电建设进入了新的发展时期。期间，新建和改、扩建了一批电站，2002年，全省有小水电站140座，装机容量25.96万千瓦，其中装机容量500千瓦及以上电站93座，容量25.18万千瓦。分布情况统计，见表1-3-1。

表1-3-1　　2002年吉林省小水电站分布情况表

市(州)	小水电站总数		其中500千瓦以上电站数	
	座　数	装机容量(千瓦)	座　数	装机容量(千瓦)
长春	2	1900	1	1600
吉林	15	14 970	8	12 900
四平	1	8360	1	8360
通化	28	45 351	16	43 420
白山	55	100 523	43	99 330

续表

市(州)	小水电站总数		其中500千瓦以上电站数	
	座　数	装机容量(千瓦)	座　数	装机容量(千瓦)
延边	38(不含两江)	88 149	24(不含两江)	86 145
松原	1	375	0	0
合　计	140	259 628	93	251 755

一、三批农村水电初级电气化县建设

1984～2000年，中共中央和国务院为推动农村、山区、边远地区经济发展和改善农民生活，采取以地方、社会投资为主，中央适当补助和享受优惠、照顾的政策，坚持小水电建设“谁建、谁管、谁用、谁受益”和“自建、自管、自用”的原则，先后在全国开展了三批农村初级电气化试点县建设。吉林省共有12县(区、市)列入经国务院批准的试点县。

(一) 第一批初级电气化试点县建设

1985～1990年，全国第一批100个试点县建设中，吉林省长白、抚松、安图3个县名列其中。期间，开工建设了长白县双山电站，装机容量2520千瓦(1988年建成)；抚松县露水河电站，装机容量1920千瓦(1989年建成)；安图县三〇一电站，装机容量9000千瓦(1992年建成)，共投入资金6866万元。其中国家拨款3697万元，拨改贷1977万元；地方自筹917万元。贷款275万元。

(二) 第二批初级电气化试点县建设

1991～1995年，在国家第二批200个初级电气化试点县建设中，吉林省通化、靖宇、临江、汪清、敦化、集安等6个县(市)批准为试点县。期间，开工建设的电站有：通化县龙岗电站，装机容量9600千瓦(1998年建成)；汪清县满台城电站，装机容量24 900千瓦(2000建成)；临江市元宝电站，装机容量7000千瓦(1994年建成)；敦化市红石电站，装机容量8000千瓦(1996年建成)；集安市荒崴子电站(后相继改名新开河电站，玉丰源电站)，装机容量900千瓦(1998年建成)；共计新增容量50 400千瓦，投资5.2亿元，其中国家和吉林省补助资金1亿元。

(三) 第三批初级电气化试点县建设

1996～2000年，在国家进行第三批300个初级电气化试点县建设中，吉林省龙井市、白山市八道江区和三岔子区(后改江源县)位列其中。期间，开工建设的电站有白山市双河电站，装机容量12 000千瓦；龙井市河龙电站，装机容量4500千瓦；共完成投资2.45亿元，其中，中央电气化补助资金1220万元，国债资金5100万元，国家水利基建投资2000万元，省配套资金2805万元，银行贷款12 170万元。

二、“十五”水电农村电气化县建设

2001年，水利部〔2001〕486号文件《关于“十五”建设400个水电农村电气县的通知》，批准吉林省经过初级电气化试点县建设的长白、临江、靖宇、抚松、安图、通化、汪清等7个县(市)，进行“十五”水电农村电气化县建设。根据“十五”水电农村电气化县规划总体要求，吉林省共安排电源工程8项，其中新建工程3项，续建、扩建工程5项。新增装机容量5.392万千瓦，新增年发电量2.09亿千瓦•时，工程总投资5.85亿元。至2002年，已完成抚松北江电站和靖宇海岛电站扩建工程，新增装机容量1.425万千瓦。其余6项在建工程项目统计，见表1-3-2。

表1-3-2 2002年吉林省在建500千瓦以上小水电站工程一览表

电站名称	建设性质	装机容量（千瓦）	年发电量（万千瓦•时）	工程总投资（万元）	备 注
临江市聚宝电站	续建	20 000	7272	21 332	2004年已建成
临江市大松树电站	改建	增加2150	1187.2	1944	2004年已建成
长白县双山三级站	新建	4000	1691.3	2427	2004年已建成
安图县三〇三电站	新建	6000	3311	7081	
通化县东江电站	扩建	2520	1168.58	2923	
汪清县长沟电站	新建	5000	1329.6	11 800	

三、其他县(市)小型水电建设

1991～2002年，吉林省没有列入初级电气化试点县(市)和已完成初级电化试点县目标的部分县(市)，在国家小水电建设的优惠政策和方针指引下，根据本地区的条件，也进行了卓有成效小水电工程建设。如吉林市松花湖水电公司完成二松电站扩建，新增装机容量3200千瓦(1995年建成)；延吉市新建五道水库电站(2002年建成)，新增容量2400千瓦；梨树县扩建二龙湖水电站，新增容量3910千瓦；在完成试点县目标的县(市)中，通化县新建八里哨电站，新增容量800千瓦；长白县新建长白三级电站，高丽堡电站，参园电站，双山六级电站(1995～2001年建成)，新增容量6670千瓦；抚松县扩建北江电站(2002年建成)，新增容量8000千瓦；靖宇县续建头道湖电站(1997年建成)，扩建海岛电站(2002年竣工)，新增容量7450千瓦；敦化市扩建西崴子电站(1998年建成)新增容量800千瓦；汪清县建成满台城电站2.49万千瓦(2000年建成)；安图县新建成白龙、松明电站，扩建红丰电站，共增容量2165千瓦。此外，安图、通化、临江还建成500千瓦以下小水电站6座，新增容量1265千瓦。

2002年吉林省500千瓦及以上小水电站情况一览表见表1-3-3。

表1-3-3 2002年吉林省500千瓦及以上小水电站情况一览表

电站名称		所在地域	装机容量（千瓦）	设计年发电量（万千瓦•时）	投产年月
长春市	石头口门水库电站	九台市西营城乡	1600	960	1979
吉林市	龙城发电厂(龙城水电站)	吉林市龙潭区	960	400	1980
	龙云发电厂(龙云水电站)	吉林市龙潭区	640	256	1988.8

续表

	电站名称	所在地域	装机容量（千瓦）	设计年发电量（万千瓦·时）	投产年月
吉林市	松花湖水电开发公司（二松电站）	吉林市丰满区	6050 其中：2865 3200	3000	1990.7 1995.5
	星星哨水库电站	永吉县岔路河镇	2500	1748	1975
	黄河水库电站	磐石县烟筒山镇	600	100	1977.7
	关门砬子电站	桦甸市苏密沟乡	1085	240	1973.10
	大河电站	桦甸市常山镇	500	100	1981.9
	常山电站	桦甸市常山镇	565	100	1965.5
四平市	二龙湖水库电站	梨树县石岭镇	8360 其中：4450 1200 2700	930	1977 2000 2002
通化市	水源电站	通化市环通乡	1500	450	1981.10
	金厂电站	通化市金厂镇	500	150	1982
	华园（桃源水库）电站	通化市二道江区	5600	1680	2000
	湾湾川发电厂	通化县快大茂镇	改造 12 000 原建 9600	4270	1993 1980.10
	龙港水电站	通化县大都岭乡	9600	3052	1998
	英戈布电站	通化县英戈布镇	1160	290	1970
	东江水电站	通化县江甸子镇	500	220	1975
	八里哨电站	通化县兴林镇	800	320	1998.7 （新建）
	海龙水库电站	梅河口市小扬乡	1600	184	1983.10
	三家子电站	集安市台上乡	2750	940	1979
	台上电站	集安市台上乡	1500 其中：500 1000	580	1969.10 1993（扩建）
	玉丰源（荒崴子，新开河）电站	集安市台上乡	900	260	1998.10 （新建）
	小椅山电站	辉南县小椅山乡	1260	158	1981
	胜利水电站	辉南县板石河乡		234	1980
	大通沟电站	柳河县大通沟乡	1500	646	1977
	红旗电站	柳河县大通沟乡	750	100	1981

续表

	电站名称	所在地域	装机容量（千瓦）	设计年发电量（万千瓦·时）	投产年月
白山市	长白一级电站 长白二级电站 长白三级电站 统称：十三道沟电站	长白县十三道沟乡 长白县十三道沟乡 长白县十三道沟乡	2500 1280 1750	1335	1973 1969 1995（新建）
	宝泉山二级电站	长白县宝泉山乡	2520	800	1979.12
	宝泉山一级电站	长白县宝泉山乡	12 000	4000	1977.12
	双山一级电站 双山二级电站 统称：双山电站	长白县马鹿沟乡 长白县马鹿沟乡	1320 2000 共 3320	1485	1990.7 1989.7
	龙泉电站	长白县马鹿沟乡	890	300	1980.12
	北岗电站	长白县新房子乡	960	400	1979
	M 新房子一级电站	长白县新房子乡	520	250	1978.12
	新房子二级电站	长白县新房子乡	960	400	1984.12
	金华电站	长白县金华乡	890	300	1978.12
	八道沟电站	长白县八道沟镇	890	350	1980.12
	高丽堡电站	长白县十四道沟乡	1120	573	1996.1 （新建）
	参园电站	长白县金华乡	800	306	1996（新建）
	双山六级电站	长白县马鹿沟镇	3000	2698	2001.12 （新建）
	北江电站	抚松县抚水北镇	20 800 其中：12 800 8000	7944	1980.11 2002（扩建）
	泉阳电站	抚松县泉阳镇	2400	984	1972.2
	露水河电站	抚松县露水河镇	1920	750	1989.11
	蒲春河电站	抚松县北岗镇	640	175	1967.9
	汤河电站	抚松县仙人桥镇	960	400	1975.8
	万良电站	抚松县万良乡	640	215	1978.8
	东岭电站	抚松县东岭乡	600	218	1983.9
	漫江电站	抚松县漫江乡	750	350	1981.1
	小营子电站	靖宇县东兴乡	3200 其中：2400 800	885	1982.11 1995

续表

	电站名称	所在地域	装机容量（千瓦）	设计年发电量（万千瓦·时）	投产年月
白山市	海岛电站	靖宇县东兴乡	7530 其中：1280 6250	2285 600 1685	1970.12 2002(扩建)
	赤松电站	靖宇县赤松乡	1260	351	1990.4
	新华电站	靖宇县花园镇	800	240	1978.12
	靖宇电站	靖宇县蒙江乡	640	190	1983
	天合电站	靖宇县景山镇	500	185	1980.7
	头道湖电站	靖宇县燕平乡	1200	350	1997(新建)
	元宝电站	临江市东北岔乡	7000	2985	1994
	大松树电站	临江市东北岔乡	2800 其中：400 2400	1100	1990.12 1995
	东北岔电站	临江市东北岔乡	1200	554	1985
	蚂蚁河电站	临江市蚂蚁河乡	600	495	1983.10
	贾家营电站	临江市贾家营乡	500	200	1983
	七道沟电站	临江市七道沟乡	600	257	1982.6
	花山电站	临江市花山乡	600	140	1978.10
	吊打电站	临江市闹枝乡	1890	517	1982.8
	河口电站	白山市八道江区河口乡	800	356	1983.5
	大镜沟电站	白山市八道江区大镜沟乡	640	160	1994.3
	曲家营电站	白山市八道江区大镜沟乡	3700	925	2000.5
	光明电站	白山市八道江区河口乡	640	161	1993
延边朝鲜族自治州	白金电站	龙井市白金乡	2600 其中：2100 500	1045 1001	1970 2000
	白石电站	龙井市老头沟乡	625	250	1981
	葆园电站	龙井市老头沟乡	625	250	1981.5
	红石电站	敦化市宫地镇	8000	2537	1996(新建)
	黑石电站	敦化市黑石乡	6400	2470	1981

续表

电站名称		所在地域	装机容量（千瓦）	设计年发电量（万千瓦•时）	投产年月
延边朝鲜族自治州	西崴子电站	敦化市宫地镇	4000 其中：3200 800	1701 1394	1975 1998(扩建)
	珍珠门电站	敦化市大蒲柴河镇	3200	1340	1983
	沿山电站	敦化市沙河沿镇	1250	547	1981
	龙门电站	和龙县龙门乡	1040	290	1980
	西城电站	和龙县西城镇	960	377	1982
	苍安电站	汪清县西崴子乡	1000 其中：640 360	450	1976 1997(扩建)
	满台城电站	汪清县百草沟	24 900	8460	2000(新建)
	三〇一电站	安图县二道镇	9000	3535	1990
	三〇二(原白河)电站	安图县二道镇	6500 其中：6000 500	3270	1973 1995(扩建)
	奶头电站	安图县二道镇	2400	1702	1986.5
	二道(二道白河)电站	安图县二道镇	1260	815	1982
	三和(三合)电站	安图县二道镇	600	400	1974
	三岔河电站	安图县两江镇	1200	780	1981
	红丰电站	安图县二道镇	1300 其中：1000 300	700	1984 1999(扩建)
	安图水库电站	安图县明月镇	1000	240	1983
	白龙电站	安图县二道镇	1260	746	1993.8(新建)
	松明电站	安图县二道镇	625	400	1993.12(新建)
	五道水库电站	延吉市五道镇	2400 其中：2000 400	773	1992.11 2002(扩建)

第四章 风 电 建 设

风能发电是清洁能源，有利环境保护，对煤炭短缺的吉林省更具有特殊意义。

20 世纪 90 年代以前，吉林省没有风力发电，风力资源只有粗略、梗概的气象观测资料。1992～1997 年，在完成测风资料积累、机构组建、资金筹集、项目报批等工作后，1998 年开工建设第一个风电工程——通榆风电场，历经两期建设，至 2000 年，装机容量 3.006 万千瓦，居全国第 5 位，是吉林省开发新能源的跨越式发展。

第一节 前 期 工 作

1991 年 7 月，省电机工程学会启动风力发电的调查研究，先到北京考察，访问风电研究所、国家气象局、气象研究所、拜师朱瑞兆教授，与省电力公司计划处一同参观八达岭风电试验场，收集国内外风机资料，了解世界各国风机情况，购置测风仪。与吉林省气象学会联系，共同测定吉林省风力资源，准备向科技处提出立项，又同白城市研究，选风电试验场，为发展风电作思想准备，出版《世界电力之窗》介绍美国与西欧风电资料。

1992 年，能源部要引进国外贷款和设备发展风力发电，省电力公司责成农电局负责，进行测风，选择场址，开展可行性研究。同时，吉林省政府出台了风能开发利用的优惠政策、成立领导小组、批准建立风电建设的相关机构，至 1997 年末，完成了通榆风电场可行性研究设计的审查、上报、批复立项与资金筹集等全部前期准备工作。

一、测风

1992 年，吉林省农电局和中国水利水电建设咨询公司对风能资源丰富、开发条件好的通榆县开展调查、测风与可行性研究。经过数年的观测，春季风最大，冬季风最小。多年平均风速 4.7 米/秒，3～5 月平均风速 5.5 米/秒，其中 4～5 月平均风速 5.8 米/秒，12 月至次年 2 月平均风速 4 米/秒。该县西部同发、团结乡等地春季最大风速 25 米/秒，极大风速 28 米/秒，风向稳定，年有效风速时数高达 7147 小时，有效风能密度 685 瓦/米^2，有效风速频率 81.6%，可用作风电场的面积 550 千米^2。1998 年被列为全国 12 个大风场之一。

二、组织机构

1995 年 11 月 24 日，吉林省经贸委等 7 个委、厅、局以吉经贸资源联字〔1995〕520 号文件《关于吉林省风力发电有关扶持政策的通知》，制定七项优惠政策，并成立吉林省风力资源领导小组，负责组织、实施风电建设有关事宜。

1997 年 1 月 29 日，吉林省风力发电公司前期工作处正式成立，挂靠在吉林省农电局。1997 年 11 月 18 日，吉林省经济体制改革委员会（简称吉林体改委）以吉改股批〔1997〕61 号文件批准设立吉林风力发电股份有限公司。公司股本金 7400 万元，由吉林省电力投资有限责任公司、吉林省电力实业开发公司等17家法人单位出资3000万元(占40.5%),自然人出资4400万元(占59.5%)。各法人单位组成董事会,推选刘立新为董事长,韩喜林为副董事长兼总经理,全面负责风电建设、营运、管理工作。

三、可研设计审查、上报与审批

1997年4月,在吉林省经贸委和水利水电规划设计总院的主持下,前期工作处完成对《吉林省通榆风力发电场一期工程可行性研究设计报告》的审查与上报工作。1998年1月6日,国家计委以计交能〔1998〕13号文件,批准一期工程可行性研究设计报告,通榆风电场建设项目正式进入实施阶段。同年7月26日,国家计委以计基础〔1998〕1411号文件批准二期工程项目建议书。

第二节 风电场建设

通榆风电场1998年开工,至2000年,共完成两期工程,总装机容量3.006万千瓦。

一、通榆风电场一期工程

一期工程由中国水利水电建设工程咨询公司设计,场址位于通榆县团结乡畜牧场附近,距县城85千米。原设计规模5400千瓦,安装9台600千瓦西班牙进口风力发电机组,工程动态投资概算6472万元(单位工程造价11 987元/千瓦),其中国家计委安排利用西班牙政府混合贷款490万美元(折合人民币4065万元)。

吉林风力发电股份有限责任公司(简称风力发电公司)在风力发电机购货谈判中,根据西班牙政府混合贷款允许上浮10%的许诺,争取到534.5万美元(折合人民币4435万元),购得该国MADE公司生产660千瓦风力发电机11台,实际装机容量7260千瓦;风力发电机的塔筒及风电场配套设备改由国内生产。此举,经水利水电规划设计总院批准,同意将概算修正为7485万元,单位工程造价10 282元/千瓦。

在国内设备采购和施工单位招标中,择优选择产品和施工单位,节约资金500多万元。其中塔筒由青岛电站辅机制造厂生产9台,长春发电设备修造总厂生产2台;升压站主变压器由长春供电设备厂生产。吉林省火电第二、三工程公司分别承建风电场土建、安装工程,吉林省送变电工程公司承建中心变电所及电网工程;委托吉林省吉能电力建设监理有限责任公司进行全过程监理,吉林省电力科学研究院(简称省电科院)协助进行机组调试。

1998年8月23日,一期工程开工。风力发电公司采取举措推动施工安全、优质、高效。当年10月13日,风力发电机基础全部完工。1999年2月10日,升压站具备受电条件。经塔筒吊装,风电机组吊装,8月22日,设备全部安装完毕。10月18日,机组调试完成、投入试运行。10月30日正式竣工投产。工程实际总投资7186万元,单位工程造价9890元/千瓦,分别比概算降低229万元和392元/千瓦。

二、通榆风电场二期工程

1998年7月26日,国家计委计基础〔1998〕1411号文件,批准的通榆风电场二期工程项目,规模1.8万千瓦,安装30台600千瓦机组,项目投资1.96亿元。其中利用丹麦政府贷款 1500 万美元(折合人民币 1.24 亿元)，其余由业主自有资金解决。强调在设备选择时配合国家“乘风计划”的实施，积极支持风力发电机组国产化工作，要求配套设备国产化比例不低于 40%。

1998 年 11 月，通榆风电场二期工程可行性研究设计报告审查意见提出：针对国家从 1998 年 1 月 1 日起，对国外同容量机组免征进口税和该类设备产品价格略有下降的情况，建议将建设规模从 1.8 万千瓦调整为 2.1 万千瓦，安装 600 千瓦机组 35 台。11 月，国家电力公司水利水电规划设计总院以水电规新〔1998〕003 号文件批复，同意按 2.1 万千瓦规模调整工程概算。工程静态总投资 1.93 亿元(1998 年价格水平)，工程总投资 1.96 亿元(含丹麦政府贷款 1499.55 万美元)。

风力发电公司会同设计单位进行二期工程主设备采购谈判。谈判中，该公司及时获悉当时欧洲金融市场丹麦克朗对美元汇率一路下跌信息，坚持协议中按美元结算条款，利用有限的外资贷款额度，购得丹麦 NORDEX 公司生产的 600 千瓦风力发电机组 38 台，而且只付款 1226.4 万美元，比贷款额度减少 253.2 万美元。

1999 年 11 月 16 日，水利水电规划设计总院以水电规办新〔1999〕0002 号文件，批准二期工程规模按 2.28 万千瓦容量、再次调整投资概算。调整后工程静态投资 1.96 亿元(1999 年价格水平)，工程总投资 1.98 亿元。同年 12 月二期工程利用丹麦政府贷款转贷协议正式签署生效，实际贷款额度 1487.3 万元(折合人民币 1.23 亿元)。

2000 年 4 月 18 日，国家计委批准二期工程规模 2.28 万千瓦，安装丹麦生产的 600 千瓦风力发电机组 38 台，工程总投资 1.98 亿元。同意利用丹麦政府混合贷款 1500 万美元；项目资本金 3964 万元，由吉林风力发电股份有限公司自有资金支付，其余 3409 万元由东北电力集团财务公司吉林代理处贷款解决。

风力发电公司为争取 2000 年完成二期工程项目赢得时间，对塔筒及配套设计的招标订货，分别由长春发电设备修造总厂生产 15 台、青岛电站辅机厂生产 9 台、沈阳重型机械厂生产 9 台、张家口巴克—杜尔换热器有限公司生产 5 台。

二期工程仍由中国水利水电建设工程咨询公司设计，场址位于通榆县同发乡，与一期风电场毗邻，地形、地质条件也基本相同，风力技术性能更好，其 10 米高程年平均风速 5.96 米/秒，40 米高程年平均风速 7.23 米/秒。年有效风速(4～20 米/秒)时数 7537 小时，有效风能密度 366 瓦/米^2(1996～1997 年测风资料)，推算到 50 米高程年平均风速 7.46 米/秒，年有效风速时数 7610 小时，有效风能密度 404 瓦/米^2。

二期工程参建单位除增加四平供电公司和白城电力安装公司外，其余与一期施工单位相同。

2000 年 6 月 10 日，二期工程正式开工。风力发电公司认真总结一期工程建设经验，加快二期工程进展，至 12 月 20 日工程全部竣工，实现了当年开工当年投产，建设工期为 6 个月 10 天，创造了全国风电场建设的最短工期。实际工程总投资 1.75 亿，单位工程造价 7683 元/千瓦，分别比概算总投资减少 2300 万元和 1010 元/千瓦。当年新机组发电量 487 万千瓦·时。

第二篇　电网与输变电建设

第二篇　电网与输变电建设

吉林省电网与输变电工程建设在 20 世纪 90 年代和 21 世纪初，出现大发展时期。作为东北电网的组成部分，吉林省境内 500 千伏输变电建设也发展较快，建成 2 条连接辽宁、吉林和黑龙江三省 500 千伏电网的南北输电大通道。220 千伏电网进一步完善，形成了具有长春、吉林、四平、梅河(东丰)四城市为 4 个支撑点的"井"字形网架，覆盖全省 9 个地区和大多数市、县的全省统一电网。城市电网建设与改造进展很快，特别是 1998 年国家出台了城乡电网改造政策，国家计委投入 1200 亿元用于城网改造和建设，吉林省各地区共投入 45 亿元资金，大大完善了城网的布局和结构。电网通信网络也有了很大发展，先是用电力载波，后来应用微波，20 世纪 90 年代后期，光纤通信突飞猛进发展，成为主要通信方式，建立了为电力系统服务的通信网。

第一章　500 千伏电网与输变电建设

为保证吉林省境内白山、丰满两大水电厂的电能输往辽宁省工业基地，充分发挥水电在东北电网中的调峰、调频作用，1986 年 11 月，吉林省建成投产了 500 千伏东丰变电所和东丰变电所至辽阳变电所的丰辽线。为贯通辽宁、吉林和黑龙江三省 500 千伏电网，实现北电南送，电能互通，1993 年 3 月和 2000 年 12 月，东北电网先后建成第一条和第二条南北输电大通道。为将双辽发电厂 30 万千瓦 3、4 号机组接入东北 500 千伏电网，2000 年 12 月，省电力公司还建成投产 500 千伏双辽发电厂至梨树开闭所的双梨输电线路。至 2002 年末，吉林省境内已建成投产 8 条 500 千伏送电线路，杆路总长度 830.56 千米，建成投产公用 500 千伏变电所 3 座和 500 千伏开闭所 1 座，变电总容量 305.1 万千伏·安。东北电网 500 千伏南北输电大通道的建成，为吉林省 500 千伏电网建设奠定了基础。

第一节　东北电网第一条南北输电大通道建设

吉林省东丰 500 千伏变电所和丰(东丰变电所)辽(辽阳变电所)输电线路于 1986 年 11 月建成投产后，吉林省内几座大型水电厂实现了与辽宁省 500 千伏电网联网，但辽宁、吉林和黑龙江三省 500 千伏电网没有联网。为实现东北辽、吉、黑三省 500 千伏电网联网，东北电网决定建设第一条南北输电大通道——东(丰)长(春)哈(尔滨)输变电工程。经过充分论证，东北电力总公司确定在长春市西郊合心镇建500千伏变电所——合心变电所。东长哈输变电工程，南起吉林省500千伏东丰变电所，中间经过长春合心变电所，北端到哈尔滨市的哈南变电所。在吉林省境内要建设500千伏317千米输电线路，新建500千伏合心变电所，扩建500千伏东丰变电所。该工程由东北电力总公司负责，吉林、黑龙江省电力公司参加，共同建设。工程从1987年开始动工，至1993年3月投入运行。

一、东长哈500千伏输电线路建设

东长哈500千伏线路工程，从东丰到长春距离150千米，长春到哈尔滨240千米(省界内167千米)，吉林省境内317千米，共分三个标段。一标段，东丰变电所至长春合心变电所，149.47千米，二标段，长春合心变电所至德惠市郭家乡西向阳村，66.42千米，三标段，德惠市郭家乡西向阳村至拉林河，98.92千米。一、三标段由吉林省电力工程总公司承建，二标段由吉林省电力联合安装公司承建。

工程由东北电力设计院设计，线路的基础形式有现浇刚性基础、灌注桩基础、掏挖基础等。线路的铁塔有拉线V形塔、酒杯型自立塔、悬垂转角塔、“干”字形非直线塔。线路的导线采用AC2－400/51钢芯铝绞线，每相四根正方形排列。线路的地线采用GJ－100镀锌钢绞线。该工程1988年6月15日开工，1992年6月30日竣工。

建设施工中，施工单位实行三级技术责任制，各道工序开工前都作到岗前培训和技术交底，对关键工序和特殊作业进行技术培训。他们还开展了技术革新活动，推广新技术新工艺，设计和应用钢模支撑定型工具，掏挖基础采用半机械掏挖，跨越ZBK塔应用液压提升半倒置组塔技术，保证了施工顺利进行。

二、合心变电所建设

500千伏合心变电所是东北电网的枢纽变电所，它连接辽宁、吉林、黑龙江三省，在东北500千伏电网中占有重要位置。该变电所位于长春市郊区合心乡哈达村，距长春市15千米，占地10.1公顷。其建设单位是500千伏东长哈输变电工程长春筹建处，设计单位是东北电力设计院，施工单位是吉林省送变电工程公司。主变压器选用的是苏联产品，一组4台(备用一台)，单台容量26.7万千伏·安，总容量为80.10万千伏·安，500千伏开关设备为ABB公司产品，220千伏开关设备为沈阳高压开关厂制造。1987年开始动工，1988年土建施工，1992年6月设备安装，500千伏出线两回，220千伏出线5回，1993年3月5日正式投入运行。

合心变电所安装工程紧张，在施工中，送变电公司向施工人员进行动员，提高思想认识，做到在保证安全、质量的前提下，加快施工进度。他们结合工程实际，进行了劳动优化组合，合理组织施工，有效地安排时间，提高机械的使用率和劳动生产率。并加强工程管理。在保证质量方面，做到单位工程和分项工程一次检验合格率达90%，一次成优率达88%，工程竣工合格率达100%，优良率96%。

2000年，第二条500千伏大通道建设，合心变电所扩建，增加500千伏出线二回，即梨合线和合包线。

三、东丰变电所扩建

白山发电厂二期扩建工程安装2台30万千瓦发电机组，分别于1991年12月和1992

年6月投产发电。为配合白山发电厂二期投产，500千伏东丰变电所进行扩建。该工程于1990年6月开工，1993年7月竣工，安装沈阳变压器厂生产的单相容量25万千伏·安主变压器3台，容量75万千伏·安。东丰变电所共有2组主变压器，总容量150万千伏·安。该变电所有500千伏出线2回，220千伏出线8回。

将白山发电厂电能送往东丰变电所，自白山至东丰建有5条220千伏送电线路，白梅甲乙线转入东丰变电所，白东南北线直接送到东丰变电所，另一条线路称白辉东送电线路，是白山经辉南的高集岗与东丰变电所相连。丰满发电厂送出的松虎线破口，进入东丰变电所，称松丰线，使丰满发电厂与500千伏电网相连。浑江发电厂的送出线路经三岔子一次变电所进入东丰变电所，接入500千伏电网。东丰县还有220千伏苗胜一次变电所，有一条线路与东丰变电所相连。东丰变电所是东北电网北电南送的重要枢纽。

第二节　东北电网第二条南北输电大通道建设

东北三省的500千伏电网，辽宁省和黑龙江省较大，南北的电能需要互通，急需建成第二条500千伏贯通南北的输电大通道。东北电网经过研究和筹备，决定建设从沈阳市的沙岭经四平市的梨树、长春市的合心、吉林市的包家，到黑龙江省的永源，全长647千米的500千伏输变电工程。在吉林省境内要建设500千伏372.66千米的输电线路和新建500千伏包家变电所、梨树开闭所，扩建500千伏合心变电所。该工程由国家电力公司东北公司负责，辽宁、吉林、黑龙江三省电力公司参加，共同建设。工程从1997年开始筹备，2000年12月建成投产。为将双辽发电厂3、4号发电机组通过梨树开闭所并入500千伏电网，省电力公司还新建了双辽发电厂到梨树开闭所的500千伏双梨线，杆路长度72.80千米，2000年12月建成投产。

一、辽长吉哈佳500千伏输变电工程输电线路建设

第二条500千伏南北输电大通道——辽长吉哈佳输变电工程，自辽宁省辽阳变电所起，经沈阳市沙岭变电所、四平市梨树开闭所、长春市合心变电所、吉林市包家变电所、黑龙江省永源开闭所、方正变电所，最后到达佳木斯市群林变电所，贯通东北三省。自沙岭至梨树、合心、包家、永源500千伏输电线路是辽长吉哈佳500千伏输变电工程重要的一段，全长647千米。线路分4段，沙梨线210千米，梨合线96千米，合包线111千米，包永线230千米(吉林省境内148千米)。

输电线路工程东北电力设计院为总设计，黑龙江、吉林、辽宁省电力设计院分别设计其省内区段的部分。业主单位为500千伏辽长吉哈佳输变电工程指挥部。监理单位为黑龙江电力建设监理责任有限公司。吉林省送变电工程公司承担了305.85千米线路的施工任务。该工程1998年6月15日开工，2000年12月竣工。导线采用LGJ-400/35钢芯铝绞线，地线一条为GJ-70钢绞线，另一条为架空地线复合光缆(OPGW)。

吉林省送变电公司在施工中注意发挥技术人员的作用，提出多项技术革新和合理化建议，在施工中得到应用。工程中大胆使用新工艺新技术，积极应用到基础分坑计算、找正

数据计算、组塔工序分解、组塔数据计算、档距计算、平衡张力计算及割线长度计算等，在 OPGW 架线施工中，采用张力机直接调头放线，绞磨紧线的新工艺，减少了场地占用，加快了施工进度，减少了青苗赔偿费用。

二、包家变电所建设

500 千伏包家变电所是第二条 500 千伏大通道的变电工程之一，位于吉林市九站乡包家窝堡屯，距吉林市 13 千米。建设单位是省电力公司电网建设公司，监理单位是黑龙江电力建设监理有限责任公司，设计单位是国家电力建设监理有限责任公司，施工单位是吉林省送变电工程公司。工程于 1999 年 5 月 1 日开工，2000 年 12 月 1 日竣工，2001 年 4 月 24 日投产，主变压器一组 4 台(一台备用)，单台容量 25 万千伏·安，总容量 75 万千伏·安。

变电所占地总面积为 10.32 公顷，所区建筑面积为 2918.13 米^2，其中主控楼建筑面积 2433.02 米^2。500 千伏构架、设备支架及变压器构架按本期规模建设采用角钢结构。220 千伏系统按最终规模建设，采用钢管结构，220 千伏设备支架采用环形杆结构。

变电所主变压器采用沈阳变压器厂生产的 DOFPS－25000/500 单相自耦变压器。500 千伏设备采用 ABB 公司瓷柱式双断口断路器；隔离开关采用 ZH2 型组合式开关。电流互感器采用沈阳变压器厂的 LB3 型电流互感器，电压互感器采用加拿大进口的电容式电压互感器。220 千伏设备采用 ABB 公司瓷柱式单断口断路器，隔离开关采用 GW12 及 GW6 型剪刀开关，出线及旁路采用 LB1 型电流互感器，电压互感器采用电容式电压互感器。66 千伏并联电抗器采用干式空心型电抗器。

吉林省送变电工程公司在施工中开展群众性技术革新活动，推广和应用新技术、新工艺，认真填写施工记录，加强质量管理，使工程达到五个满意(即业主、设计、监理、施工、运行满意)。他们实现了单位工程及分项工程一次检验合格率达 90%，一次成优率达 88%，工程竣工合格率达 100%，优良率达 96%。工程质量总评价为优良级。

三、梨树开闭所建设

梨树开闭所是第二条 500 千伏输电大通道项目之一，位于四平市梨树县白山乡五馆子村，距四平市 25 千米。建设单位是省电力公司电网建设公司，监理单位是吉林省电力建设监理有限责任公司，设计单位是东北电力设计院，施工单位是吉林省送变电工程公司。开闭所断路器为德国 ABB 公司产品，电压、电流互感器分别为加拿大产品和沈阳变压器厂产品，开闭所留有扩建余地。本工程于 1999 年 5 月 17 日开工建设，2000 年 11 月 17 日竣工投产。工程经 500 千伏梨树开闭所新建工程启动验收委员会检查验收，各项设施性能均达到国家标准，工程质量总评为优良级。

本期工程占地面积 7.29 公顷。所内建筑物按变电所规模本期工程一次建成，全所总建筑面积 3000 米^2，其中主控楼建筑面积 2400 米^2。500 千伏构架及设备支架按本期规模建设，构架采用角钢结构，热镀锌防腐。双辽发电厂 3、4 号机通过梨树开闭所并网。

施工过程中，施工单位成立了以总工程师为核心的技术管理体系，搞好施工组织，措施编制，技术交底，落实操作工艺，施工安全，开展技术培训，技术革新，重视工程质量，单位工程和分项工程的检验合格率 90%，一次成优率 88%，工程设备合格率 100%，优良率 96%，竣工评定达到优良级，创国优工程。

省内 500 千伏变电所和输电线路统计见表 2-1-1 和表 2-1-2。

表 2-1-1　　2002 年吉林省 500 千伏变电所统计

地区	变电所名称	所在市县	投产时间	铭牌容量（万千伏·安）	出线（回）	
					500 千伏出线	220 千伏出线
辽源	东丰变电所	东丰县	1986.11	25×3	2	8
			1993.7	25×3		
长春	合心变电所	长春市	1993.3	26.7×4（1 台备用）	4	7
吉林	包家变电所	吉林市	2001.4	25×4（1 台备用）	2	6
四平	梨树开闭所	梨树县	2000.11	0	3	0

表 2-1-2　　2002 年吉林省 500 千伏输电线路统计　　单位：千米

线路名称	起　点	终　点	投产时间	杆路长度
丰辽线	东丰变电所	辽阳变电所	1986.11	66.91（省内距离）
丰合线	东丰变电所	合心变电所	1993.3	149.89
合南线	合心变电所	哈南变电所	1993.3	167.19（省内距离）
沙梨线	沙岭变电所	梨树开闭所	2000.12	18.31（省内距离）
梨合线	梨树开闭所	合心变电所	2000.12	95.44
合包线	合心变电所	包家变电所	2000.12	111.10
包永线	包家变电所	永源变电所	2000.12	147.81（省内距离）
双梨线	双辽发电厂	梨树开闭所	2000.12	72.80

第二章 220千伏电网与输变电建设

20世纪90年代～2002年，吉林省220千伏电网进一步完善，覆盖了全省9个地区和大部分市、县。至2002年末，全省建成220千伏输电线路123条，杆路长度6146.82千米，其中省电力公司所属109条，5269.01千米；建成220千伏省电力公司所属公用变电所46座，变电总容量812.30万千伏·安(省电力公司所属和吉林省全地区数字相同)。220千伏电网南与辽宁省电网有5条联络线，北与黑龙江电网有4条联络线，西与内蒙东部电网有3条联络线。

第一节 长春地区电网与输变电建设

进入20世纪90年代，长春地区220千伏电网的电源建设加快发展步伐。长春第二热电厂新建，长春第一热电厂扩建，共计新增发电容量52.5万千瓦。双辽发电厂一期工程2台30万千瓦的机组，分别于1994、1995年移交生产，并向长春送电，1993年建成的500千伏合心变电所，也是一个电源支撑点。电源建设的发展推动了220千伏电网建设同步发展。1991～2002年，长春地区共新建省电力公司所属220千伏变电所4座，变压器总容量108万千伏·安；共扩建220千伏变电所4座，新增变电总容量36.7万千伏·安。至2002年末，长春地区省电力公司所属220千伏公用变电所11座，变电总容量228.60万千伏·安。1991～2002年长春地区新建、改建220千伏送电线路27条(双回线统计为2条)。至2002年末，长春地区有省电力公司所属220千伏输电线路26条，杆路总长度889.48千米。

一、220千伏变电所新建和扩建

新建220千伏西郊一次变电所，安装2台12万千伏·安主变压器，分别于1992年5月和1992年12月投入运行。该所220千伏出线8回，66千伏出线10回。新建220千伏东郊一次变电所，1993年6月和1995年9月，2台新建的18万千伏·安主变压器先后投入运行，220千伏和66千伏出线分别为5回和7回。新建220千伏双阳一次变电所，安装1台12万千伏·安主变压器，220千伏出线2回，66千伏出线6回。

平泉一次变电所是伸入市中心区，电缆进线，电气设备室内布置的220千伏变电所，位于长春市动植物园东北角，北临平泉路。输电线路从长春一次变电所来，先用220千伏架空线跨过伊通河，以后改为电缆，穿过亚泰大街，煤气站北侧，进入变电所。工程的建设单位是省电力公司电网建设公司，监理单位是吉林省电力建设监理有限责任公司，设计单位是吉林省电力勘测设计院，施工单位是吉林省送变电工程公司变电分公司。

在施工中，变电分公司针对“创优质工程，建达标电站”的目标要求，开工前对施工人员进行技术交底和培训，要求掌握施工图、安装使用说明书和作业指导书，每道工序开展前，做好施工试点，掌握施工工艺，统一施工标准。施工中，经常总结施工经验，推广应用新技术、新工艺，开展技术攻关，收到较好效果。

该变电所主控楼于 2000 年开始施工，2001 年 9 月 10 日进行设备安装，2002 年 1 月投运，交付长春供电公司运行。本期安装 18 万千伏·安主变压器 2 台；220 千伏电缆出线两回；66 千伏电缆出线 10 回，分别为朝阳甲、乙线；义和甲、乙线；建和甲、乙线；中心甲、乙线；自由甲、乙线；66 千伏和 10 千伏所用变压器各 1 台。该变电所为全户内式，配电装置分层布置，无人值班、有人值守，全部采用 GIS 全封闭组合电器，完全室内布置的 220 千伏市区内变电所。

220 千伏农安一次变电所进行了 2 次扩建。1994 年 12 月增容扩建，将 220 千伏 5 万千伏·安主变压器更换为 9 万千伏·安主变压器。2002 年 12 月，再次进行增容扩建，将 220 千伏、6.3 万千伏·安主变压器更换为 9 万千伏·安主变压器。220 千伏榆树、北郊、西郊一次变电所，分别于 1998 年、2001 年和 2001 年 12 月进行了扩建，榆树一次变电所新增 220 千伏、12 万千伏·安主变压器 1 台，北郊一次变电所将原 220 千伏 12 万千伏·安主变压器更换为 18 万千伏·安主变压器，西郊一次变电所则新增 220 千伏 12 万千伏·安主变压器 1 台。70 年代，为贯彻“山、散、洞”电建方针，曾建设红旗(富家)变电所，被停运拆除。

二、220 千伏输电线路新建和改建

1991～2002 年，长春地区新建了 25 条 220 千伏输电线路。1993 年 3 月，将北(北郊变电所)农(农安变电所)线改为合(合心变电所)农(农安变电所)线，2001 年，合心变电所作为哈大电气化铁路配套工程，新建了合(合心变电所)德(德惠变电所)线，将北(北郊变电所)九(九台变电所)线改为合(合心变电所)九(九台变电所)线。

长春市四周建成 220 千伏六边形双环网，东有长春热电二厂变电所，西有合心变电所，北环有东郊变电所和北郊变电所，南环有长春一次变电所和西郊变电所。

第二节　吉林地区电网与输变电建设

20 世纪 80 年代，吉林地区 220 千伏电网就有了很大发展，建成四边形双环网，即丰满发电厂变电所—哈达湾一次变电所—吉林热电厂变电所—铁东一次变电所—丰满发电厂变电所。进入 20 世纪 90 年代，由于 500 千伏包家变电所建成，增加了电源支撑点，吉林地区 220 千伏电网进一步扩大。1991～2002 年，新建 220 千伏变电所 6 座，变压器总容量 75.3 万千伏·安；扩建 220 千伏变电所 5 座，新增变电容量 45.6 万千伏·安；关闭了江北一次变电所，容量 24 万千伏·安。至 2002 年末，吉林地区省电力公司所属 220 千伏公用变电所 10 座，变电总容量 193.20 万千伏·安；220 千伏输电线路 32 条，杆路总长度 839.82 千米。

一、220 千伏输变电新建

新建城南一次变电所，安装 12 万千伏·安主变压器 1 台。于 1992 年 10 月 9 日竣工，翌年4月16日投运，有220千伏出线2回，66千伏出线9回。桦甸一次变电所位于桦甸市城西，安装9万千伏·安有载调压变压器1台，有220千伏出线2回，66千伏出线6回。1993年5月12日，66千伏系统先期运行，同年12月9日，220千伏系统投入运行。蛟河220千伏变电所原设在蛟河发电厂内，决定移地新建，1996年11月7日建成投运，新装1台6.3万千伏·安变压器。2000年初，进行增容扩建，新装1台6.3万千伏·安主变压器，11月3日投入运行。至2002年末，该变电所容量12.6万千伏·安，有220千伏出线2回，66千伏出线8回。

新建的新立一次变电所安装1台18万千伏·安有载调压变压器，1995年8月10日开工建设，1997年12月26日投入运行。2001年7月21日，500千伏包家变电所至新立变电所220千伏包新甲乙线建成投运。2002年6月11日，220千伏新电甲乙线建成投运，与新力热电厂联网。至2002年末，新立一次变电所有1台18万千伏·安主变压器，有220千伏出线5回，66千伏出线9回。城西一次变电所新建工程，安装1台12万千伏·安，强迫油循环风冷有载调压主变压器，有220千伏出线4回，66千伏出线8回，于2001年10月31日投运。维昌一次变电所新建工程，安装1台18万千伏·安主变压器，有220千伏出线1回，66千伏出线9回，该变电所为户内式无人值班变电所，2001年12月28日，新建维昌一次变电所投入运行。

二、220千伏输变电扩建

1991～2002年期间，吉林地区一批老变电站进行了扩建。220千伏磐石一次变电所，1966年建成投入运行，经2次扩建后，到1991年，装有9万千伏·安主变压器2台，总容量18万千伏·安。1995年，为配合磐石铝厂二期增容扩建工程，将2号容量为9万千伏·安主变压器更换为12万千伏·安主变压器，同年11月3日投入运行。2001年11月，根据用电负荷增长的需要，又新建3号主变压器1台，容量为12万千伏·安。至2002年末，这个变电所总容量达到33万千伏·安。220千伏出线3回，66千伏出线有13回。

哈达湾一次变电所1991年时，变电总容量达到36万千伏·安。2001年8月，新建220千伏包(家)哈(达湾)甲乙线投运，原220千伏哈(达湾)新(立)线取消。2001年11月，220千伏松(丰满厂)哈(达湾)甲乙线在城西一次变破口Π接，城西一次变电所至哈达湾一次变电所段称哈西甲乙线。至2002年末，哈达湾一次变电所有220千伏出线7回，66千伏出线15回。

铁东一次变电所1991年时有12万千伏·安主变压器1台。1997年7月，新安装18万千伏·安主变压器1台，7月17日建成投运。2001年12月，新建的220千伏包(家)东(铁东)甲乙线投运，500千伏包家变电所向铁东一次变电所供电。至2002年末，铁东一次变电所有主变压器2台，总容量30万千伏·安。有220千伏出线9回，66千伏出线13回。

舒兰一次变电所1991年时有6.3万千伏·安主变压器1台，2002年9月扩建，新装6.3万千伏·安主变压器1台，至2002年末，该变电所总容量为12.6万千伏·安。有220千伏出线2回，66千伏出线6回。

1952年12月建成的江北一次变电所，由于地处化工区，设备污秽严重，于2001年9月关闭。关闭时有单相4万千伏·安主变压器7台(其中1台备用)。

第三节　白山地区电网与输变电建设

1978年和1979年，白山地区先后建成了220千伏浑水线（浑江发电厂至水洞一次变电所）和浑梅线（浑江发电厂至浑梅线71号塔），但到20世纪80年代，该地区还没有建设220千伏变电所，是全省的空白。进入20世纪90年代，白山地区迎来了电力建设高潮。白山地区的三岔子是66千伏线路集中点，到临江、湾沟、青松、靖宇都有66千伏送电线路，1994年1月建成了220千伏三岔子一次变电所，总容量12万千伏·安，并于1993年7月，建成了浑（浑江发电厂）三（三岔子一次变电所）220千伏送电线路。1997年4月，浑江发电厂四期工程1台20万千瓦机组投产，同年4月，220千伏东（东丰变电所）三（三岔子一次变电所）线建成并投入运行，通过该送电线路把浑江发电厂的电能送往500千伏东北电网主网。

松江河梯级水电站于1994年6月28日开工建设。为保证水电站施工用电和电站机组建成后电能送出，需要220千伏送电线路和变电所，为此新建松江河一次变电所。该所位于松江河镇西北部，占地3.105公顷，其建设单位是吉林省电力建设局，业主为吉林省电力工程承包公司松江河工程管理处，设计单位是吉林省电力勘测设计院，施工单位是吉林省送变电公司变电分公司，该变电站是省送变电公司承建的第一个交钥匙工程。施工单位坚持“百年大计，质量第一”的方针，推广全面质量管理，采用标准化、正规化模式施工，建立质量保证体系。加强质量检查，并与经济效益挂钩，做到工程质量合格率100%，一次成功率85%，优良品率96%。该工程安装1台12万千伏·安主变压器，主要设备采用沈阳变压器厂和沈阳高压开关厂生产设备。1995年8月开始施工，1997年8月竣工。同年11月建成了220千伏三（三岔子一次变电所）江（松江河一次变电所）输电线路和小（小山电站）江（松江河一次变电所）输电线路。

白山市区原由浑江发电厂直接供电，为改善电源布局，白山市区1998年11月建成220千伏白山一次变电所，总容量12万千伏·安。建成220千伏浑（浑江发电厂）白（白山一次变电所）输电线路和白（白山一次变电所）水（水洞一次变电所）输电线路。1991～2002年，白山地区建成3座220千伏一次变电所，总容量36万千伏·安，建成7条220千伏输电线路，杆路总长度303.69千米。至2002年末，该地区省电力公司所属220千伏公用变电所3座，总容量36万千伏·安，220千伏送电线路8条，杆路总长度345.61千米。

第四节　延边地区电网与输变电建设

延边地区电网是吉林省电网东部末梢，珲春发电厂建成后，有了新的电源支撑。进入20世纪90年代，延边地区220千伏电网有了很大发展。先是图们、敦化2座变电所进行扩建，接着新建了延西一次变电所。1991～2002年，延边地区电网新增公用变电所变电容量42万千伏·安。榆树川发电厂是按“山、散、洞”方针建设的，又都是高能耗小机组，2000年12月24日关停。

一、220千伏变电所新建和扩建

延边地区2座一次变电所进行扩建。220千伏敦化一次变电所1号主变压器6.3万千伏·安，1992年7月31日更换为9万千伏·安主变压器。1994年11月5日，图们一次变电所新增220千伏6.3万千伏·安主变压器建成投运。1997年9月，敦化一次变电所又增9万千伏·安主变压器一台。敦化一次变电所有220千伏出线5回，66千伏出线8回，是延边电网枢纽变电所，也是吉林省和黑龙江省电网的连接点。

延边地区电网新建和扩建220千伏延西一次变电所，安装2台12万千伏·安主变压器。1号和2号主变压器先后于2000年12月16日和2002年12月20日建成投产。延西一次变电所有东(延东一次变电所)西(延西一次变电所)甲线和敦(敦化一次变电所)西(延西一次变电所)甲线2条220千伏出线，66千伏有11条出线。榆树川发电厂关停后，其电力负荷全部由延西一次变电所1号主变压器承载。

延西一次变电所位于延吉市西郊，距延吉市5千米，占地面积26 280米^2。建设单位是省电力公司电力建设总公司，监理单位是吉林省电力建设监理有限责任公司，设计单位是吉林省电力勘测设计院，施工单位是吉林省送变电公司变电分公司。

延西一次变电所新建工程于2000年5月20日开始建设，同年12月16日工程结束，交付延边供电公司运行。完成主要工程量是：主控楼建设面积817.41米^2；开挖土石方16 938米^3；各类混凝土及毛石砌体4354米^3；铁塔及各类横梁74吨；组立水泥杆403根；安装12万千伏·安主变压器1台；630千伏·安所用变压器2台及其相应的配套设备398台。工程历时203天，克服了多雨天气造成的不良影响，按预定工期圆满地完成了施工任务，创最短工期记录。各分项工程质量均达到优良级标准，合格品率为100%，优、良品率分别为91.4%和100%。

该变电所220千伏及66千伏断路器分别采用平顶山和瓦房店开关厂生产的SF_6断路器。220千伏隔离开关采用西安高压开关厂的GW10－220(W)和GW11－220(W)型隔离开关；66千伏隔离开关采用GW5－60(W)型隔离开关。该变电所为全省首次采用综合自动化管理的220千伏变电所。220千伏配电装置采用中层布置，上层线为软母线，主母线为支持型管母线，断路器为单列式布置。66千伏并联电容器为低层布置，母线为软母线。220千伏构架及设备支架采用角钢结构，热镀锌防腐；66千伏构架及设备支架本期全部采用水泥杆。

二、220千伏输电线路建设

延边地区安图县新建两江水电站。220千伏江敦线2000年7月15日建成投入运行，是延边电网的220千伏电源线，杆路长度102.78千米。220千伏敦西甲线于2000年12月16日建成投运，全线杆路长度112.87千米。220千伏东西甲线，2000年12月16日建成投入运行，杆路长度17.05千米。

至2002年末，延边地区省电力公司所属220千伏公用变电所4座，变电总容量72.60万千伏·安。省电力公司所属220千伏送电线路8条，杆路总长度542.34千米。

第五节　四平地区电网与输变电建设

四平市是吉林省电网8条220千伏线路交汇点。1991～2002年，四平地区电网新建了220千伏伊通一次变电所，扩建了220千伏双辽、四平、巨丰、公三岭一次变电所，增加变电容量48.7万千伏·安。1995年12月，伊通一次变电所建成投运9万千伏·安主变压器1台，220千伏出线2回。220千伏致富一次变电所是铁路部门所建，哈大电气化铁路四平站专用(为开闭所)，于2001年6月17日建成投产。1991年11月，双辽一次变电所扩建，将原来5万千伏·安主变压器更换为9万千伏·安主变压器。1994年10月，该变电所再次扩建，新增1台9万千伏·安主变压器。至2002年末，有220千伏出线2回。

1996年11月，巨丰一次变电所进行扩建，投产1台9万千伏·安主变压器。1997年10月，该变电所扩建，将9万千伏·安主变压器换为12万千伏·安主变压器。至2002年末，该变电所有220千伏出线6回。1999年9月和2000年12月，公主岭一次变电所先后将原有6.3万千伏·安主变压器和6万千伏·安主变压器换成12万千伏·安主变压器，至2002年末，该变电所有220千伏出线5回。2000年8月，四平一次变电所将6万千伏·安主变压器更换为9万千伏·安主变压器，220千伏出线6回。

在此期间，四平地区电网220千伏输电线路建设也有增长，新建输电线路10条(双回线按2条统计)，改建输电线路3条。至2002年末，四平地区省电力公司所属220千伏公用变电所5座，变电总容量90.30万千伏·安，省电力公司所属220千伏输电线路21条，杆路总长度1032.52千米。

第六节　通化地区电网与输变电建设

1991～2002年，通化地区新建220千伏变电所2座，扩建老变电所2座，新投产12万千伏·安主变压器3台，9万千伏·安变压器1台。新增变电容量38.70万千伏·安。新建、改建220千伏送电线路7条，改善了电网结构。

一、新建、扩建、改建220千伏变电所

1994年10月，新建高集岗一次变电所，装有9万千伏·安主变压器1台，220千伏出线2回。1997年12月，220千伏金厂一次变电所建成，装有12万千伏·安主变压器1台，有220千伏出线2回。

在此期间，通化地区还扩建、改建一批变电所。梅河一次变电所是220千伏电网井字形网架的四个中心之一，与丰满、白山两大水电厂，与浑江发电厂、辽源、四平地区相连，也与东丰500千伏变电所相连，并有2条220千伏线路南接辽宁省，地位十分重要，是电力枢纽。1993年12月，梅河一次变电所扩建，拆除原来的旧主变压器，更换为12

万千伏·安新主变压器。至2002年末，共有12万千伏·安主变压器2台，总容量24万千伏·安。有220千伏出线10回。2001年1月，水洞一次变电所扩建，新投产1台12万千伏·安主变压器，至2002年末，共有主变压器2台，变电总容量24万千伏·安。有220千伏出线3回。

二、新建、改建220千伏送电线路

1991～2002年，通化地区电网共新建、改建220千伏输电线路7条。1991年10月建成了浑郑(78号塔—郑家一次变电所)线，杆路长度35.18千米，建成了郑梅(郑家一次变电所—梅河一次变电所)线，杆路长度39.38千米。1991年9月，建成白山发电厂(厂内)联络线，杆路长度0.55千米。水洞一次变电所至金厂一次变电所的水金线1997年1月建成，杆路长度31.26千米。水江线(水洞一次变电所—二道江发电厂)和金江线(金厂一次变电所—二道江发电厂)这两条220千伏输电线路都是在2000年1月建成投运。

至2002年末，通化地区省电力公司所属220千伏公用变电所5座，变电总容量75.30万千伏·安，省电力公司所属220千伏输电线路15条，杆路总长度554.82千米。

第七节 白城、松原地区电网与输变电建设

白城地区电网(含松原地区)发展较快。1991年12月，镇赉一次变电所建成投入运行，安装1台6.3万千伏·安主变压器。2001年，进行扩建，6.3万千伏·安主变压器更换为9万千伏·安主变压器。220千伏有出线2回，66千伏有出线8回。新建的洮南一次变电所，安装6.3万千伏·安主变压器1台，1996年12月建成投入运行。有220千伏出线1回，66千伏出线4回。白城供电公司还扩建一批一次变电所。1999年12月，白城一次变电所四期扩建竣工，把6.3万千伏·安主变压器更换为12万千伏·安主变压器，至2002年末，共有12万千伏·安主变压器2台，总容量24万千伏·安，有220千伏出线3回，66千伏出线13回。1995年9月，扶余一次变电所进行三期扩建，把5万千伏·安主变压器更换为12万千伏·安主变压器。2000年10月，该一次变电所四期扩建竣工投运，把原来6.3万千伏·安主变压器更换为12万千伏·安主变压器，至2002年末，该一次变电所有12万千伏·安主变压器2台，220千伏出线2回，66千伏出线8回。

白城供电公司送电线路建设较少，只是1996年12月建成投运了220千伏白(城)洮(南)线，杆路长34.49千米。

1991～2002年，白城地区电网共新建220千伏变电所2座，扩建变电所3座，新增变电总容量33.7万千伏·安。至2002年末，白城、松原地区省电力公司所属220千伏公用变电所6座，变电总容量90.30万千伏·安。省电力公司所属220千伏输电线路12条，杆路总长度880.43千米。

第八节　辽源地区电网与输变电建设

2000年，为配合辽源热电厂新投产机组电能送出，辽源电网对220千伏辽源一次变电所进行了扩建，并新建了220千伏热源甲乙线(辽源热电厂至辽源一次变电所)。辽源一次变电所扩建了220千伏出线间隔4个，间隔串动1个，新增少油开关4组，隔离开关5组，电流互感器12台，电容式电压互感器2台以及相应的二次设备，于2000年9月竣工。新建热源甲乙线于2000年9月竣工，杆路长度0.87千米。至2002年末，辽源地区省电力公司所属220千伏公用变电所2座，变电总容量26.00万千伏·安。省电力公司所属220千伏输电线路8条，杆路总长度184.00千米。

1991～2002年，吉林省220千伏电网建设发展较快，电网更加完善。12年间，全省公用变电所新增变电总容量385.60万千伏·安，全省新增送电线路杆路长度1541.68千米。至2002年末，已建成了横跨全省9个地区和大部分市(县)的全省统一电网。1991～2002年吉林省省电力公司所属220千伏公用变电所和送电线路建设工程统计见表2－2－1和表2－2－2。

表2－2－1　1991～2002年吉林省省电力公司所属220千伏公用变电所工程项目统计

地区	变电所名称	建设地址	工程类型	投产时间	变电容量(万千伏·安) 新增投产容量	变电容量(万千伏·安) 2002年末总容量	2002年末220千伏出线(回)
长春	西郊一次变电所	长春市	新建	1992.5	12	3×12	8
			新建	1992.12	12		
			扩建	2001.12	12		
	东郊一次变电所	长春市	新建	1993.6	18	2×18	5
			新建	1995.9	18		
	双阳一次变电所	长春市	新建	1993.6	12	12	2
	农安一次变电所	农安县	增容改建	1994.12	9—5	2×9	2
			增容改建	2002.12	9—6.3		
	榆树一次变电所	榆树市	扩建	1998	12	6.3+12	3
	北郊一次变电所	长春市	增容改建	2001.12	18—12	12+18	6
	平泉一次变电所	长春市	新建	2002.1	2×18	2×18	2
吉林	城南一次变电所	吉林市	新建	1993.4	12	12	2
	桦甸一次变电所	桦甸市	新建	1993.12	9	9	2
	磐石一次变电所	磐石市	增容改建	1995.11	12—9	9+12+12	3
			扩建	2001.11	12		
	蛟河一次变电所	蛟河市	新建	1996.11	6.3	6.3×2	2
			扩建	2000.11	6.3		

续表

地区	变电所名称	建设地址	工程类型	投产时间	变电容量(万千伏·安)		2002年末220千伏出线(回)
					新增投产容量	2002年末总容量	
吉林	铁东一次变电所	吉林市	扩建	1997.7	18	12+18	9
	新立一次变电所	吉林市	新建	1997.12	18	18	5
	哈达湾一次变电所	吉林市	改建	2001.8		2×18	7
			改建	2001.11			
	江北一次变电所	吉林市	关闭	2001.9	停运4万千伏·安变压器单相共7台		
	城西一次变电所	吉林市	新建	2001.10	12	12	4
	维昌一次变电所	吉林市	新建	2001.12	18	18	1
	舒兰一次变电所	舒兰县	扩建	2002.12	6.3	6.3×2	2
通化	梅河一次变电所	梅河市	增容改建	1993.12	12－6.3	12×2	10
	高集岗一次变电所	辉南县	新建	1994.10	9	9	2
	金厂一次变电所	通化市	新建	1997.12	12	12	2
	水洞一次变电所	通化市	增容改建	2001.1	12	12×2	3
延边	敦化一次变电所	敦化市	增容改建	1992.7	9－6.3	9×2	5
			扩建	1997.9	9		
	图们一次变电所	图们市	扩建	1994.11	6.3	6.3×2	2
	延西一次变电所	延吉市	新建	2000.12	12	12×2	2
			扩建	2002.12	12		
四平	双辽一次变电所	双辽市	增容改建	1991.11	9－5	9×2	2
			扩建	1994.10	9		
	伊通一次变电所	伊通县	新建	1995.12	9	9	2
	巨丰一次变电所	四平市	扩建	1996.11	9	12×2	6
			增容改建	1997.10	12－9		
	公主岭一次变电所	公主岭市	增容改建	1999.9	12－6.3	12×2	5
			增容改建	2000.12	12－6		
	四平一次变电所	四平市	增容改建	2000.8	9－6	6.3+9	6

续表

地区	变电所名称	建设地址	工程类型	投产时间	变电容量(万千伏•安)		2002 年末 220 千伏出线(回)
					新增投产容量	2002 年末总容量	
白城、松原	镇赉一次变电所	镇赉县	新建	1991.12	6.3	9	2
			扩建	2001	9—6.3		
	扶余一次变电所	宁江区	增容改建	1995.9	12—5	12×2	2
			增容改建	2000.10	12—6.3		
	洮南一次变电所	洮南市	新建	1996.12	6.3	6.3	1
	白城一次变电所	白城市	增容改建	1999.12	12—6.3	12×2	3
白山	三岔子一次变电所	江源县	新建	1994.1	12	12	3
	松江河一次变电所	抚松县	新建	1997.10	12	12	2
	白山一次变电所	八道江区	新建	1998.11	12	12	2
辽源	辽源一次变电所	辽源市	扩建	2000.9		8+9	4

表 2-2-2　1991～2002 年吉林省省电力公司所属 220 千伏送电工程项目统计

地区	线路名称	起　点	止　点	工程类型	投运时间	杆路长度(千米)
长春	春二甲线	长春一次变电所	长春热电二厂	新建	1992	6.11
	春二乙线	长春一次变电所	长春热电二厂	新建	1992	
	合西甲线	合心变电所	西郊一次变电所	新建	1992.6	21.74
	合西乙线	合心变电所	西郊一次变电所	新建	1992.6	
	合北甲线	合心变电所	北郊一次变电所	新建	1992.6	16.29
	合北乙线	合心变电所	北郊一次变电所	新建	1992.6	
	西长甲线	西郊一次变电所	长春一次变电所	新建	1992.8	26.34
	西长乙线	西郊一次变电所	长春一次变电所	新建	1992.8	26.29
	二东甲线	长春热电二厂	东郊一次变电所	新建	1990	7.50
	二东乙线	长春热电二厂	东郊一次变电所	新建	1992	
	东北甲线	东郊一次变电所	北郊一次变电所	新建	1990	13.44
	东北乙线	东郊一次变电所	北郊一次变电所	新建	1993	
	东双线	东郊一次变电所	双阳一次变电所	新建	1993	52.93
	合农线	合心变电所	农安一次变电所	改建	1993.3	33.23
	合九线	合心变电所	九台一次变电所	改建	2001.3	36.57
	合德线	合心一次变电所	德惠一次变电所	新建	2001.7	79.58
	双伊线	双阳一次变电所	42 号塔	新建	2001.3	15.05

续表

地区	线路名称	起　点	止　点	工程类型	投运时间	杆路长度（千米）
长春	五榆线	五棵树一次变电所	榆树一次变电所	新建	2001.8	32.91
	德五线	德惠一次变电所	五棵树一次变电所	新建	2001.8	63.32
	五铁甲线	五棵树一次变电所	电铁牵引站	新建	2001.8	26.8
	五铁乙线	五棵树一次变电所	电铁牵引站	新建	2001.8	
	德铁甲线	德惠一次变电所	电铁牵引站	新建	2001.8	5.74
	德铁乙线	德惠一次变电所	电铁牵引站	新建	2001.8	
	北铁甲线	北郊一次变电所	电铁牵引站	新建	2001.9	9.39
	北铁乙线	北郊一次变电所	电铁牵引站	新建	2001.9	
	春平甲线	长春一次变电所	升空站	新建	2002.1	4.39
	春平乙线	长春一次变电所	升空站	新建	2002.1	
吉林	松西分甲线	松西甲线32	城南一次变电所	新建	1993.4	
	松西分乙线	松西乙线31	城南一次变电所	新建	1993.4	3.213
	红桦线	红石水电站	桦甸一次变电所	破口	1993.12	47.40
	磐桦线	磐石一次变电所	桦甸一次变电所	破口	1993.12	56.77
	松东乙线	丰满发电厂	铁东一次变电所	新建	1997.9	24.01
	丰电联络线	丰满发电厂新开关站	丰满发电厂大坝	新建	1997.10	1.40
	新肥线	新立一次变电所	化肥厂变电所	新建	1997.12	6.71
	包新甲线	包家变电所	新立一次变电所	新建	2001.7	10.18
	包新乙线	包家变电所	新立一次变电所	新建	2001.7	
	包哈甲线	包家变电所	哈达湾一次变电所	新建	2001.8	12.20
	包哈乙线	包家变电所	哈达湾一次变电所	新建	2001.8	
	东肥线	铁东一次变电所	化肥厂变电所	改建	2001.9	16.83
	松西甲线	丰满发电厂	城西一次变电所	破口	2001.11	22.88
	哈西甲线	哈达湾一次变电所	城西一次变电所	破口	2001.11	16.24
	松西乙线	丰满发电厂	城西一次变电所	破口	2001.11	18.33
	哈西乙线	哈达湾一次变电所	城西一次变电所	破口	2001.11	4.93
	包东甲线	包家变电所	铁东一次变电所	新建	2001.12	34.42
	包东乙线	包家变电所	铁东一次变电所	新建	2001.12	
	东维线	铁东一次变电所	维昌一次变电所	新建	2001.12	7.92
	新电甲线	新立一次变电所	新立热电厂	新建	2002.6	8.20
	新电乙线	新立一次变电所	新立热电厂	新建	2002.6	

续表

地区	线路名称	起　点	止　点	工程类型	投运时间	杆路长度（千米）
通化	浑郑线	78号	郑家一次变电所	新建	1991.10	35.18
	郑梅线	郑家一次变电所	梅河一次变电所	新建	1991.10	39.38
	白山厂内联络线	白山发电厂内	白山发电厂内	新建	1991.9	0.55
	水金线	水洞一次变电所	金厂一次变电所	新建	1997.1	31.26
	水江线	水洞一次变电所	二道江发电厂	改建	2000.1	8.43
	金江线	金厂一次变电所	二道江发电厂	改建	2000.1	26.10
	梅中一号线	梅河一次变电所	217号	破口	2001	85.22
延边	江敦线	两江水电站	敦化一次变电所	新建	2000.7	102.78
	敦西甲线	敦化一次变电所	延西一次变电所	新建	2000.12	112.87
	东西甲线	延东一次变电所	延西一次变电所	新建	2000.12	17.05
四平	双西甲线	双辽发电厂	长春西郊一次变电所	新建	1993.9	150.88
	双巨线	双辽一次变电所	巨丰一次变电所	新建	1994.1	87.42
	公伊线	公主岭一次变电所	伊通一次变电所	新建	1995.12	39.80
	双西乙线	双辽发电厂	长春西郊一次变电所	新建	1996.7	151.04
	热四甲线	四平热电厂	四平一次变电所	新建	1999.10	5.85
	清富线	清河发电厂	致富一次变电所	破口	2001.6	77.82
	富四线	致富一次变电所	四平一次变电所	破口	2001.6	18.75
	富铁甲线	致富一次变电所	四铁牵引变电所	新建	2001.7	1.91
	富铁乙线	致富一次变电所	四铁牵引变电所	新建	2001.7	
	公铁甲线	公主岭一次变电所	公铁牵引变电所	新建	2001.7	9.15
	公铁乙线	公主岭一次变电所	公铁牵引变电所	新建	2001.7	9.22
	双伊线	双阳一次变电所	伊通一次变电所	新建	2001.8	28.60
	昌巨线	昌图一次变电所	巨丰一次变电所	破口	2001.6	65.03
白山	浑郑线	浑江发电厂	79号	新建	1991.10	32.59
	浑三线	浑江发电厂	三岔子一次变电所	新建	1993.7	17.56
	东三线	东丰变电所	三岔子一次变电所	新建	1997.4	116.28
	三江线	三岔子一次变电所	松江河一次变电所	新建	1997.10	34.34
	小江线	小山水电站	松江河一次变电所	新建	1997.11	4.95
	浑白线	浑江发电厂	白山一次变电所	新建	1998.11	8.24
	白水线	白山一次变电所	水洞一次变电所	新建	1998.11	39.70

续表

地区	线路名称	起　点	止　点	工程类型	投运时间	杆路长度（千米）
辽源	热源甲线	辽源热电厂	辽源一次变电所	新建	2000.9	0.87
	热源乙线	辽源热电厂	辽源一次变电所	新建	2000.9	
白城松原	白洮线	白城一次变电所	洮南一次变电所	新建	1996.12	34.49

第三章　城市电网建设

城市电网建设在很长一段时间没有得到足够的重视，导致吉林省各城市电网薄弱。20世纪80年代末和90年代，随着城市的经济和社会发展，城网建设开始引起重视。省电力公司贯彻落实能源部和国家电力公司城市电网建设、改造会议精神，加强城市电网建设与改造。90年代初，省电力公司曾组织人力，对城网建设进行调查，找出存在的问题，提出了改进措施。省电力公司及基层供电部门，改善电网结构，加大城网的吞吐量，提高了供电可靠性。自1998年起，省电力公司系统贯彻中央文件精神和国务院加强城网建设与改造的指示，城市电网建设与改造出现新的局面。至2002年末，吉林省9个市、州共投入45.3亿元用于城市电网建设和改造，已经取得明显的成效。

第一节　长春市城网建设

1991～2002年，长春市220千伏城市电网发展较快。在此期间，有220千伏西郊、东郊一次变电所，长春热电二厂变电所投入运行。特别是1993年长春合心500千伏枢纽变电所投入运行后，长春市220千伏城市电网结构发生很大变化，原有的长春一次变电所、北郊一次变电所和新建的西郊、东郊一次变电所，长春热电二厂变电所、长春合心变电所220千伏系统6个顶点及它们之间的输电线路220千伏二东甲乙线、东北甲乙线、合北甲乙线、合西甲乙线、西长甲乙线、春二甲乙线形成了220千伏6边形双环网。为解决66千伏城网输送能力和线路走廊的限制，2002年1月，又在市中心地区建成投运了220千伏平泉路一次变电所，安装18万千伏·安变压器2台，使电网结构得到优化。长春市66千伏城网布局原来就比较合理。1991～2002年，66千伏长春市城网建设加快。新建、扩建大批66千伏变电所，66千伏城市电网结构有新变化，形成了以长春一次变电所、东郊、北郊、西郊一次变电所66千伏系统为顶点，以它们之间输电线路为连线的四边形双环网。电网供电能力大大提高，供电的灵活性、可靠性增强。

一、220千伏长春城市电网建设

长春市的220千伏城市电网建设起步较晚，20世纪90年代发展较快。长春一次变电所，早在1942年建成，原来电压为154千伏，1971年升压到220千伏运行。220千伏长春北郊、西郊、东郊一次变电所先后于1984年，1992年和1993年建成投运。长春热电二厂1号机组和长春合心变电所先后于1991年和1993年建成投运。长春市形成了六边形的双环网，220千伏城市电网大大加强。

长春市220千伏双环网的电源来自四面八方，有长山、通辽、双辽发电厂、长春热电一厂、长春热电二厂和四平、吉林两地区以及500千伏合心变电所8个电源，结构比较合理，运行安全可靠。但长春是省会所在地，面积大，人口多，发展快，66千伏线路向市区供电，受到输送能力和线路走廊困扰的影响，限制了城市电网发展，所以必须建220千伏变电所伸入市中心地区。2002年1月，在长春市动植物园的东北角建成投运了220千伏平泉一次变电所，装有18万千伏·安主变压器2台，66千伏电缆出线10回，为长春市安全可靠供电奠定了基础。

二、66千伏长春城市电网建设

进入20世纪90年代，为适应吉林省会城市的经济和社会发展的需要，使长春市城网更加安全可靠供电，66千伏线路伸入市中心繁华商业区、负荷中心区，建设变电所迫在眉睫，在市中心建变电所采用六氟化硫全封闭组合电器，电缆进线，并实行无人值班，提高现代化运行水平十分必要。长春电业局新建朝阳变电所，1995年建成，安装3.15万千伏·安主变压器2台，是长春西南片的集控中心。在重庆路的香格里拉、国贸大厦、百货大楼几家大商场大酒店附近，新建建和路变电所，采用钢管杆沿西安大路进线，然后改用66千伏电缆，安装4万千伏·安主变压器2台，2000年建成投运。借长春市东南经济技术开发区开发之机，新建浦东变电所，安装3.15万千伏·安主变压器2台，1996年建成，是东南片集控中心。春阳变电所在客车厂附近，安装3.15万千伏·安变压器2台，1996年建成，是西北片的集控中心所在地。

团山变电所在八里堡与小南之间，1997年建成，安装3.15万千伏·安变压器1台。长白路变电所安装3.15万千伏·安变压器2台，1998年投运。上海路变电所，酝酿多年，1999年终于建成投运，安装3.15万千伏·安变压器2台。

借长春市西南高新技术开发区建设之机，新建了高新二次变电所，位于城区西南部，室内布置，采用全封闭组合电器，1995年投产，容量5.15万千伏·安。2001年，又在西南远方再建高科变电所，容量6.30万千伏·安。进入21世纪，长春市66千伏城市电网又有了一批变电所和送电线路建成投运。66千伏汽贸、福州、义和等变电所先后于2001年5月、2002年7月、11月建成，提高了供电能力，增强了供电安全。

至2002年末，长春市城市电网共有66千伏公用变电所35座，变电总容量197.45万千伏·安。1991～2002年，长春城市电网共新建、扩建66千伏变电所29座，新增变电总容量133.33万千伏·安。与此同时，长春66千伏城网结构也发生了很大变化，形成了以220千伏长春、东郊、北郊、西郊一次变电所66千伏系统为顶点的66千伏四边形双环网，实行开环运行，增加了供电的灵活性和可靠性。

1991～2002年，长春市66千伏城市电网省电力公司所属公用变电所新建、扩建工程项目统计见表2-3-1。

表2-3-1　1991～2002年长春市66千伏城市电网省电力公司所属公用变电所新建、扩建工程项目统计

变电所名称	变电所地址	工程类型	投产时间	变电容量(万千伏·安)	
				新增容量	2002年末总容量
南关变电所	吉顺街77号	扩建	1991	2×(2−1.6)	2×4
			2001	4−2	
			2002	4−2	

续表

变电所名称	变电所地址	工程类型	投产时间	变电容量(万千伏·安)	
				新增容量	2002年末总容量
小南变电所	宽城区永盛街174号	扩建	1991	2	2×2
			2002	2－1.6	
南岭变电所	南关区净水路	扩建	1991	2×2	2×2
安达街变电所	朝阳区安达街	扩建	1993.12	3.15－1.6	2×3.15
			1998.12	3.15－1.6	
凯旋变电所	宽城区凯旋路	扩建	1994.8	3.15－1.6	2×3.15
			1997.7	3.15－1.6	
中心变电所	咸阳路68号	扩建	1994.9	3.15－2	2×3.15
			1994.10	3.15－2	
高新区变电所	高新开发区云河街	新建	1995	2＋3.15	3.15＋2
朝阳变电所	朝阳区吉林电视塔南侧	新建	1995.12	2×3.15	2×4
		扩建	2001	2×(4－3.15)	
浦东变电所	经济开发区浦东路	新建	1996.2	2×3.15	2×3.15
春阳变电所	绿园区青荫路	新建	1996.12	2×3.15	2×3.15
团山变电所	宽城区首山9－13号	新建	1997.11	2×3.15	2×3.15
月潭变电所	净月旅游开发区	新建	1997.12	1.6＋2	1.6＋2
长白变电所	东二条街与黑水路交汇处	新建	1998.11	2×3.15	2×3.15
上海路变电所	南关区汪清街	新建	1999.12	2×3.15	2×3.15
二道变电所	二道区安乐路	扩建	1999	4－2	2×4
			2002	4－3.15	
建和变电所	朝阳区重庆路	新建	2000.5	2×4	2×4
城西变电所	政法广场附近	扩建	2001	3.15－2	2×3.15
铁西变电所	绿园区青年路	扩建	2001	4－2	2×4
			2002	4－2	
南湖变电所	光机学院院内	扩建	2001	2×(3.15－2)	2×3.15
净月变电所	旅游开发区净月大街4775号	扩建	2001	2×(2－0.56)	2×2
孟家变电所	孟家派出所附近	扩建	2001	2×(3.15－2)	2×3.15
金川变电所	经济开发区金川街	新建	2001.11	2×3.15	2×3.15
自由变电所	自由大路86号	新建	2001.1	2×3.15	2×3.15
高科变电所	高新开发区蔚山路	新建	2001.3	2×3.15	2×3.15

续表

变电所名称	变电所地址	工程类型	投产时间	变电容量(万千伏·安)	
				新增容量	2002年末总容量
汽贸变电所	绿园供电局附近	新建	2001.5	2×3.15	2×3.15
通阳变电所	双阳区城郊村一社	新建	2001.10	2	2
八里堡变电所	二道区英俊乡	扩建	2002	2—1.6	2
福州变电所	自由大路7580号	新建	2002.7	2×3.15	2×3.15
义和变电所	义和路与百汇街交汇处	新建	2002.11	2×4	2×4

第二节 吉林市城网建设

20世纪80年代之前，吉林市城市电网薄弱，多是用户变电所，公用二次变电所少，广大用户用电困难，城市电网缺乏吞吐能力。自80年代开始，吉林市注意了城市电网建设，建成了从丰满发电厂到铁东一次变电所、吉林热电厂、哈达湾一次变电所再到丰满发电厂的220千伏四边形双环网；建成投产土城子、北山、东大滩、石井沟等一批66千伏二次变电所。

1991～1997年，吉林电业局对城市电网进行建设与改造，缓解供电紧张局面，从基本建设、折旧、大修理、贴费、集资五方面筹措资金，投入到电网建设与改造中，建成投产的220千伏城网一次变电所有城南、新立2座一次变电所，分别安装12万千伏·安和18万千伏·安变压器各1台。扩建铁东一次变电所，新装18万千伏·安变压器1台。66千伏城网则新建了龙潭、朝阳、高科技，扩建了北山、松江等一批66千伏二次变电所，新增变电总容量29.3万千伏·安。经过7年的建设与改造，吉林市城市电网日趋完善，环网网架比较坚强，通过环网的联络线，可以互带负荷。但城市电网仍存在一些问题，市中心区没有220千伏变电所，电源缺乏。66千伏城市电网没有形成双环网，联络线导线截面偏小，供电半径大，66千伏变电所布局不够合理，市中心区布点少，配电线路过负荷，影响了城市供电。

1998年，抓住国家重视城网建设大好时机，积极进行城网建设与改造。1998～2002年，新建和扩建66千伏变电所7座。1991～2002年吉林市城网新建、扩建66千伏变电所16座，新增变电容量63.35万千伏·安。

2000年12月，500千伏包家变电所建成，并新建了220千伏包哈甲乙、包东甲乙和包新甲乙输电线路，使220千伏城网结构发生了很大变化。由包东甲乙、包哈甲乙、热东甲乙、热哈甲乙、松东甲乙、松西甲乙、哈西甲乙线将包家变电所、吉林热电厂变电所、丰满发电厂变电所和铁东、城西、哈达湾一次变电所联成“日”字形双环网络。经过城市电网改造后，66 千伏城市电网也发生了很大变化。至 2002 年末，已建成 66 千伏城市公用变电所 19 座，变电总容量 86.35 万千伏·安。由 66 千伏哈电甲乙、西湾甲乙、南西甲乙、城昌甲乙、东昌甲乙及东电甲乙线将吉林热电厂变电所和哈达湾、城西、城南、维昌、铁东一次变电所的 66 千伏系统连成了 6 点双环网，实行开环运行。

吉林市城市电网，有三满发电厂、吉林热电厂、500 千伏包家变电所、吉林市地方电厂、企业自备电厂和长春、磐石、蛟河等多个方面的电源，运行可靠性较高。经过改造后，电网结构坚强、合理，过去存在的供电“卡脖子”、供电半径过长等问题基本解决，市区公用变电所增加，电网吞吐能力、负荷互带能力增强，供电可靠性和电能质量有了很大提高。

1991～2002 年吉林市城市电网新建、扩建 66 千伏省电力公司所属公用变电所统计见表 2-3-2。

表 2-3-2　1991～2002 年吉林市城市电网新建、扩建 66 千伏省电力公司所属公用变电所统计

变电所名称	变电所地址	工程类型	投产时间	变电容量（万千伏·安）	
				新增容量	2002 年末总容量
松江变电所	吉林市昌邑区	原地重建	1991.10.17	2	4
龙潭变电所	吉林市龙潭区	新建	1992.7.1	2	4
		扩建	2002.12.1	2	
七家子变电所	吉林市郊区	新建	1993.4.18	2	4
			1993.4.18	2	
北山变电所	吉林市船营区	扩建	1993.11.11	2	4
石井沟变电所	吉林市丰满区	扩建	1993.11.30	1	2
江南变电所	吉林市丰满区江南乡	扩建	1993	2	4
九站变电所	吉林市九站乡	原地重建	1994.11.20	2	4
			1994.11.20	2	
朝阳变电所	吉林市船营区	新建	1996.11.30	3.15	6.3
			1996.11.30	3.15	
高科技变电所	吉林市江南高新技术开发区	新建	1997.11.30	2	4
			1997.11.30	2	
土城子变电所	吉林市龙潭区	改建	1998.9.1	3.15—2	6.3
			1999.9.1	3.15—2	

续表

变电所名称	变电所地址	工程类型	投产时间	变电容量(万千伏·安)	
				新增容量	2002年末总容量
东大滩变电所	吉林市松江东路	移地新建	1998.9.27	2	4
			1998.10.26	2	
通潭变电所	吉林市昌邑区	新建	1999.10.20	3.15	3.15
红旗变电所	吉林市丰满区	新建	2000.10.20	2	4
			2000.10.20	2	
东市变电所	吉林市东市场	新建	2000.12.1	4	8
			2000.12.1	4	
辽东变电所	吉林市昌邑区	新建	2001.5.30	3.15	6.3
			2001.5.30	3.15	
桃源路变电所	吉林市洮源路	移地新建	2002.12.7	3.15	6.3
			2002.12.7	3.15	

第三节 四平市城网建设

四平市长时间是66千伏系统的末端，电压曾降到56千伏。1971年5月，220千伏四平一次变电所建成投运，四平市电网有了220千伏电源，城市供电得到改善。20世纪80年代，7路220千伏线路交汇四平市，电源十分充足，可是城网比较薄弱。1985年之前，66千伏北门、平东、条子河3座变电所和四平一次变电所66千伏系统相连，在四平市四周形成了66千伏单环网。1985年12月，220千伏巨丰一次变电所建成投运，并建成双回220千伏线路和四平一次变电所相连，形成了骨干网架，四平市城网供电得到加强。1996年6月，海丰二次变电所建成投产，1999年12月，四平热电厂建成投入运行后，四平市城市电网结构发生很大变化，形成了66千伏四边形双环网。双回的66千伏丰平线、丰海线、热海线、热平线将四平、巨丰一次变电所，海丰二次变电所和四平热电厂变电所连接起来。至2002年末，四平市有8座66千伏公用城市变电所，变电总容量26.60万千伏·安。海丰变电所容量3.15万千伏·安。铁东中心变电所容量3.15万千伏·安，由四平热电厂双回线直供，一面城变电所容量2万千伏·安，由四平一次变电所双回线直供。装有容量3.15万千伏·安和2万千伏·安主变压器的平东变电所T接于双环网，条子河变电所装有2台2万千伏·安主变压器，平南变电所装有1台2万千伏·安主变压器，2座变电所均双T接于双环网；北门变电所由巨丰一次变电所双回直供，安装容量2万千伏·安主变压器2台。2002年12月投入运行的铁西中心变电所，安装3.15万千伏·安主变压器1台，由热海甲乙线供电。四平城市电网经过多年建设和改造，至2002年，已形成了坚强的66千伏双环网，变电所都有双电源，结构合理，安全可靠。

第四节 延吉市城网建设

延吉市城市电网，长时间一直都很薄弱。1991～2000年，220千伏系统只有一座延东一次变电所，装有9万千伏·安主变压器2台，110千伏系统有延南一次变电所，装有3.15万千伏·安三绕组主变压器2台。延吉市城网66千伏系统，呈辐射状供电。这样的城网结构，供电安全性、可靠性不强，一旦延东一次变电所出现故障，延吉市只有榆树川发电厂电源。

2000年之前，延吉市只有2座66千伏公用二次变电所——河西变电所和河北变电所。河西变电所先后于1989年和1995年安装2万千伏·安主变压器各1台，河北变电所于2000年将1台2万千伏·安主变压器更换为1台3.15万千伏·安主变压器，变电总容量达到5.15万千伏·安。市中心区域缺少二次变电所，是配电线路的末端，供电半径太长，负荷中心急需建66千伏变电所。

2000年12月，220千伏延西一次变电所建成，12万千伏·安主变压器投入运行。2002年12月，又投第二台12万千伏·安主变压器。与此同时，220千伏东西甲线建成，成为东西两座一次变电所的联络线。66千伏城网结构发生根本性的改变，以东西两座一次变电所为支撑，形成“曰”字形网架。东西方向有3条66千伏双回联络线，而且提高了输电能力。

至2002年末，建成66千伏公用变电所5座。变电总容量26.60万千伏·安。“曰”字形网架北线双T接河西变电所和河北变电所。延西一次变电所投运后，榆树川发电厂关停，延南变电所降为66千伏二次变电所，装有4万千伏·安变压器2台，以双Ⅱ方式接入“曰”字形网架的南线。2000年6月，建成66千伏中心变电所，安装3.15万千伏·安主变压器1台。同年9月，又扩建第二台3.15万千伏·安主变压器。同年8月，新建了66千伏友谊变电所，容量3.15万千伏·安。中心变电所和友谊变电所双T接于中线。因走廊困难，至2002年末，中线仍没有将两座一次变电所连通。

第五节 白城市城网建设

白城市原来靠白城发电厂直配供电，1977年8月，220千伏白城一次变电所建成投产，安装1台6.3万千伏·安三绕组主变压器，电压为220/69/11千伏，市区内用10千伏配电。80 年代起，白城电业局加强了 66 千伏白城市城市电网建设，至 2002 年末，已建成 66 千伏公用变电所 5 座，变电总容量 22.90 万千伏·安。1983 年 12 月，建成投产 66 千伏城北变电所，安装 1 万千伏·安主变压器 1 台，并同时建成 66 千伏 5.1 千米白(白城一次变电所)北(城北二次变电所)送电线路。1990、1992 年和 1998 年，先后建成投产了 66 千伏城南、城东和城西二次变电所，形成了 66 千伏城市环网，白城一次变电所 10 千伏系统停止使用。

1999 年至 2002 年 1 月，新建白城市 66 千伏中心变电所，安装 66 千伏 3.15 万千伏·安主变压器 1 台。城北、城南二次变电所分别扩建。至 2002 年末，城北、城南二次变电所容量分别达到了 6.30 万千伏·安和 5.15 万千伏·安，城西、城东二次变电所容量分别达到了 3.15 万千伏·安和 5.15 万千伏·安。66 千伏城市电网建设提高了供电能力和供电可靠性。

第六节 松原市城网建设

松原市城市电网是在地区电网基础上逐渐建成的。1979 年 12 月，220 千伏扶余一次变电所建成投产，至 2002 年末，安装有 12 万千伏·安主变压器 2 台，总容量 24 万千伏·安。1990 年 8 月，220 千伏前郭一次变电所建成投产，2002 年末，该变电所安装有 9 万千伏·安主变压器 2 台，总容量 18 万千伏·安。白城电业局以 2 座 220 千伏变电所为基础，加强了松原市城市电网建设。至 2002 年末，全市共建成 66 千伏公用变电所 4 座，变压器总容量 18.25 万千伏·安。宁江区有 2 座二次变电所。66 千伏扶余变电所，1961 年建成投产，至 2002 年，装有 3.15 万千伏·安和 8000 千伏·安主变压器各 1 台。66 千伏晨光变电所，1988 年 3 月建成投产，至 2002 年末，装有 3.15 万千伏·安和 2 万千伏·安主变压器各 1 台。前郭镇也有 66 千伏变电所 2 座。66 千伏松原二次变电所，1962 年建成投产，至 2002 年末，安装有 3.15 万千伏·安和 2 万千伏·安主变压器各 1 台。66 千伏江南变电所，1995 年 5 月建成投产，至 2002 年末，安装有 2 万千伏·安主变压器 2 台。

在松原市城市电网建设中，白城电业局加强了 66 千伏输电线路建设。他们于 1980 年和 1981 年先后建成了连接 220 千伏扶余一次变电所和前郭一次变电所的扶前甲乙线，2002 年又建成了扶前丙丁线，共 4 条 66 千伏输电线路。66 千伏扶余变电所和晨光变电所双 T 接于扶前甲乙线，66 千伏江南变电所双 T 接于扶前丙丁线。66 千伏松原变电所由 220 千伏前郭一次变电所双回线直供。松原市城市电网结构合理，互为备用性强，提高了供电能力，城市电网运行经济，安全可靠。

第七节 通化市城网建设

通化市过去靠二道江发电厂供电。1976 年 9 月建成 220 千伏水洞一次变电所，通化市城市电网有所改善。1997 年 12 月，220 千伏金厂一次变电所建成后，使通化市城市电网布局大大改善。金厂一次变电所离市区较近，原有的66千伏江南、北沟、沿江等二次变电所，都可以从金厂一次变电所受电，供电更加安全、经济。

1991年之前，通化市有66千伏变电所4座，即通化变电所，装有2万千伏·安主变压器2台；北沟变电所，装有2万千伏·安主变压器1台；佐安变电所，装有1万千伏·安主变压器2台；江南变电所，装有1万千伏·安主变压器1台。1991年、1993年，通化供电公司扩建北沟和江南二次变电所，各新增2万千伏·安主变压器1台。1994年，他们改建佐安二次变电所，将1台1万千伏·安主变压器更换为2万千伏·安主变压器。在城市电网改造过程中，该公司于2001年和2002年，先后新建了66千伏沿江二次变电所和二道江二次变电所，分别安装3.15万千伏·安主变压器各1台，2001年改建了通化变电所，将2台2万千伏·安主变压器更换为2台3.15万千伏·安主变压器，改建了江南和佐安变电所，分别将原有的1万千伏·安主变压器更换为2万千伏·安主变压器。至2002年末，通化市已建成66千伏城市公用变电所6座，变电总容量24.60万千伏·安。

通化市城市电网66千伏系统以水洞一次变电所、二道江发电厂、金厂一次变电所为支撑，电网结构合理，缩短了供电半径，提高了供电的可靠性和灵活性。

第八节 白山市城网建设

白山电业局1988年12月28日成立后，抓紧城网建设。1998年建成220千伏12万千伏·安白山一次变电所，城市电网增加了电源。1993年，他们建成江北二次变电所，2000年又建成市区中心二次变电所。至2002年，市内有66千伏浑江、八道江、江北和中心变电所4座公用二次变电所。前3座各有2万千伏·安主变压器2台，中心变电所装有3.15万千伏·安主变压器1台，4座66千伏城市变电所变电总容量15.15万千伏·安。在正常情况下，浑江、江北变电所由浑江发电厂供电，八道江和中心变电所由白山一次变电所供电；在检修和出现故障时，4座二次变电所可以全部由浑江发电厂或白山一次变电所供电。

第九节 辽源市城网建设

辽源市是一座老的工业城市，靠辽源发电厂供电，20世纪80年代建成220千伏辽源一次变电所，有了第二电源。辽源供电公司不断改善66千伏城网布局，保证国民经济发展和人民生活用电的需要。1990年之前，该市有七一、黎明、友谊三座66千伏城市公用变电所，变电总容量6万千伏·安。1991年和1994年，该公司先后新建66千伏向中和西安变电所，安装2万千伏·安主变压器各1台。1991年，他们对黎明二次变电所进行扩建，新增主变压器2万千伏·安。新建66千伏联城变电所，于2001年5月投运，新建福镇变电所于2001年10月投产，各安装1台3.15万千伏·安主变压器。至2002年末，辽源市城网有 66 千伏公用变电所 7 座，变电总容量 18.30 万千伏·安。

辽源市 66 千伏城网形成以辽源一次变电所和七一变电所、西安变电所、友谊变电所为顶点的四边形环网，其中辽源一次变电所和七一、友谊变电所之间为双回线，福镇和向中两变电所双 T 接于线路上，黎明变电所双 T 接于辽源一次变电所和三联供电站的连线，联城变电所 T 接于西安与友谊两变电所的连线上。

第四章　电网通信建设

电网通信是电网建设的重要组成部分，吉林省电网的通信方式开始时是用专用明线通信，20 世纪 50 年代以后广泛使用电力载波通信，70 年代起开始试点微波通信，80 年代发展微波。20 世纪 90 年代起，光纤通信蓬勃发展。自此开始，电力系统以微波通信和光纤通信为主，为实现调度现代化、系统自动化提供了方便。

第一节　电力载波通信

电力线载波通信是借电力线路为通道，是电力系统特有的传统通信方式。20 世纪 70 年代以前，在电力系统的通信中广泛应用，电力载波系统覆盖全系统的发电厂、电业局及一次、二次变电所，是电力系统主要的通信手段。自 20 世纪 70 年代起，先进的微波和光纤通信快速发展，在很多地方代替了载波通信。但由于电力载波通信设备比较简单，投资比较节省，至 2002 年，这种通信方式仍被电力系统应用，

1993～1994 年，白山电业局通过三岔子一次变电所工程和松江河电源工程的建设，对部分老旧载波设备进行了更新，淘汰了电子管型的 ZS－3 型、ZDD－5 型的电力线载波机，在三岔子一次变电所至浑江发电厂之间安装了 2 对 ZDD－12 型电力线载波机，在浑江变电所、青松变电所、松江河变电所、小山变电所、松山变电所、临江变电所和铜矿变电所安装了带有微机交换系统的 ZDD－5A 型电力线载波机。截至三岔子一次变电所工程结束，建有 3 条 220 千伏系统的载波通信电路。1996～1997 年，白山电业局 66 千伏大桦变电所建成投运，66 千伏石人变电所移地改造，这两个变电所采用的都是载波通信方式，选用的是带有微机交换系统的 ZDD－36A 型电力线载波机，与其他带有微机交换系统的载波机一同组网运行。

2002 年末，吉林供电公司已经建成哈达湾一次变电所至各二次变电所、铁东一次变电所至用户变电所的载波通信系统，线路共有 26 条。2002 年 4 月，4 套 DT－340 数字载波机投入运行，安装在磐石一次变电所至建龙钢厂、磐石一次变电所至亚泰水泥厂、磐石一次变电所至冀东水泥厂、维昌一次变电所至东关热电厂的电路上。

至 2002 年末，吉林地区共有载波通信站 22 个，载波机 108 台，其中一次系统载波机 63 台，二次系统载波机 45 台，配用电源 22 套。电力线载波运行率 99.97%。

第二节　微　波　通　信

20 世纪 90 年代初，微波通信被广泛应用。东北电力集团公司调度局主持筹建的沈长哈微波干线，全线 18 个站。吉林省内有四平、公主岭、长春、五棵树、榆树等 10 个站。引进日本 NEC 设备 480 路，1990 年建成。由东北电力集团公司主持建设的跨省线路沈梅白干线，沈阳至梅河至白山发电厂，在吉林省内有梅河、东丰、桦甸、白山发电厂和磐石等共 8 个站。也是日本 NEC 设备 480 路，1991 年建成。

20 世纪 80 年代，建成了通辽发电厂经双辽到四平微波通信线路，微波站 7 站，四平经辽源到梅河 5 站的国产模拟微波。1989 年省内第一条数字微波——长春到白城，省电力公司与吉林省邮电局共建，两端各自建站，中途共用，邮电局采用模拟微波，省电力公司采用 120 路数字微波，从加拿大引进设备，从长春，经开安、农安、前郭、长山、大安、舍力到白城，共 10 站。

1989 年，省电力公司筹建长春至浑江和长春至珲春两条干线。选用加拿大 480 路数字微波设备。长浑线自长春经四平、辽源、东丰、梅河、通化到浑江。长珲线自长春经九台、吉林、丰满、蛟河、敦化、榆树川、延吉、图们到珲春。两条干线和支线共 36 站，于 1994 年建成投运。双辽发电厂建成后，增加双辽至四平至铁岭微波通信线路。

吉林省电网的微波通信线路逐步完善，长春地区有省电力公司调度到长春一次变电所到双阳变电所微波通信线路。省电力公司调度到合心变电所，到北郊变电所、东郊变电所微波通信线路。合心变电所到德惠变电所，长春热电二厂到长春热电一厂到北郊变电所的微波通信线路。吉林地区有吉林地区调度到铁东变电所，到 106 厂，江北变电所、新立变电所到包家变电所微波通信线路。吉林地区调度到哈达湾变电所微波通信线路。四平地区有四平地区调度到四平热电厂、四平一次变电所到巨丰一次变电所微波通信线路。白城地区有白城至洮南至通榆，白城至镇赉微波通信线路。

除了一次网的微波外，各地区还有一些多址小微波，为二次网的通信和远动服务。如长春电业局引进西班牙一点多址设备为市内 20 个二次变电所开通电话和远动。四平电业局引进美国史令克公司的扩频一点多址设备，共 15 站，为四平附近包括公主岭二次变电所使用。白城和延边电业局也引进加拿大产一点多址设备，满足了需要。

1991 年以后，吉林地区微波通信发展较快，至 2002 年末，吉林地区共有 11 个微波站，其中长珲微波 7 个站，即左家、局本部、城南、丰满西山、宋家堡、蛟河、新开岭微波站；沈梅白微波 3 个站，即磐石、红旗岭、桦甸微波站。另外还开通了东北电力学院微波系统。共有信道机 19 台，PCM 端机 13 台，电源设备 15 套。微波设备运行率 99.98%。

第三节　光 纤 通 信

省电力公司第一条光纤通信线路，是1989年引进加拿大设备建设的由省电力公司调度到长春一次变电所和长春热电二厂的通信线路。同时吉林电业局也建设了由吉林局经桃源路变电所到哈达湾一次变电所的光纤通信线路。

白山电业局随送配电线路工程，于1997年建设了由白山局到三岔子一次变电所，再到松江河一次变电所，然后到小山水电站的光纤通信线路。东北三省的第二条500千伏南北输电大通道，采用架空地线复合光纤，从辽宁省的沙岭变电所，经梨树开闭所、合心变电所、包家变电所，最后到黑龙江永源变电所。

长春地区一次系统有省电力公司调度经长春一次变电所、长春热电二厂、东郊一次变电所、长春热电一厂、合心500千伏变电所、西郊一次变电所到长春一次变电所的外环网。吉林地区已有吉林局经哈达湾一次变电所、新立一次变电所、包家500千伏变电所到铁东一次变电所的光纤通信线路。四平、白城、延边、辽源等地区也都建成了由地区调度到各变电所的光纤通信线路。

自2000年开始，在省电力公司统一计划安排下，吉林地区的通信光纤数字综合环网工程建设开工。吉林供电公司光纤数字综合通信环网工程由吉林市电力勘测设计院设计，北方光纤通信技术开发公司施工，整体环网分为两期建设。一期光缆线路工程共有17条，总长度57.609千米。均架挂在10千伏线路电杆上。

2001～2002年，二期光缆线路工程共有21条，线路总长68.02千米，其中架挂在10千伏线路杆塔上有11条，架挂在66千伏线路杆塔上有10条。2001年，省电力公司光纤通信骨干网工程共有14条光缆线路，总长437千米，由吉林省电力勘测设计院设计，省电力公司管理，多数为吉林供电公司各一次变电所间通信线。其中包家变电所，新立、铁东、城南、维昌、哈达湾、城西一次变电所，吉林供电公司大楼等设备由吉林供电公司负责日常维护和技术管理。

长春电业局1996年开始采用光纤通信，1998年以后，抓住国家重视城网建设和改造机会，对长春市城网采用光纤通信，建设城网自动化通道，委托邮电设计院设计。全市30多座二次变电所分为三片，以春阳变电所为中心的西北片，以浦东变电所为中心的东南片和以朝阳变电所为中心的西南片。省调到地调，地调到供电局，集控站为主干网，相应分三个子环网。利用10千伏配电线电杆，悬挂钢绞线带光缆，过马路、过桥用管道，没有配电线的地方就另立电杆。光缆采用深圳星索公司产品，干线用6芯，支线用4芯；设备用武汉产SDH型设备，共32站，210千米。2000年投入1200万元，东南、西南片建成，西北片建设在进行中。

第三篇　勘　测　设　计

第三篇 勘 测 设 计

20世纪80年代，国家实行改革开放，电力工业快速发展。1991～2002年，大型勘测设计单位的设计能力，火电机组单机容量提升至60万～80万千瓦，500千伏送变电工程设计成为重点项目，并具有750千伏及以上特高压的设计能力；水电工程设计能力具备单机容量30万千瓦以上的百万千瓦级的枢纽工程；勘测设计职工总数达4900余人，基层设计单位13个，大专以上文化，助理工程师以上职称人数占70%以上。共完成各类设计4500余项，其中：电源工程171项，总装机容量2951.85万千瓦；送电工程408项，线路长度1.18万千米；变电工程536项，变电容量2180.8万千伏·安；获得省部级以上优秀勘测设计工程奖励项目113个，科技成果189项(含计算机应用软件54项)。社会服务功能继续扩大，取得减人增效、做大做强的明显成果。

第一章 勘 测 设 计 单 位

勘测设计单位按专业类型划分，有火电、送变电工程勘测设计单位11个，其中专门从事送变电工程勘测设计单位8个；水利水电工程勘测设计单位6个。按隶属关系和规模划分，有部属(大型)设计单位2个，省属(中型)设计院2个，基层(小型)设计单位13个。具有门类齐全，大中小并存，业务互补的特色。

勘测设计服务范围除电力工程外，还包括工业与民用建筑、市政、交通、港口、机场工程。大中型勘测设计单位的设计产品和服务项目，遍及国内十多个省(区)、市，并开始进入国际市场，在国外发展中国家占有一定份额。

第一节 部 属 单 位

一、东北电力设计院

东北电力设计院位于长春市人民大街4368号。前身是1950年在沈阳成立的东北电管局设计处，抗美援朝时期迁来长春，是新中国成立初期组建的第一个火电、送变电工程勘测设计单位。1962年改为东北电力设计院。

1991～2002年，东北电力设计院继续在改革开放、市场经济环境中深化改革进程，不断取得新的成果。人员素质提高，大量吸收大学本科毕业生和部分具有硕士、博士学位人员，职工文化素质向高层次转化。2002 年，全院职工人数 1576 人，其中勘测设计技术人员 1120 人，占 70.85%。拥有各类高级技术职称人数 439 名，中级技术职称人数 403 名，初级职称人数 224 名，其中国家级设计大师 3 人，勘测大师 1 人，省级设计大师 3 人，勘测大师 2 人。该院建立了一系列新的人力资源配置机制，业绩量化考评体系与分配激励机制，采取了职工薪酬体系货币化和福利待遇社会化，“双百人才工程”专家成才发展渠道措施，努力向现代化科技型企业转变。

东北电力设计院的技术装备不断更新，先后引进瑞士生产的全球卫星定位测量系统(GPS)，全站仪、光电测距仪、光电经纬仪、水下地形测量的测深仪，单频动态 DGPS、双频 GPS 与 R530 型装置及相关测量软件；美国生产的 VAX11/780 型及北极星多用户微机设计系统；英国、美国三维设计支撑软件(PPMS 和 PDS)以及电脑打字、排版、激光照排等自成一体的黑白、彩色图文胶印、复印等出版设备，构成从野外数据采撷，内业资料整理，计算机辅助设计制图(CAD)，印刷出版装备的成套化匹配。2002 年，全院有各类勘测、检验、出版等先进装备约 320 台(套)；各型台式、笔记本电脑 1380 台，工作站、服务器、交换机、绘图仪、网络打印机等 153 台(套)。

勘测设计、科学研究与社会服务功能不断扩大。20 世纪 90 年代初，该院提出“大(机组)、高(电压)、核(电站)、外(国外工程)”的发展重点、主攻目标和经营策略。先后承接并完成巴基斯坦第一座蒸汽—燃气循环电站等 6 项国外工程；引进技术国产设备的哈尔滨第三发电厂二期工程(2 台 60 万千瓦机组)；俄罗斯进口设备的伊敏发电厂(2 台 50 万千瓦机组)及绥中发电厂工程(2 台 80 万千瓦机组)、江苏田湾核电站(2 台 100 万千瓦机组)的常规岛和附属工程勘测设计；完成 500 千伏送电线路 14 条(总长度 4438.75 千米)、变电所 8 座(总容量 520.4 万千伏·安)的施工图设计。开展并完成了 9 项大型电力工程的优化、示范、标准化的研究与设计，如国产 30 万千瓦机组电站优化设计、火力发电厂 60 万千瓦(引进型)机组主厂房参考设计、关于建设 2000 年燃煤示范电厂、第三代 500 千伏送电线路工程设计(沙岭—沈东线、郑州—开封线)、500/220 千伏同塔四回线路设计与研究、500 千伏变电所通用设计、2000 年变电所示范工程设计、220～500 千伏变电所二次接线设计等研究与设计。根据环境保护、电力系统发展的客观需求，调整了两个专业处(室)机构、充实人员编制，开展脱硫、水污染、水土保持及垃圾电站等环境保护研究设计、跨区大电网系统规划与设计。完成环境保护科研项目 28 项。提交环境评价报告、方案 84 项，施工图设计 24 项，先后提交《东北电力系统 2000 年 500 千伏电网建设规划》、《东北地区 1991～2020 年电力规划》等 8 个规划和《2005 年东北电力系统设计》。

1996～2002 年，面对东北老工业基地经济发展不景气，电力建设规模压缩的状况，他们适时改变策略，提出“立足东北，面向全国、开发沿海、走向世界”的目标和应对措施，摆脱了困难。在电力工程勘测设计市场竞争中，先后承揽省内外单机容量 20 万千瓦以下发电工程 28 项，220 千伏及以下送变电工程 32 项；组建了长春国电建设监理有限公司，开展电力工程监理业务，扩大电力工程咨询公司，电力工程承包公司业务，共完成项目 200 余项，其产值约占全院产值的 15%。

该院质量管理体系不断完善。按照国内外工程招投标惯例和准则，全院开展了由第三方权威机构考核、审查、确认的质量管理体系认证建设，并于 1996 年获得中国长城（天津）质量保证中心 GB/T 19001—1994—ISO 9001—1994 标准认证证书。2001 年，通过了原认证单位 GB/T 19001—2000—ISO 9001—2000 标准审查、考核，获得新的认证证书，取得并保持了国际设计通行资质。

1991～2002 年，东北电力设计院共完成发电工程施工图 56 项，装机容量 1998.8 万千瓦；送电线路工程施工图设计 37 项，长度 4876.85 千米；变电工程施工图设计 31 项，变压器容量 761.38 万千伏·安。共有 28 个工程项目获省部级以上优秀勘测设计奖励，其中国家金奖 4 项，银奖 2 项，铜奖 2 项；4 项科学研究成果获国家级奖励，其中二等奖 2 项，三等项 2 项；19 项计算机应用软件成果获国家级奖励，其中一等奖 3 项，二等奖 4 项，三等奖 11 项，荣誉奖 1 项。在建设部对全国勘测设计单位综合实力多年考核评比中，东北电力设计院连续名列“全国勘测设计单位综合实力百强单位”前 50 位之中，荣获电力工业部、中国电力企业联合会“1993 年电力投产 1200 万千瓦功臣集体”；1994 年，建设部授予“全国勘测设计单位计算机应用先进单位”；1999 年，中共吉林省委、省政府授予“精神文明建设先进单位”、国家电力公司授予“1998～1999 年‘双文明单位’”；2001 年，国家电力公司授予“一流电力设计企业”称号、证书和牌匾。

二、中水东北勘测设计研究有限责任公司

该公司位于长春市工农大路 800 号。原为电力工业部 1956 年 8 月组建的长春水力发电设计院，1958 年 10 月，经水电部重组，改称水利电力部东北勘测设计院。1993 年，更名为东北勘测设计研究院。2002 年 12 月，经水利部批准，改制为中水东北勘测设计研究有限责任公司。

20 世纪 90 年代，东北勘测设计研究院体制改革不断深化，遵照国务院国函〔1994〕100 号文件《关于工程勘察设计单位改建为企业问题的批复》、水利部水人发〔1995〕223 号文件《关于明确东北院管理体制的通知》与水建〔1995〕470 号文件《水利行业勘测设计单位改建为企业的实施意见》的精神和要求，该院提出并实施了“创建全方位、多功能、国际通行的现代设计咨询企业”的经营发展战略。

1995～1999 年，先后将科学研究院、服务总公司、印刷厂及建筑设计院转变为自主经营、独立核算单位；将咨询总公司及所属咨询部、工程部、监理部划为院直属生产经营单位；组建“建筑工程公司”承揽工业与民用建筑工程；组建“长春东勘新型建筑材料有限公司”，开发、生产新型建材商品；组建“东北院装饰工程处”、“东北院家政服务中心”开展多种经营服务；与深圳蛇口东帝工业公司、香港丰盈工程贸易公司合资组建“深圳博威仿真控制工程有限公司”。1998 年 8 月，获得国内和国际互认的质量体系认证证书；接收大学毕业生，在职职工按专业特长双向选择主业辅业岗位，职工人数从 1991 年的 3065 人减至 2002 年的 1737 人，其中，具有高级职称人员 346 人，中级职称人员 369 人；更新购置各类技术装备 480 余台。

1991～2002 年，东北勘测设计研究院企业化改制取得显著成绩。完成水电工程施工图设计 20 项，装机容量 641.97 万千瓦，其中装机规模 10 万千瓦以上工程 12 项，容量 602.44 万千瓦。已有白山二期工程（装机容量 60 万千瓦）、丰满三期工程（装机容量 28 万千瓦）、莲花电站工程（装机容量55万千瓦）、松江河梯级电站工程的小山电站（装机容量16万千瓦）建成投产；另外还完成初步设计12项，装机容量435.5万千瓦，可行性研究设计项目4项，装机容量114万千瓦；规划设计项目25项，其中水电工程6项，总规模883.5万千瓦；完成工业民用建筑设计项目192项；完成工程咨询项目近200项，监理项目24项（其中水利水电工程12项，民用建筑工程12项）；开发、生产科技商品项目13种，新型建材产品5种；承揽并完成大亚湾、岭澳核电站，酒泉卫星发射中心，三峡电站船闸，澳门机场，伶仃洋大桥，黄骅大东港口等11项工程的地质勘测和岩土工程；完成科学试验研究及计算机应用技术开发项目109项；获得技术专利12项。累计完成产值65 810.3万元，其中创收24 598.8万元，占总产值的37.38%。有55项勘测设计工程、科学研究、计算机应用技术项目和55个QC小组成果获省（部）级以上奖励，其中获国家级优秀勘测设计银奖2项，国家重大科研成果和科技进步奖5项，国家级QC小组成果奖13项。在全国勘测设计单位综合实力百强中，分列第35位（1993年）、第26位（1996年）、第11位（1997年）、第16位（1998年）。先后被评为全国水利系统技术监督先进集体、优秀质量管理单位；档案目标管理国家二级、一级单位；全国水利系统先进企业；吉林省精神文明先进单位。

第二节　省　属　单　位

一、吉林省电力勘测设计院

该院位于长春市人民大街3850号。1991～1995年，吉林省电力勘测设计院按照“一业为主，两头延伸”的发展思路，加大改革力度。提出“强化管理、精心设计、团结协作、勇创一流”的奋斗目标。全院职工实行劳动合同制，职称资格认定与聘任分离、职务与业绩、效益挂钩。成立多种经营公司，对初期成立的勘测设计事务所、描晒图服务社等，分别改制为长春能源设计研究所、出版服务公司，与主业分离，转变为独立经营、自负盈亏的独立经济实体；组建吉林省电力设计工程承包公司、吉林省农村电力勘测设计院，开展以设计为龙头的电力工程总承包业务、农村电力工程、工业与民用建筑工程的技术咨询、开发服务（包括工程地质、气象、水文的勘测设计）；在主业生产中，积极参与国内外工程招投标，独立承揽浑江发电厂20万千瓦机组四期扩建工程设计，中标山东省黄城变电所（220千伏12万千伏·安）工程和尼泊尔加德满都城网11个变电所工程设计；全面完成省内各类热电工程、送变电工程勘测设计项目。相继获东北电业管理局“思想政治工作优秀单位”，建设部颁发的甲级勘察设计证书（1991～1992年）；国家二级档案管理单位证书（1993年），获吉林省电力系统计算机应用先进单位（1994年）。

20世纪90年代，以迈入大机组和风力发电勘测设计新领域为目标，组建吉林省电力岩土工程有限公司、长春市日月计算机技术有限公司、吉林省欣兴物业管理有限公司、吉林省电力工程咨询有限公司、吉林省电力勘测设计院南方分院等机构，开展多种服务，努力拓宽省内外市场。该院与东北电力设计院合作完成珲春发电厂二期工程2台30万千瓦机组工程设计；承揽并完成了通榆风力发电场一、二期工程及长春市垃圾电站新建工程设计；完成 500 千伏送电线路工程设计 3 条（总长度 172.42 千米）；微波光缆、通信工程 10 项。"九五"期间，该院通过招投标承揽地方工程 40 项、省外工程 10 项，全院产值 18 786.9万元。1999 年，在全国勘测设计单位综合实力评比中，进入"百强"行列，排名第 82 位。该院获得多项荣誉，先后被评为吉林省精神文明建设先进单位、国家电力公司双文明单位、全国电力行业质量效益型先进企业。2002 年 6 月，被国家电力公司命名为一流电力设计企业。

1991～2002 年，吉林省电力勘测设计院共完成发电工程施工图设计 52 项，装机总容量 269.61 万千瓦；送电工程施工图设计 80 项，线路总长度 1998.09 千米；变电工程施工图设计 94 项，变压器总容量 747.19 万千伏·安。获得省部级以上优秀勘测设计和全优工程项目 31 项；省部级以上科技进步奖 6 项，其中国家铜质奖 1 项；省部级优秀工程咨询项目 8 项。

二、吉林省水利水电勘测设计研究院

该院位于长春市解放大路 2382 号，始建于 1958 年 9 月，原名吉林省水利勘测设计院，职工总数 604 人。1959～1978 年，曾改称吉林省水利厅勘测设计院，1990 年更名为吉林省水利水电勘测设计院。1995 年 8 月，改称吉林省水利水电勘测设计研究院。

1991～2002 年，吉林省水利水电勘测设计院体制改革继续深化，相继组建该院珠海分院、水利水电工程监理处；改供应科为物资经营公司，独立核算自行创收；分离岩土工程院、测绘院、建筑工程院和第三产业，实行"自主经营、自负盈亏、自我发展"企业法人化管理；坚持"一业为主、两头延伸"发展方针，制定"立足本省，面向全国，开拓第三世界市场"的经营战略；至 2002 年，全院职工 624 人，技术人员 402 人，占 64.4%，其中高级职称 113 人，中级职称 154 人，有省级勘测大师 1 人，设计大师 1 人；添置各种技术设备 200 多台（套）。

2001 年，经北京中水源禹质量认证中心审查考核，完成新版（2000 版）换证；开展了老龙口（库容 2 亿米^3）、哈达山（库容 42 亿米^3）等大型水利枢纽勘测设计前期工作，完成可行性研究与初步设计；承揽广西、云南、内蒙古、西藏等省、区和玻利维亚、苏丹、埃塞俄比亚等国外水利水电工程项目，以及工业民用建筑、市政、交通工程项目；完成水电工程施工设计 10 项，总容量 10.56 万千瓦，其中两江水电站工程装机容量 6 万千瓦。该院完成的项目中，有省部级以上优秀勘测设计项目 15 项，其中国家级 1 项；科技成果奖 9 项（含计算机软件），其中国家级 3 等奖 2 项；优秀工程咨询成果奖 15 项，其中国家级 1 项。12 年间，合同收入 3.835 亿元，产值、利润有了大幅度提升。

1992 年，吉林省水利水电勘测设计研究院被能源部、水利部评为全国工程勘测设计先进单位；1996 年，又被吉林省委、省政府授予援藏先进单位称号；1998 年，被省政府授予省级文明单位称号；2002 年，被国家人事部、水利部授予全国水利系统先进单位称号。

第三节 基层设计单位

吉林省电力勘测设计行业有基层单位（小型单位）13 个。其中，从事火（热）电工程设计单位 1 个，送变电工程勘测设计单位 8 个，水利水电工程勘测设计单位 4 个。

一、火（热）电工程设计单位

东北电力设计院热电设计研究所（东北电力设计院下属多种经营企业），该设计研究所位于长春市人民大街 4368 号，前身为东北电力设计院设计事务所。1984 年 11 月，经吉林省计委批准，取得丙级设计资质，承揽火电工程单项设计。1987 年，经扩大充实，更名为东北电力设计院电力设计所，独立对外承担小型火（热）电工程设计，职工总数 70 人。1987～1990 年，完成小型火（热）电工程设计 8 项，总装机容量 18.9 万千瓦。

1996 年 1 月，该所更名为东北电力设计院热电设计研究所，取得了国家乙级设计院资质；承揽一些拓展送变电工程设计业务。职工总数 120 余人，其中教授级高级工程师 6 人，高级工程师 29 人，工程师 10 人，助理工程师 38 人。2001 年 12 月，东北电力设计院特种结构研究所并入热电设计研究所，技术实力进一步增强，2002 年，正式职工 99 人，拥有教授级高级工程师 12 人，高级工程师 22 人，工程师 25 人，助理工程师 38 人。

1991～2002 年，该所共完成辽、吉、黑、鲁四省的地方及企业自备电站工程设计 14 项，装机容量 25.7 万千瓦；10 千伏送电线路工程及铁塔（110～500 千伏）设计 8 项；10～66 千伏变电所工程设计 3 项。其中，桦甸市油母页岩热电厂示范工程、牡丹江建设水泥厂 3 号窑余热发电工程、沈阳钢铁总厂金山电厂改扩建工程，万宝煤矿发电厂二期 3 兆瓦节能改造工程等项目，对燃用低热值燃料，节能环保工作具有重要意义和价值。

二、送变电工程设计单位

（一）长春电力勘测设计有限责任公司

该公司位于长春市平阳街 96 号（后迁至绿园区翔运街星宇东区 7 号楼），前身为长春电业局所属设计室，始建于 1973 年，主要承担局内部 66 千伏及以下送、配电线路及变电所大修、改造工程和部分小型工程设计，1990 年，划分为生产、基建两个设计室。1991～1992 年，基建设计室职工人数 13 人，设计资质丙级，有高级工程师 1 人，工程师 1 人，承担局属 66 千伏及以下送变电工程新建、扩改建工程设计。

1993 年，长春电业局进行主业与辅业分流改革，设计室改组为长春电力勘测设计院。职工总数 37 人，其中高级工程师 1 人，工程师 1 人，助理工程师 2 人。1993～1997 年，完成送电工程 16 项，变电工程 8 项设计。其中，包括电压 66 千伏（变压器容量 8 万千伏•安）采用微机综合自动化技术的朝阳二次变电所的新建工程设计和 220 千伏（变压器容量 12 万千伏•安）采用常规保护、无人值班的双阳一次变电所的改造工程设计。

1998 年，长春供电公司（电业局）参照省内勘测设计单位企业化改革经验，将该院改制为全员入股的股份制合作企业，职工总数增至 93 人，其中高级工程师 7 人，工程师 36 人，助理工程师 45 人，会计师 1 人。2002 年，获得建设部正式颁发的电力工程送变电专业乙级设计院证书。当年，更名为长春电力勘测设计院有限公司，职工总数 101 人，其中高级工程师 16 人，高级经济师 1 人，工程师 32 人，会计师 1 人，助理工程师 42 人，设置专业设计及管理科室 8 个。拥有近代先进技术测绘、出版、计算机设备 92 台（套）。

1991～2002 年，该公司完成 66～220 千伏送电工程设计 68 项，总长度 251.76 千米；变电工程设计 39 项，总容量 138.07 万千伏•安；开发应用计算机软件 20 余项，其中 1 项获吉林省计算机软件成果二等奖。

（二）吉林市电力勘测设计院

该院位于吉林市恒山西路 145 号。原为吉林电业局设计室，成立于 1963 年，主要从事局内送变电工程生产、大修、改造的项目设计。1985 年，更名为吉林市利华电力设计事务所，1988 年，改名吉林电业局设计所，负责吉林地区工业和农业 66 千伏及以下送变电工程设计。1994 年，更名为吉林市电业勘测设计院（为局内二级独立核算单位），设计资质丙级。职工总数 28 人，其中高级工程师 6 人，工程师 11 人，助理工程师 3 人。

1991～2002 年，完成施工图设计 42 项。其中，66 千伏及以上送电线路施工图设计 20 项，总长度 146.6 千米（含 220 千伏送电线路改建工程 1.6 千米）；66 千伏变电所工程施工图设计 22 项，总容量 70.67 万千伏•安。期间，测绘、出版、计算机等技术装备不断完善，有先进设备 36 台（套）；引进、开发计算机辅助设计软件 10 余种，计算机出图率 100%，并建立了微机局域网，对设计、管理工作进行网络化管理。

（三）四平电力设计院

该院位于四平市中央西路 122 号。前身是 1960 年成立的四平电业局生产科设计室，职工 15 人，主要承担四平电业局网内 110 千伏及以下线路及变电所改造工程设计。1986 年，升格为电业局二级机构，职工总数 22 人，承担四平地区网内 66 千伏及以下送变电工程的新、改、扩建工程设计。1991 年，与电业局作业分离，更名四平电力设计院，设计资质丙级。2002 年，职工总数 22 人，其中高级技术职称 3 人，中级技术职称 10 人，助理工程师 2 人，其他初级技术职称 6 人。有计算机、测绘、出版技术装备 27 台（套）。

1991～2002 年，完成 66 千伏送电线路工程设计 12 项，总长度 323.8 千米，66 千伏变电所工程设计 17 项，总容量 41.05 万千伏•安。

（四）通化电力勘测设计院

该院位于通化市新华大街 43 号。原为 1985 年成立的通化电业局设计室，负责局内生产改造、二次变电所及 66 千伏及以下线路的新建、扩改建工程设计。1991 年，在企业主辅分离中与主管单位脱钩，成为独立经营法人单位，承担电力系统内电力工程与民用建筑设计。1996 年，改称为通化电力勘测设计院，获得吉林省建设厅电力工程送变电专业勘测设计丙级资质证书。2002 年，职工总数 17 人，其中高级工程师 3 人，工程师 6 人，助理工程师 4 人。拥有 GPS 全球卫星定位系统，有测绘、出版、计算机设备 39 台（套）；实现计算机辅助设计（CAD）和全院互联网建设。

1991～2002 年，完成 10～110 千伏送电线路工程施工图设计 41 项（其中，10 千伏工程 6 项，66 千伏工程 34 项，110 千伏工程 1 项）总长度 346.23 千米；66 千伏变电所工程施工图设计 26 项，总容量 15.77 万千伏•安。

（五）延边电力勘察设计院

该院位于延吉市局子街3号。初为1953年成立的延边电业局设计室，以10千伏及以下配电工程设计为主。1982年，升格为延边电力勘察设计室，承担66千伏及以下线路和变电所设计，兼做地方电力工程项目。1993年，从电业局主业中剥离，更名为延边电力勘察设计院。具有吉林省建设厅颁发的丙级设计资质证书。经营范围为延边地区66千伏及以下送配电、变电工程的新建、改造设计。2002年职工总数22人，其中高级工程师3人，工程师9人，助理工程师2人；有测绘、出版、计算机设备30台（套），计算机辅助设计（CAD）率达100%。

1991～2002年，完成66千伏送电线路工程设计21项，总长度393.45千米；66千伏变电所工程设计11项，总容量19.85万千伏·安。

（六）白城电力设计院

该院位于白城市长庆北街4号。前身为1978年成立的白城电业局设计室，负责局内66千伏及以下送、变电工程的改造和新建设计。1993年，更名为白城电力设计院，主要承担白城、松原两市及县区220千伏送变电改造工程和66千伏及以下送变电新建、扩建工程勘测设计，设计院资质丙级。2002年，职工总数17人，其中高级工程师2人，工程师11人，助理工程师1人；技术装备有测绘、出版、计算机设备25台（套）。

1991～2002年，完成66千伏送电线路勘测设计项目13项，总长度267.27千米；66千伏及10千伏变电所工程勘测设计项目16项，总容量50.11万千伏·安，其中66千伏变电所工程14项，容量49.8万千伏·安，10千伏变电所工程2项，容量0.313万千伏·安。

（七）辽源电力勘测设计院

该院位于辽源市东吉大路280号（后迁向中变电站院内）。前身为1987年成立的辽源电业局设计室，职工人数7人，负责局域内66千伏及以下送变电新建、改建工程设计，设计资质丁级。1994年，从主业中剥离，成为独立核算、自负盈亏的局内二级核算单位。1996年，更名为辽源电业设计院，获丙级勘测设计资质，具备220千伏送变电工程改造设计能力。2002年，职工总数10人，其中高级工程师2人，工程师3人，助理工程师4人。

1993～2002年，完成10～66千伏送电线路项目110项，总长度3266.16千米（其中：10千伏及以下城网、农网改造工程6项，长度3149.46千米，66千伏送电线路工程104项，长度116.0千米）；完成10～220千伏变电所新建、改造设计60项，变电容量7.15万千伏·安、电容器容量1.74万千乏（其中：220千伏变电所保护改造3项，66千伏变电所新建、改造工程设计47项，10千伏变电所10项）；通信工程设计4项（共4个站），线路长度11.10千米。

（八）白山电力规划设计院

该院位于白山市浑江大街143号。原为浑江电业局设计室，成立于1992年6月，职工3人。承担局内送、变、配电工程的生产改造工程设计。1994年，更名为白山电业局设计室。1995年，设计人员增至5人。1998年，电业局设计室与工程公司设计室合并，组建白山电力规划设计院，丙级设计资质。职工总数7人，承担白山供电公司网内66千伏及以下送变电工程的新建，改扩建工程设计。2000 年 1 月，划归白山电力工程公司管理。2002 年，职工总数 20 人，其中高级工程师 1 人，工程师 3 人，助理工程师 5 人，有测绘、计算机、出版等技术装备 24 台（套）。

1998～2002 年，完成 66 千伏送电线路工程设计 5 项，线路总长度 116.87 千米；完成 66 千伏变电所工程设计 7 项，总容量 4.58 万千伏·安。

三、水电工程设计单位

（一）吉林市水利水电勘测设计研究院

该院在吉林市高新技术开发区深圳街 5 号。最初是市水利局设计队，组建于 1958 年，以农田水利工程设计为主。1984 年，升格为市水利勘测设计院，承担地区中小型水库、城市防洪设施设计。1986 年，改组为市水利水电勘测设计院，以水利工程为主兼做小水电站工程勘测设计。1994 年，改称吉林市水利水电勘测设计研究院。随后，取得建设部颁发的乙级水利水电工程勘测设计证书。至 2000 年，职工总数 150 人，其中高级职称人数 30 名，中级职称人数 39 名，初级职称人数 18 名，高、中级技工 15 人，设置勘测队及专业设计、管理科室 11 个。

1986～2000 年，完成 6 座小水电站工程设计，总装机容量 0.372 万千瓦。20 世纪 90 年代，承揽地区、省区外工程项目 30 多项，其中，黑龙江省老亮子排涝站工程、西藏自治区当巴水电站楚松水库工程，被工程所在省、区评为优质工程；有 8 项工程设计获吉林省优秀勘测设计奖励。

（二）通化市水利水电勘测设计研究院

该院院址在通化市新站路 2 号。原为通化地区水利勘测设计队，1959 年组建，隶属通化市水利局。1984 年，改组为通化地区水利勘测设计院。1986 年，更名为通化市水利水电勘测设计院。以地区水利工程设计为主，兼做小型水电工程设计。1993 年，更名为通化市水利水电勘测设计研究院，获建设部水利水电工程设计乙级资质。是通化地区水利、水电、岩土工程、水文、地质勘测的综合设计单位。2000 年，职工总数 47 人，其中高级职称人数 10 人，中级职称人数 10 人，初级职称人数 21 人；各种勘测、试验、出版、计算机装备 72 台（套）。

1984～2000 年，完成水利工程项目设计 19 项；岩土工程和水文地质勘测项目 6 项；小水电工程设计项目 2 项，总装机容量 0.352 万千瓦。有 3 项水利工程设计获吉林省优秀工程设计 3 等奖。

（三）延边水利水电勘测设计研究院

该院位于延吉市河南街长白路 28 号。始为延边水利局 1955 年组建的勘测设计队，1984 年，改称延边水利水电勘测设计院，1994 年，更名为延边水利水电勘测设计研究院，主要承担延边地区中小型水库、电站，农田水利，涝、灌区防洪工程设计。2002 年，取得建设部乙级水利水电工程设计证书。职工总数 92 人，其中高级工程师 26 人，工程师 18 人，助理工程师 20 人。设有规划、设计、测量、地勘、建筑、试验等 6 个专业，拥有各类测绘、地勘、出版、计算机设备共 66 台，CAD 出版率达到 100%。

1955～1990 年，共完成各种勘测设计项目 60 余项。其中，小水电站 5 座，总装机容量 0.697 万千瓦。有 1 个项目获吉林省优秀勘测工程三等奖。

1991～2000 年，完成中小型水利工程设计 40 余项；水电站设计项目 4 项，总装机容量 3.316 万千瓦。其中，由他们设计的汪清县满台城电站，装机容量 2.49 万千瓦，最大单机容量 1 万千瓦，是全省小水电站中，单机容量和规模最大的电站。期间，有 1 项工程获得水利部优质工程一等奖，3 项设计分别获得吉林省优秀工程设计一、二、三等奖。

2001～2002 年，该院主要从事水利工程勘测设计，完成 14 座病险水库加固工程初步设计；18 项水库大坝安全评价；15 项防洪、灌区、水土保持项目工程。其中，1 项工程获吉林省咨询成果三等奖。

（四）白山市水利水电勘测设计研究院

该院院址在白山市八道江区红旗街团结路 2 号。前身为浑江市水利局 1979 年组建的水利水电勘测设计队。1985 年，升格为浑江市水利电力勘测设计处。1994 年，更名为白山市水利电力勘测设计处。2002 年，改称白山市水利水电勘测设计研究院，获建设部水利水电工程勘测设计乙级资质。职工总数 27 人，其中高级工程师 4 人，工程师 8 人，助理工程师 3 人。拥有全球卫星定位装置（GPS）、全站仪、红外测距仪、高精度经纬仪等测绘、出版、计算机设备 27 台（套）。

1991～2002 年，完成水库、水电站工程设计 12 项、总库容 4723.8 万米^3，其中水电站工程 8 项，总装机容量 1.537 万千瓦。该院设计的白山市区浑江大跨度液压翻转闸工程，获吉林省水利水电工程优秀设计成果奖。

第二章　勘测设计工作

计划经济时期，勘测设计任务由上级主管部门安排，限于经济条件和科技水平，勘测设计设备型式老旧，功能简单，效率精度较差，数量较少。改革开放以后，随着勘探、测绘、计算机、印刷出版等技术的进步和发展，20 世纪 80～90 年代，吉林省各勘测设计单位为了满足工作任务的扩展、增强市场竞争中的技术物质基础，相继投入大量资金，添置了先进技术设备，大、中型勘测设计单位装备水平有了很大改善，小型勘测设计单位也有明显改观。吉林省各勘测设计单位的设计工作，多个专业配合，并采用勘测、科学研究、计算机技术等方面的先进、可靠成果，努力体现其产品的功能特色与优良品质，以便赢得更多的市场份额。

第一节　勘测工作

工程水文勘测，20 世纪 80 年代前，东北电力设计院水文勘测范围仅限于陆地地表水和地下水，装备为老式流速仪，常规水质监测仪和地下水文钻探机械。80 年代以后，因承接沿海大型火电工程和核电站工程设计，水文勘测扩大到海洋水文；技术与装备得到改善，相继购置了光电数字流速仪、求积仪、电传水位仪、水质自动监测仪、多点自动测温仪、风力自动记录仪及厄克曼型海流仪等一批现代设备；拥有数字、物理模型的“全潮水文检测”技术手段。

水利水电工程水文勘测，以工程所在河流、水库的洪水、冰情、流量、流速、泥沙状况进行长期勘查。勘测设计单位在工程现场建有各种观测实验站、泥沙试验室、蒸发实验场，配备了专用的仪器设备。

区（流）域内河流的各种水体的水文情势、形态、地理分布规律，是水利水电资源开发规划的基本依据。1980 年前，水利水电勘测设计单位，依靠简易设备和手段进行长期、艰苦的调查，来积累数据资料。20 世纪 80 年代以后，遥感、遥测、卫星定位及计算机技术，在水文勘测中得到普及，作业条件得到很大改善。1995 年，东北勘测设计研究院成立水文水资源处，设立遥测室及综合办公室等 5 个机构，对工程水文和区域水文进行统一管理，配备多种洪水、水情、冰情、冰川、泥沙淤积的勘测、试验、计算、研究的自动测报系统设备。

地质勘探在 20 世纪 70 年代前，技术与装备陈旧，钻探设备大部分是以前日本生产老旧设备、50 年代苏联生产和 60 年代国产仿苏型钻机，劳动强度大、精度差、效率低；物理勘探主要采用电测、地震方法，设备是精确度不高的常规电位计、地震仪。20 世纪 70 年代，东北电力设计院和东北勘测设计院为改变这种落后状况，以改造旧设备、自行研制钻机和购置少量新型钻机方式，解决当时地下工程、“战备”工程地质勘探困难，提高了钻探效率和质量。80～90年代，设计单位在企业化改革中，为提高市场竞争能力，根据专业特点和经济实力，相继更新、添置一批近代地质钻探、物探装备，改组技术管理体制，从分散、单一的钻探、物探手段，走上综合技术的岩土工程管理体制。

第二节 规 划 设 计

东北电力设计院承担东北地区电力系统规划与系统设计，过去东北电网电压等级繁多，有220、154、110、66、44、35千伏6个等级，不利于电网的安全运行与发展。东北院提出的东北电网电压简化成220、66千伏两种等级的改造规划，受到电力部、东北电管局的赞许和批准，并付诸实施。20世纪70年代初期，东北院针对东北地区工农业发展对电力需求的增长趋势，在完善已有网架的基础上提交了《东北地区电力系统“四五”后两年规划报告》、编制了《东北地区电力系统“五五”规划初步设想》，并在水利电力部支持下，开展了500千伏系统的规划及核电站规划选址工作。

改革开放以后，东北电力设计院规划设计工作得到全面发展。1980～1989年，开展并完成了东北电力系统十年（1981～1990）规划、“七五”及2000年前东北地区电源电网规划、东北地区2000年电力系统规划设计。20世纪90年代，相继完成了2000年东北电力系统500千伏电网建设规划，东北地区1991～2020年电力规划，东北地区2010年电网发展规划和专项的天然气发电规划，黑龙江省2020年北部电网规划，黑龙江东部、霍林河、伊敏三大电源基地规划，沈阳、长春、吉林（化工区）、大连经济开发区的供热规划等中长期规划，1979～2002年，东北电力设计院完成系统规划和设计项目392项，其中，系统规划49项，系统设计128项，发电、变电工程可行性研究设计145项，扩建厂、所址鉴定13项，专题报告57项。

东北勘测设计研究院承担东北地区（含蒙东）诸大河及国际界河流域的水资源、水能资源的开发利用以及环境保护、水土保持等方面的规划设计。改革开放以后，规划设计工作全面启动，除继续扩大中型河流区域规划外，相继开展了松花江、辽河、黑龙江、乌苏里江、图们江、鸭绿江等大型国内及国际界河流域的规划设计，完成了东北诸河水力资源普查；吉林省白山、丰满，西藏自治区满拉，内蒙古自治区尼尔基、文德根大型水电站工程，辽宁、黑龙江两省抽水蓄能电站等10余个工程规划设计；1993年，还完成了松辽流域2000年、2010年水利规划纲要设计。1979～1999年共提交规划设计项目35项，其中流域规划13项，专题规划（报告）22项。

吉林省水利水电勘测设计院承担省内河流流域的水利水电资源开发利用、专项治理规划设计。规划设计以水利规划居多，除承担江河流域综合规划外，还负责供水、防洪、治涝、灌溉、河道治理等专项规划项目及项目建议书、可行性研究设计投资估算等工作。

1991～2002年，完成规划设计项目54项，其中流域规划19项，区域规划16项，专项规划19项。

第三节　工　程　设　计

工程设计是各勘测设计单位完成产品的核心工作。重大工程项目分两步进行，第一步是初步设计，按照批准项目的可行性研究报告及相关文件提出的要求，经修改、补充而形成的基本原型产品。第二步是施工图设计，初步设计经相关单位审查、评价、上报，在国家或地方政府主管部门批准后，对工程各工艺系统进行精细化完善而提交施工的终端产品。

各勘测设计单位在工程设计中，采取各种措施体现自身的能力和水平。1950～2002年，共完成施工图设计项目2166项，获得省部级以上奖励优秀（优质）设计项目128个。其中，1991～2002年，完成施工图项目774项，获得省部级以上奖励优秀（优质）工程项目104个。各设计单位完成的具体项目时期、数量、品种及容量统计，见表3-2-1～表3-2-4，获得国家级、省部级奖励优秀（优质）工程项目统计，见表3-2-5～表3-2-6。

表 3-2-1 完成火(热)电工程施工图统计

序号	单位名称	建院至1990年						1991～2002年						
		总数(项/万千瓦)	其中单机容量(项/万千瓦)					总数(项/万千瓦)	其中单机容量(项/万千瓦)					
			10万千瓦以下	10万～18万千瓦	20万～25万千瓦	30万～60万千瓦	其他		10万千瓦以下	10万～18万千瓦	20万～25万千瓦	30万～60万千瓦	80万～100万千瓦	其他
1	东北电力设计院	170/2046.25	134.7/693.25	16.3/830	8/363	3/160	16/0	56/1998.80	28/136.80	5/98	5/124	15/1280	2/360	1/0
2	吉林省电力勘测设计院	45/88.88	31/38.88	2/30	1/20	0	11/0	52/269.61	20.5/64.61	5.5/105	2/40	1/60	0	23/0
3	东北电力设计院热电设计研究所	7/11	5/11				2/0	19/25.70	13/25.70					6/0
合计		222/2416.13						127/2294.11						

注 1. 工程项数出现小数，是因为某1项目包含不同单机容量比例的分摊值。
2. 其他，指某些项目设计中不涉及机组容量的项目。

表 3-2-2 完成送电工程施工图统计

序号	单位名称	建院至1990年					1991～2002年					备注
		总数(项/千米)	其中电压等级(项/千米)				总数(项/千米)	其中电压等级(项/千米)				
			66千伏及以下	110～154千伏	220～330千伏	500千伏		66千伏及以下	110～154千伏	220～330千伏	500千伏	
1	东北电力设计院	188/15 958.2	13.5/355.8	56/3379.0	109.5/10 346.4	9/1877	37/4876.75		1/38	22/1683	14/3155.75	其中1项为同塔并架不同电压双回线路
2	吉林省电力勘测设计院	157/5661.92	99/1057.16	13/1631.60	45/2973.16		80/1998.09	37/512.97		40/1315.70	3/169.42	
3	长春电力勘测设计有限责任公司						68/251.8	66/247.4		2/4.4		
4	吉林市电力勘测设计院	136/1279	136/1279				20/146.6	20/146.6				缺1985年以前统计资料
5	四平电力设计院	7/158.5	7/158.5				13/128.8	13/128.8		1/0		
6	通化电力勘测设计院	13/212.8					41/346.23	40/346.23				
7	延边电力勘察设计院						21/393.45	21/393.45				
8	白城电力设计院	50/1700	50/1700				13/267.27	13/267.27				
9	辽源电力勘测设计院	6/95.6	6/95.6				110/3266.16	110/3266.16				其中10千伏线路6项3149.46千米
10	白山电力规划设计院						5/116.87	5/116.87				
合计		557/25 066.02					408/11 792.02					

表 3-2-3

完成变电工程施工图统计

序号	单位名称	建院至1990年					1991～2002年					备注
		总数[项/(万千伏·安)]	其中电压等级[项/(万千伏·安)]				总数(项/千米)	其中电压等级[项/(万千伏·安)]				
			66千伏及以下	110～154千伏	220～330千伏	500千伏		66千伏及以下	110～154千伏	220～330千伏	500千伏	
1	东北电力设计院	154/1825.22	12/14.18	46/193.14	85/782.5	11/1292.4	31/961.38	3/20.13	5/27.4	15/193.45	8/520.4	
2	吉林省电力勘测设计院	133/241.92	110/58.27	2/5.05	21/178.50		94/747.19	3/20.13	24/65.61	70/681.45		
3	东北电力设计院热电设计研究所						3/	3/				
4	长春电力勘测设计有限责任公司						39/138.07	38/138.07		1/0		
5	吉林市电力勘测设计院	70/13.80	70/13.80				22/70.64	22/70.64				
6	四平电力设计院	6/6.63	6/6.63				17/41.05	17/41.05				缺1985年以前统计资料
7	通化电力勘测设计院	33/66.50					26/15.77	26/15.77				
8	延边电力勘察设计院						11/19.85	11/19.85				
9	白城电力设计院	100/26.50	100/26.50				16/50.11	16/50.11				
10	辽源电力勘测设计院	5/6.20	5/6.20				60/8.80	57/8.80		3/0		含电容量1.74万千乏
11	白山电力规划设计院						7/4.58	7/4.58				
	合计	501/2186.77					536/2180.80					

表 3-2-4　　完成水电工程施工图统计

序号	单位名称	建院至1990年					1991～2002年					备注
		总数(项/万千瓦)	其中电站容量(项/万千瓦)				总数(项/万千瓦)	其中电站容量(项/万千瓦)				
			1万千瓦以下	1万～5万千瓦	5万～10万千瓦	10万千瓦及以上		1万千瓦以下	1万～5万千瓦	5万～10万千瓦	10万千瓦及以上	
1	中水东北勘测设计研究有限责任公司	78/862.31	49/16.47	13/32.19	3/21.60	19/792.05	20/641.97	0	3/5.13	5/34.40	12/602.44	(1)部分项目设计年代记载不请按建成时间划列 (2)计入2002年未全部完成设计项目
2	吉林省水利水电勘测设计研究院	34/13.33	34/13.33				10/10.56	9/4.56		1/6.00		(1)提供的资料至1997年 (2)部分项目设计年代容量记再不清按电站建成时间划列
3	吉林市水利水电勘层设计研究院	6/0.372	6/0.372									
4	延边水利水电勘测设计研究院	5/0.697	5/0.697				4/3.316	3/0.826	1/2.49			
5	通化市水利水电勘测设计研究院						2/0.352	2/0.352				缺1990年以前及2001～2002年统计资料
C	白山市水利水电勘测设计研究院						8/1.537	8/1.537				
合 计		123/876.71					44/657.74					

表 3-2-5 国家级优秀勘测设计(工程)项目统计

序号	受奖单位名称	1990年以前							1991～2002年						备注
		总数(项)	奖励项目	奖励级别				备注	总数(项)	奖励项目	奖励级别				
				金奖	银奖	铜奖	优秀奖				金奖	银奖	铜奖	优秀奖	
1	东北电力设计院	11	勘测	1	2			全部为1979～1990年前获奖	8	勘测	1				
			设计	2	3	2	1			设计	3	2	2		
2	中水东北勘测设计研究有限责任公司	9		2					3	勘测		1			优秀奖为设计咨询成果
			设计	2	2		1			设计		1		1	
3	吉林省水利水电勘测设计研究院	1	勘测						1	勘测					
			设计				1			设计			1		
合计		19	勘测	1	4				12	勘测	1	1			
			设计	4	5	2	3			设计	3	3	3	1	

表 3-2-6 省部级优秀勘测设计项目统计

序号	受奖单位名称	1990年以前							1991～2002年						备注
		总数(项)	奖励项目	奖励级别				备注	总数(项)	奖励项目	奖励级别				
				一等奖	二等奖	三等奖	四等奖(优秀)				一等奖	二等奖	三等奖	四等奖(优秀、佳作)	
1	东北电力设计院	6	勘测						20	勘测	2		1	2	其中1项为优质工程奖
			设计				6			设计	1	3		11	

续表

<table>
<tr><th rowspan="3">序号</th><th rowspan="3">受奖单位
名　称</th><th colspan="7">1990年以前</th><th colspan="6">1991～2002年</th><th rowspan="3">备　注</th></tr>
<tr><th rowspan="2">总数（项）</th><th rowspan="2">奖励项目</th><th colspan="4">奖励级别</th><th rowspan="2">备　注</th><th rowspan="2">总数（项）</th><th rowspan="2">奖励项目</th><th colspan="4">奖励级别</th></tr>
<tr><th>一等奖</th><th>二等奖</th><th>三等奖</th><th>四等奖（优秀）</th><th>一等奖</th><th>二等奖</th><th>三等奖</th><th>四等奖（优秀、佳作）</th></tr>
<tr><td rowspan="2">2</td><td rowspan="2">中水东北勘测设计研究有限责任公司</td><td rowspan="2">9</td><td>勘测</td><td></td><td>5</td><td>1</td><td></td><td rowspan="2">四等奖中1项为优质工程</td><td rowspan="2">15</td><td>勘测</td><td>1</td><td></td><td></td><td>3</td><td rowspan="2"></td></tr>
<tr><td>设计</td><td>2</td><td></td><td></td><td>1</td><td>设计</td><td>2</td><td>3</td><td>2</td><td>4</td></tr>
<tr><td rowspan="2">3</td><td rowspan="2">吉林省电力勘测设计院</td><td rowspan="2">8</td><td>勘测</td><td></td><td></td><td></td><td></td><td rowspan="2">其中：一等奖为特等奖、四等奖为全优工程奖</td><td rowspan="2">31</td><td>勘测</td><td></td><td></td><td>2</td><td></td><td rowspan="2">4项四等奖中有3项为全优工程奖</td></tr>
<tr><td>设计</td><td>1</td><td>3</td><td>3</td><td>1</td><td>设计</td><td>4</td><td>15</td><td>6</td><td>4</td></tr>
<tr><td rowspan="2">4</td><td rowspan="2">吉林省水利水电勘测设计研究院</td><td rowspan="2"></td><td>勘测</td><td></td><td></td><td></td><td></td><td rowspan="2"></td><td rowspan="2">14</td><td>勘测</td><td>1</td><td>3</td><td>2</td><td></td><td rowspan="2">设计一等奖中含特等奖1项</td></tr>
<tr><td>设计</td><td></td><td></td><td></td><td></td><td>设计</td><td>4</td><td>1</td><td>2</td><td>1</td></tr>
<tr><td rowspan="2">5</td><td rowspan="2">长春电力勘测设计有限责任公司</td><td rowspan="2"></td><td>勘测</td><td></td><td></td><td></td><td></td><td rowspan="2"></td><td rowspan="2"></td><td>勘测</td><td></td><td></td><td></td><td></td><td rowspan="2"></td></tr>
<tr><td>设计</td><td></td><td></td><td></td><td></td><td>设计</td><td></td><td></td><td>3</td><td></td></tr>
<tr><td rowspan="2">6</td><td rowspan="2">吉林市水利水电勘测设计研究院</td><td rowspan="2"></td><td>勘测</td><td></td><td></td><td></td><td></td><td rowspan="2"></td><td rowspan="2">9</td><td>勘测</td><td></td><td></td><td></td><td></td><td rowspan="2"></td></tr>
<tr><td>设计</td><td></td><td></td><td></td><td></td><td>设计</td><td></td><td></td><td></td><td>9</td></tr>
</table>

续表

序号	受奖单位名称	1990年以前							1991～2002年						
		总数（项）	奖励项目	奖励级别				备注	总数（项）	奖励项目	奖励级别				备注
				一等奖	二等奖	三等奖	四等奖（优秀）				一等奖	二等奖	三等奖	四等奖（优秀、佳作）	
7	通化市水利水电勘测设计研究院		勘测						3	勘测					
			设计							设计				3	
8	白山市水利水电勘测设计研究院		勘测						1	勘测					
			设计							设计				1	
9	延边水利水电勘测设计研究院	1	勘测			1			5	勘测					一等奖中有1项为优质工程奖，三等奖中有1项咨询成果
			设计							设计	2	1	2		
合计		27	勘测		5	1		小计 6/27	101	勘测	4	3	5	5	小计 17/84
			设计	3	3	3	8			设计	13	23	15	33	

第四篇　施工企业与管理

第四篇 施工企业与管理

20世纪80年代，进入改革开放新时期，全国各行业突飞猛进发展，吉林省电力基本建设也快速增长，水电有白山、红石水电站在建，火电有长春二热、珲春发电厂在建，长山、吉林电厂扩建，4个工程项目接连开工，相应输变电配套工程增多，施工队伍也随之壮大。至1987年，电建施工企业由3家增至6家，90年代电建企业职工增加到2.8万人。可是进入90年代中后期，东北老工业基地处于经济结构调整，经济发展不景气，年用电量增长率下降，甚至1998年出现负增长，吉林省电力基本建设规模减少，施工企业产值降低。1999～2001年，省电力公司采取减负措施，对所属施工企业进行重组，火电公司从3家缩编为1家，管道公司与送变电公司并为1家，职工从1991年的8602人，减至4546人；水电一局也在改革中逐渐减员，职工从1991年的13 378人，减至10 015人。2002年，全省3家施工企业职工总数14 963人。

1991～2002年，全省电建施工企业共完成省内外及国外工程243项，施工总产值约142.27亿元（含在建工程完成产值），其中水电一局总产值55.02亿元。期间，有4个施工企业跨入全国建筑安装企业500强行列，取得了良好的经济效益和社会信誉；承建的大中型水电、火电、送变电工程项目中，获得省部级以上优质、达标投产工程荣誉的39项。其中，水电一局承建的黑龙江省莲花水电站工程，获得国家建筑工程最高奖——鲁班奖。

第一章 施工企业

1984年以前，全省有3个电建施工企业，即吉林省火电工程公司，吉林省送变电工程公司和中国水利水电第一工程局。为适应火电建设规模扩大，吉林省火电工程公司分为3个火电公司，即2个安装公司和1个建筑公司。1987年成立吉林省管道工程公司。6家公司职工增到2.5万人。施工企业从计划经济体制下的生产管理型转变为“独立经营，自我发展，自负盈亏”的市场经济实体。20世纪90年代后，全部施工企业相继通过GB/T 19002—ISO 9002质量体系认证，为拓宽市场，谋求发展创造了有利条件。

1991～2002年，吉林省电建施工企业经历了发展、紧缩的重大变化。“八五”计划期间，电力基本建设规模较大，施工企业任务饱满，“九五”后期，电力建设项目减少，经济效益下滑，职工就业与生活困难。企业进行减负和人员分流，企业合并重组。

一、吉林省火电第一工程公司

吉林省火电第一工程公司（简称火电一公司）成立于1985年1月1日，以原吉林省火电工程公司第一工程处为基础组建，职工 1617 人（全年平均人数 1656 人）。公司地址位于吉林市兴安街华安胡同 1 号。1988 年 11 月，迁至长春市乐群街。1993 年，迁至自由大路 6633 号。

1985～1990 年，火电一公司先后完成通辽发电厂一期工程，长山热电厂五期工程，长春热电二厂一期工程的 1 号机组安装，计 5 台 20 万千瓦机组总容量 100 万千瓦，7 台锅炉共 3790 吨/时的施工任务。其中，通辽一期工程和长山五期工程，均获全国火电建设优质工程称号。1990 年，施工产值 6102 万元，全员劳动生产率 25 856 元/人。1991 年，获建设部一级大型建安企业资质认证书，步入中国建筑安装企业 500 强行列。

“八五”计划期间，火电一公司继长春热电二厂 2 号机组施工，先后承担了双辽发电厂一期两台 30 万千瓦机组中 1 号机组公用系统工程和 2 号汽轮发电机组安装，长春热电一厂扩建工程（12.5 万千瓦）和四平热电厂新建（20 万千瓦）安装工程。同时，他们着手参加电力建设市场竞争，对公司机构、经营管理模式进行改革，着力扩大施工能力，树立工程质量创品牌意识，提高信誉和知名度。先后承揽了海南省海口发电厂 2 号机组（5 万千瓦）修复和 1 号机组（5 万千瓦）的大修、江苏省南京华能发电厂 2 号炉（超临界压力，1000 吨/时直流锅炉）安装，以及吉林省洮南热电厂（3 炉 2 机共 1.8 万千瓦）、吉林市奇峰化学纤维厂自备电站（4 炉 3 机共 3 万千瓦）安装工程，率先在吉林省施工企业中开展 GB/T 19000—ISO 9000 质量体系认证建设。在所承建的工程中，长春热电二厂获部优质工程称号，南京华能发电厂 2 号炉获部优质焊接工程称号。施工产值和全员劳动生产率进一步提高，1995 年，产值 15 630 万元，全员劳动生产率 69 933 元/人，分别是 1990 年的 2.56 倍、2.70 倍。期间，他们获得了国家统计局、国务院发展研究中心颁发的“全国建筑安装企业 500 强”奖杯，吉林省人民政府颁发的“文明单位”奖牌。

“九五”计划期间，火电一公司先后中标双辽发电厂 4 号机组安装工程、辽宁省丹东华能发电厂 2 号机组（35 万千瓦）安装工程和松原市吉林省油田自备电站（4 台 220 吨/时锅炉，2 台 5 万千瓦汽轮发电机组）安装工程。2000 年，施工产值 17 124 万元，全员劳动生产率 143 291 元/人，是 1995 年的 1.1 倍和 2.05 倍，分别比 1990 年增加 1.82 倍和 4.54 倍。期间，再度获得吉林省人民政府“文明单位”称号；国家电力公司授予“双文明单位”称号。2001 年 1 月 2 日，火电一公司与重组后的火电二公司合并组成吉林省电力建设工程总公司（简称吉林电建总公司）。

二、吉林省火电第二工程公司

吉林省火电第二工程公司（简称火电二公司）于 1985 年 1 月 1 日成立，是以原吉林省火电工程公司第二工程处为基础组建的建筑工程公司，职工 2419 人（其中固定工 2014 人，合同工 2 人，临时工 403 人），当年平均人数 3232 人。公司本部位于吉林市龙潭区兴安街建中路 2 号。

1985～1990 年，火电二公司先后承建通辽发电厂一期、吉林热电厂六期、长春热电二厂一期工程的建筑工程以及珲春发电厂一期工程中的主要建筑工程，1990 年底，职工总数 4722 人，当年平均人数 3705 人（其中固定工 1790 人，合同工 1038 人，临时工 877 人）。施工产值 16 050 万元，全员劳动生产率 16 869 元/人。

1991～1993年，二公司施工任务饱满，同时承担双辽发电厂一期1～2号机组工程、四平热电厂新建工程、长春热电一、二扩建工程中的主要建筑工程。1992年，名列全国最强500家施工企业中200家明星企业之一。1993年，职工平均人数4827人（其中固定工1808人，合同工1190人，临时工1413人），施工产值22 524万元，全员劳动生产率46 663元/人，分别是1990年的1.4倍、2.8倍。

1995～1996年，"八五"计划的大型工程相继完工，施工任务不足，经济效益下滑，从盈利转与亏损。火电二公司决心参与市场竞争，精简机构、人员，推行项目管理机制，成立开发部，着手开发其他工业民用建筑工程。先后承揽了磐石县吉林铝业公司电解厂、长春摩托车厂、吉林电业局住宅楼等小型工程。1996年，虽然职工平均人数降至2467人，仍亏损1525万元。

1997～1999年，为改变困难局面，一方面减人增效，另一方面开拓市场。分别以议标、投标方式承揽了双辽发电厂3～4号机组工程、吉林油田自备热电厂工程、二道江发电厂二期供热改造工程、辽源发电厂技术改造工程和吉林哈达湾热电厂新建工程的主要建筑工程，通榆风力发电场一、二期的土建工程，以及省电力公司高层住宅、电大医院、长春国际会展中心宾馆、河北华龙集团长春食品有限公司厂房、长春鸿业花园住宅小区2～3号楼、长春联华房地产公司住宅楼、辽源市污水处理厂、双辽市国家粮库、浑江发电厂除尘器改造、长山热电厂灰场加高等一批工业、民用、市政建设的土建工程；还利用安装技术力量，承揽长春轻型车厂的锅炉安装工程。1997年，企业效益迅速好转，在全国62家电建施工企业中排名第10位；施工的长春热电二厂、双辽发电厂主厂房获部优工程称号。1998年，该公司通过了中国质量协会GB/T 19002—ISO 9002—1994质量体系认证。1999年末，职工总数2072人（平均人数1995人），施工产值22 843万元，全员劳动生产率114 501元/人，创历史最高水平。

1991～1999年，火电二公司相继获得吉林省人民政府"文明单位"、"先进单位"称号；吉林省经济评价委员会授予"明星企业"、"最佳经济效益（第五名）单位"和国务院发展研究中心授予的"全国建筑安装企业500强单位"称号。

1999年12月，火电二公司与火电三公司合并，组成综合性建筑安装企业，仍命名为吉林省第二火电工程公司。职工总数3771人。除继续完成双辽发电厂、辽源发电厂、二道江发电厂、吉林哈达湾热电厂等在建工程任务外，先后承揽了蛟河发电厂供热改造，吉林东关热电厂扩建，吉林热电厂一期技术改造，石岘造纸厂自备电厂扩建，以及长春亚泰水泥厂冷却塔循环水泵房，通榆风电场二期等11项建筑安装工程。2000年，新火电二公司综合完成施工产值64 054万元，全员劳动生产率143 887元/人。

三、吉林省火电第三工程公司

吉林省火电第三工程公司（简称火电三公司）于1985年1月1日成立，由原吉林省火电工程第三工程处为主体及原公司所属的修配厂、机械管理站（动力站）的一部分，并包括子弟中学、托儿所、保温建材公司合并组建的火电安装企业，职工总数2082人（其中固定工1996人，合同工86人，临时工3人）。公司本部驻吉林市龙潭区中兴街210号。

1985～1990年，火电三公司先后承担辽宁省清河发电厂四期工程、通辽发电厂一期工程2号炉，吉林热电厂六期扩建工程，浑江发电厂三期扩建工程，长春热电二厂一期工程的输煤系统工程及珲春发电厂一期工程（2台10万千瓦）任务，共安装锅炉7台，总蒸发量4170吨/时；汽轮发电机组6台，总容量100万千瓦。1990年底，职工总数2407人（其中固定工1908人，合同工331人，临时工168人），全年平均人数2277人，当年施工产值3760万元，全员劳动生产率16 516元/人。

1991～1995年，火电三公司在承接双辽发电厂1号机组和2号炉工程及二道江发电厂改建工程（10万千瓦机组1台）、浑江发电厂四期工程（20万千瓦机组1台）等大中型工程安装任务的同时，为解决施工任务不足，开始步入市场找饭吃。期间，先后承揽了澳门垃圾电站工程，梅河口市热电厂一期工程（3台75吨/时锅炉，2台1.2万汽轮发电机组），开山屯纸浆厂自备电站工程（2台65吨/时锅炉，1台1.2万汽轮发电机组），吉林市西关热电厂二期工程（1台75吨/时锅炉，1台1.2万千瓦汽轮发电机组），吉林化学公司动力厂四期扩建工程（1台220吨/时锅炉）等地方和企业自备电站安装工程，共投产机组7台，总容量64.8万千瓦。公司施工产值，全员劳动生产率、信誉、知名度逐年提高，1992年，施工产值首次突破亿元大关，达到11 283万元，全员劳动生产率37 698元/人，在全国500家最佳经济效益建筑安装企业中，排名138位。1993年，被吉林省信誉评定委员会评为省AAA级信誉企业。1994年，获国家200家质量明星企业称号。1995年1月，获国务院发展研究中心、中国企业评价中心、建设部联合评定为中国500家最佳经济效益建筑企业一级资质，排名第277位；在100家最大经营规模设备安装企业中排名21位，最佳经济效益企业排名37位。1995年，职工平均人数2492人，施工产值10 321万元，全员劳动生产率41 417元/人。分别是1990年的2.74倍，2.51倍。

四、吉林省送变电工程公司

吉林省送变电工程公司（简称送变电公司）于1952年组建，是新中国成立后最早的输变电工程施工企业。公司本部驻长春市斯大林大街95号，后改人民大街4699号，1999年迁至自由大路6039号。

送变电公司施工能力和技术居国内领先水平。在改革开放中，送变电公司职工，承揽国内外一些大中型送变电工程，是吉林省施工企业中最早步入市场经济竞争的单位。至1990年，先后完成500千伏交直流输电线路10条，变电所2座。在中国第一条±500千伏葛上送电线路施工中，成功采用液压装置提升191米跨江塔头和直升机放线的新技术、新工艺，分别获得水利电力部科技进步二、四等奖；施工的500千伏平武和东辽送电线路工程，分别获国家经委、优质工程评选委员会和能源部授予的银质奖、优质工程奖。期间，该公司获全国总工会授予的“五一劳动奖状”。1990年，职工总数2577人，施工产值4390万元，全员劳动生产率17 037元/人。

20世纪90年代，电力建设体制改革深化，市场竞争激烈。送变电公司认真总结80年代闯市场的经验教训，大胆改革生产、经营管理模式，强化班组建设，努力采用先进技术、工艺，开展质量体系认证建设，提高工程质量和服务、信誉水平，逐步建立现代化企业机制，在送变电工程建设市场中大踏步前进。

1991～1995年，送变电公司通过招投标，承揽并完成220千伏以上送变电工程22

项，其中，送电线路14项，变电工程8项。工程所在地域包括辽宁、吉林、广东、海南4省。期间，与韩国现代公司合作，中标承建斯里兰卡132千伏变电所4座。此外，该公司还承揽双辽发电厂储灰场工程、长春热电一厂扩建工程的主厂房地基处理和灰场建筑项目。承建施工的±500千伏直流葛上输电线路工程、500千伏东长哈线路及合心变电所工程、220千伏白辉东送电线路工程，获能源部优质工程奖。1993年，送变电公司施工产值首次突破亿元大关，达到1.36亿元，全员劳动生产率5.01万元/人。1995年，施工产值1.25亿元，全员劳动生产率6.31万元/人，分别是1990年的2.84倍，3.70倍。

1996～2000年，送变电公司通过招投标，在国内承揽220千伏以上送变电工程31项，有一半以上工程在黑龙江、内蒙、四川、广东、河北、山东、海南等省区。其中，500千伏送电工程13项，变电工程3项。此外，与西安电力机械进出口公司合作（1997年），中标承建菲律宾500千伏送电线路工程0031标段；与华北电力设计院合作（1999年），中标尼日利亚132千伏送电工程；2000年，独立中标埃塞俄比亚230/132/66千伏送电线路工程，显示了该公司的雄厚的技术实力与施工能力。先后被建设部评为建安企业安全生产单位；被国家电力公司评为先进施工企业、双文明单位；被全国总工会评为模范职工之家；被国家档案局评为档案管理二级企业，共获得省部级以上的荣誉称号和证书18项。1996～2000年期间，送变电公司大力提高职工素质和采取减人增效措施，职工人数从1996年的2250人减至2000年的1231人。2000年，施工产值2.12亿元，全员劳动生产率17.50万元/人，分别是1995年的1.70倍，2.77倍；是1990年的4.83倍，10.27倍。

2001年7月，省电力公司决定将管道公司并入送变电公司，实行合署办公，对外保留管道公司名称，施工、生产业务仍各自独立管理。

2001～2002年，送变电公司除继续在四川、广东、山东等省开拓市场外，又进军重庆、青海、贵州、云南、湖北、广西、江苏等省市自治区，共完成220千伏以上送电线路工程11项，其中330千伏1项，500千伏7项；完成220千伏及以上变电所工程5项。其中：500千伏贵广线路的北江大跨越工程，采用不封航的遥控飞艇放线技术，获国家电网公司科技进步奖；施工的青海省330千伏乌格送电线路工程，获国家电网公司优质工程奖；500千伏包东送电线路工程和包家变电所工程被国家电力公司评定为达标投产工程。施工产值、劳动生产率继续提高。2002年，施工产值3.645亿元，全员劳动生产率22.78万元/人。相继获得国家电力公司“走出去战略先进集体”、双文明单位；国家档案局档案目标管理一级单位；国家工商行政管理局重合同守信誉单位等称号。

五、吉林省电力管道工程公司

吉林省电力管道工程公司（简称管道公司）前身是1956年长春送变电工程局组建的长春水泥电杆厂，1958～1976年，其隶属关系多次变化。1983年7月，更名为长春供电设备修造厂。除生产水泥电杆外，还生产横担、构架、载波机、开关柜和变压器等设备。1987年5月，省电力工业局为改变产业结构，以该厂为基础，成立吉林省电力管道工程公司，是以制造、安装钢筋混凝土压力管道为主，生产供电设备为辅的施工、生产企业，职工总数1042人。

1987～1990年，管道公司依托生产混凝土电杆的技术力量，先后研制、生产直径

0.6、0.9、1.2、1.4、1.6、1.8、2、2.2、2.6、3.0米共10种混凝土管，并分别在安徽省平圩、北京市沙岭、山西省太原、海南省马村、黑龙江省哈三、吉林省安图等水、火电工程及北京、长沙等市政工程安装使用，累计施工工程22项，11.211千米。期间，生产水泥电杆76 731段，变压器161台，构件636吨。1990年，职工人数（平均）1393人，工业（施工、生产）产值2418万元，全员劳动生产率1.74万元/人。

1991～1995年，管道公司继续提升施工、生产能力，先后开发直径0.4米混凝土铸石管，直径1米，长度5米混凝土压力管及直径2.2米，长度5米的预应力混凝土压力管产品。其中，2.2米预应力混凝土压力管被评为1993年度国家级重点新产品，在双辽发电厂循环水工程中评为优质工程。生产的预应力混凝土铸石管、SCR－315/10型上胶绕包绝缘干式变压器、GB/4623－84型环型预应力混凝土电杆、GB396－84型环式钢筋混凝土电杆、直径2.6米直筒型承插式预应力混凝土管，均获电力部科技进步三等奖；共承揽混凝土管道制造、安装工程项目27项，总长度320.47千米。有25个项目在广东、福建、江苏、湖南、河北、山西、内蒙、辽宁、黑龙江、深圳等10个省区和特区市的市场竞争中取得重大突破。期间，生产各型电杆75803段，变压器181台。1995年，职工总数2161人，工业产值1.06亿元，全员劳动生产率4.91万元/人，是1990年的4.38倍、2.82倍。

“九五”计划中后期，吉林省电力建设受到一定影响。管道公司与其他省份的混凝土管道制作安装企业竞争更加激烈，施工生产总值；1996～1997年两度超亿元后开始下降。为了企业的生存和发展，该公司进行了机构改革，实施主业、辅业分流，减少非生产人员，加强生产经营管理，注重开发新产品和质量管理，开展质量体系建设。1997年，取得北京9000标准质量体系认证中心GB/T 19002—1994—ISO 9002标准的认证，并以其品牌产品，仍在电力工程、市政建设工程中占有相当份额。1998～2000年，虽然施工产值下降，但人员精干，仍然取得了好的经济效益。

1996～2000年，中标承揽工程35项，其中23项在外省，除前述的10个省、区、市外，又进入海南、浙江、江西、湖北四省；在承建的35项工程中，有18项是市政工程，1项非电力建设工程；开发了直径0.7米，长度5米的非标准系列混凝土压力管，进一步丰富了产品品种，共完成混凝土管道制作安装410.29千米。期间，生产水泥电杆84 200段，各种规格干式变压器449台（1996～1999年数据，2000年，变压器生产移交龙源公司）。其中，内蒙古达拉特发电厂混凝土管输水工程获电力部优质工程证书；直径2.6米混凝土预应力管获东北电业管理局科技进步一等奖。2000年，职工总数690人，施工生产总值9289万元，全员劳动生产率13.46万元/人，分别是1990年的3.84倍，7.74倍；是1995年的0.88倍，2.74倍。

2001年7月，管道公司并入送变电公司（仅是机关管理机构合并，施工生产任务仍各自独立），对外保留管道公司名称。2001～2002年，承揽工程11项，竣工8项，总长度92.36千米。

六、中国水利水电第一工程局

中国水利水电第一工程局（简称水电一局）前身为水利电力部桓仁水力发电工程局，

成立于1958年，至1961年，先后易名辽宁省桓仁水电工程局、水利电力部浑江水力发电工程局。1974年，因承建白山水电工程进驻吉林省桦甸县白山镇。1979年，改称电力工业部第一工程局，1983年定名为中国水利水电第一工程局。1988年，工程局本部迁址永吉县口前镇。1997年，局址迁至长春市绿园区正阳街13号。

1958～1990年，先后完成辽宁省桓仁、回龙山及吉林省红石、白山一期等水电建设工程。共安装机组12台，总装机容量139.45万千瓦，1990年，职工总数约1.4万人。

1991～1995年，水电一局在承接白山电站二期、松江河梯级电站工程的同时，为解决施工任务不足，努力开拓市场，先后以投标方式承揽了黑龙江省莲花水电站工程、北京市十三陵抽水蓄能电站工程、浙江省天荒坪抽水蓄能电站的斜井工程、长春第一汽车制造厂二期扩建的工业厂房28万米^2，以及华能营口发电厂的土建工程、海堤工程、储灰场工程、220千伏送出工程。十三陵抽水蓄能电站的引水隧洞施工，地质条件十分恶劣，几乎无法成洞，他们战胜大小塌方221次，实现安全生产并提前或按期完成发电工期目标。水利部副部长、著名水电专家陈赓仪视察后题词“莽山英雄”，《北京文学》登载其业绩的长篇报告文学；在天荒坪抽水蓄能电站斜井施工中，创造同断面开挖月进尺136米、反导井爬罐开挖146米等8项全国纪录，施工采用的裸岩灌浆法填补了国内1项技术空白。相继获能源部投产1000万千瓦功臣单位、全国电力工业先进集体和吉林省明星企业称号。

1996～2000年，水电一局继续在市场经济中拼搏，先后中标承揽辽宁省朝阳水库工程、丹（东）—本（溪）高速公路第14工程段、云南省大朝山水电站工程，与闽江工程局联合，中标承建乌兹别克斯坦共和国塔什干国际机场滑行道和停机坪工程；独立中标承建缅甸畔塞水电站工程；并参建吉林省丰满发电厂扩建工程、四川省二滩水电站机组安装工程、河南省小浪底电站工程、长江三峡电站永久船闸地下工程；俄罗斯鲍古昌水电站，尼泊尔、刚果、土耳其等国外的水电站工程施工。期间，承建的莲花水电站4台13.75万千瓦机组，提前两年，于1998年全部建成，并达标投产。提前两年发电的效益显著，两年可发峰荷电量15.94亿千瓦·时，按核定批准的上网电价，发电收入达18.6亿元。该工程被电力部誉为“南有广蓄，北有莲花”的优质高效工程，2001年，获建设部和中国建筑业协会授予的“鲁班奖”最高荣誉。在大朝山水电站地下厂房施工中，解决了国内跨度最大，承重最大，梁体最长的岩锚梁施工技术难题；采用的钢纤维混凝土、大吨位锚索、长锚杆等新技术、新工艺使厂房成型质量居全国第一；施工的“六定”组织法和“四必”监测法，创工程整体进度全国第一，有5个单项工程获云南省建设厅、建筑业委员会颁发的“优质工程一等奖”（2002年1月）。1997年，水电一局获水利部水电总公司“文明单位”称号。2000年，吉林省政府授予“文明单位”牌匾。

2001～2002年，该局先后中标吉林省聚宝水电站、白山抽水蓄能泵站，湖北省黄龙滩电站、纳吉滩水利枢纽工程，河南省宝泉、回龙抽水蓄能电站，内蒙古与黑龙江交界的尼尔基水利枢纽工程，山东省泰安抽水蓄能电站、安徽省琅琊山抽水蓄能电站，云南省小水湾电站，浙江省桐柏水电站，缅甸孟河水电站工程，及一批市政、交通工程项目等100余项工程，中标金额45亿元（人民币）。

第二章 施 工 技 术 与 装 备

20世纪70年代以前，吉林省电建企业的施工技术与装备比较落后，机械设备数量少，技术性能单一，施工手段主要靠人工作业。

改革开放以后，为适应大型水、火电工程，超高压输变电工程的技术、质量、特点与要求，促进安全文明施工、缩短施工工期，各施工企业根据自身任务，努力采用、推广先进施工技术与工艺；在上级主管部局（公司）的支持下积极筹措资金，更新、添置新型机械设备，逐步实现施工半机械化、机械化和自动化。

第一节 火电施工技术与装备

1980年以前，吉林省火电施工企业机械装备中，大型起重、运输设备数量少，功能简单，型式老旧，主要靠小型机具，手工劳动作业，承建工程最大单机容量不超过10万千瓦。

20世纪80年代，火电建设工程出现了单机容量20万千瓦超高压再热机组的施工，除主厂房采用大型钢筋混凝土厂房、钢筋混凝土与钢结构的混合炉架外，对土建、安装工程都有了新的技术、质量要求。火电施工企业先后购置了起重量100、140吨的DBQ-3000、DBQ-4000型轨道塔式起重机、自动化混凝土生产设备，及大量开挖、运输、加工、焊接机械设备，引进和推广使用国内同行业的先进技术和工艺，提高了施工能力和技术水平。

1991～2002年，火电施工企业针对单机容量30万千瓦及以上工程设备结构变化和电站厂房布置形式的技术、工艺、质量新特点，重点解决轨道式吊车机动性差，影响施工效率和工期的问题，先后添置起重量150、180、300吨的履带式吊车，50～80吨的轮胎式吊车；更新挖掘、运输、加工、焊接、检验设备，不仅满足30万千瓦及以下机组工程的施工之需，还具备承建单机容量60万千瓦及以上机组施工能力的装备储备。

一、土建施工

（一）施工降水

单机容量20万、30万千瓦机组工程的主厂房、烟囱、翻车机室、循环水泵房，及高层建筑等采用深基础，需要降低地下水位施工。施工企业采用“多点无砂混凝土井管环网集中降水”的技术、工艺和机械设备，取代单井管抽水，挖沟排放的施工方式，改善了现场安全文明生产面貌。

（二）土方工程

1985～2000年，火电二公司全面推行一体化作业。先后更新、购置红旗100型、

7200 型、T－180 型推土机，WY－160 型挖掘机，ZL－302、ZL－503、ZL3.4 型装载机，载重量 15 吨、17.2 吨的 7815 型自卸汽车等一大批机械设备，具备大范围土方挖掘、回填机械化、连续施工能力。

（三）混凝土生产、运输、浇筑

大中型火电工程及高层建筑施工，采用 25～30 米^3/时混凝土自动化生产设备、8 吨混凝土运输车，20F－8513 型泵车、HB－30 型混凝土泵及部料机，构成骨料筛选、称量、搅拌、运输、浇筑的机械化生产线；具有根据建筑工程特点、场地条件，采用预制组装、整体浇制的技术、工艺；普遍推广和规范使用散装水泥仓罐及运送设备；采用添加明矾石、粉煤灰等添加剂、早强剂的技术与工艺，改善了混凝土制品的性能和质量，降低了生产成本。

（四）施工模板

电站工程建筑结构复杂、形式多样，火电二公司除推广使用标准构件的组合钢模板外，对大型、特殊型构件，如输煤栈桥拱板、烟囱、水塔模板，自行设计和制作各种异型钢模板，并全部采用门型、碗式交手钢管支撑。在吉林热电厂、双辽发电厂 210 米烟囱施工中，采用自制模板、倒模施工工艺和激光控制设备，提高了混凝土浇筑质量，烟囱施工中心偏差仅 10 毫米。2000～2002 年，为进一步提高混凝土表面的平整度、光洁度，采用了复合木模板覆盖树脂薄膜的施工工艺。

（五）金属构件制作及钢筋加工

20 世纪 80～90 年代，金属构件制作普遍采用型钢校直、板料校平机，卷板机、型材切割机、联合冲剪机及各种型号的机床设备；钢筋加工采用调直机、拉伸机、弯曲机、切断机、镦头机进行机械化作业。加工制作元件的焊接采用埋弧焊、竖向电渣压力焊工艺并相应配备了交直流逆变焊机、硅整流焊机，半自动埋弧焊机、对焊机、点焊机等设备。

（六）构件、构架吊装与运输

火电二公司针对大机组钢筋混凝土构件、构架的重量和吊装范围的不断增大状况，先后购置了 TQ－1000 型、DBQ－1500 型、DBQ－4000 型塔式起重机及 5～30 吨的高架门式起重机；10 余台 40～50 吨位的履带吊车、5～60 吨位轮胎吊车；近 10 台载重量 40～50 吨的铁、公路平板车及 30～50 吨级的奔驰拖车组，进行一条龙作业。

二、安装工程

（一）起重运输

20 世纪 80 年代初，起重运输设备虽多，但型式老旧。最大吊装机械为 1000 吨—米轨道塔式起重机，30 吨门式起重机、龙门吊车，15 吨铁路蒸汽吊车及 50 吨平板车，40 吨级履带吊车、公路平板车，载重量 8 吨的汽车等。通辽发电厂一期工程施工中，工程技术人员将 1000 吨—米塔式起重机改造为 1200 吨—米，并配以 15 吨炉顶吊车，基本满足了 20 万千瓦机组锅炉大件吊装、运搬的需要。20 世纪 80 年代中后期，长山热电厂、吉林热电厂、浑江发电厂扩建工程中，先后配置了最大起重量 100 吨的 DBQ－3000 型塔式起重机、80 吨扶臂吊车、50 吨龙门吊车、30 吨高架门式吊车、60 吨平板车、16 吨载重汽车等设备，全面提高了大型机组起重运输能力。

20世纪90年代，在双辽发电厂、南京华能发电厂、丹东华能电厂工程中，针对30万千瓦机组的设备和厂房布置方式变化，解决轨道式吊车占用场地大、时间长、机动性差的缺点，火电一、三公司先后从日本、美国购置最大起重量150、180、300吨履带吊车。与固定式起重设备配合使用，大幅度提高了机械使用效率，并缩短工期。此外，还引进了劳辛格液压提升装置用于锅炉汽包、发电机静子等超重设备吊装；采用"大重物件移运器"用于凝汽器、除氧器、高压加热器、捞渣机、热风道等的安装；配备3CD100/100A型施工升降机改善登高作业条件。

（二）焊接与热处理

1991～2002年，火电一、三公司在承建的工程中，对直径400～2000毫米的中低压管道焊接，推广使用埋弧自动焊接和二氧化碳气体保护半自动焊接技术与工艺设备；高温高压的主蒸汽、再热、给水管道焊接，采用遥控焊接工艺及具有高频引弧、电流衰减功能的新一代逆变焊机与远方控制装置；不锈钢、有色金属（如铜、铝母线）、油管道等的焊接，全部采用氩弧焊接工艺和分子筛焊炬；焊口热处理全部废止电阻、工频加热、石棉布保温的手工操作、人工控温的落后技术与工艺，采用具有微机控制功能的中频热处理技术与设备。

（三）锅炉安装

20世纪80～90年代，锅炉钢架、水冷壁、省煤器、过热器、集汽管的校正、组合，逐步采用专用调校机械、力矩扳手及各种型号的弯管机、切管机、剖口机、砂轮磨光机、对口机等小型机械替代老旧的氧乙炔火炬烤校、截割，用铁锯割管、锉刀打磨对接剖口的手工劳动。

锅炉安装尽可能发挥大型起重机械能力，扩大地面组合，减少高空作业。火电一、三公司在10万～30万千瓦机组施工中，分别采用钢架成片带平台、梯子组件吊装，钢架分层组合吊装；水冷壁大组件的柔性吊装；省煤器，过热器成组件吊装；锅炉水压前先风压、酸洗采用氢氟酸、柠檬酸及加氧吹管等施工工艺。

（四）汽轮发电机安装

针对国内外不同机组的工艺质量标准与要求，拥有埋置垫铁、斜垫铁，无垫铁施工技艺；施工中采用机械研磨台板、凿造轴承座、台板润滑槽道，转子、隔板激光找正工艺；油系统管道采用酸洗和加快油质净化的大流量清洗工艺与设备；凝汽器铜管热处理及机械化胀管、切头的工艺与设备；发电机及氢系统酒精水压技艺与卤素检漏装置。

（五）电气、热工安装

电缆放线全面推广计算机布线、接头液压连接、环氧树脂绝缘、防火泥封闭隔离等施工工艺与热工管道与气（电）动仪表盘柜集约化安装，彻底改变了乱拉乱扯、随意置放的陋习，成为获得优质样板项目与工程达标投产的一大亮点。

（六）管道加工配制

火电建设工程管道种类繁多，技术质量标准不同。20世纪80年代开始，火电一、三公司对直径50毫米以上的各类弯管、三通、插座、法兰、紧固件、支吊架以及非标准的冷热风道、烟道、钢制循环水管的配置加工，采用外委或自行工厂化生产，统一技术标准集中使用加工机械设备，减少现场占地、改善工艺质量，提高效率；对需要在施工现场完成的高温高压管道（如主蒸汽、再热、给水管道）的坡口加工，小直径管道弯管制作与安装，全部采用动力切削头，液压弯管机，等离子、磁力切割机、剖口机等设备进行机械化作业，向精品化迈进。

三、测量与检验

（一）工程测量

20 世纪 80 年代以前，测量器具仅有常规的光学经纬仪、水平仪，框式水平尺、合像水平仪等设备。20 世纪 90 年代开始，除常规的光学仪器外，土建工程测量普遍采用卫星定位技术装置，配置了全站仪、半站仪、扫描仪、红外线测距仪以及激光准直仪等现代技术装置；汽轮机安装工程，配置了更直观、准确的数字显示楔形塞尺和块规，大幅度提高了测量精度和效率。

（二）试验室

1991～2000 年，火电施工企业的试验、检验装备日臻完善，1997 年后相继达到国家电力公司现场型一级试验室的标准并取得资质证书。

火电二公司土建试验室拥有从水泥、砂石、红砖、沥青等原材料的检验到混凝土试块、回填土质量监测及钢材机械性能、焊接件强度性能的检验技术和装备。

火电一、三公司金属试验室拥有钢材拉伸、压缩、弯曲、折断、冲击、硬度等机械性能检验的全套设备；金相分析及热处理微观检查设备；合金元素光谱分析仪器；X（爱克斯）射线、γ（伽玛）射线、超声波、磁粉渗透、工业内窥镜等无损探伤设备和自动洗片机、管壁厚度测量仪器。光谱分析技术达到半定量、基本定量，处于国内电力建设行业领先水平。曾先后发现吉林热电厂工程点火管路、长山热电厂工程汽包集汽管、主蒸汽管焊接错用焊条，汽轮机合金螺栓、螺帽的材质错误和主蒸汽管材、弯管壁厚低于设计限值的缺陷；二道江发电厂改建工程，依据射线检查，发现省煤器连通管内存在异物的弊病；对各工程发现的高温高压合金紧固元件材质错误、硬度不合格的零部件，均交付详细检定，并据此向建设单位和制造厂提出更换或进行热处理的意见，切实起到消除安全隐患监督保证作用。

此外，火电一、三公司还设有电气、热工试验室，配备各种校验用的标准型、精密型仪器和校验台，对电气、热工仪表，电阻、电容、热电偶等元件进行检校、试验，确保计量设备和元件的准确性和可靠性。2002 年，三个公司合并后，电建总公司共有检测装备 206 台（件），其中电气检验设备 50 台（件），热工检验设备 54 台（件），金属检验设备 52 台件，建筑检验设备 50 台（件）。

第二节　水电施工技术与装备

20 世纪 70 年代以前，水电工程施工主要靠风镐、手风钻、推车、拨杆、滚杠、矿车等小型机械和手工作业。20 世纪 70～80 年代，水电一局承建白山、红石水电站工程，逐步配置各种钻机、凿岩机、液压装载机、起重机、大吨位自卸卡车，掌握和使用了多种爆破技术、岩锚技术、地基处理技术、各种水工建筑物的施工技术以及大型水电机组的安装技术。1990年，有各种机械设备6386台，总功率13.34万千瓦，设备原值1.47亿元。20世纪90年代起，水电一局对原有机械装备进行更新和大中小型机具配套，机械设备数量、总功率虽然有所减少，但技术质量性能得到提高。2002年，机械设备总数3956台，总功率7.97万千瓦，设备原值2211.1万元。

一、土石方工程

水电工程施工范围广，土石方工程量大，地质条件多种多样。20世纪90年代，水电一局全面采用近代技术和机械化施工。岩土明挖、钻孔爆破，拥有预裂爆破，光面爆破，深孔爆破，岩塞爆破，微差压梯段爆破技术和国内外生产的高效潜孔钻机；隧洞、地下厂房开挖及支护施工，采用阿持拉斯353E型全液压凿岩台车，汤姆洛克CM351型多臂钻机，拥有各种预应力锚索、锚杆、钢纤维喷涂混凝土技术，裸岩灌浆技术，预应力素混凝土衬砌技术；土石渣装卸运输，使用5.2M^3俄罗斯电铲，4.5M^3全液压挖掘机，4.2M^3装载机，T330型、TY220型推土机以及载重量20、32吨的自卸汽车及轨道矿车等设备。

二、基础处理

20世纪90年代，岩石基础处理普遍采用金刚石钻进工艺，有孔洞偏斜电测、孔内电视监控技术、高压孔口阻塞灌浆技术；软地基处理，拥有高压喷射灌浆，大体积水下压浆混凝土施工技术、薄壁混凝土防渗墙多头深层搅拌桩截墙技术。配置了操作方便省力、转速高、进尺快的SGZ－ⅢA型、XU－300型油压自动化钻机，高精度、连续记录电视监测KPX－Ⅰ型测斜仪，三头和多头泥土成桩钻机，SGB6－10型高压力、大排量灌浆泵和具有自动记录功能的J/31C型仪器。

三、建筑施工

20世纪80年代以前，水电一局主要工程为各型混凝土重力坝，拥有成熟的施工经验和专项技术与装备。20世纪90年代，为适应水电工程大坝形式的多样化，承揽火电建设工程、工业民用建筑工程和市政工程，逐步掌握和完善了混凝土碾压坝，混凝土面板堆石坝、浆砌石坝、橡胶坝施工技术，掌握了工业厂房、烟囱、水塔、机场跑道、高速公路的施工技术。拥有全自动电子计量混凝土搅拌系统设备，各型搅拌运输车、泵车、部料机、振捣、碾压机械；大型高架门式起重机，履带式、轮胎式吊车；广泛采用激光监测技术；钢筋冷挤压、螺纹连接技术；拥有滑模、翻模及半悬臂、悬臂支撑技术。

四、大型机电设备安装

20世纪80～90年代，水电一局相继承建单机容量30万千瓦的白山水电站、天荒坪抽水蓄能电站及单机容量55万千瓦的大朝山水电站的机电安装工程，这些工程机组总重超过6000吨，发电机定子直径在20米以上，超大直径的压力钢管，超大尺寸和重量的平板、弧形闸门，水轮机座环、蜗壳、转轮、发电机机架、圆盘支架、定子及线圈下线均需要现场制作、组合安装。他们针对施工工艺的改变和技术难度大、质量要求高的特点，一方面对职工进行培训提高技术素质，另一方面对施工技术和装备进行了改进。

在管道、闸门、蜗壳、转轮的组合焊接中普遍采用了CO_2气体保护焊技术，配备半自动切割机，变形校正压力机，坡口刨边机；在发电机坐架组合、定子铁芯叠片、下线中，自制专用量具，液压螺栓拉伸器、电动盘车装置；发电机线棒接头焊接采用中频焊接技术与变频焊机、配线编码打码机；拥有弹性金属塑料推力轴承安装调整技术，调速器、磁场控制智能化微机测控装置及各种吊装、检验设备。

第三节　输变电施工技术与装备

吉林省输变电工程施工技术，一直处于国内领先水平，送变电公司职工为此付出了辛勤劳动。其中，输电工程施工最具特色，创造了多项先进的施工技术。改革开放前，就有3项技术荣获1978年全国科学大会奖，1项技术获国家科技进步一等奖，1项被推荐为全国推广技术。改革开放后，组塔、架线技术更加多样，除普遍采用张力机放线外，500千伏线路江河大跨越施工，采用的直升机组塔、放线及飞艇放线技术，跨越运行线路的不停电施工技术，都在全国领先。受电力部委托，承担主编《500千伏张力放线施工导则》；变电工程施工，创造了户外变电所设备倒装法，无垫铁、无锈蚀工艺技术。

该公司拥有各种型材、设备运输车辆起重机械和施工装备；通信联络采用手机、远程网域；测量采用卫星定位装置，远红外测距仪器；检验设备更新为高精度、自动化仪表；施工作业和管理采用计算机。2002年，送变电公司机械装备862台，总功率1.87万千瓦，设备原值4093.72万元。

一、输电工程

（一）线路测量和通信

20世纪80年代以前，线路测量一直靠光学经纬仪与塔尺分段进行，精度差、效率低。20世纪90年代，全面采用GPS卫星定位技术，用全站仪、远程工作测距仪进行测量。

施工通信手段，20世纪60年代以前用旗语，70年代使用电子管报活机，80年代有了无线电对讲机，90年代已使用手机，并建立了远程通信网域设施。

（二）杆塔基础施工

20世纪60年代以前，基础施工依靠人力。土质基坑用锹镐开挖，木材做挡板、模板及支护；用手压泵或铁沉箱排水；石方基坑是人工打眼放炮；混凝土拌制、浇筑、捣固全凭经验操作。70年代，淤泥、流沙的软地基，采用了爆扩桩、爆沉爆扩桩、钻孔灌注桩技术，并研制出具有底部扩孔功能的钻机；黏土地质掏挖基础取消底模，侧模采用钢模板。80年代初，在500千伏平武线路工程中，送变电公司采用王运祥为首的工程技术人员研究的原状土模基础科技成果，开创“以土代模”的新工艺，在全国送变电施工技术交流会上，被指定为推广技术。1988年，东长哈线路基础混凝土施工中采用减水、早治添加剂；施工机具采用发电车、潜水泵、搅拌机、振捣器等机械。

20世纪90年代，送变电公司在大亚湾核电站线路工程中，创制出具有环保要求的铁塔斜插式基础找正样板；220千伏白辉东线路工程，采用了岩锚基础技术；220千伏松三线路工程应用土壤接地电阻降阻剂技术；500千伏辽长吉哈佳线路工程，采用金属杆支顶模板技术，并添置了轻便的挖掘、凿岩机械和运输车辆。

（三）杆塔组合与吊装

20世纪50～70年代，送变电公司220千伏输电线路工程铁塔组装技术，从最初采用“外拉线抱杆分片组塔”，改进为“内拉线抱杆组塔”、“永久拉线代替临时拉线组塔”工艺，工效提高了1倍。之后，该公司马俊臣、曾荣、赵福庆还创造“倒装组塔”技术，并在220千伏前榆工程，采用这项技术组立横跨松花江高度118米的铁塔，不仅减少高空作业、减轻劳动强度、简化施工机具，优化组塔质量，又提高工效1倍，节约施工费一半以上。内拉线组塔和倒装组塔技术成果，获1978年全国科学大会奖励。80年代，送变电公司在±500千伏葛上直流输电工程中，首创钢索式液压提升整体吊装技术，完成吉阳（安徽省安庆市）长江跨越宽度1605米的铁塔组装，其铁塔高度167米，塔头总重量达80吨。这项技术改变了杆塔组装长期采用“钢丝绳、滑轮组、卷扬机”的传统施工工艺，获得1988年国家科学进步一等奖。

1991～2002年，送变电公司在组塔技术与工艺上更加多样化。1996年，500千伏伊大线路工程中，采用“铝合金抱杆大吨位吊装组塔”技术；1998年，500千伏辽长吉哈佳（木斯）线路工程中，又采用“外拉线悬浮抱杆分解吊装塔”技术和轮胎吊车组塔的机械化，具有保护塔材镀锌层的“锦纶吊装带”工艺；2001～2002年，±500千伏龙政直流输电线路工程中，采用塔式吊车组塔；在500千伏贵广线路北江跨越工程中，采用内拉线悬浮摇臂抱杆组塔技术。

（四）架线施工

送电线路架线施工主要是放线、跨越、挂线、连接4个环节。

20世纪50年代，放线作业是人力展放，60～70年代采用拖拉机牵引的半机械化作业，80年代，开始采用张牵机放线。90年代，全面采用张牵机放线的机械化作业。送变电公司先后从加拿大、意大利进口张牵机8台，从美国、捷克购入轮胎吊、牵引车等设备，放线速度可达200米/分钟。2000年，该公司还自力更生，研制出展放大截面导线的P150-24、P80-18型张力机牵引机2台。

20世纪70年代以前，放线施工遇到横跨江河、公路、铁路和已建送电线路，跨越作业采用封航布设船只，被跨线路停电，在其上方搭设木质脚手架，既影响交通运输、横跨线路的运行，又费时费力。80年代以后，跨越手段逐步为先进技术装备替代。1986年，±500千伏葛上线吉阳跨越长江放线时，采用了直升机放线。1995年，500千伏元—锦二回线跨越运行线路，采用减少导线磨损的铝合金跨越架。1999年，500千伏迁—绥线路施工中，实现了跨越220千伏、66千伏运行线路不停电跨越；2000年，500千伏辽长吉哈佳线路跨越公、铁路时，不搭设跨越架，采用尼龙导引绳牵放光缆等。2002年，500千伏贵—广线跨越北江放线，采用飞艇放线，不封航施工。

20世纪70年代以前，线路施工的挂线环节，是先在耐张塔设置平衡临时拉线，将导线耐张段先提升，调整弛度、画线，再落地割线、安装绝缘子串和耐张线夹，最后挂线的作业方式。80年代，500千伏平—武线路挂线，采用工程师张绍辉的“挂线方法”，减少了作业层次，载入《500 千伏张力放线施工导则》；紧线作业采用张牵机、弛度观测仪，挂绝缘子串、耐张线夹同时作业，一次完成。90 年代，在大亚湾核电站送出工程中，成功采用副总工程师王运祥的无临时拉线挂线法新工艺。

20 世纪 50 年代，线路导线接头连接，采用压力钳和水压机作业。60 年代，采用技术员安益柱、陈德富、王运祥发明的爆炸连接导地线新工艺，提高工效 3 倍，荣获 1978 年全国科学大会奖励。此后，这项工艺成为导线连接的主要手段，并在全国推广。1985 年，500 千伏大房二回线工程中，因受条件限制，改用了轻便式液压机连接导线。2002 年，爆炸或液压连接工艺，成为超高压输电工程导线连接的因地制宜选择手段。

二、变电工程

（一）变压器运输

20 世纪 60 年代以前，送变电公司变压器运输靠人力用枕木、滚杠搬运。1975 年，与吉林工业大学合作，设计制造具有液压悬挂系统、载重量 150 吨的平板拖车，走向机械化作业。80 年代，为适应大型变压器运输，将其改造为 250 吨拖车组，不仅满足该公司搬运大型设备的需要，还为陕西、海南、辽宁等省区的变电、石化工程承运设备，充分发挥机械利用率，提高企业经济效益。

（二）变电站安装

20 世纪 70 年代以前，变电站安装机具较少，仅有少量小型吊车，砂轮机、钻床设备。作业以人力为主，工艺、技术措施不规范，质量通病（漏油、漏气、锈蚀等）不绝。

20 世纪 80 年代，送变电公司开展消除质量通病陋习活动，实现建设标准化无泄漏变电站质量目标，全面采用送电工程各种成熟技术，进行装配化施工。金属构件全部改用工厂标准化加工；设备安装采用无垫铁、无锈蚀、无混凝土保护帽工艺；创造了变电站屋外电气设备不搭设脚手架的“积木式倒装法”施工技艺。

（三）检测仪表

1986 年以前，送变电公司检测设备比较落后，只有少量 0.5 级标准表，仪表校验靠自制的 2 台交流电压、电流校验装置，检测精度不高。1987～1996 年，先后购进高精度电压表、电流表、绝缘电阻表、万用仪表，采用电脑控制的检验台，具有各种电压等级的变电站仪表检测手段。

第四节　混凝土管道制作施工技术与装备

1987～1989 年，管道公司先后开发直径 0.6 米、长度 5 米，直径 2 米、长度 4 米，直径 3 米、长度 4 米，直径 1.6 米、长度 5 米，直径 0.9 米、长度 5 米，直径 2.2 米、长度 4 米，直径 1.4 米、长度 5 米，直径 2.6 米、长度 4 米，共 8 种规格混凝土压力管，用于哈尔滨第三热电厂、平圩发电厂、沙岭发电厂、太原第二热电厂、安图水电站及德惠市市政排水、长沙市第五供水厂工程。1989 年，引进澳大利亚制造预应力混凝土管的悬辊碾压成型设备，自行设计制造 16 台配套机械设备，建成一条年产量 60 千米的生产线。

1992～1998 年，管道公司根据市场需求，又先后开发直径 0.4 米、长度 4 米铸石管，直径 1 米、长度 5 米和直径 2.2 米、长度 5 米预应力混凝土管，分别用于七台河、秦皇岛电厂及栗阳、深圳市政给水工程。期间，1996 年投资 700 万元，研制出“钢管套筒混凝土管生产线”所需工艺设备，使骨料筛分、计量，预应力钢筋的缠绕，管芯、承插口成型、养护，表面保护层喷涂等工序实现了机械化到半自动化与自动化的工艺流程；对于不便运输的大直径预应力混凝土管，采用了就地制作、安装一体化作业。

第三章 施工生产管理

施工企业技术、质量管理与设备管理，是保障工程高效、优质的重要手段，也是促进企业技术进步，提高经济效益和市场竞争能力的基本保证。

吉林省电力施工企业本部、分公司（分局）、工程项目部都设有专职机构，施工工地（工区）、班组设有专责或兼职的技术、质量管理人员，在企业生产副经理（副局长）和总工程师的领导下构成三级管理网络，确保制度的落实和运行。

第一节 技 术 管 理

技术管理是施工企业生产管理的重要组成部分。设有管理机构：施工技术处、工程技术处、技术开发处、技术管理部等，其主要职责是：编制工程施工组织设计；组织、协调、解决工程施工中的技术问题；负责工程技术资料、图纸、文件档案管理；承担技术革新、合理化建议和科技论文收集与成果的推广应用。

一、施工组织设计

每项工程开工前，都必须编制施工组织设计。按编制内容范围分为专业施工组织设计和工程施工组织（总）设计。

专业施工组织设计，如锅炉、汽轮机安装，电站大坝、厂房施工，线路跨越等，由企业二级机构的技术人员根据专业施工特点，提出相关技术、质量、工艺要求，所需劳动力及工期，机具配置，安全措施等设计方案，报主管领导与科室审定。专业施工组织设计审定后，技术管理科室在企业总工程师领导下，编制工程施工组织（总）设计。其内容包括：总平面布置；力能设施；综合进度；劳动力曲线；重大技术方案、措施；新技术、新工艺；主要施工机械、工器具；质量目标及保证措施；安全文明施工措施等 10 个专项。工程施工组织（总）设计报企业上级主管机构审查（包括修正）、批准后，作为安排工程建设的法律性文件，不能随意变动。

电力建设工程实行“五制”管理后，工程施工组织（总）设计一般由分公司（分局）或项目部编制，报工程建设单位审定、批准，并有监理单位负责人审查确认的签字手续，监理人员负责相关检查，保证工程建设有序进行。

二、工程技术档案资料

工程技术档案资料一般由企业技术科（处）所属档案室进行收集和管理，有的企业还设档案科（处），下设技术档案室，配置库房、阅览室和管理人员，进行专项管理。

20 世纪 80 年代以前，施工企业技术档案按工程类别分类，自成体系。档案资料以文字资料为主，内容、格式也不够规范。90 年代开始，随着计算机的普及和信息网络技术的应用与档案管理标准的提高，工程技术档案资料逐步采用计算机打印，并按建设单位档案管理科目分类编码、装订，除文字资料外，增加图片、影像资料，具有用光盘传输、资料共享的条件。工程竣工移交资料，明确由施工单位提交实际施工草图，设计单位编制竣工图，提高了工程技术档案资料的完整性、真实性、准确性水平。1999 年，施工企业已全部达到国家二级管理标准。2001 年，送变电公司被评为国家一级档案管理单位。

三、技术革新、合理化建议与科技论文成果

施工企业重视发挥职工的积极性，通过技术革新、合理化建议来提高企业的施工技术水平、改善劳动条件、安全工作环境和经济效益；鼓励广大职工发挥才智，把具有重大实践意义的科技论文、成果拿出来发表。1991～2002 年，据 6 个施工企业的不完全统计，技术革新项目超过 300 个；合理化建议 2.1 万余件，其中采纳数约占 50%，创造经济价值近 8500 万元；发表各种论文 350 余篇，其中，在省级以上有关工程技术、教育、医疗卫生方面刊物登载发表论文 219 篇。具体统计见表 4-3-1。

表 4-3-1　1991～2002 年各施工企业技术革新项目、合理化建议与科技论文统计

企业名称	技术革新				合理化建议				科学论文		
	总数（项）	获奖数（项）	创造价值（万元）	备注	总数（件）	采纳数（件）	创造价值（万元）	备注	总数（篇）	省级以上刊物登载数篇	备注
火电一公司		10			541	541	1347.5			55	数据统计为 1991～2000 年
火电二公司	39	2	268.35	获奖项目中 1 项为省电力公司科技三等奖，1 项为东北建筑学会三等奖	22	22	132.2	数据统计为 1991～1999 年	198		
火电三公司	83			数据统计日期为 1991～1995 年	739		1428.68	数据统计为 1988～1999 年			
送变电公司	24	24		在 24 项省电力公司奖励中，有 2 项获省部级奖	601				92	92	
管道公司	9	8									

续表

企业名称	技术革新				合理化建议				科学论文		
	总数（项）	获奖数（项）	创造价值（万元）	备　注	总数（件）	采纳数（件）	创造价值（万元）	备　注	总数（篇）	省级以上刊物登载数篇	备　注
水电一局					19384	9237	5541.17		61	61	其中2项论文获一等奖

第二节　质　量　管　理

20世纪90年代初，在大中型工程建设中，施工企业按照电力部“工程创优，基建达标投产”办法和考核标准，建成一批优质工程和达标投产工程。90年代中期，国家为推动企业现代化改革、质量管理模式与国际标准接轨，推行第三方质量管理体系认证制度，各电建施工企业相继开展了GB/T 19000—ISO 9000质量体系认证的学习、培训与制度建设。至1999年，施工企业全部取得GB/T 19002—ISO 9002—1994年版本的质量体系认证证书。2000～2001年，部分施工企业按照该标准2000版本进行修改，完善管理手段并取得了新的认证证书。

一、全面质量管理（简称TQC）

20世纪80年代初，水利电力部为提高电力建设工程质量，在施工企业中推行TQC管理，通过试点、教育、培训和制度建设，至80年代中期，吉林省各电力施工企业均建立了TQC委员会，设置TQC办公室，并在基层机构建立TQC领导小组，开展教育、培训、制度建设。80年代末，相继完成计量标准化和质量责任制度完善工作。仅火电一、三公司收集必备的相关标准700多种，分别出版管理标准187项、304项，工作标准274项、384项。各施工企业相继制定了《工程质量创优规划》、《质量责任制奖罚办法》、《施工质量优质优价办法》、《质量百分制考核办法》、《质量否决权实施办法》、《施二作业指导书编审》及《图纸不会审、原材料无合格证、无技术措施、措施不完善不施工，施工记录和文件资料不完整不报交工》的“五不”制度。为检验TQC管理成果和改进管理措施，施工企业还开展质量回访活动，工程移交后半年至一年内，到工程建设、生产运行单位了解工程质量状况，听取改进意见。其中，火电一公司质量回访活动最为突出，每一项大中型电力工程竣工移交后，都进行了回访，对该公司改进技术工艺措施，消除质量通病，创建优质工程起到了推动作用。

二、质量控制小组（简称QC小组）活动

QC小组是施工企业在TQC管理中，群众性质量控制管理的组织，遍及科室、施工

班组。

1991～2000 年，吉林省施工企业共有 QC 小组 1300 多个，人数约占职工总数的 10%，其中火电一、三公司、送变电公司人数约占 20%。QC 小组活动按照计划、执行、检查、处理 4 个环节，即 PDCA 模式，对质量控制（管理）中的主要矛盾，寻找关键、重点的改进措施。先后取得优秀成果 420 余项，获得省部级以上奖励的优秀 QC 小组 22 个。

1991～2002 年，施工企业获省、部级奖励的优秀 QC 小组单位情况见表 4-3-2。

表 4-3-2 1991～2002 年施工企业获省、部级奖励的优秀 QC 管理单位小组

序号	时 间	荣誉名称	颁奖单位	受奖单位及 QC 小组名称
1	1991.5	施工企业 QC 小组成果 3 等奖	吉林省建设厅 吉林省建筑业协会	火电二公司
2	1991.5	1991 年度优秀质量管理小组	吉林省建设厅 吉林省建筑业协会	火电二公司 电热养护 QC 小组
3	1991.7	全国 QC 小组最佳奖	中国水利电力质量协会	送变电公司
4	1992.5	优秀 QC 小组	吉林省建设厅 吉林省建筑业协会	火电二公司 职工医院药剂科 QC 小组
5	1993.5	1993 年度先进质量管理小组	电力工业部	火电一公司 自动焊 QC 小组
6	1993.5	1993 年度优秀质量管理小组	吉林省建设厅 吉林省建筑业协会	火电二公司 220 千伏构架吊装 QC 小组
7	1993.7	省级优秀质量管理小组	吉林省科学技术协会 吉林省总工会 吉林省共青团省委	火电二公司
8	1993	部级先进 QC 小组	能源部	送变电公司 变电工程处 QC 小组
9	1994.5	1994 年度施工企业优秀质量小组	吉林省建设厅 吉林省建筑协会	火电二公司 混凝土预制 QC 小组
10	1994.7	1994 年度吉林省优秀质量管理小组	吉林省质量管理协会 吉林省总工会	火电一公司 教育科培训中心 QC 小组
11	1994	优秀 QC 小组（牌匾）	国家工程建设质量奖评审委员会	火电二公司
12	1994	全国电力施工优秀 QC 小组	电力工业部	送变电公司 变电工程处 QC 小组

续表

序号	时　间	荣誉名称	颁奖单位	受奖单位及 QC 小组名称
13	1994	部先进 QC 小组	电力工业部	管道公司 制管三厂 QC 小组
14	1994	部先进 QC 小组	电力工业部	管道公司 沈阳分公司 QC 小组
15	1994	部优秀 QC 小组	电力工业部	管道公司 第四工区 QC 小组
16	1994	部先进 QC 小组	电力工业部	管道公司 计量办公室 QC 小组
17	1995.7	1995 年度全省优秀质量管理小组	吉林省科学技术协会	火电三公司试验室无损检验 QC 小组
18	1995	1995 年度全省优秀质量管理小组	吉林省质量管理协会 吉林省总工会	火电一公司 焊接培训中心
19	1996.5	1996 年度部级先进 QC 小组	电力工业部建设协调司	火电三公司 吹灰程控 QC 小组
20	1996.6	1996 年度优秀质量管理小组	吉林省建设厅 吉林省建筑协会	火电二公司 预制构件 QC 小组
21	1996	全国电力施工优秀 QC 小组电力部优秀 QC 小组	电力工业部	送变电公司 变电分公司土建 QC 小组
22	1998	优秀 QC 成果奖	中国电力企业联合会	送变电公司 长春铁塔厂

三、质量管理和质量保证体系认证

1988 年 12 月，国家质量技术监督局为加强企业制度改革、推动企业现代化管理进程，颁布了国际通用的 ISO 9000—1987 质量管理与质量保证体系标准。火电一公司率先在施工企业中开展学习，培训工作。1989～1992 年，先后派出公司领导和技术干部 14 人，参加能源部培训班 4 次。1991～1992 年，公司内部开办培训班 3 次，参加人数 140 人。1993 年 1 月，等同 ISO 9000 系列标准的国家标准 GB/T 19000 颁布实施，至 1995 年，火电一公司又开办培训班 8 次，基层机构均派员学习，总人数 416 人，并根据 GB/T 19000 标准发布了第一个质量手册和 38 个质量程序文件，成为电力部贯标试点单位。1996 年 12 月，火电一公司经过中国质量协会考核，获得 GB/T 19002—1994 等同 ISO 9002—1994 标准认证证书。期间，其他施工企业相继开展，加快了质量体系认证的制度建设，分别成立质量认证办公室、质量保证中心或质量保证部等机构，具体负责质量体系认证工作。1997 年 12 月，1998 年 7 月，火电二、三公司也取得该协会同一标准的质量认证书。1997年10月，1998年10月，1999年12月，送变电公司、管道公司、水电一局分别通过中国船级社质量体系认证中心、北京九千质量认证公司、北京新时代质量体系认证中心的考核，取得认证证书。

2001～2002年，施工企业按照ISO 9002标准2000年版本，对质量管理体系运行情况进行检查和质量保证手册、质量程序文件进行修订。其中，送变电公司经原认证审批单位复查、考核，获得新的证书。

由于施工企业对质量管理工作的重视，不断完善和改进管理措施，建立了持续有效控制工程质量的管理制度，从而建设了一批优质工程和达标投产工程，其中水电一局施工的黑龙江省莲花水电站工程，获建筑工程的最高奖励——鲁班奖。1991～2002年，施工企业获得省部级优质达标投产工程项目统计，见表4-3-3～表4-3-5。

表4-3-3 1991～2002年火电施工企业获省部级优质达标投产工程项目统计

序号	工程名称	奖项名称	颁发单位	受奖企业	时间
1	长春热电二厂新建工程	汽机间建筑优质工程牌匾	吉林省建设厅 吉林省建筑协会	火电二公司	1991.8
2	长春热电二厂新建工程	优秀焊接工程（证书）	中国工程建设焊接协会	火电一公司	1992.6
3	长春热电二厂新建工程	优质建筑工程（奖状、牌匾）	能源部	火电二公司	1992.12
4	长春热电二厂新建工程	优质安装工程（牌匾）	能源部	火电一公司	1992.12
5	长春热电二厂新建工程	优质安装工程（输煤、牌匾）	能源部	火电三公司	1992.12
6	双辽发电厂新建工程	1号汽轮发电机基础优质施工二等奖（证书）	吉林省优质工程奖审定委员会	火电二公司	1994.9
7	双辽发电厂新建工程	1号烟囱工程1994年度优质施工二等奖（证书）	吉林省优质工程奖审定委员会	火电二公司	1994.9
8	华能南京发电厂新建工程二号炉安装	优秀焊接工程（奖杯、奖牌、奖状）	中国工程建设焊接协会	火电一公司	1994.10
9	双辽发电厂新建工程	1号机组主厂房建筑工程优秀施工二等奖（证书）	吉林省优质工程奖审定委员会	火电二公司	1995.8
10	双辽发电厂新建工程	1号机组主厂房优质施工项目（奖状）	电力工业部	火电二公司	1996.1

续表

序号	工程名称	奖项名称	颁发单位	受奖企业	时　间
11	双辽发电厂新建工程	2号机组主厂房工程1996年度优秀施工项目（证书）	电力工业部	火电二公司	1996.12
12	浑江发电厂四期扩建工程	6号机组达标投产工程	东北电力公司	火电三公司	1996.11
13	华能丹东发电厂新建工程	2号（350兆瓦）机组安装全国优秀焊接工程	中国工程建设焊接协会	火电一公司	1999.11
14	华能丹东发电厂新建二号机组安装	达标投产工程	国家电力公司	火电一公司	2000.1
15	双辽发电厂新建工程	3号机组达标投产	国家电力公司	吉林电建总公司	2001.8
16	双辽发电厂新建工程	4号机组达标投产	国家电力公司	吉林电建总公司	2001.8
17	双辽发电厂新建工程	3～4号机组评为全国火电优秀工程	国家电力公司	吉林电建总公司	2002.2

表4-3-4　1991～2002年送变电公司（管道公司）获省部级优质工程项目统计

序号	工程名称	奖项名称	颁发单位	受奖企业	时　间
1	±500千伏葛上输电线路	优质工程	能源部	送变电公司	1992.12
2	220千伏白辉东输电线路	优质工程	电力工业部	送变电公司	1994.11
3	500千伏东长哈输电线路	优质工程	电力工业部	送变电公司	1995.2
4	500千伏合心一次变电所	优质工程	电力工业部	送变电公司	1995.2
5	220千伏双长输电线路	优质工程	电力工业部	送变电公司	1997.2
6	500千伏山东东线输变电工程	2001年度达标投产输变电工程	国家电力公司	送变电公司	2002
7	500千伏包家变电所	2002年度达标投产输变电工程	国家电力公司	送变电公司	2003

续表

序号	工程名称	奖项名称	颁发单位	受奖企业	时 间
8	500千伏四平梨树开闭所	2002年度达标投产输变电工程	国家电力公司	送变电公司	2003
9	500千伏辽长吉哈佳输电线路	2002年度达标投产输变电工程	国家电力公司	送变电公司	2003
10	330千伏乌格输电线路	优质工程	国家电力公司	送变电公司	2003
11	500千伏天广三回输电线路	优质工程	国家电力公司	送变电公司	2004
12	双辽发电厂循环水工程	优质工程	电力部	管道公司	1993
13	内蒙古达拉特电厂补给水工程	优质工程	电力部	管道公司	1993

注 序号10、11两项工程均为2002年前完成的施工项目。

表4-3-5 2001～2002年水电一局获省部级优质工程项目统计

序号	工程名称	获奖名称	颁发单位	受奖企业	时间
1	黑龙江省莲花水电站	鲁班奖(优秀工程)	中华人民共和国建设部、中国建筑业协会	中国水利水电第一工程局	2001.12
2	云南大朝山电站地下厂房岩锚梁工程	优质工程一等奖	云南省建设厅、云南省建筑业委员会	中国水利水电第一工程局	2002.1
3	云南大朝山水电站尾水管洞工程	优质工程一等奖	云南省建设厅、云南省建筑业委员会	中国水利水电第一工程局	2002.1
4	云南大朝山水电站主变室工程	优质工程一等奖	云南省建设厅、云南省建筑业委员会	中国水利水电第一工程局	2002.1
5	云南大朝山水电站地下厂房开挖支护工程	优质工程一等奖	云南省建设厅、云南省建筑业委员会	中国水利水电第一工程局	2002.1
6	云南大朝山水电站母线洞工程	优质工程一等奖	云南省建设厅、云南省建筑业委员会	中国水利水电第一工程局	2002.1
7	江西省长江干流江岸堤防加固整治工程	优质奖	江西省水利厅、长江干流江岸堤防加固整治工程建设总指挥部	中国水利水电第一工程局	2002.12

续表

序号	工程名称	获奖名称	颁发单位	受奖企业	时间
8	广州广园快速路二期 A_{14} 标工程	样板工程一等奖	广东省建设厅	中国水利水电第一工程局	2002
9	辽宁省丹本高速公路	优质工程三等奖	辽宁省建设厅	中国水利水电第一工程局	2002

第三节　机械设备管理

施工机械设备是完成建设任务的基本物质条件，电力施工企业这类机械设备品类多、数量大，都有专职机构和比较完善的管理制度进行管理。

20 世纪 90 年代，机械管理的最大变化，是从计划经济的无偿调配使用变为市场化的有偿租赁；注重装备水平适应电力建设工程发展需要；尽可能提高机械设备的利用率、完好率，提高企业经济效益。

一、管理机构及职责

20 世纪 80 年代前，施工企业机械设备管理机构，一般称机械科或设备科，火电施工企业还设有公司级的机械管理委员会。90 年代，管理机构在火电及送变电企业称机械设备管理处（部），水电一局称设备物资部，分局设机电处。

管理机构职责是根据公司（局）计划，购置、更新机械设备；制定管理制度；建立设备台账；对机械设备状况进行检查，安排和实施大修计划；确定机械设备报废；采购、管理备品备件；行使机械设备调配。20 世纪 90 年代，施工企业在体制改革中，引入市场经济理念，实行有偿使用租赁合同制度，送变电公司成立机械设备租赁公司进行专门管理。

二、管理制度与措施

过去，施工企业已有相当详细的机械设备管理制度与措施。20 世纪 80～90 年代，他们为适应施工生产从专业性转变为综合性体制的变化，对原制度、措施进行了补充修改。其中火电一公司下发管理文件 26 份，管理制度 28 项；火电二公司制定 10 项管理制度及施工机械台班费、租赁费标准明细表 179 种；火电三公司制定管理制度及规程 24 种、管理标准 14 个、工作标准 14 个，出版《机械台班价格规定》、《中小型机械设备管理费收取办法》等使用手册；送变电公司机械设备租赁公司制定管理制度十余项，主要施工机械，运输车辆、工具的可租数量及费用标准近 300 个；水电一局下发管理文件 14 份、管理制度 12 项和《机械设备管理办法》，对改进、自制设备的标准及事故检查处理等 11 个方面做出了详细规定，开展红旗设备竞赛活动，并对评比内容及标准做出了具体规定。管理方式改革有两个方面。

（1）分类分级管理。施工企业因施工机械数量大、品种多，普遍采用分类分级管理，保证工程有必需的施工机械和机械设备的完好率与利用率。如：火电施工企业，大型施工机械实行公司集中调控、重点管理。有轨起重机械由分公司、项目部使用、保管、维修、保养；移动式履带吊车、轮胎吊车划归机械动力站（处）使用、保管、维修、保养；焊接机械、卷扬机、混凝土搅拌机械由租赁单位使用、保养、维修；机械设备管理处负责定期或不定期检查，确保账、卡、物一致和大修、报废、更新的计划与实施。送变电公司责成租赁公司按出租情况统一平衡、调配、供应及账务核对；对机械设备的使用情况进行检查、统计机械设备的利用率、完好率。

（2）备品（备件）配件流动采购。1980 年以前，施工企业机械设备的备品、配件，都是按照年度计划成批次采购，积压现象严重。20 世纪 80～90 年代施工企业为活化资金，减少积压，除少量大型工矿机械特殊配件、易损件保留一定数量的储备外，对市售通用件、标准件、易购件，采用随用随购的流动管理。修改完善了《配件采购制度》、《配件验收制度》、《配件发放制度》、《配件保管制度》，增加了经济约束条款和奖罚条文。

第四章　施工企业基地建设

计划经济年代，在“先生产、后生活”方针的影响下，企业所有设施都是按临时建筑建设，条件极为简陋，没有固定的生产办公、生活与福利基地。

改革开放以后，各施工企业主管上级部、局（公司），为稳定施工队伍、加强其建设和管理，给予施工企业优惠政策和财力物力支持，推进基地建设，改善职工工作、生活环境和条件。其中，吉林省火电、水电施工企业，由于历史因素和施工任务需要而存在多个基地。各施工企业基地经过近 20 年的建设，职工工作生活环境、住宅条件都得到极大改善。

第一节　办公建筑及职工住宅

一、办公建筑

火电施工企业基地有两个，一个是原吉林省火电工程公司的吉林市基地；另一个是原公司分劈为 3 个企业后，火电一公司承建长春热电二厂工程，获准迁驻长春建立的基地。2001 年，3 个公司合并重组为吉林电力建设总公司后，成为总公司办公、生活基地。

1976 年以前，原火电公司办公建筑全部是砖瓦平房和活动板房。1978 年，在吉林市中兴街 210 号建办公楼 1 栋，面积 2625 米^2，1984 年，在新安街建新办公楼 1 栋，面积 3320.7 米^2。新楼建成后，旧楼曾改成独身宿舍。

1985 年，原火电工程公司所建两座办公建筑的旧楼划属火电三公司，新楼划交火电一公司。火电二公司另在新安街建中路建办公楼 1 栋，面积 3948 米^2。此外，三个公司在承建的双辽、四平及长春热电二厂工程现场建有砖混结构的半永久办公楼数座，以适应工程施工管理之需。

1999 年，火电一公司在长春市自由大路建成办公楼 1 栋，面积 8946 米^2。电建总公司成立后，为总公司总部。吉林市办公建筑作为总公司二级机构办公场所。

水电一局长期转战于辽、吉两省，基于水利水电工程施工战线，工期都较长，需要有相对稳定办公场所，先后在旅顺、白山、红石、口前、长春建设办公楼 6 座，总面积 23 405.84米^2。其中：

旅顺基地：3094.85 米^2。

白山基地：2184.54 米^2。

红石基地：3070.13 米^2。

口前基地：本部机关楼 5462.34 米^2，二级单位综合楼 6810 米^2。

长春基地：2783.98 米^2。

1986年，送变电公司在长春市斯大林大街141号（后改人民大街4699号）建成1栋6层（局部8层）办公楼，建筑面积4576米^2。1995年和1997年，其二级机构的变电分公司、项目管理中心、租赁公司及机械化分公司，在南关区南环路28、29号，共建1102米^2、2270米^{2}办公楼2栋。1998年，送变电公司在二道区自由大路195号（后改6039号）建成新办公楼，建筑面积1.16万米^2，占地面积2.5万米^2。1999年6月，公司本部迁入新址，办公条件得到极大改善。

管道公司是1987年以长春供电设备修造厂（前身名称长春水泥杆厂）为基础新组建的施工企业，基建建设充分利用原有的办公、生产、生活福利建筑，仅予以改造和扩建。

管道公司以长春供电设备修造厂在二道区河东路5号所建四层办公楼（建筑面积3350米^2）为本部。水泥杆厂早期所建办公建筑（平房、2层楼房各1栋，共2380米^2），分别改作卫生所、托儿所、化验室、通信交换机房。1993年，公司所属水泥杆分厂建办公楼及车库1栋，建筑面积1753.5米^2。

二、职工住宅

1976年以前，原火电公司只有住宅楼1栋，面积2929.48米^2，其余为20世纪50～60年代无上下水的临建平房131栋，面积29 000米^2。只能解决住户1383户，不少职工仍住在工程现场。改革开放后，住宅建设有了较快进展，至1984年，已建楼房21栋，总面积60 642.04米^2，仍有平房119栋，面积26874.79米^2，人均住房面积3.06米^2。

1985年，原火电公司分劈后，各公司加快了住宅建设。其中：火电一公司，1986～1992年在吉林建住宅楼4栋，面积16 175.3米^2，1989～1993年，在长春与光学机械厂合建住宅楼3栋，面积21 793米^2，1995年，在长春自由大路建住宅楼4栋，面积18 066.91米^2；火电二公司，1986～1990年建住宅楼11栋，面积41 741.13米^2，1991～1999年建住宅楼13栋，购置楼房1栋，总面积80 098.32米^2，期间，在双辽发电厂工程现场建楼2栋，面积8000米^2；火电三公司，1986～1999年，建楼25栋，面积127 659.31米^2，至2001年，电建总公司在吉林、长春两市共有住宅楼85栋，总面积38.09万米^2，人均住房面积21.91米^2。

水电一局职工众多，工程分散，工期又长，各地住户达11 000多户。由于历史原因，早期住房标准很低，仅白山、红石两地的临建住房就有5600余套，经常处于夏天漏雨、冬天潮寒、维修不断、险情四伏的状态，人均住房面积只有2.88米^2。1995年，在电力部、水电总公司的关怀下，采取“自建、群帮、公助”的原则，实施安居工程，至2000年，改造住房4560套，新建住房2949套。共有新、旧住宅488栋，建筑面积49.72万米^2，人均居住面积提高到10.99米^2。其中：

旅顺基地：楼房11栋，建筑面积2.60万米^2。

白山基地：楼房45栋，建筑面积8.06万米^2；平房113栋，建筑面积2.41万米^2。

红石基地：楼房26栋，建筑面积5.76万米^2；平房157栋，建筑面积3.26万米^2。

口前基地：楼房70栋，建筑面积24.80万米^2；平房60栋，建筑面积1.05万米^2。

长春基地：商品楼6栋，建筑面积1.78万米^2。

20世纪70年代以前，送变电公司职工住宅多为分散在市区的日伪时期老旧房屋。

1980～1985 年，在原公司办公楼附近，建住宅楼 10 栋，建筑面积 2.1 万米^2，487 户职工迁入新居，但住房紧张状况仍未缓解。1991～1998 年，新建住宅楼 11 栋，总面积 7.05 万米^2，入住 809 户，人均居住面积从 2.88 米^2 提高到 10.99 米^2。2001～2002 年，职工集资在新办公楼附近及周边地区新建住宅楼 10 栋，总面积 5.15 万米^2，共 492 套，职工住宅条件大为改善，户均居住面积 67 米^2。

管道公司为改善职工生活条件，于 1992～1995 年及 1997～1999 年，分别在长春市远达大街、河东路新建住宅楼 5 栋，共 24 729.63 米^2。2000 年，该公司共有住宅楼 19 栋、平房 2 栋、建筑面积 4.91 万米^2，人均居住面积从 4 米^2 提高到 13 米^2。

第二节　教育医疗机构

一、子弟学校

火电施工企业吉林市基地设有子弟小学、子弟初级中学各 1 所。分别由火电二公司、三公司管理。子弟小学教学楼 1 座，建筑面积 1254.30 米^2，子弟初级中学教学楼 1 座，建筑面积 3148 米^2；学校各类教学设施较为完善，师资条件较好，原只招收火电职工子弟和吉林热电厂部分职工子弟，20 世纪 90 年代初，面向社会招生。至 1999 年 7 月，火电二、三公司按省电力公司企业不办子弟学校的改革办法，将子弟小学和中学分别移交给吉林市龙潭区教育局和市第 16 中学。

水电一局因水利水电工程施工周期长，职工相对稳定，相继在白山、红石、口前基地自办学校 5 所。其中，小学、初中、高中各 1 所，九年一贯制学校 2 所；教学楼各 1 座，总面积 1.29 万米^2。教职工总数 308 人。

送变电公司在本部设有子弟小学，教学楼 1 座，面积约 1000 米^2，1987 年撤销，并入吉林电力子弟学校。

二、职工医院

20 世纪 80 年代，火电企业在吉林市基地建职工医院 1 座，面积 1554.24 米^2。1994 年，医院扩建楼落成，面积 3000 米^2，有较好的医疗机械和卫生设备，住院床位 100 张，各类医务人员 120 人。除满足驻吉林职工、家属医疗服务外，向社会开放，成为社区医院，1995 年获一级甲等医院资质。

水电一局为方便生病职工及家属就近医治，在白山、红石、口前 3 个基地建立职工医院，其中白山职工医院建筑面积 3285 米^2，红石职工医院建筑面积 2479 米^2，口前水电总医院建筑面积 5482 米^2。此外，各工程分局所在地设有 11 个卫生所。共有医护人员 500 人，床位 500 张，拥有 X 光、CT、核磁共振等诊断设备，医疗设备总值 1600 万元。

送变电公司、管道公司基地在长春市区，当地大型医院较多，交通方便，因而只设卫生所，诊断常见病、多发病。其中，送变电公司卫生所在吉林省电业职工医院建成后，并入该院。

第三节 福利后勤设施

一、职工文体活动场所

20 世纪 70 年代，原火电工程公司本部利用职工食堂平房（局部二层）扩改建成职工俱乐部，建筑面积 1988.4 米^2，是集会议、电影放映、戏剧演出功能为一体的唯一场所，1985 年，划交火电三公司管理。1991 年，省电力公司投资建设职工教育活动中心，面积 3525 米^2，1993 年建成，设有会议室、电视台、阅览室、游艺厅、健身房、舞厅及灯光球场，委托原火电公司老领导管理。

20 世纪 70 年代，水电一局在白山、红石两地建有俱乐部，也是集文艺演出、放映电影、举行会议为一体的场所。1992 年，白山俱乐部停办，1993 年，红石俱乐部移交发电厂。1996 年，分别在白山、红石、口前基地设立离退休职工文化活动中心，总建筑面积 4500 米^2；3 个运动场，总面积 1120 米^2。

20 世纪 80 年代初，送变电公司在原本部及家属区集中的桂林路，建俱乐部 1 处，后因安全防火设施问题而停办。1999 年，在新址办公楼 7 层，设职工活动中心。拥有娱乐、阅览图书、健身多种功能。

二、燃气供应站

20 世纪 80 年代初，原火电工程公司在省电力工业局的支持和协调下，在吉林热电厂已储满的一期灰场处，建成液化气供应站，为公司职工住户提供燃气，共有 4 个储液罐，储量 226 米^3。1985 年，划交火电三公司管理。1993 年，吉林省电力工业局与火电职工的吉林市住户，集资建设天然气管道，逐渐替代液化气站功能，2000 年，气站解体拆除。

1988 年，水电一局本部迁至永吉县口前镇，建液化气供应站 1 座，占地面积 9585 米^2；在白山、红石基地各设供应点 1 个。共有储液罐 5 个，储量 236 米^3，年储存周转能力 400 吨。

20 世纪 80 年代末，管道公司为长春市铁北无煤气设施的职工住户，建小型液化气站 1 个，储气能力 45～50 米^3。

第五篇　发　　　电

第五篇　发　　电

1991～2002年，在改革发展的新形势下，吉林省火力、水力、风力发电的电源建设和发电生产蓬勃发展。吉林省在发展电源和电力生产中，坚持省为实体、集资办电和多家办电方针，实行电力产权置换等多种隶属关系的经营管理体制，形成了电力发展机制。2002年，全省装机总容量为877.52万千瓦，比1990年的475.07万千瓦容量增加402.45万千瓦，增长84.10%；全省发电量304.86亿千瓦·时，比1990年的173.99亿千瓦·时的发电量增加130.86亿千瓦·时，增长75.21%。期间，增加风力发电新能源装机3.006万千瓦，发电量14 983.45万千瓦·时；吉林省首次建成单机容量为30万千瓦、全厂容量为120万千瓦的火力发电厂。在“双达标”、“创一流”企业活动中，实现了发电技术和发电管理创新，20万千瓦及以上火电机组和白山、丰满发电厂水电机组，实现自动发电控制管理，两水厂还实行了无人值班或少人值守，云峰、松江河电厂也具备了无人值班或少人值守条件，发电自动化水平明显提高；汽轮机（水轮机）振动远方实时在线监测装置的投入、测试和故障的及时处理，安全生产明显改善；通过设备技术改造和液力耦合器变频、离合等先进技术的采用，节能降耗效果明显；多台静电除尘器的投入和文丘里水膜除尘器的退出措施，发电防污减排成效显著。发电设备检修模式的创立和安全立体防护、危险点控制与分析等新制度的建立及实施，使发电安全生产更加有效。12年来，吉林省广大电力职工在上级党委的正确领导下，辛勤耕耘，改革创新，为全省火电、水电、风力发电事业迅速发展，技术和管理水平的不断提高作出了贡献。

第一章　火　电　生　产

20世纪80年代，乘改革开放东风，吉林省火电装机容量和发电生产快速发展，十年翻了一番。进入90年代后，在改革开放中形成的电力生产建设的激励机制和约束机制，推动吉林省的电力事业又上了新台阶，取得了电力能源发展与节能并重的成效，首次建成单机30万千瓦、全厂容量120万千瓦的大型火力发电厂，新建了长春热电二厂40万千瓦、四平热电厂20万千瓦，浑江电厂扩建40万千瓦，二道江和辽源两厂设备改造，各增加两台10万千瓦机组。2002年，吉林省火电装机容量530万千瓦，比1990年257.07万千瓦机组增加272.93万千瓦，又翻一番。12年来，火电设备技术含量增加，自动化水平提高，煤耗降低28克/（千瓦·时），环境污染进一步改善，电力生产安全经济稳定运行。

2002年，省电力公司管理的火电厂13座，装机458.90万千瓦，地方电厂5座，装机容量10.80万千瓦，企业自备厂32座，装机容量60.30万千瓦。

第一节 设 备

2002年，全省火力发电设备容量530万千瓦，比1990年的257.07万千瓦设备容量增长106.0%，是吉林省火力发电设备容量增长最快的时期之一。其特点是大机组、高技术规范发电设备发展快，新增单机容量20万千瓦和30万千瓦机组各4台，容量200万千瓦。

火力发电量258.47亿千瓦·时，比1990年增长101%。全省供热量8367万吉焦，比1990年增长82.41%。吉林省电力系统火电设备等效可用系数92.84%，比1990年提高6.10个百分点，发电机组的安全稳定性明显增强。

全省发电设备容量为小型、中型、大型机组，蒸汽压力为中压、高压、超高压、亚临界技术规范机组并存，中压凝汽轮机组全部停运或改造为供热机组，高压及以上发电机组成为吉林省电网供电的主力机组。地方和企业自备电厂的热电联产机组容量发展很快，对全省的供电、供热作出贡献。

一、省电力公司管理的电厂

1990年，省电力公司管理的火电厂11座，机组总容量229.18万千瓦。按资产隶属关系分为以下三部分：第一部分为原部属电厂，容量157.10万千瓦；第二部分为集资建设机组，包括珲春发电厂两台10万千瓦机组，吉林热电厂的10、11号机组，容量60万千瓦；第三部分按能源部的政策，退役的老旧机组经修复和鉴定后重新运行，由龙华公司经营，容量12.08万千瓦。省电力公司管理的229.18万千瓦容量中，有44.18万千瓦中压机组，其中国有资产容量32.10万千瓦，龙华公司的机组12.08万千瓦。省管中高压机组容量105万千瓦，其中10万千瓦机组8台，2.50万千瓦和5万千瓦机组共7台；容量20万千瓦的超高压机组4台，总容量80万千瓦。高压及以上机组总容量185万千瓦，为国有资产和集资机组。

1991～2002年，新建长春热电二厂、双辽发电厂和四平热电厂三座，机组总容量180万千瓦。改造和扩建火电厂4座，合计新增机组容量92.50万千瓦。为满足部分地区的热负荷需要，二道江、龙井、长春热电一厂和蛟河电厂新建中压供热机组6台，容量6.10万千瓦（其中含长春热电一厂一台1万千瓦的前置机），合计新投产机组容量278.60万千瓦，超过新中国成立至1990年40余年的机组总容量。1991～2002年，有20台共28.90万千瓦容量的高能耗、老旧中压机组退出运行，热、电负荷由新建高压大机组替代。高压机组中，吉林热电厂的1～9号机为20世纪50年代建设的，大大超过设计寿命，亟待更新，1994年，发生一起由于主干燃油管路破裂起火，造成一台220吨/时锅炉报废的事故，促使其拆除2台10万千瓦机组，改造原厂房，重新安装新机组，至2002年仍在进行中。省电力公司管理的退出运行的老旧机组共计22台，容量合计48.90万千瓦。

2002 年，省电力公司管理的火电厂从 11 座增至 13 座，新建 3 座，扩建和改造 5 座，关停 1 座（榆树川电厂），总容量 458.90 万千瓦。按资产隶属关系分，龙华公司的机组容量 82.70 万千瓦；华能集团公司（长山热电厂 3、6、7 号机）的机组容量 22.50 万千瓦；省电力公司代管的（四平热电厂）容量 20 万千瓦；省电力公司参股、控股和全资的机组容量 333.70 万千瓦。

1991 年前运行的中压机组容量 44.18 万千瓦，2002 年前退出运行 28.88 万千瓦，尚有 15.30 万千瓦 1991 年前投产的中压机组在系统中运行（其中 60～70 年代投产的共计 13.50 万千瓦，80 年代投产的有 1.80 万千瓦），还有 1991～2002 年投产的 6.10 万千瓦中压供热机组，2002 年合计运行的中压机组容量 21.40 万千瓦，不足 1990 年中压机组容量的一半。

1991 年前运行的高压机组容量 105 万千瓦，2002 年前退出运行 20 万千瓦。1991～2002 年，新投产高压机组 72.50 万千瓦，全部为供热机组，除完成发电任务外，主要用以承担新增加热负荷和部分停运中压机组的热负荷。2002 年，运行的高压机组容量 157.50 万千瓦，高压机组的容量仅比 1990 年增加 50%，新增加的高压机组全部为供热机组。

2002 年，超高压机组由 1990 年的 4 台，总容量 80 万千瓦，增至 8 台，总容量 160 万千瓦，增加一倍。亚临界技术规范机组从无到有，2002 年已发展到 4 台，总容量 120 万千瓦机组投入运行。超高压和亚临界技术规范机组的容量合计 280 万千瓦，占省电力公司管理的机组容量的 61%。

1991～2002 年，省电力公司管理的发电机组容量增加一倍，高压及以上机组容量与中压机组容量的比值从 1990 年的 4.19 提高到 2002 年的 20.44。从资产隶属关系上看，1990 年省电力公司管理的 229.18 万千瓦机组中有 156.50 万千瓦为国有资产，60.60 万千瓦为集资机组，12.08 万千瓦为龙华公司机组，其中，集资机组只占省电力公司管理机组容量的 26.18%。2002 年，省电力公司管理的 458.90 万千瓦容量的机组中，全资机组容量只有 50 万千瓦，占 10.90%，其余大部分为省电力公司参股或控股的集资机组。省电力公司参股或控股的集资机组（独立核算的机组）容量 299.30 万千瓦，占 65.20%；龙华公司机组容量 67.10 万千瓦，占 14.60%；省电力公司代管的四平热电厂和华能长山热电厂机组合计容量 42.50 万千瓦，占 9.30%。这些变化是集资办电政策在吉林省得到很好贯彻的结果。省电力系统火电机组的单机容量、各厂设备容量变化，见表 5－1－1 和表 5－1－2。

吉林省火电生产运行的主力发电机组为 10 万、20 万千瓦和 30 万千瓦机组，其技术规范以珲春发电厂 10 万千瓦、长春热电二厂 20 万千瓦和双辽发电厂 30 万千瓦机组为例，代表 20 世纪 90 年代吉林省火力发电设备的技术发展水平。10 万千瓦机组的锅炉为武汉锅炉厂制造，汽轮机、发电机为哈尔滨著名的汽轮机厂、电机厂制造，变压器为沈阳变压器厂制造；20 万千瓦机组的锅炉、汽轮机、发电机为哈尔滨三大动力厂制造，变压器为苏联札波洛瓦厂制造；30 万千瓦机组的锅炉、汽轮机、发电机为哈尔滨三大动力厂制造，变压器为沈阳变压器厂制造，详见表 5－1－3～表 5－1－5。

表 5-1-1 1990～2002 年省电力系统火电机组单机容量变化情况统计

单位：万千瓦

年份 \ 单机容量 \ 机组类型	总计	中压机组									高压机组								超高压机组		亚临界	高压及以上机组
		0.30		0.60		1.0～1.50		2.50	合计		2.50		5.00		10.00		合计		20.00		30.00	
		原有	新装	原有	新装	原有*	新装**	原有	原有	新装	原有	新装	原有	新装	原有	新装	原有	新装	原有	新装	新装	
1990	229.18	1.18	—	4.20	—	13.80	—	25.00	44.18	—	10.00	—	15.00	—	80.00	—	105.00	—	80.00	—	—	185.00
1991	269.78	1.18	—	4.20	0.60	13.80	—	25.00	44.18	0.60	10.00	—	15.00	—	80.00	—	105.00	—	80.00	40.00	—	225.00
1992	289.78	1.18	—	4.20	0.60	13.80	—	25.00	44.18	0.60	10.00	—	15.00	—	80.00	—	105.00	—	80.00	60.00	—	245.00
1993	298.00	0.60	0.30	4.20	0.60	12.30	—	25.00	42.10	0.90	10.00	—	15.00	—	80.00	10.00	105.00	10.00	80.00	60.00	—	255.00
1994	328.90	0.60	0.60	4.20	1.20	12.30	—	25.00	42.10	1.80	10.00	—	15.00	—	80.00	10.00	105.00	10.00	80.00	60.00	30.00	285.00
1995	361.40	0.60	0.60	4.20	1.20	12.30	—	25.00	42.10	1.80	10.00	2.50	15.00	—	80.00	10.00	105.00	12.50	80.00	60.00	60.00	317.50
1996	361.40	0.60	0.60	4.20	1.20	12.30	—	25.00	42.10	1.80	10.00	2.50	15.00	—	80.00	10.00	105.00	12.50	80.00	60.00	60.00	317.50
1997	386.40	0.60	0.60	4.20	1.20	12.30	—	25.00	42.10	1.80	10.00	2.50	15.00	5.00	80.00	10.00	105.00	17.50	80.00	80.00	60.00	342.50
1998	395.80	0.60	0.60	3.60	1.20	11.10	1.20	25.00	40.30	3.00	10.00	2.50	15.00	5.00	80.00	10.00	105.00	27.50	80.00	80.00	60.00	352.50
1999	410.80	0.60	0.60	3.60	1.20	11.0	1.20	25.00	40.30	3.00	10.00	2.50	15.00	20.00	80.00	20.00	105.00	42.50	80.00	80.00	60.00	367.50
2000	450.50	0.30	0.60	3.60	1.20	8.70	1.20	17.50	30.10	3.00	10.00	2.50	15.00	20.00	60.00	30.00	85.00	52.50	80.00	80.00	120.00	417.50
2001	461.00	0.30	0.60	3.00	1.20	8.70	2.20	7.50	19.50	4.00	10.00	2.50	15.00	20.00	60.00	50.00	85.00	72.50	80.00	80.00	120.00	437.50
2002	458.90	—	0.30	3.00	1.20	4.80	4.60	7.50	15.30	6.10	10.00	2.50	15.00	20.00	60.00	50.00	85.00	72.50	80.00	80.00	120.00	437.50

* 原有为 1991 年前投产的机组。

** 新装为 1991～2002 年之间新投产的机组。

表 5-1-2　　1990～2002 年省电力系统的各火电厂设备容量变化情况统计　　单位：万千瓦

年份	龙潭发电厂 吉林热电厂	长山热电厂	长春热电二厂	双兴热电厂 双辽发电厂	春城发电厂 长春热电一厂	龙山发电厂 辽源发电厂	河口发电厂 浑江发电厂	珲春发电厂	桃源发电厂 二道江发电厂	四平热电厂	五峰发电厂 榆树川发电厂	鹤城发电厂 白城发电厂	海兰江发电厂 龙井发电厂	铁东发电厂 蛟河发电厂	合　计
1990	85.00	69.30	—	—	3.00	4.50	25.00	20.00	7.40	—	9.90	3.00	1.20	0.88	229.18
1991	85.00	69.30	40.00	—	3.00	4.50	25.00	20.00	8.00	—	9.90	3.00	1.20	0.88	269.78
1992	85.00	69.30	40.00	—	3.00	4.50	45.00	20.00	8.00	—	9.90	3.00	1.20	0.88	289.78
1993	85.00	69.30	40.00	—	3.00	4.50	45.00	20.00	16.20	—	9.90	3.00	1.20	0.90	298.00
1994	85.00	69.30	40.00	30.00	3.00	5.10	45.00	20.00	16.20	—	9.90	3.00	1.50	0.90	328.90
1995	85.00	69.30	40.00	60.00	5.50	5.10	45.00	20.00	16.20	—	9.90	3.00	1.50	0.90	361.40
1996	85.00	69.30	40.00	60.00	5.50	5.10	45.00	20.00	16.20	—	9.90	3.00	1.50	0.90	361.40
1997	85.00	69.30	40.00	60.00	10.50	5.10	65.00	20.00	16.20	—	9.90	3.00	1.50	0.90	386.40
1998	85.00	67.50	40.00	61.20	10.50	5.10	65.00	20.00	16.20	10.00	9.90	3.00	1.50	0.90	395.80
1999	85.00	67.50	40.00	61.20	15.50	5.10	65.00	20.00	16.20	20.00	9.90	3.00	1.50	0.90	410.80
2000	65.00	62.50	40.00	121.20	15.50	5.10	65.00	20.00	23.70	20.00	7.50	3.00	1.50	0.60	450.60
2001	65.00	62.50	40.00	121.20	16.50	25.10	65.00	20.00	20.60	20.00	—	3.00	1.50	0.60	461.00
2002	65.00	62.50	40.00	121.20	16.50	21.20	65.00	20.00	20.60	20.00	—	3.00	1.50	2.40	458.90

注　1993～1999 年，蛟河发电厂与铁东发电厂实际机组容量应为本表所列 0.9 万千瓦，计划部门的统计中为 1.2 万千瓦，此处加以更正。

表 5-1-3　珲春发电厂 1 号机组主要设备技术规范

锅炉 类型：单汽包自然循环直吹式制粉、固体排渣燃煤锅炉 型号：WGZ-410/100-10			汽轮机 类型：高温高压、双缸双排汽单抽冲动凝汽式汽轮机 型号：N100-90/535			发电机 类型：氢内冷、三相变流、两极同步汽轮发电机 型号：QFN_2-100-2			主变压器 类型：三绕组、强迫油循环风冷电力变压器 型号：SEPS3-120000/220		
参数名称	单位	数据	参数名称	单位	数据	参数名称	单位	数据	参数名称	单位	数据
额定蒸发量	吨/小时	410	额定功率	千瓦	100	额定功率	千瓦	100	额定容量	千伏·安	120
主蒸汽压力	兆帕	9.8	额定主蒸汽压力	千瓦	8.82	额定电压	伏	10500	高压额定电压	千伏	242±2×2.5%
主蒸汽温度	摄氏度	540	最大主蒸汽压力	兆帕	9.30	额定电流	安	6475	中压额定电压	千伏	69
汽包工作压力	兆帕	11.37	额定主蒸汽温度	摄氏度	535	额定功率因数 ϕ	—	0.85	低压额定电压	千伏	10.50
过热蒸汽压力	兆帕	9.80	最大主蒸汽温度	摄氏度	540	额定频率	赫兹	50	额定频率	赫兹	50
过热蒸汽温度	摄氏度	540	额定排汽压力	兆帕	0.004 9	相数	—	3	相数	—	3
给水温度	摄氏度	227	额定排汽量	吨/小时	257	额定转数	转/分钟	3000	接线组别	—	$Y_N d_{11}$ d_{11}
冷风温度	摄氏度	20	额定电功率	兆瓦	100	额定励磁电压	伏	250	冷却方式	—	强油风冷
热风温度	摄氏度	325	额定给水温度	摄氏度	227	额定励磁电流	安	1600	短路电压（高-中）	%	22.1
排烟温度	摄氏度	168	额定转数	转/分钟	3000	进风温度	摄氏度	20～30	短路电压（中-低）	%	7.46
高温炉烟温度	摄氏度	1054	冷却水温度	摄氏度	20	额定氢压	帕	0.20	短路电压（高-低）	%	13.90
制造厂	武汉锅炉厂		制造厂	哈尔滨汽轮机厂		制造厂	哈尔滨电机厂		制造厂	沈阳变压器厂	
出厂日期	1988 年		出厂日期	1987 年		出厂日期	1987 年		出厂日期	1988 年	

表 5-1-4　　长春热电二厂 1 号机组主要设备技术规范

1 号锅炉 类型：超高压一次中间再热自然循环煤粉锅炉 型号：HG-670/140-YM14			1 号汽轮机 类型：超高压一次中间再热三缸二排汽单轴、双抽抽汽凝汽两用汽轮机 型号：CC-140/N200-130/535/535-1				1 号发电机 类型：水氢冷汽轮发电机 型号：QFSN-200-2			1 号主变压器 型号：тдц-250000/220-YI		
参数名称	单位	数据	参数名称	单位	数据		参数名称	单位	数据	参数名称	单位	数据
					抽汽工况	凝汽工况						
额定蒸发量	吨/小时	670	额定功率	千瓦	140	200	视在功率	千伏·安	235 000	额定容量	千伏·安	250
再热蒸汽量	吨/小时	559	工业抽汽压力	兆帕	1.078		有功功率	千瓦	200 000	高压额定电压	千伏	242 $\begin{matrix}+1\times2.5\%\\-3\times2.5\%\end{matrix}$
汽包工作压力	兆帕	15.49	工业抽汽量	吨/小时	50		功率因数 ϕ	—	0.85	低压额定电压	千伏	15.75
主蒸汽压力	兆帕	13.80	采暖抽汽压力	兆帕	0.2455		额定电压	伏	15750	高压额定电流	安	596
再热蒸汽压力	兆帕	2.32/2.13	采暖抽汽量	吨/小时	350		额定电流	安	8625	低压额定电流	安	9164
饱和蒸汽温度	摄氏度	344	额定转速	转/分钟	3000	3000	励磁电压	伏	445	高压最高电压	千伏	252
过热蒸汽温度	摄氏度	540	新蒸汽压力	兆帕	12.74	12.74	励磁电流	安	1765	低压最高电压	千伏	17.50
再热蒸汽温度	摄氏度	311/540	新蒸汽温度	摄氏度	535	535	空载励磁电流	安	670	额定频率	赫兹	50
给水温度	摄氏度	249.50	冷却水温度	摄氏度	20	20	额定转数	转/分钟	3000	相数	—	3
排烟温度	摄氏度	144	给水温度	摄氏度	244.40	245.80	额定频率	赫兹	50	冷却方式	—	强油风冷
冷风温度	摄氏度	30	再热蒸汽压力	兆帕	2.035 6	2.114 8	相数	—	3	接线组别	—	$Y_0/\triangle$—11
热风温度	摄氏度	338	再热蒸汽温度	摄氏度	535	535	额定氢压	兆帕	0.30	短路阻抗	—	—
制造厂	哈尔滨锅炉厂		制造厂	哈尔滨汽轮机厂			制造厂	哈尔滨电机厂		制造厂	苏联札波洛瓦	
出厂日期	1988 年		出厂日期	—			出厂日期	1988 年		出厂日期	1988 年	

表 5-1-5 双辽发电厂 1 号机组主要设备技术规范

锅炉 类型：亚临界自然循环一次中间再热汽锅炉 型号：HG-1021/18.2-HM5			汽轮机 类型：亚临界一次中间再热单轴双缸双排汽冷凝反动式汽轮机 型号：N30-16.7/537/537			发电机 类型：水氢冷汽轮发电机 型号：QFSN-300-2			主变压器 型号：SEP7-370000/220		
参数名称	单位	数据	参数名称	单位	数据	参数名称	单位	数据	参数名称	单位	数据
额定蒸发量	吨/小时	1021	额定功率	千瓦	300	额定功率	千瓦	300	额定功率	千伏·安	370
再热蒸汽量	吨/小时	825	最大连续出力	千瓦	330	额定电流	A	10 190	高压额定电压	千伏	242±2×2.5%
汽包工作压力	兆帕	18.64	额定热耗率	千焦/(千瓦·时)	7962	额定电压	千伏	20	低压额定电压	千伏	20
主蒸汽压力	兆帕	18.20	额定转速	转/分钟	3000	功率因数 ϕ	—	0.85	高压额定电流	安	882.7
再热蒸汽压力	兆帕	3.83	主蒸汽压力	兆帕	16.70	励磁电压	伏	364	低压额定电流	安	10681
过热蒸汽温度	摄氏度	540	主蒸汽温度	摄氏度	537	励磁电流	安	2500	额定频率	赫兹	50
再热蒸汽温度	摄氏度	324	再热蒸汽压力	兆帕	3.49	额定转数	转/分钟	3000	相数	—	3
给水温度	摄氏度	278	再热蒸汽温度	摄氏度	537	额定频率	赫兹	50	冷却方式	—	ODAF
排烟温度	摄氏度	143	给水温度	摄氏度	277.70	相数	—	3	接线组别	—	$Y_N.d_{11}$
冷风温度	摄氏度	23	冷却水温度	摄氏度	20	效率	%	98.92	空载电流	%	0.24
热风温度	摄氏度	313	额定主蒸汽流量	吨/小时	926.68	额定氢压	兆帕	0.30	短路阻抗	%	14.40
制造厂	哈尔滨锅炉厂		制造厂	哈尔滨汽轮机厂		制造厂	哈尔滨电机厂		制造厂	沈阳变压器厂	
出厂日期	1992 年		出厂日期	1993 年		出厂日期	1993 年		出厂日期	1992 年	

二、地方电厂和企业自备电厂

1988年，吉林省地方电厂吉林西关热电厂，投产2台0.60万千瓦的背压机组，承担吉林市西部市区的供热任务，是吉林省首座地方建设的公用电厂。

1991～2002年，吉林省的地方电厂发展较快。1998年建成的桦甸油页岩示范电厂，隶属桦甸市人民政府，以当地生产的油页岩为燃料的发电厂，采用新型燃料具有工业试验的价值。尽管机组容量只有1.80万千瓦，但对当地工业发展和群众采暖都产生了良好的经济效益和社会效益。其他地方电厂也都是以供热为主的热电厂，分布在吉林市区和梅河与洮南两个县级市。12年间全省地方电厂新增容量9.60万千瓦，2002年全省地方电厂合计机组容量10.80万千瓦，全部为以供热为主的电厂。此外，地方电厂中的吉林新立热电有限公司，安装2台主蒸汽压力为13.80兆帕、容量12.50万千瓦的俄罗斯机组，已于2002年末竣工。1990～2002年，吉林省地方电厂装机容量变化情况统计，见表5-1-6。

表5-1-6　1990～2002年吉林省地方电厂装机容量变化情况统计　单位：万千瓦

年份	合计	西关热电厂	东关热电厂	桦甸油泵岩示范电厂	梅河热电厂	洮南热电厂
1990	1.2	2×0.6	—	—	—	—
1991	1.2	2×0.6	—	—	—	—
1992	1.2	2×0.6	—	—	—	—
1993	4.8	2×0.6+1×1.2	—	—	2×1.2	—
1994	6.0	2×0.6+1×1.2	—	—	2×1.2	1×1.2
1995	6.6	2×0.6+1×1.2	—	—	2×1.2	1×1.2+1×0.6
1996	6.6	2×0.6+1×1.2	—	—	2×1.2	1×1.2+1×0.6
1997	6.6	2×0.6+1×1.2	—	—	2×1.2	1×1.2+1×0.6
1998	8.4	2×0.6+1×1.2	—	1×0.6+1×1.2	2×1.2	1×1.2+1×0.6
1999	10.8	2×0.6+1×1.2	2×1.2	1×0.6+1×1.2	2×1.2	1×1.2+1×0.6
2000	10.8	2×0.6+1×1.2	2×1.2	1×0.6+1×1.2	2×1.2	1×1.2+1×0.6
2001	10.8	2×0.6+1×1.2	2×1.2	1×0.6+1×1.2	2×1.2	1×1.2+1×0.6
2002	10.8	2×0.6+1×1.2	2×1.2	1×0.6+1×1.2	2×1.2	1×1.2+1×0.6

1990年，全省装机容量大于或等于500千瓦的企业自备电厂16座，机组容量26.69万千瓦，其中装机容量大于或等于0.60万千瓦的企业自备电厂11座，容量25万千瓦（至2002年仍运行的机组有23.20万千瓦），机组容量大于或等于500千瓦小于6000千瓦的企业自备电厂5座，机组容量1.69万千瓦（吉化有机合成厂、农安制糖厂、四平联合化工厂、长春客车厂、万宝煤矿5个企业的自备电厂）。这些企业自备电厂的机组全部为供热机组，占全省火电机组容量的10%左右，其中只有吉化公司动力厂容量为7.50万千瓦的高压机组和第一汽车厂动力厂的9.10万千瓦的中压机组比较具有规模，其他均为0.60万千瓦及以下的小型中压机组。

12年来，全省新建0.60万千瓦及以上容量机组的企业自备电厂13座，扩建2座，停运2座，合计容量37.10万千瓦。2002年，全省自备电厂容量60.30万千瓦，占全省的11.40%，都是供热机组。自备电厂年累计平均利用小时3763小时，低于全省利用小时。1990～2002年，全省企业自备电厂装机容量变化情况统计，见表5-1-7。

表 5-1-7　　1990～2002 年吉林省企业自备电厂装机容量变化情况统计　　单位：万千瓦

年份	合计	1 石井沟联合化工厂	2 通化第二水泥厂	3 黄龙食品工业公司	4 吉林制糖厂	5 吉林造纸厂	6 开山屯造纸厂	7、8 吉林化纤公司奇峰公司	9、10 吉林化肥厂、丙烯腈厂	11 吉化公司动力厂	12 石砚造纸厂	13 长春第一汽车制造厂	14 白山嵩华纸业集团	15 吉林石油集团	16 通化钢铁公司	17 通化二密化肥厂	18 长春大成玉米开发公司	19 吉林亚泰水泥厂	20 敦化新源木业电厂	21 吉发生化医药食品公司	22 吉化乙烯厂	23 湾沟煤矿	24 新中国制糖厂	25 万宝煤矿	26 长春客车厂	27 四平联合化工厂	28 农安制糖厂	29 吉化有机合成厂	30 天河酒精厂	31 敦化林业局	32 松江河林业局	高压机组
1990	26.69	0.6	—	—	0.9	0.6	0.6	0.6	1.2	7.5	2.4	9.1	—	—	—	—	—	—	—	—	—	0.6	0.9	0.45	0.3	0.3	0.225	0.41	—	—	—	7.5
1991	26.99	0.6	—	—	0.6	0.6	0.6	1.2	1.2	7.5	2.4	9.1	—	—	—	—	—	—	—	—	—	0.6	0.9	0.45	0.3	0.3	0.225	0.41	—	—	—	7.5
1992	27.89	0.6	0.3	—	0.6	0.6	0.6	1.2	1.2	7.5	2.4	9.1	—	—	—	—	—	—	—	0.6	—	0.6	0.9	0.45	0.3	0.3	0.225	0.41	—	—	—	7.5
1993	30.14	0.6	0.6	—	0.6	0.6	1.8	1.8	1.2	7.5	2.4	9.1	—	—	—	—	—	—	—	0.75	—	0.6	0.9	0.45	0.3	0.3	0.225	0.41	—	—	—	7.5
1994	30.99	0.6	0.6	0.3	0.6	0.6	1.8	1.8	1.2	7.5	2.4	9.1	—	—	—	—	—	—	—	0.75	—	0.6	0.9	0.45	0.3	0.3	0.225	0.41	0.3	0.1	1.5	7.5
1995	30.76	0.6	0.6	0.3	0.6	0.6	1.8	1.8	1.2	7.5	2.4	9.1	—	—	—	—	—	—	—	0.75	—	0.6	0.9	0.45	0.3	0.3	—	0.41	0.3	0.1	1.5	7.5
1996	28.45	0.6	0.6	—	0.6	0.6	1.8	1.8	1.2	7.5	2.4	9.1	—	—	—	—	—	—	—	0.75	—	0.6	0.9	—	—	—	—	—	—	—	—	7.5
1997	28.45	0.6	0.6	—	0.6	0.6	1.8	1.8	1.2	7.5	2.4	9.1	—	—	—	—	—	—	—	0.75	—	0.6	0.9	—	—	—	—	—	—	—	—	7.5
1998	34.55	0.6	0.6	0.6	0.6	0.6	1.8	1.8	6.7	7.5	2.4	9.1	—	—	—	—	—	—	—	0.75	—	0.6	0.9	—	—	—	—	—	—	—	—	13.0
1999	36.95	0.6	0.6	0.6	0.6	0.6	1.8	4.2	6.7	7.5	2.4	9.1	—	—	—	—	—	—	—	0.75	—	0.6	0.9	—	—	—	—	—	—	—	—	13.0
2000	36.95	0.6	0.6	0.6	0.6	0.6	1.8	4.2	6.7	7.5	2.4	9.1	—	—	—	—	—	—	—	0.75	—	0.6	0.9	—	—	—	—	—	—	—	—	13.0
2001	48.15	0.6	0.6	0.6	0.6	0.6	1.8	5.4	6.7	7.5	2.4	9.1	—	10.0	—	—	—	—	—	0.75	—	0.6	0.9	—	—	—	—	—	—	—	—	23.0
2002	60.30	0.6	0.6	0.6	0.6	0.6	1.8	5.4	6.7	7.5	2.4	9.1	0.6	10.0	7.3	0.9	1.2	1.2	0.75	0.75	1.7	—	—	—	—	—	—	—	—	—	—	31.7

注　1. 表中 1990～1995 年为统计 500 千瓦及以上装机容量的企业自备电厂；1996～2002 年为统计 6000 千瓦及以上装机容量的企业自备电厂。

2. 计划部门统计中将 2002 年吉林造纸厂自备电站装机容量统计为 0.41 万千瓦，此处更正为 0.6 万千瓦。

2002 年，全省地方火电厂共 5 座，容量 10.80 万千瓦，全部为中压供热机组，占全省火电机容量的 2%。地方电厂机组的主蒸汽技术规范，除 1988 年投产的吉林西关热电厂汽轮机进汽压力 3.50 兆帕外，其余在 90 年代投产的地方电厂机组，汽轮机进汽压力均为 4.90 兆帕。

2002 年，全省企业自备电厂 32 座，其中 6000 千瓦及以上容量的电厂 22 座共 60.30 万千瓦，占全省机组总容量的 11.32%。自备电厂中，中压机组共 38 台，其中 0.30 万千瓦 14 台，0.60 千瓦 10 台，1.20 万千瓦 13 台，2.50 万千瓦 1 台，合计容量 28.60 万千瓦，占自备电厂机组容量的 47%；高压机组 9 台，其中 1.70 万千瓦 1 台，2 万千瓦 1 台，2.50 万千瓦 2 台，3 万千瓦 1 台，5 万千瓦 4 台，合计容量 31.70 万千瓦，占企业自备电厂机组容量的 53%。

三、全省设备容量

1991～2002 年，吉林省火力发电机组容量较快发展。1990 年，按 500 千瓦及以上电厂统计，全省发电机组容量 257.073 万千瓦。2002 年，按 6000 千瓦及以上的发电厂统计，全省设备容量为 530 万千瓦，比 1990 年净增设备容量 273 万千瓦，增长率为 106.23%。2002 年，全省火电厂共计 40 座，总容量 530 万千瓦，其中省电力公司管理的火电厂 13 座，机组容量 458.90 万千瓦，占全省火电机组容量的 86.58%；地方电厂 5 座，机组容量 10.80 万千瓦，占全省火电机组容量 2.04%；企业自备电厂 22 座、机组容量 60.30 万千瓦，占全省火电机组容量 11.38%。12 年中，全省机组容量虽增加一倍，但与全国其他各省相比，发展缓慢，吉林省火电设备容量从 1990 年居全国第 14 位，到 2002 年退居到第 18 位（据国家电网公司计划投融资部统计）。1991～2002 年，全省火电厂设备容量统计，见表 5－1－8。

表 5－1－8　　1991～2002 年吉林省火电厂设备容量统计　　单位：万千瓦

序号	企业名称	1990 年设备容量	1991～2002 年		2002 年设备容量	
			停运机组容量	新装机组容量	合计	台×单机容量
	全省合计	255.38	52.37	325.30	530.00	(27.3)
	一、省电力公司管理机组容量合计	229.18	48.88	278.60	458.90	(54 台)
	(一) 省电力公司全资和参股机组容量合计	217.10	39.20	243.70	333.70	(23 台)
1	吉林热电厂（6、7 号机）	85.00	20.00	—	10.00	2×5.0
2	长山热电厂（8、9 号机）	69.30	6.80	—	40.00	2×20.0
3	长春热电二厂	—	—	40.00	40.00	2×20.0
4	长春热电一厂	1.80	—	12.50	12.50	1×2.5＋2×5.0

续表

序号	企业名称	1990年设备容量	1991～2002年		2002年设备容量	
			停运机组容量	新装机组容量	合计	台×单机容量
5	双辽发电厂	—	—	120.00	120.00	4×30.0
5	双兴热电厂	—	—	1.20	1.20	1×1.2
6	辽源发电厂（辽源热电有限责任公司）	1.80	1.80	24.00	24.00	2×12.0
7	浑江发电厂	25.00	—	40.00	60.00	2×10.0+ 2×20.0
8	珲春发电厂	20.00	—	—	20.00	2×10.0
9	二道江发电厂（7号）	5.00	5.00	10.00	10.00	1×10.0
	榆树川发电厂	5.00	5.00	—	—	—
10	白城发电厂	3.00	—	—	—	—
11	龙井发电厂	0.60	—	—	—	—
12	蛟河发电厂	0.60	0.60	—	—	—
	（二）省电力公司代管电厂合计	—	—	20.00	20.00	(3)
13	四平热电有限公司	—	—	20.00	20.00	2×5.0+ 1×10.0
	（三）华能集团公司合计	—	—	—	22.50	(3)
2	长山热电厂3、6、7号机	—	—	—	22.50	1×2.5+ 2×10.0
	（四）龙华公司合计	12.08	9.68	14.90	82.70	(25)
4	春城发电厂	1.20	—	1.00	4.00	1×0.6+ 2×1.2+ 1×1.0
6	龙山发电厂	2.70	2.10	0.60	1.20	2×0.6
10	鹤城发电厂	—	—	—	3.00	1×0.6+ 2×1.2
7	河口发电厂	—	—	—	5.00	2×2.5
11	海兰江发电厂	0.60	—	0.30	1.50	2×0.6+ 1×0.3
1	龙潭发电厂	—	—	—	55.00	4×2.5+1× 5.0+2×20.0

续表

序号	企业名称	1990年设备容量	1991～2002年		2002年设备容量	
			停运机组容量	新装机组容量	合计	台×单机容量
12	铁东发电厂（蛟河热电股份公司）	0.28	0.28	2.40	2.40	2×1.2
9	桃源发电厂（2、8号）	2.40	2.40	10.60	10.60	1×0.6+1×10.0
	五峰发电厂	4.90	4.90	—	—	—
	二、地方电厂合计	1.20	—	9.60	10.80	(11)
14	梅河热电公司	—	—	2.40	2.40	2×1.2
15	桦甸油页岩示范电厂	—	—	1.80	1.80	1×1.2+1×0.6
16	东关发电厂	—	—	2.40	2.40	2×1.2
17	源源热电厂（西关热电厂）	1.20	—	1.20	2.40	2×0.6+1×1.2
18	洮南热电厂	—	—	1.80	1.80	1×1.2+1×0.6
	三、企业自备电厂合计	25.00	1.80	37.10	60.30	(5.0)
19	石井沟联合化工厂	0.60	—		0.60	2×0.3
20	通化白山水泥总厂	—	—	0.60	0.60	2×0.3
21	黄龙食品工业有限公司	—	—	0.60	0.60	2×0.3
22	吉林省制糖有限公司（范家屯糖厂）	0.90	0.30	—	0.60	2×0.3
23	吉林造纸厂	0.60	—	—	0.60	1×0.6
24	开山屯化纤厂	0.60	—	1.20	1.80	1×0.6+1×1.2
25	吉林化纤股份有限公司	0.60	—	1.20	1.80	3×0.6
26	吉林奇峰化学纤维有限公司	—	—	3.60	3.60	3×1.2
	湾沟煤矿	0.60	0.60	—	—	—
27	吉林化肥厂（102厂）	1.20	—	—	1.20	2×0.6
28	吉化丙烯腈厂	—	—	5.50	5.50	1×2.5+1×3.0
29	吉化公司动力厂（106厂）	7.50	—	—	7.50	1×2.5+1×5.0

续表

序号	企业名称	1990年设备容量	1991～2002年		2002年设备容量	
			停运机组容量	新装机组容量	合计	台×单机容量
30	石砚造纸厂	2.40	—	—	2.40	2×1.2
31	第一汽车制造厂动力厂	9.10	—	—	9.10	5×1.2+1×2.5+1×0.6
32	白山嵩华纸业集团	—	—	0.60	0.60	2×0.3
33	吉林石油集团有限责任公司	—	—	10.00	10.00	2×5.0
34	通化钢铁公司	—	—	7.30	7.30	1×5.0+1×2.0+1×0.3
35	通化二密化肥厂	—	—	0.90	0.90	1×0.6+1×0.3
36	长春大成玉米开发有限责任公司	—	—	1.20	1.20	2×0.3+1×0.6
37	吉林亚泰水泥有限公司	—	—	1.20	1.20	1×1.2
38	敦化新源木业	—	—	0.75	0.75	1×0.6+1×0.15
39	吉发生化医药食品公司（新源玉米开发公司）	—	—	0.75	0.75	1×0.6+1×0.15
40	吉化乙烯厂	—	—	1.70	1.70	1×1.7
	新中国制糖厂	0.90	0.90	—	—	—

注 1. 表中所列电厂为机组容量6000千瓦及以上的火电厂；企业自备电厂在表中的企业名称栏，仅列出电厂所隶属的企业名称，省略其二级机构名称。

2. 表中的序号是按2002年运行的电厂排列的，相同序号不同企业名称为表示同一座电厂不同机组的隶属关系不同；相同序号的电厂为使用同一公用设施的一个电厂或移地改造重建的电厂。

3. 1990年机组容量500千瓦及以上的火电厂，总容量为257.07万千瓦，表中未列入小于6000千瓦的火电厂5座（包括万宝煤矿4500千瓦、长春客车厂3000千瓦、四平联化厂3000千瓦、农安制糖厂2250千瓦和吉化有机合成厂4100千瓦），合计容量1.69万千瓦。

第二节 发电量、供热量及发电可靠性

1991～2002年，吉林省火力发电厂发电量和供热量有较快的增长，但发展不均衡，尤其20世纪90年代的后期，东北老工业基地不景气，全省进行产业结构调整中，一些大型工业企业和耗能大户处于停产或半停产状态，影响用电量的增长。2002年，全省40座火电厂中，供热电厂有38座，容量268.2万千瓦，供热量比1990年增长82.41%，年平均增长率6.87%。供热量的增加，对降低社会综合能耗、改善环境、提高城镇群众的生

活质量有积极作用。

一、发电量

2002年，全省火力发电厂发电量258.47亿千瓦·时，比1990年全省发电量的128.60亿千瓦·时增长101.00%，12年发电量平均增长率8.46%。但是，这个时期的年度发电量的增长幅度是不均衡的，1992年，全省火电厂发电量比1991年增长22.05%，1993年的发电量又比1992年增长18.14%。但是，1994年和1995年的发电量仅仅增长1.64%和1.57%；1998年和2000年，全省发电量比上年同期不仅没有增长，反而分别降低3.31%和0.74%，出现负增长。总的来看，20世纪90年代吉林省火力发电生产经过3个年头的快速发展后，进入一个缓慢的增长期。1990～2002年，吉林省火电机组发电量、供热量及主要经济指标综合统计，见表5-1-9。

二、供热量

2002年，吉林省6000千瓦及以上38座供热电厂中，供热机组总计96台，容量268.2万千瓦。全年供热量8367万吉焦，比1990年全省供热量4587万吉焦增长82.41%，年均增长率6.87%；据不完全统计全省供热面积达到3678万米^2。2002年，全省凝汽、供热机组容量统计见表5-1-10；各火电厂发电量、供热量及煤耗率综合统计见表5-1-11。

表5-1-9　1990～2002年吉林省火电机组发电量、供热量及主要经济指标综合统计

年份	装机容量（万千瓦）	平均利用小时（小时）	发电量（亿千瓦·时）	发电量年增长率（%）	供电标准煤耗率[克/(千瓦·时)]	供热量（万吉焦）	供热量年增长率（%）	供热煤耗率（千克/吉焦）	供热厂用电率（千瓦·时/吉焦）
1990	257.07	5038	128.58	—	416	4587	—	39.04	7.75
1991	297.97	4871	135.44	5.34	409	5185	13.04	38.46	7.67
1992	318.87	5270	165.30	22.05	405	5767	11.22	39.67	7.82
1993	333.24	6068	195.03	18.14	400	5964	3.42	40.12	8.32
1994	366.19	5751	198.41	1.64	397	6382	7.01	41.09	8.35
1995	399.06	5049	201.50	1.57	394	6577	3.06	40.82	8.27
1996	396.75	5849	232.27	15.27	392	6710	2.02	40.78	8.48
1997	421.75	5669	238.69	2.76	391	6591	−1.77	40.20	8.42
1998	439.05	5298	230.77	−3.32	393	6946	5.39	39.67	8.11
1999	459.58	5443	243.88	5.68	391	7611	9.57	40.19	7.97
2000	498.35	5461	241.88	−0.82	387	7948	4.43	39.63	7.81
2001	519.95	5732	242.04	0.07	383	7975	0.34	39.21	8.08
2002	529.81	4781	258.47	6.79	388	8367	4.92	39.27	8.16

注　表中所列装机容量、发电量、平均利用小时，1990～1995年为500千瓦及以上发电厂统计数字，1996～2002年为6000千瓦及以上发电厂统计数字。表中所列供热量、供电、供热标准煤耗率和供热厂用电率为6000千瓦及以上发电厂统计数字。

表 5-1-10　　2002 年吉林省凝汽、供热机组容量统计　　单位：万千瓦

序号	企业名称	凝汽机组容量	供热机组容量	合计容量
	全省合计	(18) 261.90	(96) 268.10	(114) 530.00
1	吉林热电厂、龙潭发电厂		4×2.5+3×5.0+2×20.0=65.00	65.00
2	长山热电厂（含华能部分）	2×10.0+2×20.0=60.00	1×2.5=2.50	62.50
3	长春热电二厂		2×20.0=40.00	40.00
4	长春热电一厂、春城发电厂	1×10=1.00	1×0.6+2×1.2+1×2.5+2×5.0=15.50	16.50
5	双辽发电厂、双兴热电厂	4×30.0=120.00	1×1.2=1.20	121.20
6	辽源发电厂、龙山发电厂		2×0.6+2×10.0=21.20	21.20
7	浑江发电厂	2×10.0+2×20.0=60.00	2×2.5=5.00	65.00
8	珲春发电厂	2×10.0=20.00		20.00
9	二道江发电厂		1×0.6+2×10.0=20.60	20.60
10	白城发电厂、鹤城发电厂		1×0.6+2×1.2=3.00	3.00
11	龙井发电厂、海兰江发电厂		2×0.6+1×0.3=1.50	1.50
12	蛟河发电厂、铁东发电厂		2×1.2=2.40	2.40
13	四平热电有限公司		2×50+1×10.0=20.00	20.00
	省电力公司管理电厂合计	(15) 261.00	(39) 197.90	(54) 458.90
14	梅河热电厂		2×1.2=2.40	2.40
15	桦甸油页岩示范电厂		1×0.6+1×1.2=1.80	1.80
16	东关发电厂		2×1.2=2.40	2.40
17	源源热电厂（西关热电厂）		2×0.6+1×1.2=2.40	2.40
18	洮南热电厂		1×1.2+1×0.6=1.80	1.80
	地方电厂合计		(11) 10.80	(11) 10.80
19	石景沟联合化工厂		2×0.3=0.6	0.60

续表

序号	企业名称	凝汽机组容量	供热机组容量	合计容量
20	白山水泥总厂	2×0.3=0.60		0.60
21	黄龙食品工业公司		2×0.3=0.6	0.60
22	吉林制糖厂（范家屯糖厂）		2×0.3=0.6	0.60
23	吉林造纸厂		1×0.6=0.6	0.60
24	开山屯化纤厂		1×0.6+1×1.2=1.80	1.80
25	吉林化纤股份有限公司		3×0.6=1.80	1.80
26	吉林奇峰化纤有限公司		3×1.2=3.60	3.60
27	吉化化肥厂（102 厂）		2×0.6=1.20	1.20
28	吉化丙烯腈厂		1×2.5+1×3.0=5.50	5.50
29	吉化动力厂（106 厂）		1×2.5+1×5.0=7.50	7.50
30	石砚造纸厂		2×1.2=2.40	2.40
31	一汽动力厂		5×1.2+1×2.5+1×0.6=9.10	9.10
32	白山嵩华纸业		2×0.3=0.6	0.60
33	吉林石油集团		2×5.0=10.00	10.00
34	通化钢铁公司		1×5.0+1×2.0+1×0.3=7.30	7.30
35	通化二密化肥厂		1×0.6+1×0.3=0.90	0.90
36	长春大成玉米开发公司		2×0.3+1×0.6=1.20	1.20
37	吉林亚泰水泥有限公司		1×1.2=1.20	1.20
38	敦化新源木业	1×0.15=0.15	1×0.6=0.60	0.75
39	吉发生化食品医药公司	1×0.15=0.15	1×0.6=0.60	0.75
40	吉化乙烯		1×1.7=1.70	1.70
	企业自备电厂合计	（3）0.90	（46）59.40	60.30

表 5-1-11　2002 年全省各火电厂发电量、供热量及煤耗率统计

序号	企业名称	装机容量（万千瓦）	发电量（亿千瓦·时）	供电标准煤耗率［克/(千瓦·时)］	供热量（万吉焦）	供热标准煤耗率（千克/吉焦）	累计平均利用小时（小时）
	全省合计	530.00	258.47	388	8366.58	39.27	4916
	省电力公司管理电厂合计	453.90	230.96	—	3083.42	—	—

续表

序号	企业名称	装机容量（万千瓦）	发电量（亿千瓦•时）	供电标准煤耗率［克/（千瓦•时）］	供热量（万吉焦）	供热标准煤耗率（千克/吉焦）	累计平均利用小时（小时）
1	吉林热电厂（6、7号）	10.00	9.54	362	781.27	40.36	9535
1	龙潭发电厂	55.00	31.64	357	472.33	40.83	5754
2	长山热电厂（8、9号）	40.00	22.86	371	—	—	5716
2	长山热电厂（3、6、7号）	22.50	11.67	422	14.08	40.60	5186
3	长春热电二厂	40.00	22.52	343	525.49	39	5629
4	长春热电一厂	12.50	5.81	457	176.34	41	4650
4	春城发电厂	4.00	1.78	439	85.49	41	4450
5	双辽发电厂	120.00	47.15	348	—	—	3929
5	双兴热电厂	1.20	0.51	440	18.88	34.17	4232
6	辽源发电厂	20.00	8.79	405	262.24	39.65	4393
6	龙山发电厂	1.20	0.24	556	48.08	41.64	1994
7	浑江发电厂	60.00	31.21	384	—	—	4801
7	河口发电厂	5.00	1.35	462	33.90	40.60	2699
8	珲春发电厂	20.00	12.83	405	—	—	6414
9	二道江发电厂（7号）	10.00	8.56	403	113.04	40.99	4154
9	桃源发电厂2、8号	10.60	3.83	381	157.66		3614
10	鹤城发电厂（白城）	3.00	1.50	494	155.50	41.50	5006
11	海兰江发电厂（龙井）	1.50	0.54	498	55.91	42	3603
12	铁东发电厂（蛟河）	2.40	0.44	390	35.33	40	1834
13	四平热电厂	20.00	8.19	426	147.88	40.90	4095
	地方电厂合计	10.80	4.91	—	717.43	—	4546
14	梅河热电公司	2.40	0.74	412	180.93	37.81	3062
15	桦甸油页岩示范电厂	1.80	0.93	689	57.17	31.97	5168
16	东关发电厂	2.40	0.99	416	147.83	42.77	4127
17	源源热电厂（西关）	2.40	1.15	432	165.16	44.52	4780
18	洮南热电厂	1.80	1.10	274	166.34	36.92	6090

续表

序号	企业名称	装机容量（万千瓦）	发电量（亿千瓦·时）	供电标准煤耗率[克/（千瓦·时）]	供热量（万吉焦）	供热标准煤耗率（千克/吉焦）	累计平均利用小时（小时）
	企业自备电厂合计	60.30	22.62	499	4565.73		3763
19	石井沟联化	0.60	0.10	422	34.15	42.31	1675
20	通化白山水泥总厂	0.60	0.37	286	—	—	6218
21	黄龙食品工业公司	0.60	0.47	178	274.27	49.39	7850
22	吉林制糖公司（范家屯）	(6)	—	—	—	—	—
23	吉林造纸厂	(6)	—	—	—	—	—
24	开山屯化纤厂	1.80	1.02	600	206.57	39.84	5664
25	吉林化纤公司	1.80	1.85	447	639.76	35.30	3417
26	吉林奇峰化纤公司	3.60					
27	吉林化肥厂（102厂）	1.20	1.08	215	619.69	37.95	1611
28	吉化丙烯腈厂	5.50					
29	吉化动力厂（106厂）	7.50	4.21	359	777.13	38.41	5611
30	石砚造纸厂	2.40	1.61	424	573.03	25.31	6720
31	一汽动力厂	9.10	3.60	392	690.83	40.32	3952
32	白山嵩华纸业集团	0.60	0.23	395	92.38	36.08	3905
33	吉林石油集团	10.00	5.05	452	385.58	40.57	5050
34	通化钢铁公司	7.30	1.04	477	185.41	66.32	1431
35	通化二密化肥厂	0.90	0.30	1361	0.07		3298
36	大成玉米开发公司	1.20	0.49	597.50	—	—	4116
37	亚泰水泥有限公司	1.20	0.79	528	—	—	6564
38	敦化新源木业	0.75	0.41	350	86.87	38.58	5409
39	吉发生化医药（新源玉米）	(0.75)	—	—	—	—	—
40	吉化乙烯厂	(17)	—	—	—	—	—

三、发电设备可靠性

1991～2002年，按照能源部、电力工业部电力行业可靠性管理中心颁发的《发电设备可靠性指标考核管理暂行规定》、《发电设备可靠性可用率统计评价暂行办法》、《发电设备可靠性管理制度》等文件要求，省电力公司管理的发电厂开展以提高发电设备等效可用系数、降低非计划停运次数等可靠性指标为主要内容的各项管理。

省电力公司管理的发电厂设备可靠性管理工作，在省电力公司可靠性管理领导小组的领导下，生产技术部门负责日常工作，配备专责人员，实施指标统计、评价管理、科学分析，查找发电设备非计划停运和非计划降出力等原因和规律，研究、探索提高设备健康水平的途径；指导企业制定改进措施，建立和完善可靠性信息的传输网络，加强可靠性管理。吉林省发电设备可靠性管理和各项主要指标进入国内先进行列。

（一）管理

1990年，省电力公司成立发电设备可靠性管理领导小组，组长由主管生产副局长担任，两名副总工程师任副组长，可靠性管理办公室设在生产技术处，配备2名专责工程师负责日常工作。按照省电力公司的要求，各发电企业成立发电设备可靠性领导小组，主管生产的副职人员任组长，生产技术部门配备专职工程师，负责日常具体工作。新厂和老厂以及人员变动，各厂均及时建立和调整可靠性管理组织和人员。1995年和1996年，新建四平热电厂和双辽发电厂分别建立可靠性管理机构，配备专责人，配置管理设施；2000年，长春热电一厂和辽源发电厂等因扩建和改建以及人员变化，调整可靠性管理组织，充实专责人员，完善管理手段。

（二）典型指标分析

1987～1991年，按照规定，省电力公司只统计分析发电企业10万千瓦及以上机组的主设备可靠性指标；指标只统计、分析等效可用系数、计划停运率和非计划停运率等较少指标。1992年开始，扩大到所有在役的主机、20万千瓦机组辅机设备及输变电设备。统计指标增加等效强迫停运率、强迫停运次数和小时数，计划、非计划停运次数和小时数，平均连续可用小时数等多项指标，涉及统计分析的设备部件越来越多。经省电力公司和各发电企业的共同努力，逐步实现了统计数据的完整、准确和及时，并得到可靠性管理中心的好评。

1990～1995年，在役机组的等效可用系数分别为86.74%、88.03%、83.16%、86.58%、93.31%、91.21%。1996～2002年，在役发电机组可靠率综合统计，见表5－1－12。

表5－1－12 1996～2002年吉林省电力系统在役发电机组可靠率综合统计

年份	台数	发电量（千千瓦·时）	运行小时（小时）	备用小时（小时）	计划停运小时（小时）	非计划停运次数（次/台）	非计划停运率（%）	等效强迫停运率（%）	等效可用系数（%）
1996	32	605 245.00	6884.51	1230.97	527.44	1.90	3.94	4.18	87.91
1997	35	562 820.69	6381.13	1902.43	413.92	1.83	1.51	1.42	92.62
1998	37	513 815.00	5932.00	2087.56	522.03	0.76	0.56	0.60	91.77
1999	38	521 566.71	5887.21	2153.39	415.01	1.13	0.62	0.58	93.98
2000	36	546 920.06	6182.56	1478.07	452.26	1.47	1.34	1.17	91.80
2001	37	546 779.81	6227.79	1878.52	472.39	2.35	2.56	1.75	92.18
2002	52	447 015.50	6025.14	2191.53	460.25	1.19	1.34	1.31	92.84

1998年，中国电力企业联合会（简称中电联）、国家电力公司在全国电力可靠性发布会上，公布1997年全国22个省市电力公司等效可用系数的排序中，吉林省的10万千瓦机组等效可用系数为95.65%，名列第二，20万千瓦机组等效可用系数为91.39%，名列第三，30万千瓦机组等效可用系数为88.74%，名列第七，均属全国先进水平。

据中国电力企业联合会统计，10万千瓦及以上容量的火电机组等效可用系数指标，在全国39个集团、省、市电力公司中，2000年排序吉林省第11位，2002年排序第14位。

1991～1995年，10万千瓦火电机组等效可用系数分别为87.61%、91.64%、87.32%、92.66%、93.67%；20万千瓦火电机组等效可用系数为81.10%、74.84%、87.30%、93.17%、92.41%。1995年，30万千瓦机组等效可用系数为75.40%。1996～2002年，省电力公司管理的10万～30万千瓦火力发电机组可靠率统计，见表5-1-13。

表5-1-13 1996～2002年吉林省电力公司管理的10万～30万千瓦火力发电机组可靠率统计

年份	容量（MW）	台数	发电量（千千瓦·时）	运行小时（小时）	备用小时（小时）	计划停运小时（小时）	非计划停运次数（次/台）	非计划停运率（%）	等效强迫停运率（%）	等效可用系数（%）
1996	100	9	584 380.00	6833.48	1433.81	451.03	1.11	0.61	0.67	94.30
	200	7	1 228 205.00	7121.10	685.03	850.94	1.57	1.42	1.50	89.05
	300	2	1 598 083.00	5940.76	492.24	1175.35	15.46	16.24	17.25	72.55
1997	100	9	498 611.30	5750.04	2632.27	25.13	1.33	0.44	0.43	95.65
	200	8	1 183 874.13	6866.05	1188.88	94.08	2.50	1.35	1.40	91.39
	300	2	1 716 607.00	5750.04	1161.70	237.49	6.50	3.46	3.44	88.74
1998	100	10	543 913.30	6316.10	1981.21	428.19	0.56	0.54	0.52	94.68
	200	8	1 088 476.80	6420.90	1368.92	964.17	0.50	0.08	0.14	88.68
	300	2	1 413 254.00	5555.30	2689.93	397.00	0.76	2.07	1.97	94.09
1999	100	10	491 812.44	5865.80	1435.89	471.26	1.11	0.28	0.12	91.50
	200	8	1 186 088.75	6854.18	1403.85	479.37	1.13	0.33	0.38	91.22
	300	2	1 578 182.00	6262.80	1975.47	419.25	2.00	1.61	1.78	93.92
2000	100	9	561 769.67	6878.82	1058.62	545.37	2.11	0.81	0.72	92.88
	200	8	1 182 027.38	7153.16	657.69	616.53	1.75	0.90	0.77	91.83
	300	4	718 710.00	3134.95	924.12	314.63	1.75	3.25	3.27	90.61
2001	100	10	522 313.30	6587.71	1189.66	718.18	5.00	3.61	2.92	88.88
	200	8	1 116 977.00	6151.47	986.17	308.21	1.50	0.97	1.02	92.46
	300	4	924 832.50	4293.28	3940.50	288.21	2.50	5.25	2.20	93.81

续表

年份	容量（MW）	台数	发电量（千千瓦·时）	运行小时（小时）	备用小时（小时）	计划停运小时（小时）	非计划停运次数（次/台）	非计划停运率（%）	等效强迫停运率（%）	等效可用系数（%）
2002	100	11	575 199.36	6482.33	1672.46	538.96	1.55	1.02	0.77	92.95
	200	8	1 075 492.75	6796.72	1062.14	606.08	1.63	1.11	1.11	91.76
	300	4	1 154 270.25	5422.75	2685.41	488.15	1.75	2.93	3.00	92.51

第三节 运 行 管 理

1991～2002年，省电力公司管理的火电厂生产，是以安全为基础，以改革为动力，以稳定大型发电机组为重点，以达标创一流为载体，以提高设备管理水平和自动化水平为手段，采取各种竞赛、承包等措施展开的。吉林电力调度中心按照“统一调度、分级管理”的原则，对省电力公司管理的14座火电厂（榆树川发电厂于2000年末关停）、5座地方火电厂和5座企业自备电厂的主设备，实行统一调度，主要辅助设备实行管理；各地区电力调度中心按照管辖范围规定进行调度；各发电（热电）厂按照省调下达的年、月、日发电、检修计划及值班调度员下达的指令，厂部当班值长指挥生产，保证安全、稳定、经济、优质地完成各项生产任务。

一、运行组织

（一）指挥

省电力公司管理的火电厂设备，划分为由吉林省调、地区调度及发电厂指挥和管理。

发电厂的220千伏输出线、220千伏母线、锅炉、汽轮机、发电机、主变压器和高压备用变压器由省调管辖，这些设备的启、停操作及事故处理均由省调值班调度员下令指挥；发电企业的厂用电系统设备和机、炉主要辅助设备，包括磨煤机、给粉机、送风机、吸风机、循环水泵等由省调管理，设备的启、停操作及事故处理等由发电企业当班值长指挥，事后及时向省调报告，其中如有影响全厂出力的设备操作，需事先得到省调的批准。调度任务和操作指令，由上一天前夜班省调调度值班员向发电企业当班值长下达。地调按照各自管辖和管理的设备范围进行指挥和管理。

发电企业内部的生产指挥系统，以生产副厂长为首，包括总工程师、运行、检修、燃料副总工程师组成的发电生产领导指挥系统，通过当班值长具体行使现场生产指挥权，按照省调下达的运行方式、发电负荷曲线、有关设备检修、事故处理及地区电网调度员的有关要求，组织指挥生产，并对安全、经济发电生产和事故处理负全面责任。与电网调度关系上，服从省调和地调的指挥，执行其调度值班员发布的正确指令。厂部生技、安监、科技、燃料管理部门在分管专业方面发挥参谋作用，为领导层正确的指挥和事故处理提供科学依据。

发电企业的生产分场是负责组织发电生产的二级生产单位。1991～1997 年，吉林省发电企业的生产分场组织有两种形式，一是专业性的小分场，二是运行和检修两大分场。1998 年开始，省电力公司管理的发电企业都实行运行分场与检修分场分开的大分场体制。

专业分场，即在吉林省的发电企业中一般划分有锅炉、汽轮机、电气、化学、水工、热工、燃料、运输等分场，各分场设主任，运行、检修副主任，各分场的机、炉、电、燃、化、水工运行岗位设班长，在厂部当班值长的指挥下，组织、指挥运行值班员完成各自的岗位任务。大分场体制的特点是按生产性质将发电生产组织划分为生产运行和设备检修两大分场。生产运行分场设主任、副主任，下设运行值班员，值长（同时为运行分场主任或副主任）组织指挥本值运行值班员完成各自的岗位任务和具体的调整、操作或事故处理等项任务。

（二）协调

根据吉林省电网负荷要求及其变化，省调每天组织各专业工程师编制下达各厂的日发电计划、运行方式、日检修计划和临检安排、经济运行、无功负荷要求等，作为各发电企业组织、指挥生产的依据。

各发电企业的日常发电生产的组织协调工作，通过生产例会的形式进行。多数发电企业实行日调度例会、周检修平衡例会、月安全分析例会制度，完成企业日常发电生产的组织任务，有的发电企业由厂长组织召开扩大的生产调度会，全面组织发电生产任务的落实。

(1) 日生产调度例会。日生产调度例会一般在每天早上 8 点召开，主管生产副厂长（副总经理）主持，总工程师、各专业副总工程师、生产分场领导及相关管理部门领导、生产技术部门的机、炉、电、热工、化学专业人员、设备检修专业人员参加，厂领导不定期参加。

(2) 周检修平衡例会。每周召开一次，由主管生产的副厂长或负责设备检修的副总工程师主持，有关生产单位检修负责人、生技处领导及相关专业人员、相关的物资等管理部门的领导参加。

(3) 月安全分析例会。每月召开一次，由安监部门组织，厂长主持，总工程师、各专业副总工程师、安监部门领导、各生产单位安全生产第一责任者和安全员以及相关部门领导参加。

有的发电企业在每周一早晨，厂长主持召开扩大的生产调度会，党群、行政、生产各单位和各部门所有中层以上干部参加。会议的主要内容是汇报、通报、协调、布置当周全厂各个方面的工作。

二、安全运行

1991～2002 年，在“安全第一，预防为主”方针指导下，省电力公司加强发电生产安全管理，指导和规范火电厂生产运行，先后转发上级电力部门有关规定，制定了《吉林省火电厂运行管理规定》，各火电厂结合本厂实际制定实施各项运行管理制度，主要有岗位值班制度、交接班制度、操作票制度、巡回检查和设备定期试验轮换制度、运行分析制度、设备缺陷管理制度、生产培训制度、文明生产制度等。根据生产设备、管理体制、技术手段的变化，制度随之修改、完善和补充。严格执行各项规章制度，对保证运行人员正确操作和异常情况的处理，起到重要作用。1998年，为20万千瓦和30万千瓦大型发电机组实现自动发电控制管理，省电力公司制定下发了“电调”和“协调”运行管理规定、系统图及设备编号等，进一步完善了“两票三制”、“两措”规定等，适应了现代化大型发电机组安全、经济运行的需要。

长春热电二厂建设期间，省电力公司举办编制生产管理制度学习班，培训人员、建立制度。1991年机组投产发电初期，运行不够稳定，由于运行人员严格执行规章制度，认真进行调整操作，3月5日起，单机日发电量超过400万千瓦·时，9月27日止，实现连续安全生产300天，创造了吉林省20万千瓦机组投产第一年发电量最多、安全生产运行时间最长的纪录。

1992年，吉林热电厂11号、浑江电厂5号20万千瓦发电机线棒先后发生绝缘事故。长山热电厂、浑江发电厂的670吨/时锅炉，发生“四管”爆裂事故，严重影响安全发电生产。省电力公司专业人员和电厂运行人员，开展运行分析和调查研究，及时制定和落实《410吨/时及以上锅炉非计划停运考核办法》、《防止氢气湿度和内冷水温度超标规定》，执行后事故明显减少。

2000年和2001年，省电力公司下发《火电厂生产管理过程评价细则》和安全性评价试行文件，派专家组对火电厂的安全、文明生产、设备运行等进行具体评价。2002年，省电力公司下发了《关于火力发电企业开展运行操作“零差错”竞赛活动方案的通知》等文件，专家组经过调查、分析，发现多处影响安全生产的隐患和设备运行中的漏洞，以及生产管理的薄弱环节，通过评价打分的形式交换意见，各厂进行认真整改，对一些规定、制度进行修订和补充。长春热电二厂细化生产运行管理条款，增加机组运行技术规范在线监测、历史查询、机组能耗分析、重要参数越限报警和记录功能，充实“两票三制”内容，开展大型操作评价等活动，通过了专家组的验收、复查，并受到好评。

“八五”计划期间，加强热工和电气自动装置系统建设与改造，机组的输煤、制粉、制水系统实现程序控制运行，锅炉吹灰系统实现运行自动化。“九五”计划至2001年，全省4台30万千瓦、8台20万千瓦机组均实现“电调”、“协调”控制运行管理。同时，汽轮机振动保护、发电机断水保护及长期未能投入的跳闸保护等，都投入闭环运行。各厂按照《关于贯彻实施〈发、供电企业新型体制模式方案〉的通知》要求，调整生产二级机构，归并锅炉、汽轮机、电气等分场，成立生产运行分场，实行大分场管理体制，为发电自动控制管理提供了体制保证。

三、经济运行

（一）供电煤耗率

1991年和1992年，省电力公司管理的火电厂供电标准煤耗率分别为409克/(千瓦·时)和405克/(千瓦·时)，同比降低7克/(千瓦·时)和4克/(千瓦·时)。主要措施是设备治理，改进运行方式等，开展大负荷、小指标竞赛。长山热电厂吸风机高速倒低速运行，日节电9000千瓦·时；辽源、榆树川、长春热电一厂，应用“等效焓降”理论，补水方式由补至脱氧器改为补至复水器，单机煤耗分别降低2～7克/(千瓦·时)；吉林热电厂等给水系统添加除氧剂，设备运行减少对空排气，年节约标准煤400吨；吉林、长山热电厂4台20万千瓦机组，改进高压加热器回水系统，投入率达90%以上，实行随机启停的运行方式等，降耗明显。采用汽轮机快速冷却法、提高灰浆泵效率、调整凉水塔运行方式等措施，都收到较好节能效果。

1993年，省电力系统火电厂的煤耗率、厂用电率等大指标和排烟温度、给水温度等小指标，纳入考核合同。按照《10万千瓦及以上机组达标考核细则》、《20万千瓦机组经济技术指标考核办法》等规定，实行季度考核、年末奖罚制度。各火电厂分解各项指标，实行全厂层层包保责任制，与职工利益挂钩，实行考核奖罚制度，调动了职工积极性。各厂从治理设备入手，开展经济运行竞赛，设备技术经济指标明显提高，省电力公司管理的火电厂供电标准煤耗率降至400克/(千瓦·时)，同比降低5克/(千瓦·时)。

1994～1995年，火电厂供电煤耗率分别降低3克/(千瓦·时)。1996年和1997年供电煤耗率各降低2克/(千瓦·时)和1克/(千瓦·时)。1999年，省电力公司管理的火电厂供电煤耗率391克/(千瓦·时)，同比降低2克/(千瓦·时)，年发电量却同比增加11.08亿千瓦·时，主要小指标达到或接近对应负荷下的设计值或规定值。30万千瓦机组降低0.05克/(千瓦·时)，20万千瓦机组降低0.68克/(千瓦·时)；10万千瓦机组升高0.06克/(千瓦·时)，5万千瓦及以下机组降低0.33克/(千瓦·时)。

2001年，省电力公司管理的火电厂供电煤耗率383克/(千瓦·时)，同比下降4克/(千瓦·时)。为落实国家电力公司关于节水、节油会议精神，编制了"'十五'节水、节油规划"；开展了10万千瓦及以上机组第二次能耗、非生产用能和入炉煤皮带秤普查及整改；采用双辽电厂1号炉炉水加氧法降低排污率试点；积极配合西安热工院开展国产引进型30万千瓦机组降耗措施研究等工作，也收到了明显的节能效果。

2002年，省电力公司管理的火电厂供电煤耗率388克/(千瓦·时)，同比上升5克/(千瓦·时)，主要原因是新投产机组多，特别是刚刚投产的4台10万千瓦、1台20万千瓦、2台30万千瓦发电机组频繁启停的影响。

（二）燃油量

"七五"计划期间，省电力公司管理的火电厂燃油量211.20万吨，"八五"计划期间为27.84万吨，同比降低183.36万吨。燃油量大幅减少的主要原因是长山热电厂燃油锅炉改为燃煤炉，烧油改烧煤；吉林热电厂油煤混燃锅炉改为单一燃煤锅炉，以煤代油的结果。20万千瓦机组和油改煤机组投产初期，锅炉未能经常达到断油运行，煤种复杂也给锅炉稳定燃烧带来影响，为维持发电负荷和各项技术规范的稳定，不得不经常投油助燃，"八五"计划期间的燃油量虽降幅很大，但仍然偏高。

"九五"计划期间，省电力公司管理的火电厂燃油量9.84万吨，比"八五"计划期间减少18万吨，除新投产机组外，多数10万千瓦及以上机组运行比较稳定。吉林、长山、长春热电二厂，双辽、浑江、珲春发电厂等，锅炉点火采用小口径油枪点火，节省大量燃油。长山热电厂8、9号锅炉的油枪出油量2.6吨/时，改为1吨/时，每次启动锅炉节油70吨/时。吉林热电厂改造点火油枪，采用无油点火启动锅炉新技术，年节油459吨。

1999年，东北电网调峰改变原来做法。吉林省电网火电机组容量小，调峰难度大，只得实行10万千瓦机组启停调峰，20万千瓦和30万千瓦机组50%负荷调峰办法。1997年和1998年，长山热电厂10万千瓦机组启停调峰分别为155次和165次，之后的4年间，分别达到243、254、267、252次之多，与其他电厂10万千瓦机组启停调峰次数基本相当。1999～2002年，省电力公司管理的火电厂的燃油量一直在1.75万～1.93万吨之间徘徊。省电力公司管理的电厂燃油量统计，见表5-1-14。

（三）补水率

1988年以来，省电力公司管理的火电厂开展"创无泄漏火电厂"活动，对发电设备汽、油、水系统的泄漏普遍进行治理。至1993年，除蛟河电厂外，13座火电厂都达到无泄漏标准。设备运行中，加强疏水回收和重复利用，锅炉排污水装置实行自动控制，定期排污，减少汽水损失。因控制措施不严，1991～1997年，各火电厂的补水率仍偏高。1995年，30万千瓦机组的补水率为4.26%，20万千瓦机组为3.03%，10万千瓦机组4%以上。1998～2002年，按照创建一流火电厂的标准，控制用水量和油耗，治理机、炉汽、油、水系统的外漏，加强设备内漏的治理，发电补水率和油耗量普遍下降，基本达到或接近补水率技术规范或规定值。省电力公司管理的火电厂补水率统计，见表5-1-14。

表5-1-14　　吉林省电力公司管理的火电厂燃油量和补水率统计

名称 / 年份	燃油量（吨）	补水率（%）			
		30万千瓦机	20万千瓦机	10万千瓦机	综合值
1990	259 458				
1991	97 234				15.34
1992	74 142				15.27
1993	38 052				12.50
1994	34 992				11.81
1995	33 972	4.26	3.03	4.31	11.20
1996	25 077				9.31
1997	19 883	2.02	2.18	2.98	2.86
1998	17 961	1.38	2.03	4.65	3.66
1999	17 647	1.12	1.93	2.75	2.24
2000	19 226	1.19	1.93	2.09	6.77
2001	18 900	1.33	1.91	2.16	6.52
2002	18 500	1.34	1.90	2.00	6.49

（四）经济运行分析

省电力公司坚持每月开展发电生产经济运行分析，提出要求，指导各发电厂经济运行工作。

各发电企业建立经济运行分析制度，开展分析活动，加强经济运行管理。分解各项经济技术指标，分别落到各运行岗位，实行目标管理、经济责任制考核。在此基础上，以开展小指标竞赛和红旗运行值竞赛的方式促进管理和经济运行，做到经常化、制度化、规范化。开展经济运行分析活动，对运行状况、经济指标状况和运行中的问题进行分析、研究和评价，同时，推广先进操作方法和节能降耗经验，提出合理化建议。各运行值每周开展1～2次经济运行分析，厂（公司）每月召开一次，由主管运行的副总工程师主持，运行专业工程师、发电部主任、生产技术部门运行专责工程师、值长、安全员、培训员及有关党、政领导参加。

四、供热运行

1991年，长春热电二厂2台20万千瓦双抽汽轮发电机组投入运行，1992年供热量182.44万吉焦，供热面积200万米^2，节省标准煤28万吨，减少城市小工业锅炉989台，烟囱866座，减少烟尘排放1.20万吨，二氧化硫1.10万吨。同年，二道江发电厂2号和龙井发电厂2号背压汽轮发电机年供热量分别为131.47万吉焦和26.50万吉焦。全年增加供热量340.40万吉焦。

2000年和2001年，辽源热电有限公司2台12.50万千瓦供热机组供热量233.06万吉焦和161.06万吉焦。全省最早（1972年）开展汽轮机第一段非调整抽汽部位打孔抽汽供热的长春热电一厂，3台共12.50万千瓦单抽汽轮发电机组投运供热，2002年供热量261.83万吉焦，其中工业供热42.53万吉焦，采暖供热219.30万吉焦，供热面积300万米^2，为老厂供热面积的3.50倍。同年，蛟河热电厂2台1.20万千瓦机组供热量35.33万吉焦。

2002年，省电力公司管理的热电联产电厂12座，供热量3084.42万吉焦；地方供热电厂5座，供热量717.43万吉焦；企业自备供热电厂21座，年供热量4565.73万吉焦。全省年供热量达到8367.58万吉焦。

供热方式，全省有背压式供热机组35台，容量25.30万千瓦，其中省电力公司管理的电厂机组7台，容量3.90万千瓦；地方和企业自备电厂机组28台，容量21.40万千瓦。全省有单抽和双抽供热机组46台，容量180.80万千瓦。无供热机组的城市或企业，实行低真空的供热方式供热。全省实行低真空供热机组10台，容量14.50万千瓦，都在省电力公司管理的火电企业中。没有供热机组，只有凝汽发电机组的地区、城市或企业，采取机组打孔抽汽的方式供热，实现热电联产。2002年，全省这类机组5台，容量47.50万千瓦，均在省电力公司管理的发电厂。

2002年，省电力公司管理的电厂供热社会效益统计，见表5-1-15。

表5-1-15 2002年吉林省电力公司管理的电厂供热社会效益统计

序号	企业名称	供热量（万吉焦）	供热面积（万米^2）	节省标准煤（吨）	社会效益			
					停掉锅炉（台）	停掉烟囱（座）	减少烟尘排放（吨）	减少二氧化硫排放（吨）
1	国电吉林热电厂	1253.60	600.00	28 100.00	149.00		110 000.00	

续表

序号	企业名称	供热量（万吉焦）	供热面积（万米²）	节省标准煤（吨）	社会效益			
					停掉锅炉（台）	停掉烟囱（座）	减少烟尘排放（吨）	减少二氧化硫排放（吨）
2	长春第二热电厂	525.49	440.00	3725.00	989（1991年）	866（1991年）	12000（1998年）	11000（1991年）
3	长春热电一厂	261.83	300.00		135.00	114.00	540.00	200.00
4	浑江发电公司	83.00	78.00	1500.00	300.00		5000.00	1800.00
5	辽源热电厂	310.32	256.00（累计）		327（累计）	272.00（累计）	2390.00	1000.00
6	长山热电厂	26.41						
7	蛟河热电厂	35.33	62.30	5320.00	93.00		1226.00	293.00
8	龙井热电厂	55.91	30.00	6747.00（1、3号机）		105.00		400.00
9	白城热电厂	155.50	115.00	8765.00		156.00		
10	二道江发电公司	209.00	220.00	14 481.00	184.00		3684.00	1014.00
11	四平热电厂	147.88						
12	双辽发电厂	18.88						

第四节 设 备 检 修

1991～2002年，省电力公司管理的火电厂设备检修，坚持“到期必修、应修必修、修必修好”的原则，严格执行电力部和东北电力公司颁发的有关规程和制度，重点进行新投产设备和影响全省安全、经济、文明生产机组的治理整顿，并开始在检修管理制度和方法上进行探索，辅助设备实行“状态”检修、主设备延长检修周期的试点和承包责任制的管理办法等。贯彻能源部颁发《电力工业技术改造与技术进步规划纲要（1990～2000年）》，设备改造逐步由完善化向技术进步的方向转变。12年来，通过检修和技术改造，设备的安全性、经济性，自动化、文明生产水平有明显提高，有的技术经济指标达到国内、网内同类机组的先进水平。

一、检修工作

12年来，是吉林省火电机组发展最快时期，也是新、旧设备事故频发时期。省电力公司采取突出重点，发动群众，实行承包制度，改进检修模式，选用先进工器具、新工艺等办法，提高了设备的检修质量。

1991年，省电力公司管理的火力发电以20万千瓦机组为重点，大修55台，小修213台·次。第一次大修新机组，派专业人员到施工现场指导。检修中，重点处理20万千瓦机组汽轮机13～19级隔板变形、中压缸膨胀不畅、末级叶片改松拉筋、发电机端部线棒松动等重大缺陷；威胁安全的锅炉水冷壁管缺陷进行修复或更换；17台锅炉顶棚进行密封等。全省总体设备检修质量不高，只有浑江电厂3号机、炉、电设备修后质量达全优，占总台数的18.10%。

1992年，主设备大修52台，设备小修229台·次。主设备消除缺陷35项，重点项目为：发电机端部线棒松动和汽轮机隔板加固，更换省煤器、增装浓淡燃烧器、改进高温炉烟室、叶片改松拉筋、加装氢冷却装置、重新更换锅炉保温墙等。修后7台机组达全优，3台670吨/时炉平均效率提高2.29%，3台20万千瓦汽轮机效率平均提高1个百分点。长春热电二厂处理密封瓦轴颈磨损难点获成功。同年，开始实行检修工期和质量层层包保责任制和考核制。

1994年，主设备大修48台，设备小修210台·次。占主设备总台数的79.17%，获全优38台。同年，设备小修，开始变设备大修制度管理，在不延长工期的条件下完成大修项目。长山热电厂7、6号机组小修修后连续安全运行166天和168天，创全年无非计划停运纪录。吉林热电厂小修20万千瓦机组连续安全运行134天。全省3台10万千瓦机组检修平均工期38.09天，同比少3.29天，比东北网内当年9台机组检修少4.22天。浑江发电厂4号10万千瓦机组检修用33天，为全网检修工期最短，且检修质量较好。

1998年，全省完成主设备大修45台，24台获全优。吉林11号、浑江6号20万千瓦机组修后分别连续运行306天和191天。设备小修171台·次。双辽电厂1、2号机组扩大性小修，连续安全生产145天。吉林热电厂配件厂生产的双辽、榆树川电厂省煤器，和本厂多经企业加工的排粉机叶轮，都存在严重的焊接质量问题。由于对外委加工部件跟踪监督、质量验收不到位，修后多次发生非计划停运故障。

2000年，主设备大修34台，达全优16台。主设备小修143台·次。长山热电厂8号20万千瓦机组修后安全运行374天，创全国最高纪录。省电力公司召开现场会，推广锅炉“四管”防磨损诊断和防磨损经验，表扬检修工作的严、细、实作风。同年，长春热电二厂配备从事状态检修人员，制定系列管理制度，每月编写状态检修简报，开展辅机状态检修试点。2000年，是省电力公司自行平衡机组检修计划的第一年。2001年举办全省发电设备状态检修培训班，聘请美国专家讲学，组织状态检修调研。

二、检修规范化

省电力公司根据部颁规程及实践经验，并参考其他省的做法，本着“简单实用、可操作性强”的原则，制定检修管理模式（简称“模式”）。经过1993年的试点，1994年省电力公司管理的火电厂正式推行，设备检修实现计划、实施、检查、总结全过程管理。执行中，各厂从计划编制、检修前的准备，到严格实施，验收检查，修后总结，考核等环节，建立了全过程管理和质量保证程序。为更好地推进“模式”的执行，制定了20万千瓦机组大修标准项目及材料消耗定额。1993 年，3 台 20 万千瓦机组按“模式”大修，都创造出工期短、质量好、一次启动成功、连续安全运行百天以上的好成绩。

各发电企业认真落实“模式”规定的“五三制”，即实现检修作业标准化作业，做到工器具、零部件、材料配件摆放“三条线”；拆、卸、打“三不乱”；开工、工作、收工“现场三净”；使用工具、拆下零件、油污脏物“三不落地”；严格做到密切配合，严格执行各项规程，严格遵守各项纪律的“三严格”，实现安全文明施工。

1996 年，总结经验教训，模式内容增加了 20 万千瓦机组标准项目检修停工待检点、见证点和定置图绘制原则等。1999 年，执行设备检修程序卡。各发电厂做到同类设备检修，自检项目和质检人员验收项目统一，检修项目未经质检人员验收签字，视为返工，重修。施工现场，大件设备都按定置图放置。

浑江电厂承包华能营口电厂检修工程、长山热电厂承包华北盘山电厂检修工程中，认真按“模式”管理，获得好评，为吉林省争了光。

三、先进工器具与新工艺

12 年来，省电力公司投资 1600 万元，推广应用新技术、新工艺、新材料，改善设备检修手段，为 12 个发电厂配备了进口阀门研磨机，13 个发电厂配备高速切管机，具有 10 万千瓦及以上机组的发电厂配置进口坡口机、液压扳手，为盘转汽轮发电机转子配置专用盘车工具等。各厂实现锅炉受热面检修不用气割，汽轮发电机本体部件检修不使用大锤，阀门检修取消手工研磨，焊口采用全氩弧焊接和 100%的无损探伤测试。各厂推广应用汽轮机油系统大流量冲洗、强力喷砂除锈等新工艺；设备保温采用碳酸铝镁新型材料等。新工具、工艺和新材料的采用，减轻了劳动强度，提高了工艺水平，缩短了检修工期，保证了设备检修质量。

四、检修工期与大修周期

1993 年，长春热电二厂 2 号机组大修用 41 天，浑江发电厂 5 号机组大修用 35 天，吉林热电厂 11 号机组大修用 56 天完成任务，分别较省电力公司控制的 20 万千瓦机组检修工期提前了 11、17 天和 19 天。长春、浑江电厂设备大修非标准项目多，比部颁规程规定的天数少用 13 天和 10 天，修后实现连续安全运行 195 天和 103 天无非计划停运记录，达到电力部颁一流标准水平。

1994 年，省电力公司管理的发电厂大修 20 万千瓦机组 2 台，无非计划停运 124 天和 178 天；大修 10 万千瓦机组 3 台，平均检修工期 38.09 天，比 1993 年少用 3.29 天，比东北电网 9 台 10 万千瓦机组大修少用 4.22 天。全年大、小修工期缩短 2661.60 小时，增发可调电量 4.13 亿千瓦·时。

1995 年，省电力公司管理的发电厂设备检修工期缩短 7958.90 小时，增发可调电量 8.11 亿千瓦·时。1997 年，吉林热电厂 11 号 20 万千瓦机组修后连续运行 197 天（统计到当年年末）；1998 年，浑江电厂 3 号 10 万千瓦机组修后连续安全运行 191 天；2000 年，长山热电厂 8 号 20 万千瓦机组修后连续安全运行 374 天，创全国最高纪录。

第五节　设备改造与技术进步

12 年来，省电力公司管理的火电厂设备技术改造投资 11.12 亿元人民币，重点技术措施 223 项，对降耗减排、提高效益、改善环境起到重要作用。

一、节能和增容改造

（一）通流部分改造

20 世纪 90 年代初，省电力公司管理的发电厂的中温中压机组较多，效率低，能耗高；8 台 10 万千瓦和 5 台 20 万千瓦机组，70 年代设计、制造，80 年代后期投产，技术落后；1994 年投产的双辽电厂 1 号 30 万千瓦机组出力达不到设计标准，能耗高。对此，省电力公司确定以深化改革为动力，安全文明生产为基础，提高经济效益为中心，科学技术进步为先导，提高自动化水平的改造发电设备战略。

12 年间，对 16 台汽轮机（其中：30 万千瓦机 1 台、20 万千瓦机 3 台、10 万千瓦机 6 台、2.50 万千瓦中压机 6 台）通流部分改造统计，平均降低发电标准煤耗率 7 克/(千瓦·时)。二道江电厂继 1990 年 6 号汽轮机通流部分改造，1991 年，采用增扩汽轮机喷嘴的办法，改造 5 号汽轮机通流部分，煤耗率降低 25.60 克/(千瓦·时)，年节约标准煤 3584 吨。榆树川电厂 3 号汽轮机改造，单机煤耗率降低 20 克/(千瓦·时)。1992 年和 1993 年，浑江、二道江、榆树川电厂的中压汽轮机改造，单机标准煤耗率平均降低 6 克/(千瓦·时)。

长山热电厂 8、9 号、吉林热电厂 10、11 号 20 万千瓦汽轮机，浑江电厂 3、4 号和珲春电厂 1 号 10 万千瓦汽轮机，都是哈尔滨汽轮机厂制造的，存在板级效率低、叶型损失大、动叶出口速度不能充分利用等问题。1994 年，长山电厂改造 9 号、1995 年改造 8 号汽轮机低压缸通流部分，低压 5 级隔板中的前 4 级隔板动、静叶片全部更换为新叶片，第 5 级只换隔板不换末级叶片，经改造发电标准煤耗率降低 6 克/(千瓦·时)。1996 年，吉林热电厂投资 1250 万元，10 号 20 万千瓦汽轮机低压缸通流部分改造，热耗率降低 1.26 吉焦/(千瓦·时)，效率提高 6.08%，发电出力增加 5058.30 千瓦。

1996 年，珲春电厂投资 1155 万元，改造 2 号 10 万千瓦汽轮机高压缸通流部分，1998 年改造 1 号 10 万千瓦汽轮机高、低压缸通流部分，采用北京三维公司技术，煤耗率降低 11.60 克/(千瓦·时)。按改造前 10 万千瓦机组出力进汽量计算，改造后发电出力增加 1 万千瓦。翌年，又改造了 2 号汽轮机低压缸通流部分。浑江电厂 1997 年改造 4 号、1999 年改造 3 号 10 万千瓦汽轮机通流部分，节能效果也很明显。

双辽电厂 1 号 30 万千瓦机组由于设计、制造原因，发电出力为 29.85 万千瓦。1996 年，汽轮机通流部分经改造，调节级喷嘴面积扩大 6.80%，动叶片面积增加 7.10%，高压压力级动、静叶片面积增加 5%，机组发电出力达到 30 万千瓦的标准设计值。

（二）节能挖潜改造

1996 年，浑江电厂 5 号 670 吨/时锅炉尾部烟道加装热管式低压省煤器，用回收烟道余热加温凝结水，每小时回收烟气余热 16.50 吉焦，汽轮机进汽量不变的条件下，每小时可多发电量 631.30 千瓦·时，发电煤耗率降低 1.18 克/(千瓦·时)，用烟气热量加热采暖水，每小时回收热量 15.70 吉焦，为全省开展节能降耗开辟一条新路。二道江电厂 7 号 410 吨/时锅炉尾部烟道加装低压省煤器，排烟温度降低 10℃，采暖用汽可省 15 吨/时。长春热电二厂 2 号 670 吨/时锅炉尾部烟道加装热管低压省煤器，排烟温度降低 15℃，煤耗降低 2.50 克/(千瓦·时)。双辽、珲春电厂 1 号锅炉等分别于 1998 年和 1999 年在尾部烟道加装低压省煤器，利用烟道热量加温供热介质，收到节能挖潜良好经济效果。省电力公司管理的电厂还采用提高汽轮机真空严密性、加装胶球清洗装置等措施，也取得了节能降耗良好效果。长春热电二厂 1 号汽轮机真空严密性从修前的 1.80 千帕降到 1.30 千帕，煤耗下降 2～3 克/(千瓦·时)。

白城、辽源、浑江发电厂，长春热电一厂等对中压机组开展供热改造，实行低真空等方式供热，能耗大幅下降。浑江电厂 2.50 万千瓦机组改凝汽为供热机组，标准煤耗率降低 200 克/(千瓦·时)。吉林热电厂 11 号 20 万千瓦、二道江电厂 7 号 10 万千瓦机组打孔抽汽供热，节能效果也很可观。

2000 年 12 月 24 日，能耗高、效率低的装机容量为 9.90 万千瓦的榆树川电厂关停。

（三）采用新技术节能降耗

1994 年，省电力公司管理的发电企业对大功率的辅助机械，采用无级调速技术降低能耗，至 2002 年，12 台给水泵、18 台送风机、16 台吸风机加装液力耦合器都收到降低能耗的效果。二道江电厂 7 号机给水泵加装液力耦合器，改变传统的给水调压方式，每年节电 100 万千瓦·时/台；珲春电厂送、吸风机加装液力耦合器运行，送风机每年节电 11.50 万千瓦·时/台，吸风机每台每年节电 70 万千瓦·时。长春热电二厂 1 号机的 2 台循环水泵，二道江发电厂 1 台循环水泵效率低，能耗高，1995 年 3 台泵都将单速改为双速，效率从 67%提高到 84%，每年节电 247 万千瓦·时/台。改造中，各厂按循环水泵实际工况设计，增加叶轮出口宽度，经济点控制在高效区域变化范围，准确调整高效区性能技术规范和转数，实现科学降耗。

1994 年，浑江电厂首台灰浆泵采用离合器技术，2002 年，全省给粉机应用离合器变频技术装置 140 台，灰浆泵 10 台，给煤机 54 台。另外，14 台叶轮给煤机、热网疏水泵、给水加药泵应用同样技术，每台节电达 30%以上。采用离合器和变频技术，不仅节约能耗，提高效率，而且设备的运行方式更加灵活，控制精度高，辅机更能适应主机设备运行工况变化，发电机组整体控制水平和运行可靠性提高。

（四）改进锅炉点火装置节油

长山热电厂 8、9 号炉点火装置油耗 2.6 吨/时改为 1 吨/时，锅炉启动一次可节油 70 吨/时。吉林热电厂投资 300 万元，7 号 230 吨/时炉点火装置改造，拆除原燃烧器及炉前 2 台辅助油嘴，安装烟台龙源公司设计制造的无油点火装置，每年节约燃油费 90 万元。

各厂储煤场改造，采取置换、压实、防止流失等措施，减少存煤损失。

省电力公司管理的火电厂供电标准煤耗率从 1991 年的 409 克/(千瓦·时)降到 2002 年

的 388 克/(千瓦·时)，降低了 21 克/(千瓦·时)，其中，发电设备和设施的各项节能技术改造起到了重要作用。

12 年来，省电科院的员工，工作细致，主动积极，在节约能源等工作中功不可没。完成了全省发电设备的检修和技术改造前的鉴定性热力特性试验，冷炉空气动力厂试验，燃烧系统及各种辅机的调整，汽轮机振动，发电机的局部放电，励磁系统不稳定运行原因的查找、分析及治理，自动装置的调整试验和投入，设备能源消耗诊断，全局性的风机、水泵性能普查，热、水、电平衡测试，退役机组承压部件的试验鉴定等工作，为节能降耗立下汗马功劳。

二、自动装置改造

2002 年末，省电力公司管理的火电厂热工自动调节装置 946 套，综合投入率达 97.15%，设备和仪器实现智能化操作，微机化管理。10 万千瓦机组生产运行实现自动调节、20 万千瓦及以上机组实现自动发电控制管理。

20 世纪 80 年代末，投产不久的 10 万千瓦及以上机组的自动调节系统，因未与主设备建设同步进行，投入率很低。吉林热电厂两台 20 万千瓦机组的热工自动调节装置 1 台投入 19 套，占 60%，1 台投入 9 套，投入率不足 30%；珲春电厂 10 万千瓦机组自动调节装置 9 套，投入率不足 40%。

1992 年，自动装置改造与发展纳入省电力公司与各发电厂签订的承包责任合同，并进行考核，各厂作为重点项目落实。经过技术改造，1993 年，7 台 20 万千瓦机组的自动装置投入率平均达到 87.27%，比 1991 年高出 14.57 个百分点。

1994 年，20 万千瓦机组自动装置投入率 94.92%，比 1993 年提高 7.65%。

1995 年，浑江电厂 3 号 10 万千瓦、5 号 20 万千瓦机组自动调节装置投入率均达 100%。

1997 年，全省 10 万千瓦及以上机组自动装置投入率达 98%。

1998 年，长山热电厂化学水、输煤系统装置实现程序控制。吉林热电厂投巨资完成输煤系统程控改造。浑江电厂 5 号 20 万千瓦机组制粉系统实现模糊控制。长春热电二厂制粉系统实现优化运行。长山、双辽电厂给水加氨、炉水加磷酸盐等实现自动调节。通过改造和完善化，省电力公司管理的 10 万千瓦及以上机组热工自动调节装置的投入率达到 98.66%，其中 30 万千瓦机组投入率 98%，20 万千瓦机组投入率 99.75%，10 万千瓦机组投入率 98.74%。

1997 年，吉林热电厂 2 台、浑江电厂 1 台、长春热电二厂 1 台 20 万千瓦机组和双辽电厂 1 台 30 万千瓦机组的电调与协调控制系统经过完善，投入运行，试行全能值班员上岗值班。

1998 年，长山热电厂 9 号 20 万千瓦机组，新建分散控制系统（DCS），实现 5 大功能一体化，即数据采集屏幕显示系统（DAS）、模拟量控制系统（MCS）、顺序控制系统（SCS）、电气控制系统（ECS）、数字电液调整控制系统（DEH）的一体化，开创了国产机组分散控制系统的先例。同年 12 月，通过国家电力公司规划总院领导主持的全国各网、省公司专家参加的技术改造的评审。至 2001 年，吉林省 8 台 20 万千瓦、4台30万千瓦机组和2台8万千瓦水电机组，全部实现自动发电控制，达到减人增效目标。

三、设备安全性改造

（一）锅炉安全性改造

20世纪80年代末，省电力公司管理的发电厂机组运行超过20万小时的老旧设备占60%，承压部件和容器较多设备中腐蚀、磨损、蠕变严重，故障时有发生。按照省电力公司计划，省电科院和发电企业试验人员对老旧和重点设备进行测试、检查、诊断，为设备改造，消除隐患提供了科学依据。

1991年，蛟河电厂3号炉和二道江电厂设备进行恢复性大修，承压部件缺陷和辅机老化相当严重，特别是锅炉烟道设备，输煤、制粉系统等设备腐蚀面大、磨损严重，除冷水壁进行必要维护外，其他部件和辅助机械多数进行改造或更换。浑江电厂更换3号炉水冷壁管30吨，扭转连续3次爆管停炉检修的被动局面。探伤检查发现3台锅炉的汽包存在夹渣或重皮现象，辽源电厂采取降出力运行，长春热电一厂锅炉汽包更换后按设计技术规范运行、一台炉汽包彻底大修后恢复正常运行。辽源、二道江、双辽发电厂，吉林、长山、长春热电二厂等，都更换了汽包水位保护装置。

吉林热电厂高压机组运行已超过20万小时。11号炉过热器导管和13号锅炉的减温器联箱封头曾发生爆裂事故，瞬间蒸汽流量表指示到0，主蒸汽压力降至0.6兆帕。1994年3月1日，供油母管爆裂引发特大人身伤亡及设备损坏事故。省电力公司投巨资对3、4、5、7、9号锅炉，进行彻底改造，更换汽包水连通管道、管座、面式减温器、冷凝器水箱、过热器中间联箱、出口联箱、集汽包联箱、导汽管等大型设备，对汽包进行整体热处理，5台锅炉缺陷基本消除。

锅炉高温炉烟管缩口段及混合室隐患多，长山热电厂9号炉、双辽电厂1号炉、珲春发电厂的1、2号炉都因此发生故障停炉检修。1991年，长山热电厂的8号炉高温炉烟混合室内砖墙变形，经及时停炉改造，避免了事故。珲春电厂1、2号炉的高温炉烟缩口段，经1991年和1993年的重打耐火材料及更换铸白钢管两次改造，未获成功，1995年全部更换，消除隐患。至2002年，双辽电厂1、2号锅炉也发生类似现象。

（二）汽轮发电机安全性改造

1991～2002年，省电力公司管理的发电厂汽轮机漏汽、凝汽器铜管腐蚀、励磁调节系统不稳定、发电机冷却器泄漏，以及汽轮发电机振动、线棒接地等，都影响了安全生产，均针对性地进行了重点改造。

1991年，二道江电厂5号汽轮机因前后汽封漏汽而停机改造。1992年，长春热电二厂1号汽轮机高压缸前轴封漏汽严重，停机检修。1994～2001年，珲春电厂1、2号汽轮机因漏汽、轴封压力自动调节阀失灵、导流环密封泄漏等问题，进行8次改造，有的部件更换。12年来，省电力公司管理的电厂改造汽轮机漏汽达70多台·次。

各发电厂凝汽器铜管因水质不良腐蚀发生泄漏。1991年，榆树川电厂3号机凝汽器铜管因腐蚀发生泄漏，停机更换。1993年白城电厂7号机、长山电厂6号机、1994年二道江电厂4号机、1996年榆树川厂1号机、1998年的浑江电厂的2号机、2002年长山热电厂8号机凝汽器铜管，都因水中悬浮物、有机物的影响而发生泄漏、堵塞，为此各厂加装了胶球清洗装置。胶球清洗装置运行良好的有浑江电厂的3、4号机，长山热电厂的6、7号机，辽源电厂的1、2号机，白城电厂的7号机等。珲春、浑江电厂，长春热电二厂等单位加装凝汽器高压冲洗装置，防腐、通管效果好。

发电机励磁调节器稳定性差普遍存在。1991～2002年，省电力公司提供资金，各电厂会同省电科院专业人员，进行调试或更换，珲春电厂1、2号机，浑江电厂3、4、6号机，双辽电厂1、2号机，长春热电一厂1号机，辽源电厂2号机等励磁调节器都进行了更换。

1992年，总结吉林热电厂11号和浑江电厂5号20万千瓦发电机线棒绝缘事故教训，省电力公司及时下发《关于防止氢气温度和内冷水温度超标的反事故措施》，各厂按照要求，都进行发电机线棒加固，有的进行更换。1995年，7台20万千瓦汽轮发电机振动保护实现闭环运行。1996年，7台20万和2台30万千瓦发电机，加装局部放电在线监测装置。为防止系统故障对发电机组的危害，1996～2002年，长山、长春热电一厂，浑江、白城、榆树川发电厂等，加装低频、低压连锁切机装置。1998～2002年，省电力公司管理的火电厂10万千瓦及以上汽轮机，实现振动在线监测、轴系故障诊断、状态分析。1998年，省电科院建立汽轮机振动在线监测中心，实行远程在线实时监测，帮助各厂及时发现和正确处理汽轮机振动故障，取得明显效果。

（三）电气设备安全性改造

1991～2002年，电气设备的安全性改造，集中在老旧和开断容量不足的开关、各类保护、直流系统设备、防误闭锁等装置的更新，以及增装厂用电源快速切换装置、更换消弧线圈等方面。据统计，12年来，14座火电厂改造、更换断路器、隔离开关256台。辽源、龙井、蛟河、白城、二道江、长春热电一厂等老厂，原装电气开关绝缘老化，泄漏频繁，开断容量不足，常发生故障，重点进行了改造或更换。

1991年，吉林热电厂10号和长山热电厂9号20万千瓦发电机220千伏旁路母线保护装置更换为微机型保护。2002年，省电力公司管理的8台20万千瓦和4台30万千瓦发电机组220千伏旁路母线保护装置，都更换为微机型保护装置，6台10万千瓦及以上发电机变压器组保护装置更换为微机型保护装置，型号为WXB-11型、CSL-101型、CSL-102型。发电厂的故障录波器全部更换为微机型，型号为QGL-2型、WGL-12型。20万千瓦及以上发电机组主变压器，加装油质色谱在线监测装置。

2002年，为防止“五误事故”发生，各发电厂的变电所、高压开关室都加装防误闭锁装置。省电力公司管理的14座火电厂将老型号蓄电池，都更换为新型封闭式蓄电池。

各发电企业按照省电力公司下发的《加强电缆防火管理的通知》、《防止变压器烧损的规定》、《污秽地区分布图》、《加强电气设备接地装置管理》等文件要求，对电缆沟进行阻燃改造，吉林、长山、长春热电二厂，浑江、珲春、二道江电厂加装电缆防火预警装置和电缆沟火警在线监测装置。防止过电压事故，重污秽区电力设备进行清扫、调爬工作；发电机、主变压器等重要设备区域加装避雷器。1991～2002年，省电力公司管理的火电技术改造工程项目及投资统计，见表 5－1－16。

表 5－1－16　1991～2002 年吉林省电力公司管理的火电技术改造工程项目及投资统计

年份	统计电厂个数（个）	合计装机容量（万千瓦）	当年开工项目（项）	其中重点技措（项）	续建项目（项）	其中重点技措（项）	总投资（万元）	当年计划资金（万元）	当年完成投资（万元）
合计			934	223	25	14	215 692.1		111 249.6
1991	11	229.18	71	1	9	3	6154.8	2092.9	2268.4
1992	12	263.58	108	8	5	1	9118.2	5030.7	4536.9
1993	12	292.08	68	7	0	0	6711.9	4781.9	4594.3
1994	11	291.20	43	9	2	1	9098.7	5929.7	5563.0
1995	12	292.08	89	16	3	3	15 359.8	7602.9	7423.4
1996	11	330.78	129	31	3	3	21 317.0	11 696.8	10 311.0
1997	13	379.58	147	41	2	2	15 113.4	13 120.4	13 188.8
1998	13	379.58	103	17	1	1	17 914.4	13 587.4	11 782.2
1999	8	379.00	47	27	0	0	19 087.0	12 417.0	8099.6
2000	12	422.58	80	43	0	0	51 481.9	22 117.9	21 277.0
2001	6	325.20	49	23	0	0	22 213.0	11 863.0	10 400.0
2002	6	328.70	90	21	0	0	22 122.0	11 805.0	11 805.0

注　统计电厂个数与合计装机容量为纳入省电力公司技术改造计划，且当年有技改项目开工的电厂个数与其合计装机容量。

第六节　燃　　料

吉林省是贫煤省份，煤炭不能自给自足，发电用煤主要来自黑龙江省和内蒙古自治区。2002 年，外来煤炭占 62.50%。1991～2002 年，随着发电量、供热量的增长，省电力公司管理的 14 座火电厂年均用煤 1497.47 万吨，比 1990 年增长 90.02%。大量电煤的需求和国家对燃料实行统一分配、定量供应有很大缺口，火电厂用煤市场直接购煤量增加，而市场采购受到跨省区电煤市场影响很大，尤其在冬季采暖季节用煤的高峰期，电煤供应更加紧张，给各火电厂发电用煤造成很大压力。为扭转被动局面，省电力公司顺应国家电力体制改革的形势，按照市场经济的要求，改革电力燃料管理体制，重组吉林省电力燃料总公司，14 座火电厂的燃料实行集中统一管理，坚持“公开、公平、公正”原则，加强企业管理，建立企业诚信，增加煤炭市场份额，形成市场优势，开展规模化经营，满足了发电生产和供热的燃料供应，并控制了供煤单位的不合理要求，实现供、用双方经济效益的稳定增长，取得了双赢的经济效果。

一、管理体制

（一）机构

1990年以前，省电力公司管理的火电厂燃料由吉林省电力调度通信局管理。按照上级要求，调度通信局和各火电厂设立燃料科或燃料办公室。省电力调度通信局燃料科受省电力局直接领导，东北电业管理局指导，对下直接负责吉林、长山热电厂，浑江、二道江、长春、白城、辽源、龙井、蛟河、榆树川发电厂的燃料计划、订货、调度等工作。

1990年8月1日，经省电力公司批准，将燃料科从调度通信局分出，成立直属燃料局，下设综合管理、计划、调度3个科室。计划科设计划内和计划外两个燃料管理专责人。

1992年，省电力公司颁发吉电劳292号文《关于成立吉林省电力燃料总公司和火力发电厂电力燃料公司的通知》。省电力直属燃料局更名为吉林省电力燃料总公司，其管理范围及职能有所扩大，企业性质为独立核算、具有独立法人地位的全民所有制单位。各火电厂相继成立电力燃料公司，与原燃料科（处）为一套人员，两块牌子，两种经营管理体制，即燃料科（处）经营管理计划内的燃料，电力燃料公司经营管理计划外燃料。燃料公司内建立职能机构。燃料总公司的成立，吉林省电力燃料管理开始走向市场化经营。

1999年，省电力公司颁发吉电人286号文《关于成立吉林省电力燃料总公司的通知》，重组原省电力燃料总公司。批准燃料总公司筹备组提出的《关于电力燃料管理体制改革方案》，明确改革实施步骤、进度和安排。同年6月，省电力公司党组下达新的燃料总公司领导班子名单，年末完成改制工作。

重组的省电力燃料总公司本部设置综合部、生产部、财审部、计划调运部、结算运营部5个职能部门，职工38名。总公司与火电厂的管理范围以燃料入厂为界定点。电厂原燃料处（科）划归总公司管理，成立总公司驻厂燃料处；按供应燃料区设置区域燃料调运处，属总公司二级机构。共建驻厂燃料处13个，调运处6个，职工650名。

（二）体制

吉林省电力燃料管理体制改革，经历计划经济和计划经济与社会主义市场经济并存的两个发展时期，从机关行政管理模式，向社会主义市场经济管理模式过渡。1999年，重组的省电力燃料总公司，为企业内部经济核算单位，省电力公司管理的14座火电厂入厂燃料的数量、质量、价格、采购资金、燃料设备以及管理人员，实行集中统一管理，即统一政策、统一计划、统一采购、统一调运、统一核算，走向市场，正确处理与供货方、运输方关系，为火电厂燃料供应服务，并维护投资方的权益。

20世纪90年代初，电力燃料实行电厂自行采购、省电力燃料局行政指导的行业管理体制。在东北电网统一核算、统一管理的年代，这种体制起到一定作用，但也存在着责权不清、管理松散、资金分散、适应市场经济竞争能力差的弊端。1993年，电力燃料走向市场化，黑龙江省鹤岗等矿务局，提出出省电力燃料增加收费的要求。1995年，出现跨行政区北煤南运，打破东北地区燃料销售市场格局，吉林省电煤运力和资源受到严重冲击，合同到货严重不足，有的电厂（如白城电厂）燃料库存降至警戒线以下，安全生产受到威胁。为保电厂燃料供应，各厂相继寻找新的供煤单位，并在价格上给予优惠，有的电厂按优惠三个等级标号进行结算；有的以电厂和矿务局化验数据综合平均进行验收；更为甚者，煤矿要求来年春季供货燃料在春节前提前交款，各电厂不仅增加了发电成本，甚至发电生产也难以为继。面对市场竞争激烈的情况，省电力公司对电力燃料体制进行改革，1997年，筹建新的燃料管理机构，通过采取组织论证、派人外地学习、借鉴其他单位做法等措施，1998年，完成燃料管理体制改革方案起草，1999年4月，经省电力公司讨论通过，重组吉林省电力燃料总公司。

1999年，重组的省电力燃料总公司为省电力公司的分公司，实行内部核算。省电力公司是燃料总公司的国有资产出资人，授权总公司对省电力公司管理的14座火电厂的燃料实行集中统一管理。按照专业化管理要求，对入厂燃料的数量、质量、价格、采购资金、有关设备及人员进行管理，实行统一政策、计划、采购、调运、结算（以下简称“五统一”），为各火电厂发电生产搞好中介服务，确保发电燃料按时按质供应，降低燃料成本，提高管理水平，维护投资方的权益。

为保证燃料管理体制各项改革“积极、稳妥、有序”进行，加强电力燃料全过程管理，有效控制入厂入炉燃料费用，保留省电力公司燃料局职能，燃料局与燃料总公司一套人员，合署办公，具有两项职能，既是专业化管理的分公司，向投资方上缴利润，完成标准煤单价指标，同时又具备行业管理的行政职能。

省电力燃料总公司按照改制方案，重新进行定岗、定编、定机构，实行聘任制、竞争上岗、择优上岗。驻厂燃料处按照发电厂的生产调度规定，组织燃料，保证供应；对本部及下属单位实行目标管理，对省电力公司实行入炉标准煤单价总承包；组织电力燃料中，不经营、不加价，按照发电生产的要求，做到保质量、保数量、保按时供应。

驻厂燃料处下设计量班、采制样班和化验班，开展入厂燃料检斤、检质、采制化工作，及时上报有关原始数据；配合电厂燃料采样、排空车和煤场盘点，协助卸车及混配煤；每天上报燃料来、耗、存，接、卸、排及有关设备检修情况；与厂共同进行入炉煤计量、检质，标准煤单价核算，了解入厂、入炉燃料费用，进行统计分析，上报有关报表，开展燃料运营费用的日常管理。

二、供应

省电力公司管理的火电厂的燃料供应分为两个阶段：1991～1999年8月为第一阶段，以厂为主，除统配燃料计划、订货外，计划外燃料订货与采购，统配和计划外燃料监装与运输，入厂燃料验收与接卸，煤场管理与混配，入炉煤的采制样与化验等工作由电厂完成；1999年9月～2002年末为第二阶段，发电燃料供应与管理都由吉林省电力燃料总公司完成，实行“五统一”的管理模式。

（一）计划

1991～1999年8月，吉林省电力燃料主管部门，对各火电厂提报的燃料计划进行分析、审查和统计，符合发电生产和设备检修安排的批复执行，并会同各厂燃料管理人员参加全国煤炭订货会议；根据国家能源政策和需用煤炭的品种、数量、质量要求，组织产、运、销三方磋商，达成协议后，签订年度供货合同。各厂根据生产计划安排，分别与各供货商和铁路承运部门落实季、月度供煤数量和运输计划，签订供煤质量、数量协议，同时根据各厂发电量计划与统配煤炭订货情况，煤炭缺口部分，以采购计划外煤炭作为补充。随着市场经济的发展，计划外燃料市场采购数量不断增加。

按年度统配和计划外煤炭合同及季、月度供煤计划安排，各厂负责落实季、月度生产耗用所需燃料（含合理库存燃料数量）及合同兑现工作，保证生产所需燃料的供应数量与质量，并将落实情况反馈省电力燃料主管部门。发生电力生产、铁路运输、煤车装运等变化，出现燃料余缺，燃料计划部门及时进行调整。生产用轻柴油，由省电力燃料主管部门统一计划、统一采购、统一签订燃油购销合同，电厂负责接收、结算和储存。

1990 年 9 月～2002 年末，各火电厂的燃料计划由省电力燃料总公司驻厂燃料处提报，总公司批复执行。具体统计见表 5-1-17。

表 5-1-17　1990～2002 年省管火电厂煤炭到货量及到货率统计

项目 \ 年度（年）	1990	1991	1992	1993	1994	1995
计划指标（万吨）	884.88	961.95	1157.17	1118.79	1156.42	1022.70
实际到货量（万吨）	778.73	904.20	1025.16	971.02	1081.96	1022.21
到货率（%）	92.17	94	88.59	86.79	93.56	99.95

项目 \ 年度（年）	1996	1997	1998	1999	2000	2001	2002
计划指标（万吨）	1183.50	1352.39	1143.56	1173.30	1251.50	1254.00	1562.50
实际到货量（万吨）	1414.85	1423.24	1360.03	1463.23	1675.51	1650.16	1754.24
到货率（%）	119.55	105.24	118.93	124.71	133.88	131.59	106.31

（二）调运

1991～1999 年 8 月，为确保省电力公司管理的发电厂生产正常进行，省电力燃料主管部门（燃料局、总公司）配备专职调度员，负责各厂的燃料调运。省调燃料调度员收集整理各项报表数据，汇总分析和上报，监督各厂燃料运输计划的执行，协助电厂搞好燃料的催交、催运，保证燃料均衡、及时供应。各厂配备燃料调度员，实行 24 小时值班，建立调度管理制度，通过各驻矿员加强煤车的监装与催运，联系铁路运输部门业务，协调到货煤车的接卸及厂内生产混配、上煤，保证电厂正常生产。在异常情况下，实行灵活调度。四平热电厂因场煤冻结，入炉煤告急，省电力燃料调度员设法调运计划外煤炭 6000 吨，解决燃眉之急。吉林热电厂曾因出现燃料欠供，调度员及时与路、矿协调，问题得到及时解决。燃料到货不均衡，煤量超出计划，及时要求按计划均衡装运，安排电厂抓紧接卸，多余燃料调往其他电厂，避免压车、停车、限装发生。1999 年 8 月～2002 年末，各厂采用1997年总公司开发的燃料管理微机软件，实现微机联网、数据交换与共享，提高了调度工作效率及数据准确性。

（三）验收与储存

1. 验收

1990年前，各火电厂虽有入厂燃料的化验数据，但不能作为验收的依据。按照煤炭部等修订的《煤炭送货办法》的规定，如需方对煤质有异议，煤样交双方同意的单位复验。按全水分、含矸率和质量等的抽查规定办理，需方执行起来非常困难，无轨道衡的电厂通过量线方法抽查，更难做到。

1991～1994年，省电力公司直属燃料局增加人力、物力配置，火电厂燃料科（处）按照国家标准进行计量、采样、化验，随着装置的完善，检斤、检质率大幅上升。计划经济和市场经济共存的时期，争得以供、用双方检斤、化验平均数据作为验收依据的权益；有的厂采用供、用双方加权平均的数据作为验收依据的做法。

1995年，为加强入厂燃料验收管理，长山热电厂，珲春、双辽发电厂相继建立燃料检测站，配备入厂燃料计量的轨道衡和汽车衡，吉林热电厂更新老旧计量装置，都取得省计量技术监督局的认证。验收中发生的亏、盈吨燃料，按到货批次，分矿别、品种进行统计，亏吨向供货矿办理索赔，盈吨向供货矿补付货款，向铁路部门补交盈吨运费。通过完善入厂煤计量验收技术和管理手段，增加验收设备，提高服务质量，坚持“公平、公正、公开”的验收原则，各厂取得各煤炭供货单位的信任。

入场、入炉煤质量验收由采、制样班和化验班的人员完成。

1990年，省电力公司拨款，建设采制样、化验工作室，购置颚式破碎机、破碎缩分机。1992年，培训采制样职工，开始持证上岗。1995年，煤车采样过程实行密码制封闭管理。1999年，实行车号员按微机自动生成密码编号通知单要求进行采样作业制度，保证工作公正、真实。2002年，各厂更新制样装置，保持采制样手段的先进性。

1991～1999年8月，省电力公司管理的火电厂入厂、入炉燃料的数量、质量验收与监督由各火电厂自行管理；1999年9月～2002年末，省电力燃料总公司驻厂燃料处组织进行。入厂、入炉燃料高质量验收与质量化验，为燃料贸易结算提供数量、质量凭证，也为指导锅炉耗煤、科学混配，确保机组经济稳定运行提供科学依据。

入厂煤炭检斤、检质率统计，见表5-1-18，燃料索赔汇总统计，见表5-1-19。

表5-1-18　吉林省电力系统入厂煤炭检斤、检质率统计　单位:%

年　度	检斤率	检质率
1990	75.34	86.73
1991	88.22	92.31
1992	94.42	96.21
1993	96.92	97.41

年　度	检斤率	检质率
1994	99.53	99.82
1995	99.90	99.99
1996～2002	100.00	100.00

表 5－1－19　　吉林省电力系统燃料索赔汇总统计　　单位：元

项目 \ 年度（年）	1990	1991	1992	1993	1994	1995
节约燃料费用合计	38 516 884	45 750 222	83 784 244	10 746 115	97 448 851	87 175 256
索回亏吨款	2 816 038	5 800 544	7 381 920	6 455 467	12 868 564	11 249 476
索回亏卡款	2 112 389	19 447 876	47 622 560	54 176 161	62 562 542	69 480 765
拒付不合理费用	33 567 187	20 482 616	28 764 509	46 819 692	22 013 120	6 445 015

项目 \ 年度（年）	1996	1997	1998	1999	2000
节约燃料费用合计	83 135 768	81 797 452	91 777 886	70 621 534	17 066 731
索回亏吨款	9 540 215	12 797 793	14 459 208	12 975 787	6 884 172
索回亏卡款	95 386 724	59 150 664	59 086 011	46 160 618	8 550 857
拒付不合理费用	14 208 829	9 848 995	18 232 667	11 485 129	1 631 702

注　2001 年起，各火电厂不要求矿方提供质量数据，亏吨现象大量减少，2001～2002 年煤炭盈亏补索项未做统计。

2. 储存

1991～2002 年，省电力公司主管部门根据各火电厂的燃料储备条件，每月消耗水平、运输间隔时间、经常储备量与保险储备量等因素，每年下达发电燃料储备量曲线。正常情况下，燃料储备量为 7 天的用量，高寒采暖期间储备量较多一些。2002 年，省电力公司管理的火电厂有储煤场 23 个，全省最大储煤量 145.90 万吨；储油罐 24 个，最大储油量 2.89 万吨。

各电厂都制定《储煤场管理办法》等制度，配置推土机、铲装机等机械，对煤场燃料进行整形、分层压实工作，燃用褐煤的火电厂基本消除自燃现象。大型火电厂配有堆取料机、配煤斗轮机等堆、卸和回取设备，按储煤曲线控制储量。做到库存煤定期置换，采取防止自燃、流失等减亏措施。执行储煤月末盘点制度，设有盘点原始记录、台账和盘煤报告，达到账物相符、盘煤误差日均储煤量 0.5%以内的规定要求。吉林热电厂应用激光检测盘点储煤技术，取代传统的人工检尺的盘煤方法。库存燃料工作由各电厂负责管理。

（四）统计与核算

1. 燃料来、耗、存数量收集

省电力公司主管部门每日收集各火电厂燃料的来、耗、存数量，作为燃料指标核算的依据。1991～1999 年，各厂的燃料统计周期与铁路运输统计方式相符，即前日 18 时到当日 18 时为统计周期。1999 年 9 月，开始执行省电力燃料总公司统一管理模式，改为前日零点到当日零点为日统计周期，与电力生产统计相符。建立当日燃料来、耗、存数据台账，数据报送省电力燃料总公司。1999～2002 年，各厂当日燃料来、耗、存数据应用计算机进行网络传输，月末，根据当月来煤检斤和发电、供热煤耗率完成情况及煤场库存盘点数量，及依据有关规定，对下月来煤、耗煤、存煤数量进行合理调整。

2. 燃料数量、质量统计分析

1995 年开始，部分发电厂（1997～2002 年全部火电厂）入厂燃料的数量与质量验收，实行以各厂检斤数据和化验数据为准的贸易结算方式。煤炭入厂数量统计分析的做法：来煤经轨道衡或汽车衡计量验收，逐车核对票记重量，微机统计煤炭亏吨盈吨数量，形成检斤验收台账，月末汇总，自动生成当月入厂燃料计量盈、亏报表，反映入厂煤的实际数量。煤炭质量统计分析方法：化验分析后的质量检测数据，采用微机统计形成质量验收台账，每周自动生成一份煤质分析报告，指导锅炉科学合理混配和上煤。每月汇总煤质检测数据，编制当月入厂煤化验情况表，反映入厂煤炭质量的真实情况。日常工作中，燃料管理人员对入厂煤车进行深挖查假工作，对发现的假、劣煤炭进行严格、认真的商务处理，以保证入厂燃料质量稳定。

3. 燃料成本核算和货款审核

火电厂的燃料成本构成核算分析和货款审核，根据各供货单位当月燃料的计量、检质验收结果，按规定的燃料计价方式和计价标准，逐项核对，核算天然煤入厂单价和标准煤单价，编制火电厂入厂、入炉燃料价格核算月报表。对照各矿燃料款结算单据，按照规定的价格承付标准和有关政策，逐步审核每笔款项，对不合理收费部分和违规收费项目，执行拒付措施。经核算无误，填写燃料款承付结算单，经相关人员确认，领导批准，主管部门承付燃料货款。1999 年 9 月，采用总公司燃料管理软件和结算软件，各厂燃料成本核算和贷款审核，实行统一管理，发挥燃料集中管理优势。

每月末，各厂执行库存燃料盘点制度，填写盘点原始记录、台账和盘点燃料报告，保证账、物相符，燃料盘点数据作为财务资产核算的依据之一。

2002 年，国家电力管理体制改革深化，实行厂、网分开，五大发电集团公司成立，翌年，吉林省电力燃料总公司撤销，结束电力燃料全省统一集中管理的历史。

第七节 环境保护与工业卫生

1991～2002 年，省电力公司按照国家及上级部委对电力环境保护工作的总体要求，严格执行环保工作“预防为主，防治结合，综合治理”的方针，对新建、扩建、改建的电力建设项目，认真执行建设项目环境影响评价制度和“三同时”制度，严格控制新产生的污染；对现有火电厂坚持节能降耗、减排，推行清洁生产与末端治理相结合，依据科技进步，开展重点污染治理。

根据水电部颁发《火力发电厂环境监测条例》和《火电厂环境监测技术规范》规定，1986 年 10 月 27 日，省电力局成立了电力企业环保领导小组，1988 年授权省电力科研所代行环保管理工作，1991 年，省电力公司制订环境保护长远规划和年度计划。1993 年 3 月，授权省电力试验研究所环保技术监督职能，变“代行”为执行，发挥环保技术监督中心站作用。1994 年 9 月，省电力公司制定《火电厂环境保护考核细则（试行）》，明确规定环境保护考核指标，包括废水、烟尘排放、除尘效率、厂界噪声、粉煤灰综合利用等内容。按照规定，各火电厂进行重点监测、监督和治理。同年，下发《省电力公司环保统计报表考核办法》（1998 年进行修订）和《环保信息管理程序》，实行季、年度考核。

1996 年，调整环保领导小组，总经理担任组长。同年，安全环保监察部设立环保监察处。1997 年，各火电厂环保领导小组由厂长任组长，健全厂三级环保监督管理网，明确监督人员，落实各级环保部门及人员责任制，配置环境监测设施，推动环境监测站工作。1999 年，省电力公司信息网站建立环保信息网页，宣传环保政策、法规和传递环保信息。2002 年，各火电厂提供环保信息近 6000 条。

12 年来，省电力公司基本掌握各火电厂污染物排放规律及污染源治理情况，各火电厂废水全部实现达标排放，6 座火电厂废水实现“零”排放；烟尘排放量相对减少，粉煤灰综合利用量增加，新污染源得到有效控制，能源结构在调整之中，工业卫生工作有新的起色。面临许多困难，省电力公司管理的火电厂环境保护和工业卫生工作取得明显成效，开始走上规范化、制度化管理轨道。

一、污染源治理与控制

（一）烟尘治理

辽源、白城、长春、蛟河、龙井、二道江电厂是 20 世纪 30 年代末 40 年代初建设的老厂，技术落后，工艺简单，除尘效率低，排放大量烟尘，严重污染环境。多年来，各厂努力加强治理。

辽源电厂锅炉烟囱高 45 米，除尘器效率低，烟尘排放量严重超标。20 世纪 80 年代末，投资 128.70 万元，新建一座 120 米的高烟囱。1991 年，实现 5、6 号锅炉除尘器与烟囱的过渡，6 号炉除尘效率从 85%提高到 88.35%。1992 年，5 号炉除尘器芯子加长 35 毫米，160 个铸铁套旋风子改换成 260 个铸铁旋风子，除尘效率达到 88%。1993 年，4 号炉除尘器引入 120 米烟囱，2 号烟囱退出运行，当年供热量 307 万吉焦，扩大供热面积 100 多万米^2，拆除辽源市小工业锅炉 217 台，停运烟囱 174 座，年减少烟尘排放量 2390 吨、二氧化硫 1000 吨。1996 年 11 月，7 号炉除尘器效率达到 95.40%，比设计提高 5.4 个百分点，全厂综合效率 86.47%，未达国家标准。2000～2001 年，移址新建辽源热电厂 2 台 10 万千瓦双抽供热机组，静电除尘器效率达到国家标准要求。2001 年，5 台老小机组陆续停运。

二道江电厂 4 台炉排放的烟尘，每小时高达 8700 千克，厂内烟尘超标，周边环境污染严重，住户晾晒衣服未晾干便落满灰尘，周边的庄稼、瓜果、蔬菜也深受其害，百姓苦不堪言，因此落个“二大埋汰”（“埋汰”，东北话中是“脏”的意思）的绰号。锅炉除尘器经多次改造，但烟尘排放量依然超标。20 世纪 90 年代，投产 2 台 10 万千瓦发电供热机组，老旧设备随之退役、报废，烟尘排放达标。

“八五”计划期间，虽然加强了锅炉除尘器的改造、维护和管理，除尘效率有所提高，但效果不甚明显。全省发电、供热燃煤量由 1990 年的 1017 万吨增加到 1995 年末的 1484 万吨，烟尘年排放量 14 万吨增到 18.10 万吨，二氧化硫总排放量由 5.50 万吨增加到 7.50 万吨。1995 年末，省电力公司管理的火电厂 63 台锅炉除尘效率平均达到 95.93%，基本实现电力工业部提出的“八五”计划末，平均除尘效率达到 95%的目标。

“九五”计划期间，省电力公司投资2亿元人民币用于污染治理，其中，5670万元用于长春热电二厂1、2号炉水膜除尘器更换，1998年完成的静电除尘器效率达到99.60%，除尘器出口烟尘排放浓度小于185毫克/米^3，高于国家标准要求，并创造不停机条件下安装电除尘器前3个电场，停机大修时，原文丘里水膜除尘器拆除并安装第4个电场的施工组织经验。

双辽电厂1、2号炉静电除尘器设计除尘效率98%，因制造、施工等原因漏风严重，效率只达93%。经查找原因，制订了详细改造计划，利用设备大修，将1号炉除尘器低压冲水系统的砾石过滤器更换为滤网型过滤器，部分方形落灰管改为圆形落灰管，2号除尘器本体灰斗阻流板降低100毫米。在探索除尘器振打周期和运行参数规律的基础上，进行设备改造，1997年，1、2号炉四室静电场除尘器效率达到99.70%。

1999年，浑江电厂投资470万元，3号炉文丘里水膜除尘器进行增效改造试点，除尘效率达到98.50%。同年，投资4700万元完成5号炉水膜除尘器改为静电除尘器工程，实现烟尘达标排放。

2000年，长春热电一厂投资2100万元，老厂汽轮发电机用新厂锅炉产生的蒸汽发电，取代老厂锅炉和烟囱，根除3台锅炉烟尘的污染。

2001～2002年，吉林热电厂改造14、15号炉静电除尘器，通过增加除尘器电场和扩大除尘面积，改除尘器侧部振打为顶部振打等措施，降低烟尘排放浓度，达到国家标准。

2002年，省电力公司管理的火电厂烟尘生成量为420.49万吨，去除量为411.07万吨，排放量为9.42万吨。发电设备容量比1995年增长19.38%，发电量增长13.08%，烟尘排放总量却减少28.84%，二氧化硫排放总量增长11.10%。1995年，国家环保局授予珲春发电厂“全国环境保护先进单位”称号，1997年授予浑江发电厂“全国电力工业环境保护先进单位”称号；1998年，国家电力公司授予珲春发电厂、长山热电厂环境监测站“全国电力工业环境保护先进集体”称号。

（二）废水治理

“八五”计划期间，省电力公司投资7172万元，完成废水治理技改项目64个。珲春电厂铺设专用管路，锅炉送、吸风机液力耦合器及轴瓦冷却水，回收至锅炉除尘泵入口管路再次利用，每小时回收利用水量133吨。原灰浆泵改高效泵，密封水用量由80吨/时降到4吨/时，每小时回收水量76吨。两项设备治理改造，使全厂工业废水回收率达70%。1991年，浑江电厂新建职工医院30吨/时污水处理站，经市环保局测试各项指标合格；1992年，厂区生活污水处理站投入使用，实现污水达标排放；1995年，加注工业盐酸60吨，通天沟灰场排水pH值达标；将含油污水回收当作冲灰水重复使用。同年，吉林热电厂四期灰场二期工程，加高主坝和东、西、南侧副坝，灰水自流回到厂内重新冲灰。1994年，长春热电一厂完成新厂化学水回收系统建设和老厂废水排放系统改造并投运，二期扩建工程配套的酸碱中合池、污水处理泵站开始运行。长春热电二厂的主体工程与两套化学水中合池、油水处理站、生活污水处理系统等同时竣工投运。长山热电厂的生产、生活废水进行全面综合治理，先后建设320米^{3}的酸碱中合池，180米^{3}的煤泥沉淀池，500吨/时的冲灰水处理站和隔油池；建成250吨/时的家属区污水处理站，400吨/时的厂区污水处理站及15吨/时的医院污水处理站均投入使用。

“九五”计划期间，省电力公司投资2亿元人民币用于“三废”治理。长山、长春热电二厂，双辽、浑江、珲春、白城电厂实现废水、污水零排放，吉林热电厂实现生产废水零排放。

1997年，长山热电厂投资600万元，生活污水处理站投入正常运行。同年，浑江电厂投资136万元，厂区废水回收利用设备投运，利用废水854万吨/年，实现厂区生产、生活废水零排放；6号炉除尘器调试完，通天沟灰场排水pH值达标。1998年，白城电厂投资30万元，改造污水排放系统，生活污水、工业废水作为冲灰水排入灰场，实现污水、废水零排放。2000年，长春热电二厂投资889万元，完成260吨/时综合治理工程，回收废水5520吨/日，实现全厂生产废水和生活污水零排放，每年节约680万元。吉林热电厂投资1100万元，完成生产和厂前区生活废水综合治理工程，每年减少废水排放量1000万吨，节约资金300万元。翌年，全厂生产废水，厂前区生活污水实现零排放。

“九五”计划期间，省电力公司管理的发电企业发电机组容量和发电量，分别增长19.30%和13.08%。2002年末，废水排放总量比1995年减少68.70%，废水回收量增加126.42%。

（三）灰渣治理

省电力公司管理的火电厂治理灰渣污染，主要采用两种措施：一是全面规划，分期施工，分层筑坝，建设合理安全可靠的储灰场，积水覆盖以防粉煤灰飞扬污染环境；二是粉煤灰综合利用，生产各种建材产品和用于公路基础建设，变废为宝。

1991～2002年，各火电厂粉煤灰开发利用发展很不平衡。白城、榆树川、长春热电一厂等单位，曾利用粉煤灰做原料，生产彩色地砖、建筑用砖瓦、水泥、硅酸盐制品、砂浆掺合料、加气混凝土等产品。因产品质量差，销售困难，先后停产。吉林、二道江、长春热电二厂等少数企业，与科研单位、建筑材料生产厂合作研制、开发粉煤灰综合利用获得成功。

“八五”计划期间，省电力公司管理的火电厂粉煤灰生成量为2317.51万吨，综合利用593.46万吨，利用率25.61%。“九五”计划期间，省电力公司管理的火电厂粉煤灰生成量2767.90万吨，综合利用1023.60万吨，占粉煤灰总量36.98%。2002年，粉煤灰生成量404万吨，利用150.83万吨，占粉煤灰总量37.33%。

火电厂对满灰的灰场进行复垦，还田于民。长春热电一厂等单位采用TPFW－1型灰场覆盖剂，覆盖满灰灰场30万米^2，资金比传统用土覆盖节约2.05元/米^2，并可种植作物。有的火电厂推行纯灰种植技术，灰场里可生产出水稻等作物。粉煤灰的综合利用保护环境，变废为宝，利国利民。吉林省电力环保监督指标统计，见表5－1－20。

表5－1－20　　1991～2002年吉林省电力环保监督指标统计

项目＼年份	1990	1991	1992	1993	1994	1995
燃煤量（万吨）	1017.10	1094.60	1217.70	1426.60	1422.40	1484.10

续表

项目＼年份	1990	1991	1992	1993	1994	1995
烟尘排放量（万吨）	13.40	12.40	15.00	18.10	17.10	18.10
烟尘去除量（万吨）	482.00	342.80	378.10	445.40	415.50	427.60
二氧化硫排放量（万吨）	5.5	6.00	6.50	7.50	6.50	7.50
氮氧化物排放量（万吨）	9.6	9.70	10.40	11.90	12.70	13.60
灰渣产生量（万吨）	391.10	390.10	428.20	505.30	475.60	518.31
灰渣综合利用量（万吨）	53.50	49.20	69.10	110.10	200.30	164.76
废水排放总量（万吨）	3262.90	3874.60	3616.00	3343.00	3489.50	4277.90
废水达标排放总量（万吨/年）	2788.30	3499.70	3381.20	3127.70	2981.70	4102.60
废水回收量（万吨/年）	2347.30	2018.60	2500.40	3040.70	3381.40	3543.10
处理废水量（万吨/年）	780.20	1809.30	1337.90	2079.70	4485.70	5224.10
废水零排放电厂数						

项目＼年份	1996	1997	1998	1999	2000	2001	2002
燃煤量（万吨）	1709.80	1685.40	1626.31	1619.20	1645.90	1614.81	1423.87
烟尘排放量（万吨）	20.50	20.30	17.30	14.20	16.20	13.73	9.42
烟尘去除量（万吨）	508.70	500.70	493.40	405.00	489.70	471.21	411.07
二氧化硫排放量（万吨）	8.40	9.00	9.60	8.90	10.30	11.82	8.28

续表

项目 \ 年份	1996	1997	1998	1999	2000	2001	2002
氮氧化物排放量（万吨）	13.30	11.50	9.30	12.80	13.40	9.03	11.53
灰渣产生量（万吨）	578.70	567.90	547.70	526.00	547.60	466.19	444.40
灰渣综合利用量（万吨）	189.90	186.80	211.00	203.00	232.90	205.25	150.83
废水排放总量（万吨）	3552.20	3461.20	2505.80	2446.60	2292.30	1489.30	648.50
废水达标排放总量（万吨/年）	2843.20	2955.70	2399.50	2446.60	2292.30	1489.31	648.53
废水回收量（万吨/年）	3998.40	5387.50	7171.10	7885.00	8885.70	5685.40	5413.60
处理废水量（万吨/年）	6148.50	9160.90	7247.50	8359.80	4509.00	7670.90	5708.00
废水零排放电厂数			2	2	4	4	6

注 2002年环保监督指标统计数据，未包括浑江、二道江发电厂的指标。

（四）噪声治理

火电厂生产和调试中产生的噪声，是一种看不见的环境污染。省电力公司管理的各火电厂治理噪声污染中，经历了较长过程。受噪声影响，有些生产现场值班员出现神经性耳聋，听力下降，噪声对发电厂周边环境也造成了污染。各厂先后加大治理噪声的力度，污染明显减少。

火电厂的噪声污染，来自大型转动机械的运转和机炉设备生产启、停及调试对空排汽两大污染源，包括主设备汽轮机、发电机，辅助设备的磨煤机、给水泵、送风机、吸风机等转动机械噪声，锅炉启动、安全门、汽轮机排汽管等排汽噪声。

20世纪90年代初，各厂对第一种污染源采取降低声源的办法治理噪声。机炉及其辅助设备选型和产品设计时，噪声列入主要的质量指标。钢球磨煤机、送风机、吸风机及各种泵类选用国家定型产品；生产中噪声超标的设备和经各种排汽管道的污染源，加装消声装置降低噪声，但降低噪声并未达标，有的采取钢球磨煤机加隔声罩、滚筒加棉毡、优化运行等措施效果也不理想。1997年后，实行磨煤机煤位、煤量、球量科学配比，科学安排运行时间等措施，初步降低噪声。2001年研制的钢球磨煤机共振消声装置，应用阻尼、隔振、吸声、隔声等综合技术措施，噪声从115分贝降到80分贝以下，达到合格标准。

各厂在汽轮发电机、锅炉运转层及零米地面的磨煤机、吸风机、给水泵等大型运转机械集中的地方安装隔声室，值班员在隔声室值班，阻隔噪声对人身体的伤害。

20 世纪 90 年代，各厂加紧改造设备调节装置，加快设备自动化建设，汽轮机振动、发电机局部放电、炉膛火焰、“四管”泄漏、大型辅助机械等实现远方在线监测；输煤、制水、吹灰设备实现程序控制；20 万千瓦及以上机组进行电调、协调改造，实现自动发电控制管理，值班员远离噪声污染源。

（五）新污染源控制

按照国家颁发的《建设项目环境保护管理条例》和三部委关于《建设项目环境保护管理办法》规定，省电力公司严格执行电力建设项目环境影响评价制度和环境保护设施与主体工程同时设计、同时施工、同时投运使用的“三同时”制度，做到项目投产和各种环保设施同时投入运行，有效地控制了新污染源的污染。

省电力公司在前期工作中，双辽和四平热电厂新建工程，浑江电厂三期扩建和二道江电厂“以大代小”工程都认真开展环境影响评价。1989 年，吉林省环保局公布的吉林省优秀建设项目环境影响评价报告书的评选结果，上述项目榜上有名。“八五”计划期间，浑江电厂四期和长春热电一厂二期扩建项目，辽源电厂异址建设项目环境影响的评价制度执行率达 100%。主动配合环保行政主管部门，做好环境影响评价大纲和评价报告书的预审及审查，加快建设项目环境影响评价工作进程。2000 年 7 月 17 日，国家环保总局以环发 145 号文授予吉林省电力有限公司“全国建设项目环境保护管理先进单位”称号。

双辽发电厂新建工程，1990 年开始建设，环保投资 11 476 万元，占工程投资的 5.90%。设计建设静电除尘器，工业废水、生活污水、含油污水处理站，化学酸碱中合池，储灰场及消声器等环境保护设施。1994 年，发电生产中的废水、烟尘、废渣及噪声得到有效控制。

“八五”计划期间，省电力公司邀请地方环保行政主管部门，参加电力建设项目各阶段设计审查会议，按照批复的环境影响评价报告书及国家、行业主管部门的具体要求，对设计文件环境保护篇章进行认真审查把关，补充和完善篇章内容，保证各种防治污染措施在设计文件中的落实。“九五”计划期间，按照国家环保总局《建设项目环保设施竣工验收管理办法》、省环保局及电力行业主管部门的有关规定，省电力公司开展建设项目环境保护设施的竣工验收，项目投入试生产，及时对环保设施的运行情况进行检查，发现问题，及时提出整改措施，督促有关单位认真整改；组织行业内部的预验收检查组，落实竣工验收的各项准备工作；配合国家和地方环保行政主管部门，进行正式验收。1991～2002 年，吉林省电力建设项目环保设施竣工验收完成率达 100%。

二、工业卫生

1991～2002 年，省电力公司管理的火电厂、电力施工和修造企业的工业卫生工作，坚持以粉尘治理为中心，实行防尘为主、除尘为辅、先防后治的原则；防尘工作以水为主、水汽荷电结合，采取水雾荷电综合治理措施，全面推行水力清扫、煤粉回收及污水净化措施。10 多年的防治工作，各单位的粉尘浓度基本达到国家规定标准，改善了职工劳动环境。1994 年，以吉电劳 55 号文明确成立省电力公司卫生事业管理处，设在吉林省电力职工医院，并开展工作。

（一）预防

20 世纪 90 年代初，省电力职工医院按照国家《尘肺病防治条例》的要求，对各火力发电、设备修造和电力施工等企业的尘肺病患者进行普查，提出预防措施，制定防治规划，纳入企业工业卫生管理。各单位按照防治规划的要求，将尘肺病作为职工医院卫生防疫工作重点，由专职医生负责；对接触粉尘作业的锅炉、燃料运行，检修分场、翻砂车间及建设施工人员每年进行一次普查；登记尘肺病职工，建立档案，实施诊治和疗养，制定职业病管理办法。1992 年，按照省电力公司的要求，在职工作业厂区环境监测工作的基础上，设立厂区作业环境监督室，配备监测仪器仪表，开展作业环境监测与评估，建立粉尘浓度数据库。

1997 年，经过普查，省电力公司管理的电力企业疑似尘肺病人 422 例，Ⅰ期尘肺病人 242 例，Ⅱ期尘肺病人 11 例。为尽早治愈尘肺病患者，省电力医院和各厂医院加大治疗和管理力度，改造职业病房，扩大面积，增加设施，选派医生培训，基本满足了治疗条件；与北戴河煤炭疗养院建立合作关系，让尘肺病人去疗养、治疗。根据国家电力公司尘肺防治中心的要求，疑似尘肺病人年年进行复查，建立档案，有计划地进行诊治。2002 年，白城、龙井、二道江、双辽发电厂和长春热电二厂近 5 年调查统计的 2710 名接触粉尘作业职工中，发现患Ⅰ期尘肺病职工 5 名，疑似尘肺病人 29 名，比 1997 年的患病人数大为减少。个别老火电厂生产环境的治理，取得一定成效，由于老旧设备多，接触粉尘作业的职工人数多，治理工作需要时日，仍需加紧努力。

（二）治理

火电厂、修造企业和施工单位作业环境主要污染物是煤尘、烟尘和砂尘。火电厂的燃料、输煤、制粉、燃烧、排烟系统部位是产生污染物的重点部位，也是职工受到粉尘影响的主要工作场所，各单位加紧了此类设备的治理工作。火电厂输煤系统设备的治理，以卸煤沟、落煤管、导料槽等处为重点。8 座火电厂对直筒式导料槽改成弧形槽座、角形板，并加高、加长，装设水雾除尘器，有效控制煤尘飞扬。10 座火电厂落煤管转运点装设水雾除尘器。14 座火电厂实行水力冲洗，配套设置独立的供水系统、煤泥汇集沟道、集水站、污水沉淀池、污水净化池等，清理生产现场污染物。

20 世纪 90 年代，省电力公司管理的火电厂投资 1016.60 万元，增装各类除尘设备 145 台（套），采用荷电水雾除尘、湿式除尘（包括水浴、冲激、凝聚除尘）、布袋除尘、蒸汽除尘 4 种方式，收到一定或较好效果。吉林热电厂自行研制的荷电水雾除尘器效率达 99.91%，职工工作岗位经测试，输煤间平均粉尘浓度在 10 毫克/米^3 以下。浑江电厂输煤各段采用荷电、水雾、蒸汽综合除尘方式，防尘作用明显。双辽、浑江、珲春发电厂，吉林、长山、长春热电二厂等输煤系统都实现微机程序控制和电视远方监视，使值班工人脱离了高粉尘环境。

省电力公司制定了《火电厂设备无泄漏考核标准》，考核火电厂煤、水、油、汽、烟、尘、风、灰介质泄漏，实行奖罚制度。在“双达标”、“创一流”活动中，各电厂严格治理电力设备“八漏”和锅炉顶棚粉煤灰泄漏，锅炉严密性发生根本变化，工作岗位的粉尘浓度达到标准要求，各单位的工业卫生水平明显提高。

三、减排措施及探索

（一）调控措施

“八五”和“九五”计划期间，在吉林省西部建设投产双辽发电厂4台30万千瓦火电机组，利用内蒙古低灰、低硫、优质煤炭资源；建成通榆一、二期风力发电厂，容量3.006万千瓦，并做好通榆风电场三期扩建工程的前期工作，利用吉林省西部风力资源发展电力生产。加紧政策研究和集资工作，开发利用吉林省东部的水力资源，建设松江河梯级电站，1998～2000年，小山水电厂2台8万千瓦机组投产发电。至2002年，已建成大型火电机组12台，容量280万千瓦，占全省火电机组容量52.83%；淘汰能耗高、效率低、污染大的火电机组20台，容量28.90万千瓦，推动环境保护工作持续发展。

（二）任务繁重

按照1999年国家烟尘污染物排放新标准要求，省电力公司管理的火电厂超标排放的设备增多，19座烟囱中，150～210米烟囱9座，80～150米烟囱5座，80米及以下烟囱5座，烟尘超标排放的烟囱约占1/2。锅炉除尘器44台，经实测，除尘效率达到99%及以上的除尘器8台，达98%～99%的6台，多数除尘器效率达不到新标准要求。污染源治理任务仍很繁重，困难重重。

按照国家新的规定，省电力公司管理的火电厂污染物全部实现达标排放，需改造资金2亿元人民币，省电力公司用于治理污染源的资金严重不足。多数火电厂为计划经济时期建设，投资方式和电价政策都与改革开放时期建设的电厂不同，筹措治理资金非常困难，每年用于环境保护的技改资金十分有限，又无其他资金来源。

1997年以来，国家对电磁辐射污染作出新的规定，先后颁发《电磁辐射环境保护管理办法》、《建设项目环境保护分类管理名录（第一批）》等文件，对输变电设备环境保护管理提出新的要求。输变电设备电磁场辐射和变电所噪声对环境影响的治理，成为省电力公司环境保护工作的新课题，环保工作任重道远。

第八节 发电企业简介

一、国电双辽发电有限责任公司

国电双辽发电有限责任公司（简称双辽发电公司）原名双辽发电厂，位于双辽市西辽街西电委1组，占地面积78.75万米^2。1996年11月2日，改制为双辽发电有限责任公司，成立董事会和监事会，隶属吉林省电力公司。

1989年1月，成立双辽发电厂建设管理处，1993年3月1日，成立双辽发电厂。1994年9月15日，第一台30万千瓦发电机组投产发电，移交生产。2001年8月17日，双辽公司第4台发电机组通过达标验收。至此，第一期工程（4台30万千瓦机组）建设宣告全部结束。

2002年，双辽发电公司有职工1580人，其中研究生2人、大学本科134人、大专442人、中专440人、技校314人、高中245人、初中及以下3人。

双辽发电公司设专业和行政机构 14 个，包括办公室、计划处、财务处、劳动人事处、审计处、公安处、生技处、安监处、科技处、值长组、离退休职工办公室、基建计划部、基建工程部、前期工作办公室；生产单位 4 个，包括发电、化水、燃运分场，双兴发电公司；党群部门 6 个，包括党委组织部、宣传部、纪检委、武装部，工会、团委。双辽发电关联中心下设机构有物资公司、设备检修等 10 个管理部门和生产单位。双辽电力实业有限公司为多经企业。

2002 年，设备利用小时 3930 小时，等效可用系数完成 91.62%，连续安全生产 409 天。年发电量 47.15 亿千瓦·时，供电标准煤耗率 348 克/(千瓦·时)，厂用电率 5.40%；每兆瓦设备占用职工 0.000 58 人，全员劳动生产率 52.68 万元/(人·年)；固定资产原值 48.39 亿元，工业总产值 9.74 亿元(现价)。

2002 年末，双辽发电公司获“吉林省模范职工之家”、“先进基层团委”、“思想政治工作优秀企业”、“精神文明建设标兵单位”、“先进基层党组织”称号；获“全国职工体育先进集体”、“国家一级档案管理”、“国家一流火电厂”、“国家双文明单位”等殊荣。

二、国电吉林热电厂

国电吉林热电厂（简称吉林热电厂）原名吉林热电厂，位于吉林市龙潭区徐州路 35 号。占地面积 599.56 万米^2，其中厂区面积 63.12 万米^2，灰场面积 536.44 万米^2。

1988 年 4 月，吉林热电厂按照吉电企办 178 号文要求，完善承包经营责任制，全面推行厂长负责制和厂长目标责任制。1992 年末，组建龙潭热电厂，1～5 号机组资产有偿转让给吉林龙华热电股份有限公司，管理体制形成“一厂两制”，即吉林热电厂（管理6～11 号机组）隶属吉林省电力公司；龙潭热电厂隶属吉林龙华热电股份有限公司。1997～2003 年，8、9 号机组进行技术改造，拆除后安装两台 12.50 万千瓦俄罗斯产发电供热机组，隶属龙潭热电厂。2000 年 6 月 30 日，10～11 号机组固定资产有偿转让吉林龙华热电股份有限公司。2002 年 11 月，国家电力公司撤销，吉林热电厂 6、7 号机组资产由省电力公司管理划转中国国电电力集团公司（简称国电集团）管理，吉林热电厂管理体制形成新的“一厂两制”，即吉林热电厂（6～7 号机组）隶属国电集团，龙潭热电厂（1～5 号和 10～11 号机组）隶属吉林龙华热电股份有限公司。

2002 年，吉林热电厂职工 1018 人，其中：研究生及以上学历 4 人，大学本科 88 人，大专 195 人，中专、技校 312 人，高中和初中 419 人。龙潭热电厂职工 2306 人，其中：研究生及以上学历 3 人，大学本科 214 人，大学专科 475 人，中专生和技校生 652 人，高中生和初中生 962 人。

全厂共设二级机构 32 个，其中：生产机构 9 个，包括运行一、二分场，化学、燃料、运输、锅炉、汽轮机、电气、热工检修分公司；管理机构 14 个，包括厂办公室、计划管理部、劳动人事部、财务部、监察审计部、物资供应部、生产技术部、安全监察部、科学技术部、供热管理部、燃料管理部、行政事物部、公安保卫部、离、退休职工管理部；党群机构 5 个，包括纪检委、组织部、宣传部、工会和团委；关联单位机构 4 个，包括吉电安装工程公司、物业公司、多经总公司和多经有限责任公司。

2002 年，吉林热电厂发电量 9.55 亿千瓦·时，发电煤耗率 335 克/(千瓦·时)，发电厂用电率7.47%；供热量781万吉焦，供热煤耗率40.36千克/吉焦，供热厂用电率8.26千瓦·时/吉焦；等效可用系数97.46%，利用小时9537小时(超出力)；每兆瓦发电用工10.18人，全员劳动生产率20.27万元/(人·年)；固定资产原值5.80亿元，工业总产值9790万元。龙潭热电厂发电量31.64亿千瓦·时，发电煤耗率328克/(千瓦·时)，发电厂用电率8.24%；供热量472万吉焦，供热煤耗率40.12千克/吉焦，供热厂用电率9.30千瓦·时/吉焦；等效可用系数92.87%，利用小时5752小时；每兆瓦发电用工4.16人，全员劳动生产率12.19万元/（人·年）；固定资产原值22亿元，工业总产值2.47亿元人民币（1990年不变价格）。

12年来（1991～2002年），获得上级授予的荣誉称号主要有：能源部“全国电力科技进步优秀单位”；电力工业部“电力安全生产先进集体”，中共吉林省委宣传部“吉林省思想政治工作优秀企业”；国家电力公司“国家电力行业一流火力发电厂”；省委“先进基层党组织”、“精神文明建设标兵单位”；中华全国总工会“五一劳动奖状”；国家安全生产监督管理局“全国‘安康杯’竞赛优胜企业”称号。

三、吉林电力股份有限公司浑江发电公司

吉林电力股份有限公司浑江发电公司（简称浑江发电公司）原名浑江发电厂，位于白山市八道江区光明街1号。厂区占地面积36.06万米^2。1999年以前，浑江发电厂隶属省电力公司。2000年3月，由公有制变为股份制，改称浑江发电厂为浑江发电公司，隶属吉林电力股份有限公司。

2002年，浑江发电公司有职工2383人，其中：大学本科169人，大学专科522人，中专482人，技校242人，高中及以下968人。共设二级机构32个，其中：生产机构6个，行政管理部门14个，党群组织机构6个，多种经营机构6个。

2002年，全厂发电量32.55亿千瓦·时，发电煤耗率353克/(千瓦·时)，发电厂用电率8.71%；供热量83万吉焦，供热煤耗率40.60千克/吉焦，供热厂用电率11千瓦·时/吉焦；等效可用系数93.47%；利用小时5008小时；每兆瓦发电用工2.90人。全员劳动生产率24.80万元/(人·年)；固定资产原值23.26亿元；年工业总产值7.37亿元。

1991～2002年，荣获吉林省委“先进基层党组织”，能源部“安全文明生产创水平达标企业”，中国电力后勤协会“全国电力系统生产后勤工作先进单位”，全国总工会“全国模范职工之家”，电力工业部“双文明单位”，中宣部等部门“全国思想政治工作优秀企业”，国家环保总局“环境保护先进单位”，全国总工会“全国五一劳动奖状”等荣誉。

四、大唐长山热电厂

大唐长山热电厂原名长山热电厂，位于松原市长山镇。厂区占地面积72.24万米^2。2002年以前，隶属省电力公司。

2002年，全厂职工2585人，其中：大学本科195人，大专417人，中专697人，技校276，高中及以下1000人。设二级机构23个，其中：管理部门14个，包括办公室、计划发展部、人力资源部、财务部、生产技术部、安全监察部、科学技术部、公安保卫部、审计部、离、退休职工管理部、行政事务部、燃料管理部、扩建工程综合管理部、扩建生产准备办公室；生产单位4个，包括运行、燃运、化学、水工分场；党群部门5个，包括党委组织部、宣传部、纪检委（行政监察部）、青年工作部（团委）、工会。

2003年11月4日长山热电厂更名为大唐长山热电厂。发电机组5台，总容量62.50万千瓦，其中2台20万千瓦机组归属中国大唐发电集团公司（简称大唐集团）；2台10万千瓦机组属华能集团公司；1台2.50万千瓦机组归属前郭长华有限责任公司。华能机组和长华机组，均由大唐长山热电厂代管。

2002年，全厂发电量34.53亿千瓦·时，发电煤耗率325克/(千瓦·时)，厂用电率8.15%；供热量26.41万吉焦，供热煤耗率40.60千克/吉焦，供热厂用电率6.81千瓦·时/吉焦；全员劳动生产率19.03万元/(人·年)，每兆瓦发电用工4.14人；等效可用系数94.42%，利用小时5525小时；固定资产原值8.86亿元(1991年)，工业总产值4.92亿元。安全生产289天。

1991～2002年，荣获能源部“节能先进集体”、“安全文明生产创水平达标企业”，中国企业文化研究会等6部门“95中国电力企业形象十佳”、“95中国百佳工业企业形象”，电力部(国家电力公司)“安全生产先进单位”，1998～1999年国家电力公司“双文明单位”，省总工会“五一劳动奖状”，吉林省委“先进基层党组织”，省委省政府“文明单位”、“思想政治工作优秀企业”、“精神文明建设标兵单位”称号。

五、大唐长春第二热电有限责任公司

大唐长春第二热电有限责任公司（简称长春第二热电公司）原名长春第二热电厂，位于长春市二道区环城东路6898号，1991年1月12日，第一台20万千瓦机组建成投产；同年12月，第二台20万千瓦机组投产发电。厂区占地面积44.80万米^2。2002年以前隶属省电力公司。

1998年3月，依照省电力公司关于《发、供电企业新体制模式方案的通知》精神，实行新体制模式改革，实现机构、定员、定岗、职责四到位。2000年5月10日，省电力公司、吉林电力股份有限公司和长春市建设投资公司依据《中华人民共和国公司法》及有关法律法规规定，经国家电力公司同意，各方投资的长春第二热电厂改制为长春第二热电有限责任公司。2002年2月，根据国务院《电力体制改革方案的通知》要求，翌年1月15日，归属大唐集团，更名为大唐长春第二热电有限责任公司。

2002年，长春第二热电公司职工1569人，其中：研究生及以上学历10名，大学本科317人，大学专科375人，中专231人，技校168人，高中及以下468人。共设二级机构22个，其中：生产机构4个，包括运行、燃运、化学、热工分场；行政部门10个，包括计划部、财务部、审计部、劳动人事部、物资供应部、安全监察部、基建管理部、公安保卫部、离退休职工管理部、办公室；党群部门4个，包括党委组织部、宣传部、纪检委、厂工会；关联单位4个，包括检修公司、燃料经销公司、多经总公司、生活服务公司。

2002年，全厂发电量22.52亿千瓦·时，发电标准煤耗率319克/(千瓦·时)，发电厂用电率6.93%；供热量525.49万吉焦，供热煤耗率39千克/吉焦，供热厂用电率8千瓦·时/吉焦；利用小时5629.45小时；每兆瓦发电用工3.95人，全员劳动生产率29.39万元/(人·年)；固定资产原值12.14亿元；工业总产值4.64亿元。

1991～2002年，长春第二热电公司先后荣获能源部“安全文明生产创水平达标企业”，电力工业部“国产设备全国首家一流火电厂”，全国总工会“全国五一劳动奖状”，中共中央宣传部“全国思想政治工作优秀企业”称号。

六、大唐珲春发电有限责任公司

大唐珲春发电有限责任公司（简称珲春发电公司）原名珲春发电厂，位于珲春市光明街，厂区占地面积27.80万米^2。原隶属吉林省电力公司，2000年7月6日，改制为珲春发电有限责任公司，股东为吉林电力股份有限公司、省电力公司。珲春发电公司注册资金3503万元，其中吉林电力股份有限公司占51.40%股权，省电力公司占48.60%股份，12月30日，两公司在长春召开第二次股东会议，吉林电力股份有限公司将控股权转让给吉林省能源交通总公司。2002年底，珲春发电公司由吉林省能源交通总公司控股，省电力公司为参股单位。

2002年，珲春发电公司职工1729人，其中：大学本科学历135人，大学专科517名，中专320人，技校154人，高中及以下603人。珲春发电公司设二级机构33个，其中生产单位11个，行政部门12个，基建机构5个，后勤机构4个，多经机构1个。

2002年，全厂发电量12.83亿千瓦·时，发电标准煤耗率369克/(千瓦·时)，发电厂用电率7.94%，等效可用系数92.81%，利用小时6415小时；全员劳动生产率19.21万元/人，每兆瓦发电用工8.65人；固定资产原值4.92亿元，年工业总产值2.09亿元。

1991～2002年，获省委省政府“学‘吉化’先进企业”，吉林省委“先进基层党组织”、省总工会“模范职工之家”，省委、省政府、省军区“拥军优属先进单位”；省委、省政府“省精神文明建设先进单位”；能源部“安全文明生产创水平达标企业”，国家环保局“环保先进单位”等称号。

七、吉林电力股份有限公司二道江发电公司

吉林电力股份有限公司二道江发电公司（简称二道江发电公司）原名二道江发电厂，位于通化市二道江区东明路868号，厂区面积56万米^2。原二道江发电厂隶属省电力公司。2002年，二道江发电厂改制为吉林电力股份有限公司的全资子公司，更名为吉林电力股份有限公司二道江发电公司。

2002年，二道江发电公司设二级机构35个，其中：管理部门17个，生产及生产辅助机构12个，多经总公司1个，扩建工程管理处1个，党群部门4个。二道江发电公司职工1387人，其中大学本科学历47人，大专231人，中专353人，技校226人，高中及以下530人。

2002年，全厂发电量12.39亿千瓦·时，发电标准煤耗率469克/（千瓦·时），发电厂用电率8.37%；供热量60.70万吉焦，供热煤耗率41千克/吉焦，供热厂用电率8.03千瓦·时/吉焦；等效可用系数95.32%，机组利用小时6135.55小时；每兆瓦发电用工6.73人，全员劳动生产率11.19万元/（人·年）；固定资产原值10.73亿元，年工业总产值1.50亿元，年总收入2.50亿元。

1991～2002年，获得的荣誉有能源部“工程质量监督先进单位”，电力部“援藏工作先进单位”，吉林省委“思想政治工作优秀企业”，“省文明单位标兵”，“先进基层党组织”、“精神文明建设标兵单位”等。

八、吉林吉长有限公司四平热电分公司

吉林吉长有限公司四平热电分公司（简称四平热电分公司）位于四平市经济开发区大路286号，厂区占地面积30.16万米^2。2002年底起，四平热电分公司隶属大唐集团，但未终止省电力公司的委托经营管理合同。

1991年4月4日，省电力公司成立四平热电厂建设管理处，1992年开工，因故延期，1、2号机组于1998年投产，3号机组于1999年投运。2002年，供热发电机组3台，总装机容量20万千瓦，其中5万千瓦双抽机组2台，10万千瓦单抽机组1台。

2002年，四平热电分公司职工792人，其中：大学本科学历111人，大专168人，中专207人，技校155人，高中132人，初中及以下19人。下设机构20个：发电部、热动维修部、电控维修部、化水部、燃运部、二期扩建办公室；生产技术部、安全监察部、综合计划部、劳动人事部、财务部、审计部、物资供应部、燃料管理部、办公室；党委工作部、宣传部、工会、团委、离退休职工管理部。

2002年，发电量8.19亿千瓦•时，供热量147.88万吉焦，发电煤耗率390克/（千瓦•时），发电厂用电率8.40%，供热煤耗率41千克/吉焦，供热厂用电率10千瓦•时/吉焦，等效可用系数96.96%，利用小时4095小时；全员劳动生产率13.18万元/（人•年），现价37.42万元/（人•年），每兆瓦发电用工3.39人，固定资产总值17亿元，年工业总产值6561万元（不变价格），1.86亿元（现价），年销售总收入5.50亿元。

1991～2002年，公司先后荣获吉林省“精神文明建设先进单位”，“见义勇为基金会募捐先进单位”，“先进基层团委”，吉林省“精神文明建设标兵单位”，国家电力公司“双文明单位”、“全国优秀质量管理小组”、“先进女职工委员会”等称号。

九、大唐辽源热电有限责任公司

辽源发电厂老厂位于辽源市人民大街640号，厂区面积9.88万米^2，原隶属省电力公司。按照国务院《电力体制改革方案的通知》精神，2003年，辽源发电厂更名为大唐辽源热电有限责任公司（简称辽源热电公司），隶属大唐集团。

2002年，辽源热电公司职工1227人，其中：大学本科学历168人，大学专科202人，中专243人，技校122名，高中及以下492人。设二级机构25个，其中管理部门16个，包括办公室、计划部、财务部、劳动人事部、审计部、物贸公司、生产技术部、科学技术部、燃料管理部、安全监察部、供热管理部、行政监察部、行政事务部、公安保卫部、物业公司、离退休职工管理部；生产机构4个，包括发电、燃料、化学分场，检修安装公司；党群部门5个，包括党委组织部、宣传部、纪检委、工会、共青团。

1999年，辽源发电厂发电机组5台，容量5.10万千瓦，均为中压供热机组。年发电量2.76亿千瓦•时，发电标准煤耗率427克/（千瓦•时），发电厂用电率7.99%；年供热量229.51万吉焦，供热面积231万米^2；设备等效可用系数96.49%，利用小时8452.31小时；连续安全生产5400天，全员劳动生产率2.01万/（人•年），每兆瓦发电用工24人；工业总产值2857万元。2001年12月7日，4号发电机组停运，辽源发电厂（老厂）的发电设备，全部停止运行，移地市东南郊改造工程。

辽源发电厂移新址。1997 年 12 月 15 日开工建设，引进 2 台俄罗斯产 12 万千瓦机组，2001 年 1 月 1 号机组投产发电，2002 年 2 号机组建成投产，全厂机组容量 24 万千瓦，均为高压双抽供热机组。同年 12 月归属大唐集团。

1991～2002 年，公司先后荣获全国总工会“全国合理化建议和技术改进先进集体”，能源部“1991 年度安全文明生产创水平达标企业”，吉林省“思想政治工作优秀企业”，“双文明单位标兵”，“先进基层党组织”等称号。

十、长春第一热电股份有限责任公司

长春第一热电有限责任公司（简称长春第一热电公司）原名长春第一热电厂，位于长春市宽城区铁北二路 31 号，厂区面积 14 万米^2。老厂隶属省电力公司。2001 年 1 月 8 日，更名为长春第一热电股份有限责任公司，长春市建设投资公司投资控股 75%，省电力公司投资参股 25%。

2002 年，长春第一热电公司职工 1312 人（第一热电公司 1052 人，热电一厂 260 人），其中研究生学历 1 人，大学本科 110 人，大学专科 87 人，中专 298 人，技校 362 人，高中 295 人，初中及以下 59 人。全厂设二级机构 24 个，第一热电公司（新厂）和热电一厂（老厂），合署办公，一套人员管理。

全厂设备容量 16.50 万千瓦，其中第一热电公司 12.50 万千瓦，均为高压供热机组；热电一厂 4 万千瓦，均为中压供热机组。2002 年，一热公司发电量 5.81 亿千瓦·时，供电标准煤耗率 457 克/（千瓦·时），发电厂用电率 10.73%，供热量 176.34 万吉焦，供热煤耗率 41 千克/吉焦，供热厂用电率 9.92 千瓦·时/吉焦，供热面积 300 万米^2；机组利用小时 4650 小时，每兆瓦发电用工 8.42 人，全员劳动生产率 26.02 万元/（人·年），全厂固定资产原值 13.80 亿元，工业总产值（现价）1.75 亿元。热电一厂发电量 1.78 亿千瓦·时，供电标准煤耗率 439 克/（千瓦·时），发电厂用电率 4.49%，供热量 85.49 万吉焦，供热煤耗率 41 千克/吉焦，供热厂用电率 7.07 千瓦·时/吉焦，供热面积 80 万米^2，等效可用系数 94.36%，设备利用小时 4450 小时，全厂安全运行 939 天。

1991～2002 年，获吉林省“安全生产先进单位”、“模范职工之家”、“精神文明建设先进单位”、“双文明标兵单位”、“职工道德建设 10 佳单位”、“精神文明建设先进单位”、全国总工会“最佳文明女职工集体”、“五一劳动奖状”等。

十一、吉林龙华热电股份有限公司白城热电厂

吉林龙华热电股份有限公司白城热电厂（简称白城热电厂）原名白城发电厂，位于白城市电厂路 56 号，厂区占地面积 6.55 万米^2。1999 年 5 月以前，隶属省电力公司，1999 年 6 月，隶属吉林龙华热电股份有限公司。

1993 年 10 月，成立吉林龙华热电股份有限公司鹤城热电厂，白城电厂和鹤城热电厂均属省电力公司，企业经营和管理都由白城发电厂原班人员管理，同属一个机构，两块牌子。2002 年 9 月，归属吉林龙华股份有限公司，更名为吉林龙华热电股份有限公司白城热电厂。

2002 年，白城热电厂设二级生产机构 4 个，包括运行分扬、检修公司、燃料分场、化学分场；行政管理机构 14 个，包括办公室、计划部、劳人部、财务部、审计部、物资供应部、生产技术部、安全监察部、公安保卫部、信息中心、燃料管理部、技术改造办公室、多经管理部、离退休职工管理部；党群部门有党委工作部、监察室和工会。全厂职工551人，其中大学本科学历77人，大学专科123人，中专125人，技校48人，高中及初中178人。

2002年，机组容量3万千瓦，发电量1.51亿千瓦·时，发电煤耗率454克/（千瓦·时），发电厂用电率8.55%，供热量155.50万吉焦，供热煤耗率51.50千克/吉焦，供热厂用电率8.21千瓦·时/吉焦，全年热费收缴100%；设备等效可用系数95.51%，年利用小时5005.70小时；2002年底，安全运行3145天。全员劳动生产率12.48万元/（人·年），每兆瓦发电用工18.37人，固定资产原值1.26亿元，年工业生产总值5563万元。

1991～2002年，荣获"全国模范职工之家"、"全国送温暖工程先进单位"和"吉林省模范职工之家"、"吉林省双文明标兵单位"、"吉林省精神文明建设先进单位"等。

十二、吉林龙华热电股份有限公司蛟河热电厂

1991年，吉林龙华热电股份有限公司蛟河热电厂原名蛟河发电厂，位于蛟河市铁东街39号，厂区占地7.70万米^2，隶属省电力公司。

1985年2月18日，蛟河发电厂划归珲春发电厂代管，仍为独立的生产单位。2000年8月1日，蛟河发电厂行政由珲春公司代管变为由吉林龙华热电股份有限公司直接管理。2002年9月13日，蛟河发电厂更名为蛟河热电厂，隶属吉林龙华热电股份有限公司。

2002年，蛟河热电厂职工291人，研究生学历1人，大学本科7人，大学专科39人，中专64人，技校15人，高中及以下165人。全厂设二级机构15个，其中行政管理部门8个，生产机构2个，党群部门4个，多经公司1个。

2001年前，蛟河发电厂3机3炉，总容量0.88万千瓦。2000年，启动二期技术改造工程。2002年，新装发电供热机组2台，容量2.40万千瓦，为电除尘配置，原机组停运。年发电量4402万千瓦·时，供电标准煤耗率390克/（千瓦·时），发电厂用电率12.84%；供热量35.30万吉焦，供热煤耗率40千克/吉焦，供热厂用电率8.42千瓦·时/吉焦，供热面积62.30万米^2；连续安全生产282天；全员劳动生产率4.82万元/（人·年），每兆瓦发电用工12人；固定资产原值3381.70万元，年工业总产值1403.64万元。

曾荣获省委、省政府"精神文明建设先进单位"，省政府"节约用水先进集体"荣誉。

十三、吉林龙华热电股份有限公司龙井热电厂

1991年，吉林龙华热电股份有限公司龙井热电厂（简称龙井热电厂）原名龙井发电厂，位于延边朝鲜族自治州龙井市铁北路555号，厂区占地18.27万米^2，隶属省电力公司，1999年以后隶属吉林龙华热电股份有限公司。

1991年前，龙井发电厂设备为部属资产。1992年3月4日，开始安装、1993年11月1日投产的0.30万千瓦背压机组（2号机），为延边化工总厂资产，向该厂供热。1993年10月26日，成立吉林龙华热电股份有限公司海兰江热电厂（简称海兰江热电厂）。龙井发电厂和海兰江热电厂均属省电力公司，由龙井发电厂统一经营管理。

1994年8月9日，按延边朝鲜族自治州国有资产管理局国资发29号文要求，延边化工总厂投资835万元建设的2号机组部分产权有偿转让吉林电力实业公司。

2002 年 9 月，龙井发电厂和海兰江热电厂更名为吉林龙华热电股份有限公司龙井热电厂。设二级机构 18 个，职工 383 人，其中大学本科学历 13 人，大学专科 85 人，中专 81 人，技校 36 人，高、初中 168 人。

龙井热电厂发电供热机组 3 台，总容量 1.50 万千瓦，均为中压供热机组。2002 年发电量 5404 万千瓦·时，发电煤耗率 458 克/（千瓦·时），厂用电率 7.94%；供热量 55.90 万吉焦，供热煤耗率 42 千克/吉焦，供热厂用电率 8.84 千瓦·时/吉焦；年利用小时 3603 小时；每兆瓦发电用工 26 人，全员劳动生产率 1.70 万元/（人·年）；固定资产原值 7079 万元，年总产值 1825 万元。

1991～2002 年，荣获国家“会计工作达标单位”、“吉林省精神文明建设先进企业”、“吉林省综合治理先进企业”、“吉林省民族团结进步活动先进单位”等荣誉。

第二章　水　电　生　产

吉林省是水电资源较丰富的省份之一，水力发电开发较早。新中国成立后，除续建、扩建了大型水电厂——丰满发电厂外，又新建了云峰、白山等大型水电厂。1991～2002年，丰满、白山发电厂进行了扩建，大型水电厂松江河发电厂新建，同时也新建、扩建了一批中、小型水电厂。至2002年，全省有大型水电厂5座，中、小型水电厂141座，装机总容量344.70万千瓦，发电量45.75亿千瓦·时，分别占全省发电装机容量和发电量的39.28%和15.01%。吉林省的大型水电厂是东北电网调峰、调频的主力电厂。20世纪90年代和2001、2002年，吉林省各水电厂深化改革，加快发展，进一步加强安全经济生产、抗击洪水、多发水电，保证安全。他们加大改革力度，剥离检修人员，实现了无人值班（少人值守）和远方监控，精简了本厂职工，推动了水电生产发展。

第一节　设备和经济技术指标

吉林省有大型水电厂5座，至2002年末，全省有大型水电机组28台，总容量325.75万千瓦，占全省水电装机总容量344.70万千瓦的94.50%。这一年，全省大型水电厂发电39.45亿千瓦·时，占全省水力发电总量45.75亿千瓦·时的86.23%。至2002年末，全省虽然有中、小型水电厂141座，但装机容量小，年发电量少，所以吉林省的大型水电厂占有绝对优势。吉林省雨季短，水库来水量少，所以水力发电设备利用小时少，超过3000小时的年份很少。新中国成立初期，吉林省水力发电占有绝对优势，1955年之前，水电年发电量都超过全省年发电总量的80%。进入20世纪90年代，水力发电量所占比例下降较快，多数年份不超过20%，2002年仅占15.01%。

吉林省的水力发电装机容量在东北电网水电机组总容量当中，所占比例较大，1991～2002年，每年都超过60%，有几年超过70%。吉林省的几个大型水电厂装机容量大，单机容量也大，适合参与东北电网的调峰和调频。

一、大型水电站设备

至2002年，吉林省有大型水力发电厂5座，其有关设备情况分述如下：

（1）丰满发电厂共12台大型机组，有6.5万千瓦机组2台，6万千瓦机组1台，7.25万千瓦机组5台，8.5万千瓦和14万千瓦机组各2台，总容量100.25万千瓦。坝顶高程267.7米，最大库容为110亿米^3。

（2）白山发电厂共9台机组，有30万千瓦机组5台，5万千瓦机组4台（红石站），总容量170万千瓦。坝顶高程423.50米，水库保坝洪水位423.45米，最大库容64.31亿米^3。

（3）云峰发电厂共有 10 万千瓦机组 4 台，中朝各半，中方容量 20 万千瓦。坝顶高程 321.75 米，最大库容 38.95 亿米^3

（4）渭源发电厂有 6.5 万千瓦机组 6 台，中朝各半，中方容量 19.5 万千瓦；厂址在鸭绿江左岸朝鲜侧。

（5）松江河发电厂，小山电站有 8 万千瓦机组 2 台，容量 16 万千瓦。

上述大型机组容量总和为 325.75 万千瓦。

二、中小型水电站设备

至 2002 年，吉林省有中小型水电站 141 座，装机总容量 31.96 万千瓦。其中，500 千瓦及以上水电站 94 座，装机总容量 31.18 万千瓦，6000 千瓦及以上水电站 14 座，装机总容量 19.81 万千瓦。超过 1 万千瓦的中小型水电站有 5 座。两江水电站 6 万千瓦，满台城水电站 2.49 万千瓦，北江水电站 2.08 万千瓦，宝泉山三级水电站 1.2 万千瓦，湾湾川水电站 1.2 万千瓦。

1991～2002 年全省发电装机容量和水电装机容量统计，见表 5－2－1。

表 5－2－1　　1991～2002 年全省发电装机容量和水电装机容量统计

年　份	全省发电装机总容量（万千瓦）	水力发电装机	
		总容量（万千瓦）	所占比例（%）
1991	554.77	256.81	46.29
1992	614.56	295.69	48.11
1993	629.05	295.82	47.03
1994	663.56	297.37	44.81
1995	697.72	298.66	42.81
1996	685.69	288.94	42.14
1997	733.49	311.74	42.50
1998	773.43	334.38	43.23
1999	798.36	338.79	42.44
2000	843.04	341.69	40.53
2001	867.74	344.79	39.73
2002	877.52	344.70	39.28

注　1991～1995 年为 500 千瓦及以上发电厂装机容量，1996～2002 年为 6000 千瓦及以上发电厂装机容量。

三、经济技术指标

1991～2002 年，全省总发电量和水电发电量对比情况统计、全省大型和中小型水电厂发电量对比情况统计以及大型水电厂经济技术指标完成情况统计见表 5－2－2～表 5－2－4。

表5-2-2　　1991～2002年全省总发电量和水电发电量统计

年　份	全省发电总量（亿千瓦·时）	水电厂发电量	
		总发电量（亿千瓦·时）	所占比例（%）
1991	199.49	64.04	32.10
1992	203.69	38.39	18.85
1993	241.71	46.68	19.31
1994	259.46	61.04	23.53
1995	284.38	82.88	29.14
1996	289.91	57.65	19.89
1997	276.46	37.77	13.66
1998	270.99	40.21	14.84
1999	289.69	45.81	15.81
2000	288.98	46.90	16.23
2001	301.04	58.44	19.41
2002	304.86	45.75	15.01

注　1991～1995年为500千瓦及以上发电厂发电量，1996～2002年为6000千瓦及以上发电厂发电量。

表5-2-3　　1991～2002年全省大型和中小型水电厂发电量对比情况统计

年份	水电厂总发电量（亿千瓦·时）	大型水电厂发电量		中、小型水电厂发电量	
		总发电量（亿千瓦·时）	所占比例（%）	总发电量（亿千瓦·时）	所占比例（%）
1991	64.16	59.39	92.57	4.77	7.43
1992	38.44	34.03	88.53	4.41	11.47
1993	46.80	42.02	89.79	4.78	10.21
1994	61.01	55.80	91.46	5.21	8.54
1995	82.63	77.09	93.30	5.54	6.70
1996	60.16	54.94	91.32	5.22	8.68
1997	39.96	35.41	88.61	4.55	11.39
1998	42.77	37.78	88.33	4.99	11.67
1999	48.43	42.58	87.92	5.85	12.08
2000	49.24	41.46	84.20	7.78	15.80
2001	60.42	52.81	87.40	7.61	12.60
2002	47.20	39.45	83.58	7.75	16.42

注　表中所列中、小型水电厂发电量为吉林省地方水电局统计数据，是全部中、小型水电厂发电量之和。故水电厂总发电量和省电力公司统计数据略有出入。

表 5-2-4 1991～2002年吉林省大型水电厂经济技术指标完成情况统计

年份	丰满发电厂				白山发电厂					云峰发电厂					松江河发电厂			
	发电量（亿千瓦·时）	发电设备利用小时（小时）	平均耗水率[米³/（千瓦·时）]	发电厂用电率（%）	发电量（亿千瓦·时）	发电设备利用小时（小时）	平均耗水率[米³/（千瓦·时）]		发电厂用电率（%）	发电量（亿千瓦·时）		发电设备利用小时（小时）	平均耗水率[米³/（千瓦·时）]	发电厂用电率（%）	发电量（亿千瓦·时）	发电设备利用小时（小时）	平均耗水率[米³/（千瓦·时）]	发电厂用电率（%）
							白山站	红石站		全厂发电量	中方发电量							
1991	20.64	3707	6.71	0.31	25.94	2294	3.66	17.08	0.39	16.10	7.38	3692	4.62	0.59				
1992	10.07	1468	7.57	0.69	14.26	902	3.69	17.02	0.81	11.08	6.52	3262	4.86	0.75				
1993	10.52	1685	7.20	0.89	21.71	1277	3.60	17.01	0.59	9.13	4.71	2353	5.19	1.20				
1994	16.62	2804	6.91	0.64	25.23	1484	3.53	17.18	0.47	11.54	5.63	2817	4.57	1.05				
1995	20.39	3442	6.66	0.49	36.61	2154	3.56	17.47	0.35	17.42	9.55	4775	4.36	0.59				
1996	15.82	2669	6.89	5.15	24.14	1420	3.64	17.26	2.01	13.31	7.60	3800	4.71	0.74				
1997	9.20	1513	7.76	4.83	15.31	900	3.63	17.21	2.05	11.97	7.37	3683	4.76	0.81	0.049			
1998	8.11	1013	8.18	1.30	21.81	1283	3.59	17.33	1.05	5.68	2.89	1444	4.80	2.18	0.69	508	4.99	1.70
1999	10.48	1201	7.91	7.28	17.76	1045	3.60	17.14	0.68	13.60	7.68	3841	4.82	0.72	0.96	598	3.48	0.92
2000	7.35	842	8.25	9.85	22.06	1297	3.57	17.06	0.51	9.02	8.48	4239	4.84	0.77	0.98	614.7	4.46	1.54
2001	10.78	1236	7.84	4.72	26.36	1550	3.61	17.34	0.43	11.39	10.13	5067	4.78	0.72	0.93	578	4.96	1.85
2002	9.24	1059	7.95	6.00	17.37	1022	3.83	17.37	0.65	8.09	7.38	3690	4.95	1.01	1.72	1077	4.27	0.90

注 表中所列丰满发电厂发电量不含隆华水电站发电量。隆华水电站（集体电厂）由丰满发电厂1、4号机组组成，总容量13万千瓦。1993～2002年，该电站发电量分别是18 567万、39 451万、48 118万、40 348万、19 883万、16 903万、24 238万、14 490万、23 039万、18 865万千瓦·时。

全省已建成通化县、临江市、抚松县、靖宇县、长白县、安图县等6个小水电县。2002年末，6个小水电县的水电站装机总容量206 768千瓦，占全省中、小型水电站装机总容量的64.69%。发电52 446万千瓦·时，占全省中、小型水电站同年总发电量的67.67%。2002年，6个小水电县发电、供电情况统计见表5-2-5。

表5-2-5　　2002年6个小水电县发电、供电情况统计

水电县名称	装机总容量（千瓦）	发电量（万千瓦·时）	供电量（万千瓦·时）	发、供电量比（%）
通化县	25 445	4745	7752	61.21
临江市	16 643	2957	13 004	22.74
抚松县	28 710	5485	8232	66.63
靖宇县	15 185	1835	9255	19.83
长白县	34 055	9554	11 336	84.28
安图县	86 730	27 870	33 841	82.36

第二节 生 产 管 理

吉林省的水电厂管理模式多样化，调度体制也多样化。1991～2002年期间，大型水电厂有的归国家电力公司东北公司管理，有的归省电力公司管理。中、小型水电厂综合管理部门是吉林省地方水电局。各水电厂的具体管理也呈多样化状态。为有序开展水电生产，大型水电厂建立了厂、分场、班组三级生产组织。各水电厂建立管理机构，配备管理人员，建立健全规章制度，积极地开展设备管理、计量管理、缺陷管理和技术资料、图纸、档案管理。随着改革的深入，各单位深化管理体制改革，实施新体制模式，推动了管理水平的提高和经济效益的提高。

一、管理体制和生产机构

（一）管理体制

吉林省水力发电厂的管理体制发生过多次变迁，至2002年末，呈现了多元化的管理模式。丰满、白山这两个大型水电厂归国家电力公司东北公司管理；云峰发电厂是中、朝两国共同投资修建、利益共享、中方管理的大型水力发电厂，由国家电力公司东北公司管理；另一个大型水电厂——松江河发电厂归省电力公司管理。吉林省设有吉林省地方水电局，加强了对全省中、小型水电厂的统一管理。各中、小型水电厂的具体管理是多样化的。有的归县、乡水电部门管理，有的归有关企业管理。中型水电厂两江发电厂则是由省电力公司和安图县联合管理。

中、朝两国在鸭绿江中、上游共同建设的两座界河电站，云峰发电厂建在中国吉林省境内，该厂由中方负责运行和具体管理；渭源发电厂建在朝鲜国境内，该厂由朝方负责运行和具体管理。这两个水电厂的有关重大事宜由中朝水力发电公司决定。

（二）电力调度体制

吉林省境内的水电厂电力调度体制比较复杂，形成了东北电力调度、省电力调度、地区电力调度和县电力调度多级调度的体制。截至 2002 年末，丰满、白山、云峰 3 座大型水电厂由东北电网调度局调度；大型水电厂松江河发电厂、中型水电站两江电站和小型水电站满台城电站、北江电站，由吉林省电力调度局调度。6 个小水电县的部分小型水电站由各县自己调度；其他小型水电站由地区电力调度部门调度。

（三）生产机构

吉林省各水电厂建立生产组织，随着生产的发展和改革，不断调整生产组织，以适应水电生产的需要。各大型水电厂都建立了厂、分场、班组三级生产组织。

1. 厂级生产机构

厂一级生产组织由厂长、副厂长、总工程师、副总工程师和职能管理部门生产技术部、安全监察部等组成。2002 年末时，丰满发电厂生产技术部设主任 1 人，副主任 1 人，并设有生产调度（兼运行）、机械、电气一次、电气二次、水工、可靠性管理等专责工程师。安全监察部设主任 1 人，专责工程师 2 人。白山发电厂除上述岗位外，还在生产技术部设有计算机、自动化、水调和科技环保等专责工程师。各水电厂的生产技术部门主要负责组织全厂各系统各专业运行、机组及各种设施的大、小修及更改工程技术措施方案的制定，各种生产技术规程的拟定，组织有关部门和人员，研究解决生产中出现的技术问题。安全监察部门主要负责安全监察工作，组织编制安全技术措施，执行各项规章制度，开展各项安全活动，保证全厂各项生产活动的进行。

2. 生产分场

分场是水电厂的基层生产组织，分场是二级机构，设分场主任、副主任、专责工程师和安全员，有的水电厂还设成本员和材料员，负责组织本分场的职工全面完成厂部部署的各项任务。大型水电厂一般都设有运行、电气、机械、水工、通信等分场，各水电厂因情况各异分场设置也各不相同。

随着新体制模式的实施，有的水电厂的二级生产组织做了较大调整。按照新体制模式的要求，2002 年末，白山发电厂设立了发电部和水库调度通信部 2 个二级生产部门，统一组织白山、红石两个水电站生产任务的落实。松江河发电厂自投产之日起就按照新体制模式组织生产。二级生产组织只设了发电部和维护部。

3. 生产班组

生产班组是水电厂内最基层的生产组织，由班组长、副班组长、技术员和若干名工人组成。班组要按照厂、分场的统一部署和生产需要组织生产和开展技术管理工作。吉林省各水电厂根据运行维护和设备检修、试验、观测等生产活动的需要设置相应的班组，班组的数量则由水电厂生产活动工作量的多少和生产体制来决定。白山发电厂 1990 年时全厂共设立了 57 个生产班组，其中白山电站 31 个，红石电站 26 个。到 2002 年，按照新体制模式的要求，生产班组大大减少。发电部桦甸调度室和白山、红石电站各设 4 个运行值，负责运行值班工作；水库调度通信部下设水调、气象、测报、通信、寻呼和通信检修 6 个班。丰满发电厂总装机容量大，设备比较多，所以班组也比较多。1991 年，该厂有机、电各 5 个运行值和 45 个生产班组，2002 年时有 5 个运行值和 34 个生产班组。

（四）生产的组织和指挥

省内各水电厂按生产计划和安排组织生产，按照统一领导，分工管理，各负其责的原则开展生产活动。

各级生产组织者依照职责来组织和指挥生产。依据职责范围来处理日常的生产工作。还可以随时召开有关会议，安排部署生产任务，检查指导生产工作。各水电厂都建立了例会制度。丰满发电厂利用每天早会，由生产副厂长主持召开有关部门电话会议，由当班值长汇报生产情况。每周五由生技部主持召开生产例会，总结本周生产工作、布置下周生产任务，每月初召开中层干部会议，先进行生产例会，由安监部、保卫部汇报安全生产情况。云峰发电厂通过厂长办公会、月份中层干部工作会议实施决策，检查指导生产，安排部署生产任务，组织开展生产活动。松江河发电厂在正常情况下，每两周召开一次生产例会。会上，各生产单位汇报本单位生产工作完成情况，设备运行情况以及生产中存在的问题；生产管理部门要传达上级要求，通报上次生产会议所布置工作的完成情况。厂领导要在例会上安排下一阶段工作，提出具体要求，并准确、及时、有效地组织生产。

吉林省各水电厂，把搞好运行值班作为保证水电厂安全经济运行的关键。运行值长在电网调度、主管副厂长（总工程师）领导下，组织当班运行人员进行设备操作，监视调整和巡视检查，处理人身和设备事故，落实全厂安全经济运行的重要任务。

二、规章制度

各水电厂根据上级电力部门颁发的法规，针对本厂的具体情况，制定和修订了有关规章制度、实施细则、奖罚规定和考核办法，并贯彻实施。他们通过开展规章制度的学习和考试，开展反习惯性违章，开展“两票三制”执行情况考核，保证各项规章制度的贯彻实施。

（一）规章制度的建立和修订

各水电厂加强了规章制度的制定和修订，坚持做到有章可循，为安全经济生产提供了制度上的保证。

1. 规章制度的建立

1997 年 12 月，松江河发电厂小山电站第一台机组建成投产。该厂实行新厂新体制，在建立规章制度时，坚持做到新厂有新的起点，以“一切有利于发展，一切有利于提高管理水平，一切服务于生产实际”为出发点，借鉴国内兄弟水电厂的先进经验，结合自己的实际，为适应无人值班（少人值守）工作方式，编写了值守制度、发电部各岗位标准、应急处置和随叫随到制度等 15 项工作制度。

该厂还根据上级颁发的有关规章制度，结合本厂特点，逐步建立和健全了安全生产管理制度。到 2002 年 12 月为止，已制定了各级人员安全生产职责，安全工作实施细则，安全生产奖罚规定，安全设施管理细则，反习惯性违章实施细则及工作票管理规定等。

为便于考核，加大执行规章制度的力度，松江河发电厂在每项规章制度中都制定了考核办法。

白山发电厂于1999年12月实现了无人值班（少人值守）工作方式。为适应新的运行方式的需要，该厂制定了《白山发电厂运行分场工作标准》和《白山发电厂运行少人值守管理标准》等（以下简称《标准》），对发电厂调度及各电站值守人员的岗位职责、工作内容、范围等作了严格的规定，提出了严格的要求。《标准》对值守人员和随叫随到人员的职责进行了划分，规定了巡视项目、周期、路线和如何做好设备缺陷记录。《标准》还要求有关人员遵照白山发电厂地下、左岸、红石3电站定期工作表及运行规程规定，作好定期维护和试验。《标准》还对操作票的制定、执行，设备的操作、监护及缺陷处理，设备清扫等做了具体的规定。

2. 规章制度的修订

1997年，白山发电厂在企业安全、文明生产创水平达部标工作中，对1989年制定的工作标准、管理标准、技术标准共计1001项进行了第一次修订，增加了部分内容。2002年，该厂又对全厂的各种标准进行了第二次修订，对各有关规章制度和标准进行了完善。在生产管理方面，有生产管理实施细则，生产值班管理制度，生产早会管理制度，生产报告方案管理制度等5项。在技术监督管理方面，有绝缘、化学、金属、电测仪表、继电保护、水工、电能质量等各项技术监督管理标准；有科技管理、科学技术奖励标准；有有关部门内部考核制度、工作制度、工作细则等。以上各个方面共计16项。在运行管理方面，有有关部门的管理标准、考核细则等4项。在检修管理方面，有关管理标准有30万千瓦及5万千瓦水力发电设备大修材料定额等6项。另外，还有计量管理标准10项，设备管理标准2项，计算机管理标准1项。

（二）规章制度的执行

各水电厂，从领导、各级管理人员到普通工人，都能严肃认真地执行上级颁发和本厂制定的各项规章制度。在发电运行中，严格执行“两票三制”和运行规程，并做好交接班、监盘、设备巡回检查等项工作；在设备日常维护和大小修工作中，认真执行设备维护、设备管理等项标准，严格按照检修规程做好设备检修和更新改造工作。水库调度人员执行水库调度管理标准，认真做好了水文、气象观测、水情预报、日常调度和洪水调度等项工作，保证了各水电厂的安全经济运行。

松江河发电厂为保证规章制度的实施，采取了一些有力措施：

（1）坚持实行规程考试制度。他们组织职工认真学习规章制度，除日常考试外，在关键的生产阶段还要组织专门的考试。该厂一直坚持生产人员每年春、秋检前各进行一次安全规程和安全知识考试，由安监部组织，厂领导、厂纪检人员和劳人部人员亲自监考。

（2）坚持开展反习惯性违章。在该厂制定并实施的《反习惯性违章实施细则》中，对习惯性违章的具体表现做出了规定，每年春、秋检，电厂都组织有关人员深入现场查处违章，有效地控制习惯性违章行为。

（3）坚持开展“两票三制”执行情况考核。该厂自1997年小山电站投入运行开始，一直把“两票三制”执行情况考核列入安全考核之中，通过考核，提高了工作票、操作票的填写签发质量和执行质量，1997～2002年，该厂“两票”合格率都在95％以上，没有因“两票”问题而发生事故。

三、档案管理

各水电厂重视设备档案建立和技术资料的收集、整理，并加强了管理。建立了管理机构，配备了得力人员，开展了经常性的培训，提高了管理水平，注意做到设备档案和技术资料齐全，采取有效措施防止丢失，并加强了责任制考核。各单位注意发挥设备档案和技术资料的作用，为加强安全经济生产作出贡献。

（一）设备档案建立

各水电厂都建立和健全了全厂主要设备的技术档案和设备台账。白山发电厂地下、左岸、红石3个电站分别建立健全了所辖主设备、辅助设备的档案。各水电厂的班组也都建立和健全了所辖设备的全部档案。

松江河发电厂是个新建的水电厂，从建厂时期就加强了设备档案的建立。1997年12月，小山电站投产发电后，从设计和施工单位接收了大部分主机及其他设施的设计图纸、施工图纸和更改设计。1996～1997年间，正处于设备安装高峰时期，大量设备到货。其中有一部分设备的说明书和开箱资料存入了档案室，但有很多资料未及时存入，而是流入个人手中或在施工完成后丢失。为此，自1998年开始，该厂规定：对所购进的设备，必须由设备使用人员会同档案管理人员共同开箱，所有设备的开箱资料及说明书原件，均由档案管理人员收集、登记，并存入档案室，设备使用人员需要相关资料时，可以到档案室查阅，也可以复印。

为搞好设备档案的建立，松江河发电厂自1998年初开始，就对设备进行摸底，建立机电设备手册，结合更改设计校对了设计图纸。对主设备水轮机、发电机、保护系统等有关资料都进行了整理，形成了《松江河发电厂小山电站学习资料汇编》（1～10卷）。

2000年，松江河发电厂开始对厂内设备进行评级，每年评级一次，并填写设备评级台账。各班组的设备台账每年要进行一次修改和完善，增加设备改造或新增设备的资料。2000～2001年，各班组建立了设备技术档案。设备技术档案包含了设备台账的内容，并增加了设备检修和改造的资料。

（二）设备档案管理

各水电厂根据自身情况设立了档案室、档案科、档案处。1998年，有的水电厂根据东北电力集团公司新体制方案的要求，撤销了档案处，档案工作由电厂办公室负责管理。各水电厂都配备了人员从事设备档案管理，并开展了人员培训，组织档案管理人员学习业务，提高管理水平。东北电力集团公司和省电力公司都开展了设备档案管理检查，各水电厂也经常开展设备管理自查，推动设备管理工作不断提高水平。

为加强设备档案管理，云峰发电厂等单位制定并贯彻执行了《档案人员岗位责任制》、《档案借阅制度》、《科技档案管理制度》、《档案库房管理制度》、《档案保密制度》等管理文件，使档案管理工作提高到一个新的水平。

各水电厂的档案管理都分为两个层次，一部分档案由厂里管理，另一部分档案由班组管理。班组档案管理都纳入了班组建设之中，每半年进行一次检查。

四、计量管理

为加强计量管理，大型水电厂设立了专门的计量管理组织。厂生产技术部内设计量管理组，配有专责工程师。各厂的计量管理组在主管副厂长领导下统一管理全厂的计量工作。白山发电厂还在各分场及有关科室设兼职计量管理员，负责本单位的计量工作。各大型水电厂在机电分场或维护分场设仪表班，负责做好计量工作。为了开展好计量工作，各水电厂配备了计量工作人员，参加上级公司或本厂组织的培训，开展业务学习，人员素质不断提高。各厂的电测计量检定人员需经上级电测计量技术考核合格，取得合格证书后，方可从事检定工作。

云峰发电厂是个老厂，原有的仪器仪表老化。为了提高计量工作水平，在电测计量标准装置、标准室的改善等方面投入了一定资金，使电测计量室得到改善，检定设备逐年更新换代。松江河发电厂是个新厂，从 1999 年开始筹建电测计量标准室，按照计量标准考核规范的要求，从设备、人员、环境、软件等方面对实验室进行了完善。经该厂申请，省电力公司计量办公室于 2000 年 3 月为该厂的 7 项计量标准颁发了计量标准证书。

按照隶属关系，丰满、白山、云峰水电厂使用的电测、水工计量仪表和装置的建标、检定、管理工作由国家电力公司东北公司负责。其电测、水工最高计量标准接受东北电力科学研究院的传递和监督。厂内使用的强制鉴定工作计量器具，由东北电力科学研究院或吉林省及所在市计量局负责检定。松江河发电厂使用的电测、水工计量仪表和装置的建标、检定、管理工作由省电科院负责。属于各水电厂电测、水工计量室检定的计量器具，由各使用单位按周检计划送检。其他计量器具（长度、衡器等）由厂计量管理部门按周检计划安排各使用单位统一送检。为加强计量管理工作，各水电厂都按周检计划开展器具的周期检定工作，按规定建立了计量技术档案，编制了计量器具清册，并积极开展技术革新，推广新技术、新设备，不断提高计量测试水平。

五、设备管理

各水电厂建立了全厂的设备管理体系。加强设备缺陷管理，采取有效措施，尽快消除设备缺陷。为全面掌握设备技术状况，积极开展了设备评级鉴定，开展设备可靠性管理，提高设备健康水平和设备的利用率，努力完成上级下达的设备等效可用系数定额指标。国家电力公司东北公司、省电力公司和各水电厂，还加强定值管理。通过加强设备管理，保证设备的健康运行。

（一）管理体制及分工

各水电厂的设备实行厂、分场、班组三级管理。生产技术部门负责全厂的设备管理，在生产副厂长（总工程师）的领导下，开展管理工作。将设备管理分工落实到分场。各班组将自己分管的设备逐台落实到专责组或专责人进行对口管理，形成了人人管设备、台台设备有专责、全厂自上而下的设备管理体系。

（二）设备缺陷管理

各水电厂重视设备缺陷管理，制定管理制度和管理标准，采取有效措施，切实把这项工作做好。各水电厂都建立设备分工专责制，实现设备缺陷厂、分场、班组三级管理。各厂根据缺陷对安全经济运行所造成的威胁程度，将设备缺陷划分为重大缺陷、主要缺陷和一般缺陷三级。各水电厂在生产运行中，十分重视及时发现设备缺陷，及时处理设备缺陷，或列入计划，通过大小修、设备改造消除设备缺陷，保证全厂的安全经济运行。

为及时发现设备缺陷，各水电厂的运行人员，加强了设备检查、巡视，当发现缺陷或异常状态时，及时汇报给班长、值长，对于较大缺陷，值长及时报告总工程师或主管生产的副厂长和生产技术部、安全监察部和设备检修部门，同时，将缺陷记入缺陷记录簿中并登录MIS网。运行人员还要主动同检修人员联系，争取及时处理，使设备处于良好运行状态。

检修、维护部门能做到及时处理设备缺陷。对较大的设备缺陷，专业检修班组不能自行处理时，设备检修部门或生产技术部门将协调有关班组联合处理。对于不需要停机或不需退出运行即可消除的缺陷，由维护人员立即处理；对于会影响设备或人身安全的重大缺陷，必须停机或退出运行及时处理时，各厂会经过主管生产的领导批准，申请通过临时检修进行处理；一些重大设备缺陷，需由厂生产领导、生产技术部门、运行分场、检修部门共同研究，制定消除缺陷技术方案，通过设备大、小修进行处理。对于经过检修也不能处理的重大设备缺陷，各厂都会记入生产技术部门的设备缺陷记录簿，通过实施下年度技术改造或反事故技术措施加以处理。

设备缺陷记录簿，详细记载了设备缺陷发现的日期、内容、消除日期及处理情况。各水电厂的检修、维护部门都设有这种记录簿，并将设备缺陷处理情况及时向有关领导汇报。

各水电厂都建立了激励机制，鼓励运行人员及时发现缺陷和检修、维护人员及时消除缺陷。不论是运行人员还是检修人员发现重大设备缺陷，避免了主设备损坏、停机、停电等事故者，都要给予重奖。对于消除技术难度大、工作任务繁重设备缺陷者加大了奖励力度。对由于设备缺陷而影响机组出力或造成设备损坏、停运的责任者，都给予了相应的处罚。

（三）设备评级

为了加强设备管理，全面掌握设备的技术状况，各大型水电厂每年都开展设备评级鉴定，以进一步管好、修好、用好设备，保证安全经济发电。一般情况每年进行1次或2次设备评级。设备大、小修后消除了重大设备隐患或设备缺陷，引起了设备技术状况改变，要对设备评级。发电厂有新设备投入运行，在正式交接前，由生产单位和基建单位共同做好新设备的评级。

发电厂主设备评级由生产副厂长或总工程师主持，生产技术和安全监察部门主任，有关分场主任，生产技术、安监部门和有关分场专责工程师，有关班组的班组长、技术专责人及运行部门有关专业技术人员参加。机电辅助设备评级由分场主任主持，生产、安监部门专责工程师，班组长和班组技术专责人参加。

各水电厂的参评人员，根据《发电厂检修规程》、《电力工业技术规范》、《水工建筑物评级标准》等文件，坚持实事求是的原则，通过对检查、试验的结果进行分析，查阅有关记录，对照设计与规程、标准，全面分析设备运行的指标、参数、保护、自动化程度、缺陷程度和文明整洁等情况，做出科学的判断，准确地评定设备等级。设备评级分一、二、三类，一、二类设备统称完好设备，各厂都统计完好率和一类率，对三类设备都要制订消除缺陷及升级的计划和时间，使之升级为完好设备。设备评级的结果由生技部门汇总，上报上级主管部门。2002年各大型水电厂设备评级结果统计见表5-2-6。

表5-2-6 2002年各大型水电厂设备评级结果统计

单位	主设备		辅助设备	
	完好率（%）	一类率（%）	完好率（%）	一类率（%）
丰满发电厂	100	97.2	100	95.3
云峰发电厂	100	95	100	100
松江河发电厂	100	100	99.2	

（四）设备可靠性管理

为加强设备可靠性管理，各大型水电厂都成立了可靠性领导小组，加强了组织领导。可靠性管理工作由生产技术部门负责，设置了可靠性管理专责岗位，按规定配备了专责人员，并在全厂建立了管理网络。

各大型水电厂认真贯彻执行国家经贸委《关于可靠性管理暂行办法》以及国家电力公司东北公司和省电力公司颁发的发电设备可靠性管理办法等文件，并结合本厂情况，制定了可靠性管理标准，并按照该标准进行管理考核。各单位每月都要对本厂设备状况，生产事件进行登记、分析、从中找出安全隐患。各厂的可靠性管理专责，每月都要采集可靠性数据，经厂领导批准后上报，并做为重要数据资料采集保存。

云峰发电厂在1991年以后的几年中，在“安全、文明生产达标”，争创“无渗漏水电厂”，“创全国一流水力发电厂”的活动中，通过加强可靠性目标管理、可靠性指标分析等活动来加强发电设备管理，使设备的健康运行水平及机组设备利用率都有很大提高，连续9年超额完成了国家下达的年度设备等效可用系数等定额指标。松江河发电厂小山电站2台机组建成投产发电后，该厂加强了设备检修，全面系统地消除设备缺陷，使该厂发电设备等效可用系数等定额指标完成较好。

（五）定值管理

各水电厂的设备定值实行分级管理。归谁管辖的设备就由谁下达设备定值。丰满、白山、云峰各水电厂220千伏出线分别由东北电网调度部门和吉林省电网调度部门负责管辖和调度，这些送电线路继电保护和自动装置的定值相应地由东北电网和吉林省电网调度部门分别下达。白山发电厂红石电站、云峰发电厂66千伏出线和松江河发电厂10千伏出线的继电保护和自动装置定值，则分别由吉林、通化、白山地区电网调度部门下达。各水电厂的发变电组设备和厂用电设备的继电和自动装置的定值以及母线、母联、母线分段继电和自动装置的定值，则根据保护定值配置原则，由各水电厂自行整定，自行管理。

各水电厂发、变、送、用电设备继电和自动装置设备定值的修改和调整，也由下达定值的单位负责进行。

六、管理模式及体制改革

吉林省的水电厂根据各厂的情况不同，实行了一厂一站和一厂多站的管理模式。在实行运行体制改革方面，先是实行机电运行合一，然后加强了自动化建设和远方控制，远方监测。白山、丰满发电厂率先实现无人值班（少人值守）和远方监控。新建的松江河发电厂实行新厂新体制模式，只设运行、维护人员，不设检修人员，所有大修项目均采取外包的形式解决。采取这样的运行模式和管理模式，大大地减少了人员，提高了发电厂的经济效益。

（一）一厂一站与一厂多站的管理模式

云峰发电厂是一个发电厂一个水电站的管理模式。丰满发电厂自 1943 年建成投产后，很长一段时间也是只有右岸一座电站，第三期扩建 2 台 14 万千瓦水轮发电机组后，形成了一厂两站的管理模式。白山发电厂地下电站和红石电站实行一厂两站的管理模式。二期扩建两台 30 万千瓦机组，出现左岸电站，形成一厂三站的管理模式。松江河发电厂由梯级电站构成，包括五坝三站，小山电站已于 1998 年建成投产。待双沟、石龙两电站建成后，松江河发电厂将实行一厂三站的管理模式。

（二）管理体制改革

各水电厂原来的管理体制都是实行检修、运行统一管理，发电厂的生产部门既有运行也有检修。松江河发电厂在筹建时，就是按新厂新体制模式设计和安排的。按新体制要求，人员要精练。1998 年小山电站建成投产后，全厂只有 160 多人。新体制的机构非常精简，只设运行、维护人员，不设检修人员。日常维护和设备小修由维护人员完成，所有大修项目均外包，由发电厂统一管理。发电厂的生产只设生产技术管理，安全监察、发电、维护和水工管理等部门，1998 年小山电站建成投产时，全厂生产人员只有 70 多人，非常精干。

吉林省原有的水电厂，20 世纪 90 年代，其管理体制也进行了改革。发电厂的生活服务工作，全部划归多种经营公司管理和经营。发电厂的设备检修则由新成立的多种经营检修总公司、检修工程处承担。

（三）无人值班和远方监控

各水电厂的运行方式经历多次改革，从实行现场操作，就地监控，发展为无人值班（少人值守）远方操控方式。白山发电厂于 1992 年将基地由白山镇迁到桦甸市。白山水电站运行值班方式由 5 值 3 班倒改为 4 值 2 班倒，每周有 2 个值在现场值班，分白班和夜班各 1 个值，每值又分为电气和机械 2 个班，每周轮换一次。红石水电站自 1994 年也开始实行 4 值 2 班倒。这一时期，云峰发电厂则是设 6 个运行值。每值又分为电气和机械 2 个班。6 值实行白班、前夜、后夜轮班值班制。

在运行体制改革的过程中，白山、丰满、云峰等水电厂先筹划实行“机电合一”（机械和电气设备由 1 个值班人员监控和操作）的运行方式。在不断提高设备可靠性和自动化水平的同时，加强人员培训，提高值班人员素质，培养出“一工多艺”、“一专多能”技术水平较高的运行维护人员。1997 年 11 月，白山发电厂实现“机电合一”的值班方式，全厂运行人员由 121 人减少为 62 人。1998 年，云峰、丰满两发电厂也实现“机电合一”的运行方式。

各水电厂继续深入地进行运行体制改工，应用遥控遥测技术，应用电子计算机，对水力发电设备进行自动化改造，实现了水电站的远方监控和自动化运行。白山发电厂于1999年12月实现了无人值班（少人值守）的运行方式，3个电站每值各设2人值守。该厂生产调度中心和生活基地建在桦甸市，距离地下、左岸两电站73千米，距离红石电站35千米。3个电站由桦甸调度中心的监控系统实行集中远方控制，实时采集主要设备的运行参数。水电厂各控制点和监视点的自动化安全检测、断路器开合操作、水轮发电机组的自动顺序起停控制以及其他自动监测、操作和控制由桦甸调度中心完成。桦甸调度中心实现了对白山地下、左岸两电站和红石电站9台机组远方监控、远方自动开机、停机、自动发电机控制（AGC）、自动电压控制（AVC）。该调度中心设4个值，实行4值昼夜2班倒，每值设值长1名，值班员3名。丰满发电厂于2001年4月实行无人值班（少人值守）的运行方式，运行人员开始一次性分流，全厂运行人员减少50%。同年7月，该厂正式实行无人值班（少人值守）的运行体制。云峰发电厂将调度中心设在集安市，与电站相距41千米，于2001年11月，达到了无人值班（少人值守）和远方监控的条件（但2002年末之前，没有实行无人值班，一直坚持现场值班）。白山、云峰两水电厂实行无人值班（少人值守）的运行体制改革，分别于2000年4月和2001年12月通过了国家电力公司的验收。

松江河发电厂由小山、双沟、石龙3个梯级水电站和松山、三道松江河2个引水工程组成，根据上级要求，整个发电设计为无人值班（少人值守）运行方式。该厂的梯级调度中心和生产区设在抚松县抚松镇。梯级调度中心分别于1998年和2002年实现了对小山电站和松山进水口闸门的远方监控，但由于小山电站现地的有些装置及对现场的可视系统还不具备条件，至2002年末，还不能实行无人值班（少人值守）的运行方式。

第三节 安全经济运行

为保证水电厂的安全经济性，各水电厂在运行中坚持做到水电机组优化组合和优化负荷分配；水库安全经济运行调度，力争在较高水位时发电，在丰水年，坚持做到多发电，少弃水和不弃水。如遇洪水，坚持做到在保证大坝安全的情况下，力争少弃水，多发电。对于梯级电站，加强了联合调度，互相调节，削峰防洪，减少弃水，多发电。对141座中小型水电站，实行分级调度，充分发挥中、小电站的发电能力。

一、水电机组的优化组合运行

在一定的落差下，不同型号的水轮发电机组单机发电耗水率是有差异的。各水电厂充分利用机组这一特性，开展了机组优化组合运行。落差一定，带不同的负荷，开动哪几台机组最经济，这是组合方式问题。在负荷和组合方式已确定的情况下，各台不同机组各带多少负荷最经济，这是负荷分配问题。各水电厂在开展经济运行时，较好地解决了组合方式问题和负荷分配问题。

丰满发电厂根据“按等微增耗水率分配机组间的负荷，其总的耗水率为最低”这一经济运行的基本原理，重新绘制经济运行曲线。将原有的8台主机按水轮机特性不同而分为两个类型：3、5、7、8号苏联产水轮机，称为新机，其效率最高点在高负荷范围内；而1、2、4、6号水轮机称为旧机，其效率最高点在较低的负荷范围内。他们利用制造厂家所给的水轮机特性曲线作为原始曲线，由此推导出新、旧机在不同水头下的耗水率曲线，从而绘制出在不同水头下新、旧机组的微增耗水率曲线和各种组合下的综合耗水率曲线。他们绘制出实用曲线图30余张，运行人员只要按曲线图开、停机组及负荷分配，就可达到经济运行的目的。

丰满发电厂作为调峰厂，负荷变动频繁，运行人员很难做到不停地查曲线去分配负荷。为此，该厂进一步改进，将曲线转换成图表，以数字代替曲线，称作机组负荷经济分配表。水头由50米到72米，每米制成一个表，共23张。全厂负荷每隔5万千瓦就有一个负荷分配值，使用起来比曲线便利得多。

各水电厂在各运行值间开展了节水竞赛。运行人员发现有漏水的地方，就尽量加以堵塞，对导水翼漏水严重的机组，在停机备用时，尽量关闭主阀。开停机时，尽量减少机组空转的时间，以减少空转耗水。

二、水电机组在高水头运行

各水电厂都尽量做到水电机组在高水头下运行，努力降低耗水率，充分利用来水，尽量多发电。他们坚持根据来水情况调整发电计划，如遇枯水，就要减少发电量，让水库保持高水位。松江河发电厂小山水电站，水库的正常蓄水位是海拔683米，该厂1998年6月建成投产后，一直坚持在冬季结冰前将水位蓄至海拔682米［此时的耗水率为4.3米^3/(千瓦·时)］，冬季运行时，以来多少水发多少电为原则，让机组始终在高水头运行。春汛来临前，将水位降至海拔675米［此时的耗水率为4.65米^3/(千瓦·时)］，春汛结束后，再将水位蓄至海拔680米。大汛来临前，将水库水位降至海拔674米，这样可以腾出水库的库容，迎接大汛期的来水，努力防止弃水。大汛结束后，再将水位蓄至海拔682米。

丰满发电厂水库的正常高水位是海拔261米。在实施经济运行时，力争使机组在高水头的情况下运行，大汛到来尽量不弃水，大汛过后使水位达到海拔261米，洪峰到来时，在保证安全的情况下，坚持大发水电。该厂总是坚持认真分析气象、水文信息，预测后期有无较大的降水过程，如无较大的降水，就要及时停止大发水电或关闭溢流闸门，让水库蓄水至正常高水位。1996年主汛期，丰满发电厂遇到洪水峰高量大，水库连续大流量来水，最高水位达海拔262.52米。电厂大发水电，并于8月9日开始溢流。该厂经气象、水文分析后，预测到后期无较大的降水，经上级批准，提前关闭了溢流闸门，结果少弃水8.29亿米^3，可多发电1.3亿千瓦·时。

三、汛期大发水电

吉林省春季冰雪融化，会迎来春汛；秋季，雨量充沛会迎来大汛。各水电厂都充分利用春、秋两季开展大发水电，尤其是秋季，大汛到来，各水电站水库进水量大，水头高，耗水率低，是大发水电的大好时机。为此，各水电厂都在汛期到来之前，搞好设备检修、改造，保证设备安全运行，各有关输电线路也都做好大量输电的准备。在大发水电期间，运行人员勤巡视、勤调整，保证运行中的各个系统安全可靠，积极完成大发水电的任务。

1995年，是白山发电厂建成后经历的特丰水年，主要降水过程集中在7月下旬至8

月上旬，该厂利用汛期大发水电，白山电站汛期发电22.5亿千瓦·时，全厂全年发电36.61亿千瓦·时，创造了该厂投产后年发电最高纪录。是年，丰满发电厂也充分利用汛期大发水电，共大发水电86天，全年累计发电20.39亿千瓦·时。

各水电厂加强了气象预报和水情测报，并对发电设施的安全性进行科学分析和评估，在保证安全运行的前提下，尽量做到不弃水和少弃水。2002年7月下旬，松江河发电厂小山水库、松山水库来水都比较大。按照设计要求，松山水库水位不能超过海拔707.60米，如超过此水位必须开闸放水。为了做到不弃水，多发电，该厂领导组织水库调度人员，对气象预报、来水情况和水库情况进行了分析和计算，最后库水位最高达到海拔708.53米，松山水库仍未开闸泄洪，结果，既保证了水库的安全运行，又实现了洪峰到来不弃水，多发电100多万千瓦·时。

四、水库调度

吉林省水电厂有的是一厂一库，有的是一厂多库。白山发电厂具有白山和红石水电站水库，是一厂两库。松江河发电厂是梯级开发的水利枢纽工程，包括小山、双沟、石龙3座梯级电站和松山、三道松江河2个引水工程，共计有5个水库。

各水电厂建立了调度机构，并配备了得力人员，通过开展水库调度工作，处理好发电、防洪、供水、灌溉等方面的矛盾，充分发挥水库的综合经济效益和防洪作用。日常的水库调度工作是由水库调度部门提出方案，由电厂运行人员完成。汛期，特别是洪水到来时的水库调度方案，要由上级领导部门做出决定，由电厂去实施。各水电厂水库调度工作的好坏，不但关系到发电量的多少，而且对下游的防洪、灌溉和供水也起着决定性的作用，历来为中央和地方有关部门重视。例如，对丰满水库的调度工作，特别是汛期调度，中央、吉林省、黑龙江省和东北电网都非常关注。通盘考虑各方面的利益后，国家提出丰满水库调度的总原则是：以发电为主，兼顾防洪，发挥灌溉、航运、工业用水等综合效益。

为了充分发挥水库的综合经济效益和防洪作用，各水电厂针对枯水、平水、丰水、洪水等不同的水文情况，遵循不同的调度原则，采取了不同的调度方法。

（一）平水、枯水时的水库调度

在平水年和枯水年，各水电厂坚持发电蓄水并举，力争让水库处在较高水位时发电，以提高发电效益和保证下游供水。

20世纪80年代末之前，吉林省的水电厂在水库调度方面，特别是在平水年和枯水年的水库调度方面，有经验教训。当时，由于电力供应紧张，要求各水电站多发电，对水库的合理调度，重视不够。云峰发电厂水库正常蓄水位海拔318.75米，死水位海拔281.75米。该厂1965年蓄水发电，在1966～2000年的35年中，有18年出现低于死水位运行，占总运行年数的51.4%。这样运行的结果，使水库失去了调节作用，长期处于低水头运行，耗水率高，不仅少发了大量水电，而且还大大削弱了水电站在电网中调峰、调频和事故备用的能力。

各水电厂不断总结水库运行中的经验教训，加强了水库调度，坚持做到发电蓄水并举，特别是在平水年和枯水年，合理控制发电量，保证水库在正常高水位运行。1992年是丰满水库极枯水年，全年水库来水仅有 64 亿米^3，比多年平均来水少 5 成，至汛末，水库水位仅有海拔 253.25 米，比正常高水位低 7.75 米。在这种情况下，丰满发电厂合理调度，严格控制发电用水，结果至 12 月末，库水位达海拔 252 米，相应库容 49.9 亿米^3，基本可以满足当年冬季和下年春季下游供水的需要。

1993 年，白山水库遇到了枯水年，全年来水较少，汛期来水量更少。白山发电厂与上级调度部门密切配合，灵活调度水库运行，严格控制库水位，抓紧汛末蓄水，收到了较好的效果。当年白山电站节水增发电量 2.06 亿千瓦·时，红石电站节水增发电量 0.25 亿千瓦·时。1997 年，丰满水库来水偏少，汛后根据水位偏低的实际情况，丰满发电厂积极向东北电力公司领导汇报，东北电力公司调整了该厂的发电计划，保持了合理的水库水位，保证了当年冬季和第 2 年春季下游的工农业生产用水和人民生活用水。

（二）丰水时的水库调度

在丰水年，各水电厂坚持做到在保证安全的情况下，多发电，少弃水，不弃水，争取最大的经济效益。

1994 年是白山发电厂遇到的一个丰水年，白山水库流域水情较好，汛期大的降雨过程分散，为该厂多发电，提高经济效益创造了条件。水工人员加强气象预报，水情测报，合理调度水库，使其在汛期始终处于高水位运行，做到全年没有弃水。结果，全厂全年发电 25.23 亿千瓦·时，比计划多发电 6.23 亿千瓦·时，比上年多发电 3.5 亿千瓦·时。白山电站全年发电平均耗水率为 3.53 米^3/（千瓦·时），是历年来最低的。

1994 年也是丰满发电厂一个丰水年，是年 3 月 25 日电力工业部召开了防汛电话会议。会后，丰满发电厂及时召开厂防汛工作会议，全面安排部署了防汛和大发水电任务。首先落实了发电设施改造工程任务，解决了大坝加固，厂房排水等项工程应解决的问题。为提高防汛电源的可靠性，该厂提前对坝上电源电缆和变压器进行了预防性实验，做好了泄洪设备和溢流门机电气回路改造，改善了厂区排水系统，保证了汛期泄洪设备的安全可靠。他们还改善了丰满发电厂和东北电力公司的通信联络设施，建成了丰满大坝坝基变形的激光观测系统，完善了水情自动测报系统，改造了水情信息接收和数据处理系统，提高了水情测报的精度，为加强水库调度，防汛大发水电创造了条件。

该厂的水库调度人员，努力做到科学预报，精心调度，积极为上级领导和本厂领导当好参谋。由于事先做好了防汛和大发水电的各项准备，汛期经受住了各方面的考验，实现了安全运行，前后 44 天超铭牌大发水电，并做到了汛期无弃水。该厂全年共发电 16.62 亿千瓦·时。

（三）多水库调度

吉林省的水电站原来都是 1 座电站 1 个水库或 2 座电站 1 个水库，松江河发电厂小山电站和松山引水工程建成后，出现了 1 座电站 2 座水库的建筑形式。吉林省在水电建设中，在多条江河上实施梯级开发，建成了多条江河上的梯级电站，形成了同一流域有多座电站和多座水库，所以在水库调度中，就存在着单一水库调度和多座水库调度的问题，如能搞好多座水库联合调度，就可以充分发挥多水库的优越性，搞好水量调节，实现经济运行多发电和更有效的削峰防洪。

1. 一站多水库调度

松山引水工程建成后，通过引水隧洞将漫江来水引入小山电站水库，使其调节能力大大加强。2002 年 3 月 30 日，松山水库开始正式蓄水，5 月 13 日引水洞通水，松山水库向小山水库供水。松江河发电厂于 2002 年 1 月 9 日为 2 座水库制定了联合调度方案。为充分发挥 2 座水库联合运行的优越性，松山水库首先要尽量向小山水库供水，使小山水库尽快蓄到正常蓄水位。待小山水库蓄至正常蓄水位后，在小山水库流域来水能保证小山电站发到保证容量的情况下，松山水库开始蓄水。水电站供水期尽量先利用松山水库的水量，以使小山电站能较长时间维持高水位运行。当松山库水位降至接近小山库水位，小山水库流域来水与引水洞引水流量之和不能满足小山电站发保证容量时，小山电站开始发低于保证容量向下游供水，直至两水库分别消落到死水位，但小山水库不能低于死水位。

为提高经济效益，保证小山电站正常发电，同时又考虑到其下游北江水电站的泄洪能力和抚松县城区的防洪标准，松江河发电厂在汛期进行水库调度时，对松山、小山两座水库采取设置动态防洪限制水位的方法，这样既为两座水库预留一定的防洪库容，又能使小山水库的水位保持在一定的高度，有利于提高小山电站的发电水头，提高发电效益。

小山水库在运行时，可通过松山引水工程引入水量使水库尽量保持较高水位以提高电站发电水头。蓄水期，当小山水库处于汛限水位以下时，松山水库按引水洞最大过流能力向小山水库供水；当小山水库达到汛限水位时，松山水库开始蓄水。如松山水库蓄至汛限水位并按引水洞最大过流能力向小山水库供水仍出现水量剩余，则松山水库正常弃水。当两座水库均遭遇大洪水时，则关闭松山水库引水闸门，在松山水库达到汛限水位后，开始弃水。小山水电站按装机容量发电，小山水库维持在汛限水位，剩余水量弃水。

2002 年全年，松山引水洞工作闸门共操作 67 次，引水 2387 小时零 14 分钟，松山水库全年共向小山水库引水 45 719 万米^3，占小山电站全年发电用水 73 575.5 万米^{3}的 62.14%。

2. 梯级水库联合调度

白山发电厂和丰满发电厂是同在松花江中游河段上的梯级电站，两厂的梯级水库通过联合调度可以实现互相调节，更有效地削峰防洪，减少弃水及实现最大限度的多发电。

为便于实施白山、丰满两水库的联合调度，1985 年成立了由吉林、黑龙江两省人民政府、松花江辽河水利委员会、东北电力公司、丰满发电厂、白山发电厂组成的白山、丰满水库防洪调度领导小组，开始实行白山、丰满两水库联合调度。在丰满水库遭受百年一遇及以下洪水时，白山水库可以为丰满水库提供 4.5 亿米^3 的错峰库容，可减少丰满水库下泄流量 500～1000 米^3/秒。

1991 年 7 月下旬至 8 月上旬，白山、丰满水库流域发生了特大洪水，两水库实行了联合调度，白山水库为丰满水库共拦蓄洪水 12.1 亿米^3，削峰率 77.8%。白山水库最高水位达到海拔 414.01 米。由于科学调度，减少了洪灾损失，取得了防洪、发电双胜利。据不完全统计，吉林省沿松花江城镇乡村减少洪灾淹没损失为 2.48 亿元。减少淹没村屯 49 个，房屋 9107 间，耕地 207 450 亩，减少迁移人口 22 000 人。同时，丰满发电厂超发电 2.44 亿千瓦·时，白山发电厂超发电 2.48 亿千瓦·时。

1995 年 7 月下旬～8 月上旬，白山和丰满水库流域普降大暴雨，白山和丰满水库最大入库洪峰流量分别达到 12 000 米^3/秒和 17 200 米^3/秒，白山、丰满两水库分别于 7 月 30 日和 7 月 31 日开闸泄洪，并分别于 8 月 11 日和 8 月 26 日关闭闸门，停止泄洪。由于白山水库比丰满水库提前 15 天停止泄洪，为丰满水库减轻了防洪压力。面对这次洪水，白山、丰满两水库加强了防洪联合调度，白山水库为下游的丰满水库错峰，共拦蓄洪水 14.5 亿米^3，削峰率 71%。白山水库最高水位达海拔 418.35 米，超过历史最高水位。白山、丰满水库进行洪水联合调度，为处在下游的吉林省有关地区减少淹没耕地 165 万亩，免遭水灾人口 150 万人，减少经济损失 176.8 亿元。同时还使黑龙江省松花江干流沿岸 774 万亩耕地，294 万人口及哈尔滨等大、中城市免遭灾害。白山发电厂同时大发水电，超发电 2.53 亿千瓦•时。

五、防汛抗洪，确保安全

面对洪水，各水电厂坚持做到加强领导，积极准备，死看死守，在保证大坝安全的情况下，大发水电，保证下游城乡安全，努力减少水淹损失。

汛期到来之前，各水电厂就提前做好了防汛保安全和大发水电的准备。注意做好思想上的发动，提高职工防洪意识。组织全厂职工加强设备检修维护和改造，消除设备缺陷，做好各方面的物质准备。加强气象预报和水情测报，加强运行监视和水库调度工作，确保大坝安全运行，努力保证下游的安全，千方百计争取多发水电。

丰满水库控制流域面积为 4.25 万千米^2。该厂的洪水调度，与吉林、黑龙江两省广大地区，与吉林、哈尔滨两座全国重点防洪城市，与沿江 11 个县（市），1360 万亩农田，2340 个村庄，1000 多万人口的生命、财产安全息息相关。自 1953 年水库开始实行人工调节以来，丰满水库共成功地为下游削减洪峰流量超过 5000 米^3/秒的洪水共 17 次。

1991 年，丰满水库流域 7 月 21 日～23 日和 7 月 28 日～30 日，连降几场大暴雨。10 天内，入库总水量为 43.6 亿米^3，是丰满水库流域自 1943 年以来最多的一次。水库水位由海拔 255.55 米上升到海拔 263.07 米。为确保大坝安全，丰满水库自 7 月 28 日开始启闸放水。起初泄洪流量 2000 米^3/秒，最后加大到 3000 米^3/秒。8 月初，水库调度人员在认真分析省气象台近期预报和后期天气发展趋势后，大胆地建议，停止泄洪，拦蓄汛尾洪水，用大发水电的形式削落水库水位。吉林省防汛总指挥部采纳了这个建议，丰满水库于 8 月 13 日关闭泄洪闸门，为减轻下游损失作出贡献。这次溢洪 16 天，总弃水量 21.8 亿米^3。这次汛期大发水电 44 天，机组满负荷运行 15 天，全年发电 20.64 亿千瓦•时，为年计划的 147.42%。汛末水库水位 260.86 米，保证了是年冬季和下年春季调峰发电及为下游供水的需要。

1995 年是丰满发电厂遇到的特大洪水年。厂领导和广大职工，在前一年防汛抗洪的基础上，进一步加强了设备的检修维护和改造，为抗洪胜利奠定了基础。团结协作，积极准备，正确调度，加强监视，才安全度过了大汛，并成功完成了大发水电的任务。是年 7 月 25 日～8 月 7 日，丰满水库流域多次普降大到暴雨，13 天内降水 258.5 毫米，入库洪峰流量达 17 200 米^3/秒。面对特大洪水，全体职工，在厂防汛指挥部领导下，各自坚守防洪保安全的岗位，有条不紊地开展工作。为确保大坝安全，采用激光观测系统先进仪器对大坝进行昼夜连续观测，每三小时对现场进行一次巡视，并对观测资料进行认真分析，确保大坝的安全。该厂密切监视气象变化，准确预报水情，为上级领导决策提供可靠的依据。厂领导坚守在防洪第一线，并及时向省、部、市、局领导汇报洪水情势和防洪情况。

在防洪调度中，丰满发电厂坚持做到，在确保大坝安全的前提下，最大限度地减少放流量，充分发挥丰满水库对吉林市、哈尔滨市及下游农田的防洪作用。但如遇千年或万年特大洪水，则按照“丰满堤坝安全第一，哈尔滨市第二，桦甸市第三，下游农田第四”的原则，适当加大放流量。丰满水库下游河道安全泄流量为5500米^3/秒，为确保大坝安全，建厂后已有多次最大泄流量超过5500米^3/秒。根据上述原则，针对库水急剧上升的势头，该厂提出加大泄流量，确保大坝安全。1995年7月31日，丰满水库溢流孔开闸放水，泄洪流量2400米^3/秒，其后逐渐加大放流量。8月4日，李鹏总理亲自给丰满发电厂厂长打电话，询问丰满水库情况，指示丰满发电厂“一定要做好大坝维护工作，确保大坝的绝对安全”。8月8日，姜春云副总理主持召开了国家防汛抗旱总指挥部紧急会议决定，放流量加大至4500米^3/秒。8月10日，库水位达到海拔264.74米，以后逐渐回落，从8月13日起，泄流量逐步减少，8月26日泄洪结束。本年弃水40.9亿米^3，是1960年以后弃水最多的一年。

在防洪保坝的同时，发电厂积极组织大发水电。运行人员认真调整负荷，积极巡视设备，检修人员昼夜值班，坚持缺陷处理不过夜。所有设备均包保到人，死看死守，绝对不能出现任何纰漏。是年汛期，放流闸门前后共启落110次，没有一次出现问题。

由于全厂职工的共同努力，战胜了年入库总量209.4亿米^3，最大洪峰流量17 200米^3/秒（建厂后的最大洪峰流量）的特大洪水，取得了削峰率67%，大发水电87天，全年发电20.39亿千瓦·时（为年计划的148.23%）的突出成绩，确保了大坝安全无恙，夺取了安全保坝和大发水电的双胜利。

1995年也是白山发电厂遇到最大洪水的一年。入库最大洪峰流量达到12 000米^3/秒。由于白山电站泄洪量太大，使位于白山、红石两电站下游的桦甸市城区大堤决口，整个桦甸市区一片汪洋，白山发电厂桦甸基地被淹，水深达1～2.5米。白山发电厂广大职工，在厂领导的带领下，在白山电站、红石电站和桦甸基地三处同时与洪水展开了搏斗，并取得胜利。桦甸基地职工家属安全转移，无一人伤亡。白山、红石两电站安然无恙，全厂9台水力发电机组全部投入运行，并做到满负荷发电，最终战胜了洪水，夺取了抗洪发电双胜利。白山电站汛期发电22.5亿千瓦·时，全厂全年发电36.61亿千瓦·时，创造了白山发电厂投产以来年发电最高纪录。

第四节 设备检修维护

各水电厂的设备检修体制，从20世纪90年代起进行改革，各厂剥离检修人员，成立多经企业检修公司承包检修任务。新建的松江河发电厂的设备检修则外委其他单位完成。各单位加强设备检修的组织领导，调动广大职工的积极性，落实责任制，并通过采取加强人员培训，严格质量标准，把好材料、备品、配件质量关，加强质量验收等措施，确保检修质量。各水电厂加强了设备维护和消除设备缺陷，加强了设备改造，提高了设备的健康水平。他们更换新的技术先进的设备，提高现代化水平。白山、丰满、云峰发电厂加强设备自动化改造，松江河发电厂按设计进行自动化建设，各水电厂的自动化水平有了较大的提高。

一、检修管理

各水电厂实行计划检修，贯彻“应修必修，修必修好”的方针，按照电力部颁《发电厂检修规程》有关规定，完成设备大、小修工作。丰满、白山、云峰等大型水电厂，原来都设有电气、机械分场（或机电分场），配备了检修队伍，具体承担本厂的机电设备检修任务。20 世纪 90 年代后期，各大型水电厂先后进行了检修体制改革，剥离了检修人员，精简了职工队伍。1996 年，丰满发电厂机电分场改为机电分厂。2001 年 3 月 13 日，撤销机电分厂，成立了吉林市丰满水电安装检修有限公司，负责机电设备检修与维护。同时，还走向市场，承揽对外工程安装检修任务。白山发电厂于 2001 年 11 月，成立了检修总公司，下设电气、机械和水工三个工程处，自此，全厂的设备检修任务由检修总公司承担。电厂和检修总公司签订经济合同，设备的大、小修和技术改造任务都由检修总公司完成。云峰发电厂于 2001 年开展创全国一流水力发电企业，向第三产业剥离人员，发电厂的设备检修和改造任务也改由第三产业的检修公司来完成。

（一）检修计划

检修计划由发电厂生产技术部门提出，综合计划部门平衡，生产副厂长审查后，上报主管领导部门批准后实施。各水电厂依据电力部颁《发电厂检修规程》，考虑到本厂制订的年度计划目标，设备改造目标，年度安全措施和反事故措施，厂技术监督和环保要求措施，合理化建议及先进技术推广，设备存在的重大缺陷，上次检修遗留的问题，国内外新技术、新工艺、新材料的应用等，编制本厂的大、小修和设备改造计划。

各水电厂从调查研究入手，查明设备情况，本着增产节约的精神，实事求是，避免浪费，力保计划的正确性。对于年度计划中的重大特殊项目，各厂都做了书面可行性报告，说明工程的必要性，并附有工程概算、主要材料和主要设备明细。年度检修计划都是按水轮机、发电机、变压器、快速闸门及引水、排水系统等进行编制，其他重大特殊项目都是单列项目编制。

至 2002 年末，各水电厂还是实行计划检修，一般是 3～4 年进行一次大修，每年春秋两季进行小修。但各水电厂从 20 世纪 90 年代末就开始探索新的检修管理理念，加强设备改造，应用设备在线监测手段，实行对水轮机、发电机等设备的监测，为实现设备的状态检修打下良好的基础。各厂都把计划检修和针对性检修结合起来，努力提高检修质量，缩短设备检修工期，延长设备大修间隔。努力做到以设备的健康状况为依据，决定设备的大修时间。如果机组工况良好，可把大修时间推迟。

（二）规章制度

为保证设备检修、维护、改造工作的顺利进行，各水电厂都制定并实施有关的规章制度。

白山发电厂从 1989 年开始实行标准化管理，按照标准化的要求，制定了机电设备维护管理标准，水工设备管理标准，设备大修材料定额及白山站和红石站机械设备检修规程、机械试验规程，电气一次设备检修规程和二次设备等检修规程以及5万千瓦水轮发电设备大修材料定额等。1999年检修总公司成立后，又制定了检修总公司管理标准以及各类人员的工作标准。

松江河发电厂适应新体制改革的需要，建立良好的检修管理秩序，自1997年开始，组织生产技术人员依据制造厂家的文档资料，遵循电力工业技术管理法规和运行经验，参考国内其他水电厂的规程，以部颁规程为依据，结合本厂实际情况，进行了主、辅设备的检修工艺规程和质量标准的编写工作。

1998年初，松江河发电厂设备检修维护的有关规程制度的编写工作基本结束，以厂生产技术部门为核心的审核小组对规程制度进行审定。后经总工程师批准，于1998年11月各项规程制度正式颁布，1999年12月1日起正式实施。

2000～2002年，松江河发电厂每年都对现场规程制度进行一次复查、修订。并结合本厂实际情况，制定实施细则或做补充规定。如检修质量标准、工艺方法、验收制度、设备缺陷管理制度，备品备件管理办法、标准化作业指导书等，还及时补充建立、健全了大修人工、材料消耗和费用统计管理制度，建立设备状态监督制度，并不断完善检修经济承包责任制。

（三）检修实施

各水电厂都重视设备检修工作的领导和检修管理。云峰发电厂为搞好设备检修，坚持遵循四条原则：一是实行“预防为主，计划检修”；二是做到“到期必修，修必修好”；三是逐步实现状态检修；四是应用新的管理方法和技术手段，保证设备的健康水平。该厂在大修时，成立由生产副厂长担任组长，技术部门、安全监察部门，有关分场领导参加的现场检修领导小组，加强检修工作领导，重点检查现场安全，技术措施及文明生产。为调动电厂职工参加检修的积极性，在开始检修前，参加检修的各单位召开动员会，进行安全、技术、文明生产交底。在检修中，他们还开展多种形式的劳动竞赛。

白山发电厂坚持做好检修前的准备工作。该厂机组容量大，检修技术要求高，所用原材料、备品、备件涉及全国各地区不同的行业。他们在提出年度检修计划的同时，都要提出材料计划，提前做好物资方面的准备工作。此外，该厂还注意做好开工前的各项管理工作，并绘制检修工艺流程图。该厂检修总公司不断强化检修管理，为落实厂里下达的检修任务，检修开始前，检修总公司必须提出检修方案，经发电厂批准后下发执行。各班组根据总公司的检修方案都要做出详细的检修计划，其内容包括检修项目，材料数量和价格，检修预算，使用的人工、设备、工具、标准仪器等，还要绘制出设备分解图，拆装定置图，项目网络图和检修工序等。检修方案和检修计划确定后，要组织检修人员学习，使每个参加检修的人员都明确自己的工作内容和职责范围。

各水力发电厂，都很重视检修过程中的管理，落实检修责任制。松江河发电厂在检修过程中，实行全面的质量管理，可靠性管理，系统工程管理等科学管理方法，促进检修管理水平的提高。他们在设备大、小修和设备改造中，设立项目负责人全面负责，其他有关人员密切配合。

二、检修质量

为提高检修质量，各水电厂加强人员培训，提高技术水平，开展技术比赛，严格质量标准，坚持三级验收，严格把关。

（一）开展人员培训

各水电厂都把开展检修人员的技术业务培训，不断提高文化素质和技术业务素质，掌握各种设备检修的新工艺新方法，当作提高检修质量的重要措施来抓。

白山发电厂是20世纪80年代建设的老厂，职工中知识青年较多，为提高职工的文化技术素质，厂领导始终把培训教育当成一项重要工作来抓。他们从生产一线专业技术干部中选拔了一批技术业务能力强，文化程度高，有一定培训工作能力和实践经验的专业技术人员做兼职教师，注意提升培训效果。

1993年，该厂以岗位培训为主，开展专业对口培训。1996年，他们又开展岗位练兵和技术表演赛活动，有90%以上的生产工人参加了培训，是年，全厂共开展岗位练兵和技术表演赛115次，集中专业技术讲课4次，一般性技术讲课2964小时。他们注意抓好培训活动的考核，经常开展考问讲解，全年大型考试19次，一般业务考试300多次。1998年，该厂的生产岗位培训取得较好的成绩。全年参加专业技术业务听课约达580多人次，岗位练兵、技术表演赛20多项，涉及20多个工种。岗位技术培训对提高检修人员的技术业务水平起到重要作用。该厂的生产常规培训在各班组已经形成风气，各班都能结合管辖的设备，检修工艺的要求，新设备更换等定期地进行技术讲课。

松江河发电厂从提高人员的业务水平及能力入手，每年制订培训计划，积极开展现场培训，理论知识培训及送出培训。该厂针对新职工多，年轻职工多的特点，加强了职工文化素质培训。他们通过举办函授班，鼓励职工参加自学考试等方式，努力提高职工的文化素质。该厂有部分职工参加了东北电力学院及其他院校开办的自学考试，获得了高等院校的文凭。1998年，厂里组织27名职工参加了吉林省广播电视大学举办的电气工程专业大专函授班，2000年全部毕业。

（二）严格质量标准

在设备检修中，各水电厂的检修人员，严格执行检修规程，严格坚持质量标准。白山发电厂在检修中，发挥QC小组在质量管理中的作用，应用PDCA分析方法，抓住设备的关键部位，在提出技术要求的同时，提出工艺要求与工艺标准，严格把关，一丝不苟。

丰满发电厂为了确保机组大修中的检修质量，自2002年起，开始推行标准化作业。是年7月，丰满发电厂成立由生产副厂长、总工程师、副总工程师组成的标准化领导小组，自10号机组大修起在本厂开展标准化工作。生产技术部依据机组检修规程及机组大修的具体项目，引入ISO 9000质量管理体系的相关标准，编制了丰满10号水轮发电机组大修标准化作业指导书，对大修施工程序、施工准备、安全技术措施、危险点控制措施、标准化作业质量标准、标准化作业质量验收等都做了明确规定。实行标准化作业后，提高了机组检修质量，使机组大修工程始终处于受控状态，确保了机组的大修质量。

（三）加强质量验收

设备检修过程中的质量验收，是把好质量关的重要措施。白山发电厂严格规定，在检修工作中，检修人员在完成各项检修任务后，必须及时填写验收单，按照班组、分厂、厂进行三级验收，严把质量验收关。

该厂在设备大、小修和更改工程中，实行全过程检修管理，分阶段层层把住质量关。他们根据检修及更改工程的特点，设置质量控制点，检修工作进行一段，就由生技、安监等有关部门进行质量验收。设备的大修和重大技术改造项目，则由总工程师组织有关人员，在分段验收的基础上，进行整体验收。该厂检修后能做到一次启动成功，并提前完成检修任务。

第五节　设　备　改　造

吉林省的几个大型水电厂，多数是20世纪50～80年代建成的老厂，机电设备老化。为保证安全运行，丰满、云峰、白山等几个水电厂，加强了设备改造，更换了水轮发电机组老化和损坏的部件，消除了缺陷，提高了发电能力。与此同时，他们还进行变电设备改造，保证安全生产运行。各水电厂在进行设备改造时，更换新型的变压器、开关设备，更换新型微机保护设备，提高设备的安全可靠性。为实现无人值班（少人值守）和远方监控，各水电厂加强了设备综合自动化改造。

一、老旧设备改造

至20世纪90年代初期，丰满发电厂8台旧主机已经改造7台。1996年9月～1997年5月，该厂对最后一台老机4号6.5万千瓦发电机组进行增容改造。该机由德国AEG公司制造，1943年投入运行，经几十年运行后，定子线圈绝缘老化，定子铁芯松动、错位，磁轭下沉，必须进行改造。改造工程由哈尔滨大电机研究所设计，丰满发电厂与水电一局共同施工；其中定子线圈由丰满发电厂电站配件修造厂设计和制造。4号机改造后，单机容量增加2.5万千瓦。4号水轮机由德国伏依特公司制造，1965年就已发现其转轮叶片与下环交界处有严重裂纹，且多为穿透性裂纹，该水轮机带病运行了几十年。这次设备改造，更换为俄罗斯列宁格勒金属工厂生产的P009/2-B-434型不锈钢转轮，由丰满发电厂自己施工。更换转轮后，水轮机发电能力提高，与发电机增容相匹配。

云峰发电厂于1991～2002年，对发电设备和发电厂公用系统进行多项设备改造。1994年，将4号水轮发电机组的合金推力瓦更换为弹性金属塑料瓦，改善机组的安全运行。1996年10月和1997年9月，他们对1号、3号水轮发电机组进行了线圈更换，使2台机组分别提高发电容量1.5万千瓦。

二、新型发、供电设备的采用

为了保证变电设备运行的安全可靠，丰满发电厂在变电所改造中，更换了4台新型变压器。该厂8号和2号变压器是20世纪50年代的苏联产品；3号和4号变压器是20世纪40年代的日本产品。随着运行时间的增长，这些老旧变电设备的绝缘出现过热膨胀，有的匝间油道严重堵塞，在过去的改造中，高压线圈采用了薄绝缘结构，抗冲击强度不够。1991年、1996年和2000年，该厂先后对4台绝缘老化的变压器进行了更换，采用了沈阳

变压器厂生产的 SFP_3 - 120000/220 型新产品和朝阳变压器厂生产的 SFP_8 - 120000/220 型、SFP_9 - 120000/220 型新产品，保证了运行安全，提高了供电能力。

丰满发电厂 220 千伏隔离开关的支持瓷瓶和 220 千伏母线的支持瓷瓶均是运行多年的苏联产品和日本产品，绝缘性能下降，抗弯强度差，为防止瓷瓶倒塌，提高绝缘强度，分别更换了国产高强度瓷瓶和日本产高强度瓷瓶。该厂 1、4、6、9 号发电机出口开关是德国西门子公司生产的 $3AV_1$ - 220 型老式高压开关，由于该厂承担调峰任务，机组启、停频繁，上述 4 台高压开关已超过了厂家规定的动作 5000 次限度，为保证机组启、停的安全可靠，于 1997 年和 2002 年将上述 4 台开关更换为 $3AQ_1$ - 220 型和 ABBHPL2458B - 220 型新型高压开关。

丰满发电厂的保护设备也进行了更新，引入了微机机组保护、微机防误系统、超声波测量系统、微机同期装置、微机远动系统，并应用了微机转数继电器等设备。220 千伏母线、送出线路和机组继电保护装置也全部更换为微机保护装置。

1997 年 4 月，云峰发电厂将 1 号主变压器由原来容量为 12 万千伏·安的老旧变压器换为容量 15 万千伏·安的新型变压器，提高了电能的输送能力。白山发电厂机组保护原来是采用阿城继电器厂生产的集成电路保护，这种保护装置维护工作量大，运行不可靠，经常出现误动或发出错误信号。为保证机组的安全运行，该厂与许昌继电器厂合作，将机组保护进行改造，更换为微机型发电机变压器组保护。保护装置更换后，不仅运行可靠，维护工作量小，而且能和计算机监控系统接口，为该厂的自动化改造创造了条件。

三、设备综合自动化改造

为实现水电站的远方监控，实行无人值班（少人值守）运行体制改革，白山、云峰、丰满 3 个水电厂自 1997 年 4 月起，先后进行设备综合自动化改造。此项改造工程包括计算机监控系统，电气基础设备及测量元件，机械设备及测量元件三部分。白山发电厂的自动化改造自 1997 年 9 月开始，他们首先对白山水电站 2 号机组的电气元件，机械油、水、风系统，机组测量元件等进行了改造。至 1999 年末，分别安装在白山、红石电站的全厂 9 台机组改造工作全部完成。1999 年 11 月，桦甸生产调度中心正式投入运行，白山、红石电站机组开始由桦甸生产调度中心远方集中监控。

白山发电厂计算机监控系统由桦甸调度中心、白山电站、红石电站 3 个子系统通过计算机网络连接组成。系统结构共分桦甸调度中心层，白山、红石电站级监控层及就地控制单元层 3 层。系统软件采用具有 20 世纪 90 年代世界先进水平的 H9000 系统。网络采用最先进可靠的快速以太网和交换式光纤以太网双网结构。白山、红石电站就地控制单元 LCU 采用的是 GE90 - 70 可编程序控制器，全厂共设 15 套。该系统具有自动发电控制（AGC），自动电压控制（AVC），机组启、停控制，机组状态和实时数据采集处理及安全运行监测等功能。

松江河发电厂是正在建设中的新厂，该厂的梯级电站是按集中控制原则设计的。由设在抚松镇的梯级调度中心实现对小山、双沟、石龙三个电站和松山、三道松江河两个引水工程远方监控。自从小山电站投产发电以来，为满足无人值班（少人值守）运行方式的要求，该厂陆续对主机、辅机系统进行了自动化改造。1998 年末，梯调计算机系统投入运行，实现梯级调度中心对小山电站的远方监控，2002年又实现对松山引水工程闸门的远方监控。

丰满发电厂的综合自动化系统主要包括4个系统。一是计算机监控系统，二是水库调度自动化系统，三是大坝观测自动化系统，四是办公自动化系统（MIS系统）。至2002年末，上述4个系统均已建成，并投入运行。

第六节 水工建筑物的观测、维护、检修和改造

水工建筑物的安全运行是水电厂安全运行的重点。各水电厂加强对大坝的观测，特别是拦蓄洪水时对大坝的观测，对其变形、位移、漏水的检查和监督，保证大坝的安全。对于厂房、溢流设施、尾水闸墩等其他水工建筑物，也加强了检修、维护和改造，消除了缺陷，保证了安全运行。

一、运行中大坝的检查和鉴定

丰满发电厂大坝建成于日伪时期，由于施工质量低，先天不足，大坝存在着严重缺陷。为保证大坝的安全运行，1991年之前丰满发电厂已对大坝进行过7次鉴定。根据原水利电力部颁发的《水电站大坝安全管理暂行办法》及《水电站大坝安全检查施行细则》，丰满发电厂邀请设计、科研、施工、高等学校和运行单位等14名专家组成大坝定期检查专家组，对丰满大坝做定期检查。首次检查工作自1995年5月开始。1995～1996年，召开了3次专家组会议。1997年7月，在北京召开了2次专题专家会议，分别审查了洪水复核以及34～36号坝段断层地质参数。围绕大坝抗震问题，专家组于1998年4月、6月、9月在北京先后召开了专题讨论会，邀请大连理工大学、清华大学及水利水电科研院抗震中心的专家参加，对抗震复核成果进行了交流、讨论，制定了进一步分析计算的工作安排。这一阶段的定期检查工作共完成了专题报告29项，现场检查报告12项，参数资料10项。在此基础上，编写成了总报告和6个分报告。

1998年11月，在丰满发电厂召开专家组全体会议，对首次定期检查报告进行认真讨论和修改，后由大会审查通过。首次定期检查对大坝的评价是：丰满大坝由于前期工作不充分，水文地质资料少，工程设计采用的洪水峰量、抗震要求以及大坝混凝土设计标准均偏低，又因施工质量低劣，大坝存在着一些先天缺陷。1953年续建改建完成后，连续经受汛期高水位考验，至1996年，有9年库水位超过正常蓄水位263.5米运行，前后累计417天。1984年后，发电厂先后建成了左岸泄洪洞，扩大了装机规模，大坝抬高1.2米，改进了溢流坝段水流条件及消能形式，并建立了流域内水情报汛系统。白山、红石电站建成后，在和上游白山、红石梯级水库联合调洪条件下，大坝已具备泄放万年一遇校核洪水能力，在高水位蓄水运行是正常的，也是安全的。但大坝整体性差，又存在低强度混凝土等不利因素，大坝结构处于较高应力状态，以后在高水位下遇8级地震，有可能出现局部损伤。丰满大坝尚可作为正常坝运行，但存在先天性缺陷，结构安全度偏低，应抓紧研究，采取措施。增强可靠性，以利于长期安全运行。

首次定期检查建议：丰满发电厂要对坝体纵缝进行灌浆处理，对大坝上游面水下部位

进行防渗处理，减少坝内的扬压力，对大坝补强加固，保证大坝泄洪设施安全运行。要提高坝后式房厂防洪标准，提高洪水预报精度，采用遥测装置和激光技术观测大坝，并利用白山、丰满梯级水库联合调度进行调洪。

丰满发电厂对专家组的鉴定和建议进行了认真研究，拟定了相应的措施，在后来的检修、改造中逐项落实。

1994 年 10 月～1996 年 11 月，由东北电业管理局组织，开展了白山、红石大坝首次定期检查工作。白山、红石大坝的检查自 1994 年 10 月开始做前期准备工作，并于 1995 年 5 月、10 月和 1996 年 11 月，先后召开了 3 次专家组会议，对大坝设计、施工、运行工况等进行了全面复核，针对白山、红石大坝分别提出报告 13 份和 10 份。根据复核结果和现场检查，对照《水电站大坝安全检查实施细则》，经专家咨询组评定和电力工业部批准，白山重力拱坝和红石混凝土重力坝均被定为正常坝。

云峰发电厂大坝分别于 1993 年和 2002 年进行了 2 次定期检查和鉴定。定检工作在东北电力公司组织下进行，发电厂准备了相关的文件，专家组进行了评定，结果，云峰大坝被定为正常坝。

二、新建大坝的鉴定与验收

1. 小山大坝的鉴定与验收

根据电力工业部的指示，电力工业部水利水电规划设计管理局于 1997 年 6～8 月，组织有关专家对小山水利枢纽工程进行了蓄水前的安全鉴定与验收。1997 年 9 月，水利枢纽工程通过了下闸蓄水验收委员会的验收。验收的结论是：工程建设面貌及库区工作基本满足下闸蓄水条件，待处理完必须解决的问题后，可实施下闸蓄水。

1997 年 9 月 22 日，小山水库下闸蓄水，水位控制在海拔 670 米以下运行。经过对大坝监测资料进行分析，认为大坝是安全的，所以自 1998 年 8 月 25 日起，进入第二阶段蓄水，是年年末，蓄水到正常高水位。

2. 松山大坝的鉴定与验收

受松江河发电厂委托，经国家电力公司批准，2002 年 3 月，中国水电顾问有限公司对松山枢纽工程进行了蓄水前的安全鉴定。鉴定结论是：可以下闸蓄水。

2002 年 3 月 29 日，验收委员会审查了建设、设计、施工、监理、安全鉴定专家组及质量监督部门等各方面的报告，经过认真讨论，同意松山引水枢纽工程下闸蓄水。

三、大坝的观测

小山电站大坝监测项目主要有坝区山体位移，坝体的变形，大坝渗漏。为实施对大坝的观测，在大坝建设时，就已设置了测量仪器、设施。坝体外部水平位移采用视准线法及精密导线法，测量仪器为 TC2002 全站仪和遥测觇牌；竖向位移采用精密水准测量，所用仪器为 NA3003 电子水准仪。

松山大坝安全监测项目主要有大坝变形、面板应力应变、坝体渗漏等。大坝面板因冻胀破坏后，在外面又做了补强面板。大坝在建设时，设置了补强面板变形、渗流和应变等监测仪器。

小山水库下闸蓄水后，大坝渗漏量较大，为此，松江河发电厂作了渗漏检查。他们采用地质雷达测试方法、自然电场法等多种方法，检查了漏水渠道，又对大坝渗出液的水质进行了跟踪监测。

1999 年 8 月至 10 月，松江河发电厂委托南京水利科学研究院采用同位素示踪法检测，经过检测后，认为小山大坝漏水流量主要来源于大坝左、右岸绕渗。绕渗流量约占总渗水量的 55%～83%，且右岸强于左岸。

小山大坝的坝体和面板变形已经稳定。坝体总的变化趋势是竖向向下沉降，水平方向是向下游位移，年变幅较小。

松山水库蓄水后，坝体变形较快，后来，变形趋于平稳。位移最大点位于坝体中部靠近面板的 H01 点，水平位移约 5 厘米，竖向位移约 10 厘米。面板板间缝和周边缝位移值较小，处于 0.1 毫米级。大坝面板应力应变符合一般规律，数值在正常范围内。

四、大坝的实验

为加强对大坝的检查、检测和鉴定，各水电厂开展了大坝的实验，检查大坝的施工质量以及大坝的运行状况，获取重要的技术资料，为大坝的运行、维护、检修和改造提供了重要依据。

为检查坝体混凝土质量，丰满发电厂对大坝钻孔取芯，进行抗压、抗拉、抗剪等项力学实验，并采用超声法和爆破激发法对大坝进行实验，取得了大量混凝土技术数据。云峰发电厂也在坝面钻取混凝土芯样，进行拉压抗冻性能实验。

丰满发电厂每年都对水库中水、大坝漏水和两岸绕渗水进行定期、定点取样分析。通过水质实验发现，漏水对混凝土有酸性侵蚀，使混凝土钙离子析出，坝体混凝土不断被溶蚀，并随漏水流出坝体。按坝体漏水量估算，每年溶蚀混凝土达 9 吨多。

五、丰满发电厂大坝的加固

丰满大坝由于施工质量差，坝体内存在大量低强度混凝土，且整体稳定性差，大坝先天不足。又由于大坝长期运行，坝体老化，渗漏造成坝体的溶蚀和冻损，多次的洪水，又使坝体表面造成大面积损坏，严重地威胁着大坝的安全运行。1987 年 4 月，水电部发文把丰满大坝确定为全国 24 座需加固的水库大坝之一，要求予以全面地综合治理。根据上级的要求，丰满发电厂自 1988 年起，至 1996 年，又对大坝完成了 4 项大型加固工程。该厂前后历时 9 年，总投资 1.2 亿元，完成了大坝的抢修加固工程，取得明显效果。加固后的丰满大坝，按抗剪强度公式计算，荷载组合采用最不利的 265 米＋8 度地震，其 16、22、34、35、36、37 坝段坝基抗滑稳定系数可提高 2.9%～6.1%，大坝的安全度增强，同时，较彻底地解决了坝体表面破损和大坝渗漏问题，使大坝运行条件得到了较大改善。

（一）沥青混凝土防渗工程

该工程自 1990 年 1 月 10 日开工，同年 6 月 24 日竣工，由水电第六工程局施工。此项工程共完成岸坡开挖 358 米^3，凿除不良混凝土 1092 米^3，预制安装锚筋 1970 根、混凝土预制板 925 米^3（15 560 块），涂涮冷底油 31 400 米^2，沥青混凝土浇注 3312 米^3，防渗总面积为 16 000 米^2。

（二）大坝上、下游面外包钢筋混凝土护面工程

这项工程主要解决坝体表层混凝土风化、破损问题。其施工范围为大坝上游面海拔

242～267.7 米高程，下游面为坝体全部。施工时，首先凿除坝体表层混凝土，开挖深度 10 厘米左右，然后钻孔插钢筋，浇注 1～1.2 米厚的外包钢筋混凝土。1988～1993 年，水电第六工程局参与该工程施工，共浇注混凝土 75 285 米^3；1991～1996 年，丰满发电厂二松水电工程公司参与该工程施工，共浇注混凝土 16 629 米^3。整个工程混凝土的总浇注量为 91 914 米^3，总投资 54 万元。

（三）预应力锚索和大坝防渗灌浆工程

该工程由丰满发电厂二松水电工程公司施工。1989～1993 年，共钻孔 253 孔，进尺 11387.54 米，灌浆 1366 段，灌注水泥 95.64 吨。预应力锚索工程延续到 1996 年才完工。

（四）坝顶加高工程

丰满大坝原来最大坝高 91 米，坝顶高程为海拔 266.5 米，正常蓄水位为海拔 263.5 米，最高允许高水位海拔 265 米。为进一步满足防御万年一遇洪水抗洪标准的需要，在大坝加固补强的基础上，丰满发电厂于 1994～1996 年进行了坝顶加高工程，加高 1.2 米。该工程由丰满发电厂二松水电工程公司施工，共浇注混凝土 19 681 米^3。

六、红石水电站大坝治漏

红石水电站大坝、厂房漏水的问题在施工期间就已发现，施工单位曾进行过几次灌浆处理。发电厂蓄水发电后，大坝、厂房漏水严重。坝内廊道，厂坝间宽缝，主厂房发电机层、水轮机层、蜗壳层及发电引水隧道、尾水管等部位多处漏水。漏水呈漫流、滴流和射流状态。漏水的原因主要是浇注混凝土时振捣不好，混凝土密实性较差；伸缩缝止水部分未处理好，存在施工冷缝和裂缝等。发电厂排水不畅、地漏不通等问题也是造成漏水的原因。红石水电站曾因厂房漏水造成停机事故。1989～1991 年，该厂曾进行过两次规模较大的水泥灌浆处理，但治漏效果不明显。1993 年，该厂进行了 LW 水溶性聚氨酯化学灌浆，取得了明显的治漏效果。至 1997 年，红石水电站又进行了两次治理，使厂房、大坝的漏水问题基本得到解决。

七、其他水工建筑物的检修与改造

（一）溢流闸门系统改造

由于大坝裂缝渗水和坝体混凝土的冰冻作用，引起坝顶抬高，导致溢流闸门工作状况发生变化。1997 年，丰满发电厂请水利部水工金属结构检测中心对溢流闸门进行检测，并邀请有关专家进行评审鉴定，一致认为原有的溢流闸门和启闭设备，已经不能满足安全溢洪的需要。溢流闸门系统改造工程由丰满发电厂施工，2000 年 6 月完成了三孔闸门门槽埋件，闸门更换和 3 台倒挂式液压启闭机、1 台油泵、1 台移动式启闭机的安装。2001 年 6 月又完成其他 8 孔闸门和其他溢流设备的安装。溢流闸门系统的改造，使溢流设备的控制方式达到国内先进水平，可实行远程控制。

（二）尾水闸墩系统改造

丰满发电厂的尾水闸墩，已运行 50 多年，经过风化、冻融及水流冲刷，闸墩门槽严重锈蚀、漏水，甚至出现相邻机组闸墩在水位变化区发生贯通漏水的现象，影响机组检修和安全运行。为此，该厂对尾水闸墩系统进行了改造。这项工程由丰满发电厂自行设计和施工。他们注意发挥集体的智慧，吸收有经验的老工人、老干部参加工程设计，自己制造了一套大跨度，大体积的浮箱式钢迭梁门围堰，为改造工程的顺利进行奠定基础。1993年8月～1999年11月，他们依次对7、6、3、8、4、5、1、2号闸墩及尾水平台进行改造，效果良好。

（三）水工建筑物防漏治理

白山发电厂地下、左岸两电站和红石电站的厂房、水工建筑物由于施工质量差，自投产以来，厂房、大坝等渗水、漏水现象较为普通。1997年初，该厂针对水工建筑物渗漏问题，制定治理规划，同年治理水工建筑物渗水面积980米^2。1998年，这个厂完成了白山地下电站厂房漏水处理和白山左岸电站厂房水轮机房墙渗水及红石电站厂房漏水，治理渗漏面积达1700米^{2}左右，解决了长期困扰该厂的渗、漏水问题。白山发电厂还完成水管防结露工程，解决了厂房因湿度过大而产生的管路结露滴水问题。

（四）消除厂房大坝共振

红石水电站投产运行后，一直存在着厂房、大坝之间的共振问题，导致主、附厂房有的部位出现裂缝。红石水电站的发电机组是世界上最大的轴流定桨式水轮发电机组之一，在空载或小负荷运行时，机组振动较大。由于尾水管内的水流脉动频率与厂房吊车柱及大坝自振频率相耦合，从而产生共振。为此，电厂采取多种措施除振，但一直没有得到很好的解决。大坝第一次定检时，将厂房振动列为专题进行研究，之后，着重进行了厂房的抗震加固工作。从提高厂房结构强度和改变自振频率出发，设法避开共振区。2000年，该厂选择一个机组段厂房进行试验，用水泥填实厂房与大坝之间的隔缝，收到较好的效果。

第七节 大型水电厂简介

一、丰满发电厂

丰满发电厂位于吉林市丰满区松花江上，隶属于国家电力公司东北公司，是新中国的第一座大型水力发电厂，在东北电网中担负着发电、调峰、调频和事故备用任务。

丰满发电厂始建于1937年，是日本侵略者为掠夺水电资源而修建的。1943年第一台6.5万千瓦水轮发电机组建成投产。1945年8月15日日本侵略者投降时，已有4台机组投入运行。由于苏联军队拆卸运走设备，1948年3月丰满解放时，该厂仅剩2台6.5万千瓦机组和2台1250千瓦厂用机组。新中国成立后，丰满发电厂进行了续建和扩建，于1960年5月完成，装机总容量达到55.375万千瓦。又经二期、三期扩建，分别安装8.5万千瓦和14万千瓦机组各2台，先后于1992年和1998年建成投产发电。扩建后，全厂装机总容量达到100.25万千瓦。丰满发电厂成为一座超百万千瓦的调峰水电厂。丰满发电厂大坝为混凝土重力坝，坝长1080米，最大坝高91.7米，坝顶高程海拔267.7米，坝宽9～13.5米。水库正常高水位海拔263.50米，调洪最高水位海拔267.65米，最大库容为110亿米^3。

丰满发电厂通过劳动、人事、工资三项制度改革，逐步理顺了企业内部关系，建立了企业用人自主、劳动者择业自由和竞争上岗的用人机制。1997年9月，该厂开始推行新体制模式，至2000年末，主业机构由26个减少到15个，主业从业人员减少到223人，346名员工退出工作岗位休养。按照新体制模式和创建一流水电厂的要求，这个厂的运行逐步向无人值班（少人值守）方向过渡。1996年底，开始进行机电合一复合型人才和全能值班员的培训，1998年10月，开始实行机电合一的运行方式，2001年4月，无人值班（少人值守）的运行值班制度正式实行。2002年，丰满发电厂主业设有15个生产行政部门和单位，设有3个政工党群部门。该厂的多种经营企业——实业总公司设有6个管理部门（含1个政工党群部门）和5个二级单位。2002年末，全厂职工1349人，其中各类专业技术人员580人，占42.99%。具有研究生学历的4人，大学本科学历的289人，大专学历的168人，中专学历的92人，分别占全厂职工总数的0.30%、21.42%、12.45%和6.82%。全厂职工中，具有高级职称的120人，中级职称的206人，初级职称的232人，分别占全厂职工总数的8.90%、15.27%和17.20%。

2002年，在水库来水偏少的情况下，各项经济技术指标均已完成。是年，发电9.24亿千瓦·时，工业总产值25 220万元，发电设备可调小时7889小时，发电设备利用小时1059小时，平均耗水率7.95米^3/（千瓦·时），发电厂用电率6.00%，水能利用提高率10.6%。

1991～2002年，丰满发电厂先后获得多项荣誉。1991年被评为国家二级企业，2000年，被全国总工会授予“模范职工之家”称号。2001年被授予“全国群众体育先进单位”称号。1991～2002年，连续11年被评为吉林省精神文明建设先进单位和吉林省精神文明单位，1999年被评为吉林省先进基层党组织。1991年、1995年和1998年，该厂先后被能源部、电力部和吉林省评为抗洪救灾先进单位、抗洪抢险先进单位。1996年被评为全国电力系统安全文明生产达标企业，2000年、2001年被评为双文明单位。1991～2002年，有5年被评为吉林市安全生产标兵单位，有3次被国家电力公司东北公司评为安全生产先进单位，有5次被评为科技进步先进单位。

二、白山发电厂

白山发电厂位于桦甸市白山镇，由白山、红石两个水电站组成，和丰满发电厂同属于松花江上的梯级电站。

白山水电站始建于1959年，1962年停建，1974年复建，一期工程装有30万千瓦水轮发电机组3台，1984年第一台机组建成投产，一期工程总容量为90万千瓦。二期扩建，在左岸安装30万千瓦机组2台，分别于1991年12月和1992年6月建成投产，1993年工程全部竣工，装机总容量达150万千瓦。白山大坝为三圆心混凝土重力拱坝，坝顶弧长676.50米，最大坝高149.50米，坝顶高程为海拔423.50米。白山水库保坝洪水位423.45米，相应库容64.31亿米^3，正常蓄水位413米，相应库容49.67亿米^3。红石水电站位于白山水电站下游43千米红石镇，安装5万千瓦轴流定桨式水轮发电机组4台，1987年12月建成投产。白山发电厂装机总容量170万千瓦，是东北地区最大的水力发电厂。红石大坝为混凝土重力坝，坝长438米，最大坝高46米，坝顶高程为海拔298米。

白山发电厂隶属于国家电力公司东北公司，1997年9月实施新体制，至2002年末，白山发电厂主业生产行政职能管理机构10个，岗位设置234个，党群管理机构3个，岗位设置 13 个；附编机构 3 个，岗位设置 22 个，临时机构 3 个，岗位设置 45 个；检修总公司机构 8 个，岗位设置 420 个；实业总公司管理机构 18 个，岗位设置 407 个。2002 年末，该厂有职工 1341 人。其中，具有研究生学历的 10 人，大学本科学历的 205 人，大专学历的 404 人，中专学历的 228 人，分别占职工总数的 0.75%、15.29%、30.13%和 17.00%。职工中具有高级职称的 92 人，中级职称的 161 人，初级职称的 227 人，分别占职工总数的 6.86%、12.01%和 16.93%。

白山发电厂于 1999 年 12 月实行了无人值班（少人值守）的运行方式，地下、左岸、红石 3 个电站每值各设 2 人值守。该厂生产调度中心和生产、生活基地建在桦甸市，距离白山电站 73 千米，距离红石电站 35 千米。3 个电站 由桦甸调度中心实行集中远方监控。调度中心设 4 个值，实行 4 值昼夜 2 班倒，每值设值长 1 名，值班员 3 名。

2002 年，白山发电厂发电 17.37 亿千瓦·时，发电设备利用小时数为 1022 小时，平均耗水率，白山水电站为 3.83 米^3/（千瓦·时），红石水电站为 17.37 米^3/（千瓦·时），全厂发电厂用电率为 0.65%。

1991～2002 年，白山发电厂先后获多项荣誉。2000 年 10 月，该厂被全国总工会评为模范职工之家。1995 年 12 月和 1997 年 2 月，先后被电力工业部评为防汛抗洪及抗旱先进集体和安全文明生产达标企业。自 1991 年开始，该厂连续 10 年保持了省级文明单位称号。1999 年，他们被中共吉林省委评为先进基层党组织，被中共吉林省委、省政府评为精神文明建设先进单位，1998 年被省政府命名为省级先进企业。2000 年，被国家电力公司评为一流水力发电厂。1997～1999 年，先后被东北电力集团公司、国家电力公司东北公司评为安全生产先进单位、双文明单位和先进企业。

三、云峰发电厂

云峰发电厂位于吉林省集安市青石镇，中国和朝鲜界河鸭绿江干流中游，由中、朝联合修建。该厂的管理机构、生产机构、调度中心、生活区设在集安市太王开发区。

该厂安装 10 万千瓦水轮发电机组 4 台，于 1967 年 4 月建成投产，总装机容量 40 万千瓦。中朝双方各 20 万千瓦。电厂建在中国侧，由中方负责运行。1 号、3 号机组为 50 赫兹机组，向中方供电；2 号、4 号机组为 60 赫兹机组，向朝方供电。

云峰发电厂大坝为混凝土宽缝重力坝，全长 828 米，坝高 113.75 米，坝顶高程为海拔 321.75 米，水库库容 38.95 亿米^3，正常高水位库容 37.20 亿米^3，水库正常高水位为海拔 318.75 米，设计洪水位为海拔 319.26 米，校核洪水位为海拔 320.50 米，死水位为海拔 281.75 米。云峰发电厂根据地形、地质特征，采用了堤坝，引水道混合式开发方式。通过两条分别长 775 米、759 米，直径 8.6 米的隧洞到主阀室再分为 4 条长约 200 米，直径 5.3 米的压力钢管引水发电。该厂以发电为主，兼有防洪、灌溉、养鱼、城市及工农业供水等综合功能，承担东北电网的发电、调峰、调频任务。

云峰发电厂隶属于国家电力公司东北公司。2002 年末，该厂主业生产行政部门设有 13 个部门及单位，政工、党群部门设有 5 个单位，实业总公司设有 16 个单位。2002 年末时，该厂有职工 886 人。其中，具有高中文化程度的 85 人，具有中专、技校学历的 420 人，具有大学、大专学历的 243 人，具有研究生学历的 1 人，分别占职工总数的 9.59%、

47.40%、27.43%和0.11%。全厂职工中有42人具有高级职称，91人具有中级职称，195人具有初级职称，分别占职工总数的4.74%、10.27%和22.01%。

云峰发电厂自1999年起，按照国家电力公司东北公司无人值班（少人值守）的要求，进行了自动化改造。2001年11月26日，全厂机组集中远方自动化控制系统通过验收。

2002年，云峰发电厂发电8.09亿千瓦•时，发电设备利用小时达2023小时，平均耗水率4.95米^3/（千瓦•时），发电厂用电率1.01%。

1991～2002年，云峰发电厂先后获多项荣誉。该厂于1998年被全国总工会授予模范职工之家称号。1993年被吉林省政府授予文明企业称号，1997年被国家电力公司授予先进企业和安全生产先进单位称号，2002年被国家电力公司授予全国一流水电厂和双文明单位称号。1996～1999年，该厂先后被评为国家电力公司东北公司直属单位先进企业、安全生产先进单位、双文明单位、思想政治工作先进企业。

四、松江河发电厂

松江河发电厂隶属于省电力公司，地处吉林省抚松县，负责松江河梯级水电站的开发与运行管理。梯级电站位于吉林省东南部山区松花江上游头道江的支流松江河流域和漫江流域，由小山、双沟、石龙三座电站和松山、三道松江河两个引水工程共5部分组成。小山电站安装2台8万千瓦水轮发电机组，2号机组和1号机组分别于1997年12月16日和1998年6月30日并网投产发电。小山电站水库正常库容0.97亿米^3，最大库容1.07亿米^3，调节库容0.53亿米^3，大坝为混凝土面板堆石坝，坝高86.30米，坝顶长度302.26米，宽度10米，采用有压引水方式发电。松山引水工程已于2002年5月13日正式向小山水库通水。其大坝为混凝土面板堆石坝，坝高80.80米，坝顶长度258米，坝顶宽度8米。其水库最大库容1.33亿米^3，调节库容1.07亿米^3。双沟、石龙两电站装机容量分别为28万千瓦和7万千瓦。至2002年末，工程还正在建设中。

松江河发电厂的管理机构、调度中心、生活区均设在抚松县南新区。电站设计与建设完全按照无人值班（少人值守）的标准进行。发电厂生产只设运行、维护人员，不设检修队伍。2002年，设行政及管理部门9个，党群部门3个，生产单位2个。2002年末，全厂职工160人。其中具有大学学历的38人，大专学历的83人，高中、中专、技校学历的34人，分别占职工总数的23.75%、51.88%和21.25%。发电部、维护部两个生产单位各26人。

该厂1997～2002年已运行了6年。2002年，该厂发电17226万千瓦•时，设备利用小时1076.6小时，耗水率4.27米^3/（千瓦•时），厂用电率0.90%。

松江河发电厂被中共吉林省委、吉林省人民政府命名为2000～2001年度精神文明建设先进单位。被国家电力公司评为1999年度电力安全文明生产达标企业。被吉林省质量管理协会，吉林省科学技术协会，吉林省总工会和共青团吉林省委评为2002年度全省质量管理小组活动优秀企业。2000年，被中共白山市委、白山市政府评为精神文明建设先进单位。吉林省电力有限公司、吉林省电力工会1999年评该厂为无泄漏电厂，又评该厂为2002年度安全生产先进单位。

第三章　风　电　生　产

吉林省的风电资源比较丰富。风力发电虽然在20世纪90年代才起步开发，但发展较快。至2002年，已建成投产了通榆风电场，安装660千瓦风力发电机组11台，600千瓦风力发电机组38台，装机总容量3.006万千瓦，至该年年末，已累计发电1.5亿千瓦•时。省电力公司建立了机构，配备了人员，建立健全了规章制度，改夜间值守为夜间值班，加大了设备调整力度，加强了设备检修、维护和改造，提高了经济运行水平，安全工作进一步加强。

第一节　安　全　生　产

风电场认真落实各项规章制度，健全安全生产责任制，积极开展安全生产工作。

（1）加强安全教育，强化安全意识，提高安全责任感。他们完善教育培训机制，教育职工牢固树立“安全第一，预防为主”的思想，并选购了教材发给职工学习，提高技术水平和操作技能，为安全生产奠定基础。

（2）抓好春、秋两季设备安全大检查，发现设备故障、缺陷，并及时消除，提高设备健康水平，减少设备事故的发生。

（3）加强设备改造，提高设备安全运行稳定性。对进口机组部件进行国产化替代，提高风电设备的安全可靠性。

（4）组织职工开展了安全活动，通过开展安全知识竞赛，技术技能竞赛，安全质量劳动竞赛，巩固安全文明生产基础。

2000～2002年全省发电装机总容量和风电装机总容量统计见表5-3-1。

表5-3-1　2000～2002年全省发电装机总容量和风电装机总容量统计

年份	全省发电装机 总容量（亿千瓦•时）	风力发电装机	
		总容量（万千瓦）	所占比例（%）
2000	843.04	3.006	0.36
2001	867.74	3.006	0.35
2002	877.52	3.006	0.34

第二节　设备运行与检修

吉林省的风力发电场加强发电设备运行、检修、维护，加强技术改造，开展人员培训，提高职工队伍的技术水平，并及时消除设备缺陷，保证设备健康运行。通过加强设备改造，奠定了安全生产的物质基础。为开展风电机组的经济运行，结合实际，调整值班方式，加强风力发电机组的监控和调整，提高风力发电设备的发电能力，保证风电场的安全经济运行。

一、经济运行

风力发电公司（简称风电公司）通过采用使风力发电机组在最佳状态下运行，减少停机，提高发电效率等措施，提高风电场的经济效益。

（1）组织风电场的运行检修人员，对每台风机的功率曲线进行技术分析，调整风机桨叶转向角，使风机达到最佳运行状态，可增加出力3%～5%，每年全场可增加发电量200余万千瓦•时。

（2）加强了大风期的运行调整，改夜间值守为夜间值班，进行24小时监盘，并根据负荷情况及时进行备用电容器投切，避免了大风期电压不稳而停机的现象，每年可挽回电量损失80余万千瓦•时。

（3）公司加快了风机延长节的改造进度，2002年，他们在大风期到来之前，对尚未改造的30台风机桨叶延长段进行改造，使风机发电量在原有的基础上增长4.8%，可增加发电量15万千瓦•时。

2000～2002年全省总发电量和风电发电量统计见表5－3－2。

表5－3－2　　2000～2002年全省总发电量和风电发电量统计

年份	全省总发电量（亿千瓦•时）	风电场发电量	
		总发电量（万千瓦•时）	所占比例（%）
2000	288.98	1948	0.07
2001	301.04	5563	0.19
2002	304.86	6447	0.21

二、检修维护

风电场调整生产人员，成立运行检修班，加强风电设备的检修、维护和改造，保证风电设备的安全、经济运行。风电场根据设备存在问题，增加对风机齿轮箱开盖检查项目，发现隐蔽的故障和缺陷并予以消除。2002年，他们发现了主变压器套管渗油、风机刹车盘裂纹、隔离刀闸过热、10千伏引流线夹处导线断股等重大设备缺陷，由于发现和处理及时，消除了事故隐患。

风电场组织职工加强了日常的巡视和维护，每班都要对风机进行登塔检查，对可能出现故障的部位进行重点检查，发现问题及时处理，减少了设备事故的发生。

三、设备改造

风电公司加强设备技术改造，保证风机安全稳定运行，对一期工程的11台风机的监控系统，通过改造，达到技术升级，并增设备用系统，使控制系统更加稳定可靠，对11台风机安装温控装置，解决齿轮箱因油过热而不能及时发现故障的问题。对二期38台风机齿轮箱进行加热改造，解决冬季低温启机困难的问题。还对风机桨叶延长段进行改造，提高风机的发电能力。

风电公司广大职工深入研究风机构造及各部件功能，经反复论证和试验，用国产液压泵替代风机原液压泵获得成功，已将5台风机的液压泵换为国产液压泵，保证风机运行的安全。在检修中，还将10台风机的偏航储能罐、3台风机的液压油、1台风机的齿轮箱油用国内产品替代，解决因部件损坏而不能及时修复的问题。

通榆风电场的设备检修与维护，也实行新体制模式，变电所的设备检修实行外委，风机的有些维护工作有时也顾用临时工人来完成。

第三节　通榆风力发电场简介

通榆风力发电场位于吉林省通榆县同发乡。该地处于大兴安岭和长白山脉之间的西南气流通道上，科尔沁草原东陲，地势平坦，连绵起伏的沙丘略呈西高东低，年平均风速可达7.46米/秒，年有效利用风能时间约7610小时，是全国八大风场之一。

通榆风力发电场一期工程使用西班牙政府贷款所建，安装西班牙MADE公司AE-46/Ⅰ型660千瓦风机11台，1999年11月竣工投产。二期工程使用丹麦政府贷款所建，安装丹麦NORDEX公司N43/600型600千瓦风机38台，2000年12月竣工投产。一、二两期工程共投产风机49台，总容量3.006万千瓦，当年居全国各省（市）风电装机容量第四位。通榆风电场的建成投产，结束了吉林省没有风力发电的历史，开辟了可再生能源发电的新篇章。

通榆风电场隶属于省电力公司。省电力公司成立吉林风力发电股份有限公司，负责风电建设和风电场运行管理。通榆风电场设场长1人，副场长1人和负责运行监视与设备检修维护的运检员7人。风电公司加强风电场管理，制定了《工作标准》、《管理标准》和《检修规程》、《运行规程》、《风电场事故处理规程》。为加强安全生产和经济运行，认真进行安全教育，层层落实安全生产责任制，努力提高职工的安全意识和操作技能。他们加强了风电设备的检修，维护和改造，认真检查设备，消除隐患，不但保证了风电设备的安全运行，也提高了发电能力。为搞好经济运行，风电场运行人员加强风机调整，进行起停操作，增加了发电量。

通榆风电场自投产至2002年末，累计发电1.50亿千瓦·时，节约了煤炭，减少二氧化碳排放，为吉林省发展和环境改善，作出了贡献。

第六篇　供　　　电

第六篇 供　　电

20 世纪 90 年代，吉林省共有 8 个地级市和一个自治州，相应成立 8 个电业局，即长春、吉林、通化、白城、四平、延边、辽源、浑江（白山）电业局。1992 年成立松原地级市，只成立松原电业分局，仍归白城电业局领导。电业局下设输电、变电工区和市县区供电局（供电分公司），管理输电、变电、城市配电及营销等。

实行改革开放以来，吉林省电力企业坚持以安全生产为基础，以提高经济效益为中心，以优质服务为宗旨，扭转过去“重发轻供不管用”的局面，突出加强了电网建设和改造，推行体制机制和管理创新，使全省电网更加完善，供电量增加，供电可靠性增强，电能质量改善，线路损失率下降，自动化水平提高，城市电网建设与改造成效显著，基本适应了全省国民经济发展和人民生活水平提高的用电需求。

第一章 输　　电

1991～2002 年，随着吉林省国民经济稳步快速发展，全省输电线路新建、扩建、城网改造与时俱进，电网布局更加合理，设备健康水平提高。吉林全省电网输电线路电压等级主要为 66、220 千伏和 500 千伏。2001 年，110 千伏线路被淘汰，35 千伏线路逐步减少。高压设备伸入城市中心，城市中钢管杆得到较快发展，电缆线路采用也在增加。2002 年底，全省 35～500 千伏输电线路 866 条，线路长度 19 752 千米，比 1991 年的 619 条，16 060 千米，分别增加 247 条，3692 千米，线路增长率 22.99%。输电线路的运行和检修管理进一步科学，设备完好率和一级率提高，保证了电网的安全经济运行。

第一节 设　　备

12 年来，吉林省电网输电线路有较快发展。2002 年，全省境内共有 35～500 千伏输电线路 866 条，杆路长 19 752 千米，比 1991 年的 16 060 千米增加了 3692 千米，增长率为 22.99%。其中 500 千伏输电线路 8 条，杆路长 831 千米；220 千伏输电线路 123 条，杆路长 6146.82 千米，回路长 6475.48 千米；66 千伏输电线路 728 条，杆路长 12 696 千米；35 千伏输电线路 7 条，杆路长 86 千米。2002 年，省内有部（国家电力公司）属输电线路 524 条，杆路长 13 935 千米，比 1991 年的 10 893 千米，增加 3042 千米，增长率 27.93%。

表 6-1-1　1991～2002 年吉林省全地区输电线路杆路长度统计　单位：条/千米

年份	全省总计	部属（国家电力公司所属）										地方和企业自备		
		各种电压等级合计			500 千伏		220 千伏		110 千伏	66 千伏	35 千伏	各种电压等级合计	66 千伏	35 千伏
		部属合计	东北电力公司	省电力公司	东北电力公司	省电力公司	东北电力公司	省电力公司	省电力公司	省电力公司	省电力公司			
1991	619/16 060	366/10 893		366/10 893		1/67		74/4875	2/92	281/5848	8/11	253/5167	247/4946	6/221
1992	653/15 823	369/10 960		369/10 960		1/67		76/4867	2/92	282/5923	8/11	294/4863	289/4716	5/148
1993	691/16 532	386/11 468		386/11 468		3/384		92/5056	2/92	281/5925	8/11	305/5064	303/4959	2/105
1994	706/16 687	391/11 514		391/11 514		3/384		92/5057	2/92	286/5970	8/11	315/5173	313/5069	2/104
1995	719/16 968	400/11 740		400/11 740		3/384		90/5258	2/92	297/5995	8/11	319/5228	317/5124	2/104
1996	756/16 930	441/11 873		441/11 873		3/384		89/5292	2/92	339/6094	8/11	315/5057	309/4953	6/104
1997	761/17 206	443/12 115		443/12 115		3/384		93/5528	2/92	337/6100	8/11	318/5091	312/4987	6/104
1998	790/17 635	461/12 237		461/12 237		3/384		96/5544	2/92	352/6206	8/11	329/5398	323/5295	6/103
1999	799/17 927	464/12 375	17/1254	447/11 121	3/384	—	14/870	82/4665	2/92	355/6353	8/11	335/5552	331/5470	4/82
2000	856/18 612	494/12 872	18/1350	476/11 522	4/480	1/73	14/870	89/4914	1/14	377/6510	8/11	342/5740	357/5656	5/84
2001	848/19 619	510/13 839	21/1628	489/12 211	7/758	1/73	14/870	107/5260	—	379/6876	2/2	338/5780	333/5696	5/84
2002	866/19 752	524/13 935	21/1628	503/12 307	7/758	1/73	14/870	109/5269	—	391/6963	2/2	342/5817	337/5733	5/84
增减	+247/+3692	+158/3042			+7/+764		+49/+1264		−2/−92	+110/+1115	−6/−9	+89/+650	+90/+787	−1/−137

注　地方和企业设备中含农电输电线路。

其中：500 千伏输电线路 8 条，杆路长 831 千米；220 千伏输电线路 123 条，杆路长 6139 千米；66 千伏输电线路 391 条，杆路长 6963 千米；35 千伏输电线路 2 条，杆路长 2 千米。（部属输电线路总长不含 220 千伏电缆线路 2 条，3.72 千米；66 千伏电缆线路 39 条，98.64 千米）。省电力公司管理的各地区输电线路统计，见表 6－1－1～表 6－1－5。

表 6－1－2　　吉林省各地区输电线路（35～500 千伏）总计杆路长度统计（省电力公司管理）

单位：条/千米

年份	合计	吉林	长春	四平	辽源	通化	白山	白城	延边
1991	366/10 893	86/2195	46/1274	35/1212	26/593	62/2045	21/558	43/1687	60/1329
1992	369/10 960	85/2164	49/1343	36/1243	26/594	60/2043	21/556	44/1688	60/1329
1993	386/11 468	85/2164	52/1442	39/1531	27/631	62/2087	21/556	45/1733	61/1324
1994	391/11 514	80/2087	52/1442	39/1531	27/631	62/2087	26/613	46/1799	61/1324
1995	400/11 740	80/2082	52/1454	47/1735	27/631	62/2087	27/613	48/1806	61/1332
1996	441/11 873	112/2086	77/1491	49/1740	27/631	62/2087	29/627	52/1865	62/1346
1997	443/12 115	112/2086	55/1501	50/1746	27/631	63/2118	31/832	52/1852	64/1349
1998	461/12 237	120/2161	57/1498	51/1752	28/638	63/2121	36/862	53/1856	64/1349
1999	447/11 121	120/2054	53/1372	48/1367	26/534	59/1824	36/862	51/1814	67/1294
2000	476/11 522	126/2049	54/1380	51/1449	29/537	61/1827	38/911	51/1814	76/1555
2001	489/12 211	121/2095	64/1661	54/1497	29/537	64/1772	39/960	56/2106	75/1583
2002	503/12 307	129/2187	66/1666	61/1762	29/537	67/1437	39/980	56/2131	77/1607

注　地区间的联络线，在各地区分别统计为 1 条，而全省合计中仅统计为 1 条。

表 6－1－3　　吉林省各地区 220 千伏输电线路杆路长度统计（省电力公司管理）

单位：条/千米

年份	合计	吉林	长春	四平	辽源	通化	白山	白城	延边
1991	74/4875	21/956	17/632	10/612	6/182	15/1252	3/102	10/829	5/310
1992	76/4867	20/925	18/642	10/626	6/182	16/1252	3/102	10/828	5/310
1993	92/5056	20/925	20/671	11/786	6/182	16/1252	3/102	10/828	5/310
1994	92/5057	20/887	20/696	11/786	6/182	16/1252	4/116	10/828	5/310
1995	90/5258	20/887	20/696	13/987	6/182	16/1252	4/116	10/828	5/310
1996	89/5292	22/887	20/696	14/987	6/182	16/1252	4/116	11/862	5/310
1997	93/5528	22/887	20/696	14/987	6/182	17/1283	7/321	11/862	5/310
1998	96/5544	24/891	20/696	14/988	6/182	17/1283	8/331	11/863	5/310
1999	82/4665	23/772	18/639	11/712	6/182	13/986	8/331	9/792	4/251
2000	89/4914	23/772	18/639	11/712	8/184	15/989	8/341	9/792	7/485
2001	107/5260	30/835	25/885	14/749	8/184	15/840	8/345	12/880	8/542
2002	109/5269	32/840	26/889	21/1033	8/184	15/555	8/346	12/880	8/542

注　地区间的联络线，在各地区分别统计为 1 条，而全省合计中仅统计为 1 条。

表 6-1-4　吉林省各地区 66 千伏输电线路杆路长度统计（省电力公司管理）

单位：条/千米

年份	合计	吉林	长春	四平	辽源	通化	白山	白城	延边
1991	281/5848	57/1228	29/642	25/600	19/344	47/793	18/456	33/858	53/927
1992	282/5923	57/1228	31/701	26/617	19/345	44/791	18/454	34/860	53/927
1993	281/5925	57/1228	31/649	26/632	19/345	45/835	18/454	34/860	53/922
1994	286/5970	52/1189	31/624	27/631	19/345	46/835	22/497	35/927	54/922
1995	297/5995	52/1184	31/636	33/635	19/345	46/835	23/497	37/933	54/930
1996	339/6094	82/1188	52/673	34/640	19/345	46/835	25/511	40/958	55/944
1997	337/6100	82/1188	34/683	35/646	19/345	46/835	24/511	40/945	57/947
1998	352/6206	88/1259	36/680	36/651	20/352	46/838	28/531	41/948	57/947
1999	355/6353	89/1271	35/733	37/655	20/352	46/838	28/531	42/1022	58/951
2000	377/6510	95/1266	36/741	39/664	21/353	46/838	30/570	42/1022	68/1056
2001	379/6876	89/1258	39/776	39/675	21/353	49/932	31/615	44/1226	67/1041
2002	391/6963	95/1346	40/776	39/656	21/353	52/882	31/634	44/1251	69/1065

表 6-1-5　吉林省各地区 500 千伏、110 千伏、35 千伏输电线路杆路长度统计（省电力公司管理）

单位：条/千米

年份	500 千伏						110 千伏	35 千伏
	全省合计	吉林	长春	四平	辽源	白城	延边（全省合计）	吉林（全省合计）
1991	1/67	—	—	—	1/67	—	2/92	8/11
1992	1/67	—	—	—	1/67	—	2/92	8/11
1993	3/384	—	1/122	1/113	2/104	1/45	2/92	8/11
1994	3/384	—	1/122	1/113	2/104	1/45	2/92	8/11
1995	3/384	—	1/122	1/113	2/104	1/45	2/92	8/11
1996	3/384	—	1/122	1/113	2/104	1/45	2/92	8/11
1997	3/384	—	1/122	1/113	2/104	1/45	2/92	8/11
1998	3/384	—	1/122	1/113	2/104	1/45	2/92	8/11
1999	—	—	—	—	—	—	2/92	8/11
2000	1/73	—	—	1/73	—	—	1/14	8/11
2001	1/73	—	—	1/73	—	—	—	2/2
2002	1/73	—	—	1/73	—	—	—	2/2

注　地区间的联络线，在各地区分别统计为 1 条，而全省合计中仅统计为 1 条。

各供电企业按照规定，加强了设备管理。结合实际制定了相应的设备管理制度、细则、办法等。为提高安全经济运行水平，各供电企业每月开展一次运行分析会，对运行操作、巡视维护质量及计划任务完成情况进行岗位分析；发生线路污闪、雷害、外力破坏、绝缘子劣化、钢筋混凝土杆裂纹、金具附件锈蚀、导线舞动、断股等问题进行专题分析，并采取相应措施进行治理。

按照《架空送电线路设备评级办法》的规定，各供电企业每年都组织设备评级，反映设备的健康状况。执行设备分组管理的原则，各部门和基层单位每季进行一次设备评级。按评级标准以线路“条”为单元，对每个单元中的杆塔基础、导、地线、绝缘子、金具、防雷接地装置及拉线等进行评定。评级分为一、二、三级，一、二级设备为完好设备，三级设备为不良设备。完好设备占参加评级设备的百分数作为架空输电线路的完好率。“八五”计划期间，全省部属输电线路设备条数完好率为 97.50%，长度完好率为 99.67%。1996 年，消除了三类线路缺陷，“九五”计划期间，全省 35～500 千伏输电线路完好率均为 100%。

第二节　运　　行

省电力公司和各供电企业，认真贯彻“安全第一，预防为主”的方针，严格执行部颁《架空送电线路运行规程》、《电力线路防护规程》及防止电力生产重大事故的措施，制定并严格执行巡线检查制度，加强输电线路的巡视、测试与维修，坚持开展季节性事故预防和设备缺陷管理，保证设备的安全、优质与经济运行。

一、线路巡视

20 世纪 90 年代初，吉林省各电业局所在地设送电工区，下设运行班、检修班、带电作业班。所属供电局设送电站（班），实行运行与检修合一体制，由供电局管理。90 年代中期，在辽源电业局试点，成立输电运行、检修公司，实行运检分开体制。1999 年，供电公司的供电分公司与所在市农电局合并，实行农供合一，下设输电班，一个机构，两套人员，各自维护供电和农电线路。各单位线路巡视的基本做法是：

35～500 千伏输电线路，正常情况下每月定期巡视一次，按计划巡视线路，掌握线路各部件的运行状态及沿线情况，做好护线工作。巡视项目包括杆塔各部件、导地线、金具、拉线、绝缘子、接地装置，威胁设备安全运行的过高过近树木、建筑、爆破作业、放风筝、线路下施工、堆放物品等。巡视结束，将发现的设备缺陷和有关问题填写设备缺陷单，做汇报，班组技术员登记造册，作为线路计划检修项目。发现紧急缺陷，及时向班长和单位报告，尽快处理，不得过夜。

天气发生剧烈变化（大雾、粘雪、大风、暴雨、导线结冰）、自然灾害（洪水、火灾、地震等）、线路过负荷和其他特殊情况时，对线路某段或某些部件进行特殊巡视，发现问题及时检修或更换。导线连接器过热、绝缘子污秽放电或尖峰负荷情况下，实行夜巡。线路故障跳闸，组织故障巡视，查明线路故障接地、跳闸原因和故障点，进行紧急处理，及时恢复线路供电。

各局（公司）巡线的方法大同小异，多数采用“三定”、“两包”形式，即定时间、定线路、定人员，实行巡线员包线路、护线员包干塔。为提高巡线质量，各电业局（公司）还开展交叉巡线、交流经验。有的用挂抽查牌、画记号等办法，检查巡线员巡视到位情况。

2001 年，荣获吉林省总工会颁发的“五一劳动奖章”的吉林供电公司“采光巡线法”创造者、巡线工吕清森，是继老劳模吴允修之后又一新时代模范的代表者。

1996 年，省电力公司颁发《送电线路管理标准》，2001 年 11 月进行重新修订。按照新规定，各单位根据输电线路沿线地形、周围环境、气象条件及气候季节性变化等，对线路划分的特殊区域，运行中加强重点监视，开展季节性预防工作。特殊区域包括污秽区、雷害区、鸟害区、风害区、洪水冲刷区、覆冰区、冻害区、导地线振动区、易受外力破坏区等。

二、测试维修与缺陷管理

按照《架空送电线路运行规程》要求，各单位每年进行线路部件测试和维修。测试项目包括钢筋混凝土电杆裂纹、杆塔倾斜、弯曲挠度及基础沉降测量，导、地线弛度测量，绝缘子分布电压、杆塔接地电阻测试，受污秽部件的严密试验，导线连接器（压接管、铝并沟线夹、不同金属连接器等）的过热测试等。按照《架空送电线路运行规程》规定测试项目、周期，由调度部门统一计划，逐条线路进行。测量的手段不断进步，导线连接器过热测量，从过去用目测、千分电压表检测和 γ 射线探伤等手段，发展到 20 世纪 90 年代用远红外测试仪测量；绝缘子绝缘，过去用梅格表测试，90 年代采用叉式零值检测仪测试；杆塔接地电阻测试，过去用苏式 MC－07 型仪表，90 年代采用带显示器的钩式测量仪等。随着测试装置、仪表技术水平的提高，测量的数据更加准确，测试的状态更加接近实际。

输电线路经过巡视、检查和测试，发现的设备缺陷依据运行标准和缺陷分类标准，按其严重程度，划分紧急、重大、一般 3 个等级缺陷，即一、二、三类缺陷。紧急缺陷，一般不超过一天时间消除，或采取必要的安全措施进行处理。重大缺陷在较短时间内消除，一般不超过 15 天，消除前加强监视；一般缺陷列入年、季、月生产工作计划，或在春、秋季检修中处理，一般不跨年度。运行和检查中发现的设备缺陷，填写缺陷报告单，写清发现人、线路名称和部位，发现的时间、缺陷的性质及处理意见等，交给站（班）长或专责技术员，经专责人复核后，进行缺陷报告单会签，提出意见，下达计划，检修、维护人员进行处理。检修中发现的设备缺陷，连同杆塔检修记录，一并交工区（供电局）送电专责人，再转给维护班。设备缺陷消除后，处理缺陷人员将缺陷处理报告单签章，返还负责缺陷管理的专责人，做好记录，运行人员进行验收。紧急缺陷，一经发现，立即报告，及时处理。

三、事故预防

省电力公司每年下达的春、秋季安全大检查计划，要求将输电线路运行事故预防作为重点项目之一，包括季节性事故预防，导线断线、断引流事故预防，外力破坏和输电线路设施被盗事故预防等。

（1）季节性事故预防，包括防雷、防鸟、防洪、防风、防冻、防高温、防污闪等项。

开展防雷工作，各单位普遍坚持每年春季检查，按周期测试杆塔接地电阻，不合格的进行改造，采取增加和延长埋设接地带、换土、加降阻剂等措施进行处理。有的采取线路装设消雷器、耦合地线、避雷器、更换零值绝缘子等措施预防雷害。

预防污闪工作中，各单位每年结合春、秋季安全检查，对受污秽绝缘子进行周期性清扫，清扫不干净的绝缘子进行停电或带电更换，换成防污绝缘子，或增加片数，扩大爬距。20 世纪 90 年代开始，吉林省输电线路防污闪，大多采用绝缘子喷涂硅油，或更换为硅橡胶合成绝缘子等手段，防污闪效果好。12 年中，四平电业局（供电公司）在污秽区段线路逐年更换合成绝缘子 28 247 个，其中 220 千伏线路更换 6323 个，66 千伏线路更换 21 924 个。2002 年末，吉林供电公司采用合成绝缘子总数达 19 015 个，安装在 128 条线路的 2975 基杆塔上，污秽严重的吉林市江北区线路，都换成硅橡胶绝缘子，全公司输电线路实现 41 年无污闪事故纪录。

预防水灾事故，省电力公司每年下发防洪度汛预案，检查各单位防洪工作。各供电企业结合本地区情况，采取不同的防洪措施。90 年代～2002 年，普遍对杆塔采取灌注桩基础和防冲刷型重力基础，杆换塔、防洪杆塔移位、护坡改用水泥浇筑挡水墙等方法防洪。汛期到来之前，下发防汛通知，采取以下举措：做好人员组织、物资、通信、后勤准备；成立防汛指挥部，各级领导实行汛期值班，落实防汛抢险责任；易被冲刷的防洪重点设备、建筑物等加强巡查；检查防洪堤坝，建立沿线群众性防洪网，充分发挥群众防洪组织作用，全面落实防洪工作。预防工作全面、扎实，1991 年、1995 年和 1998 年吉林省发生的 3 次大洪水中，受到的危害最小，受到的损失最少。

防鸟害工作中，各单位采取登杆塔拆鸟巢；鸟害区的 220 千伏直线绝缘子串靠横担处，加装大沿绝缘子；220 千伏线路导线挂点处，安装驱鸟器等措施防鸟害。

防止树木造成输电线路跳闸断电事故，各单位结合春检和秋检，采取线路防护区内距导线过近的树木砍伐或剪枝等措施。

（2）预防导线断线、断引流。为防止老旧输电线路引流接点松动、过热、断裂、线夹内导线断股等事故的发生，各单位在春、秋检期间都对重要线路进行检查，特别对铝并沟线夹连接的引流，对发现的断股做到及时处理。防止导线、地线振动断股，采取输电线路加装防振锤、线夹内打护线、加装预绞式护条、增添阻尼线、调整导线弛度等措施。

（3）外力破坏事故预防工作，各供电企业每年均派出宣传车，做好护线宣传，沿线贴宣传标语、布告和宣传画；并利用广播、报纸、电视等媒体，加强宣传，重点宣传国家颁发的《电力设施保护条例》和《电力设施保护条例实施细则》，尽力做到沿线百姓家喻户晓，防止违章、违法行为的发生。全省 8 个电业局为地区建立了群众性的护线组织，发展义务护线员，扩大了护线力量。主动争取地方政府和有关部门支持，召开地区线路保护会议，表彰护线先进分子，与地、县、市政府部门签订责任状，形成供电单位、各地政府、公安系统与广大群众综合治理输电网络，加大保护线路力度。同时，各供电企业对输电线路设施采取技术防窃措施，如拉线 UT 线夹加装防盗帽；铁塔 4 米以下螺栓实施打铆、焊接或粘胶加固措施。设计部门在输电线路设施设计中，增加防窃技术措施等。

第三节 检 修

1991～2002 年，吉林省电力系统输电线路的检修，坚持"到期必修，应修必修，修必修好”的原则，严格执行东北电力公司颁发的《架空送电线路检修工艺规程》，实行计划检修和带电检修，年年完成输电线路的维护、大修工程和改造工程任务，保障了设备的安全可靠。

一、计划检修

1991～2002年，省电力公司每年组织供电企业根据线路健康状况、巡线和测试结果、检查周期和季节性事故预防项目等，编制公司管理线路的检修计划。供电企业根据批准的工程计划，制订经调度局统一平衡的检修计划，结合春、秋季安全生产大检查，进行逐条线路检修。

各单位检修的主要工作有：线路绝缘子清扫，分布电压、杆塔接地电阻、导线压接管和触点测试，杆塔基础检查和登杆检查，绝缘子涂硅油、铁塔刷油等维护任务。更换污秽、零值和闪络绝缘子，瓷瓶绝缘子更换为合成橡胶绝缘子，更换杆塔和导地线，修补防洪、防雷、防鸟、防污设备、设施等工作。进行输电线路改造工程，包括防洪或滑坡修护、变更线路路径、大量杆塔移位、更换大截面导线或加挂复导线，线路升压进行杆塔改造等项目，以提高输电线路的抗灾能力、输电容量和经济性能等。

20世纪90年代，各供电企业老旧设备的康复性大修列入检修计划，对年久风化的水泥电杆涂刷防腐涂料；对长期运行、断股严重的导线进行处理；对建设已久杆塔的土壤基础进行改造，消除了许多设备事故隐患。在紧急情况下，各级领导组织事故抢修，受灾严重地区电力设施开展抢险，抢救人员、财产和设备，并安排计划，进行灾后重建和恢复生产工作。

各供电企业重视输电线路检修管理，严格执行《架空送电线路检修工艺规程》等项规章制度，结合企业实际制定工艺守则。对重大检修和更改工程施工，编制和执行《施工安全技术组织措施计划》，经生技、安监、调度等部门审核后，总工（副总）程师批准执行。认真履行设备停、送电会签审批手续和工作票制度，严格执行保证人身、电网和设备安全的组织措施和技术措施。线路检修做到了精心组织、统一指挥、明确分工、各负其责、有序进行。

输电线路检修由供电企业送电工区或供电局负责，下设的检修班组和人员，由所在的送电工区或供电局管理，按计划开展检修。

输电检修职工十分艰苦，检修期间，不论夏日酷暑，风吹雨淋，还是冬季严寒，北风刺骨，都要起早贪黑地工作，有时需要工人背或扛着材料、工器具跋山涉水地去检修。进入90年代，输电检修工人检修条件有较大改善，配备交通车，通信设施，联系方便，可朝去夕归。工具有较大改进，铁制双钩紧线器改用铝镁合金液压紧线器；人力绞磨改为机动绞磨；人力单条导线展放改为张力机多条放线；导线连接由手工绞接改为液压或爆压连接；干塔组立由单片安装改为抱杆整体组立或内拉倒立组装。工作联系改用无线电步话机、车载机、移动手机。条件的改善明显降低了检修职工的劳动强度和工作量。

二、带电检修

20世纪80～90年代初，吉林省电力设备带电检修范围不断扩大，从输电专业扩展到变电和配电专业、6大类80多项。电压等级从10、66、110、220千伏直至500千伏，带电检修项目从输电线路单一更换绝缘子，发展到更换和移位杆塔、改横担、加高苕头、更换导地线、调整线路弛度，断、接引线及跨越架线等。带电检修人员技术水平不断提高，工具不断改进，为用户连续安全用电作出了贡献。1993 年，全国总工会为带电作业取得卓越功绩的吉林电业局带电作业班，颁发了全国“五一劳动奖状”。

带电作业工具不断改进。20 世纪 80 年代，带电作业工具主要有：等电位作业工具，包括屏蔽服、绝缘绳索、绝缘梯；间接带电作业工具，包括绝缘滑车组、绝缘操作杆、绝缘子卡具、绝缘吊杆等。进入 90 年代，带电作业工具向着机械化、轻便化、定型化方向发展，尤其铝镁合金卡具的问世，大大减轻作业人员负担。1991 年，吉林电业局与解放军 5704 厂共同研制的 GPQ－Ⅰ带电喷涂器和 GPQ－Ⅱ发电机气泵，解决了输电线路绝缘子涂硅油防污闪的技术难题，获吉林省科技进步三等奖。2006 年，省电力公司出资 10 万美元，为供电企业引进一台韩国产带电作业斗臂车（时为国际先进机械）。各供电企业为把好保护带电作业工具关，配备了带电作业工程车。2000 年，供电企业购置的国产 10 千伏斗臂高空作业车，也发挥了重要作用。

吉林省电力建设和改造工程也采用带电作业，利用绝缘工具和带电作业方法架设输电线路，使被跨越的带电设备不停电情况下顺利完成任务。吉林地区电网在 10 个年头中，开展大型带电作业工程达 10 项之多，减少了停电损失，又省人、省力、快捷。

20 世纪 90 年代后期，吉林省电源和电网快速发展，电网结构日趋完善，设备健康水平不断提高，供、用电矛盾相对缓解，全省带电作业的范围、项目、次数减少，带电作业工作进入调整巩固、标准化、规范化建设阶段。依据东北电管局颁发的带电作业规程和守则，各供电企业制定或修订了本单位的带电作业操作规程，规范常规带电作业项目。按照带电作业绝缘工具及库房标准要求，省电力公司和各供电企业，进行带电作业工器具的研究与改进，加强工器具保管、存放、使用、试验和运输管理；并开展技术培训，提高人员作业技能。

1991～2000 年末，省电力公司管理的企业带电作业 14957 次，多供电量10 5047.40 万千瓦·时，带电作业次数及多供电量统计，见表 6－1－6。

表 6－1－6　　1991～2000 年吉林省电力系统带电作业次数及多供电量统计

电　压	次　数	多供电量（万千瓦·时）
全省合计	14 957	105 047.40
500 千伏线路	73	2802.50
220 千伏线路	5265	71 702.90
66～110 千伏线路	9389	30 263.00
35 千伏线路	230	279.00

第二章　变　　电

1991～2002 年，随着吉林省电网的发展，公用变电所和变压器增加较多，变电设备科技含量和自动化水平不断提高。随着电源建设的发展，发电厂升压变压器也有较快增长。国家提出加强城网建设与改造后，二次变电所也明显增加。为保证电网安全、经济供电，省电力公司和各供电企业按照上级一系列安全文件和《变压器类设备管理规定》的要求，认真执行“安全第一，预防为主”方针，严格执行运行、检修规程及反事故措施，实行设备全过程管理。加强设备运行管理和季节性事故预防措施，开展红旗化活动；根据“到期必修、应修必修、修必修好”的原则，推行计划检修与诊断检修相结合，开展状态检修试点，及时消除设备异常和缺陷，提高了设备健康水平。12 年来，部属输电变电设备未发生重大及以上的责任事故，保证了吉林省电网的安全、稳定、经济、优质运行。

第一节　设　　备

2002 年末，全省输电变压器和电厂升压变压器 1662 台，容量 3521.27 万千伏·安，较 1991 年的 1364 台，容量 1927.51 万千伏·安分别增长 298 台 1593.76 千伏·安。设备的自动化水平提高，部属 220 千伏公用变电所 46 座，实现“三遥”（遥测、遥信、遥控）和“四遥”（遥测、遥信、遥控、遥调）的 31 座，占总座数的 67.39%；实现“二遥”（遥测、遥信）占 32.61%。6 座 220 千伏变电所实现综合自动化。9 座 220 千伏变电所和 130 座 66 千伏变电所，实现无人值班。设备更新改造逐步实现从设备的完善化向技术进步的方向转化。

一、全省输电变压器

2002 年末，吉林省全省境内 500 千伏变压器 16 台，容量 430.80 万千伏·安；220 千伏变压器 123 台，容量 1663.15 万千伏·安；66 千伏变压器 1502 台，容量 1407.86 万千伏·安；35 千伏变压器 21 台，容量 19.46 万千伏·安。1991～2002 年，35 千伏及以上变压器台数及容量统计见表 6－2－1。

二、全省部（国家电力公司）属公用输电变压器

经“八五”、“九五”计划，到 2002 年，66 千伏及以上公用的输电变压器 412 台，总容量 1794.29 万千伏·安，总容量比 1991 年增长 119.21%，年均增长 10.84%。其中：500 千伏输电变压器 14 台，容量 356.80 万千伏·安，比 1991 年增长 375.73%，年均增长 34.16%；220 千伏变压器 73 台，容量 812.30 万千伏·安，比 1991 年增长 80.23%，年均增长 7.29%；66 千伏变压器 325 台，容量 625.19 万千伏·安，比 1991 年增长 118.19%，年均增长 10.74%。1991～2002 年，部（国家电力公司）属输电变压器统计，见表 6－2－2。

表 6－2－1　　1991～2002 年 35kV 及以上变压器台数及容量统计　　单位：台/（万千伏·安）

年份	合计		500 千伏		220 千伏		110 千伏		66 千伏		35 千伏		22 千伏
	全省合计	其中公用变电所	合计	其中公用变电所	合计	其中公用变电所	合计	其中公用变电所	合计	其中公用变电所	合计	其中公用变电所	合计
1991	1364/1927.51	816/939.03	3/75	3/75	93/1035.30	54/450.70	5/15.75	2/6.30	1211/766.05	733/404.80	46/35.19	24/2.23	6/0.22
1992	1368/2029.14	801/969.45	3/75	3/75	96/1114.50	55/469.90	5/15.75	2/6.30	1227/789.55	732/417.06	31/34.12	9/1.19	6/0.22
1993	1418/2279.63	841/1189.44	10/256.80	10/256.80	98/1151.90	55/491.30	5/15.75	2/6.30	1270/821.18	767/434.19	29/33.78	7/0.85	6/0.22
1994	1433/2399.34	842/1246.34	10/256.80	10/256.80	99/1205.50	57/507.90	5/15.75	2/6.30	1285/886.96	765/474.31	31/34.18	8/1.03	3/0.15
1995	1460/2543.66	864/1343.70	10/256.80	10/256.80	105/1292.20	60/557.60	5/15.75	2/6.30	1306/947.11	783/521.79	34/31.80	9/1.21	—
1996	1505/2709.45	887/1398.09	10/256.80	10/256.80	105/1329.50	64/592.20	5/15.75	2/6.30	1351/1075.60	802/541.58	34/31.80	9/1.21	—
1997	1513/2774.79	906/1493.44	10/256.80	10/256.80	113/1435.55	69/664.20	5/15.75	2/6.30	1351/1034.89	816/564.93	34/31.80	9/1.21	—
1998	1556/2896.18	919/1546.35	10/256.80	10/256.80	118/1501.55	71/688.20	5/15.75	2/6.30	1388/1090.24	826/593.81	35/31.84	10/1.24	—
1999	1547/2954.57	931/1594.22	10/256.80	10/256.80	118/1515.95	71/702.60	5/15.75	2/6.30	1388/1141.21	845/628.25	26/24.86	3/0.27	—
2000	1615/3142.89	983/1679.85	12/330.80	10/256.80	120/1540.65	73/732.30	2/6.30	2/6.30	1455/1240.28	895/684.18	26/24.86	3/0.27	—
2001	1639/3389.04	1010/1890.61	16/430.80	14/356.80	120/1599.45	70/764.30	1/3.15	1/3.15	1481/1336.18	922/766.09	21/19.46	3/0.27	—
2002	1662/3521.27	1036/1985.69	16/430.80	14/356.80	123/1663.15	73/812.30	—	—	1502/1407.86	946/816.32	21/19.46	3/0.27	—
增减	298/1593.76	220/1046.66	13/355.80	11/281.80	30/627.85	19/361.60	−5/−15.75	−2/−6.30	291/641.81	213/411.52	−25/−15.73	−21/−1.96	−6/−0.22

表 6-2-2　　1991～2002 年吉林省部（国家电力公司）属输电变压器统计　　单位：台/（万千伏·安）

年份	合计			500 千伏		220 千伏			110 千伏		66 千伏			35 千伏
	总计	公用变电所	电厂升压变压器	公用变电所		公用变电所	电厂升压变压器		公用变电所	电厂升压变压器	公用变电所	电厂升压变压器		电厂升压变压器
				东北电力公司	省电力公司	省电力公司	东北电力公司	省电力公司	省电力公司	省电力公司	省电力公司	东北电力公司	省电力公司	省电力公司
1991	368/1475.44	289/818.53	70/656.91	—	3/75	54/450.70	19/305	18/261.60	2/6.30	3/9.45	239/286.53	2/4	25/67.41	3/9.45
1992	365/1567.56	293/849.25	72/718.31	—	3/75	55/469.90	21/360	18/266.60	2/6.30	3/9.45	233/298.05	2/4	25/68.81	3/9.45
1993	367/1765.46	304/1066.25	63/699.21	—	10/256.80	55/491.30	19/350	22/292.60	2/6.30	3/9.45	237/311.85	2/4	17/43.16	—
1994	379/1831.15	317/1113.94	62/717.21	—	10/256.80	57/507.90	19/350	21/310.60	2/6.30	3/9.45	248/342.94	2/4	17/43.16	—
1995	397/1969.91	332/1208.66	65/761.25	—	10/256.80	60/557.60	19/350	22/347.60	2/6.30	3/9.45	260/387.96	2/4	19/50.20	—
1996	406/2017.72	346/1260.37	60/757.35	—	10/256.80	64/592.20	19/350	18/345.30	2/6.30	3/9.45	270/405.07	2/4	18/48.60	—
1997	420/2146.34	357/1348.49	63/797.85	—	10/256.80	69/664.20	20/370	20/365.80	2/6.30	3/9.45	276/421.19	2/4	18/48.60	—
1998	435/2221.62	369/1393.47	66/828.15	—	10/256.80	71/688.20	21/390	20/344.45	2/6.30	3/9.45	286/442.17	2/4	20/80.25	—
1999	441/2259.49	375/1436.34	66/823.15	10/256.80	—	71/702.60	21/390	20/339.45	2/6.30	3/9.45	292/470.64	2/4	20/80.25	—
2000	417/1968.18	389/1510.58	28/457.60	10/256.80	—	73/732.30	21/390	5/63.60	2/6.30	—	304/515.18	2/4	—	—
2001	429/2148.08	402/1712.98	27/435.10	14/356.80	—	70/764.30	21/390	4/41.10	1/3.15	—	317/588.73	2/4	—	—
2002	439/2229.39	412/1794.29	27/435.10	14/356.80	—	73/812.30	21/390	4/41.10	—	—	325/625.19	2/4	—	—

1991～2002年，部属公用输电变压器中，500千伏变压器全部采用有载调压变压器，新装和改造的输电变压器都为有载调压变压器。

三、各地区输电变压器

2002年末，长春地区全部输电变压器324台，容量740.52万千伏·安；吉林地区输电变压器391台，容量1116.84万千伏·安；四平地区输电变压器130台，容量380.77万千伏·安；通化地区输电变压器160台，容量256.68万千伏·安；辽源地区输电变压器58台，容量252.58万千伏·安；白山地区输电变压器133台，容量221.29万千伏·安；白城地区输电变压器256台，容量326.99万千伏·安；延边地区输电变压器210台，容量225.62万千伏·安。各地区输电变压器，包括发电厂升压变压器、公用变电所（含农电）和企业自备变电所的全部主变压器。1991～2002年，吉林省各地区各种电压等级的部属公用变压器统计，见表6-2-3～表6-2-6。

表6-2-3　吉林省各地区部（国家电力公司）属66～500千伏公用变电所主变压器统计　单位：台/（万千伏·安）

年份	合计	吉林	长春	四平	辽源	通化	白山	白城	延边
1991	298/818.53	58/201.13	65/194.66	28/74.06	22/122.40	44/78.05	19/19.32	26/67.88	35/61.03
1992	293/849.25	60/205.57	61/205.89	28/75.43	18/118.62	47/91.05	20/19.51	27/69.88	32/63.30
1993	304/1066.25	60/195.26	66/338.24	28/78.03	21/193.62	50/102.75	21/21.51	28/71.88	33/64.96
1994	317/1113.94	60/190.60	68/353.24	29/79.03	21/194.62	51/110.05	22/33.51	29/73.88	37/79.01
1995	332/1208.66	61/200.60	74/388.81	31/99.87	21/193.79	51/110.25	23/36.32	34/95.73	37/83.29
1996	346/1260.37	63/210.45	77/398.26	33/110.87	21/193.86	51/114.25	25/40.32	35/104.03	41/88.33
1997	357/1348.49	68/252.45	78/401.41	34/117.02	21/194.86	52/126.25	26/53.14	35/104.03	43/99.33
1998	369/1393.47	73/263.06	79/410.26	36/121.95	21/194.86	52/125.05	27/65.14	38/113.48	43/99.67
1999	375/1436.34	73/270.31	83/426.54	39/134.79	21/194.86	51/125.85	27/65.14	38/119.18	43/99.67
2000	389/1510.58	78/288.61	84/431.39	40/148.01	21/195.23	51/128.20	29/69.08	39/127.38	47/122.67
2001	402/1712.98	79/396.91	91/484.20	40/150.17	23/201.53	54/140	27/68.65	41/147.40	47/124.12
2002	412/1794.29	81/405.21	95/536.60	41/154.47	23/201.53	56/143.46	27/68.65	41/147.40	48/136.97
增长	114/975.76	23/204.08	29/341.94	13/80.41	1/79.13	12/65.41	8/49.33	15/79.52	13/75.94

注　含东北电力公司所属。各地区公用变电所没有35千伏变压器。

表 6-2-4 吉林省各地区部（国家电力公司）属 220 千伏公用变电所主变压器统计（省电力公司管理） 单位：台/（万千伏·安）

年份	合计	吉林	长春	四平	辽源	通化	白山	白城	延边
1991	54/450.70	19/149.80	12/111.20	6/45.90	3/26	4/38.30	—	6/48.90	4/30.60
1992	55/469.90	18/145.30	13/123.20	6/45.90	3/26	5/47.30	—	6/48.90	4/33.30
1993	55/491.30	17/137.30	14/146.90	6/45.90	3/26	5/53	—	6/48.90	4/33.30
1994	57/507.90	16/125.30	14/150.90	6/45.90	3/26	6/59.30	1/12	6/48.90	5/39.60
1995	60/557.60	16/133.30	15/168.90	8/63.90	3/26	6/59.30	1/12	6/54.60	5/39.60
1996	64/592.20	17/139.60	15/168.90	9/72.90	3/26	6/63.30	1/12	8/69.90	5/39.60
1997	69/664.20	19/175.60	15/168.90	9/75.90	3/26	7/75.30	2/24	8/69.90	6/48.60
1998	71/688.20	19/175.60	16/180.90	9/75.90	3/26	7/75.30	3/36	8/69.90	6/48.60
1999	71/702.60	19/178.60	16/180.90	9/81.60	3/26	7/75.30	3/36	8/75.60	6/48.60
2000	73/732.30	20/184.90	16/180.90	9/90.30	3/26	7/75.30	3/36	8/78.30	7/60.60
2001	70/764.30	15/186.90	17/198.90	9/90.30	3/26	7/75.30	3/36	9/90.30	7/60.60
2002	73/812.30	16/193.20	18/228.60	9/90.30	3/26	7/75.30	3/36	9/90.30	8/72.60
增长	19/361.60	—3/43.40	6/117.40	3/44.40	0/0	3/37	3/36	3/41.40	4/42

表 6-2-5 吉林省各地区部（国家电力公司）属 66 千伏公用变电所主变压器统计（省电力公司管理） 单位：台/（万千伏·安）

年份	合计	吉林	长春	四平	辽源	通化	白山	白城	延边
1991	239/286.53	39/51.33	54/83.46	22/28.16	16/21.40	40/39.75	19/19.32	20/18.98	29/24.13
1992	233/298.05	42/60.27	48/82.69	22/29.53	12/17.62	42/43.75	20/19.51	21/20.98	26/23.70
1993	237/311.85	40/57.96	47/84.54	23/32.13	12/17.62	45/49.75	21/21.51	22/22.98	27/25.36
1994	248/342.94	44/65.30	50/95.54	23/33.13	12/18.62	45/50.75	21/21.51	23/24.98	30/33.11
1995	260/387.96	45/67.30	55/113.11	23/35.97	12/17.79	45/50.95	22/24.32	28/41.13	30/37.39
1996	270/405.07	46/70.85	58/122.56	24/37.97	12/17.86	45/50.95	24/28.32	27/34.13	34/42.43
1997	276/421.19	49/76.85	59/125.71	25/41.12	12/18.86	45/50.95	24/29.14	27/34.13	35/44.43
1998	286/442.17	54/87.46	59/122.56	27/46.05	12/18.86	45/49.75	24/29.14	30/43.58	35/44.77
1999	292/470.64	54/91.71	63/138.84	30/53.19	12/18.86	44/50.55	24/29.14	30/43.58	35/44.77
2000	304/515.18	58/103.71	64/143.69	31/57.71	12/19.23	44/52.90	26/33.08	31/49.08	38/55.77
2001	317/588.73	60/110.01	70/178.50	31/59.87	14/25.53	47/64.70	24/32.65	32/57.10	39/60.37
2002	325/625.19	61/112.01	73/201.20	32/64.17	14/25.53	49/68.16	24/32.65	32/57.10	40/64.37
增长	86/338.66	22/60.68	19/117.74	10/36.01	2/4.13	9/28.41	5/13.33	12/38.12	11/40.24

表 6-2-6 吉林省各地区部（国家电力公司）属 500 千伏和 110 千伏公用变电所主变压器统计 单位：台/（万千伏·安）

年份	500 千伏							110 千伏	
	合计	吉林		长春		辽源		合计	延边
		东北电力公司管理	省电力公司管理	东北电力公司管理	省电力公司管理	东北电力公司管理	省电力公司管理		省电力公司管理
1991	3/75	—	—	—	—	—	3/75	2/6.30	2/6.30
1992	3/75	—	—	—		—	3/75	2/6.30	2/6.30
1993	10/256.80	—	—	—	4/106.80	—	6/150	2/6.30	2/6.30
1994	10/256.80	—	—	—	4/106.80	—	6/150	2/6.30	2/6.30
1995	10/256.80	—	—	—	4/106.80	—	6/150	2/6.30	2/6.30
1996	10/256.80	—	—	—	4/106.80	—	6/150	2/6.30	2/6.30
1997	10/256.80	—	—	—	4/106.80	—	6/150	2/6.30	2/6.30
1998	10/256.80	—	—	—	4/106.80	—	6/150	2/6.30	2/6.30
1999	10/256.80	—	—	4/106.80	—	6/150	—	2/6.30	2/6.30
2000	10/256.80	—	—	4/106.80	—	6/150	—	2/6.30	2/6.30
2001	14/356.80	4/100	—	4/106.80	—	6/150	—	1/3.15	1/3.15
2002	14/356.80	4/100	—	4/106.80	—	6/150	—	—	—

第二节 运 行

1991 年，省电力公司转发能源部颁发的《变压器类设备管理规定》，要求省电力公司管理的电力企业搞好变压器、互感器、电抗器、消弧线圈等设备管理。各单位修订和补充设备运行《变压器类设备管理规定》和制度，运行管理由设备的一般管理模式向设备全过程管理方式迈进。

12 年来，在执行运行值班规定、《变压器类设备管理规定》和制度中，供电企业曾实行“三班三运转制”、“四班三运转制”、“三班 24 小时轮流值班制”；远离城市交通不方便的变电所实行两班制或一周轮换值班制；自动化水平较高的变电所实行无人值班制。1998～2002 年，吉林、长春供电公司先后建立 220 千伏变电所集控站两座，分别对 6 所和 3 所无人值班变电所的运行实行监控，其他地区的变电所仍沿用传统的值班方式。

在执行交接班制度中，日常交接班时，接班人提前 15 分钟（有的提前半小时）到岗，当班值班长向接班值班长讲明设备运行、检修作业及应注意事项。接班值班长确认交代清楚后，下令正式接班。运行监盘人员做到勤联系、勤监视、勤调整，根据调度要求保证电能质量、系统安全和经济运行。

值班期间，运行人员定时按照规定路线，进行设备巡视检查。

实施设备全过程管理。1991 年，全面落实《关于变压器类设备管理规定》中，对 8 台铝芯薄绝缘变压器和各电抗器、互感器、消弧线圈等实行精细巡视，发现 29 台设备运行异常，消除了设备受潮进水、压力释放器等设备缺陷。1992 年，对异常运行的 12 台设备进行跟踪监视，重点解决因设备增容和电压过激磁引起的超参数运行等问题。1993 年，对运行异常的 8 台设备进行跟踪监视、分析与维护。1994 年，延东一次变电所发生一起喷油考核事故，进行了及时抢修处理。1995 年，12 台主变压器运行中发生重大异常，其中 3 个电厂的 3 台主变压器，因产品质量不良（2 台）和 1 台误操作发生考核事故，都进行及时处理。1996 年，发现 20 台运行异常设备紧盯不放，跟踪分析，调整电压，做到防患于未然。1997 年，通化金厂变电所主变压器有载调压分接开关渗漏、小山电厂 2 号主变压器分接开关安装不到位等严重缺陷，处理后运行良好。可惜的是，浑江电厂 66 千伏母线互感器，系统谐振引起过电压发生的爆炸事故，结束吉林省 1979 年以来 18 年无互感器爆炸事故纪录。1998 年，按照电力工业部文件要求，全面实行变压器类设备全过程管理，并做出具体规定，加以落实。同年，省电科院检验主变压器释放阀 11 个，原运行的 8 个都合格，3 个新品中 1 个不合格，全年虽未发生考核及以上事故，但存在少数主变压器油介损升高原因不清、500 千伏电压互感器备品未落实等问题。1999 年，8 台异常运行主变压器，处理线圈变形 3 台。纠正少数变电所轻负荷两台主变压器并列运行及电压变动未及时调整分接开关，影响补偿电容器投入等问题。省电科院完成了 220 千伏及以上主变压器局部放电试验 13 台，66 千伏及以上主变压器线圈频响测试 57 台。发现介质乙炔、总烃等含量超标，缺乏在线监测手段，影响隐患及时发现和处理等问题。2001 年，落实国家电力公司颁发的《防止电力生产重大事故的 25 项重点要求》，省电力公司制定《防止电力生产重大事故的 25 项重点要求实施细则》。经历 30 年一遇的 −40℃低温天气，有载调压开关油全部更换为耐低温 45 号油；全面检查和维护主变压器加强筋，停运主变压器冷备用，转为热备用；对易出现异常的变压器油位套管、分接开关和油枕等附件、部位加强巡视和防范，安全渡过严冬。2002 年，加强设备运行异常巡检，举办有载调压开关培训班，值班人员认真执行“两票、三制”，开展变电运行操作质量评价、操作零差错竞赛等活动；定期做好设备的维护试验工作，全年未发生设备损坏和停电等事故。

第三节 检 修

1991～2002 年，省电力公司严格执行“到期必修、应修必修、修必修好”的原则和各项规程、制度、措施，认真部署设备检修、技术改造和管理工作，处理安全、经济生产中的重大疑难问题，在根除电网中变电设备8大隐患中，取得明显成效。

1991年，省电力公司认真落实能源部连云港、兴城会议精神，坚持开展变压器类设备全过程管理，全年无设备损坏事故。大修220千伏主变压器5台，均达一类设备标准，修后运行无临检，设备完好率100%。长山热电厂6号主变压器运行中发生差动保护动作，变压器停运，经试验、吊罩检查，消除B相引线对夹件（地）放电的金属物，恢复正常运行。继续开展创无泄漏、安全、文明红旗变电所竞赛，吉林、四平、通化、白城电业局的一次变电所，全部达到无泄漏标准。全省尚有8台220千伏铝质绕组薄绝缘变压器仍在运行，其中浑江电厂1台，长山热电厂2台，四平电业局2台，吉林、白城、通化电业局各1台。

1992～1993年，大修220千伏主变压器12台，均达一类设备标准，运行无临检。保持1979年以来无互感器爆炸烧损事故记录。90.30%的220千伏变电所评为"无泄漏变电所"。

1994年，完成500千伏主变压器大修（放油进入）1台，500千伏油浸式5万千伏乏电抗器大修1台，220千伏变压器大修5台，均达一类设备标准，投运无临检。改造2台220千伏薄绝缘变压器，其中，长山热电厂3号6.30万千伏·安联络变压器，增容至8万千伏·安；改造磐石一台薄绝缘主变压器，无载调压改为有载调压，处理了运行中过热、可燃气增加的缺陷，降耗40%。配合加拿大传奇公司完成12台干式电抗器表面涂刷RTV防紫外线漆，达到无裂纹及树枝状放电。

1995年，完成220千伏主变压器大修5台，均达一类设备标准，运行无临检。2台220千伏薄绝缘变压器增容改造成功。变压器类设备渗漏油基本消除。总结推广了带磁屏蔽主变压器现场易行的干燥法及绝缘油 $\tan\delta$ 值超标的处理经验。变压器类设备全过程管理中，发现设备监造、入场验收以及设备安装环节监管不力，3个电厂3台主变压器发生考核事故。

1996年，按照电力部广州会议要求，认真协调设计、制造、供应、建设、试验、生产等部门间关系，加强设备全过程管理，精心处理质量、进度、效益之间关系。大修220千伏主变压器2台，达到一类设备标准。全年无事故，设备完好率100%。

1997年，贯彻东北电管局大庆会议精神，继续落实反措计划。完成220千伏变压器大修7台，220千伏升压变压器大修2台，均达一类设备标准，一次投运成功。新增设备进行设计审查、选型、监造及验收。部分220千伏变压器安装早期故障检测仪。针对新装变压器有载分接开关事故率高和技术复杂的缺点，修订部分规程和材料、工时定额，组织专业人员学习贵州省遵义长征电器一厂先进技术。9月13日，双辽发电厂2号 SFF_7-40000/20型双分裂厂高变，因引线结构设计问题，抗短路冲击能力弱，发生内部烧损事故。长春热电一厂4号主变压器试运期间，A相套管底部引线严重烧伤，主变压器分接开关动、静触头两处弧痕，返厂检修。

1998年，完成220千伏变压器大修3台，均达一类设备标准，一次投运成功。通化梅河1号主变压器，春检发现介损严重超标，提前进行大修。长春热电一厂采取抽真空、负压抽油、带油更换冷却器蝶阀的方法，大修主变压器成功。增容改造一台 220 千伏 9 万千伏·安的铝绕组、薄绝缘变压器、作为备用设备。全年设备完好率 100%。

1999 年，更换 2 台 220 千伏 6.3 万千伏·安铝绕组、薄绝缘主变压器，全省电网 8 台 220 千伏薄绝缘主变压器全部改造完，消除了多年的主设备隐患。全年大修 220 千伏主变压器 2 台，达一类设备标准，一次投运成功，设备完好率 100%。

2000 年，供电企业 220 千伏主变压器大修 5 台，发电企业 220 千伏变压器大修 2 台，均达一类设备标准，一次投运成功，全省变压器类设备完好率 100%。全年未发生重大设备损坏事故。编制了《省电力公司变电检修管理标准》。

2001 年，省电力公司落实国家电力公司《防止电力生产重大事故的 25 项重点要求》，制定并实施《防止电力生产重大事故的 25 项实施细则》，各电力企业制定落实措施。完成 6 台 220 千伏变压器大修。处理扶余 1 号主变压器调节开关动、静触头连接导线和连接均压罩的顺序颠倒的错误连接，导致接触不良问题。

2002 年，大修 7 台 220 千伏主变压器、22 台 66 千伏主变压器；有载调压开关改造 4 台。所有主变压器和互感器进行试验和处理，漏油、介质绝缘下降、铁芯接地不良等缺陷得到有效控制。延边、吉林供电公司开展“状态检修”试点。变压器类设备，全年未发生损坏和停电事故，完好率 100%。

第四节 变电所集控站

1991～2002 年，吉林省电网一、二次变电所的远动和综合自动化建设，有较快发展。1997 年，开展了电网调度“自动化年活动”，变电所远动和综合自动化装置覆盖面扩大，技术水平提高，无人值班（少人值守）变电所增加。2002 年末，全省 46 座一次变电所中 9 座实现无人值班（少人值守），占 26%；6 座一次变电所实现综合自动化；两座集控站投入运行；18 座二次变电所集控站投运，130 座 66 千伏变电所实现无人值班。

一、220 千伏变电所集控站

（一）远动装置

1992 年，吉林省各地区电网调度，开始采用国产微机型远动装置，取代原晶体管元件逻辑远动装置。1993 年，各地区电力调度采用南京自动化研究所开发的 MWY－C_3 型系统软、硬件、模块化远动装置。之后，采用微机型分布式交流采样远动装置，取代变送器，装置运行稳定，测量精度提高，为建设一次变电所集控站、实现无人值班奠定了基础。1998 年，省电力公司引进德国 ABB 公司生产的远动装置 20 台，安装在各地区 220 千伏变电所和重点发电厂。2002 年末，省电力公司管理 220 千伏变电所各种型号的远动装置 47 台，其中：具备“二遥”功能（遥测、遥信）的 21 台，“三遥”功能（遥测、遥信、遥控）的 13 台，“四遥”功能（遥测、遥信、遥控、遥调）的 13 台。220 千伏变电所远动装置配置和通信方式统计，见表 6－2－7。

表 6-2-7　2002 年吉林省 220 千伏变电所远动装置配置和通信方式统计

序号	变电所名称	实现无人值班时间	是否综合自动化	自动化系统情况					通信方式	
				型号	厂家	具备功能	实现功能	投运日期	主	备
一	长春供电公司									
1	长春一次变电所		否	RTU-560	德国 ABB 公司	三遥	二遥	2002.10	光纤	微波
2	西郊一次变电所		否	RTU-200	德国 ABB 公司	三遥	二遥	1998.12	微波	
3	北郊一次变电所		否	RTU-200	德国 ABB 公司	三遥	二遥	1998.12	微波	
4	东郊一次变电所		否		华信公司	三遥	二遥	1993.5	载波	
5	农安一次变电所		否	D20	春峰公司	三遥	二遥	2000.9	微波	载波
6	德惠一次变电所		否	D20	春峰公司	三遥	二遥	2001.5	一点多址	载波
7	五棵树一次变电所		是	CSM300C	许昌继电器厂	三遥	二遥	2001.5	微波	载波
8	榆树一次变电所		否	RTU-200	德国 ABB 公司	三遥	二遥		微波	载波
9	九台一次变电所		否	ES-60	山大积成公司	三遥	二遥		光纤	载波
10	双阳一次变电所	1997.1.15	否	DF1331	东方电子公司	三遥	三遥		微波	载波
11	平泉一次变电所	2002.11.1	是	CMS300C	许继公司	四遥	四遥	2002.10	光纤	光纤
二	吉林供电公司									
1	哈达湾一次变电所		否	SYR-AE	沈阳长白公司	四遥	四遥	2002.7	光纤	光纤
2	铁东一次变电所		否	DF-1700	东方电子公司	四遥	四遥	2002.12	光纤	一点多址
3	城南一次变电所	1997.11	否	DISA-3	南京自动化研究院	四遥	四遥	1997.11	微波	一点多址
4	桦甸一次变电所		否	AG9030	烟台亚新立	二遥	二遥	2000.6	微波	载波
5	磐石一次变电所		否	RTU-200	德国 ABB 公司	二遥	二遥	1998.10	微波	载波
6	舒兰一次变电所		否	AG9030	烟台亚新立	二遥	二遥	2000.5	光纤	载波

续表

序号	变电所名称	实现无人值班时间	是否综合自动化	自动化系统情况					通信方式	
				型号	厂家	具备功能	实现功能	投运日期	主	备
7	蛟河一次变电所		否	TH8098	河北自动化所	二遥	二遥	1996.10	微波	载波
8	新立一次变电所	1999.1.1	否	DISA-3	南京自动化研究院	四遥	四遥	1998.7	光纤	无
9	城西一次变电所	2002.1	是	CSC2000	许昌继电器厂	四遥	四遥	2001.12	光纤	
10	维昌一次变电所	2002.1	是	CSC2000	许昌继电器厂	四遥	四遥	2001.12	光纤	
三	四平供电公司									
1	巨丰一次变电所		否	RTU200	德国 ABB 公司	二遥	三遥	1998.12	微波	
2	四平一次变电所		否	RTU200	德国 ABB 公司	二遥	三遥	1998.12	微波	
3	双辽一次变电所		否	RTU200	德国 ABB 公司	二遥	三遥	1998.12	微波	
4	公主岭一次变电所		否	RTU200	德国 ABB 公司	二遥	三遥	1898.12	微波	
5	伊通一次变电所	1997.1	否	TH-8098	河北自动化所	四遥	三遥	1997.12	微波	载波
6	致富一次变电所	2002.11.5	是	SJ-200	南京南瑞公司	四遥	三遥	2001.6	光纤	光纤
四	辽源供电公司									
1	辽源一次变电所		否	DF1331	东方电子公司	四遥	二遥	2000.9	光纤	无
2	苗胜一次变电所	1998.1	否	TH-8098	河北自动化所	三遥	三遥	1997.11	微波	载波
五	通化供电公司									
1	梅河一次变电所		否	RTU200	德国 ABB 公司	二遥	二遥		微波	光纤
2	水洞一次变电所		否	RTU200	德国 ABB 公司	二遥	二遥		微波	光纤
3	金厂一次变电所	1999.1.15	否	D20	大连龙源公司	四遥	四遥	1998.3	光纤	微波
4	郑家一次变电所		否	FY-C1	瑞利公司	二遥	二遥		微波	光纤

续表

序号	变电所名称	实现无人值班时间	是否综合自动化	自动化系统情况					通信方式	
				型号	厂家	具备功能	实现功能	投运日期	主	备
5	高集岗一次变电所		否	MWY-C3	南京自动化研究院	二遥	二遥		微波	光纤
六	白城供电公司									
1	白城一次变电所		否	RTU200	德国ABB公司	二遥	二遥		一点多址	音频电缆
2	前郭一次变电所		否	MWY-CⅢ	南京自动化研究院	二遥	二遥		微波	
3	长岭一次变电所		否	MWY-CⅢ	南京自动化研究院	二遥	二遥		微波	
4	镇赉一次变电所		否	MWY-CⅢ	南京自动化研究院	二遥	二遥		微波	
5	扶余一次变电所	1999.12.31	否	D20	春峰公司	四遥	三遥		微波	光纤
6	洮南一次变电所	1999.12.31	否	MWY-CⅢ	南京自动化研究院	三遥	三遥		一点多址	微波
七	白山供电公司									
1	白山一次变电所		否	D10	春峰公司	二遥	二遥		光纤	无线扩频
2	三岔子一次变电所		否	RTU200	德国ABB公司	二遥	二遥		光纤	载波
3	松江河一次变电所		否	MWY-CⅢ	南京自动化研究院	二遥	二遥		光纤	载波
八	延边供电公司									
1	延东一次变电所		否	DF-1331	烟台东方公司	三遥	二遥		光纤	
2	敦化一次变电所		否	RTU-2000	德国ABB公司	二遥	二遥		光纤	微波
3	图们一次变电所		否	MWY-CⅢ	南京自动化研究院	二遥	二遥		光纤	微波
4	延西一次变电所		是	CSC-2000	北京四方公司	四遥	二遥		光纤	

（二）集控站

1. 220 千伏吉林维昌集控中心

吉林省最早建成的 220 千伏变电所集控站，是 1998 年吉林供电公司哈达湾一次变电所集控站。监控系统采用南京南瑞公司生产的 NT－2000 系统，自动化设备有通道柜、网络集线器，JIKWORKI、JLWORK2 前置机 2 台，JLSERVI、ALPHA2 主备机 2 台，JKZWORK1、JKZWORK2 集控站工作站 2 台，打印机 2 台。集控站负责哈达湾、城南、新立一次变电所的运行监控工作。2002 年，经省电力公司同意，哈达湾一次变电所集控站撤销，转移到新建的维昌一次变电所院内的一次变电所工区集控中心。

集控中心配置的设备包括：OPEN－2000 监控系统一套，监控显示器 4 台，市内 6 座一次变电所实际接线模拟图板 1 块、电脑电话及其他的办公配套设施，自动化设备有通道机、网络集成器，JL16－1、JL18－ISCADA 服务器兼前置机，JL18－1、JL19－1 维昌集控站工作站 2 台。

集控中心负责监控哈达湾、城南、城西、新立、维昌和铁东一次变电所的系统运行方式和状态，联系调度，指挥 6 座一次变电所的倒闸操作、事故处理等。同时，集控中心值班员负责维昌一次变电所的运行管理、倒闸操作、定期巡视、文明生产及日常维护等运行管理。集控中心配备主任 1 人，值班方式三班制、24 小时轮流值班，每班配备 4 名值班人员，包括值长 1 人、主值班员 1 人、值班员 2 人。2002 年，设置两个一次变电所操作队，实行三班制值班。铁东一次变电所操作队管理铁东、新立一次变电所；哈达湾一次变电所操作队管理哈达湾、城西、城南一次变电所，负责变电所设备的倒闸操作、现场事故处理、定期巡视、文明生产及日常维护等运行管理。

2. 220 千伏长春变电所集控站

长春供电公司建有 220 千伏变电所集控站 1 座，2002 年 11 月 1 日 220 千伏长春集控站投运，所辖长春、东郊、平泉 220 千伏变电所，都实现无人值班。集控站管理方式、值班制度、基本功能等，与吉林供电公司 220 千伏变电所集控中心基本相同。集控站自动化系统配置统计，见表 6－2－8。

表 6－2－8　　220 千伏长春变电所集控站自动化系统配置统计

序号	名称	生产厂家	型号	台数	出厂日期	投运日期	硬盘容量	是否可扩
1	监控系统	东方电子公司	DF－1800	1 套	2002.9.1	2002.11.6		
2	前置机/后台机	康柏公司	XP1000	2	2002.9.1	2002.11.6	1.80G	可扩
3	工作站	康柏公司	XP1000	2	2002.9.1	2002.11.6	1.80G	可扩
4	报表工作站	惠普公司		1	2002.9.1	2002.11.6	30G	
5	UPS 电源	杭州正远公司	RB3000A	2	2002.9.1	2002.11.6		
6	规约转换器			2 套	2002.9.1	2002.11.6		可扩
7	打印机	惠普公司	5000	1	2002.9.1	2002.11.6		
8	操作系统	UNIX/美国微软公司	UNIX/Windows2000		2002.9.1	2002.11.6		

二、66千伏变电所集控站

1996～2002年，吉林省供电系统陆续建成66千伏变电所集控站18座，监控134座二次变电所，实现无人值班。

1996年9月，长春朝阳二次变电所集控站投运，是全省供电系统投运的第一座二次变电所集控站。1997年，辽源变电工区二次变电所集控站，吉林朝阳二次变电所集控站，长春春阳、浦东二次变电所集控站相继建成投运。1998年，四平二次变电所工区集控站，白城二次变电所集控中心、松原二次变电所集控站分别建成投运。1999年，吉林高科技区二次变电所集控站，四平公主岭二次变电所集控站，延吉二次变电所集控站建成。2000年2月，投运通化二次变电所集控站，5月，投运白山江北二次变电所集控站。2001年11月，双辽二次变电所集控站、蛟河二次变电所集控站、双阳二次变电所集控站投运。2002年，桦甸二次变电所集控站投运，梅河二次变电所集控站投运。

各二次变电所集控站（集控中心）具备“三遥”或“四遥”功能的远动装置，建成集测量、保护和监控为一体的综合自动化系统。集控站的运行人员，监视控制设备运行，每2小时调一次微机画面，了解、掌握设备运行状态。供电公司成立二次变电所操作队，配备队长、副队长各1人，技术员1人，安全员1人。操作队下设3个值，每值配4人，其中值长、副值长各1人，操作监护1人，操作员1人，执行24小时轮流值班制度．开展三值倒班工作，负责所辖无人值班二次变电所的设备运行、倒闸操作、事故处理、文明生产及设备维护等。

二次变电所集控站（中心）管辖范围及操作队统计，见表6-2-9。

表6-2-9　　2002年各供电公司二次变电所集控站（中心）管辖范围及操作队统计

单位	集控站名称	操作队名称，所控变电所名称
长春供电公司	朝阳集控站（位于朝阳二次变电所楼内）管辖：朝阳、安达、南湖、光谷、城西、孟家、高新、汽贸、高科、义和二次变电所	集控站与操作队为一体
	春阳集控站（位于春阳二次变电所内）管辖：春阳、天光、小南、凯旋、铁西、八里堡、白菊、团山、长白、上海路、建和二次变电所	集控站与操作队为一体
	浦东集控站（位于浦东二次变电所内）管辖：浦东、东站、南关、净月、月潭、南岭、二道、长通、金川、自由、福州、兴隆山二次变电所	集控站与操作队为一体
吉林供电公司	朝阳集控站（位于朝阳二次变电所内）管辖：朝阳、松江、北山、龙潭、土城子、幸福、桃源路、七家子、东市、通潭、九站二次变电所	监控、操作为一体
	高科技集控站（位于高科技二次变电所内）管辖：北大湖、口前、石景沟、高科技、东大滩、辽东、黄旗屯、欢喜、红旗、江南二次变电所	监控、操作为一体
	蛟河集控中心监控：新站、兴达二次变电所。 桦甸集控站监控：永安、华西二次变电所	监控、操作为一体

续表

单位	集控站名称	操作队名称，所控变电所名称
四平供电公司	四平集控站（位于四平局变电工区楼内）管辖：海丰、平南、一面城、北门、条子河、平东、石岭、八面城、梨树、郭家店、铁东、梨东、铁西二次变电所	集控站与操作队为一体
	公主岭集控站（位于公主岭一次变电所内，公主岭一次变电所运行人员负责），岭南、岭东、岭西、铁北、范家屯、城西二次变电所	集控站与操作队为一体
	双辽（双辽一次变电所）集控站管辖：双西、郑家屯、三江口二次变电所	集控站与操作队为一体
	地调监控：致富和伊通一次变电所	伊通操作队：伊通一次变和城西二次变
辽源供电公司	辽源集控站（位于辽源局综合楼内）管辖：七一、黎明、西安、渭津、友谊、白泉、泉太、向中、丰南、丰北、联城、福镇二次变电所	辽源操作队（位于辽源局综合楼内）管辖：七一、黎明、西安、渭津、友谊、白泉、泉太、向中、联城、福镇二次变电所
	地调监控：苗胜一次变电所，丰南、丰北二次变电所	东丰操作队（位于东丰供电局楼内）管辖：苗胜一次变电所，丰南和丰北二次变电所
延边供电公司	延吉集控站（位于中心二次变电所内）管辖：中心、河西、河北、龙井、朝阳川、友谊、延南二次变电所	集控站与操作队为一体化
白城供电公司	白城集控站管辖：城北、城东、城西、城南、光明、永胜、常安、南湖、大安、中心二次变电所	洮北操作队（设在洮北供电局楼内）管辖：城北、城东、城西、城南二次变电所
		各供电局操作队管辖所属变电所
	松原集控站（配调兼）管辖：松原、江南、扶余、晨光二次变电所	洮南操作队（设在洮南供电局楼内）管辖：洮南一次变电所，永胜、光明变电所。 宁江操作队（位于扶余一次变电所）管辖：扶余一次变电所，扶余和晨光二次变电所前郭操作队管辖松原和江南二次变电所
	地调监控：洮南和扶余一次变电所	

续表

单位	集控站名称	操作队名称，所控变电所名称
通化供电公司	工区集控站监控：北沟、江南、佐安、新通化变电所。金厂一次变监控：沿江、二道江二次变电所	变电工区操作队管辖：北沟、江南、佐安、新通化、沿江、二道江二次变电所。 水洞一次变电所操作队管辖：水洞二次变电所。金厂一次变电所操作队管辖：金厂一次变电所
	梅河集控站监控：同意、季家、海龙、山城镇和梅河二次变电所	梅河操作队管辖：同意、季家、海龙、山城镇、梅河、黑山头和龙城变电塔
白山供电公司	江北集控站（设在江北二次变电所）管辖： 江北、八道江、东风、大华、石人、六道江、中心和浑江二次变电所	操作队与集控站为一体（花山二次变电所有操作队）花山二次变电所，暂时由白山地调监控

第三章　配　　电

1991～1997年，省电力公司对吉林省电网配电系统投入了一定资金，进行发展、完善和改造，但由于资金严重短缺，配电网建设和改造迟缓，设备陈旧落后，安全性能低，线路损失较大，未能满足生产建设发展和人民生活水平提高的需求。

1998年7月，国家电力公司落实国务院关于加强城网建设和改造的指示，从此，城市电网的建设与改造得到重视。吉林省城市电网进行大规模的建设与改造，配电网发生了巨大变化，网架得到完善，网络布局更加合理，设备安全性和科技含量提高，线路损失降低，根本改变了配电网陈旧落后的面貌。

第一节　设　　备

1997年及以前，吉林省电网各供电区大部分中、低压配电网薄弱，设备陈旧，缺陷多；线路老化，截面小，供电半径大；配电变压器布点不足，容量不够，有电供不上；无功不匹配，电压合格率低；自动化水平低等。

1998年，落实国家电力公司下发的《关于加快城市电网建设改造的若干意见》和具体部署，省电力公司组织所属供电公司、省电力建设总公司等单位，开始吉林省城市电网全面新建、扩建和改造工程。2002年底，配电网建设和改造工程竣工。新建和改造10千伏线路1874千米，淘汰全部高能耗配电变压器2401台，容量45.60万千伏·安，一户一表改造226万户，光纤线路建设2023千米等工程，实现了10千伏配电线路“手拉手”供电，消除了中、低压配电“卡脖子”线路，调度灵活，供电可靠性提高，配电网供电明显改善。

一、线路

1991年，吉林省配电系统10千伏线路，杆路长4415千米，其中，电缆线路77千米，绝缘线路8千米。1997年，全省10千伏线路4796千米，比1991年增加381千米，增长率8.63%，电缆线路219千米，比1991年的77千米增加142千米，增长率184.42%；绝缘线路383千米，比1991年增加375千米。2002年，全省10千伏线路杆路长7233千米，5年增加2437千米，增长率50.81%；电缆线路834千米，5年增加615千米，增长率281%；绝缘线路2578千米，5年增加2195千米，增长率573.1%。

1991年，全省各地区低压配电线路共5868千米，其中，电缆线路98千米。1997年，低压配电线路共6529千米，比1991年增加661千米，增长率11.26%；电缆线路342千米，比1991年增加244千米，增长率249%；绝缘线路达到444千米。2002年，全省低压配电线路 9480 千米，5 年增加 2951 千米，增长 45.20%；电缆线路 1444 千米，5 年增加 1102 千米，增长率 322.20%；绝缘线路 3167 千米，5 年增加 2723 千米，增长 613.29%。配电线路统计，见表 6-3-1。

二、变压器

1991 年，全省电力系统配电变压器 9025 台，145.80 万千伏·安。其中，节能变压器 3434 台，77.70 万千伏·安，箱式配电站 6 座，容量 3860 千伏·安，房屋式配电站 113 座，容量 10.73 万千伏·安。1997 年，全省电力系统配电变压器 11364 台，234.27 万千伏·安，分别比 1991 年增加 2339 台，88.47 万千伏·安，容量增长率 60.68%，其中节能变压器 9683 台，容量 218.16 万千伏·安，分别比 1991 年增加 6249 台，140.46 万千伏·安，容量增长率 180.77%；箱式配电站 215 座，11.59 万千伏·安，容量比 1991 年增加 11.20 万千伏·安，增长了 28.70 倍；房屋式配电站 215 座，容量 16.48 万千伏·安，比 1991 年分别增加 102 座，5.75 万千伏·安，容量增长率 53.59%。

2002 年，全省电力系统配电变压器 17 398 台，总容量 378 万千伏·安，5 年分别增加 6034 台，143.73 万千伏·安，容量增长率 61.35%。其中节能配电变压器占 100%，增加 7715 台，容量增加 159.84 万千伏·安，容量增长率 73.26%；箱式配电站 1678 座，85 万千伏·安，5 年分别增加 1463 座，73.41 万千伏·安，容量增长率 633.39%；房屋式配电站 279 座，容量 21.40 万千伏·安，分别比 5 年前增加 64 座，4.92 万千伏·安，容量增长率 29.85%。1991～2002 年，全省配电变压器统计，见表 6-3-2。

表 6-3-1　　1991～2002 年吉林省配电线路统计　　单位：千米

年份 \ 电压等级 / 线路类别	中压线路（杆路长）				低压线路（回路长）			
	合　计	架空线路	电缆线路	绝缘线路	合　计	架空线路	电缆线路	绝缘线路
1991	4415	4330	77	8	5868	5770	98	0
1992	4575	4460	96	19	6004	5818	146	40
1993	4624	4444	114	66	6153	5838	176	139
1994	4666	4436	118	112	6258	5814	231	213
1995	4735	4425	133	177	6321	5813	246	262
1996	4743	4317	179	247	6452	5855	325	272
1997	4796	4194	219	383	6529	5743	342	444
1998	4815	4213	219	383				
1999	4852	3936	227	689	6595	5444	505	646
2000	5056	3409	548	1099	7576	5872	726	978
2001	5560	3426	606	1528	7273	4225	889	2159
2002	7233	3821	834	2578	9480	4869	1444	3167

注　表中所列线路，为全省各电业局（供电公司）所属线路，不含企业自备和农电线路。

表 6-3-2 1991～2002 年吉林省配电变压器统计

年份	全省合计		节能型变压器			房式变电站		箱式变电站	
	台数（台）	容量（万千伏·安）	台数（台）	容量（万千伏·安）	占总容量（%）	座	容量（万千伏·安）	座	容量（万千伏·安）
1991	9025	145.80	3434	77.70	53.29	113	10.73	6	0.39
1992	9373	154.77	4631	89.59	57.89	189	11.25	12	0.70
1993	10 269	172.22	5591	111.92	64.99	257	10.06	41	2.35
1994	10 602	188.77	6147	131.10	69.45	170	19.55	83	4.55
1995	11 142	215.64	7590	179.31	83.15	188	14.73	124	6.78
1996	10 952	221.70	8759	200.21	90.31	222	16.89	151	8.28
1997	11 364	234.27	9683	218.16	93.12	215	16.48	215	11.59
1998	11 710	247.65	10333	237.77	96.01	243	17.84	285	15.36
1999	12 425	266.55	11854	255.86	98.20	269	19.65	353	17.47
2000	14 125	289.80	14125	289.80	100	316	27.60	705	36.40
2001	15 756	339.30	15756	339.30	100	278	24.10	1194	62.00
2002	17 398	378.00	17398	378.00	100	279	21.40	1678	85.00
增加	8373	232.20	13964	300.30		166	10.67	1672	84.61

注 表中所列变压器为全省各电业局（供电公司）所属公用配电变电站（箱、台区）的变压器，不含企业自备和农电变压器。

第二节 建设与改造

20 世纪 90 年代，吉林省配电系统在达标、创一流活动中，以配电安全经济运行、配电网的建设与改造和加强管理，满足社会生产建设和人民生活用电需要为重点进行，取得一定成效。1998～2002 年，大规模进行城网建设与改造，全省城市配电网发生根本性变化。深入城市中心电源点的增加，10 千伏线路和配电站的发展，配电网架得以改善；双环网、电缆线、绝缘线、节能变压器的大量采用，配电网供电可靠性和经济性明显提高；箱式配电站，SF_6、负荷、真空开关等新技术的推广，电网自动化水平提高，面目一新。

1991 年，省电力公司根据吉林省电网“八五”发展规划，组织各供电企业，完成地区配电网发展规划的编制工作。在维持配电网供电能力的基础上，各单位重点开展双电源改造；部分地区遗留的 3.30、6.60 千伏配电线路升压为 10 千伏。推广吉林电业局从 1988 年开始建设的 10 千伏绝缘线试点经验，已显现其减少事故、提高供电可靠性、减少维护量等优点。东北电业管理局颁发的《供电企业安全文明生产达标实施细则》（以下简称“双达标”），各单位结合红旗配电班（站）评比竞赛，开展“双达标”活动，加强设备治理，充油设备的渗漏现象明显减少。全年无重大人身、设备事故。

1992 年，全省配电网新建、改造和大修总投资 2759 万元。新增 10 千伏架空线路 130 千米，电缆线路 19 千米；新增和改造低压架空线路 136 千米，电缆线路 48 千米。新增箱式变电站 6 座，3.10 万千伏·安，开关 46 台。大修 10 千伏线路 129 千米，低压线路台区 254 处，305 千米；更换、大修配电变压器 488 台，14.50 万千伏·安，大修柱上开关 142 台。新增和改造节能变压器 1179 台，21.89 万千伏·安。全年完成线路损失率 7.56%。认真执行“安全第一，预防为主”方针，狠抓违章指挥、违章操作和违章作业，全年未发生重大人身和设备事故，一般事故 211 次，事故率 3.64 次/（百千米·年），其中考核事故 8 次，事故率 0.138 次/（百千米·年），统计事故 203 次，事故率 3.51 次/（百千米·年）。

1993 年，配电系统投资 3850 万元，比上年同期增加 1031 万元，新增和改造节能变压器 960 台，22.33 万千伏·安；大修变压器 518 台，8.58 万千伏·安。大修和改造低压台区 313 处，439 千米，新增 10 千伏线路 49 千米，电缆线路 18 千米；新增低压线路 149 千米，其中电缆线路 30 千米。新增柱上开关 37 台。全年线路损失率 6.68%，发生考核事故 13 次，事故率 0.257 次/（百千米·年），统计事故 368 次，事故率 7.28 次/（百千米·年），均比上年同期升高。

1994 年，在“双达标”活动推动下，全年投资 6503.55 万元，比上年增加较多。全年大修 10 千伏线路 1421.58 千米，低压线路台区 312 处，593.21 千米；大修变压器 624 台，11.95 万千伏·安；大修、更换柱上开关 340 台。新增、改造中压线路 113.04 千米，电缆线路 27.16 千米；新增低压线路 104.93 千米，电缆线路 55.31 千米。新增箱式配电站 42 座，容量 2.20 万千伏安；新增和更换为节能变压器 556 台，容量 19.20 万千伏·安。线路损失率 6.30%。全年未发生人身事故、重大及以上设备事故和火灾事故，发生设备考核事故 17 次，事故率 0.30 次/（百千米·年），统计事故 241 次，事故率 2.97 次/（百千米·年）。配电可靠率 99.739%

吉林省配电系统参加了东北三省举办的配电技术状元赛。赛前各电业局开展了技术、业务培训和“现场练兵”。省电力公司组织选拔赛。比赛中，获“状元”1 人，第二名 2 人，第三名 1 人，优秀选手 1 人。参加东北电网配电学术工作会议，推荐论文 6 篇，3 篇获优秀论文奖。

1995 年，省电力公司以企业双达标、创一流为主线，加强管理为切入点，组织专家组，用 4 个月时间，调研 8 个供电企业，了解现状、总结经验，提出改进意见。在双阳供电局召开的“全省技术降损现场会”上，交流了长春、白城等 5 个供电企业城网改造、防窃电等技术降损做法，长春电业局的按线分析、台区计量、台区考核的管理经验深受欢迎。为促进技术降损措施的落实，省电力公司下发了《供电企业技术降损考核奖励办法》和《配电管理标准》。

全年筹集资金 6177 万元，同比减少 326.55 万元。大修 10 千伏线路 40.20 千米，低压线路台区 229 处，长度 131.86 千米；大修配电变压器 565 台，10.88 万千伏·安；更换、大修柱上开关 157 台；新增和更换节能变压器 890 台，12.47 万千伏·安。新增中压线路 69 千米、电缆线路 15 千米，低压线路 62.92 千米，低压电缆 15 千米，箱式配电站

41座，2.23万千伏·安，柱上开关84台。发生一起人身感电高空坠落死亡事故，设备考核事故22次，事故率0.44次/（百千米·年），统计事故141次，事故率2.87次/（百千米·年）。全年供电可靠率（RS1）99.78%，配电网线损率6%。

1996年，开始实施“奋斗三年，创建一流省电力局”为目标的活动。全年投资4859.99万元，比上年减少。大修10千伏线路117.41千米，低压线路台区195处，155.74千米；大修配电变压器510台，10.53万千伏·安。新增、更换节能变压器1169台，20.90万千伏·安；检修、更换柱上开关137台。新增中压线路8千米，电缆线路46千米，低压线路130.97千米，其中低压电缆线路79千米；新增柱上开关121台。新建、改建二次变电所9座，新增配电电源29.86万千伏·安，新增配电变电站48座，3.70万千伏·安。线损率6.66%。

各供电企业认真落实《配电管理标准》，制定了本企业的实施细则。全省配电微机管理工作会议在长春宽城供电局召开，交流建立配电设备技术规范数据库经验。年末全省50个供电局建成配电设备技术规范数据库，年终总结实现软盘上报。吸取1995年事故教训，狠反“三违”，全年实现无人身轻伤及以上事故、重大配电设备损坏和火灾事故。发生一般设备事故40次，事故率0.79次/（百千米·年），一类障碍68次，故障率1.34次/（百千米·年），供电可靠率（RS1）99.79%。白山电业局狠抓反习惯性违章，积极开展“三不伤害”、危险点控制、安全立体防护等活动，连续6年未发生考核及以上事故。

1997年，投资4569.10万元，同比减少。全年大修10千伏线路95.60千米，低压线路台区342处，208.90千米；大修配电变压器362台，4.96万千伏·安。新增10千伏线路52.70千米，电缆线路39.90千米；低压线路77.20千米，电缆线路17千米；新增变电站53座，2.40万千伏·安，柱上开关173台。全年线损率7.91%；配电可靠率99.85%，未发生重伤及以上人身事故、重大设备损坏和火灾事故。

1998年，全国城网建设和改造工作会议后，吉林省城网建设与改造进入快速发展时期。按照电力部颁〔1998〕90号文件《关于抓紧编报1999～2000年城市电网建设与改造可行性研究报告的通知》的要求，省电力公司综合编制了吉林省城网建设与改造可行性研究报告，通过了国家电力公司的审批。当年，省电力公司开始分期分批给供电企业下达城网建设与改造项目资金表，下达第一批开工项目资金，拉开了吉林省大规模城市电网建设与改造的序幕。

1999年，随着国家对吉林省城网建设与改造项目的批复和资金落实情况，逐步扩大城市电网建设与改造的规模。为规范城网建设与改造工程管理，省电力公司编制了《城市电网建设与改造技术原则》、《城市电网建设与改造工程质量验收办法》等文件。组织专业人员对各地区工程进行检查指导。各供电企业制定了《城网建设与改造工程管理办法实施细则》、《城网建设与改造各级人员职责》等制度。

2000年，吉林省全面开展城市配电网建设与改造。10千伏线路杆路达到5056千米，比上年新增204千米，电缆线路548千米，同比增加321千米，绝缘线路1099千米，同比增加410千米；低压线路7576千米，比上年新增981千米，电缆线路726千米，新增221千米，绝缘线路978千米，新增332千米。配电变压器14 125台，总容量289.80万千伏·安，新增 23.8 万千伏·安，其中节能变压器达总容量的 100%；箱式配电站 705 座，36.40 万千伏·安，房屋型配电站 316 座，27.60 万千伏·安。柱上开关 1720 组，其中：VSP 开关 216 组，SF_6 开关 1069 组，真空开关 291 组，负荷开关 144 组，全部实现无油化。

当年无重伤及以上人身事故，无重大及以设备损坏事故及火灾事故，连续实现 5 个配电生产安全年；发生一般配电事故 17 次，比上年降低 50 个百分点，一类障碍 24 次，同比降低 53.80%。

2001 年，省电力公司紧紧把握大好发展机遇，继续推进全省城市配电网改造。年末，10 千伏线路 5560 千米，新增 504 千米，其中电缆线路 606 千米，新增 58 千米，绝缘线路 1528 千米，新增 429 千米；低压线路 7273 千米，同比减少，电缆线路 889 千米，新增 163 千米，绝缘线路 2159 千米，新增 1181 千米；配电变压器 15 756 台，新增 1272 台，总容量 339.30 万千伏·安，新增 49.50 万千伏·安。箱式配电站 1194 座，62 万千伏·安，房屋型配电站 278 座，24.10 万千伏·安；柱上开关 2059 组，新增 339 组，其中自动化负荷开关 670 组，真空开关 359 组，SF_6 开关 1014 组。一个 10 千伏线路延伸、互带能力增强、多分段、多联络、无油化、节能型、免维护的配电网，正在吉林省各个城市逐步形成。

当年发生配电事故 8 次，同比降低 12 次，降低率 52.90%；一类障碍 10 次，同比下降 24 次，降低 58.30 个百分点；综合线损率 9.27%，同比下降 1.11%；配电设备可靠率 99.95%，电压合格率 98.92%。

2002 年，全省 10 千伏线路 7233 千米，同比增加 1673 千米，其中电缆线路 834 千米，同比增加 228 千米，绝缘线路 2578 千米，同比增加 1050 千米，占总线路长度的 47.20%；低压线路 9480 千米，同比增加 2207 千米，电缆线路 1444 千米，同比增加 555 千米，绝缘线路 3167 千米，同比增加 1008 千米。

全省配电变压器 17 398 台，378 万千伏·安，同比增加 38.70 万千伏·安，其中箱式配电站 1678 座，85 万千伏·安，房式配电站 279 座，21.40 万千伏·安。柱上开关 2647 组，同比增加 602 组，其中自动化负荷开关 936 组，负荷开关 108 组，SF_6 开关 1213 组，真空开关 390 组，柱上开关无油化占 100%。改造一户一表 226 万户。至此，吉林省全面完成了城市配电网建设与改造计划。

是年，发生误登带电变台造成低压感电人身死亡事故 1 起；人身轻伤事故 1 起。未发生重大及以上设备损坏和火灾事故。一类设备障碍 44 次，二类障碍 403 次，均比上年同期上升。全年配电系统电压合格率 98.22%，可靠率 99.95%。综合线损率 6.13%，同比降低 3.14 个百分点。

当年，各供电企业开展了以《配电管理标准》和《安全文明配电站（班）竞赛管理办法》为依据的安全文明生产竞赛活动。经省电力公司考核评比，吉林龙潭供电分公司配电班等 12 个单位评为“安全、文明生产配电站（班）标兵”，延边敦化供电分公司配电班等 10 个配电站（班）评为“优秀安全文明生产配电班（站）”。

第四章 城市电网建设与改造

1998年7月13～15日，为贯彻中央3号文件和国务院加强城网建设改造指示，国家电力公司在长春召开了全国城市电网建设与改造会议，这是历史上首次部署城市电网建设改造工程规模大、规格高的会议。省电力公司按照上级工程投资45.31亿元的额度，进行编制全省地级及以上的城市电网建设和改造的规划。从此，吉林省城市电网建设与改造出现新的局面，为适应全省经济发展和人民生活质量提高创造了条件。

第一节 城市电网状况

1991～1997年，吉林省城市电网处于供电能力不足，设备陈旧落后状态，难以更好地适应全省经济发展和人民生活用电做好服务的需要。

1993年，省电力公司委托省电机工程学会进行全省城市电网调研。经过深入各供电区认真调查，发现全省城市电网存在的问题有：电源分布不尽合理，市区内缺少电源点，有的设备处于超负荷状态运行，66千伏网架不够完善，电源结构不具备“$N-1$”条件；设备陈旧落后，自动化程度低；无功不足，电压低，线损高等。

1994年，电机工程学会再次开展全省配电网调研，发现10千伏电网结构不够合理，容量不足，供电半径长，配电台区大，低压线路长，压降大，线损率高，电能质量低；配电线路裸线多，柱上油开关多，供电可靠性低等。

据此，省电力公司作出决策，千方百计为改变城市电网状况筹集资金，每年从基建和更改工程拨款增加城市电网改造投入，筹集的贴费也有所增加，并争取当地政府和人大的支持，增收工程补贴费，或以集资的方式建设和改造城网二次变电所等。

全省城市电网问题多，筹集的资金只是杯水车薪，1992～1997年，全省用于城网改造的投资仅2.57亿元，年均投资4291.54万元。投资最多年份的1994年，只有6503.55万元，其中业扩投资4823.59万元，其他投资1679.96万元；投资最少的年份是1992年，只有2859万元，其中业扩投资1684.30万元，其他投资1174.70万元。期间，全省城市电网工程新增中压线路581.56千米，低压线路638.62千米；中压电缆线路257.97千米，低压电缆线路322.19千米，绝缘线路109.44千米；箱式配电变电站352座，25.75万千伏·安；新增和更换节能变压器4337台，104.87万千伏·安；更换柱上油开关772台，接户线11.33万千米。1997年底，全省10千伏用户供电可靠率99.853%，公配线路损失率7.91%，配电事故率0.58次/（百千米·年）。7年的建设与改造，全省城市电网虽有一定的改善，但未从根本改变陈旧落后状态，成为影响全省经济发展和人民生活质量提高的瓶颈。

第二节　城市电网建设与改造工程

1998 年，全国城市电网建设与改造会议之后，按照省电力公司统一部署，一场轰轰烈烈的城网建设与改造工程在全省 8 个电业局、9 个城市全面展开，2002 年，经过 5 年的艰苦奋斗，吉林省城市电网设备配置及生产运营发生了根本性变化。

1998 年，长春、吉林和延吉三市城市电网列入吉林省第一批建设与改造计划，下达项目 59 项，其中新建 8 项，更换改造 51 项。

1999 年，四平、通化、辽源、白城 4 个城市电网列入吉林省第二批建设与改造项目。连同第一批 3 个城市电网工程项目，省电力公司共下达工程 341 项，其中新建项目 24 项，更换改造项目 317 项。

2000 年，白山、松原市城市电网列入计划，开工建设。全省 8 个供电公司、9 个城市的城市电网工程全面展开。当年，省电力公司安排工程项目 446 项，其中新建项目 20 项，更换改造项目 426 项。年底，共安排 7 批工程项目 846 项，完成 453 项，完成率 53.55%；在建项目 319 项，占项目总数的 37.70%；未开工项目 74 项，占项目总数的 8.75%。同年，国家电力公司评选长春、延吉供电公司为城市电网建设与改造先进单位。

2001 年，省电力公司分 9 批下达工程项目 1010 项，1～10 月已完成 947 项，完成率 93.76%，其中延吉和白城城市电网的建设与改造工程全部完成。

2002 年，按照国家电力公司的要求，城乡结合部电网建设与改造工程纳入城市电网工程，省电力公司安排项目 186 项，完成率 100%。年末，全面完成国家下达的城市电网工程项目计划。

全省广大供电职工经过 5 年的艰苦奋斗，2002 年末，吉林省完成城市电网建设与改造工程项目 1196 项，主要有：新建和改造 220 千伏输电线路 111 千米，新建和改造 66 千伏输电线路 666 千米，新建和改造 10 千伏配电线路 1874 千米，其中电缆线路 227 千米，绝缘线路 1008 千米；新建 220 千伏延西、维昌变电所 2 座，改造 220 千伏四平、镇赉、舒兰、磐石变电所 4 座，增加容量 45 万千伏·安；长春、吉林、辽源、通化、白城、白山、延吉 7 个城市新建 66 千伏变电所 23 座，增加容量 100.20 万千伏·安，改造 66 千伏变电所 30 座，新增容量 151 万千伏·安，变电所新增无功装置容量 32.30 万千乏。淘汰高能耗配电变压器 45.60 万千伏·安和全部柱上油开关；改造完成一户一表 226 万户。全面完成吉林省光纤骨干网建设和局用数字程控交换机组网工程以及 9 个地区光纤城市电网，共敷设光纤线路 2913.30 千米，投运设备、装置 455 套；完成长春、吉林电网调度 EMS 系统自动化建设和其他 6 个地调自动化改造；完成全省 MIS 信息网建设；220 千伏输电线路保护全部实现微机化等，总投资 45.31 亿元。2002 年，吉林省城市电网工程累计完成投资额统计，见表 6-4-1。

表 6-4-1　　2002 年吉林省城市电网工程累计完成投资额统计　　单位：亿元

城网工程	合计	长春城市电网	吉林城市电网	延吉城市电网	四平城市电网	辽源城市电网	通化城市电网	白城城市电网	白山城市电网	松原城市电网
概算	45.31	12.38	11.66	3.96	3.24	2.03	4.38	2.53	2.20	2.93
累计完成	45.31	12.38	11.66	3.96	3.33	2.11	4.28	2.53	2.22	2.83
累计到位	43.50	11.197	11.04	3.96	3.33	2.11	4.28	2.53	2.22	2.83

第三节　工　程　成　效

2002 年末，吉林省 9 个城市电网建设与改造工程完成后，城市电网网架结构、装备水平、供电能力、自动化程度以及线损、电能质量等各项技术经济指标，都有较大改善，基本解决“有电送不出，有电用不上”和各种“卡脖子”问题，适应了城市经济发展和居民的用电需求。

一、城市电网结构

全省各城市电网网架大为改善，长春、吉林市 220 千伏电网实现双环网；长春、吉林、四平、通化、延吉、辽源、松原 7 个城市的 66 千伏电网实现双环网；白城、白山市电网达到“$N-1$”准则标准。变电所经新建与增容，根本解决容载比偏低问题，满足城市电网规划导则的要求。城区内 85%的 10 千伏配电线路实现了“拉手”供电，消灭了中、低压“卡脖子”线路；部分城市电网开始进行二次变电所停电检修、10 千伏线路不停负荷的尝试，为提高供电可靠性，增供扩销，促进地方经济发展奠定了坚实基础。

二、技术经济指标

1997 年末，全省综合线损率 10.21%，通过一户一表改造工程和更换高能耗配电变压器等措施，2002 年降到 9.02%。采取建设市中心二次变电所，缩短 10 千伏电网供电半径，延伸 10 千伏线路，增设台区，缩短低压供电半径等措施，降低线路损失，居民、客户低压监测点电压合格率，由 1997 年的 83.78%，提高到 2002 年的 97.56%。采取 10 千伏线路“拉手”线建设，提高线路绝缘化、电缆化率，采用线路多分段，配置高质量柱上开关和配电变压器及加强管理等措施，供电可靠率，从 1997 年的（RS1）99.853%，提高到 2002 年的 99.934%，用户年均停电时间减少 3.892 小时/户。

三、设备技术水平

2002 年，变电所采用 GIS 全封闭组合电器 12 套，全封闭、低噪声主变压器 49 台，六氟化硫（SF_6）开关 341 组，综合自动化装置 43 套。新建和改造 220 千伏变电所集控站 2 座，66 千伏变电所集控站 18 座。一、二次变电所升级改造后，143 座变电所实现无人值班，其中，220 千伏变电所电所 9 座，占 220 千伏变电所的 26.09%；66 千伏变电所 134 座，占 66 千伏变电所 68.65%，市区 92 座 66 千伏变电所全部实现无人值班。电网电量自动计量系统建设得到加强，强化了供电公司负荷预测及电量结算工作的管理。完善了

7 个地调自动化系统，长春、吉林地调建成能量管理系统（EMS）。220 千伏及以上输电线路的继电保护装置，全部实现微机化。通信基础设施建成全省光纤骨干网，采用 OPGW 架空地线（复合光缆）、ADSS 全介质自承式光缆、SDH（同步数字传输微波线路）、ATM（多媒体宽带）、时钟同步、DWDM 容集波分复用及局用交换机等现代化通信技术，实现全省规模的统一组网，吉林省电网安全生产和经营管理实现自动化、信息化和数字化。柱上开关百分之百实现无油化，具有自动化功能的负荷开关占总台数约 33%；城网 10 千伏线路绝缘化率由改造前的 12%升到 47.20%。改造后的吉林省城市电网，多为自动化程度高、运行可靠、检修维护工作量小的先进设备与装置。

第四节　工　程　管　理

在城市电网建设与改造工程中，省电力公司认真贯彻国家制定的方针、政策，突出工程的重点，加强“五制管理”，严格执行规程、制度，全面完成了城市电网建设与改造任务，为实现以信息技术产业带动管理创新，迈出了坚实的一步。

严格执行项目法人责任制，省电力公司明确各地市供电公司、省电力建设总公司为法人授权建设单位，规定法人授权单位应承担的权利、义务、责任及考核指标。各供电公司和省电力建设总公司层层签订和实施目标责任状。推行资本金制度，多方筹措资金，保证足额注入资本金。全省筹措和落实资本金 2.69 亿元。落实合同制度，各项工程的设计、施工、物资采购、监理等，依法签订有效合同，明确责任和义务，依此实行工程管理。坚持招投标制度，1999 年 2 月，省电力公司首先组织国内城网物资招标会，严格按照国家电力公司设备招投标范本的程序运作，公司生产技术人员编制招标技术规范书，纪检人员监督，确保招标物资质量和招标程序的规范运作，国家电力公司和吉林省领导给予了高度评价。制定了物资管理办法，明确省、市电力公司物资采购权限和管理办法，编制详细的设计、物资招评标办法、评标程序和评标纪律，严格进行资质审查，规范招标工作。招投标过程中，市场管理部和招投标领导小组发挥了重要作用，落实招投标制，保证物资质量、工程质量，控制工程造价，提高效益；执行工程监理制度，监理公司始终按照“守法、诚信、公正、科学”的原则，监理工作人员严格执行“开竣工报告、隐蔽工程、工程变更、工程量和结算”的审核签字制度，及时反馈监理实施中发现的问题，“10 千伏工程管理监理标准”有若干不明确的问题，省电力公司及时采取下发 19 种配电施工记录格式，完善了监理制度措施，使问题得以解决。9 个城网工程中监理公司发挥重要作用，功不可没。

为确保工程质量，省电力公司制定了《工程质量管理办法》（简称《办法》）。施工企业按照《办法》确立城网工程质量目标，实行工程质量终身负责制，监理人员进行全过程监督检查，主管生产的领导深入施工一线，工程施行分部验收，严格执行评级制度。监理公司发布的信息，全省城网工程合格率达到 100%，整体工程质量优良，优良品率大于 90%，工程永久性缺陷率为零。

第五章 供电技术经济指标

1991～2002 年，适应吉林省的国民经济快速发展和人民生活水平日益提高的需要，加快了电力建设，全省各项供电经济技术指标——供电量、线损率、电能质量、可靠率都有提高和改善，供电量从 1991 年的 179.90 亿千瓦·时，上升为 265.80 亿千瓦·时；线路损失率呈下降趋势；电压质量逐步改善；供电可靠率考核指标和可靠性管理工作得到提升和加强。

第一节 供电量与地区最高负荷

一、全省供电量

改革开放后，吉林省供电量增长很快，进入 20 世纪 90 年代，供电量增长不平衡。1996 年，全省供电量比 1991 年增长 5.84%。90 年代后期，东北老工业基地不景气，吉林省经济处在调整时期，产业结构发生很大变化，高能耗、污染严重、技术落后和产品不对路生产企业，处在停产或半停产状态，严重影响供电量的增长。供电量增长率下降，1998 年出现负增长，2002 年比 1997 年，年均仅增长 2.69%。

1991 年，吉林省全省供电量为 179.94 亿千瓦·时，2002 年为 248.02 亿千瓦·时，12 年增加 68.08 亿千瓦·时，增长 37.88%，年均增长 3.15%。2002 年，吉林省供电量在全国排第 25 位。

二、各地区供电最高负荷

1991～2002 年，全省各地区供电最高负荷水平不均衡。一直保持发展的有长春、四平地区；受到经济结构调整影响较大的供电最高负荷水平有吉林，辽源地区。1991～2002 年，吉林省供电量及各地区供电最高负荷统计，见表 6-5-1。

表 6-5-1 1991～2002 年吉林省供电量及各地区供电最高负荷统计

年份	供电最高负荷		供电量	
	万千瓦	比上年增长（%）	亿千瓦·时	比上年增长（%）
1991	256.00	—	179.94	5.73
1992	276.40	—	195.39	8.58
1993	324.30	—	210.69	7.83
1994	350.60	—	218.65	3.78
1995	377.60	—	230.83	5.57
1996	384.40	—	232.13	0.56

续表

年份	供电最高负荷		供电量	
	万千瓦	比上年增长（%）	亿千瓦·时	比上年增长（%）
1997	400.50	—	235.41	1.41
1998	400.67	—	221.14	—6.06
1999	432.48	—2.30	237.01	7.17
2000	462.41	6.92	242.78	2.43
2001	456.13	—0.14	240.98	—0.74
2002	494.65	8.45	248.02	2.92

第二节　线损管理及线损率

12 年来，全省供电系统线损率的变化，总的是呈下降趋势，中间也有起伏波动。随着管理水平逐步提高和技术进步，线损率下降。线损率的波动和内部成分构成的变化，主要由地区不明电量损失引起。

一、线损变化

20 世纪 90 年代，吉林省线损率一直稳定在 4.50%以下，随着市场经济发展过程中，制度措施跟不上发展，工农业用电管理的电量误差增加，抄表和计费的误差和漏抄、漏收以及窃电等不明损失大量发生。

220 千伏及以上电网线损率，20 世纪 80 年代以前较为稳定，保持 1%～3%范围以内波动，90 年代波动较大，1991 年升高至 4.88%，1998 年达 6.20%。原因是系统内个别发电厂办第三产业等非生产用电和电业局地区线损率挤占一次网损，不是真实的网损率。1991～2002 年，吉林省电网和地区电网线损率统计，见表 6－5－2。

表 6－5－2　1991～2002 年吉林省电网和地区电网线损率统计　单位:%

年份	1991	1992	1993	1994	1995	1996	1997	1998	1999	2000	2001	2002
一次网损率	4.88	3.12	3.84	4.43	5.74	5.13	6.00	6.20	3.62	3.18	2.81	2.45
地区线损率	4.35	4.34	4.34	4.30	4.44	4.31	4.21	4.26	8.84	7.97	5.57	5.64

二、技术降损

（一）设备改造

1991～1997 年，全省供电系统累计更换、改造高能耗配电变压器 5591 台，681 万千伏·安，节能变压器占配电变压器总容量的 93.13%，每年节约电量 1690 万千瓦·时。

1998～2002 年，全省城市电网建设与改造 66 千伏变电所 53 座，增加容量 151.20 万千伏·安，新增 66 千伏线路 666 千米，实现电源点合理布局，深入工商业繁华区域，低能耗配电变压器达到 100%；新建和改造 10 千伏线路 1874 千米，接户线 11.33 万千米，改造一户一表 226 万户，新装电容器 32.30 万千乏。全省系统内综合线损率降为 9.02%，比 1997 年的 10.21%降低 1.19 个百分点。

（二）无功补偿

1990 年，吉林省电力系统无功补偿系数 0.76，1997 年后，长春电业局和长春热电一厂共两台调相机先后停运，减少无功电源 7.50 万千乏。2000 年，全系统无功补偿系数为 0.47，比标准要求偏低。

1998～2002 年，在城网建设与改造中，调整无功补偿装置布局，2001 年，新建 18 万千乏无功补偿装置，其中 66 千伏系统 4 万千乏，10 千伏和低压系统 14 万千乏，重点解决低压线路的无功电源不足。2002 年，安装无功补偿装置 32.30 万千乏，为加强运行管理，开展无功平衡以及根据负荷状况进行调整，投切变压器运行台数。

三、管理降损

1991～2002 年，贯彻原水电部重庆全国线损管理工作会议精神，推广指标分解、分级管理、按线分析和理论计算四项改革措施，实施中有所发展，全省形成线损管理的新秩序，90 年代后期，不明损失开始明显降低。

为了管好线损，一是加强了关口表管理，更换和安装高精度计量关口表 299 块，其中：省间联络线关口表更换 26 块；一次和二次电网关口表新装 127 块；发电厂与一、二次电网关口表安装 144 块；省内水电厂安装 2 块，并按东北电力公司与省电力公司之间、发电厂与电业局之间的产权分界处调整安装位置。

二是抓反窃电活动，在各级政府和公、检、法等部门支持下，全省多次发布坚决制止、打击窃电“公告”、“通知”；宣传、贯彻国家最高人民法院、检察院发布的司法解释，动员全社会力量，开展反窃电活动，打击窃电犯罪，降低电量不明损失。

第三节 电能质量

根据《电力系统电压和无功电力技术导则》的要求，省电力公司及各供电企业加强了电网电能质量管理。采取加强电网运行管理、增加无功装置配置、开展电能质量监督和技术进步等手段，系统电压和谐波保持在规定范围以内；完成电网调峰、调频任务，频率合格率达到 99.50%以上。

一、电压合格率

贯彻能源部《关于核定电压监视中枢点及规定值的通知》精神，省电力公司下发发电厂无功出力管理、调整、考核事项的规定，调度下达发电厂日无功出力指标，规定地区电网电压监测点的设置、合格标准、电容器管理、变压器分接开关整定、地方水电厂无功出力管理、地区无功就地平衡等项工作，并进行考核与奖罚。各单位认真落实，均设专人管理。通过加强运行管理，勤监测、勤联系、勤调整，及时发现电能质量问题，及时调整变压器分接开关、投切电容器以及加强电网设备建设与改造等工作，保证用户的用电质量。

1991～2002 年，吉林省各地区电网电压合格率统计，见表 6－5－3。

表 6-5-3　　1991～2002 年吉林省各地区电网电压合格率统计　　单位：%

年份＼电压＼单位	吉林供电公司			长春供电公司			四平供电公司			辽源供电公司			通化供电公司			白山供电公司			白城供电公司			延边供电公司		
	低压 (D)	66 (C)	10 (A)	低压 (D)	66 (C)	10 (A)	低压 (D)	66 (C)	10 (A)	低压 (D)	66 (C)	10 (A)	低压 (D)	66 (C)	10 (A)	低压 (D)	66 (C)	10 (A)	低压 (D)	66 (C)	10 (A)	低压 (D)	66 (C)	10 (A)
1991				95.68	95.92	96.01				98.68	96.86	95.26	98.65	96.87	95.74				91.38	93.80	94.20	94.61	96.11	96.21
1992				95.88	96.07	96.18				98.72	96.89	95.34	98.71	96.99	95.78				91.42	92.30	95.30	94.72	96.21	96.29
1993	96.80	91.70		96.02	96.36	96.35				98.73	97.12	95.47	98.77	97.11	95.82				90.50	94.30	95.60	95.41	96.36	96.33
1994				96.54	96.31	96.82				98.75	97.15	95.76	98.83	97.23	95.86				93.95	96.10	95.10	95.67	97.11	97.22
1995				96.88	96.79	97.11	96.542	99.016	95.702	98.78	97.21	95.97	98.89	97.35	95.90	95.37	90.17	91.83	94.60	94.00	94.80	95.26	97.54	97.34
1996	94.89	98.82		97.18	96.98	97.42	97.451	99.245	99.494	98.83	97.26	96.13	98.95	97.47	95.94	99.19	99.06	97.13	96.70	98.00	96.60	95.82	97.69	97.55
1997		98.28		97.48	97.29	97.64	97.864	99.225	96.295	98.84	97.35	96.27	99.01	97.59	95.98	99.32	99.24	97.17	96.59	96.00	96.62	96.59	98.55	98.67
1998	93.01	98.79		97.83	97.61	97.90	98.319	99.361	96.347	98.86	97.41	96.35	99.07	97.71	96.02	98.30	99.21	97.15	97.48	97.50	98.30	96.45	98.46	98.87
1999		99.37		98.15	97.99	98.21	97.892	99.591	95.213	99.21	97.96	96.48	99.13	97.83	96.06	98.92	99.37	95.44	97.66	98.10	98.90	96.69	98.64	99.125
2000	93.90	99.18		98.47	98.31	98.51	98.456	99.644	96.037	99.26	98.47	96.62	99.19	97.95	96.10	99.09	99.37	95.10	97.97	98.50	98.92	97.59	98.78	99.125
2001	96.04	99.20		98.75	98.50	98.41	98.331	99.652	95.126	99.32	98.86	96.83	99.25	98.07	96.14	99.15	99.48	95.28	98.92	99.75	99.30	98.86	99.17	99.14
2002	95.66	99.32		99.10	98.72	98.67	97.924	99.773	95.038	99.34	98.98	96.91	99.31	98.19	96.18	99.16	99.67	95.43	99.06	99.80	99.40	98.87	99.25	99.13

注　表内"66（C）"指 66 千伏非专线用户；"10（A）"指局属 10 千伏公配线；"低压（D）"指 380/220 伏用户。

二、谐波

1994年，省电力公司电能质量监测中心，开展了吉林省电网第一个周期（3年为一个周期）谐波电压监测，全省8个地区的45座220千伏变电所和138座66千伏变电所的谐波电压监测的结果：220千伏电网谐波电压合格率91%，66千伏和10千伏电网谐波电压合格率均为97%，小于98%的规定值。整体看，全省电网谐波电压合格率偏低，局部看，四平、辽源、白山、通化、延边地区电网谐波电压合格率100%；白城、长春、吉林地区电网的谐波污染比较严重。

2000年，监测中心进行第二个周期电网谐波电压的监测。220千伏和66千伏电网谐波电压合格率均达到100%；7个地区的10千伏电网谐波电压合格率98%，达到规定值，吉林地区10千伏电网中极少数变电所母线谐波电压不合格。

三、供电设备可靠率

吉林省供电系统供电可靠性管理工作始于1987年。1991年，省电力公司和各供电企业都建立了以主管生产领导为首的可靠性管理领导小组，生产部门配备专业工程师负责可靠性管理的具体工作。1995年，完成66千伏及以上输变电设施11大类可靠性数据注册工作有2个单位；完成220千伏输变电设施11大类统计数据注册工作有3个单位，另外3个单位注册3大类、7大类和8大类。1996年，为各供电局和相关专业配备专用微机和传输设备，1998年完成13大类统计数据注册工作，全面开展了供电可靠性信息数据的收集与汇总、指标的考核与分析、信息的反馈与落实工作，逐步实现上报信息的准确性、及时性和完整性，对指导安全生产，发挥了一定作用。

（一）发展过程

1991年，按照《吉林省输变电设施可靠性管理制度》规定，年度全面考核中，供电可靠性指标作为评价供电企业的双达标、创一流、经济承包责任制、设备检修质量等工作的硬指标，与职工切身利益挂钩。各供电企业分解指标，落实到岗、责任到人和各个生产和管理环节；建立了管理制度，科学统计设备可靠性数据，及时反映可靠性信息。采取提高检修质量、改造旧设备，消除运行异常、设备缺陷等手段，提高供电可靠性水平。

1993年，按照东北电力公司的规定，吉林省加快了电网建设与旧设备改造，以提高供电可靠率。全年新增66千伏及以上变压器14台，容量157.11万千伏·安；改造66千伏及以上主设备373台/件。加强运行设备的跟踪监视和分析，消除220千伏及以上异常运行设备缺陷。

1997年3月，召开全省供电系统可靠性管理专责人会议，分析影响设备可靠性低的原因，提出地区电网改造工程的主要项目。220千伏东（东丰一次变电所）至三（三岔子一次变电所）线路建成投运，解决了浑江发电厂外送“卡脖子”问题；220千伏变电所2号主变压器和220千伏松江河变电所的投运，缓解了云辉电网过负荷。

1998～1999年，落实国家电力公司颁发的2套可靠性评价规程和应用软件，办了两期学习班，培训46人。生产部与电力工会联合举办可靠性知识竞赛，发、供电企业48名选手参赛，辽源孙悦、延边玄京岩获一等奖。

2002年，按《吉林省供电可靠性监督管理办法》，各供电公司制定了《实施细则》，实行供电可靠性目标管理、分析制度以及停电控制、审核制度，设备停电检修原则等。按照国家电力公司《关于管理农网供电可靠性有关问题的通知》，农网可靠性管理也纳入了省电力公司管理。

（二）主要做法

1991～2002年，按照省电力公司规定，各供电企业提高供电可靠性的主要做法有：全部停电作业的工程，实行统一调度，统一平衡，做到送、变、配及用户间相互配合，同时停电，减少重复停电；上年经过检修的设备、配合大修作业设备、两台主变压器变电所设备，原则不安排停电检修，减少停电时间；开展"四项状态"检修，即避雷器、电缆、主变压器绝缘、母线耐压试验，实行状态检修，延长停电试验间隔；实行"五项审批制度"，即10千伏线路停电检修作业、10千伏分支开关停电作业、配电变压器台停电作业、"拉手"线路停电作业、重复停电线路作业执行审批制度，推行带电作业；提高设备检修质量，搞好施工质量验收，减少被迫停电次数；做好设备跟踪监视，及时处理缺陷，提高运行水平，减少事故停电；加强可靠性管理，搞好统计分析，发挥指导安全生产作用。

2002年，省电力公司检查22座220千伏变电所、7个送电站、4个配电站的输、配电和用户供电可靠性管理，开展横向交流。多数单位的自查自改，量化考核，奖罚兑现，交流培训工作认真，个别单位为追求高指标，存在数据漏报、瞒报现象，配电线路重复停电多次现象，输变电设备重复停电检修现象。

（三）供电可靠率统计

1993～2002年，吉林省供电系统10千伏用户供电可靠率统计，见表6-5-4。

表6-5-4　1993～2002年吉林省供电系统10千伏用户供电可靠率统计　单位：%

年份	1993	1994	1995	1996	1997
RS1	99.750	99.739	99.791	99.790	99.853
RS3	99.750	99.739	99.791	99.848	99.853
年份	1998	1999	2000	2001	2002
RS1	99.936	99.889	99.818	99.945	99.934
RS3	99.936	99.874	99.818	99.945	99.934

1995～2002年，吉林省供电系统输变电设施可靠率统计见表6-5-5。

四、无功补偿装置

2002年，省电力公司管理的66千伏及以下设备，无功补偿装置容量为248.58万千乏，其中电力企业所属149.68万千乏，用户自备98.90万千乏。农电系统自有无功补偿装置容量20.88万千乏。东北电力公司所属无功补偿设备容量105万千乏。

2002年，省电力公司及东北电力公司所属无功补偿装置统计，见表6-5-6。

表 6-5-5　1995～2002 年吉林省供电系统输变电设施可靠率统计

类别/年份	电压等级（千伏）	架空线			变压器			断路器		
		总长度（千米）	平均可用系数（%）	平均故障率[次/(百千米·年)]	总台数（台）	平均可用系数（%）	平均故障率[次/(百台·年)]	总台数（台）	平均可用系数（%）	平均故障率[次/(百台·年)]
1995	500	339	97.878	0	10	97.935	0	10	96.348	20.000
	220	5365	99.712	0.134	58	99.160	0	207	98.827	2.453
	110	84	99.783	0	2	99.783	0	5	99.806	0
	220及以上	5704	99.600	0.126	68	98.974	0	217	98.711	3.274
1997	500	339	99.384	0	10	98.341	0	11	98.769	0
	220	5570	99.779	0.110	61	99.757	0	223	99.511	0.464
	110	84	99.936	0	2	99.835	0	5	99.080	0
	220及以上	5909	99.756	0.104	71	99.553	0	234	99.475	0.441
1998	500	384.00	98.604	0	10	98.876	0	11	98.832	0
	220	5635.30	99.804	0.198	69	99.350	2.937	245	99.256	9.202
	220及以上	6019.30	99.728	0.185	79	99.289	2.561	256	99.237	8.797
	110	91.90	99.935	0	2	80.112	0	5	98.888	0
	66	7024.00	99.815	0.200	328	99.873	0	1023	99.724	0.610
1999	500	384.00	98.907	0	10	98.760	0	11	99.099	0
	220	5685.00	99.685	0.248	71	99.204	0	248	99.302	5.828
	220及以上	6069.00	99.636	0.232	81	99.148	0	259	99.293	5.573
	110	91.90	99.995	0	2	99.875	0	5	99.879	0
	66	7360.90	99.858	0.193	345	99.686	1.192	1069	99.714	1.346
2000	500	72.80	100	0	—	—	—	—	—	—
	220	5919.80	99.719	0.139	72	99.298	1.430	263	99.633	3.216
	66	8223.50	99.701	0.143	296	99.741	0	1103	99.776	0.374
	66及以上	14 216.10	99.710	0.141	368	99.654	0.280	1366	99.749	0.910
2001	500	72.80	99.372	0	—	—	—	—	—	—
	220	6239.80	99.666	0.135	69	99.339	6.074	273	99.423	1.590
	66	7597.30	99.872	0.093	326	99.728	0.659	1088	99.827	1.335
	66及以上	13 909.90	99.779	0.111	395	99.659	1.624	1361	99.749	1.385

续表

年份＼类别	电压等级（千伏）	架空线 总长度（千米）	架空线 平均可用系数（%）	架空线 平均故障率[次/（百千米·年）]	变压器 总台数（台）	变压器 平均可用系数（%）	变压器 平均故障率[次/（百台·年）]	断路器 总台数（台）	断路器 平均可用系数（%）	断路器 平均故障率[次/（百台·年）]
2002	500	72.80	99.652	0	—	—	—	—	—	—
	220	6408.50	99.574	0.125	73	99.509	0	291	99.456	2.433
	66	7685.30	99.791	0.091	316	99.776	0.643	1129	99.808	0.631
	66及以上	14166.60	99.692	0.106	389	99.727	0.524	1420	99.736	1.003

表6-5-6　2002年吉林省电力公司及东北电力公司所属无功补偿装置统计

单位：万千乏

公司＼类别	合计			电容器			电容器		国电东北公司无功设备统计		
		电力企业	用户自备		电力企业	用户自备		农电企业		电容器	并联电抗器
省电力公司（合计）	248.58	149.68	98.90	246.68	147.78	98.90	1.90	20.88	105.00	18.00	87.00
吉林供电公司	53.10	28.24	24.86	51.90	27.04	24.86	1.20	2.00	3000.00	12.00	18.00
长春供电公司	79.26	53.56	25.70	79.26	53.56	25.70	0	8.14	33.00	6.00	27.00
四平供电公司	31.10	23.20	7.90	30.34	22.50	7.90	0.70	5.70	15.00	0	15.00
辽源供电公司	9.04	6.01	3.03	9.04	6.01	3.03	0	0.49	27.00	0	27.00
通化供电公司	17.12	6.87	10..24	17.12	6.87	10.24	0	0.81	0	0	0
白山供电公司	7.54	2.73	4.81	7.54	2.73	4.81	0	0.09	0	0	0
白城供电公司	25.50	15.10	10.40	25.50	15.10	10.40	0	3.20	0	0	0
延边供电公司	25.92	13.97	11.96	25.92	13.97	11.96	0	0.46	0	0	0

第六章 供电企业简介

一、长春供电公司（电业局）

长春供电公司位于长春市朝阳区人民大街4969号，面积21.68万米^2。1997年，长春电业局改制为长春供电公司，担负省会长春市和外4县市供电任务，隶属吉林省电力公司，是全省固定资产最多，负荷最多，销售收入最多的供电企业。

2002年，公司职工2393人，其中研究生及以上学历20人，大学本科394人，大专535人，中等专业360人，技校毕业220人，高中672人，初中及以下192人。

公司本部设专业行政机构15个，包括办公室、计划部、劳动人事部、财务部、审计部、营销部、物资处、生技部、安监部、科技部、基建部、农电部、公安保卫部、离退休职工管理部、营销质量检查处；党群部门5个，包括党委组织部、宣传部、纪检委，工会、共青团。下设生产管理机构有调度通信、电能计量、试验所，送电工区、变电工区，朝阳、南关、宽城、二道、绿园、双阳、九台、农安供电分公司，榆树、德惠输变电工区和长春电力集团有限公司。

2002年，长春地区供电量70.10亿千瓦·时，最高负荷136.90万千瓦，售电量62.15亿千瓦·时，线损率6.65%，售电单价49.36元/（千千瓦·时）（不变价），销售总收入26.22亿元，全员劳动生产率12.12万元/（人·年）（不变价）。供电固定资产原值27.11亿元，工业总产值2.55亿元（现价）1.83亿元（不变价）。实现连续安全生产851天。

1991～2002年，先后荣获吉林省政府“吉化式企业”、“拥军优属工作先进单位”，省委“先进基层党组织标兵”、“三好企业”、“全省行风建设标兵单位”、“精神文明建设标兵单位”等称号；获能源部（国家电力公司）“全国电力系统营业工作先进单位”、“二五普法先进单位”、“一流供电企业”、“双文明单位”、“城市电网建设与改造先进集体”、“电力市场整顿和优质服务年活动先进集体”，全国总工会“五一劳动奖状”、中宣部等“全国思想政治工作优秀企业”等殊荣。

二、吉林供电公司

吉林供电公司位于吉林市吉林大街124号。公司本部及生产厂房占地面积14.90万米^2，隶属省电力公司。1997年，吉林电业局改制为吉林供电公司，担负着吉林地区6市县的供电任务。

2002年，公司供电职工2189人，其中主业1858人（农供合一职工总数6652人），全民多种经营企业315人，支援集体企业16人。研究生及以上学历7人，大学本科292人，大专474人，中专455人，技校206人，高中272人，初中及以下483人。

公司本部设专业行政机构16个，包括办公室、计划部、财务部、审计部、劳动人事部、物资供应部、用电营销部、生产技术部、安全监察部、科学技术部、农电部、行政事务部、公安保卫部、创一流办公室、基建管理办公室、离退休职工管理部；党群机构5

个，包括党委组织部、宣传部、纪检委（监察室）、工会、团委。

2002年，吉林地区供电量72.98亿千瓦·时，最高负荷115.70万千瓦，平均负荷率86.60%；售电量67.19亿千瓦·时；线损率2.80%；全员劳动生产率17.83万元/（人·年）；供电固定资产原值22.75亿元，农电1.74亿元，工业总产值1.91亿元（不变价格）年电力销售收入21.95亿元。2002年末，连续安全生产661天。

1991～2002年，先后荣获全国总工会"五一劳动奖状"（送电工区带电班）、"全国模范职工之家"（工会）、"国家用户满意企业"、"国家一级档案管理企业"、全国总工会"五一劳动奖状"、"全国精神文明建设先进单位"、"全国创建文明单位工作先进单位"、"国家用户服务满意企业"、"国家一流电力企业"等殊荣。

三、白城供电公司

白城供电公司位于白城市长庆北街1号，担负白城、松原两地区10个市县的供电任务。隶属省电力公司。1998年8月18日，白城电业局改制为白城供电公司。

松原地级市成立后，省电力公司于1993年6月11日成立松原分局，副处级建制，内设二级机构，隶属白城电业局。成立松原市农电局，受市政府和省农电局双重领导，负责松原地区农电工作。

2002年，公司职工1493人，其中大学本科学历167人，大学专科298人，中等专业412人，高中317人，技校264人，初中及以下35人。

公司设专业行政机构17个，包括办公室、计划部、劳人部、财务部、审计部、用电营销部、物资供应处、生技部、安监部、科技部、农电部、公安保卫部、信息中心、创一流办公室、离退休办公室、多经部、车辆管理中心；党群机构与吉林供电公司相同。下设基层生产、管理单位15个。

2002年，白城供电公司属两地区供电量共29.09亿千瓦·时，最高负荷54万千瓦，售电量23.65亿千瓦·时，售电单位成本87.06元/（千千瓦·时），负荷率68%，线损率5.70%，全员劳动生产率6.80万元/（人·年）（不变价），固定资产原值13.08亿元，工业总产值6967万元（不变价），销售总收入8.59亿元。2002年末，安全生产671天。

1991～2002年，先后荣获中电联、水电工会"抗洪救灾先进集体"，吉林省"先进基层党组织"、"学吉化先单位"、"三好企业"、"思想政治工作优秀企业"，能源部"全国电力系统电力营业工作先进单位"，电力工业部"全国电力系统民族团结进步单位"，国家电力公司"国家一流供电企业"，全国总工会"职工体育先进单位"，"精神文明建设先进单位"等殊荣。

四、通化供电公司

通化供电公司位于通化市新华大街676号。公司本级厂区占地面积8969米²，担负通化地区6市县供电任务，隶属吉林省电力公司。1997年，通化电业局改制为通化供电公司。

2002年，公司职工1619人，其中研究生学历3人，大学本科131人，大学专科207人，中等专业287人，高中612人，初中及以下379人。

通化供电公司设行政专业机构16个，与吉林供电公司基本相同。

通化地区供电量 26.08 亿千瓦·时，售电量 23.29 亿千瓦·时；最高负荷 41.60 万千瓦，售电单位成本 78.49 元/（千千瓦·时）；全员劳动生产率 6.25 万元/（人·年）（不变价），8.68 万元/（人·年）（现价）；供电固定资产原值 11.99 亿元，工业总产值 6870 万元（不变价），9549 万元（现价），年电力销售收入 7.97 亿元，安全生产 657 天。

1991～2002 年，先后荣获吉林省“思想政治工作优秀企业”、“文明单位标兵”、“用户满意单位”、“诚信企业”、“先进企业”称号；获“全国精神文明建设先进单位”、“国家一流供电企业”、“双文明单位”、“全国‘安康杯’竞赛优秀企业”、“全国五一劳动奖状”等殊荣。

五、四平供电公司

四平供电公司位于四平市中央西路 1588 号。担负四平地区 5 市县的供电任务，年过网电量 40 亿千瓦·时。1997 年 8 月 18 日，四平电业局改制为四平供电公司，隶属省电力公司。

2002 年，职工 1458 人，其中硕士 2 人，大学本科 133 人，大专 240 人，中等专业 403 人，技工学校 206 人，高中 317 人，初中及以下 157 人。设行政机构 17 个。

2002 年，四平地区供电量 21.75 亿千瓦·时，售电量 20.52 亿千瓦·时，线损率 4.79%，最高负荷 62.70 万千瓦，负荷率 78%，售电单价 83.98 元/（千千瓦·时）（现价），全员劳动生产率 5.93 万元/（人·年）（不变价），8.24 万元/（人·年）（现价），供电固定资产原值 15.25 亿元，总产值 1.47 亿元，销售总收入 7.82 亿元（现价）、5.39 亿元（不变价）。公司安全生产 2875 天，220 千伏巨丰、双辽变电所安全运行 5000 天以上。

1991～2002 年，先后荣获省委省政府授予“精神文明建设先进单位”、“思想政治工作标兵企业”称号；获国家电力公司（电力工业部）“全国电力系统安全文明生产达标企业”、“抗洪抢险先进单位”、“电力市场整顿和优秀服务年活动先进集体”、“普法先进单位”、“精神文明建设标兵单位”称号；获国家技术监督局“国家一级计量单位”、中宣部等 7 部委“全国职工职业道德建设优秀企业”、国家文明办“国家文明企业”等殊荣。

六、延边供电公司

延边供电公司位于延吉市光明街 332 号，占地面积 6409.28 米^2。1997 年，延边电业局改制为延边供电公司，担负延边自治州 8 市县供电任务。隶属省电力公司。

2002 年，延边供电公司职工 1845 人，其中研究生 1 人，大学本科 249 人，大专 455 人，中专 428 人，技校 113 人，高中 160 人，初中及以下 439 人。设行政机构 17 个部室，20 个二级生产及管理单位，党群机构 5 个。

2002 年，供电量 21.75 亿千瓦·时，售电量 18.55 亿千瓦·时，售电单价 41 元/（千千瓦·时），最高负荷 43 万千瓦，负荷率 56%，线损率 5.73%，全员劳动生产率 6.08 万元/（人·年），固定资产原值 12.04 亿元，工业总产值 1.20 亿元，销售总收入 7.51 亿元。连续安全生产 378 天。

1991～2002 年，曾获国家电力公司授予“国家一流供电企业”，全国总工会“模范职工之家”，吉林省委、省政府“先进基层党组织”、“精神文明建设标兵单位”、“民族团结进步先进单位”、“省级先进企业”、“设备管理优秀单位”、“安全生产先进企业”荣誉。

七、白山供电公司

白山供电公司地处吉林省白山市浑江大街182号。原名浑江电业局，1994年7月更名为白山电业局，1998年，改制为白山供电公司，担负白山地区5市县供电任务。隶属省电力公司。

2002年，公司职工773人，其中研究生学历3人，大学本科56人，大学专科151人，中等专业155人，技校121人，高中237人，初中及以下50人。

公司设管理部门13个，包括办公室、计划部、劳人部、财务部、审计部、营销部、物资供应部、生技部、安监部、基建管理部、公安保卫部、行政事务部、多经管理部；党群设党委办公室（与行政办公室合属办公）、组织部、宣传部、纪检监察部，工会、团委。下设调度通信中心、送变电工区、试验所、供电分公司等生产单位7个。

2002年，白山地区供电量15.19亿千瓦·时，售电量14.50千瓦·时，平均售电单价38.60元/（千千瓦·时），最高负荷26.45万千瓦，负荷率81.50%，线损率4.55%，全员劳动生产率8.12万元/（人·年），供电固定资产原值9.17亿元，年总产值5945万元（现价），4278万元（不变价），销售总收入5.93亿元（现价）。

1991～2000年，先后荣获吉林省“文明单位”、“吉化式企业”、“1998～2000年度精神文明建设标兵单位”、“全省行风建设先进单位”称号；获电力工业部“电力安全文明生产达标企业”、“双文明单位”，全国总工会“五一劳动奖状”等殊荣。

八、辽源供电公司

辽源供电公司位于吉林省辽源市东吉大路280号。1998年，辽源电业局改制为辽源供电公司，隶属省电力公司。担负辽源地区3市县供电任务。

2002年，公司职工762人，其中大学本科学历74人，大学专科113人，中等专业156人，技校生88人，高中220人，初中及以下111人。

公司行政机构设办公室、计划部、劳人部、财务部、营销部、物资处、生技部、安监部、农电部、信息中心、公安保卫部11个部门；党群设党委工作部、纪检监察审计部，工会3个。基层生产及营销机构13个。

辽源地区供电量8.10亿千瓦·时，最高负荷14.60万千瓦，负荷率87.11%；售电量7.75亿千瓦·时，售电单价41.53元/（千千瓦·时）；线损率5.83%；全员劳动生产率4.68万元/人·年（不变价）；固定资产原值4.78亿元；工业总产值3179万元（不变价），销售总收入2.74亿元（不变价）。连续安全生产661天，先后荣获：吉林省“用户服务满意企业”，“五一劳动奖状”称号；获国家电力公司“双文明达标企业”、“双文明多种经营企业”；中央精神文明建设指导委员会“全国创建文明行业工作先进单位”等称号。

第七篇　农村电气化

第七篇　农村电气化

1991～2002年，是吉林省农村电气化事业发展最快的12年。1991～1998年，省电力公司认真落实能源部、电力部的统一部署，开展农村电气化县建设和电力为农业生产、为农村经济、为农民生活服务（以下简称“三为”服务）达标县建设。在各级地方政府的大力支持下，经过近8年的努力工作，吉林省参加农村电气化县建设的44个县（市、区）中，有22个建成农村电气化县。吉林省农电系统44个县（市、区）农电局中，有30个被电力部授予电力“三为”服务达标单位，8个被省农电局授予电力“三为”服务达标单位。

为适应全省农村经济发展和农业生产的需要，吉林省各级农电部门，对全省农村电网进行一系列的建设与改造。1991～1998年期间，全省农电系统共投资20 333.6万元，建设和改造66千伏送电线路19条，杆路总长度184.13千米。建成和改造66千伏变电所35座，主变压器容量285 020千伏•安。建设和改造10千伏配电线路杆路长度3966.50千米，10千伏配电变压器总容量662 065千伏•安，0.4千伏低压线路10 019.49千米。1992年8月，吉林省最后一个无电村屯通电，实现全省村屯全部通电。至1998年，实现全省户户通电。

1998年10月，国务院在全国开展改造农村电网、改革农村电力体制、实现城乡同网同价（以下简称“两改一同价”）工作。分别于1998年11月和2002年2月两期下达给吉林省农村电网建设与改造资金共60.38亿元。

1998年11月～2002年底，全省农村电网累计完成投资28.937 5亿元。1999～2002年，新建和改造66千伏变电所71座，变电总容量639 600千伏•安；新建和改造66千伏送电线路730.07千米；新建和改造10千伏配电线路杆路长度5699.54千米；新建和改造10千伏配电变压器总容量1081 880千伏•安；新建和改造0.4千伏低压线路11 551千米。吉林省农村电网经改造，供电可靠率由80%提高到99.4%，综合线损率由改造前的18.01%下降到13.8%，农村居民生活照明电价由改造前的0.716元/（千瓦•时），下降到0.486元/（千瓦•时）。

经过12年的建设与改造，到2002年，全省共有农村66千伏送电线路259条，杆路总长度4010.5千米。66千伏变电所372座，主变压器总容量1 933 000千伏•安。10千伏配电线路杆路总长度69 102.5千米，配电变压器81 513台，总容量为4 509 945千伏•安，0.4千伏低压线路杆路总长度106 876.4千米。全省农村村屯通电率和农户通电率均达到100%。吉林省农村电网布局趋向合理，设备较为先进，生产经营管理水平进一步提高。全省农村用电设备容量为416.90万千瓦，农村年用电量38.31亿千瓦•时，分别是1990年的1.33倍和1.75倍。农村电气化建设造就了一支坚强有力的农电干部队伍，培养了一批有文化、懂技术、会管理的农电职工和农村电工，涌现了一批“三为”服务先进典型。

第一章 农村电气化县、“三为”服务达标县建设

为加快全国农村电气化进程，能源部于1991年1月和10月先后发出通知，在全国范围内开展农村电气化县建设和“三为”服务达标县建设。吉林省认真贯彻能源部的通知，分别成立了建设领导小组，制订了规划并编制了实施细则。

各县（市）也相应成立达标领导小组和工作机构，确定达标时间，制定达标工作计划，组织实施。各县（市）农电局紧紧依靠地方政府，广泛发动群众，达标与企业的生产经营管理密切结合，经过努力，两项建设进展顺利。到1998年底，全省共建成农村电气化县22个，部级“三为”服务达标县30个，省级“三为”服务达标县8个。

农村电气化县建设和“三为”服务达标县建设，促进了吉林省农电事业发展。1998年，全省农村电网66千伏变电所变电总容量和10千伏配电变压器总容量分别比达标前的1991年增加273 570千伏·安和738 955千伏·安，增长26.83%和27.48%。农村供电面扩大，村、户通电率均达到100%。1998年，全省农村用电量为27.79亿千瓦·时，比1991年增长26.46%，农村居民照明电价逐年下降，每年可减轻农民负担1800万元。

第一节 农村电气化县建设

按照能源部的部署，吉林省的农村电气化县建设分两步走，1993年，先在德惠、梨树、桦甸三县（市）搞建设试点，1994年，在试点的基础上全省铺开。吉林省把农村电气化县建设的重点放在农网的建设改造上，在建设中依靠地方政府，发动农电职工和农村电工，经过8年的努力，全省共建成农村电气化县22个。

一、落实规划，严格验收

1994年5月，国家计委、经贸委和电力部在北京联合召开了全国农村电气化工作会议，制定了《九十年代中国农村电气化发展纲要》，确定到2000年末，全国建成1000个农村电气化县。其中建设600个农村水电初级电气化县，由水利部负责组织实施；建设400个农村电气化县，由电力部负责组织实施。

为了认真贯彻全国农村电气化工作会议精神，省政府成立了吉林省农村电气化县建设与验收领导小组，各市（州）、县（市）也成立了相应的组织。省农电局会同省计委编制了吉林省1993～2000年农村电气化县建设总体规划和年度实施计划。到2000年末，将建成农村电气化县26个，每年建设3～4个。

吉林省在农村电气化县建设中，严格按电力部颁的《农村电气化标准》进行建设和验收。为了便于操作，省农电局制订了《吉林省农村电气化县验收细则》。每年在验收前，

先进行一次预验收，预验收合格后再进行正式验收。最后，由省政府向电力部申报，由电力部命名发牌。

二、抓好试点

为搞好试点工作，三个试点县（市）认真做好了如下几项工作：

（1）为解决建设工作从何抓起问题，省农电局组织三个县农电局的领导和有关人员到农村电气化县建设开展较早的山东、辽宁省学习，确定本县的建设方法、步骤和工作思路。

（2）切实解决了资金缺口问题。要建成农村电气化县需要资金600万元。经研究，由省农电局从技改资金中分别给三个试点县拨款100万元，三个试点县农电局各自筹100万元。各县农电局的自筹资金中，三个试点县（市）政府和有关乡镇各自筹集150万元，不足部分由三个县（市）农电局在自有资金中解决。

（3）为现代化管理创造条件。按照农村电气化县建设要求，县农电局要逐步实现现代化管理。财务管理要电算化，线损、办公等管理要微机化，而这些在当时吉林省农电系统都是空白。为此，省农电局决定，微机由各县（市）农电局自行配备，各专业微机人员由省农电局集中办班培训。

（4）确保试点任务按期完成。三个试点县要在当年建成农村电气化县，时间紧，任务重。为了确保当年达标，三个试点县局都成立农村电气化县建设领导小组，按照《吉林省农村电气化县验收细则》分解指标和任务，成立农网建设与改造、企业管理和技术经济指标考核等三个组，分别制定月、季工作计划。每季召开一次农村电气化县建设工作汇报会，检查计划完成情况，及时处理和解决建设中遇到的问题。

经过一年的积极努力，吉林省农村电气化县建设试点工作首战告捷。1993年12月，省政府组织验收组对桦甸、梨树、德惠三个县（市）的农村电气化县建设进行验收，结果全部通过，并报电力部批准，由电力部授予“农村电气化县”称号。

三、做好全省电气化县建设

1994年3月，省农电局在梨树县召开全省农村电气化县建设动员大会。梨树、桦甸、德惠三个县（市）农电局分别介绍了各自的建设经验。省农电局对全省农村电气化县建设工作进行了部署。会后，各县（市）农电局制定了农村电气化县的建设计划和达标时间，全省农村又掀起了一个农村电气化建设高潮。

资金缺乏是农村电气化县建设遇到的最大问题。按每年建成3～4个县计算，全省一年需要资金约700万元。除省农电局每年投资200万元外，大部分资金都由各县（市）自行解决。白城市洮北区、通化市东昌区、辽源市龙山区等区政府对农村电气化县建设非常重视，主管农电的副区长现场办公，组织有关乡镇和企业筹集资金。扶余、东丰等县经省物价局批准，在乡镇企业的生产用电中每千瓦时加收0.02元作为农村电气化县建设基金。专款专用。舒兰、梅河口等市政府对电气设施建设用地给予优惠，以解决建设资金不足问题。

各县（市）农电局在建设中对照标准，针对薄弱环节，有重点地开展工作。集安、舒兰、辉南等县（市），地处山区、半山区，设备比较陈旧，供电半径过长，综合线损、电压合格率和设备完好率没有达到标准。在建设中，他们着重更换设备，增加变压器台区，加强线损管理，经过三年努力，各项指标均达到农村电气化县建设标准，顺利地通过了验收。

安全生产是延吉市和伊通县农电局的薄弱环节，1994年以前，设备事故和农村触电死亡事故时有发生。这两个县（市）农电局从安全教育入手，改造设备，加强安全管理，并重点做好农民的安全用电常识宣传。1995、1996连续两年实现安全年。这两个县（市）分别于1996年和1997年通过了农村电气化县验收。

省农电局每年都召开农村电气化县建设工作会议，总结工作，下达建设任务。组织工作组巡回检查各基层单位建设的进展情况，及时帮助各县（市）农电局解决建设中出现的问题。到1998年，吉林省长春市绿园、双阳、吉林市丰满、四平市铁东、辽源市龙山、通化市东昌、白城市洮北、松原市宁江8个区，德惠、舒兰、桦甸、磐石、公主岭、集安、梅河口、延吉8个县级市，伊通、梨树、东丰、东辽、辉南、扶余6个县，共计22个县（市、区）建成农村电气化县。1999年以后，由于全国农村转入“两改一同价”工作，农村电气化县的建设工作暂时告一段落。

农村电气化县建设使吉林省的农村电网发生了很大变化。电网布局趋向合理，大部分的电源点位于负荷中心，“大马拉小车”的问题基本得到解决；电网的科技含量逐步增加，自动化水平不断提高，各类事故明显减少，安全生产持续稳定；农电的企业管理加强，电网损耗降低，农村居民照明电价逐步下降。

第二节 “三为”服务达标县建设

吉林省认真贯彻1991年10月能源部提出的电力为农业生产服务、为农村经济服务、为农民生活服务的“三为”工作方针，积极地开展了“三为”服务达标县建设，集中力量解决无电村屯通电、支援乡镇企业发展和降低农村电价减轻农民负担等问题。到1998年底，全省共建成部级“三为”服务达标县30个，省级“三为”服务达标县8个。

通过开展“三为”服务达标县建设，吉林省农村的村、户通电率都达到了100%，农村照明电价逐年下降，全省每年减轻农民在用电上的负担达1800万元。广大农电职工和农村电工为乡镇企业排忧解难，为农民群众办好事，深受政府和群众欢迎。

一、组织领导

为加强领导，吉林省成立了建设领导小组，编制了农电企业达标规划和年度计划，下发了《吉林省农电企业“三为”服务达标考评细则》。

1992年8月，吉林省在伊通县召开了吉林省农电系统“三为”服务工作会议。明确了全省农电“三为”达标活动的指导思想、工作思路和实施方案。会后，全省农电系统切实加强了“三为”服务达标活动的领导，围绕当地政府每个时期的中心工作和群众迫切需要解决的热点和难点问题，积极开展了“三为”服务达标活动。

吉林省农电系统的“三为”服务达标工作分两步进行，各县（市）农电局先达省标，后达部标。“三为”服务达标活动每年验收命名一次。达省标的由各市（州）农电局组织检查验收，报省农电局批准命名。达部标的由省农电局组织检查验收，报能源部批准命名。

二、扩充电网，提高供电能力

全省农电系统千方百计筹集资金，积极扩充电网提高供电能力。

“八五”、“九五”计划期间，吉林省农电系统为了满足全省乡镇企业发展和农业产业化用电需要，累计投资 15 000 万元，先后新建和增容改造了公主岭市怀德、长春市双阳区奢岭、梨树县十家堡、前郭县王府、白城市洮北区岭下、磐石市明城、延吉市新光等 25 座变电所，新增变电容量 20 万千伏·安。新建和改造了榆树市榆五线、德惠市德东线、梨树县孤北线、前郭县前拐线、东辽县前安线、集安市清花线、桦甸市老金厂线、珲春市珲河线等 15 条 66 千伏送电线路，杆路长度 185 千米。

至 1989 年末，全省 6 万个农村村屯，绝大多数已通电，没有通电的只剩下 162 个，没有通电的农户有 6700 多户。省委、省政府提出自 1990 年开始，要拼搏 3 年，使 162 个无电村屯也都用上电，达到全省所有村屯村村通电，实现全省农村一片光明。省农电局积极响应省委、省政府的号召，把无电村屯办电作为农电系统开展“三为”服务达标县建设一项重要任务。据统计，这 162 个村屯分布在通榆、前郭、江源、汪清等 15 个县（市），要解决他们的通电，需要资金 1300 万元。为解决资金问题，省政府领导主持召开专题办公会议，决定了筹资方案：省财政厅拨款 400 万元，省农电局、省水利厅、省民委各出资 100 万元，省政府出台政策，由有关县（市）和农民自筹 400 万元，农电系统免费设计、无偿施工节省 200 万元。

全省农电职工积极响应省里的号召，在全省范围内掀起了无电村屯办电高潮。至 1991 年末，全省只剩下 48 个村屯没有通电。省委、省政府对最后 48 个无电村屯通电很重视。副省长吴亦侠召开有关厅局、有关部门会议进行部署。省农电局专门下发了 1992 年无电村屯办电计划，对完成最后 48 个无电村屯通电任务做了具体安排。通榆县无电村屯，大多分布在科尔沁大草原，在沼泽地里挖坑施工困难很大，是办电任务最重的县。该县农电局动员近百名职工，由局长带队分成 4 个小队到各村屯施工。他们在为什花道乡西哈村架线安装时，离工地有 10 多里地不能通车，局长就带领职工硬是靠人抬肩扛把水泥电杆、导线、金具等施工材料设备运到工地。全省 1500 多名农电职工和农村电工不分昼夜奋战在工地上，经过 7 个多月的努力工作，建成 10 千伏配电线路 1500 千米，10 千伏配电变压器总容量 35 500 千伏·安，0.4 千伏低压线路 3200 千米，至 1992 年 8 月 18 日，使包括吉林省最后一个无电村屯通榆县什花道乡曙光村水龙山屯在内的吉林省 48 个无电村屯全部通电。是年 8 月 29 日，吉林省人民政府在长春市举行新闻发布会，向全国宣告吉林省 6 万个村屯已全部通电，全省城乡一片光明，吉林省成为继北京、天津、上海三个直辖市后全国第一个实现村屯全部通电的省。

为让盼电的村民早一天用上电，吉林省在实现村屯全部通电后，又抓紧开展了户户通电工程。村民们积极筹措资金，购买电气材料设备，对确有困难的村民，村里设法给予补助。全省农电系统积极组织实施，乡电管站帮助施工。经过 6 年的努力，到 1998

年，全省农村实现了户户通电。吉林省农村电气化建设有了新突破，推动了农村经济的发展，为提高农村居民生活水平奠定了基础。1991～2002年吉林省农村村屯、住户通电率统计见表7-1-1。

表7-1-1　1991～2002年吉林省农村村屯、住户通电率统计

年　度	村屯通电率（%）	住户通电率（%）
1991	99.2	99.80
1992	100	99.87
1993	100	99.95
1994	100	99.94
1995	100	99.98
1996	100	99.99
1997	100	99.99
1998	100	100
1999	100	100
2000	100	100
2001	100	100
2002	100	100

三、抗洪抢险，恢复供电

1995年7月，吉林省东南部山区连续受暴雨袭击，辉发河、浑江河水猛涨，桦甸、柳河、江源等10个县（市）遭受洪水灾害。全省农村电网8座66千伏变电所被淹，50千米66千伏送电线路杆塔被水浸泡，400千米10千伏配电线路、300个配电变压器台和500千米0.4千伏低压线路被洪水冲倒，受灾地区供电中断。

1998年7、8月间，吉林省西部地区连降暴雨，洮儿河、辽河、嫩江、松花江均超过警戒水位。洮南、大安、双辽等8个县（市）数百亩农田和几万间民房被淹，受灾人口近50万人。全省农电系统10座66千伏变电所、60千米66千伏送电线路杆塔被水浸泡，300千米10千伏配电线路、200多个配电变压器台和400千米0.4千伏低压线路被洪水冲倒，灾区出现大面积停电。

1995年和1998年两次洪水灾害给全省工农业生产和群众生活带来了严重损失。全省农电系统各级领导把抗洪保供电作为“三为”服务的重点。灾情发生后，各县（市）农电局领导一方面立即带领农电职工和农村电工奔赴抗洪保电第一线，排除变电所的积水，消除设备故障，冒雨抢修线路，前后两次大灾后不到20天就全部恢复供电。两次共帮助受灾乡镇重建和整修66千伏送电线路110千米，10千伏配电线路700千米，0.4千伏低压线路900多千米，新建配电变压器台600个，使遭水毁的60个村屯重新供电。另一方面组织职工帮助被水淹的群众搬迁，主动捐款捐物。全省农电系统职工两次共为灾区群众捐

款 300 万元。省电力公司、省农电局先后两次拨出 600 万元资金帮助灾区群众恢复生产重建家园。

四、开展支农保农活动

1996 年以前，吉林省的电力供应非常紧张，不少地区农业生产和农民生活用电得不到保证。全省各级农电部门一方面向当地政府申请增加农村用电指标，另一方面加强电力调度，削峰填谷保证重点。每年都能做到春保排灌，夏保防洪排涝，秋保脱粒打场，冬保粮食烘干和农副业加工用电，季节用电保证率达到 100%。全省农村生活照明用电保证率也由过去的 60%提高到 90%以上。

在农忙季节，各县（市）农电局普遍组织支农小分队，走村串户，服务到田间地头，无偿为农民安装、维修电气设备。梨树县和前郭县水田面积大，有大小机井近万眼。每年春季，两个县农电局组织各乡（镇）农电所职工组成电井安装队，无偿帮助水田专业户安装、调试电井设备。电气设备发生故障，农电职工免费帮助维修。

全省各县（市）农电局，认真抓了优质服务工作。设立日常办事机构，实行办事公开制度，设立用户义务监督员，发放征求用户评议卡，在全省农村掀起了为农民办好事、办实事的热潮。

吉林省农电“三为”服务达标活动，受到地方各级政府和全省人民的欢迎和好评。到 1998 年底，全省有长春市郊区、双阳区、榆树市、农安县、九台市、吉林市城区、舒兰市、磐石市、四平郊区、伊通县、梨树县、公主岭市、白城市洮北区、大安市、洮南市、扶余市、前郭县、乾安县、辽源市郊区、东丰县、东辽县、通化市郊区、柳河县、集安市、辉南县、白山市城郊、江源县、延吉市、图们市、敦化市等 30 个县（市、区）农电局被电力部授予电力“三为”服务达标单位，占省农电局行业归口管理县农电局的 68%。永吉县、蛟河市、双辽市、镇赉县、松原市宁江区、龙井市、和龙市、江清县等 8 个县（市、区）农电局被省农电局授予电力“三为”服务达标单位，占全省行业归口管理农电局的 18%。

“三为”服务达标活动促进了农电系统经济效益的提高，1998 年全省农村完成售电量 30.57 亿千瓦·时，是“三为”服务达标前 1991 年 21.99 亿千瓦·时的 1.39 倍，电费提成收入完成 2.85 亿元，是 1991 年 7990 万元的 3.57 倍。

第二章　农村电网建设与改造

吉林省农村电网发展较快。至 1990 年，66 千伏送电线路已遍布全省大部分乡镇，10 千伏配电线路通到各个村屯，0.4 千伏低压线路进入了千家万户。1991～1997 年，吉林省农村电网主要是进行了调整、改造、加强并新建了一批 66 千伏变电所以增加供电能力。为保证安全运行，降低电网损失，农电部门逐步改造两线一地线路为三线运行，改造高能耗配电变压器为节能变压器。

1998 年 10 月，国务院部署开展“两改一同价”工作，分两期拨给吉林省农村电网建设与改造资金 60.38 亿元。省农电局组织全省农电职工对全省农村电网进行一次大规模的建设和改造，改造危及人身安全和设备安全的“三类”设备，更换 66 千伏变电所一、二次侧油开关及保护装置，增加 66 千伏变电所和配电变压器的布点，解决供电半径超长问题。对输、配电线路主要是改造“卡脖子”导线和“两线一地”线路。对 0.4 千伏低压电网从线路到计量装置进行全面改造。到 2002 年底，全省农网累计完成投资 28.937 5 亿元，占 47.93%。

第一节　农电线路和变电所建设

1990 年，吉林省农村已建成 66 千伏送电线路 156 条，杆路总长度超过 3000 千米，建成 66 千伏变电所 256 座，主变压器 443 台，主变总容量为 1 008 443 千伏·安。10 千伏配电线路杆路总长度 57 520 千米，配电变压器 59 000 台，容量为 2 681 810 千伏·安，0.4 千伏低压线路 87 974 千米。

1991 年以后，农电路线和变电所建设主要是围绕全省农村经济发展和调整吉林省农村电网布局进行的。1991～1998 年，全省新建和改造 66 千伏送电线路 19 条，杆路总长度 184.13 千米，新建和改造 66 千伏变电所 35 座，主变压器 51 台，新增主变压器容量 285 020 千伏·安。基本满足全省农村经济发展和农民生活用电需要。

1998 年 10 月，国务院部署“两改一同价”工作，全省农网按照要求进行了建设与改造。为使农网供电可靠性和电压合格率符合《农村电气化县标准》要求，吉林省建设了一批 66 千伏送电线路、变电所。为降低农村照明电价，重点建设改造了 10 千伏配电网和 0.4 千伏低压网，把“两线一地”10 千伏线路全部改为三线运行。对配电变压器的设置采取小容量，密布点的原则，使 0.4 千伏供电半径不超过 500 米。他们加强了调度系统的建设，全省 98%的变电所实现了县调自动化。通过这次建设与改造，至 2002 年，吉林省农网供电可靠率由原来的 80%提高到 99.4%，客户端电压合格率由建设前的 60%提高到 90%，综合损失率由改造前 18.01%下降到 13.8%。

一、为农业产业化发展提供动力

“八五”、“九五”计划期间，吉林省农电线路、变电所建设主要是围绕全省农业产业化增加供电能力和改善电网布局等方面进行的。

1993 年，吉林省和长春市农电局各投资 50 万元，德惠市农电局投资 100 万元，新建德惠 66 千伏达家沟变电所，安装 5000 千伏·安主变压器 2 台，新建 66 千伏送电线路 3.5 千米，以满足达家沟供电区乡镇企业发展和烤烟养鱼等生产基地的用电需要。白城、松原地区，办电初期主要是排灌负荷，变电所建在大型排灌站附近。20 世纪 90 年代以后，排灌站逐渐停运，农电负荷以乡镇工业和农副业加工为主。由于负荷转移使变电所偏离负荷中心，造成供电半径超长，用户侧电压偏低和损失过大。省农电局采取新增变电所或原变电所移地重建等措施解决。吉林省东南部山区有些县（区）没有 66 千伏变电所，乡镇的农电负荷是由电业局或矿区的变电所负责转供。省农电局先后投资 500 万元，分别在白山市江源县和延边朝鲜族自治州龙井市建设大华变电所和福洞变电所，以满足农电负荷的需要。

1994 年 4 月，为解决九台市沐石河镇水田灌溉和粮食烘干、加工用电问题，吉林省和长春市农电局投资 270 万元，九台市自筹 630 万元，新建九台至其塔木 66 千伏送电线路 50 千米，在沐石河镇建 66 千伏变电所一座，安装 3150 千伏·安主变压器两台，1995 年 6 月投产。

1997 年 3 月，吉林省委、省政府提出要在省内建成百万吨玉米深加工、百万头生猪屠宰加工和百万张皮革加工生产线。省农电局安排投资 2200 万元，分别在长春市郊区、长岭等县（市）新建 66 千伏变电所 4 座，66 千伏送电线路 86.7 千米，增加供电容量 36 000 千伏·安。投资 600 万元，分别在双阳、镇赉等县（市）增容改造 66 千伏变电所 4 座，增加供电容量 10 000 千伏·安。

二、为发展农村经济提高供电能力

1993 年，吉林省政府提出要加强对榆树、农安、公主岭等市、县的国家商品粮基地建设，需要增加供电容量 20 万千伏·安。

1994 年 5 月，为解决农安县农业生产用电和粮食深加工用电，省、县农电局投资 100 万元，在新农乡新建 66 千伏变电所，2 台 2000 千伏·安主变压器，66 千伏送电线路 2 千米，同年 12 月投产。

1997 年 4 月，为解决前郭县深井子农业综合开发区的用电需要，省、县农电局投资 195 万元，对深井子 66 千伏变电所进行增容改造，将原来 560 千伏·安的过励磁主变压器淘汰，新上 5000 千伏·安主变压器一台，66 千伏开关一组，10 千伏开关柜 3 组，1997 年 11 月投入运行。

省农电局从 1993 年开始，4 年共投资 2500 万元，先后在榆树、农安、前郭、永吉等县（市）新建和改造 66 千伏变电所 12 座，新建和改造 66 千伏送电线路 45 千米，增加供电容量 21.5 万千伏·安。

三、加快农村电网建设与改造

1998 年 10 月，国务院为加快农村电网建设与改造步伐，在全国范围内部署“两改一同价”工作。国家分别于 1998 年 11 月和 2002 年 2 月两期下达给吉林省农村电网建设与改造资金共 60.38 亿元。第一期为 26 亿元，第二期为 34.38 亿元。

省各级农电部门成立农网建设改造领导小组，设立办事机构。省农电局组织工作组，定期到基层单位进行安全质量检查和财务审计。到 2002 年底，累计完成投资 28.937 5 亿元，占总投资规模的 47.93%。1999～2002 年新建和改造 66 千伏变电所 71 座，主变压器 142 台，变电总容量 639 600 千伏·安；新建和改造 66 千伏送电线路 85 条，杆路总长度 730.07 千米。

经建设与改造，吉林省农村电网的布局和结构更趋合理，技术装备更加优良，至 2002 年，供电可靠率由改造前的 80%提高到 99.4%，客户端电压合格率由改造前的 60%提高到 90%，综合线损率由改造前的 18.01%下降到 13.8%，农村居民生活照明电价由改造前的 0.716 元/(千瓦•时)下降到 0.486 元/(千瓦•时)，全省每年可减轻农民在用电上的负担约 3 亿元。

1991～2002 年 12 年间，全省农村电网共建设和改造 66 千伏送电线路 104 条，杆路总长度 914.20 千米；建设和改造 66 千伏变电所 106 座，主变压器 193 台，主变压器总容量924 620 千伏•安。至 2002 年底，全省共有农村 66 千伏送电线路 259 条，杆路总长度 4010.5 千米，66 千伏变电所 372 座，主变压器 636 台，主变压器容量为 1 933 000 千伏•安。1991～2002 年吉林省农村电网 66 千伏送变电设备统计见表 7－2－1。

表 7－2－1　1991～2002 年吉林省农村电网 66 千伏送变电设备统计

年份	送电线路		变电所	
	条数（条）	杆路长度（千米）	座数（座）	容量［台/（千伏•安）］
1991	161	3161	259	447/1 019 830
1992	165	3193	268	457/1 086 190
1993	168	3209	274	465/1 122 690
1994	169	3213	278	472/1 163 540
1995	171	3217	284	481/1 218 740
1996	172	3220.9	287	486/125 075
1997	173	3223	289	490/1 274 000
1998	175	3280.43	300	494/1 293 400
1999	183	3357.49	310	512/1 474 400
2000	210	3588.43	325	542/1 677 000
2001	249	3921.78	345	582/1 781 000
2002	259	4010.5	372	636/1 933 000

第二节　农电线路、变电所改造

“八五”计划之前，吉林省农村电网是一个设备陈旧、供电可靠性较差的高能耗电网。1991 年，全省送变电设备中三类 66 千伏送电线路 365 千米，占送电线路的 12%，简陋 66 千伏变电所 68 座，占变电所总数的 26%，过励磁和高能耗主变压器 361 台，占主变压器总数的 80%。

“八五”、“九五”计划期间和此后的两年，吉林省多方筹集资金，调整电网布局，首先改造影响农网安全运行的三类送电线路和简陋变电所，逐步更换高能耗和过励磁主变压器，使农村电网运行状况逐步好转。

1991～1997 年，全省建设和改造 66 千伏送电线路 126.7 千米，建设、改造和扩建 66 千伏变电所 33 座，更换过励磁和高能耗主变压器 41 台。

通过开展“两改一同价”工作，吉林省对农电线路和变电所进行大规模改造，应用新技术和先进设备，增加了农网的科技含量。1999～2002 年，新建和改造 66 千伏送电线路 85 条，杆路长度 730.07 千米，新建和改造 66 千伏变电所 71 座，变电总容量 639 600 千伏·安，更换过励磁和高能耗主变压器 86 台。

一、调整电网布局，优化电网结构

梨树、前郭、农安等县是吉林省粮食主产区，农村用电量较大。但 66 千伏变电所较少，10 千伏线路供电半径太长，损失大。“八五”计划期间，省农电局本着“小容量、密布点、短半径”的农网布局原则，在上述各县建设了一批 66 千伏变电所。

梨树县东河乡、太平乡由 10 千伏线路供电，供电半径分别为 25 千米和 28 千米，线路过长，末端电压过低，电动机经常不能启动，电灯不亮，线损大而导致电费高。为解决上述问题，1995 年 5 月，省、县农电局共同投资 70 万元，在万发乡新建万发二次变电所，一期安装 2000 千伏·安的 66 千伏主变压器一台。投产后，变电所到东河、太平两乡的供电半径均不超过 15 千米，符合农村电气化县标准要求。

二、改造、更换老旧设备

在变电所改造中，重点改造简陋变电所和陈旧变电所，淘汰过励磁主变压器。送电线路改造重点是处理威胁安全运行的三类水泥杆，更换“卡脖子”老旧导线。

前郭县中心二次变电所有 3150 千伏·安 66 千伏主变压器一台，1977 年建成投产，担负两个乡和一个国营牧场水田开发，农、牧业加工和群众生活供电任务。变电所地势低洼，连续多年被水淹。主控室漏雨，严重威胁安全生产。主变压器是过励磁变压器，一次侧是熔丝保护，二次侧是柱上多油开关，设备简陋陈旧。66 千伏送电线路是 12 米单杆，只挂 4 片高压瓷瓶，且接头多，被评为三类线路。1996 年 5 月，省农电局投资 50 万元，松原市农电局出资 10 万元，前郭县农电局投资 210 万元，新建 66 千伏送电线路 9 千米，把原中心变电所移地新建为有人值班的小型化变电所。1997 年 8 月投入运行，保证了供电区的安全、可靠供电。

1991～2002 年吉林省农村电网 66 千伏送变电设备建设（改造）投产情况见表 7－2－2。

表 7－2－2　1991～2002 年吉林省农村电网 66 千伏送变电设备建设（改造）投产情况统计

年份	送电线路		变电所	
	条数（条）	杆路长度（千米）	座数（座）	容量［台/（千伏·安）］
1991	5	62.7	3	4/11 450
1992	4	32	9	10/66 360
1993	3	16	6	8/36 500
1994	1	4	4	7/40 850
1995	2	4	6	9/55 200
1996	1	5.9	3	5/32 010
1997	1	2.1	2	4/23 250
1998	2	57.43	2	4/19 400
1999	9	77.06	9	18/181 000
2000	27	230.94	15	30/202 600
2001	39	333.35	20	40/104 000
2002	10	88.72	27	54/152 000

三、应用新技术、新设备

“八五”计划期间，吉林省农村电网建成小型化变电所 16 座，引进美国 COOPER 公司生产的 KFE 自动真空重合器 13 台，安装在 4 座小型化变电所中，而且实现了就地集中和远方操作控制。省农电局与长春电力变压器厂合作研制开发了全国第一台 JS7－2000－1000/63　63 千伏电力调容变压器。该变压器 1997 年 5 月投入运行，比同容量的母子变压器成本及配套造价低 22%，运行费用一年可节约 1.5 万元。省农电局还与省电科院共同研制了 10 千伏消弧线圈，解决了安全生产中一个重大问题。

1991～2002 年吉林省农村电网完成建设（改造）投资情况见表 7－2－3。

表 7－2－3　1991～2002 年吉林省农村电网完成建设（改造）投资情况统计

单位：万元

年份	完成投资	年份	完成投资
1991	669	1994	3469
1992	1627.6	1995	3722
1993	3062	1996	2098

续表

年份	完成投资	年份	完成投资
1997		2000	6709.9
1998	4889	2001	4958
1999	15 231.6	2002	56 501

第三节　农村电网配电建设与改造

1991年之前，吉林省农村配电网设备简陋、高能耗变压器多。据1991年统计，全省共有高能耗配电变压器4.1万台，占全省配电变压器总数的68%，“两线一地”线路2.2万千米，占全省10千伏配电线路的38%，还有3万千米的0.4千伏低压线路是三类设备，线损大，危及人身安全，占全省0.4千伏低压线路的33.82%。

1991年以后，吉林省首先改造危及人身安全的“两线一地”线路和三类0.4千伏低压线路，逐步更换掉高能耗配电变压器。1991～1998年，全省建设和改造10千伏配电线路杆路总长度3966.50千米，配电变压器4351台，容量为662 065千伏•安，新建和改造0.4千伏低压线路10 019.40千米。

在落实国家部署的“两改一同价”工作中，吉林省对农村配电网和低压网进行改造，“两线一地”运行的10千伏配电线路全部改为三线运行，乡镇产权的10千伏配电线路改造后收归国家所有。把64系列的高能耗配电变压器更换为S9、S11的节能变压器，对0.4千伏低压线路改造主要是更换电杆和导线，增加配电台区。1999～2002年，全省建设和改造10千伏配电线路杆路总长度5699.54千米；新建和改造10千伏配电变压器16 676台，变电总容量1 081 880千伏•安；新建和改造0.4千伏低压线路11 551千米。

1991～2002年，全省农村配电网共新建和改造10千伏配电线路杆路长度9666.04千米，配电变压器21 027台，容量为1 743 945千伏•安，0.4千伏低压线路21 570.40千米。全省农村配电网综合损失率由1991年的23.9%下降到2002年的13.8%，到2002年底，全省农村照明电价已降到0.486元/（千瓦•时）。

一、改善配电网络

1991年以前，吉林省的农村配电线路设计标准低，存在许多先天性不足，导致农村配电网供电质量差，电能损耗大，运行不安全，触电伤亡事故时有发生。

白城市洮北区平安镇供电区除由洮北区农电局平安变电所供电外，有部分企业和居民分别由白城供电局和白城牧场负责供电，镇内由于有3个供电单位供电，10千伏配电和0.4千伏低压线路迂回架设，三线制和“两线一地”制的10千伏线路交叉运行，事故隐患多，用电不安全。配电变压器多是高能耗的，管理也很混乱。1996年5月，经白城电业局协调，明确平安镇只由洮北区农电局一家供电。这一年，洮北区农电局投资60万元，省农电局补助20万元，对平安镇10千伏配电网进行改造。新建10千伏配电线路8千米，改造10千伏配电线路6千米，把原来的"两线一地"全部改为三线供电，更换高能耗配电变压器15台，变压器总容量900千伏·安，改造0.4千伏低压线路8千米，1997年4月投入运行。

通化市郊区农电局没有66千伏变电所，10千伏配电线路都是从供电局66千伏二次变10千伏配电出口接出或从供电局10千伏线路T接的，且多处于供电末端。这些线路建设标准低，代用材料多。由于年久失修，安全隐患多，电能损耗大。1994年5月，通化市郊区农电局投资50万元，省农电局补助15万元，对该局的配电网进行大修改造。改造10千伏配电线路20千米，更换木杆为水泥电杆，更换铁线为钢芯铝绞线。更换30台S系列高能耗配电变压器为节能变压器，总容量1300千伏·安，1995年初投入运行。

二、提高供电能力和供电质量

全省各县（市）农电局在开展农村电气化建设与改造时，一方面扩大供电面和供电能力，另一方面缩小供电半径，提高供电质量。

1996年，图们市成立经济开发区，有3家韩国企业在开发区建厂，需要新增供电容量1100千伏·安。鉴于当时开发区配电网已满负荷运行，为此，省农电局投资20万元，图们市农电局投资78万元，新建10千伏配电线路8千米，新建10千伏配电台区3个，配电变压器容量为1215千伏·安。1997年2月建成投产，新增供电能力1200千伏·安，满足了经济开发区的用电需要。

公主岭市城北地区朝阳坡、苇子沟、环岭、刘房子等4个乡原都由10千伏北农线供电，线路总长达77.4千米。由于供电半径过长，末端电压过低，电动机不能正常使用，日光灯也不能启动，电能损耗大，农民的照明电价居高不下。为改善城北地区配电网布局，缩短供电半径，1995年5月，公主岭市农电局投资300万元，省农电局补助50万元，新建66千伏城北变电所，安装66千伏2000千伏·安主变压器2台，10千伏配电出口6个。1996年12月投产后，4个乡的10千伏线路都有专用出口，其最大的供电半径不超过15千米，大大提高了电压质量，农民照明电价比原来降低0.12元/千瓦·时。1991～2002年，吉林省农村10千伏配电线路、配电变压器和低压线路建设（改造）投产情况见表7-2-4。

表7-2-4　1991～2002年吉林省农村10千伏配电线路、配电变压器和低压线路建设（改造）投产情况统计

年　份	配电线路	配电变压器	低压线路
	杆路长度（千米）	[台/（千伏·安）]	长度（千米）
1991	38.36	146/7300	726
1992	1500	450/42 400	3200
1993	256.54	179/22 360	458
1994	88.44	522/99 625	665
1995	560.71	1432/272 065	305
1996	157.32	431/22 550	695

续表

年　份	配电线路	配电变压器	低压线路
	杆路长度（千米）	［台/（千伏·安）］	长度（千米）
1997	407.63	808/163 225	1585
1998	957.5	383/32 540	2385.4
1999	1038.72	1799/60 740	2585
2000	1224.62	3814/113 955	2480
2001	1984.3	6526/535 143	2393
2002	1451.9	4537/372 042	4092

经过 12 年的建设和改造，吉林省农村配电网有了很大发展。至 2002 年末，吉林省农村 10 千伏配电线路杆路总长度 69 102.50 千米；10 千伏配电变压器 81 513 台，变电总容量 4 509 945 千伏·安；0.4 千伏低压线路 106 876.40 千米。1991～2002 年，吉林省农村 10 千伏配电线路、配电变压器和低压线路统计见表 7－2－5。

表 7－2－5　　1991～2002 年吉林省农村 10 千伏配电线路、配电变压器和低压线路统计

年　份	配电线路	配电变压器	低压线路
	杆路长度（千米）	容量［台/（千伏·安）］	长度（千米）
1991	57 561.78	59 147/2 689 110	88 700
1992	57 737	594 09/2 731 510	89 232
1993	59 111	61 261/2 838 060	89 690
1994	60 170	61 783/2 937 685	90 355
1995	60 360	63 215/3 209 750	90 660
1996	58 978	63 646/3 232 300	91 355
1997	59 276	64 454/3 395 525	92 940
1998	59 834.12	64 837/3 428 065	95 325.4
1999	60 242.13	66 636/3 488 805	97 911.4
2000	65 666.3	70 450/3 602 760	100 391.4
2001	67 650.6	76 976/4 137 903	102 784.4
2002	69 102.5	81 513/4 509 945	106 876.4

第三章　农电设施检修与运行

吉林省农村电网点多、面广、线长，建设标准低，先天性隐患多。长期以来，由于农电企业资金困难，设备难以及时更新换代。为保证电网安全经济供电，全省农电职工坚持“应修必修，修必修好”的原则，加强了设备检修，精心维护管理，逐步提高了农网设备的健康水平。在运行方面，他们加强人员培训，严格执行规章制度，运行人员精心操作，合理调度，保证了运行安全。为了提高农网的经济运行水平，全省农电系统大力推广无功补偿技术，实现农村电网无功就地平衡，对降低农网综合损失起到重要作用。

第一节　农电设施检修

吉林省农电系统先后修订颁发了送、变、配技术管理制度和安全工作制度并对设备检修的有关问题作出了规定，使农电设施检修工作逐步走向正规。各农电单位集中力量认真抓好春、秋两季设备大检查和设备缺陷管理，并开展了设备评级、设备标准化和红旗化活动，使设备健康水平不断提高，安全生产状况逐年好转。

一、检修管理

1991年以后，省农电局为加强设施的维护检修工作，先后颁发了《吉林省农电送电生产技术管理制度》、《吉林省农电变电生产技术管理制度》、《吉林省农电配电生产技术管理制度》和《吉林省安全生产工作制度》，对设备检修的有关问题作出了明确的规定。

名县（市）农电局成立了修试所，主要负责本局电气设备的检修和试验，做好绝缘、化学、仪表三项监督工作，负责送电线路的运行、维护、检修和变电设备的检修。配电线路的维护和检修一般由农电所负责，较大的配电检修由县（市）农电局组织进行。属乡镇产权的10千伏配电线路和0.4千伏低压电网均由各乡镇电管站自行维护和检修。

省农电局每年召开工作会议，下发文件，对加强设备维护检修和缺陷管理提出要求。吉林省农电系统在检修中，始终坚持“应修必修，修必修好”和“质量第一、保证安全”的原则。

在设备检修中，各县（市）农电局做到严把质量关，设备修好后，首先检修者自己验收，然后班组验收，安监人员、专业人员和运行人员先后验收，最后是领导检查验收。未经检查验收，绝不投入运行。

二、春、秋两季设备检修

吉林省农电系统建立了春、秋安全大检查制度。春检主要是检查设备在冬季高峰运行后出现的缺陷和隐患，并加以处理。秋检主要是对设备进行一次全面的检修以迎接冬季高峰负荷的到来。

春季设备检修从 3 月中旬开始到 5 月末结束。通过防雷、继电保护检验，设备预防性试验等手段，发现和消除设备缺陷。秋季检修从 9 月中旬开始到 10 月下旬结束。以防冻、防污闪，消除设备缺陷，迎接高峰负荷为主。

为保证春、秋检有序、有效进行，各县（市）农电局在设备检修前开办安全规程、工作票、操作票、检修技术等培训班。各市（州）农电局对各县农电单位开展以“查思想、查领导、查制度、查纪律”为主要内容的四查活动。春、秋检结束后，组织专业人员到各县（市）农电局进行验收。在春、秋检中，各县（市）农电局的调度部门周密平衡计划，减少重复停电，坚持集中力量协同作业，送、变、配同时检修，收到良好的效果。

三、设备缺陷管理

1991 年开始，全省农电系统的设备缺陷管理逐渐规范化。县（市）农电局各送、配电站、变电所，都设立了设备缺陷记录簿，运行人员、检修人员在工作中或在巡视中发现的缺陷均填入设备缺陷记录簿。县（市）局生技部门对设备缺陷有专人负责管理，按设备缺陷等级分门别类建立设备缺陷档案。

各县（市）农电局十分重视设备缺陷的消除和处理，有的在运行中随时消除，有的列入计划定期消除。做到一般缺陷不过夜，主要缺陷不过月，重大缺陷列入大修改造工程中有计划消除，力争做到不影响设备的安全运行。各县农电局对乡镇及用户管辖的设备也加强了检查，发现缺陷立即要求限期处理，对没有按时处理又危及安全的设备及时下达停电通知书，停止供电，待设备缺陷处理完后再恢复供电。

第二节 农电设施运行

至 2002 年末，吉林省农村电网拥有 66 千伏送电线路 259 条，总杆路长度 4010.5 千米。66 千伏变电所 372 座，主变压器 636 台，变电总容量为 193.30 万千伏·安。送电线路四通八达，变电所星罗棋布，面广、点多、线长，环境恶劣，条件艰苦。长期以来，全省农电职工克服重重困难，坚守岗位，尽职尽责，保证了农网的安全经济运行。

一、农电设施运行管理

1991 年前后，省农电局先后编制了《吉林省农电送电运行规程》、《吉林省农电变电运行规程》和《吉林省农电配电运行规程》，对送、变、配各专业的设备管理、运行分析和事故处理等方面都有明确的规定。省农电局还定期举办全省送、变、配值班运行人员专业培训班，使各类专业运行人员的技术素质不断提高。

省农电局每年都从基层单位抽调专业工程师组成检查组对各县（市）农电局的运行工作进行检查。重点检查各单位在运行中对“两票三制”（即工作票、操作票；设备巡回检查制度、交接班制度，设备定期检修试验制度）的执行情况。每年都分别召开全省农电送、变、配专业会议，不断对各专业工作提出新要求。从 1993 年开始，省农电局在送、变、配各专业开展了设备标准化、红旗化评比达标活动，对提高农电设施的运行管理水平起着重要的促进作用。

二、送电运行

各县（市）农电局的送电设施运行都由局修试所负责。运行人员坚持执行巡线制度，按电力部1979年颁发的《架空送电线路运行规程》规定，对送电线路主要靠巡视检查和预防性试验监视线路设备的运行情况。在正常情况下，对66千伏送电线路，每月定期巡视一次，每2人为一组，按计划对所负责的线路进行巡视，掌握线路各部件运行状态及沿线情况，并做好护线工作。

对于污秽严重和外力破坏严重的地区的线路巡视，根据实际需要适当增加次数。在气候剧烈变化、自然灾害、线路过负荷和其他特殊情况时，对全线某段或某些部件进行特殊巡视。

对有国防、军工等重要负荷的66千伏送电线路，县（市）农电局把沿线群众组织起来，成立护线队。一方面是对线路进行运行巡视，另一方面是安全保卫，保证线路安全运行和防止器材被盗。

送电线路运行维护工作除巡视外，还要进行部件的检测和维修。在线路部件检测中，钢筋混凝土电杆裂纹，杆塔倾斜，弯曲挠度及基础沉降测量，导线连接器绝缘子电压分布以及杆塔接地电阻测量等，均按运行规程规定的项目和周期进行。

1991年开始，省农电局在全省开展66千伏标准化送电线路评比达标活动。截至1998年，全省建成标准化送电线路112条，占全省农网送电线路的64%。省农电局每年举办送电巡线技术表演赛，对参赛人员进行技术理论和巡线技能考试，经考核评出个人前3名给予表彰奖励。

三、变电运行

各县（市）农电局的变电设施运行由变电所值班人员负责。66千伏变电所配所长，各值人员配备值班长、值班员。1992年以后，吉林省农电系统变电运行逐步走向规范化。

变电所值班人员严格执行交接班制度。值班人员交接班时，交班人员按职务顺序列队站在工作台前，面向控制屏。接班人员按同样顺序列队站在工作台前面，由交班值班长按运行记录簿交代运行事项。各级领导到变电所检查工作时，值班人员都列队，由值班长向领导汇报变电所设备运行情况。

1991年开始，省农电局在全省开展了标准化变电所和红旗变电所的评比达标活动。截至1998年末，全省建成红旗变电所36座，标准化变电所183座，分别占全省农网66千伏变电所总数的12.5%和63.3%。省农电局每年举办变电运行、检修技术表演赛，对参赛人员进行理论和技能考试，评出个人前3名给予表彰奖励。

第三节　农村电网调度

1991年后，各县农电局相继成立调度室，各种制度和运行规程也逐渐建立起来。1993年6月，国务院颁布《电网调度管理条例》，各县（市）农电局的电力调度纳入正式序列。1998年10月，随着国家“两改一同价”工作深入开展，加大对调度通信设施的建设，从根本上改善了调度自动装置和通信状况，为逐步实现全省农网调度自动化创造了条件。

一、农网调度日趋完善

1986 年，德惠、榆树、扶余、长岭等几个较大的县农电局开始设立调度室，为县局的二级机构，一般设置 3～5 人。1990 年，各县（市）农电局的农电所（乡镇电管站）、变电所着手安装通信设备，同时实行 24 小时不间断值班制度，使全省农村电网的负荷预测、平衡电力电量、倒闸操作、事故处理、调整负荷、计划用电等实现了电力生产过程的统一指挥。到 1991 年底，全省共有 33 个县（市）农电局 140 座 66 千伏变电所安装了 207 部通信设备，占全省农村变电所总数的 33.5%。全省农电系统初步具备无线通信和地方电话两种通信手段，基本保证了各基层的生产、调度联系。1992 年以后，为了加强和完善调度通信，在桦甸、集安等县（市）农电局进行试点的基础上，全省各县（市）农电局的调度室进行设备更新，初步实现了调度屏幕显示自动打印数据监控功能。

1993 年 6 月，国务院颁布《电网调度管理条例》，省农电局下发了《吉林省农电调度管理规程》，对各县（市）农电局调度室的定员、职能作了明确规定。到 1993 年底，除了辽源郊区、通化、白山城郊、江源县等 4 个没有 66 千伏设备的农电局外，其他 40 个县（市）农电局都设立调度室。调度室一般设置 5～6 人，实行值班长、值班员 48 小时两班倒值班制。各县（市）农电局调度室的上级调度是各电业局的调度通信科（处），专业上受其指导，调度业务受其指挥。1994 年以后，吉林省农村电网的调度工作逐渐走向正规。

1996 年开始，省农电局在梨树县和吉林市城郊农电局进行调度自动化试点工作。经过一年多的调研、安装、调试，1997 年底梨树县万发变电所，吉林市城郊庙岭、大屯变电所等分别实现了遥测、遥信和遥控功能。

二、“两改一同价”提升了调度自动化水平

省农电局通过“两改一同价”工作的实施，加大了对改善农村电网调度设施和逐步实现全省农网调度自动化的投资力度。在第一、二期农网建设改造中，新建调度自动化系统 41 套，包括县调自动化主站系统、变电所微机远动系统、调度自动化通信系统、变电所遥视安防系统及微机防误操作闭锁系统的建设。

到 2002 年底，全省 44 个县（市）农电局已有 40 套调度自动化系统投入运行，1 套正在安装调试。共完成了 410 座变电所的远动自动化改造，其中新建综合自动化系统 87 套。RTU 微机远动系统 280 套，原有变电所自动化系统接入调度自动化系统 43 套，新建微机五防系统 364 套，遥视巡防系统 74 套，总投资 17 137.12 万元。

吉林省农电系统在“两改一同价”中，通过对县调自动化系统的建设与改造，全省农村电网的生产调度与 1990 年相比发生了根本的变化。微机保护代替了老式的继电器保护，计算机显示屏代替了仪表盘和指示灯，精确的数字显示代替了指针指示，音响告警代替了电铃和电笛，鼠标点击遥控代替了原有的人工定时抄表。这些全新的自动化功能给调度和变电所的运行、维护和管理带来了便利。

第四节 农村电网综合损失

1991～2002年，吉林省各级农电部门加大了对综合损失的管理力度，采取多种技术措施和管理措施，全省农网综合损失明显下降。2002年，全省农网的综合损失率为13.8%，比1990年的24.9%下降了11.1%，少损失电量3996.7万千瓦·时。

一、农网综合损失管理

1990年以前，吉林省农电系统对综合损失管理没有引起重视，全省农网综合损失最高达45%。1991年以后，省农电局强化综合损失管理。1992年5月，省农电局在长春召开全省农电综合损失管理经验交流会，明确提出，降低农网综合损失是一项系统工程，既要有管理措施，又要有技术措施。

1993年，省农电局重新修订了《吉林省农网综合损失管理制度》，实行"统一指标，分层控制，层层落实，分级考核"，实行降损与经济效益挂钩，降损与考核奖励相结合，有奖有罚，调动了全省农电系统降低线损的积极性。他们定期召开综合损失分析会，坚持做到县（市）农电局每月召开一次，市农电局每季召开一次，省农电局每半年召开一次，及时总结推广经验和解决存在问题。省农电系统大力推广按线、按变压器台区进行损失分析和承包的做法，取得较好的效果。各县（市）农电局为综合损失管理员配备了微机，编制程序，运用现代化手段进行综合损失管理。

从1992年开始，各县（市）农电局相继成立用电稽查队，在当地公安局、派出所配合下，严厉打击不法用户窃电，使全省农网的综合损失管理引入法律机制，由于不断强化线损管理，采取一系列降损措施，使全省农网的综合损失降低。1994年以后，省、市、县三级农电部门投入大量的资金，一方面改造电网，更换掉高能耗变压器，降低电网自身电能损失；另一方面改造电能计量装置，对落后的计量设备和综合误差超标的计量装置进行更新改造，减少不明损失。2000年，吉林省农村电网的综合损失率为16.2%。2002年底，全省农网的综合损失率下降到13.8%。1991～2002年吉林省农电系统综合损失率、营业损失率统计见表7-3-1。

表7-3-1 1991～2002年吉林省农电系统综合损失率、营业损失率统计

年　度	综合损失率（%）	营业损失率（%）	年　度	综合损失率（%）	营业损失率（%）
1991	23.9	10.2	1997	18.0	6.8
1992	22.6	9.6	1998	17.6	5.52
1993	21.5	9.0	1999	16.8	6.61
1994	19.8	8.5	2000	16.2	6.28
1995	18.9	7.9	2001	15.6	4.70
1996	18.5	7.2	2002	13.8	3.31

二、技术降损

1991年开始，吉林省农电系统在加强技术改造，降低农村电网综合损失的工作中，主要采取了以下5个方面的措施。

（1）调整布局，改造农村高、低压电网，增加电源点，缩短供电半径，使变电所和配电变压器尽量靠近负荷中心，避免近电远送和迂回供电。同时，改造旧线路，更换新导线，按电流密度合理选择导线，重点解决线路“卡脖子”问题。

（2）及时调整电网运行电压。吉林省农电系统进行了无功功率平衡，安装无功补偿设备，提高用户的功率因数。并根据电压和负荷的变化情况及时调整变压器的分接头，调整运行电压。

（3）降低变压器的损耗。各单位合理选择变压器的容量，解决“大马拉小车”和超载运行问题，并对高能耗变压器进行技术改造，对新投入运行的一律采用节能变压器。1998～2002年5年间，全省农网更换高能耗配电变压器总容量92.23万千伏·安。

（4）采用无功补偿措施，提高功率因数。各县（市）农电局分别采用集中补偿、分散补偿和就地补偿三种形式。1990～1994年，吉林省农电系统自筹资金1000余万元购买无功补偿设备，共安装高、低压无功补偿电容器44.3万千乏。1998～2002年5年间，省农电局投资1200万元，安装高、低压无功补偿装置39.25万千乏。

（5）平衡三相负荷，降低低压线损。在农村低压电网中，三相负荷不平衡现象比较突出，不但引起相线损耗增加，而且使中性线上有电流通过产生损耗。各单位在运行中及时调整三相负荷，力求使之达到平衡以减少低压线损。

三、管理降损

吉林省农电系统在加强企业管理，努力降低农网综合损失中主要做了以下5个方面的工作。

（1）加强对综合损失工作的领导，建立健全线损管理网。省、市（州）、县（市）三级农电局由生产副局长和总工程师亲自负责综合损失工作，各级农电部门设有综合损失专责工程师，建立了一个自上而下的综合损失管理网。全省农电系统各单位定期开展线损分析，坚持统一指标，分层控制，层层负责，分级考核的原则，分层次、按区域将综合损失指标分解落实。

（2）加强对综合损失管理的基础建设，开展综合整理和分析工作。各单位及时收集资料，编制本单位的线损手册，供有关管理人员使用，并为线损专责配备微机，以提高线损理论计算和日常开展降损分析工作的效率，同时，还经常开展综合损失理论计算，及时调整综合损失指标。

（3）加强计量管理，组织用电普查，堵塞营业漏洞。各基层农电企业，不断完善计量装置，提高计量的准确性，并定期校验仪表。各县（市）农电局加强了电费抄收管理，提高实抄率和抄表准确率，杜绝错抄、漏抄、错算等现象，加大了防窃电、查窃电的力度，最大限度地减少营业不明损失。

（4）制定和落实各级人员综合损失管理岗位责任制，制定和健全便于操作的综合损失奖罚考核办法，做到严格考核、认真兑现。

(5) 加强综合损失管理人员、用电营业人员以及计量人员的业务培训。选派大、中专毕业生和有实践经验的职工充实到线损和用电计量岗位。省农电局会同省电科院每年都对全省农电的计量定检人员进行专业培训，考试发证，实行持证上岗。

第四章 农电管理与体制改革

1986 年 12 月，吉林省人民政府授权省电力公司对全省农电系统按地区实行行业归口管理。各县农电局为市（州）农电局的下属机构，实行人、财、物归口管理，同时又承担当地政府的农电管理职能。1999 年 6 月，省电力公司经吉林省人民政府和国家电力公司批准，对全省农电管理体制进行改革。农电企业资产无偿上划省电力公司，各县农电企业组建为县供电公司，成为省电力公司的全资子公司，直接归省电力公司管理。这一管理模式实行到 2002 年底。

第一节 管理体制发展

吉林省农电从地方管理到行业归口管理，经历了一段较长的过渡和反复。尽管行业归口管理存在一定的弊端，但从吉林省农电建设的实践来看，这种管理模式发挥了积极作用，有着诸多的优点，是当时电力部向全国各省（市）推荐的农电先进管理模式之一。

1986 年 12 月，吉林省人民政府办公厅下发的吉政办（1986）206 号文件规定：自 1987 年 1 月 1 日开始，全省除拟建小水电县的长白、抚松、安图、靖宇、通化等 5 个县外，其他各县（市）农电机构统一按市（地、州）实行行业归口管理。市（地、州）农电局是市（地、州）政府管理农电的主管部门，也是市（地、州）电业局管理农电的机构，受当地政府和电业局双重领导，负责领导和直接管理各县（市）农电的人、财、物和审计工作，乡农电所是县农电局的基层单位。

1989 年 2 月 14 日，吉林省人民政府明确省农电局为省政府主管农电工作的职能部门，副厅级建制，由省电力局归口管理。这时，省农电局设办公室、人事教育处、生产技术处、计划财务处、用电处，定编 35 人。1991 年，为控制农电企业严重超编和人员膨胀，省农电局与吉林省劳动厅、人事厅联合发文，将全省农电企业劳动人事工作归口到省农电局管理。到 1998 年末，吉林省农电系统共有 44 个县（市）农电局。其中德惠、榆树、扶余、长岭、乾安、永吉、江源等 7 个县（市）农电局负责全县城乡供电，其余 37 个县（市、区）农电局负责农村供电，县城供电由当地供电局负责。是年，全省农电共有全民职工 10 734 人，集体职工 3979 人，乡村电工 8752 人。

吉林省农电实行的是省、市、县、乡四级行业归口管理的体制。省、市两级农电局是县（市）农电局的行业主管部门。县、乡两级为农电的基础和实体，受当地政府和市农电局的双重领导，以行业领导为主。与农电所合署办公的乡电管站为群众性的管电组织，以乡（镇）政府领导为主，县（市）农电局负责技术指导和电工培训。

这种管理体制有如下特点：一是有利于向地方政府和电力部门争取各项政策；二是有

效控制人员过快的增长，减轻企业负担，1991～2002年吉林省农电系统职工人数统计见表7-4-1；三是有利于提高农电企业的管理水平；四是能充分调动企业和职工的积极性，促进农电事业发展。

吉林省农电系统实行全省行业归口管理也有弊端：一是全省农电归口管理，实际上是省、市（州）农电局代表省电力公司和地区电业公司对全省农电实行代管，没有经营管理的直接责任，县（市）农电局没有明确的投资渠道，缺乏自我发展能力；二是县（市）农电局面对省、市两级行政主管部门，增加了不必要的管理层次，给日常生产经营带来诸多的不便；三是县及县以下的农村电力多家管理，农电、供电、水利、乡镇政府四家关系始终没有理顺，制约着全省农电事业的发展。

表7-4-1　　1991～2002年吉林省农电系统职工人数统计　　单位：人

年　度	农电职工	农村电工
1991	9119	26 457
1992	9297	13 452
1993	9452	13 456
1994	9763	13 562
1995	9933	13 101
1996	10 457	12 690
1997	10 550	12 499
1998	10 639	13 797
1999	10 684	12 131
2000	10 209	11 731
2001	10 249	11 720
2002	10 274	11 682

第二节　管理体制改革

吉林省农电管理体制改革大体经历了两个阶段。第一阶段是1997年4月～1998年11月。省电力公司加大了对全省农电统一管理的力度，将省、市（州）农电局对内变为省电力公司农电部和市（州）供电公司农电部，对外仍为省、市（州）政府的职能部门。对于乡电管站的改革主要是进行治理整顿。重点解决乱加价、乱收费问题。第二阶段是1998年12月～2002年底。省电力公司对城乡电网实行统一管理，县农电企业无偿上划省电力公司，县为实体，一县一公司。将乡电管站改为供电所，是县供电企业的派出机构，取消村屯电工，由供电所人员直接管理到户。

一、加大统一管理与服务力度

吉林省的农电体制改革是从 1997 年 4 月开始起步的。1998 年 6 月，省电力公司根据国家电力公司《关于农电体制改革的指导性意见》，结合本省农电的实际，确定了吉林省农电体制改革的基本思路是：以县为实体为改革取向，以建立现代企业制度和股份制改造为改革目标，以构筑城乡供电统一管理的电网为改革落脚点，加大统一管理力度，适应农电现代化发展的需要。并确立了试点要快，推广要稳，因局制宜，多种模式的工作方针。

省电力公司首先将省农电局对内变为省电力公司农电部，对外仍是省政府的职能部门。精简了机构和定员，由过去的 7 个处室变为 5 个处，由原来 28 人缩减为 18 人。各市（州）农电局对内也变为各市（州）供电公司的农电工作部，对外仍是市（州）政府的职能部门。

县级农电体制改革，首先是省电力公司加大了代管力度，将农电企业的党、团、工会组织关系和干部考核、任免、使用，以及纪检监察、审计等工作，都纳入了省、市（州）电力公司党、政工作统一管理范围。同时，根据各县农电企业的不同情况，确定县级农电企业体制改革为三种模式。一是联合经营，这种模式是将一个县（市）区域的农电和供电两家管电机构合并，组建县（市）供电公司；二是组建有限责任公司，这种模式适合于两家管电、经济状况差别不大的县（市），组建有限责任公司后，公司全部实行电力趸售；三是农电企业成建制整体上划为中央直属企业，这种模式适合于一家管电的县（市）农电企业。

对于乡电管站的改革主要是进行治理整顿，重点抓了四项工作。一是选配好站长；二是清理整顿电管站的农村电工队伍；三是建立健全一套可操作的规章制度；四是整顿财务管理，严肃财经纪律。

二、统一管理，同网同价

1999 年 2 月 4 日，国务院以国发〔1999〕2 号文下发了《国务院批转国家经贸委关于加快农村电力体制改革，加强农村电力管理意见的通知》。

根据国务院的文件精神，省电力公司在认真分析吉林省农电基本状况的基础上，重新调整了吉林省农村电力体制改革的基本思路。这就是：城乡电网统一管理，县农电企业无偿上划省电力公司，县为实体，一县一公司。将乡电管站改为县供电企业的供电所，是其派出机构，取消村屯电工，由供电所直接管理到农户。

1998 年 12 月，省电力公司首先在永吉、榆树、扶余等三个农电一家管电的县（市）进行县级农电企业体制改革试点，组建了永吉、榆树、扶余三个县（市）供电公司，并于同年 12 月 28 日正式挂牌营运。

1999 年 3 月，吉林省县（市）农电企业体制改革全面展开，同年 6 月底结束。原由省电力公司代管的 44 个县（市、区）农电企业全部实现了由省电力公司统一管理。其中 28 个两家管理的县（市）实现了“农供合一”，组建了县供电公司；7 个一家管电的县农电局更名为县供电公司；9 个交叉供电的市郊农电局分别按行政区并入了市内供电公司。吉林省农电这一管理体制一直运行到 2002 年底。

吉林省乡（镇）电管站的体制改革分两步进行。第一步，在农村电网改造和农电体制改革期间，将乡（镇）电管站的人、财、物纳入县级供电企业管理；第二步，在农网改造竣工和统一管理的基础上，逐步实行统一核算和统一电价。1999 年上半年，省电力公司首先在永吉县进行了改革试点，1999 年 7 月全面实施。撤销了乡（镇）电管站和农电所，成立供电所。清理整顿乡电工队伍，取消村屯电工，由乡电工（农民合同工）直接抄表、收费并维护到户。县供电公司对乡（镇）供电所人、财、物实行统一管理。到 2000 年 6 月底，吉林省 851 个乡（镇）电管站已全部改制为县供电公司直接管理的乡（镇）供电所。这一管理模式一直运行到 2002 年底。

第三节 农电职工队伍建设

吉林省农电系统，针对全省农电职工中存在的文化程度低、专业素质差、技术力量薄弱等问题，认真抓好职工队伍建设和教育培训工作。从省农电局到各基层农电企业都成立教育培训管理机构，配备了管理人员，编制了教育培训计划，建立了培训基地，为全省农电职工教育培训创造了条件。

省农电系统组织职工和农村电工学习文化，开展技术业务培训，职工中、高等教育和干部教育，开展精神文明、职业道德和法制教育，广大农电职工和农村电工政治觉悟、文化素质和技术业务水平不断提高。省农电系统重视基层农电企业领导班子建设；通过组织整顿和专业培训，造就了一支觉悟高、责任心强、懂业务、会管理的干部队伍。

一、教育培训体系的建立

1990 年，全省农电系统在册职工 8907 人，其中有大学、专科以上学历的 426 人，占 4.78%；中专学历 781 人，占 8.77%；技校学历的 316 人，占 3.55%；高中学历的 3298 人，占 37.03%；初中及以下学历的 4084 人，占 45.85%。管理人员 1648 人，占职工总数的 18.50%。其中具有高级专业技术职称的 38 人，占 0.43%；具有中级专业技术职称的 307 人，占 3.45%；具有初级专业技术职称的 779 人，占 8.75%。还有近 30%的管理人员没有专业技术职称。

省农电局自 1989 年开始设立人事教育处，负责全省农电职工的教育培训工作，市、县农电局在综合科设专人负责职工教育培训工作。1990 年，省农电局制定下发了《吉林省农电职工教育培训制度》。各市、县农电局也编制了职工教育培训计划，并建立了培训基地。1994 年，省农电局制订下发了《1994～2000 年吉林省农电职工教育规划》（以下简称《教育规划》）。省农电局每年召开一次全省农电教育工作会议，检查全省各基层农电企业对《教育规划》的执行情况，交流各单位职工教育培训工作经验，研究部署全省农电职工队伍建设和职工培训工作。

二、县局领导班子建设

省农电系统各县（市）局领导干部，在行业归口管理前是由地方政府管理的。行业归口管理后，省农电局在领导班子建设上抓了以下 3 个方面的工作。

（1）积极慎重调整县（市）局领导班子，把那些懂专业、会管理、年富力强的干部充实到生产第一线。从 1990 年开始，到 1995 年，全省农电系统县局副局级以上干部由 283 人减少到 240 人，下降 15.19%，具有大专以上文化程度的由 35.12%提高到 55.83%，具有中专文化程度的由 20%提高到 25.1%。具有高级专业技术职称的由 15.41%提高到 27.91%，具有中级专业技术职称的由 30%提高到 48.75%。领导干部的平均年龄由 48.5 岁下降到 45.3 岁。

（2）加强对县（市）农电局领导班子的管理和考核。1992 年，省农电局下发了《吉林省农电系统干部管理暂行规定》，1998 年 8 月，省电力工业局党组下发了《关于县级农电企业领导干部管理的若干意见》，对县（市）局副局级以上干部的考核、管理、任命，作出明确的规定。省农电局还建立了一整套领导干部考核制度。

（3）加强对县（市）局级领导干部的培训。第一，组织县（市）局副局级以上干部参加水电部组织的全国局、厂长统一考试培训班，系统学习农电企业生产经营和企业管理的基本知识。第二，举办农电生产运行、用电营业管理、财务审计、劳动工资等培训班，各县（市）局领导班子成员按各自分管专业参加培训。第三，委托吉林省电力培训中心举办现代化管理培训班。还组织各市、县局正职分期分批到美国进行农电考察，参加美国农村电气化培训。

三、农电职工培训

吉林省农电系统职工教育培训，主要抓了以下 4 项工作：

（1）抓好岗前培训。新工人入局或转岗工人上岗前，由县（市）农电局组织进行 3 个月的脱产培训，经考试合格后持证上岗。对于接收安置的退役士兵，委托长春电力技术学校对其进行基础教育及专业技术教育，经培训考试合格方能上岗。

（2）抓好全员岗位培训。按不同专业、不同岗位对各类管理人员和生产一线工人进行培训。1991～1995 年，全省共举办各类培训班 1766 次，培训职工 65 674 人次，平均每年培训 1 万多人次。各级农电部门还采用技术讲座，技术问答，专业技术表演赛等形式开展教育培训。

（3）选送优秀职工参加各种成人学历教育。省农电局委托吉林省电力职工大学、长春高等水电专科学校办农电大专班，培养高层次的农电企业现代化管理人才。委托长春电力学校、长春农业机械学校举办农电中专班，培养一批中等技术人才。各县（市）农电局每年选送 1～3 名职工入学。

（4）加强农村电工队伍建设。一是严把招聘关，认真实行持证上岗制度；二是建立和健全各种规章制度，加大对乡（镇）电管站和农村电工的管理力度；三是采取多种形式对农村电工进行培训，提高综合素质。

第五章 农电安全工作

吉林省农村用电安全问题，在20世纪90年代之前一直是很严峻的。不但经常出现线路倒杆、变压器烧损等设备事故，而且经常发生人身伤亡，特别是农民触电伤亡事故。

吉林省农电系统分析了农电事故形势严峻的原因，制定了切实可行的措施。从1991年开始，认真贯彻“安全第一，预防为主”的方针，加强领导，从对职工和广大农民群众开展安全教育入手，增强安全意识，加强设备改造，严格执行规章制度，并和公安局、检察院、法院等有关部门密切配合，打击违法犯罪活动，使农电安全形势逐步好转，事故率大幅度下降。

第一节 安全状况及事故简析

1990年以前，吉林省农电系统设备事故频频发生，人身事故居高不下，农村触电死亡事故时有发生。1992年以后，安全形势逐步好转，农村触电死亡事故大量减少，各类事故下降。1994年，是吉林省农电系统1991～2002年期间安全生产最好的一年，实现了安全年。

一、安全状况

1991年，全省农电系统发生送电事故1次，变电事故2次，配电事故395次，烧损配电变压器102台，容量为3290千伏·安，农村触电死亡19人。1992年以后，吉林省农电安全形势逐步好转。当年，全省农电发生送电事故2次，变电事故4次，配电事故372次，烧损配电变压器71台，容量为4100千伏·安，职工死亡1人，农村触电死亡4人。从1993年开始，各种事故逐年下降。安全生产最好的是1994年，没有发生职工伤亡和农村触电死亡事故，消灭了送、变电考核事故，其他事故也比往年有所下降。1991～2002年，全省农电系统共发生送电事故28次，变电事故28次，配电事故2546次，烧损配电变压器646台，容量为27 930千伏·安，职工死亡6人，重伤4人，农村触电死亡55人。1991～2002年，吉林省农电系统事故统计见表7-5-1，设备事故分类统计见表7-5-2。

表7-5-1 1991～2002年吉林省农电系统事故统计

年份	农村触电死亡人数（人）	烧损变压器		职工伤亡事故			
		台数（台）	容量（千伏·安）	合计（人）	死亡人数（人）	重伤人数（人）	事故率[次/(千人·年)]
1991	19	102	3290				
1992	4	71	4100	1	1		0.1

续表

年份	农村触电死亡人数（人）	烧损变压器		职工伤亡事故			
		台数（台）	容量（千伏·安）	合计（人）	死亡人数（人）	重伤人数（人）	事故率［次/（千人·年）］
1993	6	76	2410	2	1	1	0.2
1994	0	26	1490				
1995	4	44	1250	3	1	2	0.3
1996	0	53	4690	2	2		0.2
1997	1	125	6080	1		1	0.1
1998	7	85	2880	1	1		0.1
1999	5	15	450				
2000	3	14	320				
2001	5	15	450				
2002	1	20	520				

表 7-5-2　1991～2002 年吉林省农电系统设备事故分类统计

事故类别／年份	送电		变电		配电	
	事故次数（次）	事故率［次/（百千米·年）］	事故次数（次）	事故率［次/（台·年）］	事故次数（次）	事故率［次/（百千米·年）］
1991	1	0.03	2	0.004	395	0.67
1992	2	0.06	4	0.01	372	0.6
1993	7	0.22	3	0.007	366	0.62
1994	5	0.15	5	0.01	248	0.41
1995	5	0.15	2	0.04	200	0.33
1996			5	0.01	135	0.22
1997	3	0.09	1	0.002	172	0.29
1998	2	0.06	2	0.004	177	0.29
1999	1	0.03	2	0.004	168	0.275
2000					117	0.178
2001	1	0.031	2	0.004	168	0.275
2002	1	0.027			28	0.037

二、事故原因

（1）设备简陋，施工质量差。设备不合格和施工质量差是全省农电事故频发的重要原因。到 1995 年，吉林省的农村电网还有 25 条 451 千米 66 千伏送电线路存在安全隐患；284 座 66 千伏变电所中有一半多是老旧变电所，481 台主变压器中有 60 台是已被淘汰的过励磁变压器，有 63 台是高能耗变压器；10 千伏配电线路还有两万多千米仍采用“两线一地”制运行，占全省农网配电线路的 1/3。

(2) 农电部门的部分领导安全意识淡薄，安全工作管理水平低。随着社会主义市场经济的不断发展，有些农电局领导不能正确处理安全与生产、安全与效益和安全与改革的关系，安全生产没有摆在重要的位置，安全岗位责任制不落实，执行各种安全规章制度不严格，安全生产措施和反事故措施得不到落实。

(3) 农电职工文化水平低，技术素质差。1992 年，吉林省农电职工共 9821 人，具有技校以上学历的 1769 人，占职工总数的 18.01%；农村办电进入农电或其他行业调进农电的 4744 人，占职工总数的 48.30%；合同工、大集体和亦工亦农职工 3305 人，占职工总数的 33.65%。由于职工素质差，对“安全第一”的重要性认识不足，“马虎、凑合、不在乎”的思想普遍存在，违章作业屡屡发生。

(4) 一些农民不懂用电常识，法制观念淡薄。农村的电力设施经常被盗，私拉乱扯现象极为严重。

第二节　安　全　工　作

从 1991 年开始，吉林省农电系统加强对安全生产的领导，贯彻落实“安全第一，预防为主”的方针，落实有效措施，解决安全生产存在的问题，使全省农电安全形势逐步好转。

一、打好安全生产基础

为打好安全生产的基础，吉林省农电系统加强设备改造，主要抓了两项工作：一是解决设备改造的资金来源，1989 年 10 月，省农电局与省财政厅联合下发《吉林省农电系统固定资产折旧提取和使用办法》，按规定提取基本折旧费和大修理费，作为全省农村供电设备更新改造基金和大修基金，1990 年以后，省农电局每年约提取折旧基金 500 万元用于设备改造；二是明确设备改造重点是消除三类设备，改造乡镇产权的 10 千伏配电线路和 0.4 千伏低压线路，抓住保证农网安全的重点。

二、执行制度，规范活动

省农电局从 1992 年初开始，修订和新制定各种规章制度，促进了农村安全用电规范化。同年 10 月，他们对 1989 年省农电局颁发的《吉林省农电生产工作制度》作了修改，明确了各级领导的安全生产责任制和考核奖惩办法。1994 年，他们重新修订并进一步实施了吉林省农村电网送电线路、变电所、配电线路、配电台区的《标准化评定办法》，使全省农村供电设备的健康水平逐步提高。

省农电系统为严格执行规章制度，制定了一系列考核奖惩办法。安全工作实行分级考核，县(市)局由省、市局考核，基层所站由县(市)局考核。为纠正习惯性违章，吉林省农电系统采取三项强制性措施：一是严肃处理习惯性违章；二是严肃劳动纪律；三是严格禁止私拉乱接。吉林省农电系统对造成安全责任事故的个人和单位严肃处理，并认真总结经验教训。

全省农电系统每年都针对季节性事故的特点，开展春、秋两季安全大检查(以下简称春检、秋检)。春检从3月中旬开始，到5月末结束，以防风、防雷、防洪、防污、防外力破坏为主要内容。秋检从10月初开始，到11月中旬结束。以防寒、防冻、防火、防绝缘劣化，迎接冬季高峰负荷为主要目的。为加强对电气设备的监督、检查和维护，各单位坚持开展百日安全活动。从6月1日开始到9月8日止，重点是检查、整修低压线路和供电设备，保证安全供电、防止人身伤亡事故的发生。

三、加强教育，发挥第一责任人作用

吉林省各县(市)农电局一把手在抓安全生产工作中，坚持做到真正到位，负起责任，重视安全，认真贯彻落实安全生产方针。各局一把手用主要精力抓安全工作，能做到亲自参加安全生产活动，对春、秋检和百日安全活动亲自动员、部署、抽查和总结。吉林省农电系统注意抓住关键，充分发挥一把手在安全生产中的作用。

站所(班、组)长是生产第一线指挥者，做好安全工作，起着至关重要的作用。吉林省农电系统抓住站所(班、组)长不放，充分发挥其骨干作用。

习惯性违章的人是安全生产的最大隐患。各站所(班、组)抓住习惯性违章行为不放，严加防范。

针对广大农民群众不懂安全用电常识，触电死亡现象比较严重的问题，省农电局每年从6月1日开始至9月8日止，开展百日安全活动，对农民进行安全用电常识宣传教育。宣传教育的方法灵活多样，有广播、电视、标语和给中、小学生讲课。由于做好了农民群众的安全用电教育，从1993年起，全省农村触电死亡事故逐年降低。

四、打击违法犯罪，保证人身设备安全

安全可靠供电不只取决于内部管理，还受到外部因素的制约。如电力设施被盗窃、破坏的案件不断发生，社会窃电严重，用电管理人员进行用电检查中受到打骂等。为解决这些问题，吉林省农电系统从1988年开始，把农电安全管理引入法制轨道，实行依法治电。1992年5月，省农电局与吉林省检察院在大安市召开了吉林省农电、检察系统依法治电工作经验交流会。各市(州)县(市)农电局、公安局、检察院密切配合，协同作战，用法律手段治理安全供用电环境和维持正常的供用电秩序，开展以预防为主的反破坏、反窃电、反事故斗争，坚决打击不法分子和破坏电力设施的刑事犯罪。用法律手段惩治不法用户，制止窃电行为。1988～1995年7年间，吉林省各县(市)农电局与当地公、检、法机关密切配合，共侦破较大案件120余起，抓获犯罪分子305人，其中判死刑12人，无期徒刑17人，拘留查处的276人。

安全工作的积极开展，使全省农电系统从1992～2002年安全形势明显好转。1994年情况最好，实现了安全生产年，是年9月，全国农电系统安全生产会议在长春召开，省农电局和洮北、农安、德惠等三县(区)农电局分别在会上介绍了抓好安全生产的经验。1995年7月，在电力部兰州全国电力安全生产工作会议上，省农电局代表全国农电系统介绍了吉林省农电搞好安全工作的经验。

第六章 农村电力市场

在吉林省，农村电力主要是由国家电网将电趸售给县(市)农电局，再由县(市)农电局向城镇和农村供电。随着市场经济的进一步发展，全省广大农电职工，转变观念，主动开展优质服务活动，促使农民多用电。为拓宽农村电力市场，吉林省农电系统对农村排灌、农副业加工、乡镇工业和农村生活用电的发展潜力进行分析，对农村电力市场进行调查，并加快了全省农村电网建设和改造步伐，以适应农村用电需求。各地农电部门积极采取措施，逐步使农村电价合理，切实做好售后服务，推动了农村电力市场发展。

第一节 农村用电结构

吉林省的农村用电主要由排灌用电、副业及生产用电、乡镇工业用电和农村生活用电等四大类构成。其中农村生活用电最多，至 2002 年，已占全省农村用电量的 45.29%；其次是乡镇工业用电，占全省农村用电量的 35.76%。1991 年以后，这两大类用电量逐年增加。排灌用电量较少，只占全省农村用电量的 7.81%。2002 年，吉林省农村用电量已达 383 095.06 万千瓦·时。1991～2002 年吉林省农村用电情况统计见表 7－6－1。

一、排灌用电

1990 年末，吉林省的排灌用电装机容量为 44.75 万千瓦，占全省农村用电设备容量的 14.29%，排灌用电量为 19 230 万千瓦·时，占全省农村用电量的 8.79%。

1991 年以后，全省农业生产结构有了新的变化。一方面是水田面积有所减少，另一方面，广大农民在动力排灌上开始进行经济效益分析，大的排灌设施逐渐被小的机井所代替。至 1995 年末，全省农村排灌装机容量下降为 42.53 万千瓦，占农村用电设备容量的 13.20%，比 1990 年下降 4.96%。排灌用电量 12 551 万千瓦·时，占全省农村用电量的 4.57%，比 1990 年下降 34.73%。2000 年末，由于全省农村“两改一同价”工作的开展，农村电网得到了改善，电价明显下降。全省排灌设备容量有所增加，用电量有较大的增长。全省排灌装机容量为 31.90 万千瓦，占农村用电设备容量的 9.00%，全省排灌用电量 22 218.69 万千瓦·时，占全省农村用电量的 6.71%，比 1995 年上升 77.03%。到 2002 年末，吉林省农村种植业又有所调整，全省农村排灌装机容量为 39.35 万千瓦，占农村用电设备装机容量的 9.44%，比 2000 年上升 23.35%。全省排灌用电量为 29 926.67 万千瓦·时，占全省农村用电量的 7.81%，比 2000 年上升 34.69%。

二、农副业加工和生产用电

自 1991 年开始，吉林省农副业加工设备容量和用电量呈下降趋势。至 1997 年末，全省农副业加工用电设备容量为73.59万千瓦，占全省农村用电设备容量的22.13%，比

表 7-6-1 1991～2002 年吉林省农村用电情况统计

<table>
<tr><th rowspan="3">类别
年度</th><th rowspan="3">用电
设备容量
（万千瓦）</th><th rowspan="3">农村
用电量
（万千瓦·时）</th><th colspan="11">其中</th></tr>
<tr><th colspan="2">排灌用电</th><th colspan="2">生产用电</th><th colspan="2">农副加工用电</th><th colspan="2">乡镇工业用电</th><th>生活</th><th colspan="2">其他用电</th></tr>
<tr><th>设备容量（万千瓦）</th><th>用电量（万千瓦·时）</th><th>设备容量（万千瓦）</th><th>用电量（万千瓦·时）</th><th>设备容量（万千瓦）</th><th>用电量（万千瓦·时）</th><th>设备容量（万千瓦）</th><th>用电量（万千瓦·时）</th><th>用电量（万千瓦·时）</th><th>设备容量（万千瓦）</th><th>用电量（万千瓦·时）</th></tr>
<tr><td>1991</td><td>297.23</td><td>219 768</td><td>37.08</td><td>18 861</td><td>13.36</td><td>4488</td><td>101.84</td><td>22 192</td><td>89.32</td><td>59 021</td><td>103 852</td><td>55.63</td><td>11 354</td></tr>
<tr><td>1992</td><td>301.53</td><td>252 558</td><td>37.00</td><td>20 154</td><td>14.04</td><td>8958</td><td>103.37</td><td>22 318</td><td>88.84</td><td>65 835</td><td>114 125</td><td>58.28</td><td>21 168</td></tr>
<tr><td>1993</td><td>332.24</td><td>268 988</td><td>63.69</td><td>17 795</td><td>14.95</td><td>7052</td><td>96.67</td><td>17 600</td><td>96.89</td><td>77 373</td><td>132 229</td><td>60.04</td><td>16 939</td></tr>
<tr><td>1994</td><td>339.98</td><td>270 448.4</td><td>65.26</td><td>16 221.8</td><td>15.27</td><td>6909.5</td><td>95.47</td><td>12 526.7</td><td>99.82</td><td>75 559.9</td><td>140 159.4</td><td>64.16</td><td>19 071.1</td></tr>
<tr><td>1995</td><td>322.29</td><td>274 564</td><td>42.53</td><td>12 551</td><td>15.58</td><td>15 682.9</td><td>95.50</td><td>15 097.7</td><td>102.07</td><td>72 049.5</td><td>137 528.8</td><td>66.61</td><td>21 654.1</td></tr>
<tr><td>1996</td><td>333.49</td><td>296 185.7</td><td>38.09</td><td>15 728.2</td><td>17.92</td><td>11 416.9</td><td>87.51</td><td>17 554.4</td><td>121.06</td><td>93 181.2</td><td>137 021.8</td><td>68.91</td><td>21 283.2</td></tr>
<tr><td>1997</td><td>332.55</td><td>299 389</td><td>39.54</td><td>17 916</td><td>22.47</td><td>14 950</td><td>73.59</td><td>15 541</td><td>127.93</td><td>92 414</td><td>134 633</td><td>69.02</td><td>23 935</td></tr>
<tr><td rowspan="2"></td><td rowspan="2"></td><td rowspan="2"></td><td rowspan="2"></td><td rowspan="2"></td><td colspan="4">副业及生产用电</td><td rowspan="2"></td><td rowspan="2"></td><td rowspan="2"></td><td rowspan="2"></td><td rowspan="2"></td></tr>
<tr><td colspan="2">设备容量</td><td colspan="2">用电量</td></tr>
<tr><td>1998</td><td>328.07</td><td>277 916.62</td><td>33.44</td><td>15 468.75</td><td colspan="2">72.80</td><td colspan="2">21 208.95</td><td>130.70</td><td>84 502.6</td><td>139 010.66</td><td>91.12</td><td>17 725.66</td></tr>
<tr><td>1999</td><td>313.07</td><td>291 726.01</td><td>31.71</td><td>13 382.64</td><td colspan="2">55.17</td><td colspan="2">17 571.35</td><td>123.49</td><td>94 572.97</td><td>147 285.63</td><td>102.70</td><td>18 913.42</td></tr>
<tr><td>2000</td><td>354.57</td><td>331 075.92</td><td>31.90</td><td>22 218.69</td><td colspan="2">58.36</td><td colspan="2">17 941.57</td><td>122.85</td><td>111 195.40</td><td>161 396.30</td><td>141.46</td><td>18 323.96</td></tr>
<tr><td>2001</td><td>388.17</td><td>378 095.70</td><td>39.05</td><td>36 915.82</td><td colspan="2">61.31</td><td colspan="2">21 029.37</td><td>125.32</td><td>112 240.40</td><td>171 992.03</td><td>159.49</td><td>35 918.08</td></tr>
<tr><td>2002</td><td>416.90</td><td>383 095.06</td><td>39.35</td><td>29 926.67</td><td colspan="2">64.65</td><td colspan="2">16 558.26</td><td>135.75</td><td>136 994.84</td><td>173 492.94</td><td>177.16</td><td>26 122.35</td></tr>
</table>

注 从 1998 年开始，国家统计局把原来的农副业加工用电和农业生产用电合称为副业及生产用电。

1990年下降33.68%，全省农副业加工用电量为15 541万千瓦·时，占全省农村用电量的5.19%，比1990年下降44.53%。自1991年开始，生产用电设备容量和用电量均呈增长趋势。至1997年末，全省生产用电设备容量为22.47万千瓦，占全省农村用电设备容量的6.76%，比1990年增长37.60%。全省生产用电量14 950万千瓦·时，占全省农村用电量的4.99%，比1990年增长40.15%。从1998年开始，国家统计局把原来的农副业用电和农业生产用电合称为副业及生产用电。由于乡镇企业的兴起，不少农副业及生产用电负荷转移到乡镇工业用电中去，所以副业及生产用电的设备容量和用电量均大幅度下降。1997年，农副加工和生产用电设备容量之和和用电量之和分别为96.06万千瓦和30 491万千瓦·时，2000年，副业及生产用电设备容量只有58.36万千瓦，用电量只有17 941.57万千瓦·时。到2002年末，全省农村副业及生产用电设备容量为64.65万千瓦，占全省农村用电设备容量的15.51%。副业及生产用电量为16 558.26万千瓦·时，占全省农村用电量的4.32%。

三、乡镇工业用电

1990年末，全省乡镇工业用电设备容量已达到102.45万千瓦，占全省农村用电设备容量的32.71%，乡镇工业用电量已增长到47 710万千瓦·时，占全省农村用电量的21.81%。

1991年以后，吉林省的乡镇工业有了较大的发展。到1995年，乡镇工业用电设备容量已达到102.07万千瓦，占全省农村用电设备容量的31.67%。全省乡镇工业用电量为72 049.5万千瓦·时，占全省农村用电量的26.24%，比1990年增长51.02%。"九五"计划开始实施后，吉林省各行各业支持乡镇工业，使其向前又迈进一大步。四平红嘴集团、大成玉米集团、长春皓月集团等大、中型企业相继在吉林农村落户，使全省乡镇工业用电量有较大的增长。到2002年末，吉林省乡镇工业用电设备容量达135.75万千瓦，占全省农村用电设备容量的32.56%。乡镇工业总产值为492.81亿元，占全省工业总产值的11.56%。全省乡镇工业用电量为136 994.84万千瓦·时，占全省农村用电量的35.76%，比1995年增长90.14%。

四、农村生活用电

随着农民生活水平的提高，家用电器和副业机械设备逐步进入农民家庭，农村生活用电增长较快。到1990年，全省农村生活用电量增加到101 925万千瓦·时，占全省农村用电量的46.59%。

1991年以后，农民生活水平得到进一步提高，生活用电量呈上升趋势。到1995年，全省农村生活用电量为137 528.8万千瓦·时，占全省农村用电量的50.09%。农业人口人均年生活用电量为93千瓦·时。到2002年末，全省农村生活用电量为173 492.94万千瓦·时，占全省农村用电量的45.29%。

第二节　农村供电形式

新中国成立初期，吉林省农村便开始有电，部分农民已经用上了电。当时，全省向农村供电分三种情况。有小火电厂的县，由电厂直接向农村供电；建有小水电站的县，也由水电站向附近的农民供电；而在大、中城市的郊区，是从国家电网逐步延伸，向郊区农村供电。这三种供电方式一直延续了许多年。

自 1963 年开始，国家为了支援农业生产，本着“保本微利”的原则，对农业生产用电制定了优惠价格，对农电实行趸售。至此，各小火电厂先后拆除，部分小水电厂也被停运。这时吉林省各县(市)农村供电形成三种格局，一直到 2002 年底，还是采用这三种供电格局。

(1)由供电局和农电局两家供电。县城由电业部门的供电局供电。农村由国家电网将电趸售给县(市)农电局，由县(市)农电局通过乡(镇)电管站向农民供电。1999 年 7 月，撤销了乡(镇)电管站，成立供电所。由县(市)农电局直接向农民供电。这样，在一个县(市)内有供电局和县(市)农电局两个供电机构。吉林省以这种模式供电的有 37 个县(市)。

(2)农电局一家供电。由国家电网将电趸售给县(市)农电局。县城由县(市)农电局直供，农村由县(市)农电局通过乡(镇)电管站供电，1999 年 7 月后通过供电所直接向农民供电。吉林省以这种模式供电的有 7 个县(市)。

(3)由本县小水电站自发自供。长白、抚松、靖宇、临江、通化、安图等 6 个县(市、区)由本县建设的小水电站发电向本县的县城和农村供电，不足部分由国家电网向水电局趸售。

第三节 降低电价，开拓市场

吉林省农电系统始终把降低农村电价，开拓农村电力市场作为两项重要工作来抓。一方面改造设备，加强管理，千方百计降低农村电价；另一方面，积极发展新用户，增供扩销，采取多种措施开拓农村电力市场。

一、降低农村电价

农村居民的照明电价是由国家目录电价、设备电能损耗折价、农村电工经费和设备维修折价四部分组成。降低农村电价，就是把农村居民高出城市居民的那部分电价降到合理范围，最后达到城乡同网同价。

据 1998 年 6 月统计，全省农村居民照明平均电价为 0.716 元/(千瓦•时)。其中 0.70 元/(千瓦•时)以下的台区占 33.6%，0.71～0.9 元/(千瓦•时)的台区占 52.81%，0.9～1.00 元/(千瓦•时)的台区占 6.25%，1.00 元/(千瓦•时)以上的台区占 7.5%。全省农村居民照明电价最高为 2.60 元/(千瓦•时)，最低电价为 0.55 元/(千瓦•时)，而 1998 年东北地区居民照明国家目录电价是 0.29 元/(千瓦•时)。农民因电费收缴不合理经常向各级政府反映意见，到农电的主管部门上访。1998 年 3 月，长岭县东岭乡海丰村四社农民因电价过高问题联名给新闻单位写信，中央电视台焦点访谈栏目曾前往该村进行新闻采访，并于 1998 年 4 月 10 日以“没电盼电，有电怕电”为题对此事进行公开报道，从而惊动了中共吉林省委、国家计划委员会和国家电力公司。

(一) 农村电价过高的原因

吉林省农村电价过高，主要有以下 4 个方面的原因：

(1) 农村居民除了按各户的抄见电量执行国家制定的目录电价外，还要负担农村的 10 千伏配电电网和 0.4 千伏低压线路等农民集资建成的，自有产权设备损耗的折价。

(2) 吉林省的乡镇农电所，只负责属于农电产权设备的维修管理。而乡镇产权设备的维护管理以及农村居民的抄表收费要由乡镇电管站来负责。乡镇产权设备的维修费，村电工报酬及村电工所需的工具费、劳保费、管理费等都要按农村居民的抄见电量来分摊。

(3) 供电设备陈旧，电能损耗大。全省农村配电变压器中高能耗的占 69.3%。全省共有 11 万千米低压线路，其中有 6 万千米线路为三类线路，占 54.5%，低压线损有的高达 50%以上。

(4) 存在不正之风，管理混乱。一是乡镇政府搭车收费，把与电无关的其他费用也纳入电费收取；二是存在“权力电、关系电、人情电”；三是计量不准；四是乡电管站电工责任心不强，不进行实抄、实收，个别电工以权谋私；五是农村个别居民窃电，乡镇电管站管理不力。

(二) 采取措施降低电价

吉林省各级农电部门，对症下药，采取有效的应对措施，把降低农村电价当做大事来抓。

(1) 省农电局于 1992 年、1995 年和 1997 年先后三次在全省范围内开展降低农村电价、减轻农民负担教育。使大家认识到，降低农村居民电价、减轻农民在用电上的不合理负担是农电职工和农村电工义不容辞的职责，意义重大。

(2) 省农电系统除了每年搞一次县(市)农电局自查，市(州)农电局互查，省农电局抽查外，还组织了几次全省性的农村电价大检查，遏制电价升高。

1991 年 3 月，省农电局、吉林省物价局组成联合检查组，在全省范围内开展农村电价大检查、大整顿。使全省 80%的台区电价都能控制在省农电局提出的 0.4 元/(千瓦·时)以内[当时东北地区居民照明国家目录电价为 0.21 元/(千瓦·时)]。1992 年末，吉林省农村平均照明电价为 0.38 元/(千瓦·时)。和上年相比，全省一年减轻农民负担 1850 万元。

自 1998 年 4 月中旬开始，吉林省农电系统抽调 802 人组成 202 个检查组，对 650 个乡(镇)电管站、18 000 个农村照明台区和 10 万农户进行检查，纠正了未经吉林省政府批准的搭车收费、超标准加收线损、电能表安装等 6 项不合理收费项目，清退了不合理收费 247.6 万元。对农电系统 2 名副处级干部、6 名科级干部给予纪律处分，对 2 名股级干部处以罚款。处理违纪职工 75 人，清退农村电工 624 人。

(3) 加强管理，降低农村电价。

一是加强乡(镇)农电管理。1997 年 10 月，省农电局下发了《关于加强乡(镇)电力管理部门若干意见》。1999 年 7 月，通过农电体制改革，撤销乡(镇)电管站，成立供电所，由县(市)农电局抄表收费到户。

二是抓好电价管理。1994 年，省农电局会同省物价局制定颁发了《吉林省农村电价管理办法》，1997 年又下发了《吉林省农村电价管理办法补充规定》。吉林省在农村电价管理中，实行综合电价，减少随意性，实行抄表、发行、收费到户，电价、电量、电费张榜公布，增加了用电的透明度。

三是抓好农村电工管理。认真把好招聘关，严格坚持持证上岗、凭证作业，没有进网作业电工许可证不能当电工。农电系统定期对农村电工进行工作业绩和文化技术考核，考核结果与工资挂钩，发现违纪行为立即进行行政处罚。

(4) 抓好低压电网改造。1996 年，长春市农电局依靠市政府，多方筹集资金，在全省率先进行了低压电网改造。

1998 年 3 月，省农电局会同省政府农业委员会组成调查组，深入到 10 个县(市)，调查了全省农村低压电网的现状，并就吉林省农村低压电网的改造任务、目标和原则、改造资金的筹集和使用以及低压电网改造后的维护管理等问题向省政府写出调查报告。同年 5 月 6 日，吉林省人民政府以吉政发〔1998〕17 号文下发了《吉林省人民政府关于加快农村低压电网改造若干问题的通知》。全省农电系统落实省政府改造低压电网的精神，改造低压台区、低压线路，改造后各台区的农村照明电价平均下降 0.1 元/(千瓦·时)，一年减轻农民负担 2000 多万元。同年 10 月以后，随着全国农村电网建设与改造工作深入开展，吉林省农村低压电网状况得到了明显改善。

1999～2002 年，全省农电系统新建和改造 10 千伏配电线路杆路总长度 5699.54 千米，新建和改造 10 千伏配电变压器总容量 1 081 880 千伏 · 安，新建和改造 0.4 千伏低压线路 11 551 千米。农村居民生活电价由改造前的 0.716 元/(千瓦·时)降低到 0.486 元/(千瓦·时)，2002 年当年全省可减轻农民负担约 3 亿元。

二、开拓农村电力市场

吉林省是个农业大省，2000 年，全省农业人口为 1466.31 万人，占全省总人口的 55.82%。"八五"计划以后，吉林省的农村经济迅速发展，农民生活水平逐步提高，用电需求不断增加。但是，在 1998 年前后，吉林省农村电力市场出现了疲软现象。1998 年，吉林省农电系统(不含 6 个水电县)完成售电量 305 740 万千瓦·时，比上年 335 200 万千瓦·时减少 29 460 万千瓦·时，下降 8.79%。省农电局就农村用电量出现徘徊和负增长问题多次召开专题会议进行分析，并就如何开拓农村电力市场进行认真的研究。认为造成农电市场萎缩的原因主要有以下几个方面：

一是受全省经济形势的影响，1998 年，全省乡镇企业效益下滑，停产、半停产企业增加，严重制约了农电市场的发展。

二是农村电网布局不合理，覆盖面不够，特别是低压电网年久失修，有的已经瘫痪、半瘫痪，农民想用电又用不上电。

三是由于农村电价过高，农民用不起电。有的农民把电动机改为柴油机，把水田改成旱田，减少了农业用电。

四是农电各级领导和职工不注重市场开发，不能主动走出去为用户服务，影响了农电市场的发展。

为了搞好农村电力市场的开发和管理，全省农电系统采取了四项措施。

(1) 加强职工教育，提高对农电市场开发的认识，努力开拓市场。各县(市)农电局普遍通过广播、报纸、电视等形式进行用电宣传。一是宣传电能是优于其他燃料的能源，正确引导用户消费；二是宣传鼓励用电的优惠政策，促使用户多用电；三是宣传农电部门开展的优质服务活动，树立企业良好形象。

(2) 采取措施，满足全省农业产业化用电需要。全省农电系统各单位围绕吉林省农业产业化、“九五”计划和2010年规划来制定本单位的工作规划，明确“九五”和2010年农村电网建设和改造的目标和任务。做到农业产业化项目发展到哪里，电就供应到哪里，实行跟踪服务。

(3) 为了发展新用户，增供扩销，吉林省农电系统采取三条相应的措施。一是对增容一次交纳贴费有困难的企业，允许在一定时间内分次交纳，按月收取；二是对城乡结合部在农网用电的用户与城市用电同价，对农网新增用户免收设计费、安装费，调试费，并按市场价格供应电力设施和材料；三是简化报装手续，真正实现报装接电由用电营业部门一口对外，并做到登记、施工、验收、接电一条龙服务。

(4) 为了把农村照明电价降下来，吉林省农电系统实施四条具体措施。一是严格用电管理程序，合理分摊变压器和线路损耗；二是开展用电大检查，打击窃电；三是合理测定综合电价，清理越权审批的集资和其他搭车收费项目；四是农村照明综合电价实行最高限价下的浮动电价。

吉林省农电系统采取一系列措施开拓农村电力市场，增供扩销，使全省农村电力市场一度出现的萎缩问题初步得到解决。1999年，吉林省农电系统(不含6个水电县)完成售电量33.11亿千瓦·时，比1998年增加25 410万千瓦·时，增长8.31%。2000年，省农电系统售电量达36.82亿千瓦·时，比1999年增长11.21%，是历史上售电量增长比例最大的一年。2001、2002年，售电量呈继续增长势头。2002年，省农电系统售电量40.69亿千瓦·时，比2001年的38.89亿千瓦·时增长4.63%。2002年，吉林省全省农村售电量见表7-6-2。

表7-6-2 2002年吉林省全省农村售电量统计

省、地区、市、县、区	售电量		省、地区、市、县、区	售电量	
	数值(万千瓦·时)	占全省比例(%)		数值(万千瓦·时)	占全省比例(%)
吉林省	459 633.12		九台市	14 026.50	3.05
长春市	134 541.67	29.27	吉林市	73 227.19	15.93
长春城郊	33 799.07	7.35	吉林城郊	10 652.23	2.32
双阳区	9064.64	1.97	永吉县	22 076.83	4.80
农安县	16 400.00	3.57	磐石市	9077.04	1.97
榆树市	26 011.30	5.66	桦甸市	14 005.49	3.05
德惠市	35 240.16	7.67	蛟河市	7571.778	1.65

续表

省、地区、市、县、区	售电量		省、地区、市、县、区	售电量	
	数值（万千瓦·时）	占全省比例（%）		数值（万千瓦·时）	占全省比例（%）
舒兰市	9843.82	2.14	通榆县	3051.49	0.66
四平市	64 256.65	13.98	松原市	37 760.42	8.22
四平城郊	19 557.00	4.25	松原城郊	1629.71	0.36
公主岭市	16 223.07	3.53	扶余县	11 543.60	2.51
双辽市	5466.50	1.19	前郭县	7798.11	1.70
伊通县	7541.88	1.64	长岭县	8564.85	1.86
梨树县	15 468.20	3.37	乾安县	8224.15	1.79
辽源市	14 783.27	3.22	延边朝鲜族自治州	35 982.02	7.83
辽源城郊	3489.34	0.76	延吉城郊	4451.32	0.97
东辽县	5559.29	1.21	图们市	1559.19	0.34
东丰县	5734.64	1.25	龙井市	3561.09	0.77
通化市	33 546.90	7.30	和龙市	2298.15	0.50
通化城郊	3786.03	0.82	汪清县	4093.58	0.89
通化县	7111.40	1.55	敦化市	6074.75	1.32
集安市	4586.01	1.00	珲春市	2716.84	0.59
梅河口市	7091.60	1.54	安图县	11 227.10	2.44
辉南县	6125.52	1.33	白山市	45 845.00	9.97
柳河县	4846.34	1.05	白山城郊	4114.03	0.90
白城市	19 690.00	4.28	江源县	7350.37	1.60
白城城郊	6223.30	1.35	临江市	9825.00	2.14
洮南市	3161.10	0.69	抚松县	4403.40	0.96
大安市	3573.48	0.78	靖宇县	10 102.00	2.20
镇赉县	3680.63	0.80	长白县	10 050.20	2.19

注　表中临江市、抚松县、靖宇县、长白县、通化县、安图县为小水电县。

第八篇　电　力　调　度

第八篇　电　力　调　度

吉林省电网是东北区域电网的重要组成部分。1987 年，全省 8 个地区的 220 千伏电网统一联网。1993 年，按照国务院颁布的中华人民共和国《电力调度管理条例》的规定，吉林省电网内设省调、地调和县调三级调度。20 世纪 90 年代，建成贯通东北三省第二条 500 千伏输电线路，东北电网结构更为紧密。吉林省内的几座大水电厂和 500 千伏输变电设备直属东北电管局。1998 年，东北电网实行“网省分开、省为实体”和“厂网分开，竞价上网”体制改革，吉林电力调度中心如何适应新形势，发挥其电力生产指挥作用成为新课题。多年来，吉林省电力调度坚持“安全第一，预防为主”方针和公开、公正、公平的原则，不断提高管理水平，建立健全规章制度，改进和采用新的技术装备，提高电网继电保护和安全自动化水平，发展现代化电力通信网络，2002 年 12 月 31 日，创 6456 天吉林省电网调度安全生产运行记录。

第一章　机　构　和　职　责

省电力公司调度通信局，既是省电力公司的职能机构，又是一个独立的生产单位，代表省电力公司行使省内电网调度指挥权，同时，接受东北电网调度的行业指导。随着电网管理体制改革的深化和电力事业的发展，其机构和职能随之相应发生较大变化。

第一节　机　　构

1991 年，省电力公司调度通信局，是具有省电力公司生产调度职能的、独立的生产单位，代表省电力公司行使电网调度指挥权。下设 16 个专业技术和管理机构，职工 205 名，其中，科级及以上干部 45 名，管理人员 31 名，专业人员 105 名，工人 24 名。

1993 年，按照国家颁布的《电网调度管理条例》规定，吉林省电力调度内部机构稍做调整，明确省电力公司调度通信局为国家规定的第三级调度，网内下设地区电力调度和县电力调度。

1998 年 9 月 10 日，在东北电网实行“网省分开、省为实体”和“厂网分开，竞价上网”体制改革的新形势下，省电力公司调整省电力调度通信局机构，成立吉林电力调度中心，并纳入省电力公司机关本部设置，为省电力公司具有管理职能的二级机构，正处级建制，下设调度处、系统方式处、继电保护处、自动化处、电力市场运营处，定员57人，同时，电力通信专业分离出去，成立吉林省电力通信公司。

1999年7月，为适应东北电网调度模式的变化，省电力公司对省电力调度中心内部机构再次进行调整，撤销电力市场运营处，同时增设综合处。成立吉林省电力市场交易中心，直属省电力公司，为具有管理职能的二级机构。

2002年，吉林电力调度中心内部设置电网调度处、系统方式处、继电保护处和电网自动化处4个专业部门，职工54名。

第二节　职　　能

1991年，按照“统一调度，分级管理”的原则，省电力调度通信局对全省220千伏及以上电网实行统一调度，省电力公司管内的长春、吉林、四平、通化、白城、延边、辽源、白山8个地区电业局调度科(所)，负责本地区66千伏及以下电网调度；省电力调度通信局接受东北电网调度局的业务指导，并对地区电网调度实行业务指导。直接调度指挥的火电厂有14座，220千伏输电线路50条，220千伏变电所32座。通过电力线载波、数字微波、光纤通信和“五机”电网调度自动化系统（小型后台机2台，节点机、前置机、显示系统小型机各1台），调度、监控、指挥电网运行，同时管理吉林省电网配置的1709套继电保护和安全自动装置，保障电网安全、稳定运行。

1999年，在电网管理体制改革中，省电力调度中心除电力生产指挥职能外，新增省电力市场交易中心和电能量结算中心的职能。

2001年1月1日起，根据上级调度范围重新划分，500千伏电网设备和大型水电厂由东北电网调度中心管理。吉林电力调度中心的基本职能主要有：负责吉林省220千伏电网的正常运行、倒闸操作和事故处理；对管辖的各火、水电厂的锅炉、汽轮发电机、水轮发电机、高压备用变压器等设备进行调度；下达发电厂日、月、年发电量计划；安排发电厂设备和220千伏电网供电设备检修计划；参加电网事故分析、电力系统发展远景规划、基本建设工程设计的审查等工作。同时承担一次电网的无功电压调整、一次网损、调峰调频、中枢点电压考核，编写和修改电网运行规定、制度等。采用微波、光纤通信等先进手段和自动化系统(SPIDER)指挥电网运行，管理736套(按屏统计)继电保护和358套安全自动装置，以保证电网运行和电力市场运营的安全。

2002年，吉林电力调度中心直接调度指挥的发电厂24座，220千伏输电线路100条，220千伏变电所59座，实行4班3倒值班制度。

第二章　电力调度设备及地区电网

1991年，吉林电力调度直接调度指挥的发电厂14座，220千伏输电线路50条，变电所32座，调相机2台。2002年，吉林电力调度中心直接调度指挥的发电厂24座，500千伏输电线路1条，220千伏输电线路100条、变电所59座；委托地调指挥的220千伏输电线路5条、变电所6座。东北电网调度中心直接调度指挥的吉林省电网中220千伏输电线路8条；辽宁电力调度中心直接调度指挥的吉林省电网中220千伏输电线路2条；黑龙江电力调度中心直接调度指挥的吉林省电网中220千伏输电线路3条。吉林电力调度中心严格执行1999年东北电网体制改革中，重新界定的一次设备的管辖、管理的范围规定，分工合作，共同维护电网的安全、优质、经济、稳定运行。

第一节　电力调度设备

一、1991年电力调度设备

1991年，吉林省调管辖的火电厂12座：吉林、长山、长春热电一厂和二厂，浑江、珲春、二道江、榆树川、白城、辽源、龙井、蛟河发电厂；直接调度的企业自备电厂有长春第一汽车厂动力厂、吉化公司动力厂。管辖的发电机49台，总容量257.10万千瓦；直调发电机9台，容量16.60万千瓦。

省调管辖的220千伏输电线路50条：松长线、长四线、清四甲线、清四乙线、四源线、梅源线、东苗线、长富线、东北线、北农线、德九线、长二甲线、二东甲线、东北甲线、热白线、热农线、热德线、热五线、热镇线、热前线、白镇线、长新线、松蛟线、松哈线、磐红线、东舒线、东肥线、松东线、热东甲线、热东乙线、松东甲线、松哈甲线、松哈乙线、磐桦线、电岭线、春公线、岭北线、四巨甲线、四巨乙线、电双线、浑梅线、浑水线、云水线、高东线、浑郑线、梅郑线、蛟敦线、敦延线、图延线、珲图乙线路和一条500千伏丰辽线路。220千伏线路总长度4604.95千米。500千伏线路1条长66.90千米。

省调管辖的220千伏变电所32座：长春地区的长春、富家、农安、九台、德惠、榆树、北郊、五棵树一次变电所；吉林地区的江北、磐石、哈湾、铁东、舒兰、红旗岭、化肥、蛟河一次变电所；白城地区的白城、扶余、长岭、前郭、镇赉一次变电所；四平地区的四平、公主岭、双辽、巨丰一次变电所；通化地区的水洞、郑家一次变电所；辽源地区的辽源、苗胜一次变电所；延边地区的延东、敦化、图们变电所和辽源500千伏东丰变电所。直接调度220千伏母线及主变压器(不包括二、三次主断路器)发电厂有长山热电厂、浑江发电厂、蛟河发电厂，长春发电厂和长春一次变电所的调相机。管辖的220千伏变电所主变器53台，总容量429.40万千伏·安。

二、“八五”计划期间新增设备

1991～1995年，新增火电机组4台，装机容量90万千瓦。新增220千伏变电所8座，长春地区西郊、东郊、双阳变电所，吉林地区城南、桦甸变电所，四平地区伊通变电所，通化地区高集岗变电所，白山地区三岔子变电所，1993年新建500千伏长春合心变电所1座，扩建东丰500千伏变电所25万千伏·安变压器3台；新建220千伏输电线路17条，长春地区的合西甲乙、合北甲乙、西长甲乙、二东甲乙、东北甲乙、东双线，吉林地区的红桦、磐桦线，平地区的双西、双巨、公伊线，白山地区的浑三线。

三、“九五”计划期间新增设备

1996～2000年，新增火电机组10台，装机容量117.5万千瓦；水电机组4台，装机容量20万千瓦，风电厂容量3.006万千瓦。新增220千伏变电所11座，长春地区平泉变电所，吉林地区城西、维昌、蛟河、新立变电所，通化地区金厂变电所，延边地区延西变电所，四平地区巨丰变电所，白城地区洮南变电所，白山地区的松江河、白山变电所；新建220千伏输电线路19条，长春地区合农、春平甲乙线，吉林地区松东乙、新肥线，四平地区双西乙、热四甲线，通化地区水金线，白山地区东三、三江、小江、浑白、白水线，白城地区白洮线，延边地区江敦、敦西甲、东西甲线，辽源地区的热源甲、乙线。

四、2002年吉林电力调度中心设备

2002年，吉林电力调度中心直调发电机组装机容量532.60万千瓦，其中火电机组装机容量505.10万千瓦，占直调容量的94.84%；水电机组装机容量24.49万千瓦，占直调容量4.60%；风电机组容量3.006万千瓦，占直调容量0.58%。直调主机、主炉等设备的发电厂24座，其中火电厂20座、水电厂3座、风电场1座。火电厂有：吉林、长山、四平、白城、龙井、蛟河和长春热电一厂、二厂，双辽、浑江、珲春、二道江、辽源发电厂，汽车厂、吉化公司动力厂、吉林油田发电厂，梅河、通钢、洮南、新立热电厂；松江河、两江、满台城电厂；通榆风电场。直调发电厂220千伏母线和主变压器(不包括二、三次主开关和隔离开关)的有吉林、长山热电厂、长春热电二厂(包括高压备用变压器)，浑江、双辽发电厂(包括高压备用变压器)，珲春、二道江发电厂，两江水电厂220千伏母线，红石发电厂220千伏设备。

吉林电力调度中心直接调度指挥的220千伏输电线路100条，线路总长5943.87千米。有热白线、热镇线、热前线、热五线、热德线、镇白线、长新线、合农线、前农线、电岭线、岭西线、德九线、合九线、东北甲线、东北乙线、合北甲线、合北乙线、二东甲线、二东乙线、长二甲线、长二乙线、合西甲线、合西乙线、西长甲线、西长乙线、春平甲线、春平乙线、双西甲线、双西乙线、西巨线、公四线、电双线、长公线、双巨线、四巨甲线、四巨乙线、清四线、清巨线、四源线、梅源线、哈长线、松哈甲线、松哈乙线、松哈甲分线、松哈乙分线、热哈甲线、热哈乙线、热东甲线、热东乙线、北肥线、东吉线、东舒线、舒榆线、松东甲线、松东乙线、松蛟线、包新甲线、包新乙线、包东甲线、包东乙线、东维甲线、蛟敦线、敦延线、图延甲线、图延乙线、敦西甲线、东西甲线、江敦线、东三线、浑梅线、郑梅线、浑郑线、浑三线、浑白线、白水线、云水线、三江线、小江线、哈新线、新肥线、榆南线、松磐线、磐梅线、松丰线、东梅甲线、东梅乙线、高东线、红桦线、磐桦线、水江线、水金线、金江线、热源甲线、热源乙线、合德线、德五线、五榆线、双伊线、热四甲线、哈新线。

委托地调管理的220千伏输电线路有东苗线、白洮线、东双线、公伊线、水金线5条。

东北电网调度中心指挥的220千伏输电线路8条：通巨线、白梅甲线、白梅乙线、白东甲线、白东乙线、白高线、渭卧线、云卧线。

辽宁电力调度中心指挥的为220千伏梅李线、梅虎线。

黑龙江电力调度中心指挥的为220千伏的榆双线、松五线、镜敦线。

2002年，吉林电力调度中心直调220千伏变电所59座，变压器110台，总容量1384.25万千伏·安。其中：升压变电所13座，变压器33台，变压器容量546.75万千伏·安；降压变电所46座，变压器74台，变压器容量818.6万千伏·安；企业自备变电所1座，变压器3台，容量18.90万千伏·安；有载调压变压器74台，容量818.60万千伏·安，占总容量的59%，委托省内地调调度的220千伏变电所5座。

吉林电力调度中心直调的220千伏降压变电所在各地区的分布为：白城地区(含松原地区)5座：白城、镇赉、长岭、前郭、扶余变电所；长春地区10座：农安、德惠、榆树、九台、五棵树、长春、东郊、北郊、西郊、平泉变电所；吉林地区10座：蛟河、磐石、舒兰、桦甸、哈达湾、铁东、城南、新立、城西、维昌变电所；四平地区4座：四平、巨丰、公主岭、双辽变电所；通化地区4座：梅河(220千伏设备)、水洞、郑家、高集岗变电所；延边地区4座：延东、延西、图们、敦化变电所；白山地区3座：白山、临江、三岔子变电所；辽源地区1座：辽源一次变电所；还有500千伏东丰变电所220千伏母线、500千伏合心变电所220千伏设备(不包括二次开关和刀闸)，500千伏包家变电所220千伏设备。

委托地调调度的设备包括：220千伏苗胜、金厂、洮南、双阳、伊通变电所；松江河发电厂、两江发电厂的变压器及220千伏设备。

吉林电力调度中心管理的设备包括：省调管辖设备以外的各发电厂、供电公司的电源联络设备、各一次变电所安装的调压设备，省调管理的各发电厂的厂用电系统和机炉辅助设备，地调管辖的地方及企业自备电厂机、炉、电一次设备。

第二节　地　区　电　网

2002年，吉林省有9个地级行政区，电网结构形成7个分片区域电网：以长春市为中心长春地区电网，以吉林市为中心吉林地区电网，东有延边地区电网，西有白城松原地区电网，长春以南四平地区电网，吉林以南东丰梅河地区电网，东南通化白山(浑江)地区电网。

一、长春地区电网

长春地区电网是全省负荷中心之一，最大负荷超135万千瓦。也是电源集汇点，除本地的长春热电一厂、热电二厂外，通辽、双辽、长山热电厂都向长春送电，是10条220千伏线路交汇处，南到公主岭、四平，东到九台、吉林，西通农安、长山，北到德惠，东南到双阳、伊通。城市周围建成六边形220千伏双环网。外五县都有220千伏变电所，榆树市网联入吉林市电网。贯通南北三省500千伏两条线路在长春合心500千伏变电所交汇，即4条500千伏进出线，与东丰，哈尔滨、四平、吉林相连，是500千伏枢纽站。

二、吉林地区电网

吉林地区电网是省内负荷中心之一，最大负荷超110万千瓦。也是电源最多地区，丰满水电厂和吉林热电厂都在吉林市，就地向吉林电网送电，20世纪80年代已形成四边形220千伏双环网，90年代进一步建成“日”字形环网。外联有220千伏线路6条，南北各2条，向南经磐石到梅河、东丰变电所，向北通舒兰到榆树市和黑龙江省，另一条到黑龙江省五常市，东经蛟河到延边，西连长春。红石水电厂经桦甸联通磐石。贯通南北三省第二条500千伏线路，从长春经包家到黑龙江永源，在吉林市建包家500千伏变电所。

三、四平地区电网

四平地区电网负荷不大，约50万～60万千瓦，是吉林省南部电力枢纽，水、火电源交汇点。除四平热电厂220千伏变电所上网外，另有7条220千伏线路在此交汇，向西2条经双辽到内蒙古的通辽电厂，向南2条到辽宁省清河电厂，向东一条经辽源到梅河变电所，向北一条到长春，另一条经公主岭到长春，公主岭到伊通与双阳也已连通。境内双辽电厂是120万千瓦大厂，有2条220千伏线路送长春。第二条贯通南北三省的500千伏线路经过四平梨树到长春，在梨树建开闭所，双辽发电厂3、4号发电机500千伏线路通过梨树并网。

四、延边地区电网

延边地区电网在吉林省东部，远离主网，丰满到延吉290千米，220千伏线路联系薄弱，地区电厂都是小电厂，庆幸建设珲春发电厂，末端有电源支撑。从丰满水电厂经蛟河到敦化，敦化变电所是个小枢纽，220千伏线路与黑龙江镜泊湖电厂相联，还有两江水电厂以220千伏线路送敦化，2条220千伏线路送延吉。延边地区电网负荷不大，约40万千瓦。

五、白城松原地区电网

白城松原地区电网原名为前(郭)白(城)电网，长山热电厂原名前郭发电厂，松原成立地级市后，电网仍属白城地区。虽有两条220千伏线路到白城，是吉林省电网内最薄弱环节，末端没有大电厂，白城市距长山热电厂150千米，洮南更是末梢。长山热电厂电力以220千伏线路经扶余到五棵树变电所，与榆树相连。长岭县联入长春电网。

六、东丰梅河地区电网

东丰梅河地区电网跨吉林、辽源、通化三个地区，梅河变电所初期是220千伏“井”字形网架的一个中心点，与丰满、浑江(白山)、四平市和辽宁省相连。500千伏东丰变电所建成后，白山水电厂5条220千伏线路到东丰变电所：以2条线经梅河到东丰，2条直送东丰，1条经辉南(高集岗)到东丰。丰满水电厂输出220千伏松梅线在此破口，东丰变电所成为水电的集散地，浑江发电厂电力经三叉子变电所送东丰。东丰500千伏变电所南通辽阳，北到长春，是500千伏电网未来的枢纽站。东丰梅河地区电网负荷不大，但在电网的地位却十分重要。

七、通化白山地区电网

通化、白山(浑江)地区电网(包括云丰)是电源较多的地区，有浑江和二道江两座火电厂，云丰水电厂以220千伏线联成云水浑电网，早有220千伏云卧线送辽宁，并以220千伏浑梅、浑郑梅线送梅河变电所。浑江电厂扩建后以浑三东线送东丰500千伏变电所。松江河梯级电厂开发后，为电厂施工用电，建220千伏松江河变电所，小山水电厂投产发电由此送入电网。通化220千伏金厂变电所、白山220千伏变电所建成后，又把220千伏线路伸延至临江。渭源发电厂电力以220千伏渭卧线直送辽宁省，吉林省只有66千伏联络线。

吉林省220千伏(细线)、500千伏(粗线)地区电网结构，见图8-2-1。

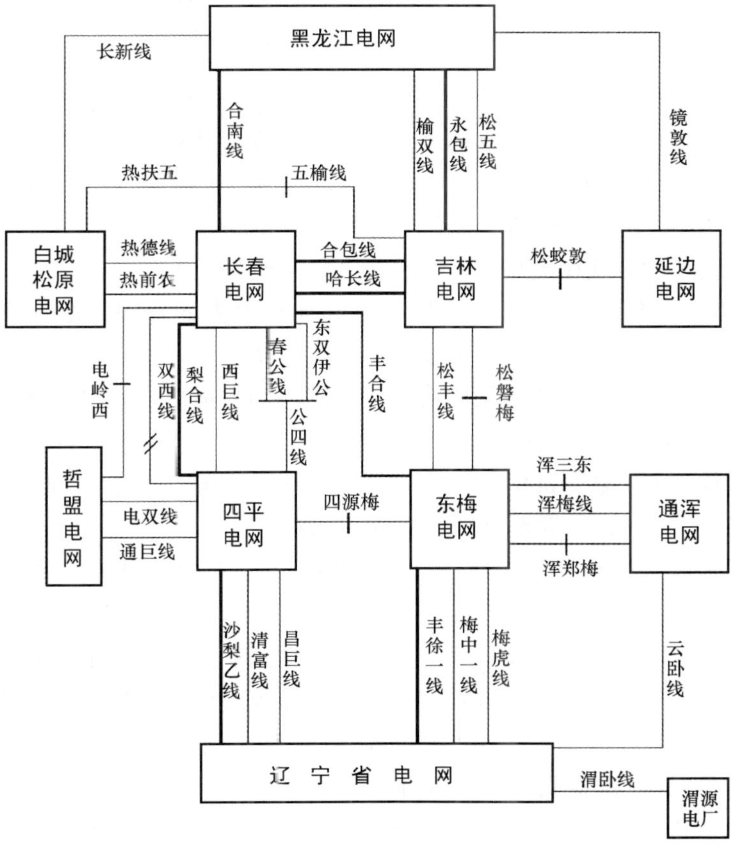

图8-2-1　2002年吉林省220、500千伏地区电网结构示意

第三章 运 行 管 理

吉林电力调度中心按照国家颁布的《电网调度管理条例》及有关规定，把加强电网的安全、经济运行管理作为中心工作，工作中强调电网设备保持良好状态，各类保护装置实行全过程管理，加强电网电压、无功配置、调峰调频、节能降耗等工作，2002 年末，实现吉林省电网调度安全运行 6456 天，一次网损达到国家一流标准。

第一节 电 压 管 理

20 世纪 90 年代初，吉林电力调度中心制定了《吉林省电网无功管理办法》，对各发电厂无功出力管理、调整、考核作出具体规定，并在日调度计划中下达无功出力指标，考核每日上午 10 时功率因数，要求合格率大于 90%；对地区电网电压监测点的建立、电压合格标准、地区调相机、电容器管理、变压器分接开关的整定管理、地方小电厂无功出力管理、地区无功就地平衡等项作出规定，并进行考核与奖罚。

1993 年，省电力调度设专人从事电网电压和无功电力的管理，逐月统计 220 千伏电网各监测点电压，对接入吉林省电网的发电厂作出无功电压、发电功率因数的规定，对各供电企业的一次变电所下达无功电压曲线、售电功率因数标准，并严格统计与考核；采取 20 万千瓦机组进相运行、调整有载调压变压器电压(2000 多次)、并随时根据电压变化情况，投、切电容器、电抗器(1300 余次)等办法，控制无功电力不合理流动，220 千伏电网电压合格率达到 98.15%，中枢点电压合格率 99.80%。

1996 年，按照电力工业部电能质量列入技术监督的要求，进一步加强了无功电压管理，长山热电厂 8 号、长春热电二厂 1 号 20 万千瓦机组，双辽电厂 1 号 30 万千瓦机组实行进相运行；节假日电网低谷负荷期间，系统无功功率过剩引起的 220 千伏系统电压超高，采取积极措施，及时调整运行方式，记录各电压等级出现的最高、最低电压值及其发生的地点和时间，作为电网运行方式编制的参考。当年，全省 220 千伏及以上电网电压合格率达到 98.20%，比标准提高 0.2 个百分点。

2000 年，做了以下工作：对纳入考核的 220 千伏设备 42 个电压监测点，全部采用自动装置进行记录，做到了数量准确，调整及时；发电侧电力市场负荷预测准确，功率因数考核严格，无功电源安排较好；发电机组投入进相运行数量增加；电容器、电抗器投入运行率提高，2000 年底，全省无功补偿装置总容量 1615.38 兆乏，其中并联电容器容量 1025.38 兆乏，可用率达到 92%，并联电抗器容量 590.00 兆乏。500 千伏并联电抗器容量投运率达 100%，运行稳定。

2002 年，全省 220 千伏及以上电网电压合格率为 99.43%，纳入考核的有 49 个电压监测点，一次变电所值班员勤监视、勤调整。网内17台发电机组进相运行，1991～2002年220千伏中枢点电压合格率统计，见表8-3-1。

表8-3-1　1991～2002年吉林省220千伏电网中枢点电压合格率统计

年　份	1991	1992	1993	1994	1995	1996
最高值(千伏)	238	240	246	246	247	246
最低值(千伏)	213	214	215	213	213	214
合格率(%)	98.10	98.10	98.15	98.22	98.25	98.20
年份(年)	1997	1998	1999	2000	2001	2002
最高值(千伏)	249	248	244	指标无下达		
最低值(千伏)	213	214	214			
合格率(%)	98.40	99.11	99.19	99.27	99.24	99.43

第二节　无　功　配　置

2002年底，吉林省电网无功补偿装置总容量2559.52兆乏，其中并联电抗器容量890.00兆乏(见表8-3-2)，并联电容器容量1669.52兆乏，其中省调可操作的所属电容器容量1011.85兆乏，用户电容器容量455.3兆乏，农电电容器容量202.37兆乏(见表8-3-3)，年运行投入率100%。吉林省一次电网电压合格率指标完成较好，翌年，吉林电力调度中心通过国家电力公司创建一流调度机构(2002年度)的考核验收。

表8-3-2　2000～2002年吉林省500千伏(220千伏)电网并联电抗器容量统计

单位：兆乏

变电所 \ 项目 \ 时间	2000年		2001年		2002年	
	容量	可用率(%)	容量	可用率(%)	容量	可用率(%)
合　计	610.00	100	890	100	890	100
500千伏合心变电所	150.00	100	270.00	100	270.00	100
500千伏包家变电所			180.00	100	180.00	100
500千伏梨树变电所	150.00	100	150.00	100	150.00	100
500千伏东丰变电所	270.00	100	270.00	100	270.00	100
220千伏成前郭变电所	20.00	100				
220千伏两江电厂变电所	20.00	100	20.00	100	20	100

表 8-3-3　2000～2002 年吉林省 220 千伏电网并联电容器容量统计　　单位：兆乏

时间 / 项目 / 变电所	2000 年			2001 年		2002 年	
	容量	可用容量	可用率（%）	容量	可用率（%）	容量	可用率（%）
全　省	1043.38	941.30	92.75	977.52	100	1011.85	100
长春供电公司	254.26	212.70	83	282.04	100	247.60	100
吉林供电公司	206.30	183.30	89	198.38	100	260.30	100
四平供电公司	117.72	116.10	99	114.10	100	146.50	100
辽源供电公司	47.20	41.20	87	83.40	100	53.40	100
通化供电公司	45.80	45.80	100	35.66	100	36.05	100
白山供电公司	70.90	59.10	84	81.69	100	61.90	100
白城供电公司	148.00	148.00	100	57.89	100	73.90	100
延边供电公司	153.20	153.20	100	124.36	100	132.20	100

第三节　调峰调频管理

吉林省电网是东北电网的重要组成部分。为保证电网电能质量、安全供电，完成省间电力电量的交换和调频调峰任务，省调根据电网运行情况和东北电网调度中心的要求，及时安排发电厂增减设备出力和机、炉开停调峰保证电网频率质量。低谷时段，燃煤发电厂按额定出力的 60%～70%调峰；煤、油混烧机组最低出力按额定出力的 50%～60%调峰；5 万千瓦及以下中压机组和燃油机组按经常启、停调峰。节假日电网峰谷差大，不得不牺牲电网的经济性，部分 10 万千瓦机组和 20 万千瓦机组被迫参加轮停调峰。省调曾开展“等微增”经济调度，但效果不明显。多采取行政、经济和技术等手段，加强有功出力管理和调峰管理，取得较好效果。

1991～1995 年，按照 220 千伏及以上电网频率由网调统一管理的原则，省调实行大机组按额定出力调度，小机组在保证供热状态下以启、停方式调峰，水电机组全力调峰。随着电网电力供应缓和，电网装机容量富余时调频难度减小。1996 年以后，全省用电量开始减少，负荷率下降，1998 年用电量出现负增长，随着峰谷差日益加大，电网调峰任务加重。1997 年 6 月，东北电网调度规定调频范围控制在±0.10 赫兹内，提高了调频质量标准，增加了调频难度。为达到规定要求，省调实行调频日分析和月分析制度，配置频率监测统计装置和频率越限报警装置，频率越限当成“事故”对待，调度员按“三不放过”原则考核。按照三省调峰工作都由东北电力公司统筹的做法，吉林省电网调峰工作虽有一定的难度，但在东北电网调度的统一安排和精心调度下，到 1999 年上半年，圆满完成了电网的调峰调频任务。

1999年10月，东北电网开始实施省间联络线关口模拟调度制度，规定东北电网频率的调整由原来的网调承担变为各省分别承担；在联络线计划电量、电力一定的情况下，各省的峰谷差自行调整；调整中，联络线受入或送出的电量、电力比计划少或多，或未按规定送出，达不到网调规定的要求，吉林电力调度中心将会受到处罚。原做法的改变及新办法的出台，加重了吉林省调调频调峰的困难。

吉林电力调度中心面临的第一个困难是电网联络线多，调频调峰任务重。吉林省电网地处东北电网腹地，省区间联络线多。第二个困难是吉林省电网火电电源容量小，供热量大，调峰调频难度大。吉林省境内水电厂容量较大，火电电源建设明显落后辽宁和黑龙江两省，网内大火电厂和大容量火力发电机组较少，并且多数机组承担既发电又供热任务。第三个困难是调峰调频空间萎缩，调整能力减弱。2000年冬季供热期，吉林省电网承担供热任务的10万千瓦及以上机组容量110万千瓦，可达到启、停调峰和50%调峰能力，调峰幅度在20%左右。全省供热量快速增长，使得电网担负对外供热机组的调峰幅度同比将会继续减少；还有电网负荷率同比降低，峰谷差加大；超短期负荷预测不准，加大了调峰裕度，以及增加电量损失等因素的影响，吉林省电网调峰能力还将继续减弱。

采取的应对措施主要有：改造发电设备，提高电网调峰能力。1994年，开始发电机组的调峰改造。浑江电厂两台10万千瓦机组低压缸通流部分改造，给水泵变速器改造，增加一台减温减压器，实现机组启、停调峰。1996年7月，长山热电厂对两台10万千瓦机组加装邻机供热管道和减温减压器，实现机组快速启、停调峰。2000年，珲春电厂两台10万千瓦机组检修中，增装1、2级减温减压器，达到启、停调峰条件。二道江电厂和四平热电厂10万千瓦机组改造中，都安装减温减压器，达到启、停机调峰。1996～2002年，全省8台20万和4台30万千瓦机组，都实行低负荷浓淡燃烧器改造，达到50%电负荷断油稳燃调峰的要求。以上措施在电网调峰调频中发挥重要作用，缓解了吉林省在电网调峰调频中的压力。

加强供热管理。坚持“以热定电”原则，指导各发电厂解决供热与电网调峰之间的矛盾。发电厂与热力公司签订供热合同，做到采暖供热出口温度与室外温度相协调，按达到用户室内温度标准调整供热温度，天气寒冷实行连续供热，较暖时实行间断供热。加强夜间低谷时段的供热调整。经对冬季负荷曲线分析，高峰时段最大电力持续时间只有0.5小时，低谷时段减热对用户采暖影响最小，节省热能消耗，为电网调峰多提供一些调峰电力幅度。面对电网调峰的严峻形势，各电力企业从东北电网和全省大局出发，加强了供热与调峰的协调与平衡。

2000年5月，东北电网正式实行省间联络线关口调度。吉林电力调度中心相应加强电网自动化建设，实现发电自动控制和电量自动采集和计量；编写和执行《吉林省电网联络线关口调度实施办法》、《电网调度运行(试行)管理办法》。同年，按照省经贸委颁发《吉林省电网辅助服务考核奖励办法》，吉林电力调度中心提前进行冬季高峰热、电负荷预测、分析，调峰与供热矛盾突出，配合省政府修改了《吉林省电网辅助服务考核奖励办法》，鼓励发电企业挖掘调峰潜力、参加系统调峰的积极性，奖励金额643.75万元。同年，东北公司对省间联络线关口调度计划执行情况进行考核，吉林省累计受罚 2.11 万元，为东北三省受罚金额最少省份。吉林省 220 千伏电网频率统计，见表 8-3-4。

表 8-3-4　　1991～2002 年吉林省 220 千伏电网频率统计

年　份	1991	1992	1993	1994	1995	1996	1997	1998	1999	2000	2001	2002
最高值(赫)	50.18	50.15	50.16	50.16	50.17	50.16	50.17	50.19	50.16	50.15	50.15	50.14
最低值(赫)	49.70	49.78	49.75	49.70	49.77	49.73	49.75	49.75	49.70	49.71	49.70	49.70
低频运行时间(分)	100.00	80.00	40.00	90.00	200.00	180.00	50.00	19.00	99.00	50.00	38.00	40.00
合格率（%）	99.99	99.99	99.99	99.99	99.99	99.99	99.99	99.99	99.99			

注　2000～2002 年，电网频率值无统计。

第四节　网　损　管　理

1991～1996 年，吉林省电网一次网损呈上升趋势。

1991 年，吉林省电网一次网损率为 3.75%，比 1990 年的 3.62%升高 0.13 个百分点。其原因有 2 台 20 万千瓦机组投入电网运行，220 千伏电网输电量增加，相应的降损措施未及时到位，网损上升；1991 年开始受入外省电量，当年受入电量近 10 亿千瓦·时，也加大了一次网损。

1992 年，全省一次网损率为 3.81%，比 1991 年上升 0.06 个百分点，其原因是吉林省一次电网管理范围扩大，扩建东丰 500 千伏变电所前，新建了 220 千伏东梅甲、乙线，白东南、北线，白东线，白高线，白梅甲、乙线等输电线路，输电设备的增加全年损失电量 4056 万千瓦·时，按 1991 年管理范围计算，1992 年全省一次网损率应为 3.59%，比 1991 年下降 0.16 个百分点，这是省调在以往一次网损管理工作的基础上，又采用了新的管理办法的结果。一是重新制定并实施了吉调字〔1992〕28 号文《吉林省电网一次网损管理办法》，重新规定了一次网损管理范围，采取指标分解、分块承包的管理办法。将东北电网下达吉林省的一次网损指标分解为 500 千伏、220 千伏线路损失和主变压器损失两个部分，500 千伏和 220 千伏的线路损失由省调承包，500 千伏、220 千伏主变压器损失按地区管辖范围由 8 个供电企业承包。这个办法分工明确，责任落实，各单位都加强了管理，合理安排运行方式，加大降低损失力度。二是省调制定并实施了吉电调局字〔1992〕34 号文《关于吉林省电网实行月末 24 小时抄表记录当月电量的规定》，省调及时掌握各单位原始的运行资料，随时分析、查找一次网损管理中的问题，及时得到解决。三是按元件进行统计分析的设备台账，省调每月对所管辖的设备逐一进行损失率的计算、分析，及时掌握网损动态，时刻控制网损指标。四是省调督促有关单位加强电能计量装置管理，1992 年末，全省一次网关口电能计量装置已全部配齐，表计精度基本合格。由于采取了上述措施，提高了统计分析精度和加强了考核力度，当年全省一次电网网损率指标完成较好。

1993 年，吉林省 220 千伏及以上电网网损率为 3.84%，比 1992 年上升了 0.027 个百分点，较东北电网调度局下达的指标降低了 0.001 个百分点。经分析，网损率上升的原因是系统电压过高，一次变电所和部分二次变电所的电容器不能投入运行，地区售电功率因数低，无功电力在网络中流动传输引起的。

1995 年和 1996 年，全省一次电网损失率上升幅度较大，均超过 4 个百分点，其原因是双辽电厂两台 30 万千瓦机组运行逐步稳定，发电量成倍增长，这些电量通过长距离的 220 千伏的双西甲、乙线直送长春西郊一次变电所，造成了较大的线路损耗；二是 1996 年吉林省从通辽电厂经过通巨线、电巨线和电岭线三条长线路受入电量较多，全年总和比 1995 年多受入电量 1.61 亿千瓦·时，这几条线路电量损耗也增加较多。

1997～2002 年，吉林省 220 千伏及以上电网的网损率逐步下降。1997 年一次电网损失率比 1996 年下降了 0.088 个百分点，其主要原因：第一，全省水电发电量为 33.42 亿千瓦·时，较 1996 年下降 33.41%，水电大发期间吉林省向外省输送的穿越功率减小，网损率降低；第二，从这年开始，全网实行月末 24 点一次网关口抄表和上报制度以及网损月统计报表制度，提高了统计电量同时性和准确性；第三，对有两台变压器运行的 220 千伏变电所经济运行方案作的准、落的实，台台都在负荷较轻季节采取停一台变压器运行的降损措施。降损措施在前郭、铁东、新立、双辽、公主岭、东郊、农安、榆树、敦化等 9 个一次变电所实施。

1998 年，吉林省电网一次电网网损率开始按照国家一流标准进行管理和考核，吉林电力调度中心采取常规性的降损措施，但效果良好，网损降低系数 K 值为 0.009 42，达到并超过了建设一流电网调度机构标准 0.007 的要求。

1999 年 4 月，东北电网实行分省核算、网省分开的体制改革，未给吉林省下达一次网损指标。按照新的规定，从 4 月起一次网损率不再计入发电厂升压变压器损失。随着发电侧电力市场投入运营，吉林电力调度中心开始启用新的多功能电子表，实行关口表电量自动计量传输。全年一次网损率为 3.52%，比 1998 年下降 0.32 个百分点。下降的主要原因是一次网损管理执行新的管理办法，从 4 月起发电厂升压变压器损失不再计入一次网损；当年有 8 台 220 千伏变压器在负荷较轻季节采取停运降损措施，少损失电量 368.16 万千瓦·时；各单位调整主变压器分接开关，投切电容器 500 多次，降低了网损；电能量自动计量系统的投入，提高了电能量采集的准确性和及时性。1999 年，网损降低系数达到 0.022，为吉林省电网实现一流电网调度机构创造了条件。

2000 年，吉林省电网一次网损累计完成值 2.66%，累计损失电量 6.50 亿千瓦·时，较 1999 年网损下降 0.86 个百分点。其原因是 2000 年度东北电力公司没有给吉林省电网下达网损指标，按照电网商业化运营的要求，2000 年吉林省一次网损率是按发电厂变电所主变高压侧关口计量点计量电量统计计算的，全年不含主变压器的损失。

2001 年，吉林省电网一次网损率为 2.81%(累计损失电量 7.49 亿千瓦·时)，较 2000 年同期 2.66%上升 0.15 个百分点。其原因是 2001 年度过网电量较同期增加了 13.68 亿千瓦·时，加大一次电网损失率。该年吉林电力调度中心加大了有两台变压器变电所运行管理，共有 9 台主变压器除节假日外，长年停用，全年少损失电量 500 多万千瓦·时。年度一次电网损失率降低系数 $K=0.023$，符合一流电网调度机构的考核标准。

2002 年，吉林省调首次组织一次网损普查，经过 8 个典型日及 3 个月的网损统计，提出降低网损的有效途径和整改措施。对普查中发现的一些问题，进行了相应的整改，效果很好。全年联络线净受入电量较 2001 年同期减少了 6.25 亿千瓦·时，累计网损电量 6.56 亿千瓦·时，一次网损率为 2.45%，比 2001 年下降了 0.36 个百分点(见表 8-3-5)。一流电网调度机构一次网损降低系数 K 值为 0.007，省调一次网损降低系数考核指标连续 5 年达到一流水平。为提高电能质量，降低网损，对浑江电厂 5、6 号机、珲春电厂 1、2 号机、长春热电二厂 1、2 号机，共 6 台机组做了进相运行试验，提出相应的制度规定。

表 8-3-5　　1991～2002 年吉林省电网一次网损率统计

年　份	1990	1991	1992	1993	1994	1995
网损率指标（%）			3.82	3.84	3.89	4.03
网损率（%）	3.62	3.75	3.81	3.839	3.885	4.02

年　份	1996	1997	1998	1999	2000	2001	2002
网损率指标（%）	4.03	4.028					
网损率（%）	4.028	3.94	3.84	3.52	2.66	2.81	2.45

需要说明的是，吉林省一次网损是按东北电力公司制定的管理办法计算的，规定将白山、红石、云峰、通辽发电厂联络线和 500 千伏线路及主变压器的损失电量都由吉林省承担的。这个管理办法与“分省核算”体制是相矛盾的。2000 年吉林省一次网损失电量为 6.50 亿千瓦·时，其中包括白山电厂 5 条联络线损失电量 5612 万千瓦·时，红石电厂联络线损失电量 1004 万千瓦·时，云峰电厂联络线损失电量 387 万千瓦·时，通辽电厂 3 条联络线损失电量 6859 千瓦·时，500 千伏线路和主变压器损失电量 4575 万千瓦·时，合计损失电量 1.84 亿千瓦·时，占吉林省一次电网电量损失的 28%。为此，吉林电力调度中心以吉电调〔2000〕312 号文件向东北电力公司作了详细阐述。

第五节　经　济　调　度

20 世纪 90 年代，按照电力部提出的“要把电网的经济调度工作继续抓紧抓好”的要求，省调继续开展电网经济调度工作。1991 年，运行方式处采用电力部电科院开发的等微增经济调度程序，应用微机开展“离线”电网经济调度计算，每天打印次日各发电厂 24 小时出力分配表，由调度处值班调度员实施。省调认真开展电网经济调度工作，但搜集的各发电厂热力试验资料不全、不准，发电机组燃料综合耗量特性曲线多数不是最近一次设备大修后试验作出的，各发电厂燃料综合耗量特性曲线又是由各厂每台发电机组的曲线合成的，不能准确反映每台发电机组的真实情况，省调调度值班员只调全厂总出力而不具体调度每台机组，使得经济负荷分配精度大为降低。另外，有时预计负荷与实际负荷偏差较大，还有机炉进行临检、运行方式变化大等因素的影响，经济调度实施率仍然不高，距离准确的发电经济调度还有很大差距。

1993 年 9 月，省调启用电网调度自动化系统的"在线"实时经济调度（EDC），根据运行方式处编制的发电厂在线运行机组的燃料耗量微增率，电子计算机每分钟（可任选时间）计算一次各发电厂的负荷分配数值，显示于调度室的屏幕显示器（CRT）上。在线等微增计算比离线等微增计算更具有可实施性和准确性，在线经济调度更接近真实的经济调度，但仍存在微机输入的在线运行发电机组燃料耗量不准确等问题，经济调度工作的实际效果受到影响。

1994 年 9 月，电力部在电网经济调度工作座谈会上，要求各电网探索本网开展经济运行工作的基本原则后，省调认真进行了落实。经过研究确定吉林省调发电经济调度原则为遵循市场经济的要求，在确保电网安全运行的情况下，保证电网的总体经济效益，并维护各投资方的利益。省调根据这个基本原则，制定和实行了具体的经济调度实施方案。

1999 年，吉林电力调度中心引进的德国 ABB 公司生产的斯派德（SPIDER）电网调度自动化系统建成投运。2000 年 5 月起，吉林电力调度中心按照电网联络线关口调度的要求，发挥了自动化系统中自动发电控制（AGC）功能，全省 20 万千瓦及以上火力发电机组和 5 万千瓦及以上水力发电机组实现了自动发电控制管理，开展经济运行调度。2002 年末，双辽发电厂 4 台 30 万千瓦机组，长山、吉林、长春热电二厂，浑江发电厂各两台 20 万千瓦机组，松江河电厂小山水电站两台 8 万千瓦机组，都实现了自动发电控制管理，吉林省电网的经济调度工作进入一个新的发展时期。

20 世纪 90 年代初，随着吉林省高参数、大机组、大电厂的快速增加，省电力公司要求各发电生产企业实行细化管理，三机和辅助设备的经济技术指标达到设计值。按照这一要求，吉林电力调度中心加强对各发电厂生产经济运行指导，各发电厂认真开展经济运行工作，有的采用中压缸启动机组方式，有的实行制粉系统、循环水系统优化运行方式，多数发电厂开展供热机组热、电负荷优化分配、在线能耗分析、汽轮机冷端优化研究等活动，确保发电机组的主要参数在最佳经济工况下运行，收到了明显的效果。1995 年，网内 10 万千瓦及以上发电机组的主要经济、技术指标达到了国家先进水平。

各厂在机组经济运行中节水工作取得较好效果。双辽发电厂在启停主机组过程中，利用邻机汽源带动给水泵汽轮机运行，提高给水泵汽轮机的利用率，降低给水单耗；辽源发电厂合理调整机组负荷，降低综合汽耗率；长春热电二厂冬季采用双机单塔（凉水塔）运行方式节水，蛟河、龙井两电厂因能耗高，实行非采暖期机组停止运行办法节能节水等措施。

在经济运行中燃油量下降。"九五"计划期间，全省各发电厂对启、停锅炉的油耗进行深入的探讨和试验，30 万千瓦机组启、停油耗量，从原来的 140 吨/次，下降到 80 吨/次，节油量近 43%。各厂推广应用高效小油枪技术，以小油枪代替大油枪，采用汽泡雾化油枪，节约大量燃油；开展等离子无油锅炉点火试点，吉林热电厂 7 号锅炉实现了无油点火，经济效益十分可观。2000年，吉林省电力系统内火力发电厂供电标准煤耗率达到387克/（千瓦·时），比1990年下降29克/（千瓦·时）。2002年，全省发电厂供电标准煤耗率为388克/（千瓦·时），比1990年降低了28克/（千瓦·时）。

1991～2002年，各发电厂按照吉林电力调度中心的指导，落实省电力公司要求，在机组经济运行管理中，做到日分析、旬反馈、月总结；实行发电量、调峰、临检、非计划停运、高压加热器投入率、胶球投入率、吹灰器投入率、废水重复利用、降低水耗、油耗、碱耗等多项考核措施，开展值与值、机与机、炉与炉之间的红旗竞赛，加强管理，保证了发电机组主要经济技术指标达到或接近设计值。

第四章 继电保护和安全自动装置

随着科学技术的发展，一次设备向高电压、大机组迈进，二次继电保护和安全自动装置，从晶体管型直接向微机型保护发展，新型保护具有多种功能、综合化、小型化、高灵敏度、快速动作、便于安装、稳定可靠等特点。相应的人员技能水平也有较快提高。

第一节 机 构 和 职 能

1991～1996 年，省调继电保护科属省电力调度通信局，1996 年 3 月，继电保护科从科级晋升处级编制。1998～2002 年，继电保护处隶属吉林电力调度中心。

1991 年，继电保护科人员 11 名，其中科长、副科长各 1 名，专业人员 9 名：装置组 5 名，负责继电保护和自动装置硬件管理；运行组 4 名，负责电网内的装置运行管理及整定计算。省电力公司管理的电力企业继电保护专业人员 396 名。

1998 年，机构调整继电保护处定编 9 名，正、副处长各 1 名，专业人员 7 名。

2002 年，吉林电力调度中心继电保护处定编 8 名，发电企业 137 名，供电企业 160 名，合计 305 名。其中大专学历 208 名，占 68.20%，平均年龄 35 岁。2002 年，吉林省发、供电企业继电保护专业人员结构分布，见表 8-4-1 和表 8-4-2。

表 8-4-1 2002 年省管发电企业继电保护专业人员结构分布

序号	单位	人数	学历分布					年龄分布				调试级别		
			大学	大专	中专	技校	其他	30 岁以下	30～35 岁	36～40 岁	40 岁以上	一级	二级	三级
	合计	137	34	66	24	5	8	38	49	34	16	4	21	4
1	吉林热电厂	17	3	5	5	2	2	4	6	4	3			
2	长春二热电厂	10	7	2	1	0	0	2	3	4	1			
3	长山热电厂	16	0	12	4	0	0	4	9	3	0			
4	浑江发电公司	14	8	4	1	1	0	3	3	7	1	4	8	
5	二道江发电公司	16	3	9	3	0	1	3	9	2	2			
6	双辽发电厂	3	1	2	0	0	0	0	3	0	0		3	
7	四平热电公司	2	0	2	0	0	0	0	2	0	0		3	4
8	松江河发电厂	3	2	1	0	0	0	0	3	0	0			
9	珲春发电厂	9	2	5	0	2	0	2	0	6	1		7	

续表

序号	单　位	人数	学历分布					年龄分布				调试级别		
			大学	大专	中专	技校	其他	30 岁以下	30～35 岁	36～40 岁	40 岁以上	一级	二级	三级
10	辽源发电公司	7	1	3	2	0	1	2	4	1	0			
11	长春热电一公司	10	2	3	2	0	3	3	2	3	2			
12	龙井热电厂	4	0	3	1	0	0	2	0	0	2			
13	新立热电厂	2	0	2	0	0	0	2	0	0	0			
14	两江水电厂	2	0	1	1	0	0	0	1	1	0			
15	白城热电厂	5	1	2	1	0	1	2	1	0	2			
16	蛟河热电厂	4	1	3	0	0	0	2	0	2	0			
17	满台城水电厂	4	1	1	2	0	0	2	1	1	0			
18	洮南热电厂	5	2	3	0	0	0	3	2	0	0			

表 8-4-2　　2002 年吉林省供电企业继电保护专业人员结构分布

序号	单　位	人数	学历分布					年龄分布				调试级别		
			大学	大专	中专	技校	其他	30 岁以下	30～35 岁	36～40 岁	40 岁以上	一级	二级	三级
	合计	160	66	42	35	6	11	30	51	31	48	3	18	4
1	长春供电公司	21	5	5	7	2	2	1	6	6	8	1	8	
2	吉林供电公司	18	8	3	5	1	1	0	3	6	9	2	7	
3	四平供电公司	22	10	2	6	0	4	4	4	2	12			
4	通化供电公司	30	11	7	7	2	3	4	8	7	11			
5	白城供电公司	23	11	9	3	0	0	6	10	4	3			
6	白山供电公司	13	3	3	6	1	0	5	8	0	0			
7	辽源供电公司	11	4	6	1	0	0	2	4	2	3		3	4
8	延边供电公司	22	14	7	0	0	1	8	8	4	2			

12 年来，继电保护处认真贯彻、执行上级和网调颁发的规程、制度、标准；制定吉林省电网继电保护和安全自动装置的发展规划和年度工作计划；编制实施反事故措施计划；协同审查电力设计、电力建设和电力生产有关继电保护方案；编制电网继电保护运行、检修、维护管理规定和制度；开展整定计算、定期检验、技术改造工作等。1997 年，电力工业部将继电保护工作纳入技术监督。开展了省电力系统内发电、供电、施工企业内的继电保护技术监督工作。

第二节 继电保护装置

吉林省电网继电保护和安全自动装置历经电磁型、整流型、晶体管型和微机型四个阶段的发展历史，20 世纪 90 年代，进入以发展微机型继电保护和安全自动装置为主的新时期。

2002 年，220 千伏电网继电保护微机型配置占 77.04%；63 套故障录波器全部实现微机型；500 千伏线路按双重化原则配置国产微机型保护；变压器、发电机变压器组和母线保护的大部分装置逐步更换为微机型装置，稳定性提高，维护、检修、整定方便，为吉林省电网安全运行设置了安全可靠的防线。

一、500 千伏电网设备保护装置

2002 年，500 千伏电网继电保护和安全自动装置共 70 套（台），其中各类继电保护装置 55 套，安全自动装置 15 台。继电保护中，线路保护 26 套，主变压器保护 8 套，母线（包括旁路）保护 13 套，中央信号和同期保护 3 套，电抗器保护 5 套。继电保护和安全自动装置的微机型普及率 77.07%和 100%；线路保护实现双重化配置。吉林省 500 千伏电网继电保护和安全自动装置统计，见表 8－4－3。

表 8－4－3 吉林省 500 千伏电网继电保护和安全自动装置统计

类别	元件名称	保护屏型号	保护型号	生产厂家	数量（套）	生产日期
线路保护	合计				26	
	丰合线路保护	GXW－T	WXB－11	南京自动化研究所	2	1992.6
	丰徐线路保护	GXW101B32QG6A	CSL－101B	南京自动化研究所	2	2001.2
	丰合线路远方跳闸保护			阿继电气有限公司	1	
	丰徐线路远方跳闸保护	WYP－01		南京自动化研究所	1	2001.9
	梨合线路保护	REL－561 SEL－321	ABB	德国 ABB 公司	2	2000.11
	合包线路保护	REL－561 SEL－321	ABB	德国 ABB 公司	2	2000.11
	梨合线路远方跳闸保护	WYP－01		南京自动化研究所	1	2000.11
	合包线路远方跳闸保护	WYP－01		南京自动化研究所	1	2000.11
	合包线路保护	REL－561 SEL－321	ABB SEL	德国 ABB 公司 SEL 公司	2	2001.4
	永包线路保护	REL－561 SEL－321	ABB SEL	德国 ABB 公司 SEL 公司	2	2001.4

续表

类别	元件名称	保护屏型号	保护型号	生产厂家	数量（套）	生产日期
线路保护	合包线远方跳闸保护	WYP-01		南京自动化研究所	1	2001.4
	永包线路远方跳闸保护	WYP-01		南京自动化研究所	1	2001.4
	梨合线路保护	REL-561 SEL-321	ABB SEL	德国ABB公司 SEL公司	2	2000.11
	双梨乙线保护	REL-561 GXW101A42/X		许昌继电器厂 南京自动化研究所	2	2001.4
	沙梨乙线保护	REL-561 SEL-321	ABB SEL	德国ABB公司 SEL公司	2	2001.4
	双梨乙线远方跳闸保护	GXF-201X/4G		南京自动化研究所	1	
	沙梨乙线远方跳闸保护	GWY-02		南京自动化研究所	1	2001.4
主变压器保护	合计				8	
	东丰1号主变压器保护		PK33	德国ABB公司	2	2002.12
	东丰2号主变压器保护		PK33	德国ABB公司	2	2002.12
	合心1号主变压器保护		RET-521	德国ABB公司	2	2002.12
	包家1号主变压器保护		RET-511	德国ABB公司	2	2002.12
母线保护	合计				13	
	东丰母差失灵保护		PMH-1/J PMH-1/Z	阿继电气有限公司	2	1986.11
	东丰旁路保护	GXW-T	WXB-11	南京自动化研究所	1	1992.6
	合心变母差保护		BUS-1000	南瑞系统控制中心	2	2000.11
	包家1号母线差动保护		BUS-1000	GE公司	2	2001.4
	包家2号母线差动保护		BUS-1000	GE公司	2	2001.4
	梨树变1号母线差动保护		BUS-1000	GE公司	2	2001.4
	梨树变2号母线差动保护		BUS-1000	GE公司	2	2000.11
中央信号保护和同期保护	合计				3	
	合心变中央信号同期保护		EXZ-3	南京自动化研究所	1	1992.6
	包家变中央信号同期保护		PK-33	许昌继电器厂	1	2001.4
	梨树变中央信号同期保护		PK-33	许昌继电器厂	1	2000.11
电抗器保护	合计				5	
	合南1号线路电抗器保护		WDK-600	南京自动化研究所	2	2002.9
	合心变电抗器保护		WDK-600	南京自动化研究所	1	2002.9
	沙梨乙线电抗器保护	G2K-JC	GCDK-112	南京自动化研究所	1	
	梨合线电抗器保护			许昌继电器厂	1	

续表

类别	元件名称	保护屏型号	保护型号	生产厂家	数量（套）	生产日期
安全自动装置	合计				15	
	东丰变自动重合闸屏			许昌继电器厂	2	1986.11
	合心变重合闸	PK－10		阿继电气有限公司	4	1992.11
	合心6号录波器	PK－10 WGC－12		四川电气设备成套厂		1996.12
	包家变重合闸	PK－33		许昌继电器厂	2	2001.4
	包家变稳控装置	CSS－100B		北京四方公司	2	2001.4
	梨树变自动重合闸	PK－33		许昌继电器厂	2	2000.11 2001.5
	梨树变稳定控制	CSS－100B		北京四方公司	2	2002.7
	双梨线路故障录波器	BEN－50000		北京电科公司	1	2000.11

二、220千伏电网设备保护装置

1990年，吉林省电力系统有220千伏变电所41座（含发电厂220千伏变电所）、变压器77台、输电线路66条，省调直接调度指挥的线路47条；继电保护和安全自动装置1709套，其中，相差高频保护96套，高频闭锁距离零序保护46套，距离保护和零序重合闸143套，母线保护41套，故障录波器64台。保护装置多为晶体管型，故障录波器只有两台是微机型，其余为老式感光型故障录波器。省调管辖的47条220千伏输电线路中，除热五线路、松蛟敦线路和长富线路无高频保护外，其余44条都配置高频保护，其中17条配置双套高频保护，除敦延线路高频保护由于保护自身原因未投入运行外，其余输电线路保护均投入运行，但装置技术落后，运行不够稳定，经常发生误动，还有维护、定检困难等问题。

省调从实际出发，按照国调、网调颁发的规程要求，大力改造落后装置，推广采用先进的微机型保护和安全自动装置。

1990年，220千伏四平、长春、磐石、梅河、白城变电所的旁路母线都更换为微机型保护；北巨线、热镇白线、热前线、长北线微机型保护投入运行。微机型故障录波器型号有DGL－1、WGL－11型。

“八五”计划期间，吉林地区的220千伏铁东、哈达湾变电所的旁路母线保护，东吉线路保护实现微机化。其他220千伏变电所的旁路母线保护和装有GCH－1A型电子管相差高频保护的线路保护都更换为微机型。老式的感光故障录波器大部分也更换为微机型故障录波器。在试点的基础上，推广使用了微机型发电机变压器组保护、变压器保护、母线保护等。“九五”计划期间，新建工程全部选用微机型发变组保护、变压器保护、母线保护，型号有GZFB－01、LFP－971（2、3）、CST－31（32、33）、BP－

2A、LFP－915、LFP－975型等，吉林省成为全国较早采用微机型保护和故障录波器的省份之一。

1998年，随着220千伏的吉林、长春北郊、辽源、公主岭变电所故障录波器更换、改造工程完成，吉林省220千伏系统故障录波器全部实现微机化。松东甲线保护更换为微机型保护。同年，全省220千伏线路电子管型高频保护全部改造完，全省220千伏线路微机型保护占保护总数的67.42%。

2000年，220千伏系统采用微机型的有母线保护、变压器保护、发电机变压器组保护，利用微波、光纤通道的微波电流分相数字差动保护、光纤分相数字差动保护、允许式纵联差动保护等新装置；有6座220千伏变电所实现综合自动化。

2002年，吉林省220千伏设备各类保护统计，见表8－4－4。

表8－4－4　　2002年吉林省220千伏设备各类保护统计（按屏统计）

保护	保护总数736套		线路保护532套		母线保护61套		主变保护143套	
	微机型	常规型	微机型	常规型	微机型	常规型	微机型	常规型
数量（套）	567	169	532	00	24	37	64	79
比例（%）	77.04	22.96	100	00	39.34	60.66	44.76	55.24

第三节　安全自动装置

20世纪90年代，吉林省最为薄弱的电网是白城、延边两个地区电网。白城松原电网位于吉林省电网的西部，经热前、热德、长新线路与主网相连，稳定水平很低。在正常方式下，在限制线路潮流的基础上，仅能保证网内任一回线路发生单相永久性故障时网内机组的稳定水平。所以，省调在热前、热德、长新线路加装了振荡解列装置，当长山热电厂机组与电网发生振荡时，自动解列热前、前德、长新线，以消除长山热电厂发电机组的振荡，保证电网的稳定。

蛟敦延电网位于吉林省电网的东部，经220千伏松蛟线路、镜敦线路与主网连接，电网结构薄弱，稳定水平低。在正常方式下，仅能满足单项瞬时故障的暂态稳定。发生永久性故障时，只能依靠网内220千伏延东变电所振荡解列装置的正确动作保证电网的稳定与安全。

1990年，全省电网220千伏各种安全自动装置20套，故障录波器64台。具体有开关跳闸联切负荷联切发电机、开关过电流联切负荷连锁切机、备用电源自动投入、低频减载、低频解列、电网振荡解列等安全自动装置，都是继电器型。网内早期配置的安全自动装置主要是许昌继电器厂生产的ZZJ－1型和ZZJ－2型以及南京电力自动化厂生产的SBJ－1A型产品。

1993 年 1 月，二道江电厂 7 号 10 万千瓦机组第一次并网运行，给原已薄弱的云浑电网带来新的稳定问题。因二道江电厂 7 号机组投运必备的安全稳定装置没有与机组同步建设，66 千伏母线没有母差保护，加重了电网的稳定问题。为使 7 号机组能早日发挥作用，省调采取改变保护动作时间、加装低频解列装置等措施。

1998 年，常规型的故障录波器都更换为微机型，1999～2000 年，新配置的振荡解列装置均为微机型，为深圳南瑞集团生产的 UFV－2F 型。浑江、双辽、珲春电厂配置微机连锁切机装置。这些装置的投入，成为吉林省电网安全稳定的重要防线。

1999 年，东北电力公司在丰满发电厂及哈达湾、梅河、东丰等变电所安装北京四方公司生产的 CSS－100A 型稳定控制装置，解决丰满、白山水电厂电力外送的稳定问题。吉林省电网使用的频率继电器大多为北京继电器厂生产的 SZH－2 型、UFV－2 型产品，正在运行的 316 块，分别布置在各个 220 千伏变电所，控制 92 条输电线路。随着电网的发展，继电器型低频减载装置已经不能满足电网要求，尤其不具备低压减载功能的装置面临淘汰的局面，2000 年，吉林省电网共有 25 套振荡解列装置。

2002 年开始，省电力公司用两年多时间，投资 300 万元，更换了老式低频减载装置，新投入 59 套新装置，同时具备低频低压减载以及低频低压解列功能；吉林省电网各种类型的低频减载装置增至 333 套，控制着各种电压等级线路 1037 条，控制负荷约 184 万千瓦。

第四节　运　行　管　理

省调为保证电网安全稳定经济运行，制定、执行比较完备的继电保护运行规程和管理制度；制定比较切合吉林电网实际的各项反事故措施，开展反事故演习。1991～1996 年，省调制定《继电保护装置检验规程》、《反事故措施要点》、《现场工作规程》，修订《与电网调度运行人员联系制度》、保护和自动装置工作的《岗位责任制度》等。1999 年，机构调整后，制定《电网继电保护技术监督管理规定（试行）》。2001 年，省电力公司下发《电网继电保护技术监督考核办法》、《继电保护专业试验室标准》。

继电保护处根据国调和东北电网调度规定，每年都编制、修订和落实继电保护和安全自动装置反事故措施，并开展反事故演习活动。主要有《“四统一”保护改进措施》、《发电机失磁保护反事故措施》、《关于电压互感器二次接地改进措施和发电机匝间保护改进措施》、《关于变压器瓦斯保护的反事故措施》、《关于 LCD－15 型差动继电器及微机型变压器保护反事故措施》、《吉林省 220 千伏系统变压器失灵保护反事故措施方案》、《关于 SZH 型数字频率继电器有关问题的通知》和《继电保护高频保护通道工作改进措施》等，每年省调重点检查各发、供电企业反事故措施完成情况。

1990～2002 年，继电保护装置套数和正确动作率统计、运行情况统计，见表 8－4－5 和表 8－4－6。

表 8-4-5 1990～2002 年继电保护装置套数和正确动作率统计

年份 \ 项目	总数量（套）	全部保护正确动作率（%）	220 千伏保护正确动作率（%）	220 千伏录波器录波完好率（%）
1990	23 397	99.11	94.04	78.60
1991	23 678	98.94	93.33	88.20
1992	23 960	99.28	94.19	92.50
1993	24 278	98.91	92.44	79.10
1994	24 562	99.57	98.21	92.20
1995	24 785	99.49	96.09	98.73
1996	25 085	99.65	98.62	98.80
1997	25 210	99.83	98.95	99.00
1998	25 497	99.78	98.82	99.07
1999	25 786	99.77	98.96	96.70
2000	25 738	99.85	99.47	100.00
2001	24 789	99.58	99.50	98.33
2002	24 673	99.86	99.10	100.00

表 8-4-6 2002 年继电保护运行情况统计

<table>
<tr><td rowspan="7">220 千伏及以上系统保护</td><td colspan="2">台 数</td><td>806</td></tr>
<tr><td colspan="2">总的动作次数</td><td>337</td></tr>
<tr><td colspan="2">正确动作次数</td><td>334</td></tr>
<tr><td rowspan="2">不正确动作次数</td><td>误动</td><td>3</td></tr>
<tr><td>拒动</td><td></td></tr>
<tr><td colspan="2">正确动作率（%）</td><td>99.10</td></tr>
<tr style="display:none"></tr>
<tr><td rowspan="6">220 千伏系统保护</td><td colspan="2">台数</td><td>736</td></tr>
<tr><td colspan="2">总的动作次数</td><td>331</td></tr>
<tr><td colspan="2">正确动作次数</td><td>328</td></tr>
<tr><td rowspan="2">不正确动作次数</td><td>误动</td><td>3</td></tr>
<tr><td>拒动</td><td></td></tr>
<tr><td colspan="2">正确动作率（%）</td><td>99.10</td></tr>
<tr><td rowspan="6">500 千伏系统保护</td><td colspan="2">套（台）数</td><td>70</td></tr>
<tr><td colspan="2">总的动作次数</td><td>6</td></tr>
<tr><td colspan="2">正确动作次数</td><td>6</td></tr>
<tr><td rowspan="2">不正确动作次数</td><td>误动</td><td>0</td></tr>
<tr><td>拒动</td><td>0</td></tr>
<tr><td colspan="2">正确动作率（%）</td><td>100</td></tr>
</table>

续表

220 千伏及以上元件保护（母线、变压器保护）	台数		204
	总的动作次数		11
	正确动作次数		10
	不正确动作次数	误动	1
		拒动	
	正确动作率（%）		90.90
故障录波器	总台数		65（其中 500 千伏的 2 台）
	其中微机型台数		65
	应评价次数		
	录波完好次数		59
	录波完好率（%）		100

第五节　监督及 Y2K 测试

一、技术监督

1997 年，按照电力部颁发的《全国电力系统继电保护技术监督规定》，省电力公司成立了继电保护技术监督领导小组和办公室，生产部设继电保护技术监督工程师，省电力调度通信局配备专责人。各局、厂配备继电保护技术监督专责人。1999 年，吉林电力调度中心机构调整中明确电力调度中心继电保护处为全省继电保护技术监督管理的常设机构，设监督工程师和专责人，负责全省继电保护技术监督管理工作。在继电保护监督领导小组的领导下，继电保护处制定了《吉林省电力系统继电保护技术监督管理规定（试行）》。2001 年，制定了《吉林省电力系统继电保护技术监督考核管理办法》、《电力系统继电保护专业试验室标准》等一系列文件。

1998 年，按照"依法监督、分级管理、行业归口"的原则，全省电力系统正式开展继电保护技术监督工作，包括保护定检、整定计算、签发工作票、执行规程、设备维护、动作统计分析等，多数单位定检率达 100%，少数企业在 90%以上。定检工作中，全省发现重大缺陷 79 项，及时得到处理。各单位按年初继电保护专业会议要求，逐条执行反措施计划。经统计，全省 87%以上的技改项目，开展监督，完成较好。基建工程中继电保护虽然没有做到全过程监督，也有 75%以上的项目开展监督工作。客户继电保护监督工作比较复杂，受监督项目不足半数，但开了个好头。1999 年，消除重大缺陷 278 项，管理制度和措施进行了整改和补充。

2002 年，吉林电力调度中心继续加强继电保护监督管理的基础建设。制定下发的《吉林省 220 千伏电力系统继电保护配置原则》的执行，解决二次系统各专业之间技术交差融合而容易产生的继电保护装置选型混乱等问题。随着微波、光纤通信技术的发展，全省利用微波、光纤通道的继电保护和安全自动装置大量增加，适时制定了《吉林省电力系统重要通信通道运行管理规定》，明确继电保护和安全自动装置与通信通道的分工，各自加强管理。新制定的《吉林省220千伏继电保护和安全自动装置检修管理办法》，比老办法增加了缩短检验时间、延长周期、可与一次设备检修同时配合进行等新内容。

二、Y2K测试

1999年8月，为了确保吉林省电网继电保护装置安全度过2000年，以保证电网安全运行，吉林电力调度中心在做好应急计划和风险评估的基础上，组织全省发、供电企业继电保护专业人员进行了大量的测试、整改和联合测试工作，顺利地解决了吉林省电力系统继电保护和安全自动装置的Y2K问题。

吉林省电网共有微机型继电保护装置（含线路保护、母线保护、变压器保护、发电机变压器组保护、综合自动化变电所保护、故障录波器及安全自动装置）725套，其中220千伏、500千伏微机型继电保护装置267套，220千伏微机型故障录波器63套。吉林电力调度中心统一组织了全省电力系统微机型保护装置和微机型故障录波器的Y2K的测试、整改和联合测试工作，对直接管辖的220千伏及500千伏微机型保护装置直接组织了Y2K测试、整改和联合测试；对110千伏及以下微机型继电保护装置由各发电、供电企业在吉林电力调度中心的指导下进行了Y2K测试和整改。

（一）220千伏及以上系统继电保护装置测试及整改

吉林省电网220千伏、500千伏的线路微机继电保护装置共257套，发电机变压器组微机保护10套。省调在测试中发现WXB-01型微机线路保护（29套）、WFB-100型微机发电机变压器组保护存在计算机Y2K“C”类问题。对WXB-01型线路微机保护，考虑其运行年代已久而且保护程序和时钟软件在一个CPU中（中央处理器），按照国调中心的要求在技术改造中已经更换，对其存在的无闰月问题暂时采用手动调整的办法解决；对WFB-100型微机发电机变压器组保护存在的“C”类问题，通过软件升级的办法当年得到了解决。“C”类问题当年整改率达到89.14%，其中WXB-01型微机旁路保护在2000年更换了3套，2001年全部得到更换。

（二）220千伏微机型故障录波器测试及整改

吉林电力调度中心对全省电力系统63套220千伏微机型故障录波器测试发现，GLQ-2型、WGL-12型、YS-8A型、GTW-1603型、DGL-1A型微机故障录波器计算机存在Y2K“C”类问题。在整改中，对前三种类型的故障录波器计算机存在的Y2K“C”类问题，当年通过软件升级的办法得到了解决；对GTW-1603型故障录波器计算机存在的Y2K“C”类问题，当年通过软件和硬件升级的办法也得到了解决；对DGL-1A型（共6套）故障录波器计算机存在的Y2K“C”类问题，考虑其运行年代已久且主程序和时钟软件在同一个CPU中，要求在技术改造中进行更换，存在的问题暂时采取时钟倒拨的办法解决，此装置已在2001年技术改造中进行了更换。

（三）110千伏及以下继电保护装置测试及整改

吉林省电力系统110千伏及以下微机型继电保护装置共404套。经测试发现LFP-

951 型、LFP－971A 型、LFP－951A 型、LFP－975A 型、DFP－301 型、DFP－500 型微机继电保护装置和 UFV－2 型低频、低压振荡解列装置计算机存在 Y2K“C”类问题。在整改中，对 LFP－951 型、LFP－971A 型、LFP－975A 型微机继电保护装置和 UFV－2 型低频、低压振荡解列装置存在的跨年问题，当年通过软件升级的办法得到解决。但是，上述保护、安全自动装置和 DFP－301 型、DFP－500 型继电保护装置一样，都存在无闰月的计算机 Y2K“C”类问题。根据国调中心 156 号文件新的要求，吉林电力调度中心及时安排了软件更新计划，由于软件修改和芯片到货不及时，当年整改率只有 82.67%，在 2000 年全部整改完成。

经过省调继电保护处的精心组织和协调，在全网继电保护专业人员的共同努力下，吉林省电力系统微机型继电保护和安全自动装置顺利通过测试与整改，保证了电网安全运行，胜利跨入 2000 年。

第六节　定期检验与整定计算

省内各局厂继电保护和安全自动装置的定期检验工作，按照吉林省《电力系统继电保护和安全自动装置的检验规定》的要求，结合本地区实际进行，编制定期检验方案、计划，收集电气设备参数，对正在运行、新投入运行、设备临时检修、事故原因不明等继电保护和安全自动装置的定值进行校核、变更、整定计算。结合电网季节性安全检查和设备检修进行定期检验整定计算。

一、定期检验

各局厂根据省调提供的 220 千伏电网设备保护计算书和通知单，结合本地区、本单位系统运行方式、年系统最大负荷电流等制定本单位继电保护和电网安全自动装置检定方案。

方案检验项目，包括继电保护和安全自动装置外部检查，电流、电压互感器及其回路检验，有关回路检查，继电器的机械部分及电气性能检验，装置电气特性检验，整定试验，整组及操作试验，高频保护对调试验及对安全自动装置的检查。

1990 年，吉林省 220 千伏电网继电保护及安全自动装置 1709 套，共发现和处理装置缺陷 728 件。

“九五”计划期间，全省继电保护定检工作列入技术监督以来，工作越做越细，质量有一定提高。1998 年，多数单位定检率 100%，全省查出重大缺陷 79 项，及时进行了处理。全省 220 千伏电网继电保护装置动作 510 次，故障录波器录波动作 108 次，500 千伏电网保护装置动作 11 次，全年未发生误动。1999 年，全省 220 千伏电网继电保护装置定检完成率 100%，共检查发现并及时处理重大缺陷 278 项。

2001 年，吉林省 220 千伏电网继电保护和安全自动装置动作 280 次，不正确动作 7 次，同比增加 5 次，正确动作率下滑 1.97 个百分点，是近几年事故最多一年。2002 年，全省 220 千伏电网继电保护和安全自动装置动作 337 次，不正确动作 3 次，同比减少

4 次。

二、整定计算

全省 220 千伏电网的继电保护和安全自动装置的整定计算手段，经历人工手算、计算器计算、直流计算台计算等历史阶段。20 世纪 90 年代，电网短路电流、继电保护和安全自动装置的整定计算进入全部使用微机计算时期。

1991～2002 年，全省 220 千伏及以上电网设备的继电保护和安全自动装置的整定计算工作，按照部颁有关规定，结合吉林省电网的实际，坚持每年制定实施整定计算方案。方案的主要内容包括：电网最大、最小运行方式规定，整定计算配合原则，各类保护的定值表；收集网内有关电气设备参数（包括设备铭牌、技术规范、实测数据）；根据整定方案规定的最大、最小运行方式，对电网正序、零序阻抗进行归算，提出网内发电厂、变电所主要母线的最大、最小正序、零序短路阻抗值；按照后备保护时间级差的配合要求，提出下一级调度管辖设备继电保护时限的允许值；根据各类保护整定计算原则，汇编其定值表及配制图；依照保护定值单的要求及时修订现场有关继电保护装置的说明及规定；下发定值通知单并要求限期完成更改定值任务。

10 多年来，吉林省 220 千伏及以上电网设备保护装置的整定计算工作主要做了以下几项：按照电力部颁《全国电力系统继电保护技术监督规定》结合吉林省电网实际，编制了全省 220 千伏及以上电网保护装置的整定计算方案；下达正在运行中的电网设备的继电保护和安全自动装置定值通知书，各单位进行复核、变更；对新投入运行的线路、发电机、变压器、电抗器、母线等设备保护装置的定值，下发投入时计算书，各单位进行整定计算，调整试验；配合电网内设备季节性大修和临检，提供临时定值；电网发生故障遇有保护装置动作原因不明时，为校核保护装置的动作行为，在事故方式下进行实时计算；定期对电网设备的保护装置定值进行全面校核，以保证保护装置在相应的运行方式范围内正确动作；加强有关电气设备技术规范管理，确保各种参数符合实际，准确无误。

1992 年，省调完成即将投产的二道江电厂 10 万千瓦机组的发电机投产整定计算和投运；完成 500 千伏合心变电所、500 千伏合南、丰合线保护的整定计算，并开展了调试投运工作。

1993 年，完成 220 千伏松哈甲、乙分线等 6 条新建线路保护的整定计算和投运；完成 500 千伏东丰变电所 2 号变压器、220 千伏的吉林城南、桦甸、长春东郊、四平双辽变电所主变压器和双辽电厂 1 号高压备用变压器各种保护的整定计算和调试投运。同年，对双辽发电厂第一台 30 万千瓦机组入网后电网潮流、电压、稳定状况做了详尽计算分析。

1997 年，完成 21 项 220 千伏及以上电网新设备及更新改造设备保护装置的整定计算和投运。另外，对 18 台大型机组调峰设备的保护装置进行校核，有的进行重新整定计算和投运。

1999 年，吉林电力调度中心相继完成新建四平热电厂 10 万千瓦机组各项保护的整定计算及投运，新建 220 千伏合农线、热四甲线，四平热电厂 3 号主变压器保护整定计算，公主岭、白城变电所主变压器更换等设备的继电保护和安全自动装置的整定计算、校核及投运工作。

2001 年，吉林省电网新建和改建项目 51 项，是电网结构变化最大的一年。由于专业人员精心组织和整定计算，认真编制投运方案，及时下达定值通知单和运行规定，保证了新设备和改造设备的顺利投产。但存在方案对运行方式说明不够清楚，整定计算没有经过专业人员审核或审核不够认真等问题，发生一起吉林省多年没有出现的继电保护误整定事故。

第五章 电网调度自动化

为适应大机组、大电厂、大电网发展的需要，吉林省电力公司积极发展电网调度自动化系统。1991～2002年，吉林省电网调度自动化系统建设经历“五机”自动化系统和斯派德（SPIDER）自动化系统两个阶段。吉林电力调度中心与南京自动化研究所共同开发的“五机”电网调度自动化系统（两台前置机、两台后备机、一台通信节点机、五台微机联合调度自动化系统），于1990年投入运行，为电网服务达10年之久，1999年退役。1998年，吉林电力调度中心引进并于1999年投入运行的ABB公司生产的斯派德（SPIDER）电网调度自动化系统，不仅提高了电网调度自动化水平，还为吉林省电网独立核算、发电侧电力市场开发、运营发挥作用。

第一节 “五机”自动化系统

20世纪80年代末，吉林电力调度中心开发研制了适合吉林省电网发展需要的调度自动化系统，从美国引进电子计算机，与南京自动化研究所联合开发吉林省电网调度“五机”自动化系统。

“五机”系统建设，也是电力部科技司的科研项目。1988年，南京自动化研究所和省调的科技人员开展学习和调研，吸取和消化国内四大电网调度引进的自动化技术，进行科研攻关，1989年整套“五机”自动化系统研制成功，以最优性能的质量和廉价的成本，实现220千伏电网运行的监视控制和数据采集功能，经过调整试验，1990年投入试运行。

“五机”自动化系统的基本配置，2台VAX－Ⅱ小型机为后台机，1台VAX－Ⅱ小型机作为通信节点机，2台PDP－11/53小型机为前置机和模拟盘显示系统。1993年3月，通过电力部鉴定，7月通过实用化验收。

1993年4月11日7时30分，长春220千伏环网变电所发生事故，“五机”自动化系统在省调模拟盘中推出警告画面，调度员及时了解现场设备运行状况，确认合西甲线3706开关及合北甲线3708开关处在“断开”状态，遥信反映正确。事故得到及时处理，电网迅速恢复稳定运行状态，“五机”系统发挥重要作用，不仅为调度员提供准确、及时的电网运行工况信息，而且具备自动打印全省电力生产日报报表等功能，提高了电网运行信息的可靠性，还减少调度员抄表工序和劳动强度。

“五机”自动化系统存在高级应用软件开发不够，主机负荷、硬盘容量、人机会话设备方式等方面的限制，高级应用软件功能尚未实现。还有，“五机”系统采用的CDT规约，存在自身的缺陷，影响电能计量等问题，不能继续适应电网安全、经济运行及发展的需要，1999年退役。

第二节　斯派德（SPIDER）自动化系统

1998年，根据吉林省电网发展的需要，吉林电力调度中心引进德国ABB公司生产的具有90年代水平的自动化系统——斯派德（SPIDER）电网调度自动化系统，由电网控制监测系统（SCADA）、能量管理系统（EMS）、电能量计费核算系统（TMS）、自动发电控制系统（AGC）、电网高级应用软件（PAS、DPF）组成，1999年建成投入运行。

系统的基本配置，硬件设备由5台ALPHA SERUER微机和1000A磁盘作为系统主服务器，9台ALPHA STATION500微机作为工作站组成，采用UNIX操作系统和CRACLE数据库。吉林省电网调度自动化系统装置统计见表8-5-1。系统装置是由吉林电力调度中心一批具有高理论水平和实践经验的自动化专业人员引进、消化、建设的。先后两次赴德国进行系统开发，历时半年。期间，经常加班加点工作，克服语言、习惯、方法、东西方文化不同等困难，刻苦学习、消化先进技术，回国后加紧建设，取得圆满成功，为吉林省电网调度自动化的发展作出了贡献。

表8-5-1　　2002年吉林省电网调度自动化系统装置统计

单位	系统名称	主机型号及数量	内外容量	前置机型号及数量	开发单位	系统功能	实现功能	系统投资（万元）	投运时间	退役时间	备注
合计	—	8		4	—	—	—	2500	—	—	—
吉林省调	五机系统	DecVAXⅡ 3台	16M 320M	DEC PDP11/53 2台	南京自动化研究所	SCADA	SCADA	200	1990	1999	—
	SPIDER系统	Aipha Server1000A 500/400 5台	256M/9.3G	DEC AXP100 2台	德国ABB公司	SCADA、AGC	具备高级应用软件功能	2300	1998	未退役	—

1999年，斯派德（SPIDER）系统投运后，为吉林省电网的安全稳定运行，为电网调度员提供发电厂、变电所、线路运行的大量信息，传达调度员指挥设备操作、事故处理等指令发挥了重要作用，2000年5月起，吉林省实现电网联络线关口调度和发电厂自动发电控制（AGC）管理。省电力公司管理的20万千瓦及以上火力发电机组和5万千瓦及以上水力发电机组实现自动发电控制。2002年，长山、吉林、长春热电二厂，浑江发电厂共8台20万千瓦机组，双辽发电厂4台30万千瓦机组，松江河小山水电厂2台8万千瓦机组的自动化水平明显提高。2002年吉林省电网自动发电控制装置统计，见表8-5-2。

表8-5-2　　2002年吉林省电网自动发电控制装置统计

序号	电厂名称	机组数量（台）	装置型号	生产厂家	可调容量（万千瓦）	占系统总容量的比例（%）	投运时间
	合计	12	—	—	72	19.40	—
1	浑江发电厂	2	GR90	HARRIS	12	—	2000.5.8

续表

序号	电厂名称	机组数量（台）	装置型号	生产厂家	可调容量（万千瓦）	占系统总容量的比例（%）	投运时间
2	吉林热电厂	2	RTV－200	德国ABB公司	12	—	2000.5.8
3	双辽发电厂	2	RTV－200	德国ABB公司	18	—	2000.5.8
4	长山热电厂	2	RTV－200	德国ABB公司	12	—	2000.5.8
5	长春热电二厂	2	RTV－200	德国ABB公司	12	—	2000.5.8
6	小山电站	2	GR90	HARRIS	6	—	2000.5.8

第三节　调度模拟盘显示系统

1988年，吉林电力调度中心模拟盘为上海新光厂生产的DMP－85型微机不下位操作的灯光式模拟盘，模拟盘遥测量采用等离子显示器显示，遥信采用对位式模拟开关，以音响区分事故变位与正常操作变位，远动采集的信息通过VAX11/750型电网调度自动化系统收集和处理后，再通过模拟盘微机送往模拟盘显示。1997年，模拟盘改为浙江省宁海厂生产的TM－950型弧型微机控制模拟盘。模拟盘驱动器采用两台微机互为热备用，可接入128个厂、站端远动装置，每个厂、站可接入遥测量128个，遥信量256个。2002年，这套模拟盘显示系统仍在工作。

第四节　地调自动化系统

1990年5月，省电力公司试点单位吉林电业局，配合南京自动化研究所共同开发了地区电网调度PC－9801自动化系统，在该局铁东、哈达湾一次变电所正式投入运行，实现当地小时电量采集、打印、屏幕显示、各种曲线显示、保护信号状态变位等功能，达到了功能规范书的要求，通过了省电力公司专家组的验收，成为吉林省地区级电力调度第一个自动化系统，并在系统内有重点地进行推广。

1992年，长春电业局调度自动化监测控制（SCADA）系统建成投运，该系统由南京自动化研究所开发，主机为2台Micro VAXII微机，前置机为4台486微机，后台机（MMI）为3台486微机。接入该系统的远动装置，一次系统8套，二次系统1套。达到规范书的要求，可完成对电网信息的采集、处理、显示/打印和警告功能，并对开关、变压器分接开关、无功补偿装置等进行控制，通过了省电力公司的验收，并获技术进步二等奖。

1994年，白山电业局电网调度新建烟台产WDZ－7型微机主站作为调度接收系统，上海产DMP－89型微机调度模拟屏，将三岔子一次变电所和6个二次变电所接入系统，其中江北变电所具备“四遥”功能，实现无人值班。

1995年，吉林地调自动化系统经过改造、完善、扩充、升级以后，系统由数据采集、双机切换、数据处理、网络通信和人机工作站等部分组成，均达到实用化标准。同年12月15日，通过了东北网调、吉林省调等单位组成的专家组的实用化验收。同年，省电力公司向长春电业局投入专项资金，对原自动化系统进行增容改造，增设1台调制解调柜和2台前置机，接受二次系统远动信息；更换2台前置机及2台工作站微机，提高了系统的完好率；扩充了后台机内存和增加硬盘；增加15套远动装置，将具有音频电缆远动通道的6座66千伏变电所远动装置（RTU）接入调度自动化系统。年末，一举完成18座66千伏变电所远动装置的安装调试任务。

1996年通化、1997年白城、延边电业局地调建成RD-800自动化系统，具备数据采集与监测控制功能（SCADA）；1996年，四平地调新建PGC-Ⅲ自动化系统；1997年，辽源、白山地调建成NT95自动化系统，都具备SCADA功能。

1997年，全省8个电业局的地调自动化系统，都按部颁标准通过了省调的实用化验收。

1999年，长春、吉林供电公司地调能量管理自动化系统（EMS）工程启动，完成立项、设计、招标。2002年末，完成数据采集与监控/能量管理/电能量自动计费核算（SCADA/EMS/TMS）一体化系统及自动化应用软件建设并投运，实现了状态估计、调度潮流、负荷预测、网络拓扑等功能。两公司地调自动化控制系统都采用南瑞系统控制公司研制的OPEN2000型系统。长春地调自动化系统前置机采用清华大学研制的TH2100系统，后台机采用南瑞系统控制公司开发的PBS2000系统。吉林地调自动化系统前置机采用美国DEC公司生产的AIPhanserrerds20系统，后台机为美国DEC公司生产的AiphanserrverES40系统。吉林电力调度中心按照《电网调度自动化复查暂行办法》的规定，进行了检查和测试，都达到了设计要求。两个公司地调自动化系统都通过了省电力公司的验收。

长春、吉林地区电网调度SCADA/PAS系统，首创了国内采用图形数据转换接口进行一体化建设方案，简化运行维护，提高系统的科技含量，是集成一体化程度很高的一套系统。该系统遵循国际标准，满足开放性要求，在硬件上选用ALPHA服务器、工作站，操作系统选择OSF-UNIX系统，数据库选用广泛应用的SYBASE数据库，人机界面采用Motif和国际流行的面向对象的编程技术C/C++语言。PAS应用软件，对主变压器优化运行、消弧线圈优化补偿、无功电压运行质量评价以及多数据源负荷预测等功能发挥重要作用。长春地区输电网无功电压闭环控制系统的投运，很大程度上提高调度人员工作效率，无功和电压调整的及时性得到很大提高，投切电容器和调整主要分接开关的及时性得到根本保障，达到应投必投、应退必退、应调必调，具有人工操作无法比拟的优越性，提高了电网经济优化运行和电网无功电压的管理水平。

2002年，白山电网调度自动化系统通过改造，新的自动化系统为长春华信公司开发的JCF-600A型自动化系统，是集SCADA系统、EMS系统和调度员仿真培训系统（DTS）于一体的电网调度自动化系统。同年，辽源地调NT95自动化系统改造升级为EMS系统，在原具备的SCADA功能基础上，增加了高级应用软件基本功能。通化、白城、延边地调保持了1997年达到的RD-800系统实用化标准。四平电网调度改造了原PGC-Ⅲ型自动化系统，新建了东方电力公司生产的DF8002自动化系统。以上各地区调度自动装置配置，见表8-5-3。

表 8-5-3　　2002 年吉林省地区电网调度自动化系统装置统计

序号	单位	系统名称	主机型号及数量	内外存容量	前置机型号及数量	开发单位	系统功能	实现功能	系统投资（万元）	投运时间	退役时间	备注
	合计		42 台		22 台				4446			
1	辽源供电公司	NT95	Compapbesaria5180 2 台	64M/6G	DELL166 2 台	北京南瑞系统控制公司	SCADA	调度日报 调电日志 负荷预测		1997		
2	白山供电公司	WDZ	浪潮 0503、1 台	8M/800M	没有	烟台东方电子公司	SCADA		30	1994	1997	
		NT95	DELL166、2 台	16M/IG	DELL166 2 台	北京南瑞系统控制公司	SCADA	数据采集 遥控遥调 棒图曲线	66	1997	未退役	
3	四平供电公司	PGC3VMS	Aipha 225/233 2 台	65M/5G	研华工控 486 2 台	合肥工业大学	SCADA	SCADA	120	1996	未退役	
4	延边供电公司	RD800	Sparc20 6 台	64M/2G	PⅡ350 2 台	北京南瑞系统控制公司	SCADA	SCADA	210	1997.1	未退役	
5	通化供电公司	RD800	Sparc20 6 台	64M/2G	PⅡ350 2 台	北京南瑞系统控制公司	SCADA	SCADA	210	1997.1	未退役	
6	吉林供电公司	吉林电网调度自动化系统	MicroVAXⅡ、2 台	16M/156M	研华工控 486 2 台	北京自动化系统工程设计院、合肥工业大学	SCADA	SCADA	200	1990	1999	
		OPEN2000	COMPaqES40 2 台 COMPaq600au 2 台	512M/18G 9※6G 阵列	DS20 2 台	北京南瑞系统控制公司	SCADA	SCADA	1700	1999	未退役	
		TH2100	OPEN2000 工作站		无	清华大学电机系	PAS	PAS			未退役	
		PBS2000	COMPaqES40 1 台	512M/18G 9※5G 阵列	IBMPC300 2 台	北京南瑞系统控制公司	电量计费	电量计费			未退役	
7	白城供电公司	PBS2000	COMPaqES40 1 台	512M/18G 9※5G 阵列	IBMPC300 2 台	北京南瑞系统控制公司	电量计费	电量计费	210	1997	未退役	
8	长春供电公司	OPEN2000	COMPaqES40 2 台 COMP2q6002u 12 台	512M/18G 9※6G 阵列	DS20 2 台	北京南瑞系统控制公司	SCADA	SCADA	1700	1999	未退役	
		TH2100	OPEN2000 工作站		无	清华大学电机系	PAS	PAS				
		PBS2000	COMPaqES40 1 台	512M/18G 9※5G 阵列	IBMPC300 2 台	北京南瑞系统控制公司	电量计费	电量计费				

第五节　电网调度管理信息系统

1999 年 3 月，吉林电力调度中心开始建设电力调度管理信息系统，2000 年 6 月建成投入运行。管理信息系统具备省调生产管理和内部办公等功能，实现了电力调度生产管理和经营管理的办公自动化。

1999 年 10 月，原信息系统进行升级改造，增加基础数据、设备、文档、人事、财务管理，综合信息服务、新设备投产管理等功能，范围涉及电力生产调度和经营、行政管理的各个方面。升级后，实现了管理信息与电力生产相结合，随时可查阅电网实时运行状态和企业管理的各项信息。开通的电子公文传递信箱，文件、图像传递快捷、高效，重复性劳动明显减少，提高了工作效率，为创建一流的吉林电力调度中心机构打下了基础。

第六节　远动装置和电能量采集装置

20 世纪 90 年代，吉林省电网调度自动化系统的重要组成部分——远动装置和电能量采集装置的技术水平有较大提高，逐步用微机型取代了 80 年代的晶体管型远动装置和电能量采集装置。微机型远动装置和采集装置具有测量、采集精度高，提供信息快，运行更可靠的特点。2002 年，全省 220 千伏电力系统采用各种类型的远动装置 61 台，采集装置 74 套，表计 324 块，为吉林省电网自动化水平的提高，实现自动发电控制和联络线关口调度创造了条件。

1998 年，吉林省电网引进瑞士兰吉尔公司生产的电能量计费系统采集器 74 套（见表 8－5－4），关口表 324 块（见表 8－5－5），分布在全省 45 座 220 千伏变电所和 15 座发电厂，1999 年投入运行。

表 8－5－4　　2002 年吉林省电力系统电能量计费系统装置统计

序号	单位	采集装置型号容量	采集装置数　量	功能	生产厂家	支持规约通信方式	投运时间	备注
	合计		74					
1	长春供电公司	Metcom3	10	存储、发送电量	西门子	SCTM	1999.1	
2	吉林供电公司	Metcom3	11	存储、发送电量	西门子	SCTM	1999.1	
3	延边供电公司	Metcom3	4	存储、发送电量	西门子	SCTM	1999.1	
4	四平供电公司	Metcom3	7	存储、发送电量	西门子	SCTM	1999.1	
5	白城供电公司	Metcom3	6	存储、发送电量	西门子	SCTM	1999.1	
6	辽源供电公司	Metcom3	3	存储、发送电量	西门子	SCTM	1999.1	

续表

序号	单位	采集装置型号容量	采集装置数 量	功能	生产厂家	支持规约通信方式	投运时间	备注
7	通化供电公司	Metcom3	5	存储、发送电量	西门子	SCTM	1999.1	
8	白山供电公司	Metcom3	3	存储、发送电量	西门子	SCTM	1999.1	
9	长春热电一厂	Fbc21	2	存储、发送电量	西门子	SCTM	1999.1	
10	长春热电二厂	Fbc21	1	存储、发送电量	西门子	SCTM	1999.1	
11	吉林热电厂	F2g12.4	1	存储、发送电量	西门子	SCTM	1999.1	
12	蛟河热电厂	Fbc21	1	存储、发送电量	西门子	SCTM	1999.1	
13	龙井热电厂	Fbc21	1	存储、发送电量	西门子	SCTM	1999.1	
14	双辽发电厂	F2g12.4	1	存储、发送电量	西门子	SCTM	1999.1	
15	白城热电厂	Fbc21	1	存储、发送电量	西门子	SCTM	1999.1	
16	长山热电厂	F2g12.4	1	存储、发送电量	西门子	SCTM	1999.1	
17	辽源发电厂	Fbc21	2	存储、发送电量	西门子	SCTM	1999.1	
18	小山电站	Fbc21	1	存储、发送电量	西门子	SCTM	1999.1	
19	四平热电公司	Fbc21	1	存储、发送电量	西门子	SCTM	1999.1	
20	珲春发电公司	Fbc21	1	存储、发送电量	西门子	SCTM	1999.1	
21	二道江发电公司	Fbc21	2	存储、发送电量	西门子	SCTM	1999.1	
22	浑江发电公司	F2g12.4	1	存储、发送电量	西门子	SCTM	1999.1	
23	通榆风电公司	Fbc21	1	存储、发送电量	西门子	SCTM	1999.1	
24	两江水电公司	Metcom3	1	存储、发送电量	西门子	SCTM	1999.1	
25	地方发电厂	Fbc21	6	存储、发送电量	西门子	SCTM	1999.1	

表 8-5-5　2002 年吉林省电力系统电能量计费系统关口表统计

序号	单位	表计型号	表计数量	功　能	生产厂家	支持规约通信方式	投运时间	备注
	合计		324					
1	长春供电公司	ZMB405T647	38	正反向有功、无功；费率；需量	西门子	IEC1107	1999.1	
2	吉林供电公司	ZMB405T647	40	正反向有功、无功；费率；需量	西门子	IEC1107	1999.1	
3	延边供电公司	ZMB405T647	12	正反向有功、无功；费率；需量	西门子	IEC1107	1999.1	
4	四平供电公司	ZMB405T647	22	正反向有功、无功；费率；需量	西门子	IEC1107	1999.1	

续表

序号	单位	表计型号	表计数量	功　能	生产厂家	支持规约通信方式	投运时间	备注
5	白城供电公司	ZMB405T647	15	正反向有功、无功；费率；需量	西门子	IEC1107	1999.1	
6	辽源供电公司	ZMB405T647	19	正反向有功、无功；费率；需量	西门子	IEC1107	1999.1	
7	通化供电公司	ZMB405T647	21	正反向有功、无功；费率；需量	西门子	IEC1107	1999.1	
8	白山供电公司	ZMB405T647	6	正反向有功、无功；费率；需量	西门子	IEC1107	1999.1	
9	长春热电一厂	ZMB405T116	9	正反向有功、无功	西门子	IEC1107	1999.1	
10	长春热电二厂	ZMB405T116	3	正反向有功、无功	西门子	IEC1107	1999.1	
11	吉林热电厂	ZMB405T116	23	正反向有功、无功	西门子	IEC1107	1999.1	
12	蛟河热电厂	ZMB405T116	4	正反向有功、无功	西门子	IEC1107	1999.1	
13	龙井热电厂	ZMB405T116	3	正反向有功、无功	西门子	IEC1107	1999.1	
14	珲春发电厂	ZMB405T116	5	正反向有功、无功	西门子	IEC1107	1999.1	
15	双辽发电厂	ZMB405T116	13	正反向有功、无功	西门子	IEC1107	1999.1	
16	四平热电厂	ZMB405T116	5	正反向有功、无功	西门子	IEC1107	1999.1	
17	白城热电厂	ZMB405T116	7	正反向有功、无功	西门子	IEC1107	1999.1	
18	二道江发电公司	ZMB405T116	10	正反向有功、无功	西门子	IEC1107	1999.1	
19	浑江发电公司	ZMB405T116	14	正反向有功、无功	西门子	IEC1107	1999.1	
20	通榆风电公司	ZMB405T116	2	正反向有功、无功	西门子	IEC1107	1999.1	
21	两江水电公司	ZMB405T647	2	正反向有功、无功	西门子	IEC1107	1999.1	
22	地方发电厂	ZMB405T647	51	正反向有功、无功；费率；需量	西门子	IEC1107	1999.1	

第七节　发电侧电力市场运营（试点）

1998年，国家经贸委和国家电力公司提出“厂网分开、竞价上网”的要求，吉林省电力公司列入全国试点单位。国家电力公司下发了《发电侧电力市场运营规则框架》和《技术支持系统功能要求》。按照上级部门规定，省电力公司在研究考察的基础上，制定市场组建方案和市场管理规则，上报省经贸委和国家电力公司。1999年，成立专业管理机构，开发发电侧电力市场技术支持系统和管理系统，开展市场运营。1999～2002 年，省、市（州）两级电力市场每年交易电量约 15 亿千瓦·时，占省内可安排上网电量的 10%，平均竞价价格在 0.18～0.20 元/（千瓦·时）之间。竞价收益主要体现在降低销售侧电价，按照国家计委的有关文件和省政府的要求，每年进行补贴，补贴的对象与幅度每年各有不同。

一、电能量自动计量系统

1998 年，吉林电力调度中心开始建设电网电能量自动计量系统（TMS）。购置了瑞士 Eandis & GYR 公司的一套电网电能量自动计量设备，安装调试后，1999 年 6 月，通过吉林省科委技术鉴定，7 月，正式投入运行。自动计量系统开始计量电网各发电厂的上网电量和各供电公司的网供电量，并对上网电量和网供电量实施在线监测；统计、计算和分析一次网损；实现了全网电能量采集、计量自动化、管理科学化的目的；实现分时段电能量数据自动采集和远传，储存所有发电厂上网电量计量点、高压备用变压器和地区间交换电能量关口点的电量数据，通过拨号通信网络连接省调电能量自动计量主系统。系统投入后，传统的人工抄表方式转变为计算机远程自动抄表方式，抄表速度和准确性为传统抄表方式所不及。

电能量自动计量系统的配置为：采用 1 台 ALPHASERVER 微机和 1200A 磁盘作为电能量抄表服务器，UNIX 机作为运行操作系统；1 台 ALPHASERVER 微机和 5000 磁盘作为考核结算服务器，WIVDOWSNT 微机作为操作系统，用来完成全省一次变电所和发电厂电量数据的采集和处理，并按时做好全省供电公司和发电厂的考核与结算。2002 年，系统开始改造，两年后，系统主站端设备从单机系统升级为双机系统，解决多种不同规约的电能表和电能量采集装置的传输困难，增加了系统容量，提高了可靠性以及处理能力和响应速度。

二、电力市场技术支持系统

吉林省发电侧电力市场技术支持系统的基本配置：

市场数据主服务器为 2 台 COMPAQGS60E 小型机＋RA8000 磁盘陈列作为双机集群。采用 Unix 机为操作系统，ORACLE8.01 数据库为管理系统；应用 TruCiuster5.0 集群软件，实现双机均衡负载，双机相互热备用；实时调度应用子服务器、信息发布（Web）应用子服务器的配置，各采用 2 台 COMPAQML570 高档微机服务器，互为备用方式实现应用服务功能；计划管理、考核结算、合同管理和市场运营管理应用子服务器，各采用 1 台 COMPAQML530 中档微机服务器，实现应用功能；采用 CISCO6506、4006 交换机与调度生产管理信息系统（DMIS）、能量管理系统（EMS）、电能量自动计量系统（TMS）和三级数据网络（SPDnet－Ⅲ）组成千兆位以太网实现信息的高速交换及共享。

发电侧电力市场技术支持系统发挥了为发电厂报价、信息发布、计划管理、实时调度、考核结算、合同管理、市场运营管理等基本功能。

三、联络线关口调度

1999 年，吉林电力调度中心开始建设电网联络线关口调度系统，进行软件研制开发，安装调试，经过一年的努力，2000 年 5 月建成投运，实现了东北电网调度方式由传统的管理方式向省区间联络线关口调度方式转变，可实时监视吉林省电网省区间联络线关口电力，进行关口电力计划值和实际值比较、计算，指导调度员对吉林省电网联络线关口电力进行有效调整，保证电力和电量进出的规定值。

发电侧电力市场运营另设机构，由吉林电网电力交易中心负责。

第六章　电　网　通　信

1991～2002 年，吉林省电网通信设备有长足发展，技术水平有较大提高，通信网络初具规模。昔日成为省调电力通信主要手段的电力线载波通信，已退居次要地位，迅速崛起的、先进的电力数字微波通信、光纤通信成为电力通信的主要手段。与此同时，全省电力系统大容量局、厂用行政交换机和调度用交换机也迅速发展，构成以省电力公司为一级交换中心和 8 个地区供电公司、15 座发电厂及若干关联单位为二级汇接交换中心的、具有一定规模的全省电力系统固定电话网络，通信四通八达，畅通快捷。

省电力通信网络承担的业务信息，包括电网调度生产指挥电话、电网调度自动化、电能计费、电力市场技术支持系统、继电保护和安全自动装置通道、管理信息系统（MIS）宽带联网、继电保护装置信息宽带联网、全省雷电定位系统、故障录波系统宽带联网、全省电力系统地理信息系统（GIS）、信息宽带联网、用电营销信息网络及通信系统网络管理等。所承载的业务涉及电网管理机关、电网调度自动化、继电保护、用电营销、发电、变电、送电、配电、500 千伏超高压局及省内多个专业和单位。

第一节　机 构 和 职 能

吉林省电力通信公司成立于 1998 年 9 月，原属省电力公司调度通信局的管理电网通信的专业部门，1998 年电力体制改革中分离出来，成为专业化公司，行使专业管理和经营职能，职工 93 名，专业机构 8 个；2000 年 12 月，在深化改革中进行调整；2002 年，专业机构 8 个，职工 83 名。

20 世纪 80 年代末，省电力调度通信局通信机构有通信机务站和通信科，机务站负责载波机和程控交换机的运行及技术业务管理；通信科负责微波、光纤和通信电路调度、运行和工程管理。

1998 年 9 月，伴随体制改革，省电力公司为在电网商业化运营中发挥电网调度、电力通信和信息管理机构的作用，成立了吉林省电力通信公司，为正处级编制。

2002 年，通信管理部 21 人，负责全省电力通信系统运行管理；通信工程部 11 人，负责全省电力通信系统设备的管理维护和传输、通信工程项目管理；电信业务部 21 人，负责长春本地电信业务管理和有关通信工程施工以及本地通信线路的维护；自动化继电工程部 10 人，负责省电力公司电网调度自动化、继电保护工程的管理和施工；经营部 6 人，负责通信公司工程技经、大修、技改及合同管理；财务部 5 人，负责通信公司的财会管理；劳动人事部 3 人，负责通信公司的劳动人事管理；办公室 16 人，负责通信公司文秘、档案、会务、接待、车辆、后勤管理以及党群日常工作。2002 年，职工 83 名。

全省电力通信系统工作人员649名，人员构成统计见表8-6-1。

表8-6-1　　2002年吉林省电力通信系统工作人员构成统计

单位名称	人员总数	管理结构				技术结构						学历结构					
		通信公司	通信管理	通信工程	其他	高教	高工	工程师	助工	技术员	其他	博士	硕士	本科	大专	中专	其他
合计	649	141	111	226	181	0	30	107	116	94	289	0	2	87	178	129	231
省电力通信公司	83	5	49	6	33		17	19	8	0	26		1	31	13	7	19
长春供电公司	31	15	2	14				4	2	9	16			2	3	7	19
吉林供电公司	56	13	9	34			4	9	13	8	22		1	12	13	10	20
通化供电公司	37	10	2	22	3			6	5	3	23				9	4	24
白城供电公司	29	4	1	24			1	2	7	7	12			1	13	8	7
四平供电公司	56	11	4	22	19		4	14	11	8	19			9	12	12	23
延边供电公司	36	12	3	16	5			3	5	11	17			3	13	9	11
辽源供电公司	34	9	4	19	2		3		8	7	16			4	7	7	16
白山供电公司	34	3	4	21	6			11	3	3	17			1	11	2	20
吉林热电厂	21	4	5		12			3	7	4	7			6	7	3	5
长山热电厂	52		6	17	29			12	3	3	34			5	20	14	13
珲春发电公司	22	5	2	0	15			4	5	4	9			2	7	3	10
浑江发电公司	36	9	4		23			8	8	9	11			4	17	8	7
二道江发电公司	19	8	4	7					6	4	9			1	10	5	3
蛟河热电厂	4		1		3					1	3					1	3
白城热电厂	4	3	1						1		3				2	2	
双辽发电厂	24	4	1	4	15			5	5	1	13			1	3	3	7
四平热电公司	10	7	2		1			2	5	3				2	1	5	2
长春一热电公司	18	4	2	6	10				2	1	15				1	7	10
长春二热电公司	19	8	1	2	4		1		5	7	6			1	6	9	3
辽源热电公司	15	5	2	8				2	3	1	9				4	2	9
龙井热电厂	3		1	2					1		2				3		
松江河电厂	6	2	1	2	1			3	3					2	3	1	

第二节 通 信 网 络

1991～2002 年，省电力公司加强了电力通信网建设，共建成电力企业数字微波通信线路 20 条，全长 2179.98 千米，微波通信站 99 个；建成光纤通信线路 38 条，全长 2185.21 千米，光纤通信站 92 个；220 千伏电力线载波通信 1.33 万话路千米，行政和调度电话交换机 97 台，容量 47.20 万话路，构成全省电力系统多层次的通信网络，并安全运行良好。

一、微波通信

1989 年，长春到白城引进加拿大数字微波通信线路 330 千米，10 个微波通信站投入运行。进入 90 年代发展加快，有沈（沈阳）长（长春）哈（哈尔滨）微波、沈梅（梅河）白（白山）微波、长浑（浑江）微波、长珲（珲春）微波等，5 条微波主干线构成以省调为中心的放射状传输网络，并且延伸至一次电网的各个角落，成为省调指挥全省电力设备操作、处理生产事故、采集厂站数据、传递各种信息的主要通道。2002 年，累计建成数字微波通信线路 20 条，全长 2179.98 千米，其中长途数字微波线路 1894.55 千米，微波站 99 个，原资产 1.53 亿元，一跃成为 90 年代省电力通信主要的技术手段。21 世纪初，数字微波通信的主要地位让位于光纤通信。2002 年，省电力系统微波通信设备统计，见表 8－6－2。

二、光纤通信

1990 年，吉林省调到 220 千伏长春变电所再到长春热电二厂，引进加拿大的全长 13 千米的光纤通信线路建成投运，开辟了吉林省电网光纤通信的先河。

20 世纪末和 21 世纪初，吉林省电网光纤通信建设迅速发展，成为 21 世纪初吉林省电网通信传输各种信息的主要通道。2002 年，共建光纤通信线路 38 条，全长 2185.21 千米，光纤通信站 92 个；容量为 622 兆/2.5 吉比特/秒的同步数字传输（SDH）系列设备 78 台，320 吉比特/秒的密集波分复用设备（DWDM）34 台，40 吉比特/秒的多媒体高速传输设备（ATM）69 台，同步时钟设备 10 套；设备原资产 5172.48 万元，基本形成以光纤通信为主、微波通信为辅、互为备用以及电力线载波通信为补充的稳定可靠的通信网络格局。

吉林省电网光纤通信骨干传输网是由密集波分复用系统和同步数字系列设备等网络组成。其中，长吉（吉林，下同）光缆为吉林省电力通信网内第一条干线（SDH）光纤线路，是网络的重要组成部分，为加快城市电网一、二次变电所实现网络化进程铺平道路。2002 年，吉林省电网一次系统微波通信线路和光纤通信线路的覆盖率达到 100%，全省各城区一次变电所实现遥信、遥测、遥调、遥控（简称“四遥”）功能，为电力设施实现无人值班、少人值守提供了技术支持。2002 年，光纤通信线路、设备统计见表 8－6－3 和表 8－6－4。

表 8-6-2　　2002年吉林省电力系统微波通信线路和设备统计

线路名称	起址地点	长度（千米）	站数（个）	路端电路数（条）	微波设备	终端设备	建设时间（年）	原值（万元）	净值（万元）	资产所属
合计		2179.98	99	6420				15 284.01	3000.58	
沈梅白	沈阳～白山(吉林段)	200.00	7	480	NEC770	NEC6000系列	1990	683.00	0.00	省电力通信公司
沈长哈	沈阳～哈尔滨(吉林段)	298.75	10	480	NEC500	NEC5000系列	1988	980.00	0.00	
四平环网	四平供电局～四平热电厂	30.00	4	240	哈里斯	3630	1997	530.00	47.10	
公伊	公主岭～伊通变电所	38.00	3	240	哈里斯	3630	1997	419.00	70.82	
长珲	省电力公司～珲春电厂	516.00	19	540	哈里斯	新桥	1994	5354.00	901.85	
长浑	省电力公司～白山供电局	382.90	16	540	哈里斯	新桥	1994	3798.00	629.99	
长浑	梅河变电所～高集岗变电所	37.10	2	240	哈里斯	新桥	1994			
长浑	白山供电局～浑江电厂	4.20	2	240	哈里斯	新桥	1994			
省合心	省电力公司～合心变电所	22.00	2	240	哈里斯	广州524厂	1992	254.00	0.00	
长白	省电力公司～白城局	321.00	11	480	哈里斯		1989	976.00	0.00	
白洮	白城供电局～洮南变电所	36.00	3	480	哈里斯	3630	1997	343.00	129.10	
前扶	前郭变电所～扶余变电所	8.60	2	480	哈里斯	AWA	1994	64.00	0.00	
长春环网(地区)	北郊变电所～一热电厂	5.20	1	240	哈里斯	3630	1996	623.54	377.00	长春热电一厂
	一热电厂～二热电厂	10.20	2	240	哈里斯	3630	1996			
双四铁(地区)	双辽电厂～四平电厂	86.00	3	540	哈里斯	3630	1996	586.47	520.23	双辽发电厂
松白(地区)	松江河厂～白山电厂	68.20	4	240	哈里斯	诺基亚	1998	558.00	242.20	松江河发电厂
四变热电(地区)	四平变电所～四平热电厂	27.83	1	240	哈里斯		1997	115.00	82.34	四平热电(合营)公司
二水(地区)	二道江发电公司～水洞变电所	18.00	2	120	哈里斯					
长油(地区)	长山电厂～油田	30.00	2		哈里斯					
长双(地区)	长调～双阳	40.00	3	120	哈里斯					

表 8-6-3　　2002 年光纤通信线路统计（长途-1）

线路名称	起址地点	长度（千米）	站数（个）	光缆敷设类型			投产日期（年）	纤芯芯数（芯）			光缆厂家
				电压等级（千伏）	敷设方式	光缆类型		总容量（芯）	实用		
									通信实用	保护专用	
合计		2185.21	92					966	434	52	
西部网	省调～长春二热～长变电所	13	3	220	架空		1990				
	合心变电所～德惠变电所	83.10	2	220	架空	ADSS	2001	24	4	2	特恩驰
	德惠变电所～前郭变电所	154.60	2	220	架空	ADSS	2001	24	6	2	特恩驰
	前郭变电所～镇赉变电所	141.99	2	220	架空	ADSS	2001	24	6	2	特恩驰
	镇赉变电所～白城变电所	61.61	2	220	架空	ADSS	2001	24	6	2	特恩驰
东部网	丰满发电厂～城西变电所	25.72	2	220	架空	ADSS	2001	36	6	2	特恩驰
	丰满发电厂～蛟河变电所	70.30	2	220	架空	ADSS	2001	24	6	2	特恩驰
	蛟河变电所～敦化变电所	106.67	2	220	架空	ADSS	2001	24	6	2	特恩驰
	敦化变电所～延西变电所	128.00	2	220	架空	OPGW	2001	24	6	2	比瑞利
	延东变电所～珲春发电厂	82.10	3	220	架空	ADSS	2001	24	6	2	特恩驰
	延南变电所～龙井热电厂	17.00	2	220	架空	ADSS	2001	24	4		特恩驰
	吉林环网	46.00	5	220	架空	ADSS	2001	24	10	2	特恩驰
南部网	长春变电所～公主岭	62.00	2	220	架空	ADSS	2001	36	8	2	比瑞利
	公主岭～伊通变电所	41.99	2	220	架空	ADSS	2001	24	2	2	比瑞利
	公主岭～巨丰变电所	54.99	2	220	架空	ADSS	2001	36	8	2	比瑞利
	巨丰变电所～四平变电所	19.71	2	220	架空	ADSS	2001	36	8	2	比瑞利
	四平变电所～辽源变电所	85.75	2	220	架空	ADSS	2001	36	8	2	比瑞利
	辽源变电所～梅河变电所	69.78	2	220	架空	ADSS	2001	36	8	2	比瑞利
	梅河变电所～东丰变电所	24.19	2	220	架空	ADSS	2001	24	2	2	比瑞利

续表

线路名称	起址地点	长度（千米）	站数（个）	光缆敷设类型			投产日期（年）	纤芯芯数（芯）			光缆厂家
				电压等级（千伏）	敷设方式	光缆类型		总容量（芯）	实用：通信实用	实用：保护专用	
南部网	梅河变电所～郑家变电所	42.64	2	220	架空	ADSS	2001	36	8	2	比瑞利
	郑家变电所～白山	54.77	2	220	架空	ADSS	2001	36	8	2	比瑞利
	白山～水洞变电所	55.06	2	220	架空	ADSS	2001	36	8	2	比瑞利
	巨丰变电所～双辽变电所	89.50	2	220	架空	ADSS	2001	24	4	4	特恩驰
	梅河变电所～朝阳镇	35.80	3	220	架空	OPGW	2001	24	4	2	西门子
	四平变电所～四平局	31.95	3	220	架空	ADSS	2001	24	10		比瑞利
水金光缆	水洞变电所～金厂变电所	34.00	2	220	架空	ADSS	1998	6	6		桂林天地
松江河光缆	松江河～三岔子	84.30	3	220	架空	OPGW	1997	8	8		桂林天地
东苗光缆	东丰变电所～苗胜变电所	10.00	2	220	直埋	普通光缆	1996	4	4		深圳星索
长春市220环网	东郊变电所～双辽变电所	55.35	2	66	架空	ADSS	2001	24	4	2	特恩驰
	二热～合心变电所	39.00	4	220	架空	ADSS	2001	24	12	2	四川汇源
	合心变电所～长春变电所	49.00	2	220	架空	ADSS	2001	24	12		特恩驰
	省调～中心变电所～长春变电所	11.00	3	220	架空	ADSS	2001	96	30	2	特恩驰
省调～二热	省调～二热	8.00	2		直埋	普通光缆		4	4		加拿大
长岭～通榆光缆	长岭变电所～太平川	65.82	2	66	架空	ADSS	2000	24	2		特恩驰
	太平川～开通变电所	54.46	2	66	架空	OPGW	2000	24	2		西门子
	开通变电所～通榆变电所	11.16	2	66	架空	ADSS	2000	24	2		特恩驰
	通榆变电所～通榆局	5.90	2	10	架空	ADSS	1998	8	2		特恩驰
长吉光缆	省调～吉林地调	159.00	7		架空	G652	1997	12	12		深圳星索

表 8-6-4 2002 年光纤通信设备统计

线路名称	设备配置及数量			波分复用			设备型号及生产厂家	建设时间	资产（万元）		
	光电端机（台）		光放大器（台）	总波容量（吉比特/秒）	单波容量（吉比特/秒）	路端电路数（条）			原值	净值	资产所属
	TM	ADM									
合计	17	76	2	960	7.50	10			5172.48	5583.02	省电力通信公司
西部网		13					Zxsm，中兴	2001	4465.48	3330.80	
				320	2.50	2	Optix，华为	2001			
东部网		19					Zxsm，中兴	2001			
				320	2.50	4	Optix，华为	2001			
南部网		30					Zxtim，中兴	2001			
				320	2.50	4	Optix，华为	2001			
长春市 220 环网		10					Zxtim，中兴	2001			
长岭-通榆光缆		2	2				Zxsm，中兴	2000.4			
水金光缆	2						NOKIA	1998.5	453.00	170.82	
东苗光缆	2						深圳泰科	1996.11	104.00	32.38	
省调-二热光缆	2						CANSTAR	1990.12	150.00	4.82	
松江河光缆	6						NOKIA	1997.5		880.20	
长吉光缆	5	2					美国 DSC	1991.12		1164.00	

三、电力线载波通信

20 世纪 80 年代，是吉林省电网电力线载波通信发展的高峰期，成为电网通信的主要手段。90 年代，电力线载波设备逐步减少或停止使用。1990 年，全省电网有电力线载波机 475 台，其中 ZDD-12 型载波机 358 台，ESB-500 型载波机 107 台，ZBD-3 型载波机 10 台，技术较为先进，运行稳定。90 年代末，吉林省电网电力线载波机 580 台。由于微波、光纤通信先进技术的出现、迅速发展和稳定运行，2000 年，省调电力线载波机基本停运，被更加先进的微波、光纤通信技术所代替；各地区电网 220 千伏系统还有 293 台电力线载波机，110 千伏以下电网还有 245 台在运行。多为 ZDD-12 南京有线电厂、ZDD-28 清江有线电厂、ZBD-2B 陪江有线电厂产品，仍用以指挥电力生产和传输各种信息。电力线载波通信设备统计，见表 8-6-5。

四、电话交换机网

1988 年，新建调度通信大楼投运一台日本产 NEAX2400 型程控电话交换机，容量 3200 话路；1999 年，投运一台 5ESS2000 型青岛产朗讯程控电话交换机，容量 20 万话路。2002 年，吉林省电力通信网有 37 台大容量局（厂）用行政交换机、60 台调度交换机和 16 台远端模块设备投运，总容量 47.20 万话路，组建成以省电力公司为一级交换中心和 8 个地区供电公司、15 个发电公司（厂）以及关联单位为二级汇接交换中心的全省固定电话网络，传送各种信息。2002 年吉林省电力通信网交换设备统计，见表 8-6-6。

表 8-6-5　　2000年电力线载波通信设备统计

单位名称	220千伏及以上						110千伏及以下					
	电压等级（千伏）	设备数量（台）	容量（话路千米）	设备型号及生产厂家	资产（万元）		电压等级（千伏）	设备数量（台）	容量（话路千米）	设备型号及生产厂家	资产（万元）	
					原值	净值					原值	净值
合计		293	13 253.90		1018.59			245	5433.99		697.91	31.73
长春供电公司	220	44	2539.34	ZDD-12，南京有线电厂	87.28	0						
	220	2	69.31	ZBD-3B，陪江有线电厂	60.01	0						
吉林供电公司	220	42	1778.22	ZDD-12，南京有线电厂	83.36	0	66	6	160.70	ZDD-12，南京有线电厂	7.98	0
							66	18	143.80	ZDD-5，南京有线电厂	27.00	0
							66	6	61.70	ZJ-5，扬州有线电厂	22.00	0
通化供电公司	220	51	1585.76	ZDD-12，南京有线电厂	106.00	0	66	64	913.18	ZDD-5，南京有线电厂	118.40	0
							66	10	47.26	ZDD-50，南京有线电厂	30.88	0
白城供电公司	220	7	968.57	ZDD-12，南京有线电厂	49.95	0	66	2	30.30	ZDD-12，南京有线电厂	3.70	0
	220	4	68.81	ZDD 28，清江有线电厂	20.15	0	66	4	160.00	ZDD-5，南京有线电厂	7.28	0
	220	8	457.12	ZDD-12E，南京无线电厂	61.60	0	66	4	106.00	ZDD-5，清江有线电厂	5.00	0

续表

单位名称	220千伏及以上						110千伏及以下					
	电压等级（千伏）	设备数量（台）	容量（话路千米）	设备型号及生产厂家	资产（万元）		电压等级（千伏）	设备数量（台）	容量（话路千米）	设备型号及生产厂家	资产（万元）	
					原值	净值					原值	净值
白城供电公司							66	1	58.10	ZDD－12E，南京无线电厂	8.00	0
							66	6	103.80	ZDD－5，山东无线电厂	9.00	0
四平供电公司	220	38	3007.93	ZDD－12，南京有线电厂	74.41	0	66	6	443.44	ZDD－12，南京有线电厂	13.00	0
	220	2	386.74	ZDD－28，清江无线电厂	7.35	0	66	4	70.52	ZDD－5，南京有线电厂	4.00	0
	220	6	104.80	ZBD－3B，陪江有线电厂	30.84	24	66	1	64.27	ZBD－3B，陪江有线电厂	3.00	0
							66	4	65.28	ZDD－5，山东电讯十厂	3.00	0
延边供电公司	220	21	507.60	ZDD－12，南京有线电厂	56.43	0	66	28	535.40	ZDD－5，南京有线电厂	47.35	0
辽源供电公司	220	10	982.20	ZDD－12，南京有线电厂	28.28	0	66	22	746.43	ZDD－12，南京有线电厂	47.00	0
							66	1	74.30	ZDD－5，山东电讯十厂	2.00	0
							66	4	30.21	RTC－5，北京电科院	7.00	0
白山供电公司	220	7	445.10	ZDD－12，南京有线电厂	49.00	没进固定资产	66	23	781.30	ZDD－36，南京有线电厂	151.00	没进固定资产
	220	6	342.40	EBS－550，许昌继电器厂	46.56		66	23	787.20	ZDD－5，南京有线电厂	124.00	

续表

单位名称	220千伏及以上						110千伏及以下					
	电压等级（千伏）	设备数量（台）	容量（话路千米）	设备型号及生产厂家	资产（万元）		电压等级（千伏）	设备数量（台）	容量（话路千米）	设备型号及生产厂家	资产（万元）	
					原值	净值					原值	净值
白山供电公司							66	1	18.00	EBS-550，许昌继电器厂	9.00	
			7271.27						5454.89			
合计						27.78						
吉林热电厂	220	1		ZDD-12，南京有线电厂	14.00	0.00						
长山热电厂	220	25		ZDD-12，南京有线电厂	38.69	0.00	66	2		ZDD-12，南京有线电厂	1.53	0.00
珲春发电公司	220	5		ZDD-12，南京有线电厂	10.96	0.00						
浑江发电公司	220	8		ZDD-12，南京有线电厂	12.00	0.00						
白城发电厂							66	1		ZDD-12，南京有线电厂	10.00	0.30
双辽发电厂	220	4		ESB500，扬州电讯厂	163.12	0.00						
二道江发电公司								2	20.00	EDD-12，南京有线电厂	30.11	28.02
四平热电公司								2	12.80	ZBD-3B，陪江有线电厂	6.68	3.41
松江河发电厂	2201	2	10.00	EBS-550，许昌继电器厂	18.60	3.78						

表 8-6-6 2002年吉林省电力通信网交换设备统计

单位名称	系统最大容量（门/线/端）	系统配制容量（门/线/端）	调度台数量（台）	录音系统种类	用户数量（户）	设备类型	建设时间	资产（万元）		
								原值	净值	资产所属
合 计	13540	4032	110		1806			2277.55	1095.70	
省电力通信公司	600	120	6	光盘	120	数字	1994	298.00	0.00	省电力通信公司
长春供电公司	128	120	4	硬盘	60	数字	2000	50.00	38.00	长春供电公司
北郊、榆树、德惠一次变电所	192	192	4	硬盘	40	数字	1998、1997 1996	58.00	29.00	
吉林供电公司	3000	112	4	硬盘	57	数字	2000.11	41.00	30.44	吉林供电公司
吉林配电调度	128	56	5	硬盘	34	数字	2000.12	33.49	24.86	
哈达湾、城南、新立、磐石、铁东、蛟河、桦甸、舒兰一次变电所	3464	352	16	硬盘	108	数字	2000.11、92、96、89、2000.11、93、83	69.94	33.90	
通化供电公司	240	48	1	硬盘	36	数字	2001	30.00	25.84	通化供电公司
	60	40	1	磁带	24	数字	1997	69.96	21.48	
白城供电公司	200	88	2	光盘	50	数字	2001	100.00	84.20	白城供电公司
白城一次变电所	200	80	1	光盘	50	数字				
四平供电公司	120	58	1	光盘	30	数字	2000	63.78	37.26	四平供电公司
巨丰、双辽、四平、公主岭一次变电所	480	160	4	硬盘	32	数字	85、87、94、90	94.67	0.00	
延边供电公司	128	120	3	光盘	20	数字	1996.8	40.00	6.74	延边供电公司
延东、延西、图门、敦化一次变电所	192	192	7	3光盘 1带	104	数字	99、00、01、97	225.27	131.37	
辽源供电公司	120	120	3	光盘	48	数字	1995	46.00	22.00	辽源供电公司
辽源一次变电所	128	128	1	光盘	12	数字	2000	40.00	40.00	
白山供电公司	200	200	4	光盘	30	数字	1997	100.00	79.00	白山供电公司
白山、三岔子、松江河一次变电所	150	150	5	磁带	120	数字	1997	95.00	76.00	

续表

单位名称	系统最大容量（门/线/端）	系统配制容量（门/线/端）	调度台数量（台）	录音系统种类	用户数量（户）	设备类型	建设时间	资产（万元）		
								原值	净值	资产所属
吉林热电厂	120	120	2	光盘	50	数字	1993	10.00	0.00	吉林热电厂
吉林厂运输	40	40	1		20	数字	1992	4.00	0.00	
长山厂主控	128	120	2	磁带	96	数字	1996.12	60.59	13.51	华能/长山电厂
长山厂输煤集控	30	30	2		30	模拟	1993.12	18.00	0.54	长山电厂
长山燃料	40	40	1	硬盘	6	模拟	1994.12	7.50	0.23	燃料局
珲春发电公司	80	24	2	硬盘	24	数字	2000.7	19.20	13.88	珲春发电公司
浑江发电公司	320	120	2	硬盘	60	数字	1996.12	50.00	30.00	浑江发电公司
二道江发电公司主控	20	20	2	硬盘	12	数字	1987.6	0.63	0.00	二道江发电公司
二道江发电公司燃料	20	20	1	硬盘	9	数字	1993.1	19.18	17.85	
蛟河热电厂	384	144	2	硬盘	40	数字	2001.10	24.80	21.60	蛟河发电厂
白城热电厂	640	32	2	硬盘	30	数字	1999.7	30.00	23.00	白城电厂
四平热电公司	240	240	2	硬盘	50	数字	1997	28.00	17.70	合营公司
双辽厂输煤	192	120	2	硬盘	18	数字	1999.12	88.22	45.43	双辽电厂
双辽厂单网控	192	104	5	光盘	92	数字	1999.12			
长春第一热电公司	60	20	1	硬盘	15	数字	1995.11	102.00	62.00	长春一热公司
	40	20	1	硬盘	25	数字	1996.10	77.00	47.00	
龙井发电厂	512	32	2	磁带	20	数字	1998	25.00	11.14	龙井电厂
长春第二热电公司	64	64	1		29	数字	1992	4.30	0.13	长春二热公司
	128	64	1	硬盘	44	数字	2000	20.00	17.39	
辽源热电公司	48	48	2	光盘	47	数字	2000	31.60	25.03	辽源热电公司
松江河发电厂	256	162	2	光盘	30	数字	1998.11	77.00	33.43	松江河电厂
	256	112	0	光盘	84	数字	1997.10	125.00	35.49	

五、传输网和其他通信

传输网包括时钟、城域网、广域网及监控设备等。

其他通信有一点多址通信、无线寻呼通信、可视会话通信等，成为吉林省电力通信的补充手段。

1995 年，省电力公司管理的电力企业建成第一座一点多址通信中心站，2002 年，共建成中心站 7 个，中继站 10 个，外围站 67 个。

无线寻呼主站 3 个，基站发射机 4 台，其中长山热电厂、双辽发电厂各 1 台，浑江发电厂 2 台；中继链路站发射机 1 台（长山热电厂）；操作台坐席数 8 个，其中长山热电厂 4 个，双辽电厂 3 个，浑江发电厂 1 个；系统内实际用户 1992 个，系统外部用户 366 个。分别于 1995 年和 1999 年建成使用。可视会议设备 44 套，终端站 49 个。2002 年其他电力通信设备统计，见表 8－6－7～表 8－6－10。

表 8－6－7　　2002 年其他电力通信设备统计

单位名称	一点多址						可视会议						
	中心站数量	中继站数量	外围站数量	建设时间（年）	资产（万元）		设备数量（套）	会议终端名称	终端数量（个）	生产厂家	建设时间	资产（万元）	
					原值	净值						原值	净值
合计	7	10	67		1988.62	870.50	44		49			370.00	189.86
省电力信息中心							22	ZXMVC3000		中兴公司	2001.3	10	6.69
								VCONT120	24	VCON 公司	2000.4	15	9.67
								VCONT120	2	VCON 公司	1998.6	15	6.74
长春供电公司	2	1	20	1996	长调 A 430.00	186.00		VCONT120	1	VCON 公司	1998.6	15	7.58
					长调 B 340.00	147.00		VCONT120		VCON 公司			
吉林供电公司	2	2	22	1997	吉调 A 79.46	37.60		VCONT120	1	VCON 公司	1998.6	15	7.58
					吉调 B 246.00	116.99		VCONT120		VCON 公司			
通化供电公司	1	3	9	1999	226.46	132.30	1	VCONT120	1	VCON 公司	1998.6	15	7.58
白城供电公司							1	VCONT120	1	VCON 公司	1998.6	15	7.58

续表

单位名称	一点多址						可视会议						
	中心站数量	中继站数量	外围站数量	建设时间（年）	资产（万元）		设备数量（套）	会议终端名称	终端数量（个）	生产厂家	建设时间	资产（万元）	
					原值	净值						原值	净值
四平供电公司							1	VCONT120	1	VCON公司	1998.6	15	7.58
延边供电公司	1	3	8	1995	285.00	84.93	1	VCONT120	1	VCON公司	1998.6	15	7.58
辽源供电公司							1	VCONT120	1	VCON公司	1998.6	15	7.58
白山供电公司							1	VCONT120	1	VCON公司	1998.6	15	7.58
长春第二热电公司							1	VCONT120	1	VCON公司	1998.6	15	7.58
吉林热电厂							1	VCONT120	1	VCON公司	1998.6	15	7.58
长山热电厂							1	VCONT120	1	VCON公司	1998.6	15	7.58
双辽发电厂							1	VCONT120	1	VCON公司	1998.6	15	7.58
珲春发电公司							1	VCONT120	1	VCON公司	1998.6	15	7.58
二道江发电公司							1	VCONT120	1	VCON公司	1998.6	15	7.58
浑江发电公司							1	VCONT120	1	VCON公司	1998.6	15	7.58
松江河发电厂	1	1	8	1998	381.70	155.68	1	VCONT120	1	VCON公司	1998.6	15	7.58
长春第一热电公司							1	VCONT120	1	VCON公司	1998.6	15	7.58
四平热电公司							1	VCONT120	1	VCON公司	1998.6	15	7.58
白城热电厂							1	VCONT120	1	VCON公司	1998.6	15	7.58
辽源热电公司							1	VCONT120	1	VCON公司	1998.6	15	7.58
龙井热电厂							1	VCONT120	1	VCON公司	1998.6	15	7.58
蛟河热电厂							1	VCONT120	1	VCON公司	1998.6	15	7.58

表 8-6-8　　2001 年城域数据网设备统计

单位名称	节点数（个）	技术方式（ATM/IP/FR/X.25）	接点交换能力	设备名称及生产厂家	上联节点			下联节点			连接的其他节点			建设时间	资产（万元）		
			交换容量（吉比特/秒）		节点数（个）	连接带宽（兆比特/秒）	底层电路连接方式	节点数（个）	连接带宽（兆比特/秒）	底层电路连接方式	节点数（个）	连接带宽（兆比特/秒）	底层电路连接方式		原值	净值	资产所属
合　计	9		321.6		8			63			7				777.50	689.42	
长春供电公司	1	ATM	40	北电网络	1	622	SDH	11	4×2	SDH				2001	719.50	636.78	省电力通信公司
								2	155	SDH							
吉林供电公司	1	ATM	40	北电网络	1	2500	SDH	10	4×2	SDH	1	622	SDH				
								2	155	SDH							
四平供电公司	1	ATM	40	北电网络	1	2500	SDH	6	4×2	SDH	1	622	SDH				
								2	155	SDH							
辽源供电公司	1	ATM	40	北电网络	1	622	SDH	2	4×2	SDH	1	622	SDH				
								1	155	SDH							
通化供电公司	1	ATM	40	北电网络	1	622	SDH	6	4×2	SDH	1	622	SDH				
								1	155	SDH							
白山供电公司	1	ATM	40	北电网络	1	155	SDH	4	4×2	SDH	1	622	SDH				
								2	155	SDH							
延边供电公司	1	ATM	40	北电网络	1	155	SDH	4	4×2	SDH	1	622	SDH				
								2	155	SDH							
白城供电公司	1	ATM	40	北电网络	1	622	SDH	6	4×2	SDH	1	155	SDH				
								2	155	SDH							
松江河发电厂	1	ATM	1.6			155	SDH							2002	58	52.64	松江河

表 8-6-9　　2001 年广域数据网设备统计

单位名称	节点数（个）	技术方式（ATM/IP/FR/X.25）	接点交换能力	设备名称及生产厂家	上联节点			下联节点			连接的其他节点			建设时间	资产（万元）		
			交换容量（吉比特/秒）		节点数（个）	连接带宽（兆比特/秒）	底层电路连接方式	节点数（个）	连接带宽（兆比特/秒）	底层电路连接方式	节点数（个）	连接带宽（兆比特/秒）	底层电路连接方式		原值	净值	资产所属
合　计	11		400		9			8			7				2775.78	2455.10	
省电力通信公司	2	ATM	40	北电网络				2	2500	SDH							
								6	622	SDH							
长春供电公司	1	ATM	40	北电网络	1	622	SDH										
吉林供电公司	1	ATM	40	北电网络	1	2500	SDH				1	622	SDH				
四平供电公司	1	ATM	40	北电网络	1	2500	SDH				1	622	SDH				
辽源供电公司	1	ATM	40	北电网络	1	622	SDH										
通化供电公司	1	ATM	40	北电网络	1	622	SDH				1	622	SDH	2001	2775.78	2455.10	省电力通信公司
白山供电公司	1	ATM	40	北电网络	1	155	SDH				1	622	SDH				
延边供电公司	1	ATM	40	北电网络	1	155	SDH				1	622	SDH				
白城供电公司	1	ATM	40	北电网络	1	622	SDH				1	155	SDH				
松原供电公司	1	ATM	40	北电网络	1	155	SDH				1	155	SDH				

表 8-6-10 2000年电力通信综合监控设备统计

单位名称	数量（台套）	监控管理电路设备名称	技术标准	厂家及型号	建设时间	资产（万元）		
						原值	净值	资产所属
合计	4					599.60	361.25	
吉林省电力通信公司	1	通信网集中监控系统		东北电力大学，JIXC	1997	459.60	300.25	省电力通信公司
长春供电公司	1	电源监控系统	TMN	深圳华为公司	1998	20	3	长春供电公司
	1	电源监控系统	TMN	北京动力源公司	2000	20	15	
	1	电力载波监控	TMN	华北电力大学	1996	100	43	

第九篇 用 电 营 销

第九篇 用 电 营 销

20世纪80年代，伴随改革开放，吉林省用电量快速增长，十年翻了一番。进入90年代，前几年用电量继续增长，中期以后，东北老工业基地进行产业结构调整，经济发展速度放缓，用电量增长率下降，1998年出现负增长。用电结构中，工业用电比重下降，城乡居民生活用电明显上升。12年的用电管理不断改革，随着电力体制改革的深入及地方产业结构的调整，按国家《电力法》及有关法规的要求，省电力公司对全省供电营业区重新进行了划定；用电监察等职能从电力部门移交吉林省各级政府；电力营销工作，尤其电费收缴遇到多年来少有困难；收费方式从进户走收改为联网储蓄；用电营销实现微机化管理。电能计量技术水平提高，固定资产快速增长，计量检定得到吉林省质量技术监督局的授权；全省供热量增加，亏损减少；实行多年的供电工程贴费，从2002年1月1日起，不再收取一般电力客户申请新装及增加用电容量的供电工程贴费；1997年，全省用电量进入缓慢的增长期。

第一章 机 构 职 能

1991～2002年，随着吉林省改革发展形势和经济结构调整的需要，省电力公司的用电营销部门机构和职能，发生很大变化，调整后的机构及其职能，适应了供电营销市场变化的需要。

1991年，省电力公司设用电管理处，省政府“三电”办公室设在处内，一套人员，两块牌子，配备正、副处长各1名，专责人16名。处内设用电监察科、营业科和供热科，各科配备1名科长。用电监察科内设高压用电监察、节约用电、军工及需求侧管理、三电统计、三电财务、负荷调度及用电分析、电力分配岗位专责人员。营销科配备用电计量、微机、内线、营业管理、营业统计及电价岗位专责人。供热科配备供热监察、供热计量、供热统计岗位专责人。

1995年，用电管理处更名为用电管理部，下设用电监察处、营业处、供热处、综合处等机构，部门和岗位人员的职责无大变化。

1997年，用电管理部改名用电营销部，内设用电检查与用户服务处、营销处、收费办公室、电力市场开发处、供热管理处、综合处，各配处长（主任）1名。用电监察与服务处设高、低压用电检查与服务、用电稽查与行风纠察、进网作业电工与施工管理及培训专责和进网用电新技术、新产品、特殊用电管理专责；营销处设营销制度规范化与政策研究、供用电合同管理、营销现代化管理、电价管理、营销统计与营销分析和电能计量管理专责；收费办公室设电费收缴与社会调研、电热费抹账管理和电费考核与统计专责；电力市场开发处设市场调研与促销政策研究和用电负荷管理系统与综合开发和发供电平衡、电力分配及用电经济调度专责；综合处设会计、出纳、法律法规岗位和综合信息管理岗位专责；供热管理处配备供热管理岗位、供热统计和计费管理岗位、供热检查与政策研究岗位专责。工作人员 21 名，正、副主任各 1 名。

2000 年，为减少供电公司核算管理层次，省电力公司对城区供电分公司实行扁平式本部化管理，除吉林、长春外，其他各供电公司（包括松原）所在地的供电分公司全部撤销，成立一个客户服务中心，若干个供电所。客户服务中心隶属供电公司营销部，负责受理客户报装接电等业务；各供电所只负责抄表收费和用电检查业务。年末，全省撤销 12 个供电分公司，成立 7 个客户服务中心，24 个供电所。2002 年，随着形势的发展需要，陆续恢复供电分公司的建制。

2002 年，营销部内设营销处、市场开发处、用电检查与服务处、电费回收办公室和综合处。各供电公司也相应成立营销部和大客户发行室，负责 10 千伏专线、66 千伏以上（包括趸售）客户的发行和收费。有的单位营销部设负荷管理室，以加强对大客户用电负荷管理。

第二章　用　电　构　成

吉林省的供电形势，20 世纪 80 年代处于既缺电量又缺电力的供需状况。1993 年，全省电力供需基本达到平衡，90 年代中期以后，由于东北老工业基地开始进行产业结构的调整及企、事业单位用电量增幅趋缓，全省社会用电量处于低速增长状态，只有城乡居民生活用电，商业、公共饮食、物资供销、仓储业及其他事业的用电量增长较快，占全省总用电量最多的工业用电量在总用电量中所占的比例逐渐减少，2002 年比 1991 年下降 10 个百分点。

第一节　用　电　水　平

1991～1996 年，全省用电量增长较快，1997 年进入低速增长阶段，1998 年全省供电量出现负增长。2002 年，全省用电量虽然比 1991 年全省用电量增长 60%，但 12 年间的电力、电量增长很不平衡，1998 年用电量比 1997 年下降 4.77%。

一、全省用电量

1990 年，全省用电量 190.31 亿千瓦·时。2002 年，全省用电量 306.29 亿千瓦·时，比 1991 年增加 115.98 亿千瓦·时，12 年仅增长 60.94%，1991～2002 年平均增长率 5.08%。但是，12 年间全省增长很不平衡，1991～1996 年增长较快，1996 年全省用电量比 1991 年增长 89.58 亿千瓦·时，增长 47.07%，年均增长 7.85%。2002 年比 1997 年全省用电量增加 26.40 亿千瓦·时，6 年间只增长 9.43%，年均增长率 1.57%。1998 年，全省用电量曾出现增长率为－4.77%。辽源地区负增长幅度最大，为－18.24%，其次是白山地区为－15.26%，四平地区为－11.11%。

全省用电量出现低速增长甚至负增长的原因，除由于吉林省产业结构调整的影响外，还有洪水灾害打乱地区工、农、商用电及天然气、太阳能等新能源占领市场、节能装置的采用等因素，用电量大幅下滑。虽然城乡居民生活用电，商业、公共饮食、物资供销、仓储业用电、邮电通信用电，其他事业用电等大幅增长，但因其所占总用电量比例较小，未能扭转用电总量减少的态势。

二、全省人均用电量

1991 年，吉林省用电量为 204.14 亿千瓦·时。全省人口总数 2459.69 万，人均用电量 829.90 千瓦·时。2002 年，全省用电量 306.29 亿千瓦·时，全省人口 2691 万人，人均用电量 1138.20 千瓦·时，比 1991 年增长 37.15%。12 年间全省人均用电量增长较低。

三、每千瓦设备用电量

1991 年，吉林省用电设备总容量 1048.99 万千瓦，全年总用电量 204.14 亿千瓦·时，

表 9-2-1 1991～2002年吉林省用电量统计

项目 年度	用电量（亿千瓦·时）	GDP（亿元）	人口（万人）	用电设备（万千瓦）	人均用电量（千瓦·时/人）	每千瓦设备用电量（千瓦·时/千瓦）	每千瓦时创造产值[元/(千瓦·时)]	年用电增长率（%）	生活用电			其他用电量	
									用电量（亿千瓦·时）	占总用电量比例（%）	户数（万户）	用电量（亿千瓦·时）	占总用电量比例（%）
1990	190.31		2440.10		779.90			5.81	17.88	9.40		172.43	90.60
1991	204.14	463.47	2459.69	1048.99	829.90	1946.10	2.27	7.27	18.70	9.20	100.36	185.44	90.80
1992	220.71	558.06	2474.01	1103.93	892.10	1999.30	2.53	8.12	22.11	10.00	130.16	198.60	90.00
1993	240.62	717.95	2496.07	1175.72	964.00	2046.60	2.98	9.02	25.70	10.70	134.37	214.92	89.30
1994	251.40	936.78	2515.61	1292.87	999.40	1944.50	3.73	4.48	30.80	12.30	184.86	220.60	87.70
1995	265.00	1129.20	2550.86	1361.16	1038.90	1946.90	4.26	5.41	34.04	12.80	195.95	230.96	87.20
1996	279.89	1337.16	2579.14	1496.67	1085.20	1870.10	4.78	5.62	37.35	13.30	206.81	242.54	86.70
1997	284.70	1446.91	2600.15	1541.32	1094.90	1847.10	5.08	1.72	44.84	15.70	223.93	239.86	84.30
1998	271.13	1564.40	2603.23	1539.74	1041.50	1760.90	5.76	−4.77	47.95	17.70	232.51	223.18	82.30
1999	286.16	1813.98	2657.00	1472.84	1077.00	1942.90	0.00	5.54	44.16	15.40	266.57	242.00	84.60
2000	291.37	1833.00	2728.00	1829.02	1068.10	1593.00	6.29	1.82	44.93	15.40	295.35	246.44	84.60
2001	295.08	2096.28	2728.00	2011.00	1082.00	1467.00	7.10	1.27	51.44	16.90	333.55	252.90	83.10
2002	306.29	2289.13	2691.00	2102.00	1138.00	1457.00	7.47	3.79	52.45	20.53	354.49	255.52	79.47

每千瓦设备用电量 1946.06 千瓦•时。2002 年，全省用电设备总容量 2102 万千瓦，比 1991 年增加 1053.01 万千瓦，增长 100.38%。全省用电量 306.29 亿千瓦•时，每千瓦设备用电量 1457.14 千瓦•时，比 1991 年下降 488.92 千瓦•时，降低 25.12%。1991～2002 年，每千瓦用电设备用电量呈下降趋势，年递减率虽然数量不大，但初显吉林省产业结构调整和节约用电工作的成效。

四、每千瓦·时电量创造价值

1991～2002 年的 12 年间，吉林省用电设备每千瓦·时电量创造产值增幅较大。1991 年为 2.27 元/（千瓦•时），2002 年为 7.47 元/（千瓦•时），比 1991 年增长 3.29 倍。1991～2002 年，吉林省总用电量、全省人均用电量、每千瓦设备用电量及每千瓦·时电量创造产值统计，见表 9-2-1。

第二节　用　电　分　类

1991～2002 年，吉林省总用电量发展缓慢，各类客户用电量的增长又很不平衡。12 年间，城乡居民生活用电量快速增长，商业、公共饮食、物资供销和仓储业类、其他事业类、建筑业类用电量等增长较快；工业、农业类用电量增长缓慢，地质普查和勘探业用电量出现负增长。同一类中的各个客户用电量增长也不平衡，交通运输业 12 年的用电量仅增长 3.80%，邮电通信业用电量却增长近 4 倍。工业类用电量比例大，十年降低 10%。

一、工业用电

1991 年，吉林省工业用电量 160.95 亿千瓦•时，占全省总用电量的 78.84%。2002 年，全省工业用电量 210.05 亿千瓦•时，比 1991 年增加 49.10 亿千瓦•时，增长 30.55%，占全省总用电量的 68.58%，比 1991 年下降约 10%。12 年中，居民生活、商业、市政、公共餐饮以及其他用电的快速增长，工业用电量的比例，呈逐年下降态势。

二、农业用电

1991 年，吉林省农业用电量 5.12 亿千瓦•时，占全省总用电量的 2.51%，2002 年用电量 8.41 亿千瓦•时，占全省总用电量的 2.75%，1991～2002 年全省农业用电量占全省总用电量增幅不大。其中，农田排灌用电量减少，1991 年农田排灌用电量 1.91 亿千瓦•时，2002 年 1.46 亿千瓦•时，下降 23.56%。1995 年、1998 年和 2002 年下降较多。主要原因是：期间雨量较大和电价升高影响，农业生产排灌多采用柴油发电机，受电源建设不到位的影响。

三、交通运输和邮电通信用电

1991 年，吉林省交通运输和邮电通信用电量 6.21 亿千瓦•时，占全省总用电量的 3.04%，2002 年，用电量 7.48 亿千瓦•时，12 年间增长 20%，用电量占全省总用电量的 2.44%，比 1991 年有所下降。其中，交通运输业用电量增长很慢，2002 年比 1991 年仅增加 2218 万千瓦•时。1997 年开始，逐渐淘汰城市公共电车，1997～2000 年，交通运输业用电量以年均 17.81%的速度大幅度下降。 邮电事业用电量发展较快，从 1991 年的

3670万千瓦·时，2002年猛增到1.42亿千瓦时，增长近4倍。

四、城乡居民生活用电

1991年，吉林省城乡居民生活用电量18.70亿千瓦·时，占全省总用电量的9.16%，2002年，用电量为50.35亿千瓦·时，增长169.25%，占全省总用电量的16.44%，比1991年增长7.28%；1991～2002年，城乡居民生活用电量的快速增加，是随着人民生活质量水平的提高、家用电器的迅猛增长、居住条件不断改善的必然结果。

五、商业、公共饮食、物资供销及仓储业用电

1991年，吉林省商业、公共饮食、物资供销及仓储业单位用电量为3.22亿千瓦·时，占全省用电量的1.58%。2002年，用电量达到9.83亿千瓦·时，比1991年增长205.28%，占全省总用电量的3.22%，比1991年增长1.64%。1991～2002年，全省商业、公共饮食等行业用电量无论是占全省总用电量的比例还是增幅都是比较高的。

六、地质普查和勘探业用电

1991年，吉林省地质普查和勘探业单位用电量2758万千瓦·时，占全省总用电量的0.14%。2002年，由于吉林省有些物矿开采接近枯竭、勘探单位减少及人员分流等原因，全省地质普查和勘探业单位用电量大为减少，年用电量仅2581万千瓦·时，增长—0.058%，占全省总用电量的0.084%。

七、建筑业用电

1991年，吉林省建筑业单位用电量2.10亿千瓦·时，占全省总用电量的1.03%。2002年，用电量3.61亿千瓦·时，比1991年增长72%，占全省总用电量的1.18%。

八、其他事业用电

1991年，吉林省金融、保险（社会保险除外）、教育等其他事业单位用电量7.58亿千瓦·时，占全省总用电量的3.71%。2002年，全省其他事业单位用电量16.92亿千瓦·时，比1991年增长123.22%，增长率123.22%，占全省总用电量的5.52%。1991～2002年，全省其他事业用电量中，公共事业、教育事业等单位发展最快。

工、农业用电，交通运输和邮电通信单位用电，城、乡居民生活用电，商业、公共饮食、物资供销及仓储单位用电，地质普查和勘探业单位用电，建筑业、其他事业单位用电量统计，见表9-2-2。

表 9-2-2

1991～2002年吉林省用电构成分类统计

类别	项目	1990	1991	1992	1993	1994	1995	1996	1997	1998	1999	2000	2001	2002
		用电量(亿千瓦·时)												
全省用电量	合计	190.31	204.14	220.71	240.62	251.40	265.01	279.89	284.70	271.13	286.16	291.37	295.08	306.29
	年增长率(%)	5.81	7.27	8.12	9.02	4.48	5.41	5.62	1.72	−4.77	5.54	1.82	1.27	3.66
农、林、牧、渔、水利业	合计	5.25	5.12	5.36	5.07	5.48	4.80	5.42	4.69	5.05	4.86	6.06	8.51	8.41
	其中 排灌	1.77	1.91	2.16	1.54	1.84	1.28	1.52	1.30	1.03	0.81	1.27	1.43	1.46
	占全省用电量比例(%)	2.76	2.51	2.43	2.11	2.18	1.81	1.94	1.65	1.86	1.71	2.08	2.88	2.75
工业	合计	149.93	160.95	172.25	187.23	190.83	200.53	209.25	208.04	194.19	207.73	207.76	204.81	210.05
	其中 掘业	22.01	24.52	26.40	0.27	26.19	25.93	27.21	28.24	27.31	27.53	28.87	30.58	34.56
	其中 制造业	127.92	132.43	145.85	160.23	164.64	174.60	182.04	179.81	166.88	180.20	178.90	174.23	175.49
	占全省用电量比例(%)	78.78	79.00	78.04	77.81	75.91	75.67	74.76	73.08	71.62	72.59	71.31	69.41	68.58
地质普查和勘探业	合计	0.1929	0.28	0.27	0.33	0.40	0.46	0.76	0.50	0.42	0.46	0.50	0.33	0.26
	占全省用电量比例(%)	7.10	0.0014	0.12	0.14	0.16	0.17	0.27	0.18	0.15	0.16	0.17	0.11	0.08
建筑业	合计	1.60	2.10	2.65	3.41	3.34	3.52	3.71	3.44	2.75	2.91	3.67	3.58	3.00
	占全省用电量比例(%)	0.84	1.03	1.20	1.42	1.33	1.33	1.32	1.21	1.02	1.02	1.26	1.21	0.98
交通运输、邮电通信业	合计	5.97	6.21	6.54	6.56	6.83	6.84	7.22	6.35	4.85	5.10	4.35	3.87	7.48
	其中 交通运输业	5.68	5.84	6.10	5.92	6.21	6.13	6.28	5.28	3.71	3.77	2.87	2.46	6.07
邮电通信业	其中 邮电通信业	0.29	0.37	0.45	0.65	0.62	0.70	0.94	1.07	1.14	7.33	1.48	1.40	1.42
	占全省用电量比例(%)	3.13	3.04	2.96	2.73	2.72	2.58	2.58	2.23	1.79	1.78	1.49	1.31	1.44
商业、公共饮食、物资供销及仓储业	合计	2.41	3.22	3.24	3.83	4.19	4.91	4.90	5.40	4.42	6.07	6.52	7.83	9.83
	占全省用电量比例(%)	1.26	1.58	1.47	1.59	1.67	1.85	1.75	1.90	1.63	2.12	2.24	2.65	3.21
其他事业合计	合计	7.09	7.58	8.28	8.49	9.54	9.91	11.28	11.43	11.49	14.87	17.58	16.59	16.92
	占全省用电量比例(%)	3.74	3.71	3.75	3.53	3.79	3.74	4.03	4.02	4.24	5.20	6.03	5.62	5.52
城乡居民生活用电量	合计	17.88	18.70	22.11	25.70	30.80	34.04	37.35	44.84	47.95	44.16	44.93	49.56	50.35
	其中 乡村	9.91	11.20	12.99	14.13	15.78	16.60	17.25	17.57	17.22	16.50	17.05	18.49	18.01
	其中 城市	7.97	7.50	9.12	11.57	15.02	17.44	20.10	27.27	30.74	27.67	27.88	31.08	32.33
	占全省用电量比例(%)	9.39	9.16	10.02	10.68	12.25	12.85	13.35	15.75	17.69	15.43	15.42	16.80	16.44

第三章　营　　销

“八五”计划时期，吉林省电力市场电力、电量供、用比较平衡，电能从供不应求，逐年走向缓和。“九五”计划期间，电力市场出现供大于求的态势。为扭转电力市场“疲软”状况，全省供电系统按照新划定的供电营销区，开展电能增供扩销活动，改善报装接电管理，简化手续，减免费用，提高服务质量，改电表、电费走抄走收为电费储蓄，方便客户；按照国家政策和规定，开展电价、电费清理工作，减轻客户负担；对吉林省 13 户重点企业给予电费补贴；在系统内开展“打假复真”活动，对客户实行需求侧管理，开展防窃电设备改造和反窃电活动，成效明显；采取减免工程贴费等手段，扩大了用电市场新的增长点，为国家增收，企业增产作出了贡献。

第一节　供电营业区

1996 年 4 月，《中华人民共和国电力法》开始执行，9 月，电力部发布的《供电营业区划分及管理办法》正式实施，省电力公司遵循依法划分的要求，本着尊重历史、承认现实的原则，制定了《供电营业区划分实施方案》，全面开展供电营业区划分。各供电企业在新划分的供电营业区内开展营销工作。

全省负责售电的供电营业区，包括省电力公司所属的长春、吉林、四平等 8 个供电公司，下设农安、蛟河、梨树等 50 个供电分公司直供营业区和榆树、临江等 50 个农电（水电）局（供电公司）趸售营业区。供电营业区统计，见表 9－3－1。

跨省行政区供电营业区划入吉林省的有：内蒙古自治区乌兰浩特市的九龙乡、哈拉密乡、大本站乡，划归白城供电公司供电营业区管理；辽宁省铁岭市的八面城镇、三江口镇、天德乡等行政区域，划归四平供电公司供电营业区管理；铁岭市的平岗乡、柏榆乡行政区，划归辽源供电公司供电营业区管理。划出吉林省的供电营业区有：延边朝鲜族自治州的额穆镇部分行政区域，划归黑龙江省牡丹江供电公司供电营业区管理。

省内跨地区供电营业区划归通化供电公司供电营业区管理的有辽源市的横道河镇、和平镇行政区；划归四平供电公司供电营业区管理的有辽源市那丹伯镇行政区。

表 9－3－1　　1999 年吉林省供电营业区统计

地（市）级供电营业区	所辖县（市）级供电营销区	
	直供营业区	趸售营业区
长春供电公司供电营业区	朝阳、宽城、南关、二道、双阳、九台、农安等供电分公司供电区域	榆树、德惠、农安、九台、双阳、城郊等农电局供电区域

续表

地（市）级供电营业区	所辖县（市）级供电营销区	
	直供营业区	趸售营业区
吉林供电公司供电营业区	龙潭、昌邑、船营、舒兰、蛟河、桦甸、磐石、丰满等供电分公司供电区域	蛟河、舒兰、桦甸、磐石、永吉、郊区等农电局供电区域
四平供电公司供电营业区	铁东、铁西、公主岭、梨树、伊通、双辽等供电分公司供电区域	公主岭、梨树、伊通、双辽、郊区等农电局供电区域
通化供电公司供电营业区	江西、江东、二道江、梅河口、辉南、柳河、集安等供电分公司供电区域	梅河口、辉南、柳河、集安、郊区等农电局及通化县水电公司供电区域
延边供电公司供电营业区	延吉、图们、龙井、敦化、和龙、汪清、珲春、安图等供电分公司供电区域	龙井、敦化、和龙、汪清、珲春、图们、延吉等农电局及吉林省长明水电（集团）有限公司供电区域
白山供电公司供电营业区	八道江、临江、抚松等供电分公司供电区域	八道江、江源等农电局、临江、抚松、靖宇、长白等水电公司供电区域
白城供电公司供电营业区	洮南、通榆、长岭、前郭、宁江、大安、镇赉、洮北供电分公司供电区域	洮南、通榆、前郭、扶余、大安、镇赉、乾安、长岭、洮北、宁江等农电局供电区域
辽源供电公司供电营业区	东丰、西安、东辽、龙山等供电分公司供电区域	东丰、东辽、郊区农电局供电区域

第二节　报　装　接　电

20 世纪 90 年代初，吉林省电力企业报装接电及检验接电工作，仍延续《全国供用电规则》和《吉林省 10 千伏及以下电气安装规程》有关规定，接受客户用电申请，根据客户用电容量、用电性质和电网现行情况及规划要求，制定切实可行的供电方案，组织供电工程的设计、施工等，直到装表、送电全过程。90 年代后期，针对电力市场的“疲软”形势，为发展新的用电增长点，扩大社会用电量，达到增供扩销目的，不断改进报装接电管理，简化手续，减免费用，提高服务质量。

一、客户报装

按照 1990 年省电力公司《关于临时用电、个体工商（专业）户用电管理办法》的要求，各供电企业将临时用电期限控制在 6 个月内，超过 6 个月期限的要办理延期使用手续，并由供电部门发放统一印制的临时用电许可证执照。用电监察人员对临时用电户每月进行检查；对个体工商（专业）户用电许可执照，每季度检查一次，发现问题，按章处理。

1991 年 5 月，落实省电力公司《低压动力和居民照明用户计量装置安装要求补充规定》，各供电企业对不同容量的低压电力计量箱，新建、改建、扩建住宅楼和平房的电表箱的要求，进行认真的落实，为电费收缴灵活方便，逐步改为按户计量。

执行《全国供用电规则》规定，登记窗口直接答复办理 10 千瓦及以下的报装申请，超过 10 千瓦的用电申请，通过与生产、调度及其他相关部门会签后确定供电方案，答复客户的期限，低压客户不超过 7 天，10 千伏客户不超过 15 天，35 千伏及以上客户不超过 30 天。

随着市场经济的发展，有些供电企业曾将报装接电工作划归多种经营公司办理，有的要求必须经过多经公司办理签批手续，出现客户报装手续繁杂、关卡增多等混乱现象。

1992 年，省电力公司下发《关于整顿营销秩序，进一步加强营销管理工作的通知》，并派人监督检查，各供电企业随即进行整改，报装接电工作回归营销部门，按岗位工作内容、职责范围及工作程序进行办理，扭转了报装接电的混乱局面。

1993 年，各供电企业开展“创文明窗口，争当岗位明星”活动，简化报装接电手续，实行一口对外，一条龙服务，取消不合理收费，提高报装接电效率，做到报装接电不超期。

1996 年，按照电力部颁发的《供电营业规则》的新精神，各供电企业修改报装接电有关规定，答复居民电力客户最多不超过 5 天，低压动力客户不超过 10 天，高压单电源客户不超过 30 天。

1998 年，省电力公司开发配电地理信息图形系统，与营销管理系统结合应用，不到施工现场勘查即可进行业扩报装工作，减少了工作环节，报装接电更加畅通。1999 年，此项目通过验收，获得吉林省科技进步三等奖，省电力公司科技进步一等奖。

1999 年，为扩大社会用电量，省电力公司相继制定了报装接电的优惠政策：中央直属的储备粮库项目减免供电工程贴费，100 千伏·安及以上新增装电力设备确有困难的客户可缓交贴费。

2000 年，省电力公司取消机关、个体工商客户报装接电过程中收取电表、电费保证金。

二、贴费

2002 年，吉林省按照计价格〔2002〕98 号《国家计委、国家经贸委关于停止收取供（配）电工程贴费有关问题的通知》的规定，省供电企业对一般电力客户申请新装及增加用电容量，停止收取供（配）电工程贴费；对 2002 年 1 月 1 日后客户已按原规定交付供（配）电工程贴费的，已及时与客户联系，按规定退还客户所交纳的供（配）电工程贴费；对 2002 年 1 月 1 日前客户已经交纳部分供（配）电工程贴费但未全额缴清的，剩余部分不再向客户收取。

第三节　电　力　销　售

1991～2002年的12年间，吉林省电力市场发生巨大变化。前6年，电能从供不应求到逐步走向缓和；后6年，从缓和到相对富余。电力市场管理也由过去的行政管理的“三电”模式，逐步向社会主义市场经济模式转变。随着吉林省国民经济的逐步回升态势，和全省广大营销职工在省电力公司的领导下，不断转变观念，扩大市场开发，努力增供扩销，采取减免各种费用、实行电费补贴、争取更多平价电等措施，售电量逐步走出低谷，提高售电平均单价和营业外收入，为国家增收、企业增产作出了贡献。

一、售电量

1991～2002年，前6年，全省售电量，平均增长率6.47%。1997年后的6年间，吉林省经济结构调整，一些大型耗能企业用电量大幅下降；日益扩大的石油液化气、天然气、煤气、太阳能等新能源挤占传统能源市场，还有节能新产品、新设备、新技术的采用而使电能消耗下降，全省售电量明显减少，全省售电量进入低速增长时期。1997年，全省售电量较1996年只增长1.51%；1998年比1997年反而减少6.11%，全省8个供电公司有7个售电量负增长。2001年售电量较2000年增长1.57%，2002年较2001年增长2.96%。1991～2002年，全省销售电量统计，见表9-3-2。

表9-3-2　　1991～2002年全省销售电量统计

年份	售电量（亿千瓦·时）			售电平均单价[元/(千千瓦·时)]		营业外增收（万元）	
	计划	售电量	增长率(%)	计划	实际	计划	实际
1991		163.74	7.27		74.98		775
1992		178.02	8.73		77.64		669
1993		192.01	7.86		200.73		688
1994		198.62	3.44		250.68		999
1995		212.25	6.85		252.06		1111
1996		222.12	4.66		273.72		1432
1997		225.49	1.51		299.97		1450
1998		211.72	−6.11		303.84		1895
1999		216.05	2.04		307.54		3916
2000		224.73	4.02		309.11		6743
2001	2 340 000	228.25	1.57		384.97	5000	5910
2002	2 320 000	235.00	2.96	424	433.18	3560	5731

面临严峻的电力销售形势，全省广大营销职工并未气馁，坚持以提高经济效益为中心，加强用电营销管理，追寻用电新的增长点，积极开拓市场，增供扩销，增加收入，健全规章制度，加强岗位制约及严格考核，较好地完成了营销指标，与经济效益密切相关的售电平均单价逐年提高，12 年营销外收入 3.13 亿元，经济效益得到提升。

二、增供扩销

面对吉林省电力销售的严峻形势，省电力公司通过调查分析认为，电力市场既有用电量因减少出现电力过剩的一面，又有能多用电但又买不起电的一面，存在局部的卖方市场空间，只要认真开拓，市场仍有增供扩销空间，并进行了大胆的探索。

1997 年，省电力公司将用电营业部更名为用电营销部，凸显部门的市场营销职能，增设电力市场开发处，市场开发纳入营销工作的重要日程，增强营销工作人员的市场观念，加强全省电力市场开发工作的领导。

1998～2000 年，在吉林省政府的大力支持下，省电力公司和各地区供电企业积极组织平价电资源，努力降低指导性电价。1998 年，对吉林化肥厂、通化钢铁厂等 12 户重点用电大户实行优惠电价，按 0.04 元/(千瓦·时)收取指导性电费；对省内一、二类重点企业用电，按省经贸委确定的分配比例实行统配和指导性电量指标；各市、州的统配电量可滚动使用；执行大工业电价的客户 1～10 千伏和 35 千伏以上客户电费按原价的 77.22%计算，每千瓦时用电分别降低 0.062 元和 0.06 元；中小化肥生产企业生产用电执行非工业、普通工业电价的，按电价表中价格的 82.82%执行，1～10 千伏客户每用 1 千瓦·时电量少交电费 0.064 元，35 千伏以上客户每用 1 千瓦·时电量少交电费 0.062 元；煤炭生产企业客户的基本电价最大需量从 18 元/(千瓦·月)降至 17 元/(千瓦·月)，变压器容量电价从 12 元/(千瓦·月)，降至 11.50 元/(千瓦·月)；直供居民户月用电超过 150 千瓦·时部分，按原目录电价优惠 0.06 元/(千瓦·时)。

根据国家有关政策，省电力公司适时开展电价、收费的清理工作，减轻客户负担，扩大市场空间。对关、停、并、转和破产企业原址、原供电点原有容量内用电的新增客户，免收贴费；对用电锅炉集中采暖的客户免交全部贴费，并执行居民照明电价。对中央直属的储备粮库贴费实行减免；对 100 千伏·安及以上新增设备确有困难的客户可缓交贴费。2000 年，省电力公司取消机关、个体工商客户报装接电过程中电表、电费保证金等。2002 年 1 月 1 日起，取消一般用户供（配）电工程贴费，鼓励客户用电。

2001～2002 年，对确有困难但经过帮助可进行或扩大生产的企业、单位给予补贴。吉林造纸厂、四平联合化工厂等 13 户重点企业补贴电量 39.10 亿千瓦·时，电费 2 亿元；抚松等 4 县库区淹没区补贴电费 3000 万元；重点煤矿生产用电实行电价优惠等。

为开拓电力市场，1999 年省电力公司营销部与新闻中心共同在吉林电视台开办电力之窗专栏，开展宣传活动，提高广大群众对高效、经济、洁净能源的认识，鼓励客户利用电能的积极性。

通过市场开发，全省用电量走出低谷并缓慢提升，2001 年全省售电量比 2000 年增长 1.57%，2002 年比 2001 年增长 2.96%。

第四节 抄表收费

1991～2002年，吉林省电力营销的抄表工作，面临用电结构变化大、城镇居民照明客户发展快，任务日趋繁重的新形势。采取变单月抄表为双月抄表、抄表机集中抄表、远程抄表等方法和加强管理等措施，提高了抄表效率、实抄率和准确率。电费收缴工作中，由于全省产业结构调整、企业生产不景气和“三角债”的制约等原因，为吉林省历史上最为困难、欠缴电费最为严重的时期。年年欠费，1999年欠费3.77亿元，累计欠费14.43亿元。虽经各级政府支持和广大电力营销人员的努力，但2002年仍累计欠缴电费6.56亿元。

一、抄表

20世纪80年代，全省实施城镇居民照明一户一表改造工程。随着市场经济的发展，城镇居民照明客户迅速增加，1991年，从80年代初的45.5万户，猛增到170.44万户，抄表量大大增加，抄表人员严重不足，虽采取变单月抄表为双月抄表等措施，仍出现实抄率下降、错抄漏抄增多、抄收基础管理工作下滑等问题。

1991年，省电力公司为改变这种状态，下发了《关于电表实抄率考核管理办法》。各供电企业采取积极有效措施，以提高电表的实抄率，结合营销系统开展“松辽杯”竞赛，认真评选、表彰、奖励成绩突出的先进人员，调动了抄表员积极性，扭转了电表实抄率下滑趋势，全省电表实抄率达95%以上，机关及个体动力客户电表实抄率达99%以上。

1992年，按照省电力公司《供电局营销登记、调查、抄表、收费、内线工考核奖罚办法》，各供电企业对抄表工作的错抄、漏抄等质量问题和管理问题进行考核、整改，做到奖惩兑现。经过3年多的努力，1995年，城镇居民客户电表实抄率达96%以上，机关和个体动力客户电表实抄率达100%。

1996年，全省开始使用抄表机集中抄表，实抄率提高、科学可信。应用现代技术，对大工业用电单位的电力、电量采用需求侧管理系统远程抄表等措施，效率明显提高。

1998年，省电力公司研制开发用电营销全过程微机管理系统，1999年通过专家验收，2000年在长春南关供电分公司进行居民客户集中抄表试点成功，此后全省逐步推广。2001～2002年，延边、吉林、白城供电公司实施居民客户集中抄表工程。

2000～2002年，省电力公司确定，每月对公配线线损率在全省中最高的供电分公司进行检查，并将检查结果通告全省，检查重点为电表实抄率。通过检查考核，照明、动力客户分别达98%、100%，同时推动了供电企业抄表工作的制度建设、检查考核、奖罚措施等一系列管理工作，形成监督和激励机制，抄表基础管理明显加强。

二、收费

20世纪90年代，拖欠电费急剧增加，电力生产受到严重影响。1990年，全省已欠电费 1200 万元，1991 年，增欠 8294 万元，至 2002 年，累计欠费达 6.56 亿元。欠费最为严重的 1999 年，增加欠费 3.77 亿元，累计欠费高达 14.43 亿元。

1991 年 7 月，全省拖欠电费 2.70 亿元，省内重点企业欠费占总量的 84%以上。为加快电费回收，省电力公司加强用电大户欠费管理，同年 10 月 10 日，在省工商银行国际业务部开设电费专户，向吉林铁合金、吉林造纸厂等 11 户用电大户直接办理异地托收承付结算电费，欠费数量开始回落。1992 年 9 月，异地托收电费 2.69 亿元，收取电费滞纳金 80 万元。同年，在省计委清欠办和银行部门的大力支持下，通过清理“三角债”形式，收回电费 5823 万元。

1993 年，电费收缴工作得到省政府领导的支持，两次去欠费最多的吉林市、一次去通化市实行现场办公。年末，收回拖欠电费 3.13 亿元，欠费额从 7 月末的 6.22 亿元降到 3.09 亿元。

1994 年 1 月 31 日，省电力公司转发副总理邹家华有关回收电费问题“据此抓紧办理、地方经委和电力部门还要催交，一次黄牌警告，二次红牌限电，三次只得通知拉闸，当然也要分别情况”的批示，对完成收缴电费起到决定性作用。3 月，省电力公司成立煤款电费抹账工作领导小组，实行煤电抹账办法，回收电费 2.26 亿元。同年，参加省政府开展的五大行业清理资金拖欠工作，又收回资金 2.48 亿元，缓解客户严重拖欠电费的形势。

1996 年 4 月 1 日，国家《电力法》正式实施。各供电企业对欠费客户按照《电力法》、《电力供应与使用条例》及配套法规规定，有理、有力、有度地采取封、停、限电措施，依法催交电费。省电力公司建立了省、市、县三级电费收缴调度制度，加强收费协调工作。全省开展由企业“一把手”亲自参加的电费收缴大会战，对欠费客户坚持先收电费违约金、后收电费制度，全年收取电费违约金 610.90 万元，同时对欠费客户采取与分配平价电挂钩等措施，起到鼓励客户交纳电费作用，但年末仍欠缴电费 4.50 亿元。

1998 年 2 月 10 日，为拓宽电费回收方法，加快回收进度，省电力公司制定《系统内生产、基建、燃料及其他资金参与电、热费抹账的协作与管理办法》，成立收费领导小组。同年 12 月，运用负荷管理系统参与收费，至 2000 年，负荷管理系统月收费额达 2.40 亿元，占月发行电费的 30.60%。

1999 年 3 月，省电力公司开展全省营销系统“打假复真”活动，查出 1998 年及以前虚报、瞒报欠费 4.80 亿元。4 月末，全省累计拖欠电费 16.80 亿元。下发《处理用电营销工作弄虚作假者及有关人员暂行规定》。7 月，对省内客户巨额欠费和各供电公司的巨额欠缴，有关干部和职工采取停发工资和奖金措施，迅速扭转了电费回收的被动局面。年末，全省客户累计欠费由 4 月的 16.80 亿元下降到 14.43 亿元。国家电力公司授予白城供电公司“全国供电系统电费回收先进单位”称号。

2000 年 3 月，为活化资金，减少电费呆、坏账带来的经济损失，年末，全省收取呆、坏账电费 400 万元。经省政府批准，省电力公司核销客户坏账电费 3.47 亿元。开展争创客户无欠费活动，白城、延边供电公司实现客户电费收缴结零。

2002年，各供电企业认真执行《关于印发企业以物抵电费暂行规定的通知》和省电力工会联合下发关于开展电费回收竞赛的通知精神，进一步拓宽电费回收方法，全省欠费从2000年的8.82亿元，降到2002年的6.56亿元。1991～2002年吉林省电费收缴统计见表9-3-3。

表9-3-3　　1991～2002年吉林省电费收缴统计

分类 年份	电费发行与完成情况				累计欠费（亿元）
	发行（亿元）	回收（亿元）	客户欠（亿元/万户）	回收率（%）	
1991	21.74	20.87	0.869 6	96.00	0.95
1992	29.83	30.05	−0.218 3	100.70	0.73
1993	47.00	44.64	2.360 0	95.00	3.09
1994	58.40	57.29	1.110 0	98.10	4.20
1995	67.43	67.27	0.156 1	99.80	4.36
1996	83.26	83.11	0.144 7	99.80	4.50
1997	87.97	81.21	6.760 0	92.30	11.26
1998	85.00	85.60	−0.604 0	100.70	10.66
1999	88.06	84.29	3.770 0	95.70	14.43
2000	94.20	99.80	−5.610 0	106.00	8.82
2001	94.08	93.17	1.750 0	99.04	6.42
2002	107.05	106.05	1.280 0	99.06	6.56

三、改革

20世纪90年代以前吉林省电费收缴方式，一直沿用到客户抄表收费，即走抄电表、走收电费的做法。这种抄收方式的弊端日益突出：居民用电实行一户一表，抄表收费工作量激增，全省城镇居民照明客户每年又以10万多户的速度增长，抄收人员严重不足，窃电现象严重；收费员随身携带大量电费现金很不安全；收费员服装无专业标志，给不法分子冒充抄表收费人员危害客户有机可乘；抄、收人员与客户时有矛盾发生，同时，进户抄表收费干扰客户生活等。抄表收费方式改革势在必行。

1991年，延吉市供电局对机关、企业、居民客户全部实行电费储蓄收费方式，拉开收费方式改革的序幕。在一户一表改造中，表箱安在客户楼房走廊等公共场所，改变入户抄表方式。

1992年，省电力公司提出用3年时间完成取消走收目标，根据各地区的改革经验，提出坐收、购电储蓄收费方式，后改为与银行微机联网，实行储蓄、划拨电费方式。年底，有37个营销单位进行收费方式改革，户数达57.1万户。

1993年，50个营销单位中42个完成收费方式改革，户数达116.64万户，占全省总户数 134.37 万户（走收户）的 86.81%。

1994 年末，全省基本实现收费方式改革第一阶段目标，取消走收电费方式。年底，又有 5 个营销单位实现与银行微机联网，实行购电储蓄收费方式。2000 年，实现全省购电储蓄收费。

第五节 营 销 管 理

20 世纪 90 年代，吉林省供电企业的电力营销工作整顿、标准化和微机应用管理同步进行。随着微机的应用，营销工作程序和各岗位工作标准出现不相协调问题。各供电企业根据变化的情况，按照营销登记、调查、抄表、审核、收费、内线工作等各个环节的岗位工作标准，进行整顿和整改，开展达标、创一流活动，按照标准化的要求建立工作程序、岗位标准，并实行严格检查、验收，奖罚兑现，营销基础管理工作明显加强，营销手段逐步实现微机化。

一、营销整顿

20 世纪 90 年代初，吉林省电力营销工作出现关系不顺、职能不清、秩序紊乱等问题。1992 年，省电力公司及时颁发了《关于整顿营销秩序，进一步加强营销管理工作的通知》（简称《通知》），全省供电企业按照《通知》精神，积极开展营销工作整顿，初步理顺了营销工作与多种经营、用电监察、稽查、电能计量等部门的关系，营销工作逐步恢复正常秩序。

1994 年 11 月，按照东北电管局《关于开展营销基础工作整顿的通知》要求，各供电企业开展打击窃电、内外勾结贪占电费行为，处理电业员工用电和多种经营企业用电中出现的问题，整顿营销基础管理，自查自纠。1995 年，省电力公司进行检查验收。1997 年，实施反窃电连带责任制，对辖区内发生窃电案件追究供电企业相关人员的责任。

1998 年，为维护国家利益，打击以电谋私的违法违纪行为，省电力公司发布了《关于电力企业职工侵占电费以电谋私损害电力企业利益行为处理暂行规定》（简称《规定》）。按照《规定》对 8 名违纪违法营销人员进行处理，其中开除 2 名，开除留用 2 名，记过 3 名，警告 1 名，并针对存在问题，进行建章建制工作。

1999 年，省电力公司发布《处理用电营销工作弄虚作假者及有关人员暂行规定》，开展营销“打假复真”活动，处理 21 名违纪违法营销职工，遏制了营销工作中弄虚作假现象，确保了营销工作中各项统计数据的真实性和准确性。同年 11 月，实施《营销普查工作方案》，规范供电行为、营销程序，实现堵漏增收目标。

2000 年，省电力公司组织营销普查，检查 8 个供电公司，17 个供电分公司，8 个大户室，发现大量问题，仅电价错误和错、漏收基本电费达 160.28 万元。为防止事故换表中出现电量丢失，加强营销相关岗位关系的协调、制约和责任联系制度，处理违纪人员 19 名。

2002 年，按照省电力公司的部署，全省供电系统开展了营销管理年活动。

二、标准化建设

20世纪90年代初，吉林省电力营销标准化工作有些放松。1991年，省电力公司组织全省营销标准化工作复查验收。为巩固和发展标准化工作成果，颁发《关于明确营销工作在执行有关规定中一些具体问题的通知》。

1992年，省电力公司颁发《供电局营销登记、调查、抄表、收费、内线工考核奖罚办法》，以规范员工营销行为和促进标准化工作的开展。同时，解决电子计算机在营销管理中的应用带来的变化和问题；开展营销岗位人员评优竞赛活动，落实修改后的营销岗位工作标准。

1994年，执行《营销岗位工作标准化供电局检查验收办法（试行）》，第一批有4个供电局达到一级标准、4个供电局达到二级标准。连续三年累计有22个供电局通过一级标准验收，13个供电局通过二级标准验收，省电力公司都以正式文件将检查中发现的问题通报全省。

1995年3月10日，召开“统一全省微机发行电费程序及各种表格格式、统一登记书用纸、统一微机输出打印的各种表格和账卡票据”会议，得到全面落实，推进了营销管理标准化工作的进程。

1999年7月20日，省电力公司下达《关于改革趸售和大客户用电管理办法的通知》，规定将趸售及大客户的抄表、核算、发行、收费及管理由原来的供电分公司管理改由供电公司直接管理。

2001年，全省供电企业开展“营销管理创一流活动”。2002年，长春、吉林、四平、通化、白城供电公司的电能计量管理达到国家一级标准，全省通报表彰。

三、用电营销管理微机化

20世纪80年代末至2000年，吉林省供电企业开发应用了用电营销全过程微机管理系统，集中抄表及台区承包管理系统、电能计量管理系统、用电负荷管理系统等微机网络系统，全面实现了从用电营销管理、负荷控制、电能计量、客户服务、抄表收费、电费核算到信息传输等功能，并统一了工作标准，规范了工作程序，提高了效率，减轻劳动强度，在创建智能网络管理中发挥作用。

（一）计算机在电能用电营销中的应用

1986年，吉林省各供电企业按照省电力公司的要求，开始使用PC－1500袖珍式充电计算机，用于大用户及趸售用户的电量电费计算，1987年被IBM微机取代。

1989年，开始使用AST－286计算机，在居民照明电量、电费核算发行和打印收据中采用，并逐年推广使用范围。

1994年，省电力公司鉴定验收了白城电业局研制开发的营销全过程微机网络管理系统，并向全省各供电企业推广。该程序实现营销从报装接电、登记书处理、抄表、核算、电量电费发行、开据、抄表日记、发行表，到装表接电、换表、电能资产管理、营业杂费收取和统计报表等全过程微机管理，同时取消了账、卡、簿，获省电力公司年度科技进步二等奖。同年，开始使用兰德抄表器抄表，由抄表人使用计算机进行数据下载和上传。

1996 年，按照省电力公司〔1996〕78 号文《关于下达营业电能计量现代化管理项目计划的通知》精神，各供电企业开始在下属供电局开发营销全过程微机管理网络，并有较快发展。

1998 年，为满足用电营销全省联网的需要，各供电企业更换一批比较落后的电子计算机，386 型计算机大面积推广采用。

1999 年，各供电企业采用省电力公司开发的由配电地理信息图形系统和营销管理系统组成的用电营销全过程微机管理系统，简化报装接电的审批手续，缩短了会签时间。

2000 年，用电大户和趸售用户的功率因数全部使用抄表器抄表，取消了抄表卡片。

（二）计算机在大用电客户的应用

“七五”计划末期，吉林省供电严重短缺，电力、电量都满足不了客户的用电需求，只好采取严格控制用电计划指标和一些简单的技术手段，完成计划用电任务，在严重缺电和管理手段及方法都很落后的情况下，虽然做了大量工作，但其管理效果并不理想。

“八五”计划和“九五”计划期间，随着吉林省用电紧张形势的逐年缓和，1994 年，省电力公司按照电力工业部的要求和上级有关部门的指导帮助下，采用电子计算机手段将计划用电指标控制手段管理，转变为大用电客户的需求侧管理，经过 1994 年的试点，2000 年，在全省各供电企业全面推广应用。

需求侧管理系统的主要功能有遥测、遥信、遥控功能，远方抄表、购电控制、负荷预测、电压监测、卫星对时、防窃电等。

系统硬件配置多采用较先进设备，电台选用日本产 TAIT 型、新西兰产大吉电台；投影仪选用加拿大产美奇；前置机和终端选用英特尔上海协同公司产 WJ－201J 型微机；不间断电源选用美国产 APC 型设备；计算机及网络设备选用美国 HP 公司系统产品、3CDM 产品；传真及打印机选用 HPLJ5000、联想 LJ206MFC；电能计量表、微波中继线网络采用国内产品。

系统软件采用 Window NT4.0 计算机网络，Window95、Window98 工作站操作平台，Microsoft、Vc＋＋5.0 程序语言，SOL6.5 数据库和上海产负荷控制软件。

需求侧管理系统具备计划用电管理的全部技术要求，在用电紧张期间，可自动削峰填谷，对电网安全、经济运行有特殊贡献。控制方式灵活，有功控、电控、方案控等；控制参数可选用电量、电力，并可按峰、谷、平时段分时控制或周修日进行择日控等功能。

（三）计算机在计量管理中的应用

1995 年，省电力公司向各供电企业推广白城电业局开发的电能计量计算机处理系统，为基于局域网的网络数据库管理系统，该系统的操作系数为 DOS，网络为 NetWare，服务器端数据管理系统为 CodeBase，客户端应用程序采用 C 语言编写，具有误接线分析处理、电力系统图演示、微机自动校表等电能计量信息综合处理功能。此项目获省电力公司年度科技进步一等奖，省科委科技成果三等奖。

1998 年，电能表远方数据传输及遥测校验系统在各供电企业中应用，为实现全省电力系统内变电所电能表远程遥测和校验创造了条件。

1999 年，白城供电公司开发的电能表检查遥测系统获东北电力公司科技进步三等奖。

第六节 防、反窃电

多年来，特别是进入20世纪90年代以来，随着改革发展的新形势，个体私营企业及高消费场所大量涌现，一些电力客户法制观念淡薄，还有吉林省中、低压电网及用电设施改造投资欠账过多，致使全省窃电现象日趋严重，给国家和电力企业造成较大损失，也影响了电力市场的正常供销秩序。为此，全省供电部门坚持“打、防结合，以防为主”的方针，开展合法用电宣传，加强用电管理，加速用电设施的防窃电改造，依法对窃电户进行教育，对严重窃电户进行打击，深入持久地开展防、反窃电斗争，并采取巩固防窃电成果的措施，取得一定的防、反窃电效果。

一、防窃电设施改造

20世纪80年代末，省电力公司开始进行客户用电设施防止窃电改造，资金在贴费中列支。90年代，投资力度加大，防窃电改造工程做到电线进管、电表进箱、表箱加封，采用技术手段防止窃电。1991～1998年，全省防窃电改造94.85万户。但受资金影响，单户造价仅90元，效果不甚明显。经测算，1995年改造后的居民月抄见电量每户平均仅提高20～30千瓦·时。1999年，防窃电改造工程列入城网改造计划，最大规模的防窃电改造工程在全省各地区全面展开。

省电力公司营销部、生产部确定防窃电改造工程的各类客户改造模式、施工标准、客户单户造价。1999～2002年，全省投资13.75亿元，改造各类客户232.93万户。全省用电市场秩序得到根本治理，提高了用电安全性和经济效益。据统计，全省公用配电线路损失由改造前的20%以上，降至7%，接近线损率理论值，多年困扰各供电企业的线损指标，不再成为制约企业发展的因素。经估算，2001～2002年，全省少损失电量10亿千瓦·时以上。1991～2002年，全省防窃电改造及无窃电达标供电局统计，见表9-3-4。

表9-3-4 1991～2002年吉林省防窃电改造及无窃电达标供电局统计

年份	防窃电改造		无窃电达标供电局（个）	
	完成户数（万户）	完成投资（万元）	当年完成	累计完成
1991	3.82		1	22
1992	8.20		1	23
1993	9.54	233.00	4	27
1994	15.21	625.00	9	36
1995	19.38	1321.60	21	57
1996	16.39	848.90	6	63
1997	14.23	659.00	从本年起，按上级规定未开展达标活动	
1998	8.07	2051.60		

续表

年份	防窃电改造		无窃电达标供电局（个）	
	完成户数（万户）	完成投资（万元）	当年完成	累计完成
1999	6.00	4800.00		
2000	121.49	73 000.00		
2001	98.51	56 163.00		
2002	6.93	3558.90		

二、反窃电措施

1991年，为加大打击窃电力度，省电力公司与省经贸委、省公安厅联合发布《关于坚决制止窃电通告》。1992年，大力宣传最高人民法院、最高人民检察院作出的《关于办理盗窃案件具体应用法律的若干问题的解释》，明确电力属于无形资产，明确窃电也是违法、犯罪。1995年，与吉林省高级人民法院、检察院、公安厅联合召开全省反窃电工作会议，会上通报全省窃电违法犯罪状况，部署打击窃电犯罪任务，会后联合下发了《关于严厉打击窃电违法犯罪活动的通告》，省高级人民法院立即向省内法院系统部署打击窃电任务。1996年，成立以省电力公司总经理为组长，省高级人民法院、检察院、公安厅参加的吉林省反窃电领导小组。1997年，与省公安厅联合下发《关于开展反窃电专项治理的通知》。在政法部门的大力支持下，1991～1998年，全省共查获违章、窃电8.26万件，追补电量1.35亿千瓦·时，补收电费2427万元，违约使用电费3002万元。1999～2002年，收回追补电费及违约使用电费12 645万元。1991～2002年，查获违章窃电及追补电费情况统计见表9-3-5。

表9-3-5　　1991～2002年查获违章窃电及追补电费统计

年份	查获窃电违章用电（件）	追补电量（万千瓦·时）	补收电费（万元）	收违约使用电费（万元）
1991	8310	2042	141	86
1992	7794	1843	224	111
1993	10 353	1953	175	134
1994	12 547	2240	268	398
1995	10 748	1466	305	485
1996	9011	1090	331	558
1997	13 435	839	313	613
1998	10 361	1990	670	617
1999	11 030	3850	1238	1625
2000	18 904	8204	1618	2531
2001	13 712	2350	1127	1969
2002	15 453	2005	1029	1508

三、巩固成果措施

1991 年，强化供电企业内部管理，制定章程，向临时用电户、个体工商（专业）户用电发放用电许可证，采取新建住宅楼楼道安装电能计量箱并加锁等措施。

1994 年，全省开展“创无窃电客户供电局达标”活动，36 个供电局实现无窃电客户，经达标检查组验收合格。1996 年，省电力公司下发《关于成立反窃电稽查机构的通知》，正式规定机构人员编制，明确营销部门与反窃电稽查机构的职能关系。全省 8 个供电企业都建立了用电稽查组织机构，配备稽查人员，开展反窃电活动，实现防、反窃电组织与责任制的落实。

2000 年 6 月，对全省封印、封印钳进行重新定型，各供电公司统一更换为新的封印，并按不同客户，采用不同的新封印，增强防伪性和安全性。全省营销专业严格执行和使用各工种封印、封印钳的规定，建立相互制约责任制，实行“钱币式”管理。

第四章　用电监察及“三电”工作

1996年以前，吉林省用电监察工作继续按照“既为系统又为客户负责、既监察又帮助、既不包办代替又不放任自流、既要突出安全用电又要强调合理用电”的原则，重点做好客户的计划用电、节约用电、安全用电的监督检查与帮助。用电监察人员与客户协调合作，提高客户的安全用电水平和经济效益，也为保证电网的安全运行起到重要作用。1997～2002年，按照国家《电力法》规定，用电监察的职能由各级供电企业移交给吉林省各级政府部门。由于移交和接管工作未能及时衔接，用电监察行政职能转换不够到位，用电管理工作明显放松，客户用电设备健康水平有所下降，人员素质相对降低，客户自身及影响电网事故增加，给客户造成一定的经济损失，也威胁电网的运行安全。

第一节　用电监察及其职能

省电力公司根据电力具有发、供、用同时完成的特点及对电力发、输、配、用任何一个环节出现问题，都可能引发事故，影响客户用电，还会给电网造成灾难性后果的认识，历来重视客户的用电管理，培养了一大批用电监察人员，提高他们的素质和责任心，开展用电监察工作，以保证客户安全、节约、按计划用电以及电网安全运行。

一、用电监察

1991～1997年，全省用电监察人员延续80年代的做法，认真执行《全国供用电规则》，有组织、有计划地开展用电监察，对新建、扩建、改建的客户变电所和企业自备电厂及小水电、小火电机组并网工程进行检查验收；对高、低压电力客户的安全与合理用电进行监察与指导；对客户春、秋季安全大检查工作进行布置、检查和验收；对执行电力法规、“两票”落实进行检查；对设备预防性试验、安全、防火工器具实行监察；对设备运行和自备电源并网运行进行检查；对用电计量装置、电力负荷管理装置、继电保护和安全自动装置、调度通信装置的安全运行进行检查；对进网作业电工资格、进网作业安全状况和作业安全保障措施进行检查；对违章作业和窃电行为进行检查。实行定期试验制度，协助客户消除设备缺陷，加强安全思想教育，开展电工技术培训，重点抓好计划用电、节约用电、安全用电工作，为客户做好服务工作，加强行业作风整顿，开展纠歪风，树新风活动。

1994年5月，为提高用电监察人员的素质，省电力公司下发了《关于整顿用电监察队伍，实行持证上岗工作的通知》，对全省485名高压用电监察人员进行集中培训及考试。1995年，又对全省低压用电监察人员进行培训与考试。

二、职能转变

1998年，按照国家《电力法》和国务院办公厅关于深化电力工业体制改革有关问题意见的通知要求，省电力公司和各地区供电公司相继撤销用电监察机构和部分专业管理人员，相应转变为用电检查机构和用电检查专业管理人员，按照《用电检查办法》授予的管理职能，理顺关系，全省用电检查工作逐步开展起来。1999年，按照国家电力公司颁发的《用电检查管理办法》和《用电检查人员资格认可的通知》要求，对全省用电检查人员进行了整顿与考核。当年组织全省供电、农电企业2400多名专业人员参加二、三级用电检查考试、考核及资格认定，合格率75%，合格者发给证书。同年，又组织全省300多名专业人员参加国家电力公司举办的一级用电检查人员资格认定考试，合格率50%。2000年，组织全省168人参加国家电力公司举办的第二次一级用电检查人员资格认定考核，合格率83%。委托各供电公司对1999～2000年已到期的一、二、三级用电检查人员进行考核，对合格人员换发检查证。

1998年，执行省电力公司制定的《稽查专业人员工作标准》、《高、低压用电检查标准》，以规范用电稽查、检查人员的行为，强化电力市场的治理与整顿工作。用电监察职能移交给政府后，全省用电检查人员仍以高度的政治责任感服务于客户用电的安全管理，对设备及用电中存在的问题以“整改通知单”的方式督促客户整改，但收效较小，许多不安全现象没有得到处理。供电公司采取与当地经委联合治理的方式，安全用电管理工作得到加强。

第二节 计 划 用 电

1991～2002年，吉林省的计划用电工作发生很大变化。80年代末至1993年，全省计划用电一直实行凭证供电，开展查设备、定电力、定电量、定消耗、定用电时间的“一查四定”工作。1991～1994年，每月按照省经贸委下达的指标进行分配。1995～2000年，全省供用电紧张形势缓解，计划用电工作重点放在各市、地、州电力分配比例调整和增供扩销上。

一、电力分配

针对用电量变化的新形势，1991～1994年，省电力公司对全省用电单位重新核定消耗定额，实行有计划和相对灵活的电力分配方案，每月按照省经贸委下达的电力、电量分配指标进行分配，并视客户超用或少用而予以调整，用电计划更加符合实际。1995年，电力分配以均衡指导性电量为重点，在公平、公正、公开的原则上，客户在同等电力供应条件下进行平等竞争。1997年，经广泛调研及测算，重新调整各市、地、州的分电比例。

1998～2000年，针对电力供大于求，将电力分配工作的重点转移到做好资源平衡上来，争取更多平价电指标，配合省政府对吉林化肥、通化钢铁厂等12个重点用电大户制定用电优惠电价政策，多用平价电，促进重点企业发展的同时，一定程度上也扭转用电量下滑趋势。1999年，对省内一、二类重点企业关、停、并、转或破产企业的用电，也给予政策性优惠，鼓励客户多用电。

2001年，全省实行统一销售电价后，指导性电量不复存在。省电力公司将电力分配工作重点转移到准确做好负荷预测上来，更好地平衡电力供需关系。同时，针地吉林省售电量低于全国增长水平的情况，继续探讨增供扩销及开拓电力市场问题，2001 年和 2002 年，先后出台一系列开拓电力市场、增供扩销的举措。为鼓励国有重点企业、重点煤矿及水库区淹没县等单位用电，省经贸委、物价局联合下发了《关于电费补贴资金分配和管理有关问题的通知》，吉林造纸厂等 13 户重点企业全年补贴电量 39.10 亿千瓦·时，电费 2 亿元人民币；重点煤矿生产用电暂时执行原目录电价及相应指导性电价，基本电价仍执行原价；抚松等 4 县库区淹没区电费，合计补贴 3000 万元。

电量、电费补贴资金统计，见表 9-4-1～表 9-4-4。

表 9-4-1　　2001 年 13 户重点企业电费补贴资金统计

项目 名称		总补贴电量和电费		一季度补贴电量、电费		补贴余额	
		电量（亿千瓦·时）	电费（万元）	电量（亿千瓦·时）	补贴电费（万元）	电量（亿千瓦·时）	电费（万元）
合计		39.09	20 004	8.10	4461	30.99	15 543
1	吉化公司化肥厂	6.72	2310	1.10	384	5.63	1926
2	长山化肥厂	1.46	755	0.02	11	1.43	744
3	吉林铝业公司	4.81	3376	1.65	1174	3.16	2202
4	延吉铝厂	2.01	1524	0.54	412	1.47	1112
5	四平联合化工厂	2.47	740	0.58	179	1.89	561
6	开山屯化纤厂	0.07	73	0.02	21	0.05	52
7	通化钢铁厂	7.98	3877	1.15	567	6.84	3310
8	四平红嘴轧钢厂	0.67	270	0.23	93	0.44	177
9	吉林碳素厂	4.23	2116	1.08	550	3.15	1566
10	吉林铁合金	3.89	2900	0.94	708	2.95	2192
11	石砚造纸厂	0.59	308	0.16	83	0.43	225
12	吉林造纸厂	2.91	1148	0.45	183	2.46	965
13	二密化肥厂	1.29	607	0.20	97	1.09	510

表 9-4-2　　2001 年吉林省铝业公司等高耗能企业优惠电价 单位：元/(千瓦·时)

序号	客户名称	优惠电价	三峡基金	电建基金	优惠电度电价
1	吉林铝业公司	0.340	0.004	0.020	0.316
2	吉林镍业公司	0.340	0.004	0.020	0.316
3	东丰铁合金厂	0.340	0.004	0.020	0.316

续表

序号	客户名称	优惠电价	三峡基金	电建基金	优惠电度电价
4	通化市铁合金集团	0.340	0.004	0.020	0.316
5	临江硅铝合金厂	0.340	0.004	0.020	0.316
6	蛟河康兴工业硅厂	0.340	0.004	0.020	0.316
7	辽源工业硅厂	0.340	0.004	0.020	0.316
8	白山金刚砂厂	0.340	0.004	0.020	0.316
9	洮南铁合金厂	0.340	0.004	0.020	0.316

表 9-4-3　　2001 年吉林省国有重点煤矿煤炭生产用电补贴资金分配统计

单　位	2002 年煤炭生产用电量（亿千瓦·时）	2002 年实际补贴资金（万元）
合　计	6.50	4017
辽源矿务局	2.47	1839
通化矿务局	2.21	913
舒兰矿务局	0.96	676
珲春矿务局	0.47	341
杉松岗煤矿	0.18	201
万宝煤矿	0.19	47
双阳煤矿	0.02	0

注　万宝煤矿煤炭生产用电量已扣除自发自用部分。

表 9-4-4　　2001 年吉林省库区四县(市)电费补贴资金统计

地　区	分配电量（万千瓦·时）	比例（%）	年补贴（万元）	一季度已补贴（万元）	余额（万元）
全省	81.00	100	3000	750	2250
桦甸	15.50	19.14%	574	144	431
集安	21.50	26.54%	796	199	597
靖宇	33.00	40.74%	1222	306	917
抚松	11.00	13.58%	408	102	306

2001 年 8 月，省电力公司下发通知，对直供居民用电实施梯级电价，居民月用电量超出 150 千瓦·时部分，在原目录电价的基础上，每千瓦时电量优惠 0.06 元；居民住宅集中采暖的电锅炉和用来采暖制热的蓄热电锅炉，蓄冰制冷中央空调用电，在单独计量条件下执行居民生活电价。属于新装设备客户，减免用电设备容量的供配电贴费。

针对高能耗企业实行统一全省销售电价后承受能力差，用电量急剧下降情况，省电力公司对吉林铝业公司等4户企业用电，2001年4月1日～12月31日实行优惠电价；2001年7月1日～12月31日，对洮南铁合金厂等9户企业的生产用电实行电价优惠。

2002年，补贴资金减少，对2002年补贴资金额度进行调整。同年，开展城市亮化工程的增供扩销活动，规定以2001年市政路灯年用电量为基数，超基数部分电量实行优惠电价，即执行居民生活用电电价。

二、负荷率变化

20世纪80年代末，东北电力公司针对严重缺电现象，实行按电力、电量统分统管的原则，确定吉林省的负荷率指标为93.2%。90年代，吉林省用电结构和用电量发生很大变化，生产、生活用电变化明显，1992～1996年的全省平均负荷率基本保持在83%左右。1997年用电量快速下滑，虽然采取开拓市场，增供扩销，减少客户用电限制性手段，变电力负荷控制为管理功能等措施，但全省负荷率仍有所下降。1992～2002年，吉林省平均日负荷率统计见表9-4-5。

表9-4-5　　1992～2002年吉林省平均日负荷率统计　　单位:%

年份 地区	1992	1993	1994	1995	1996	1997	1998	1999	2000	2001	2002
主网内	83.77	82.30	84.50	83.8	84.6	83.6	81.3	81.9	81.8	81.8	80.63
吉林					90.6	90.3	87.7	88.3	87.5	86.6	87.58
长春					77.0	77.3	76.8	77.9	83.3	78.0	76.37
四平					79.3	78.0	74.3	75.0	74.8	76.6	75.86
公主岭					71.2	76.3	71.0		70.8		
辽源					82.0	81.8	79.4	78.7	78.8	80.0	78.04
通化					84.0	85.3	83.0	83.7	80.2	84.4	82.20
梅河口					83.9	81.3	78.5				
白山					80.5	78.3	77.3	79.5	77.7	77.1	80.54
白城					72.0	70.8	70.4	79.3	78.1	77.8	76.31
延边					81.9	78.4	75.2	75.6	75.2	74.3	74.24

三、需求侧管理

20世纪90年代前，在严重缺电形势下，吉林省需求侧（指客户）管理的主要任务，是实行按计划用电指标严格控制电力、电量，要求客户调整负荷，推广节能产品和措施。为保证用电计划的有效实施，在客户侧安装电力定量器或时控开关（分散控制）作为有效的控制手段。

20世纪90年代，随着吉林省缺电矛盾缓和，全省将计划用电控制转变为电力需求侧管理，并在不同时段调整需求侧管理。1994年，在国家电子振兴领导小组和全国无线电管委会的帮助下，无线电电力负荷管理系统装置开始在长春电业局试点，此后在各电业局陆续推广。2000年末，全省共安装负荷管理系统终端机1875套。2001年和2002年，分别投入系统终端机421套和564套，1991～2002年，吉林省用电负荷管理装置统计，见表9-4-6。

表 9－4－6　　1991～2002 年吉林省用电负荷管理系统装置发展统计　　单位：户

地区＼统计值＼年份	1991	1992	1993	1994		1995		1996		1997		1998	1999	2000	2001	2002	实用化验收及功能情况
				分散	集中	分散	集中	分散	集中	分散	集中	集中	集中	集中	集中	集中	
吉林	13			13		13	13	13	立项	13	220	229	287	302	416	516	1999 年实用化验收，开发了购电、防窃电、电能表统一对时，大客户趸售点抄表
长春	13			13	156	13	216	13	226	13	316	316	313	520	655	766	1998 年实用化验收，2000 年改造，开发了购电、防窃电，大客户趸售点抄表
四平	52			52		52	52	52	立项	52	20	107	210	310	355	415	1999 年实用化验收，开发了购电、防窃电、电能表统一对时，公主岭、双辽中继站，趸售点抄表
辽源	5			5		5	5	5		5	立项	88	16	40	58	102	2000 年 6 月通过省电力公司科技部组织的科技成果验收，获技术改进一等奖
通化	10			10		10	10	10	立项	10	15	79	107	200	256	326	1999 年实用化验收，开发了购电、防窃电、电能表统一对时，大客户趸售点抄表
白山	0			0		0	0	0		0	立项	10	45	65	78	128	
白城	10			10		10	10	10		10	立项	98	158	186	206	274	2002 年 6 月实现实用化验收。开发了购电、防窃电、电能表统一对时，大客户趸售点抄表
延边						0		0	立项	230	70	105	125	252	272	333	1999 年实用化验收，开发了购电、防窃电、电能表统一对时、有线终端
全省	103			103	156	103	306	103	226	333	641	1032	1261	1875	2296	2860	

吉林省用电负荷管理系统具备遥信、遥测、遥控功能，购电、负荷预测、远方抄表、防窃电功能等，实现负荷管理系统全省联网，资源共享。为提高负荷管理系统的实用化水平，基础管理与现代技术相结合，做好电力计划分配工作，省电力公司和省电力工会共同制定开展用电负荷管理系统实用化竞赛评分标准、考核评比及验收办法。在考核评比中，除辽源电业局外，其他电业局均达到标准。

第三节　节约用电

20 世纪 90 年代，吉林省社会节电工作贯彻执行国务院“开源与节流并重，突出节电重点”的原则，紧紧依靠各级政府支持，认真落实国家节约能源政策，采取制定能耗定额，开展节电大普查，进行电能平衡测试，宣传和推广节能新技术、新产品等措施，取得良好成效，1991～1997 年，全省共节电 56.94 亿千瓦·时，年均节电 8.13 亿千瓦·时。

一、节电普查

节电普查过程中，对主要工业产品制定电能消耗定额，并进行考核。1991～1994 年，累计考核工业产品耗电定额 681 项，其中比计划耗电降低的 443 项，占 65.10%，比上年耗电指标降低的工业产品 360 种，占 52%。

二、电能平衡测试

为了解客户用电设备状况，有针对性地制定节电措施，挖掘节电潜力，1992 年起，对年用电量 500 万千瓦·时及以下的客户用电设备进行电能平衡测试，1994 年，276 户用电设备测试全部完成。1996 年，对年用电量 200 万千瓦·时及以上的 29 户用电设备进行复测，测试后，进行设备降耗工作指导。

三、节能新技术、新产品推广

1991 年，配合国家开展节能宣传周活动，吉林省举办了节电产品展览；1992 年，省电力公司推广微阻缓闭止回阀，全省应用 409 台，节电 129 万千瓦·时；推广电动机应用磁性槽泥，全省应用 800 千克左右，改造 4 万多千瓦电动机。1993 年，贯彻全国第二次照明节电会议精神，部署推广照明节电任务及措施，组织宣传推广三相异步电机经济运行国家标准。1994 年，推广节能灯具、照明定时开关等，同时推广交流接触器无声运行等节电新技术。1995 年，开始实施绿色照明工程，在试点的基础上，全省各地区的大商店、大宾馆、大市场等照明大户，率先进行照明节电改造。1997 年，全面实施绿色照明方案，同时推广风机、水泵节电技术，在 17 户企业中实施改造试点，开展设备运行及经济效益分析和推广活动。

1998 年开始，省电力公司依据机构改革的需要，不再设专业管理人员，一部分节电工作并入需求侧管理专业。

第四节　安　全　用　电

进入20世纪90年代，吉林省用电监察工作由过去的单一安全监察向安全、经济监察转变，重点防止发生客户用电影响电网安全的大面积停电恶性事故。1991～1997年，用电监察工作扎实，客户自维护电力设备运行比较稳定，1997年仅发生一次影响电网安全的统计事故。1998年以后，客户电力设备事故增多。

一、安全用电措施

1991～1997年，省电力公司及各地区供电企业每年都组织客户开展春、秋季安全大检查，查安全思想教育、安全管理、设备缺陷和制度建设，对查出的问题进行整改，1993～1997年，客户设备缺陷处理率平均达到88.28%。供电企业每年开展用电设备的定检定试，组织客户进行电力仪器仪表、设备绝缘、接地电阻、安全用具、安全自动装置等定期检查试验，继电保护装置定值进行整定试验，定试率均达到90%以上。

省电力公司还制定标准，连续多年开展以安全用电为主要内容的客户创红旗变电所活动，年年进行检查、评审，1997年，全省有223户变电所达标。这些单位制度健全，环境改善，设备跑、冒、滴、漏问题减少，完好率提高。

用电监察人员对通化矿务局、辽源矿务局和吉林油田私自转供电危及电网安全进行了调查，提出整改意见。辽源电业局在煤矿转供区组建了西安供电局，经过努力，从根本上将企业用电和人民生活用电分离开来，解决用电转供影响生产、生活安全问题。客户安全用电工作扎实，全省仅在1997年发生一起影响电网安全运行的统计事故。客户安全管理数据统计，见表9-4-7。

表9-4-7　　　　客户安全管理数据统计

年度	安全事故				春、秋检情况						实现红旗变电所达标（座）	进网作业电工管理		
	影响系统		统计事故		缺陷			设备定试						
	计划（不超次）	完成（次）	计划（不超次）	完成（次）	发现（处）	处理（处）	处理率（%）	应试（户）	完成（户）	完成率（%）		培训（人）	年检（人）	考核发证及年审（人）
1991		0												
1992		0									23			
1993		0	29	11	1233	1093	88.6	1615	1615	100	26			
1994		0	29	7								15 230	23 480	33 220
1995		0	29	11	4474	4004	89.5				34	8468	17 485	
1996		0			4551	4095	90	1672	1421	85	90	20 013	16 253	11 392
1997	10	1	38	8	1722	1472	85	1563	1380	85	50	12 000	19 000	12 000

1992年，按照能源部和机械部的要求，省电力公司会同省机械厅对全省生产高、低压成套电力开关设备厂家进行生产资质鉴定，1997年底，对吉林省47户经过整顿合格的企业颁发由机械部、电力工业部联合印制的“生产秩序整顿合格证”。1995年，省电力公司颁发《关于整顿高低压成套开关设备生产秩序，禁止无证生产及接网运行的通知》，规定禁止无证厂产品及伪劣开关设备上网。同年，与省机械厅联合对省内17户经整顿合格的低压成套开关设备厂家生产的GGD型低压开关柜生产条件及能力进行考核及产品鉴定，确认了它们的生产资格。

1998～2002年，全省客户自维护用电设备管理放松，用电事故增多。各供电公司按照规定行使用电检查职能，但管理力度相应削弱，客户设备事故增多。2000～2002年，客户共发生事故85起，波及电网的严重事故31起，用户及电网安全经济运行受到严重影响和损失。辽源地区客户8台变压器烧损，21台·次开关误动，12次越级跳闸波及电网安全运行。

2001年3月，长春汽车厂热力分厂变电所66千伏隔离开关因维护不当，发生污闪，开关拒动，造成长春西郊220千伏变电所开关越级跳闸，事故扩大。2002年1月12日，吉林亚泰明城石灰石有限公司66千伏变电所，因带电合接地隔离开关，导致吉林磐石220千伏变电所开关越级跳闸。同年7月31日，四平地区顶山硅灰石矿变电所A相绝缘子闪络接地，其他两相因电压升高也发生闪络，三相接地，直流电压过低，继电保护拒动，开关越级跳闸，波及电网安全运行。

事故多为客户管理不善引起。据调查，有的客户不按规程、制度办事，设备到期不试、不修、不换，“带病”工作，有的客户用电设备定检定试率不到20%，最高设备定试率不到50%。有的客户变电所只设一人值班，有的夜间无人值班，有的是无证值班。据了解，多数客户电工培训工作放松，值班人员素质水平下降，对事故分析判断能力退步，工作差错多。有的客户的用电设备陈旧老化严重，据统计，全省客户用电设备一类率（优）仅占50%，二类率（合格）占20%，三类设备（不合格）占30%。设备检修、维护工作也没到位，设备跑、冒、滴、漏成普遍现象。设备技术落后，开关开断容量不足，设备动作不灵活等。这些问题为事故的发生和扩大埋下了隐患。

二、进网作业电工及电气承装队伍管理

1991年9月，执行能源部《关于加强对社会电工管理的通知》。1993年贯彻9号指令《进网作业电工管理办法》。同年，省电力公司成立进网作业电工管理办公室，与省监察厅、劳动厅联合下发《关于加强电工培训管理的通知》。1994年7月，省电力公司颁发《吉林省进网作业电工管理暂行规定》，加强了进网作业电工管理。1994～1997年，全省共培训进网作业电工5.57万人·次，年检7.63万人·次，1994年、1996年、1997年三年考核、发证及年审5.66万人·次，吉林省进网作业电工管理步入正轨。

1994年，针对吉林省进网作业电工培训、年检、发证等科目收费标准不统一，实施标准不规范，向省物价局上报各项收费统一标准的意见，同年得到批准。

1994年，省电力公司颁发了《吉林省电气承装管理暂行规定》，开展电气承装队伍整顿及资质审核。1997年，统一印制、发放吉林省电气承装许可证，取缔无证黑户承装权。

随着电力体制改革的发展，按照电力法和《用电检查管理办法》的规定，省电力公司将政府职能逐步移交。经与省经贸委沟通，确定吉林省进网作业电工管理由各级政府经贸委负责，日常工作仍由各供电公司负责管理。2002年8月12日，省经贸委下发《关于吉林省进网作业电工管理工作有关规定的通知》，正式明确省经贸委为全省进网作业电工管理工作的主管部门。此后，全省进网作业电工陆续换发由省经贸委统一监制的进网作业电工操作证。

第五章 电 价 与 热 价

1991～2002 年，吉林省执行的电价有国家目录电价、吉林省电网电价、峰谷分时电价，还收取国家规定的电力建设资金和其他建设基金等，2001 年 4 月 15 日，吉林省实行国家统一电价，取消上述各种电价。电价、资金、基金都由国家制定、批准和调整。省电力公司和各供电企业认真执行国家的电价政策，在电力成本和销售市场不断发生变化的情况下，售电平均单价 1991 年为 74.98 元/（千千瓦·时)，2002 年为 433.18 元/（千千瓦·时)，提高 5.78 倍。

吉林省供热电厂的热价没有统一制定，实行一厂一价。由于热价过低，10 年间热价调整了 9 次，由 1991 年的 4.11 元/吉焦调整到 2002 年的 15.49 元/吉焦，但热价调升的速度赶不上铁路运输、燃料和原材料的涨价速度，2002 年，仍未改变供热亏损局面，供热越多，损失越大。

第一节 电 价

按照国家的电价政策和规定，1991～1993 年，吉林省电网执行 1982 年国家发布的目录电价。1992 年 1 月 1 日，开始征收三峡基金。1993 年以后，执行经过 4 次大的调整的东北电网目录电价。2001 年 4 月 15 日，取消实行多年的多种电价，执行国家核定的统一的销售电价政策。

一、目录电价

1991～1993 年 4 月，吉林省电网执行的电价是 1987 年 7 月 1 日经国务院批准，对东北地区部分电价进行调整后的电价，即国家发布的东北电网目录电价。期间，按照能源部、国家物价局能源经〔1991〕565 号《关于东北电网一九九一年燃运加价标准的批复》，执行煤运加价标准为 0.088 2 元/(千瓦·时)；〔1992〕634 号《关于东北电网一九九二年燃运加价的批复》，吉林省执行煤运加价电费加价标准为 0.106 3 元/(千瓦·时)，其中，含国务院决定征收的三峡建设基金 3 厘/(千瓦·时)；按《关于一九九三年燃运加价执行标准问题的通知》，煤运加价电费暂按 1992 年下半年加价标准 0.124 3 元/(千瓦·时)执行。1993 年 4 月 1 日起，国家颁布新的电价标准，将煤运加价并入电价中。

1993 年，电力工业部以计物价〔1993〕1117 号下发《关于印发〈东北电网电价表〉的通知》，颁布新的目录电价，改变用电加价办法，全面实行还本付息电价，对中小化肥生产用电继续实行优惠，适当提高居民生活用电电价。新电价表从 1993 年 4 月 1 日起执行(见 1993～1997 年东北电网销售电价表)。居民生活用电等用电从 1993 年 7 月 1 日起执行(电价表中价格不含电力建设资金和三峡工程基金)。1993 年，东北电网销、趸售电价，见表

9－5－1 和表 9－5－2。

表 9－5－1　　　1993 年东北电网销售电价

电价类别	电度电价[元/(千瓦·时)]						基本电价			
	不满 1 千伏		1～10 千伏		35 千伏及以上		最大需量[元/(千瓦·月)]		变压器容量[元/(千伏·安·月)]	
	(一)	(二)	(一)	(二)	(一)	(二)	(一)	(二)	(一)	(二)
居民生活电价	0.220		0.210		0.210					
非居民照明电价	0.312		0.306		0.306					
非工业、普通工业电价	0.281	0.276	0.274	0.266	0.264	0.254				
大工业电价			0.198	0.186	0.187	0.174	15.00	14.00	10.00	9.50
其中：电石、电解烧碱、合成氨、电炉黄磷				0.188		0.177		15.00		10.00
农业生产电价	0.227		0.220		0.208					

注　(一)表示新价；(二)表示老价。表 9－5－2、表 9－5－3、表 9－5－4(一)、(二)意义同表 9－5－1，不另注。

表 9－5－2　　　1993 年东北电网趸售电价

电价类别	县级趸售[元/(千瓦·时)]				县以下趸售[元/(千瓦·时)]			
	1～10 千伏		35 千伏及以上		1～10 千伏		35 千伏及以上	
	(一)	(二)	(一)	(二)	(一)	(二)	(一)	(二)
居民生活电价	0.160		0.160		0.174		0.174	
非居民照明电价	0.235		0.235		0.249		0.249	
工业、非工业电价	0.195	0.191	0.188	0.180	0.222	0.215	0.214	0.206
农业生产电价	0.172		0.162		0.172		0.162	

1993 年 7 月 7 日，东北电业管理局下发《关于重新核定小水电厂、小火电厂、企业自备电厂、退役机组上网电价的通知》(简称《通知》)，《通知》规定其上网电价为 0.17 元/(千瓦·时)，当年 4 月 1 日起执行。同年，吉林省物价局、省电力公司《转发国家计委、电力工业部“关于印发(东北电网电价表)的通知”》中规定：已收取城市建设附加费的地区，在执行新电价表后附加费统一定为每千瓦时照明用电加 1 分 5 厘，工业用电加 7 厘。明确小水电厂、小火电厂、企业自备电厂、退役机组等上网电量一律实行收购的办法，价格 0.17 元/(千瓦·时)。

1994 年 1 月 2 日，国家计划委员会、电力工业部颁发《关于提高电力价格的通知》中指出，为解决中央投资建设项目还贷需要，全国电价水平在 1993 年目录电价基础价外收取三峡工程建设基金，征收标准提高到 4 厘/(千瓦·时)，东北电网销、趸售电价，见表 9－5－3 和表 9－5－4。

表 9-5-3 1994 年东北电网销售电价

电价类别	电度电价[元/(千瓦·时)]						基本电价			
	不满 1 千伏		1～10 千伏		35 千伏及以上		最大需量[元/(千瓦·月)]		变压器容量[元/(千伏·安·月)]	
	(一)	(二)	(一)	(二)	(一)	(二)	(一)	(二)	(一)	(二)
居民生活电价	0.220		0.210		0.210					
非居民照明电价	0.336		0.329		0.309					
非工业、普通工业电价	0.309	0.304	0.302	0.294	0.291	0.281				
大工业电价			0.221	0.209	0.210	0.197	15.000	14.000	10.000	9.500
其中：电石、电解烧碱、合成氨、电炉黄磷				0.211		0.200		15.000		10.000
农业生产电价	0.251		0.243		0.231					

表 9-5-4 1994 年东北电网趸售电价

电价类别	县级趸售[元/(千瓦·时)]				县以下趸售[元/(千瓦·时)]			
	1～10 千伏		35 千伏及以上		1～10 千伏		35 千伏及以上	
	(一)	(二)	(一)	(二)	(一)	(二)	(一)	(二)
居民生活电价	0.160		0.160		0.174		0.174	
非居民照明电价	0.254		0.254		0.268		0.268	
普非工业电价	0.214	0.210	0.206	0.198	0.244	0.237	0.235	0.227
农业生产电价	0.192		0.182		0.192		0.182	

注 中、小化肥生产用电价格，执行非工业、普通工业电价的，按本电价表中非工业、普通工业电价的 79%收取；执行大工业电价的，按本表电价中大工业电度电价的 72%收取，基本电价按电价表执行。

1994 年 4 月 18 日，东北电业管理局转发国家计委、电力部《关于吉林化学工业公司化肥厂用电价格处理意见的函》中明确：吉林化肥厂生产国家统配化肥部分用电量，执行现行中、小化肥优惠电价，优惠电量不超过该厂 1993 年全年化肥生产用电量的 1/3。1995 年国家计委、电力部在《关于吉林化学工业公司化肥厂生产用电价格的复函》中规定，决定从 1995 年 1 月 1 日起，该化肥厂生产化肥用电全部按现行中、小化肥优惠电价执行。

1996 年，为弥补增值税率由 13%调至 17%的负担，国家计委、电力部发特急《关于提高东北电网电力价格的通知》，将东北电网目录电价在 1994 年基础上，平均每千瓦时提高 0.03 元，新电价从 1996 年 2 月 1 日起执行，从 4 月 1 日抄见电量执行（见表 9-5-5 和表 9-5-6）。

表 9－5－5　　1996 年东北电网销售电价

电价类别	电度电价[元/(千瓦·时)]			基本电价	
	不满 1 千伏	1～10 千伏	35 千伏及以上	最大需量[元/(千瓦·月)]	变压器容量[元/(千伏·安·月)]
居民生活电价	0.250	0.240	0.240		
非居民照明电价	0.369	0.361	0.360		
非工业、普通工业电价	0.348	0.340	0.328		
大工业电价		0.254	0.241	15.000	10.000
其中：电石、电解烧碱、合成氨、电炉黄磷		0.244	0.231	15.000	10.000
农业生产电价	0.285	0.276	0.262		

表 9－5－6　　1996 年东北电网趸售电价　　单位：元/(千瓦·时)

电价类别	县级趸售		县以下趸售	
	1～10 千伏	35 千伏及以上	1～10 千伏	35 千伏及以上
居民生活电价	0.186	0.186	0.200	0.200
非居民照明电价	0.282	0.282	0.296	0.296
工业、非工业电价	0.242	0.234	0.272	0.263
农业生产电价	0.220	0.210	0.220	0.210

1997 年，东北电业管理局转发国家计划委员会、电力工业部〔1997〕442 号《关于调整东北电网电价的通知》和计价管〔1997〕437 号《关于 1997 年电价调整方案有关问题的通知》，对东北电网电价再次调整。新电价表自 1997 年 3 月 25 日抄见电量起执行，居民生活用电自 1997 年 5 月 1 日抄见电量起执行（见表 9－5－7 和表 9－5－8）。

表 9－5－7　　1997 年吉林省电网销售电价

电价类别	电度电价[元/(千瓦·时)]				基本电价	
	不满 1 千伏	1～10 千伏	35 千伏及以上	66 千伏及以上	最大需量[元/(千瓦·月)]	变压器容量[元/(千伏·安·月)]
居民生活电价	0.300	0.290	0.290			
非居民照明电价	0.403	0.395	0.394			
非普通工业	0.376	0.368	0.356			

续表

电价类别	电度电价[元/(千瓦·时)]				基本电价	
	不满1千伏	1～10千伏	35千伏及以上	66千伏及以上	最大需量[元/(千瓦·月)]	变压器容量[元/(千伏·安·月)]
化肥	0.311	0.305	0.295			
煤炭	0.371	0.360	0.346			
大工业		0.272	0.259	0.249	18.000	12.000
电石、电解烧碱、合成氨、电炉黄磷		0.262	0.249	0.239		
化肥生产		0.210	0.200	0.192		
煤炭工业		0.260	0.246	0.236	17.000	11.500
农业生产电价	0.309	0.300	0.286			

表 9-5-8　　1997年吉林省电网趸售电价　　单位：元/(千瓦·时)

电价类别	县级趸售		县以下趸售	
	1～10千伏	35千伏及以上	1～10千伏	35千伏及以上
居民生活电价	0.229	0.229	0.243	0.243
非居民照明电价	0.311	0.311	0.325	0.325
工业、非工业电价	0.265	0.257	0.295	0.286
农业生产电价	0.240	0.230	0.240	0.230

注 1. 中小化肥生产用电价格，执行非工业、普通工业电价的，按本电价表中非、普工业电价的82.82%执行；执行大工业电价的，按本电价表中大工业电度电价的77.22%收取，基本电价按电价表执行。

2. 煤矿生产用电原执行老电价部分的电量，1997年电度电价执行大工业的1～10千伏按0.026元/(千瓦·时)，35～110千伏的按0.246元/(千瓦·时)，110千伏及以上的按0.236元/(千瓦·时)；执行非、普工业的不满1千伏的按0.371元/(千瓦·时)。1～10千伏按0.360元/(千瓦·时)。35千伏及以上的按0.346元/(千瓦·时)执行。基本电费按最大需量每月17元/(千瓦·月)。变压器容量11.5元/(千伏·安·月)。

3. 居民生活用电自1997年5月1日抄见电量执行，其他用电自1997年3月25日抄见电量执行。

二、吉林省电网电价

2001年4月26日，吉林省物价局以吉省价工字〔2001〕12号《转发国家计委批复吉林省执行统一销售电价及有关问题的通知》(简称《通知》)。《通知》对集资机组出厂价格，长山华能机组、龙华机组出厂价格，地方小水电、小火电出厂价格，企业自备电厂上网电量出厂价格，龙源电力技术开发公司贷款改造机组还本付息标准，农村用电价格，商业用电价格等作出规定及解释。同时将国家批准征收的电力建设资金、三峡建设基金和城市公用事业附加费并入目录电价，但不参与峰谷电费和功率因数电费的计算和调整。《通知》规定吉林省统一销售电价从 2001 年 4 月 15 日抄见电量执行（见表 9－5－9～表 9－5－11）。

表 9－5－9 2001 年吉林省电网(未开征城市公用事业附加的地区)销售电价

用电分类	电度电价[元/(千瓦·时)]					基本电价	
	不满 1 千伏	1～10 千伏	35～66 千伏以下	66～220 千伏以下	220 千伏及以上	最大需量 [元/(千瓦·月)]	变压器容量 [元/(千伏·安·月)]
一、居民生活电价	0.384	0.374	0.374				
二、非居民照明电价	0.694	0.684	0.674				
三、商业电价	0.804	0.794	0.784				
四、非工业、普通工业电价	0.665	0.655	0.645				
其中：中、小化肥	0.560	0.550	0.540				
五、大工业电价		0.419	0.404	0.394	0.384	22.000	15.000
其中：1. 电石、电解烧碱、合成氨、电炉黄磷		0.359	0.344	0.334	0.324	22.000	15.000
2. 中、小化肥		0.315	0.305	0.295		22.000	15.000
六、农业生产用电	0.393	0.383	0.373				

表 9－5－10 2001 年吉林省电网(已开征城市公用事业附加的地区)销售电价

用电分类	电度电价[元/(千瓦·时)]					基本电价	
	不满 1 千伏	1～10 千伏	35～66 千伏以下	66～220 千伏以下	220 千伏及以上	最大需量 [元/(千瓦·月)]	变压器容量 [元/(千伏·安·月)]
一、居民生活电价	0.399	0.389	0.389				
二、非居民照明电价	0.709	0.699	0.689				
三、商业电价	0.819	0.809	0.799				
四、非工业、普通工业电价	0.672	0.662	0.652				
其中：中、小化肥	0.567	0.557	0.547				
五、大工业电价		0.426	0.411	0.401	0.391	22.000	15.000
其中：1. 电石、电解烧碱、合成氨、电炉黄磷		0.366	0.351	0.341	0.331	22.000	15.000
2. 中、小化肥		0.322	0.312	0.302		22.000	15.000
六、农业生产用电	0.393	0.383	0.373				

表 9－5－11 2001 年吉林省电网企业趸售电价 单位：元/(千瓦·时)

用电分类	县级趸售	
	1～10 千伏	35 千伏及以上
一、居民生活电价	0.258	0.258
二、非居民照明电价	0.574	0.574
三、商业电价	0.503	0.503

续表

用电分类	县级趸售	
	1～10 千伏	35 千伏及以上
四、工业、非工业电价	0.406	0.396
五、农业生产用电	0.284	0.274

注 1. 表中所列价格，均含中央电力建设资金每千瓦时 2 分和三峡工程建设基金每千瓦时 4 厘。
2. 表中所列价格，除农业生产电价外，均含城市公用事业附加。具体标准为：居民生活电价、非居民照明电价、商业电价 1 分 5 厘/(千瓦・时)，非工业、普通工业电价、大工业电价 7 厘/(千瓦・时)。
3. 根据《国家计委关于在"九五"期间继续征收电力建设基金的通知》(计交能〔1996〕583 号)文件规定，对已下放地方管理的原国有重点煤炭企业、核工业铀扩散厂和堆化工厂生产用电价格，按附表中所列的分类电价每千瓦时降低 1 分 7 厘执行；农业排灌、抗灾救灾及原化工部发放许可证的氨肥、磷肥、钾肥、复合肥企业生产用电，按附表所列分类电价每千瓦时降低 2 分执行。
4. 对吉林省国有大型煤矿实行新的优待办法，原煤矿煤炭生产用电的老价优待电量和基本电费取消，统一执行大工业电价，1～10 千伏、35～66 千伏以下、66～220 千伏以下的电度电价分别为 0.389、0.375 元/(千瓦・时)和 0.365 元/(千瓦・时)，基本电价按附表标准执行。

2002 年 3 月 4 日，省电力公司以吉电营〔2002〕117 号文转发国家计委《关于高校公寓及社会福利机构用电价格的通知》，明确按国家计委要求，对社会福利机构生活用电执行居民生活用电电价，各地高校学生公寓和学生集体宿舍执行居民生活用电电价。2002 年 3 月 15 日，省电力公司以吉电营 135 号文转发省经贸委、省物价局《关于对吉化电石厂氯碱生产用电实行价格优惠的通知》，明确暂对吉化电石厂氯碱生产用电在现行电价基础上每千瓦时降低 1 分钱，2001 年 4 月 15 日起执行。同年 4 月 1 日，省电力公司以吉电营 161 号文转发吉林省物价局《关于社会保险用电不执行商业用电价格的函》，明确社会保险业务不同于其他商业性保险公司，用电价格不应执行商业用电价格，仍按原用电分类规定执行。

三、峰谷分时电价

1992 年 10 月，能源部与国家物价局以〔1992〕473 号《关于东北电网实行峰谷分时电价的批复》文件下发，同意东北电网实行峰谷分时电价办法，从 11 月 1 日起执行。实施范围为：电网直供容量在 320(含 315)千伏・安及以上大工业客户，100 千伏・安及以上非、普通工业客户及趸售转供单位。时段划分：高峰时段为 7：30～11：30、17：00～21：00；低谷时段为 22：00～5：00；其余为平段。高峰时段电价按基础电价上浮 50%；低谷时段电价按基础电价下浮 50%；平段电价不变。峰谷分时电价随基础电价变化而调整。1993 年 5 月，按东北电业管理局东营联〔1993〕49 号文《关于峰谷分时电价实施细则》要求，吉林省开始推广实施峰谷分时电价。当年执行的有 2429 户，1994 年 5350 户，1995 年 6719 户，1996 年 6881 户，1997 年 8737 户，2000 年 1.74 万户，2002 年达到 2.54 万户。

四、多种电价

1988 年 1 月 1 日开始，吉林省按国家计委、物价局、水电部〔1987〕水电财字 101 号文指令，实行多种电价。在国家目录电价的基础上，计划外用电量执行协议价的做法，2001 年终止实行。1992 年起，计划外电量电费的发行及收取由吉林省三电办公室及各市、州三电办公室负责。1993 年开始由吉林省地方销售公司及各市、州分理处负责电费的发行和收缴。2001 年 4 月 5 日，由于吉林省实行统一销售电价，计划外电价终止实行。1991～2000 年多种电价情况，见表 9－5－12。

表 9－5－12　　1990～2000 年多种电价情况

年份	文件号	内容摘要	原差价电价［元/(千瓦·时)］	现差价电价［元/(千瓦·时)］	备注
1990	〔1990〕吉省价重字第 23 号	关于珲春发电厂和吉林热电厂六期扩建机组地方分得电量加价还贷的批复		珲春发电厂 0.07 吉林热电厂 0.05	
1990	〔1990〕吉省价重字第 69 号	关于制定我省带料加工电综合平均差价的通知		0.15	
1991	〔1991〕吉省价重字第 20 号	关于通辽集资电价价额等问题的通知		0.05	从 1991 年 1 月 1 日至年末止
1991	〔1991〕吉省价重函字第 30 号	丰满发电厂 9、10 号，东长哈 50 万伏线路		0.054	丰满 9、10 号，东长哈 50 万伏线路
1992	〔1992〕吉省价重字第 26 号	关于小水电执行平均综合电价等有关政策的通知		平均售电价格 0.175	其中上网电价 0.1，供电部门 0.042
1992	〔1992〕吉省价重函字第 3 号	关于调整我省带料加工电综合平均差价的通知	0.15	0.17	
1992	吉省价重字第 4 号	关于吉林省电力实业公司所属各发电厂统一综合出厂电价的通知			
1992	〔1992〕吉省价重函字第 6 号	关于长春热电二厂试生产提前投产电价的复函		0.15	
1992	吉电实〔1992〕19 号	关于吉林电力实业公司所属各发电厂实行统一电价的通知		0.155（三电差价）	
1993	吉税流字〔1993〕142 号	关于印发吉林省电力企业征税问题若干规定的通知			

续表

年份	文件号	内容摘要	原差价电价[元/(千瓦·时)]	现差价电价[元/(千瓦·时)]	备注
1993	〔1993〕吉省价重字第11号	吉林热电厂		0.073	还贷电价
1993	〔1993〕吉省价重字第11号	珲春发电厂		0.093	还贷电价
1993	〔1993〕吉省价重字第11号	长春热电二厂		0.074	还贷电价
1993	〔1993〕吉省价重字第25号	浑江发电厂5号机		0.258	从1993年7月1日起执行
		二道江发电厂7号机		0.082	
1993	〔1993〕吉省价重字第32号	关于制定梅河口市热电厂电价的通知		0.078	根据中央6号文件不再出台新政策
1993	东电财〔1993〕614号	小水电		0.073	
		退役机组		0.067	
1993	吉电三办〔1993〕10号	关于白山电厂试生产期间电量销售价格的函		0.124 3	省物价局已同意
1993	吉电燃函〔1993〕87号	省带料加工	0.022	0.038 1	从1993年10月执行
1993	无文号	东长哈，丰满发电厂9、10号机		0.054	还贷电价
1994	吉税流字〔1994〕第236号	关于印发《电力企业征收增值税若干问题规定的通知》			
1994	〔1994〕吉省价重字第6号	关于提高长山热电厂华能机组还贷电价的通知			

续表

年份	文件号	内容摘要	原差价电价[元/(千瓦·时)]	现差价电价[元/(千瓦·时)]	备注
1994	〔1994〕吉省价重函第11号	关于改变税制后我省投资电厂还贷加价标准的复函	0.786	0.947	从1994年2月起执行
1994	吉电财函〔1994〕70号	二道江发电厂		0.154 7	其中还贷电价0.094 7
1994	吉电财函〔1994〕83号	关于调整浑江发电厂5号机出厂电价的函		0.139 7	其中还贷电价0.094 7
1994	〔1994〕吉省价重字第5号	关于洮南热电厂上网电价的批复		0.005	从1994年4月执行
1994	东电财〔1994〕120号	关于核定小水电、小火电、企业自备电厂、退役机组上网结算电价的通知	0.17	0.18(含税)	根据计价格〔1994〕87号(全部价格)
		退役机组	0.067	0.058 3	
1994	计价格〔1994〕87号	关于提高电力价格的通知	每千瓦时提高1分5厘		
1994	吉省价重函字〔1994〕11号	丰满发电厂9、10号	0.054	0.094 7	从1994年2月起执行(还贷电价)
		东长哈50万线路	0.054	0.094 7	从1994年2月起执行(还贷电价)
		新机留成		0.094 7	1994年末执行
		吉林热电厂	0.073	0.094 7	还贷电价
		长春热电二厂	0.074	0.094 7	还贷电价
		珲春发电厂	0.093	0.094 7	还贷0.094 7

续表

年份	文 件 号	内 容 摘 要	原差价电价[元/(千瓦·时)]	现差价电价[元/(千瓦·时)]	备 注
1994	无文号	梅河热电厂		0.094 7	从1994年4月起执行
1994	〔1994〕吉省价重字第18号	洮南电厂	0.05	0.078	从1994年8月起执行
		退役机组	0.0583	0.086 9	从1994年7月起执行
		双辽发电厂1号新机		0.135	从1994年9月起执行
1995	吉国税发〔1995〕第318号	关于电力产品征收增值税有关问题的通知			
1995	〔1995〕吉省价生产字第2号	关于核定梅河口市热电厂出厂电价的通知	0.09	0.202 7	还贷0.094 7
1995	吉省价省生产字〔1995〕第14号	关于双辽发电厂1号机出厂电价的通知		0.094 7	还贷0.094 7(从4月起执行)
1995	吉省价省生产字〔1995〕第16号	关于洮南电厂上网电价的通知	0.078	0.212 7	还贷0.094 7
1995	吉省价生产字〔1995〕第23号	华能机组		0.085	1995年3月
1995	吉省价生产字〔1995〕第28号	吉化公司		0.065	
1995	吉省价生产字〔1995〕第34号	新机留成		0.094 7	还贷电价
1995	吉省价生产函字〔1995〕第54号	双辽发电厂二号机		0.12	

续表

年份	文件号	内容摘要	原差价电价[元/(千瓦·时)]	现差价电价[元/(千瓦·时)]	备注
1995	省府175〔1995〕会议纪要	交通设施附加费		0.002 5	
		二道江发电厂7号机	0.154 7	0.143 5	1995年1月起
		浑江发电厂5号机	0.139 7	0.159 7	1995年1月起
		双辽发电厂1号新机		0.146	1995年1月起
		梅河热电厂		0.09	1995年2、3月
		龙源公司		0.095	1995年9月
1996	吉省价生产字〔1996〕第78号	关于指导性电量综合价滚动资金等问题的通知			
1996	吉国税发〔1996〕341号	吉林省国家税务局关于电力产品增值税有关税收业务问题的通知			
1996	吉省价生字〔1996〕第33号	退役机组	0.086 9	0.096	从1996年6月调整
		龙源公司	0.095	0.1	
		二道江发电厂7号机	0.143 5	0.163 7	还贷0.094 7
		浑江发电厂5号机	0.159 7	0.148 7	还贷0.094 7
		长春热电二厂	0.094 7	0.114 7	还贷0.094 7
		珲春发电厂	0.094 7	0.117 7	还贷0.094 7
		华能公司	0.085	0.105	
1996	吉省价生字〔1996〕1号	梅河热电厂		0.202 7	还贷0.094 7
		长热4号机		0.202 7	还贷0.094 7

续表

年份	文件号	内容摘要	原差价电价[元/(千瓦·时)]	现差价电价[元/(千瓦·时)]	备注
1996	吉林省政府〔1996〕85号	桦甸修大坝		0.11	
1996	吉省价生字〔1996〕35号	通辽发电厂		0.045	
1996	吉省价生字〔1996〕64号	双辽发电厂中央		0.168	还贷0.06
		双辽发电厂地方		0.202 7	还贷0.094 7
1997	吉省价生产函字〔1997〕第35号	关于对四平联合收割机厂生产用电价格补贴的函			
1997	吉省价生产字〔1997〕11号	农电线损		0.001	
1997	吉省价生产字〔1997〕28号	珲春发电厂	0.117 7	0.034	
		浑江发电厂5号机	0.148 7	0.157 7	
		长春热电二厂	0.114 7	0.125 7	还贷0.094 7
		华能分理处	0.105	0.118	
1997	吉省价生产字〔1997〕73号	浑江发电厂6号机		0.145	还贷0.094 7
1997	吉省价生产字〔1997〕57号	满台城电厂		0.33	
1997	吉省价生产字〔1997〕82号	补供热亏损		0.044	

续表

年份	文件号	内容摘要	原差价电价[元/(千瓦·时)]	现差价电价[元/(千瓦·时)]	备注
1997	吉省价生产字〔1997〕38号	华能机组	0.118	0.108	从1997年4月起执行
		梅河电厂	0.232 7	0.222 7	从1997年4月起执行
		长春热电二厂	0.125 7	0.101 7	从1997年4月起执行
		珲春发电厂	0.034	0.01	从1997年4月起执行
		洮南电厂	0.232 7	0.222 7	从1997年4月起执行
		双辽发电厂中央还贷电价	0.182	0.162	从1997年4月起执行
		双辽发电厂地方还贷电价	0.216 7	0.196 7	从1997年4月起执行
		长春热电一厂4、6号	0.202 7	0.182 7	从1997年4月起执行
		二道江发电厂7号	0.173 7	0.149 7	从1997年4月起执行
		浑江发电厂5号	0.157 7	0.133 7	从1997年4月起执行
		退役机组	0.096	0.109	从1997年4月起执行
1997	吉省价生产函字〔1997〕54号	长春热电一厂4号机正式出厂电热价格		0.182 7	
1997	吉省价生字〔1997〕17号	长春热电一厂6号机		0.202 7	还贷0.094 7
1997	吉价生字〔1997〕3号	长山电厂华能3号机		0.118	
1997	吉省价生字〔1997〕26号	龙源公司(吉林10号)		0.1	
1997	吉省价生字〔1997〕48号	北华公司退役机组综合电价			按吉省价生产函字〔1997〕35号

续表

年份	文件号	内容摘要	原差价电价[元/(千瓦·时)]	现差价电价[元/(千瓦·时)]	备注
1997	吉省价生产函〔1997〕90号	关于省电力投资有限责任公司投资建设电厂实行还本付息电价的函复		0.094 7	集资电厂
		退役机组	0.109	0.094	从1997年6月起执行
1998	吉省价生产字〔1998〕39号	浑江发电厂6号机	0.145	0.115	
		二道江发电厂7号机	0.149 7	0.162	
		浑江发电厂5号机	0.133 7	0.111	
1998	吉省价生产字〔1998〕12号	长春热电一厂4、6号机	0.182 7	0.227 7	含还贷0.094 7
1998	吉省价生产函字〔1998〕2号	四平热电厂试生产电价		0.393	
1998	吉省价生产函字〔1998〕7号	租赁机组		0.04	
		长春热电二厂中央还贷		0.05	
		珲春发电厂中央还贷		0.06	
1998	吉省价生产字〔1998〕33号	调整租赁机组电价	0.04	0.025	
		关于调整珲春发电厂中央还贷电价	0.05	0.035	还贷0.025
		关于调整长春热电二厂中央还贷电价	0.05	0.032	还贷0.025
1998	吉省价生产函字〔1998〕28号	满台城电厂		0.33	

续表

年份	文件号	内容摘要	原差价电价［元/(千瓦·时)］	现差价电价［元/(千瓦·时)］	备注
1998	吉林省价生产函字〔1998〕19号	双星股份公司		0.196	
1998	吉省价生产字〔1998〕38号	吉林热电厂、长春热电二厂停止征收还贷加价			停收二热地方
		退役机组	0.094	0.089	从1998年11月起执行
		长春热电二厂、珲春发电厂中央还贷	0.05	0.025	从8月份
1999	吉省价生产字〔1999〕32号	通榆风力发电厂		0.793	
1999	吉省价生产字〔1999〕4号	浑江发电厂3、4号机	0.094 7	0.08	
1999	吉省价生产函字〔1999〕6号	珲春发电厂增容(龙源公司珲春发电厂1号机)		0.095	
1999	吉省价生产字〔1999〕19号	燃气公司(长热二厂分得电量)		0.077 4	
		省内集资机组		0.084	
1999	吉省价生产字〔1999〕27号	降低还贷加价标准：双辽发电厂地方	0.094 7	0.084	
		洮南热电厂	0.094 7	0.084	
		梅河热电厂	0.094 7	0.084	
		省电力投资有限责任公司	0.094 7	0.084	
		长春热电一厂4、6号	0.094 7	0.084	

续表

年份	文件号	内容摘要	原差价电价[元/(千瓦·时)]	现差价电价[元/(千瓦·时)]	备注
1999	吉经贸经运电字〔1999〕456号	关于梅河、洮南热电厂“以热定电”的意见			
1999	吉国税发〔1999〕314号	关于调整电力产品有关税收政策的通知			
		注：供电环节按2.6%预征，年末在省电力公司汇算清缴			
1999	吉省价生产字〔1999〕43号	安图县两江水电站		0.32	
2000	吉省价生产字〔2000〕36号	吉林龙华热电股份有限公司	0.089	0.073	
2000	吉省价生产字〔2000〕35号	关于吉林哈达热电厂新建机组预计出厂价格的批复		0.43	
2000	东电财价〔2000〕201号	关于核定伊敏电厂内部临时结算电价的通知		0.25	
2000	吉省价工字〔2000〕3号	关于长春市生活垃圾综合处理电站预计出厂价格的批复		1.046	劳务费0.002，省收0.025 8，市收0.051 6
2000	吉省价工字〔2000〕5号	吉林龙源技术开发公司所属增容改造机组实行统一还贷电价		0.006	

续表

年份	文件号	内容摘要	原差价电价[元/(千瓦·时)]	现差价电价[元/(千瓦·时)]	备注
2000	吉省价生产字〔2000〕32号	通化弯弯川水力发电厂有限公司	0.156	0.19	
2000	吉省价生产字〔2000〕26号	停收长春热电二厂、珲春发电厂地方投资加价和停止“包保奖”、能交公司管理费		0.077 4	长春热电二厂(从6月起执行)
				0.094 7	珲春发电厂
				0.002	能源交通总公司管理费
					包保奖停止执行〔1996〕78号文件
2000	吉省价生产字〔2000〕3号	关于珲春发电厂2号机组投产后新增电量预计出厂价格的函		0.3	
		龙岗	0.19	0.21	
2000	吉省价工〔2000〕17号	关于通化桃园水库电站还本付息出厂电价的批复(杨家崴子)	0.17	0.19	
		龙源公司	0.1	0.06	2000年12月执行
		四平热电厂(合营公司)	0.393	0.443	含四平分理处收取的0.05(从2000年1月起)

第二节 热 价

一、供热及热价

2002年，吉林省有供热电厂38座，其中省电力公司管理的供热电厂11座，地方和企业自备供热电厂27座；总供热量为8366.58万吉焦，其中省电力公司管理的企业供热量3083.42万吉焦。多年来，各供热电厂的热价不统一，价格低，先后调整过9次，每次都落后于燃料、运输、原材料价格上涨的速度，出现连年亏损。2002年末，电力体制改革中，省电力公司的供热管理机构及人员撤销，工作终止。

20世纪90年代，吉林省各供热电厂的热价没有统一定价，热价根据各厂的供热成本和回水回收情况而定，一厂一价。省管供热电厂供热亏损，供热越多，亏损越严重。供热电厂供热亏损始于1984年，亏损额3892.20万元，1992年，是供热亏损最多的一年，亏损额1.82亿元。1984～2000年，热价调整9次，2000年度亏损7001.80万元，2002年，供热亏损1000万元。地方和企业自备供热电厂在“保本微利”的原则下，热价也低，有的供工业用热赢利，供居民用热赔钱；有的供工业用热、居民用热都赔钱。1991～2002年省管火电厂供热量、平均热价及利润统计，见9-5-13。

表9-5-13 1991～2002年吉林省管火电厂供热量、平均热价及利润统计

年度	供热量						全省平均热价（元/吉焦）		利润（亿元）	
	合计		工业		采暖					
	供热量（万吉焦）	%	供热量（万吉焦）	%	供热量（万吉焦）	%	热价	比上年增减	利润	比上年增减
1991	2616.18	4.71	2096.40	4.15	519.79	7.04	4.35	0.24	−1.57	−0.49
1992	3000.19	14.68	2304.95	9.95	695.24	33.00	5.26	0.91	−1.82	−0.24
1993	3038.90	1.29	2219.93	−3.69	818.97	17.80	8.50	3.24	−1.63	0.19
1994	3158.99	3.95	2190.76	−1.31	968.23	18.23	9.35	0.85	−1.31	0.32
1995	3138.90	−0.64	2140.98	−2.27	997.92	3.00	10.26	0.91	−1.57	−0.26
1996	3059.53	−2.53	2001.70	−6.50	1057.83	6.00	11.95	1.69	−1.43	0.14
1997	2974.90	−2.77	1832.77	−8.44	1142.13	7.97	13.97	2.02	−1.11	0.32
1998	2769.65	−6.90	1623.29	−11.43	1146.37	0.37	14.03	0.06	−1.14	−0.29
1999	2964.10	7.02	1627.63	0.27	1336.47	16.58	14.36	0.33	−0.84	0.30
2000	3059.25	3.21	1517.80	−6.75	1541.45	15.34	14.93	0.57	−0.70	0.14
2001	3018.15	−1.34	1420.60	−6.84	1597.55	3.51	14.92	−0.01	−0.75	−0.16
2002	3083.42	2.16	1396.25	−0.17	1687.17	5.31	15.49	0.57	−0.65	−0.10

二、热价调整

低热价是造成供热亏损的主要因素。20 世纪 80 年代中期开始，90 年代以来，省电力公司把热价的调整作为供热管理的重点，连年不断地向省政府和能源部、电力部申请、报告，争取上级的理解，批准上调热价。11 年来，国家电力主管部门和省物价局分别批准吉林省上调热价 3 次和 6 次，吉林省的平均供热单价由 1990 年的 4.11 元/吉焦，上升到 2002 年的 15.49 元/吉焦，2002 年供热量比 1990 年增长 22.45％的状况下，年减亏 3835 万元。

第六章 电能计量管理

1991～2002 年，吉林省电能计量技术、管理、资产等发展较快，管理体制也有较大变化。电能表及其检测装置逐步实现更新换代，计量标准传递系统基本适应广大客户使用高压、中压、低压电和生产、生活用热需要。电能计量及其标准管理，从 20 世纪 80 年代的微型单板机统计逐步实现计算机网络化管理；计量监督与服务明显加强，全省 8 个供电公司的计量"五率"都达到规定要求；计量资产快速增长，省电力公司管理的电力企业计量资产，从 1991 年 170.60 万个，达到 2002 年 302.20 万个，满足了全省计量、检测、监督的需要；计量管理体制实行政企分开后，吉林省电能计量检定工作得到吉林省质量技术监督局的授权。

第一节 计量技术与管理

一、计量技术

1991～1996 年，全省单相电能表由单宝石的 DD28 型 2 倍过载表，更换为双宝石 DD862 系列 4 倍过载表。1997 年，推广使用有磁推、磁悬轴承的 4 倍以上过载能力寿命达 25 年的单相机械表。2000 年，更换为精度高、过载倍数大、启动电流小、使用寿命长，具有脉冲输出接口的单相全电子电能表，全省新装长寿命单项机械表 96.93 万个，单相全电子电能表 21.59 万个，淘汰 DD28 型及其他杂牌电能表 106.87 万个。2002 年，新安装长寿命单项机械表 35.68 万个，全省累计达 201.51 万个；新安装单相全电子电能表 39.78 万个，全省累计达 123.87 万个。

1993～1996 年，吉林省为客户安装峰谷分时电能表 6881 个，2002 年 2.54 万个。峰谷分时电能表统计，见表 9-6-1。

表 9-6-1　　1993～2002 年吉林省三相峰谷分时电能表统计　　单位：个

单位 数量（个） 年份	长春供电公司	吉林供电公司	四平供电公司	通化供电公司	白城供电公司	延边供电公司	辽源供电公司	白山供电公司	全省每年综合统计
合计	9154	2247	4746	620	722	266	611	167	25 408
1993									2429
1994									5350
1995									6719

续表

年份＼数量（个）＼单位	长春供电公司	吉林供电公司	四平供电公司	通化供电公司	白城供电公司	延边供电公司	辽源供电公司	白山供电公司	全省每年综合统计
1996									6881
1997	598	102	755	0	189	35	76	101	8737
1998	270	272	780	7	124	0	91	12	10 293
1999	2025	515	386	150	174	0	124	22	14 089
2000	1560	345	304	321	84	88	115	11	17 417
2001	3680	342	301	60	78	115	147	9	22 649
2002	1021	671	820	82	73	28	58	6	25 408

1996 年，全电子多功能三相电能表开始在吉林省电力客户采用，精度和准确度高，具有遥测、遥信、遥控功能，广泛应用在客户变电所、集中抄表客户和负荷管理等高压客户。2001 年，全省新装三相电子电能表 2.08 万个，三相机械电能表 2.58 万个，三相机电一体化电能表 1.08 万个；2002 年，新装三相电子电能表 0.87 万个，三相机械电能表 0.87 万个，三相机电一体化电能表 0.78 万个。

1998 年，吉林省客户开始使用 IC 卡预付费电能表，作为商品的电能实现先交费后用电的历史性突破。主要应用在居民客户、收费难的客户、临时用电户、季节性负荷和消费场所等。2000 年，全省共安装 IC 卡预付费三相和单相电能表 5502 个、1.91 万个。2001 年，新增 IC 卡预付费三相和单项电能表分别为 5089、7526 个；2002 年，全省新装 IC 卡预付费三相和单相电能表 2779 个和 9457 个。年末，全省 IC 卡预付费三相和单相电能表总数达到 1.34 万个和 3.62 万个。

1998 年，省电力公司建立省与省、供电与发电、供电企业间的关口表计量计费远传系统，为关口表及时采集和准确计量奠定了基础。2000 年，用于吉林省电网关口表 296 块，与之配套的计量互感器 1500 台。

为提高量值传递系统的技术水平，1994 年进口三相标准表 7 个，单项标准表 24 个，三相复费率电能表 100 个；1996 年进口三相标准电能表 3 个，单相标准电能表 15 个，三相复费率电能表 220 个。

1996 年开始，省电力公司将老式校验台陆续更换为程控式校验台，程控校验台精度和校验效率高，表计校验程控化，校验数据统计微机化。2000 年，全省共有三相程控校验台 30 台，单项程控校验台 53 台。2002 年，吉林省 8 个供电公司的三相、单相校验台都更换为程控校验台。

二、计量管理

20 世纪 90 年代初，省电力公司管理的电力企业电能计量管理只靠微型单板机做一些简单的统计工作。2002 年，各供电公司电能计量所都实现微机网络化管理。1994～1995

年，白城供电公司开发的电能计量计算机处理系统，具有电能计量信息综合处理功能，即误接线分析处理功能、电力系统图演示功能、微机自控校表等网络化管理功能，获省电力公司科技成果一等奖，省科委科技成果三等奖。1998年，四平、白城供电公司计量所，分别与有关部门联合开发电能表远方数据传输及遥测校验系统，为实现系统内变电所远方遥测校表打下基础，并获省、网公司奖励。2000年，长春供电公司电能计量所组建局域网，实现电能表从购置、校验、领用及对高压客户计量装置的管理。2002年，四平供电公司自主开发的电能计量装置全闭合管理系统获省电力公司科技进步二等奖。

省电力公司在重视电能计量技术和管理进步的同时，对电能计量领域中发生的问题，积极开展调查工作。20世纪90年代初，有些客户，特别是大工业电力客户的计量二次回路电压低，出现计量不准，有损失电量现象，及时下发文件，在全省范围内进行整治，恢复正常电压，减少电能计量误差。各供电企业相继建立检查整改制度，定期检查、监督客户计量装置二次回路的电压状况，保证电能计量的准确性。

1999年，对电费收缴难的问题，再次明令要求各供电企业对某些客户必须安装IC卡电能表，先交费，后用电。2000年，对内外勾结损害企业利益的违纪违法行为，进行严肃治理整顿，遏制了漫延势头。供电企业加强事故换表管理，取消不合理的事故换表，严格控制事故换表，堵塞漏洞，惩治个别吃里爬外的职工。

2002年，各供电企业执行省电力公司《关于进一步加强电能计量管理工作的通知》(简称《通知》)。各供电公司按照《通知》要求，对新购入的电能表不调整误差，检定时不打开表盖，保留制造厂表耳封印，检定合格的另外加封单位封印和贴检查合格证留用，不合格的退货。取消单项电能表的修理工作。新表采用全部检定的方式检定，重新规范检定记录。各供电公司学习、执行DL/T 448—2000《电能计量装置技术管理规程》。吉林、长春、四平、通化、白城供电公司计量管理评为国家一级计量标准。

第二节 标准管理与传递

一、二级计量传递标准

吉林省电能计量标准和标准量值，以国家电能计量标准为溯源。吉林省电能计量标准管理和标准量值传递工作，由省电科院和各供电公司负责。以省电科院为省内基准溯源，向各供电、发电和施工企业的试验所(室)电能计量标准进行传递。经过10多年的努力，省电科院和发、供电及施工企业计量所(室)的电能计量表标准、试验台标准、互感器标准的数量和等级，基本满足了全省电力客户和电力生产建设的需要。

1988年，省电力试验研究所建立0.02级单项标准电能表校验装置，1998年，建立用于多功能三相电能表检测的0.05级以下的各种量限的标准电能表量值传递校验装置。1999年，新建的KOM200.30.01级三相电能表标准校验装置和PRS200.30.02级三相电能表标准校验装置，满足了省内0.05级及以下的各种量限的标准电能表的量值传递工作。

适应吉林省电网高电压大电流设备发展的需要，用于电能计量的互感器标准相继在省电科院诞生。20世纪90年代，建立500千伏、220千伏及110千伏电压互感器标准装置自校系统，覆盖各种电压等级不同量限的0.2级及以下现场计量用超高压和110千伏及以下各种电压等级以及量限为0.01级及以下标准电压互感器的检定，通过了国家电力公司的达标考核。建立从一次电流0.1～10 000安、二次电流1～5安的0.002级标准电流互感器校验系统，覆盖0.01级及以下的电流互感器量值传递，为吉林省电网的计量发展打下基础。

二、三级计量传递标准

1994年，吉林省各供电企业电能计量所(室)普遍使用电工试验台，逐步更换为全电子单、三相程序控制电能表和互感器校验装置，2000年已达109台，具备试验报告打印、储存、联网传输等功能。为生产、建设现场配置了数字化电能表校验仪，可实现各种参数检测、向量图及误接线检查等复杂工作。电压、电流互感器已从20世纪90年代初的低电压、低精度互感器检测装置，发展为90年代末生产、建设现场都能检测10千伏及以上电压等级、0.2级及以下电压互感器检测装置，其中，吉林、通化、白城供电公司可开展66千伏电压互感器的检定工作。各供电公司设有4000安及以下、0.02级和0.5级标准电流互感器及其相关检测装置。全省互感器检定工作计划已纳入企业全年检定任务，并由专业工程师监督执行。2000年底，吉林省8个供电公司共有电能计量标准装置150台，互感器标准装置25套，电能计量工作人员294名(不包括农电改制并入人员)。2002年，全省电力试验室和现场标准检定装置132台，其中试验室单项电能表检定装置49台、三相电能表检定装置29台、互感器检定装置8台；现场三相电能表检定装置29台、互感器检定装置17台，全省计量专业人员247名。2002年全省各供电企业计量标准装置统计见表9-6-2。

表9-6-2　　2002年全省各供电企业计量标准装置统计　　单位：台

类别	名称＼单位名称	长春供电公司	吉林供电公司	四平供电公司	通化供电公司	白城供电公司	延边供电公司	辽源供电公司	白山供电公司	全省
合计		26	26	12	15	9	15	11	18	132
试验室	单项电能表检定装置	10	9	3	5	4	6	4	8	49
	三相电能表检定装置	5	6	3	3	2	4	2	4	29
	互感器检定装置	1	1	1	1	1	1	1	1	8
现场	单项电能表检定装置	0	0	0	0	0	0	0	0	0
	三相电能表检定装置	9	6	4	3	1	2	2	2	29
	互感器检定装置	1	4	1	3	1	2	2	3	17

第三节 计量监督与服务

一、计量监督

1991～2002年，吉林省电能计量监督与服务的范围不断扩大，组织与制度进一步健全，随着科学技术的发展，计量监督、服务的技术手段与质量水平不断提高。

1993年，省电力公司成立技术监督领导小组，省电力试验研究所设技术监督处，电能计量监督纳入工作重点之一，颁发了有关法规、制度及考核细则等。

1991～2002年，按监督管辖范围，省电力公司和试研所监督专责人员，深入各供电公司检查电能表校验率、轮换率、修调前检验合格率、计量故障差错率、电量差错率(以下简称“五率”)检定状况，随着计算机网络技术的普及，省电力公司编制电能计量监督管理软件，各供电公司计量室开展数据录入工作。软件的投入使用，电能计量监督工作登上新台阶，可方便地查找、监测各关口计量表的检测数据、互感器检测数据和二次回路压降测试结果，以及检测设备、计量人员档案等有关资料。1991～2002年，吉林省电能计量“五率”完成情况统计，见表9-6-3。

表9-6-3 1991～2002年吉林省电能计量“五率”完成情况统计

年份	五率(%) \ 单位	吉林供电公司	长春供电公司	四平供电公司	通化供电公司	延边供电公司	白城供电公司	辽源供电公司	白山供电公司
1991	电能表检验率	100.00	117.05	110.00	102.20		189.40	151.30	
	电能表轮换率	100.00	113.33	104.70	101.89		109.00	103.00	
	电能表修调前检验合格率	99.80	99.50	97.60	98.00		99.80	98.30	
	计量故障差错率	0.057	0.170	0.050	0.000				
	电量差错率	0.003	0.040	0.006	0.000				
1992	电能表检验率	100.00	117.45	103.00	101.34		142.00	147.70	
	电能表轮换率	100.00	128.33	103.20	100.78		103.00	137.70	
	电能表修调前检验合格率	99.70	99.80	98.30	98.70		100.00	100.00	
	计量故障差错率	0.109	0.17	0.04	0.00				
	电量差错率	0.004	0.030	0.006	0.000				

续表

年份	单位 五率(%)	吉林供电公司	长春供电公司	四平供电公司	通化供电公司	延边供电公司	白城供电公司	辽源供电公司	白山供电公司
1993	电能表检验率	100.00	119.05	103.80	100.88		137.00	143.90	
	电能表轮换率	100.00	182.67	103.80	100.93		136.00	121.73	
	电能表修调前检验合格率	99.90	99.90	98.00	98.30		100.00	99.10	
	计量故障差错率	0.051	0.210	0.020	0.000				
	电量差错率	0.004	0.050	0.008	0.000				
1994	电能表检验率	100.00	102.40	103.30	101.10	113.40	161.00	137.90	
	电能表轮换率	100.50	149.09	103.30	101.00	90.21	115.00	110.70	
	电能表修调前检验合格率	99.78	99.70	98.00	100.00		100.00	98.70	
	计量故障差错率	0.00	0.21	0.02	0.00				
	电量差错率	0.002	0.040	0.012	0.000				
1995	电能表检验率	100.00	106.00	102.20	100.20	124.70	123.80	122.10	104.00
	电能表轮换率	129.00	115.00	102.20	100.00	104.20	514.00	108.10	102.60
	电能表修调前检验合格率	99.90	99.80	98.60	98.50	80.80	99.70	99.30	98.40
	计量故障差错率	0.093	0.100	0.020	0.000				0.032
	电量差错率	0.015	0.007	0.016	0.000				0.026
1996	电能表检验率	100.00	106.94	102.70	100.00	113.57	176.00	113.40	102.90
	电能表轮换率	100.00	117.78	102.70	100.00	104.20	180.00	100.00	102.50
	电能表修调前检验合格率	99.80	99.92	98.70	98.60	92.50	99.80	99.80	98.50
	计量故障差错率	0.360	0.100	0.020	0.029			0.004	0.025
	电量差错率	0.004	0.007	0.016	0.022			0.487	0.024
1997	电能表检验率	100.00	107.69	102.80	101.96	106.33	100.60	122.00	101.54
	电能表轮换率	138.60	146.40	102.80	102.00	101.03	110.00	103.00	102.50
	电能表修调前检验合格率	99.85	99.80	97.50	99.60	94.60	100.00	98.19	98.20
	计量故障差错率	0.038	0.100	0.016	0.250			0.370	0.019
	电量差错率	0.002	0.005	0.011	0.018			0.050	0.021

续表

年份	单位 五率(%)	吉林供电公司	长春供电公司	四平供电公司	通化供电公司	延边供电公司	白城供电公司	辽源供电公司	白山供电公司
1998	电能表检验率	100.00	106.11	105.70	100.00	112.57	127.00	116.40	100.70
	电能表轮换率	110.00	154.00	105.70	100.00	104.85	195.00	137.00	100.00
	电能表修调前检验合格率	99.70	99.95	98.40	100.00	96.90	99.90	98.80	98.40
	计量故障差错率	0.037	0.090	0.018	0.230			0.210	0.017
	电量差错率	0.002	0.004	0.012	0.021			0.050	0.020
1999	电能表检验率	100.00	108.84	104.20	105.71	106.15	144.00	107.60	100.80
	电能表轮换率	100.00	166.67	104.20	106.10	100.85	181.00	111.20	101.00
	电能表修调前检验合格率	99.92	99.90	97.10	98.70	96.50	100.00	98.50	98.00
	计量故障差错率	0.037	0.060	0.020	0.170			0.100	0.020
	电量差错率	0.005	0.020	0.019	0.012			0.025	0.021
2000	电能表检验率	100.00	126.74	400.10	271.55	101.20	169.20	110.30	100.00
	电能表轮换率	100.00	150.60	400.10	211.13	102.18	212.00	114.00	156.00
	电能表修调前检验合格率	99.75	100.00	97.50	99.94	97.20	99.70	98.60	99.00
	计量故障差错率	0.46	0.06	0.01	0.39			0.42	0.05
	电量差错率	0.028	0.030	0.020	0.030			0.020	0.030
2001	电能表检验率	100.00	127.00	100.00	100.00	100.00	100.00	102.7	100.00
	电能表轮换率	100.00	101.00	100.00	96.00	100.00	98.00	163.00	100.00
	电能表修调前检验合格率	100.00	100.00	97.80	96.00	100.00	98.00	97.00	100.00
	计量故障差错率	0.120	0.006	0.009	0.100	0.300	0.000	0.490	0.000
	电量差错率	0.006	0.030	0.002	0.100	0.040	0.000	0.000	0.000
2002	电能表检验率	100.00	169.00	100.00	100.00	100.00	100.00	100.00	100.00
	电能表轮换率	100.00	103.00	100.00	98.00	100.00	99.00	100.00	100.00
	电能表修调前检验合格率	95.80	100.00	98.60	96.00	100.00	97.00	100.00	100.00
	计量故障差错率	0.230	0.005	0.007	0.100	0.470	0.0005	0.000	0.000
	电量差错率	0.000	0.040	0.0024	0.100	0.009	0.0002	0.000	0.000

为强化电能计量监督工作，省电力公司于1998年下发《关于印发技术监督全过程管理办法的通知》(简称《通知》)。《通知》进一步明确电能计量监督每个环节的要求和职责范围。同年，开展电测热工计量监督考核(复查)。吉林省技术监督局多次参与考核，并对考核工作质量进行抽查。

2000年，省电力公司颁发《关于吉林省电力计量管理工作规定的通知》，以法规的形式对计量监督加以规范。

二、计量服务

20世纪90年代初，吉林省不断扩大电能计量服务范围，努力提高服务质量。各供电企业每年对高压客户运行中的电能计量装置，严格按照规定周期轮换和到现场检验。对月用电量100万千瓦·时及以上客户，每3个月至少到现场检验1次，表计每2～3年轮换1次。月用电量10万千瓦·时及以上客户，每6个月至少到现场检验1次，表计每2～3年轮换1次。低压动力表3～4年轮换1次，照明计量表每5年轮换1次。计量室的内勤、外勤及互感器试验人员明确分工，对高压客户和省电力公司管理的变电所计量装置的测试，配备专用车辆，做到按期定检定换。90年代后期，全省客户大量采用长寿命机械电能表和电子电能表，检定周期延长，定期轮换电能表大量减少，除少数定检定试电能表外，多数电能表不再进行定期轮换，发现问题随时进行修复或更换，为客户服务的方式发生较大变化。各供电企业继续为客户的现场服务，简化校表手续，方便了客户。

1994年，吉林省需求侧负荷管理系统在长春电业局建立，经试点在全省各供电企业推广应用。2000年末，全省需求侧电力负荷管理系统终端机1875台。每个系统具备遥信、遥测、遥调、遥控功能，客户购电、报装接电等在家即可办理。为客户及时提供设备故障信息，得以及时处理。2002年，全省需求侧负荷管理系统终端机达到2860套。

第四节　计量资产与体制

一、计量资产

2002年，全省客户电能计量表比1991年增长1.77倍，资产增长6.15倍，实现了网络化管理。电能计量检定工作实行政企分开和上级技术监督部门授权制度。

1991年，吉林省客户电能表170.6万个，其中运行156.6万个。2002年底，全省客户电能表302.2万个，其中运行267.7万个，比1991年分别增长1.77倍和1.8倍。1991年，吉林省电能计量固定资产值8177.25万元，2002年达到5.03亿元，比1991年增长6.15倍。各供电公司为加强资产管理，开发计量资产管理软件，实行微机网络化管理。1991～2002年，吉林省客户电能表及资产统计，见表9-6-4和表9-6-5。

表 9－6－4　　1991～2002 年吉林省客户电能表统计　　单位：万个

年份	全省合计		吉林供电公司		长春供电公司		四平供电公司		通化供电公司		延边供电公司		白城供电公司		辽源供电公司		白山供电公司	
	管理	运行	管理	运行	管理	运行	管理	运行	管理	运行	管理	运行	管理	运行	管理	运行	管理	运行
1991	170.6	156.6	37.0	34.8	45.0	41.6	19.4	18.0	19.2	17.0	20.7	19.3	17.6	16.3	7.6	6.5	4.1	3.1
1992	174.3	161.7	38.3	34.9	45.4	42.8	20.8	18.2	18.9	18.4	20.8	20.1	17.9	16.8	7.9	6.8	4.3	3.7
1993	179.3	166.4	37.9	37.0	47.8	44.4	20.4	18.4	18.4	17.2	22.2	20.8	19.2	17.6	8.1	7.0	5.3	4.0
1994	192.1	171.2	40.0	36.1	51.2	46.1	21.9	18.4	19.2	17.5	24.9	23.1	20.7	18.4	8.7	7.5	5.5	4.1
1995	202.5	178.0	40.3	37.6	53.3	47.8	23.4	19.3	20.1	16.2	26.7	24.8	22.9	19.2	9.3	8.2	6.5	4.9
1996	208.1	183.1	41.1	38.0	51.2	46.8	25.4	20.3	22.0	17.8	28.7	25.3	23.0	20.2	9.8	8.9	6.9	5.8
1997	217.4	194.0	42.2	41.3	52.2	48.3	27.4	21.3	24.0	18.2	31.2	28.9	23.4	20.9	9.9	9.2	7.1	5.9
1998	225.9	200.8	44.6	41.3	52.6	49.8	31.4	23.4	21.3	18.5	32.8	30.1	23.8	21.7	11.3	9.5	8.1	6.5
1999	236.7	210.7	48.0	42.8	54.3	52.6	33.6	26.0	21.7	18.7	33.4	30.8	24.7	23.0	12.3	9.9	8.8	6.9
2000	277.4	233.4	67.0	47.5	59.8	59.0	35.8	31.3	22.2	20.1	41.7	33.1	26.2	24.8	16.2	10.3	8.5	7.3
2001	208.7	250.9	62.8	50.8	70.8	67.3	30.0	29.9	25.5	24.5	39.8	36.0	24.0	20.4	15.8	11.6	12.0	10.4
2002	302.2	267.7	63.3	54.4	79.1	74.6	30.9	29.2	28.5	24.5	42.6	37.3	27.0	23.8	14.9	11.9	16.0	12.0

表 9－6－5　　1991～2002 年全省计量资产统计　　单位：万元

单位名称／年份	长春供电公司	吉林供电公司	通化供电公司	延边供电公司	四平供电公司	白城供电公司	辽源供电公司	白山供电公司	全省
1991	196.94	200.94	1757.74	606.09	2978.00	578.32	1397.80	361.43	8177.25
1992	358.82	228.02	1818.45	617.61	3863.00	814.19	1401.50	662.62	8764.20
1993	419.03	309.02	1842.56	718.70	2832.00	783.25	1414.80	678.05	8997.41
1994	523.29	400.24	1865.82	1061.61	2984.00	1246.91	1464.60	842.47	10 388.92
1995	707.63	623.02	1944.67	1100.79	2988.00	1590.91	1551.60	846.07	11 352.68
1996	1040.38	823.39	2056.69	1274.71	2973.00	1896.49	1590.20	1279.79	12 934.66
1997	1230.49	1050.40	2067.55	1471.05	2993.00	2021.96	1664.30	1365.42	13 864.16
1998	3403.87	1302.36	2131.86	1591.73	2955.00	2228.11	1697.90	1534.65	16 845.48
1999	3509.61	2012.40	2159.34	2817.03	2936.00	2540.08	1725.60	1863.79	19 563.86
2000	3537.68	2812.30	2273.74	6962.54	3160.00	2877.21	1886.60	2259.17	25 769.24
2001	2627.29	3011.42	2578.68	13064.63	16064.00	3027.75	3520.60	2254.12	46 148.49
2002	2705.48	5433.29	2706.10	11451.63	18043.00	3256.56	3632.10	3074.10	50 302.26

二、计量管理体制

1991～2000 年，吉林省电能计量装置检定都由电力企业独家管理。各供电企业设有计量所(电能表室)，其中吉林、长春、四平、白山、延边地区计量所为供电公司下属机构，白城、通化、辽源地区的电能计量机构归属用电营销部；各市(县)供电分公司设立电能表修校班(组)，归属供电公司计量所，开展单相电能表修校业务，就地修校以方便客户，防止表计长途运输影响修校后表计的质量。

电子表及长寿命机械电能表的广泛采用，电能表修校的工作量大幅减少，按照省电力公司决定，2000 年，31 个市(县)修校班(组)撤销，2002 年末，除吉林地区市(县)的电能表修校班保留外，其他 7 个地区的电能表修校班都已撤销。

2000 年，随着经济体制改革的深入，吉林省逐步实行政企分开，原来国家委托电力部门电能计量机构授检权发生改变。为使电能计量检测工作既能保持连续性，又要符合国家要求，2001 年起，省电力公司向吉林省质量技术监督部门申请对省内供电企业电能计量检定机构授权。历经两年工作，省质量技术监督局正式授予省电力公司所属电能计量检定机构，包括吉林省电力科学试验研究院、所有供电、农电部门的电能计量检定机构共 46 个。授权方式对省电力公司整体授权，授权时间 2 年。到期后，双方没有异议，省电科院、供电(农电)计量检定机构将继续行使电能计量检定权。

第十篇　电 力 设 备 修 造

第十篇　电力设备修造

早在20世纪50年代，吉林省电力工业局开始发展电力设备修造企业，先后成立了长春发电设备厂、吉林水工机械厂、四平线路器材厂、供电设备厂、长春铁塔厂、长春华电电力设备厂、长春龙源特种电器厂等，电力系统各基层单位也发展修造事业。几十年来生产了各种发、供电设备、线路器材、铁塔材料、水泥制品、电力仪表校验台以及通信设备等，为吉林省乃至全国电力发展作出了贡献。进入90年代，制造为大型发电机组配套的斗轮机、门式滚轮堆取料机、风扇磨煤机、塔式起重机、门座式起重机和输电铁塔，线路“四”字牌金具、大口径混凝土压力管道，农用变压器等名牌产品和获国家及省部奖励产品。除供应省内、国内电力生产、建设需要外，还积极开拓国外市场，出口创汇。随着社会主义市场经济发展，转变经营观念，多数企业发挥原有优势，得到立足和发展。

第一章　电厂配套设备

长春发电设备总厂具有机械加工、钢结构制造、铸造、锻造和大型设备安装能力，可自行研究设计、制造、安装60万千瓦以下火力发电机组配套辅机；机械加工设备齐全，工艺完备，可完成各类大、中、小机械零件加工、热处理、部件和整机装配，大型装备检修等工程，有施工作业面积达4.8万米^{2}的钢结构加工基地，钢材表面处理生产线和一系列钢结构专业加工设备，可完成各类大、中、小型钢结构件的加工、表面处理及检修工程；铸造、锻造和钢结构加工基地施工面积1.50万米^2；5吨、3吨电弧炉各一台，能生产各类优质钢种及合金钢；各类散料装卸设备的安装、调试，大中小检修和日常维护。工程项目遍及全国各省市区，业绩突出，经验丰富，深受用户欢迎。

1991～2002年，企业累计生产各种备品和配件60 241件，4310吨。生产各种辅机设备442台，74 083吨。按工业总产值(1990年不变价)统计，1991年实现4493.70万元，2002年实现12 644万元，增长181.40%。

第一节　电厂备品、配件

发电厂的设备备品、配件生产主要满足电厂检修与改造需要，分3大门类，500多个品种。主要产品有齿轮、门杆、环、套、水轮、泵体，高、低压阀门，有色金属配件，大型钢铸件，火力发电厂的调速、输煤、制粉、除灰、给水、排水等系统的易损易磨配件，浇铸毛重 8 吨的钢球磨煤机端盖铸件，生产普通碳素钢、合金结构钢、不锈钢、高碳钢等部件，以及铁、铜、铝质设备的备品配件。机械加工的切削件最大直径 5 米，高 2 米，最大重量达 30 吨。轴类部件最大长度为 6 米，最大直径 1.25 米，重量 18 吨。齿轮部件最大直径 1.60 米，最大模数 16，平均加工件最大尺寸 6 米×2.10 米×1.50 米，重量 20 吨。在锻造、热处理、试验检测等方面都具有较高的技术水平，能为发电企业生产各种备品配件，12 年累计生产各种备品配件 60 241 件，4310 吨。

第二节　电　厂　辅　机

20 世纪 80 年代，长春发电设备总厂开始研制生产斗轮机、滚轮机、风扇磨煤机、电除尘器等电站辅机设备，巩固和扩展市场辅机产品成为总厂的主要产品。1991～2002 年，共售辅机 442 台，74 083 吨。为辅机产品的研制开发设置市场调研、产品销售、研制设计等组织机构，以加强开发工作。

1996 年开始，设立华北、东北、西北、中南、西南、华东等市场预测、产品开发销售机构。20 世纪 90 年代，企业研制开发的辅机产品获国家、省部、市局奖励产品 30 项。其中 8030 斗轮堆取料机获国家银质奖，DQ2400/3000.35 型斗轮堆取料机获国家重大技术装备成果一等奖和国家科技进步奖。30 万千瓦发电机组宽极距电除尘器获国家科学技术委员会颁发的国家科技成果证书。DC1.3－168 大通流面积静电除尘器获国家经贸委国家级新产品“八五”项目表彰。获省部级奖励的有 FM318 风扇磨煤机、FM 系列风扇磨煤机、GPJ556185 型辊式破碎机、DQ1600/1600.35 臂式堆取料机、QZ250 10 吨桥式抓斗卸船机、电厂输煤设备程序及管理系统等。

2000 年，开始与意大利德兴公司合作，开发生产散料装卸机械市场有需求的最大的斗轮机，与奥地利奥钢公司合作开发代表国际先进技术水平的 55 米大型悬臂斗轮机，与德国巴高克公司签约的专利技术制造开发的中速磨煤机，成为代表国内外中速磨煤机产品市场的最新技术。“拳头”产品进入市场，占企业年度销售额的 40%以上。除西藏、海南、港澳台之外，总厂产品经销全国所有省、市、自治区，并出口马来西亚、印度、越南等东南亚地区，先后接受德国、美国的委托制作中速磨煤机主体结构，并通过欧洲技术标准验收。

总厂按照国家质量管理标准进行管理。ISO 9000 系列标准实施以来，按 GB/T 19001 建立了质量管理体系，形成质量手册及其所要求的程序文件和相关程序控制文件 32 个。1995 年 7 月 18 日，经中质协质量保证中心认证审核，技术委员会批准，给予质量体系认证注册，成为省内电力行业第一家获得质量体系认证的企业，1996～2002 年，每年都通过中质协质保中心的质量体系认证监督审核。

1997～2002 年，根据市场需求，共生产桥式起重机 4 台，其中 QQ－1 型 2 台，57 吨；QQ－3/4 型 2 台，78 吨。2000 年，为污水处理厂生产污水处理设备撤渣机、刮泥机、粗渣机、细渣机、螺旋压榨机等 88 台，192 吨。

1991～2002 年，发电设备生产主要指标统计，见表 10－1－1。

表 10-1-1　1991～2002 年发电设备总厂历年主要经济技术指标统计

指标项目	计算单位	1991 年	1992 年	1993 年	1994 年	1995 年	1996 年	1997 年	1998 年	1999 年	2000 年	2001 年	2002 年
一、工业总产值(1990 年不变价)	万元	4493.70	6124.50	5865	7160	6921	5881	7044	10265	8692	12 181.90	10 728.80	12 644
二、商品产值	万元	4922.80	6442.80	7081	10 832	7755	6582	8750	24 559	8759	11 154.80	10 193.40	11 172.50
三、综合产量	吨	5257	5597	4850	8360	4641	4803	4979	8495	8540	9998	7900	7973
四、电炉钢耗铁量	吨	1.045	1.044	1.049	1.046	1.05	1.043	1.048	1.046	1.043	1.044	1.048	1.045
五、电炉钢耗电量	千瓦·时/吨	827	774	987	836	819	867	818	737	902	823	846	813
六、全员劳动生产率	元/(人·年)	23 297/1929	32 574/1880	6805/1525	47 189/1441	49 120/1409	41 650/1412	49 887/1412	76 776/1337	65 353/1330	119 675/1139	170 181/718	323 376/1127

第二章 输 电 器 材

吉林省输电器材生产，以线路金具、塔材和水泥制品等产品为支柱。四平线路器材厂生产的产品有“四字牌”750千伏及以下各种电压等级的交直流输配电线金具、变电所金具和其他产品。其设计能力、生产规模、品种范围、产品质量居全国同行业之首。“八五”计划末，在市场竞争中企业经营曾一度陷入困境。“九五”和“十五”计划期间，企业调整经营战略，深化内部改革，实现跨越式发展，产品产量从1995年的1732吨，提高到2002年的8206吨，增长3.74倍。

长春铁塔厂生产60、220、500千伏输电线路铁塔。

吉林电力管道总公司生产水泥杆，1987年后，工厂转向以生产、安装大口径混凝土预应力管道为主，并继续生产水泥杆。

第一节 线 路 金 具

一、开拓销售市场

四平线路器材厂生产第一批“四字”牌金具，结束了新中国金具依靠进口的历史。企业为新中国电网300多条220、330、500、750千伏输电线路和200多座变电所的国家重点工程提供了大量优质金具和优质服务。产品还销往伊拉克等国家和地区。1991年“海湾战争”爆发，向伊拉克出口的产品受到严重影响，企业一度陷入困境。省电力公司派工作组开展调研，调整领导班子。新的领导班子改变经营战略，以销售为龙头，对外开拓市场，对内加强管理，加大技术改造力度，努力开发新产品，迅速扭转企业的滑坡、经营亏损局面，1998年企业扭亏为盈，2002年，产品产量8206吨，比1995年的1732吨，提高3.74倍。

1996年，企业制定“稳定东北、西北，夺回华北，进军江南，保住云、贵、川”的营销战略，重点工程实行领导分工包保。销售人员从10人增加到50多人。制订了相应的鼓励政策，调动销售人员积极性。

2001年，成立北京销售公司，建立全国信息中心，在武汉成立中南销售处。加强与国家电力公司、电力规划设计院等信息权威机构联系，在国家三峡工程西电东送、城网农网改造、跨区联网等工程项目中，以开发带动市场，靠名牌争夺市场，1998～2000年连续三年订货超亿元。

二、开发新产品

以市场为导向，加大科研力度，不断推出新产品，成为增强企业竞争能力核心。1991～2002年，先后研制开发了高电压、大截面、大跨越，耐磨、防盗等金具和光缆金具80多个品种，出口金具22个品种，线路金具29个品种。主要销售产品有“四”字牌750千伏及以下各种电压等级的交、直流输配电线路金具，变电所金具，电厂设备金具，城网、农网改造的系列金具和电厂输煤机、电缆桥架等机械设备。产品除按国家标准和企业标准生产外，还按国际ISO 9000系列标准、国际电工委员会IEC标准，英国BS、德国DIN、美国ASTM/ANSI和日本JIB等标准设计生产。产品远销二十几个国家和地区，是司行业中唯一获得出口经营权的企业。生产各种电压等级的输、配电线等成套设备及经营各种零部件进出口项目，并负责上述的招投标和正常的国际贸易。

成立的电力技术研究中心，是原水电部授权的电力金具设计、研究机构。研制开发的几十项新产品均用在国家500千伏及各种电压等级的线路上。其中防盗金具3个系列，予制式铝管线路和500千伏紧凑型线路六分裂压铸间隔棒等新产品，获国家专利和新型实用专利，250毫米管母线金具评为国家级新产品，大面积导线配套金具，高海拔和重冰区金具、悬索塔金具、光缆金具、中铁金具、耐磨金具、节能金具等20多项新产品通过国家权威技术部门鉴定，成功地用在国家重点工程。同时有多项新产品获吉林省电力公司科技进步奖。为城市电网改造研制的240～290毫米耐热增容导线金具代替了进口产品，解决了城网改造中无法加大线路走廊的难题，填补国内产品的空白。

四平线路器材厂坚持实施"出精品、创名牌"的战略，有20多种产品获国家、部、省、局级奖励。1996年，又在全国同行业中率先通过ISO 9001标准质量体系认证，并不断改进和完善质量管理体系，加强质量监控和质量策划，产品质量稳步提高，在同行业中处于领先地位。

三、技术改造和产品质量

1991年，自行研制铜铝焊接工艺，破解企业不能承揽大面积铜铝锌焊接产品的难题。1993年，电窑热处理和电热镀锌代替煤源，提高了产品质量，改善了工作环境。1997年，引进880吨挤压机，铝管生产采用挤压生产新工艺，扩大了产品品种，提高了质量，降低了材料消耗；引进天然气加热炉，淘汰了传统的焦炭加热锻件生产方式，改善了作业环境，减少了废品。1998年，建成压铸铝和转换膜两条生产线，产品质量显著改善，处于国内领先水平。成功研制悬垂线夹磨损试验设备，填补技术装备的空白。引进的等离子切割机，提高了生产联板的质量和工效。1999年，完成铝管分厂的技术改造，调整了平面和工艺布局。2002年，购置设备24台，自制两套除尘设备，一台钢芯铝绞线设备，一台卧式拉力机。1985～2002年，电力线路金具指标统计，见表10-2-1。

四、产品质量管理及出口销售

四平线路器材厂为国家金具标准起草单位，同行业中唯一获得出口经营权的企业，产品严格按照全面质量管理组织生产。1989年，获吉林省质量管理奖。1996年开始贯彻ISO 9001国际标准体系，建立质量管理文件，同年8月，通过国家审核认证，成为国内电力金具生产首家获准认证的企业。2002年，顺利通过ISO 9001：2000版的控牌认证。产品除按国家标准和企业标准生产外，能够按国际ISO、国际电工委员IEC标准、英国BS、德国DIN、美国ASTM/SNSI和日本JIB等标准设计生产。该厂的电力设备出口有限公司负责进出口业务。产品销往朝鲜、越南、伊朗、伊拉克、印度尼西亚、孟加拉、巴基斯坦、泰国、土耳其、埃及、尼泊尔、苏丹、加纳、安提瓜和巴布达等20几个国家。2001年后，出口产品销售收入每年以100万、353万、850万、912万元的速度递增。

表 10－2－1　　1985～2002 年电力线路金具指标统计

年份	总产值(千元)	线路金具(吨)									备注
		总产值	玛铁件	铸件	锻件	铝件	铜铝件	标件	产值(千元)	产量(吨)	
1985	15 695	6000	2126	1056	1603	459	40	716		1672	
1986	16 263	5799	2287	571	1728	491	62	660			
1987	15 336	5551	1513	817	2003	474	50	694		1249	
1988	16 140	5828	1926	1025	1559	597	46	675		396.20	
1989	15 320	5486	2205	951	1305	558	51	416		918	
1990	25 719	3554	1261	554	726	565	25	423		169	1990 年不变价
1991	33 986	4503	1430	695	1024	781	49	524		151.50	
1992	30 379	4100	1622	640	976	623	75	164		730	
1993	31 059	4183	1410	643	994	557	39	40			
1994	28 079	2669	560	345	718	517	14	121			电缆桥架 394 吨
1995	15 352	1732	451	308	467	414	37	27	926	73	
1996	16 046	2015	479	538	443	471	34	45	729	55	
1997	36 170	3702	499	844	1085	1154	53	27	310	0.90	
1998	41 222	4115	534	921	1253	1348	20	28	260	8	电缆桥架 11 吨
1999	52 337	6253	1384	912	1749	1358	51	50	2230		电缆桥架 749 吨
2000	48 988	5867	1792	895	1598	1263	37	152	1879		电缆桥架 130 吨
2001	52 555	5080	818	1014	1560	1625	41	21	1006		电缆桥架 1 吨
2002	72 919	8206	2313	720	3507	1539	54	19	129		电缆桥架 53 吨

第二节　铁塔水泥制品

一、铁塔

长春铁塔厂于1968年开始生产输电线路横担，后来承担大批量塔材加工任务，1985年，已能生产10～500千伏输电线路铁塔、通信微波塔、油田输油塔和各种变电所的构架。20世纪90年代，220～500千伏线路铁塔遍及东北和其他省市，包括东北两条500千伏线路——东长哈、辽长吉佳工程，三峡长万线、阳淮线、双南线工程等216条输电线都有使用。

2000年，共生产各种电压等级塔材28.90万吨，销国内24省区，远销古巴、菲律宾等8国。

二、水泥电杆

长春水泥杆厂初期，只能生产锥形和等径两种规格、六种型号的钢筋混凝土电杆，生产与其配套的底盘、拉线盘、卡盘预制件等线路器材。2002年，能够生产42种型号的普通电杆和40种型号的预应力电杆，可供35、60、110、220千伏电压的各种不同输、配电线路使用。1987年，企业转向以生产、安装大口径混凝土管道为主，但水泥杆继续生产，每年产量仍有2万～3万段，2000年生产3.36万段。

2001年7月，经省电力公司批准，吉林省电力管道总公司并入吉林省送变电工程公司，仍为独立法人，实行自主经营、自负盈亏的管理体制。

第三章 变压器改造与制造

变压器修造是电力系统的副业，也是电业不可缺少的组成部分，新中国成立以来，各基层单位就有修配厂或车间，并逐步推广，甚至成立专门制造厂。

第一节 配电变压器改造与生产

吉林省公用配电变压器的改造与生产，多数由供电企业自行完成。城乡配电网从3.30、6.30千伏升至10千伏时期，因资金短缺，多为改造后的配电变压器。20世纪80年代后，以正式生产配电变压器为主。据对长春、吉林、白城、通化供电公司的统计，至2002年，共为升压、节能改造各种规格配电变压器5475台。

20世纪90年代，吉林省6个供电企业和1个专业公司，配电变压器生产已形成规模。共生产15种规格、30～800千伏·安配电变压器19 220台。1992年，通化供电公司引进、生产全封闭100～630千伏·安容量的配电变压器，开发生产SN_9、S_9-M系列配电变压器，1998～2000年，共生产2500多台，其中全封闭变压器260台。1994年，延边供电公司开始生产10千伏4个系列的低损耗节能配电变压器，至2000年，共生产1680台。辽源供电公司具有年生产50千伏·安容量配电变压器1000台能力，1999年最高产量达1125台，至2000年共生产3978台。2000年，吉林供电公司共生产各种规格配电变压器2468台，总容量33.24万千伏·安，2002年，形成年生产60千伏·安容量配电变压器2000台能力。长春供电公司具备生产有载调压配电变压器条件。长春龙源特种电器厂，1993年开始生产10千伏电压、20～800千伏·安容量配电变压器，至2000年，共生产909台。各单位为全省城、乡电网改造和节能降耗作出了贡献。

第二节 电力变压器生产与改造

20世纪90年代，省电力公司管理的电力企业进行改造、生产各种规格的电力变压器911台，支援工农业生产，保证了电网安全。

1992～1999年，吉林省220千伏电网中，有8台薄绝缘、铝芯绕组变压器运行，分布在白城、四平、吉林供电公司和长山、浑江发电厂变电所，经过8年的设备改造，根除了220千伏电网重大设备隐患。

1993～2000年，长春供电公司根据供电生产的需要，改造、制造电压为220、66千伏，容量分别为0.50万、1万、2万、3.15万、4万千伏·安电力变压器32台。1993～

1999 年，长春供电设备厂生产的 66 千伏、630～2000 千伏·安有载调压和无载调压电力变压器 753 台，为全省农电事业发展提供支持。1995～2000 年，辽源、四平、通化供电公司生产的 24 台动力变压器，有力支持地区农村电网建设与改造。长春龙源特种电器厂成立 9 年来，生产 66 千伏、2000～20 000 千伏·安动力变压器 102 台，向省内销售，也向辽宁丹东、黑龙江省绥棱县农电局出售，广受欢迎。

第三节　干式变压器生产

长春龙源特种电器厂生产的干式变压器主要产品有 SCR 系列绕包绝缘干式变压器、串(并)联空心电抗器、自动跟踪消弧系统、牵引整流干式变压器、接地变压器、试验变压器等。独立设计制造的 1.60 万千伏·安干式变压器，填补了国内大容量绕包绝缘干式变压器的空白。生产设备采用德国进口微机自动控制缠绕设备及铁芯剪切机，综合德国、葡萄牙等国际绕包工艺，缠绕技术具有国际先进水平。干式变压器具有损耗低、噪声小、强度高的特点，为现代先进技术成果，1996 年，通过 ISO 9001 质量体系认证。

产品除满足本省需要外，远销辽宁、黑龙江、广东、江苏、上海等省市，在 60 万、30 万、20 万、10 万千瓦机组电厂中安全运行 10 年以上。受到长春、海南、广州、上海、大连等地酒店用户好评。同年，出口韩国双岭公司 500 千伏·安、2500 千伏·安非定型产品，技术难度创全国干式变压器行业之最。1997 年，出口印度尼西亚 4000、3500、1600 千伏·安非定型变压器。同年生产的 16 000 千伏·安干式变压器，其容量、技术工艺水平开国内之先河。1999 年，成功开发的牵引整流干式变压器、绕组铁芯变压器等和研制开发的 SZ11 系列全密封、免维护、低损耗、低噪声、低局放、高抗短路能力、有载调压(无励磁调压)电力变压器，在国内 66 千伏产品中为首家。由于产品不断创新，销路越来越广。1994 年销售收入 130 万元，1999 年销售收入 1356 万元，2000～2002 年完成销售收入都在 2188 万元以上。1994～2002 年，长春龙源特种变压器厂各项指标统计，见表 10-3-1。

表 10-3-1　1994～2002 年长春龙源特种变压器厂各项指标统计

项目 \ 年度	1994	1995	1996	1997	1998	1999	2000	2001	2002
固定资产(万元)	906	2687	3180	2979	2791	2204	2182	3034	3139
工业总产值(万元)	157	1359	1141	1075	1522	1503	1163	2640	2636
全员劳动生产率[万元/(人·年)]	3.41	18.12	12.27	6.80	8.90	13.54	10.20	19.70	19.67
销售收入(万元)	130	578	770	615	1256	1356	2270	2212	2183

第四章 电表校验台和开关柜生产

吉林省电能计量校验装置和开关柜的生产厂家，主要有长春华电电力设备厂和长春、吉林、延边、四平、辽源、通化、白山、白城等8个电业局(供电公司)创办的多种经营企业。

长春华电电力设备厂从成立到2002年，产品有较快发展。“八五”计划以来的10年内，在市场激烈竞争中，开发10项新产品，几乎每年都有新产品问世。产值由1991年的250万元提高到2000年的1449万元。1991～2000年，共生产计量校验装置和开关柜4651台。

第一节 电能计量校验装置

20世纪90年代，长春华电电力设备厂为适应市场需求，引进德国威德曼公司生产的多工位数控冲床及配套的数控板料折弯机等先进设备，并与ABB跨国公司及德国FNG电气有限公司建立长期协作关系。根据发电、变电生产所需的电测指示、电能计量、各种热工仪表校验的需要，重点生产电能表计量检定装置、三相电能表校验台、电能表计量修理台等十几个品种产品，精度等级从0.60、0.30、0.15级，提高到0.10级，与之配套的Ⅰ、Ⅱ、Ⅲ型稳压电源台的精度也相继提高。1991年，与德国ZMA公司合作，引进德国精度为0.01级的标准电能表，企业的全部产品都处于计量管理和计量检测手段控制之中。同年12月，国家技术监督局授予“国家一级计量单位”称号。1996年12月23日，通过中国质量协会质量保证中心的质量体系认证。

长春华电电力设备厂重视打造名牌产品，有8种产品获省、部、局的奖励。其中IS-3型电力线载波机获电力部优质产品证书；YDC-8001型油断路器测量仪、DDMJ单项电能表脉冲校验台、GB-N型音频隔离变压器、GB-W型音频隔离变压器等4种产品获吉林省科技成果奖；ISDJ-Ⅰ型精密三相电能表校验台获吉林省优秀新产品奖，其中两项同时获东北电管局和省电力局的科技成果奖；CDS-3911小电流接地选取装置获国家专利。上述产品远销24个省区。至2000年的26年中，累计生产电能计量、检验装置，高、低压开关柜等产品60多个品种，共6397台，其中，1998～2000年，生产1706台。

第二节 低压配电箱和高低压开关柜

1985年，长春华电电力设备厂自行研制生产的GG-1A(F)型高压开关柜问世，开始高、低压开关柜系列产品的生产。1988 年，PGJ 型低压开关柜投产。1993 年，生产 GGD 型交流低压配电柜全套样机，并通过中国电力科学院的型式试验及吉林省的行业鉴定。能源部正式批准为定点生产开关成套设备厂家，以优良的质量和完善的服务，在省内外享有高度的信誉。1995 年，新产品 NXB 箱式变电站设备通过省电力公司专家组的鉴定。1996 年，多米诺低压组合式开关柜和 GGB 型交流低压固定式配电柜通过省电力公司专家组鉴定。1997 年，开发的 DKY－10 型金属铠装移动式开关通过鉴定。

1999 年，适应吉林省城网和农网建设改造的需要，研制的 GEDW 型 20 安培和 10 安培调频开关电源、GCS 低压抽出开关柜和 HXGN－12 型环网柜通过鉴定并投入批量生产。2000 年，试制成功的 GRGC 型 SF_6 高压环网柜通过型式试验和吉林省机械工业厅、省电力局的鉴定，并投入生产。

白山、通化、四平、白城和吉林供电公司箱、柜设备厂，1973～2000 年，共生产高压开关柜 1531 台，低压开关柜 4.69 万台，表箱 17.55 万个，满足企业生产和用户的需要。

第五章　修 造 企 业 简 介

吉林省各电力设备修造企业12年间不断发展，下面介绍主要的7家的职工人数、机构设置、生产能力、产品销售、主要指标等基本情况以及获得的荣誉。

一、长春发电设备总厂

长春发电设备厂位于长春市二道区四通路2422号，占地面积22万米^2。1989年4月25日，更名为长春发电设备总厂，隶属吉林省电力公司。2000年3月，长春华电电力设备厂划归长春发电设备总厂。

2002年，长春发电设备总厂职工1127人，其中硕士2人，大学本科文化154人，大专文化158人，中专文化99人，高中及以下文化714人。

长春发电设备总厂有管理部门、生产单位和多经企业31个。其中：管理部门12个，包括办公室、计划发展部、人力资源部、财务处、销售处、供应处、技术处、生产部、安监处、研究所、质量检查处、公安处；生产单位2个，包括机械分场、钢结构分场；多经企业和部门10个，包括铸造厂、锻造厂、结构厂、制氧厂、辅机修配厂、华电电力厂、辅机安装公司、储运公司、物业公司、多经办公室。党群机构4个，包括政治部、纪(检)委、工会和共青团。

2002年，长春发电设备总厂固定资产3.89亿元，完成总产值1.26亿元(1990年不变价，以下同)，比1991年的0.45亿元的总产值增长0.81亿元，增长率180%；商品产值1.12亿元，比1991年的0.49亿元增长0.63亿元，增长率为129%；综合产量7973吨，比1991年的5257吨增长2716吨，增长率为52%；全员劳动生产率323 376元/(人·年)，比1991年的23 297元/(人·年)，增加300 079元/(人·年)，增长率为128.81%。

1991～2002年，长春发电设备总厂先后获得奖项和荣誉称号，主要有：1991年，省政府授予“吉化式企业”；DQ2400/3000.35型斗轮机获国务院重大技术装备领导小组一等奖，1992年获国家科学技术进步奖；1993年，30万千瓦发电机组电除尘器获国家科委“国家科技成果证书”；1996年，GP556/85型辊式破碎机评为吉林省优质产品；1998年，臂式斗轮机评为吉林省优秀新产品；1999年，火电厂燃料设备程控及管理系统，国家经贸委授予“国家新产品”；2000年，国家档案局授予“国家一级企业档案管理单位”。

二、四平线路器材厂

四平线路器材厂地处四平市铁东区一马路，占地8万米^2，前身四平市新五金厂，1959年成立地方国营线路器材厂，1961年划归水利电力部，1987年划归吉林省电力局。

2002年，四平线路器材厂职工821人，其中大学专科及以上文化197人，中专95人，高中414人，初中及以下文化115人。

四平线路器材厂有管理部门、党群机构、生产单位和多经企业30个，其中管理部19个，包括办公室、计划部、财务部、人力资源部、监察审计部、生产部、安全环保部、物资供应部、设备能源部、市场营销部、质量管理部、储运部、公安保卫部、行政事务部、清欠办公室、销售公司、出口公司、北京办事处、技术研究中心；生产单位6个，包括铸造、锻造、铝制品、镀锌、模具分厂，设备动力处；多种经营总公司；党群部门4个，包括政治工作部、纪检委、工会、团委。

2002年，四平线路器材厂固定资产净值5358万元，产品销往越南、伊朗、伊拉克、印度尼西亚、孟加拉、巴基斯坦、泰国、土耳其、埃及等20几个国家。年销售收入1.08亿元。

主要获奖产品：W－JB碗头挂板获国家银质奖；XGU－4悬垂线夹、5X40D型板、NLD－3耐张线夹获水电部、吉林省优质产品奖；NLD－4耐张线夹、Z－T直角挂板、NY－300耐张线夹，获吉林省优质产品奖；ϕ250毫米管母线系列金具获国家新产品奖；防盗金具三个系列获国家专利；500千伏大截面导线配套金具获吉林省优秀新产品奖；预制式铝管跳线装置获国家实用型专利。

三、长春铁塔厂

长春铁塔厂位于长春市卫星路，1968年开始生产输电线路横担，逐步承担大批塔材加工任务，1985年开始生产10～500千伏输电线路铁塔，通信微波塔，油田输油塔和各钟变电所的构架。20世纪90年代，重视科技发展，机械加工自动化水平和产品质量大为提高。1992年研究热浸镀锌稀土合金成功，1995年引进3条国际先进铁塔加工数控自动化生产线，1997年建成现代化镀锌车间，2000年购置摩擦压力机、倒角机和仿型切割机。其产品和企业都多次荣获省部级嘉奖，获得全国科技进步奖。500千伏输电线路铁塔加工获吉林省优秀新产品一等奖，省政府授予长腾牌铁塔为“吉林名牌”产品，中国商检局授予“中国名牌商品”称号。1999年，法国推荐为高科技产品，列为向欧盟推荐产品。

2000年，共生产各种电压等级塔材28.90万吨，销向国内24省区，远销古巴，菲律宾等8国。企业先后荣获国家电力公司“电力多种经营优秀企业”、“双文明先进单位”、长春市“科技创新小巨人企业”、“集体企业十大赢利业户”等荣誉称号。

四、长春龙源特种变压器厂

长春龙源特种变压器厂建于1993年，是全国电力系统唯一上规模、上档次、生产干式变压器的专业企业，全国变压器协会理事单位，隶属吉林龙源电力技术开发公司，翌年3月，经省电力公司批准，划归长春供电公司。厂址位于长春经济技术开发区南通路177号，厂区占地面积2万米^2。2000年，供电设备厂的变压器厂并入长春龙源特种变压器厂。

2002年，全厂职工134人。管理部门9个，包括办公室、综合计划部、财务部、生产技术部、劳动人事部、物资供应部、设计工艺部、质量检查部、产品销售部；党群工作部1个；生产车间3个，包括绕线、机械、装配车间。

企业工业总产值和销售收入逐年增长，工业总产值由1994年的157万元，提高到2002年的2636万元，销售收入由1994年的130万元，提高到2002年的2188万元。

获奖产品为：SCR－315/10上胶绕包干式变压器获国家级新产品、首届中国金榜技术与产品博览会金奖、电力工业部科学技术进步三等奖。

五、长春华电电力设备厂

长春华电电力设备厂地处长春湖光路9号，占地4.80万米^2。前身是1969年组建的通信厂，当时主要生产载波机，1984年一度与供电设备修造厂合并，1989年更名为长春华电电力设备厂，生产电能表计量检定装置、三相电能表校验台、电能表计量修理台、高低压开关柜等十几个品种，1991年12月，国家技术监督局授予国家一级计量单位。1996年12月23日，通过中国质量协会质量保证中心的ISO 9000质量体系认证。

2000年3月，长春华电电力设备厂划归长春发电设备总厂领导。

六、吉林水工机械厂

吉林水工机械厂始建于1937年。20世纪50年代发展为大型起重机制造厂，1961～1964年，迁往吉林市江南新厂址，占地38万米^2，后改为水利电力部吉林水工机械厂。2000年，拥有固定资产8625.80万元，职工1150人。生产起重机、闸门、各种水工机械设备，为丰满水电站扩建，白山、红石水电建设以及省内省外水、火电工程作出了重要贡献。研制的产品有TQ1000/60型塔式起重机和HLI-32TJ/140型水轮发电机组、125千瓦发动机、DBQ1500型/3000型和全国最大的DBQ4000型塔式起重机，为三峡工程提供的2台MQ2000型高架门式起重机，还生产SQ2X160型、2X200型桥式起重机以及FZQ240型、FZQ600型附着式起重机等。产品销往国内23省区，出口马其顿、乌干达、尼泊尔、阿尔巴尼亚等。

获奖产品有：TQ1000型塔式起重机，获全国科学大会奖；SDMQ1260/60型门座式起重机，获国家银奖；DBQ3000型塔式起重机，获国家金质奖。

第十一篇　科 技 与 教 育

第十一篇　科技与教育

中国共产党十一届三中全会以后，国家把工作重点转到社会主义现代化建设上来，实行改革开放。吉林省电力公司遵照科学技术是第一生产力的论述，随着电力工业生产建设的迅速发展和技术装备水平的提高，积极开展科学技术工作，取得了丰硕成果。进入20世纪90年代，省电力公司系统加强领导，建立机构，配备人员，增加投入，调动科技人员和广大职工的积极性，加强与科研单位、高等院校、制造厂家合作，进行了科技开发和新技术、新工艺、新产品的推广应用，注意了新成果的转化，也为保证安全经济生产做了大量的试验研究工作。

1991～2002年期间，省电力公司的科技工作成绩显著，荣获国家科技成果二、三等奖各1项，获吉林省二、三、四等奖分别为2、26、14项，获电力部(国家电力公司)等一、二、三、四等奖分别为1、6、11、2项。科技开发完成的项目涉及基建、生产、经营管理等各个方面和安全、经济、环保、现代化管理各个领域，解决不少生产建设和企业管理中的难题，也推进了发供电设备自动化和办公自动化水平的提高。大容量、高参数、高电压发供电设备的应用，提高了安全发供电能力和电网传输能力，也为电网的商业化运营提供了技术支持。

为保证电力系统的安全经济和可靠运行，吉林省电力公司加强了技术监督和生产、环保管理，在吉林省电力科学研究院设技术监督处，作为技术监督职能部门，并以技术监督处为中心，形成包括基层单位、地方和其他企业电力部门在内的技术监督和管理网络。20世纪90年代之前，吉林省开展了绝缘、化学、金属、电测监督，90年代初，又开展了热工和电能质量监督。1996年，根据电力工业部有关文件精神，省电力公司成立了技术监督领导小组，在全省开展了绝缘、电测、金属、化学、热工、环保、节能、电能质量、继电保护等9项监督和励磁、振动、防污、过电压4项管理，取得了突出的成绩，推动了吉林省电力工业发展。

进入20世纪80年代，吉林省及东北电网先后建成了一大批20万千瓦及以上容量大型发电机组。为确保电网及机组投产的安全、经济、稳定运行，省电力公司加强了新建机组的调试，并确定由省电力科学研究院承担调试任务，成立了有固定单位模式的专业调试队伍。至2002年，省电力科学研究院共完成了39个发电厂(站、场)129台机组，总装机容量508.21万千瓦的新机组调试任务，为保证电力建设的顺利发展作出了贡献。

1991～2002年，省电力行业贯彻执行中共中央教育工作方针，实施科教兴国战略，坚持以人为本，积极地开展职工教育、全日制文化技术教育和职工子弟学校教育，开展工人培训、干部培训和专业技术培训，加强教育培训管理和教育培训基地建设，模拟培训设施建设，为全面提高员工素质和培训质量创造了条件。为提高职工的文化技术水平，省电力公司开办了职工高等教育和中等职业技术教育，设置急需的专业，培养急需的人才。各单位注重培养高级技术人才和管理人才，选送职工参加上级组织的专业培训和到高等院校学习，为增强其驾驭大电网、大机组运营能力和水平作出了贡献。

第一章　科　学　技　术

1991～2002年，省电力公司重视科学技术工作，注重科技机构和科技队伍建设，采取有效措施，调动广大职工的积极性。从省电力公司到各基层单位贯彻科技为生产、建设、经营、管理服务方针，面向生产建设和现代化管理搞好科技工作。各单位积极开展科技与信息建设，科技开发与试验，科学技术推广应用，技术监督，新机组调试以及标准化等各项工作。完成的科技开发项目有的已达到国际国内先进水平，科技工作成为电力生产建设和经营管理发展的先导，为生产建设攻克技术难题，对推动电力工业发展发挥了重要作用。

第一节　机 构 与 管 理

各单位加强领导机构、管理机构和科研试验机构建设，引进人才，配备现代化试验设备，提高科研试验能力。落实科技工作责任制，制定科技工作的管理制度，规划、计划，组织广大科技人员和职工投身科技创新工作。

一、科技机构

省电力公司和基层单位，设立科技领导小组，各级领导班子有人分管科技工作，并设有科技管理部门。省电力科学研究院、各单位的试验所和试验室已成为技术中心及科技进步的龙头。

（一）管理机构

1978年3月，省电力公司成立科学技术处。1994年9月1日，将科技处改设为科学技术部，内设科技综合处和科技计划处，均为副处级建制。1999年3月，吉林省电力公司改制为吉林省电力有限公司，7月，科学技术部下设科技开发处和成果标准化处。

1983年，省电力公司成立科技领导小组，由局长任组长，副局长和其他有关领导任副组长和小组成员。1991年、1992年、1997年、2000年分别对科技领导小组进行了调整。1998年，省电力公司成立科学技术委员会，加强重大技术决策的科学化和民主化，积极地开展科技咨询工作。

各基层单位也建立健全领导机构和管理机构。1978年起，部分基层单位设立科技科。进入20世纪90年代，有的单位将科技科调整为科技处。自1997年起，有的单位改设科技部，有的单位没有设独立部门，科技工作仍由生产技术部门管理。

1996年4月，吉林电业局成立科学技术处，定员2～3人。1997年12月，进行体制改革，将科学技术处改为科学技术部，将全面质量管理、标准化管理、现代化管理也纳入了科技部职责范围。1998年3月，又将计算机中心划归科学技术部。

20世纪80年代，各单位相继建立科技领导小组，90年代，又建立科学技术委员会，并建立厂、分场、班组科技工作三级管理网络。1998年11月，吉林供电公司成立科学技术委员会，是公司的高级技术咨询机构，办事机构设在科学技术部，下设电网、变电、线路、计算机自动化、用电营销等5个专业小组。

（二）吉林省电力科学研究院

吉林省电力科学研究院（简称省电科院）是省电力公司的专业科研机构，它的前身是成立于1958年12月20日的吉林省电业管理局中心试验所，20世纪80年代改为吉林省电力试验研究所。

省电科院成立初期，只有高压、仪表、化学、继电保护（含远动）、电容器修理、管理6个组，共有31人。至1991年，该院有很大发展，设有13个专业部门、7个管理科室、2个党群部门；1个多种经营总公司，职工253人。1997年9月4日，省电力试验研究所改为吉林省电力科学研究院，2001年1月4日，改制为吉林省电力科技有限公司，同时保留吉林省电力科学研究院的名称及相关资质。专业部室有锅炉、汽轮机、高压、热工、金属、化学、电测、环保、系统、技术信息室和编辑部等11个单位，经营公司（服务类）有物业公司、吉林电力焊接培训中心、欧瑞达公司（股份制企业）等3个单位，职能管理部门有总经理工作部、计划经营部、人力资源部、生产技术监督部、调试管理部、财务部（结算中心）、科研开发部（博士流动工作站）、党委工作部（团委）、工会办公室等9个部门，全院共有职工233人。是年，该院被国家电力公司评为全国一流电科院。

省电科院加强职工队伍建设，引进人才，加强培训，努力提高职工队伍的文化素质和技术水平。他们制定人才建设规划，鼓励在职攻读研究生和提高学历，激发全院职工努力学习高新技术和技能，刻苦钻研技术和业务。不断提高文化技术素质和实际工作能力。1994～1996年，有31人被评为拔尖人才，1997～1999年，有63人被评选为专业带头人。至2002年，全院职工中具有硕士研究生毕业及以上学历者40人（其中博士4人），本科毕业生131人，大专毕业生19人，中专毕业生15人。全院有30人被评为教授级高级工程师，3人被评为东北电网专家，9人被评为省电力公司专家，有4人享受政府特殊津贴。

20世纪90年代到2002年，省电科院购置和建设大批仪器和试验设施。如中间试验变压器、记忆示波器、超声波探伤仪、烟气分析仪、离子色谱仪、交直流仪表校验装置、便携式动态分析仪、燃烧效率分析仪等，使省电科院的试验手段更加现代化，更加方便有效。经过几十年的建设和发展，省电科院已成为省电力公司技术监督、技术服务、技术开发和技术信息中心，是省电力行业推进科技进步的龙头。

省电科院积极开展科技试验，技术改造，攻克技术难关，帮助各基层单位解决生产建设中的技术难题。

长山热电厂9号机循环水系统自1988年10月投运以来，凝汽器上部铜管水侧结垢严重，垢下有腐蚀坑，影响机组安全、经济运行。该院经过近两年的现场调查、取样检查、分析和模拟试验，提出了治理措施，经酸洗后投胶球运行。运行一年多基本未结新垢，保证了机组的正常运行。该院重点就发供电设备安全稳定运行、节能降耗、提高自动化水平及环境保护等方面开展工作，完成双辽发电厂两台国产30万千瓦机组协调控制系统投入项目研究。荣获电力部1998年度科技进步二等奖。

为加强环境保护工作，2001年，省电科院圆满完成长山、二道江等发电厂8个除尘器修后试验工作，通过普查，发现吉林省电除尘器运行中存在的主要问题并提出整改措施，提高全省除尘器效率和运行水平。

1994～2002年，省电科院共荣获科研项目奖73项。其中获吉林省二等奖1项，三等奖5项，四等奖3项；获国家电力公司(电力部)二等奖1项，三等奖3项；获东北电力公司一等奖2项，二等奖6项，三等奖6项；获省电力公司一等奖16项，二等奖19项，三等奖15项。

（三）基层单位试验研究机构

省电力公司的供电企业普遍设有试验所，为二级单位，承担本地区供电系统和用户电力设备的试验研究工作。发电企业和基建修造企业，则根据自身需要，建立各有关专业的试验组。有的企业建立科学技术研究所和科技自动化所。各单位的试验研究机构还从事技术监督和信息管理，兼做科学管理工作。

1. 试验所

1991年之前，试验所内设有高压班、油务班、继电班和用户班，负责本地区供电系统和电力用户变电所的试验和技术监督工作。1992年试验所内设高压一班、二班，仪表班，油化验室，继电一班、二班。1995年，部分供电企业成立继电保护所，将试验所中的继电保护专业班组分离出来，为局属二级单位，内设继电一班、二班、三班。

进入20世纪90年代，一批技术先进、性能良好的试验仪表、设备得到广泛应用。如利用色谱法分析绝缘油中的可燃气体含量，已成为检测充油设备绝缘劣化的主要手段。一些仪表、设备直接与计算机联用，自动形成分析结果，提高工作效率。2000年之后，试验所引入网络技术对试验状态进行管理，完成试验数据网络统计管理程序，制定网络管理规定，各专业按试验后24小时内实时上网，对试验数据进行统计分析，为生产系统提供及时、准确的试验报告。随着科技的发展，全省电力系统各单位电力试验机构不断更新设备，满足试验要求，提高试验水平，逐步成为各单位的技术中心。

2. 试验室和试验班组

各发电企业和施工修造企业，设立各种试验室和试验班组，从事试验和测量工作。进入20世纪90年代，各发电企业和电建施工企业加强金属试验室建设，部分单位新增超声、X射线、磁粉和着色探伤仪器，金相显微镜、光谱仪、制样设备、暗室设备、硬度检验计等，可以满足生产需要。金属试验人员，在机组大修时，对新增焊口进行跟踪探伤。对达到使用年限的运行设备或达到检查周期的设备，进行定期普查，组织分析。各火电厂的化学分场设有煤、水、油3个试验组。汽水系统质量分析采用汽水集中采样分析装置，入厂煤和入炉煤的化验分析采用计算机管理。

各发电企业热力试验组开展热力试验工作，对全厂主要设备及系统进行热力试验和分析；对新投产设备进行有关测试，配合省电科院做好各试验项目测试工作。

四平线路器材厂电力金具研究所设有质量检测中心，能够进行大吨位的机械试验、电气试验，金具的拉(压)力试验、振动试验、磨损试验、温升和热循环试验。1998年，自行设计安装悬垂线夹的磨损试验设备。2002年，购置1台WE－1000型1000千牛的立式拉力机，自行设计制造1台WSL－1500型1500千牛卧式拉力机。同年，又将原有的机械拉动台改造为模拟导线被微风拉动的设备，解决金具的拉动实验难题。

二、科技管理

各单位加强了科技管理工作。为使科技管理科学化、规范化，制度化，加强制度建设，制定科技发展规划和年度工作计划。他们重点加强科技工作的项目管理、经费管理和科技成果评审奖励，采取有效措施，充分调动广大职工积极投入科技工作的积极性。

（一）组织实施

为加强对科技工作的组织领导，1994年7月，省电力公司按照《电力工业部关于加速科技进步的决定》精神，落实行政正职亲自抓第一生产力(科技)责任制，公司领导班子每年至少专门研究科技工作2次。省电力公司下发《吉林省电力工业局贯彻〈电力工业部关于加速科技进步的决定实施细则〉的意见》。省电力公司所属各单位陆续组建由本单位行政正职任组长，有关行政副职和各部门领导参加的科技领导小组，并明确各级责任。按东北电力公司新体制模式的要求，大型企业组建专门的科技管理机构，中、小企业设立科技管理专责人，形成比较完善的科技领导体系和管理体系。

省电力公司从“六五”计划开始，连续编制5个五年规划。每年还编制当年的科技工作计划，进行工作总结，并召开全省电力公司系统科技工作会议，进行总结和交流。省电力公司加强科技工作管理，一是深入基层，加强指导，全力推进；二是对列入计划的项目，设专人跟踪管理，保证科技成果达到应有水平；三是对科技成果推广引进实施行政推动与技术市场结合，调动各方面积极性，抓好示范工程，实现成果产品化并具有规模效益；四是搞好资金支撑，从严考核，务求实效。1991～2002年，省电力公司系统完成科技工作任务情况统计见表11－1－1。

表11－1－1　　1991～2002年省电力公司系统完成科技工作任务情况统计

年份	较大(重点)科技项目完成(项)		较大科技成果鉴定(验收)(项)		较大科技成果推广(项)		完成科技项目经济效益(万元)
	计划	实际	计划	实际	计划	实际	
1991				17		13	
1992	48	60	19	21	15	16	2755.40
1993	40	48	14	15	10	10	1995.95
1994	32	38	12	16	10	12	3300.00
1995	20	24	12	14	10	12	4469.00
1996	20	24	12	14	10	11	

续表

年 份	较大(重点)科技项目完成(项)		较大科技成果鉴定(验收)(项)		较大科技成果推广(项)		完成科技项目经济效益(万元)
	计划	实际	计划	实际	计划	实际	
1997	25	30		16		12	
1998	75			17		12	
1999	80	82%		23			
2000	88	80%以上		36			
2001	85	80%以上		24			
2002		81%		26			

（二）项目管理

为保证科技项目能为生产建设服务，各单位在选题前都要搞好调查研究。1992 年，省电力公司开展现场调查，由科技处长带队，有关专责人员参加，到全公司 31 个单位进行现场办公，听取第一线技术人员和老工人的意见，这一年，重点安排 20 万千瓦发电机组和 500 千伏变电所安全、稳定运行的课题。还组织人员到双辽发电厂施工现场进行现场办公，召开技术骨干座谈会，确定 30 万千瓦发电机组安装施工中的技术攻关课题。是年四季度，省电力公司科技部门又到吉林、长山热电厂和长春热电二厂对 5 台 20 万千瓦机组和 2 台烧油改烧煤 10 万千瓦机组的运行情况进行现场调查，把需要解决的技术问题列入科技计划。

省电力公司在科技项目立项时，注意发挥各专业部门的作用。2002 年，科技部门把拟列入省电力公司科技项目计划的 210 个项目交各专业部门逐项进行审查和筛选，把经济效益好、技术水平高、先进实用的新技术开发和推广项目列入年度科技项目计划。

各基层单位在确定科技项目时，坚持做到广泛听取意见，结合生产实际。珲春发电厂以分场为单位，广泛发动群众，结合生产实际，提出项目，生产技术部修改补充，提出项目清单，报厂科技领导小组审查确定，再由工程专工和项目负责人共同制定方案和物资计划，落实资金，使科技项目在人员、经费和时间等方面落到实处。

（三）经费管理

1991～2002 年，省电力公司系统的科技经费呈逐年增长的趋势。2001 年，系统内集资发电厂投入经费 1150 万元，使科技经费总数达到 2500 万元。2002 年，集资发电厂投入经费 4060 万元，经费总数达到 5460 万元，是 2001 年的 2.18 倍。

各基层单位贯彻“科技兴企”的方针，在技改费用、修理费中列支科技开发经费，加大对科技工作的投入。长山热电厂积极筹措资金，1997～2002 年，6 年共投入资金 2829.25 万元，每年平均达 471 万多元。1991～2002 年，省电力公司科技经费投入情况见表 11－1－2。

表 11-1-2 1991～2002 年省电力公司科技经费投入情况统计

年　度	下达计划批次（批）	下达项目数（个）	下达科技经费额（万元）
1991	4	88	694.9
1992	2	76	797.9
1993	2	68	1475.2
1994	2	39	994
1995	3	59	1219
1996	4	64	1574
1997	5	57	1639.5，含集资电厂 438.5
1998	4	81	1601，含集资电厂 494
1999	2	80	1640，含集资电厂 540
2000	1	88	1968，含集资电厂 738
2001	1	85	2500，含集资电厂 1150
2002		98	5460，省电力公司 100，集资合资电厂 4060，更改投资 400

（四）科技成果评审奖励

为调动全体职工依靠科技手段促进电力技术进步的积极性，省电力公司加强科技成果的评审和奖励。自 20 世纪 80 年代起开展科技成果鉴定和验收。1994 年以后，逐步规范科技成果的鉴定工作。1995 年，省电力公司成立科学技术成果评审委员会，下设电气、汽轮机、锅炉、修造、计算机和科技软成果 6 个专业评审组。根据各专业评审组的初评意见，评委会每年都按期评定出省电力公司科技进步奖、合理化建议奖和技术改进奖的奖励项目、奖励等级，报请省电力公司科技领导小组批准后授奖。

从 1981 年开始对科技成果进行奖励。1992 年，科技成果奖中增加软成果奖。1995 年，省电力公司规范科技成果奖的种类，设立科技进步奖、合理化建议和技术改进奖、科技信息与软成果奖，奖金标准执行国家规定。1998 年 10 月，省电力公司下发《科学技术研究成果评审奖励办法》，进一步规范奖励范围、申报、评审、奖励和档案管理工作。

省电力公司科技成果奖金标准按国家经委下发的奖金标准执行。1992 年前最高不超过 4000 元，1994 年提高到最高不超过 8000 元，1999 年，奖金最高不超过 10 000 元。为促进企业科技进步，鼓励职工多出科技成果，2001 年，省电力公司修改了《科学技术研究成果评审奖励管理办法》，参照国家、吉林省政府、国家电力公司提高奖金额度的做法，参照兄弟省电力公司的奖励标准，加大科技成果奖励力度，科技进步奖一等奖由过去的奖金 1 万元提高到 2 万元。其他等级的奖励也相应提高奖金额度。

为鼓励职工积极地做好科技工作，各基层单位按国家有关奖励政策，加大科技奖励力度。大多数基层单位都能做到将职工在科技方面的贡献与分配住房、职称评聘、职务晋升等挂钩，同时还安排有较大贡献的人员去疗养，派他们去考察等。各级领导对科技人员做到在政治上关心，工作上依靠，学习上帮助，生活上体贴，调动了他们的积极性，促进了科技工作的开展。

1991年前，省电力公司系统每年获得国家、吉林省、电力部(国电公司)奖励的项目比较少，随着科技工作的深入开展，1992年后，获奖项目增加，多数年份超过5项，最多达到11项。1991～2002年省电力公司系统获省电力公司科技成果奖项目数量统计和获国家、吉林省、电力部(国家电力公司)、其他部科技成果奖项目数量统计见表11-1-3和表11-1-4。

表11-1-3 1991～2002年省电力公司系统获吉林省电力公司科技成果奖项目统计

单位：项

项目 年份	科技进步奖			合理化建议和技术改进奖				软成果奖				合计
	一等	二等	三等	一等	二等	三等	四等	一等	二等	三等	四等	
1991				4	6	33	54					97
1992				3	8	37	38		1	4	6	97
1994	2	9	11	8	46	44		1	2	4		127
1995	2	9	11	4	21	45		3	3	3		101
1996	5	6	11	4	35	62		1	1	3		128
1997	4	5	6	4	18	47			3	3		90
1998	6	11	6	5	23	33		2	6	2		94
1999	5	12	11	6	22	45		2	4	5		112
2000	7	11	12	6	24	31		6	4	3		104
2001	6	10	7	10	34	33		2				102
2002	10	12	8	7	36	46		6	4	1		130

表11-1-4 1991～2002年省电力公司系统获国家、吉林省、电力部(国家电力公司)、其他部科技成果奖项目统计

单位：项

项目 年份	国家		吉林省			电力部(国家电力公司)、其他部				合计
	二等	三等	二等	三等	四等	一等	二等	三等	四等	
1991		1				1	1		1	4
1992	1			2			2		1	6
1993							2	2		4
1994				3	1			1		5
1995				1	1			2		4
1996				6	3			2		11
1997			1	2	4			2		9
1998			1	2	2					5
1999				3	3					6
2000				4			1	1		6
2001				2				1		3
2002				1						1

第二节　科技开发与试验

省电力公司系统重视科技开发与试验，为生产、建设、经营、管理、环保等项工作服务；各单位面向实际，调动广大职工积极性，发挥科技人员骨干作用，联合多方面的力量共同完成科研任务，重视常规试验和专项实验，通过科学实验保证生产建设的安全经济运行；组织广大职工积极开展合理化建议活动，不断解决生产建设中的技术问题，加强企业的经营管理。

一、课题研究

在开展课题研究的工作中，各单位突出重点、兼顾一般，针对企业急需解决的难题，抓住起点高、实用性强的先进科技项目实施突破，并注意将科研成果转化为生产力，起到科技强企的作用。

为解决影响设备经济运行的关键问题，1998年，珲春发电厂与哈尔滨锅炉厂合作，完成锅炉回转式空气预热器改造，使1号锅炉空气预热器漏风率由改造前的28.5%降低到6.69%，达到国内同类型设备的先进水平，厂用电率由改造前的8.65%降低到7.82%，全年可节电996万千瓦·时。浑江发电厂与哈尔滨汽轮机厂(简称哈汽)共同进行开发，对10万千瓦机组低压缸通流部分进行技术改造，将低压缸通流部分通道由阶梯形改为光滑通道，提高了机组适应性和经济性，热耗降低163.74千焦/兆瓦，年节标准煤3126吨，折合人民币80万元。2001年，双辽发电厂针对国产引进型30万千瓦机组能耗偏高的问题与国电公司热工研究院等单位合作进行机组节能改造。在改造中从抓关键技术入手，大力采用新技术，使机组发电煤耗降低19.9克/(千瓦·时)。

环保问题也是课题研究的重点。省电力公司组织吉林热电厂和东北师范大学共同研究开发，探索提高水膜除尘效率的新途径。至1996年，经过2年多时间的试验，得到较好的效果，不需改变原除尘器结构，只增装静电高压荷电系统就可以使除尘效率提高5个百分点，使水膜除尘效率稳定在90%以上。省电力公司还开展泡沫除尘技术在410吨/时锅炉上应用的研究，经过近2年时间，浑江发电厂3号锅炉改造、调试、运行，取得较好效果。为提高水膜除尘器除尘效率找到一条投资少、效果好的途径。

省电力公司注重新产品开发和推广应用。1992年，长春发电设备总厂研制成功DQ2400/3000.35斗轮堆取料机。该产品是“七五”国家重大设备攻关项目，可替代国外进口设备。四平线路器材厂加强新产品的开发研制。2000年，该厂加大科技投入，制定并贯彻《技术人员科技成果奖励办法》，是年，先后完成城网金具、光缆金具、电铁金具、耐磨金具、大截面导线金具等多项新产品的开发研制，全年实现新产品订货额1600余万元。他们研制的高海拔矩形间隔棒及高海拔大吨位金具，通过省级鉴定，并在云南大昆线国际招标中使四平线路器材厂中标1400吨。

1991～2002年省电力公司系统获国家、部、省级科技成果奖励主要项目，见表11-1-5和表11-1-6。

表 11-1-5　1991～2002 年省电力公司系统获国家级科技成果奖励项目统计

序号	项目名称	完成单位	获奖等级	受奖时间
1	DQ2400/3000.35 斗轮堆取料机	长春发电设备总厂	1992 年度国家科技进步二等奖	1992.11.10
2	输煤系统转运点准脉冲荷电水雾除尘器	东北师范大学、吉林热电厂	1991 年度国家科技进步三等奖	1991.11.10

表 11-1-6　1991～2002 年省电力公司系统获部、省级科技成果奖励项目统计

序号	项目名称	完成单位	获奖等级	受奖时间
1	输电网优化规划及软件包	清华大学、省电力公司	1991 年度国家教委科技进步一等奖	1992.07.10
2	DQ2400/3000.35 斗轮堆取料机	长春发电设备总厂	1991 年度部科技进步二等奖	1992.04.30
3	MDQ1000/1500.50C 门式滚轮堆取料机	长春发电设备总厂	1992 年度部科技进步二等奖	1993.01.11
4	FM318 风扇磨煤机	长春发电设备总厂	1992 年度部科技进步二等奖	1993.01.11
5	我国农网变电站研究及推广应用	部电科院、吉林省农电局等	1993 年度部科技进步二等奖	1993.02.21
6	SD-4000 多机系统在吉林省调度自动化中的应用	部南京自动化所、省调度通信局	1993 年度部科技进步二等奖	1993.02.21
7	锅炉四管泄漏在线监测装置研制	东北电力学院、吉林热电厂、省电力公司科技部	1997 年度省科技进步二等奖	1997.11.3
8	国产风扇磨煤机直吹式 30 万千瓦机组协调控制系统研制	省电科院、双辽发电厂	1998 年度省科技进步二等奖	1998.11.24
9	远方汽轮发电机组振动故障集中分析和诊断技术研究	国电热工院、省电力公司、福建省电力试研所、吉林省电科院	2000 年度国电科学技术进步二等奖	2001.01.18

注　部省级科技成果奖励只统计了二等奖及以上项目。

二、合理化建议

开展合理化建议活动是发动广大职工参与科技工作的重要途径。各单位成立合理化建议领导小组，制定并实施《合理化建议管理实施细则》，开展评比活动，首先由基层单位负

责征集，定期向合理化建议领导小组汇报，并申报审理提案，科技管理人员及时进行审查核实，由合理化建议评审委员会评审作出结论。合理化建议每年进行一次表彰奖励，凡被采纳实施的合理化建议，根据经济效果或创造价值确定奖励金额并作为双文明评比必要条件之一。

各基层单位每年结合春、秋两季安全大检查和日常工作，组织开展群众性“科技进步”和“讲理想、比贡献”合理化建议活动，落实资金、责任、措施和进度，采用新技术、新工艺、新材料，开发适销对路的新产品，攻克威胁安全生产关键，提高经济效益。

1991年，珲春发电厂从5月起，在全厂开展职工合理化建议竞赛活动，完善稳定新机组，保证安全生产。厂部对提出被采纳合理化建议的职工给予物质奖励。1993～1997年，该厂连续开展“百日安全无事故”、“红旗值”合理化建议活动，实现连续安全生产1406天。1999～2002年，该厂工会进一步调动职工“爱厂敬业、爱岗奉献”的积极性，在民主管理、劳动竞赛、经营管理、后勤服务等方面充分发挥广大职工的作用，合理化建议活动更具有广泛性、创造性。1991～2002年，珲春发电厂共提合理化建议3963项，采纳1787项，创造价值2260.77万元。

三、试验工作

（一）常规试验

根据水电部颁发的有关规程，省电力公司各单位，开展预防性试验和设备交接试验，并在设备大、小修后，开展修后试验，为保证设备的安全经济运行奠定基础。

1999年9月20日，吉林热电厂11号主变压器按计划做预防性试验，发现中性点套管存在断线故障，经检修人员处理后合格，避免了套管爆炸事故。

吉林电业局试验所，在电气设备预防性试验中，做到应试设备100%试完，不良设备100%检出，准确率100%。2002年，该局发现系统内设备缺陷63件，其中重大缺陷14件，一般缺陷49件；发现用户66千伏及以上设备缺陷14件，其中重大缺陷7件，一般缺陷7件。高压设备定检完成2185件，油务定检873件，SF_6定检260件，盘柜仪表定检1134件，均完成计划的100%。

（二）针对性试验

各单位试验所、试验组，为查找设备故障、隐患，设备缺陷，探索优化运行方案，开展大量有针对性的试验。

双辽发电厂通过试验，不断优化水处理运行。1994～1996年，该厂与省电科院进行循环水加阻垢剂试验研究并实施，保证1号机组凝汽器的安全经济运行。2001年，他们进行1号机组给水、炉水处理方式优化试验，通过磷酸盐处理、挥发性处理、加氧处理等不同工况的调整试验，确定1号机组采用加氧处理新工艺，使凝结水高速混床运行周期延长一半以上。

1997年，浑江发电厂完成4号炉制粉系统调整试验，降低制粉单耗。1998年，他们在3、4号炉制粉系统改造中，做了大量试验，通过燃烧器角度调整，使锅炉炉膛空气动力工况良好。他们在完成3、4号汽轮机低压缸通流部分改造后，通过汽耗、热耗评价，得出对比结论，为机组经济运行提供了理论依据。

第三节 新技术推广与应用

对新技术、新产品、新工艺的推广应用，省电力公司系统把重点放在安全、经济、环保、电建施工和设备制造与改造上。省电力公司和各基层单位，重视电子计算机的应用和信息化建设，2000年，省电力信息网发展到遍布全省电力系统发供电企业及省电力公司所属各有关单位。省电力公司的管理信息系统通过了国家电力公司组织的实用化验收。电网调度自动化应用取得明显成果。

一、新技术应用

进入20世纪90年代，各火电厂推广汽轮机通流部分改造技术，取得较好的节能效果，一般可降低煤耗10克/(千瓦·时)。在大机组节能降耗方面，省电力公司与国家电力公司、西安热工研究院合作承担国家电力公司哈汽产30万千瓦火电机组节能综合治理项目，该项目到2000年底已经完成热力系统节能诊断及改进等项内容，取得降低煤耗5克/(千瓦·时)的成效。在四平热电股份有限公司，首次将高压变频技术应用在410吨/时锅炉送风机上，取得明显的节能效果，同时为机组实施50%负荷调峰运行奠定基础。浑江发电厂利用哈汽提供的提高机组真空严密性技术，对6号机组真空严密性进行技术改造，机组真空严密性达到了0.17千帕/分，比设计值0.266千帕/分低0.096千帕/分，全年可节标煤9450吨。

为早日实现供电企业从计划检修向设备状态检修转变，1996年，省电力公司投入大量资金，为长春、吉林、白城、四平、辽源、白山电业局等单位，引进大型变压器故障气体在线监测系统，大型变压器油色谱在线监测和高压电器设备绝缘在线监测等先进技术设备。吉林省送变电公司利用高塔跨越林区建设输电线路新技术，并在江敦输电线路建设中采用，使这项工程少砍伐林木200万株，少破坏森林植被500万米^2。

二、新产品应用

为解决66千伏线路雷击跳闸事故频发的问题，省电力公司组织开发66千伏输电线路用有串联间隙金属氧化锌避雷器，经过在白山供电公司应用证明，能够大幅度减少雷害事故。在总结经验的基础上，2000年，他们又在通化、延边、四平、辽源、白城、吉林供电公司推广应用，都收到很好的防雷效果。

1998～2002年，省电力公司结合城市电网改造及防窃电改造，组织推广应用具有防窃电等多项功能的低压集中抄表系统，实现窃电跳闸、窃电方式判断、窃电时间记录、过电压保护等多项功能，可使配电损失降低到10%以下。

为解决发电厂储灰场扬灰严重的问题。省电力公司推广应用省电科院研制的灰场覆盖剂，与传统用土覆盖的方法相比较，至少每平方米节约2.05元。在省内已成功地应用于长春热电一厂、吉林热电厂，覆盖总面积约30万米^{2}的灰场，有效地抑制灰场扬灰，得到专家、发电厂及饱受扬灰之苦的住户的一致好评。

三、新工艺应用

省电力公司针对一些变电所接地电阻长期偏高、不合格的状况，在通化电业局水洞变电所进行深井爆破压力灌注降阻新工艺，成功解决高电阻地区输电线路和变电所降低接地电阻的问题，使多年没有达到合格标准的水洞变电所接地电阻由原来的8欧姆降低到0.44欧姆。

省内电力修造企业，实施新工艺的开发和应用。1992年，长春铁塔厂与中科院长春应用化学研究所合作，共同研究开发热浸镀锌稀土合金项目获得成功，并应用于生产。1997年，该厂投资1000万元新建现代化镀锌车间。形成铁塔加工一条龙的工艺程序。

中国水利水电第一工程局承担建设吉林省松江河发电厂任务。这个厂的小山水电站拦河大坝为混凝土面板堆石坝。他们在石料的开挖、填筑、运输、碾压等方面，都采用了先进的施工工艺。他们采用微差挤压爆破技术，控制炮孔之间的排距，合理装药，使爆破后的石渣达到坝体填筑的要求直接上坝，减少二次处理，二次倒运，既加快工程进度，又降低成本，提高经济效益。

四、新设备的采用

新中国成立初期，吉林省水力发电设备为丰满发电厂6.5万千瓦水轮发电机组较大。20世纪50年代，吉林热电厂2.5万千瓦、5万千瓦、10万千瓦高温高压火力发电机组先后投入运行。

1983年，白山水电站30万千瓦大型水轮发电机组投产，到1992年共投产5台，装机总容量达到150万千瓦，成为东北地区最大的水力发电厂。

20世纪80年代，吉林省有4台20万千瓦火电机组投入运行。1994年9月15日，双辽发电厂第一台30万千瓦汽轮发电机组移交生产，吉林省建成第一台亚临界火力发电机组。该厂又分别于1995年12月11日，2000年12月2日和26日，先后建成投产3台30万千瓦亚临界火力发电机组，成为吉林省第一座超百万千瓦火力发电厂。

吉林省的风力发电建设起步较晚，但发展较快。1998年9月，通榆风电场第一台660千瓦风电机组投入运行，填补了吉林省风力发电建设的空白。该场先后有11台660千瓦西班牙产风电机组投入运行。2000年12月，二期工程有38台600千瓦丹麦产风电机组投产发电。

1987年12月，吉林市220千伏哈达湾一次变电所扩建，新安装了18万千伏·安主变压器；1986年建成500千伏东丰变电所，采用单台容量25万千伏·安，变压器组容量75万千伏·安的变压器组；1993年建成的长春合心变电所使用单台容量26.7万千伏·安，三台变压器容量80.1万千伏·安的变压器组。20世纪60年代和70年代，省电力系统所用的开关设备多数为少油断路器。70年代之后，大量使用了六氟化硫断路器和六氟化硫组合电器。

五、计算机应用与信息化建设

省电力公司的计算机应用和信息化建设，经历了一个发展过程。1976年下半年，该公司电力调度所购进第一台计算机——DJS-21型大型电子计算机。至1990年，微机应用范围已扩展到电力生产、建设、管理30多个工作项目。1991年，省电力公司将信息中心改制为科技公司，1995年撤销，成立计算机信息中心，为省电力调度二级机构。1996年，省电力调度重新组建Novell网，进行Internet上网和Web网站查询的试验，获得成功。“九五”计划期间，省电力公司投入资金约4亿元，加快全局系统信息化建设。全省8个地区电力调度建成具有监控和数据采集系统功能的自动化系统。1998年，省电力公司组建电视会议网，并利用这一机会，建立吉林省电力信息网，用512kB微波通道，连接全省8个供电公司和7个发电企业，形成企业网。该网具备网上电视会议及网页查询等功能。同年10月，信息中心从调度局分离出来，成立独立的信息中心机构，为省电力公司的直属单位。

1999年，省电力公司投资1500万元，彻底改造省电力信息网，选用HP－N4000为服务器，Cisco网络产品为组网设备，使信息网设备水平提高到国内先进水平。年末，省电力公司办公自动化系统(OA)正式运行，省电力公司机关达到人手一机，从此告别繁杂的人手传文，进入应用电脑办公时代。省电力企业信息网辐射省电力公司各发电、供电、施工、修造及省电力公司所属各单位，连接下属37个局域网，同时与国家电力公司，东北电力公司，辽宁、黑龙江省电力公司实现网络互联。信息网以Cisco AS5300作为远程访问服务器，同时提供60个拨号访问服务。

至2000年，省电力公司使省电力信息网发展为遍布全省电力公司系统的广域网，网上服务器共有100多台，上网微机4500台，内联国家电力公司内部企业网站，外联Internet网站，成为综合数字多媒体信息网。

为保证信息安全，省电力公司系统信息网络建设防火墙系统、防病毒系统、防漏洞扫描系统和备份系统等，采取多种手段的安全防范措施，保证了信息网络的安全运行。

省电力公司组织基层有关企业研究发电厂的机组热控系统改造。至2000年，全省4台30万千瓦汽轮发电机组全部实现了协调控制；8台20万千瓦汽轮发电机组全部进行电调改造并实现协调控制；6台10万千瓦机组经改造，实现能量控制、模拟量控制、顺序控制和数据采集(ECS、MCS、SCS、DAS)监视功能，给电网能量管理系统(EMS)的自动发电控制、经济调度控制(AGC/EDC)提供了条件，实现自动发电闭环控制。

省电力工业信息建设在电力设计方面也取得了重要发展。20世纪90年代中期，开发设计计算软件，逐步形成计算机网络，到2000年底，吉林省电力设计院计算机辅助设计(CAD)出图率达到100％。

20世纪自90年代开始，吉林省各供电企业开展了电力负荷控制系统建设。至1997年，全省8个供电公司逐步建立了适合本企业情况的电力需求侧管理信息系统。长春、吉林供电公司的需求侧管理系统达到卫星定时、远程抄表和安全监视等先进水平。

省电力信息通道主要是微波信道和光纤信道，至2002年底，全省电力公司系统共建设微波信道1775千米，光纤信道2564.88千米。全省城区二次变电所以上实现光纤网络联网，为城区电网自动化，管理信息化以及电力市场运营，提供了良好的信道基础。

第四节 技 术 监 督

20世纪90年代初，省电力公司设立热工、电能质量监督及原有的绝缘、化学、金属、电测等六项监督。吉林省电力试验研究所的各相应专业室作为省一级六项监督的管理部门。1993年，成立省电力试验研究所技术监督处，为省电力公司的技术监督职能部门。1996年，电力工业部下发430号文《关于颁发电力工业技术监督工作规定的通知》。按通知要求，省电力公司成立技术监督领导小组，确定设立九项监督和四项管理，即绝缘、电测、金属、化学、热工、环保、节能、电能质量、继电保护（“继电保护监督”机构设在电力调度中心）监督及励磁管理，振动管理，防污、过电压管理，松江河电厂投产后，增加电厂水库大坝监督。同年，省电力试验研究所改名，成立吉林省电力科学研究院，技术监督处作为吉林省九项技术监督和四项技术管理的归口管理部门，形成以技术监督处为中心，包括各供电公司、省电力公司管理的发电厂、地方电厂、部分企业自备电厂及电力施工企业在内的全省技术监督和管理网络，并实行每周传真报表制度，发生重大问题随时上报，达到上下信息畅通，设备出现缺陷和隐患时得到及时正确处理，在落实“安全第一，预防为主”方针中起到重要作用。2002年，全院有技术监督人员108名。

一、绝缘监督

按照GB 50150—1991《电气设备安装交接规程》、DL/T 593—1996《电力设备预防性试验规程》、《吉林省电力系统绝缘监督实施细则》、《吉林省电力系统过电压及防污管理实施细则》等，开展监督试验。

（一）监督装置和测试

省电科院高压室为适应大机组、高电压设备发展需要，配置了1000千伏·安工频试验变压器、3600千伏冲击电压发电装置、800千伏标准分压器、540千伏串联谐振装置、125赫兹中频发电机组、日本及美国产气相色谱仪、SF_6回收车、高压录波器、局部放电测试仪等设备与装置，对全省电力系统电气设备，包括发电机、变压器、输电线路等绝缘和过电压、防污闪等设备进行全面的测试、监督与管理，配备高级技术人员15名。各基层局、厂都有相应的装备配制和人员。

此外，电科院配合生产需要，历年又配置现场应用设备，成功地进行监督试验：1991年，配置2876a型高压电桥，对各供电企业和发电厂的介质仪进行近百次校验。1992年，配置的YD-520/105型中间试验变压器，进行主变压器约14台·次的局部放电试验。1993年，3-006-R001型SF_6气体回收装置，回收2台·次SF_6开关不合格的微水气体。1997年，HP35665A型频谱仪，对5台10万千瓦及以上发电机定子端部线棒进行频率测试；同年配置的串联谐振升压装置，对省内、外新投产和66千伏及以上电压等级高压设备，进行交接试验20台·次。1999年，配置TRANCE-2000型变压器油分析仪和TDT-4型变压器绕组变形测试系统，油分析仪每年跟踪分析电力系统平均发现30台设备绝缘油有色谱异常；测试系统测试66千伏及以上电压主变压器绕组变形发现有15台·次。2001年，配置BC-250Ⅱ型氧化锌避雷器测试仪和记忆录波器，测试仪做10组避雷器交接、预防性试验和带电运行试验；录波器进行冲击试验，测量形波。2002年，配置两台型号为SAT-HY6000和SAT-HY6800的红外热成像仪，对全省所有46座220千伏变电所一次设备进行测试，发现的过热点等缺陷在春检中进行处理。高压设备绝缘预试缺陷和消除率统计见表11-1-7。

表 11-1-7　　高压设备绝缘预试缺陷和消除率统计

年份	应测件数	已测试		不良件数		消除缺陷数	
		件数	完成率(%)	件数	缺陷率(%)	件数	消除率(%)
1991	8195	8194	99.99	49	0.60	43	87.76
1992	7980	7980	100.00	92	1.15	90	97.33
1993	9692	9687	99.95	85	0.88	78	91.76
1994	9236	9236	100.00	71	0.77	65	91.55
1995	9256	9240	99.83	75	0.81	69	92.00
1996	9423	9422	99.99	101	1.07	92	91.09
1997	10 169	10 169	100.00	94	0.92	91	96.81
1998	9981	9981	100.00	99	0.99	99	100.00
1999	10 560	10 560	100.00	83	0.79	82	98.80
2000	11 068	11 068	100.00	65	0.59	62	95.38
2001	10 410	10 410	100.00	65	0.62	63	96.92
2002	10 424	10 424	100.00	76	0.73	74	97.37

（二）管理

监督工作实行计算机管理，开发绝缘监督系统应用、发电机测频微机处理软件，变压器绕组变形、各种绝缘测试、监督报告微机程序等，提高了试验监督工作的正确性和效率。每年还定期开展监督工作评价活动。

二、电测监督

（一）省级标准（省电科院标准）

省电科院技术监督处电测室，负责全省发、供电企业和电力施工企业的电测仪表专业和电能计量专业的技术监督。按照国家基准、省级标准、市地区级标准要求，建立了省级电科院标准和各发电、供电企业的三级标准，基本满足两级标准量值传递的需要。按照上级颁发的规程等进行监督检查。

省电科院以省级计量标准为省内最高溯源标准（这些标准接受国家电力科学研究院溯源），开展全省电测仪表（装置）量值传递工作。

1988 年，电测室建立 0.02 级单相标准电能表装置，与全省发、供电企业的电能表校验装置开展量值传递。1991 年，配置美国产 5700A 型数字表检定装置，建立标准数字仪表检定系统，开展数字直流电流表、电压表检定。1998 年，配置用于电能表检测的 0.05 级三相多功能电能表标准检定装置。1999 年，引进德国产 3 台三相标准电能表检定装置，型号为 KOM200.3、SDE100.3、PRS200.3，其中两台用于建立省内最高标准，开展三相标准电能表检定、校准，另一台用于建立外出检定标准，开展单、三相电能表标准装置的现场检定、校准。配置 YC-1991Ⅱ-Ⅰ型 0.02 级单相电子程控式电能表校验装置和 ST-9001DS 型三相电能表校验装置。采用单相电子程控式电能表校验装置建立省内最高标准，开展单相标准电能表检定、校准；三相电能表校验装置用于校验现场电网负荷关口电能表，确保发电与供电、供电与供电之间电量交易（交换）的准确计量。2000 年，配置 LJQ2002 型交、直流仪表校验装置，建立交、直流仪表检定系统，开展指针式交、直流电流表、电压表、功率表的检定。2001 年，配置 CL317 型电能表检定装置校验仪，用于建立外出检定标准，开展电测仪表检定装置的现场检定、校准。上述电能、电测标准检定装置，覆盖全省 0.05 级及以下的各种量限的标准电能、电测表的量值传递，即以省电科院电能、电测计量标准装置为溯源，开展全省发、供电企业及电力施工企业的电能计量、电测仪表标准装置的量值传递。

1991～2002 年，电测室各监测指标统计，见表 11－1－8。

表 11－1－8　1991～2002 年吉林省发、供电企业电测监督指标统计　单位：%

年份	配电盘主要指示仪表		0.5 级校验仪表		携带式仪表		电能表	
	校验率	合格率	校验率	合格率	校验率	合格率	校验率	合格率
1991	102.70	99.20	100.10	98.40				
1992	101.16	98.86	103.60	98.63	100.00	98.59	109.23	99.40
1993	101.50	98.95	101.50	98.39	100.00	98.00	116.61	98.36
1994	100.03	99.31	100.05	98.13	100.00	98.05	121.43	99.50
1995	100.10	99.00	100.10	98.20			111.32	99.31
1996	100.40	99.30	102.40	98.40			105.61	99.44
1997	100.10	99.20	100.20	98.00			108.13	99.32
1998	100.10	99.40	100.20	97.90				
1999	100.00	99.33	100.16	98.25			105.54	99.05
2000	103.10	99.40	100.00	98.10			142.31	99.45
2001	100.73	99.62	100.00	99.27	100.00	99.31	107.34	99.43
2002	102.59	99.51	100.00	99.36	100.00	99.16	113.52	99.37

注　配电盘主要指示仪表为企业自校仪表。

20 世纪 90 年代前，吉林省用于电能计量的互感器计量标准存在电压低、电流小等缺点。1992 年，配置 110 千伏电压比例标准自校装置系统，用于检定标准电压互感器。为适应高电压电网发展的需要，1993 年，建立用于电能检测和计量的 220 千伏及 500 千伏电压互感器标准检定装置，覆盖了全省各种电压等级和不同量限的 0.2 级及以下现场计量用高压、超高压互感器；110 千伏以下各种电压等级和量限为 0.01 级及以下标准电压互感器的检定，这些标准装置都通过电力部考核验收。电流互感器已建立从一次电流为 0.1～1000 安培、二次电流从 1～5 安培的 0.002 级标准装置，实现与 0.01 级及以下量限的电流互感器标准装置的量值传递。

(二) 市级标准(电业局、供电公司标准)

1993年前，各地区电业局计量室使用的是电工式电能表校验装置，装置存在着操作复杂、维护量大、易损件等缺点，1994年后，陆续更换为浙江海盐仪表厂生产的全自动电能表校验装置，技术水平上了新台阶。2002年末，全省8个供电企业的电能表计量标准(检验装置)基本更换为全自动、全电子标准校验装置，少量未更换的纳入更换计划。现场负荷检验装置全部采用数字化电能表校验仪，可检测、分析各种参数的电能计量装置及其向量图、二次接线的正误等。

20世纪90年代前，供电企业采用江苏靖江计量仪器厂生产的数字式互感器校验装置进行量传和检定。1994年，改用武汉高压研究所下属的华电公司和国测公司生产的全自动互感器校验设备，应用计算机技术，具有试验数据和试验报表的打印、储存、联网功能，可检测10千伏及以下电压等级和0.2级及以下的电压互感器。其中，吉林、通化、白城供电企业可开展66千伏电压互感器检定工作。各单位配置的电流互感器标准，都是2000安培及以下的0.02级和0.05级检验装置。全省互感器检定工作都纳入同期检定计划，技术监督专工监督执行。2002年末，8个供电公司共建电能计量标准装置150套，互感器标准装置26套，计量人员439名，其中，大专、中专、技校毕业生占70%。

(三) 监督工作

1990年以来，省电力试验研究所电能计量监督主要围绕监督管辖范围，检查企业贯彻上级关于电能计量、检测标准规定的执行情况，抽查电能计量装置“五率”的检验数据，对电能表校验率、调前合格率、轮换率、故障差错率、电能差错率进行抽检，是否达到标准要求。每年检查一次。

1996年，吉林省技术监督局抽查省电力公司电能计量考核工作质量，参与电力系统计量标准的检查与考核，查后表示满意。

1998年，省电力公司投巨资，建立供电公司之间、供电公司与发电厂之间的关口表计量计费远传系统，采用瑞士兰吉尔公司生产的电能表，配有数据采集器，将有关技术规范、采集数据远传至省电力调度中心。2002年，吉林省电网的关口表296块，与之配套的计量互感器1500台，其中0.5级的占90%，均已更换为0.2级互感器。

1999年，全省城网改造中，由国家投资，66千伏及以下的电能计量柜进行封闭式处理，2002年治理结束。

(四) 管理

电测室先后制定、实行检测监督管理、仪器设备使用管理制度，检测事故分析、报告制度等12种。监督数据、事故原因分析、监督信息传输、监督标准档案等采用微机管理，进行统计、分析、存档、传输；现场提供的监督数据、信息资料由专责人录入，保证信息查询的及时性和准确性。

1996年，按照省电力公司88号文件要求，成立电测监督领导小组，电测室配备电测监督专责工程师和专责人，实行全面监督管理。

1998 年，按省电力公司 40 号文《关于印发技术监督全过程管理办法的通知》，省电科院和发、供电企业各种标准计量装置的生产、采购、运输、安装、使用、整定计算、定检定试等环节实行全过程监督管理。

三、化学监督

技术监督处化学室有化学专业人员 12 名。负责监督贯彻部颁《化学监督制度》、省电力公司编制的《化学监督实施细则》等规定；对电力生产中汽、水、油、煤、氢气试验装置和 SF_6 气体微水测试装置实行技术监督；统计分析各项化学监督检测指标；参与新建、扩建、改建电力工程水处理设计审查；指导采用 20 万千瓦及以上机组受热面和主要管路盐酸清洗新工艺及 10 万千瓦机组循环酸洗锅炉本体系统新方法等。有效防止热力设备积盐、结垢和腐蚀及油质劣化，实现制水系统微机程序控制。

（一）测试装置与测试工作

1994 年，化学室配置美国力可公司生产的 SC－432 型定硫仪和德国依卡公司生产的 IKA－4000 型量热仪。定硫仪每年检验各厂入场、入炉煤硫分试样约 300 种·次，量热仪检验入场、入炉煤试样约 550 种·次（以下均为年度次数）。1995 年，采用热重分析仪进行入场、入炉煤试样 100 次左右工业检测分析。1996 年，美国产 HIAe/ROyco 型颗粒度测试仪测定汽轮机油、机械油、抗燃油中杂质颗粒数量试样，约 120 次。1997 年，3600 型便携式工业视频内窥镜检查水冷壁管、凝汽器铜管内壁腐蚀约 10 次；1230B 型电化学腐蚀测试系统，测试反映水冷壁、凝汽器铜管等腐蚀速率的腐蚀试片 30 片。M3 型漏点计为发、供电企业的漏点仪检测校准 50 台·次，各提供 50 个数据。LEAKMETER200 型泄漏仪，每年测试六氟化硫（SF_6）开关、套管设备。1998 年，配置的 CHN－2000 型碳氢氮元素分析仪，为各厂入场、入炉煤的 C（碳）H（氢）、N（氮）检测分析 1000 个样次。2001 年，CA－100 型微量水分测定仪，检测汽轮机、变压器油，抗燃油中微水约 200 次、300 次、50 次。2002 年，DTA－100E 型绝缘油耐压试验仪，进行 10 台变压器油击穿试验、20 台互感器油击穿试验，10 件绝缘套管油击穿试验。DX－600 型离子色谱仪，检测各发电厂化学水中阴阳离子含量 300 台次。

吉林省六氟化硫（SF_6）监督检测中心，1998 年成立，开始筹建检定湿度标准计量装置，1999 年 10 月，通过省电力公司专家组验收，并向上级推荐，获得中华人民共和国专项计量检定授权证书。从此，吉林省建立湿度检定标准，开始承接检定任务。

（二）发、供电企业受检化学标准检测装置

1997 年，各发电厂化学室购买 M3 型标准露点计，依据 JJG 499—2004《精密露点仪》标准，进行发电厂的氢湿度表检定。依据 JJG 672—2001《氧弹热量计》标准，采用标准物质对各发电厂的氧弹式热量计的热容量进行校准。

各供电企业化学室用 M3 型标准露点计，依据 JJG 499—2004《精密露点仪》标准，检定各供电企业的露点计。

（三）管理

化学室严格执行上级颁布的《化学监督制度》、省电力公司制定的《化学监督实施细则》等；制定水处理材料和水平衡汇总表、酸碱消耗统计表、水汽合格率统计表、在线仪表

“三率”统计表、变压器油情况汇总表、油质运行及异常报表、燃料监督统计报表，SF_6 设备运行监督、检定、事故统计报表，氢气质量、事故统计等 20 种及编写水、煤、油及 SF_6 监督总结。开发化学技术监督软件，建立化学监督网络和数据库，利用微机进行生产现场化学技术规范采集，实现动态监督管理。

1991～2002 年，化学各项监测指标统计，见表 11-1-9。

表 11-1-9　　1991～2002 年省电科院化学室化学监测指标统计

年份	水汽合格率（%）	汽水损失率（%）	补给水率（%）	排污率（%）	酸耗率（HCl）（摩尔）	碱耗率（摩尔）	制水量（万吨）	制水成本（元/摩尔）	汽轮机油合格率（%）	绝缘油合格率（%）
1991	95.01	5.46	15.34	0.92	57.90	58.64	1054.20	0.27	100	100
1992	96.87	2.90	13.83	0.98	55.86	56.67	1211.12		100	100
1993	97.94	2.48	12.50	1.03	53.03	51.31	1236.50	0.19	100	100
1994	97.71	2.09	11.81	1.05	52.86	53.14	1193.50	0.22	100	100
1995	97.47	2.12	11.20	0.97	51.86	57.98	1513.50	0.21	100	100
1996	98.31	1.73	9.31	0.93	51.40	55.91	1641.30	023	100	100
1997	98.94	1.98	2.86	0.88	49.99	48.67	960.30	0.30	100	100
1998	98.74	2.83	3.66	0.73	51.22	49.73	810.00		100	100
1999	99.14	1.47	2.24	0.63	49.99	49.00	683.80		100	100
2000	99.30	3.30	6.77	0.81	48.41	48.72	799.68		100	100
2001	99.12	2.72	4.97	0.85	48.97	51.25	419.71		100	100
2002	99.20	2.75	5.72	0.89	48.60	50.09	704.01		100	100

四、金属监督

（一）概况

省电科院金属室严格执行能源部 DL 438—1991《火力发电厂金属技术监督规程》和 DL 438—2000《火力发电厂金属技术监督规程》。

1991～2002 年，省电科院金属室设无损探伤、金相检验、化学元素分析、机械性能专业。2002 年，人员 9 名，持证率 100%。

金属室专业技术监督人员严格按照国家颁发的金属监督规程、制度要求，监督检测机组高温承压、高速转动部件，开展大型铸件及紧固件金属失效分析；进行锅炉压力容器承压管道安全质量鉴定；对大中型机组管道应力进行计算与支吊架的调整；对进口及国产机组金属材料入厂、安装前验收过程的材质实施鉴定；对汽轮发电机大轴、叶轮、叶片、护环等部件，锅炉汽包、过热器、水冷壁、省煤器、再热器联箱，主蒸汽管、再热蒸汽管、主给水管、导汽管等对接焊口及母材开展无损探伤检验及受热面管（即四管：省煤器、过热器、水冷壁、再热器管）涡流的检测；对高温管道、高温联箱、汽轮发电机转子、叶片等部件的残余寿命进行研究及承压金属部件的应力测试等。为电厂查出设备缺陷，排除事故隐患，提供科学依据。协助电厂组织重大事故调查分析，共同制定处理方案。

（二）检测装置与监督工作

金属室的检验测试装置配置技术水平不断提高。1991～1992 年，配置 5 台(套)装置，其中 DD－ED 型磁粉探伤机 1 台，CTS－22 型超声波探伤仪 1 台，XH－1000 型显微硬度计 1 台，723 型分光光度计、汽轮发电机大轴中心内孔探伤装置各 1 套。每年定期送检设备 7 台。1993 年，配备 ET0CH2100 型超声波探伤仪 1 台，2505 型 X 射线机 1 台，每年送检设备 9 台。1994～2002 年，共配置 39 台仪器设备，其中大型设备有 WE－600B 型万能试验机 1 台、现场金相检测仪 2 套、X 射线探伤机(型号为 D2506、D2505、D2005)5 台、超声波探伤仪(ETOCH2300、CTS－22B 型)5 台、超声波测厚仪(LA－10、DM4E、UTM－101H、TT100 型)8 台、涡流探伤仪(EEC－39RFT、SMART－37 型)2 台、直读光谱仪(SPECTROSORTCCO 型)1 台、全自动洗片机(SMT－XM100 型)1 台、便携式硬度计(SH－75A、HLH－11 型)2 台、磁粉探伤机(BT－800P 型)1 台、智能金属磁记忆诊断仪(EMS－2000 型)1 台、智能数字声脉冲快速检漏仪(EEC－16/XB 型)1 台。

1992～2002 年，从西安热工研究所购置的汽轮发电机大轴中心内孔探伤装置，共检测设备 26 台次，其中 30 万千瓦机组 4 台，吉林热电厂 2.5 万～20 万千瓦机组 9 台，长山热电厂 10 万～20 万千瓦机组 4 台，长春热电二厂 20 万千瓦机组 2 台，浑江发电厂 10 万～20 万千瓦机组 4 台，二道江发电厂 10 万千瓦机组 2 台，四平热电厂 10 万千瓦机组 1 台。德国进口的便携式直读光谱仪，使用简单、携带方便，每年利用率达 100%，年均检测合金部件 100 件，发现合金部件错用材质 5 次。2001 年，采用涡流探伤仪为电厂检验受热面管材达 350 吨，发现不合格管 50 根，消除了隐患。使用超声波探伤仪、超声波测厚仪、X 射线探伤机等，年均检验锅炉 15 台、压力容器 40 台、汽轮发电机组高速转动部件 7 台·次。12 年间，发现超标缺陷 50 余次，每年均有重大设备缺陷被查出。

（三）管理

1992 年 2 月，成立高温高压火电厂金属监督工作检查评比互查小组，开展了吉林、长山热电厂互查评比活动。同年，成立省电力公司管理的火电厂锅炉检验小组，决定 3 年内对退役康复使用的老旧机组进行全面安全质量鉴定。当年，鉴定浑江电厂等 4 台退役机组。发现浑江电厂 1 号锅炉集汽联箱封头焊口存在深 15 毫米、长 5 毫米的裂纹缺陷，及时排除了事故隐患。1993 年，完成二道江、长山、吉林热电厂 4 台退役机组综合性技术鉴定。1994 年，完成榆树川等 8 厂 16 台退役康复机组的锅炉质量鉴定，均发现、处理危及设备安全的超标缺陷。同年，开始对中压机组主蒸汽管道的焊口、弯管的质量及石墨化状况进行普查，发现龙井电厂 1、2 号锅炉之间母管弯头部位焊口石墨化程度已达 4 级，金属组织老化严重。1998 年，发现辽源电厂 1、2 号锅炉主蒸汽管道石墨化达 4 级。1999 年，发现长春热电一厂 1 号锅炉主蒸汽管道有 13 处热疲劳裂纹，都及时得到处理。

1995 年，金属室组织全省金属管理专责及检验人员编制了省电力公司《金属技术监督管理实施细则》，按照要求，各单位的金属技术监督工作实行全过程管理，同年建立全省金属技术监督网络，开发金属技术监督软件。

金属室编制执行了机组检修金属监督项目表，金属部位探伤委托单，受监督焊缝管理卡，机、炉简况及主要规范统计表，机、炉服役小时数、停机次数统计表，机组大修金属检测工作数量统计表，主、再热蒸汽系统管道蠕变测量记录表、蠕变计算卡片，综合性金属事故分析数量统计表，金属专题研究、技术改进项目统计表，锅炉爆管调查登记卡等，监督工作规范有序。1999 年，吸取调相机大轴断裂飞车事故教训，下发吉林省火力发电厂高速转动部件统计表，收集全省火电厂高压设备转动部件的运行历史、检验情况。

1999 年，基建工程技术监督中，发现双辽电厂 3、4 号机组汽包给水管、上升管和饱和蒸汽管座均存在未焊透性质量缺陷，属不符合国家标准焊接结构。通过交涉，厂家对检验结果及设计中存在的失误予以承认，采取了应急措施。二道江电厂 8 号机组基建工程一根大板梁存在 1 米多长的裂纹危害性缺陷，30 余根降水管弯管背弧面超标缺陷，实际尺寸低于设计规格，均返厂处理。辽源热电厂进口 1 号炉汽包集中下降管，商检发现 1200 毫米长的显示痕迹，为超标缺陷，俄方认可索赔要求。2000 年，双辽电厂发现入厂 180 根新管排质量不合格，全部返厂更换。同年，参加第二届全国电力系统射线探伤技术比赛，获团体第三名、个人全能第九名的优异成绩。

2001 年，新开发的新型超声波探头应用导波技术成功，可检验涡流探伤仪无法检验的盲区，在吉林热电厂锅炉省煤器 200 余吨的新管涡流探伤的补检中获得成功，查出缺陷新管管头 46 根。开展大型金相显微镜技术改造，简化分析金相图片需通过人工拍照、暗室冲洗、抛光剪裁等烦琐工序，加装数字成像金相设备，利用高频摄像头直接捕捉观测试样，经计算机处理，高分辨率打印机即可输出清晰度很高的金相图片。

2002 年，举办一期射线评片研讨班，培训学员 42 人。

五、热工监督

（一）监督装置与监督工作

省电力试验研究所热工室于 1998 年改制为热工测试中心（以下简称测试中心），内设压力、温度、转速、振动、流量试验室及办公室，专业人员 6 名，均持证上岗。电力计量检定站为下属单位，负责各供热电厂用于供热贸易结算的仪表进行强制检定，专业人员 6 名。

1991～2002 年，测试中心开展省电力公司管理的发、供电及电力施工企业的温度、压力、振动、转速装置的量值传递；检测发电厂大修设备和电力施工现场设备的安装质量；统计分析各发、供电企业热工监督数据；指导生产、建设的热工监督工作，监督各企业执行上级各项规程、制度等工作。

测试中心建有一等标准铂铑 10 -铂热电偶标准装置、一等水银温度计标准装置、一等活塞式压力计标准装置、数字压力计标准装置、转速标准装置；二等标准铂铑 10 -铂热电偶标准装置、二等水银温度计、二等铂电阻标准装置、二等活塞式压力计标准装置。对电力系统各企业的热工计量标准进行检定，每年检定各类热工计量标准及计量器具约 600 台件。1999 年配置的丹麦产 9610 型振动传感器标准校验系统，每年检定校验系统中振动传感器、工业测振仪、振动表约 80 台件。

(二) 供热检定装置与强制检定工作

吉林省电力计量检定站于1989年筹建，1991年7月11日，通过省计量标准考核委员会考核认证。1995年，取得吉林省技术监督局授权证书。1996年，成立吉林省电力计量检定站。

1995～2002年，在省电力技术监督处的归口管理下，积极贯彻ISO 9000系列标准和ISO 10012－1标准，建立检测质量管理体系及其实施计量管理的质量体系文件，完善计量基础工作。检定站建有压力变送器检定装置、配热电偶式温度变送器及显示仪表检定装置、配热电阻式温度变送器及显示仪表检定装置，开方器、积算器、转换器检定装置，流量孔板检定装置等。

检定站每年检定供热管线约93条，供热微机实时计量系统14套，各种变送器及二次仪表总计328块，温度一次元件总计158个。严格执行有关规定，检定工作具有公正性、合法性，维护了供需双方的权益。

(三) 管理

1990年以来，按国家《计量法》、电力部颁《计量工作管理规定》及《热工仪表及控制装置技术规定》要求，测试中心监督工作中，相继完善了《火电厂热工仪表及控制装置监督月报制度》、《设备事故及异常报告制度》，坚持分析研究各发电企业的年、月报表、事故状况等，提出改进措施，建立仪器仪表、热工自动装置、热工设备、自动投入率台账等；检定记录有调整与试验、维护与故障处理、事故分析和改进措施记录等，采用微机管理；对生产企业的热工监督信息和故障实行网络传输和监督。

按JJF 1033—2001《计量标准考核规范》的规定，吉林省共建热工计量标准约400项，经考核，合格热工计量检定人员427名，持证率达100%。

六、环境保护监督

(一) 监测装置与监测工作

1991～2002年，省电力公司安全环保监察部环境保护监督机构设在省电科院环境监测中心站，专业人员8名。12年来对省电力公司管理的电力企业的废水、烟尘排放，污水处理设施、除尘器运行效果，输变电设备的电磁辐射及厂界噪声等，以及对执行上级颁发的条例、法规、制度情况进行监督和抽查。各基层电力企业相应建立环保工作领导小组和环保机构，配备专业人员，组织监督网络，制定管理制度，配置监测手段，开展环保监督与管理。12年来，全省火电厂的污染源得到有效控制，污染物实现达标排放，6座火电厂实现废水零排放，环境保护工作取得明显效果。

1. 省电力环境监测中心站监测装置和监测工作

中心站按电力部《火电厂环境监测条例》和DL 414—1991《火电厂环境监测技术规范》规定，坚持开展对火电厂环境监测。12年来，配置了原子吸收分光光度计、液相色谱、UV160分光光度计、testo350烟气分析仪、3030烟气含湿量测定仪、康创1011超声波流量计以及便携式噪声仪、FNF－MPL快速粉尘分级测试仪、IFC－2粉尘采样器(防爆)、HS6288D声级计、HI－3604工频电场测试仪、XS2－H生物显微镜、WV－CP410分散度测定器、pH计、COD反应器、OCMA－350红外分光测油仪等大型试验仪器和先进设备。对火电厂生产过程中产生的废水、烟气污染物、灰渣、噪声等进行监测，还为电厂设备环保装置的运行维护提供科学依据。

环保技术监督过程中，对火电厂烟气中烟尘、二氧化硫、氮氧化物等污染物的排放浓度和排放量，外排废水中 pH 值、COD、SS、氟化物、砷、重金属等排放浓度和排放量以及除尘、脱硫、废水处理等环保设施运行的完好率和投运率，以及厂界噪声等进行监督；对供电企业的输变电线路、变电所的电磁辐射、噪声等污染实行监督。每年监督诊断 1～2 次，对发现问题的处理情况进行跟踪检查。

2. 火电厂环境监测装置与监测工作

省电力公司管理的各火电厂按照环境监测条例、技术规范、省电力公司关于《局属单位电测、热工、环保、金属专业试验室达标标准及评分表的通知》要求，各火电厂环境监测装置及设施，实行两类配置，一类，有 10 万千瓦及以上发电机组的大型电厂，按照全面、独立监测条件进行配置，配有万分之一分析天平，723、751、754 分光光度计，精密声级计、数显 pH 计、原子吸收仪、测氧仪、测油仪、DOD、COD 电测射线测定仪、粉尘测定仪等，废水室、物理室、废气室、吸收室、天平室、分光光度室、工业卫生监测室及车辆等设施；二类，机组容量不足 10 万千瓦小电厂，各发电厂监测一部分项目，配置一部分仪器仪表，其他比较复杂、要求又高但又不是常年连续监测的项目，由省监测中心站负责监测。1997～1998 年，浑江、珲春发电厂和长春热电二厂相继达到甲级监测室标准。

（二）管理

1991 年以来，中心站相继完善了火电厂环境监测月报表、火电厂基本情况报表、污染物超标排放原因分析、劳动环境测试记录等 9 项报表和记录；对发电厂进行考核通报；并制定了岗位责任、培训教育、奖罚考核、标准物资管理等 12 项制度。

1995 年，省电力公司颁发《环境保护管理技术监督实施细则》，1996 年，执行电力部修改后《火电行业环境监测管理规定》，1997 年，修改《吉林省电力工业局环境保护技术监督实施细则》，2001 年，考核指标调整为环保设施运转率、完好率、环境监测完成率、除尘器除尘效率达标率和废水排放合格率、废水回收率，环保监督考核指标更具可操作性，同时，环保监督实现微机管理。

（三）主要成效

1998 年，根据《国务院关于酸雨控制区和二氧化硫污染控制区有关问题批复的通知》（简称《通知》），吉林、四平热电厂，二道江、蛟河发电厂位于二氧化硫污染控制区内。按照《通知》规定，地方环保部门立即按排污单位排放污染物的种类和数量并以污染当量计算标准征收排污费。按此标准，吉林热电厂仅二氧化硫一项排污费额高达上千万元。省电力公司立即要求 4 个电厂进一步加强环保监测与管理，严格控制污染物排放，同时，省电科院进行二氧化硫排放普查，研究可能出现的问题，加强与政府环保部门的沟通，按照法律、法规规定，依法保护企业的合法权益。经省电科院的实际测试和核算，四平热电厂排污费由原来的 60 多万元降至 40 多万元。

1998 年，省电力公司投资 6000 万元，长春热电二厂麻石水膜除尘器改造为效率达到 99.60％及以上静电除尘器，走进全国火力发电企业除尘的先进行列。辽源热电厂两台

420 吨/小时燃煤锅炉，改造后，烟尘排放浓度好于国家标准，同时在非采暖期停止了老机组的运行。

2001 年，双辽发电厂 3、4 号锅炉配置高效 4 电场静电除尘器，除尘效率达到 99.70%。吉林热电厂先后投资 5098 万元，15、14 号锅炉除尘器电场进行增容和改造，烟尘排放浓度低于 185 毫克/米^3，排放浓度满足 600 毫克/米^3 的国家标准。

七、电能质量监督

（一）监测工作

1988 年，按照电力部的要求，省电力公司成立谐波监测站，站址设在省电力试验研究所系统室。省电力公司总工程师任站长。1996 年，改称电能质量监督检测中心，专业人员 1 名。监测开展两个周期的谐波监测(规定每 3 年监测一次)。

1994 年，监测中心对全省 8 个供电公司(电业局)的 45 座一次变电所和 138 座二次变电所的谐波进行全面检测。检测的结果为：吉林省 220 千伏电网的谐波电压合格率 91%，66 千伏电网和 10 千伏配电网的谐波电压合格率都为 97%，均小于《吉林省电力工业局电能质量监督管理办法》要求 98%的规定值。总体看，全省电网的电能质量合格率较低，局部看，四平、辽源、通化、白山、延边地区电网的谐波电压合格率都达到 100%；白城、吉林、长春地区电网的谐波污染较为严重。白城 220 千伏电网 5 次谐波电压超标的一次变电所 3 座，占本地区总数的 60%。电能质量问题引起各单位领导的重视并进行治理。

2000 年，进行第二个周期谐波的监测，监测结果看，随着电网建设的发展和电能质量治理工作的加强，全省 220 千伏和 66 千伏电网谐波电压合格率均为 100%，7 个地区 10 千伏电网谐波电压合格率 98%，达到省电力公司的规定值。吉林地区工业快速发展，整流负荷大量增加，个别二次变电所 10 千伏电网的谐波电压超标。蛟河新站变电所 10 千伏母线 5 次谐波电压及电压总谐波畸变率均为 6.10%(国家标准值分别为 3.20%和 4%)；黄旗屯变电所 10 千伏Ⅰ、Ⅱ段母线 5 次谐波电压及电压谐波总畸变率也超出国家标准规定的允许值。发现吉林磐石一次变电所 2 号主变压器二次主 5 次谐波电流 20 安培，大于 19 安培的限制值；舒兰一次变电所主变压器二次主 5 次谐波电流 13.20 安培，大于 8.80 安培的限制值。

监测中心对含有非线性负荷的电力设备，制定了管理办法，对已建成含有较大非线性负荷的用户，进行专项测试，发现许多影响电能质量问题。因用户经济困难暂时得不到治理，但已掌握大量的非线性负荷数据和设备状况的信息，为电力设备治理找到了目标。2000 年，对哈尔滨至大连的电气化铁路建设供电进行专题研究、测试、计算和分析，提出相应的技术措施。当年，完成哈尔滨至大连电气化铁路电源投入和切除试验，对过电压影响进行分析，提出改进措施。

（二）监测装置

1991～2002 年，省电科院配置有技术水平较高的电能质量测试、检定校验装置。1993 年，配置电力±8000－2 型电能质量分析仪，开展监测工作，每 3 年对全省 8 个地区电网的电能质量进行一次一般性监测，分析数据，提出改进措施。2001 年，配置 LEM－PQp1000 型电能质量分析仪，进行电网闪变、三相电压不平衡及电压波动等进行连续监测。2002 年，配置 PS-3E 型电能质量测试与检定系统，对全省网内各单位的电能质量测试分析仪器，开展检定校准。

八、节能监督

（一）发电节能监督

1991～2002 年，省电科院坚持对省电力公司管理的发电厂和供电企业开展节能监测分析。1996 年，省电力公司成立电力节能中心，设在省电科院系统室，并制定了《节能监督实施细则》、《节能监督考核办法》、《线损监督结果报表》等措施，专业人员 2 名，负责对各电力企业执行上级的节能规定、制度进行监督。

省电力公司管理的电力企业开展节能技术监督工作分为两个阶段：1996 年以前，节能工作没有列入专项技术监督，发电企业围绕节能降耗中心任务，采取措施，提高机组效率，降低煤耗、电耗、汽耗、水耗、油耗，进行技术改造和技术攻关等方法降耗；供电企业通过理论计算，采取降低线路损失措施降低损耗。1997 年后，国家正式将节能降耗监督列入专业技术监督之中。按照电力部 399 号《关于电力工业节能技术监督规定》，省电科院建立了节能技术监督机构，明确了工作职责以及监督指标内容，开展监督工作。

1992 年，长春热电二厂 2 号 20 万千瓦机组试运行中，进行精心测试调整，取得锅炉断油全烧煤、汽轮机投高压加热器、电气投、调励磁机等好成绩。

1994 年，长山热电厂 9 号机凝汽器上部铜管结垢，腐蚀严重。省电科院试研人员经过现场调查、取样化验、综合分析和模拟试验，从 7 个方面提出治理建议，采用酸洗、投胶球措施，运行一年多未发生结垢现象。

1991～1996 年，完成白城、榆树川两厂 3 台中压给水泵的高效改造；榆树川、二道江电厂 3 台 2.50 万千瓦汽轮机通流部分改造；长山热电厂 8、9 号、吉林热电厂 10 号 20 万千瓦机组低压缸通流部分节能改造，取得单机降低煤耗率 5 克/(千瓦·时)的节能效果。期间，二道江、长山、吉林热电厂的循环水泵进行高效叶轮更换的节能改造措施，效率提高 5 个百分点。

1998 年，完成省电力公司管理的火电厂所有大修机组修前、修后考核试验；协助双辽电厂完成锅炉燃烧系统改造试验和改造效果评价；帮助浑江、珲春发电厂，长春热电一厂、四平热电厂等单位锅炉一、二次风风速在线监测及风机、水泵节能改造和制粉系统节能治理等，效果比较明显。

2000 年，按照省电力公司的要求，完成所有 10 万千瓦和 20 万千瓦机组节能调峰现场试验，完成珲春电厂 1 号 10 万千瓦机组低压缸通流部分改造的考核鉴定试验。

2002 年，对吉林热电厂 14 号锅炉吸风机进行测试，蛟河电厂汽轮机高压加热器拒投、预热器堵灰等进行现场试验，为设备大修改造提供了科学依据。

12 年间，省管火电厂供电标准煤耗率降低 28 克/(千瓦·时)。

（二）供电节能监测

1999 年，省电科院电力节能监测中心开始开展供电企业节能监测，编制供电节能监测制度，开展线路损失理论计算和 10 千伏配电线路测试分析。

1999～2000 年，配合省电力公司生产部、用电部，完成宽城供电分公司杨家 10 千伏配电线路的线损测试和分析，吉林供电公司珲春线、农电线损测试和分析，四平供电公司的元北线线损进行测试分析。发现吉林省配电、低压设备和计量装置电量损失大，窃电增加，不明损失超过设备损失。主要原因是全省110万千瓦的无功补偿装置布局不够合理，除用户外，大部分安装在66千伏和10千伏变电所母线上，10千伏和低压线路输送大量无功电流，还有窃电，导致线路损失增高。测试和分析为全省城网、农网节能改造提供了依据。

2001～2002年，按照省电力公司的要求，监测中心开展了线路损失测试和理论计算，完成220千伏省网和66千伏四平地区电网线损理论计算和双西甲、乙线损失测试和理论计算；对8个供电地区电网线损理论计算的结果进行审核，指出问题，提出了改进方案和建议。

九、四项管理

（一）励磁管理

1996年，吉林省电力系统发电励磁管理机构设在电科院技术监督处系统室，配备3名专业人员；按照要求，15座火、水电厂继电班配备励磁管理专责人，都通过省电力公司考试，实行持证上岗。按照系统室制定的《励磁管理实施细则》，各发电厂开展励磁日常管理工作。

1997年，电科院系统室从清华大学引进CDW－Ⅱ型励磁调节器动态仿真测试仪1台，每年对大修的5台10万千瓦及以上发电机组，全面进行励磁系统动态仿真测试，以发现缺陷，掌握励磁调节器性能，调试中缩短了机组空载试验的时间，减少了电能损失。同年，监督工作逐步扩大到基建工程和生产运行的全过程。

2002年，配合东北、华北电网联网工作，为防止联网时发生电网低频振荡，电科院系统室与浙江电力试验研究院、南瑞电气控制公司和双辽发电厂合作，测试双辽发电厂4台30万千瓦机组的励磁稳定器(PSS)，合理调整稳定器技术规范，满足了东北、华北电网联网运行要求。

系统室重视新建和技术改造项目的励磁系统选型，大胆采用先进的微机励磁调节器；16台带有缺陷的发电机励磁调节器，被微机励磁调节器替代，自动装置投入率大为提高。编制了发电厂励磁系统软件，实现省电力公司管理的发电厂励磁监督管理数据网上传输，成果共享，动态管理。

（二）振动监测管理

1993年，省电科院汽轮机室与西安热工院合作，成立“汽轮机振动远程在线监测课题组”，以能源部科研项目的形式，开发研制汽轮机振动远程在线监测系统，当年应用于长春热电二厂。同年，汽轮机室配置HP3560型便携式动态分析仪。

1996年，成立汽轮机振动监测管理中心，设在电科院汽轮机室，专业人员4名，负责各发电厂汽轮机(水轮机)发电机组振动监测管理。测试中心以远程振动监测系统为技术核心，对省电力公司管理的8万千瓦及以上火、水电机组进行远程振动监测和诊断，年均进行测试40～50台·次，动平衡试验10多台·次。

汽轮机(水轮机)振动远程在线监测管理系统，从DOS版升级为Windows版，从话路网升级到局域网，实现了汽轮机(水轮机)振动远程在线实时监测功能，监测范围也不断扩大。1994～2000 年，对双辽发电厂 1 号 30 万千瓦汽轮机低压转子末级叶片脱落、长山热电厂 9 号 20 万千瓦机组带负荷振动、小山水电站 2 号 8 万千瓦水轮机组带励磁振摆过大等故障进行诊断分析，分析的原因和处理办法，对发电厂处理故障起到关键作用。其中，双辽电厂汽轮机的故障分析，在远程的电科院汽机室振动管理中心进行，判断正确，找到与诊断原因相吻合的故障点，电厂及时消除了故障。吉林省汽轮机振动远程在线实时监测系统在组建时间、监测规模（机组数量）和实用效果三个方面居国内先进水平，2000 年，获国家电力公司科技进步二等奖。

2000 年，汽机室配置了 ADRE208 型振动分析仪和 208 型数据采集仪，设备故障诊断范围进一步扩大。2001 年，进行长春热电一厂 5 号、6 号汽轮机叶片断裂原因分析、返厂改造及动平衡检查。2002 年，长春热电二厂、辽源热电厂等单位发生的汽轮机、锅炉风机、汽机润滑油管路振动等原因，都进行详细的测试、分析、诊断，为故障及时、准确排除，都提供了科学依据。

（三）过电压管理

省电力公司过电压和防污闪管理机构，设在省电科院高压室，专业人员 4 名，负责省电力公司管理的发电、供电企业过电压和防污闪管理工作指导。各单位建立以总工程师为首的技术监督网络，生产技术部门归口管理。

1991 年以来，高压室开展了许多防止电力设备过电压工作，包括避雷器选型、中性点不接地系统电容电流的监测、消谐措施的制定和实施、接地网的检查与试验；过电压管理人员培训和测试仪器的检验；为各单位改造、更新防雷装置协调必要的资金；先后研制和开发串联间隙氧化锌避雷器和 66 千伏输电线路新型避雷装置等，预防了系统过电压的危害。1996 年，落实省电力公司《电力系统过电压及防污管理实施细则》，改变只管生产运行中的过电压预防的做法，实行设计、选型、制造、安装到运行、检修、改造等全过程管理。

1997～2002 年，各发、供电企业按照《预防性试验规程》、《绝缘监督管理制度》等文件规定，重点制订预防过电压的“反措”计划，按照周期对变电所高、低压避雷器进行预防性试验，不合格的阀式避雷器都更换为氧化锌避雷器。测试输电线路杆塔和配电线路电杆的接地电阻，不合格的进行改造，丢失的进行补设；进行输电线绝缘子耐压测试和分布电压测试，更换零值绝缘子，将普通型绝缘子更换为合成橡胶绝缘子；重点雷区线路加装避雷器、驱雷器。为防止系统谐振、抑制过电压，10 千伏配电系统采用非线性电阻消谐器。长春热电一厂吸取两次过电压事故教训，新安装了避雷装置。吉林热电厂 1～3 号烟囱受到严重腐蚀的接地装置，重新敷设辅助接地装置，确保烟囱安全，荣获省电力公司科技三等奖。

（四）防污管理

位于化工、冶炼、水泥等工业污染严重地区电力企业设备，沉积大量污秽，遇大雾、粘雪天气，污秽的电气绝缘子串曾发生闪络事故，中断供电。按照能源部《关于防止电网大面积污闪事故若干措施要求》，高压室调查掌握了全省各地区污染源和电力设备所处区域的污秽等级；参加新建、改造、扩建电力工程有关防污的设计审查；重新修绘全省电力设备污秽区域分布图；组织防污设备的选型与试点；下达开展防污治污计划和要求；支持企业防污试验基地建设；检验各单位防污测试仪器仪表；全面指导各发、供电企业防污治污管理，全省电力系统设备防污管理工作明显加强。

1991年以来，发、供电企业每年都进行防污工作部署，结合春季安全大检查，进行绝缘子盐密值测试、清扫、轮换、调整爬距等；秋季，对重污秽区绝缘子涂硅油或更换为合成绝缘子。500千伏线路除加强巡检和适时清扫绝缘子外，辽源电业局200多名职工开展大会战，将直线串普通绝缘子5892片，更换为XWP－16型耐污染绝缘子；耐张塔吊串绝缘子1340片更换为XWP－7型绝缘子，完成145级塔（全线159级塔）的调整爬距任务，由原设计绝缘爬距1.62厘米/千伏提高到2.10厘米/千伏以上的新水平。

1992年，高压室及各单位防污管理专责人员，共同进行全省污染源及电力设备所处污秽区等级调查、分析，在重污秽的吉林市江北区、四平市联合化工区等地区进行测量，重新绘制重污秽区分布图、改版为矢量化电力版污秽区分布图，突出了防污的重点。同年，各单位开展输、变电设备外绝缘盐密值测试。

1993年，高压室组织重污秽区设备的发、供电企业防污专责人员，参加合成绝缘子选型、考察，决定全省采用襄樊电力设备厂生产的XSH－100/200型合成绝缘子，首批安装在重污秽区的吉林电业局220千伏东吉线路19号塔。吉林省第一次换上硅橡胶合成绝缘子，开始进行防污性20年不清扫在线运行试验。经过10年观察，合成绝缘子运行正常，未发生任何闪络接地问题。合成绝缘子体轻、安装方便，不用清扫、测试等防污措施，改变电力设备防污工作的清扫周期、测试程序、巡防措施等一系列传统做法，是电气设备绝缘史上的一项重大技术突破，深受生产、施工单位和广大工人欢迎。2002年，吉林省结束输电线路污秽区绝缘子涂硅油的历史。

1994年，吉林电业局自然污秽试验站的变电试验设备、分压过电流保护装置、高压监测设备、雾室建立等项目，列入省电力公司的技术改造计划，作为一项科研项目落实。1995年11月，经过近两年的建设、修整和完善，试验站恢复运行，开展试验，各项功能发挥良好。坐落在吉林市重污秽区的自然污秽试验站，是全省唯一试验站，成为全省的试验基地。1997年，污秽试验站原6.3千伏的500千伏·安调压器改造升压为10千伏。1998年，调压升压设备回路调试完，可作180千伏及以下电压干、湿闪试验。

1996年，省电力公司提出防污工作实行全过程管理要求。随着防污设备技术水平及性能的提高和试验手段的现代化，各单位对防污设备的清扫、试验、涂硅油、设备更换等工作的工期、程序、措施、手段等，按照新规定进行调整或终止，实行防污治污工作的全过程管理。

1991～2002年，12年来，全省发、供电企业设备防污管理明显加强，因污秽发生的电力生产事故明显减少。2002年末，地处重污秽区的吉林供电公司创造了220千伏输电线路连续41年未发生污闪事故、220千伏变电所连续32年未发生污闪事故的历史记录。

第五节 新机组调试

新机组调试是建设工程从基本建设转入生产前的最终环节。20世纪80年代以前，吉林省火电建设工程多是中小容量机组，最大机组容量不超过10万千瓦，由于设备、系统比较简单，对技术、质量考核指标项目较少，新机组调试工作由施工单位和所在电厂的工程技术人员共同担当并完成，随工程而变，无固定组织模式。

20世纪80年代，通辽、长山、吉林、浑江、长春等一批单机容量20万千瓦火电建设工程相继投产。为确保电网及机组投产后的安全、经济、稳定运行，1984年，省电力公司确定新机组调试由省电科院承担，使新机组调试有固定单位模式的专业调试队伍。1985～1990年，共调试新机组9台，共160万千瓦，其中20万千瓦机组7台，10万千瓦机组2台。通过这些新机组调试的磨炼、经验积累，调试能力、水平迅速提高，技术质量考核指标达到全国同类机组调试先进水平。

20世纪90年代，单机容量30万千瓦的双辽发电厂开工建设，一批地方及企业自备电站、风力发电场也相继兴建，给调试工作带来新的机遇和考验。省电科院积极应对，努力提高调试能力、水平，又不失时机地扩大、延伸业务范围，把新机组调试推向市场。期间，他们不仅完成双辽发电厂4台30万千瓦机组调试任务，跨入大机组调试单位行列，而且在3号、4号机组调试中，有多项指标超过《火电工程调整试运质量检验及评定标准》综合指标，达到优良级指标标准，与工程建设、设计、施工、生产单位共同荣获电力部（国家电力公司）授予的“达标投产机组”、“优质工程”奖励。此外，该院还在各类工程小型机组调试服务中，赢得合同单位的赞誉，为全院创造良好经济效益和社会效益。

到2002年，省电科院共完成39个发电厂（站、场）129台新机组的调试任务，总容量508.21万千瓦。其中，电力系统国有、合资大中型工程项目10个，机组18台，容量273.5万千瓦；地方及企业自备电厂（站）27个，机组53台，容量71.70万千瓦；风电场1座，机组49台，容量3.006万千瓦。

一、组织与管理

1. 调试机构、人员

1984年，经省电力公司协调、安排，省电科院从生产、基建、管理单位（部门）抽调9名技术人员组成基本队伍，开展新机组调试准备工作。

1985年，省电科院首次承担通辽发电厂新建工程2台20万千瓦机组的调试任务。该院为确保首战成功，培养锻炼新生调试力量，除原有9人外，他们又从所内各专业室抽调人员参与新机组调试，前后多达70余人。人员的频频调动、调试仪表设备的调运，影响相关专业室的正常工作，也不利于调试水平的提高。

1986年9月，省电科院成立调试室，共23人。设主任1人、副主任1人，管理、服务1人及锅炉、汽轮机、电气、化学、热工5个专业组。承担电力系统国有大中型火电工程新机组调试。

为适应双辽发电厂（单机容量30万千瓦）开工建设、多元投资的地方及企业自备电站工程大量增加，新机组调试任务加重的需要，1992年3月，省电科院撤销了调试室，成立调试管理处（1998年后，称调试管理部），设主任1人（院副总工兼任）、副主任1人，工程调试总工程师2～6人（随任务调整），管理人员1人，专业人员不固定。实行优先保证电力系统大中型机组调试工作，兼顾地方及企业自备电站工程机组调试的原则。大中型机组调试的专业人员、需用的仪器设备、车辆由省电科院统一调配；小型机组调试人员从该院退休技术人员、发电厂退休、退养技术人员中聘用，人数按需而定。

2. 制度、措施

省电科院为推动调试工作正常有序进行，确保调试工作质量，提高效率，增加效益，对调试管理处实行二级管理。

一级管理：管理处负责向院提交年度工作计划、聘用人员数量与资质审查，调试费用预算，工作进度与完成项目的数量、质量统计报表的整理、打印、上报工作，提交年度工作总结，由院进行考核。

二级管理：管理处内部采用项目管理方式，建立工程(现场)调试总工程师负责制，根据调试工作需要设立 2～6 个岗位。工程(现场)调试总工程师承担所在工程新机组调试的组织与领导，对进度、质量、安全负全责；根据《火力发电厂基本建设启动及竣工验收规程》、《火电工程启动调试工作条例》、《火电施工质量检验及评定标准》的有关规定与要求，制定了以下具体制度与措施：

整套启动试运方案，分部(系统)调试(锅炉、汽轮机、电气、热工、化学)方案的基本内容及技术安全措施。

整套启动及分系统调试方案、措施的编写、审定、批准程序。

根据 1996 年版《火电厂基本建设启动验收规程》、《火电工程启动调试工作规定》、《火电工程调整试运质量验收评定标准》，对原制定的制度内容、程序，进行修改、细化，制定《调试工作管理标准》和《调试经营管理标准》，推动新机组调试工作迈上新的台阶。

二、调试工作

（一）火电工程新机组调试

火力发电工程的新机组包括凝汽机组与供热机组两种类型，其中电力系统火电工程以大型的凝汽式机组、热电联产机组为主，地方及企业自备电站工程基本是供热为主的中小型热电联产机组。调试人员根据工程具体情况、特点，大胆探索、采用一些新技术、新工艺，提高调试工作质量，缩短调试时间。

1. 20 万千瓦机组调试

1985 年，首次承担通辽发电厂新建工程 2 台 20 万千瓦机组调试，省电科院请东北电力试验研究所调试队作技术指导，虚心学习，勇于探索，不仅完成两台机组的调试工作，而且在该工程 1 号机组调试中利用掌握的科技信息与技术手段，协助施工单位解决因轴承负荷分配不合理而引发油膜振荡，导致机组轴承振动超标问题，使 1 号机组轴承振动达到合格标准，在 2 号机采取预防措施，调试时间从 67 天缩减至 55 天。

1987～1988 年，在长山热电厂扩建工程 8、9 号机组调试中，为提高主蒸汽管吹洗质量，缩短吹洗时间，他们分别在 8 号锅炉采用开路氢氟酸酸洗工艺，9 号机组的主蒸汽管及再热管道采用了加氧吹洗技术，吹管次数从 143 次减至 99 次，机组整套试运时间，分别为 24 天和 12 天。其中，加氧吹洗技术论文载于 1997 年第 2 期《电力建设》，获省电力局科技成果三等奖。

1990～1997 年，开展了通辽发电厂 4 号机组及浑江发电厂 5 号机组调试，在对锅炉安全门整定时，省电科院采用冷态预先整定、热态调整时，严格按照工序，并由专业人员亲自操作，使整定时间从 12 小时缩短至 4 小时。在浑江发电厂 6 号机组调试中，该院对双通道燃烧器的风速参数、热控集散系统定值进行了修改和完善，减少了调试期间燃油消耗。

1985～2002 年，省电科院共完成 20 万千瓦 11 台新机组调试，设备容量 220 万千瓦。

2. 30 万千瓦机组调试

1994～1995 年，省电科院首次承担双辽发电厂新建工程 2 台 30 万千瓦机组调试。其中 1 号机组由于设备缺陷、施工抢进度，分部试运、分系统调试不充分以及生产运行人员对系统操作工艺要求不够熟悉，机组整套启动、试运从 1994 年 4 月 14 日开始至 1995 年 9 月 15 日，才完成 168 小时试运考核，历经启动 17 次，耗时 156 天，机组最大出力只能达到 29.8 万千瓦，消耗燃油 4960 吨。省电力公司要求工程指挥部组织制造厂家，设计单位，建设管理部门，施工、生产运行单位与调试单位，认真总结经验，寻找自己存在的问题，予以改进和完善，促进 2 号机组工程质量全面提高。2 号机组整套试运前，调试人员密切配合施工单位与运行人员充分做好分部试运与分系统调试工作，主要技术指标得以大幅提高，从 1995 年 11 月 6 日开始，至 1995 年 12 月 11 日，只经 7 次启动，耗时 35 天，就完成了 168 小时考核。机组启动燃油消耗 1952 吨，机组最大出力达到 32.9 万千瓦。

2000 年，省电科院同时承担双辽发电厂 3、4 号机组双机投产调试。他们认真总结 1、2 号机组调试工作经验，细致研究热工控制系统改为分散控制的特点，与设计、制造单位研究，修正了一些不恰当定值，进一步强化整套启动前各工艺系统的部分试运和分系统调试，采用投入制粉系统吹管、变锅炉两阶段吹管为一阶段吹管和高压加热器随机启动投入的工艺、方式，取得了 3 号机组仅启动 2 次，用时 11 天，燃油消耗 834 吨；4 号机组启动 3 次，耗时 25 天，燃油消耗 610 吨的新成绩；热控自动投入率双双达到 100%。双辽发电厂 3、4 号机组荣获电力部授予的“达标投产机组”、“优质工程”奖励。

（二）风力发电机组调试

1998～1999 年，吉林省第一座风力发电场——通榆风电场一、二期工程相继开工建设，分别安装西班牙马迪公司生产的 AE－46/Ⅰ型 660 千瓦风力发电机组 11 台，丹麦罗迪斯公司生产的 N43/600 型 600 千瓦风力发电机组 38 台。省电科院与省风力发电有限责任公司签订与两国专家组共同调试的合同，以熟悉、掌握风力发电机组调试特点和两国不同工艺设备的性能，为独立承担调试工作做好准备。

风力发电机组是转差率为负值的异步发电机，在风速 2.5～3 米/秒时，由风力拖带与电网并列，要求在静态测试完后，接带负荷中进行液压系统、调速系统（含风速过度、风速表故障、超速）、风机偏航系统、发电机状况（含绕组与铁芯温度、频率超限、制动传感器故障）、电网故障（含晶闸管无功调节系统、过电压紧急甩负荷）、过度振动等 6 项调整试验。具有时间集中、项目同时进行、需野外高空作业（每天至少登上 45 米高塔座 2 次）等特点。调试人员与外国专家一起克服工作、生活中诸多困难，于 1999 年 9 月 20 日至 10 月 30 日完成一期工程 11 台风力发电机组调试。2000 年 9 月中旬开始至 12 月 20 日，省电科院完成了二期工程 38 台机组调试任务，调试效率从 2.5 天/台，提高至 1.5 天/台。调试期间，调试人员向两国专家提出并处理了机组电压控制响应时间迟缓、UPS 系统不稳定、液压系统探头测量失真等缺陷，保证了风电机组安全稳定运行，赢得了外方专家与风电公司的赞扬。

（三）500 千伏变电工程调试

1986～1992 年，吉林省第一条 500 千伏东(丰)—长(春)—哈(尔滨)输电线路和东丰、合心变电所先后投产，省电科院以其电气专业技术人才优势，与东北电力设计院、省送变电工程公司合作，共同完成两个变电所及合南线路的调试任务，调试工作开辟了新的业务范围，对提高该院超高压电力试验研究有着重要意义。

第六节　科技信息建设与标准化工作

为适应电力生产、建设、科研等项工作的需要，省电力公司及各基层单位有针对性地开展信息资料的收集和应用工作。他们认真整理信息资料，汇编成册，便于科技工作者和广大职工参阅。他们建立信息网，做到信息共享，方便查阅。为充分发挥科技信息的作用，出版了科技刊物和情报、简报，并进行文献的交流。

各单位按照上级的安排部署，扎实开展标准化工作。建立领导机构，配备人员，加强培训，建立健全标准体系，制定、修订并积极推进采用国际标准和国外先进标准，为企业调整产品结构，参与市场竞争提供支持。

一、科技信息收集和应用

省电科院情报室收集整理了大量资料。为协助环保工作的开展，1995 年 12 月，写成《粉煤灰综合利用信息服务》和《为我省首台 300 兆瓦机组投产提供信息服务》，给双辽发电厂 30 万千瓦机组建设提供参考。为保证吉林省城乡电网改造工程顺利进行，1998～1999 年，他们编写了一套《城乡电网建设和改造资料汇编》。2001 年，该室收集和编辑出版《电气化铁路与电力系统》，为解决电气化铁路运行对电网的影响提供信息和指导。2002 年，该院整理出版《吉林省电力系统技术革新汇编》，为推广革新成果提供宝贵的资料。省电科院情报部门在 1991～2002 年期间，共出版文集 24 集。文集的内容涵盖了安全生产、经济运行、设备质量、试验监测、节能降耗、粉煤灰利用、电气化铁路运行等方面。

1993 年，省电科院情报部门制作完成《吉林电力科技成果集锦》、《吉林省电力多经概况》、《吉林省火电厂粉煤灰综合利用》、《吉林省电力试验研究所简介》等 4 部录像片。1998 年 9 月，他们又制作完成《科技情报成果》专题片。2000 年 10 月，制作完成《电科院简介》专题片。

各基层单位的科技情报工作者，也为本单位的科研、技术革新、设备改造和安全经济生产收集了大量宝贵的科学技术情报。1991～1993 年，吉林热电厂的情报人员围绕 20 万千瓦机组完善化改进、汽轮机调速系统改进、节能及热工自动化装置等方面收集资料，并出版《微机应用专集》7 期。

各单位开展了订阅图书、期刊、资料工作。1998 年前，省电科院每年订阅费 4.5 万元，购期刊 236 种。该院设置书库两间，面积 120 米^2。馆藏图书、手册、工具书共 5000 余册，各种资料 6000 余册。每年借阅流通量 7500 多册。他们另设一阅览室，面积 108 米^2，每年接待读者 9000 多人·次。2000 年，随着互联网的进一步普及和电力科技信息港的建立，阅览室查资料的人数略有下降。

二、科技信息网

省电力公司重视全系统情报数据库和科技信息网建设。省电科院科技信息网建设是全省建设的核心。1990 年，开发计算机检索系统(ISTIC 系统)。1995 年，开发标准体系表全文数据库系统。1996 年，将数据库列为文献二次加工日常工作，每年增加数据 2000 余条，具有 13 类数据库。1999 年，信息查询数据库系统正式运行，其中包括信息检索数据库和维普全文数据库，即中文科技期刊数据库全文检索系统。2001 年，建成以“电科院电力科技信息港”为基础，连接各信息网网员单位“科技信息岛”的吉林省电力科技信息网络，开设科技动态、国内外电力新闻、电力技术论文集、标准中心、信息园地等栏目。网页内容丰富、信息量大，共上网数据库 16 类，更新数据 32 193 条。

2002 年，他们完成国电电子期刊的发布工作，包括《国电综合信息》、《经济快报》、《能源与环境保护》、《国内电力动态》、《产业动态》、《新闻报刊》、《国际电力动态》、《政经参考》等，每周一期，在吉林省科技信息港网站中发布。截至 2002 年底，维普全文数据库上网运行可以提供近年的电力及相关行业的科技期刊全文数据库；上网发布《每周快讯》共 192 期、《吉林电力科技信息》共 24 期。

2001 年，吉林电力科技信息港已初具规模，在信息港内已形成“电力论坛”、“信息网园地”、“标准中心”、“专家论坛”、“政策研究”、“专题服务”、“技术交易市场”、“科技成果库”等多种栏目，并已试运行近一年时间。该信息港还可以直接进入国家图书馆、清华大学、武汉大学等多家图书馆或科技信息网。至 2002 年末，全省联网单位都基本完成科技信息岛的建设。电科院信息港主网发挥信息收集的优势，实时投入新的信息。至 2002 年末，信息港开通应用 600 多天，每月有近千人浏览，累计已有 12 700 多人·次浏览了科技信息港。

各基层单位也加强科技信息网建设。1996～2002 年，浑江发电厂健全调整科技信息网管理，与兄弟局、厂开展科技信息交流，并与高等院校、科研机构建立科技信息交流网。建立浑江发电公司科技信息岛主页面，与省电科院信息中心科技信息港进行联网，直接上网进行科技信息查询交流。

1991～2000 年，省电力公司系统每年召开科技情报工作会议，布置和研讨工作方针、计划。每年召开一次到两次科技情报网交流会，分别组织省内发供电情报网人员，选择全国一些发电厂、电业局、电力试研院(所)的科技情报单位，进行专题性调研，学习兄弟单位的经验。

三、科技报刊

省电科院和各基层单位，开展科技报刊的出版、发行和交流。《吉林电力》作为吉林省电机工程学会的会刊，由省电科院和省电机工程学会合办。该刊物原名《吉林电力技术》，

1973 年由省电科院创办，1981 年定为双月刊，1994 年获国内统一刊号，并获得 ISSN 证书和国际连续出版物号，实行公开发行。1999 年 10 月起，《吉林电力技术》电子版上网，2000 年 4 月，更名为《吉林电力》，至 2002 年末，累计出刊 163 期。吉林省电机工程学会 1983 年 8 月 31 日创刊的《吉电科普报》，至 2002 年末，累计出版 134 期。

为促进热电事业的发展，1993 年，在吉林热电厂出版的《电厂技术》基础上，吉林热电厂与中国电机工程学会热电专委会联合出版季刊《热电技术》，作为热电专委会的会刊。同时还出版信息动态类月刊《热电建设动态》。两种刊物面向全国政府部门、热电企业、设计院、制造厂商等会员单位发行。至 2003 年末，《热电技术》共发行 80 期，《热电建设动态》共发行 121 期。

其他基层单位，也创办了一些科技刊物。1993 年，吉林电业局科技处编辑发行了《江城电力科技简报》，介绍新技术、新产品，刊登有关安全生产、科研、经营管理方面的文章，及时宣传报道科技信息。至 2002 年末已出刊 28 期，发行 3560 册。

四、标准化工作

1989 年 12 月 20 日，省电力公司标准化委员会成立，办事机构标准化科设在科技处。省电力公司和各基层单位加强人员培训和标准化工作研讨。1990 年 8 月，省电力公司在长春召开标准化工作研讨会。1993 年，为做好新国标的学习和贯彻执行，省电力公司派人学习新国标，并邀请专家在省电力公司组织的全公司标准专责学习 GB/T 1.1—1993 的会上进行宣讲和贯彻。为使全系统标准化人员系统地掌握 GB/T 1.1—1993，省电力公司标准化委员会组织专家编写《电力企业标准化》宣传学习教材，并编印《电力标准化工作手册》。

省电力公司学习发达国家的标准化工作。2001 年 6 月 25 日～7 月 8 日，派人参加中国电力标准化代表团赴德国考察发、供电公司及企业标准化的开展情况，归国后，提交了赴德国西门子公司考察标准化工作报告——《全面标准化管理是企业开拓市场的基石》。

2002 年，省电力公司标准化工作人员，多次到基层单位指导标准化工作，为参与修订标准的 70 余人讲解电力企业标准编制规定，使他们掌握行业标准有关规定，保证了火力发电企业各专业 99 本运行、检修规程的编写质量。

省电力公司组织各单位，编写技术标准、管理标准和工作标准，并由标准化委员会负责审查、批准和发布。1991 年，省电力公司组织编写审定发布实施文书档案案卷归档、会计档案案卷归档质量标准和公文管理标准。1992 年发布实施标准体系表编写的一般规定和标准化管理。在这两个标准的指导下，发电、供电企业、省电力试验研究所、省电力设计院、修造企业、施工企业等单位都组织编制企业标准体系表，省电力公司还组织编制了技术标准体系表。1994～1996 年，省电力公司先后发布实施变电所管理、配电管理、输电线路管理标准和无人值班变电所设计技术规定。

1997 年 8 月，省电力公司在白城市召开标准化工作会议，组织交流开展标准化工作的经验，宣传贯彻 DL/T 600—1996《电力行业标准编写的基本规定》和 Q/22-2.03—1997《管理标准、工作标准编写规定》。为加快管理标准、工作标准的制定、修订进度，1998 年 7 月 8 日，省电力公司下发《关于加强管理标准和工作标准制定与修订工作的通知》，对标准制定、修订提出具体的质量要求和时间要求。1999 年 4 月，省电力公司在吉林电业局召开标准化工作会议。会上，吉林电业局等单位介绍工作经验，省电力公司总结 1998 年度标准化工作，布置 1999 年标准化工作要点，讲解工作标准编写、审议、审查程序。同年 5 月，省电力公司召开发、供电企业工作标准编写协调会，布置编写发、供电企业工作标准任务，明确工作进度和质量要求。

2000 年，省电力公司配合城网、农网改造，组织编写发布实施中低压配电网建设与改造设计技术规范，为城网、农网改造工作规范化提供依据。为提高所属企业产品技术水平和竞争能力，倡导以产品技术标准为先导，加快企业创新步伐，省电力公司组织完成非晶合金变压器等 30 余项新产品标准的审查、备案工作。

2002 年年初，DL/T 800—2002《电力企业标准编制规则》发布实施，省电力公司在珲春市召开会议，通过讲解，使标准专责掌握了新行标。是年，省电力公司和有关单位，继续搜集国标、行标及国外先进标准，以确保标准制订的先进合理。

第二章　教　育　培　训

20世纪90年代和21世纪初，省电力公司贯彻《中国教育改革和发展纲要》(以下简称《纲要》)与能源部《关于印发提高职工队伍素质的若干意见的通知》，开展教育培训工作。1992年2月，省电力公司首届三次职工代表大会通过《吉林省电力公司加强教育培训提高职工队伍素质的决定》，推动教育培训工作的开展。

省电力公司坚持以人为本，把教育工作摆在优先发展的战略地位。深化改革，增加投入，根据电力生产建设对各类人才的需求，组织职工参加高等教育和中等专业教育的继续学习与培训，努力提高文化技术素质。各单位认真贯彻《电业生产人员培训制度》，本着“学用结合、按需施教、注重实效”的原则，以岗位培训为重点，全面开展专业技术培训。采取脱产办班和自学辅导相结合的方式进行培训，努力做到既保证生产任务的完成又保证培训目标的实现。

吉林省积极办好普通电力中等职业技术教育(中专和技工学校)和普通电力高等教育，为吉林省和国家培养一大批高质量的毕业生。为解除职工后顾之忧，省电力公司有关单位创办多所职工子弟中小学校，加强学校建设，不断提高教学质量。1999年，根据企业改革的总体要求，省电力公司决定，要在两年内停办职工子弟中、小学。至2000年7月，基本完成子弟学校分离的改革。

第一节　教育培训管理

省电力公司和各基层单位重视教育培训机构建设，加强领导，并配备管理人员，采取积极措施，加强教育培训管理工作。他们积极开展职业技能鉴定和工人技师评聘，收到较好的效果。各单位加强教育培训基地建设，保证教育培训工作的顺利开展。

一、管理机构

省电力公司1981年成立教育处，1989年成立职工教育委员会，省电力公司有一位副总经理(副局长)分管教育培训工作。1991年，省电力公司教育处下设职工教育科、学校工作科和综合培训科。1994年9月，省电力公司设立教育培训部，部内设职工培训处和学校工作处。1997年11月，省电力公司进行机构改革，撤销教育培训部，改劳动人事部为人事教育部，1999年5月改称人力资源部，部内设教育培训处负责管理教育培训工作。

20世纪90年代，省电力公司各基层单位教育培训机构设有教育科、人事教育科或安全教育科。1997年以后，各基层单位相继按省电力公司模式，撤销教育科，把教育培训职能并入人事部门，教育培训工作有专门的机构和人员组织管理。

为加强企业间的教育协作，推动改革，促进发展，1990 年 4 月，吉林省电力企业教育协会成立。协会拥有电力企业及各级学校为会员的近 50 个团体会员，拥有教育工作者为会员的 1700 余名协会会员。协会成立后，开展教育理论研究，积极参与交流办学、治学、教学经验，切磋教育培训心得，对全省电力企业职工教育培训工作起到推动作用。1997 年 11 月下旬，根据上级关于整顿规范学会、协会工作的要求，教育协会停止活动。

二、管理工作

遵照上级文件精神，结合本省实际，省电力公司及各基层单位编制教育培训规划和年度计划，并组织实施。为落实国家关于学历文凭和职业资格证书并重的方针，省电力公司系统建立职业技能鉴定机构，开展职业技能鉴定和工人技师评聘，调动生产建设一线工人学习技术、提高技能的积极性。

（一）培训管理

省电力公司系统按照“分工负责、归口管理、分级培训、统一考核”的管理办法，组织全系统各企业按计划落实各项教育培训工作。

吉林电力职工大学侧重担负管理干部培训，处级以上干部培训由省电力公司干部处负责安排；长春电力学校侧重承担技术干部的培训，继续教育及外语培训由省电力公司教育培训部负责安排；长春电力技术学校侧重开展技术工人的培训，尤其是退伍军人上岗前的培训，由省电力公司教育培训部会同劳资部门负责安排。各类新技术、新理论及小工种技术工人的专业技术培训由省电力公司教育培训部会同生产部、科技部、调度通信局和省电科院等有关单位负责安排。

干部岗位培训由省电力公司教育培训部会同有关处室和省电科院、调度通讯局及东北电力学院等有关单位，按专业归口管理培训教材的审定、培训计划的编制、落实等主要工作。电气、汽轮机、锅炉、化学等专业的试验、检测等技术培训，由省电科院指导和管理；继电保护、电力通信等专业的技术培训则由调度通信局进行指导和管理。

分级培训主要适用于全省 3 万多名电力技术工人的培训工作。技术工人的常规生产培训、岗位培训一直由所属各企业按培训计划要求组织开展；近 3 千名班组长的培训以及电焊、油化验、煤化验等小工种技术工人的业务培训则由省电力公司教育培训部会同有关专业部门组织开展。

为提高培训质量，凡是发放证书或认定等级的各类培训成绩的考核，均由省电力公司教育培训部会同有关专业部门进行统一考核。对技术工人专业技术培训成绩的考核通常分为应知(技术理论)和应会(操作技能)两部分，其中，应知部分由省电力公司统一考核；应会部分，则按省电力公司提出的统一考核标准，由各企业通过实际操作或模拟电站进行考核。

（二）技能鉴定和技师评聘

1991 年，省电力公司对继电保护一级调试人员进行考评、发证。1994 年，对长春电力技术学校的毕业生进行技术等级考试认定工作。按照东北电力集团公司技能工资入轨运行实施意见的通知，1994 年末～1995 年初，根据劳动部《职业技能鉴定规定》，省电力公司组织实施职业技能鉴定工作，对在职的中、高级1671名技术工人进行了考工，合格率达88%，对1470名合格者核发了技术等级证书。

1998年5月，经上经批准，省电力公司成立吉林电力职业技能鉴定指导中心，同时设立长春、吉林供电公司，吉林省送变电公司，吉林省火电三公司，浑江、辽源、榆树川发电厂，长山热电厂职业技能鉴定站和省电力公司培训中心职业技能鉴定中心站，开展职业技能鉴定工作。1998年底，省电力公司全面开展规范的职业技能鉴定工作，对汽车驾驶员等工种的从业人员进行职业技能鉴定，其中，3744人获得经吉林省劳动行政部门按规定核发的技术等级证书。

省电力公司从1991年开始，开展工人技师评聘工作。1992年评聘技师517名。1995年开展高级技师评聘工作，当年12月，省电力公司批准首批高级技师52名(当时规定，技师的评聘比例限制在高级工总数的3%之内)。1996年，评聘技师150名，1999年，评聘技师524名。2002年，对高级技师和技师的评聘比例有所放开，此后，技师和高级技师的评聘工作可以年年进行。

1992～1999年，省电力公司职业技能鉴定部门共考评、评聘技师1191名，高级技师52名；对考评合格的5214名中、高级(包括驾驶员等特有工种)技术工人核发等级合格证书。

2002年，国家对知识产权、财会、审计、法律、统计、安全、监理、概预算、探伤、焊接、起重、锅炉、压力容器、高空、驾驶、计量、测量、试验、化验等特有专业(工种)提出资格准入制度。规定必须通过考试、考核取得资格证书后方能上岗工作。凡属于电力行业特有工种并列入劳动部批准的特有工种目录的，由电力行业职业技能鉴定机构组织实施。省电力职业技能鉴定机构对执行准入制度工种的技能鉴定、考核和发证等工作都做到优先安排。

省电力公司的十余处企业教育培训基地和职业技能鉴定机构组建成省电力行业专业齐全的职业技能培训、鉴定体系。不仅承担着省电力系统内的职业技术教育、成人学历教育、职工技术培训、电力行业职业技能的培训和鉴定任务，而且也为地方的电力单位、有关厂矿和省内外大专院校的职业技能培训、鉴定和专业技术实习提供服务。

三、教育培训基地

根据“适应发展，注重实效”的原则，省电力公司和基层各单位建设了一批教育培训基地，为教育培训工作的开展创造条件。

1993年7月，省电力公司在组建吉林省火电一、三公司焊接培训中心7年之后，又组建吉林电力焊接技术培训中心，加强对焊接工种专业技术人才的培养。三座焊接培训中心除承担全省电力系统施工企业、发电企业高压焊工技术培训、考核、发证工作外，也承担其他电力企业委培任务。吉林省火电一公司焊接培训中心在完成全省焊接技术培训任务的同时，认真、严格地培训本公司的焊工，提高了焊接技术水平。在长春热电二厂20万千瓦发电机组安装工程中，焊接质量获电力部颁优质奖，荣获吉林省电力建设史上第一枚金牌。

为加强火力发电机组运行人员和高等、中等职业技术教育在校学生的专业技能培训，吉林电力职工大学和长春电力学校分别于1993年10月和1995年9月建成20万千瓦和30万千瓦火力发电机组仿真机。

根据教育体制改革的安排部署，1997年11月，省电力公司将吉林电力职工大学和长春电力学校的一部分合并组建成省电力公司培训中心。同时，长春电力学校部分教师和管理人员合并到长春电力工业学校，合署办公。1999年3月，在合署办公的基础上，根据省电力公司的决定，组建成省电力公司职业技能培训中心。1999年5月，省电力公司培训中心更名为省电力公司高级管理培训中心。2000年11月，省电力公司高级管理培训中心与省电力公司职业技能培训中心合并，组建成省电力公司培训中心。

该培训中心成立时，有在册职工251人，具有大学本科以上学历的占53%，其中，教师115人，具有高级职称的39人。培训中心设有20个二级机构，设本部培训区和绿园培训区，是实力很强的教育培训基地。

除省电力公司建立培训基地外，吉林、长山热电厂，长春热电二厂，浑江、双辽发电厂，吉林、长春、通化、白城电业局，长春发电设备总厂和吉林省送变电公司等基层企业也建立培训基地。各基层单位的培训基地一般都配有电焊机、钳工工作台等常规设备和教室、图书资料室，有的还配备了电视机、摄像机、投影机和微机等先进的电化教育设备。其中，吉林热电厂拥有230吨/时锅炉仿真机，长春电业局拥有220千伏仿真变电站。长山热电厂拥有2600米^{2}的教学综合楼，成为省电力公司挂牌的校外实习基地。

至2002年，全省电力系统培训基地占地20.2万米^2，房舍建筑面积10.6万米^2，教室500个，实验室83个，图书馆藏书24万余册，并拥有火力发电机组仿真机、仿真锅炉、仿真变电站和高压焊接培训基地，为省电力公司开展教育培训奠定坚实的基础。

第二节　职工教育培训

随着经济的发展和改革的深化，省电力公司瞄准电力部2000年前“要建立一流的包括学校教育、岗位培训和继续教育在内的教育培训体系”的发展目标，以贯彻落实《纲要》、深化教育体制改革为契机，以现有教育资源为主体，根据电力生产、建设的需要，着力加强对已经在电力生产、基建、管理等岗位上各级从业人员的培训。

一、工人培训

省电力公司系统认真贯彻部颁《电业生产人员培训制度》和东北电力集团公司“关于普及中等职业技术教育实施意见”通知精神，坚持“学用结合，按需施教，注重实效”的原则，以岗位培训为重点，以考工定级为激励机制，充分利用仿真设备、音像教材，全面开展工人培训。

（一）考工定级

20世纪90年代初，省电力公司首先对本系统的技术工人进行岗位定级，颁发技术等级证书，然后，在认定技术等级的基础上进行越级考核。定级和越级考核均按理论、业绩和实际操作能力三项内容进行，充分发挥省电力公司、企业、车间(或分场、工区)三级培训网的作用。1990 年、1991 年，省电力公司系统采用分级培训、统一考核的办法，全面开展班组长轮训、高级工技术培训、技术工人考工定级和越级考核工作。

省电力公司重点抓好班组长和特殊工种的技术培训，每年轮训班组长 1000 人(约占班组长总数的 1/3)；省电力公司每年举办 3～5 期培训班，进行特殊工种的培训。这种特殊工种培训班约占省电力公司年度培训班的 1/10。

各电力企业着重开展各级技术工人的专业技术培训。其中，高级工是技术骨干，同一专业的人数又比较少，为减少工作和离岗学习的矛盾，高级工的培训采取企业组织自学，定期集中辅导和答疑并进行阶段性考核的方式进行。中级工、初级工的培训，各企业多采用分期、分批举办培训班的办法进行。各专业技术之中的应会部分，由各企业根据设备特性和运行参数等实际生产工况，以实际操作为主开展培训；其应知部分即技术理论部分则由各单位组织学习和培训，省电力公司教育处组织技术人员根据部颁《技术等级标准》按 189 个工种，拟定了 980 多套各等级应知考试试题组织考试。1990 年，省电力公司组织 21 000 多名技术工人参加统一考试。共有 19 493 人考试合格，培训合格率 90%以上。对应知、应会和业绩考核均合格者，由省电力公司颁发技术等级合格证书。其中，有 4000 余名技术工人晋级考试合格，晋升了工资。1992 年，省电力公司开始实行劳动、人事、工资三项制度配套改革。实施干部能上能下，人员能进能出，收入能高能低，上岗靠竞争，分配凭贡献的新机制。其中，竞争上岗对职工培训特别是技术工人的专业培训提出了新的课题和新的要求，有力地促进岗位资格培训和上岗考核工作的开展。1992 年，全局 28 000 多名技术工人参加上岗考核，有 27 400 多人获得岗位合格证书。岗位培训合格率高达 97%。

岗位资格培训使电力企业技术工人得到规范的、系统的专业技术教育。上岗考核，既可检验岗位资格培训工作的成果，又能调动起技术工人参加学习培训的积极性，使工人专业技术理论水平和实际操作技能均有显著提高。

（二）上岗培训

20 世纪 90 年代，省电力公司各单位技工学校、中等专业技术学校和高等院校的毕业生，上岗之前经过半年以上的生产实习，分配工作岗位后，按岗位接受技能培训；对退役士兵，加强了上岗前的技术培训。自 1994 年 6 月开始，省电力公司责成长春电力工业学校对进入电力系统的退役士兵分别进行 1～3 年的专业技术培训。省电力公司加强退役士兵岗前培训管理，每学期都召开例会、经验交流会，深入学校检查指导工作，修订完善各项管理制度。1994～1996 年，相继出台《退伍军人岗前培训管理办法和实施细则》、《军培学员管理制度》和《军培学员岗位工资、奖金考核发放办法》等制度，提高培训质量。退役士兵结业后，分配到各企业工作。企业按照部颁《电业生产人员培训制度》及该企业的培训办法再进行岗位培训，经过理论、实际操作考核合格，获得岗位合格证书之后，才能持证上岗。

1994～2000 年，省电力公司共培训退役士兵 2058 人，毕业 1223 人。历年接收与毕业人数统计见表 11－2－1。

表 11-2-1 1994～2000 年省电力公司接收与毕业人数统计 单位：人

年 份	接收学员人数	学 制	毕业学员人数
1994	200	二年	
	141	一年	
1995	180	二年	140
	128	一年	
1996	192	二年	327
	116	一年	
1997			296
1998	189	二年	190
	43	一年	
	78	三年	
1999	185	二年	43
	38	一年	
	39	三年	
2000	529		227
合 计	2058		1223

（三）生产准备培训

发电厂新建机组和变电所新建投产之前，要进行生产人员上岗前培训—生产准备培训。以前的生产准备培训，只能在已运行的同类型设备上进行。1987 年 9 月，长春热电二厂为迎接 20 万千瓦发电机组投产，成立实习队，分汽轮机、锅炉、电气等专业组到吉林热电厂对口专业实习。由于设备正在运行，受培人员实际动手操作的机会很少。

吉林电力职工大学和长春电力学校 20 万千瓦、30 万千瓦火力发电机组仿真机投入运行后，发电厂新建机组的生产准备培训可在仿真机上进行。1994 年，双辽发电厂新建的 30 万千瓦 1 号机组投产之前，运行人员在吉林电力职工大学 20 万千瓦发电机组仿真机上培训之后，又去清华大学 30 万千瓦火力发电机组仿真机上培训 14 天。1995 年秋天，双辽发电厂 30 万千瓦 2 号机组投产之前，运行人员在长春电校的 30 万千瓦发电机组仿真机上培训十余天，圆满地完成生产准备培训任务，参加培训的人员按要求上仿真机操作，掌握了机组的运行操作技术和常见事故的处理技能，培训效果很好。

2000 年，500 千伏吉林包家变电所投产前，吉林电业局组织生产人员首先到长春 500 千伏合心变电所进行现场培训，然后到长春电业局 220 千伏仿真变电所、北京 500 千伏仿真变电所进行培训。运行人员的技术水平和事故处理能力明显提高。

（四）短期专业培训

省电力公司系统的短期专业技术培训分为两级进行。一是基层企业结合新技术应用，新设备运行，新工艺实施和先进操作方法的推广，以技术工人为主体开展培训，提高工人队伍的技术素质，适应生产岗位需要，全省每年培训技术工人近万人；二是省电力公司以现代理论、现代技术、现代化管理为主要内容，重点培训管理干部、技术人员，每年培训3000人。对于特殊工种，如金属分析、起重、油化验等小工种，由于从业人员较少，企业自己办培训班有困难，省电力公司教育部门就会同有关专业部门组织办班，开展短期技术培训。

短期专业培训，时间在一周以内，突出“实用、速成、少而精”的特点，备受企业和职工的欢迎。

（五）技术竞赛

省电力公司经常举办各种专业、不同层次、单项或综合性技术竞（表演）赛，推动各基层企业技术培训的开展和技术骨干的培养。1991～2002年，省电力公司共举办技术竞（表演）赛10余次。其中，钳工表演赛4次，焊工表演赛3次，运行技术表演赛6次，断路器检修表演赛1次，计算机操作表演赛1次，20万千瓦火力发电机组仿真机表演赛2次，30万千瓦火力发电机组仿真机2001年全国大型机组单一专业、集控运行表演赛的选拔赛1次。

省电力公司及各企业常年坚持开展技术竞赛，培养技术骨干，并逐级选拔参加国家电力公司、东北电力公司、省电力公司或地方有关单位举办的专业技术竞赛的技术能手，激励并调动起职工学习技术、提高操作技能的积极性，全面提高职工队伍的综合素质。省电力公司系统参加国家电力公司、东北电力公司技术比赛取得较好成绩。“八五”计划期间，省电力公司参加东北电力系统20万千瓦发电机组运行技术状元赛，获团体第一名，参加东北电力系统配电技术状元赛，获团体第一名，个人前三名。1996年，长春热电二厂殷海波参加全国电力系统焊工调考，获个人第一名。

二、干部培训

省电力公司系统的干部培训以岗位培训为重点。省电力公司负责科级干部岗位培训和一般干部岗位培训中公共课师资的培训；局属各企业则按部颁岗位规范、教学计划、教学大纲和省电力公司培训规划、计划，组织实施干部培训工作。省电科院和省电力公司各专业部室按对口专业，加强指导。

各基层企业根据工作需要，适时选送领导干部和专业技术干部参加上级部局、公司组织的培训，到高等院校或国外学习，提高各级领导干部、专业技术干部的管理能力和技术水平。

（一）领导干部培训

为提高企业干部的专业技术水平，省电力公司系统按上级规定，组织有关干部参加大专层次的专业证书班学习，攻读大专学历。1990～1992年，吉林电力职工大学举办了物资管理等11个专业的12个教学班。1991年，中国电力企业联合会对专业证书教学班进行复查清理，上述12个教学班全部复查合格。1992年3月，物资管理等6个教学班的188名学员学习期满，考试合格，获得电力系统承认的大专文凭。“八五”计划期间，省电力公司系统专业证书班毕业生有1032人。

“九五”计划期间，省电力公司先后选送11名领导干部（其中局级干部2名）赴北京电力管理学院、国家电力公司干部培训班参加工商管理和微机应用培训；选送12名干部(其中局级干部5名)分别赴中央党校国家机关分校、国家电力公司党校参加干部进修班、网省局干部培训班学习提高。

省电力公司系统举办各种岗位培训班轮训处级干部。1991～1993年，省电力公司举办处级干部进修班7期，共培训处级干部187人·次；1994～1995年，在省电力公司党校先后举办9期领导干部学习社会主义市场经济理论培训班，共培训副处级以上干部370人·次；1996年，举办大中型企业领导干部岗位培训班，培训处级干部47人·次。

省电力公司重视青年干部培养，1992年、1993年、1998年、2000年，相继举办了1期中青年干部培训班和3期青年干部培训班，每期学习3个月，共有164名中青年干部接受政治理论和经济管理培训。其中，1992年中青年干部培训班的32名学员和2000年青年干部培训班的58名学员，全部走上领导岗位。

(二) 专业技术干部培训

"八五"计划开始后，省电力公司把科级干部岗位培训和技术干部继续教育列为重点。1991～1996年，相继举办了人事、计划、教育、生技、安监科长等专业管理干部岗位培训班33期，共培训科级干部1252人·次。

20世纪90年代，为适应改革开放的需要，吉林电力职工大学先后举办中级英语班、工程师英语提高班、高级英语班、封闭训练英语强化培训班和计算机常用英语等培训班，先后培训400余人·次。

1991～2002年，省电力公司系统推行继续教育，并与东北电力学院、长春水利电力高等专科学校等高等院校开展协作，充分利用高等院校雄厚的师资力量、现代化教学设施、灵敏的科研信息开展全省电力公司系统技术干部继续教育。

省电力公司负责高级及部分中级职称人员的继续教育工作。依托相关专业的高等院校、试验研究单位、调度通信局等技术部门，充分发挥省电力公司各专业处室的专业特长，有计划地培养实用型高级人才。对汽轮机、锅炉、电气等主要专业的中青年专家；成人高教、职业技术教育主要专业的学科带头人；涉外工程、涉外贸易的专业人才；高级综合型管理人才以及其他高科技人才，省电力公司相继举办公司化改组、商业化运营教学研讨会、培训班、在线监测技术高级研修班、电力系统程控系统等高级研修班。省电力公司1998～2000年共选送32名干部到清华大学经济管理学院学习工商管理硕士(MBA)课程，1999年8月和2000年10月，共组织78人分4个团组，每个团组去美国肯尼索大学进行为期21天的境外企业管理培训。"九五"计划期间，各电力企业领导成员和业务骨干到高校进修经济管理课程的达百余人·次。各电力企业自己办班或与高等院校联合办班，学习新的管理方法或经济理论，全局有一万余人次接受了现代化管理培训。

至2002年，省电力公司系统通过继续教育模式培训专业技术人员近8000人·次，约占技术干部总数的83%。

三、职工中等专业教育

省电力公司系统贯彻国务院《关于举办职工中等专业学校试行办法》，创办吉林电力职工中等专业学校及其各个分校，举办职工中专班、函授中专班、自学考试助学班，并为满足企业对人才的需求开设急需专业。职工中等专业学校和各中专班，加强教学管理，提高办学质量，提高毕业生的理论水平和解决实际问题的能力，得到上级的高度评价，受到企业、职工的欢迎。

（一）吉林电力职工中等专业学校

1984 年 8 月，省电力公司及所属有关电业局，经水电部和吉林省教委批准，创办长春、吉林、通化、延边、白城、四平 6 所电力职工中等专业学校。

为充分发挥长春电力学校师资力量雄厚等办学优势，加强教学管理，提高教育质量，1990 年 9 月，经能源部教育司批准，省电力公司成立吉林电力职工中等专业学校，与长春电力学校为一个机构两个牌子，并将上述 6 所职工中专学校调整为吉林、通化、白城、四平和延边 5 所分校，实行联合办学。各分校不脱离原来的行政隶属关系。在教学业务上由总校——吉林电力职工中等专业学校统一管理。统一教育规划、统一教学管理、统一教学质量考核以及协调专业设置与招生计划，加强教材建设和师资培训，教育质量不断提高，获得办学企业和就读学员的一致好评。1992 年被评为全国电力系统先进学校。

随着管理的加强和电力生产技术的发展，企业需要增加经营管理人才，为此，吉林电力职工中等专业学校，陆续开设了用电管理、农村供用电、电能计量、火力发电厂集控运行、财务管理和物资管理等新专业。此外，还和系统外有关单位联合开办电视中专财会班、急需专业的自学考试助学班，努力培养企业的急需专业人才。

为提高教学质量，吉林电力职工中等专业学校采取了下列有效措施：

（1）把好招生入学关。吉林电力职工中专学校，入学考试由中国电力企业联合会统一命题。总校与分校严格执行考试有关规定，严格监考，公正评卷，择优录取。

（2）加强教学研究。总校利用每学期开学前一周时间，组织指导教师与分校任课教师共同进行教学探讨，提高教学水平。

（3）教学管理做到"五统一"。教学管理工作中坚持统一教学计划、统一教学大纲、统一教材、统一考试和考试命题。为了考核教学质量，总校提出检查方案，每学期对各分校进行一次检查，由分校进行自检，然后由总校进行抽查。

（4）加强实践性教学。学校不仅安排好各专业课程认识实习，而且强调理论联系实际，搞好毕业实习，指导学员毕业设计尽量结合生产实际，并做好毕业答辩，保证毕业设计质量。

吉林省电力职工中专为省电力公司系统各单位培养了大批急需的实用型人才。1991～2000 年，学校共培养毕业生 5271 名，其中脱产班毕业生 1496 名，函授、业余班毕业生 3775 名。1991～2000 年毕业生统计情况见表 11-2-2。

表 11-2-2　　1991～2000 年省电力公司职工中专毕业生统计　　单位：人

年　份	脱产学习毕业人数	函授业余学习毕业人数	合　计
1991	67	86	153
1992	69	207	276
1993	102	240	342

续表

年　份	脱产学习毕业人数	函授业余学习毕业人数	合　计
1994	40	455	495
1995	206	601	807
1996	205	396	601
1997	267	372	639
1998	302	395	697
1999	200	397	597
2000	38	626	664
合　计	1496	3775	5271

（二）职工中专和函授中专班

省电力公司系统采取在企业内与电力职工中专学校联合办学的方式举办依托长春电力学校，就地就近上学，专业与生产实际结合的职工中专班，深受各电力企业和职工的欢迎。

1991～2000年，省电力公司系统各单位，在系统内、外举办脱产班40期，业余或函授班90期。1990年、1992年、1995年、1997年，吉林热电厂曾分别与长春电力学校、大连电力学校、吉林电力职工中专学校和长春水利电力专科学校联合办学，先后举办燃料运输、单元集控、电厂化学、燃料储运设备等4期业余中专班，共培训学员196人，毕业180人。

省电力公司各单位举办的函授中专，至20世纪90年代已成为职工中专教育的主要办学形式。省电力公司系统曾设立27个函授站。函授中专以自学为主，教学工作由函授站组织，按照面授—自学—辅导—答疑—考试的教学环节进行。主办学校负责面授、辅导及考试命题和评卷工作。

四、职工高等教育

为提高职工队伍素质，省电力公司组织职工接受高等教育，创办吉林电力职工大学，并根据电力企业的实际需求，组织职工参加电视大学、函授大学或自学考试学习。为培养高层次的管理人才和专业技术人才，选送职工参加上级部、局、公司举办的各类培训班或去国内外高等院校进修深造或攻读大学有关专业的硕士、博士学位。吉林电力职工高等教育的开展，培养出一大批高等技术人才和管理人才。

（一）吉林电力职工大学

吉林电力职工大学创建于1985年6月，建校初期设有发电厂及变电所、电厂热能动力装置、电力工业财务与会计、物资管理等4个专业，学制两年半或三年。进入20世纪90年代以后，电力企业对管理人才需求量大。20世纪90年代初，该校陆续开办财务会计、电力企业经营管理、物资管理等十余期专业证书班。1994～1995年，开办9期市场经济理论基本知识培训班，培训省电力系统副处级以上领导干部。

吉林电力职工大学创办十几年，曾有很大发展，至1997年11月，学校设置18个二级机构，教务部门设有教学科、电大工作站、电教中心、干训科等9个科室。学校有教职工152人，其中高级讲师、高级工程师45人，讲师34人，助教10人。学校设有发电厂及变电所、热能动力装置、财务会计、电力企业管理等专业及电大的热能动力机械、土木工程、物资管理等共8个专业。在校学生407人。

1991～1999年，吉林电力职工大学已培养出大专毕业生826人，高等专业证书班毕业生432人，培训各级管理干部、专业技术人员7000人·次。1991～1999年，吉林电力职工大学毕业生情况统计见表11-2-3。2000年8月，吉林省政府下文，撤销吉林电力职工大学。

省电力公司培训中心的培训对象主要是电力系统的中、高级管理人员和工程技术人员，处级以上后备干部及具有大中专学历的从事教育的人员。培训中心成立初期还兼有学历教育。培训中心采用加拿大以提高能力为主的技能培训(CBE)模式和美国通过案例研讨强化管理职能(JMS)模式等先进的、现代化的培训方法，每年培训5600人·次。

表11-2-3　1991～1999年吉林电力职工大学毕业生情况统计　单位：人

年 份	毕业生数	招生数	在校生数
1991	121	64	180
1992	31	133	278
1993	75	142	345
1994	69	79	360
1995	118	99	343
1996	64	147	426
1997	161	142	407
1998	52	121	476
1999	135	70	411
合 计	826		

（二）函大、电大教育

20世纪90年代，各电力企业重视高层次管理人才和技术人才的培养，很多职工参加了东北电力学院、吉林大学和西安交通大学等高校相关专业的函授学习。省电力公司在吉林电业局、吉林热电厂等单位设立了函授站，组织职工开展学习。每学期20天的适时面授，考试前20天的及时辅导，以及函授站规范的教务管理，备受职工欢迎和企业称赞。1991～2002年，全省电力公司系统共有函授大学毕业生860人。

为加强对电视大学教育教学管理，省电力公司成立吉林省广播电视大学电力公司工作站。该站和省电力公司培训中心(省电力职工大学)一个机构两块牌子。

省电力公司所办电视大学班面向企业办学，专业设置结合生产实际，严格教学、考试、学籍管理，获得领导和职工的好评。省电力公司电大工作站1992年被评为先进工作站。1996年被评为“考试信得过考点”和“毕业设计免检单位”。

省电力公司电大工作站，1991～1999年办班31个，培养毕业生1217人。

省电力公司系统，有不少职工参加自学考试。各电力企业，本着“适应发展，按需培养”的原则，支持职工参加自考学习。1991～2002年，省电力公司系统有自考毕业生1046

人，其中本科毕业生 185 人，大专毕业生 861 人。

（三）委托高校培养高级人才

为适应改革和发展的需要，省电力公司委托高等院校培养高级技术人才和管理人才。他们选择的高等院校有清华大学、西安交通大学、东北电力学院等 25 所之多，涉及的专业多达十余个，除管理、党政和技术专业之外，法律、税务专业备受关注。

1999 年 8 月，经省电力公司统一组织考试，选拔 30 人参加清华大学电机与应用电子技术研究生班函授学习，2003 年毕业。

为提高教学质量，吉林电力职工大学、长春电力学校和长春电力工业学校鼓励职工继续深造。3 所学校从在职职工中培养博士 1 人、硕士 13 人、本科毕业生 52 人、大专毕业生 44 人。

1991～2002 年，各电力企业委托高等院校培养出毕业研究生、本科毕业生、专科毕业生 400 余名。

第三节 普通全日制文化技术教育

步入 20 世纪 90 年代，吉林省电力系统的普通全日制文化技术教育工作正进入稳步发展、逐步提高阶段。

吉林省内的普通全日制电力高、中等专业学校拥有大学本科、大学专科、中等专业技术学校和技工学校，这几所学校的师资培训、教学质量、教务管理、教学改革、科研试验和精神文明建设等各项工作均取得了显著成绩，为电力企业和地方有关部门培养了大批高、中级专门技术人才。省电力公司系统职工子弟中、小学办的较好，教育教学质量高，为培养职工子弟成才作出了贡献。

一、职业技术教育

吉林省拥有长春电力学校、长春电力工业学校、丰满电力工业学校和吉林水电学校、水电一局技工学校等 4 所中等职业技术学校。进入 20 世纪 90 年代，长春电力学校已经发展成为一所集专业技术教育和干部专业技术培训为一体的培训中心。长春电力工业学校已成为专业技术教育和工人培训两种职能兼备的培训中心。丰满电力工业学校和吉林水电学校的教育重点由职前教育向在职培训转轨，建成了东北电力集团公司的培训中心。这几所学校具有较强的办学实力，全面贯彻教育方针，主动适应电力行业改革和发展的需要。

（一）长春电力学校

长春电力学校创办于 1958 年 7 月 23 日，1993 年被评为省(部)级重点中专学校。1997 年 11 月，省电力公司培训中心组建前，该校有党群、行政、总务后勤部门 11 个，教务部门 14 个。有教职工 325 人，设有 6 个专业，办学规模 1080 人，当时在校生 594 人。自建校至 2000 年，该校共培养毕业生 9471 人，1991～2000 年，培养毕业生 2953 人。2000 年，该校停止招生。

长春电力学校加强应用型人才培养。1992 年，学校贯彻执行《教学管理规程》，遵循教学规律，严谨治学，建立并实施由校长率领，各教学科长参加的定期听课制度。根据电力工业改革和发展对中专毕业生新的要求，1994～1995年，该校重新修订原有的12份教学计划，对英语、计算机等课程进行改革，并根据电力生产发展的需求，增设热力发电厂运行和热力设备与供热两个新专业。至此，学校设置的专业有：发电厂及电力系统、高电压技术、用电管理、热能动力设备、热力发电厂运行和热力设备与供热。其中，高电压技术、热力发电厂运行两个专业招收高中毕业生，学制2年。发电厂及电力系统、用电管理、热能动力设备、热力设备与供热专业招收初中毕业生，学制四年。

为提高毕业生解决实际问题的能力，自1991年起，长春电力学校进一步加强实践性教学，增开实验、实习课题。建立并实施实验室对教师、学生开放制度和实验单列考核制度。全年必须完成全部实验课讲授和单列考试以及136学时的电化教学任务。1995年9月，30万千瓦发电机组仿真机投入运行后，有关专业的每个学生都必须上机实习。学生实习如同身临生产现场，不仅掌握发电机组的正常操作技能，而且也学习到常见的事故处理方法，提高了学生处理实际问题的能力。

1993年，学校重新修订《长春电力学校师资队伍建设三年规划》，加强对教师的培养，定期抽出部分专业教师参加生产实践锻炼，提高教师的实践能力，以便于指导学生的毕业实习和毕业设计，引导学生应用所学知识，解决具体的技术问题。

该校教师队伍的培养、建设取得成效。1997年，全校教职工325人，其中，教师132人。教师中，有副高级职称的65人，占教师总数的49.2%；有中级职称的42人，占教师总数的31.8%。

进入20世纪90年代，长春电力学校的教学质量又有新的提高，毕业生的技术能力增强。为满足电力生产建设的需求扩大了招生数量，增加毕业生人数。1991～2000年，该校在校生、招生和毕业生人数见表11-2-4。

表11-2-4　　1991～2000年长春电力学校在校生、招生、毕业生人数统计　　单位：人

年　份	在校生人数	招生人数	毕业生人数
1991	1192	314	290
1992	922	200	470
1993	765	240	356
1994	970	368	163
1995	1049	400	360
1996	861	280	452
1997	594	90	353
1998	360	62	296
1999	411	70	135
2000	333		78
合计			2953

（二）长春电力工业学校

长春电力技工学校创办于1982年6月，后改为长春电力工业学校，1993年4月，被劳动部评为“国家重点技工学校”。1997年11月开始和长春电力学校合署办学时，学校有党群、行政、总务后勤部门8个，教务部门9个，教职工275人，其中教师129人。学校设有8个专业，办学规模1600人。自学校成立至2000年，学校共培养毕业生5849人，其中1991～2000年有毕业生3652人。2000年，该校停止招生。

学校适应电力生产发展需要，至1991年，先后开设热能动力设备运行与检修、发电厂电力系统运行与检修、输配电、电气安装和农电等8个专业，并通过委托代培、举办分校等方式，培养起重、焊接、汽轮机安装、锅炉安装、机械加工和土建等7个专业的毕业生。为提高进入省电力公司系统退役军人的文化技术水平，该校连续举办了退役军人培训班。

“九五”计划期间，学校组织教师重新修订4个专业课程的教学计划和46门课程的教学大纲，编写计算机、机械识图及有关教材，使学生的培养方向面向电力生产、建设，更加适应企业发展的需要。

长春电力工业学校重视教师队伍建设，注意补充新教师，培训原有老教师，调动教师的积极性。1997年，全校教师129人，其中，有副高级职称的51人，占教师总数的39.53％；有中级职称的54人，占教师总数的41.86％。

该校实行教学改革，适应企业需求，加强应用型人才培养，增加实践性教学和生产实习，按照不同的专业特点，实施“3∶1”、“5∶1”、“7∶1”（在校学习和预分配顶岗实习学期之比）分段教学和预分配顶岗实习，提高学生解决实际问题的能力。

进入20世纪90年代，教育体制改革不断深化，学校打破传统教学模式，改三年学制为“二、三、四”（年）新的教育模式，根据学生的学习成绩，实行逐级分流、分段培养。实行二年学制的培养初级工；三年学制的培养安装、检修中等技术人才；四年学制的培养运行岗位的中等技术人才。将竞争机制引入教学的全过程，调动了教与学两个积极性，使毕业生更加适应电力生产、建设的需要。该校1991～2000年招生（接受学生）、毕业生情况统计见表11-2-5。

表11-2-5 1991～2000年长春电力工业学校招生（接收学生）和毕业生情况统计

单位：人

年 份	招生（接收学生）人数	学 制	毕业生人数
1991	330	三年	653
1992	363	三年	482
1993	333	三年	320
	41	四年	
1994	323	三年	329
	42	四年	
1995	284	三年	361
	43	四年	

续表

年　份	招生(接收学生)人数	学　制	毕业生人数
1996	215	三年	333
	42	四年	
1997	185	三年	364
	40	四年	
1998	172	三年	326
	44	四年	
1999			257
2000			227
合　计	2457		3652

（三）丰满电力工业学校和吉林水电学校

丰满电力工业学校的前身是由丰满发电厂创办、建于1959年10月的一所水电技工学校。1987年6月，成立中专层次的吉林水电学校，形成一套机构、两块牌子、中专与技校兼容的格局。1993年4月，又成立丰满水电高级技工学校，从此，形成了初、中、高多层次的职业技术教育体系。学校设置15个专业，办学规模2500人。该校经过30多年的建设与发展，建成电力系统领先，省内具有示范性的学校。1993年，丰满电力工业学校被评为全国首批重点技校，荣获全国电力系统标兵学校称号；吉林水电学校被评为省、部级重点学校，荣获全国电力系统先进学校称号。至1998年，该校共培养毕业生7872人。毕业生遍布全国6大电网，16个省、区，90多个生产建设单位。自1996年11月起，实行东北电力集团公司丰满培训中心与丰满电力工业学校一套机构、两块牌子。学校的教育重点由职前教育向在职培训转轨。

进入20世纪90年代，教育改革逐步深入。1993年9月，按东电教培〔1993〕864号文件精神，模糊中专与技校界线，满足企业对不同层次人才的需求，技工学校实行“二、三、四”(年)教育模式，即实行二年、三年和四年的分流学制。1994年1月，根据辽宁省民政厅、东北电业管理局《关于东北电力系统试行统一接收安置城镇退伍军人办法的通知》精神，学校开展退伍军人培训。军培学员脱产培训实行二年制，高级技工脱产在校学习两年。

实行教育改革后，中专、技校开设维修电工、发电厂及变电站电气运行与检修、发电厂及变电站电气运行、水电厂水能动力设备检修、输配电检修与运行等12个专业。高级技工教育设置变电检修、变电运行、配电检修3个专业。退伍军人培训设置电力工程安装与检修专业。

对退伍军人实行一年在校内，一年在生产现场的“双元制”培训模式；高级工学员的培训采用以提高技能为主的“CBE”培训模式；对岗位培训采用模块教学法。学校加强实习教学与实验教学，推行实习课“课堂化”。上实习课，每个学生有固定的工位，把设备检修工艺化整为零。逐步把校外实习转入校内，使学生都能动手操作，真正实施“讲、演、练、导、评”5 个教学环节。

该校自建校至 1998 年共培养毕业生 7872 人(其中，技校毕业生 6422 人、中专毕业生 1421 人、高级工毕业生 29 人)。1991～1998 年，培养技校毕业生 2382 人、中专毕业生 1050 人、高级工毕业生 29 人。

1991～1998 年毕业生情况统计见表 11－2－6 和表 11－2－7。

表 11－2－6　　1991～1998 年丰满电力工业学校毕业生情况统计　　单位：人

年份＼人数＼专业	电气	水动	输配电	发变电运行	发变电检修	机电运行	农电	小计
1991	164	79						243
1992	222	48						270
1993	192	36						228
1994	119							119
1995	345	40						385
1996	339	46	35					420
1997		30		123	234			387
1998			36	167	54	38	35	330
合　计								2382

表 11－2－7　　1991～1998 年吉林水电学校毕业生情况统计　　单位：人

年份＼人数＼专业	电气	水动	继电保护	发变电安装与检修	电测仪表	发电厂及电力系统	电气安装与检修	小计
1991	40	40						80
1992	50	29		30				109
1993			43	40	40	44		167
1994						50		50
1995			30		30	79		139
1996		40				121	59	200
1997		32	29		30	76		167
1998			41			59	38	138
合　计								1050

为适应新的教学、培训任务和职业技术教育改革的需要，学校制订教师五年培训规划，加强师资队伍建设。要求理论课教师必须具备大专以上文化水平、实习教师必须具备

4级工以上的工艺水平，并且采取以老带新、校内办班、校外进修和下厂实践等方式对教师进行培训。

（四）水电一局技工学校

中国水利水电第一工程局技工学校1965年成立。该校面向施工企业办学，培养实用型水电建设人才，一方面加强师资队伍建设，提高教学质量，另一方面，强化实践教学，改善教学手段，提高教学效果。1992年，学校被评为省厅级重点技工学校。至2000年，共培养毕业生4606人。

学校注重对教师的培养。通过赴高等院校进修，到施工企业锻炼，校内外交流等多种形式，提高教师队伍的整体素质。选送教师进修、培训达67人次。学校已形成一支结构合理，有较强综合教学能力的中青年结合、理论与实践结合、专兼职结合的师资队伍。全校教职工70名，其中，教师47名。教师中，具有大学本科学历的16人，专科学历的26人。

学校实施教学改革，加强实践教学，陆续建成钳工工艺、焊接工艺等6个校内实习车间和物理、电工等6个实验室，可满足学生实验和实习的需要。为适应水电建设的需要，学校先后开设了水利工程施工、施工机械修理、电气设备安装与检修等13个专业。各科教师开展形式多样的教学活动，加强实践教学，以汽车修理、电子技术、电工仪表、工程测量为代表的一体化教学，把学校的教学改革推进到一个新的阶段。

1991～2000年，学校为水电系统培养技校毕业生1632人；1989～2000年，为社会其他企业代培学员666人。1991～2000年水电一局技工学校毕业生情况统计见表11-2-8。

表11-2-8　1991～2000年水电一局技工学校毕业生情况统计　单位：人

届　别	学　制	专　业	毕业生总人数
1991	三年	电气、机械	139
1992	三年	电气	70
1993	三年	土建、电气	125
1994	三年	水工、内燃、机加	119
1995	三年	电气、内燃	119
1996	三年	水工、建筑装修、施工机械	120
1997	三年	铆焊、水动、机加、铸造	322
1998	三年	电气、水动、机加、铸造	183
1999	三年	水工、起重、水暖、化纤、纺织	313
2000	三年	水工、铆焊	122
合计			1632

二、高等电力本科教育

东北电力学院深化改革，加快发展，既开展普通本科、专科教育，又开展成人本科和大专教育。20世纪80～90年代，又先后开始培养硕士和博士研究生。东北电力学院不断更新教育观念，坚持可持续发展办学指导思想，把培养高级专门人才和开展科学研究结合起来，把学校建设成人才培养基地和科技创新、成果转化基地，为全国培养大批高等专门人才，也取得丰硕的科研成果。

（一）学校建设

东北电力学院始建于1949年6月，前身是沈阳电机高级职业学校，1949年8月迁到长春市，更名长春电机高级职业学校，1954年9月迁到吉林市，称吉林电力学校。1958年8月，升为本科，定名吉林电力学院。1978年9月，更名东北电力学院，是吉林省唯一的一所高等电力本科院校。为更多地培养高级专门人才，该校除开展全日制普通高等本科、专科教育外，还从1980年开始招收函授大学生，开展函授高等教育。1984年6月，在该校成立了东北水利电力管理干部学院，开展干部培训。

1981年11月，学院被批准为首批硕士学位授予单位。授予学科为发电厂工程、电力系统及自动化。1992年开始，学院又先后与哈尔滨工业大学、华北电力大学、浙江大学等高等院校联合培养博士研究生。该校有电力系统及其自动化和热能工程两个学科以合作培养、招生计划单列方式招收培养博士学位研究生。1998年2月，学院又新增计算机应用技术、控制理论与控制工程两个学科具有硕士学位授予权。同年，学院又获得在职人员以研究生毕业同等学历申请硕士学位授予权，具有在职人员攻读硕士学位授予权。

2000年2月，全国开展高等教育管理体制调整，实行中央与地方共建，以地方为主的管理模式，东北电力学院由隶属于国家电力公司改由吉林省管理。2000年8月，经吉林省人民政府批准，吉林省轻工业学校、吉林省美术设计学校并入该学院，组成东北电力学院的职业学院。

至2002年，东北电力学院已拥有17个系、7个研究所，设置37个本专科专业，主要专业有电气工程及其自动化、热能与动力工程、土木工程、工程管理、应用化学、测控技术及仪器、信息管理与信息系统、机械设计制造及其自动化和服装设计等专业。覆盖了文、理、工、管、法等5个学科门类，并设有12个硕士学位授权学科、5个省部级重点学科，一个省首席教授设岗学科。2002年底，该校有教职工1407人，学院在籍本、专科学生8010人，硕士研究生327人，博士研究生8人，函授本、专科学生5000余人。

1991～2002年，东北电力学院共培养大学本科毕业生13438人，其中，常规教育8492人，成人教育4946人；培养专科毕业生4363人，其中，常规教育1337人、成人教育3026人；培养毕业研究生473人。

（二）教学管理

东北电力学院重视教学和教学管理。自1991年起，学院完善教学督导制度，成立教学督导组，坚持各教学环节的监督、检查、指导。为明确和规范教师、教学管理人员的职责，学院编制印发教学一览，并且通过开展教学工作的三级评估活动，促进和保证教学工作的顺利进行。

为树立良好的学风和教风，严肃考风、考纪，学院制定《东北电力学院考务规则》，建立并实施试卷评阅抽查制度。

学校注重开展国际合作与学术交流，1987～2000年，聘请美、英、日和苏联等国家的专家和教师50余人次来学院长期或短期任教，讲授电力系统、传热学、英语、俄语、日语、科技写作、外文期刊阅览等课程，并开设专题讲座。学校还与英、美、日、韩等国家有关高等院校建立友好校际关系，开展互访和学术交流活动。学校还邀请国内著名专家、学者30余人次到校讲学，有力地促进教学水平和教学质量的提高。

（三）教学改革

1997年，该校召开了教学工作会议。学院锐意改革，逐步形成“勤奋、严谨、求实、创新”的良好校风和突出“一实两创”（实践能力、创新意识、创业精神）培养人才方针和办学特色。

该校推行求实、创新，探索新的人才培养模式，加强学生实际能力的培养，教学中增加现代科技知识，增加计算机辅助设计（CAD）、开设数学建模及高等数学实验课、让学生设计电路和电子等专业的部分实验方案，并将实验结果带进课堂开展讨论。各门专业课均采用笔试和口试相结合的考试方式，以提高学生的实践能力。为探索新的人才培养模式，学院于1997年，在97级新生中组建了一个实验班，前两年打好基础，然后自主选择专业；在电力系统及其自动化和热能工程两个专业各随机抽取一个班，作为教学改革试点班，执行新的教学计划，注重创新能力的培养。1998年，在总结97级实验班的基础上，又组建了98级实验班。坚持教学改革，这4个班均收到了预期的效果。

学院承担了9项国家级教学改革项目。1991～2002年共获省部级教学成果奖15项，其中，一等奖5项、二等奖9项。至20世纪90年代末，本科毕业生考取硕士研究生的比例一直保持在20%左右。硕士生考取博士研究生的比例高达40%。在全国大学生数学建模比赛中，每次均取得优异的成绩，曾获国家一等奖3项、二等奖9项；获省一等奖22项、二等奖21项、三等奖12项。在全国大学生电子设计竞赛、英语竞赛中，屡获国家级和省级奖励。尤其是服装设计与表演专业的学生在国际、国内各类大赛中多次摘取服装设计、服装表演、模特大赛最高奖，取得了优异成绩。

（四）师资队伍建设

进入20世纪90年代，学院落实师资队伍建设规划，每年对新任课教师进行上岗前培训，加强后备师资力量培养，制定并落实《东北电力学院选派青年教师下基层锻炼的实施方案》，努力提高教师的学术水平和解决实际问题的能力。1991年8月，该院有20名教师荣获能源部1991年度优秀中、青年教师光荣称号。

学院注重人才队伍建设，加强人才引进与培养工作，不断优化教师队伍结构。至2002年底，共举办9期新教师岗前培训，共培训教师430人。积极组织教师参加学历、学位培训，至2002年底，有在读博士研究生36人、硕士研究生6人、同等学力硕士学位研究生32人。

进入20世纪90年代，该校教师队伍结构发生很大变化。2002年，学院教授86人，副教授213人，中国工程院院士1人，国家级有突出贡献的中青年专家3人，省级有突出贡献的中青年专家4人，享受国务院政府特殊津贴42人；省管优秀专家2人，吉林省首批首席教授1人，主讲教授及中青年骨干教师5人，博士生导师7人，原电力部跨世纪学术带头人19人，哈尔滨工业大学兼职教授12人，华北电力大学兼职教授5人。

（五）科研及开发

“八五”、“九五”计划期间，东北电力学院执行《关于建立教学、科研、生产联合体暂行条例》，实施“落实科研责任制，实行课题承包”，“加强与厂矿合作，建立和发展教学、科研、生产联合体”等举措，并发展科研产业。“八五”、“九五”计划期间，学院承担国家级科研项目 13 项，省部级科研项目 46 项，获国家级科技奖 2 项，获省部级科技进步奖 48 项(其中一等奖 3 项，二等奖 15 项)，获市级科技进步奖 66 项。其中，异步电动机优化设计获国家科技进步三等奖，LLY 高效过滤器研制成果获 1993 年度国家发明三等奖。学院科研处“八五”、“九五”计划期间，先后荣获国家教委、教育部全国普通高校科研管理先进集体称号。

学院坚持面向生产实际选题，重视科研成果的转化和产业化。“八五”、“九五”计划期间，科研成果产业化创造较好的经济效益和社会效益，累计收入达 15 亿元。学校科研人员研制的 LLY 高效纤维过滤器系列产品，自推向市场以来，已销售 6000 台，累计产值超过 6 亿元；FSSS 锅炉炉膛灭火保护装置，自投产以来，累计销售数量已达到12 000套，产值 1.5 亿元，销路遍及全国，市场占有率 95%以上。应用两项自主专利技术为核心开发研制的 CXD 水汽分析取样装置，产品覆盖全国，并已远销印度、巴基斯坦、越南等国，市场占有率达 50%，产值累计达 8000 万元。BLD 型锅炉承压管泄漏在线监测系统，已在国内得到广泛应用，占有该类设备国内市场的 40%以上，已投运 450 余台，产值达 4000 万元。

该院公开发表学术论文 4938 篇，其中被 SCI、EI、ISTP 收录 182 篇，出版学术专著、译著、教材、工具书 429 部，申请发明专利 30 项，获得授权 8 项，申请实用新型专利 88 项，获得授权 54 项。

三、高等电力专科教育

长春水利电力高等专科学校，根据专科人才的特点和专科教育的规律，积极探索，培养高质量的应用型人才。学校加强教学研究，加强师资队伍建设，教材建设和实习实验设备建设，重视科研工作的开展，并注意科研成果的转化，推进了示范性专科学校的建设。该校培养一大批高等应用型人才，为国家和吉林省水利电力事业的发展作出贡献。

（一）学校建设与发展

长春水利电力高等专科学校，始建于 1953 年 7 月，其前身是长春水力发电工程学校。1985 年 9 月，上升为大学专科，同时兼办中专教育和成人大专教育，是吉林省唯一的一所高等电力专科院校。该校曾先后隶属于水利部、能源部和电力工业部。2000 年 1 月划归吉林省管理。同年 6 月与其他学校合并，组建为长春工程学院。

“七五”计划期间，在校生达到 2280 人，其中，大专学生 960 人，中专学生 960 人，成人大专学生 360 人，办学规模 2700 人。2000 年合并前，学校设有发电厂及电力系统、热能动力设备、水利水电工程建筑、房屋建筑工程等 13 个专业。学校拥有教职工 586 名，其中，教师 218 名。教师中，教授 11 人，副教授 79 人，讲师 92 人，其他人员 36 人。教师中具有博士学位和在读博士 5 人，具有硕士学位的 69 人。该校尊师重教，吸引人才，待遇从优，1990 年前后，引进研究生 5 名，大学本科毕业生 64 名。学校注重教师培训，选送青年教师到电力企业参加生产实践，并通过专题研讨，参与企业设备改造、技术革新等活动，增强教师解决实际问题的能力。

1986～1992年，该校投资300余万元增添实验仪器、设备，新建继电保护、焊接、自动装置和高电压技术等实验室。至1993年，学校已拥有水工、水力等各类实验室37个，拥有金工工艺、电工工艺、电子工艺和微机监控等实习基地6个。图书馆藏书达27万册。学校拥有近4万米^{2}的运动场。

长春水利电力高等专科学校，以面向电力行业、服务地方经济为目标，为工业和工程建设培养了大批高质量的高等工程技术应用型人才。1991～1999年，该校共培养大、中专毕业生6742人，其中，大专毕业生4346人，中专毕业生2396人。1991～1999年学校大专、中专毕业生情况统计见表11-2-9和表11-2-10。

表11-2-9 1991～1999年长春水利电力高等专科学校大专毕业生情况统计 单位：人

年　度	毕业生	年　度	毕业生
合计	4346	1995	491
1991	273	1996	589
1992	302	1997	595
1993	310	1998	627
1994	374	1999	785

表11-2-10 1991～1999年长春水利电力高等专科学校中专毕业生情况统计 单位：人

年　度	毕业生	年　度	毕业生
合计	2396	1995	260
1991	279	1996	305
1992	234	1997	333
1993	242	1998	257
1994	274	1999	212

（二）教学管理与改革

学校以培养工业、工程建设所需要的高等工程技术应用型人才为办学宗旨，积极进行教学改革，全面推行产学研合作。学校建立主动为行业、地方经济服务的办学机制。水利水电工程建筑、水电站动力设备、电厂燃料输送系统机械化与自动化三个专业通过国家教委专家组评估，被列为全国普通高等工程专科学校教学改革试点专业。

学校加强教学管理，建立健全教学质量指标体系与监控体系，实行教、考分离，建立近100门课程的试题库。1997年3月，国家教委确定长春水利电力高等专科学校为全国示范性普通高等工程专科重点建设学校。1999年，水利水电建筑工程、水电站动力设备专业通过国家教委示范专业评估验收，被确定为全国高等工程专科教学改革示范专业。

该校教学研究取得重要成果，荣获省部级优秀教学成果一等奖1项，二等奖5项，三等奖1项。1999年，学校教务处被教育部评为全国优秀教务处。

学校积极开展课程建设，组织课程评估。1990～2000年，建成省优秀课14门，并对83门必修课程进行全面评估，评出3门一类课(水工结构、制图、水文)，均通过吉林省教委专家组评审。其中，水工结构和制图课评为省优秀课。

（三）科研及开发

学校注重科技开发研究和科技应用。1992～1994年，该校完成科研成果28项，获国家级奖励1项，省部级奖励15项，其中，微机控制的高性能函数发生器于1997年通过吉林省科委鉴定，达到国内领先水平，并填补了国内空白。

该校的科技产业公司成立于1992年，其科研产品SCW多路对讲机获国家专利，并且荣获1993年吉林省科技成果交易会优秀科技成果二等奖。该产品至1997年共创产值837万元。该校电力金具厂“八五”计划期间为大亚湾核电站等单位研制的新型管母线，获1994年吉林省优秀产品奖，1993～1995年，共创产值978万元。

四、职工子弟学校教育

为方便职工子弟就地就近上学，省电力公司及所属有关企业兴办了职工子弟学校。至1999年，省电力公司系统有职工子弟学校10所，教职工564名，其中教师409名，共有教学班148个，在校学生6128名。

“八五”、“九五”计划期间，各职工子弟学校认真贯彻《中国教育改革和发展纲要》，改善办学条件，教学改革成绩突出，教学质量显著提高，为培养职工子弟成才作出重要贡献。

（一）创办与发展

吉林电力子弟学校成立最早，1949年8月15日建校，1993年7月22日前校名为长春电业子弟学校。20世纪50～90年代，先后又有10所子弟学校成立。1992年，送变电公司子弟学校移交地方办学。至1993年9月，省电力公司及下属企业共拥有职工子弟学校10所。其中，中、小学合校的2所，即吉林电力子弟学校、长山热电厂子弟学校(含高中、初中、小学)；初级中学2所，即火电三公司、榆树川发电厂子弟中学；小学6所，即长春发电设备总厂、火电二公司、辽源发电厂、浑江发电厂、榆树川发电厂、双辽发电厂子弟小学。1999年5月，10所学校在校学生数为6128人，其中，小学部4501人、初中部1522人、高中部105人。

省电力公司和各办学企业，重视职工子弟学校教育，加大投入，使10所职工子弟学校的办学条件得到进一步改善。1991～1999年，一批学校新建了教学楼，各子弟学校都建有实验室并增添电教设备。至1999年，10所子弟学校共有教室187个，实验室21个，专用室70个，微机室7个，语音室2个，体育馆1处。各子弟学校的办学条件在当地的中小学校中都达到了一流水平。

（二）教育教学工作

各校严格教学管理，明确教学任务，制订教学计划，抓好教学质量，特别是对教学工作的各个环节加强管理，如备误、上课、作业布置及批改、辅导等。他们坚持教师备课制度，鼓励教师认真备课，精益求精，提倡做到吃透教材，了解相关学科知识，钻研教学大纲，明确教学的重点、难点，了解班级学生的实际情况，做到有的放矢，因材施教。部分子弟学校还派各年级教师到长春市南关区教师进修学校参加集体备课和教研活动，虚心学习先进学校优秀教师的教学经验。

各校坚持教师听课制度，贯彻《课堂教学评估细则》，加强对教学工作全过程的质量管理。各子弟学校在开展德育、智育教育的同时，对学生进行体育、美育和劳动技能的教育。他们重视提高学生的素质，培养学生会观察、会分析、会总结。各子弟学校通过开设第二课堂，组织学生参加歌咏、舞蹈、绘画、书法、数学、作文等活动，并参加全国、全省和各地区组织的比赛，不少学生获得奖励。通过这些活动的开展，促进学生德、智、体、美、劳全面发展。

经省电力公司、各办学单位和各子弟学校的努力，全省电力系统各子弟学校都办的较好。吉林电力子弟学校被电力部命名为先进学校。1996 年，经东北电力集团公司验收，吉林电力子弟学校、吉林火电二公司子弟小学和浑江发电厂子弟小学等 3 所学校被命名为“示范化”学校；吉林火电三公司子弟中学、辽源发电厂子弟小学、长山热电厂子弟学校、双辽发电厂子弟小学、长春发电设备总厂子弟小学、榆树川发电厂子弟小学和榆树川发电厂子弟中学等 7 所学校被命名为标准化学校。10 所子弟学校均被当地教育部门评为“普九达标先进学校”，得到地方教育行政部门和电业职工的好评。近半个世纪以来，省电力公司系统的电业子弟学校，陆续培养小学毕业生 30 000 人、初中毕业生 11 000 人、高中毕业生 500 人。为发展教育事业，为培养职工子弟成才作出了重要贡献。

（三）体制改革

随着省电力公司系统改革的不断深入，电业职工子弟学校的办学体制也进行重大改革，改革的取向是交地方教育部门办学。1999 年，省电力公司党组做出决定：在两年内停办系统内电业职工子弟中、小学。各办学单位和子弟学校积极和地方教育部门协商，经过一年多时间的努力，将 10 所子弟学校中的 7 所移交地方办学或与地方学校合并，学生到地方学校就读。其中，发电设备总厂子弟小学 1999 年 5 月与吉林电力子弟学校合并，2000 年 5 月，吉林电力子弟学校又移交地方；双辽发电厂子弟小学于 2000 年 7 月与地方学校合并，学生合并到双辽市第五小学就读，教职工在双辽发电厂内部进行安置。榆树川发电厂子弟中学和子弟小学随发电厂关闭被撤销。10 所子弟学校只保留长山热电厂子弟学校 1 所继续办学。至 2000 年 7 月，基本完成了电业职工子弟学校与主业分离的改革。

第十二篇　多　种　经　营

第十二篇 多种经营

吉林省电力公司及所属企业为解决职工生活困难，1964年开始兴办集体企业家属厂，1979年又创办劳动服务公司，1988年创办全民所有集体经营的多经企业。以上这些厂、公司、企业，构成了省电力公司的多种经营系统。省电力公司系统的多种经营企业经过几十年的艰苦努力，从小到大，逐步发展壮大，已成为多种产业、产品众多、生产能力较强，资产雄厚，技术水平较高，具有一定经济实力的企业集团。

第一章 多经企业建设

省电力公司各单位，自20世纪60年代初开始创办以职工家属为主力的多经企业。70年代，安排大量知识青年就业，促进了多经企业发展。至80年代，改革开放初期，水利电力部提出了一业为主、多种经营的发展方针，并制定扶持集体经济发展的规定。在这一时期，为解决电力供应不足问题，省电力公司系统组建了退役机组发电企业，使全民所有制多经企业快速发展。到90年代至21世纪初期，电力多经企业出现加快发展的局面。各单位大力发展集体经济，并将主业与辅助部门分离，大量分流的全民职工并入多经企业，加速了多经企业的发展。省电力公司自60年代初期创办多经企业，至70年代，只办成70多个集体企业。至2002年，全系统多经企业已达到366个，其中全民性质的多经企业有117个。1967年，多经企业职工只有121人，至2002年，已发展到28 159人。多经企业职工的文化技术业务水平也有了显著的提高。经过30多年的积累，多经企业的资产有大幅度的增长。创业初期没有什么资产。1968年，资产总和仅仅3000元。至2002年末，资产总值达619 393万元。省电力公司系统的多经企业已具有了较大的规模。

第一节 企业的开创

20世纪60年代初期，省电力公司及基层企业，组织职工家属开展生产自救。主办企业派少数职工负责管理。开始时，从事一些为电力生产和职工生活服务的劳务性工作，不久就办起了小工厂、小作坊，主要为本企业服务。生产上自主经营，经济上自给自足，积累一些资产，生产经营不断发展，到70年代，已先后办成70多个集体企业。

自1964年开始，一些企业工会组织家属成立生产自救办公室、家属科，开展生产自救活动。文化大革命时期，有的停业，但不久又恢复，并改称为“五七”连，为电力生产、生活服务，不久有的就组织成小作坊、小工厂。1964 年，吉林热电厂 30 多名家属开办多经企业，1968 年增加到 100 多人，1971 年办起豆腐加工厂，1974 年酱油厂正式投产。1964 年 8 月，长春发电设备修造厂 7 名家属创办家属厂，1965 年发展到 22 名家属，1975 年将家属厂更名为长春市水暖制品加工厂。1967 年，吉林火电工程公司 6 名家属用借来的两台手推车为用户送氧气，1968 年发展到 180 多人，1977 年，他们利用积累的 10 万元资金创办保温建筑材料厂。1965 年 7 月，吉林电业局由家属创立了水泥杆厂。1966 年，吉林省送变电工程公司 30 多名家属组织起来生产自救，1967 年 4 月成立小五金组，7 月改为五金厂为公司生产铁塔部件，1969 年改为长春铁塔部件加工厂。1966 年，省电力公司、长春电业局和长春电校职工家属，合办红旗橡胶厂。70 年代，白城、榆树川发电厂等单位创办了农场、养鱼场、养鸡场，从事农副业生产。

上述家属企业在 20 世纪 70 年代，先后转变成集体企业。至 1980 年底，省电力公司系统共有 76 个集体企业。这就是省电力公司系统最初的多种经营企业。这些企业自主经营，自筹资金，自我发展，为以后省电力系统多种经营发展打下基础，提供了经验。

第二节 企业的发展

安置上山下乡回城的知识青年和在城待业青年就业，为多种经营企业大发展提供众多的人力资源。省电力公司系统各单位派出各种专业人才，支持多经企业开展生产、经营、管理工作；分流主业职工、划出生产生活辅助部门组织多经企业，促进多经发展，壮大多种经营企业的力量，创造了多种经营企业大发展的条件。

一、安排知青就业

根据中共中央和国务院三结合就业的方针，从 1979 年开始，省电力公司系统的企业在已有的家属厂中安置知识青年就业，同时也创办新的劳动服务公司安置知识青年就业。为了搞好这项工作，1980 年，省电力公司成立了集体企业办公室，负责督促、指导基层企业工作。同年 12 月 22 日，省电力公司在白城市召开集体经济座谈会，省电力公司部分处长和基层单位领导参加会议。会上，省电力公司领导要求各单位发展集体经济，作到“肥水不流外人田”，在已有集体企业基础上创办新的集体企业，安排上山下乡知识青年。会议之后，长春、吉林、四平、通化、延边电业局等单位先后成立电气安装公司、电力工程队、劳动服务公司等集体企业。长春、辽源、二道江、白城发电厂和吉林热电厂，也先后成立劳动服务公司、生活服务公司、饮料厂、被服厂。至 1984 年底，省电力公司系统共有集体企业 199 个。吉林省集体经济管理局称这些企业为厂办集体企业；吉林省劳动服务公司(后改为就业服务局)称这些企业为劳动服务企业，电力系统内部叫多种经营或者叫“三产业”。

二、一业为主多种经营

1984 年，水利电力部提出“一厂两制”搞好多种经营。1985 年，水利电力部提出一业为主，多种经营，并且制定扶持集体经济发展的五十条规定。在这一方针指引下，省电力公司系统的电业局、发电厂等企业积极办起了开关柜厂、变压器修造厂、电线电缆厂、电机修理厂、粉煤灰制砖厂、粉煤灰水泥厂、粉煤灰化肥厂等企业。至1984年底，省电力公司系统内集体企业发展到266个。

随着国有企业改革的深入，省电力公司系统的基层单位又在物资经销、饮食服务、宾馆旅游、运输搬运等方面建立一批多种经营企业。至1985年底，省电力公司系统共有集体企业336个，其中第一产业有4个企业，第二产业有194个企业，第三产业有138个企业，所占比例分别为1.19%、57.74%、41.07%。

三、利用退役机组康复发电

1984年，省电力公司集体企业处受省电力公司领导指示和生技处、用电处、调度局、计划处、财务处共同研究，制定利用退役发电机组康复发电和电能销售方案，二道江发电厂退役发电机组首先实行康复发电。为与主业单位区别，二道江发电厂将退役康复发电机组组成桃源热电厂。之后，辽源发电厂成立龙山热电厂，龙井发电厂成立海兰江热电厂，白城发电厂成立鹤城热电厂，蛟河发电厂成立铁东热电厂，浑江发电厂成立河口热电厂，长春热电一厂成立春城热电厂，吉林热电厂成立龙潭热电厂。1988年，省电力公司将上述8个由退役发电机组组成的热电厂组建成吉林电力实业公司，1993年改制成吉林龙华热电股份有限公司。从1984年组织退役机组发电和部分主业部门划出搞多种经营后，资产全民所有、采用集体企业经营的多种经营企业逐年增加，全民职工分流也越来越多，省电力公司系统的多种经营企业迅速发展，至1990年底，省电力公司系统共有459个多种经营企业，其中全民性质的有59个。

四、加快发展多经企业

1991年，省电力公司为促进多种经营企业发展，贯彻电为核心，多种产业，三大支柱，协调发展的方针，将原来的集体企业处、多种经营办公室改组为副局级的集体企业管理局和多种经营管理局。

当年，能源部大连多种经营会议提出加快发展多种经营，省电力公司系统大力发展集体经济，调整多经企业产业结构，大量吸纳主业分流职工，壮大了多种经营企业。各发电厂、电业局将运行与检修、主业与辅助部门分开，成立独立核算的检修公司、燃料公司、物资公司等，至1995年底，省电力公司系统共有多种经营企业642个，其中，全民性质的多种经营企业226个。

1996年后，省电力公司系统多种经营企业在管理体制、经营方式上实行重组、合并、产权明晰改革。至2002年末，全省电力系统共有多种经营企业366个，其中全民性质的多种经营企业117个，具体情况见表12-1-1。

表12-1-1　　部分年份省电力公司系统多种经营企业统计　　单位：个

项目 数量 年份	企业数	按产业分组			按所有制分组					备注
		第一产业	第二产业	第三产业	全民企业	集体企业	股份公司	股份合作	境外合资	
1978	22									

续表

项目/数量/年份	企业数	按产业分组			按所有制分组					备注
		第一产业	第二产业	第三产业	全民企业	集体企业	股份公司	股份合作	境外合资	
1980	76									
1983	199									
1984	266									
1985	336	4	194	138						
1988	329	4	200	125						
1990	459				59					
1993	686	2	362	322						
1995	642	2	448	192	226	416				
1999	735									
2000	587	1	344	242	135	363	81	3	5	
2001	537	1	306	230	126	357	51	3		
2002	366		246	120	117	122	80	47		

第三节　职工队伍建设

省电力公司系统多种经营职工队伍，源于厂办集体企业家属职工；发展于劳动服务公司和厂办集体企业的知识青年和待业青年；主业职工分流，进一步充实、壮大多种经营企业的职工队伍。多种经营企业通过举办学习班、培训班、交流比赛，表演赛，组织企业职工利用各种机会努力自学，不断提高职工的文化理论水平和生产技术经营管理水平。

一、初建和发展壮大

1966～1978 年，省电力公司系统集体企业职工人数发展到 3871 人，这个时期是多种经营企业职工队伍的创建时期，职工以中年妇女为主，年龄偏大，文化较低。

1979～1985 年，多经企业大量安置知识青年和待业青年，不仅充实原有的以家属工为主的集体企业，又新成立一些以知青为主的集体企业，省电力公司系统的多种经营企业大发展，职工数量也大量增加。至 1979 年底，多种经营企业职工达到 7524 人，至 1985 年底，达到了 18 704 人。其中：集体企业正式工 14 110 人，临时工 1879 人，聘用人员 558 人，全民支援集体企业职工 2157 人。

1985 年以后，多种经营企业每年都有计划地安排职工待业子女和分流全民职工。

1987 年以后，全民性质的多种经营企业迅速发展，全民职工分流数量逐年增加，到 1994 年达到了最高峰，是年，省电力公司系统多种经营企业的职工达到 46 250 人，其中全民职工 21 282 人，集体职工 16 809 人。多种经营企业全民职工人数超过了集体企业职工人数。自 1995 年开始，全民性质的多种经营企业职工逐年减人，集体企业职工 1995

年、1996 年连续两年略微增加后也开始逐年减少，至 2002 年，多种经营企业职工总数达到28 159人，其中，全民职工 3871 人，集体职工 10 425 人。1967～2002 年多经企业职工统计见表12-1-2。

表 12-1-2　　1967～2002 年省电力公司多经企业职工统计　　单位：人

项目 人数 年份	全部职工	其中	
		全民职工	集体固定工
1967	121		
1968	212		
1969	400		
1970	756		
1971	937		
1972	1026		
1973	2151		
1974	2379		
1975	2934		
1976	3523		
1977	3672		
1978	3871		
1979	7524		
1980	12 525		
1981	13 639	1374	11 977
1982	14 838	1538	12 331
1983	16 934	1760	13 563
1984	17 456	1859	13 251
1985	18 704	2157	14 110
1986	18 881	1715	14 363
1987	20 444	1958	15 551
1988	22 108	3531	15 719
1989	24 181	3991	15 983
1990	26 162	4806	16 217
1991	30 144	8793	16 212
1992	36 030	12 426	16 532
1993	43 902	17 283	16 616
1994	46 250	21 282	16 809
1995	44 375	18 808	16 993
1996	40 933	15 658	17 102
1997	42 665	14 178	16 809
1998	39 876	13 355	16 381
1999	38 995	14 372	15 887
2000	34 699	12 932	11 929
2001	29 293	7751	11 395
2002	28 159	3871	10 425

二、培训和提高

多种经营企业职工队伍，文化、技术水平较低，为适应企业生产发展的需要，多经企业采取多种渠道多种形式培训职工。1988 年，省电力公司多种经营管理处下发文件，规定不脱离工作岗位，利用业余时间自学成才，取得文凭者，承认学历，报销学费，并给相应待遇。这项政策增强了集体企业职工学习的自觉性和积极性。

经过几年的培训，获得大专以上学历的有 162 人，中专学历的 375 人，技校毕业的 64 人，还有少数集体职工考上了研究生。

省电力公司多种经营企业，加强中国共产党、共青团、工会等组织建设。至 1989 年，多经企业中，有党总支、党支部 57 个，专职书记 11 个，兼职书记 59 个，党员 913 名，其中集体职工党员 223 名，占党员总数的 24.43%。

至 2002 年末，省电力公司多经企业有 7 名职工被评为电力部劳动模范，其中尚洪光、姜明举、张国等 3 名同志是集体企业职工，姜明举还获得了全国总工会授予的五一劳动奖章。

第四节 企 业 资 产

各级政府对厂办集体企业、劳动服务公司、富余职工办的多种经营企业实行不同的免征和减税等优惠政策、贴息贷款政策，帮助支援多种经营发展。从电力部、省电力公司一直到各主办局厂，制定许多扶持援助多种经营发展的有利政策和措施。有国家和主管企业的扶持，再加多种经营企业职工长期艰苦的辛勤劳动，使多种经营企业的资产得到积累和较快增长。

一、资产积累和增长

1964 年开始组织起来的家属厂，没有什么资产，直至 1968 年，才形成企业的资产，资产总和也仅仅 3 千元。这是 212 个职工多年劳动的结果。至 1970 年，他们的资产达到了 27 万元，其中固定资产 3.6 万元，净值 3.5 万元，流动资金 23.9 万元。1971～1978 年，集体企业的资产有了较大的积累和增长，增加 21 倍以上。1978 年，资产总值达 937 万元，其中固定资产原值 378 万元，净值 274 万元，流动资金 663 万元。这是当时 3871 名集体企业职工共同的财产，是 8 年来上千名职工共同劳动艰苦创业积累的成果。

1979～1987 年，劳动服务公司和厂办集体企业迅速发展，企业的资产积累和增长加快。1979 年底，企业资产总值达 1267 万元，固定资产原值 537 万元，净值 359 万元，流动资金 908 万元。到 1987 年底，企业的总资产达 9575 万元，固定资产净值 7106 万元，流动资产 2469 万元。九年的时间，企业资产增加数倍，显示了劳动服务公司和厂办集体企业——电气安装公司及线路施工公司为骨干的电力多种经营企业较强的生产能力。

1988 年以后，全民分流职工越来越多，企业的资产积累和增长又迎来一个高潮。1988 年底，企业资产总值超过亿元，达到 12 781 万元，固定资产净值 9274 万元，流动资产 3507 万元。到 1993 年，企业资产总数超过 10 亿元以上，达到 161 248 万元，固定资产原值达 62 438 万元，净值 35 919 万元，流动资产 124 317 万元，联营或长期投资 1012 万元。到 2002 年末，企业资产总数达 619 393 万元，这是省电力公司系统多种经营企业资产的第二次飞跃。1968～2002 年省电力公司系统多经企业资产统计见表 12-1-3。

表 12-1-3　1968～2002 年省电力公司系统多种经营企业资产统计　单位：万元

项目 数量 时间	合　计	其　中				
		固定资产原值	固定资产净值	流动资金	联营或长期投资	其他
1968	0.3					
1969	1.2		0.2	1		
1970	27	3.6	3.5	23.5		
1971	44	14	13	31		
1972	121	34	29	92		
1973	250	87	69	181		
1974	334	129	99	235		
1975	457	175	132	325		
1976	688	259	192	496		
1977	805	303	213	592		
1978	937	378	274	663		
1979	1267	537	359	908		
1980	1782					
1981	2892					
1982	4311	2180	1287	3024		
1983	5971	2784	2455	3516		
1984	6939	3856	3443	3496		
1985	8117	5984	4280	3837		
1986	9124		5938	3186		
1987	9575		7106	2469		
1988	12 781		9274	3507		
1989	13 959		10 344	3615		
1990	15 613		11 682	3931		
1991	16 154	16 233	10 837	5317		
1992	24 570	25 356	19 169	5262	139	
1993	159 044	62 438	35 919	122 113	1012	
1994	201 946	58 398	43 139	137 355	21 452	
1995	254 028	84 000	50 186	177 859	25 983	
1996	254 980	87 903	46 302	170 873	37 805	
1997	308 973	110 268	60 642	208 594	39 737	
1998	366 994	143 717	86 733	243 523	36 738	
1999	415 364	154 791	93 019	261 976	42 768	17 601
2000	536 978	278 366	156 413	278 669	48 575	53 321
2001						
2002	619 393					3979

二、加快资产积累的重要因素

多种经营企业资产的积累和增长是职工几十年劳动成果，但有几个重要因素，加快了资产的积累。

（一）国家优惠政策

自1979年以来，国家出台一系列支持劳动服务公司和厂办集体企业的免税减税政策、小额借款贴息政策。1997年，财政部颁发的文件规定，对厂办集体企业长期使用的国营企业资产进行清产核资、产权界定，无偿转给厂办集体企业。省电力公司系统多种经营企业仅此一项就得到2.4亿元税赋的减免，减轻多经企业负担，增强资产积累和增长的能力。

（二）主办单位的支持

省电力公司及所属企业，长期扶持多经企业。主要有以下几方面：①派干部、技术人员、技术工人同多种经营企业的职工共同创业；②提供场地、设备及其他物资；③实行肥水不流外人田，行业一定限度的保护政策，优先安排多经企业承担安装施工任务，优先购买多经企业生产的产品；④在资金紧张的情况下，各主办单位都能帮助多经企业解决资金周转困难。省电力公司自1986年开始，拨出一部分资金由多经处负责低息贷给多经企业开发新产品、新项目。

（三）经济发展创造有利时机

由于国家改革开放，经济大发展给多经企业提供了广阔天地，吉林省的电源电网建设和改造，给多经企业创造得天独厚的机遇和巨大的市场。

（四）多经企业自身的积累

国家的优惠政策、主办单位的支持、改革发展的机遇，为省电力公司系统多经企业资产积累和增长创造了条件，多经企业职工的艰苦努力，勤俭办企业，精打细算，减少生产成本，减少一切可以节省地支出，尽最大努力增加企业的积累，是多经企业资产积累和增长的主要原因。

第五节　组　织　领　导

多种经营企业组织领导是随着企业的不断发展逐步形成和建立起来的。从家属厂知青集体企业起，基层单位开始设劳动服务公司、科室专门组织领导集体企业；全民职工分流时，又设立了多经办公室。为统一管理多种经营企业，省电力公司建立了集体企业和多种经营企业统一管理的多经局，股份制和公司制改革后形成了集团化公司或总公司，管理多种经营企业。

一、省电力公司的组织领导

1978年以前，多种经营企业规模小，职工少，管理工作都是主办单位自行承担，生产组织与管理基本上由多经企业自主开展，主办单位指定的管理干部有专职的，也有兼职的。家属厂(科)，“五七”连，既是生产企业，也是管理机构。

自1979年起，多种经营企业快速发展，以安置知识青年为主的多种经营企业迅速崛起。为了适应这种形势，1980年，省电力公司成立了集体经济办公室。1981年，集体经济办公室改为集体企业处。1983年并入劳动工资处，对内叫集体企业科，对外仍保留集体企业处公章。1985年，集体企业科又从劳动工资处分离出来，恢复集体企业处，工作人员增加，逐渐配备生产、劳资、财务专业人员。集体企业处根据国家有关政策和省电力公司系统的实际情况制定发展集体经济，搞好多种经营的规定、办法、条例等，编制年度生产计划、利润指标、就业计划、工资基金计划、安全生产指标、新产品开发指标、培训计划等。

1988年，省电力公司成立多种经营办公室，加强本系统的全民所有集体经营的多种经营企业管理。这个办公室同集体企业处合署办公，一套人马。1990年5月30日，多种经营办公室改为多种经营管理处。1991年，将集体企业处和多种经营管理处改为省电力公司集体企业管理局和多种经营管理局，为省电力公司的副局级建制，省电力公司主管多种经营工作的副局长兼任局长。1994年，撤销副局级建制，名称职责不变。1999年改集体企业管理局多种经营管理局为省电力公司多种经营部，同年7月，多种经营部和吉林名门集团公司合并，内部设行业管理处，专门负责系统多种经营企业管理工作。

二、各主办单位的直接管理

各主办单位多种经营管理部门，随着企业的发展也相应变化。1979～1984年，各电业局基本上以劳动服务公司或一个较大的安装公司兼管局内的多经企业，1985年后，陆续建立了集体企业科，1991年起成立多种经营管理局。2001年后，成立了实业总公司或者集团(总)公司管理局内多经企业。

1980～1985年，各发电厂以劳动服务公司管理厂内多经企业，1985～1990年，以集体企业科管理厂内多经企业；1991～2002年，以实业总公司或多种经营总公司管理厂内多经企业。

电力建设工程公司、送变电工程公司、修造厂等单位，1980～1990年以劳动服务公司、集体企业科管理多经企业；1991～2002年以多种经营公司或总公司经营管理多经企业。

省电力公司集体企业、多种经营企业管理机构对多经企业主要开展以下几项工作：①和省电力公司内有关部门协调工程施工项目分配，物资设备供应加工；②掌管借贷扶持多经发展资金，向省政府有关部门争取联系劳动服务企业发展贴息贷款，负责按期归还；③生产施工企业的安全指导、培训、检查，组织开展安全竞赛活动，参与安全事故处理；④开展职工专业技术培训、职称评定，举办财务、劳动工资、物资、统计、审计、档案、企业整顿、标准化、厂长经理等学习班；⑤参与多经企业新产品开发、鉴定、评优；⑥编制系统多经企业生产计划指标、工资计划、劳动就业计划，做好职工调配审批；⑦建立集体企业职工老年保险制度，管理统筹基金(1996年以后此项工作由省电力公司劳动工资处管理)；⑧参照全民企业整顿验收办法，制定多种经营企业整顿验收标准实施细则，开展多经企业的整顿验收工作，随后又开展企业达标升级活动；⑨组织指导企业文艺体育活动，活跃职工生活；⑩指导多种经营企业改革，实行经营承包制、租赁制、经营负责制，指导产业结构调整，产品结构调整，建立股份制，股份合作制，实行经营集团化。

第六节 重点多经企业简介

省电力公司系统的多经企业先后共成立500多家。在这些企业中，有的企业在开发新产品、推广新技术、扩大生产经营规模、改革改制中，有独特的特点和成效。本节选择7个企业做简要介绍。

一、吉林保温建筑材料公司

吉林保温建筑材料公司初建时叫吉林保温材料厂，当时归吉林省火电工程公司管理，1984年12月，划归吉林省火电第三工程公司管理，1999年12月，划归吉林省电建总公司实业总公司管理。

1971年，吉林省火电公司家属工作科，利用家属积累的10万元资金，建立了保温材料厂，生产珍珠岩粉，当时填补了吉林地区的空白。1979年，保温材料厂转为集体所有制企业。1980年10月，该厂正式命名为吉林市保温建筑材料公司，有职工605名，设6个科室。该公司重视产品质量，加强质量管理。1983年，全国21个省市56个保温建材企业产品评比，该公司产品名列第一，被评为国家建材部优质产品；1986年，珍珠岩粉产品获国家优质银奖。公司自己研制的珍珠岩粉焙烧设备被建材部定为先进炉型，研制者孙洪德获水电部劳动模范称号。1995年，该公司进行产品结构调整，组织研制和生产出7种新产品，这些新型产品逐渐取代膨胀珍珠岩粉制品。

二、吉林热电厂多种经营总公司

吉林热电厂多种经营总公司成立于1990年，是由吉林热电厂劳动服务公司和全民预算外管理处(全民职工办的多经企业)等多经企业合并而成。

至2002年，该公司所属的多经企业已经创办和发展了36年之久。自1964年30多名家属开始创业，1980年建立综合服务公司，又成立吉林市江城酿造厂，龙云百货商场和龙裘服装厂等多个经济实体。1987年，他们将综合服务公司、联合企业公司合并成立吉林热电厂劳动服务公司(也叫集体企业总公司)。1990年，劳动服务公司和多种经营办公室合并成立多种经营总公司，统一管理全厂的多种经营工作。1998年，多种经营总公司对所属企业重新组合，成立吉林市龙电(集体)有限责任公司，公司下设工贸公司、东方公司、建筑公司、运输公司、修造公司，每个公司内部有多个经济实体。

三、吉林名门电力实业集团公司

吉林电力实业公司是1988年8月28日省电力公司兴办的多种经营企业，注册资本133万元，主要经营退役机组发电及承办计划外发电燃料。所属企业有9个发电厂、干洗公司、装潢公司、房地产公司等企业。

1993年3月，经吉林省体改委批准，实业公司作为发起人，以9个发电厂的净资产7381万元(经过评估升值到1.26亿元)作为出资，又募集职工个人股3600万元，其他法人股430万元，共同组建了吉林龙华热电股份有限公司，总股本共计16 630万元。1996

年2月27日，经吉林省体改委等5个部门联合批准，以实业公司为核心企业，组建集团公司，吉林电力实业公司更名为吉林名门电力实业集团公司。名门集团公司有资产12亿元，职工1045名，所属企业16家，其中工业企业4家，建筑安装企业4家，商贸企业2家，包括名门饭店有限公司在内的服务企业6家。此外，名门集团还涉足证券投资，同中国电力信托投资公司合作开展证券投资业务，还参股光大银行、交通银行和吉林风电股份有限公司。

名门集团控股的龙华公司发电量占全省发电量的10%；名门饭店是长春市首家五星级宾馆，长春盖普药业公司是开发生产生化药品为主的医药企业，药品销售20多个省市自治区。1999年9月，省电力公司对吉林名门电力实业集团公司进行重新定位，与省电力公司多种经营管理部合署办公，赋予了省电力系统多种经营行业管理的职能。

四、吉林风力发电股份有限公司

吉林风力发电股份有限公司是1997年6月16日由省电力公司组建的，是具有独立法人资格的经济实体，实行董事会领导下的总经理负责制，自主经营、独立核算、自负盈亏，是多种经营企业。公司股本金7400万元人民币，公司本部设有证券财务部、生产工程部、综合管理部，定员12人。1997年11月18日，经吉林省经济体制改革委员会〔1997〕61号文件批准，吉林风力发电股份有限公司开始运作，有关企业注册等一系列工作于同年年末正式完成。

五、吉林市电力实业集团有限公司

吉林电业局多种经营企业自创建以来，经过多年的发展，1998年6月18日，在吉林市工商局注册，成立吉林市电力实业集团有限公司。公司注册资金3100万元人民币。公司以建安、工业、商贸、物业四大产业为支柱，是集输变电设备安装、检修、调试，变压器、开关柜、电缆线、电力塔材、构架、保温耐火材料、硅橡胶系列产品制造，电力技术研制开发设计，建筑装修、房地产开发，商贸、餐饮、旅游服务和物业管理为一体的综合性公司。公司有71户独立法人企业，其中股份制企业有10户，有限公司17户。公司固定资产7128万元，从业人员2061人，2002年完成产值3.2亿元，实现利税5300万元。

六、长春电力设备修造总厂

长春电力设备修造总厂是长春电业局的一个多经企业，是1997年出资组建长春电力实业(集团)有限公司的5个成员之一。该企业是1993年由长春电业局全民性质的变压器修造厂和集体所有制电气修造厂合并而成的。原长春电业局变压器修造厂是1959年4月20日成立的，原长春电气修造厂是1966年3月成立的“五七”电器修造厂，两个企业合并后成为集体所有制的长春电力设备修造厂，职工总数230人，固定资产858万元。该企业的变压器生产能力，检修能力以及为用户服务的能力得到了较大的增强。1993～2000年，共生产制造66千伏、630～40 000千伏·安主变压器20台，SFZ9-31500变压器668台，SF7-6300/66变压器2台，SF-10000/66型变压器1台，SF92000-5000型变压器18台，S7-630/66型所内变压器2台，SFZ9-4型变压器3台，累计完成产值1.2亿元。

七、通化电力安装总公司

通化电力安装总公司，是通化电业局1979年6月1日在家属厂基础上成立的集体所有制企业，最初叫通化电业局知青综合总厂，1981 年 5 月更名为通化电业局电气安装公司，1989 年 9 月更名为通化电气安装公司。公司占地面积 8012 米^2，拥有固定资产 1500 万元。公司有送电处、变电处、汽车队、电力器材厂、建筑公司、印刷厂 6 个生产单位，职工 399 人，其中全民职工 3 人，集体职工 396 人，男职工 266 人，女职工 133 人，1995 年获国家二级资质建筑安装企业资格。公司从 1984 年承建 220 千伏送变电工程到 1998 年承建 500 千伏大型送变电工程，施工产值累计超亿元。1986～2000 年承揽的 26 项工程中，有 5 项获省电力公司优质工程称号，有 16 项获电业局优质工程称号，连续 22 年实现安全生产，安全纪录位于全省同行业首位。公司电力器材厂生产的电锅炉、各种型号的绝缘电线、电表箱、金具、塔材、变压比电桥等产品畅销省内外。2000 年 8 月，公司通过了 ISO 9002 国际标准质量体系认证。

第二章 经营范围与能力

国民经济的发展，众多电力工程开工，多种经营企业的生产经营领域逐步增多，从房屋建设维修到送电、变电、发电工程施工，范围不断扩大，施工难度不断提高，制造产品的品种和数量不断增加。在商业、饮食、旅店、运输等产业，经营业务也在不断拓展。为适应形势发展的需要，省电力公司的多种经营企业，壮大职工队伍，提高专业技术水平，生产、施工和商业、运输设备不断增加，性能大大提高，多种经营企业的生产、经营范围不断扩大，生产、制造、施工和服务能力不断提高。

第一节 生产经营范围

各电力多经企业，在创办初期，有的只能为主办单位、社会其他单位提供劳务服务，有的只能生产一些简单的产品。随着多经企业的发展壮大，职工技术水平的提高和设备能力的增强，生产经营的范围不断扩大。一些生产企业不断开发新产品，能够生产制造电力行业所需的电力变压器、开关设备、水泥电杆、输电铁塔，也能生产其他行业和社会所需的水暖制品、建筑材料、金属材料和生活用品。电建多经企业不但能从事工业与民用建筑，而且能承担输变电工程和发电厂工程施工。商贸多经企业发展也很快，商店、饮食、旅馆、服装、交通运输、装修、印染等行业相继开办。为改善职工生活，一些单位还办起了农场、渔场和养殖场。电力多经企业全面发展，真正实现了一业为主，多种经营。

省电力公司系统的多经企业，1964 年创建时，是为发电供电生产和电建施工服务的，最初只能制造小型设备，完成小部件、小构件加工和水泥杆制造。如长春电业局的红旗橡胶厂、吉林电业局的水泥杆厂、送变电公司的五金厂等都是围绕着电力生产建设而生产经营的。1970 年以后，火电公司的保温材料厂能生产珍珠岩粉及制品，吉林热电厂的东华氧气厂能生产氧气，江城酿造厂能生产酱油、大酱、咸菜，发电设备修造厂的水暖制品加工厂能生产水暖制品、线路器材。

1979 年，省电力公司系统内的各电业局相继成立了电气安装公司和劳动服务公司、电力器材厂、电力器材销售商店，直接参与了电网建设的安装施工，塔材构架加工。发电厂利用粉煤灰成立了硅酸盐制品厂、化肥厂，生产方砖、硅酸盐大块砖，农用化肥，利用热水建起了浴池对外开放，还建起劳动保护用品厂、服装厂、医院等。1984 年以后，各单位又相继开办了饭店、酒楼、旅社、宾馆、饮料厂、服装厂、鞋帽商店、五金商场、副食商店、百货商店等，并利用行业技术优势成立了电力设计室(院)、电力工程咨询服务部，热力工程公司、退役发电机组康复发电厂、循环水发电厂，养鱼场，钢管厂，运输公司。1989 年以后，有的发电厂、电业局建立了铁合金厂、电熔镁厂、电力铸造厂、钢厂。

1992年以后，发电厂和省电力公司对燃料、物资管理进行了改革，成立了燃料公司，物资供应公司，有的电业局又成立了变压器厂、电力设备制造厂、供电设备厂、房地产股份有限公司。1994年以后，有的单位又成立了铝塑门窗制造公司、塑料异型厂、塑钢门窗厂、大理石厂、墙体材料厂，弯管厂，出租车公司，职工培训中心，职工度假村。1997年，名门集团和延边电业局成立了国际旅行社，经营旅游业务。1999年，长春热电一厂、浑江发电厂、吉林热电厂又建立了游泳馆，向社会开放。

吉林电力多种经营企业生产经营范围从生活到生产，从发电、供电、安装、施工、修造，到设计、试验、教育培训，从产品制造到运输安装，从副食、百货、服装，到饭店、宾馆、旅行社、度假村，从第一产业到第二产业、第三产业。从城市到乡镇，各行各业几乎都是生产经营的范围。

省电力公司系统多种经营企业经营项目虽然多、范围虽然广，但都遵循一条原则，就是以电为核心，围绕着电这个核心向外延伸和扩展。

第二节 生产经营能力

初创时，吉林省的电力多种经营企业，以劳务为主，生产力低下。1979年以后，企业的施工能力逐年提高。随着生产辅助、附属部门的分离和富余职工的分流，多种经营的修造企业能力大大增强，退役机组发电使多种经营企业的生产能力又提高了一步。大型星级宾馆、度假中心的建成，招待所的改制和重新改建与扩大，提高了服务能力和服务质量。

一、企业生产

工业生产企业是省电力公司多种经营发展的主导企业。2002年实现总收入和利润分别占多种经营企业总收入和利润的78%和62%。其生产能力居多种经营企业之首。

省电力公司多经企业中工业生产企业有发电、供热、供电设备，机械加工制造，仪器仪表、塑钢塑管、保温建材、电线电缆、酿造、食品、印刷、服装等共有155家。

（一）热电生产

热电生产自1984年起逐步发展，经过扩建拥有桃源、龙山、鹤城、春城、五峰、铁东、河口、龙潭等8个热电厂，总装机容量达83.8万千瓦。另有双兴热电股份公司1.2万千瓦机组、风力发电公司3.006万千瓦机组、小水电0.76万千瓦机组，多经企业共拥有88.82万千瓦发电机组。2002年总收入达12亿元，利润0.8亿元，占全系统多经企业总收入的25%，利润的33%。

（二）设备制造加工

机械加工制造、供电设备制造主要为发电厂、电业局生产服务。长春、吉林电业局和送变电工程公司等主办单位的多经生产企业制造的变压器、高低压开关柜、电表箱、铁塔、变电构架、微波塔、硅橡胶避雷器、绝缘子、箱式变电站、塑铜线、聚氯乙烯绝缘护套线、JKy绝缘电缆、GJ钢芯铝绞线等产品，不但能满足省内电力系统的需要，而且能够外销。

吉林电业局有14户多种经营生产企业，能生产70多种产品，主要产品有220千伏及以下输电线路塔材、线路金具，年生产能力为1500吨；各种型号的高低压开关柜、箱式变电站等年生产能力1万多面(件)；各种型号、规格的变压器，S_7、S_9系列低损耗变压器，年生产能力为15万千伏·安；高压有机合成绝缘子等年生产能力为15000个；各种电压等级的合成绝缘金属氧化物避雷器年生产能力为1800个；硅酸铝耐火系列产品、岩棉系列产品、玻璃棉系列产品年生产能力为1000吨；各种规格塑料管材PVC塑料管年生产能力200吨；直条硬质阻燃管、半硬质盘圆阻燃管、民用自来水管年生产能力为800吨；预应力水泥杆年生产能力为1500根；高低压架空绝缘电缆、聚氯乙烯绝缘护套线、塑铜线、架空绝缘线年生产能力为8000千米；各种电压等级LGJ钢芯铝绞线年生产能力为3000吨；计量视窗专用玻璃片、DW-2智能电脑遥控控锁、台区测试仪等都具有一定生产能力。

送变电公司的长春铁塔厂有3条国际先进水平的铁塔加工数控自动化流水生产线，年加工能力为2.5万吨，2000年突破产值亿元大关，为全国铁塔加工企业六强之一。

(三) 设备配件制造

吉林热电厂多经企业电力设备修造厂制造两种钢球磨煤机复合衬板，年生产能力为4000吨，两种钢球磨煤机衬板年生产能力为5000吨，$\phi40 \sim \phi100$低合金铸铁球年生产能力为2000吨。

(四) 服装缝制

吉林热电厂龙裘服装厂有40多个产品品种，制作的纯棉免烫休闲夹克、2001款夏装、牛仔毓9721夏装标志服、9718秋培养装、9708秋冬装、9705春秋装年生产能力分别是6万套。防寒系列连接员皮夹克年生产能力为3万件，羽绒服年生产能力为3万件，棉派克服年生产能力为3万件，特防系列防静电工作服、防酸工作服、阻燃防护服年生产能力分别是6万套，卫生系列男女医生冬装、夏装年生产能力分别是8万件，医务帽、口罩、三角巾年生产能力20万个。

(五) 副食品、饮料制作

吉林热电厂酱菜厂有30多个品种，酱油年生产能力为4500吨，豆酱1700吨，醋650吨，咸菜150吨，是吉林市酿造行业龙头企业之一。

蛟河发电厂多经企业生产核桃乳年生产能力为800吨，矿泉水5000吨，饮料汽水9万箱。

(六) 粉煤灰综合利用

电力多经企业粉煤灰综合利用生产能力很强，长山热电厂生产425、325号水泥，年产3万吨，长春热电二厂生产混凝土制品，年产1万吨，浑江发电厂生产保温砖，年产2000米^3，吉林热电厂生产空心砌块，年产4500米^3。

二、电建施工

吉林电力多种经营电建企业施工能力，随着企业的发展壮大、技术能力的提高和机械装备数量的增加不断提高，1990年就已达到了承建高等级输电线路的能力。

（一）输变电工程

1979～1989年，省电力公司多经系统有14家电气安装公司，累计完成500千伏输电线路66千米，220千伏输电线路2072千米，66千伏输电线路4032千米，新建、改建变电所94座，总容量140万千伏·安。1989～1999年，省电力公司系统内多种经营施工企业能够独立承担500千伏及以下电压等级的送变电工程施工任务。期间共完成了送电线路施工6272千米，建成的10～220千伏变压器台、变电所总容量达695.8万千伏·安。

1990年，多种经营的建筑安装企业拥有各种机械装备4196台，总功率达11.7万千瓦。

吉林、长春、通化、四平、延边、辽源、白城、白山电力安装公司，1995年前后获国家二级资质等级的建筑安装企业资格，公主岭等5家电力安装公司，获国家三级资质等级的建筑安装企业资格。

电力安装企业中，施工能力较强的是吉林电力工程公司等16家建筑安装施工企业，其施工能力为年承担220千伏输电线路200千米，220千伏变电所一座，66千伏输电线路550千米，66千伏变电所5座，10千伏及以下输电线路1520千米，10千伏变压器台54个，通信微波线路200千米，土石方量3万$米^3$，房屋开发5万$米^2$的施工任务。长春电气安装公司等企业年施工能力为66千伏～220千伏输电线路150千米，66千伏变电所4座，10千伏配电线路施工年产值2.2亿元。白城电力安装公司1980年4月～2000年10月累计完成220千伏、66千伏输电线路721千米，1983年6月～2000年6月完成新建和扩建一次变电所、二次变电所主变压器14台安装任务。通化电力安装公司1986年6月～2000年11月完成66千伏、220千伏、500千伏输电线路616.8千米，光纤通信工程66千米，完成7座一次变电所、二次变电所的安装任务。

（二）土建工程

辽源发电厂的建筑公司是个三级国家资质标准的施工企业，能建设14层及以下楼房，单跨跨度24米以内的房屋建筑工程，高度70米以下的构筑物，建筑面积6万$米^2$以下的住宅小区或建筑群体。吉林热电厂的建筑公司是国家三级资质标准的企业，年均建筑楼房(7层以下)能力为3万$米^2$，2000年前已累计建楼面积达20多万$米^2$。

（三）火电工程

火电工程公司的多种经营施工企业能承担5万千瓦及以下火力发电机组，410吨/时及以下锅炉安装，240米及以下烟囱和3500$米^2$淋水面积冷却塔施工、12层和21米跨度以内的房屋建筑任务。1989～1999年共安装小型发电机组4台，各种锅炉55台。

三、开展服务

至2002年末，省电力公司系统独立核算的第三产业即服务行业企业共有120家，占企业总数的32.8%。

（一）商贸企业销售

电业局发电厂都有电器器材商店、建筑材料商店、百货副食商店、劳动保护用品商店、加油站等，经营上百个品种的商品，不仅为电业部门的生产生活服务，也为社会服务。吉林热电厂的龙云百货商场营业面积仅400$米^2$，2002年销售收入达到1031万元，利润 17 万元。浑江发电厂 2002 年煤炭经营收入 1894.6 万元，创利 151.8 万元。

（二）宾馆、游泳馆接待

宾馆、培训中心都具有接待中小型会议服务能力和一般婚宴能力。名门饭店和电力宾馆能接待较大型的会议。天池宾馆、辽源升华宾馆、延吉电力大厦、珲春电力大厦、向海培训中心、松花湖培训中心、净月潭培训中心，床位都在 100 张以上，拥有配套的餐厅、客厅、会议厅、健身房等，都具有接待中小型会议的能力。长山热电厂、吉林热电厂、双辽发电厂、浑江发电厂等单位的招待所、宾馆也都具有一定的建筑规模，都具备接待中小型会议的能力。

吉林热电厂的东方游泳馆主馆建筑面积 5497.7 米^2，馆内有长 50 米、宽 21 米的标准比赛池和长 21 米、宽 12 米的训练池，平均年接待泳客 1.2 万人·次，被国家体育总局游泳运动中心评为中国游泳协会指定游泳馆。浑江发电厂的白山游泳馆，1999 年 8 月开业，至 2002 年末，营业收入达 266 万元，上交税金 15 万元。长春热电一厂的游泳馆和双辽发电厂的游泳馆每年也接待大量泳客。

吉林热电厂丰满度假村坐落在松花湖畔，建筑面积 1400 米^2，有包房 36 套以及配套各项设施，年接待 4000 多人·次，能同时接待客人 300 人，东方大酒店有大型餐厅 3 个，大小高档包房 12 间，设备齐全，可供 1000 客人同时就餐。

（三）汽车运输

汽车运输队、汽车运行部、客运公司、运输公司、搬运公司等多种经营企业 20 多家，这些运输企业常年忙碌在燃料煤、燃料油、发电设备、供电设备运输及客运线上。

吉林热电厂的运输公司拥有货车、客车、吊车、铲车各种车辆 40 多台，2002 年总收入达 1100 万元，吉林实力客运公司管理着社会上的 718 台出租车的运营，1999 年被中共中央文明办授予全国精神文明创建活动示范点荣誉称号。2002 年年末，浑江发电厂运输处拥有装载车、自卸车各种设备 24 台，固定资产总值 400 多万元，年运输量达 50 万吨，2000 年 4 月进行股份制改造，成立了白山市赛利汽车运输有限责任公司。吉林电力建设公司的机械运输公司，固定资产有 3000 万元，拥有 15 吨翻斗车 14 台，推土机 4 台，挖掘机 4 台，自动装卸车 4 台，土石方机械作业配套机械 32 台，具有日挖掘运输 5000 米^{3}土石方能力。长春热电二厂设备维修公司汽车队，为储灰场倒库运煤灰年达 50 万米^3，收入 200 万元。

（四）房地产开发

房地产开发业逐年增加，辽源发电厂建筑公司 2002 年向社会开发住宅楼盘达 19 000 米^2，吉林热电厂房屋开发公司每年开发能力达30 000 米^2，长春电力集团 2000 年以来大力开发房地产业务，2002 年开发楼盘 5.8 万米^2。省电力公司物业总公司所属联华房地产开发有限责任公司，2002 年开发楼盘 10 万米^2，在长春市具有一定竞争实力。

第三章 多经企业管理

省电力公司多次调整多经企业的管理机构，增加编制，充实生产、财务、劳资等专业人员，加强对多经企业的指导、监督和管理。针对多经企业基础薄弱，管理不规范的局面，省电力公司对多经企业分批分期地进行了企业五项工作整顿和验收。在此基础上，制订多经企业的生产计划管理、人事劳动工资管理、财务审计管理等制度、规定和办法，有力地推动多经企业经营管理，促进多经企业发展。

第一节 财务工作管理

为加强多经企业财务管理和审计工作，省电力公司编制和实施多种经营(集体企业)会计核算制度，统一全系统多种经营企业的会计核算办法，建立集体企业管理费收缴办法和使用范围，建立集体企业发展扶持基金，制定使用扶持基金贷款暂行规定，制定集体企业审计工作暂行条例，建立多种经营企业的财务审计制度。

一、制度建设

1. 制定集体企业会计核算制度

1984 年以前，全国电力系统多种经营没有统一的会计核算制度，多经企业各自决定核算办法，管理分散、办法各异。为了改变这种状态，省电力公司集体企业处，组织专人根据吉林省工业、商业、建筑安装业的核算制度，结合省电力公司系统的多经企业实际情况，制定集体企业会计核算制度，这个制度经当时吉林省税务局审定，省电力公司和省税务局联合发文，要求全省电力多经企业执行，统一电力系统多经企业的会计核算。直到 1990 年中国电力企业联合会颁发了电力系统多经企业会计核算制度后，省电力公司制定的会计核算制度才停止执行。

2. 建立企业管理费收缴和使用制度

1984 年 11 月 3 日，省电力公司以吉电劳字第〔1984〕523 号文件下发吉林省电力公司系统集体企业上缴管理费的规定，规定集体企业上缴管理费数额控制在会计报告期总销售收入的 1%。其中，管理费总额的 20%上缴省电力公司，80%留在企业，供企业自身和企业主管部门使用。管理费来源于集体企业，使用于集体企业。省电力公司提取的管理费，主要用于企业职工培训，企业间的劳动竞赛，安全生产竞赛，新产品试制，新技术推广和购置技术业务学习资料、微机和办公用品。省电力公司还利用这笔资金组织集体企业职工开展文体活动，安全生产展览、摄制安全教育电视片等。这在省内外是第一家，得到了吉林省税务局、省集体经济办公室、省就业服务局的充分肯定和积极支持。

二、建立集体企业发展扶持基金

为支持多经企业发展，1986 年，省电力公司以吉电集企字〔1986〕377 号文下发《关于发放贷款的暂行规定》，建立集体企业发展扶持基金。省电力公司从企业自有资金中逐年安排一部分资金转借集体企业，由省电力公司集体企业处按照多种经营企业贷款申请报告酌情批准贷款数额，企业本着低息有偿使用原则，及时还款，这部分资金最终达到 600 万元。贷款方式分长期、短期和专项三种。贷款原则是急需项目，投资少、见效快、效益高，还款有保障，贷款范围是省电力公司系统内各类集体企业。具体项目包括设备更新改造，利用废气、废水、废渣开展的综合利用，为安置就业急需的小额周转金等；有力地促进了多经企业发展。在省电力公司的带动下，不少局、厂也建立了发展扶持基金。

三、产值、利润和纳税管理

多种经营企业的产值、利润、税收，年初由省电力公司多经处编制计划下达各企业，年终考核，根据完成情况实行奖罚。

1970 年前，多种经营企业的产值、利润、税金很低，经过 5 年的艰苦创业，产值、利润、税金有了较大的增长。1980 年，省电力公司系统多种经营总产值达 3132 万元，利税总额 573 万元，纳税 189 万元。1984 年，多种经营企业总产值突破亿元，达到12 182万元，利税总额达到 1547 万元，纳税 820 万元。1989 年总产值 3 亿多元，1993 年突破 15.6 亿元，利税总额达 8756 万元，税金 4334 万元。1995 年达到 24.4 亿元，利税总额达 21 539万元，纳税10 689万元，纳税第一次突破亿元大关。2002 年，多种经营企业总产值达到 48 亿元，利税总额 2.4 亿元。省电力公司多经企业自纳税开始至 2002 年累计交税超过 11 亿元，在全省各行业办的多经企业中是纳税最多，贡献最大的。

第二节　劳动人事管理

各单位多种经营企业经过五项整顿后，建立各方面的规章制度，夯实企业管理基础，劳动人事管理方面尤为突出。人事档案、职工登记手续、招工审批手续、职工调转审批手续等都一一建立起来。多种经营企业制定集体职工工资标准，建立了职工工资晋升制度，选择和培养了集体企业干部，严格集体企业职工调出调入审批，加强特殊人才招聘，建立集体职工老年养老保险基金，劳动人事管理不断加强。

一、安置知青就业，接纳分流职工

省电力公司根据各局厂的多经企业生产状况和知青与待业青年人数，分期分批有条不紊地安排他们就业，每年安排的指标随年度生产计划下达主办单位和多经企业，由主办单位多经管理部门组织实施、落实。各单位多经企业还配合主办单位，接纳分流富余职工，并妥善安排他们的工作。1981 年，省电力公司系统多经企业安置待业青年和职工家属超过 1 万人，1990 年达到 18 947 人。1994 年，接纳全民职工分流人数达到了最高峰。这一年，电力公司系统多经企业职工达到 46 250 人，其中全民职工 21 232 人，集体职工 16 809人。省电力公司多经企业安置了待业青年就业，接纳了分流的全民富余职工，为稳定社会和电力企业，为支持电力企业改革做出了努力。

二、严格集体企业职工调入审批

省电力公司制定了集体企业职工调入审批制度，下发各企业执行。各单位严格控制系统外职工调入，调入职工权力由省电力公司控制。自1983年开始，上半年和下半年各审批一次，1990年以后一年只审批一次。另外规定，调入职工必须按照工资额交纳养老保险金。这个制度的制定和实施有力地控制了系统外大量人员的调入，有利于企业的发展。

三、开展集体企业专业人员培训

省电力公司制定了专业人员培训制度，分期分批进行培训。集体企业处在长春电校、长春电力技校、吉林电力职工大学、吉林省工学院、吉林省二经学校等单位举办长期班、短期班，培训集体企业专业人员。1985～1990年，通过大专班、中专班、技校班等共培训1639人·次，取得文凭者601人，其他各种培训累计有17 486人·次接受了培训。

四、建立集体企业老年退休保险基金

集体企业职工以家属和知识青年、待业青年为主，他们担心老年生活没有保障。为解除他们的后顾之忧，省电力公司建立了集体企业职工老年退休保险基金制度。1985年10月30日，省电力公司和吉林省税务局以1985吉电企联字第638号文件下发吉林省各地市州县(市、区)税务局、省电力公司所属各单位贯彻执行。1990年，当年参加集体企业职工老年退休统筹基金人数为18 947人，退休人数为2717人，累计结余统筹金1332.7万元，2002年底，参加统筹人员14 630人，退休人数为4764人，当年支出统筹金2337.5万元，累计结余统筹金4904万元。1990年退休职工年均1253.62元，2002年退休职工年均4903.5元。这个制度的建立与实施对建立和谐家庭、和谐社会十分重要。建立集体企业职工老年退休保险基金制度具有很强的前瞻性、示范性和带动性，引起了吉林省法制局、吉林省集体经济办公室、吉林省劳动服务公司(就业服务局)和各厅局集体企业管理部门的高度重视，省内不少厅局和单位来省电力公司进行学习和探讨，华东、华中、华北等网、省电力公司的多经部门和电力企业也来学习和探讨。省电力公司集体企业职工老年统筹金支付情况统计见表12-3-1。

表12-3-1　1988～2002年省电力公司集体企业职工老年统筹金支付情况统计

时间 \ 数量 \ 项目	统筹人数(人)	退休人数(人)	支付退休金(千元)	累计结余统筹金(千元)
1988	16 932	2403	4605.7	2534.2
1989	18 386	2546	2351.2	2121.1
1990	18 947	2717	3406.1	1332.7
1991				
1992				
1993	16 616	3619	7102	9245
1994	16 809	3693	8607	13 216

续表

时间＼数量＼项目	统筹人数（人）	退休人数（人）	支付退休金（千元）	累计结余统筹金（千元）
1995	16 693	3835	9969	17 180
1996	17 102	3869	10 672	23 496
1997	16 609	3893	11 284	31 258
1998	16 381	4121	13 723	32 420
1999	16 176	4554	17 460	39 861
2000	15 950	4660	18 891	45 106
2001	15 177	4731	20 269	51 101
2002	14 630	4764	23 375	49 040

第三节　生产与安全管理

省电力公司系统的多经企业，不断强化生产管理，每年年初安排确定年度生产计划，安全生产、新产品开发等项工作。多经企业管理部门狠抓各项生产任务的落实，组织安全生产大检查，参与多经企业的新产品鉴定、基层施工企业的资质审定和工程施工任务分配，并提出分配建议，参与物资材料分配会议，帮助多经企业协商物资分配。各项生产指标，实行月、季、年报表，并开展年终评比。

一、完成生产指标

生产指标主要包括产值(产值包括商饮服务行业的销售服务收入)、利润、安全、新产品开发、粉煤灰利用，这些指标先由基层企业自己编报，再由省电力公司集体企业处审定汇编，下发执行，年终根据完成情况，进行评比和表彰。

省电力公司系统多经企业的产品，从 1985 年的 27 个品种增加到 1999 年的 742 个品种。这些产品有的满足了电力生产、建设的需要，有的满足了社会生产和人民生活的需要。退役机组康复发电，缓解了吉林省缺电的紧张局面，支援了工农业生产发展。省电力公司多经企业开发了名牌产品和先进的生产工艺，至 1999 年，已有 8 项产品获得省部优质产品称号。多经企业长春铁塔厂生产的输电铁塔，荣获国内、外用户一致的好评。该厂应用微机设计放样生产铁塔工艺填补了国内空白。省电力公司多经企业开办的第三产业，为吉林省增加了商贸、运输、餐饮、旅游资源。他们开办的农场、渔场和养殖业，为改善电业职工生活做出贡献。

二、综合利用粉煤灰

省电力公司每年拿出 200 万元资金开发利用粉煤灰。在优惠政策的鼓励下，各个发电厂都想方设法利用粉煤灰。长山热电厂生产出粉煤灰化肥；珲春发电厂生产出水泥；浑江发电厂生产出耐火砖；长春热电一厂、二厂，吉林热电厂，辽源发电厂等生产地砖、硅酸岩大块等建筑材料，利用粉煤灰改造农田、修路等。

三、产品开发和鉴定

各电力多经企业重视新产品开发。省电力公司集体企业处和各主办单位，帮助多经企业对新产品进行可行性、可靠性研究和论证，并出资帮助研制和生产，参与组织产品鉴定。

对于基层企业承揽工程和急需的物资，省电力公司集体企业处积极和有关处室沟通协调，尽量争取给予支持。

四、安全生产管理

为加强多经企业的安全工作，省电力公司印发安全生产文件、材料发至企业贯彻执行，开办安全生产培训班，学习各种安全规程，开展春秋季安全生产大检查或互查，根据不同类型的企业开展安全生产竞赛，年终进行评比奖励。省电力公司多经企业建立了安全事故通报制度，对事故及时进行通报。

自 1983 年开始，省电力公司集体企业处印发了有关电气安装公司、建筑公司和产品生产企业的安全生产规程及奖惩条例，发至各多经企业，组织学习，提高安全生产意识，加强安全生产的自觉性，省电力公司每年下达各主办单位多种经营年度工作计划指标中，包括了安全生产指标，即千人负伤率的控制指标，杜绝人身死亡和重大火灾事故，避免交通事故等，省电力公司多经企业加强了安全生产考核，以安全情况好坏确定多种经营企业负责人的奖惩。

省电力公司和各主办单位，对多经企业的安全工作抓的很紧。每年春秋两季，都要组织对多经企业的安全生产大检查，有时还组织各主办单位多种经营安全生产专责人员进行互查，查多经企业安全生产的漏洞、隐患，共同制定整改方案和措施。省电力公司根据企业的不同类型，制定不同的安全生产周期，在多种经营企业中开展安全生产周期活动。白城电气安装公司，创造了周期最长纪录。一些多经企业，加强了安全环境建设。长春铁塔厂 1990 年以来，企业安全技术改革和改造投资近 1000 万元，安全环境建设投资 540 万元，大大改善了劳动工作条件，为企业安全生产创造了有利的环境。

省电力公司和主办单位重视多经企业的安全培训教育，每年都在电力职工大学、电力学校举办 1～2 期安全生产学习班，培训基层安全工作人员，学习安全生产知识，学习抢救伤员的技巧和方法，提高紧急状况的处理能力。各多经企业利用电视片和展览开展安全教育。长春电业局和省电力公司多种经营管理处共同摄录了安全教育电视专题片《生死攸关》，举办了展览并在长春市工人文化宫进行为期半月的展出，组织了吉林、长春、四平、辽源等电力多种经营企业职工 2000 多人进行参观，接受教育。

省电力公司多经企业对发生的事故认真对待，严肃处理，从中吸取深刻的经验教训，决不轻易放过。1987 年 3 月 18 日，长春电气安装公司二道电气承装队发生一起 3 人死亡 1 人重伤的特大伤亡事故。事故发生之后，省电力公司系统多种经营企业认真分析事故原因，深入总结经验教训，消除不安全因素，在省电力公司系统多种经营企业中开展安全大检查，普遍进行一次安全生产教育，迅速扭转安全生产的被动局面。当年 5 月，省电力公司召开电力系统内的多种经营企业安全生产工作会议，对多经企业安全生产作出新的部署。是年 11 月，各主办单位举办安全生产学习班、研讨班，重点进行劳动保护政策研究和制度教育，安全技术知识教育，典型事故教育。

由于全省电力多经企业加强安全生产，安全形势有很大转变。1987 年底，白城电业局电气安装公司实现安全生产 2500 天，长春电业局劳动服务公司实现安全生产 400 天，浑江发电厂综合公司、四平电气安装公司实现安全生产 300 天。1985～2002 年，长春铁塔厂 18 年无重伤死亡事故发生，千人负伤率由 1985 年的 6.44%下降到 1998 年的 1.23%，1995、1999 年、2002 年三个年头里千人负伤率为 0，1995～1998 年被长春市政府授予安全生产“先进单位”称号。通化电力安装总公司，1979 年成立后，连续 22 年实现安全生产，安全记录列省电力公司同行业首位。1981～2002 年省电力公司系统多经企业职工伤亡情况统计，见表 12-3-2。

表 12-3-2　　1981～2002 年吉林省电力公司系统多经企业职工伤亡情况统计

项目 数量 时间	合　计 （人）	其　中			千人负伤率 （‰）
		轻伤（人）	重伤（人）	死亡（人）	
1981	227	211	12	4	16.64
1982	189	181	6	2	12.74
1983	174	155	18	1	10.28
1984	140	129	10	1	8.02
1985	117	104	11	2	6.26
1986	87	79	6	2	4.60
1987	83	69	8	6	4.06
1988	72	67	4	1	3.52
1989	63	56	4	3	2.74
1990	55	52	2	1	2.39
1991			2	1	2.40
1992			10	3	1.96
1993			2	1	
1994			5	1	
1995			2	1	
1996			1	5	
1997			0	2	
1998			0	0	
1999			0	0	
2000			0	1	
2001			0	0	
2002			0	0	

第十三篇　电　业　管　理

第十三篇 电 业 管 理

改革开放以来，吉林省电力工业发展很快，取得很大成就，进入20世纪90年代，继续前进，特别是电力工业管理体制改革，使企业管理工作发生了深刻的变化。1990年8月成立吉林省电力公司。1999年3月，改制为吉林省电力有限公司，是国家电力公司的全资子公司。2001年3月，政企分开，撤销吉林省电力工业局，其管电的行政职能移交给吉林省经济贸易委员会。2002年末，吉林省电力系统实现厂网分开，从2003年1月1日起，将火力发电企业全部划出。吉林省电力有限公司成为电网公司。

省电力公司系统由计划经济体制向社会主义市场经济体制转变，推进了企业管理观念的转变和各项管理工作的开展。1991～2002年，省电力公司系统企业管理工作，遵循建立"产权清晰，责权明确，政企分开，管理科学"的现代企业制度要求，推进现代化管理，确立企业管理以人为本，以市场需求为导向，以安全生产为基础，以提高经济效益为中心，使企业管理实现规范化、标准化和法制化。从计划、人事劳动、干部、财务、审计、物资、安全、行政、外事、法律、公安保卫等方面到开展双达标创一流活动，都取得了显著实效。

第一章 管理机构与体制

为满足改革和发展的需要，省电力公司设立了机关本部和基层单位，并随着改革和发展的深入，进行了相应的调整。1990年8月和1999年3月，吉林省电力公司和吉林省电力有限公司先后成立，原来的吉林省电力工业局和吉林省电力公司、吉林省电力有限公司并存。顺应体制改革的要求，吉林省电力工业局于2001年3月撤销。吉林省电力有限公司实行自主经营，独立核算，管理体制实现了根本性的改革。吉林省电力工业局撤销后，其管电的行政职能移交吉林省综合经济管理部门，实现了政企分开的改革。2002年，在国务院下发的《电力体制改革方案》实行厂网分开的总体要求下，至年末，国家电力公司完成了资产剥离和厂网分开的改革，从2003年1月1日起，厂网分开运营，吉林省电力有限公司成为电网公司。省电力公司还在发、供电企业实施新体制模式。在新建电厂实行新体制，老企业向新体制过渡，并在供电企业实行了"扁平式、本部化"管理改革，达到了精简机构，压缩定员，提高企业经济效益的目的。

第一节 机 构 设 置

自 1979 年 10 月起，吉林省电力工业的管理机构是吉林省电力工业局。为适应市场经济发展的需要，先后成立了吉林省电力公司和吉林省电力有限公司，和省电力工业局一套机构，一批工作人员，两块牌子。为满足工作的需要，省电力公司配有公司领导，并设有管理机构。1991 年时，设有 31 个处、室。1999 年 3 月有限公司成立后，公司本部二级机构调整为 21 个业务部门和 4 个专业化公司。

1991～2002 年，省电力公司所属基层单位发生了很大变化。由于体制改革，发电企业归属变化较大。12 年间，施工、修造企业进行了调整合并。公司所办几所职业学校和职工大学改为培训中心，子弟学校移交地方管理。随着改革的深入发展，又新成立了部分中介组织。

一、吉林省电业管理机构

吉林省电业管理机构，原名吉林省电业管理局，1979 年 10 月更名为吉林省电力工业局，既是国家的电力企业，也是吉林省的电业管理部门，具有管理职能，接受吉林省政府和东北电业管理局的双重领导。

为适应市场经济的发展，1990 年 8 月，吉林省电力公司成立，归属于中国东北电力总公司领导，吉林省电力工业局仍存在。随着改革和发展的深入，吉林省的电力体制改革进一步深化。1999 年 3 月 4 日，国家电力公司发出国电政法〔1999〕87 号文，决定将原由东北电力集团公司统一核算的吉林省电力公司改制为吉林省电力有限公司。同年 3 月 26 日，吉林省电力有限公司挂牌，是由国家电力公司单独投资设立的有限责任公司。有限公司成立后，吉林省电力工业局保留。随着政企分开改革的深入，2001 年 3 月 14 日，吉林省电力工业局撤销，其原管电的行政职能由吉林省经济贸易委员会收回。

根据 2002 年 2 月国务院下发的《电力体制改革方案》，吉林省电力有限公司实行了网厂分开的改革，将所属的发电厂，划转移交给有关发电集团公司。至 2002 年末，实现了网厂分开的改革目标，自 2003 年 1 月 1 日起，吉林省电网和发电厂正式分开运营。

1991～2002 年，李宝全、孙业堂、王炳华、张志厚、梁国庆、李书东先后任省电力公司(工业局)总经理(局长)，金凤祥等 14 人，先后任副总经理(副局长)、总工程师、总会计师和总经济师。1991～2002 年省电力公司行政领导更迭情况见表 13－1－1。

表 13－1－1 1991～2002 年吉林省电力公司(工业局)行政领导更迭情况

机构名称	姓 名	职 务	任职时间
吉林省电力公司(吉林省电力工业局)	李宝全	总经理、局长、总工程师(兼)	1990.8～1992.3
	孙业堂	副总经理、副局长	1990.8～1992.3
	金凤祥	副总经理、副局长	1990.8～1992.3
	刘立新	副总经理、副局长	1990.8～1992.3
	许 石	副总经理、副局长	1990.8～1992.3
		总经济师(兼)	1990.8～1991.2

续表

机构名称	姓　名	职　　务	任职时间
吉林省电力公司（吉林省电力工业局）	郭学崇	副总经理、副局长	1990.8～1992.3
	孟庆成	副总经理、副局长	1990.8～1992.3
	张焕然	总会计师	1990.8～1992.3
	陈兴铭	总经济师	1991.2～1992.3
	孙业堂	总经理、局长	1992.3～1997.4
	陈兴铭	副总经理、副局长	1992.3～1997.4
	金凤祥	副总经理、副局长	1992.3～1995.12
		总工程师(兼)	1992.3～1993.3
	刘立新	副总经理、副局长	1992.3～1993.3
	许　石	副总经理、副局长、总经济师(兼)	1992.3～1995.12
	郭学崇	副总经理、副局长	1992.3～1997.4
	孟庆成	副总经理、副局长	1992.3～1997.4
	张焕然	总会计师	1992.3～1995.12
	王炳华	总工程师	1993.3～1997.4
		副总经理、副局长	1995.12～1997.4
	刘立新	副总经理、副局长	1995.12～1997.4
	赵首先	副总经理、副局长	1995.12～1997.4
吉林省电力公司（吉林省电力工业局）	王炳华	总经理、局长	1997.4～1999.3
		总工程师(兼)	1997.4～1997.8
	陈兴铭	副总经理、副局长	1997.4～1997.12
	刘立新	副总经理、副局长	1997.4～1999.3
	郭学崇	副总经理、副局长	1997.4～1999.4
	孟庆成	副总经理、副局长	1997.4～1999.1
	赵首先	副总经理、副局长	1997.4～1999.4
	张立志	副总经理、副局长、总工程师(兼)	1997.8～1999.4
	张广智	副总经理、副局长	1998.1～1999.4
	李书东	副总经理、副局长	1999.1～1999.4
	董蕴华	总会计师	1999.1～1999.4
吉林省电力有限公司（吉林省电力工业局）	张志厚	局长	1999.3～2001.3
		总经理	1999.4～2001.3
	张广智	副总经理、副局长（2001.4～2001.7 主持工作）	1999.4～2001.7
	郭学崇	副总经理、副局长	1999.4～2000.8
	赵首先	副总经理、副局长	1999.4～2000.8

续表

机构名称	姓　名	职　　务	任职时间
吉林省电力有限公司（吉林省电力工业局）	张立志	副总经理、副局长、总工程师（兼）	1999.4～2001.7
	李书东	副总经理、副局长	1999.4～2001.7
	董蕴华	总会计师	1999.4～2001.7
	李大军	副总经理、副局长	2000.8～2001.7
	李　强	副总经理、副局长	2000.8～2001.7
	樊　军	总经济师	2000.8～2001.7
吉林省电力有限公司	梁国庆	总经理	2001.7～2002.12
	张广智	副总经理	2001.7～2002.12
	张立志	副总经理、总工程师（兼）	2001.7～2002.12
	李书东	副总经理	2001.7～2002.12
	李大军	副总经理	2001.7～2002.12
	董蕴华	总会计师	2001.7～2002.12
		副总经理	2002.1～2002.12
	樊　军	副总经理	2001.7～2002.12
	李书东	总经理	2002.12～
	张广智	副总经理	2002.12～
	张立志	副总经理、总工程师（兼）	2002.12～
	李大军	副总经理	2002.12～
	董蕴华	副总经理、总会计师（兼）	2002.12～
	樊　军	副总经理	2002.12～

注　2001年3月14日，吉林省电力工业局撤销。

二、省电力公司本部机构

省电力公司在总经理（局长）、副总经理（副局长）、总工程师、总会计师和总经济师之下，还设有副总工程师，副总会计师、副总经济师。1991年末时，省电力公司本部二级机构设有行政处、室27个，另外还有省电力工委，中共吉林省电力公司纪检组、机关党委、机关工会，省电机工程学会等部门。

为适应市场经济的发展，根据国家电力公司下发的《关于吉林省电力公司改制的决定》，1999年3月，省电力公司由东北电力集团公司统一核算的公司改制为国家电力公司单独投资设立的有限责任公司，实行独立核算。省电力公司本部的二级机构改为业务部。1999年年末时，共有二级业务部门21个，专业化公司4个，另外还有中国水利电力工会吉林省委员会和中共吉林省电力公司纪检组等部门。至2002年末，省电力公司本部的独立二级行政机构调整为20个，另有专业化公司2个，多经公司一个，还有中国水利电力工会吉林省委员会和中共吉林省电力公司纪检组等部门。1991、1999年和2002年省电力公司本部机构设置见图13-1-1～图13-1-3。

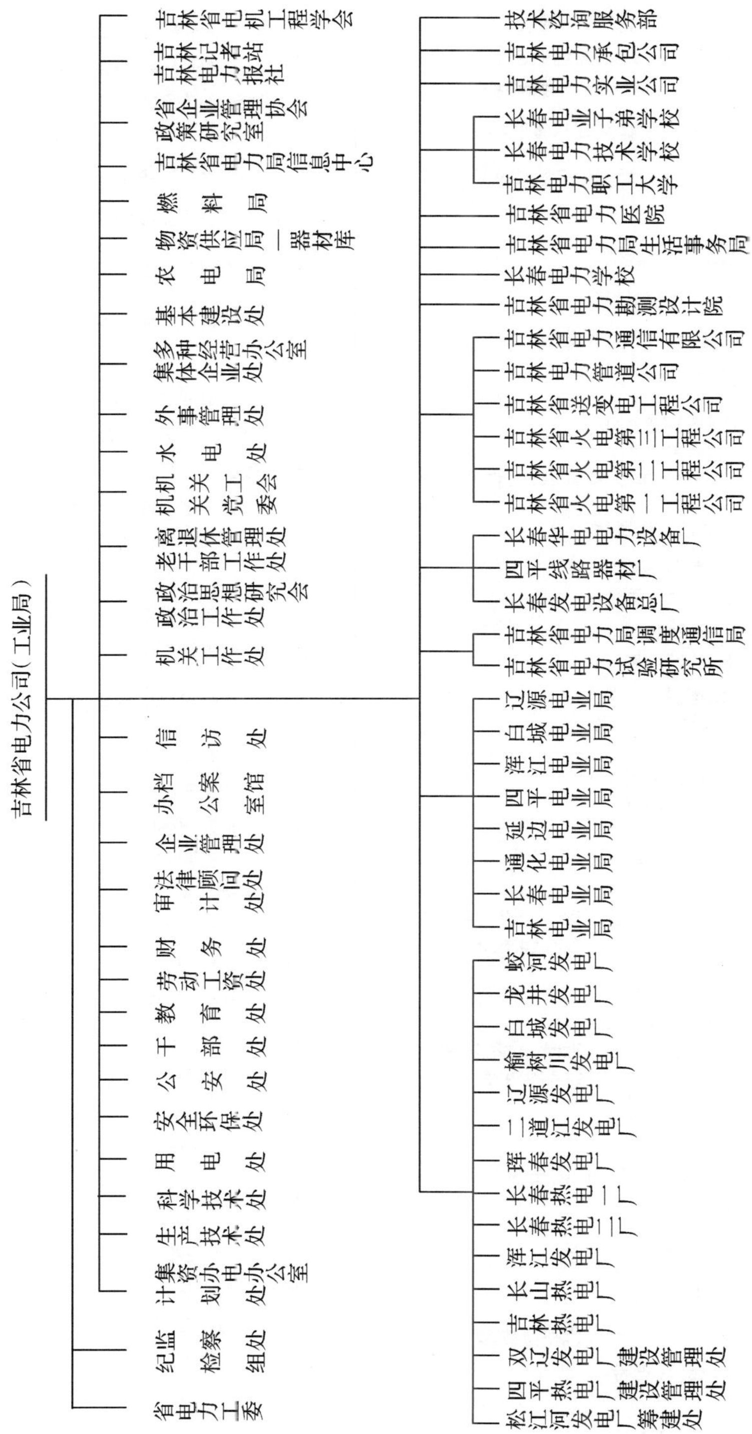

图 13-1-1　1991 年吉林省电力公司（工业局）机构设置图

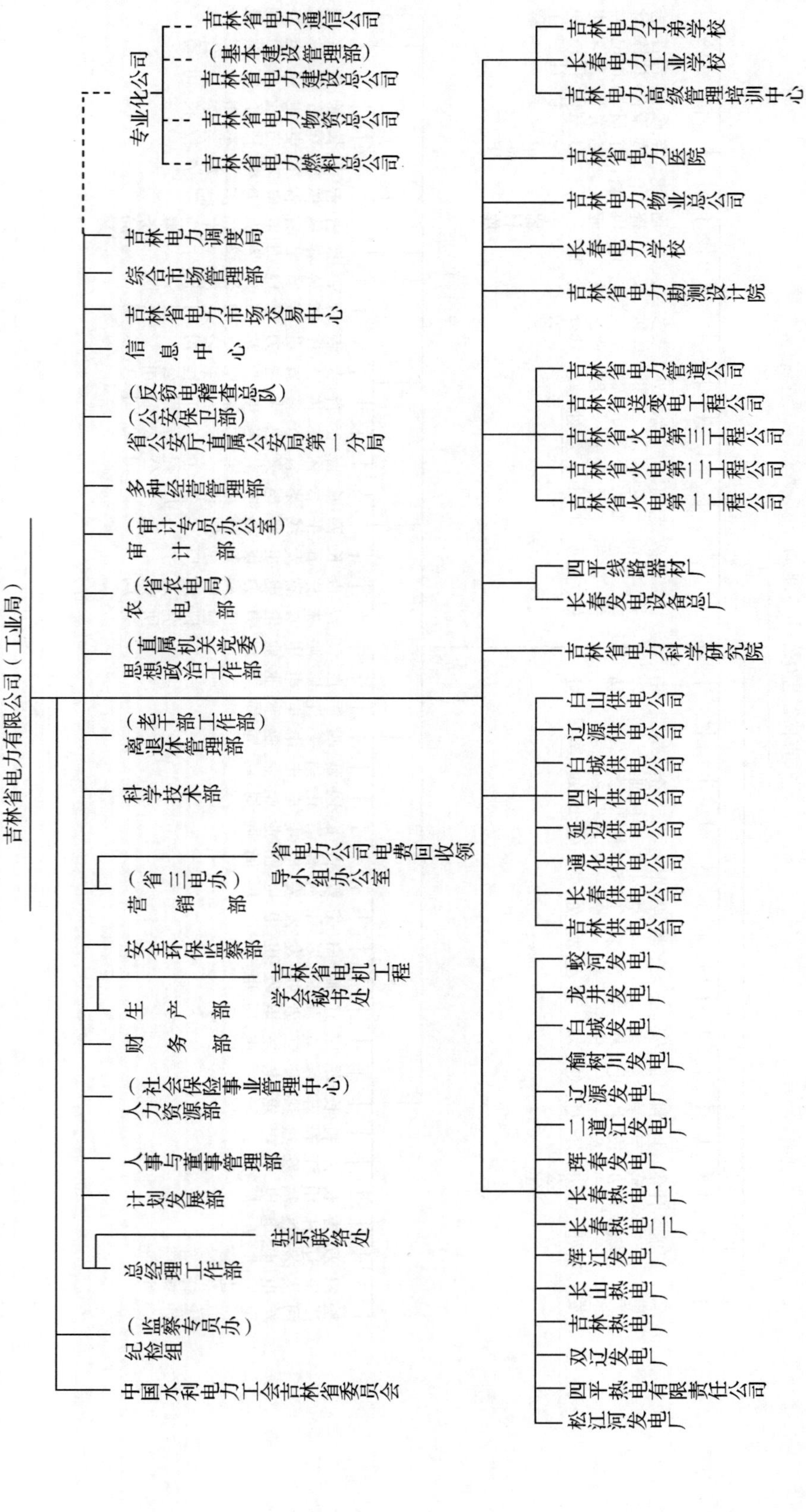

图 13-1-2　1999 年吉林省电力有限公司（工业局）机构设置图

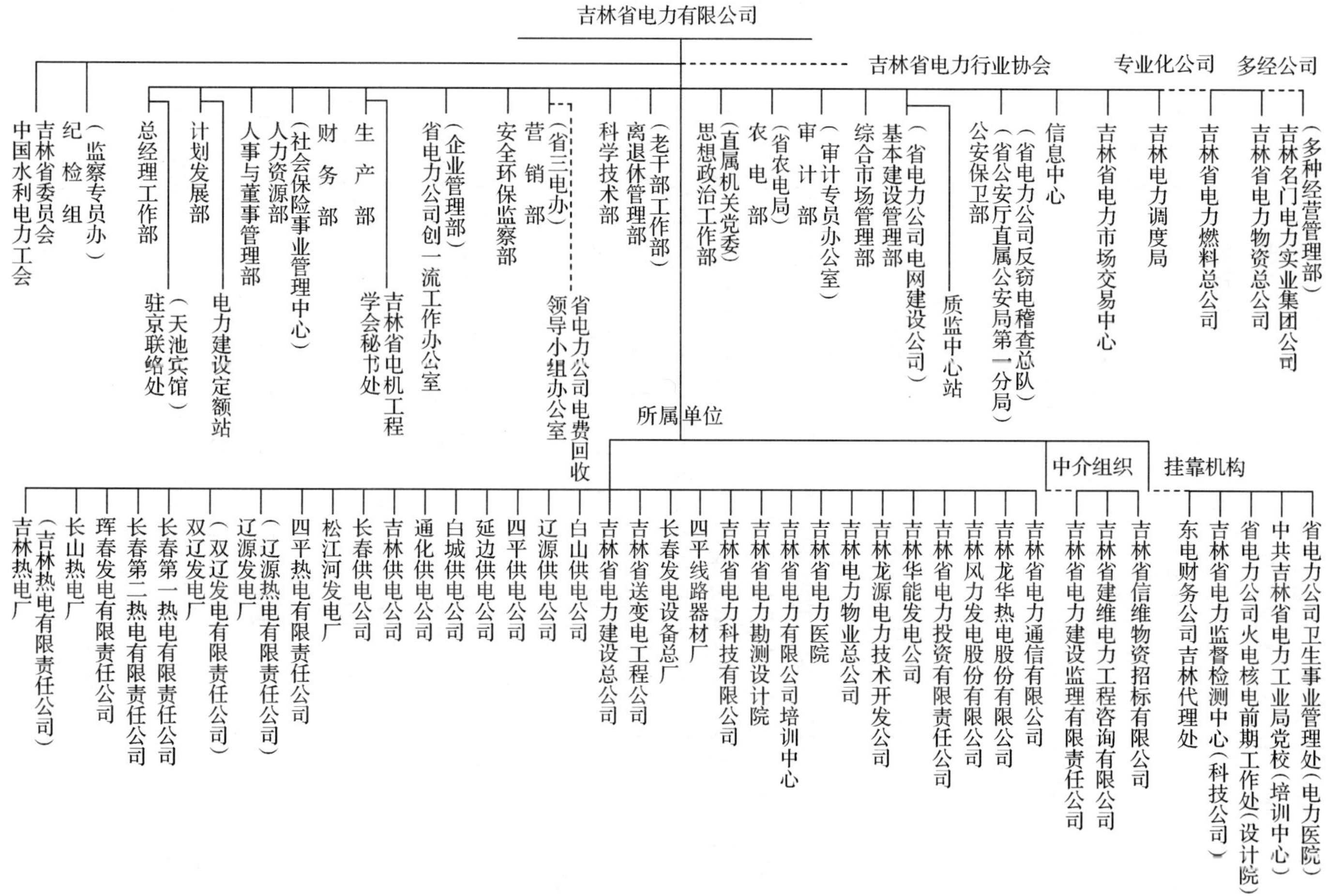

图 13－1－3　2002 年吉林省电力有限公司机构设置图

注：白城供电公司是白城和松原两个地区的跨区供电公司。供电公司保留电业局牌子；吉林省电力建设总公司保留吉林省火电、第一、二工程公司牌子；吉林省电力科技有限公司保留吉林省电力科学研究院、吉林省电力建设调试研究所牌子；吉林省电力有限公司培训中心保留吉林电力职工大学、吉林电力职工中专学校、长春电力学校、长春电力工业学校、吉林广播电视大学吉林省电力有限公司工作站、吉林省电力职业技能鉴定中心站、吉林省第一供用电国家职业技能鉴定站、吉林省电力有限公司培训中心计算机信息技术考试站牌子；吉林省电力通信有限公司保留吉林省电力通信公司牌子。

三、所属基层单位

1991～2002年，随着改革的深入发展，省电力公司所属单位发生了很大变化。1991年，省电力公司有发电企业12个，供电企业8个，基建修造企业8个，学校4所，科研设计单位2个，其他单位10个。至2002年，由于产权的置换，有的发电企业不再归省电力公司所属。至此，省电力公司所属发电企业只剩下9个，由于调整、合并，使电建修造企业由1991年的8个，减少至4个，省电力公司直属的4所学校，有一所移交地方，有3所变为培训中心，并出现了中介组织3个，挂靠机构5个。8个电业局在数量上没有变化，但先后加挂了供电公司名称。有一些发电厂则加挂了发电有限责任公司名称。其他有关单位共有11个。1991年、1999年和2002年省电力公司所属单位见图13-1-1～图13-1-3。

第二节 体 制 改 革

省电力公司系统，按照国务院管理体制改革方案，自1988年起进行了公司制改革，并于2001年3月，撤销吉林省电力工业局。同时成立了吉林省电力行业协会。2002年，省电力公司按照国务院《电力体制改革方案》要求，实行了"厂网分开"，从2003年1月1日起，将火力发电企业全部划出。省电力公司成为电网公司。为减少人员，提高效率，1997年9月，省电力公司在发、供电企业实施了新体制模式，通过这一改革，精简了机构，压缩了定员，增强了竞争意识，为提高企业的竞争能力奠定了基础。

一、政企分开

（一）吉林省电力公司成立

1988年10月21日，国务院颁发《电力工业管理体制改革方案》，提出了"政企分开、省为实体、联合电网、统一调度、集资办电"的20字方针和"因地因网制宜"的原则。根据这一方针，1989年3月8日，东北电网经过权衡，东北电力公司、省电力公司对东北电网的体制统一了意见，要"实行统一电网、统一调度、统一计划、统一核算"，"网局所在地不成立独立的省局"。

1990年8月4日，中国东北电力总公司成立吉林省电力公司，是有限责任公司，是中国东北电力总公司领导的公司，在总公司内实行分级核算，具有法人资格。同年8月9日，召开了吉林省电力公司成立大会，并举行挂牌仪式。公司成立后，吉林省电力工业局的名称仍存在，行使省政府的管电职能和行业归口管理职能。

（二）吉林省电力有限公司成立

1999年3月4日，国家电力公司下发《关于吉林省电力公司改制的决定》，并批准了《吉林省电力有限公司章程》，"将原由东北电力集团公司统一核算的吉林省电力公司改制为吉林省电力有限公司"。该公司"是由国家电力公司单独投资设立的有限责任公司，是国家电力公司的全资子公司"，实行独立核算。同年3月26日，公司挂牌，4月1日开始按新的体制运营。

吉林省电力有限公司成立后，长春、吉林、通化、延边、白城、四平、辽源、白山等8个电业局，相继加挂了长春、吉林、通化、延边、白城、四平、辽源、白山供电公司名称。吉林热电厂加挂了吉林热电有限责任公司牌子，珲春发电厂改为珲春发电有限责任公司，长春第二热电厂改为长春第二热电有限责任公司，长春第一热电厂改为长春第一热电有限责任公司，双辽发电厂加挂了双辽发电有限责任公司牌子，辽源发电厂加挂了辽源热电有限责任公司牌子，浑江发电厂改为浑江发电有限责任公司，二道江发电厂改为二道江发电有限责任公司。

2001年3月14日，国家经济贸易委员会下发国经贸电力〔2001〕236号文件，撤销了吉林省电力工业局，将其原管电的行政职能移交给吉林省经济贸易委员会。

省电力工业局撤销后，省电力公司下属的8个供电公司(电业局)，其电业局的牌子仍保留。

（三）吉林省电力行业协会成立

2000年初，省电力公司设立电力行业协会筹备办公室，在征得吉林省经贸委同意的情况下，拟将原吉林省电力企业协会更名为吉林省电力行业协会。此意向报给吉林省民政厅民间组织管理局后，得到了支持并给予登记注册。吉林省电力行业协会的成立，为实施“政府宏观管理、企业自主经营、行业协会自律服务”的新型电力体制格局创造了条件。

2001年6月8日，吉林省电力行业协会成立暨第一届委员会代表大会在长春召开，大会经过协商、酝酿后，通过了大会《工作报告》和《吉林省电力行业协会章程》以及理事单位、常务理事单位和常设机构负责人名单。中电联、省经贸委、省电力公司有关领导出席了揭牌仪式并讲话。省民政厅和省经贸委有关领导宣读了《关于同意吉林省电力企业管理协会更名为吉林省电力行业协会的批复》和《关于委托吉林省电力行业协会履行有关电力行业管理职能的通知》。

吉林省电力行业协会由省电力公司发起并成立，是自律性、非营利性的行业协会组织，代表全行业的共同利益，发挥政府与企业，企业与企业间的桥梁、纽带作用，维护电力企事业单位的合法权益。

二、网厂分开

2002年2月，省电力公司根据国务院下发的《电力体制改革方案》和国家电力公司统一安排，实行了厂网分开的改革。

按照国务院文件国办发〔1998〕146号《关于深化电力工业体制改革有关问题的意见》，从2001年1月1日起，省电力公司将浑江发电有限责任公司、二道江发电有限责任公司划归吉林省能源交通总公司。

按照国家电力公司文件国电总〔2003〕1号关于印发《国家电力公司发电企业划转移交实施方案》的通知，从2003年1月1日起，将长春第二热电有限责任公司、四平热电有限责任公司、珲春发电有限责任公司、辽源热电有限责任公司、长山热电厂两台20万千瓦机组划归中国大唐集团公司；将双辽发电厂、吉林热电厂两台5万千瓦机组划归中国国电集团公司。长春第一热电有限责任公司，长春市建设投资公司拥有股权75%，省电力公司拥有股权25%。从2003年1月1日起，省电力公司拥有的25%股权，划归中国大唐集团公司；长山热电厂两台10万千瓦机组仍属于华能公司。从此，省电力公司直属的发电企业只有松江河发电厂(水电厂)。

白城发电厂、龙井发电厂、蛟河发电厂于2002年3月18日注销了其企业名称并划入省电力公司下属的龙华热电股份有限公司。

三、发、供电企业实施新体制模式

为解决企业办社会问题，减轻企业沉重负担，提高劳动生产率，省电力公司系统发供电企业，按照省电力公司的统一部署，在新厂实行了新体制，老企业向新体制过渡。通过新体制模式的实施，实现减人与提高效率，精简机构，压缩定员，划清主业范围，增强竞争意识，为提高企业效益奠定了基础。

(一)"新厂新制"管理模式的实施

为转换企业经营机制，适应社会主义市场经济的发展，省电力公司在新建的双辽发电厂、四平热电厂和松江河发电厂实行了新管理办法，按精干高效、运转灵活、政令畅通、决策迅速的原则设置电厂主体部分部室机构。电厂不再单独设立大修队伍，主设备大修实行外委外包。对于从电厂分离出来的生产和生活服务性工作，也实行外委外包。对于一时不具备外委外包条件的电厂，暂时设立了关联公司。实行"新厂新制"的电厂，严格按照新的定员标准配备人员，严格把关，择优选调，配备符合要求的高素质各类人员。

双辽发电厂在吉林省第一个实行了"新厂新制"。电厂负责统一组织和管理发电生产运行、经营工作，具体承担机、炉、电、化、水、除灰系统运行及热工、通信、电气试验、化学、水工、除灰系统的检修。按照"新厂新制"，能够利用社会协作条件的，则采用发包或外委。但是双辽发电厂所处的环境，不具备协作条件。为了保证该厂实行新的管理办法，确保电厂主体的正常运转，组建了双辽发电厂关联总公司。生产和生活服务性工作从电厂分离出来，由关联总公司承担。双辽发电厂2台机组运行后，生活福利设计定员为1616人，按照1983年部颁定员标准核定的生产定员为1826人。实行"新厂新办法"，双辽发电厂定员为486人，其中管理人员101人，生产人员385人。关联总公司定员641人，其中管理人员75人，生产和服务人员566人。4台机组全部投入运行后，到2000年末，双辽发电厂定员为854人。

四平热电厂、松江河发电厂也实行"新厂新办法"模式，并结合本厂实际制定了一些具体措施。

实行"新厂新办法"之初，双辽、四平、松江河电厂的设备大修，分别由长山热电厂、长春热电二厂和浑江发电厂检修公司承包，四平热电厂的机械加工、生活后勤等方面的工作，由四平线路器材厂承包。

(二)发、供电企业新体制改革

1997年9月5日，省电力公司以吉电劳〔1997〕72号文下发了《发、供电企业新体制模式方案》，界定了主业的范围及主要工作内容，明确了机构设置模式、岗位编制及岗位主要职责、主业定员标准等。从组织上为实行"新厂新制"，老企业向新体制过渡，推进主辅分离，为企业不办社会提出了依据，创造了条件，为杜绝有事无人管，有人无事做和人为增设机构、增加人员的现象提供了保证。省电力公司要求各发、供电企业于1998年全部实施到位。

省电力公司对各发、供电企业的实施方案进行了认真严格审核，对基层企业及时进行指导。1998 年 11～12 月，省电力公司组织有关人员对全公司发、供电企业实施新体制模式工作进行检查验收，结果，各单位都达到了预期的效果。

实施新体制模式取得显著成效。①建立了配套的规章制度，基础管理工作上新台阶。按照新体制的要求，各发、供电企业制定并实施《依靠科技进步，加强培训，提高职工素质，实现深层次减人与提高效率的规划》等文件，有的企业还制定并实施了《岗位培训管理制度》和《跨专业岗位轮换培训管理办法》，使基础管理工作走上了标准化、制度化和规范化。②统一模式，精简机构，压缩定员。各发、供电企业做到了机构、定员、定岗、职责四到位，实现了同一化和规范化。全公司 20 个发、供电企业减少二级机构 125 个，占原机构总数的 15%；压缩定员 1905 人，压缩比例为 5.6%。减少主业人员 5577 人，压缩比例为 24.5%；安置富余人员 3693 人，使下岗人员减少为 765 人。③划清主业范围，规范主业定员，分离富余人员，使主业与分离部分在人、财、物的管理上基本划开，向建立现代企业制度实行老厂新制方向迈出了一大步。④建立竞争上岗，实行动态管理的用人机制。按岗位规范和定编要求，对新设岗位，缺员岗位，多员岗位都实施了双向选择，竞争上岗。全公司有 1 万多个岗位实行了竞聘，有 1561 人在竞聘中下岗，有 22 001 人在竞聘中上岗。⑤增强了竞争意识，转变了择岗观念。通过竞聘上岗，职工的竞争意识大大增强，推动了职工的技术业务学习，建立起了竞争机制和激励机制。职工择岗能够向苦、脏、累、险岗位流动。

（三）供电企业“扁平式、本部化”管理改革

为了建立适应电力市场需求的新的管理体制，提高经济效益和服务质量，辽源、四平、白城、通化、白山、延边等供电公司自 2000 年开始，实行了“扁平式、本部化”管理改革。改革的核心内容是减少城区供电管理层次，撤销城区供电分公司，重新组建城区营业所，在供电公司本部增设客户服务中心、营业科、电能计量科、市场开发与负荷管理科、电费结算中心等部门，并组建配电公司。管理体制改革后，各供电公司除营销部门增加了定员编制外，其他部门都精简了机构，压缩了定员。全公司总体减员 10%。

第二章 计 划 管 理

进入20世纪80年代，国家实行改革开放，中共吉林省电力工业局党组提出“东水、西火，中部热电联产”发展战略，规划、安排实施并建成一批大中型电源建设和电网建设项目，1990年与1980年相比，500千瓦及以上发电设备装机容量增长1.1倍，发电量增长55.86%，全省用电量增长91.50%，严重缺电状况得到初步缓解。1991～2000年，全面规划一大批大型发电、送变电工程建设和改造项目，继续拓宽资金渠道，加大前期工作力度，推动工程付诸实施；生产计划从粗放型向集约型转变，逐步建立目标、指标管理体系。2000年与1990年相比，6000千瓦及以上发电设备装机容量达到843.04万千瓦，增长77.46%；发电量增长66.09%，由于东北老工业基地因进行结构调整，经济发展不景气，用电量只增长53.10%；同期建成一批20万～30万千瓦机组和220千伏、500千伏送变电工程。电网结构得到改善，经济效益进一步提高。

1991～2002年，省电力公司在国家电力工业体制改革中，改组为国家电力公司的国有全资子公司企业，称吉林省电力有限公司，为谋求国有资产的保值、增值，以提高经济效益为中心、做大做强，在电力供需相对饱和条件下，从注重电源建设转向电源电网建设与生产效益并重，改造和淘汰老小机组，对机构、职能进行多次调整，计划管理部门成为省电力公司经济管理与策划企业发展的重要机构。

第一节 管理机构与职责

1980年以前，计划处的职责是制定全省电力工业发展规划；安排和下达年度基本建设计划和生产计划；负责局属生产、经营管理各处室的指标数据综合统计。处下相应设置规划科、基建计划科、生产计划科、统计科。计划管理执行国民经济按比例发展的指令性原则，受政治因素的影响和制约，波动很大。1981～1990年，国家和电力主管部门相继出台了“拨款改贷款”，“多种形式办电”，“以计划经济为主，市场调节为辅”，“大方面管好，小方面放开”等改革方针和政策。计划处抓住机遇加大计划(规划)和基本建设前期工作力度，利用煤代油基金、外资、合资、贷款等多种方式，完成了一批大中型电源工程建设与改造项目；生产计划管理实现了从单一的指令性计划转变为基本计划与调节计划并重的变革，制定了在完成基本计划前提下，开展带料加工和发议价电的措施，调动基层局厂多发、多供的积极性，努力保障电力社会总需求与总供给的平衡。

1991～2000年，电力工业按照“政企分开、省为实体、联合电网、统一调度、集资办电”的20字方针和“因地因网制宜”的原则，加快“公司制改组、商业化运营、法制化管理”进程。期间，省电力公司根据改革进程，相继对计划处(部)机构与职能进行了调整。

1992年8月，省电力建设局成立，基本建设计划职能从计划处划出(1997年7月，电力建设局撤销后，基本建设计划管理划入基建管理部)。

1993年，省电力公司各处、科统一升格，计划管理机构改称计划发展部，下设规划处、生产计划处、综合统计处。

1994年，省电力公司为适应电力建设投资体制改革和地方及企业自备电站建设工程归口管理的需要，计划部增设项目管理处、地方电力处。

1997年6月16日，省电力公司计划发展部拆分为计划综合部与规划部。计划综合部下设生产计划处、项目管理处(集资办电办公室)、综合统计处、地方电力处、房产政策办公室等5个处室，定员16人；规划部下设电源规划处与电网规划处，定员6人。

1999年7月5日，省电力公司将计划综合部与规划部合并，成立计划发展部(基建计划管理职能从基建管理处划回)，下设规划处、投资计划处(含技术经济管理)、生产计划处、项目管理处、综合统计处、派驻董事秘书处等6个处室，定员25人。其职能是：①制定省电力公司发展战略、经营战略、改革战略；②负责电力市场研究、预测、新能源规划；③拟定电力发展中长期规划和电网建设规划；④制订年度电力投资计划和相关产业项目投资计划；⑤负责电力投资项目的初可研、初步设计审查；⑥负责生产计划及线损指标管理和综合统计；⑦负责投资项目派驻董事的日常管理、协调、服务工作。

2001年5月，计划发展部增设技术经济处(吉林省电力建设定额站挂靠计划发展部)，共8个处(站)，31人。技术经济处职责：①认真贯彻落实国家有关方针政策及行业、地方有关法规及规定；②负责省电力公司全资、控股、参股及委托管理的基本建设工程项目的技术经济管理工作；③负责省电力公司基本建设工程技术经济管理标准、办法的制定和执行情况的跟踪考核工作；④负责确定和下达省电力公司管理的基本建设工程项目(初)可研估算和经济评价原则，组织审查、批复或上报估算；⑤负责确定和下达省电力公司管理的基本建设工程项目初步设计技术经济部分编制原则，组织审查、批复或上报概算的工作；⑥负责工程概算执行情况的监督、管理、检查工作；⑦负责确定和下达省电力公司管理的基本建设工程项目预算编制原则，审查及批复由省电力公司负责管理的工程预算；⑧负责省电力公司小型基本建设工程项目的技术经济管理工作；⑨负责省电力公司管理的电力基本建设工程造价的动态管理工作；⑩负责重大设计方案变化、重大设计变更、重大技术措施的技术经济部分的审查、批复及上报工作；⑪负责推行限额设计，配合基本建设管理部对设计工程量及设计标准进行跟踪、监督、管理；⑫负责与工程造价相关项目的合同管理，对合同签订、执行情况进行跟踪管理、监督、检查；⑬参加设计、设备、材料、施工、监督及其他项目的招标及合同价款确定工作，严格按批准概算实行造价控制管理；⑭负责全省电力行业技术经济专业人员的岗位培训和业务培训；⑮负责其他行业委托省电力公司的电力基本建设项目的技术经济管理工作。

第二节 规划与前期工作

电力发展规划包括电源规划和电网规划两个部分，前期工作包括规划选厂(所)、项目的可行性研究及工程厂(所)址鉴定，两者密切相连。规划处负责完成吉林省电力发展规划的编制、平衡、综合、上报，经主管机关审定后纳入电力主管部门和东北电网规划；根据纳入规划的项目，及时安排初步可行性研究、可行性研究设计，并在设计完成后，组织可研设计报告的审查、上报及项目建议书、可研设计审查报告，在主管机关下达项目批复后，移交基本建设管理处(部)进行工程初步设计及工程建设管理工作。

一、规划

吉林省电力发展规划按照国家、吉林省国民经济五年计划和电力主管部、东北电力公司电力发展计划有关内容与要求编制，分两步完成。先由规划科(处)依据吉林省社会经济发展纲要，收集全省各行业的发展规划，提出全省电力、电量预测水平，编制规划草稿(案)报省计委。然后在省计委主持下，经各行业协调、平衡，形成吉林省电力发展规划(包括电源、电网、电力、能源、交通运输)，报东北电业管理局，纳入东北地区电力发展规划。

1991～2000 年，相继编制了“八五”、“九五”、“十五”期间吉林省电力工业发展规划。规划利用霍林河煤炭资源，在双辽建路口电站，并随着电力管理体制改革、电力建设投资多元化、新能源建设的发展，增加了新内容。由于长期的缺电，“八五”、“九五”规划，其特点是如何筹集资金，力争上更多的项目；电网建设项目不单独立项，只作为电源配套工程，随电源建设项目而建设，由于投资方尽量避免或减少配套电网建设投资，极大地限制了电网建设的发展。

“八五”、“九五”规划，以 1990 年年需发电量 206 亿千瓦·时作起点，预测到 2000 年年需发电量 447 亿～485 亿千瓦·时，需新增装机容量 600 万～700 万千瓦。“八五”规划新增装机 345 万千瓦，其中，规划水电工程有马家、丰满二期、松江河、临江等站(厂)计 85 万千瓦；规划火电工程有长春热电厂、长山热电厂、浑江发电厂、双辽发电厂、四平热电厂、大安发电厂等新建扩建工程，计 260 万千瓦；“九五”规划新增装机容量 315 万千瓦，其中水电工程有漫江、二道江梯级站等 15.2 万千瓦；火电工程有长热二厂二期、双辽一期续建及二期、四平热电厂二期、白城发电厂等新扩建工程 300 万千瓦。此外“八五”、“九五”规划了核电工程 180 万千瓦；通榆风电场 30 万千瓦，及天然气发电工程。规划 500 千伏电网骨架工程：双辽—四平—长春、东丰—吉林、大安—长春、白城—长春(或吉林)等送变电工程 1610 千米，变电所容量 300 万千伏·安；220 千伏送变电工程 855 千米，变电容量 405 万千伏·安。

经过“八五”、“九五”期间较大规模的电源工程与配套电网工程的建设，规划项目多数得到实施，吉林省电力供应能力得到极大改善。在市场经济条件下，吉林省国民经济发展的不平衡与速度减缓，出现用电增幅下降，电力供应相对饱和。1998 年，国家实施宏观调控政策给“十五”规划预测增加了难度。如何提高市场需求预测的准确性和质量是做好电力发展规划的前提条件，也决定了企业经济效益的好坏。省电力公司对电力市场分析预测十分重视，要求规划人员按照国家电力公司下发的《电力市场分析预测工作暂行规定》、《电力市场分析预测内容、深度要求》，通过科学方法和有效手段，深入细致地分析电力市场，提高分析水平和预测准确度。因而在“十五”规划编制中，不再争上发电工程项目，转向注重电网结构与输变电、供电能力的改善，把电网发展规划作为独立项目列入规划项目。由于在新形势下缺乏负荷预测的有效手段和工具，对经济发展的变化情况难以准确预测，规划执行得不够理想。

二、前期工作

前期工作是规划工作的重要组成部分，实行规划专业人员与前期工作对口负责制，即电源、电网专业规划人员分别承担电源、电网专业的选厂(所)址、初步可行性与可行性研究工作的组织、审查与项目建议书、初可研、可研设计报告上报、批复等对应的全过程管理，以推动规划项目的落实。

1991～2002 年，完成前期工作项目 30 余项，其中 1991～2000 年完成 28 项，其中电源工程 12 项，电网工程 16 项。

1. 电源项目

1991～2000 年，长春第二热电厂二期工程 60 万千瓦，初步可行性研究及国家批准项目建议书。

1991～1993 年，白城发电厂技改工程 20 万千瓦，初可研和可研工作，国家批准项目建议书和可研报告书。

1991～1993 年，珲春发电厂二期工程 60 万千瓦，初可研、项目建议书、可研报告及国家批复文件。

1991～1994 年，吉林热电厂技改工程及技改工程一期 25 万千瓦，项目建议书可研报告及国家批复文件。

1991～1994 年，辽源发电厂技改工程 20 万千瓦，可研报告及国家批复文件。

1992 年，九台发电厂 120 万千瓦初可研报告。

1993～2000 年，双辽发电厂二期 120 万千瓦初可研报告及超临界机组优化方案初可研报告。

1993 年，白城发电厂(新厂)120 万千瓦，项目建议书。

1993～1996 年，吉林省核电站规划选址；对推荐靖宇厂址进行环保、地质专题调研；对水电部同意的平岗、西山两厂址开展初可研并完成初可研报告。

1993～1997 年，通榆风电场 30 万千瓦预可研和一、二期 3 万千瓦的可研报告及审批文件。

1998 年，二道江发电厂扩建工程 30 万千瓦的初可研报告。

1998～2000 年，松江河梯级水电站之双沟、石龙抽水蓄能混合开发项目(50 万千瓦)预可研报告并通过水利水电规划总院审查。

2. 电网项目

新建 220 千伏长春东郊变电所选址及联网工程可研报告及审批。

新建220千伏双阳变电所选址及联网工程可研报告及审批。

新建220千伏吉林城南变电所选址及联网工程可研审批。

新建220千伏吉林城西变电所选址及联网工程可研审批。

新建220千伏吉林新立变电所选址及联网工程可研审批。

新建220千伏通化金厂变电所选址及联网工程可研审批。

新建220千伏白城洮南变电所选址及联网工程可研审批。

新建220千伏白山变电所选址及联网工程可研审批。

新建220千伏白山三岔子变电所选址及联网工程可研审批。

新建220千伏白山松江河变电所选址及联网工程可研审批。

新建220千伏四平伊通变电所选址及联网工程可研审批。

新建220千伏延边延西变电所选址及联网工程可研审批。

新建220千伏双辽—长春西郊变电所双回(2×160千米)线路可研审批，并建成投运。

新建220千伏浑江发电厂—梅河口变电所线路(98千米)可研审批，并建成投运。

新建220千伏松江河—三岔子—东丰变电所线路(200千米)可研审批，并建成投运。

新建500千伏双辽发电厂—四平(梨树)开闭所线路(74.5千米)可研审批，并建成投运。

第三节 年 度 计 划

年度计划根据省电力工业各个五年发展计划(规划)目标而进行编制、实施和管理，分为基本建设计划和生产计划两个部分。年度计划编制采用“条块结合、以块为主、由下而上、上下结合”的方法，坚持“大方面管好、小方面放开”原则，内容力求体现中国共产党和国家的电力方针政策和技术政策，紧密联系吉林省实际，尽力做到年度计划如期或提前完成。管理方式实行省电力公司与各厂、局(公司)专业对口的两级管理。

一、基本建设计划

基建计划由计划部的基建计划处负责编制与管理，1992～1997年，曾移交省电力建设局编制与管理。基建计划包括大中型工程建设计划和小型基建计划。大中型工程计划编制采用两下两上方法，以电力部或国家计委批准建设项目的规模、建设工期、投资概算为基础，先由工程项目建设管理单位进行年度分解，提出计划草案报省电力公司计划管理部门。计划部门根据投资来源，所需设备、材料、施工力量进行协调、平衡，下达初步意见，经建设单位对工程分项进行核算与安排，主管领导确认后返回，再由计划部门汇总，经主管局长(总经理)审定，形成全省大中型项目的正式年度基建计划，同时抄报吉林省计委，东北电业管理局、电力部计划司。小型基建项目计划编制与管理，实行基层单位申报规模、投资额度与进度，经省电力公司计划管理部门平衡后确定。在计划实施过程中，如有项目不能保证年度计划完成时，需及时调整、上报审批，维护计划的严肃性与连续性。

年度基建计划一般在前一年第3季度启动编制工作，并在12月末完成当年计划完成统计报表与下年度的计划编制。

1991～2000年，省电力公司坚持多渠道、多层次、多种形式办电，在计划部设立集资办电办公室，投资渠道增至16种，年度基建计划的编制安排更加充实，但同时也出现管理上的新问题。

“八五”计划期间，全省共安排基本建设投资69.263亿元，其中大中型工程项目68.334亿元。续建、新建发电工程12项，投资额度57.02亿元；新建送变电工程26项，投资额度11.314亿元。期间，相继出现债券投资无法按预想方案实现，建行贷款利率上扬、贷款额度下降，集资额度和自筹资金不足等问题，影响年度工程形象进度与计划的完成。其中，以发电工程最为突出，如松江河梯级电站工程、双辽发电厂新建工程的1～2号机组由地方集资的资金，四平热电厂新建工程、长春热电一厂扩建工程、二道江发电厂技改工程的地方自筹资金都没能按计划额度到位。计划人员与集资办公室人员积极向有关方面反映情况，争取支持，如请求国家能源投资公司（后改国家开发银行）支持，加大信贷力度等多种调节方式，基本保证了年度工程目标与投资计划的完成。1991～1995年，实际完成投资59.445亿元，占85.8%。其中发电工程49.133亿元，送变电工程投资9.383亿元，占计划的87%；新增发电机组容量132.5万千瓦；新增送电线路1323.1千米，变电容量317.6万千伏·安，其中500千伏线路315千米，变电容量155万千伏·安。

“九五”计划期间，全省基本建设计划投资125.33亿元，其中大中型工程投资111.125亿元，发电工程投资91.837亿元，送变电工程投资19.288亿元。续建、新建发电工程9个，送变电工程项目26项。其中，发电工程除通榆风电场（采用股份制投资）外，松江河梯级电站工程，两江水电站工程，双辽发电厂3～4号机组工程，四平热电厂工程，长春热电一厂扩建工程，二道江发电厂扩建二期供热改造工程均存在地方专项资金、集资资金、地方建贷资金和地方其他资金不能全部与及时到位的困难。计划与集资办人员及时向省能源投资总公司、省计委、国家开发银行反映信息，并争取获准，重点解决了双辽发电厂建设资金来源问题，其中央与地方投资额度从1～2号机组时的4∶6变为6∶4。四平热电厂工程通过招商引资办法，从香港引入资金，两江水电站工程采用省电力公司与地方股份合作方式解决资金困难。长春热电一厂扩建工程通过利用其他融资手段，基本解决了资金困难。期间，全省共完成投资109.345亿元，占全部基建投资的87.25%，其中，大中型项目完成投资95.931亿元，占计划投资的86.33%。新增发电机组容量143.01万千瓦；新增送电线路645千米，变电容量186.3万千伏·安，其中500千伏线路74.8千米。

2001～2002年，全省基本建设计划投资共88.088亿元。其中，大中型项目27.669亿元，城网、农网改造工程项目60.419亿元，实际完成投资41.81亿元，占计划投资的47.46%。新增发电机组容量22万千瓦（省电力公司所属项目）；新增送电线路495.5千米，变电容量120.6万千伏·安。

1991～2000年，全省电力基建各年度投资计划及完成情况见表13-2-1～表13-2-4。

表 13-2-1

“八五”计划期间投资计划

单位：万元

项目名称 / 年份	计划投资																
	合计	拨款	经营基金	开行硬贷	地方集资	地方自筹	节能	建行贷款	转地方	投资债券	外资	电力企债	煤代油	地方债转贷	地方建贷	小型自筹	小型其他
全省合计	692 630.9	330	13 435	95 200	229 604	115 793.5	18 000	100 288	15 500	17 100	8012	31 540	248.4	11 500	26 500	7550	30
1991	89 606.4	30	6095		16 723	11 000	2000	20 210	10 000	15 100	6300		918.4			1200	30
1992	110 615.00	20	2120		19 481	17 512	4500	23 800	5500	2000.00	1712	31 540	1330			1100	
1993	158 257	80	1070		55 400	27 179	6000	55 778						11 500		1250	
1994	154 550	110	2070	46 000	61 000	30 870	4500								8000	2000	
1995	179 602.5	90	2080	49 200	77 000	29 232.5	1000	500							18 500	2000	
发电工程	570 198.5		7380	81 000	183 304	110 056.5	18 000	76 000	15 500	9000	8012	22 646	1300	11 500	2650		
1991	63 123		380		9773	10 000	2000	15 000	10 000	9000	6300		670				
1992	83 631		2000		13 531	16 212	4500	16 900	5500		1712	22 646	630				
1993	128 892		1000		41 000	25 792	6000	43 600						11 500			
1994	140 120		2000	41 000	54 000	30 620	4500								8000		
1995	154 432.5		2000	40 000	65 000	27 432.5	1000	500							18 500		
送变电工程	113 139		5620	14 200	46 300	5737		24 288		8100		8894					
1991	24 880		5620		6950	1000		5210		6100							
1992	25 044				5950	1300		6900		2000		8894					
1993	27 965				14 400	1387		12 178									
1994	12 250			5000	7000	250											
1995	23 000			9200	12 000	1800											

表 13-2-2 “九五”计划期间投资计划

单位：万元

项目名称 / 年份	合计	计划投资														
		非经营基金	开行软贷	开行贷款	商行贷款	利用外资	中央专项	拨款	企业自有	中央债券	地方债券	地方专项	地方建贷	地方其他	其他	地方集资
全省合计	1 253 330	35		348 909	67 020	16 780	36 186	45	152 565		20 000	230 244	30 000	57 122	213 324	81 100
1996	232 475			82 594			11 036	45	24 700				20 000		13 000	81 100
1997	211 116	35		68 631	5000		10 150		44 700		10 000	46 600	10 000	16 000		
1998	289 878			94 487	15 000		7341		42 200			110 650		14 000	6200	
1999	300 043			71 400	19 785	4435	3422		31 753		10 000	60 372		17 202	81 674	
2000	219 818			31 797	27 235	12 345	4237		9212			12 622		9920	112 450	
发电工程	918 371			263 130		16 780	3286		90 828		20 000	230 244	30 000	38 529	162 774	62 800
1996	175 394			58 594					21 000				20 000		13 000	62 800
1997	167 000			50 400					37 000		10 000	46 600	10 000	13 000		
1998	213 850			85 000					12 000			110 650			6200	
1999	216 938			55 000		4435	3286		18 980		10 000	60 372		15 609	49 328	
2000	145 189			14 136		12 345			1920			12 622		9920	94 246	
送变电工程	192 879			85 779	17 000		32 900		24 235						14 665	18 300
1996	55 036			24 000			11 036		1700							18 300
1997	29 081			18 231			10 150		700							
1998	23 028			9487			7341		6200							
1999	31 105			16 400			136		8343						6226	
2000	54 629			17 661	17 000		4237		7292						8439	

表 13-2-3 “八五”计划期间投资完成情况 单位：万元

项目名称 / 年份	计划投资																
	合计	拨款	经营基金	开行硬贷	地方集资	地方自筹	节能	建行贷款	转地方	投资债券	外资	电力企债	煤代油	地方债转贷	地方建贷	小型自筹	小型其他
全省合计	594 444.9	330	11 435	95 200	148 634	100 507.5	1800	105 358	10 500	17 100	8012	31 540	2248.4	11 500	26 500	7550	30
1991	78 856.4	30	6095		10 473	11 000	2000	20 710	5000	15 100	6300		918.4			1200	
1992	94 531	20	2120		21 993	18 846	4500	28 870	5500	2000	1712	6540	1330			1100	
1993	173 257	80	1070		45 400	27 179	6000	55 778				25 000		11 500		1250	
1994	112 560	110	2070	46 000	32 300	17 580	4500								8000	2000	
1995	135 240.5	90	80	49 200	38 468	25 902.5	1000								18 500	2000	
发电工程	491 324.5		5380	81 000	120 466	95 950.5	18 000	81 070	10 500	9000	8012	22 646	1300	11 500	26 500		
1991	56 223		380		7373	10 000	2000	15 500	5000	9000	6300		670				
1992	74 201		2000		16 343	17 546	4500	21 970	5500		1712	4000	630				
1993	140 538		1000		34 000	25 792	6000	43 600				18 646		11 500			
1994	102 130		2000	41 000	29 300	17 330	4500								8000		
1995	118 232.5			40 000	33 450	25 282.5	1000								18 500		
送变电工程	93 827		5620	14 200	28 168	4557		24 288		8100		8894					
1991	21 030		5620		3100	1000		5210		6100							
1992	18 390				5650	1300		6900		2000		2540					
1993	31 319				11 400	1387		12 178				6354					
1994	8250			5000	3000	250											
1995	14 838			9200	5018	620											

表 13-2-4　　“九五”计划期间投资完成情况　　单位：万元

项目名称/年份	合计	计划投资														
		非经营基金	开行软贷	开行贷款	商行贷款	利用外资	中央专项	拨款	企业自有	中央债券	地方债券	地方专项	地方建贷	地方其他	其他	地方集资
全省合计	1 093 449	35		347 305	43 268	16 780	20 890	45	143 473			155 388	17 000	4462	298 247	46 556
1996	161 028			82 594			2860	45	18 973				7000		3000	46 556
1997	175 635	35		68 631	5000		10 150		42 115			38 130	10 000	1574		
1998	262 745			94 487	6286		7880		41 128			78 513		2689	31 762	
1999	218 383			69 800	22 182	4435			32 500			26 623		101	62 742	
2000	275 658			31 793	9800	12 345			8757			12 122		98	200 743	
发电工程	798 516			263 130		16 780			87 402			155 388	17 000	644	213 566	44 606
1996	129 393			58 594					16 193				7000		3000	44 606
1997	136 189			50 400					37 015			38 130	10 000	644		
1998	208 580			85 000					13 355			78 513			31 712	
1999	157 229			55 000		4435			18 919			26 623			52 252	
2000	167 125			14 136		12 345			1920			12 122			126 602	
送变电工程	160 792			84 175	2000		20 890		23 496						28 281	1950
1996	29 590			24 000			2860		780							1950
1997	28 481			18 231			10 150		100							
1998	24 117			9487			7880		6700						50	
1999	24 379			14 800					9079						500	
2000	54 225			17 657	2000				6837						27 731	

二、生产计划

电力生产计划包括发电生产计划与供电生产(经营管理)计划两个部分。发电计划主要指标有发电量、发电标准煤耗率、厂用电率及供热(热电联产)电厂的供热量、供热标准煤耗率和厂用电率；供电计划指标有供电量、售电量、线损率。生产计划由计划处(部)生产计划科(处)负责编制与管理。计划编制工作一般从每年7月初着手安排下年度计划，先由基层各局、厂提报各指标的预安排数据，省电力公司计划部门根据原有和新增生产设备容量、燃料供应、运行小时等生产供应能力、吉林省国民经济发展指标，全社会用电量的构成变化与增长速度，进行汇总和综合平衡，在每年3季度，将下年度计划分别报省计委、东北电业管理局、电力部审定。在上级主管部门下达批准计划后，计划部门再经平衡，于12月末前下达至各基层单位。

1991～2002年，电力管理体制的“公司化改组、商业化运营、法制化管理”改革，生产计划与管理从粗放型转向集约型的指标考核体系，发、供电量大幅上升，2002年与1990年相比，分别增加75.22%、45.73%。

第四节 统 计

统计数据既是各个时段、各种计划执行成效的客观真实检验数据，又是提供计划调整修正与制订新的计划目标、内容的基础资料。1991～2002年，省电力公司按照《中华人民共和国统计法》、《中华人民共和国标准计量单位》和上级主管部门的相关规定，以及“以部门统计为主转向以行业统计为主，并重视经济效益统计分析”的要求，在电力工业体制与计划体制改革中，积极参与编制出版统计资料、统计分析预测、统计信息系统建设、统计方法与管理制度的改革工作，及时、准确提交各年度年中经济分析会议和年度工作会议有关的统计资料与数据，为各级领导和相关部门提供决策依据。其中，1997～2000年，先后把分散在生产、用电、基建各部处的发电、供电、线损、基建投资等统计功能和人员划入计划发展部，成立综合统计处；引进北京迪斯公司开发的电源电量统计系统及软件，完善了统计职能信息化网络建设，统计管理工作日趋完善。期间，完成了1991～1995年及1996～2000年《统计资料汇编》。

第三章　人力资源管理

1991～2002 年，省电力公司及所属各单位，坚持以人为本，适应改革发展的需要，加强人力资源管理，开展劳动、人事、工资制度改革，实行劳动合同制，打破工人干部的界限，竞争上岗，实行以岗位技能工资为主的结构工资制度，调动广大职工的积极性。为提高电力企业的竞争实力，强化主业，减人增效，剥离大批职工，提高企业的效益。加强劳动管理、劳动保护与劳动保险工作，开展职工养老保险改革。通过改革，加强职工教育培训，优化劳动组合，精简职工队伍，增加员工的收入，提高了广大职工的综合素质，推动电力工业生产建设的发展。

第一节　管理机构

为适应电力生产建设的发展，省电力公司本部和基层各单位，多次调整人力资源管理机构。

1994 年以前，省电力公司本部设劳动工资处，处下设劳动组织科、工资科、综合计划科、保险福利科和卫生科。1994 年 9 月，劳动工资处改为劳动工资部，下设劳动组织处、工资保险处(劳动保险统筹办公室)、综合计划处，均为副处级建制。其中劳保统筹办与工资保险处合署办公，一个机构两块牌子。省电力公司培训中心(威海、蓬莱电力职工疗养院)由劳动工资部负责归口管理。

1996 年 3 月 1 日，根据电力部和东北电力集团公司有关规定，成立吉林省电力公司社会保险事业管理中心(局)，为省电力公司机关二级机构，对外称吉林省电力公司社会保险事业管理局，对内称省电力公司社会保险事业管理中心。下设综合管理处和基金管理处，均为副处级建制。1996 年 3 月 4 日，撤销劳保统筹办公室。此后，劳动工资部〔社会保险事业管理中心(局)〕下设劳动组织处、工资保险处、计划综合处、社会基金管理处、社保综合管理处等 5 个处。

1997 年 11 月，省电力公司撤销教育培训部，劳动工资部更名为人事教育部，增设教育培训处，原教育培训部的职能、职责纳入人事教育部。社会保险事业管理中心(局)仍然设有综合管理处和基金管理处。

1998 年 9 月，省电力公司再就业服务中心成立，与人事教育部一个机构，两块牌子。

1999 年 3 月，独立核算的吉林省电力有限公司成立。同年 7 月 5 日，该公司成立人力资源部，撤销人事教育部。

2000 年 5 月 11 日，省电力公司为加强机关、关联单位及中介组织的劳动人事管理，在人力资源部下设机关人事处，副处级建制，定员编制 3 人。至 2002 年末，省电力公司人力资源部(社会保险事业管理中心)下设劳动组织处、员工管理处、工资处、教育培训处、保险处、住房改革办公室、基金处和机关人事处。

各基层单位的劳动工资管理机构，也经过多次的调整。1993 年前，设劳资科或劳动人事科，1993 年起，各单位将劳动人事科改为劳动人事处。1998 年，将劳动人事处和教育处合并，成立了人事教育部，负责本单位的劳动人事、工资管理和职工教育培训工作。为适应改革和发展的需要，各单位劳动人事部门开展了社会保险事业管理，再就业服务，职业技能鉴定和职称评聘工作。1996 年，各单位成立社会保险管理所，与人事教育部门合署办公。

第二节　制　度　建　设

省电力公司和基层各单位，认真贯彻执行《中华人民共和国劳动法》和能源部、电力部、国家电力公司、东北电力公司、省电力公司等上级主管部门有关劳动、人事、工资各项规章、制度，同时结合本单位的实际情况制定有关的规章、制度、办法和标准。

一、建立和执行制度

省电力公司和基层各单位适时建立和贯彻执行一整套制度和规定。属于劳动管理方面的有《优化劳动组合及下岗人员管理的暂行规定》、《关于实行富余职工退出工作岗位休养及有限期放假的暂行规定》、《关于职工自愿解除劳动合同的暂行规定》；属于人事管理的有《人事工作“两公开一监督”的暂行规定》、《关于提拔任用干部实行试用期的通知》；属于工资管理的有《关于加班工资管理的暂行规定》、《关于实行效益补偿工资的规定》等，为加强人力资源管理奠定基础。

二、建立和执行有关纪律

为维护正常的生产秩序，保证安全经济生产，各单位加强劳动纪律。结合贯彻省电力公司关于严格制止违章，强化安全管理和整顿劳动纪律的“一、二号指令”，他们制定了《关于加强劳动纪律管理补充规定》及《职工违纪的处罚细则》。1991 年，各供电单位制定《供电职工违章违纪处理办法》，着重对用电营业人员提出具体服务纪律，并公示考核办法和处罚办法。1998 年 6 月，制定《职工违反局规局纪实行下岗的暂行规定》，对抄表、收费、反窃电、服务、安全生产和劳动纪律方面严重违章违纪人员实施下岗，下岗期间拿下岗工资，下岗时间 6 个月或 12 个月，之后才具有竞争上岗资格。

2002 年 2 月，各供电单位又制定实施《员工违纪处罚规定(试行)》，对受处分员工的工资和违反局规局纪的处罚做了新的规定。

第三节　职　工　队　伍

进入 20 世纪 90 年代，吉林省电力工业发展较快，职工人数增加较多。省电力公司采取措施减少职工人数，提高职工文化技术水平，加强职工管理，整顿劳动纪律，对维护生产秩序，社会稳定，提高劳动生产率效果明显。

一、职工人数

1990 年，省电力公司平均职工人数为 50 793 人，1996 年为 54 821 人，达最高峰，比 1990 年增长 7.93%。省电力公司为遏制人员过快增长，开展减人增效工作，主要采取职工下岗、提前退休、清理计划外用工、办全民多经企业分流人员、控制进人数量、实行新厂新体制、老厂向新体制过渡等减人措施，至 2000 年，全省电力公司系统职工达到 45 564人。2001 年 1 月 1 日，浑江、二道江发电有限公司划归吉林省能源交通总公司所有，划出职工 2818 人。至 2002 年末，省电力公司平均职工人数达到 38 301 人，和 1996 年相比，减少 30.13%。同时调整了人员结构，非生产人员比重降低，管理人员比例增加。1991～2002 年省电力公司平均职工人数见表 13-3-1。

表 13-3-1　　1991～2002 年吉林省电力公司平均职工人数统计　　单位：人

年　度	平均人数	年　度	平均人数
1991	51 046	1997	53 735
1992	51 740	1998	49 831
1993	52 326	1999	48 137
1994	44 095	2000	45 564
1995	39 912	2001	38 576
1996	54 821	2002	38 301

二、文化技术结构

从 1993 年起，省电力公司停止从城镇招工，减少接收退役士兵的数量，提出接收高校、中专、技校毕业生的比例新要求，积极争取多接收一些学历较高的新人进企业。省电力公司积极开展技能鉴定工作，使高级技师、技师、高级工的数量不断增加，积极开展职称评定工作，使具有高级职称的职工人数不断上升。2002 年，省电力公司系统的管理人员和专业技术人员共计 13 290 人，其中，高级职称 2187 人，中级职称 4246 人，初级职称 6215 人，无职称 642 人。在 13 290 人中，有研究生及以上学历者 192 人，具有本科、专科、中专、高中和初中学历者，分别为 3817 人、4151 人、4452 人、548 人和 130 人。省电力公司人员的文化技术素质情况见表 13-3-2 和表 13-3-3。

表 13-3-2　　1997～2002 年吉林省电力公司人员文化程度结构情况统计

年度	长期职工期末人数（人）	职工文化程度							
		研究生及以上（人）	大学本科		大学专科（人）	中专（人）	技校（人）	高中（人）	初中及以下（人）
			人数（人）	百分比（%）					
1997	49 499	107	4026	8.1	5725	8657	6623	14 442	9919
1998	45 850	131	4170	9.1	6543	8609	5982	13 199	7216

续表

年度	长期职工期末人数（人）	职工文化程度							
		研究生及以上（人）	大学本科		大学专科（人）	中专（人）	技校（人）	高中（人）	初中及以下（人）
			人数（人）	百分比（%）					
1999	46 284	149	4775	10.3	7535	8603	5362	12 738	7122
2000	41 910	162	4599	11.0	7666	8530	4337	11 315	5310
2001	37 698	175	4477	11.9	7426	7864	3861	9375	4520
2002	37 155	210	4847	13.0	7613	7087	3910	8682	4806

表 13-3-3　1997～2002 年吉林省电力公司人员技术结构情况统计

年度	长期职工期末人数（人）	按职称分组				按技术等级分组				
		高级职称		中级职称（人）	初级职称（人）	高级技师（人）	技师（人）	高级工（人）	中级工（人）	初级工（人）
		人数（人）	百分比（%）							
1997	49 499	1901	3.8	5141	9371	41	358	5477	13 088	3323
1998	45 850	1996	4.4	4909	9395	19	260	9879	12 474	3785
1999	46 284	2083	4.5	5185	9477	69	663	6012	12 519	4854
2000	41 910	1949	4.7	4921	9369	27	660	5632	11 012	4530
2001	37 698	2266	6.0	5182	9020	12	532	4343	8646	4037
2002	37 155	2189	5.9	5221	8707	13	672	3882	6734	4323

三、劳动生产率

省电力公司通过发展大机组、提高自动化水平和减人增效等措施，使劳动生产率不断提高。1990 年，省电力公司工业企业全员劳动生产率为 42 055 元/(人·年)，1996 年和 2002 年分别达到 87 652 元/(人·年)和 123 230 元/(人·年)，是 1990 年的 2.08 倍和 2.93 倍。发电实物劳动生产率 1990 年为 96 万千瓦·时/(人·年)，1996 年和 2002 年分别达到 237 万千瓦·时/(人·年)和 280 万千瓦·时/(人·年)，是 1990 年的 2.47 倍和 2.92 倍。供电实物劳动生产率 1990 年为 168 万千瓦·时/(人·年)，1996 年和 2002 年分别达到了 267 万千瓦·时/(人·年)和 317 万千瓦·时/(人·年)，是 1990 年的 1.59 倍和 1.89 倍。施工企业的劳动生产率也有很大提高，1990 年，全员劳动生产率为 18 164 元/(人·年)，1996 年和 2000 年分别达到 54 961 元/(人·年)和 166 450 元/(人·年)，是 1990 年的 3.03 倍和 9.16 倍。省电力公司工业企业和施工企业劳动生产率统计见表 13-3-4 和表 13-3-5。

四、职工队伍管理

为加强职工队伍管理，各单位“坚持教育是基础、制度是保证、处罚是警示”的配套作法，在劳动纪律、营销纪律、安全生产规定、财经法规、交通安全、治安保卫、行业作风教育，以及违纪处罚等方面做了大量工作，制定了一系列行之有效的规章制度，适时召

表 13-3-4　　1991～2002 年吉林省电力公司工业企业劳动生产率统计

年度	产值劳动生产率			发电实物劳动生产率			供电实物劳动生产率		
	工业总产值（万元）（按 1990 年不变价格）	全部职工平均人数（人）	全员劳动生产率[元/（人·年）]	发电量（千瓦·时）	工人平均人数（人）	劳动生产率[万千瓦·时/（人·年）]	售电量（万千瓦·时）	工人平均人数（人）	劳动生产率[万千瓦·时/（人·年）]
1991	155 644	33 994	45 786	1 171 365	12 839	91.23	1 637 375	9454	173.19
1992	181 385	34 998	51 827	1 449 896	13 331	108.76	1 780 244	9705	183.44
1993	195 164	31 150	62 653	1 587 273	9587	165.57	1 920 096	7945	241.67
1994	196 115	27 698	70 805	1 595 801	10 040	158.94	1 986 167	6803	291.95
1995	194 633	25 061	77 664	1 534 056	8211	186.83	2 122 246	7942	267.22
1996	218 131	24 886	87 652	1 831 392	7724	237.10	2 221 146	8305	267.45
1997	231 390	23 630	97 922	1 969 201	7837	251.27	2 254 808	8610	261.88
1998	223 089	20 092	111 034	1 878 549	8142	230.72	2 117 192	7261	291.58
1999	234 612	21 408	109 591	2 446 353	7776	314.60	2 160 484	6859	314.99
2000	194 527	17 064	113 998	13 840 101	4378	316.13	2 271 816	7634	297.59
2001	196 403	16 701	117 600	1 339 028	4685	285.81	2 282 465	7338	311.05
2002	211 031	17 125	123 230	1 451 365	5184	279.97	2 349 976	7405	317.35

注　2001 年的数字不含划出的浑江、二道江发电有限公司。

表 13-3-5　　1991～2002 年吉林省电力公司施工企业劳动生产率统计

年度	自行完成工作量（万元）	平均人数（人）	全员劳动生产率[元/（人·年）]	备　注
1991	28 157	10 890	25 856	按 1990 年不变价格计算
1992	41 517	13 042	31 833	按 1990 年不变价格计算
1993	72 874	15 935	45 732	按 1990 年不变价格计算
1994	68 556	12 718	53 905	按 1990 年不变价格计算
1995	61 548	11 869	51 856	按 1990 年不变价格计算
1996	63 353	11 527	54 961	按 1990 年不变价格计算
1997	82 758	11 482	72 076	按 1990 年不变价格计算
1998	87 368	9103	95 977	按 1990 年不变价格计算
1999	86 137	7561	113 923	按 1990 年不变价格计算
2000	93 295	5605	166 450	按 1990 年不变价格计算
2001	73 923	3802	194 432	按现行价格计算
2002	77 983	3697	210 936	按现行价格计算

开整顿作风和劳动纪律动员大会，严格执行规章制度，并加强监督检查。1992 年，一些单位成立干部夜间值班检查组。1995 年，狠刹不良风气，整顿劳动纪律。1997 年，一些单位实行了上班打卡制度，消除了职工迟到早退现象。各单位建立了由办公室、劳动人事处、监察处、文明办、企管处和行政处等部门联合组成的督查考核网络，加强对劳动纪律的考核力度。吉林电业局经常组织检查和抽查，并用督查信息公布，1997 年全年印发 14 期，有十几个单位 160 人·次被黄牌警告。1999 年，有 19 个单位，16 个人因存在劳动纪律问题而受到批评和处罚。2001 年，各单位实行持证上岗，入门出示证件。1993 年，二道江发电厂对 6 名违纪职工给予全厂通报批评，下调浮动工资半年，停发奖金 3 个月的处分。1997 年 3 月，该厂燃料科 2 名工人因违犯厂纪被除名；锅炉分场 1 名工人因隐瞒事故，受开除厂籍留用察看 2 年处分。

第四节 劳 动 管 理

1991～2002 年，省电力公司多次进行管理体制改革，调整劳动组织，开展劳动定额和劳动定员工作。在员工调配中，通过有偿转让的方式，减少退役士兵的接收数量，并在体制改革中通过整建制的划转等方式，调出了大批职工。采取 8 个方面的措施，积极地开展减人增效工作，通过剥离企业办社会职能，剥离大批主业人员，通过职工退养和解除劳动合同，减少了大量的冗员。

一、定员

从 20 世纪 80 年代到 90 年代中期，省电力公司系统，受到劳动用工制度的限制，受职工子女接班、落实政策安置人员等政策的制约，出现企业用人越来越多，企业无法执行劳动定员规定。当时省电力公司也未曾核定并下达各单位的定员人数，只能采取逐年下达职工总人数来控制增人。鉴于企业人员过多，以期待能按定员组织生产，省电力公司想尽办法，采取措施安置富余人员。

1997 年 9 月，省电力公司下发了《发、供电企业新体制模式方案》，方案中列入定员标准，要求发供电企业按这一标准自行核定定员，并报省电力公司审批，按定员组织生产，限定一年内实施到位，由省电力公司进行评价验收。同时，省电力公司也对其余所属单位下达了指导性的定员人数。

2000 年，国家电力公司颁发《供电劳动定员标准》、《水力发电厂劳动定员标准》，对照这一部颁标准，省电力公司下发《关于按照一流省公司标准测算审定省公司所属各单位定员的通知》，要求各发供电企业按照部颁定员标准核定定员；修造企业按照 2002 年末达到一流企业目标要求编制定员方案；施工企业以体制重组为遵循，以市场工活为导向，以精干、高效、管理型为根本原则编制定员方案；省电力公司直属单位及关联公司等，依据省电力公司 8 月的减人增效会议精神，按照主辅分开、体制分离的原则编制定员方案。

2002 年，生产、施工、修造企业基本走上按省电力公司下达的主业定员组织生产的发展轨道。2002 年末，省电力公司全部职工人数 37 331 人。省电力公司机关定员 388 人，实有人数455人。省电力公司为所属单位核定了定员。各单位定员人数和年末实有人数见表13－3－6。

表13－3－6　　2002年吉林省电力公司各单位定员人数和年末实有人数统计

单位：人

单　位	定员人数	实有人数
吉林热电厂（吉林热电有限责任公司）	857	1021
长山热电厂	1259	2684
珲春发电有限责任公司	613	1730
长春第二热电有限责任公司	696	1604
长春第一热电有限责任公司	679	1052
双辽发电厂（双辽发电有限责任公司）	856	1640
辽源发电厂（辽源热电有限责任公司）	922	1227
四平热电有限责任公司	683	792
松江河发电厂	148	160
长春供电公司	1698	2393
吉林供电公司	1585	2189
通化供电公司	1150	1619
白城供电公司	1368	1493
四平供电公司	1046	1514
延边供电公司	1248	1845
辽源供电公司	490	762
白山供电公司	620	773
吉林省电力建设总公司	1802	2858
吉林省送变电工程公司	952	1645
长春发电设备总厂	800	1127
四平线路器材厂	500	821
吉林省电力科技有限公司	198	233
吉林省电力勘测设计院	280	327
吉林省电力有限公司培训中心	172	297
吉林省电力医院		261
吉林电力物业公司	70	400
吉林龙源电力技术开发公司		92
吉林华能发电公司		
吉林省电力投资有限责任公司	15	
吉林风力发电股份有限公司	12	
吉林龙华热电股份有限公司	3342	3844
吉林省电力通信有限公司	73	93

二、定额

1991年，省电力公司对1982年制定的火电厂发电设备项目大修劳动定额进行修订，总体提高了10%，新修订的定额一直在执行中。施工企业和修造企业，以经验估工的方法自行制定和修订劳动定额，这样的做法也基本保证了用工和工资分配（如计件工资、包干工资）的需要。但省电力公司系统劳动定额工作开展还不够广泛，不够深入细致。

一些发电企业的劳动定额是在查定员的基础上制定的。其中，机、炉大修定额是以能源部、电力工业部、国家电力公司和省电力公司颁发的《发电设备标准项目大修劳动定额》为基础，压缩10%～15%而成。还有的企业采用经验估工法、统计分析法、类推比较法、技术定额法 4 种方法，通过实践经验及实地观测制定定额。

企业人事部设专职劳动组织员，分场设工时定额专责，班组设兼职工时统计员，负责劳动定额标准的贯彻执行。

三、员工调配

员工调配主要是做计划接收、零星调入调出、体制性成建制的划出划入人员，还有省电力公司内部人员的零星调动及人员的批量调剂等项工作。

（一）安置复转军人

为减少企业进人数量，从 1997 年起，省电力公司在安置复转军人工作中，由省电力公司劳动人事部与基层劳动人事部门出面，积极主动与当地复转军人安置办公室协商，在计划接收的人数内，采取有偿转让安置的办法（一般为每人 3 万元的安置费），每年少接收退役士兵百人左右（以往每年按计划满额接收 500 人左右）。

（二）整建制的划转和部分人员调剂

2000 年 11 月，由长春、吉林、通化，四平供电公司划转给国家电力公司东北公司新建的长春超高压局 298 人。2001 年 1 月 1 日起，由体制性划转给吉林省能源交通总公司的浑江、二道江两发电厂人员共计 2818 人。

（三）招工和少量调出调入

20 世纪 90 年代，省电力公司从社会上招工减少。1991～1992 年，从城镇招收（子女接班）515 人，从 1993 年起停止执行子女接班政策。公司严格控制从系统外调入人员，头两年，每年调入过百人，1994 年 66 人，1998 年 17 人，2000 年 6 人。对于零星调出一般不予控制。1991 年有停薪留职人员 103 人，1993 年达到 263 人，1996 年停止执行，1998 年尚有 136 人，2000 年有 30 人。从 2001 年起，不再有停薪留职人员。

四、人员效率

随着单机容量的增长，自动化水平提高和交通现代化的发展，省电力公司系统的人员效率逐年提高。发电企业每千千瓦发电容量占用人员，供电企业每百千米送配电线路占用人员和每变电站占用人员，每个抄核收人员担负的用户，1991～2002 年吉林省电力公司人员效率统计见表13－3－7。

表 13－3－7　　1991～2002 年吉林省电力公司人员效率统计

年份	发电企业每千千瓦容量占用人员（人）	供电企业			
		每百千米送电线路占用人员（人）	每个变电站占用人员（人）	每百千米配电线路占用人员（人）	每个抄核收人员担负用户户数（户）
1991	8	8	13	11	919
1992	7	8	14	10	840
1993	7	7	8	9	1109
1994	3	7	11	7	1140
1995	3.9	7	12.9	11	1043

续表

年份	发电企业每千千瓦容量占用人员（人）	供电企业			
		每百千米送电线路占用人员（人）	每个变电站占用人员（人）	每百千米配电线路占用人员（人）	每个抄核收人员担负用户户数（户）
1996	3.8	6	11	11	1112
1997	3	6	11	10	1194
1998	3	5.9	8.4	8	1364
1999	2	3	7.8		
2000	1.3	3.6	6.6		
2001	1.9	3.9	6.8		
2002	2.3	3.6	7		

注 自1999年起实行营配合一，故营、配人员效率未做统计。

五、减人增效

为解决企业用人多、包袱重、效率低问题，省电力公司按照有关法规和上级指示精神，从1991年开始，开展减人增效工作，1996年开始加大工作力度。主要的做法有八个方面：

(1) 实行职工下岗。1996年开始，实施下岗职工与企业签订下岗协议书，发给下岗证和下岗生活费，人员统计在册。1996～2002年，每年下岗职工依次为238、485、445、449、241、62人。2002年没有职工下岗。

(2) 实行职工提前退休。职工提前退休(提前5年为限)给予一定的经济补偿。办理提前退休的人员，1992年1700余人，1993年580余人，1997年950余人，1998年4360余人。

(3) 清理计划外用工。从1991年开始，省电力公司每年都下达清理计划外用工指标，年终进行检查，1995年后没有再出现超计划用工的现象。

(4) 开办全民多经企业和支援集体企业分流人员。1991年向全民多经和集体企业分流4806人，1994年达到8794人，2000年达到12 932人(分流到全民多经企业的有9532人，到集体企业的3400人)，2000年，分流人员已占职工总数的30%。

(5) 控制进人数量。省电力公司对基层接收毕业生的计划严格审核，从2001年起，采取有偿转移的办法，争取减少接收退役士兵数量，并废止将职工子女全部接进来的做法。

(6) 对新建发电厂实行新厂新制，对部分变电所实行无人值班(少人值守)，借以体制性和技术性减人。对大厂大机组，实行机电合一集控值班的办法。部分220千伏及以下的变电所，实行无人值班(少人值守)运行，减少运行人员。

(7) 老厂向新体制过渡，剥离企业办社会职能。1995年5月，电力部在烟台召开减人增效现场会，提出减人要达到50%的目标，老企业向新体制过渡的要求。省电力公司于

1995 年 8 月，成立减人增效领导小组，围绕精干主体产业、规范多种产业、分离社会职能三个环节，坚持减人与分流安置并重，并选择 4 个单位进行减人增效试点。

1999 年和 2000 年，先后将企业所办的中小学校计 7 所移交给地方或与地方学校合并。企业办的职工食堂、招待所、幼儿园、浴池等后勤服务部门，有的停办，有的实行承包，从主业上分离出去。

(8) 通过贯彻《劳动法》实行进一步减人。省电力公司根据上级精神，开展职工退养和解除劳动合同的工作。1998 年开始，加大力度，对职工退养和解除劳动合同的人员，除按规定支付经济补偿金外，另由企业给予一定数额一次性补偿金。退养职工，1998 年为 153 人，1999 年为 182 人，2000 年为 1058 人，2001 年达到 3344 人，2002 年为 2970 人（未计浑江和二道江发电厂）。解除劳动合同的人员，1999 年为 4848 人，2000 年为 4362 人，2001 年为 1400 人。

第五节 工资奖励和津贴

1991～2002 年，省电力公司贯彻执行国家的劳动工资政策，坚持“按责按劳分配”的原则，推行多项工资制度改革，实行“一包两挂六考核”的工资总额分配办法，在 1992 年开展的三项制度配套改革中，又实行以岗位、技能工资为主的结构工资制度，并根据生产的发展和效益的提高，多次调增职工的收入。省电力公司对奖金制度也进行改革，坚持多劳多得，改变平均主义的分配方法，适度加大奖金档距，发挥奖金的激励作用。局属各单位，按照国家、吉林省和有关上级的规定，做好津贴、补贴的发放，体现国家、行业对职工的关怀和鼓励。1991 年以后，省电力公司职工的工资收入上升较快，2002 年人均收入水平达到 1991 年的 6.7 倍。

一、工资总额调控

1989 年以前，东北电管局实行统一核算的情况下，对工资总额的宏观调控，是采取逐年逐级下达工资总额计划的办法进行。1989 年，省电力公司贯彻国务院颁布的《全民所有制工业企业承包经营责任制暂行条例》，对发供电企业实行了“一包两挂六考核”的工资总额分配办法。一包即包上缴利润，将省电力公司的利润指标分解到各发供电单位；两挂即工资总额与内部利润和售电量(发电量)挂钩，六考核是考核安全生产、固定费用、供电煤耗率(供电线损率)、标煤单价(售电平均单价)、应交款项上缴率、劳动生产率。完不成既定考核指标的，扣减其工资总额。

施工企业，仍实行百元产值工资含量包干的办法。省电力公司依据其完成的产值，按照预先确定的提取比例(送变电公司一般为 11%，火电施工企业一般按 19%)进行核实，下达其工资总额。对其余单位，仍采取下达工资总额计划的办法进行工资总额宏观调控。

1992 年 3 月，省电力公司下发《吉林省电力工业局所属单位工资总额与经济效益挂钩兼指标考核办法》。并转发《东电企业经营者年度承包奖罚办法》，列入生产、经营、精神文明建设若干个考核指标，对各单位经营者集团进行考核奖罚，按此奖罚的工资，核入各单位的工资总额中。另外，省电力公司一直执行的局际单项奖，按奖励办法所计得的奖金，省电力公司相应核增其工资总额。

1994 年 9 月，省电力公司下发《吉林省电力工业局所属全民多种经营企业工资总额与经济效益挂钩浮动暂行办法》，列入安全经济考核指标，加强对全民多经企业工资总额宏观调控的管理力度。

1995 年 9 月，省电力公司下发《吉林省电力工业局关于加强工资宏观调控的通知》，要求严格执行工资总额的考核提取办法，在工资总额的限度内，由单位自行安排使用，但只能结余，结转下年，作为工资储备金，合理调节使用，绝不允许突破。

二、工资调整

1991 年，省电力公司按照《一九九一年上半年东电系统职工浮动工资升级工作的通知》、《一九九一年下半年东电系统职工工资升级工作的通知》，将 1 级内浮工资转为东企工资，再内浮 0.5 级工资；将 0.5 级内浮工资转为本企工资，再内浮 0.5 级工资；将工龄工资由 0.5 元/年提高到 1 元/年。

1992 年初，省电力公司实施劳动、人事、工资制度配套改革。工资制度改革的主要内容是实行以岗位、技能工资为主的结构工资制度。10～11 月，由中国东北电力总公司组成的验收小组，先后对省电力公司五个三项制度改革试点单位进行验收，结果全部合格，批准五个试点单位从 1992 年 9 月起兑现工资。1992 年 12 月～1993 年 7 月，省电力公司对 39 个非试点单位的三项制度改革进行评价验收，结果全部合格，并按照“从何时验收合格，其工资从何月开始兑现”的规定兑现了工资。

1994 年，东北电力集团公司统一调整了岗位工资标准，将起点由 32 元调高到 80 元，技能工资起点 56 元没变。通过这次调整，使职工人均工资增加 48 元。

1994 年 10 月，省电力公司转发东北电力公司《印发中国东北电力集团公司技能工资入轨运行实施意见的通知》、《关于适当提高离退休人员待遇的通知》。按照技能工资入轨的要求，省电力公司成立考试、考核和职业技能鉴定委员会，做出技能工资入轨运行的工作安排，审核基层单位上报的实施方案及其工人技术等级鉴定考试统计表、高级工岗位及人数核定表、管理人员技术等级鉴定考核登记表等调查统计表。根据调查统计结果，工人考试涉及 108 个工种，每个工种都涉及高、中二个技术等级。参加高级工考试有 6069 人，参加中级工考核有 9620 人，1995 年 6 月，完成考试工作，考试总合格率为 83%。考试完成后即开始进入考核阶段，干部与工人的考核同步进行。从 10 月起，兑现了工资。管理人员 15 209 人，月人均增资 44 元，生产人员 34 169 人，月人均增资 36 元。随着技能工资入轨，对新进入企业的毕业生和退役士兵及转业军人的工资待遇相应做了调整。

1995 年 9 月，东北电力集团公司统一将技能工资标准一的起点由 72 元调整到 97 元，将其最高工资标准由 555 元调整到 720 元；同时将岗位工资的岗差由 10 元调到 15 元，调整后，使职工年均增加的技能工资为 24 元/(人·月)，增加的岗位工资为 50 元/(人·月)，技能工资和岗位工资提高后，使其占工资总收入的比重提高了 8%左右。

1996 年，东北电力集团公司下达《加强工资宏观调控规范企业工资分配行为进一步调整工资结构》的通知，不仅将岗位工资标准进行调整(将起点由 120 元调到 150 元，将岗差由15元调到25元），而且对工资总额的宏观调控及对企业的内部分配提出新的要求和制约措施。通过提高岗位工资标准，使职工平均增加的岗位工资为110元/(人·月)。

1999年12月，省电力公司转发国家电力公司东北公司《关于调整基本工资标准增加职工收入指导意见的通知》，将技能工资的起点标准由97元调高到118元；将岗位工资的起点标准由150元调高到210元，将岗差由25元调高到40元；将年功工资由每年1元调高到5元。从1999年7月1日起薪。通过调整，使人均基础工资增加225元/(人·月)，年功工资增加54元/(人·月)。

自2000年起，工资分配工作不再由国家电力公司东北公司统一管理。为进一步改善工资结构，省电力公司于2002年3月26日下发《关于调整工资结构理顺分配关系的指导意见》，一是将岗位工资的岗差由40元调到55元；二是提高大中专毕业生见习期间的工资待遇，从2001年1月1日起薪。通过调整，使基础工资人均提高135元/(人·月)。

三、奖励

1978年，省电力公司系统恢复奖励制度。到1991年，省电力公司设立的局际单项奖有47项，其中绝大部分奖励项目是按照东北电力公司的文件对口设立的。局际单项奖的奖金来源，有17项在成本中列支，有30项从工资基金中支付。

从1990年起，局际单项奖统一归口到劳资部门管理，由劳资部门制定奖金计划报公司领导批准。对于奖励，由各专业部门提出具体意见，经劳资部门审核报公司领导审批后，由劳资部门下达核拨奖金并相应核增工资总额，二次分配由受奖单位自行实施，发生数额统计到奖金栏目中。局际单项奖绝大部分发生在发、供电企业。1994年，省电力公司对局际单项奖进行清理，停止一些奖励项目的执行，合并部分奖励项目，对相应奖励项目的奖励办法进行修订。

省电力公司还设立局长奖励基金项目，这主要是对某项工作有突出贡献者，对某些竞赛获得优胜者，对某些成果被推广取得效益者，对完成某种特殊任务有功等涌现出来的单位、集体和个人，经局长批准，动用局长奖励基金予以嘉奖。如创一流奖、保障卫星发射成功提供安全供电有功人员奖、QC小组活动成果奖、状元司炉奖、清产核资有功人员奖、财会计算机开发应用成果显著者奖等。

各单位在奖金分配上，坚持"多劳多得，以工作强度大小"为原则，按岗位确定奖金分配系数，合理加大奖金档距，改变平均主义的分配方法。方案大体上是生产工人高于辅助生产工人，一线高于二线，运行高于检修，复杂岗位高于简单岗位，劳动条件艰苦的高于劳动条件好的，对表现好的职工可实行单独嘉奖。

四、津贴和补贴

1978年起，国家、省以及电力行业陆续出台了津贴、补贴政策，至1991年，省电力公司执行的津贴补贴项目达38种之多。这些项目是：物价性质的津补贴8项；补偿职工特殊或额外劳动消耗性质的津补贴18项；保健性质的津贴3项；技术性质的津贴3项；年功性质的津贴3项；其他性质的补贴3项。在1992年9月开展的劳动人事工资制度改革中，将运行人员岗位津贴、继电保护人员津贴、技师津贴融入了岗位工资中，将新进企业人员的合同工工资性补贴取消，将劳模和技术专家特殊津贴停止执行，同时改为一次性奖励。

以吉林电业局为例，2002年全局职工2189人。1994～2002年共计发放各种津贴5139.7万元。2002年发放的津贴、补贴有副食、油价、粮煤、电贴、水贴、燃煤、肉食、粮贴、煤气、住房10种补贴，工龄、夜餐、纪检、地区、公安、卫生人员、教龄、护龄、运龄、信访、交通费、洗理等12种津贴。

津补贴的项目较多，但其标准都不高，绝大多数的津补贴标准一经确定，不再改变。有的津补贴标准只有1元/(人·月)，有的甚至是0.6元/(人·月)，以5元/(人·月)的居多。按照全员享有的物价性质的补贴口径来计算，每人每月只有30元左右。一部分人能享受的夜餐津贴、野外施工津贴等项，其标准虽经几次调高，也只不过每月每人1元左右，极少数人享受的保健性津贴，每人每月也只不过在10元左右。从总体看来，津贴补贴项目繁多，金额又少，其所占个人总收入的比例很小，这对于月收入过千元、几千元的劳动者而言，津补贴所起的作用很小。

五、职工工资收入

1991年以后，省电力公司职工的工资收入上升较快，2002年职工人均收入水平是1991年的6.7倍。抽出1995年按同口径比较，省电力公司在28个省(市区)电力公司中，人均收入水平处于第14位。

工资收入加上个人保险福利，再加上集体保险福利，全部职工人均受益水平2002年是1991年的7.3倍。1991～2002年省电力公司全部及施工单位职工工资总额构成情况见表13-3-8。

表13-3-8　1991～2002年吉林省电力公司全部及施工单位职工工资总额构成情况

年度	分项	工资总额(千元)	平均人数(人)	人均收入[元/(人·年)]	其中[元/(人·年)]					期末人数(人)
					计时计件标准工资	各种奖金计件超额	各种津贴与补贴	加班加点工资	其他工资	
1991	全部	157 391	51 046	3083	1757	606	635	84	1	54 407
	施工	48 653	12 384	3929	1866	1261	666	132	4	
1992	全部	196 029	51 740	3789	2034	911	741	103		53 359
	施工	60 646	13 359	4540	1982	1719	716	123		
1993	全部	295 144	52 326	5640	2778	1724	935	182	21	55 163
	施工	100 443	16 242	6184	2579	2464	975	161	5	
1994	全部	433 864	54 420	7973	4163	2345	1197	268		49 685
	施工	111 401	14 531	7666	3771	2358	1234	303		
1995	全部	442 815	39 912	11 095	5866	3350	1386	493		39 877
	施工	110 740	12 173	9097	5134	2162	1266	535		
1996	全部	531 728	54 821	9699	4999	2985	1460	249	6	55 430
	施工	118 167	13 093	9025	5302	1961	1273	461	28	

续表

年度	分项	工资总额（千元）	平均人数（人）	人均收入[元/(人·年)]	其中[元/(人·年)]					期末人数（人）
					计时计件标准工资	各种奖金计件超额	各种津贴与补贴	加班加点工资	其他工资	
1997	全部	671 572	53 735	12 498	7285	3234	1620	329	30	54 190
	施工	129 923	12 419	10 462	6919	1383	1428	603	129	
1998	全部	704 271	49 831	14 133	7223	4590	1917	373	30	49 633
	施工	132 100	10 078	13 108	7655	2878	1584	865	126	
1999	全部	772 459	48 137	16 047	8143	5329	2229	305	41	49 129
	施工	138 127	8468	16312	8376	5127	2119	561	129	
2000	全部	824 389	45 564	18 093	10 125	4531	2991	352	94	42884
	施工	127 142	6625	19 191	9981	6078	2800	321	11	
2001	全部	820 449	38 576	21 268	10 220	7377	3306	365		37 787
	施工	94 791	5053	18 759	9896	5682	2703	478		
2002	全部	1 017 337	38 301	26 562	11 982	10 895	3248	437		37 331
	施工	99 133	4902	20 223	10 306	6807	2557	553		

第六节 劳动保护与劳动保险

1991 年，为加强职工健康保障作用，省电力公司调整防护用品标准，并组织有关部门，对粉尘、毒物、高温、噪声、高体力劳动强度等进行实测，在此基础上，完成发供电企业劳动条件分级。据此，省电力公司对劳动保险待遇做出明确规定，并组织职工进行健康疗养，实施菜篮子工程，改善职工生活，建立职工福利设施，积极做好劳动保护和劳动保险工作。各基层单位严格执行国家有关条例和省电力公司有关规定，劳动保护和劳动保险工作不断完善提高。

一、劳动保护

省电力公司按照上级文件要求和指示精神，十分重视做好劳动保护工作。

（一）调整劳动防护用品

为提高职工劳动安全卫生的保护水平，省电力公司依据劳动部颁发的《国营企业职工个人防护用品发放标准》，对从事运行、检修、野外作业和接触尘、毒等有害工种的防护用品进行研讨。1991 年，经省劳动厅审批后，下发了《吉林省电力工业局职工劳动防护用品发放标准》。在防护用品的管理上做出统一规定，由劳资、财务、供应几部门配合，从制订需求计划，确定采购期限，采购保管，审核发放都有一套办法，为一线职工着想。

1991 年，省电力公司确定吉林热电厂全民多经企业龙裘服装厂为吉林电力劳动防护服的定点生产厂家，统一职工的工作服所用的面料、颜色、式样，并设计吉林电力的标志图样镶嵌在工作服上。1992 年吉林热电厂的龙裘服装厂被能源部确定为首批劳动防护服的定点生产厂家。

（二）提高了保健食品标准

针对劳动保健食品标准多年未变、水平偏低的情况，省电力公司劳资部门提出提高保健食品标准的方案，于 1993 年 11 月，经省劳动厅批准，由省电力公司下文调整保健食品标准，对职工的健康起到一定的保障作用。

（三）劳动条件分级

1991 年，劳动部下发《关于加强企业职工劳动条件分级工作的通知》，1992 年，中国电力企业联合会下发《关于进行企业职工劳动条件分级工作的通知》。省电力公司按照这一部署，确定以省电科院为主，由劳资、生产等有关部门配合，及时开展职工劳动条件分级工作。相继对生产粉尘、工业毒物、高温、生产噪声、高体力劳动强度实测，于 1994 年 9 月，经过检查总结和上报，完成发供电企业劳动条件分级工作。

（四）开展劳动保护检查

为维护职工劳动安全卫生保护的权利，省电力公司对基层单位劳动保护情况和贯彻执行《女职工保护条例》、《妇女权益保障法》情况进行定期和不定期的检查。1995～1999 年，由省电力公司工会和劳资部门主持先后召开 3 次座谈会，了解相关情况。

各基层单位在劳动保护工作中，十分注意改善劳动环境。各发电企业先后对尘、毒、噪声、高温等环境进行测定，对超标的环境进行综合治理；对接触人员进行定期体检，同时建立职工健康档案。在进行扩建工程时，坚持“三同时”制度，要求解决影响职工身心健康的各种问题。

各基层单位，执行省电力公司制定的劳保用品发放标准，加强劳动防护用品管理，由安全监察部门，职工医院与生产技术部门负责检查监督。行政事务部门、物业公司与物资供应部门密切配合采购、保管和发放。每年夏季各单位都为职工购买糖、茶、汽水等防暑降温用品，对在粉尘及有毒、危险场所工作的生产人员及跟班顶岗的管理人员发给保健津贴。

二、劳动保险

（一）职工健康疗养

1994 年以前，职工健康疗养工作，由各基层单位自行安排，患病职工到外地疗养，如到电力部办的青岛、北戴河疗养院疗养。

1994 年，省电力公司在山东威海、蓬莱建成职工健康疗养院（培训中心）。1994～1999 年，每年都按省电力公司下达的计划组织职工去培训中心进行健康疗养，每期 60 余人，每年 40 余期，每期 10 天。对患有矽肺病的重患者，安排到北戴河、新安江电力职工疗养院疗养，疗养期一般都在 3 个月以上。

（二）其他劳动保险待遇

女职工生育、职工因公负伤或患职业病，职工患病或非因公负伤，职工因公或非因公死亡劳动保险待遇，一直按照国家和吉林省政府和省政府的职能部门下发的有关文件执行，对劳动保险待遇项目及其标准，省电力公司都做出了明确的规定。正确处理职工在病、伤假期间治疗休养及复工问题，确定职工因病、伤而丧失劳动能力的伤、残程度，切实保障职工的合法权益。

三、生活福利

(一) 菜篮子工程

1990年，省电力公司学习峰峰矿务局大搞“菜篮子工程”经验，召开了专门会议，进行了动员，大力提倡基层单位办农副业。1991年有18个基层单位养猪存栏共3450头，有6家养羊存栏共990只，有6家养牛存栏共335头，有1家养鹿存栏50头，有1家养兔存栏1000余只，有13家养鸡鸭共15.5万只，产蛋9.8万千克，有16家养鱼出鱼量共17.8万千克，有12家种菜共产菜91.5万千克。1993年企业不再办农副业。

(二) 职工福利设施达标

1991年，省电力公司下发《职工生活福利管理设施标准》，提出职工生活达“小康”的目标。按照这个标准要求，基层单位开始进行相关完善化工作。1994年，省电力公司工会与劳资部门及电力医院组成职工生活达标验收小组，1994～1996年，先后对32个单位进行了检查验收。检查验收的范围有职工住宅、独身宿舍、运行宿舍、职工食堂、职工浴池、职工医院和卫生所、招待所、幼儿园、离退休活动室等。经检查验收，32个单位全部达标，其中有三个单位被评为全优。1996年，浑江发电厂、长山热电厂被评为职工生活先进单位。

1997～2002年，职工生活福利增幅较大，这主要是与其构成的增项(增加的医疗保险、失业保险、工伤保险)和医疗卫生费用实际支出的增加有关。1991～2002年省电力公司职工集体保险福利费构成和职工个人保险福利费构成情况见表13-3-9和表13-3-10。

表13-3-9　　1991～2002年吉林省电力公司职工集体保险福利费构成

年度	平均人数(人)	合计(千元)	集体福利补贴(千元)	集体福利设施(千元)	文娱体育宣传(千元)	其他(千元)	缴纳养老保险(千元)	缴纳医疗保险(千元)	缴纳失业保险(千元)	缴纳工伤保险(千元)	缴纳生育保险(千元)
1991	51 046	11 797	8462	2400	935						
1992	51740	12 121	5312	5880	929						
1993	52 326	17 533	7074	7951	2172	336					
1994	44 095	18 861	16 248		2613						
1995	39 912	27 195	20 601		2881	3713					
1996	54 821	24 742	18 281		2043	4418					
1997	53 735	22 329	20 879		1450						
1998	49 831	191 794	20 479		2109		113 543	51 530	4133		
1999	48 137	190 184	16 382		2388		105 518	58 775	6957	66	98
2000	45 564	272 346	18 896		1685		179 129	64 839	7584	142	71
2001	38 576	221 331	8293		1614		149 032	51 537	10 743	44	68
2002	38 301	241 146	16 568		2040		150 323	64 121	7794	240	60

表 13-3-10 1991～2002 年吉林省电力公司职工个人保险福利费构成

年度	平均人数（人）	合计（千元）	医疗卫生（千元）	其他（千元）	年度	平均人数（人）	合计（千元）	医疗卫生（千元）	其他（千元）
1991	51 046	28 752	16 174	12 578	1997	53 735	65 515	56 512	9003
1992	51 740	30 521	20 062	10 459	1998	49 831	46 948	34 802	12 146
1993	52 326	28 584	20 251	8333	1999	48 137	43 590	35 637	7953
1994	44 095	34 640	26 316	8324	2000	45 564	59 042	45 823	13 219
1995	39 912	40 476	32 160	8316	2001	38 576	44 636	34 686	9950
1996	54 821	55 935	47 719	8216	2002	38 301	68 796	51 557	17 239

注 本表其他栏目包括丧葬抚恤费、救济费、生活困难补助、计划生育补贴、冬季取暖补贴、工伤护理费、探亲路费、节日慰问金等。

第七节 职 工 养 老 保 险

省电力公司自 1996 年 1 月起实行职工养老保险制度改革。1998 年 9 月，根据国务院的通知，将基本养老保险统筹工作全部移交吉林省社会保险公司管理。2001 年，省电力公司各单位根据国家有关部门的通知，相继将养老保险金转给职工就近的邮政局代发。1992～2002 年，省电力公司前后 13 次调增离退休金，提高离退休人员和退职人员的生活待遇。

一、离退休费用统筹

1986 年 7 月，水利电力部印发《水利电力部直属企业离退休费用统筹试行办法》，是全国第一家劳动保险统筹改革的试点单位。仅在离退休费用上实行电力行业的统筹，按照生产企业工资总额的 13%、施工企业建安工作量的 1.35%提缴基本养老金，进入基本养老保险基金专项账户，各单位实际所发生的离退休金从基本养老保险基金中支取，余额归属部级统筹，若发生入不抵出，由部级统筹拨付。

二、职工养老保险制度改革

1991 年 6 月，国务院下发《国务院关于企业职工养老保险制度改革的决定》。省电力公司根据决定中“要逐步健全基本养老保险与企业补充养老保险和职工个人储蓄性养老保险相结合的制度，实行国家、企业、个人三方共同负担，职工个人也要缴纳一定的费用。”的规定，进行了职工养老保险制度改革。

1992 年 9 月，中电联下发《关于电力行业劳动合同制工人缴纳养老金的通知》。省电力公司根据通知精神，将劳动合同制工人养老保险基金纳入行业统筹，并清理回收历年交给地方的劳动合同制工人养老保险基金。省电力公司历年向地方缴纳的合同制工人基本养老保险基金累计 600 余万元，于 1993 年底收回。

省电力公司在实行养老保险改革时，建立基本养老保险个人账户。个人账户由两部分构成，一部分由企业划入，另一部分由职工个人缴纳。个人账户纳入劳动保险统筹基金统一管理，只能用于退休后支付养老金。

1998 年 8 月，国务院下发《关于实行企业职工基本养老保险省级统筹和行业统筹移交地方管理有关问题的通知》。按通知，省电力公司于 1998 年 9 月，将基本养老保险统筹工作，全部移交到吉林省社会保险公司管理。

1999 年 9 月，吉林省劳动厅、财政厅以吉劳险字〔1997〕54 号文件下达核定电力行业养老保险统筹项目。属国家允许进入统筹的项目有 39 个，属省级允许进入统筹的项目 13 项，属电力行业允许进入统筹的项目 9 个。这些项目，主要是各项津补贴和多次调增的离退休金项目。省电力公司离退休、退职人员及保险福利费用构成情况见表 13－3－11。

表 13－3－11　1991～2002 年吉林省电力公司离退休、退职人员及保险福利费用构成

年度	期末人数(人)				平均人数(人)	保险福利费用构成(千元)								
	合计	离休	退休	退职		总额	人均[元/(人·年)]	离休金	退休金	退职费	医疗费	人均[元/(人·年)]	所占比例(%)	其他
1991	6256	913	5311	32	6006	22 296	3712	2215	10 161	61	5652	941	25.4	4207
1992	8320	930	7361	29	7862	31 393	3993	3593	15 046	75	7685	977	24.5	4994
1993	9222	907	8287	28	8905	48 134	5405	3074	24 585	44	11 810	1326	24.5	8621
1994	9318	878	8412	28	9299	57 980	6235	3976	30 955	44	14 832	1595	25.6	8173
1995	9440	847	8571	22	9385	74 065	7892	5732	40 959	104	20 736	2209	28.0	6534
1996	10 135	819	9293	23	9741	116 341	11 943	6522	58 653	117	25 731	2642	22.1	25 318
1997	11 778	785	10 962	31	10 870	151 287	13 918	10 466	106 836	209	29 428	2707	19.5	4348
1998	15 665	747	14 877	41	15 174	213 185	14 049	10 520	163 565	312	35 278	2325	16.6	3510
1999	15 149	715	14 397	37	14 532	191 241	13 160	8210	132 675	266	45 189	3110	53.6	4901
2000	15 284	690	14 553	41	14 826	218 016	14 705	10 082	147 662	200	49 369	3330	22.6	10 703
2001	14 459	623	13 807	29	14 499	213 336	14 714	10 418	148 419	260	45 976	3171	21.6	8263
2002	14 166	587	13 550	29	13 666	228 727	16 737	13 157	146 017	228	54 611	3996	23.9	14 714

注 1. 其他栏包括护理费、生活补贴费、交通费补贴、丧葬抚恤费、救济费、冬季取暖补贴、物价补贴、书报费、困难补助、节日慰问金等。

2. 2001 年的数字不含划出的浑江、二道江发电厂。

按照劳社部函〔1999〕123 号《劳动保障部、国家邮政局关于社会保险经办机构委托国家邮政局代发养老金的通知》，2001 年，省电力公司系统各单位的社保经办机构相继将职工养老金，包括原由企业负责支付尚未列入统筹项目的其他各项待遇，一并转给了职工就

近的邮政局代发。

到 2002 年底，省电力公司三次提高标准，其提高情况见表 13－3－12。

表 13－3－12　吉林省电力公司企业补充养老保险和职工个人储蓄性养老保险缴存标准

单位：元/月

连续工龄	1992 年 1 月～1995 年 12 月		1996 年 1 月～1997 年 9 月		1997 年 10 月～1997 年 12 月		1998 年 1 月～2002 年 12 月	
	个人储蓄	企业补充	个人储蓄	企业补充	个人储蓄	企业补充	个人储蓄	企业补充
5 年及以下	3	3	5	10	5	20	5	80
6～10 年	3	3	10	20	10	40	10	110
11～15 年	5	5	15	30	15	60	15	140
16～20 年	5	5	23	46	22	80	22	188
21～25 年	7	7	33	66	32	128	32	248
26～30 年	7	7	45	90	45	180	45	325
31 年及以上	9	9	63	126	62	248	62	418

企业补充养老保险金和职工个人储蓄性养老保险金按月分别记入个人账户。在职工离退休、工作调动、解除劳动合同、在职死亡时，连本带息全额发给本人或其受益者。对于因刑事犯罪等被开除、除名者，只退给其个人储蓄性养老保险金那一部分。

三、离退休金调增

依据国家有关规定，1992～1998 的 7 年中，省电力公司共调增离退休人员的离退休金 10 次。这都是由电力工业部、国家电力公司下发文件，电力行业统一执行的。此后，省电力公司根据国家有关规定，先后于 1999 年 10 月、2001 年 7 月、2002 年 7 月，前后 3 次调增离、退休人员和退职人员的离、退休金。

第八节　劳动人事工资制度改革

根据上级的统一部署，省电力公司自 1992 年开始，组织全系统进行劳动、人事、工资三项制度配套改革。省电力公司选择部分企业先行试点，然后全面铺开。省电力公司系统各单位，相继建立领导小组，设立办公室，成立专业工作组，开展各项活动。各单位开展了“四定”，干部、工人岗位测评和岗位归级工作。通过改革，精简机构，压缩定员，实施劳动合同制，打破干部、工人的界限，本着公平、公正、公开的原则，实行竞争上岗，优化劳动组合，实行以岗位、技能工资为主要形式的结构工资制度。各单位广开就业门路，妥善安置富余人员，并为职工重新上岗创造条件。

一、三项制度改革的实施

1991 年末，国家提出企业进行劳动、人事、工资制度配套改革。1992 年 3 月，省电力公司成立改革领导小组，选择了吉林热电厂、浑江发电厂、吉林电业局、长春发电设备总厂、吉林省电力勘测设计院作为三项制度改革的试点单位，并先后下发了6个指导性文件。4月5日，下发《工人考核条例实施细则》，4月26日下发《吉林省电力工业局劳动人事工资制度配套改革工作安排》、《吉林省电力局劳动制度改革方案》，6月12日转发《关于下发东北电力总公司干部职位劳动评价实施方案》，9月1日下发《电力工人技术等级标准》，10月3日下发《聘用(任)人员管理办法(试行)》。1992年10～11月，5个试点单位经东北电力总公司验收，全部合格。

在省电力公司的指导推动下，非试点单位的三项制度改革工作紧张进行，1992年末～1993年7月，省电力公司对39个非试点单位的三项制度改革工作进行评价验收，结果全部合格。至此，省电力公司系统的三项制度改革工作基本结束，成效显著。吉林电业局将原来的32个科室精简合并为21个，其中行政科室16个，党群部门5个；进行定岗定编，行政干部系列225个岗，党群系列19个岗。白城电业局的科室由原来的37个减少到19个，工作岗位经过重新调整减少到170个。

二、劳动制度改革

省电力公司在劳动用工制度的改革中，把竞争机制引入企业劳动管理中来，全面推行优化合理劳动组合，实行全员劳动合同制，建立起企业与职工、领导与被领导者之间可以双向选择的劳动用工制度。

1992年4月，省电力公司印发《吉林省电力工业局劳动制度改革方案》，全省电力系统进行劳动制度改革，本着精简、效能的原则，合理设置组织机构，核定定员，规范工种名称，确定职位系列，修订岗位规范，明确上下岗条件和考核标准，建立全员培训、考核、持证上岗制度，制定管理办法，将培训、考核与用人制度结合起来，使员工能上能下，能进能出，用工比较灵活。通过改革，全省电力公司系统共撤销和合并258个二级机构，重新设定了岗位，制定了上千个岗位标准，有4万多名职工签订了劳动合同和上岗合同，占职工总数的80%。1995年7月，省电力公司下发《吉林省电力公司全面实行劳动合同制实施方案》和《吉林省电力公司劳动合同制暂行管理办法》。在全系统实行了全员劳动合同制。

1999年12月，省电力公司下发《关于实行富余职工退出工作岗位休养及有限期放假的意见》。规定距离法定退休年龄10年及以内的富余职工可以自愿申请放假；距离法定退休年龄5年及以内的富余职工可以自愿申请退养。该意见还就放假、退养期间单位和个人的权利、义务，放假、退养期间的其他有关问题做出了规定。职工放假、退养期间由单位发给生活费。放假期间生活费按不高于本人放假前所在岗位的岗位与技能工资之和的50%计发，退养期间生活费比照职工退休基本养老金计发办法计算。

1999年，省电力公司下发了《关于职工自愿解除劳动合同有关问题的指导意见》。职工自愿解除劳动合同(买断工龄)，由职工个人提出书面申请，用人单位与职工本人协商签订《自愿解除劳动合同协议书》。买断工龄的补偿按1994年劳动部印发的《违反和解除劳动合同的经济补偿办法》的关于"用人单位应根据劳动者在本单位工作年限，每满一年发给相当于一个月工资的经济补偿金，最多不超过20个月，工作时间不满一年的按一年的标准发给经济补偿金”的规定执行。除国家规定的经济补偿金外，省电力公司规定在电力系统工作且连续工龄5年以上的，可加发扶持金，扶持金的起点原则上为2.5万元，连续工龄每满一年原则上加发500元，工龄不满一年的按一年计算。对于距法定退休年龄5年及以内，自愿解除劳动合同的职工不加发扶持金。职工自愿解除劳动合同后终止医疗保险关系，个人账户的划转在吉林省医疗保险制度改革方案出台前，暂按省电力公司医改的有关规定办理。自愿解除劳动合同的职工，住房公积金按国务院《住房公积金管理条例》的规定划转。

三、人事制度改革

在三项制度改革中，省电力公司系统打破干部身份终身制，在定岗、定编、定员的基础上，按照所需干部岗位要求，以德才兼备的标准进行择优选聘。1992年9月，省电力公司下发《关于干部、人事制度改革的实施意见》和《关于进一步完善干部聘任(用)制的实施意见》。在实施中，按照公开、公正、公平的原则，按照“四化”要求和德、能、勤、绩四个方面考核聘用干部，使干部能上能下，为各类优秀人才脱颖而出创造良好的环境和条件。通过改革，在企业里建立起了激励机制和竞争机制，打破了干部与工人的身份界限。省电力公司系统有350多名工人走上了管理岗位，有440多名干部从管理岗位转到生产岗位。

根据省电力公司的统一部署，各基层单位相继实行人事制度改革。分别制定印发《职能管理岗位工作人员公开选聘的暂行规定》、《干部选聘考核办法》和《干部聘用岗位合同管理办法》，制定了职能管理岗位工作人员公开选聘的内容和标准、干部选聘考核办法和管理办法；制定印发《工人岗位劳动评价方案》。上述规定、办法的实施，效果明显。1992年，二道江发电厂在公开、公平的条件下，打破工种和身份界限，实行双向选择，择优聘用，优化组合。安置富余人员37人，待岗培训10人。对中层及一般干部实行岗位招聘与选聘相结合。2名副科级干部解聘下岗，3名一般干部未被聘用。共有81人被聘为中层干部，91人被聘为一般干部。

四、工资制度改革

自1992年起，系统改革单一的等级工资制，实行职工劳动报酬与个人劳动技能、劳动责任、劳动强度、劳动条件和劳动贡献紧密相连的以岗位技能工资为主要形式由技能、岗位和年功工资等项组成的结构工资制度。

东北电力总公司统一确定岗位工资和岗位归级的总体控制原则和办法。在岗位划分上，划定管理岗位和生产岗位两大类别。其中将管理岗位又划分成五个档次来确定大、中、小型企业所执行的岗位工资区间；生产岗位，不分大、中、小型企业，执行同一个岗位工资区间。按照各自的执行区间，先由各单位在省电力公司下达的总的平均岗级进行各类人员的岗位归级，然后经省电力公司综合平衡确定出全省的岗位归级结果并下达给各单位执行。

通过改革，各单位精简机构，提高定员水平，规范了工种、岗位名称，确定职位系列，制定技能工资和岗位工资标准，实施结构工资分配办法，修订岗位规范，明确上岗条件及其考核办法，建立员工培训、奖惩、考核、公平竞争、持证上岗、岗变薪变等规章制度。

1992年8月，东北电力总公司下发《1992年东电系统职工工资升级工作的通知》，列出了工资标准改变的内容，将原来一条龙式的工资标准改为技能工资和岗位工资两部分。技能工资标准起点为56元，岗位工资标准的起点是32元。

1994年11月，各单位按省电力公司规定进行技能工资入轨，将技能工资、岗位工资标准进行调整，提高职工工资水平。通过入轨，修订新的定员标准、岗位规范和竞争上岗办法。对职工普遍进行考试考核，提高职工队伍素质。

1995～2002年，省电力公司又多次调整了岗位工资和技能工资的标准。通过改革，使工资制度更加科学合理，增加了职工的收入，调动了广大职工的积极性。

第四章　干　部　管　理

1991～2002年，随着吉林省电力工业的发展，干部队伍不断壮大。根据发展需要，12年来，省电力公司选聘和培养大批党政和专业技术干部，2002年底，省电力公司管理的各类管理和专业技术干部共13 290名。干部管理工作由干部处负责，一度归政工部管理，1999年党政干部由新成立的人事董事部负责，专业技术干部由人力资源部负责，离退休老干部由离退休工作部负责管理。

第一节　党 政 干 部 管 理

按照党的干部"革命化、知识化、年轻化、专业化"的方针和德才兼备的原则，通过对干部进行选拔、任免、培训、提拔，晋升、监督、考核等办法加强管理，考核其业绩、能力、作风，采取交流、聘任、试用、告诫、奖惩、竞争上岗等措施，干部队伍的"四化"综合素质提高，文化、年龄、专业结构较为合理，基本适应吉林省电力事业发展的需要。

一、管理范围

干部实行分级管理，省电力公司党组直接管理的干部，包括省电力公司副总工程师、副总经济师、副总会计师，纪检组副组长、正副处级纪检员、直属机关党委正副书记、工会副主席及各部部长，多经局正副局长、总工程师及各处处长，省农电局长、总工程师、各处处长，机关各处（室）正副处长（主任），处（室）三总师，关联公司正副总经理及其正副处级干部。

直属单位局、厂、院、校、公司的行政正、副处级干部，党委正副书记、纪委书记、工会主席，总工程师、总经济师、总会计师，市（地区）农电局（处）局长及其他正、副处级干部。

报省电力公司党组备案的干部，包括各直属单位的副处级集体企业公司经理、党委书记等。1991～2002年省电力公司直管及所属单位现职党政领导干部统计，见表13－4－1。

二、干部管理制度改革

在实施厂长（局长、经理）负责制及目标责任制的基础上，1991～2002年，省电力公司干部管理相继进行了一系列改革。按照"因人制宜，扬长避短，人尽其才，才尽其用"的原则，继续实行党政领导干部跨地区、跨岗位交流制度。

1992年4月21日，召开省电力公司管理的企事业单位劳动、人事、工资三项制度配套改革工作会议。干部管理开始纳入人事制度改革、干部岗位测评归级和岗位规范。实行干部聘任制，打破干部、工人身份界限，实行干部职务能上能下，干部队伍能进能出，公

表 13-4-1 1991～2002年吉林省电力公司直管及所属单位现职党政领导干部统计 单位：人

年份	分类	人数	文化程度				技术职务				年龄（周岁）							
			大学	大专	中专	中专以下	教授级	高级	中级	中级以下	≤35	35～39	40～44	45～49	50～54	55～59	＞60	平均年龄
1991	合计	353	117	107	75	54	24	92	150	87	1	32	46	55	105	112	2	50.2
	省电力公司机关	90	33	31	12	14	9	23	38	20	1	11	9	13	25	29	2	
	基层单位	263	84	76	63	40	15	69	112	67	0	21	37	42	80	83	0	
1995	合计	459	209	119	84	47	49	208	175	17	20	30	100	73	89	139	8	48.9
	省电力公司机关	62	32	17	7	6	6	30	23	3	1	5	18	8	7	23		
	基层单位	397	177	102	77	41	43	178	152	14	19	25	82	65	82	116	8	
1998	合计	422	16	266	84	34	20	66	267	81	8	7	50	101	109	90	65	48.9
	省电力公司机关	88	9	52	18	6	3	21	57	9	1	1	8	23	21	15	20	
	关联局	10		5	3		2	1	6	3		1		4	1	2	2	
	关联公司	28		20	5	1	2	9	15	2	2	1		6	6	9	6	
	直属单位	46	4	34	5	2	1	7	32	7		2	3	17	10	9	5	
	基层单位	250	3	155	53	25	12	28	157	60	5	2	39	51	71	55	32	
2002	合计	346	39	228	62	12	5	27	250	65	4	9	54	58	112	81	32	46.9
	省电力公司本部	9	1	7	1			5	4					3	3	1	2	
	省电力公司机关	107	14	70	22		1	10	84	12	1		16	16	34	29	12	
	管理公司	33	3	22	4	2	2	2	23	7	1		4	3	17	5	3	
	关联单位	24	3	15	4	2		4	16	3	1	1	1		8	8	7	
	直属单位	31	6	21	3		1	5	23	3			3	3	15	7	3	
	基层单位	142	12	93	28	8	1	1	100	40	1	8	30	33	35	31	5	

平竞争、公开选聘、择优录用，建立岗位工资制度。同年，省电力公司燃料局、物资供应局、电力建设局列为直属单位，省农电局为单列单位。经改革，省电力公司本部处（室）由 32 个减为 21 个，本部干部由 421 名减为 260 名。11 月 2 日，省电力公司本部召开深化“三项”制度改革大会，孙业堂局长（总经理）代表党组向公司本部各处室及剥离单位的处级干部颁发聘书。12 月 8 日，召开总经理联络员座谈会。

1993 年，继续推行干部层层聘任制度。局长聘任处长，发聘书，持证上岗；处室副职由正职提名，经局长办公会议认定后实行聘任。一般干部采取本人自愿申请与处长聘任相结合，实行双向选择。省电力公司举行公开选聘总会计师和财务处副处长答辩会，经过评审，择优聘用。

1994 年 9 月 1 日，省电力公司本部开始第二步改革，职能处室改为职能部建制。以吉电劳 338 号文件，明确新建省电力公司本部机构，从 21 个减为 15 个。对正副处级干部引入竞争机制，通过自愿报名，公开答辩，评委测评，择优聘用。

1995 年 6 月～1997 年 2 月，省电力公司本部职能部门缺员岗位，实行公开招聘 3 批，52 人，通过评审考试，公平竞争，进入省电力公司本部工作。

1996 年，制定、实行领导干部任期制度，任期内实行聘任制，每届任期 4 年。在同一岗位、同一职务不超过两届，以推动工作创新，改变领导干部任职终身制。同年，电力职工实行劳动合同制，12 月 13 日，省电力公司本部及关联单位举行劳动合同签字仪式。1997 年 6 月，为适应电力体制改革的需要，省电力公司制定《局管干部管理暂行规定》，对局管干部的选聘、任免、试用、告诫、奖惩、培训、后备干部管理等都做了详细规定。1998 年 9 月，省电力公司召开农电工作会议，成立农电部，调整农电机构，开始农电干部管理体制改革。

1999 年，省电力公司本部各部、处重新选聘 130 名领导干部，全年调整局管正、副处级干部 12 批、306 名，其中，提拔正处级干部 7 名，副处级干部 8 名，新提拔的“一把手”全部为 1982 年以来正规大学本科毕业生；试用期满、经考核重新任职的 54 名，告诫期满免职 1 名；考核后备干部 46 名。适应农电体制改革需要，对全省 9 个地区 13 个县（市、区）农电企业、44 个农供合一的供电企业领导干部进行考核。

2001 年，省电力公司对本部和关联公司处级干部进行民主测评，直接管理的 36 个领导班子、396 名干部进行考核，供电企业及部分单位领导班子实施调整，涉及 13 个班子 79 名领导干部，其中：试用期满 11 名，新提拔 11 名，退居二线 8 名，助理转实职 8 名，交流 41 名；开展 48 名干部试用期满任用前公示。1997 年以来，省电力公司直接管理的干部经考核不称职、告诫的 11 名，责令辞职的 7 名，降、免职 8 名。

2002 年，开展“领导干部转变作风年”活动，对基层 42 个单位、313 名直管干部及省电力公司本部 23 个部门的领导干部进行民主测评，系统内 3826 名中层及以上干部和职工代表参加。对反映出来的问题，开展针对性的提醒谈话，并召开专题民主生活会；对个别班子和个别干部进行了组织调整；领导干部中开展的“十纠十树”和“转、树、创”活动进行了检查。考核、调整了 4 个单位的领导班子，优化了班子的年龄、知识和专业结构，老干部做了妥善安置，班子成员进行异地交流。经考核，分两批，尚未结束试用期的

96名直管干部办理结束试用、重新任用手续。

省电力公司重视干部培训工作。1991～2002年，参加在国内举办社会主义市场经济理论、工商管理、政治理论等培训班，中青年干部、处级干部、董事监事人员等培训班38期，培训人员1625名；赴法、英、美、澳大利亚培训考察27批次、373人。人事干部档案达标升级成效显著，省电力公司等企业档案达到国家一级标准的11家，其他企业都达到国家二、三级标准。

三、董事会、监事会

1999年7月，根据省电力公司（工业局）改制为国家电力公司全资子公司——吉林省电力有限公司和建立现代企业制度的需要，吉林省电力有限公司成立了人事与董事管理部，负责管理全省电力系统正、副处级干部和各公司董事会、监事会成员，向与省电力公司有资产关系的发电公司和受委托由省电力公司经营管理的发电公司派驻董事，实行驻发电公司董事制度；所属各供电公司实行审计派出制度。制定了《吉林省电力有限公司董事管理办法（试行）》，系统地规定派驻董事的职责、权限、方法与工作程序。

1996年以来，14个发电、多经等企业逐步改制为有限责任公司或股份制公司，各公司都组建了董事会和监事会。省电力公司先后向参股公司派驻董事和监事。2000年，共派驻和调整董事54名，监事20名，培训董事、监事37名。定期考察派驻发电公司的董事和派驻供电公司的审计专员。

2002年，长春第二热电厂、辽源热电有限公司、双兴热电股份公司、双辽发电有限公司，两江水电、吉林风电股份有限公司，吉林省电力投资公司董事会、监事会成员调整28人。

第二节 专业技术干部管理

随着吉林省大电网、大机组、高技术规范电力设备的增加和生产、建设的发展，电力各类专业技术干部和管理人员队伍迅速扩大。按照国家的部署，省电力公司开展了各类专业技术人员的管理、评聘和推荐等工作。

一、专业技术人员队伍

吉林省电力公司管理的企业各类专业技术人员队伍，由工程技术、医疗卫生、教学培训、经济管理、会计、统计、翻译、档案图书、新闻出版、律师、政工等11大类人员组成。其中，各类专业技术人员占局管干部的80%以上，工程技术人员占各类技术人员的60%以上。省电力公司管理的专业技术干部队伍统计，见表13-4-2。

二、评聘推荐工作

1991年9月，按照人事部、能源部《关于企事业单位评聘专业技术职务若干问题的暂行规定》精神，省电力公司组建了专业技术职务评审委员会，下设办公室，开展评聘工作。对申报高级职务人员组织高级专家组进行考查答辩，向上级推荐。当年专业技术人员共13 216名。

表 13-4-2 1991～2002 年吉林省电力公司管理的专业技术干部队伍统计

年份	全省系统内干部总数	各类专业干部		工程技术干部		工程技术人员职称		备注
		人数	占总数（%）	人数	占各类（%）	高级	中级	
1991	15 171	13 216	87.11	8371	63.34	453	2026	1. 各类专业技术人员的比值，是与全省电力系统干部总数之比。 2. 工程技术人员的比值，是与各类专业技术人员之比
1992	14 901	13 773	92.43	8518	61.85	676	2397	
1993	15 657	14 683	93.78	9240	62.93	1128	2500	
1994	16 249	15 509	95.45	9666	62.32	1404	2440	
1995	16 714	16 007	95.77	10 131	63.29	1463	2511	
1996	17 215	16 537	96.06	10 588	64.03	1339	3015	
1997	16 805	16 311	97.06	10 668	65.53	1237	3009	
1998	16 798	16 319	97.15	10 835	66.40	1168	3018	
1999	18 334	17 786	97.01	11 919	67.01	1340	3282	
2000	15 684	15 433	9840	10 605	68.72	1200	2849	
2001	14 439	14 145	97.96	9834	69.52	1334	2805	
2002	13 290	13 016	97.94	8923	68.55	1400	2780	

1992 年，首次评聘政工干部系列职务。经考核，获得任职资格的政工干部 631 名，评聘高级政工师 71 名，政工师 271 名。评聘各类专业技术中级职称 371 名。

1993 年，按照向基建、边远地区电力企业倾斜的原则，全面完成各类专业技术职务的评聘工作，共审查申报材料 4000 份，合格的 3400 份，提供评委会评议的材料占材料总数的 85%。近千名申报晋升高级专业技术职务的人员，全部由省电力公司组织各专业 55 名高级专家进行答辩。年末，评出中级专业职称 121 名，获东北电管理局批准的高级职称的 452 名。同年，完成局管及驻吉林部属单位、不具备规定学历的 400 人晋升专业技术职务的专业知识考试；完成 456 名医疗卫生工作者晋升技术职务的外语考试。

1995 年，完成 1994、1995 年度的专业技术职务评聘工作。共审查材料 3325 份，合格 2827 份，提交评委会评审的材料占上报材料的 85%。实行指标限制，各单位进行的考核工作严格，推荐的材料质量提高。体现了公开、公平、公正和实事求是原则，省电力公司组织 39 名高级专家，分别深入基层各单位，进行申报晋升高级专业职务的人员考核和答辩，59 人获高级专业技术职务，11 名获中级职务，还有 63 名未通过。评聘坚持向基建、边远地区电力企业倾斜的原则，达到“在运行岗位适当增设中级专业技术岗”的要求。

1996 年，按照新的规定，专业技术职务评聘工作内容增加，实行按比例推荐办法，增加了评聘工作的难度。各单位加强考核与申报，提高推荐工作质量，保证评聘任务的全面完成。全年共审查材料 3000 多份，合格 2213 份。经评审，获中级专业技术职务的 504 名。同年，省电科院部分专业岗位缺员，公开招聘 7 名；为四平热电有限公司招聘各类专业技术人员 117 名。会同省人事厅对系统内 220 名待业职工子女进行考试，录聘 34 名；为长春电校毕业生分流 134 名。

1997 年，按照公开和宁缺毋滥的原则，为四平热电有限公司招聘专业技术人员 41 名，电科院招聘 8 名，省电力投资有限公司 22 名。

1999 年，从分配的大、中专毕业生中压缩减 21 名，减少分配转业军人 9 名；积极引进省电力公司急需财会专业 5 名硕士研究生。

2002 年底，全省电力系共有各类专业技术人员 13 016 名，其中，具有高级技术职称的 2182 名，中级职称的 3963 名，初级职称的 5107 名；东北电网专业技术专家 2 名；东北电网优秀中青年专家 12 名。

经选拔推荐，荣获国务院颁发的政府特殊津贴人员：陈溶年、刘焕长、汪礼文、闻浩祖、钱宝棣、王景汉、丁振亚、马魁山、高文涛、武毅强、李宝全、张克勤、付少浩、王文威、马昌祚、刘崇、董占华、薛尧阶、蔡保社、陈政、王玉蔼、陆传荪、钱森祥、贾福民、孙家怀、许石、张焕然、高升岳、孙业堂、金凤祥、黄庆康、刘立新。

国家突出贡献人才：王玉蔼。

省突出贡献技术人才：周晓林、孙东明、岳保良。

省突出贡献中青年专家：王炳华、周晓林、张立志、张志厚。

第三节 离退休干部管理

1991～2002 年，省电力公司按照中共中央《关于建立老干部退休制度的决定》等有关方针政策要求，加强了老干部管理，相继调整管理机构，充实管理人员，健全管理制度，调查研究，做到政治、生活两项待遇进一步落实，养老金、医疗费按时到位，文化、体育活动经常开展，为离退休干部实现老有所养、老有所乐、老有所为，安度晚年创造了条件。

一、基本概况

20 世纪 90 年代初，离退休干部由老干部处管理。1997 年 6 月，更名为离退休工作部，负责全省电力系统离退休干部管理。1998 年 3 月，省电力公司本部处级以下的退休干部，由新组建的省电力公司本部退休干部管理部管理，省电力公司副总工程师以上包含局级干部和离休干部，仍为离退休工作部直接管理。2002 年末，系统内基层企业共建立离退干部管理机构 12 个，专职管理人员 118 名，兼职人员 4 名。

2002 年，全省电力系统老干部工作人员 138 名，其中专职人员 86 名，兼职人员 30 名，老干部自管干部 22 名。

（一）离休干部

1991 年，省电力公司管理的离休干部总计 933 名，其中，高级专业技术人员 50 名，中级专业技术人员 189 名，初级专业技术人员 42 名，合计 281 名，占离休干部总数的 30.1%。离休干部中，参加各项活动的 287 名，其中，培养青少年的 10 名，撰写回忆录和专业（行业）史的 11 名，搞专业技术服务的 36 名，从事种植业的 7 名，原单位回聘的 70 名，参加街道社会活动的 19 名，学会、协会中任职的 26 名，参加离、退休干部服务的 17 名，其他工作的 91 名，占离休人员总数的 31.37%。

2002 年，省电力公司管理的离休干部总计 628 名，比 1991 年减少 305 名，其中高级专业技术人员 63 名，中级专业技术人员 164 名，初级专业技术人员 35 名，合计 262 名，占总人数的 41.72%。离休人员中，参加各项活动的人数 11 名，占总人数的 1.75%，主要活动是从事专业技术服务。

离休干部参加革命工作年代及享受职务待遇的人数统计，见表 13-4-3。

表 13-4-3　　离休干部参加革命工作年代及享受待遇人数统计

参加革命时间	1991	1992	1996	2001	2002
1927 年 8 月 1 日～1937 年 7 月 6 日	3	3	1		
1937 年 7 月 7 日～1942 年 12 月底	18	17	16	14	13
1943 年 1 月 1 日～1945 年 9 月 2 日	62	49	31	23	20
1945 年 9 月 3 日～1949 年 9 月底	850	923	769	622	595
合　　计	933	992	817	659	628
厅（局）级及待遇+省级	7+1	9+1	59	46	43
县（处）级及待遇	101	103	556	454	431

（二）退休干部

1991 年，省电力公司管理的退休干部 940 名，其中有高级、中级、初级专业技术人员各 78、217、106 名，合计 401 名，占退休干部总数的 42.66%。退休干部中，参加各项活动的有 199 名，其中，培养青少年的 6 名，撰写回忆录的 1 名，原单位回聘的 59 名，在各学会、协会任职的 8 名，其他工作的 125 名，占退休干部总数的 21.17%。

2002 年，省电力公司管理的退休干部 4763 名，比 1991 年增长 5.04 倍，其中，高级、中级、初级专业技术人员各 1458 名，1878 名，363 名，合计 3699 名，占退休干部总数的 77.66%，比 1991 年增加 35%。退休干部中，参加各项活动的有 141 名，其中，培养青少年的 4 名，撰写回忆录和专业史的 12 名，重新聘用的 27 名，在各学会、协会任职的 20 名，其他工作的有 78 名，占退休干部总数的 2.96%，比 1991 年降低 18.21%。

退休干部参加革命工作年代及职称待遇统计，见表 13-4-4。

表 13-4-4　　1991～2002 年吉林省电力系统退休干部状况统计　　单位：人

年份 \ 人员分类	合计	正副厅（局）长及相当者	正副县（处）长及相当者	正副乡（科）长及相当者	专业技术人员	其他干部	1949 年 9 月 30 日以前参加革命工作者
1991	940	2	24	208	368	338	46
1992	1827	2	39	409	791	586	58

续表

人员分类 / 年份	合计	正副厅（局）长及相当者	正副县（处）长及相当者	正副乡（科）长及相当者	专业技术人员	其他干部	1949年9月30日以前参加革命工作者
1993	2015	2	65	451	810	812	64
1994	2240	2	89	512	830	1020	69
1995	2532	2	104	609	858	1400	72
1996	2711	3	123	758	879	1827	74
1997	2749	5	156	949	946	2700	114
1998	4526	7	228	1291	1900	3000	59
1999	4632	10	246	1254	1924	3056	62
2000	4649	12	258	1230	1983	3128	66
2001	4738	14	267	1231	2007	746	68
2002	4763	15	276	1243	2032	669	49

二、政治待遇

按照“基本政治待遇不变”的原则，省电力公司及各基层单位认真落实离退休干部的政治待遇，关心他们的政治生活，及时组织传达、学习上级有关文件和重要会议精神，了解党和国家的有关方针政策、上级机关的有关规定，使其在政治上、思想上与党中央保持一致。各级的党代会、职代会和重要工作会议等，邀请离退休干部代表参加或列席，了解电力事业的改革与发展情况，参政议政，献计献策。

离、退休干部党组织建设得到加强。2002年末，各企、事业有离退休干部党员1108名，建有7个党总支、30个党支部，并完善党员组织生活制度和学习制度，定期过组织生活，开展活动。1992年，组织了离退休干部党员开展纪念中共中央《关于建立老干部退休制度的决定》颁布10周年活动。1995年，组织庆祝世界反法西斯战争和中国人民抗日战争胜利50周年活动。1996年，开展纪念中国工农红军长征胜利60周年活动等，重温革命历史，期间，对老干部进行慰问。1997年，组织部分老干部参观吉林省新建最大的双辽发电厂。观后，老干部对吉林省电力事业的发展和科技水平的提高，发表许多感言。还多次安排庆祝“七一”党的生日活动等。

三、生活待遇

本着生活待遇“略微从优”的原则，从多方面着手，增加离退休干部的生活待遇，重点落实离退休干部的养老金和医疗费。

离退休干部的养老金，做到了按政策规定进行调整，按月足额发放。1992年，按照上级规定，增加离退休干部的生活费、交通费及离休干部的公用经费。1993年，东北电网“三项制度”改革中，按照离退休时间和行政级别，给离退休干部每人、每月一定的生活补助。1994年，贯彻东北电管局《关于适当调高离、退休人员待遇的通知》精神，按照离退休时间，分别调高离退休金。同年，4个单位创办老干部“经济实体”，取得一定的经济效益和社会效益。1995年，执行电力工业部的规定，增发离退休干部的生活补贴，调高养老金，离休干部上调特需经费和公用经费，退休干部提取公用经费，并按省电力公司的决定，老干部处完成省电力公司本部离退休干部福利接收工作，建立福利账户，做到专款专用。1996～2000年，调整局管离退休干部养老金2次，并增加生活补贴。2002年，按照省政府的规定，再次给离退休干部调整养老金。

落实医疗费方面，离休干部不参加医疗保险，不设个人医疗账户，不降低原有的医疗待遇，规定的范围内实报实销；退休干部的医疗费与在职职工相同，参加医疗保险，建立个人医疗账户，按规定标准报销。每年定期对离退休干部进行体检。春节期间对离休干部和部分退休干部进行慰问。

各单位还自筹资金，为离退休干部增发一定数量的生活补贴，主要节日发放节日生活礼品，体现改革发展成果共享。对困难的老同志给予适当补助。保证老干部看病和重大活动用车。

四、文体活动

为活跃离退休人员晚年生活，促进身体健康，广泛开展了适应老年人特点的文化体育活动。一是成立文体组织，1992年，成立老年人文化体育协会、书法协会，各基层单位成立老年人文体分会，工会及有关部门的支持，筹措部分资金，各项文化、体育活动有物质保障，当年开设台球等新活动项目。二是建立活动室，开展活动，同年9月29日，吉林电业文化宫正式开业，全省共建离退休人员活动室及门球场15个，活动室设施配备较为齐全，有健身器材、球类、麻将、棋牌、书画室、歌舞厅等，称之为“老年之家”。各单位还组织象棋、扑克、麻将、台球、舞蹈、歌唱、乒乓球、书法绘画、篆刻等活动。三是有计划地开展比赛活动和集体活动，1993年，省电力公司组织的老年东北大秧歌和大合唱，受到省直机关领导的好评，1994年，东北电网组织的第二届老年门球比赛中，龙井发电厂队荣获第一名，1995年，吉林省委老干部局在长春电业文化宫举办的老年乒乓球友谊赛中，电力队获得好成绩，受到省委领导的赞扬，同年，先后举办了吉林电力第一届台球赛，第二届象棋赛，第四届门球赛，在四平举办书画展，至2002年，逐年比赛不断，以增添离退休人员生活乐趣，达到陶冶情操、增强体魄的目的。

第五章　财　务　管　理

省电力公司一向重视财务管理工作，健全管理机构，加强队伍建设，执行有关法律和财务管理的规章制度，按照国家要求，实行改革，推行财务管理现代化，推动财务工作的发展。

1991～2002 年，吉林省电力工业有很大发展。2002 年，固定资产原值达 1 844 669 万元，是 1990 年的 4.16 倍。流动资金达 868 950 万元，是 1990 年的 21 倍。电能热能销售收入达 111 亿元，是 1991 年的 5.05 倍。电力公司各基层单位，加强固定资产、资金、电、热能销售收入、成本、利润与税金、基建财务管理，保证了资产的保值增值。

第一节　基　础　建　设

省电力公司和各基层单位，十分注重财务基础工作，建立财务工作机构，配备财会人员，加强培训，提高业务素质，严格执行财会有关法律、条例、制度、准则和上级有关规定，针对本单位实际，开展工作。他们按照国家部署，实行新会计制度和新税务制度，适应电力体制改革，加强财务管理现代化建设，逐步实现财务工作电算化、信息化。

一、机构与人员

省电力公司自 1984 年设立总会计师，协助分管的副总经理（副局长）管理财务工作。

省电力公司财务管理部门，是二级机构。1991 年 1 月～1994 年 9 月，设财务处，处下设科。处内工作人员有 17 人，都具有大专以上学历，除处长、副处长外，还有总会计师和副总会计师，处级、副处级干部 4 人，有 5 人具有高级职称，有 10 人具有中级职称。1994 年 9 月，省电力公司成立财务部，部下设专业处。至 2002 年，财务部有职工 24 人，都具有大专以上学历，其中硕士研究生学历 5 人。处级副处级干部 5 人，具有高级职称者 8 人，中级职称者 15 人。

各基层单位设有财务管理部门，1991～1995 年为财务科，1995 年改财务处，1997 年以后为财务部。各单位的财务部门设立财务专业岗位，配备五六名到十多名工作人员。

二、制度建设

1991～2002 年，省电力公司依据国家各时期的方针、政策和财经法规，结合吉林省电力工业实际，先后制定和完善本公司有关会计基础工作、会计核算、财务管理、资金管理等制度、规定和办法，为规范省电力公司经济工作秩序提供制度保障。

1993 年，省电力公司下发《关于加强会计核算基础工作的通知》和《会计核算电算化科目体系》，制定增值税管理办法、会计核算办法并下发执行。

1995～1996 年，省电力公司制定加强财务管理、资金管理、固定资产管理、对外投资管理的意见、规定、办法以及加强资产管理、存货管理和财务基础工作等有关制度，进一步推动财会工作的开展。

1999年，省电力公司加强电力市场建设，狠抓营销工作，制定电力竞价制度和电价结算制度及其细则，制定《电力市场组建方案》、《电力市场管理办法》以及《电费核算规程》。

2000年，省电力公司制定实施了《吉林省电力有限公司预算管理办法》，依照《国家电力公司财务稽核管理办法》和新修改的《会计法》，制定财务稽核管理办法和《吉林省电力有限公司会计核算办法》。

2001年，省电力公司继续推行和完善全面预算管理，促进经济效益稳步增长。依据财政部颁布的《企业会计准则》，修订本公司的预算管理办法、成本管理办法、成本管理办法实施细则，并及时编制和下发《吉林省电力有限公司成本费用定额》。2002年，他们对上述文件重新修订，加强和细化了成本管理。

三、企业管理体制和新会计制度改革

1993年7月1日，为适应国家经济体制改革，发展社会主义市场经济，企业公平竞争，扩大对外开放的需要，切实加强财务管理和监督，财政部在全国实行新会计制度改革。为更好地完成全省电力公司系统新旧会计制度转轨，省电力公司财务处在1993年上半年，举办5期共600人次的新会计制度培训班，提高全省会计人员素质，更新观念，为新旧会计制度接轨做充分的准备。财务处召开160人的新旧会计制度接轨决算会，确定以后财务工作的遵循法规为《企业财务通则》、《企业会计准则》、《工业企业会计制度》及《工业企业财务制度》。在新旧会计制度接轨期间，对专用基金等有关重大财务项目进行符合新会计制度规定的合理调整。为规范会计基础工作，省电力公司下发《关于加强会计核算基础工作的通知》，要求核算工作严格按照新会计制度改革要求进行，确保所属单位会计核算的规范性。

1994年1月1日，全国开始进行新税制改革，电力企业流转税（税率3%）改为增值税（税率17%）。1997年，省电力公司对电力体制改革进行研究，主要涉及资本纽带关系、产权关系、省间互供电量结算关系、会计核算与财务管理等，对电力体制改革后的省电力公司财务状况进行测算研究，为下一步改革做好准备。

根据国电财〔1998〕601号文件，各子公司资本金上移后，国家资本全部变为省电力公司法人资本，各分公司所有者权益上移后，权益科目全部取消，按照新的会计科目核算，12月1日起，执行新的会计核算办法。

国家电力公司成立以后，电力体制改革进入实质性阶段，1999年3月，省电力公司作为“自主经营、自负盈亏、自我发展、自我约束”的法人实体和市场竞争主体，成为国家电力公司的全资企业（子公司），开始了自主经营、自负盈亏、独立核算。为了担负起国有资产保值增值的责任，实现企业效益最大化，省电力公司制定并实施《吉林省电力有限公司电费核算规程》、《吉林省电力市场组建方案》和《吉林省电力市场管理办法》等5个细则。

四、会计核算体制及核算方式改革

1991～1998年，东北电网实行统一经营，分级管理，统一核算，分级考核，统一计算盈亏。省电力公司、发电厂、电业局、修造企业是电网内部核算单位。

各发电厂、电业局、修造企业、直属单位和关联单位将本月发生的各项经济业务以会计报表方式上报省电力公司，省电力公司对其审核汇编，按照电力产品、热力产品、修造产品分别归纳，最后编制出省电力公司会计报表。会计报表中反映的利润数不是最终所实现的利润数（因三省之间的互供电量没有结算），因此，省电力公司不交纳企业所得税。东北电力公司根据汇总的三省公司会计报表，计算东北电网的收入、成本、利润和税金。

1999 年 3 月，吉林省电力有限公司成立。省电力公司成为法人实体和市场竞争主体，从东北三省统一管理、统一核算的管理体制中分离出来，成为国家电力公司的全资企业（子公司），开始拥有企业自主经营的权利，独立核算，同时亦将担负起国有资产保值增值的责任。

五、财会工作电算化、信息化

1991 年 11 月，省电力公司和所属发电厂的会计核算，实行手工与电子计算机核算双轨试运行。1993 年，为适应会计电算化要求，使会计科目标准化、规范化，省电力公司财务处制定《会计核算电算化科目体系》，经过 3 年努力，会计记账 、财务快报全部实行微机管理，与所属单位微机局域联网工作取得较大进展。经过制定规划、人员培训、设备配置和单轨试运行 4 个阶段，至 1995 年初，省电力公司系统会计核算工作全部实现电算化单轨运行，全部甩掉手工记账，会计核算电算化改革成功。

2001 年，省电力公司加快财务管理信息系统化建设。公司财务部开始组织更新财务部网页同时开始建立网站，对 14 家分公司安装了防火墙，会计信息安全得到保障。他们完善了远光财务实时查询系统和远光 FMIS 系统，使财务管理信息化建设达到国家电力公司要求。按照国际会计准则和国际惯例，试编了 2000 年度合并会计报表。

六、财会人员的学习、培训

随着财会改革和财会现代化方法、手段的运营，培训人员，提高素质是当务之急。省电力公司和基层单位，为适应这一发展，适时采取了一系列有力的举措，组织财会人员学习国家关于财务工作的法律、条例、规范、制度、准则、上级有关规定，学习有关信息和业务知识，结合会计制度改革，新税制的实行，财务工作实现电算化、信息化和加强财务基础工作开展培训，实行考试发证，持证上岗，有力地推动财务人员业务学习和教育培训工作的开展。

1992 年末和 1993 年上半年，省电力公司连续举办多期新会计制度改革培训班。1994 年，省电力公司继续组织财务人员学习，接受培训有 1000 人·次，1995 年，省电力公司共培训 512 人·次，培训时间达到 440 学时。2000 年，省电力公司积极宣传新《会计法》，组织财会人员参加国家电力公司举办的“国电杯”会计知识竞赛，取得决赛阶段团体三等奖和个人第七名的好成绩。

2002 年，省电力公司先后组织远光财务核算系统升级培训、农电会计核算软件应用培训、工程财务决算软件培训、电价分析系统软件使用培训、财务预算管理软件培训以及《企业会计制度》培训，400 多人参加，提高业务水平和工作能力。

第二节　固定资产管理

1990年末，省电力公司固定资产原值443 128万元，净值304 249万元，至2002年末，原值和净值分别达到1 844 669万元和1 196 658万元，分别是1990年的4.16倍和3.93倍。省电力公司系统强化固定资产管理，做好固定资产清查、清产核资，折旧基金提取，按规定合理使用以及保险、理赔工作，完成国有资产的保值增值任务。

一、管理体制

按照水利电力部颁发的规定，省电力公司系统将使用期限超过一年的房屋、建筑物、机器、机械、运输工具以及其他经营的有关设备、器具、工具等划定为固定资产。不属于生产经营的主要设备，单位价值在2000元以上，并且使用年限超过2年的，也被列为固定资产。有的电业单位，把单位价值在2000元以上，使用年限在1年以上，基本上能独立发挥作用的劳动资料也列为固定资产。有关单位把电能表、电流、电压互感器、定量器等用电设备以及土地均列为固定资产。

省电力公司系统各单位，企业总经理是固定资产的责任人，以下采取归口管理的方式管理固定资产：电能计量设备由电能计量部门管理；土地、房屋、生活福利等设施归行政事务部门管理；运输设备归公安保卫部门管理；其他设备归生产部门管理。从纵向来看，是在企业领导统一管辖下，实行三级管理。一级管理部门是财务、生产、电能计量、行政事务、公安保卫等部门，二级管理部门是各二级单位及机关各部门，三级管理单位是各班（组）、站、所。

二、固定资产有效利用

为做好固定资产有效利用工作，维护企业的利益，1995年，省电力公司财务部门落实财产保险和理赔工作，明确财产保险工作范围，参加保险的主体及其理赔的具体方法，促进基层企业对保险工作的认识。当年，吉林省遭受水灾，省电力公司财务部门配合有关基层企业，协调投保的保险公司工作，做到理赔数额足，理赔及时，为恢复电力生产作出贡献。省电力公司供电企业收到赔款570万元，做到了足额理赔。

1999年，为做好集资电厂改制工作，财务部提前对其进行资产的清查和摸底，为改制的评估工作和产权界定奠定基础；同时与省政府及其他投资方协商改制等问题，对股权分置等重大问题初步达成一致。当年，财务部门积极参与盘活老电厂的工作，机组小、设备旧、常年亏损的5个小发电厂的机组进行有偿转让，优化了资产质量。2000年，财务部门参与吉林热电厂两台20万千瓦机组转让吉林龙华热电股份有限公司的工作。

三、固定资产折旧

省电力公司系统，按财政部有关规定提取固定资产折旧基金。会计制度改革以前，每年按固定资产原值的3.96%提取，会计制度改革以后，按财政部颁布的电力行业固定资产分类折旧率提取。1987年7月，财政部、水电部下发《关于电力工业实行固定资产分类折旧的通知》和《电力工业企业固定资产分类折旧年限表》，规定自该年的7月1日起执行。1993年8月，省电力公司发出《关于下发〈固定资产分类折旧率〉的通知》，要求从7月1日起，执行新的固定资产分类折旧率，取消加速折旧，逾龄固定资产也停止计提折旧。10月6日，财务处下达《关于累计折旧上缴下拨核算原则的通知》。要求各生产企业及直属单位按月计提“累计折旧”后，除修造企业自提自用外，其他生产企业均留用20%。余下部分的88%上缴省电力公司，12%上缴上级。原则上一律通过银行存款上缴，不允许抵拨。1994年1月1日起，各发电厂和电业局计提的固定资产累计折旧额剔除还贷折旧、重估增值折旧、交部折旧、电度表折旧后，均按20%留用。

1991～2002年省电力公司固定资产原值、净值，固定资产折旧提取情况见表13-5-1。

表13-5-1 1991～2002年吉林省电力公司固定资产原值、净值、固定资产折旧情况统计

单位：万元

年份	固定资产原值	固定资产净值	提取固定资产折旧
1991			17 520
1992			13 252
1993	793 360	533 880	89 828
1994			43 590
1995	957 560	608 664	45 826
1996			50 951
1997	1 092 083	645 160	47 077
1998			50 207
1999			46 385
2000	1 233 622	714 441	51 669
2001	1 652 663	1 084 860	48 611
2002	1 844 669	1 196 658	80 208

四、固定资产清查和清产核资

省电力公司系统各单位，采用日常清查和年度清查两种方式进行固定资产清查工作。当固定资产发生变动时，及时调整账卡，各级管理和核算部门随时对下级单位管理的固定资产账卡、实物进行抽查核对。各单位按照规定，每年都要在年终决算前，进行一次全面的盘点清查，有关部门在清查固定资产时，要现场查点实物。如果出现盘盈盘亏情况，及时进行账务处理，达到账、卡、物相符。

1993年，根据电力部的部署，省电力公司开展清产核资。这次清产核资的主要任务是清查资产数额，界定资产权益，重估资产价值，核实国有资产，核定国有资本金和登记国有资产产权。经过8个多月的努力，摸清企业家底，为理顺产权关系，界定资产所有者，建立现代企业制度和国有资产监督制度奠定了基础。此次清产核资总值804 022万元；其中固定资产盘盈2293万元，盘亏2700万元，待报废2220万元，毁损53万元；流动资产盘盈1424万元，盘亏1012万元，非常损失610万元。

1995年7月至9月，清产核资进入第二阶段，即土地清查估价工作，其间，共清查土地2292万米^2，估价范围内土地面积1374米^2，估价138 588万元。清产核资工作为企业理顺产权关系，建立现代企业制度和国有资产监督制度实施奠定良好基础。由于此次清产核资工作干得出色，省电力公司受到东北电力集团公司表彰，被评为清产核资优胜单

位，吉林电业局所属10个单位被授予先进集体称号，70人被授予先进个人称号。

第三节 资金管理

电力企业的资金主要由固定资金、流动资金和专项资金组成。固定资金管理主要是加强了固定资产原值、净值和折旧的管理。流动资金管理重点是对存货的管理。在发电企业中，燃料占流动资金的60%～70%。省电力公司重视流动资金管理，合理安排资金使用，提高资金使用效率，改变资金分散的局面，发挥资金规模效益。随着电力生产的发展，流动资金增加很快，省电力公司1990年末时有流动资金41 365万元，2002年末时为868 950万元，是1990年末时的21倍。省电力公司系统按照有关规定管理和使用专用资金，充分发挥专用资金的作用。1993年实行新会计制度后，取消专用资金科目，各单位不再设专用资金，实行资金统一管理，统筹运用。省电力公司，积极筹措资金，保证了生产、建设的需要。该公司依照国家政策，积极运作，将“拨改贷”资金转为国家资本金，并采取债务重组等措施，减轻企业负担。省电力公司系统采取有效措施，加速资金周转，积极清理往来，防止资金沉淀，为加强资金管理做出了努力。

一、流动资金管理

流动资金包括货币资金、应收应付款项、存货等几个方面。发电企业的存货包括燃料、材料、事故备品等，供电企业的存货主要是库存物资。存货是流动资金的主要组成部分，占用着企业的大量资金。按省电力公司系统的管理方式，流动资金分为定额流动资金和非定额流动资金。定额流动资金包括燃料、材料、事故备品配件、委托加工材料及在途材料费用等。非定额流动资金是指难于确定定额的流动资金，主要包括备用金，应收应付款、货币资金及其他清算资金。

1991年以前，流动资金由国家财政部门拨给，企业无偿占用。1991年以后，原有的国拨流动资金仍然留给企业使用，作为国家的流动资金，由人民银行统一管理，财政不再拨款。同时，企业除国拨流动资金外，根据自身的需要量，建立企业补充自有资金制度，从企业的积累（生产发展基金、后备基金等）中提取一定数额，补充企业自有流动资金。

随着电力工业的不断发展，省电力公司系统的流动资金逐年增加。1991～2002年，省电力公司系统流动资金占用情况见表13-5-2。

表13-5-2 1991～2002年吉林省电力公司系统流动资金占用统计 单位：万元

年份	流动资金额	年份	流动资金额
1991	56 782	1997	432 578
1992	72 726	1998	531 588
1993	162 717	1999	752 356
1994	178 938	2000	827 614
1995	195 991	2001	843 358
1996	275 036	2002	868 950

注 表中所列数字均为各年年末数。

二、专用资金管理

为保证企业生产的进行和发展，保证职工的福利、奖励、离退人员的养老保险，1991～1993年期间，省电力公司系统根据相关财政法规，设立了专用资金。专用资金由更新改造资金、大修理资金、生产发展资金、职工福利资金、职工奖励资金、离退休统筹资金、工会经费、后备基金等资金项目组成，对于供电企业还有业务扩充资金。

1991年～1993年6月，省电力公司专用资金提取和使用，实行专款专用。1993年7月1日后，财务制度进行改革，实行新的财务制度，企业不再设专用资金，取消了专用资金专户存储制度，实行资金统一管理，统筹运用。2002年取消了企业向用户收取贴费的规定。

三、保证生产建设资金需求

省电力公司财务部门，千方百计积极为基层单位筹措资金，保证生产建设对资金的需求。他们对所属企业日常所需流动资金按标准进行核定，保证资金及时拨付以维持企业的正常运转。经常采取措施，筹措资金，解决企业的急需。1996年，财务部门通过专业银行解决生产企业贷款和贴现4亿元，通过中电财吉林代理处为四平热电厂和双辽发电厂贷款8550万元，财务部垫付资金770万元，还为双辽发电厂解决预备期储备贷款2亿元，节省利息1700万元。

2000年，省电力公司融通资金87 228万元，保证双辽发电厂3、4号机组、松江河发电厂、辽源发电厂技改等工程竣工投产发电。当年，全公司系统清理往来1038万元，收回有偿解除劳动合同往来8097.5万元，活化企业资金。省电力公司财务部与建设银行合作，承兑和贴现银行承兑汇票10亿元，保证生产和建设资金的需求，同时降低财务费用支出1000万元。

2002年，省电力公司加强电费催收，加大煤电磨账，收回电费2.47亿元；使用承兑汇票支付燃料及购电费，降低财务费用2260万元；另外，清理基建往来7亿元，活化资金，满足企业资金需求，减轻企业还贷压力。

为满足生产建设对资金的需求，省电力公司积极利用银行贷款。1990～2002年省电力公司使用银行贷款情况，见表13-5-3。

表13-5-3　1990～2002年吉林省电力公司使用银行贷款情况统计　单位：万元

年　份	银行贷款额	年　份	银行贷款额
1990	157 433	1997	379 721
1992	109 799	1999	541 671
1993	204 789	2000	861 298
1995	162 846	2002	1 097 991

注　表中所列数字为各年年末数。

四、减轻企业债务负担

为减轻企业债务负担，国家实施将“拨改贷”资金本息余额转为国家资本金的政策。1995年，省电力公司财务部门，清理从1980～1995年各项基本建设拨改贷资金本息余额38 200万元，申报得到有关部门批准。

2001 年，松江河发电厂发生偿债困难，财务部参与债务重组工作，最后与信达资产管理公司达成协议，重组债务 154 260 万元，未来 15 年内需偿还 147 000 万元，减免已经发生利息 7260 万元，减轻企业债务负担，同时未来 15 年少支付利息总额达 6 亿元。

五、加强资金管理

1993 年 7 月 1 日起，执行财政部颁布的《企业财务通则》、《企业会计准则》，会计制度转轨，省电力公司系统各单位改革资金管理制度，不再设专用基金科目，除职工福利基金和离退休统筹基金仍需专款专用外，更新改造、大修理、生产发展、职工奖励等项基金被取消。企业取消专款专用、专项存储制度，打破企业资金的内部界限，企业可以根据实际需要，依据准则规定使用，加速资金周转，优化资本结构，扩大企业经营自主权，提高资金利用效果。实行新的会计制度后，各单位按照省电力公司要求，制定、完善、落实各种资金管理办法，制定并实施《加强资金管理暂行规定》，明确资金管理原则，对各项资金安排使用审批程序及权限做出明确规定。1998 年，省电力公司成立财务公司，下发现金流量管理结算环节运作方案，在发、供电单位对资金实行“收支两条线”管理模式，各单位按预算使用、平衡、协调好资金。

1991～2002 年，省电力公司采取了加强资金管理的措施，主要有加速资金周转、清理往来、防止资金沉淀、降低贷款利息等。

第四节　电、热销售收入

随着售电量、售热量的增加，1991～2002 年，省电力公司的电、热销售收入，除个别年份外，呈逐年增加趋势。公司采取有效措施，催收电费、热费。加强对基层单位考核，努力做到用户当年电费、热费收缴结零，减少陈欠。财务部门加强与银行协调，减少资金在途时间。省电力公司积极争取地方政府支持，物价部门调整价格，合理增收，减少亏损。

一、增加热、电销售收入

省电力公司采取措施，扩大电能和热量销售，增加电、热销售收入，12 年间逐步增加。1991 年销售收入 22 亿元，2002 年为 111 亿元，增加 4.05 倍。1991～2002 年，省电力公司电、热产品销售收入情况，见表 13－5－4。

表 13－5－4　　1991～2002 年吉林省电力公司电、热产品销售收入统计

年份	电、热销售收入（亿元）	和前一年比递增（%）	年份	电、热销售收入（亿元）	和前一年比递增（%）
1991	22		1997	64	10.34
1992	26	18.18	1998	62	－3.13
1993	41	57.69	1999	69	11.29
1994	48	17.07	2000	84	21.74
1995	51	6.25	2001	99	17.86
1996	58	13.73	2002	111	12.12

二、催收电费，加快资金运转

1993 年，省电力公司财务处加强与用电营销部门的配合，积极催收电费，严格按规定时限考核各电业局实际上交电费情况，并筹措资金，解决上缴电费结零现金流量不足问题。财务处加强与银行的协调及时划转电费，减少资金在途时间，1993～1995 年实现连续 3 年电费上交结零。

1995 年，省电力公司财务处通过催收电费及其各项应缴款项，配合用电营销部门搞好电费考核工作，采取按月督促各单位上交款项的办法，完成对东北电力集团公司上交利税任务。财务部门合理控制现金流量，拨款严格执行“先网内后网外”的原则，保证电网生产资金及时到位。

三、调整电、热价，减少亏损

1995 年，省电力公司经申报和审批调整电力产品价格，使 4 个发电厂的 6 台机组出厂电价达到较高的水平，提高企业还贷能力。双辽发电厂 2 台机组电价 0.286 1 元/(千瓦·时)，达到当年全省电价最高水平，提高双辽发电厂经营效益。针对全省供热严重亏损局面，省电力公司向省政府反映实际情况，邀请省经贸委、省物价局人员到发电厂了解情况，一同去黑龙江省考察供热情况，争取到地方政府支持，以弥补增值税方式调整部分热价，缓解严重亏损的局面。其中，电网机组热价每吉焦增加 1 元，集资电厂机组、退役机组、华能机组热价增加 1.60 元。

1996 年，省电力公司在地方物价部门支持下，上调了东北电网机组目录电价，增加收入 63 030 万元；调整集资发电厂机组、华能机组和退役机组出厂电价，增收 15 506 万元；报批双辽发电厂 1 号和 2 号机组生产电价 0.298 元/(千瓦·时)，地方投资还贷加价 0.094 7元/(千瓦·时)，中央投资还贷加价 0.06 元/(千瓦·时)。省电力公司取得吉林省物价局对热价调整的批复，平均每吉焦调增 2.40 元，减少本年供热亏损 4034 万元。

1997 年，国家和地方对煤炭、燃油、运输价格进行了调整，省电力公司财务部门配合东北电网向国家计委上报了电价调整方案，东北电网目录电价每千瓦·时上调 0.021 元，地方指导性电价每千瓦·时上调 0.012 元。

第五节 成 本 管 理

省电力公司按水电部“八大费用”指标（燃料费、水费、购电费、材料费、工资及福利、折旧费、大修费及其他费用）完成情况核算成本，加强成本控制、成本分析、成本考核。各单位执行成本管理制度和考核成本包干办法，并与分配奖金挂钩，激励职工完成成本指标。各单位严格执行各项制度和管理办法，使成本管理规范化。他们收集指标完成情况进行分析，落实整改措施，保证各项成本指标的完成。

一、成本管理体制

电能、热能的生产成本是电力企业在生产经营过程中所发生的各项耗费。省电力企业控制成本开支范围和开支标准，监督、考核企业成本、费用的执行情况，正确计算产品成本，反映和监督企业生产消耗和经营成果。在电价由国家制定，发电量、供热量受市场需求限制的情况下，吉林省的电力企业主要靠节约挖潜降低成本。把降低成本作为提高经济效益的主要手段。

省电力公司系统在 1999 年实行独立核算之前，实行集团公司、省公司、基层企业三级核算。省电力公司独立核算以后，实行省公司、基层企业两级核算。基层企业负责管理和核算本单位的成本，完成上级下达的成本计划。基层企业按照省电力公司下达的经济指标，实行厂（局、公司）、分场（车间、工区）、班组三级核算。省电力公司对基层单位实行成本包干，基层单位再对二级单位实行成本包干，二级单位对班组实行费用包干，实行节余归己，超支不补，并与奖金挂钩。

2002 年电力体制改革，实行网厂分开，省电力公司原来所属的发电厂从 2003 年 1 月 1 日起划归各发电公司管理，不再参与省电力公司成本核算。

二、成本预算编制

省电力公司系统各单位编制本单位年度成本预算，待上级审批后，再将预算指标分解下达，然后组织实施。每年的 10 月、11 月，各单位由总会计师组织，有关业务部门参加，研究次年预算编制的基本目标和原则，提出预算安排的初步建议。各部门按照初步建议在规定时间内编报编制预算的单项预算指标送财务部，由财务部编制整体预算草案，经总会计师审核后提交预算管理委员会，由企业法人代表组织预算管理委员会按有关程序进行决策，再由财务部将决策通过的预算报上级主管机关。省电力公司所属各单位的财务预算，经省电力公司审批后，下发各单位执行，各单位再分解落实到班组。各局（厂）长与省电力公司总经理签订资产经营承包合同后，再与各部室负责人签订费用承包合同。财务部对主要成本指标实行事前控制和事后监督。

三、成本控制、分析、考核

省电力公司严格控制定额，不能超支，为加强成本管理，明确费用管理界限，理顺费用控制程序，节约开支。各基层单位建立企业内部控制制度、生产检修费用管理办法、用水管理办法等规章制度，强化预算的硬性管理。他们根据年度企业生产经营计划和成本降低任务，编制年、季、月度成本、费用计划时，将各项费用指标分解，上报本单位资金预算委员会平衡。

各基层单位加强成本管理，实施成本控制，他们对省电力公司实行成本包干，对二级单位也实行成本包干，年初下达成本计划，年终进行考核，并与奖金和工资总额、经营承包责任制挂钩，实行节约有奖，超额罚款。

省电力公司及基层各单位认真做好成本分析。省电力公司财务部每月向领导编报《财务状况及资产经营预算完成情况分析》，对预算执行情况进行经常性分析，发现经营管理工作中存在问题，及时提出改进建议。基层单位也建立有定期经济分析制度，坚持开展成本分析，多年从未中断，全厂（局）性的经济活动分析，每个季度进行一次；分公司（分场）的经济活动分析，每月进行一次。班组按月或按周以工程项目进行分析。

四、成本核算

省电力公司系统按水利电力部规定的“八大费用”指标和东北电业管理局《工业企业

成本管理办法》的规定开展成本核算。

1991～2002年，省电力公司的成本构成包括电力产品成本、热力产品成本、修造产品成本三部分。2002年以后，省电力公司成本核算的范围缩小，电力产品成本中不再包含发电成本。省电力公司将生产成本按照其经济用途划分为若干项目，称为成本项目。根据电力行业的生产特点，电力和热力产品设置的成本项目是燃料费、购入电力费、输电费、水费、材料费、工资、福利费、折旧费、修理费、其他费用等。2002年度以后，省电力公司所属发电厂划归发电公司，燃料费不再发生。

五、开办厂内银行

厂内银行是加强资金管理、成本管理、三级核算不可缺少的内控部门。为保证企业预算管理目标的完成，部分发电厂成立厂内银行。厂内银行是全厂内部结算中心，厂内各单位、各部门的经济往来，如材料费、企管费、差旅费、办公费、技改工程、大修工程等结算，都由厂银行来完成。

厂内银行设在发电厂财务部，财务部设有专人负责厂内银行的结算业务。结算范围是由内部银行的工作职责和范围决定的，纵向到各分场、公司等二级核算单位，横向到各单位、各部门。厂内银行采用厂币结算形式，对全厂的材料、差旅费等进行统一管理。

六、降低成本

燃料费是电力成本最大部分。各发电公司加强成本管理，特别重视加强燃料管理。他们充分利用地域优势，通过与地方政府和各个供应商沟通，多方联系，加强协作，争取相互理解和支持，改善外部环境，把煤炭价格质量协议执行到位，抓好来煤质量的验收把关，完善监督机制，同时，通过技术更新改造，加强燃料储运过程管理，优化各项能耗技术指标，降低供电煤耗，达到降低燃料成本的目的。为降低成本，节约煤炭，省电力公司对各发电厂标煤单价都进行承包。发电厂对入厂煤实行采、制、化一条龙管理，配备电子轨道衡、微机及其他采、制、化设备。为防止在煤中掺假，各发电厂加强来煤的检质检斤，煤车上深挖检查，有效地保证来煤质量，不符合要求进行索赔。表13－5－5以浑江发电厂为例，列出了1991～2002年标准煤单价完成情况。

表13－5－5　1991～2002年浑江发电厂标准煤单价完成情况统计　单位：元/吨

年　度	标准煤单价	年　度	标准煤单价
1991	135.59	1997	228.77
1992	174.73	1998	245.74
1993	238.34	1999	248.55
1994	202.34	2000	248.41
1995	201.20	2001	230.98
1996	214.99	2002	235.06

第六节　利润与税金

省电力公司的利润总额主要由营业利润、投资净收益和营业外收支净额组成。随着售电量、售热量的增加，利润应该增加，但由于燃料、材料价格上涨，人工费、环保费用增加，造成利润减少。省电力公司系统针对这一问题，采取有效措施，为增加利润做出努力。自 2001 年起，公司的利润开始增加。省电力公司加强增值税管理，保证税制改革顺利进行，较好地解决了抵扣等问题，避免重复纳税。他们积极反映实际情况，做到合理纳税，维护了企业的正当利益。

一、利润

1991～1997 年，省电力公司的利润逐年增加，至 1997 年达到最高点 7.9 亿元。但 1998 年以后，利润下降，最低达 0.2 亿元。新建发电厂还贷任务还很重，造成发电厂亏损。供电企业利润完成情况很不平衡，长春供电公司等售电量较多的企业，利润完成较好，几个供电公司连年亏损。省电力公司系统各单位，加大对利润的管理力度，努力增加售电量，减少损失，降低成本，降低消耗，节约开支，增加利润。发电企业采取减轻债务负担，调整售电，售热价格的办法，降低亏损，实现盈利。

1991～2002 年，省电力公司共获利 44 亿元。逐年获利情况见表 13－5－6。

表 13－5－6　　1991～2002 年吉林省电力公司获利情况统计　　单位：亿元

年　份	实现利润	年　份	实现利润
1991	4	1997	7.9
1992	4.5	1998	2.4
1993	4.5	1999	0.2
1994	6.4	2000	0.2
1995	6.7	2001	0.4
1996	6.2	2002	0.6

（一）供电企业利润

供电企业核算的利润是由电力销售收入减去供电成本，而未减购电费，供电企业所核算的利润，只是省电力公司核算利润中分段销售利润的一部分，供电企业利润并不代表真正的利润水平。供电企业利润包括利润总额（未扣内部购电费）和预算利润。1994 年前，省电力公司实行包干利润。自 1995 年开始，省电力公司对所属各供电公司实行利润承包，并加大了对公司内部利润承包指标的考核，实行内部承包利润完成与下一年全供电公司工资奖励挂钩，使得供电公司更加强化对内部承包利润完成情况的监控与管理。

各供电公司（电业局），首先根据省电力公司下达的各项经济指标，逐月分解到各供电分公司（供电局）和大户销售公司，采取经营利润与工资总额挂钩的承包经营方式，按经营成果兑现工资。预算利润指标由供电量、售电量、线损率、购电平均电价、营业外收入、成本和税金组成。售电平均单价和营业外收入，由供电公司计划部具体测算后，分解到各供电分公司和大户销售公司。成本和税金由供电公司财务部根据省电力公司下达的指标，按计划费用定额标准，分解到各供电分公司和大户销售公司。

全省 8 个供电公司（电业局）利润完成很不平衡。长春供电公司创利最好。吉林供电公司也是盈利单位。但有的供电公司是亏损的。2002 年 8 个供电公司（电业局）利润完成情况见表 13－5－7。

表 13－5－7 2002 年 8 个供电公司（电业局）利润完成情况统计 单位：万元

单 位	利润总额	预 算 利 润	
		省电力公司下达承包利润指标	实际完成
长春供电公司	228 713	33 986	38 934
吉林供电公司	181 475	－1844	1930
延边供电公司	48 819	4616	－2224
通化供电公司	58 915	－8530	－6915
白城供电公司	62 746	－6002	－4124
四平供电公司	54 577	－2379	－1762
辽源供电公司	15 424	－4379	－4362
白山供电公司	33 763	－6216	－5135

（二）发电企业利润

省电力公司所属火电厂、热电厂，由于燃料、材料涨价，电、热价没有理顺，还贷任务很重，导致财务费用增大，发电厂亏损。为解决还贷问题，经省物价局批准，1998 年 5 月出台加价还贷电价，缓解还贷压力。1999 年把加价还贷电价纳入收入核算，同时开始实行部分电量竞价上网，一些电厂开始盈利。长春热电二厂多年亏损，几年来，经过电价的几次上调，尤其是国家出台的煤电和煤热价格联动政策，使该厂自 1999 年起开始盈利，至 2002 年，已连续盈利 4 年。表 13－5－8 列出长春热电二厂 1994～2002 年获得利润的情况。

表 13－5－8 1994～2002 年长春热电二厂获得利润情况统计 单位：万元

年 度	实际完成利润	年 度	实际完成利润
1994	－459.6	1999	950
1995	－1693.4	2000	220
1996	－485.9	2001	549
1997	－4657	2002	283
1998	－4916		

吉林热电厂是 50 年代建厂投产就开始供热的老厂，但由于燃料价格上涨，热价没有同步调增，连年供热亏损。1994 年，该厂热能单位成本为 13.70 元/吉焦，供热单位亏损 5.63 元/吉焦。供热成本不断上涨，但热价却没有同步增长，是造成供热亏损的根本原因。

二、税金缴纳和增值税管理

省电力公司系统各单位，严格依法纳税，税务申报及时、准确，没有拖欠税款，为完成国家税收做出了贡献。

（一）缴纳税金

省电力公司及基层各单位缴纳的税种有营业税、产品税、增值税、调节税、城建税、教育附加税等。1994 年之前，省电力企业缴纳产品税，税率为 3%，自 1994 年 1 月起将产品税改为缴纳增值税。国家考虑到东北电网的还贷任务较重，1996 年前对电力企业实行 13%的税率，自 1996 年起，对电力企业恢复了 17%的增值税税率。

2002 年，省电力公司上缴增值税等税种金额 7.9 亿元，是 1991 年的 10 倍。省电力公司各基层单位积极上缴各项应交税金。1991～2002 年吉林供电公司（电业局）上缴税金情况见表 13－5－9。

表 13－5－9　1991～2002 年吉林供电公司（电业局）上缴税金统计　单位：千元

年份	产品税	增值税	营业税	城建维护税	房产税	车船税	土地使用税	教育附加税	总合计
1991	16 102		3	1192				582	17 879
1992	6984		51	492	395	28	105	470	8525
1993	46 791			3276				936	51 003
1994	2973	36 190	2	2794				1024	42 983
1995	9174	51 198	1	3626				1519	65 518
1996		89 270	2	5603				2275	97 150
1997		93 302	2	6307				2348	101 959
1998		93 551		6177				3148	102 876
1999		80 452		6174			其他税金 2125	2643	91 394
2000		108 333		7105			1264	2726	119 428
2001		146 696	3	8979	1369	30	676	3848	161 601
2002		172 941	4	11 850	1492	32	276	5079	191 674

（二）增值税管理

国家从 1994 年 1 月开始进行税制改革工作。1993 年下半年，省电力公司财务处就开始进行人员培训和业务准备。电力企业流转税改革为增值税，增值税纳税状况直接影响企业经济效益，省电力公司各所属核算单位，设置税收管理岗，充实人员，加强增值税统计、核算和管理，财务处制定《增值税管理办法》、《增值税会计核算办法》和《增值税进项税的考核办法》，保证 1994 年及其以后，税制改革在省电力公司系统顺利进行。

1995 年，省电力公司积极与省税务局协调，解决运费中进项税抵扣、厂区自用电免交增值税、检修费支出进项税抵扣等问题，为全省电力系统节约资金，提高企业当年效益。1996 年，省电力公司在纳税管理方面，侧重在取得合法增值税发票和准确抵扣增值税进项税方面加强管理，取得很好效果，各单位被税务机关审查确定不得抵扣增值税的问题大幅度减少。

2000年，省电力公司加强增值税进项考核，促进基层单位税收管理工作，当年完成进项税抵扣1200万元。2001年，省电力公司积极与省税务局和省国土厅协调，并向省政府反映企业实际情况，争取有关政策，减少支出。其中城、农网改造项目合理少缴工程税款8000万元；白城、四平和延边地区拒付不合理征收土地出让金7000万元。

第七节 基建财务管理

1993年之前，省电力公司系统基建财务归财务部门管理，1993～1997年6月，划归基建部门管理。1997年7月，基建工程财务并账到财务部门，由财务部门管理。省电力公司为基建工程筹措资金，保证建设项目的资金需求。还采取用短期贷款置换长期贷款等办法，尽可能降低贷款利息，减轻新建工程的还贷负担。

一、调整机构，加强管理

1993年，省电力公司撤销财务处的基建财务科，在省电力建设局内设立财务处负责基建财务管理，各基层单位的基建财务管理划归基建办公室或工程科。1997年6月，省电力公司财务部设立基建财务处，是年7月1日，完成基本建设财务管理和会计核算并轨，各基层单位也在同年或1998年将基建工程财务并账到财务部门。基建财务管理由财务部门承担。

基建财务核算与管理主要是对建设工程资金运转的来源、使用、退出的管理和监督。基建财务在基建工程前期，参与基建项目的可行性研究，参与工程概算的审查，编制年度财务用款计划，确定财务管理项目，建立财务单项核算内容，参与施工合同的签订，与施工单位明确财务结算方式，制定资金筹集方案，落实基建项目的资金来源，审查工程建设资金来源的正确性。工程开工后，基建财务加强基建工程建设阶段的财务管理，严格执行工程概算，检查督促资金及时到位及使用情况，确保工程建设需要，做到按预算管理，合理调配，严格把关。财务核算及转账及时、准确，月清月结，领料单填写齐全、准确，所有财务往来及时清理。工程竣工后，财务部门及时编制竣工决算，工程竣工投产后2个月内提出财务竣工决算，工程投资处理完毕。同时参与工程项目评估、竣工验收和进行资产移交工作。

二、筹措资金，保证需求

为保障建设项目顺利进行，省电力公司及基层单位，加强资金筹措，保证建设项目的需求。1994年，为支持电力工业建设，在资金严重短缺情况下，省电力公司在保证正常电力生产同时兼顾长期发展，从大局出发，积极筹措、合理安排垫付基建所需资金11 000万元，缓解建设资金紧张局面。1995年，省电力公司积极筹措资金，偿还基本建设借款166 900万元，特别是及时偿还电力部指令偿还的38 000万元电力债券，维护了电力行业信誉。1996年，通过专业银行解决生产企业贷款和贴现4亿元，通过财务公司为四平热电厂和双辽发电厂贷款8550万元，财务部垫付资金770万元，还为双辽发电厂解决预期储备贷款2亿元，2002年，省电力公司财务部与其他部门一道完成城网和农网一期改造工程财务决算工作，按照国家电力公司标准进行工程竣工验收，实现工程管理的规范化。

双辽发电厂是吉林省第一座超百万千瓦的大型火电厂，是由省电力公司和省能源交通总公司合资建设的。该厂建设融资情况见表 13-5-10。

表 13-5-10　　1989～2002 年双辽发电厂建设融资情况统计　　单位：万元

年份＼项目	吉林省能源交通总公司	建设银行	电力企业债券	国家开发银行	省电力公司	吉林省电力投资公司	合计
合计	126 001	53 000	12 000	170 730	33 000	31 470	426 201
1989	500						500
1990	3000						3000
1991	2400	8000					10 400
1992	10 000	12 000	4000				26 000
1993	32 000	33 000	8000				73 000
1994	21 300			28 000			49 300
1995	24 000			25 000			49 000
1996	24 121			8594			32 715
1997	8680					31 470	40 150
1998				40 000			40 000
1999				55 000			55 000
2000				14 136			14 136
2001					33 000		33 000
2002							

第八节　财　务　稽　核

在加强财务管理和工程管理的工作中，省电力公司和基层各单位，积极开展了财务稽核。从省电力公司到各基层单位都有人从事这项工作。2001 年，省电力公司财务部设立了会计稽核处，基层单位也指定专人兼管这项工作。

1991～2002 年，省电力公司通过开展稽核工作，推进了省电力公司系统各分公司、子公司、控股公司及其他公司的财务、会计基础管理工作，进一步提高财务管理水平，强化国有资产监督管理，健全内部财务监督机制，规范省电力公司系统财务、会计行为。

第六章　审　计　工　作

1991～2002年，省电力公司审计工作，依据《中华人民共和国审计法》和上级有关规定，认真履行内部审计监督与服务，维护财经纪律，规范财经秩序，推进依法治企，防范经营风险，强化增值服务，提高经营管理水平，主要开展了经济责任审计、经济效益审计、财务决算审计、财务收支审计、工程审计、审计调查、合同审计、签证审计、其他审计等项审计活动。

第一节　机构与业务建设

省电力公司对审计工作十分重视，从组织制度各方面采取了多项举措，建立健全审计机构，配备人员，优化队伍，不断提高审计人员思想素质和业务素质，加强业务建设，完善审计制度，改进审计手段，加快信息化建设，为搞好审计工作奠定了基础。

一、机构职能

过去，省电力系统没有设置审计机构，只是在财务部门设财政监察机构和监察人员。1984年12月，水利电力部正式下达《关于建立审计组织开展审计工作的通知》。省电力公司于1985年4月2日，成立了审计处，编制7人。

1994年9月1日，省电力公司对机关机构进行了重新设置，将审计处改为审计局，编制6人。1999年7月5日，省电力公司将审计局改为审计部，编制19人，同时成立审计专员办公室，设在审计部。

各基层单位，1986年后，较大的单位成立审计科，编制2～6人，较小的单位设专职审计人员。1988年，白山供电公司审计工作由财务科兼管，设1人负责。1991年1月28日，该局成立了审计科，2000年1月7日成立纪检监察审计部，2002年8月23日成立了审计部。

各级审计部门，是企业内部的职能监督部门，负责本企业的经济监督工作，受企业主要负责人和上级主管部门的双重领导，行使独立的审计监督职能。省电力公司系统实行一把手管审计，至2000末，全公司已有31个审计机构实现了一把手主管，审计工作成为“一把手工程”。

二、人员配备

为有效开展内部审计工作，省电力公司系统配备了政治素质强、业务素质高、爱岗敬业、忠于职守的审计人员。

1991年，省电力公司系统已配审计人员127人。其中，具有中级及以上职称的40人，初级职称的48人，具有大学及以上学历的67人。

1996年，审计人员调整和改善专业结构，配备懂经营管理，熟悉企业运作流程，精通现代信息技术和财经、审计的成员。1997年，增加基建工程方面的专业人员。至2001年，已初步形成了一支包括财会、审计、工程、用电等专业人员在内的具备多师结构的专业化队伍。

1991～2002年省电力公司所属各单位审计机构设置和人员配备情况，见表13－6－1。

表13－6－1　1991～2002年省电力公司所属各单位审计机构设置和人员配备情况统计

年度	机构设置		人员配备	
	总计（个）	其中专职机构（个）	总计（人）	其中专职审计人员（人）
1991	38	29	127	109
1992	36	31	105	91
1993	47	38	101	87
1994	40	36	111	78
1995	56	37	124	93
1996	61	43	132	99
1997	59	37	122	86
1998	55	37	120	97
1999	37	31	113	107
2000	37	31	113	107
2001	34	28	125	118
2002	21	16	73	71

三、审计制度制定和实施

1991年，省电力公司先后下发《关于对国家规定的专控商品必须经审计审批的通知》和《关于领导干部在对外经济活动中若干管理权限的暂行规定》，加强了审计规范建设。这一年，他们还制定了《电费收入审计规范》、《发电燃料审计规范》、《施工企业承包经营审计规范》等五六个审计规范，1992年，又对上述审计规范进行修订。

1998年，省电力公司制定了《城网建设与改造工程审计暂行办法》，1999年制定《关于实施同级审计的实施办法》、《内部控制制度审计评价办法》和《企业经济合同审计实施办法》等，使全省电力公司系统的审计工作从深度上、内容上，范围上都有了明显的拓展。2002年，他们制定了《工程审计管理办法实施细则》、《会计决算报表审计实施细则》、《用电营销管理审计实施细则》。为全面实施承包责任制，省电力公司还制定了《审计部与基层单位包保责任方案》，划分了包保责任区，实行三级负责制，风险共担。

2000年，省电力公司制定并实施审计部主任、副主任、各处处长、审计员和审计专员办公室主任、副主任、审计专员、审计专员助理等10个岗位的工作标准，以便各级审计人员履行职责，承担义务和责任。

为方便各基层单位贯彻实施上级有关规章制度，省电力公司编辑了《审计法规制度选编》，共3册，收集了国务院、审计署颁发的审计制度法规17件，电力部、国家电力公司、东北电力公司颁发的审计类规章制度25件，省电力公司制定的审计制度、办法、工作标准等57件，以便各基层单位作为开展工作的依据。

四、审计业务培训

1991年，省电力公司及所属各单位共进行内部审计业务培训57次。还组织审计人员参加了秦皇岛内审业务培训班。1992年，省电力公司举办审计业务培训班，聘请专业部门的同志系统地讲授电业管理方面的基本知识，有49人次参加培训。2000年，省电力公司组织审计专员及助理和基层企业审计人员共62人，参加审计业务培训班，聘请省内高等学校的教授和本局各专业部门的领导讲课，为期20天，全封闭的进行集中培训，系统学习了审计、财务、基建概预算、用电营销、医疗社保等方面的基础知识和相应的审计程序和审计方法。2001年，省电力公司及所属各单位审计人员先后有59人次参加国家审计署、东北电力公司和吉林省地方财政等单位举办的培训班。2002年，省电力公司组织公司本部及所属各单位审计人员27人，参加国家审计署组织的现代审计理论与实务培训班。

省电力公司所属各单位审计部门，采取自学方法，有计划地学习《会计核算概论》、《财务管理概论》、《内部审计概论》等有关书籍，派人参加中央广播电视大学、审计署合办的审计会计师岗位专业知识培训，系统地学习《会计原理》、《政治经济学》、《经济法》、《审计学概论》等。有的单位派人参加吉林电力职工大学财会专业大专班及长春税务学院本科班，系统地学习财会和审计专业知识。

五、审计工作信息化建设

在开展信息化建设中，省电力公司各单位审计部门首先抓配备微机和应用微机。自1991年开始，省电力公司要求所属各单位尽快配备微机、组织培训，审计人员初步掌握微机应用。1995年，省电力公司对审计信息化提出更高要求，抓好微机审计程序的开发和应用，逐步把微机应用于审计工作。

1997年以后，随着审计信息化建设的逐年推进，省电力公司审计信息畅通，全部的审计报告能及时向省电力公司总经理报送，并送班子成员和相关部门传阅。审计决定都由总经理亲自签发后，按时送达被审单位。审计信息直接下发给各基层一把手，能够公开的审计文件、制度、办法等都上网公布，基本上达到了信息共享。

1999年，有的企业在局域网开通的情况下，制作审计处主页，将审计相关知识、审计管理内容、政策法规等相关内容送上网站，方便日常审计工作资料的查阅。2000年，审计部门的计算机与财务处会计电算化网络连接，实现随时随地及时审计。他们还安装了国家电力公司内部审计统计报表软件，实现了审计报表自动化。

第二节　财务收支审计

省电力公司的财务收支审计，是对企业财务收支的合理性、经营成果真实性进行审计监督和评价。审计部门按照财务收支审计程序，坚持“一审二帮三促进”的原则，在监督之中体现服务，对审计发现问题提出建议，促进企业的增收节支，有效控制经营风险，减少违反财经法纪的行为。

一、定期财务收支审计

各单位的财务收支审计主要是审计本单位财务及二级单位的财务收支情况，实行报告制度。审计部门对在审计中发现的问题，提出审计建议或下达审计决定，要求被审计单位及时整改，保证企业经营管理活动的正常进行，维护财经纪律的严肃性。省电力公司系统的定期财务收支审计已形成制度，即实行账证月审制、报表季审制、内部轮审制，加强了对审计对象的制度化管理和目标考核，注意在多方位、深层次的审计监督上探索新路，不断扩大审计影响。

1991 年，根据电力部审计局的部署，省电力公司组织和指导全系统的审计工作，突出重点，抓好财务收支等项审计工作。1996 年，省电力公司系统内，定期财务收支审计达到了制度化、规范化。全年各单位开展同级生产、基建财务收支审计 145 项，发现的问题得到了及时处理。在坚持实施以国有资产监督为重点的财务收支审计中，省电力公司系统有 20 多个单位在贯彻“审计关口前移”、“抓源头审计”的要求上进行探索，开展新的审计课题 52 个，相应制定了 17 项管理制度，完善企业内部控制，使乱挤乱摊成本的违规现象得到有效控制。起到了审计的“卫士”和“参谋助手”作用。

1997 年，审计重点是监督检查多经企业在资产、负债、损益核算上的真实性、合法性和合规性。2000 年，省电力公司系统主要是围绕经营管理、财务状况，主要考核指标完成情况开展财务收支审计。2002 年，为配合地方政府对省电力公司的审计，省电力公司及所属各单位进行自查自纠，及时找出存在的问题，提出处理意见，确保财务收支工作的合理性、合法性。

长山热电厂每月都对生产、基建财务收支业务开展审计活动。1991 年，全年审查财务会计凭证 7000 余笔，建议纠正乱挤成本 18 笔，金额达 14.75 万元。1997 年通过审计调账 15 笔，金额达 92 万元。通过审计，他们对财务基础工作、会计账务处理、财务管理方面存在的问题进行了纠正。

二、重点财务收支审计

省电力公司在定期财务收支审计的基础上，组织省电力公司和基层单位的审计人员选择重点单位，开展重点财务收支审计，围绕固定资产、流动资金、经营管理、财务状况、主要指标完成情况等，查阅会计凭证、核对账目、对实物资产进行实地盘点、登记造册，并与账簿进行核对，对于长期投资、出借资金、债权债务、所有者权益、遵纪守法等方面展开调查、核实，纠正被审单位存在的问题，并提出整改意见，督促实施。

1991 年，省电力公司组成联合审计小组，分成两组，每组 4 人分别对白城、辽源发电厂，长山热电厂，长春热电一厂和长春热电二厂，浑江、二道江、珲春、蛟河发电厂，吉林热电厂进行审计。这次审计历时一个月，共审查经济业务 40 136 笔，发现的问题主要有乱挤滥摊成本、截留收入、挪用生产资金、违反控购规定购买专控商品等。

2000 年 8 月 14 日～9 月 3 日，根据省电力公司总经理的指示，省电力公司审计部主任为组长，审计部和基层单位业务骨干6人组成审计小组，对辽源电业局本部开展财务收支审计。发现存在16个问题，包括：①债权债务清理不及时形成潜亏；②会计凭证的审核不够严格，个别收付款凭证后面未附原始凭证；③大修、生产成本超支挂账；④购建职工住宅资金来源不足，存在缺口；⑤系统内出借资金无借款协议，而且未能及时收回资金；⑥固定资产未交付使用提前入账等。针对上述问题，审计组提出解决办法和建议，要求加强会计核算，使会计核算工作做到规范化、制度化；加强会计基础工作，建立健全各项规章制度；加大应收款的清欠力度，努力降低坏账损失。

1991～2002年，省电力公司选择有关基层单位开展财务收支重点审计的情况见表13-6-2。

表13-6-2 1991～2002年省电力公司财务收支重点审计情况汇总

年份	参加审计人员	被审单位	审计结果
1991	省电力公司联合审计组2个组，每组4人	白城、辽源发电厂，长山热电厂、长春热电一厂、二厂，浑江、二道江、珲春、蛟河发电厂，吉林热电厂	对查出的违纪金额进行了内部通报和收缴处罚，强化了监督作用
1992	省电力公司和基层单位抽调骨干组成2组	省送变电公司、发电设备总厂、四平线路器材厂、省火电公司之间互审；省电力设计院、中试所、调度局进行联审	查阅凭证、账簿、报表等600多本，查出10个方面的问题，提出建议30条
1993	省电力公司组织基层单位	长春、吉林、四平、辽源、通化、延边、白城、白山等8个电业局互审，生活事务局等联审	共实施审计158项，翻阅凭证、制度等上千本，查出多个方面的问题，并提出整改建议
1994	省电力公司组织审计组	浑江发电厂1993年度财务收支情况	对较好的方面给予肯定，对需要整改的提出了建议
1995	省电力公司组成5人审计组	省送变电公司、管道公司、四平热电厂建设管理处、省火电公司以及省电力设计院、生活事务局、中试所、省调度局，对外投资、出借资金审计	查清了存在问题，检查了投资效果，加强了资金管理
1996	省电力公司组成审计组	长春电业局财务收支情况	查出了存在问题，并针对性提出了整改建议
1997	省电力公司审计部门	长春电业局房产处	查出了存在问题，提出了整改建议
1998	省电力公司审计部门派出2人，基层单位抽调6人组成审计组	吉林电力职工大学、长春电力学校、长春电力工业学校改制前全面审计	对资产资金进行调查，对实物进行盘点、核对，提出了存在问题和整改建议

续表

年份	参加审计人员	被审单位	审计结果
1999	省电力公司审计部副主任为首，由12人组成审计组	延边供电公司及其所属8个供电分公司1996～1998年生产经营活动、收支状况、营销管理、国有资产增值、资产负债、损益的真实合法效益	查阅1500多本凭证、账簿、报表等资料，盘点材料、设备，清理债权、债务，发现了存在问题，提出了整改建议
2000	省电力公司审计部主任为组长，组成6人审计小组	辽源供电公司本部财务收支审计	查阅凭证，核对账目，发现了16个方面的问题，提出了针对性整改意见
2001	省电力公司审计部主任带队5人审计组	省电力投资公司财务收支审计	围绕公司基本情况和会计核算两个方面展开审计。审查出存在的问题，并提出整改建议
2002	省电力公司及各所属单位审计人员	配合地方政府对省电力公司审计	进行自查自纠，及时找出存在问题，提出处理意见，确保财务收支工作的合理性、合法性

第三节　财务决算审计

省电力公司对全公司系统财务决算审计是每年的例行工作。各单位审计部门每年都要根据“边编边审，先签证后报送”的原则，对本单位财务决算进行例行审计。在自审的基础上，省电力公司审计部门组织人员，选择部分单位进行重点审计，使全系统的财务决算审计工作发挥更加积极的监控、约束作用，减少违法违规，推进企业的经营发展。

一、例行审计

各单位审计部门，根据省电力公司的要求、安排部署，集中力量，选调骨干，积极做好本单位的财务决算例行审计，认真审查本单位财务指标完成情况；收入、成本、利润实现情况，如售电量、售电平均单价、售电收入等；资产、负债、所有者权益，债权债务情况；固定资产、现金、材料、物资实地盘点情况。通过审计对财务状况、经营成果公正、客观的评价，找出企业经营管理方面的主要问题，规范企业经营行为，真实反映财务成果。通过审计，还及时提出了企业合法经营，有效管理，减少潜亏，降低风险，加强成本核算，保证经营成果真实，提高会计基础工作水平，对各项经费提取比例明确列示，控制资金走向，压缩资本性支出，提高资金周转率，节约挖潜，压缩成本，争取效益最大化等方面的建议。

2000年，全省的决算审计工作在上年工作的基础上又有了新的发展。即进一步完善决算审计加分析的方法，把决算审计的工作成果进行延伸，推动企业提高认识、理清思路、促进管理工作再上新台阶。按照省电力公司决算审计会议的要求，各单位认真、扎实地对 1999 年的会计决算进行审计。

表 13－6－3 列出了 1995～2002 年珲春发电公司财务决算审计的情况。

表 13－6－3 1995～2002 年珲春发电公司财务决算审计情况统计 单位：万元

年度	被审单位	查出并纠正违规金额
1995	珲春发电公司财务科	6.75
1996	珲春发电公司财务科	2.02
	珲春电力实业开发总公司	2.55
	水泥厂	59.30
1997	珲春发电公司财务科	2.38
	珲春电力实业总公司及下属单位	34.02
1998	珲春发电公司财务处	399.38
1999	珲春发电公司财务部	129.22
2000	珲春发电公司财务部	10.11
	珲春市电力关联公司	85.82
	珲春市电力关联公司修造厂	1.99
2001	珲春发电公司财务部	技术改造工程超计划 17 项，超出金额 712.57 万元；技术改造工程项目 20 项未经审计签证，违规入账 1748.14 万元
	珲春电力实业总公司及下属各单位	32.58
	珲春市电力关联公司	6.86
2002	珲春电力实业总公司及下属各单位	2.80
	珲春市爱特净饮用水有限公司	5.37

二、重点审计

省电力公司在各单位完成财务决算自审的基础上，选择所属单位进行重点审计。省电力公司通过深入全面的决算审计，对摸清资产的增减情况，实现利税及上缴情况，留利的使用情况，对各单位加强财务核算，正确执行会计准则和财务制度，保证财务成果的真实性、可靠性给予帮助和指导。对改进经营管理，建立有效地内部约束机制，降低经营风险有着重要的意义。

省电力公司系统重点审计的主要内容包括经济指标完成情况，成本费用情况，企业存货、库存现金情况，固定资产情况，债权债务情况，所有者权益情况等。参与重点审计的人员通过对会计报表、账簿、凭证的全面审计，对现金进行实地盘点，对银行账进行核对，对材料、物资、低值易耗品、固定资产进行盘点，并与账簿核对分析差异原因，对债权债务进行账龄分析，翻阅凭证，看台账、翻卡片、查阅相关的规章和制度等资料，提出被审单位财务管理上存在的问题，并按照有关规定实行必要的收缴处罚。为增强重点审计对加强企业管理的推动作用，审计小组在每个项目完成以后，都要认真与被审单位交换意见，研究审计意见的落实工作，让审计成果真正发挥作用，真正做到审而必纠，审有成效。审计部每次都将审计结果写成审计报告，及时向省电力公司领导反馈，为省电力公司了解和掌握所属单位的资产资金和经营情况，提供真实可靠的数据资料。

2000 年，省电力公司审计部从基层抽调骨干人员组成审计组，历时 2 个月，集中对重点单位进行复审，其中包括四平、通化、白山、辽源、白城等供电企业。这次审计，主要围绕主营业务收入，主营业务成本，主营业务利润，财务费用，净利润及固定资产，以及材料、物资、库存现金、债权债务等内容进行。审计组对账簿、凭证、决算报表等进行了全面认真核查，对实物资产进行实地盘点，对利润形成及分配进行分析。审计组肯定基层审计部门的工作成果；同时，对发现的问题，如资金周转不畅，销售回款不及时，管理工作不到位等问题提出改进措施和建议。

第四节　工　程　审　计

省电力公司及基层单位，围绕控制工程投资，节约建设资金，控制工程造价，降低建设成本，加强资金管理，了解资金使用情况，检查预算、决算情况，财务收支情况，资金挤占、挪用、工程超标准等问题，积极地开展工程审计工作，保证电力建设工程顺利进行，取得良好的效果。

一、以预决算为重点开展审计

为控制工程造价，节约建设资金，省电力公司以预决算为重点，开展工程审计活动。1994 年，针对一些企业的工程项目将要竣工决算的情况，省电力公司把基建工程审计的重点放在竣工决算的审计监督上。是年，共审计单项工程 495 项，总投资额 1.79 亿元。通过审计，为企业节约工程投资 206 万元。1995 年，工程审计工作主要是以控制工程投资，节约企业基建资金为重点。审计的对象是各单位的小型基建项目、外委外包的在建工程预决算等内容。全省有 40 余人参加了对基建工程的审计，其中发电企业有 23 人参加，供电企业 16 人参加，省电力公司专门抽出两人负责。在工程预算的审计中，共审计外包外委工程项目 1002 个，预算资金总额 3733 万元。通过削减不合理的取费和高估冒算，压缩工程预算开支，为企业节约资金 329.16 万元。

1997 年，工程审计重点是迎接国家和上级部门的审计。国家授权吉林省审计厅对双辽发电厂 1、2 号机组的工程竣工进行决算审计，东北电力集团公司审计局对松江河发电厂的在建工程进行审计；吉林省审计厅授权四平市审计局对四平热电厂在建工程进行审计。省电力公司审计局组织相关单位提前进行自查。双辽发电厂审计处的 3 名审计人员，将几年来发生的几百本会计凭证、有关的账簿报表以及合同、竣工决算书等资料逐一进行检查，发现问题及时进行整改、调账处理。松江河发电厂审计人手少，就动员全体财务人员对发生的业务进行自查自纠，提前整改。由于准备工作起步早，时间充足，省电力公司系统的审计工作圆满地完成了任务，受到了上级审计机关的肯定。

省审计厅审计，查出双辽发电厂建设项目存在以下问题：①在材料核算中，对实际价格超过预算价格部分在“建筑工程投资—材料价差”科目中核销，未能转给施工单位；②漏缴所得税等问题。对此，省审计厅作出了全额收缴的决定。四平市审计局对四平热电厂基建管理处建设项目的审计，查出存在以下问题：①未提未缴固定资产投资方向调节税；②自供材料价差未提未缴营业税及附加等问题。对此，四平市审计局作出全额上缴财政的决定。

1999 年，城乡电网建设改造工程在吉林省全面展开，各单位对网改工程的审计工作开展很不均衡。省电力公司审计部组织力量推进工程审计工作，派出部内懂专业的骨干力量，并从省电力勘测设计院等单位借调长期从事电力工程概预算的专业人员参与到审计组，以加强网改工程审计工作。各供电企业也选调一批既懂审计又懂工程概预算的人员组成审计组，集中优势力量对网改工程进行审计。省电力公司审计部组成的 5 人审计组选择具有代表性的、并且已经完工验收的长春供电公司长白路变电工程进行工程决算审计。

至 2000 年 12 月末，全省城网、农网项目审计共核减工程成本 2959.15 万元。其中，长春供电公司审计部通过对申报的工程概预算、决算进行审计，形成审计报告 17 份，审减工程造价 1858 万元。白城供电公司按照省电力公司的要求完成了白城、松原两个地区城乡电网建设与改造工程审计工作，形成农网工程专题审计报告 5 份；审减城网工程成本 24 万元，农网工程成本 253 万元，提出审计建议 31 条。

二、针对突出问题开展审计

1996 年，按照电力部关于对全行业电力基本建设审计的要求，委托吉林省审计事务所对四平热电厂固定资产投资、在建工程、二道江发电厂的在建项目进行审计，并提出相应的审计报告。

2001 年 8 月 20 日至 31 日，省电力公司抽调生产、财务、物资、审计以及监理公司 12 人分成两组重点对白城和延边两个供电公司的城网改造进行了审计检查，每个供电公司抽查送电、变电、配电 3 个单项工程项目和 1 个供电分公司。检查的主要内容包括城网改造资金、物资供应、工程质量管理等。

2002 年，省电力公司的基建工程审计主要是所属企业开展的以控制工程造价、节约投资为重点的各类大修、技改工程审计和合同审计，为企业节约资金 1807 万元。各供电公司为加强对城乡电网建设与改造工程项目的审计工作，制定了《城乡电网建设与改造工程审计办法》和《城网项目审计工作方案》。对工程项目实行“三段式”审计（开工前、施工中、决算前），有效地提高了城农网建设与改造资金使用的安全性、合理性、效益性。

第五节 经济责任审计

省电力公司及所属单位，依据国家方针政策、财经法规、预算等对经济责任人的经济责任履行情况进行经济责任审计，规范企业主要负责人的经营行为，评价其经营业绩，考核企业经济指标完成情况。对各级领导干部正确履行职务，承担义务和责任，依法经营、廉洁自律起到积极的促进作用，也对规范企业行为，完善企业内部约束机制，加速省电力工业的改革发展发挥了积极作用。

一、领导干部离任审计

省电力公司系统各级领导干部的经济责任审计，按照能源部、电力部、国家电力公司和省电力公司的有关规定进行，严格遵循“谁任命，谁审计”，“先审计，后离任”的方针。1993 年 6 月，省电力公司审计部先后组成 3 个审计组，对辽源电业局、长春热电一厂、长春电力技校进行局、厂、校长离任审计。对辽源电业局的审计，审查 200 多本凭证和会计报表，以及相关的规章和内控制度、合同等资料，深入到用电、财务、物资、供应等部门，看台账、翻卡片、查报表，历时 20 天，终于圆满地完成审计任务。对上述单位原主要领导在任职期间的经济责任进行全面审计，充分肯定工作成绩，深入查证存在的问题，提出有说服力的审计报告。省电力公司领导对全体审计人员的工作给予肯定。

1996 年，按照省电力公司干部任期责任制和局长办公会的决定，审计局共组织完成长春发电设备总厂厂长、吉林电力管道工程公司经理、省电力勘测设计院院长等 12 个单位领导换届离任审计，并且对吉林电力管道工程公司等 8 个单位进行检查验收。1997 年，省电力公司审计局对吉林电业局局长等 11 名因班子换届离任的主要领导人进行了审计。

2001 年，全省各级审计部门完成任期经济责任审计 39 项，其中属于省电力公司调整的基层主要领导干部由省电力公司审计部负责审计，完成了对省火电二公司、长春发电设备总厂、长春热电二厂、珲春发电厂、省电科院、四平线路器材厂等单位领导干部任期经济责任审计。属于基层单位副职或多种经营企业的领导干部任期经济责任审计由省电力公司审计部授权基层单位审计部门审计。

除省电力公司组织的干部离任审计外，各基层单位对本单位的领导干部和中层干部，也开展了离任审计工作。1997 年，省电力公司系统，基层各单位对 57 个中层干部进行离任审计，对个别干部任职期间违纪违规问题进行了纠正处理，对应承担的责任作出客观的界定。

二、领导干部任期期中审计

1995 年，根据年度审计工作计划，在全省电力公司系统范围内开展了基层领导干部任期期中审计。各单位按照省电力公司文件要求认真组织实施，提交迎审自查报告和厂长述职报告，省电力公司重点审计了辽源电业局和吉林电力管道公司。其中对辽源电业局局长的任期期中审计，审计组由 8 人组成，为期两周完成任务。审计的内容为售电量、售电平均单价、售电收入、营业增收、线损率、供电可靠率、安全指标等各项经济技术指标的完成情况。发现的问题有：①其他应付款科目中挂账的电度表赔款未列收入；②应在长期投资中列支的购电力股票款在其他应收款科目中挂账。审计组在审计意见和建议中，提出要求企业按规定调账和加强财务管理。对辽源电业局局长的工作给予肯定。

2000 年，对四平、通化、辽源供电公司等 10 个单位进行审计，省电力公司审计部共抽调基层单位各类业务骨干 136 人，累计审计时间长达 232 天，共完成审计项目 83 项，形成审计报告 58 份。审计范围之广、力度之大、程度之深，都是前所未有的。在对四平供电公司的审计中，发现的主要问题有：①职工建房集资款没有纳入主业进行核算，出现账外账的现象；②越权对银行贷款进行担保；③部分经济业务没有及时进行账务处理；④存在个别挪用电费的情况；⑤超结算起点支付现金；⑥固定资产存在账实不符的现象；⑦出租房屋收入不入主业账目。针对存在的问题，审计组提出了5个方面的审计建议：①强化依法经营与自觉规范企业经营行为的管理理念，努力提高企业整体管理水平；②加大工程与材料的管理力度；③进一步加强财务管理，严格执行各项政策法规，注意规范企业的财务行为，提高会计核算的逻辑性和可操作性；④进一步发挥审计部门的内部监督作用，建立健全内控制度；⑤加强对财务、工程、审计、用电人员的培训，提高整体素质。

2002年，为了强化经济责任审计的工作力度，省电力公司审计部派出精干人员配合人董部制定《企业领导干部经济责任追究办法》，完善经济责任审计的制度法规。这一年，省电力公司重点对吉林热电厂、龙潭热电厂、吉林热电有限责任公司、四平线路器材厂等4个单位的主要领导实施了任期经济责任审计。本着客观、公正的原则，划清企业经营者的经济责任，基本上摸清被审单位的家底，发现4家企业存在成本管理混乱、费用开支超标准、投资超计划等方面的问题和经营风险，为省电力公司提供了改善管理和干部任用方面的决策依据。

第六节 审 计 调 查

1991～2002年，省电力公司每年都要开展范围较大次数较多的审计调查活动，这些活动有的是省电力公司安排部署，有的是各基层企业根据本单位的实际需要开展的。

1991年，根据电力部审计局的工作部署，省电力公司从年初开始，在全省各供电企业中组织开展电费收入审计调查，重点了解电费收入的计算、收取以及有无隐匿、转移、多收少计的情况。通过这次调查，发现多收了煤运加价电费及城市附加费。采取“少收部分补收，多收部分全部退还”的处理措施，有效地维护了企业和用户的利益。

1992年，按照上级审计部门的工作部署和省电力公司审计工作计划安排，在全省12个发电企业、8个供电企业中组织了技改工程审计调查，共有60余名审计人员历时一个月开展调查工作。其中辽源、四平电业局、珲春发电厂等单位都提交了专题审计报告，对技改工程中存在的资金来源不合理，挤占和挪用技改资金，核算关系不清以及不能专款专用等问题作了充分的揭示。

1996年，按照电力部下达的重点项目审计要求，省电力公司审计局对松江河发电厂建设管理处进行审计调查。同年，还组织吉林热电厂、吉林电业局等单位，完成了大修工程费的专项审计调查，1998年，省电力公司审计局选派两名业务骨干与基层单位抽调的6人组成审计组，对改制前的吉林电力职工大学、长春电力学校、长春电力技校等单位进行了全面审计调查。围绕固定资产、流动资产、长期投资、出借资金、债权债务、所有者权益、遵纪守法等方面的内容开展调查，并对实物资产进行实地盘点，登记造册并与账簿进行详细核对。

各基层单位也积极地开展了审计调查工作。1995～1998 年，双辽发电厂共开展 7 次审计调查。1997～1999 年，浑江发电厂针对小火电机组运行，电力生产企业亏损，电力工业潜亏情况和楼堂馆所建设等问题，进行 6 次审计调查。1992～2001 年，吉林热电厂共进行 10 项审计调查。

1991～2002 年，省电力公司系统，依据国家法律，贯彻落实上级有关文件精神，执行上级有关规定，开展审计工作的情况汇总见表 13-6-4 和表 13-6-5。

表 13-6-4　1991～2002 年省电力公司系统审计工作情况汇总（一）

年份	审计工作情况												签证审计（份）
	合计（项）	财务收支审计（项）	财务决算审计（项）	任期经济责任审计（项）	资产经营责任审计（项）	预算管理审计（项）	经济效益审计（项）	内控制度审计（项）	工程审计（项）	其他审计（项）	审计调查（项）	合同审计（项）	
1991	392												
1992	347	104			76		34		15	61	25	32	
1993	462	158		18	57		30		19	99	41	40	
1994	403	96	40	25	41		76		12	57	36	20	
1995	489	105	46	61	41		65		28	85	36	22	
1996	544	92	47	57	74		48	5	53	66	52	50	
1997	462	76	55	78	38		40		35	36	60	44	
1998	672	77	42	139	63		33		35	142	68	73	
1999	384	69	56	73	30		19		37	55	23	22	
2000	1632	89	52	73	133	14	81	30	224	106	26	804	1888
2001	1415	74	78	51	67	3	51	11	107	51	10	912	2098
2002	882（其中主业727）			43	17	3	12	9	492	127	24		1296

表 13-6-5　1991～2002年省电力公司系统审计工作情况汇总（二）

年份	查出损失浪费		查出违规违纪金额		纠正违规违纪金额			促进增收节支			提出审计建议（项）	采纳落实审计建议（项）	查出经济犯罪案件（项）
	管理方面（万元）	其他方面（万元）	经营管理类（万元）	工程投资类（万元）	纠正合计数（万元）	其中：增加上缴数（万元）	其中：增加企业留利（万元）	增加收入和降低成本（万元）	核减工程款（万元）	核减合同款（万元）			
1991													
1992	1.7	18	191.75	44.1	152.25	8.51		290.38	84.25	0.96			
1993	4.2		663.34		667	3.73		98.04	501.59	28.81			
1994	5	7.6	476.1	182.38	481.54	11.5	87.04	261.81	327.59	81.47			
1995	13	4.3	374.44	333.72	536.92	51.04	34.48	216.75	92.99	670.08			
1996	7.7		2884.54	1415.87	2575.98	78.38	79.4	322.61	820.01	101.68			
1997			3740	1388	1481	9	176	324	735	129			
1998	103.7	299.4	2533.06	3884.39	5042.62	316.89	2832.92	756.2	1966.98	109.74			
1999	109.47	331.05	919.14	1717.59	842.25		13.09	299.12	1093.41	140	896	778	
2000	325	183.1	32 332.28	1514.41	6875.14	28.73		1438.14	3999.61	907.62	1038	918	3
2001			16 987.18	2514.53	3120.21			1427.91	12 542.73	498.88	745	675	
2002			7980	1951	1938			1310	14 686	517	643	435	

第七章 物 资 管 理

1991～2002年，吉林省电力物资管理，随着市场经济的发展和发、供电企业改革的深入，其管理体制相应发生变化。大体分为三个阶段：原来是省电力公司机关的处室，后从机关剥离出来，为独立自主经营物资供应局，最后成立吉林省电力物资总公司。物资管理由职能管理，转变为授权管理；物资供应由国家单一定货，转变为市场订货供应。

第一节 管 理 体 制

1991年以前，省电力物资供应局，是省电力公司的一个业务处室，负责全省电力系统生产和建设所需物资的计划平衡和供应，对基层企业物资部门实行业务指导和规范化管理，对省电力修造企业指导管理。没有自己的独立财务核算组织，也没有独立开发市场的机构。

1992年2月，省电力公司把省电力物资供应局从机关剥离出去，成立独立的物资供应局，领导物资供应站（原器材库），增设财务科，以提高其解决物资资源的能力，但其管理职能基本未变。管理重点是集中电力基层企业所需物资种类和数量，形成数量规模，实行批量采购，在满足生产和建设物资需要的同时，降低物资价格和采购费用。

1996年8月，省电力公司批准物资局内部二级机构升格，即综合管理处、财务处、设备处、材料处、供应站等升为副处级部门。

1999年7月5日，省电力公司撤销物资供应局，成立省电力物资总公司，省内电力系统的物资供应全面走向市场化运作，同时赋予物资总公司专业化管理职能。同年，国家物资部撤销，省内电力生产、建设所需物资已没有分配指标，省电力物资总公司的工作，一方面开辟物资资源，满足基层企业需要，另一方面开辟用户市场，包括电力系统内、外用户，具有管理、服务职能，并具备经营性公司职能的特征。

1999年12月，为更好地贯彻国家招标法，成立吉林省天力物资招标有限公司，2001年1月，更名为吉林省信维物资招标有限公司，省电力公司占51%股权，省电力物资总公司占49%股权，并将省电力物资总公司的招标业务分离出去。2002年，信维招标有限公司49%的物资总公司股权被置换。根据省电力公司会议纪要精神，将省电力物资储运站划归长春供电公司管理，其货物、库房、各种机械装备和储运站职工一并划出。

第二节 管 理 工 作

进入社会主义市场经济时期，物资供应的资源逐渐由国家的单一订货，转变为市场订货，物资管理工作的重点发生根本性转变。

一、管理办法

根据1994年4月省电力公司下发的《主要原材料管理办法》、《备品配件管理办法》、《机电设备供应管理办法》，从计划管理到物资供应管理、合同管理、统计管理、废旧物资管理、材料节约管理等，都详细地规定了职能、职责和权力，强调物资归口管理职能。各单位物资部门认真执行本单位的物资统一管理原则，防止非物资部门自行采购，避免了在交货时间、物资质量和物资价格等方面出现问题。

二、建立供应商网络

省电力物资总公司建立了稳定的物资供应商网络系统。从电力设备和主要原材料等方面，建立比较全面、产品质量可靠、生产能力比较强、价格比较合理的供应商网络系统，并逐步完善和落实，对网络系统实行了动态管理。

三、“带电”加工

开展“钢电互保”、“带电”加工原材料工作。为尽快回收原材料生产企业拖欠的电费，允许供货生产企业以物资顶电费。与此同时，对紧俏原材料，电力企业与供货生产企业通过签订协议的方式，用产品偿还电费。由于带电加工原材料质量稳定、价格较低，既解决了电力生产和建设所需物资，也解决了电费收缴难的问题。这一成功之举电力修造企业也受益匪浅。

四、规模优势和信息化

各基层单位向省电力公司上报的需用设备、物资计划数量大，品种多，为省电力物资总公司发挥规模优势、商品信息优势、储备优化合理及实施批量采购、订货，保证生产和建设所需物资的及时供应，降低商品价格，保证商品质量，形成战略创造了条件。加强信息化建设，实现网络化运行，成为实施这一战略的重要条件。2002年，全省80%发、供电企业完成信息化网络改造和信息（MIS）网的并接工作，在加强物资管理中发挥了重要作用。

五、开展达标创一流

1996年，省电力物资总公司全面开展物资管理工作达标创一流活动，物资部门的基础管理、计划管理、采购管理、合同管理、资金定额管理、统计管理、信息管理、仓储管理、培训管理、优质服务水平等得到全面提升，全省25个单位被省电力公司命名为“物资管理达标单位”，11个单位被命名为“物资管理一流单位”。

六、修造企业管理

1992年以前，省电力公司所属三家修造企业（长春发电设备厂、四平线路器材厂、长春华电电力设备厂）归省电力物资供应局指导管理。1993～1999年，归省电力公司机械局指导管理。2002年，归省电力物资总公司指导管理。之后，直接归口省电力公司副总经理领导。

1993年3月12日，省电力公司召开修造企业三年改造规划会议。会议不仅落实了1404万元用于改造的资金，而且为修造企业完善有关技术装备，集中解决历史遗留问题起到至关重要作用，也为修造企业走向市场经济“扶上马，送一程”。三年改造规划完成后，省电力公司继续给予大力扶持。

七、物资储备

20 世纪 80 年代中期，开展备品配件的联合分工储备，一直延续到 1994 年，既满足安全生产的需要，又节约了储备资金。

发电机组从 1.2 万、2.5 万、10 万千瓦和 20 万千瓦机组，按汽轮机、锅炉、电气、燃料 4 个专业的主要备品配件进行分工储备；供电设备分别对 1 万、3.5 万、6.6 万、11 万千伏和 22 万千伏线路的备品配件进行分工储备。

八、物资统计

国家分配的物资，由计划向市场转变阶段，特别是实行“省为实体”的核算体制建立以后，上级管理部门取消物资统计报表的上报要求，省电力物资局统计工作于 1997 年 2 月全部停止。1993 年 5 月～1997 年末，主要材料和机电设备的收入、消费、库存见表 13-7-1 和表 13-7-2。

表 13-7-1　1993 年 5 月～1997 年末主要材料收入、消费、库存统计　　单位：吨

年　份	年初库存	收　入	消　费	年末库存
1993	14 982	28 215	1940	26 275
1994	26 275	42 143	44 816	23 602
1995	23 602	34 233	38 445	19 390
1996	19 390	32 273	33 260	18 403
1997	18 403	40 058	444 466	13 995

表 13-7-2　1993 年 5 月～1997 年末机电设备收入、消费、库存统计　　单位：吨

年　份	年初库存	收　入	消　费	年末库存
1993	12 547	12 108.60	12 108.60	12 547
1994	12 547	18 572.80	23 220.50	7899.30
1995	7899.30	27 803.20	25 279	10 423.50
1996	10 423.50	26 989.50	28 718	8695.30
1997	8695.30	33 533.70	33 179.50	9049.50

第三节　物　资　供　应

1991～1993 年，国家物资分配是以计划为主，市场为辅的阶段。这一阶段，省电力物资局根据全省电力生产、基建以及技术改造项目，做好全年的需用计划，汇总上报能源部物资局。物资供应工作的基本状况：国家分配的物资不能完全满足全省电力生产和建设的需求，有时缺口较大；虽然原材料市场已经开放，但价格较高；国家分配的物资即使能

够订上货，因为厂家追求计划外的高价格，厂家往往不能按合同工期交货。这种状况，迫使物资局的物资供应采取必要措施：①组织货源，建立稳定的供应商网络，购买优质廉价物资；②培养选拔一批催交物资能手跑订货，多争取国家分配指标；③利用带电加工原材料，解决原材料不足和价格提高问题；④加强物资平衡调剂工作。物资局每年召开二次物资平衡调剂会议，收到良好效果。

1994～1998年，国家不再下达物资指标计划，物资供应直接面向市场阶段。省电力物资局的重点工作变为：汇总基层单位物资需求计划，收集物资种类和数量；形成较大的数量规模，实行批量订货，以降低物资价格和采购费用；方便基层，提高电力企业的综合效益。物资局发挥管理职能强势和掌握主要物资资源的优势，全面开展达标创一流活动，对基层企业上报计划具有较强约束力和吸引力，物资供应工作开展得较为顺利。

1998～2002年，物资管理转变为授权管理，而不是职能管理。省电力物资总公司和电力基层企业之间形成市场化的营销和用户的关系。物资总公司为自身的生存和发展，以用户为出发点，开拓电力系统内、外营销市场，开展优质服务，提高总公司的信誉。

1998年开始，吉林省进行城市电网建设与改造工程和两期农村电网建设与改造工程，按照省电力公司的要求，物资总公司开展省管物资的合同签订，催交催运，质量监督检查，并负责货款的结算等工作。省管物资包括水泥电杆、铁塔塔材、钢管塔塔材、变压器、钢芯铝绞线、电缆，输、配电线及变电所金具、绝缘子、各种10千伏开关、避雷器等13大类品种。期间，物资总公司考察调研近百家生产企业，为城市、农村电网建设与改造工程招标订货打下良好基础。

城市、农村电网建设与改造所需物资采购中，进行设备、材料招标共56批·次，订货总金额近40亿元，于2004年末基本结束。

第八章　安　全　管　理

1991～2002年，吉林省电力生产、施工和修造企业的安全工作，处于一个特定的时期：内部新机组连续建成投产，缺陷多，运行不稳定，老机组多为超期服役设备；外部电力体制改革，企业重组，特别是东北老工业基地出现经济发展不景气现象，严重影响电力生产和建设。省电力公司始终坚持“安全第一，预防为主”方针，开展保人身、保电网、保设备，保施工活动，认真遵守各项法规，完善企业安全生产监察体系和保证体系，创新安全管理方法和措施，包括安全立体防护、危险点分析控制、安全性评价等；加强企业安全监察与管理的指导。12年来，安全管理水平明显提升，保持了生产和施工的整体稳定，创造了1998年和1999年省电力公司管理的企业无人身死亡事故的历史性纪录，获国家电力公司授予“安全生产先进单位”称号。但在日常的电力生产和施工中，仍存在不安全因素和漏洞，曾发生一起特大事故和两起重大事故。

第一节　安　全　状　况

一、火电、供电安全生产状况

省电力公司管理的14座火电厂，1991～2002年的12年间，共实现超千天的安全运行记录52个。2000年12月31日，辽源老电厂实现安全生产5766天，连续15个安全年，连续保持40年无人身死亡事故，24年无人身重伤事故，41年无重大设备事故，多次被电力部、东北电力公司、省电力公司评为安全生产先进单位。吉林热电厂有11台机和15台锅炉设备和3000多名职工，至2000年，连续安全运行1727天。全省8个供电企业中，创连续安全生产1000天以上记录22个，220千伏的五棵树、舒兰、双辽、梅河变电所，安全运行达5000天以上；66千伏临江、安达、横道变电所安全运行创造10 000天以上安全生产记录，白山地区临江变电所安全生产连续45年无事故。2002年发电、供电、电网、通信企业安全生产统计，见表13-8-1。

此间，吉林省发、供电企业的安全生产也发生了一些严重事故。1992年7月9日，丰满电厂东上、下母线差动保护动作，220千伏松蛟线开关跳闸，延边电网孤立运行，切掉负荷2.62万千瓦。

1997年8月21日，220千伏蛟敦线瞬时故障，延边电网单运。

1999年8月14日，蛟敦线发生短路故障，敦化一次变电所2753开关跳闸，延边电网孤立运行。

特别严重的是：1994年3月1日15时35分，吉林热电厂发生一起事故，由于燃油母管爆裂起火，大火燃烧过程中，一个氧气瓶发生爆炸，碎片击中被塌落的构件砸弯的燃油管路，造成管路处断裂，供油管路一端落地，大量跑油，致使事故引起严重后果。造成一台220吨/时锅炉严重损坏、4名职工死亡和2名职工轻伤的特大生产火灾事故，直接经济损失1900万元。

表13-8-1　　2002年发电、供电、电网、通信企业安全生产统计

序号	单位＼安全记录	到本月末累计（天）	本年最高纪录（天）	百日安全个数（个）	序号	单位＼安全记录	到本月末累计（天）	本年最高纪录（天）	百日安全个数（个）
1	吉林热电厂	811	811	4	13	四平热电厂	844	844	4
2	双辽发电厂	744	744	3	14	长春供电公司	851	851	3
3	蛟河热电厂	1811	1811	4	15	吉林供电公司	140	661	3
4	白城热电厂	3145	3145	4	16	四平供电公司	156	2874	3
5	龙井热电厂	936	936	4	17	通化供电公司	366	657	4
6	长山热电厂	289	1198	2	18	白城供电公司	671	671	4
7	长春热电二厂	62	942	3	19	延边供电公司	378	378	3
8	珲春发电厂	1234	1234	4	20	白山供电公司	1903	1903	4
9	辽源热电厂	730	730	4	21	辽源供电公司	661	661	4
10	浑江发电厂	2655	2655	4	22	松江河电厂	659	659	4
11	二道江电厂	1678	1678	4	23	吉林电力调度中心	6326	6456	4
12	长春热电一厂	939	939	4	24	省电力通信公司	6326	6456	4

此外，还有因不可抗拒的自然灾害、三次水灾、一次风灾造成的电网事故。

1991年8月，吉林省东部山区突降倾盆大雨，丰满发电厂水库不得不开闸弃水，下游洪水暴涨。220千伏输电线路多处被洪水浸泡，66、10千伏线路发生较大面积倒杆倒塔，全省电力职工奋力抢救。据统计，供电企业损失折合人民币376.88万元，发电企业损失769万元，修造企业损失279.77万元，施工企业损失60万元，农电系统损失1800万元。

1995年7月下旬，全省大部地区，降雨量达200～700毫米，为历年罕见。吉林、通化、白山、辽源、四平、白城电业局的电力设备受到不同程度危害，3条500千伏输电线塔基受到洪水威胁，最为严重的丰辽线115号直线转角塔，合南输电线的282、293、398号塔；25条220千伏输电线的72基铁塔受到洪水冲刷，塔基毁坏，倒塔3基，2基塔严重倾斜，两条线路被迫停运。辽宁省清河水库弃水放流，220千伏清巨线20号塔冲倒，7月31日停运。58条66千伏线路的128基杆塔受到洪水浸泡，倒杆18基，严重倾斜82基；基础损坏128基，20条输电线路被迫停运。

第三次遭受大洪水灾害是1998年7月下旬。吉林省西部的嫩江、霍林河、洮儿河流域百年一遇的洪水泛滥成灾。白城地区的220千伏的白洮、热白、热镇、长新线和66千伏的白万、镇四、发安等重要线路的安全运行受到严重威胁。白城供电公司广大职工，与洪水展开生死斗争，受洪水灾害的694基杆塔中，只有一基铁塔被洪水冲倒，线路停运。受到省、市政府和国家电力公司、东北电力集团公司的表扬。

2000年7月21日4时20分，德惠市天台镇境内500千伏合南线，遭遇龙卷风发生倒塔事故，183～192号10基铁塔倾倒，全部报废，193号塔主材严重变形，倒塔范围内的线夹、间隔棒、绝缘子等损坏严重，导线及架空地线受损，无法利用，总的经济损失达700万元。抢修12天恢复送电。

2002年，发、供电企业人身、设备事故统计，见表13-8-2。

表 13-8-2　　1991～2002 年省电力公司系统发、供电企业人身、设备事故统计

类别/事故/年份	火力发电						供电									
	设备		人身				设备						人身			
	统计事故（次）	考核事故（次）	死亡人数（人）	千人死亡事故率	重伤人数（人）	千人重伤事故率	送电（次）统计事故	送电（次）考核事故	变电（次）统计事故	变电（次）考核事故	配电（次）统计事故	配电（次）考核事故	死亡人数（人）	千人死亡事故率	重伤人数（人）	千人重伤事故率
1991	92	8	1	0.049	1	0.049	55	2	15	13	220	6	2	0.137	1	0.070
1992	104	8	1	0.050	2	0.100	73	1	19	9	312	11	1	0.070	1	0.070
1993	42	8	1	0.052	4	0.207	94	2	19	9	418	13	0	0.000	1	0.070
1994	40	6	4	0.405	1	0.101	78	0	13	14	305	17	1	0.112	0	0.000
1995	38	10	2	0.168	1	0.084	68	0	14	3	141	13	1	0.087	1	0.087
	事故统计	一类障碍					事故统计	一类障碍	事故统计	一类障碍	事故统计	一类障碍				
1996	20	56	0	0	0	0	5	73	12	10	42	80	0	0.000	0	0.000
1997	13	41	0	0	0	0	4	81	9	3	36	102	0	0.000	0	0.000
1998	4	24	0	0	1	0.051	6	6	11	54	28	54	0	0.000	0	0.000
1999	5	27	0	0	0	0	6	73	5	5	34	52	0	0.000	1	0.075
2000	7	35	2	0.180	4	0.90	7	50	5	4	17	24	0	0.000	0	0.000
2001	1	21	0	0	0	0	7	6	6	5	15	24	1	0.082	0	0.000
2002	6	28	0	0	0	0	1	35	1	7	6	21	1	0.082	0	0.000

二、水电安全生产状况

1991～2002 年，吉林省丰满、白山（含红石电厂）、云峰、松江河水力发电厂认真执行安全生产方针，取得安全生产较好成绩。白山电厂自建成投产以来，未发生生产人身死亡事故和重大及以上设备事故，全厂创造连续安全生产 1872 天记录。丰满发电厂创造 1008 天和 1082 天安全记录，1997 年 10 月 1 日，丰满发电厂因误操作发生东母线停电事故，延边电网与主网解列，孤网运行，曾发生生产人身死亡事故 1 次，重大生产设备事故 2 次。云峰电厂最高安全生产记录 917 天。松江河电厂实现连续安全生产 659 天。

三、施工企业安全状况

“八五”计划期间，电力施工企业的人身死亡、重伤、轻伤事故和千人负伤率分别比“七五”计划时期下降 75%、216.7%、70.07%和 120.54%。“九五”计划期间，以上 4 项指标又比“八五”计划期间分别下降 166.66%、300%、513.64%和 286.20%。省送变电公司连续 12 年未发生施工人身死亡事故；省火电一公司连续 7 年无施工人身死亡事故、重大机械设备事故、重大火灾事故，分别被省电力公司和长春市政府授予安全施工先进单位。

1991～2002 年，中国水利水电第一工程局 1 万多名职工，南征北战，独立承建的 5 座大型水电站、参与建设的 6 座水电站，承建的水利、火电的工程中，认真贯彻执行“安全第一，预防为主”方针，加强管理，精心施工，战胜重重困难，事故率下降，1992 年实现施工无人身重伤、死亡事故，取得安全施工的好成绩。

1997 年 5 月 15 日，吉林省第二火电工程公司第二分公司的分包单位—四川省南充市嘉陵建筑总公司十一工程公司直属处，在双辽电厂建筑分包工程中发生一起整个钢筋网架沿轴线向 B 排侧发生倒排，6 人全部压在网架下，造成 4 人当场死亡，2 人在送医院抢救无效死亡的重大伤亡事故。

1990～2002 年，吉林省电力施工企业安全状况统计，见表 13-8-3。

表 13-8-3　　1990～2002 年省电力公司电力施工企业及中国水利水电第一工程局职工施工伤亡统计

年份＼人数＼企业	施工企业（火电一、二、三公司和送变电公司）					中国水利水电第一工程局				
	年度职工平均人数（人）	伤亡人数			千人负伤率（‰）	年度职工平均人数（人）	伤亡人数			千人负伤率（‰）
		死亡（人）	重伤（人）	轻伤（人）			死亡（人）	重伤（人）	轻伤（人）	
1990	12 312/111 509	2	1	43						
1991	11 928/12 312	2	3	42	3.77/3.57	13 155	1	3	3	0.480
1992	13 057/11 928	0	5	16	1.60/3.77	13 194	0	0	0	0
1993	15 935/13 057	3	2	38	2.51/1.60	13 391	5	0	3	0.220
1994	12 732/15 935	1	1	20	1.64/2.51	13 774	4	0	10	0.730
1995	11 868/12 732	2	1	19	1.68/1.64	13 291	3	0	6	0.450

续表

企业 / 人数 / 年份	施工企业（火电一、二、三公司和送变电公司）					中国水利水电第一工程局				
	年度职工平均人数（人）	伤亡人数			千人负伤率（‰）	年度职工平均人数（人）	伤亡人数			千人负伤率（‰）
		死亡（人）	重伤（人）	轻伤（人）			死亡（人）	重伤（人）	轻伤（人）	
1996	12 840/11 868	2	0	13	1.17/1.68	12 895	3	0	6	0.450
1997	11 748/12 840	6	0	16	1.41/1.17	12 528	1	0	1	0.080
1998	9832/11 748	0	1	4	0.50/1.41	11 169	2	0	0	0
1999	8189/9832	0	1	2	0.24/0.50	10 375	2	0	4	0.350
2000	6161/8189	1	0	0	0.16/0.24	10 697	1	0	4	0.370
2001	5053/6161	0	0	0	0	10 263	2	0	2	0.190
2002	4902/5053	0	0	0	0	10 238	0	0	2	0.190

四、修造企业安全状况

吉林省各电力修造企业都成立了厂安全生产委员会，实行厂、车间、班组三级安全管理，建立了安全监察和保证体系，规章制度健全，安全管理比较到位，考核严格。12 年来，四平线路器材厂、长春龙源电力设备有限公司，未发生生产人身重伤及以上事故。长春发电设备总厂于 1991、1994 年发生生产人身事故各死亡 1 人，1995 年发生生产人身事故死亡 3 人；1993 年发生生产人身重伤 2 人，2000、2001 年发生生产人身重伤各 1 人。

第二节　安　全　管　理

1991～2002 年，随着电力管理体制改革的发展，省电力公司系统安全监察机构虽几经调整，职能发生较大变化，但全省电力企业的安全监察体系没有消弱，以安全生产、建设责任制为核心的安全保证体系逐步完善和强化。每年都坚持制定、落实安全生产措施，加强“两措”计划和“三级”安全培训，严格执行“两票三制”，安全工作落到了实处。

一、安全监察体系

1988 年，按照能源部颁布的《电业安全工作条例》规定，安全环保监察科从生产部分离出来，成立安全环保监察处，对省电力公司所属的发电厂、电业局的安全生产和环境保护工作，行使监督、检查职能。各基层企业相应建立安全环保监察科，充实专、兼职人员，强化职能，形成厂（电业局、公司）分场（工区、车间、工地）班组三级安全监察网。1994 年，安全环保监察处与生产技术处一度合并，1995 年 8 月，又分离出来，建立安全环保监察部（以下简称安环部），内设安全监察处和环境保护监察处，均为副处级建制。从组织、人员保障了专业化的安全环保监察工作。1997 年，省电力公司所属发电、供电、施工、修造企业的安全工作由分管到由安环部门统一监察、管理，同时负责对省属电力企业内的多种经营企业的安全环保监察工作指导。同年 6 月，安环部增设压力容器监察处。9 月，公开招聘 6 名安全专业人员。安环部定员 13 名，其中：主任、副主任各 1 名，安监处 5 名，环保、压力容器监察处各 3 名。安全机构、人员、职能、体系步入更加完善的阶段。

1999年，按照国家电力体制改革的要求，省电力公司安环部3个职能处，分专业进行调整，设立电源安监处、电网安监处、环保综合处，各自的监察、管理职能相应发生变化。2002年，随着“厂网分开”管理体制的变化，发电企业安全、监察职能从省电力公司分离出去。

二、安全保证体系

20世纪80年代，省电力公司管理的电力企业制定和执行技术、管理和职工的工作标准，各单位的安全工作形成“专管成线、群管成网”局面。1988年，执行能源部“第一号指令”，明确电力企业各级正职为安全生产、安全施工的第一责任者，详细规定了其职责和权限，各级领导认真履行安全生产和施工职能，按章指挥生产和建设。

“八五”计划期间，制定“省电力公司机关安全责任制”，并相继制定发电、供电、施工、修造企业各级人员安全责任制，落实规划设计、设备监造、建筑安装、调整试验、生产运行到设备检修等各个环节岗位的安全责任制，实行安全生产、建设全过程管理。

“九五”计划期间，贯彻国电公司《关于防止人身事故的21项重点要求》和《防止电力生产重大事故25项重点要求》，省电力公司分别制定了《实施细则》及有关办法，以安全生产责任制的形式落实到每个职工、每个岗位，开展安全生产“三级”控制措施，落实标准化作业、“三不伤害”、“危险点控制”、反违章指挥、操作、作业等活动，1998年和1999年，创造了省电力公司管理的发电、供电、施工、修造企业无生产、施工人身死亡事故的历史性纪录。

三、“两措”计划

省电力公司每年及时下发《反事故措施计划》和《安全技术劳动保护措施计划》（以下简称“两措”）的通知。

各单位安监部门按照要求，根据国家和行业颁发的标准，从改善劳动条件、防止伤亡事故、预防职业病方面，编制《安全技术劳动保护措施计划》（以下简称“安措”）。“安措”计划以防护用品、安全帽、安全带、验电器、接地线、绝缘工具、遮栏、带电作业和安全管理等安全防护用具为重点。

《反事故措施计划》（以下简称“反措”）的编制与实施，以生产技术部门为主，根据国家和行业下发的反事故措施、防止电力生产重大事故重点要求，按照以提高设备安全可靠性的技术改进措施及防范设备事故等要求进行编制，纳入企业年度设备检修、技术改造项目计划加以实施。按照项目内容、计划投资、资金来源、完成工期、所属单位、负责人等，落实“反措”计划。

项目承担单位，优先安排所需人力、物力、工期、工程进度，落实责任和施工方案；物资部门确保“两措”项目设备、材料、工器具及防护用品、用具等物资供应；调度、试验单位积极协调、组织、密切配合，采取有力措施，创造必要条件，共同保证“两措”项目计划的完成。

四、“两票三制”管理

为保证倒闸操作和作业中人身和设备安全，根据电网和设备的变化，省电力公司每年下发《操作票和工作票实施细则》。各电力企业按照规定，结合本企业设备情况，各自制定“两票”管理办法，对操作票、工作票的填写、审批、执行都有严格规定，有的编写执行工作票“一览表”，明确规定运行人员执行三项以上工作项目，必须严格填写操作票；检修工作票除设备抢修外，必须严格填写热力机械和电力一、二种工作票。部门对工作票、操作票逐级审查，确认正确无误后，予以批准执行。

执行“工作票”中，所列签发、许可和工作负责人，每年年初进行培训，考试合格，经总工程师批准后才能取得资格。一般操作时，由一人监护；大型操作增设第二监护人；大型检修及容器内特殊环境作业，由安监部门直接检查技术措施的落实和执行情况，确认无误方可发票进行工作。

各电力企业二级单位安全监察工程师和各专业工程师，负责审查已执行的“两票”，统计合格率、使用率，安监部门每月审查“两票”，对不合格的“两票”进行分析，并作相应处罚。已执行和作废的“两票”，都按月整理，按编号顺序妥善保管。1996 年，变电专业“两票”采用微机制作。

吉林省发电、供电企业的生产运行班组，严格执行“三制”，即交接班制、巡回检查制、设备定期试验轮换制。随时掌握设备运行和健康状况，及时发现和处理设备缺陷，避免因处理不及时发生或扩大事故。2000 年，白城发电厂办理一种工作票 98 份，二种工作票 1173 份，操作票 8072 份（其中复杂操作票 337 份），合格率 100%，使用率 100%。

五、“三级”安全培训

省电力公司每年组织各电力企业安全监察人员，参加电力部（公司）举办的培训班，接受系统的安全知识教育，学习安全管理的新方法、新经验，每年培训 300～400 名。举办 1～2 期安全监察工程师、专业工程师培训班，以国家电力部门编写的《安全监察工程师培训教材》为主要内容，请专家讲课，安排企业人员介绍安全生产经验，进行考试。2000 年，省电力公司利用 20 万、30 万千瓦仿真发电机进行安全技术培训，先后培训发电厂全能值班员 103 名；220 千伏变电所仿真机培训了一大批一次变电所值班员。建立 3 个焊工培训中心（基地），培养大批中、高压焊接技术工人。

各基层电力企业的安全培训工作，纳入生产计划，培训生产管理、运行和检修人员，党、政、工、团干部也进行培训。职工每年至少进行两次《电业安全工作规程》考试。新入厂的生产人员，包括非本企业的实习生，都要进行厂、分场、班组培训。各单位的电气工作、起重机械、爆破作业等特殊工种，一般由企业自行安排培训。

六、“三不放过”制度

省电力公司管理的电力企业，按照《电力生产事故调查规程》规定，对发生的生产事故立即进行调查分析，做到对事故原因不清楚不放过，事故责任者和应受教育者没有受到教育不放过，没有采取防范措施不放过的“三不放过”的措施，实事求是地总结经验教训，研究事故发生的规律，采取有效措施，开展反事故斗争。发生特大生产事故，由省电力公司“一把手”（或上级主管部门主要领导）任组长，组成有关部门人员参加的事故调查组进行调查处理。1994 年 3 月 1 日，吉林热电厂发生特大生产事故，由省电力公司领导牵头组成的调查组调查处理。发生重大生产事故，以主管生产的领导为首组成事故调查组调查处理。非省电力公司管理的电力企业发生重大生产事故，由企业上级主管领导参加的调查组调查处理。企业发生的生产考核事故由企业领导牵头，组成调查组进行调查处理。

1994年，省电力公司建立了“事故说清楚制度”。凡是发生性质严重的生产（人身）事故的企业，限期查明原因、分清责任、制定整改及防范措施，由企业安全生产第一责任者向省电力公司说清楚。对事故责任者按照国家《电力安全生产奖惩规定（试行）》进行处理。此制度至2002年仍在执行。

第三节 安全活动

一、春、秋季安全检查

按照省电力公司的部署，所属各发电、供电企业，每年都开展春、秋季安全生产检查（以下简称“两检”）。“两检”遵循季节变化的自然规律与电力安全生产之间的密切关系确定，多年来作为一项长期制度坚持执行。春季安全检查在雨季到来的每年3月初～5月进行，秋季安全检查在雪天及冬季高峰负荷到来之前的9～10月开展，是以预防季节性事故为重点的重要安全生产活动。

省电力公司每年制定“两检”计划，下发安全检查通知，召开动员会议，进行全面部署，提出重点要求。“两检”进行中，组织工作组，深入施工现场检查指导，实行周报制度，及时发布《两检通报》，实现“两检”整体推进。“两检”结束前，按照《春秋季安全大检查工作制度实施细则》规定项目，进行严格验收、总结和表奖。

各发、供电企业首先开展“前四查”，即查领导、查思想、查纪律、查制度，达到提高职工的安全思想水平，杜绝管理工作中的安全漏洞，加强安全生产领导的目的。其次，按照《春秋两季安全大检查工作制度实施细则》要求，结合本单位特点，全面开展防止发生人身、设备事故的安全生产检查，进行预防性试验，查设备缺陷、管理上漏洞，查防雷、防洪、防风、防冻、防鸟设施的落实，查防火、防污闪工作中的不足之处。人身安全方面，查承压部件、安全用具、设备标识、孔洞盖板、防护设施、转动机械护罩及防毒、防爆炸物品存放设施及环境等，对检查发现的问题进行全面整改，开展设备清扫、维护、检修，改造、更换、调整试验工作等活动。再次，进行自我验收，总结评比，表彰奖励。

2002年，省电力公司所属发电、供电企业，春秋季安全检查共发现一般设备缺陷1.18万件，比2001年减少1万件，消除率100%，比2001年提高7.51%；发现重大设备缺陷116件，比2001年减少395件，消除率100%，与2001年持平。

二、“三级”安全活动

按照省电力公司的要求，省电力公司管理的电力企业的厂级（公司）、二级单位和班组开展三级安全活动，已经形成制度，常抓不懈。

厂级每月召开一次安全监察例会，专题研究落实上级颁布的安全法规、制度等，分析当月的安全形势，提出下月重点安全工作要求。影响人身安全和重大设备缺陷治理，实行人员、措施、时间、资金、协调“五落实”。分场（供电局、工区、车间）每月进行一次安全工作分析会，查找安全工作中的漏洞和薄弱环节，按照厂部的要求，部署当月安全工作，对上月安全工作进行总结评比，实行奖罚制度。班组每周一次的安全活动“雷打不动”，长年坚持。活动中，联系班组实际，学安全通报、简报，规程、制度；分析运行、检修工作中不安全现象，查找原因，提出解决办法。班组活动时，厂安监人员不定期检查，分场进行考核。

厂长（局长、经理）、分场主任和班组长，是安全生产第一责任者，也是“三级”安全活动的组织者。

三、安全生产月活动

按照国家要求，省电力公司每年组织一次电力企业开展“安全生产月”活动。成立活动领导小组，确定活动主题，制定活动方案和考核细则，明确活动目标，发出活动通知，部署安全生产月活动。各企业动员广大职工参与，围绕“安全生产月”活动主题，举办以落实安全生产责任制为主要内容的专题讲座，组织专项检查，开展“百日无事故活动”等。各单位结合安全生产实际，开展安全知识竞赛、讲座、培训、座谈会、安全事迹巡回展等多种形式活动，做到安全生产月活动主题深入人心，教育深刻。省电力公司电视台、电力报，“企业管理”刊物，开辟“安全生产月”活动专栏，各单位广播站进行专题报道，以推动“安全生产月”活动健康发展。对发电、供电、施工、修造企业中开展“安全生产月”活动成效突出的单位，进行评选表彰。

四、专项安全检查活动

按照上级电力部门关于防汛和发电厂水库大坝安全工作要求，省电力公司每年都部署防汛度汛工作，下发《防汛预案》，检查《供电企业、火电厂和水电厂防汛工作检查大纲》（简称《大纲》）的落实情况，汛期认真执行周报制度，抽查防汛关键部位，发现《大纲》落实不到位等问题，迅速发出紧急通知，立即整改。各单位按照要求，防汛工作做到思想、组织、措施、物资“四落实”和人员、措施、工作“三到位”。从防汛度汛基础工作规范管理入手，改进补充防汛工作各项制度，完善防汛预案，重视防汛度汛巡视检查，发现防汛隐患，及时落实措施，积极抢险，确保电力设施、设备安全度汛。

五、“两节”、“两会”期间安全用电检查

为确保广大群众欢度春节、国庆佳节期间安全用电和收看全国人民代表大会、全国政协代表大会胜利召开，省电力公司每年都制定专项安全供电管理方案，详细部署，重点抽查。各级电力调度部门，逐级提出要求，合理安排运行方式，做好负荷预测，精心安排倒闸操作；各发、供电企业，采取有效措施，加强设备巡视、检查，严格执行“两票三制”，及时处理不安全因素，确保广大用户在“两节”、“两会”期间安全用电。

第四节　安全装置、器具及设施

一、“五防”装置

12 年来，吉林省电力生产运行操作中，易发生误分、合断路器，误带负荷拉隔离开关，误带电挂接地线，误带地线合隔离开关，误入带电间隔，通称“五误事故”。20世纪80年代，为防止误操作，省电力公司专业部门和发、供电企业，共同研制和采用安全机械闭锁装置，取得一定效果，但装置比较简单，防误功能不全，效果不突出。

“八五”计划期间，研制、采用电磁锁、微机自动闭锁等，这些装置耐用且功能比较齐全。1995年，全省安装防误装置7782套，安装率98.78%，其中：微机防误装置2043套，电磁锁1106套，机械闭锁4633套，微机防误装置占26.25%。“九五”计划期间，淘汰大部分机械闭锁，更换为电磁锁和微机闭锁，共安装7587套，安装率98.21%，其中，微机防误装置占30%。

二、开发安全装置

20世纪90年代，对20万、30万千瓦发电机组先后安装了汽轮发电机振动、变压器过热、发电机线棒接地、主蒸汽管道蠕变、锅炉“四管”泄漏、主要辅助机械故障等在线监测系统装置。双辽、浑江、珲春等发电厂的设备出口，配置电网故障振荡自动解列装置。各基层企业还开发、实施电缆沟早期防火预警控制系统，变电所“两票”智能专家系统，送、变、配各专业微机开工作票，变电操作票实现远传，运用高科技手段保障人身、电网和设备安全。

三、安全工器具及设施

20世纪90年代末，省电力公司管理的电力企业安全工器具及设施逐步更新换代，为送、配电作业人员，每人配备一顶无源报警安全帽；倒闸操作使用声光、音响和回转式高压验电器；运行巡视检查使用防触电手表、语音近电报警器，远红外测试仪；设备检修使用多功能红外安全语言提醒装置，程控携带式短路接地线；高空作业配备新型双控双保险安全带、缓冲器、轻型检修架；平行电力线路作业配备防止误登高压带电的报警器。为改善设备检修安全环境，设立全封闭安全围栏，配电变台检修，安装防护设施等。新型安全工器具，具有轻便、灵活、耐用、可靠等特点。

第五节 安全工作方法

1992年，由白山电业局原局长刘东杰创立的“安全立体防护法”，依据系统工程和全面质量管理的思想及以人为本理念，确定企业党政工青各级人员在安全生产活动的三维空间和时间中所处的位置和担负的任务，确定对其考核是否到位的一种系统化、科学化工作方法，有一定可操作性，收到一定的效果。1995年，电力部在“全国电力安全生产工作会议”上予以肯定，并向全国电力企业推广。

1995年，吉林电业局创建集供电企业19个专业工种特点的预防人身事故的新方法——《安全工作危险点及控制措施》，省电力公司在省内推广。1998年，将其补充和修订，在省管电力企业实施，经国家电力出版社出版发行，全国电力系统中推广。

1998年，省电力公司安环部实施《省级电网安全区域性监督方法》和实施细则。省管发电、供电、施工、修造企业，按专业、地域划分7个网片，由安环部牵头，每年在各自的区域内互相监察，发挥集体智慧监察作用。

2001 年，省电力公司制定《安全性评价实施方案》，组织“安评”专家组，请知名专家讲课，到外省学习和调研。对企业的生产设备、劳动安全和作业环境及安全管理，运用系统工程方法，进行定量、定性分析。查出的问题，专家组评价，写出查评报告，企业边查边改，来年进行复查。2001 年，完成两厂、三局的安全性评价，2002 年，复查两厂、三局，完成 6 厂 5 局的安评，取得一定的效果。

第九章 双达标、创一流活动

1990～2002 年，省电力公司按照能源部、电力工业部和东北电力公司的部署，组织各发、供电企业开展“安全文明生产创水平达标”活动。1994 年开始，落实电力工业部关于创建一流电力企业“决定”要求，各发、供电企业开展“创全网、全国一流”活动。1996 年，提出“创全网先进，奔全国一流”省电力公司目标。2002 年末，省属 3 座火电厂、5 个供电公司和省电力调度中心、省电科院、省电力勘测设计院批准为国家一流企业。为创建安全文明生产企业，省电力公司早在 1987 年，开展“创无泄漏火电厂竞赛”和“无泄漏变电所竞赛”，取得明显成效，为“双达标”、“创一流”活动奠定了先期基础。

第一节 开展设备“无泄漏”竞赛

1987 年，省电力工业局学习吉林化学工业公司设备管理经验，在省电力工业局管理的各发、供电企业开展无泄漏火电厂和无泄漏变电所竞赛。经过 10 多年的不懈努力，安全文明生产管理水平明显提高。

一、创无泄漏火电厂

1987 年，学习吉化公司经验，省电力工业局制定创无泄漏火电厂竞赛标准及考核办法，进行全面部署，明确发电设备密封点的统计原则和方法，将发电机漏氢、汽轮机真空严密性、锅炉漏风等指标作为综合泄漏率进行考核，全厂设备综合泄漏率不超过 0.05%为合格。标准还规定，将可能从管道、阀门、接头、法兰、容器、轴封等处渗漏（包括内漏）出油、水、汽、煤、灰、风、烟、氢等部位称为泄漏点，进行考核，规定设备泄漏率的计算、检查方法。

从 1988 年开始，省电力工业局每年对各火电厂开展设备无泄漏活动进行考核和不定期抽查，年终正式考评验收，验收合格的火电厂第二年还要进行复查考核。检查的方法，一是查看设备密封点有没有外漏；二是测试查看不到的介质泄漏，用点燃的烛光查漏风，用肥皂泡沫查漏氢等；三是计算查看不见的设备内漏，如锅炉汽水泄漏率，采用计算办法等。检查中，设备泄漏治理的难点作为检查的重点，如汽轮机的密封油系统，电气的充油设备，锅炉的制粉机械等。

按照无泄漏火电厂标准，各火电厂积极行动，对全厂的机、炉、电、热、化、燃等设备的密封点的泄漏责任落实到每个岗位职工，发现泄漏点，进行及时封堵和治理。运行人员在巡视设备中发现的泄漏点，做好记录；检修人员定期查看记录，及时处理，运行人员验收。各厂将设备泄漏点纳入经济责任制考核，奖罚兑现。10 多年来，这项活动坚持不懈，各厂设备面貌焕然一新，还节约了能源。

1993 年，除蛟河发电厂外，全省 13 座火电厂都达到无泄漏标准。这项活动受到能源部（电力部）的重视，并在全国电力系统企业中推广。1994年，中国电力企业联合会在长春热电二厂召开有全国各网、省、市（区）电力部门领导参加的现场会，交流推广吉林省电力公司的经验，大会通过《全国创无泄漏发电厂标准及考核办法》，并列入开展“双达标”、“创一流”活动的必备考核条件之中。

二、供电企业创无泄漏变电所竞赛

全省各电业局开展无泄漏变电所竞赛，是在“红旗变电所”竞赛的基础上进行的。过去变电所变压器、油开关、互感器等设备渗漏油是司空见惯的。四平电业局总结推广“补、堵、换、改、修”的办法进行设备漏泄治理，全地区220千伏变电设备渗漏率由3.23%，降到1.76%，4座一次变电所、9座二次变电所达到无泄漏标准。他们还率先在配电系统开展创无泄漏活动，采取“擦、洗、焊、喷、涂、修、换”的方法，治理配电变压器、油开关渗漏油，泄漏率从25.40%，降到3.26%，3个供电局实现配电充油设备无渗漏。全局设备连续3年被省电力公司评为优秀单位。1992年，顺利通过东北电力公司双达标验收。通化电业局实现全地区设备无渗漏、无油污，大幅度提高了设备健康水平。

500千伏东丰变电所职工徐振东，为治理渗漏做出了突出贡献。变电所220千伏开关机构存在冬季液压值超标、机构漏油、电动机频繁启动难题。徐振东多次在严寒冬季进行24小时跟踪观察，记录在冷环境下温度和液压值的变化规律，经研究，成功研制出“开关液压机构恒压装置”，破解了难题，获国家发明专利。多年来，他对法国的FX－32DL开关充气部件充气口密封元件使用错误问题；瑞士BBC公司生产的SF6开关气体压力与信号名称设计差错；河南省平顶山高压开关厂生产的FA2－252型开关液压机构油位保持管与高压油管错接等，都及时进行更正和处理。

1988年，全省无泄漏一次变电所达到30%，1990年达到46%，1991年达到90%，到2002年连续5年保持100%。

第二节　双达标、创一流

1990～2002年，按照上级部门要求，省电力公司管理的发电厂、电业局，省调、科研、设计单位普遍开展“双达标”、“创一流”企业活动。经过努力，13座火电厂达到部、网标准，其中3座进入国家一流企业行列；8个供电企业达部、网标，其中5个电业局为全国一流企业；省调中心、省电科院和省电力勘测设计院也跨进国家一流电力企业行列。

一、火电厂双达标、创一流

（一）双达标

1990年，按照能源部《关于电力生产企业开展“安全文明生产创水平达标”活动的若干规定》（以下简称“双达标”）和《火力发电厂“安全文明生产创水平达标”实施细则的通知》精神，省电力公司以吉电生字〔1990〕20文件《关于下发〈吉林省火力发电厂安全文明生产创水平达标活动评分标准〉的通知》。同年6月18日，在长山热电厂召开“双达标”座谈会，深入学习能源部文件，交流各厂开展活动的做法，进一步做全面部署。

各发电厂成立以厂长为首的“双达标”领导小组和双达标办公室，制定规划，广泛发动群众，层层落实责任，一个群众性的“双达标”活动在全省迅速展开。

珲春发电厂是20世纪80年代末投产的新厂，迫切需要进行安全、文明生产治理。按照部颁“双达标”考核标准，与本厂的安全管理、文明生产、设备状况进行对照，查找差距，加强管理，提高企业的整体素质。首先把“双达标”考核标准规定的6个部分、40个项目、245条规定，结合本厂实际，一条一项地落实到科室、分场和班组，使其具体化，并与“创无泄漏火电厂竞赛”相结合，以治理设备的跑、冒、滴、漏为突破口，广泛开展群众性的竞赛活动。1991年，全厂设备泄漏率降至0.036%，省电力公司命名为“无泄漏火电厂”。在此基础上，以安全生产、节能降耗、减人增效、管理现代化为重点进行全面治理整顿，当年，实现3个百日安全生产周期；1992年，供电煤耗率和厂用电率，比1991年分别下降10克/（千瓦·时）和1.15个百分点。经过3年的努力工作，1992年3月，珲春发电厂通过能源部考评组的验收，5月7日被命名为“安全文明生产创水平达标企业”。能源电〔1992〕447号文同时命名的还有浑江、辽源发电厂。1996年，省电力公司管理的13座发电厂中，12个通过部、网“双达标”考核组的验收，被正式命名为部、网“双达标企业”。对“双达标”企业，省电力公司年年进行复查，不合格的，实行“摘牌”、限期整改，达标后恢复荣誉称号。

（二）创一流

1993年12月17日，电力工业部下发电生497号《关于开展创建一流火力发电厂工作的决定》，省电力公司及时传达贯彻。1994年，全省电力职工代表大会，通过“创全网先进，奔全国一流”的目标计划，全面发动和部署创建一流火电厂，并以长春热电二厂作为试点单位，带动全省。

长春热电二厂在巩固“双达标”成果的基础上，开展创建一流火电厂活动。以设备为基础，管理为关键，人员做保证，拿出企业现有的指标，与全国一流企业标准中的17项主要经济技术指标，一项一项对照，组成课题小组对影响设备运行技术规范的逐项进行攻关；拿出企业现有的管理方式与网内、国内的先进企业的管理方式一项一项地比较，进行改进；以强化班组为突破口，夯实企业管理基础，稳定安全生产局面；在全厂倡导“高、严、细、实”的工作作风，全面提高职工素质，把创建一流企业作为一项全方位攀登一流管理水平的系统工程，牢牢抓住设备、管理、人员三个重点环节进行治理，企业发生了实实在在变化，各项经济技术指标跃居国内国产20万千瓦机组领先水平。仅仅奋战3年，率先实现全国第一个国产20万千瓦机组一流火电厂，1995年10月17日，电力部以579号文件授予“一流火力发电厂”称号。10月30日，电力部副部长陆延昌、吉林省副省长魏敏学为“一流火力发电厂”揭牌。

省电力公司管理的发电企业在双达标、创一流活动中取得可喜成绩。2002年，长春热电二厂、吉林热电厂、双辽发电厂被国家电力公司（电力工业部）授予“一流火力发电厂”称号；长山热电厂、浑江发电厂被评为东北电网“一流火电厂”。

二、供电企业双达标、创一流

按照1990年5月东北电业管理局颁发的《供电企业“安全文明生产创水平达标”实

施细则通知》精神，省电力公司确定由主要领导亲自抓，明确企管处负责“双达标”活动的日常工作。6月，召开全省电业局主要领导人“双达标”座谈会，进行动员和部署。8月，“双达标”活动在全省供电系统中普遍展开。1994年，与电力工业部颁发的《供电企业安全文明生产达标考核细则》一并落实。

各电业局相应建立了“双达标”领导小组和办事机构，配备工作人员，制定规划，以召开职工代表大会或职工大会的形式进行思想动员。各单位将“双达标”《实施细则》中的6项必备条件、5项考核标准和5项评分办法，结合本单位实际进行分解，层层落实，每个项目落实到机关科室、供电局（工区）、班组和职工个人，做到“千斤重担大家挑，人人肩上有指标”。实施中组织检查，严格考核，做得好与差和经济责任制挂钩，有奖有罚，奖罚分明。1992年，东北电业管理局以796号文件授予四平、通化、白城电业局为东北电网首批达标企业。通过5年的奋斗，治本达标，各电业局领导班子建设明显加强，思想政治工作更加扎实，安全生产逐步稳定，电费收缴率提高，线路损失率下降，结合创无泄漏设备活动，文明生产水平显著提高，呈现出生产正规化、工作程序化、管理标准化一片欣欣向荣的景象，涌现出一大批热爱电业、无私奉献的优秀人才。1995年，经过东北电管局考核验收，全省8个电业局进入东北电网达标企业行列和达部标行列。

按照1993年5月东北电业管理局要求，省电力公司对达标企业，每年进行一次复查；对滑坡的单位，给予警告，整改后，恢复原达标称号。

1994年，各电业局开展创建一流企业活动。1996年，省电力公司在全省职工代表大会上，总结“三年巨变”取得的成果，自我加压，通过省电力公司党组提出的“抓住机遇，苦练内功，再拼三年，实现一流”目标，明确创建一流企业的时间表。接着，省电力公司领导组织以生产现场办公的形式，多次下基层帮助、指导各单位创建活动。1998年11月24日，国家电力公司命名长春电业局为首批全国电力系统“一流供电企业”。2002年，又授予吉林、通化、白城、延边电业局为“国家一流供电企业”称号；省电力调度中心、省电科院、省电力勘测设计院都被国家电力公司授予“一流单位”称号。

各供电企业按照一流企业标准，结合本单位实际，采取“一强化、二提高、三突出、四加大”的做法，开展创建一流企业活动。“一强化”，强化企业全员职工的创建一流企业意识。首先教育各级干部充分认识创建一流企业的严峻形势，增强危机感和责任感。其次是反复向职工强调，认真落实省电力公司的要求，增强广大职工的使命感，自我加压，自我激励，全企业形成浓厚的创建一流企业的良好氛围；“两提高”，提高干部和工人队伍素质，本着创建一流企业以人为本的原则，在精神文明建设方面，培养职工树立爱岗敬业、为企业争光的新风尚，在技术业务方面加强培训，开展“比武练兵争状元”活动，以提高对新技术、新业务的操作能力和知识水平；“三突出”，突出安全管理，实施一系列新举措，保证安全生产万无一失，突出抓好科技进步，作为加速创建一流企业的主攻方向，突出文明服务，下大力气搞好行风建设和优质服务；“四个加大”，加大创建一流企业中的管理和常态运行机制的抓实力度，对落实每项指标实行闭环管理，加大攻关力度，加大考核力度，在各单位、各处室自查的基础上，公司组织专业组加大全面考核，形成了激励机制与约束机制。

第十章 行 政 管 理

为适应改革和发展的需要，吉林省电力公司（工业局）和所属各单位，不断改进行政管理。加强文秘工作、保密工作、档案工作和信访工作。各单位还做好接待和服务工作，展示企业的形象，为电力生产、建设和经营管理工作服务。

第一节 文秘和保密工作

省电力公司和各基层单位重视文秘和保密工作，严格执行制度和规定，为领导当好助手，为机关各部门和基层单位服务。

一、秘书工作

省电力公司机关的秘书工作主要承担工作总结、综合材料、领导讲话、电力信息、会议纪要等文字材料的起草，承担有关发文的审阅。1992 年，省电力公司机关文字综合工作，先后完成首届三次职代会总经理工作报告、全局工作情况汇报、领导讲话及其他综合性文字材料，共 40 余份，15 万字，完成局长办公会、局务会和专题会议纪要等 62 期，10 万余字。

1993 年，他们编发《吉林电力信息》100 期，9.6 万字；配合三项制度改革编发《吉林电力信息》专刊 3 期，3.7 万字；全年上报信息并被东北电力集团公司、中国电力企业联合会、吉林省委、省政府、能源部采用 40 余条；完成二届职代会工作报告稿，年中工作会议讲话稿及省局机关和部分直属单位干部大会讲话稿，向东北电力集团公司汇报材料等，计 12 万字；编写会议纪要 68 期，计 7.5 万字。

各基层单位秘书工作主要是负责起草行政综合性文件、工作计划、工作总结、工作报告；起草有关领导讲话及其他方面的文字材料；负责公文和文字审核安排打印等。各单位还要求秘书参加厂召开的生产工作调度会、月度考核会议、经济活动分析会、经济工作调度会、运行分析会、检修平衡会等，并认真做好记录，注重积累资料。秘书人员还要深入实际，调查研究，并将形成的材料以简报形式印发或上报。

二、文书工作

1992 年，省电力公司办公室执行公文处理有关规定，加强公文规范化建设，提高公文处理质量。全年完成打字 300 万字，收文处理 4000 余件，发送信函 15 万件，印刷、复印 40 万张；发局文 532 件，局函 130 件，发文数量比上年减少，质量提高。1999 年，省公司总经理工作部文件传递和印信管理严格执行制度，坚持优质服务，行政收文 2520 件，行政发文 675 件。

省电力公司各单位执行文书管理制度，坚持做到当日收到的公文、电文、信件，当日拆封、登记、贴批示单，送办公室主任阅后，立即送有关领导审阅批示。各部门已承办完毕的文件、文书随时收回，集中保管。

各单位严格遵守印信管理制度，严格按有关规定用印，避免造成不良后果。

三、保密工作

省电力公司加强对基层保密工作的检查指导，坚持节假日机关保密检查，组织和参加省直厅局保密工作协作组活动，在1993年末省保密局组织的保密工作考核中，被评为标准化、规范化管理合格单位。

各单位严格遵守保密制度，严格执行重要文件的登记制度，在阅批、阅办、传阅、借阅时，严格执行签收手续。机密文件和重要资料在办公室阅理。已收回的机密文件和重要资料借阅，原则上在文书室阅后交还文书人员，需借用时，要履行登记手续。在邮寄“秘密”文件、档案和资料时，密封包装坚固，通过机要部门办理机要邮寄手续，从來不让他人带捎或按一般平信寄发。各单位文书按季清点一次文件和资料，并督促催办及时回收文件和资料。印信、文件妥善分类保管，文书室的钥匙随身携带并注意保管。文书人员深入实际检查文件及资料保管情况，发现问题及时处理。

第二节 档 案 工 作

省电力公司及所属各单位设立有档案馆（室），建立档案工作领导小组、档案管理二级网络，并配备专职和兼职档案管理人员。各单位深入学习《档案法》、《档案法实施办法》等文献，提高对档案工作的认识，加强档案的收集、整理、立卷、管理，防止档案损坏。各单位注意充分利用档案，让档案在电力建设、电力生产和经营管理中发挥作用。

一、档案收集和整理立卷

各单位档案馆（室）认真做好档案的收集、整理和立卷工作，为档案的利用奠定基础。档案馆（室）在年初向各职能部门下发《基层档案归档计划》，要求文书档案次年5月末之前归档。根据文书档案之间的有机联系，各单位按文件的立卷标准管理、立卷并经档案部门检查核准后，方可交档案室归档。财务档案为次年5月末前归档，科技档案中的基建、工程、科研档案在基建、科研项目结束后1个月归档，6大类运行资料在次年的5月末前归档，机组设备检修后的试验报告在修后2个月内归档。基建工程档案移交时，施工单位填写移交目录一式两份，与档案室交接双方签字。

各单位档案室注意及时了解生产中档案的形成过程，坚持设备开箱时，会同有关人员对设备的技术档案进行核对，随时归档，并参与工程验收，确保档案完整。

1998年起，吉林省开展城市电网建设与改造。各供电公司加强对城网建设与改造工程档案的收集整理立卷。城网工程形成了一整套从规划到决算相对完整、规范的永久性档案，按电压等级、工程项目的不同门类归档立卷，达到归档完整、准确、有序。城网工程档案归档工作成为各供电公司主要工作内容之一。2002年，吉林供电公司共建立城网工程档案2231卷，其中送电专业档案398卷，防窃电改造档案715卷，变电专业档案492

卷，配电专业档案368卷，其他档案258卷。

1995年，省电力公司机关档案馆对上年的文书、会计、科技档案归档率、准确率达到100%，完整率和案卷合格率达到99%。全年共立文书档案2230件，会计档案321卷，科技档案375卷，照片75张，底片61张；实物档案31件。这一年，接收撤销单位、部门档案及资料855卷册。1996年，还接受建国前档案37卷，1109张底图，接收撤销单位档案293卷，接收死亡人员档案157卷。按收各种资料744册。1991～2002年省电力公司机关档案馆立卷情况，见表13-10-1。

表13-10-1 1991～2002年省电力公司机关档案馆立卷情况统计

年份	文书档案（卷、件）	科技档案（卷）	会计档案（卷）	照片底片（张、件）	录音录像带（盒）	实物档案（件）
1991	1379	267	211	412	11	60
1992	1368	66	249	274	13	21
1993	1341	227	368		25	10
1994	735	127	368	21		3
1995	2230	375	321	136		31
1996	2250	220	361	130		23
1997	2643	151	349	380		133
1998	3188	35	546	118	10	35
1999	3341	95	715	111		58
2000	3943	70	746	3		8
2001	3577	46	737	26		11
2002	3268	85	760	12		15

二、档案管理

省电力公司建立档案管理体制和管理机构，配备得力的管理人员，成立由主管局长任组长、副总工程师和办公室主任任副组长的档案工作领导小组，建立由各处兼职文书人员、摄像录像人员组成的档案管理二级网络。1989年，省电力公司机关档案科改成吉林电力档案馆，副处级建制，隶属于电力公司办公室，有档案工作人员5名。各基层单位配备档案管理人员，有的设档案科、档案室，有的由办公室、科技科管理。各单位建立档案管理网，加强管理。1995年，一些基层单位成立档案工作领导小组，由厂长任组长。组建了基层二、三级档案网，档案管理辐射到全厂各二级单位和班组。各单位结合编写企业管理标准和工作标准，编写档案管理标准，工作标准，初步实现档案工作标准化、网络化、制度化、统一化管理。

为加强档案管理，各单位制定档案管理标准和制度。采取措施，加强档案室建设，并设有吸尘器、消防器材，对防潮、防火、防尘、防污染、防鼠、防虫、防盗等均采取了措施，符合安全保卫规定。

省电力公司机关档案馆，除完成本身的管理业务外，还要对全省电力系统各单位的档案工作进行指导，学习和宣传贯彻《档案法》和《档案法实施办法》，并对全省电力公司系统的学习、宣传、贯彻、执行情况进行检查和总结。1995 年，省公司机关档案馆组织 12 个新建单位对文书、会议档案立卷工作进行互检指导。举办施工现场资料员参加的重点工程档案管理培训班和声像档案管理培训班，拓宽档案工作的渠道。组织 160 余人次参加档案管理培训，办理了 102 名档案人员资格证验印及办证，为持证上岗做了充分准备。省电力公司下发《声像档案管理制度》、《吉林省电力局档案资料信息分中心实施方案》和《吉林省电力局所属企业档案管理办法》，还组织全公司有重点工程的单位档案人员到铁岭发电厂学习工程档案管理经验。针对双辽发电厂大机组新建的特点，组织部分有经验的档案人员去帮助组卷并进行分类研讨。

1995 年，省公司机关档案馆由案卷级管理改为文件级管理，减少工作环节，提高工作效率，并引入光盘系统，共扫入光盘 943 件 10 722 页。为解决库存早期档案查找难的问题，他们将 1984 年以前档案目录输入微机。科技档案也全部建立起数据库，微机编目 38 本分类账及总账，档案馆的文书、会计、科技档案全部实现了微机辅助管理。1999 年，省电力公司机关档案馆引进清华紫光企业档案管理软件，并配备服务器、零号图纸扫描仪等设备，在文书档案存入光盘的基础上，实现科技档案工程图纸光盘管理。结合省电力公司机关办公自动化，实现机关档案远程查询、借阅，方便了工作，提高了效率。省公司与基层单位档案部门，借助全省电力系统微机联网，做到全系统档案微机联网，实现远程查询与利用，达到档案资源共享。

1991 年，省电力公司机关档案馆管理达到国家二级标准。1997 年，长春电业局等 9 个单位的档案馆管理，通过了国家一级认定。

三、档案应用

为方便利用档案，各档案馆（室）编制《科技案卷总目录》、《科技案卷分类目录》、《科技检索卡片》、《文档卷内目录》、《文档卷内检索目录》、《文档专题卡片》、《声像档案总目录》、《声像档案分类目录》、《实物档案分类目录》、《会计档案案卷目录》、《底图目录》等检索工具以及备查的辅助资料。

省电力公司机关档案馆，坚持服务第一、优先借阅的方针。通过开展接待服务、电话服务、联网服务、提供复制件等手段，满足各方面利用档案的需要。为方便利用，档案馆汇编文件 515 件，续编全宗介绍、组织机构沿革、职代会简介、大事记等近两万字。1993 年，全年接待档案借阅 214 人次，487 卷次，提供复印件 3533 张。省公司法律事务处刘长杰为解决长山热电厂与当地渔场纠纷案，查阅 1990 年该厂第四期更改工程计划，并向前郭县法院提供证据，使长山热电厂避免经济损失 598.8 万元。1995 年全年提供利用借阅 454 人次，1976 卷次，复印 5322 张，仅为财务部门提供报表，将有关建设项目由国家贷款改为直接投资部分即为全局带来经济效益 3 亿元。

1991 年 3 月～1992 年 1 月，吉林热电厂档案室配合吉林省电力勘测设计院查阅与该厂技改工程有关的原始档案资料，完成初步可行性研究报告。由于档案室保存的档案资料齐全、图文清晰，免去许多需要实施测量、勘测、钻探的工作，节省费用20多万元。

第三节 信 访 工 作

省电力公司及所属各单位，对信访工作建立包保责任制，做到层层负责，并设立机构，配备专职人员。各单位重视信访接待，建立总经理信箱、公开电话，建立领导干部接待日制度，为职工群众上访提供方便。信访人员热情接待，认真记录，及时向领导汇报，并做到尽快答复，件件有着落，事事有回音。信访处理工作，坚持分级负责，归口办理，严格按政策办事。信访人员及时与有关部门沟通，进行疏导和化解，保障了稳定的大局，为改革发展作出贡献。

一、组织领导

各单位行政一把手、中共委员会书记是信访工作第一负责人；主管领导是主管部门的第一负责人；分场（分公司）主任、党支部书记是本分场（分公司）的第一负责人。厂（公司）建立有信访工作领导小组，由厂长（经理）、党委书记任组长，主管的厂（公司）领导任副组长。各单位设立信访机构，配备工作人员。省电力公司自1985年起就设立了信访处，1992年变为办公室信访科，1997年起，在总经理工作部设信访处。有的基层单位信访机构曾为企业二级单位，独立办公。多数单位的信访工作由办公室负责，并配备专职或兼职的信访工作人员。

各级领导都把信访工作纳入自己的工作日程，定期召开会议，研究、部署，并制定、实施工作制度，管理标准，落实信访工作。各单位把信访工作作为“一把手”工程来抓，推进党政领导信访工作责任制的落实。企业党政领导与各基层单位签订信访工作目标责任状，实行奖惩。

二、信访接待

各单位从领导起做好接待工作。他们开辟总经理信箱、总经理公开电话，落实公司领导信访接待日制度，定期公布领导接待日的时间、地点，接待领导的姓名、职务和分管工作范围，针对有关问题安排预约接待。1998年，各单位建立局、厂长接待日制度，使信访人的上访问题得到了迅速解决。2002年，一些单位设立单位领导接待热线电话，设在单位办公室，职工群众反映的问题，由专人负责接听向领导汇报，为职工群众反映问题提供快捷、方便的途径，使职工群众反映的问题得到及时的解决。

各单位信访部门和信访人员在接待工作中，热情周到，耐心细致，和蔼交谈，仔细听取，认真记录，及时办理，尽快答复。

三、信访处理

各单位坚持分级负责，归口管理，谁主管谁负责，及时就地依法解决与疏导相结合，严肃认真地对待来信来访，做到件件有着落，事事有回音。信访人员按政策规定办事，对应解决的问题，给予及时解决，不能解决的问题耐心讲解政策和说明情况。他们坚持实事求是，耐心细致地做思想工作。在工作中，单位领导及信访工作人员都能做到既通情，又达理，既原则，又灵活，既直言，又诚恳，循循善诱，认真做好接谈疏导。应该解决的问题，一定解决，不推诿。

第四节　接待和服务工作

省电力公司和各基层单位，把接待和服务工作看作企业的形象工作，设立机构，配备人员，建立制度，细致地开展工作，既做到热情周到，又做到按有关规定办事，严格控制开支，避免浪费。

一、做好接待

省电力公司的接待工作主要由办公室（总经理工作部）承担。1992 年，全年负责接待能源部和省电力公司在长春召开的 4 次大型会议，接待能源部和中国电力企业联合会等 100 余位上级机关和部门的司级以上领导，圆满地完成任务，受到领导好评。1998 年，全国城网会议在长春召开，国家电力公司总经理和总工程师出席。1999 年，共召开各类会议 126 个，省电力有限公司成立大会、全国风电会议，承办国家电力公司、国家经贸委、东北电力公司各类重要会议 10 余次。接待工作既提高接待服务质量，使客人满意，又注意勤俭节约，不铺张浪费，减少不必要的开支。

1999～2002 年，辽源发电厂扩建工程，俄罗斯专家组来厂指导设备安装，该厂妥善安排食宿，为专家组配备专车和翻译，得到俄罗斯专家的好评。

二、办好宾馆招待所

省电力公司和各基层单位设有宾馆和招待所，安排客人的食宿。省电力公司在北京设驻京办事处，并于 1999 年在北京建成天池宾馆。

省电力公司各单位对电力宾馆，招待所认真管理，加强基础工作，提高人员素质和服务水平，努力向管理要信誉，要效益，取得可喜成果，多数宾馆招待所被评为精神文明单位。

三、管理好车辆

省电力公司对机关小车队的管理规范，经常开展安全教育，要求司机加强劳动纪律，遵守交通规则，提高服务质量。车辆的维护、保养、检修，车辆检验，及时，质量好，保证了安全行车。小车队在 1992、1995、1999、2002 年，分别实现安全行车 40 万、50 万、50 万、51 万千米。小车队实现连续 10 年安全行车无重大事故。

第十一章　外　事　工　作

省电力公司系统实施改革开放，注重学习国内外先进经验和先进技术，引进国外先进设备，派员出国考察、学习，外事活动增多。进入 20 世纪 90 年代，省电力公司和日本、美国、加拿大、韩国、澳大利亚、俄罗斯及亚洲、欧洲、南、北美洲、非洲等有关国家开展交流与合作，尤其和日本北海道电力株式会社、日本九州佐电工株式会社签订了友好交流协议，积极开展互访和技术交流。省电力公司积极引进国外先进设备，省内施工企业走出国门，参与国际竞争，修造企业产品进入国际市场。省电力公司系统开展外事工作，为企业赢得了效益，为国家争得了荣誉，推动了省电力工业发展。

第一节　外　事　管　理

省电力公司的外事管理，比较完善、严格。他们设立外事机构，配备人员。对出国计划审批，出国人员审查，控制出国人数，加强出国人员行前教育，保证出国安全和保守国家机密，维护国家荣誉，形成了一整套加强外事管理的办法。

一、机构及管理

省电力公司于 1982 年开始由办公室兼管外事工作。1983 年 10 月，办公室内设接待科，外事工作有专人管理。随着对外往来增多，1989 年成立对外处，1992 年改为外事工作管理处。1994 年 3 月，省电力公司将外事工作管理处合并到省电力公司办公室，但仍保留吉林省电力公司外事工作管理处的牌子。1994 年 9 月，省电力公司将办公室改为总经理工作部。外事处一直设在总经理工作部。

各基层单位一般不设外事管理机构，吉林省送变电公司涉外工程较多，1988 年设海外工作部，1995 年组建海外公司，2001 年 4 月，成立国际公司。

二、出国计划申报和审批

为加强出国团组及出国人员管理，1991 年 9 月，省电力公司下发了《关于申报出国计划规定的通知》，作出 7 条规定，要求按规定申请出国计划。省电力公司对出国团组严格审查，凡不符合国家规定的一律退回重新申报。1993 年 12 月，有一个单位申报由 4 人组成的代表团，赴香港就技术转让事宜进行考察和协商，有 2 位技术人员，2 位副局长。省电力公司只准派 1 名局级领导带队，其他应选专业人员。

省电力公司严格出国人员的政治审查，1994 年 1 月下发的《吉林省电力工业局外事工作管理暂行规定》明确要求：各单位接到出国任务后，应根据出国任务性质及要求，将拟派出国人员报省电力公司干部处选审，经同意后，方可报请“出国任务批件”。

为严格控制公费出国活动，1994 年 1 月，省电力公司下发《关于重申对因公出国

（境）审批规定的通知》，重申 37 条规定，加强出国审批管理。

1996～2002 年，省电力公司系统出国人数较多，7 年内共有 1950 人出国。这一时期每年出国人数统计见表 13-11-1。

表 13-11-1　　1996～2002 年吉林省电力公司出国人数统计　　单位：人·次

年　份	出国人数	年　份	出国人数
1996	143	2000	341
1997	425		
1998	109	2001	506
1999	203	2002	223

三、出国人员行前教育

1995 年 3 月，省电力公司下发《吉林省电力工业局国家安全小组工作手册》，规定省电力公司出国团组由外事处负责行前教育，其他单位出国人员由派人单位负责行前教育，可采取办班、谈话等形式进行。

行前教育的内容有五方面：一是明确出国任务，每人明确自己所担负的任务和责任及完成的目标；二是学习涉外法规，要遵守涉外人员守则、外事纪律、保密纪律，财经纪律；三是学习安全知识，进行爱国主义和民族气节教育、敌情教育、反奸防谍教育、法纪教育、保密教育、安全防范知识教育，维护国家安全、荣誉和利益；四是了解民俗民情，遵守当地政府的法律法规，尊重所在国人民的风俗习惯；五是了解和遵守出入境、卫生检疫、海关检查、国际旅行、外交礼节及服饰仪表等各方面规定。

省送变电公司出国人员和出国次数较多。1991～2002 年期间，经常派人员出国施工。该公司把提高出国人员素质作为工作重点，通过加强出国前教育，提高出国人员的整体素质。

四、出国团组和人员管理

1994 年 1 月和 1996 年 7 月，省电力公司先后下发《吉林省电力工业局外事工作管理暂行规定》和《吉林省电力工业局因公出国工作管理办法》，加强出国团组和人员管理。

（1）坚决贯彻执行中共中央、国务院严禁用公费变相出国（境）的有关规定，严格控制公费出国（境）活动。凡属一般性考察、学习和没有明确公务目的及实质内容的出国（境）活动，坚决不派。

（2）加强对出国团组的组织工作，指定政治素质高、有组织能力、业务熟悉、善于管理的干部担任团组负责人；团组中有 3 名以上中共党员的都要建立临时党小组，并明确负责人。

（3）重视出国人员护照管理，对出国团组和个人进行行前教育，要求在境内、外都要加强护照保管，严防丢失。

省电力公司及时收缴回归人员护照，各单位指定专人负责出国回归人员护照的收缴，在 1 个月内及时将护照交省电力公司外事处统一管理。对回国后 3 个月不交护照者，上级外事机关将吊销其护照，并在1～3年内停止为其发放护照。省电力公司在外事处设专人负责因公出国人员的护照收缴和管理工作，并于每年2月下达收缴护照通知。

对造成护照丢失者，省电力公司进行严肃的处理。2001年6～8月期间，所属单位出国人员先后发生2起护照丢失事件。丢失护照人回国后隐瞒不报，使外事处不能向上级申办丢失护照注销手续，也耽误了丢失护照的当事人再次出国执行任务。省电力公司对2起丢失护照事件进行了通报，并重申了5条加强护照管理的规定。

（4）坚持执行回国汇报制度。出国人员回国后，能及时通知省电力公司外事处，并认真写出工作报告、技术总结或商务报告，及时向外事处和有关领导汇报在外工作情况及遵守外事纪律的情况。

出国人员返回本单位，能及时报到并汇报出国情况。各单位组织部门对出国人员进行考核，将考核结果上报省电力公司政治部备案。

加强出国团组和人员管理，加强宣传教育收到显著效果。在省电力公司外事活动中，没有发生违纪事件，没有出现在外滞留不归人员和叛逃人员，出国团组和人员较好地完成了出国任务。

五、维护国家、企业和出国人员利益

在外事工作中，省电力公司坚持做到维护国家、企业和出国人员的利益，做好有关工作。

（1）省火电第一工程公司向美国起重机公司购买一台A1500－HC履带式起重机，于1997年7月投入使用。该设备于12月8日在丹东施工现场突然发生传动轴断裂事故，还发现设备液压系统漏油。为维护国家利益，省电力公司通过外交途径，要求美国公司派员赴丹东施工现场排除起重机故障，并洽谈有关索赔事宜。

（2）省电力公司所属辽源发电厂扩建技术改造工程，引进了意大利设备（价值32万美元）。该设备符合吉林省计划经济委员会、吉林省税务局、长春海关等10个单位联合下发的《关于进一步推进企业技术的若干政策规定》中减免引进设备关税的有关条款，省电力公司于1994年8月，致函吉林省经贸委，要求引进设备减免关税。

（3）省电力公司与中国水利电力对外公司签订合同，向科威特国派出发电厂运行与检修人员，1994年，省电力公司派省电科院初立森、长山热电厂王欢和郭永彬赴科，合同期为两年，3人于1997年7月和8月合同期满。但科方向中国水利电力对外公司提出，希望中方人员能连续留科工作几年，至少能留1年。中国驻科使馆经商处参赞得知这一情况后，指示立即向国内有关部门汇报。中国水利电力对外公司给省电力公司来函，省电力公司根据省电科院和长山热电厂要求，以及3人家庭有困难，不同意3人留科继续工作，维护了出国人员的利益。

第二节 友好往来与技术交流

1991～2002年，省电力公司与多个国家的电力部门建立友好往来关系。曾与日本北海道电力株式会社签订友好交流协议书，每年都开展互访和技术交流，就生产中的技术问题开展合作研究。省电力公司与日本九州佐电工株式会社也签订友好交流协议书，开展友好交流与互访。日本佐电工为省电力公司培养研修生，提高职工队伍的技术素质。

一、与北海道电力株式会社友好往来与交流

1988 年，经吉林省人民政府同意，省电力公司与日本北海道电力株式会社建立长期技术交流关系，每 3 年签订一次技术交流议定书，并签订各年度的技术交流协议书，每年进行互访，由企业领导人员带队，出国团组由技术人员组成，4～8 人，最多达 12 人。

1991 年，针对运行、检修、质量管理和环境保护，双方开展大型发电、输变电设备在线诊断，电力系统的控制与运行和粉煤灰综合利用等方面的技术交流。1993 年 8 月，省电力公司邀请北海道电力株式会社社长户田一夫一行 4 人来访，签署 1994～1996 年双方友好交流协定书和 1994 年年度技术交流协议书。

1994 年，双方就人事、经营、财务、人才培养等经营管理的内容进行交流。1995 年，交流重点是送变电运行、设计技术、用电管理等内容。1996 年，重点是就燃料、设备检修、设备运行、维护等发电技术进行了交流。双方还分别设置各自的窗口，保证交流工作顺利进行。

1996 年 10 月，双方签订后 3 年友好交流协议书。1997 年，交流的主要内容是发电厂电气设备绝缘寿命预测、发电厂分散控制系统应用现状、锅炉辅机最佳运行控制等。1998 年，主要交流电力系统商业化运营，城市配电网自动化系统、送电线路雷电监测及防护措施等内容。1999 年，重点就人才培养、培训设施管理等进行交流。

1999 年，中日双方确定在浑江发电厂开展“火力发电厂热效率改善”技术改造项目，省电力公司邀请北海道电力株式会社小松恭介等 6 人于 1999 年 4 月来华，进行前期数据调研并考察技术现场；邀请北海道电力株式会社佐野正等 5 人于 1999 年 11 月来华，就浑江发电厂燃烧器改造进行研讨。

2000 年 11 月，省电力公司派访问团赴日本北海道电力株式会社，重点就改善燃煤电厂效率，锅炉排污、燃烧氧量控制等进行交流。2001 年 5 月，浑江发电厂以技术人员为主组织访问团，赴日本北海道电力株式会社就锅炉给水系统改造，水质管理，化学清洗等技术问题进行广泛的交流。2001 年 11 月，省电力公司组团赴日就用电管理、用电营销和用电市场等问题进行技术交流。2002 年 12 月，省电力公司组织浑江发电厂 5 名工程技术人员赴日就燃煤电厂水处理装置的运行、维护和检修管理进行了交流。

二、与日本（株）佐电工友好往来与交流

省电力公司经中国驻日本国福冈总领事馆和电力工业部国际合作司介绍，于 1990 年 12 月与日本（株）佐电工建立友好交流关系。日本（株）佐电工是一个电力建设施工企业。1990 年，省电力工业局副局长孙业堂率团首次访问佐电工后，双方开展了技术交流、人才培养和经济技术合作等活动。

（一）日方为省电力公司培养研修生

1993 年 5 月 31 日～6 月 9 日，省电力公司派出 3 人考察组赴日本，就向日本（株）佐电工派遣电工研修生事宜进行考察及洽谈。

1993 年 10 月 13 日，省电力公司与日本（株）佐电工签订《派遣（接纳）技术研修生合同书》。派出研修生旨在学习、掌握电气工程安装技术和工艺。内容为室内、室外电气设备工程、送电工程、配电工程的施工和管理。派遣研修生分 3 批，每批 10 名，研修期 2 年。研修生为 20～35 岁男性。

第一批赴日研修生 10 名。其中 7 名来自吉林、四平、通化、延边、白城电业局，2 名来自吉林省火电公司，1 名来自省电力公司机关。其中工程师 1 名，助工 4 名，技术员 5 名。1994 年 5 月，省电力公司选派两人率第一批研修生赴日。省电力公司派员就研修内容、生活设施及研修生管理等进行安排和落实。应日方邀请，省电力工会主席张广智，1994 年 8 月赴日，对研修生情况进行考察。

1995 年 5 月，第二批 10 名赴日研修生，其中 5 名来自吉林、四平、辽源电业局，2 名来自吉林省火电一公司，2 名来自吉林省送变电公司，1 名来自省电力试研所。有技术员 7 人，助工 2 人，工程师 1 人。应日方邀请，省电力公司派 3 人于 1995 年 6 月赴日，就研修设施，研修内容进行考察。

（二）双方成立合作公司

省电力公司为进一步加强与日本（株）佐电工的友好关系，推动双方更深层次的技术合作及扩大合作范围，分别于 1995 年、1996 年两次邀请日方来访，探讨双方成立能够进入国际电力工程市场的经济实体的可能性。1997 年 2 月，邀请日方来访，经双方协商，共同成立日本国日华工商株式会社和长春华日电力有限责任公司。为探索联合经营的新领域和合作的新途径，在 1998 年、1999 年和 2000 年，双方派代表团进行了互访。

（三）开展技术交流

1997 年 3 月，省电力公司组团一行 4 人访问日本（株）佐电工，就送电、配电、电气工程承包管理、施工机具等方面进行交流。2001 年 6 月，省电力公司派出由副总经理张立志领队的 10 人代表团，赴日就配电自动化控制、无功补偿设备、功率因数改善、不停电施工工艺及配电网采用新设备、新技术、新工艺等进行考察和技术交流。

第三节 出 国 考 察

1991～2002 年，省电力公司多次派员出国考察经营管理、设备与技术、体制改革和电力市场运营，学习先进管理经验、先进技术，先进管理体制，推进电力工业的改革与发展。多次派人参加国际技术设备展览会和博览会，学习和借鉴发达国家的先进技术和经验。

一、考察经营管理

1997～2002 年，省电力公司曾 6 次组团，派出 59 人·次，分别赴英国、法国、澳大利亚、新西兰、南非等国进行企业管理考察，其中财务管理考察 3 次，审计管理、监察管理、劳动工资管理与人才培训、用电管理、供电质量管理、电力系统管理、电网建设与运营管理各 1 次。

1991～2002 年，省电力公司派出 30 多人·次，参加国家电力公司、吉林省和其他有关单位组团，出国考察企业管理。

出国考察人员，认真收集国外电力公司有关资料。回国后，写出考察报告，座谈考察收获，找出科学管理差异，寻求可借鉴的经验。

二、考察技术

1991～2002 年，省电力公司先后 25 次组团，派出 121 人·次，分别赴美国、日本、德国、法国、英国、西班牙、韩国等电力工业较发达的国家，考察发电、供电、用电、风电、电力建设、信息化建设等方面的先进技术，认真学习借鉴先进技术。

在此期间，省电力公司还派出了 50 多人·次，参加国家电力公司、吉林省和其他有关单位组团，出国考察电力技术。

三、考察体制改革和电力市场运营

1998～2002 年期间，为适应电力体制改革和电力市场运营的需要，省电力公司多次组团，或派员参加国家电力公司和吉林省的团组出国去日本、澳大利亚、新西兰、阿根廷、巴西、加拿大等国访问考察，学习国外电力体制改革和电力市场运营的经验。

1998 年，吉林龙华热电股份有限公司于 5 月和 10 月，两次派人参团赴日本东京电力公司就资产转让、资产转换、电量竞价上网等课题进行考察。

1999～2000 年，省电力公司多次组团前往新西兰、澳大利亚两国，对电力体制，电网与电厂分开，竞价上网，电力市场方面进行考察。主要内容为：两国电力企业巨大体制改革的现状，成功的经验和教训，与两国商讨双方技术项目合作，建立友好往来关系的可能性。

2000 年 9 月，省电力公司派员随省经贸委组团赴阿根廷、巴西、澳大利亚考察电力体制改革，规范电力市场，制定政策的经验和做法。

2000 年 7 月，组团赴澳大利亚和新西兰，2001 年 5 月组团赴巴西、阿根廷和秘鲁，考察电力市场运营情况。考察学习有关电力体制改革政策，实行厂网分开，竞价上网、提高电力企业利润、降低电价成本，增加社会效益等方面的问题。

四、参加国际技术设备展览会和博览会

1991～2002 年，省电力公司先后派人参加国际、亚洲、美国能源及电力技术博览会、展览会共计 13 次。其中国际能源及电力技术博览会 7 次，美国电力技术展览会 2 次，亚洲电力工业展览会 1 次，中国在外举办的工程技术和设备展览会 3 次。

第四节　出　国　培　训

为提高企业的管理水平，省电力公司组织有关领导、专业管理人员先后赴美国、法国、加拿大、日本等进行培训，学习国外先进技术和科学方法，提高素质，提高管理水平。

一、领导人员培训

在国家电力公司组织下，省电力公司（工业局）派出总经理、副总经理 3 人·次、火电厂厂长、副厂长、总工程师、电业局局级干部、供电公司经理和省电力公司其他处级干部60多人·次出国培训，学习国外的先进管理经验和现代技术，提高高级经营管理者的技术水平和管理能力。

（一）省电力公司领导出国培训

1996年11月，电力工业部组团16人，前往法国、英国进行第一期网省局长管理培训考察，在外11天，省电力公司派副局长赵首先参加。

1998年10月，国家电力公司组团17人，前往法国、英国、瑞士，进行第三期网、省局局长管理考察培训，在国外25天，省电力公司派副局长李书东参加。

2000年11月23日～12月7日，国家电力公司组织第16期赴日干部研究班，省电力公司派总经理张志厚参加。

（二）火电厂厂长、电业局长出国培训

1995年1月，电力工业部组团去日本参加火力发电厂管理培训，省电力公司派长山热电厂一位副厂长参加。同年10～11月，电力部举办第七期火电厂厂长研修班，赴日参加培训，省电力公司派吉林热电厂一位副厂长参加。1996年12月，电力部举办第九期火电厂厂长赴日研修班，省电力公司派双辽发电厂一位副厂长参加。同年9月，电力部组织赴德国火力发电厂厂长研讨班，省电力公司派出2名厂长参加。1998年10月，国家电力公司举办第13次电力干部（火电厂厂长）赴日研修班，省电力公司派吉林热电厂一名副厂长参加。1999年10月，国家电力公司举办第15期赴日干部（电业局长）研修班，省电力公司派长春电业局一名副局级干部参加。2001年5月，国家电力公司举办第18期赴日干部（电业局长）研修班，省电力公司派长春供电公司一名总经理参加。

（三）生技处长（总工程师）出国培训

1996年9月，电力部组织赴德国总工、处长研讨班，省电力公司派出2名发电厂总工程师参加。1997年4月，电力部举办赴德国电力公司生技处长火力发电厂厂长、总工程师研修班，省电力公司派生产部一名副处长参加。1998年6月，国家电力公司举办赴德国火电厂高级技术与管理人员研修班，省电力公司派省电科院一名副总工程师参加。

二、高级管理人才培训

省电力公司为培训既懂得生产管理，又掌握资本经营管理人才，组织高级管理人员赴国外培训。

（一）赴美国肯尼索大学培训

美国肯尼索州立大学是一所集工商管理、国际贸易为一体的综合性大学，该校是中国外国专家局指定的境外培训基地，省电力公司赴该校培训前后共4次。1999年8月29日至9月6日，省电力公司第一次组团，共19人，在该校成人教育学院进行培训，就美国的经济概况和发展趋势、美国大型火电厂和电力公司的管理及其特点进行专题讲座，并参观电力公司和发电厂。2000年，省电力公司于7月、9月、11月三次组团，每次20人左右，培训20多天。主要就美国电力工业经营管理等方面内容开展培训，并参观考察电力抢修中心，电力交易中心，电力合作社、信息资源中心以及部分火电厂、水电厂及抽水蓄能电站。

（二）赴法国培训

1999 年 8 月，省电力公司组织 15 人赴法国进行 21 天的培训。学习法国电力公司先进的管理经验和现代化技术。

三、技术培训

为加强电力营销和设备改造，学习国外先进技术，省电力公司多次组团出国进行技术培训。

（一）赴美国进行配电网技术培训

2001 年 5 月，省电力公司派出从事电网工作管理和专业技术的 13 人，赴美国进行配电电网技术培训，实地学习考察美国电力公司在配电网自动化、配电网降损节能技术措施、配电网结构等方面的经验和做法。

（二）赴美国进行用电营销管理技术培训

2001 年 8 月，省电力公司组织 20 名用电营销人员，赴美国仁斯利尔大学进行 25 天的培训，主要内容是用电营销管理和技术开发。培训期间还学习考察美国电力企业在用电营销现代化管理、计量管理、线损管理方面的经验和做法。

（三）赴美国进行农村电网技术培训

2002 年 6 月，省电力公司组织各市（州）主管农电领导和部分县农电公司经理共 20 人，赴美国学习和培训 28 天。美国农电配电网技术在世界领先，农村电价早已与城市一样，通过培训学习美国先进技术和科学管理手段。

第五节　参加国际学术会议

1993～2002 年，省电力公司所属单位多人被邀请参加了国际学术会议。

（1）1994 年 6 月，第 3 届日—中电气绝缘诊断，第 3 届日—韩电气绝缘及电介质材料联合研讨会在日本举行，省电科院马卫平的论文《电容型电气设备的 C_x 及 tanδ 在线监测》被大会录用，被邀请参加会议宣读。1998 年 9 月，国际电气绝缘材料研讨会在日本举行，马卫平的论文《大型变压器局放在线监测系统的研究》被大会录用，应邀出席大会宣读。1999 年 11 月，亚洲电气绝缘诊断研讨会召开，马卫平等的论文《大型变压器油中微生物的研究》和《利用扫描电镜测量元素成分分析变压器故障》被大会录用，应邀参加会议宣读。2001 年 11 月，国际电气工程师协会及日本介质电气绝缘技术委员会主办，中国及韩国电气学会协办的 2001 年国际绝缘材料学术研讨会暨 2001 年亚洲电气绝缘诊断学术研讨会召开，马卫平的论文《微生物对大型变压器油介损影响的研究》被大会录用，被邀请出席大会宣读。

（2）1995 年 10 月，国际电气与电子工程师学会（IEEE）组织的 1995 能源管理与电力传输国际会议在新加坡召开，省电力调度局副局长曲恒心的论文《局部电网的暂态稳定控制》被大会录用，被邀请出席大会宣读。

（3）1997 年 9 月，国际电磁场计算会议在巴西举行，省电力公司培训中心副教授张丽萍与清华大学教师合作撰写的两篇学术论文《一种三维有限元网格生成的分步式方法》和《基于等值镜像法的变电站接地网系统的模拟计算》被大会录用，应邀出席会议宣读。1998年5月，亚洲电磁应用会议在日本召开，张丽萍与清华大学教师合作撰写的论文《电压互感器中三维电场计算》被大会录用，并被邀请出席会议宣读。2000年6月，国际电磁场计算会议在美国举行，张丽萍与清华大学教师合作撰写的论文《电压互感器中的静电屏蔽分析》被大会录用，并被邀请参加大会宣读。

（4）2000年10月，第十三届亚太电协会议在菲律宾举行，省电力公司培训中心教师陈开智的论文《电力企业债务重组会计研究》被大会录用，应邀出席会议宣读。

（5）2000年10月，亚太地区电力技术国际会议在香港召开，吉林供电公司职工王林接到参加会议的邀请，他撰写的学术论文《基于网络局部动态观测的电力系统暂态稳定评价》在会上发表。

第六节 承包工程，对外援助

省电力公司的基建施工企业，进入国际市场，参与国际竞争，承包国际工程。省送变电公司自20世纪80年代～2002年承包国际工程，共建成送电线路10条，1000多千米，变电所20多座，建设总产值1700多万美元。浑江发电厂多次派员出国进行技术指导，长山热电厂、省电科院有关人员曾出国援助科威特从事火电生产运行。

一、承包国际工程

20世纪80年代，省送变电公司开始进入国际市场，由出国劳务到分包工程，1999年取得对外经营权，参加国际工程竞标，承包工程施工。

（一）从争取施工权到投标承包工程

1985年，广东沙江线500千伏输电线路由世界银行投资，美国BECTEL公司承包，该公司在中国国内施工招标，省送变电公司第一次参与国际招标，获得沙江线路的施工权。此后，又中标英国BB公司和日本住友公司总承包的输电线路工程。1993年联合中水公司，与韩国现代公司合作投标又中斯里兰卡132千伏4座变电所；1997年与西安电力机械进出口公司合作投标菲律宾500千伏0031标输电线路修复工程；1999年与华北电力设计院合作，中标尼日利亚132千伏输电线路工程，在国际招标中逐渐成熟起来。

1999年，省送变电公司取得对外经贸权。2000年第一次独立参加埃塞俄比亚230/132/66千伏输电线路工程的投标。经过业主多次资审，报价等筛选，公司与ABB，印度KEC，法国阿尔斯通、土耳其、南斯拉夫电力公司等30多家竞争对手竞争中，脱颖而出，中标230/132/66千伏输电线路工程，这在送变电公司历史上是一次重大突破。

（二）搞好工程施工，提高企业信誉

省送变电公司是全国二十几个同行业公司中第一个投标进入尼泊尔市场的。1990年是完成尼泊尔工程关键的一年，在全体同志的努力下，第五期工程全部竣工，工程量为新建13千伏变电所2座；扩建132千伏变电所2座；扩建66千伏变电所1座；经济效益初

步结算持平。六期工程量为新建 33 千伏变电所 8 座；扩建 33 千伏变电所 8 座；施工线路约 800 千米；公司又先后投中尼泊尔城网建设 132 千伏线路 3.78 千米，送电线路 132 千伏 18.1 千米，城网变电所 132 千伏 12 座，1996 年尼泊尔城网改造项目 LOT－1 工程完成产值 108 万美元，实现毛利 11 万美元，该项目由于科学组织精心施工，优质高效地交付使用，受到尼泊尔项目部和中水公司赞扬，为国家为公司赢得荣誉，工程施工到 2000 年结束。

1995 年，省送变电公司承建斯里兰卡变电站工程，由中国电力技术进出口总公司承包，省送变电公司为分包。扩建 2 座 230 千伏变电所，新建 1 座 230 千伏变电所，合同金额为 170 万美元，工期 18 个月。

1996 年 12 月，西安电力机械进出口公司与菲律宾国家电力公司签订菲律宾 500 千伏输电线路修复工程承包合同，合同额 270 万美元。由省送变电工程公司和浙江省送变电工程公司进行。1996 年 8～10 月，吉林省送变电公司先派出 2 人赴菲律宾对线路进行测量。工程中标后，于 1997 年 3 月至 1998 年 11 月，先后分 8 次派出领导干部、管理人员和技术人员、技术工人共计 46 人·次，赴菲律宾参加施工，在外时间最长达 300 天。

埃塞俄比亚输电线路和变电所工程是由吉林省送变电公司与埃塞俄比亚电力公司于 2001 年签订合同，承包建设的 132 千伏输电线路及变电所工程，合同额 340 万美元。省送变电公司自 2001 年 2 月～2002 年 1 月，先后分 3 批派出领导干部，管理人员，技术人员和技术工人 25 人·次，赴埃塞俄比亚施工，最长历时 90 天。

省电建总公司也参与国际竞争，承包国外、境外工程。1991 年初，省火电三公司承包澳门国际机场自备电站 2×2.5 万千瓦机组和 1 号锅炉的安装任务。是年 12 月 23 日，圆满完成安装任务。2001 年 5 月，该公司与中国电力技术进出口公司签订新加坡西来雅工程（建设 2×37 万千瓦蒸汽/燃气联合循环电站）施工合同，承担电气仪表及机务安装施工项目。是年 6 月，首批 3 名管理人员到达施工现场。现场人员最多时达 31 人。经 18 个月施工，完成工作量 350 万元。

二、对外技术援助

1992～2001 年期间，省电力公司所属企业的工程技术人员，曾应邀赴科威特、巴基斯坦、孟加拉、越南等国进行技术援助，开展火电厂运行、发电机组检修与改造，发电机组安装和投产运行。

（一）援助科威特火电厂运行

1994 年，省电科院初立森，长山热电厂王欢、郭永彬，曾受中国水利电力对外公司派遣，援助科威特，从事火电生产运行，时间为 2 年，1997 年合同期满回国。

（二）应邀进行技术指导

自 1999 年 8 月开始，浑江发电厂与哈尔滨电站工程公司合作，承揽巴基斯坦古杜发电厂 20 万千瓦发电机组大修工程。浑江发电厂派丁海宽等 13 名工程技术人员赴巴基斯坦进行机组大修技术指导，在外 90 天。应巴基斯坦水利电力部邀请，浑江发电厂自 2000 年 3 月派张增福等 44 名工程技术人员赴巴基斯坦贾姆肖罗发电厂对发电机组检修进行技术指导，在外 120 天。

2000年8月，应孟加拉国邀请，浑江发电厂派孙忠波等12名工程技术人员，赴孟加拉国对吉大港东方炼油有限公司3000千瓦汽轮发电机组的安装进行技术指导，在外停留122天。2000年12月，又派黄立民等4名技术人员对机组安装进行指导，历时90天。应孟加拉国邀请，2001年7月，浑江发电厂派冯志军等3名发电机组运行管理人员，赴孟加拉国对3000千瓦发电机组的启动运行进行技术指导，历时30天。

2001年6月，应哈尔滨电站有限责任公司越南河内代表处的邀请，浑江发电厂派刘晓波等12名技术人员，赴越南宁平发电厂对中国产汽轮机叶片技术改造进行前期考察及有关技术交流，历时60天。2001年9月，应哈尔滨电站工程有限公司越南胡志明市代表处邀请，浑江发电厂派苏秦等3名汽轮机技术检测人员赴越南宁平发电厂对汽轮机叶片改造进行指导。历时30天。2001年10月，应哈尔滨电站工程有限责任公司驻河内代表处的邀请。浑江发电厂派徐炳武等5名汽轮机运行维护专家，赴越南宁平发电厂对汽轮机叶片改造进行技术指导，历时30天。

第七节 引 进 设 备

为满足电力生产和建设的需要，省电力公司积极慎重地引进国外设备，先出国考察，将多家设备进行比较，择优定购，参加设计联络会和引进设备验收，保证进口设备的质量。省电力公司还派出技术骨干，出国培训，掌握设备性能，熟悉设备构造，学会故障处理，使进口设备安全经济运行。

一、引进设备的考察、验收

1991～2002年，省电力公司先后派出16个团组，78人·次，对计划引进的设备进行考察，对多家设备进行比较，择优引进。还曾多次派人参加国家电力公司、吉林省和其他有关单位的团组，参与出国考察设备。

1991～2002年，省电力公司先后派出54个团组，312人·次，出国参加进口产品的设计联络会或设备检查验收。还派出60多人·次，参加国电公司、吉林省或其他有关单位组团，出国参加进口产品设计联络会或产品检查验收。

二、引进设备出国培训

引进国外设备精度高，功能齐全，设备先进，科技含量高，为了管好、用好这些进口设备，使其充分发挥作用，省电力公司1991～2002年先后派19个团组，111人·次，为使用进口设备进行培训。在此期间，还派出10人次参加国电公司、吉林省和其他有关单位组团出国培训。

三、考察加拿大核电站装置

1992年，吉林省省长王忠禹与加拿大友好省萨斯克切温省长迪瓦因签订意向书，拟引进加拿大核电技术设备，互相合作。1993年，加拿大原子能公司核电总部向吉林省发来邀请，吉林省组成核电考察团一行9人，由省计经委主任暴学龙任团长，成员有省电力公司陈溶年、刘全武、刘景龙3人，省能源处、能源交通总公司，电力部，国家计委，核工业部第二设计院各1人。1994年1月7日赴加拿大考察。期间，参观了多伦多等4座核电站，并进行会谈，暴学龙代表吉林省和坎杜总部负责中国事务副总裁大卫·鲍克，签订谅解和合作备忘录。

第八节　产　品　出　口

省电力公司系统修造企业产品不但数量上、品种上有较大发展，在质量上也有很大提高，产品已走出国门，参与国际竞争，进入国际市场。

一、出口铁塔塔材

长春铁塔厂是全国铁塔加工行业六强之一，是省电力公司多经企业产品首先进入国际市场的厂家。1991～2002年间，该厂向印尼、孟加拉、尼泊尔、菲律宾、斯里兰卡、古巴、埃塞俄比亚等国输出230、150、132、10千伏电压等级的铁塔、横担、变电所构架、避雷针等共计10 820吨。

1991～1993年，该厂为孟加拉、斯里兰卡、印尼等国家加工输变电铁塔4000多吨，特别是1991年出口孟加拉吉大港一期工程的铁塔产品，100%的质优，受到孟加拉国称赞，荣获中国电力设备总公司嘉奖。此后，该厂又承担孟加拉吉大港二期工程任务。

1994年，长春铁塔厂在菲律宾输电铁塔投标中标后，又承揽加工印尼爪哇—巴厘和达拉加特地热电站150千伏输电线路铁塔，再次与印尼就IP－396铁塔签订供货合同。

1996年，长春铁塔厂正式通过中华人民共和国进出口商品检验局的ISO9002标准认证，增强企业拓展国际市场的能力。是年，长春铁塔厂为菲律宾生产的CAI型铁塔600吨塔材，如期出口。1998年，为印尼加工的AA7、CCT、DDZ型输电线路铁塔塔材的几何尺寸，组塔就位率等产品质量指标均达到100%。

二、出口线路器材和其他产品

四平线路器材厂生产的线路金具，先后出口到印尼、马来西亚、孟加拉、智利、尼日利亚、埃塞俄比亚、匈牙利、老挝、菲律宾和香港等20多个国家和地区，1991～2002年，累计出口产品销售收入630.6万元。

长春发电设备总厂的Q250型抓斗卸船机等产品，长春龙源特种电器厂生产的特种变压器，吉林水工机械厂生产的起重设备也都出口到国外。

第十二章 企业法律工作

省电力公司根据上级有关安排部署，加强领导，建立机构，配备人员，做出规划，组织落实，积极地开展法律工作。自1985年开始，开展了“一五”至“四五”普法宣传教育，依法治企，利用法律手段维护企业和职工的合法权益。广大干部职工，学法、懂法、遵纪守法，维护了社会和企业的秩序，为改革和发展提供了保证。

第一节 法制工作管理与队伍建设

省电力公司系统各单位重视企业的法制化建设，把法制工作纳入自己的工作日程，加强管理和队伍建设，加强业务知识培训，充分发挥法律工作人员和法律顾问在法律咨询、法律参谋、法制宣传教育、依法治企、诉讼非诉讼代理等方面的作用。

一、管理机构

1986年2月19日，经局长办公会研究决定，省电力公司开始设立法律顾问，暂设在财务处。1986年12月24日，法律顾问室由财务处划归审计处管理。省电力公司审计处定员由7人调整为9人。

为适应法律工作的需要，1989年11月15日，省电力公司撤销审计处下设的法律顾问室，成立法律事务处，与审计处合署办公。1992年6月17日，法律事务处与审计处分开，和政策研究室合署办公。1994年9月1日，省电力公司机关机构改革，在总经理工作部内设政策研究室（法律事务处）。法律事务处与政策研究室合署办公，一个机构两块牌子。1998年2月，总经理工作部内设的政策研究室和法律事务处分开。

各基层单位，从1986年起，先后确定了法制兼管机构，配备专兼职管理人员和专兼职法律顾问。1990年，一些单位成立了法律事务科，与审计科合署办公。1996年，有的发电厂成立了法律办公室，与企管科合署办公。1996年4月，吉林电业局设立了法律事务处，为局属二级机构，与办公室合署办公。1997年12月，该局撤销了法律事务处，法制工作划归办公室管理。

二、管理体制

各单位贯彻邓小平同志提出的“一手抓建设，一手抓法制，两手都要硬”的方针，成立了以党委书记、厂长（局长、经理）为组长，其他领导同志为副组长、成员的普法依法治理领导小组，开展学法、守法、以法治企的工作。法制宣传教育工作，有的单位由党委宣传部负责，有的由法律顾问负责，党委宣传部配合。

各单位把法制工作纳入本单位整体规划和工作计划，建立健全了组织领导体系，一级抓一级，层层有人抓，并作为部署检查总结工作的一项重要内容，落实法制工作责任制。

为进一步落实国家普法依法治理有关要求，1997 年 5 月，省电力公司与省普法依法治理领导小组办公室联合下发《吉林省电力工业局关于签订普法依法治理责任书和印发普法考核验收标准的通知》。省电力公司系统各单位，落实该通知精神，和省电力公司签订普法依法治理责任书，并和所属基层各单位层层签订责任书，把普法依法治理工作落实到人头。

三、队伍建设

在实施普法依法治理的工作中，各单位加强了法制队伍建设，除设置专、兼职的法制工作人员、法律顾问外，还设立了宣传员、报告员、辅导员，他们充分发挥骨干的作用，为普法依法治理工作的开展奠定了基础。法律顾问是各单位开展法律工作的参谋，是领导依法治企的助手。省电力公司和所属各单位，建立健全了法律顾问工作制度，配备了专、兼职法律顾问，加强对法律顾问工作的指导，充分发挥他们的作用。

1992 年 8 月 26 日，能源部东北电业管理局下发《关于批准吉林、黑龙江省电力工业局法律顾问任职的通知》，批准李华民、刘长杰任省电力公司法律顾问。同一天，东北电业管理局还下发《关于批准东北各电力企、事业法律顾问任职的通知》，批准杜广维等 14 人任省电力公司基层有关单位法律顾问。1996 年 5 月，省电力公司确定吉林电业局为总法律顾问试点单位，该局设立了副总师级总法律顾问。同年 11 月 28 日，经省电力公司批准，李刚为该局总法律顾问。

1986～2002 年，省电力公司先后聘吉林省律师事务所李志、吉林吉人卓识律师事务所（原吉林省律师事务所）于文霞为专职法律顾问。

1994 年 10 月，省电力公司转发《电力工业部法律顾问工作执照颁发和培训考核办法》，加强法律顾问管理，提出严格要求，各单位的法律顾问需提出申请，经过省电力公司考核合格后方可申请发证机关发证。各单位实行法律顾问持证上岗制度，在取得执照后，方可上岗。为做好企业法律顾问的管理，充分调动积极性，规范他们的工作，2001 年 7 月 15 日，省电力公司制定并下发《吉林省电力有限公司法律顾问管理办法》（试行），对首席法律顾问、高级法律顾问、法律顾问、助理法律顾问的任职条件，岗位设置及聘任、注册、培训，法律顾问处理诉讼及非诉讼法律事务的程序及条件都做出了明确的规定。

省电力公司和基层各单位重视法律工作者和法律顾问政治素质和业务水平的提高，加强政治思想教育和业务培训，选送法制工作骨干去高等院校学习法律，并举办培训班培训各单位的法律顾问和法律工作骨干。各单位还选送法律顾问和法律工作骨干去有关干部学院学习，参加地方法制部门举办的培训班培训。

第二节　普法宣传教育

省电力公司系统在开展普法宣传教育的工作中，建立领导机构，制定普法宣传教育五年规划和年度计划。领导干部带头，广大职工学法、懂法、自觉依法治企，遵纪守法，并依法维护企业和职工的合法权益。对普法工作开展检查、考核、验收，进行总结、表彰和交流，推动普法工作的开展。

1985 年 12 月，各单位成立普法领导小组和普法办公室，制定工作规划，建立普法学习、考核制度，明确各级、各部门的责任，开展学习和普及法律常识，开始了法制教育的第一个五年规划，即“一五”普法。1991 年、1996 年和 2001 年，省电力公司各单位开展了法制宣传教育的第二、第三和第四个五年规划，即“二五”、“三五”和“四五”普法。省电力公司每年都下达年度普法计划。各单位领导带头学法，成为学法、懂法、用法、守法的表率，各单位职工学法、懂法、守法、依法治企，保护合法权益。

省电力公司和各基层单位，为职工学法提供了教材。1993 年，双辽发电厂为职工发放《全国电力系统“二五”普法法规选辑》和《全国电力系统“二五”普法专业法读本》两本教材。“三五”普法期间，选编一册《社会治安综合治理学习材料》，内容包括《刑法》、《治安管理处罚条例》、《刑事诉讼法》等法律法规，为职工学法提供方便。

在开展法制宣传教育的工作中，各单位充分发挥宣传员、报告员、辅导员的作用，加强了宣传和辅导，并邀请当地法律专家和本企业法律顾问举办法律讲座。各单位开辟了法律顾问热线，遇到有关涉法问题时，随时请法律顾问解答。一些单位充分利用厂报、厂刊、黑板报、画廊，开展法制教育专题讲座和辅导讲解，编写了学习指导教材，自办学习刊物。一些单位开辟了网络法制宣传教育窗口，设置“普法专栏”，利用办公自动化系统，实现网上传递，信息共享。

自“一五”普法到“四五”普法，省电力公司系统学习了《宪法》、《刑法》、《企业法》、《公司法》、《电力法》、《转换经营机制条例》、《电力设施保护条例》等法律、条例、规则、通告等 50 多种。

为推动法制教育工作的开展，省电力公司和基层单位加强了对法制教育工作的检查、考核和验收，组织了互查，开展了总结、表彰和交流，推动了普法工作的开展。省电力公司系统重视法制宣传，成立宣传队，配备宣传员，积极开展法制宣传工作。为扩大宣传范围，他们利用新闻发布会，散发宣传单，开展宣传片展播，充分利用媒体，开辟宣传专栏等形式，加强了宣传的力度。

1995 年，省电力公司普法工作分别荣获电力工业部和吉林省的先进单位称号。辽源发电厂获全国电力系统普法优秀单位称号，长春热电二厂、长春、吉林电业局获全国电力系统普法先进单位称号，省电力公司机关的刘长杰、董淑芬，辽源发电厂法律顾问杜广维获全国电力系统普法先进个人称号。1996 年 7 月，辽源发电厂荣获吉林省普法先进单位称号。

第三节 依 法 治 企

在学习和宣传法律、法规、规章的基础上，省电力公司开展了依法治企工作。就此专门下发文件，做出具体部署。各基层单位也制定了依法治企发展战略，做出具体安排，积极开展这项工作。各单位加强了合同管理，招投标管理，慎重决策，充分发挥法律顾问和法律工作人员的作用，保证依法治企工作顺利开展。

自“一五”普法开始，各单位就成立了普法依法治厂领导小组。1991年，一些单位制定了《依法治厂标准》，并举办《专利法》、《技术合同法》学习班。1992年，举办了签订经济合同资格证书班，颁布实施了《各级领导干部失职处罚条例》、《违反厂内外治安管理处罚条例》等，使企业各项工作，逐渐步入法制化轨道。1993年，举办了行政复议、应诉、电政监察员培训班，培训了依法治厂骨干。“三五”普法期间，各单位制定了《依法治厂发展战略》，明确了“一手抓建设，一手抓法制”，靠经济立厂、靠科技兴厂、靠法制治厂的工作指导思想。一些单位制定了《依法治厂责任制》，与基层单位签订责任书，并按《普法依法治厂考核细则》及时进行工作考核、评比。

各单位领导干部在进行决策前，都进行必要的法律咨询。20万元以上的工程项目除特殊原因外，都进行招标。他们建立了以合同会审、会签、备案、履行结果报告制度为主的管理体制，成立了以总经理为组长的合同管理领导小组，纪检监察、法律、财务、审计等职能部门共同参与，各负其责，严格管理。

1994年11月，省电力公司下发《关于贯彻电力部加强法制工作意见的通知》，各单位按通知精神，把法律顾问作为各级领导依法决策和进行经营活动的参谋助手。在经济合同审查、法律咨询、电力行政执法、代理企业进行诉讼和非诉讼活动以及普法宣传、参与企业规章制度建设等方面，充分发挥法律顾问的职能作用。

按照省电力公司的要求，各基层单位做出规定，形成制度，让法律顾问更多地参与本单位的依法治企活动：①法律顾问参与举办法律学习班、合同培训班，提高广大干部、职工的法律知识水平；②建立法律顾问审查合同制度，保障企业签订的各项合同合法有效，避免或减少纠纷；③法律顾问多方位开展多种形式的法律咨询，参与重大经济活动，为企业的依法决策、安全生产、经营管理保驾护航；④法律顾问参与企业的依法维权应诉活动，减少或避免经济损失。

1991年，浑江发电厂在全省工业“学法用法、依法治厂”经验交流会上，作了题为《依法治厂，运用法律武器为电力生产建设和发展保驾护航》的经验介绍。1997年，辽源发电厂在辽源市召开的全省“三五”普法依法治理现场经验交流会上，介绍了《坚持依法治厂，促进企业两个文明建设》的经验，受到省、市领导的好评。

第四节 保护合法权益

省电力公司及基层企业，执行国家的法律、法规和吉林省、电力部、国家电力公司有关规定，充分发挥法制机构和法律顾问的作用，参与了相关经济和民事纠纷案件的起诉、应诉和调解，依法保护了企业、职工和用户的合法权益。

一、回收拖欠电费

一段时间，吉林省有不少企业长期拖欠电费，用经济的手段无法收回，电力企业采用了法律的手段，依法保护自身的利益。吉林省蛟河煤矿，1991年7月～1998年10月，共欠电费六千多万元，吉林电业局提出诉讼，1997 年 11 月 30 日，吉林市中级人民法院对被告蛟河煤矿付给拖欠电费 6026.73 万元，并支付违约金，承担本案的一切费用的诉讼进行了审理。被告对拖欠电费及款额无异议，表示愿意以其所有的长岭子林场部分林木所有权，林地使用权抵偿电费，原告同意。经评估鉴定，1855 公顷林地使用权转让价值 3869.7 万元，共有林木 14 种，2351 152 株，活立木总蓄积 133 528 $米^3$，林木所有权转让价值 5869.0173 万元，合计金额 97 387 173 元，抵偿所拖欠电费。余额亦全部用于 1998 年 11 月以后所发生的电费。依法有效地维护了吉林电业局的合法权益。

二、维护合法权益

省电力公司各有关单位的法制部门、法律顾问，发挥积极作用，维护企业和职工的合法利益。一些单位的法律顾问，面向职工解答法律咨询，并做到正确、全面，对解答内容的合法性负责，为职工代写诉状、答辩状、意见书及其他法律契约。在工作允许的情况下，法律顾问受职工聘请和委托，担任刑事案件的辩护人和民事案件的代理人，参加其诉讼、调解、仲裁及其他非诉讼活动。

辽源发电厂的法律顾问受理两起经济纠纷，进行法律调解。该厂电力建筑公司与辽源市皮革机械厂的经济纠纷案，经过双方协商进行法律调解圆满地解决。该厂橡塑厂与辽源市橡胶厂的有关科技成果纠纷的案件，经调查、研究、诉讼活动，追回货款，使橡塑厂的生产恢复正常。

1991 年，省电力公司法律部门，为全省电力系统处理经济、民事纠纷案件 11 件，挽回经济损失 168 万元。1993 年，省电力公司法律处为解决长山热电厂与当地渔场纠纷案，查阅了 1990 年该厂第四期更改工程有关档案，向前郭县法院提供了有力的证据，使长山热电厂胜诉，避免经济损失 598.8 万元。

1999 年，他们办理重大经济纠纷案件 7 起，避免或挽回经济损失 920 万元。2000 年，省电力公司法律处及所属各单位法律顾问共办案 56 起，其中省电力公司办案 12 起，年内结案 31 起，代理案件结案 7 起。56 起案件涉讼标的额 2334 万元，办结 31 起案件避免或挽回经济损失 1494 万元。其中，省电力公司代理的案件避免或挽回经济损失 1034 万元。

2001 年，省电力公司加强诉讼管理，大案由省电力公司法律处直接代理并请省内权威律师参与，中案由法律处会审及指导，小案由各单位自定并报法律处备案。同年，省电力公司法律处和所属各单位，全年办案 41 起，（省电力公司代理 9 起）涉讼标的额 15.23 亿元，年内结案 31 起，避免和挽回经济损失 13.15 亿元。

2002 年，在维护省电力公司合法权益方面，省电力公司系统共办经济案件 41 起，涉讼标的额 5100 万元，结案 28 起，避免和挽回经济损失 1100 万元。其中省电力公司法律事务处代理 9 起，结案 6 起，避免和挽回经济损失 800 万元。

2002 年，省电力公司法律处成功地处理一起纠纷案。是年 3 月，公主岭市工业硅厂因所购电量为零导致负控装置自动跳闸停电，硅厂以公主岭供电公司非法停电为由起诉到法院，要求赔偿经济损失 200 万元。经省电力公司法律处和有关部门共同努力，9 月，国家经贸委下达“负控装置停电不属供电公司非法停电”的法规解释，为省电力公司胜诉提供了法律依据，避免了重大经济损失。

1996～2002 年，吉林热电厂利用法律手段组织参加企业告诉、应诉案件 56 件，为企业避免经济损失上千万元。省电力公司和基层单位也依法维护客户利益，因自身责任造成的客户损失，依法赔偿。2000～2002 年，他们还运用法律制止 28 起用户讹诈行为。辽源电业局共对 100 多户设备损坏的客户进行赔偿，赔偿金额共计 1.4 万元。

第十三章　公　安　保　卫

20世纪80年代，省电力系统各单位设保卫科，或政工处内设保卫干部。因输电线路塔材、导线和配电变压器被盗日益增多，危害安全供电，电力部门无权追查，供电单位要求成立公安机构。1983年，省电力工业局筹备公安处，得到省公安厅支持，1985年初获省政府批准，省电力工业局公安处正式成立，公安厅派公安处长，省电力工业局政工处长出任政委，并充实人员。公安处专门从事电力设施保护和电力企、事业安全保卫；配合用电营销部门开展反窃电活动。

第一节　机 构 和 队 伍

省电力公司公安保卫部，受省电力公司党组和省公安厅双重领导。1993年，省内各发电厂、电业局、施工单位、修造企业等29个单位成立公安分处，后来也称公安保卫部，受单位党委和当地公安局双重领导，省电力公司公安保卫部业务指导。各单位公安分处配备3～6人不等，全省公安干部约180人。由于政企分开，1999年，省电力公司成立吉林省公安厅电业特派室。2001年2月19日，经省政府批准，省电力公司公安保卫机构改为“吉林省公安厅直属公安局第一分局”，“分局”受省电力公司和省公安厅的双重领导，对内还是公安保卫部。

第二节　电 力 设 施 保 护

吉林省各地区电业局年年采取广泛宣传，建立群众护线队伍等措施，加强对电力设施的保护，但犯罪活动屡禁不止，输电、配电设施遭偷盗、破坏，每年发生破坏电力设施案件均约100余起，被盗塔材上千件，变压器几十台，盗割导线上千米，甚至用爆破手段盗窃输电线路塔材，动用拖拉机盗拆输电设备的接地带，用锐器盗割杆塔拉线、导线、通信线等，严重影响供电生产安全。曾发生倒塔、倒杆事故，造成大面积停电事故。

全省电业公安干警，严格执法，保卫国家财产，依靠当地公安部门，积极配合，1993年，发生电力设施盗拆案件133起，破获54起，挽回经济损失97万多元。1989～1994年统计，全省公安破获侵害电力设施案件500余起，处理人犯200多人，罪犯被法院判处有期徒刑，甚至判死刑。

1995年，全省发生盗窃、破坏电力设施犯罪案件41起，破案29起，破案率71%，丢失塔材903件，损失价值26.18万元。220千伏热镇线153、154号塔丢失塔材14块。

白城电业局公安处及时侦破，打击了犯罪分子的嚣张气焰。省电力公安处，发动各单位整顿护线组织，重新明确责任，颁发护线手册5000份，出车300余台次，印发宣传材料2万份，形成保护电力设施、打击犯罪的宣传声势。

1997年，省电力公安保卫部门会同基层单位，进行全面检查，对白山至松江河光纤通信重点工程进行踏查。全年发生侵害电力设施案件24起，破案21起。1998年3月，四平梨树境内220千伏拉门水泥杆的拉线被盗后，造成倒杆事故。2000年，发生侵害电力设施案件44起，破获12起，被盗配电变压器41台，仅吉林地区境内丢失37台。2001年，全省发生侵害电力设施案件24起，破获20起，形势好转。

2002年，全省发生6起侵害电力设施案件，4起被侦破。长春供电公司公安保卫部门与净月公安分局联手，于7月3日，将连续作案两年、盗割导线1.5万米、盗毁16台变压器的11人犯罪团伙抓获。

第三节　建设工地保护

1991年起，省电力公安处深入新建的四平、长春热电厂，浑江、双辽发电厂施工工地，协助电厂和施工单位开展案件侦破工作，当年破案9起，打击处理各类犯罪19人。吉林省火电三公司双辽工地价值20多万元的钢材被盗，仅用4天时间将案件破获，并及时赶赴河北等地缴回全部脏物。双辽电厂公安处设伏侦查，12万元的电缆被盗案一举破获，10名盗窃分子全部落网。

1994年起，双辽电厂与施工单位相互配合，破获电缆、钢材等建设物资及摩托车等被盗案，破案50多起，盗窃总价值20余万元的6名罪犯被抓。四平热电厂与火电二公司公安部门加强施工现场的物资器材的保护，建立良好的现场施工秩序。火电三公司侦破钢材被盗案件，给国家挽回了损失。

1997年12月6日，吉林省电力管道工程公司液化气站，发生一起蒙面持枪歹徒入室抢钱的严重犯罪案件，抢走人民币现金2.343万元，此案未破。但暴露存在违反现金管理制度和更夫及值班人员不负责任，省电力公安保卫部吸取教训，对省内发电、供电、施工、修造企业及设计、科研、教育等单位的要害部位，重新进行检查登记，完善要害保卫工作制度，开展落实工作。

1999年，长春热电一厂、四平热电厂和双辽发电厂的施工现场发生器材被盗案件47起，全部告破。

第四节　打击窃电犯罪

1991年以来，随着市场经济的发展，全省个体企业及高消费场所的用电大幅增加。个别电力客户法制观念淡薄，窃电犯罪现象日趋严重。各级公安机关协助打击窃电犯罪。

有效遏制了违法窃电势头。

1995年，省电力公司会同省公安厅召开全省反窃电工作会议；与吉林省高级人民法院、检察院、公安厅共同拟定《关于办理盗窃电能案件具体应用法律问题的规定》，联合下发《严厉打击窃电违法犯罪活动的通告》，大造舆论声势，震慑窃电犯罪，与省公安厅、长春市公安局共同侦破九台市个体铸件厂窃电折合人民币22万元的大案，打击了窃电犯罪分子的嚣张气焰。

1996年，省公安厅“在办理窃电案件可行使公安机关部分职能”的授权，省电力公司及各供电企业分别成立反窃电稽查机构；对通化、吉林、延边、辽源等地一些严重窃电个体工商户进行查处，破获通化工业硅厂和电业内部职工勾结，严重窃电案件。延边电业公安处查获窃电50户，治安处罚18人，挽回经济损失49万元。吉林电业公安处侦破个体服装店3名业主和昌邑区供电局收费员窃电案件；省电力公安处组织窃电大检查，查处窃电48户，追缴电费6万元，治安拘留3人。

1997年，依法整顿用电市场专项治理中，省电力公安处与用电营销部、公安厅二处组成两个督导组，4月25日～5月30日，共收缴窃电款和违约使用电费156万多元，拘留15人，刑拘1人。9月在四平，10月到吉林、延边开展反窃电集中统一行动，全年共查处3825户，收缴窃电款和违约使用电费602.85万元，处理34人，其中拘留23人，刑拘2人，逮捕3人，内部职工开除5人，行政记大过1人。

2000年，以吉林省社会治安综合治理办公室的名义，召开全省反窃电专项斗争工作会议，省高等公、检、法、各地区社会治安综合治理办公室及供电企业的领导参加会议，对开展反窃电专项斗争进行全面部署，形成声势浩大的反窃电犯罪高潮。3月10日～4月10日，各供电公司在各级公、检、法的配合下，共查处窃电2910户，追补窃电款及违约使用电费1072.4万元，逮捕1人。全年反窃电稽查机构查处窃电3708户，追补电费和违约使用电费3883.8万元，查处16人。省电力公司反窃电稽查总队集中统一行动5次，办理专案2起，查处284个窃电户，追补电费及违约使用电费590万元。

2001年，少数企业窃电或与电业职工内外勾结，表现为高智能、隐蔽型窃电犯罪。白山供电公司两名职工与窃电户勾结窃电事发，交代犯罪事实并被除名。

2002年，省电力公安一分局查获吉林市民航宾馆窃电，破获吉林市重大系列窃电案件，涉及内部职工和社会多人。全年各供电公安部门共查处窃电案件394件，追缴窃电款和违约使用电费821万元；打击处理犯罪40人，仅吉林市抓获窃电个体老板9人，供电职工5人，代抄代收2人。

第五节 内部治安和要害保卫

1995年，全省电力企、事业单位的内部治安秩序好转。大多数单位无职工犯罪，无刑事案件，无火灾发生，无治安灾害事故。在抓防范、促稳定的同时，强化打击手段，浑江、珲春、长山等发电企业破获一批影响大、危害严重案件，确保了一方平安。

1996年，电力单位治安案件有所抬头，发生刑事案件121起，破获58起；发生治安案件166起，查处162起；打击各类违法犯罪分子300人，其中判刑39人，拘留30人，治案处罚231人。内部职工违法犯罪26人，其中判刑4人，教养1人，治安处罚21人。吉林热电厂连续发生4起撬盗案，厂公安处将两名作案分子当场抓获，侦破涉及7个单位、撬盗25起、案值5万余元的系列案件。榆树川电厂公安处侦破厂内汽车盗窃案，昼夜开展侦破工作，将盗车6辆、总值80余万元的4名盗车团伙在和龙口岸一举抓获。省电力公司办公大楼安装报警监视系统设备。

1997年，各单位认真贯彻执行省电力公司党组《关于创建治安良好单位和文明住宅的通知》，积极开展打击各类扰乱企、事业内部治安秩序违法犯罪活动。全年共发生刑事案件194起，破案172起；治安案件发生170起，查处166起；经济损失82万元，破案挽回损失49.11万元；处理各类违法犯罪分子275人，其中判刑9人，教养3人，治安处罚263人。浑江电厂公安处侦破两个由5人组成的盗窃自行车、摩托车团伙，缴回39台，厂区发生的52起刑事案件侦破48起。双辽电厂公安干警勇敢机智，将在住宅区持刀绑架职工、勒索钱财的3名歹徒一举抓获。

1991～2002年，加强要害安全保卫，省电力公司每年下发通知，对加强要害安全保卫具体工作进行部署、检查，存在问题及时下达整改通知书，各单位的要害安全保卫工作，未出现大的疏漏。

根据通知要求，各电力单位对所属要害部位进行判定、划分，建立健全要害档案；要害部位人员进行审查，有的进行调整或调离；对要害部位人员思想动态，进行经常性的调查了解，发现问题及时得到解决。

第六节 交 通、消 防

省电力公司和各基层单位虽然对交通安全作了不少工作，但据对1991～2002年的事故统计，全省电力企事业单位共发生车辆交通事故54起，其中重大事故34起，死亡40人，重伤40人，轻伤17人。说明基层单位领导对交通安全认识不足，抓得不力，执行制度不实，未能形成管理约束机制，司乘人员有章不循、违章行车、私自出车、酒后驾车、疲劳开车，导致事故不断，伤亡惨重。但公安消防工作卓有成效。

一、交通安全工作

1994年，全省电力企事业单位共发生重大以上交通事故12起，死亡8人，重伤3人，轻伤4人，车辆损失折款约20万元。根据《吉林省电力工业局机动车辆交通安全奖罚办法（试行）》的规定，分别给予发生交通事故的企业领导、分管车辆安全工作的领导人处分。

1995年，省电力公安处与省电力公司管理的53个企业、学校、院所签订了1995年年度风险抵押包保责任书；对2750台汽车实行交通安全风险抵押；对5700多名驾驶员进行资格审验和业务技术考核，对合格的3800名驾驶员实行内部准驾证制度；对441名安全行车 20 万、30 万、40 万千米及以上汽车驾驶员及安全行车先进单位予以表彰和奖励；兑现风险抵押制度规定，另对发生交通事故的 5 个单位给予处罚。

1996 年，共发生重大交通事故 5 起，死亡 6 人，重伤 5 人。省电力公安处开展了以遵守交通规则、确保交通安全为中心的大检查，检查 17 个单位，重点对吉林电业局、火电公司交通事故频发单位进行严格检查，提示教育；对事故隐患限期整改，总结教训，不留漏洞；与各单位续签包保责任书，对每台汽车续签风险抵押合同，补办 193 名驾驶员内部准驾证；参与重大交通事故的查处，加大考核力度，主要责任人受到严格处罚。

2002 年，只发生一般交通事故 1 起，1 人重伤，1 人轻伤。

二、消防工作

全省电力企、事业单位十分重视安全防火工作，多年未发生重大及以上火灾事故。根据电力部颁发的《电力设备典型消防规程》和东北电业管理局下发的《关于消防与交通安全管理工作有关事宜的通知》精神，明确消防工作由省电力公安保卫部门负责，对各单位进行指导，并把火灾事故纳入“双达标”、“创一流”活动中考核。每年都部署安全防火工作，结合节假日、季节性变化和重大社会活动，开展安全防火大检查；对存在防火漏洞的单位，提出批评，限期整改；平时举办防火员培训班，增强防火意识和消防能力；重点防火部位加强防范。2002 年，省电力公司办公大楼防火工作，由机关总务处管理转交电力公安保卫部门承担。

第十四篇　党　群　工　作

第十四篇　党　群　工　作

1991～2002 年，中共吉林省电力工业局（有限公司）党组和所属基层单位党委，加强领导班子自身建设，认真学习马列主义、毛泽东思想、邓小平理论和“三个代表”重要思想，不断提高自己的理论水平和思想政治觉悟。党组和党委发挥政治核心作用，认真贯彻执行中国共产党的路线、方针、政策，团结和带领党内外干部群众，完成所承担的各项任务，保证改革和发展不断取得新的成就。

各级党组织，加强党的组织建设，搞好宣传报道，开展思想政治教育，提高党员的思想政治觉悟。坚持从严治党，狠抓党风廉政建设、纪检监察工作，坚持标本兼治的方针，对党员干部开展廉政教育，同腐败行为进行坚决的斗争。各单位党支部开展党的组织活动，标准化党支部建设，真正发挥了战斗堡垒作用，广大党员发挥先锋模范作用。各级党组织，加强思想政治工作，开展政治理论学习，提高觉悟，调动广大干部、群众参与改革和经济建设的积极性，保证改革和发展顺利进行。

省电力公司各单位，加强精神文明和物质文明建设，坚持两手都要抓，两手都要硬的方针，开展精神文明建设活动，培育“四有”新人，推动了电力工业发展。他们坚持“人民电业为人民”的宗旨，纠正不正之风，推进行业作风建设。省电力公司通过开展企业文化建设，树立了企业和员工良好的形象，使自己在市场经济竞争中占有优势。

省电力行业的工会组织，在中共各级组织领导下，认真执行《工会法》，加强自身建设，加强会员工作，组织职工开展民主管理、监督活动、献计立功和劳动竞赛，为企业的经济发展作贡献。工会组织协助企业改善工作环境，改善职工生活，关心困难职工，加强劳动保护和安全生产监督，维护职工的切身利益，保护职工的积极性。工会组织还组织职工开展思想政治教育，开展文体活动，提高职工的觉悟，陶冶职工的情操。各单位的共青团组织，在中共各级组织领导下，加强对团员青年的教育和培养，努力培养接班人。他们组织团员青年参加改革和生产建设，充分发挥突击队和生力军的作用。

各类群众团体，在中共各级组织的领导下，依照章程和各自特点，坚持正确方向，发挥各自的作用，围绕企业中心任务，开展了具有特色的工作，为吉林省电力事业的发展作出了贡献。

第一章　共产党组织与党组决策

省电力系统各级中共组织，坚持党要管党，做好党的组织建设、思想建设、作风建设，充分发挥党组织的政治核心作用，保证党的路线、方针、政策的贯彻执行。省电力工业局党组，充分发挥领导核心作用，对企业的重大问题，及时做出正确决策。省电力工业局党组和各单位党委，加强学习和廉政建设，不断提高自己的领导能力，团结和带领广大党员、群众，为完成电力事业的改革和发展努力奋斗。

第一节 共产党组织

按照中国共产党章程有关规定，省电力工业局（有限公司）设立了党组，省电力工业局机关和关联单位设直属机关党委，所属各基层单位成立党委，并根据党员分布情况，在基层设立党总支、党支部、党小组。各级党组织加强了自身建设，重视党员的管理和教育，对党的组织工作严格要求，坚持民主生活会制度和“三会一课”制度，开展“两先一优”竞赛活动和党员责任区活动，先锋工程活动，充分发挥共产党组织和党员的作用，成为带领群众完成吉林电力事业改革和发展任务的政治核心和中坚力量。

一、中共吉林省电力工业局党组

1988 年 8 月，省电力工业局设中共吉林省电力工业局委员会，纪检组织设纪律检查委员会。1990 年 8 月，吉林省电力公司成立，但吉林省电力工业局还保留，两个名称并存，同年 6 月，中共吉林省电力工业局委员会改设为中共吉林省电力工业局党组，纪检组织改为纪检组。1999 年 3 月，吉林省电力有限公司成立，同时保留吉林省电力工业局。同年 3 月，国家电力公司党组经征得中共吉林省委同意，成立了中共吉林省电力有限公司党组，同时成立中共吉林省电力有限公司党组纪检组。2001 年 3 月，经国家经贸委批复，吉林省电力工业局撤销。1988 年 8 月至 1992 年 3 月，李宝全任中共吉林省电力工业局委员会、中共吉林省电力工业局党组书记。1992 年 3 月至 2002 年末，历任党组书记有孙业堂、王炳华、张志厚、梁国庆。历任副局长（副总经理）、纪检组长（纪委书记）、工会主席等领导任党组、党委成员。有的领导任党组副书记。

1991～2002 年党组成员更迭情况见表 14-1-1。

表 14-1-1　1991～2002 年党组成员更迭情况

组织机构名称	姓　名	职　务	任职时间
中共吉林省电力工业局党组	李宝全	书记	1990.6～1992.3
	孙业堂	成员	1990.6～1992.3
	金凤祥	成员	1990.6～1992.3
	刘立新	成员	1990.6～1992.3
	许　石	成员	1990.6～1992.3
	郭学崇	成员	1990.6～1992.3
	孟庆成	成员（1990 年 8 月起兼任纪检组长）	1990.6～1992.3

续表

组织机构名称	姓　名	职　务	任职时间
中共吉林省电力工业局党组	孙业堂	书记	1992.3～1997.4
	陈兴铭	成员、副书记	1992.3～1997.4
	金凤祥	成员	1992.3～1995.12
	刘立新	成员	1992.3～1993.3
	许　石	成员	1992.3～1995.12
	郭学崇	成员	1992.3～1997.4
	孟庆成	成员（兼任纪检组长至1993年12月）	1992.3～1997.4
	张广智	成员（工会主席）	1993.1～1997.4
	王炳华	成员	1995.12～1997.4
	刘立新	成员	1995.12～1997.4
	迟德贵	成员（1993年12月起任纪检组长）	1995.12～1997.4
	赵首先	成员	1995.12～1997.4
	王炳华	书记	1997.4～1999.3
	陈兴铭	成员、副书记	1997.4～1997.12
	刘立新	成员	1997.4～1999.3
	郭学崇	成员	1997.4～1999.3
	张广智	成员（任工会主席至1998.1）	1997.4～1999.3
	孟庆成	成员	1997.4～1999.1
	迟德贵	成员（纪检组长）	1997.4～1999.3
	赵首先	成员	1997.4～1999.3
	张立志	成员	1997.8～1999.3
	冯雪原	成员（工会主席）	1998.1～1999.3
	李书东	成员	1999.1～1999.3
中共吉林省电力工业局党组 中共吉林省电力有限公司党组	张志厚	书记	1999.3～2001.3
	张广智	成员、副书记（2001.4～2001.7主持工作）	1999.3～2001.7
	郭学崇	成员	1999.3～2000.8
	赵首先	成员	1999.3～2000.8
	张立志	成员	1999.3～2001.7
	冯雪原	成员（工会主席）	1999.3～2000.10
	李书东	成员	1999.3～2001.7
	迟德贵	成员（纪检组长）	1999.3～2000.10
	李大军	成员	2000.8～2001.7
	李　强	成员	2000.8～2001.7
	武洪举	成员（纪检组长）	2000.10～2001.7

续表

组织机构名称	姓　名	职　务	任职时间
中共吉林省电力有限公司党组	梁国庆	书记	2001.7～
	张广智	成员、副书记	2001.7～
	李书东	成员	2001.7～2002.12
		成员、副书记	2002.12～
	张立志	成员	2001.7～
	李大军	成员	2001.7～
	武洪举	成员（纪检组长）	2001.7～
	樊　军	成员	2001.7～
	董蕴华	成员	2002.1～

注　2001 年 3 月 14 日，吉林省电力工业局撤销。

二、省电力公司直属机关党组织

省电力公司直属机关党委，在吉林省直属机关党工委的直接领导和省电力工业局党组领导下开展工作。省电力公司机关党委的组织建设包括省电力公司机关本部、关联公司、直属单位党的组织建设。省电力公司机关本部各部门均组建党支部，党支部书记由各部门行政中共党员负责人兼任；各关联单位依据规模及党员人数分别组建党支部或党总支，并配备专兼职党支部、党总支书记；省电力公司直属各单位均组建了党委，配备与行政领导同级别的专职党委书记，同时设有党委办公室或党委工作部作为党委工作机构。1991～1999 年 6 月，直属机关党委作为省电力公司机关的一个部门设置，并设有组织部、宣传部等办事机构。1999 年 7 月，省电力公司机关机构调整，省电力公司直属机关党委与政治工作部实行合署办公，实行“一套人马、两块牌子”。至 2002 年底，直属机关党组织党员达到 1800 名，有基层党委 7 个，直属党总支 4 个，直属党支部 25 个。

三、基层单位党委

省电力公司系统基层各单位党的组织建设，均在企业所在地的中共市（州）委领导下开展工作，省电力工业局党组承担指导的职能。省电力公司系统基层各单位党委配备了与行政领导同级别的党委书记，并设有组织部、宣传部等工作机构。各单位党的纪律检查委员会配备有副处级的纪委书记，并设有工作机构。省电力公司系统基层单位党委书记的配备，均在征得地方党委意见的前提下，由省电力工业局党组负责；党的委员会换届工作在报告省电力工业局党组同意后，在地方党委同意后组织实施。

1991～1998 年，省电力公司系统基层单位党委 36 个，后来基层单位党的组织建设发生变化：1999 年，浑江、二道江发电厂经过资产重组由控股方直接管理；2000 年，省电力公司所属的 3 个火电建设公司合并成 1 个电力建设总公司；同年，榆树川发电厂关停。2002 年底，省电力公司系统基层单位党委由 36 个减少到 31 个。

第二节　党组重要决策

1991～2002年期间，中共吉林省电力工业局党组的重要决策有如下9项，每项都经充分酝酿，有的历时几年，如老电厂的改造，历经了几届党组，并认真组织实施。

一、双辽发电厂新建

1991～2002年，省电力工业局党组继续实施电源发展战略，进一步加快了电源建设速度，双辽发电厂的建成，使吉林省的电源建设实现了重大突破。双辽发电厂位于东北电网中部，地处吉林省西部的双辽市、交通方便，地下水丰富，距储量140亿吨褐煤的内蒙古霍林河矿区较近，建厂条件较好，规划装机容量240万千瓦。省电力工业局党组决定建设这个发电厂，需要做好各方面的工作，并争取得到国家主管部门和东北电业管理局的支持。经过吉林省政府及省电力公司的积极努力，这项工程得到了东北电业管理局、电力工业部（能源部）和国家计委、国家能源投资公司的重视和支持。

双辽发电厂一期工程安装30万千瓦火电机组4台，总容量120万千瓦。1991年8月23日，该工程1、2号机组主厂房动工。1994年9月15日和1995年12月11日，1、2号机组移交生产。这两台机组投资决算28.265亿元，其中，国家到位资金15.81亿元，占56%；吉林省到位资金12.46亿元，占44%。经省电力公司与吉林省计委联名申请，国家开发银行批复，同意双辽发电厂3、4号机组投资比例为国家投资60%，吉林省投资40%。2000年12月2日和26日，3、4号机组移交生产，工程投资决算为21.294亿元。双辽发电厂的建成，使吉林省有了超百万千瓦的火力发电厂，有了亚临界火电机组，单机容量30万千瓦，机组是全省当时最大火电机组，发电厂是当时最大火力发电厂，在吉林省的火电建设中实现了突破。

二、松江河梯级水电站开发

松江河发电厂工程，是松花江上游支流头道江梯级开发的水利工程，包括小山、双沟、石龙3座水电站和松山、三道两个引水工程，位于吉林省抚松县境内漫江和松江河的50千米范围内。1985年12月，东北勘测设计院完成可行性研究报告，设计常规装机容量51万千瓦，其中：小山水电站16万千瓦，双沟水电站28万千瓦，石龙水电站7万千瓦。经省电力工业局党组研究，决定建设此项工程。这一决定得到吉林省委、省政府的支持，省长王云坤与国家投资公司总经理姚振炎共同签订协议，由能源部、国家能源投资公司（国家开发银行前身）与吉林省政府合资建设松江河梯级水电站，国家投资70%，吉林省投资30%；由省电力公司负责建设和管理。1990年11月15日，省电力公司在抚松县成立筹建处。小山水电站1994年6月28日开工建设，2台8万千瓦水轮发电机组，分别于1997年12月16日和1998年6月30日并网投产发电，装机总容量16万千瓦。松山引水工程最大库容1.33亿米^3，2002年5月13日正式向小山电站水库通水。梯级水电站的其他工程还正在建设中。

三、风力发电开发

20世纪90年代以前，吉林省没有风力发电，对风力资源只有粗略、梗概的气象观测资料。吉林省风电资源丰富。为充分利用清洁能源，并根据吉林省风能资源的优势，省电力工业局党组决定开发风力发电。

1991年7月，按省电力工业局党组的要求，省电机工程学会启动风力发电的调查研究，先到北京考察，访问风电研究所、国家气象局、气象研究所，向风电专家朱瑞兆教授请教，与计划处有关人员一同参观八达岭风电试验场，收集国内外风机资料，了解世界各国风力发电机情况，并购置测风仪，与吉林省气象学会合作，共同测定吉林省风力资源。

1992年，能源部要求利用国外贷款和引进风力发电设备。省电力公司抓住这一大好机遇，由农电局负责，进行测风，选择场址，开展可行性研究。省电力公司还利用吉林省政府出台的风能开发利用优惠政策和对风电建设的支持，加快了风电开发工作。至1997年末，完成了通榆风电场可行性研究设计的审查、上报、批复立项与资金筹集等全部前期准备工作。

1997年1月29日，吉林省风力发电公司前期工作处正式成立。1998年，通榆风电场开工建设。该风电场一期工程利用了西班牙政府混合贷款490万美元，引进该国660千瓦风力发电机组11台；二期工程利用了丹麦政府混合贷款1500万美元，引进该国600千瓦风力发电机组38台。至2000年12月20日，两期工程竣工投产，总装机容量3.006万千瓦，当年居全国各省（市）风电装机容量第四位。通榆风电场的建成，填补了吉林省风电建设的空白，实现了开发新能源建设风力发电场的突破。

四、为老电厂改造利用寻求新途径

吉林省新中国成立前留下的老电厂，有龙井、蛟河、二道江、辽源、长春（后改名长春热电一厂）、白城六座中、小型发电厂，还有文化大革命期间按“靠山、分散、隐蔽”方针建设的榆树川发电厂。这些发电厂设备旧，机组小，参数低，能耗高，面临淘汰，影响职工队伍稳定。省电力工业局党组重视这一问题，决定为老电厂寻求改造利用的新途径，发动专家以“老、小电厂的出路”为题进行学术讨论，后又专立课题，组织专家论证。各老电厂的干部和职工千方百计，积极主动，想办法，出主意，献计献策。经过研讨，各方一致的意见是进行以大代小和供热改造。二道江发电厂首先走出一条路，通过以大代小，技术改造，新建2台10万千瓦机组，并实现供热改造。长春热电一厂与地方合作，扩建2台5万千瓦、1台2.5万千瓦热电联产机组，完成了技术改造。辽源发电厂通过技术改造，引进俄罗斯10万千瓦机组，移地新建。龙井发电厂安装1台35吨/时锅炉和0.3万千瓦背压机组，向延边化工总厂供汽，并对0.6万千瓦机组进行低真空供热改造，向市区居民供热。1998年，利用原退役的0.6万千瓦机组位置，安装1台0.6万千瓦背压机组，至2000年，全厂共有3机3炉，装机容量1.5万千瓦。蛟河发电厂新装2台75吨/时循环流化床锅炉，利用原榆树川发电厂2台1.2万千瓦凝汽机组改为低真空供热，2000年10月，技改工程正式开工。白城发电厂技术改造新建2台10万千瓦机组，已完成可行性研究，获国务院生产办批复，初步设计已得到国家经贸委批复。榆树川发电厂建在山沟里，无法改造，于2000年12月24日关停。省电力公司对在职、离退休1744名职工做了妥善安置，分配到几家发电厂和延边供电公司。

五、完善220千伏电网

1987年，省电力公司建成220千伏全省统一主电网。1991～2002年，该公司对220千伏电网进行完善，提升技术水平和运行水平，填补220千伏电网建设的空白，电网输送能力增强。在这一时期，220千伏全省电网新增变电总容量7783.45万千伏·安，新增输电线路杆路总长度1541.72千米。

至20世纪80年代末，白山地区还没有220千伏一次变电所。为加强该地区电网的输送能力，1994年建成220千伏三岔子一次变电所，总容量12万千伏·安，1997年4月，220千伏东（500千伏东丰变电所）三（三岔子一次变电所）线建成并投入运行，把装机容量65万千瓦的浑江发电厂的电能送往500千伏主电网。1997年，该地区又建成220千伏松江河一次变电所，总容量12万千伏·安。同年，建成220千伏三（三岔子一次变电所）江（松江河一次变电所）和小（小山水电站）江（松江河一次变电所）输电线路，把松江河发电厂装机容量16万千瓦的小山水电站的电能送入220千伏主电网。

延边地区榆树川发电厂，装机总容量9.9万千瓦，是“文化大革命”时期按照“山、散、洞”方针建在大山山沟里的火电厂，耗损高，安全经济性能差，2000年12月被关停。为保证该厂所带负荷的电能供应和满足新增负荷的需求，省电力公司决定在延吉市西郊建设220千伏延西一次变电所，2台12万千伏·安主变压器先后于2000年12月和2002年12月投入运行。2000年7月，该地区建成投运220千伏江（两江水电站）敦（敦化一次变电所）输电线路，把新建装机容量6万千瓦的两江水电站接入220千伏主电网。

省电力公司还完善了220千伏城市电网。长春市城市电网220千伏六边形双环网得到加强，为解决66千伏城市电网电能输送的困难和线路走廊的限制，2002年1月，长春市在市中心地区建成220千伏平泉一次变电所，变电总容量36万千伏·安。吉林市城市电网，新建220千伏变电所4座，扩建1座，新增变电总容量48万千伏·安。城网结构由四边形双环网变成“日”字形双环网。延西一次变电所的建成，使延吉市具有延东、延西2座220千伏一次变电所，城市电网网架得到加强。白山市区原来没有220千伏一次变电所。1998年建成220千伏白山一次变电所，总容量12万千伏·安。1997年12月，12万千伏·安金厂一次变电所建成，加强了通化市220千伏城市电网。1996年11月，6.3万千伏·安洮南一次变电所建成，使洮南市有了220千伏新电源。

六、加快发展与改进电网通信

省电力工业局党组对吉林省电网通信发展十分关心，1989年建成的第一条数字微波通信线路从长春到白城，引进加拿大设备，全长330千米，10个站。1990年引进加拿大设备，建成第一条光纤通信，从省电力公司调度中心经长春一次变电所到长春热电二厂，全长13千米，3个站。进入20世纪90年代，在党组重视下，电网通信突飞猛进发展。1994年，建成长浑光纤通信线路，由长春市到四平、辽源、东丰、梅河、通化、浑江。长珲光纤通信线路，由长春市到九台、吉林、丰满、蛟河、敦化、榆树川、延吉、图们、珲春。两条干线共36站。另外，还建成双辽至四平至铁岭的微波通信线路。到2002年，共建成数字微波通信线路20条，全长1894.55千米，微波站99个，光纤通信发展更快，1997年，建设了由白山电业局机关到三岔子一次变电所，再到松江河一次变电所的光纤通信线路。东北三省的第二条500千伏输电线路采用架空地线复合光纤。长春市、吉林市把光缆线路挂在10千伏配电线路电杆上。到2002年，全省电力系统已建成光纤通信线路38条，全长2185.21千米，光纤通信站92个，成为21世纪初吉林省电网通信传输各种信息的主要通道。

七、实现全省屯屯户户全部通电

吉林省是农业大省，是国家重要商品粮基地，人均粮食产量、粮食商品率都居全国首位。省电力工业局党组十分重视农村电力的发展，加强了屯屯通电工程建设，至1989年，全省6万个农村村屯，只剩下162个村屯，6700多户村民没有通电。省委、省政府提出，自1990年起，拼搏3年，使162个无电村屯也都用上电，实现村屯全部通电。为此，省政府召开专题会议，落实了所需1300万元资金。省电力公司积极落实省委、省政府安排，党组适时做出相应决策。至1991年末，全省只剩下48个村屯没有通电。省委、省政府对48个无电村屯通电很重视，省农电局专门下发了1992年无电村屯办电计划，全省动员1500多名农电职工和农村电工不分昼夜奋战，加快了施工进度。经过7个多月的艰苦工作，全省共建成10千伏配电线路1500千米，10千伏配电变压器总容量35 500千伏·安，共建成低压线路3200千米，终于在1992年8月18日宣告全省6万个村屯全部通电，使吉林省成为京、津、沪三市后率先实现村村屯屯全部通电的省。中国经济日报、农民报、中国电力报和省内各大媒体发了祝贺消息。实现村屯全部通电后，吉林省加快了户户全部通电工程建设，至1998年，实现了全省农村户户通电。

八、调整教育体制

省电力公司十分重视电力工业发展对人才的需求，并随着企业发展和教育体制改革，适时做出了一系列调整和改革教育体制的决策。1958年成立长春电力学校，1982年成立长春电力工业学校，1985年成立吉林电力职工大学。在电力体制改革中，1997年11月，吉林电力职工大学和长春电力学校一部分教职工组建成吉林电力公司培训中心。同时，长春电力学校部分教师和管理人员，合并于长春电力工业学校合署办公。1999年3月，在合署办公的基础上，根据省电力公司的决定组建成省电力公司职业技能培训中心。1999年5月，省电力公司培训中心改称高级管理培训中心。2000年11月，高级管理培训中心和职业技能培训中心合并，称为吉林省电力有限公司培训中心。2000年8月，吉林省政府下文，撤销了吉林电力职工大学。长春电力工业学校在组建成职业技能培训中心后，停止招生；长春电力学校也于2000年停止招生。1999～2000年，省电力公司及基层有关单位所办10所子弟学校有7所移交地方。榆树川发电厂子弟中学和子弟小学随电厂关闭被撤销，只保留长山热电厂子弟学校，继续办学。至2000年7月，省电力公司系统电业子弟学校完成了与主业分离的改革。

九、改善居住条件和建立医院

电力系统一向重视职工生活，省电力工业局党组多次研究，并做出相应决策，年年增建住宅。20世纪90年代改善住宅条件，省电力公司建28层楼高层建筑，有电梯，每层8家，每户面积超过100米^2，装修也较好。此后，该公司又建二小区，即名门花园，有9栋高楼，最高16层，居住条件大大改善。1999年，省电力公司建成电力医院，在培训中心附近，工字形七层楼，面积17 000米^2，200张病床，并购置仪器设备，充实医疗器具，是国电公司脑血管病防治中心和长春康复研究中心。

第三节　思想政治工作

省电力公司系统各级党组织，加强思想政治工作的组织领导，采取多种形式开展思想政治工作，坚持中心组理论学习制度，学习马列主义、毛泽东思想、邓小平理论和“三个代表”重要思想，在思想上、政治上、组织上同党中央保持一致；注重发挥领导班子一班人的整体合力，实行重大问题集体决策，结合形势开展党员的思想政治教育，提高广大党员的政治素质。重视发挥党员的先锋模范作用，使党员成为团结群众，带领群众前进的一面旗帜。

1991 年国际形势风云变幻，各级党组织组织党员和职工，重点学习马列主义、毛泽东思想和邓小平理论。坚持四项基本原则，抵制资产阶级自由化，认识社会主义的优越性，坚定社会主义、共产主义信念。1992～1994 年，学习有中国特色社会主义理论，学习《邓小平文选》和邓小平南巡讲话，学习江泽民《加快改革开放和现代化步伐，夺取有中国特色社会主义事业的更大胜利》的报告，学习中共十四大报告、十四届五中全会决议和建设有中国特色社会主义理论、《关于经济体制改革和经济发展战略》，推进电力体制改革和电力工业发展。1997 年，深入学习江泽民在中共十五大上作的《高举邓小平理论伟大旗帜，把建设有中国特色社会主义事业全面推向二十一世纪》的重要报告，加深了对中国特色社会主义的理解。

2000 年，中共中央总书记江泽民关于“三个代表”重要思想提出后，省电力工业局党组和各单位党组织立即组织各级领导和广大党员干部开展学习。

为提高职工的思想政治觉悟。各单位有针对性地开展了形势教育，“三热爱”教育、爱企业比奉献教育，热爱中国共产党、热爱祖国、热爱社会主义教育，培养爱国主义情操，组织职工看爱国主义电影，唱爱国主义歌曲，学爱国主义先进人物事迹，向祖国奉献爱心。以迎接香港回归为契机，开展广泛的爱国主义教育活动，组织迎接香港回归知识竞赛和演讲比赛。

按照上级的部署，省电力公司各单位在广大党员干部和职工中开展“讲学习、讲政治、讲正气”的“三讲”教育活动。1996 年，各单位党委组织党员学习江泽民《领导干部一定要讲政治》、《关于讲政治》和在建党 75 周年座谈会上的讲话，各单位党委和基层党支部还召开民主生活会，检查对照，评议提高。

各单位党的组织深入了解职工的思想动态，注意针对职工在改革及关系自身利益的事情面前的思想实际开展思想工作，并把解决思想问题和解决实际问题结合起来，既解决职工的思想问题，也赢得职工的信赖。各单位注意保持企业稳定，调动职工的积极性，推动改革和生产建设的发展。

各单位领导和机关干部将深入现场，深入群众，节假日到现场劳动常态化，融洽干群关系，缩短干部与工人的距离。增强了思想政治工作的亲和力。各单位对职工的意见和实际问题，坚持做到妥善处理。

第二章 宣 传 工 作

中共吉林省电力公司系统党组织，重视开展宣传工作，培养宣传报道队伍，鼓励对外宣传，报道企业新闻，宣扬先进模范人物事迹，树立企业形象，提高企业知名度，为企业的发展振兴鼓劲加油。各单位的宣传报道工作由党委宣传部门负责，并建立了一支优秀的专兼职宣传报道队伍。各单位办报纸、办杂志、办广播、办电视、办简报、办橱窗，开展内部宣传报道，又组织新闻报道队伍，搞好对外的宣传报道工作。广大电业职工，既是宣传报道的观众、听众，又积极参与宣传报道工作，为这项工作出力。

第一节 办报刊杂志

省电力公司和各基层单位都办有报纸、杂志、板报、橱窗等。省电力公司办了《吉林电力报》和《吉林电业》杂志，宣传上级指示精神，交流工作经验，宣传先进人物的先进事迹。《吉林电力报》还设有副刊，刊发反映和歌颂吉林电力事业改革发展及吉林电业职工的精神风貌。各基层单位也办有报纸和杂志，用以宣传上级精神，安排部署工作，交流经验，鼓舞斗志，推动各项工作的开展。各单位还根据工作的需要，办起了快报、简报和宣传橱窗，利用这些载体，向上级汇报工作，传递信息，交流工作经验。

一、《吉林电力报》与《吉林电业》

《吉林电力报》创刊于1986年1月，全国公开发行，对开四版，每周一早上出刊，除元旦、春节、国庆节3个法定假日休假外，全年共发行49期，邮政系统发行，每期印数为一万张。至2002年末，仍为免费赠阅，对全国发至上级有关部门和各网、省电力公司，对省内发至各发、供电单位、电建修造科研教育单位直至各基层供电所、农电所。

《吉林电力报》一版为要闻版，主要刊登省电力公司系统重大新闻及带有全局指导性的稿件，同时紧紧围绕省电力工业局党组的中心工作兼顾来自基层单位生产一线的经验性、动态性报道。二版为生产技术管理版，主要刊发各单位生产、经营、技术、多经等方面的动态、经验及生产技术、管理岗位上的典型人物及典型事迹。三版为政工版，主要刊登思想政治工作，精神文明建设，党建工作、工会和共青团工作等方面的稿件。四版为副刊，主要刊发反映、歌颂吉林省电力事业改革、发展和吉林电业职工为其奋斗的诗歌、散文、小说、随笔、篆刻、艺术摄影等。

1998年1月，吉林省电力公司创刊《吉林电业》，是一本综合性的内部期刊，每月20日出刊，16开本，48页，每期印数为3000册，免费发至省电力公司各二级单位。

《吉林电力报》曾连续两次获国家级优秀企业报称号，连续多年获东北电力系统十佳报纸荣誉称号，每年都有多篇作品在全国及电力系统获奖。《吉林电业》在2002年被评为全国电力十佳优秀期刊。每年都有10多篇作品被省、部级期刊转载，并有多篇作品在多项评比中获奖。

二、各基层单位报刊

基层单位也办有报纸和刊物。吉林供电公司所办《江城电业报》，创刊于1987年3月1日，1987～2002年期间为半月刊，每月1日、15日出版，每期4版，如有重要会议和活动，则增为8版。发放范围是全公司各部室、各基层单位班组、趸售供电所等。《江城电业报》与全国20余家企业报刊进行互换交流，寄送省电力公司领导和相关部室。该报稿件主要来自于记者采访和基层通讯报道员投稿。

各单位组织广大职工积极参与办报，并开辟专栏。1991～2002年，围绕着改革开放、党的建设、政治思想工作、先进人物事迹、电力安全生产、经营管理、市场经济、农电改革与发展、电力营销与优质服务等，共开设专栏30多个。为推动电力行业改革，加强企业管理和加快电力市场的发展，一些报纸开设《读者信箱》、《经营之道》、《改革领导答记者问》、《改革大家谈》、《深化改革转机建制》等专栏。为推动农电事业的改革和发展，开设了《农电战线》、《农电三为》、《农电之声》栏目，2000年又开设了《农网改造一线传真》栏目。

部分电业单位还办了期刊。白山供电公司1997年创办杂志《白山电业》，当年出版28期，1998年出版26期。为使杂志的宣传报道更加紧密地联系公司当前的重点工作和职工中的热点问题，他们在杂志中开辟了"热点追踪"、"春、秋检快讯"、"精神文明广角"、"班组天地"、"基层知音"等栏目，取得了较好的效果。

三、快报、简报、黑板报

快报、简报有特殊的作用。1993年10月8日，四平热电厂正式开工建设，工程管理处主办《工程简报》、《工程快讯》、《质监简讯》等刊物，按时向吉林省、四平市政府、省电力公司，省、市建设银行传递工程建设信息，使上级和有关部门便于及时了解工程进度。

省电力公司各单位还充分利用黑板报、画廊、新闻橱窗等形式，开展宣传教育工作。1991年，吉林火电二公司在施工现场和工地设黑板报54块，设橱窗画廊12个，1996年，出新闻画廊4期，展示图片100余幅。1999年，该公司的各施工现场办黑板报30多块。他们通过出黑板报、设画廊、设新闻橱窗等形式，对职工开展了宣传教育。

第二节 办电视广播

从省电力公司到各基层单位都办有有线电视台，有些单位还办了广播站。各单位电视台既播中央和各省、市电视台的节目，也播放自己采编的新闻和专题片，丰富了职工的业余生活，为开展宣传工作创造新的载体。省电力公司所办吉林电力电视台，有4千多户电业职工可以直接收看，全省电业各单位可以把省电力公司的节目盘碟带回本单位播放。省电力公司电视台和各单位电视台，紧紧围绕本单位的中心工作，把改革开放和电力事业发展作为重点，积极采编电视新闻和专题电视片，起到积极地推动作用。有些单位办起本单位广播站。有的单位每天早、午、晚 3 次播音，宣传工作成就，推动电力生产、建设的发展。

一、吉林电力电视台

吉林电力电视台是省电力公司 1994 年创办，到 2002 年，该台坚持每周制作两期电视新闻，电力住宅区域 4000 余户居民直接收看。区域外的全省各电业基层单位，则通过每周下发的碟盘，进行收看。吉林电力电视台每天上午、下午、晚间三个时段播放节目。内容有电力系统电力新闻、国网动态及本台制作的专题节目和基层单位上报的专题节目，以及讲座、娱乐节目等。

1994～2002 年，吉林电力电视台紧紧围绕省电力公司的中心工作，把改革开放和电力事业发展作为重点积极采写电视新闻和摄制专题电视片，并积极组织基层各单位报送新闻和专题片。吉林电力电视台 2000 年制作的《德惠大倒塔》，2002 年制作的《榆树川向你告别》等专题片受到了好评，播出以后，效果很好。

二、各单位电视台

为加强宣传报道工作，各电业单位建立了自己的有线电视台。1995 年，珲春发电有限责任公司建立了厂有线电视台，并同珲春市电视台联网，使职工和家属能收看到中央台、吉林台和延边、珲春电视台节目。当年播厂电视新闻 48 次，专题片 45 部。1999 年播出新闻 280 篇，2002 年，编播电视新闻 96 期，制作电视专题片 22 部。吉林火电二公司于 1992 年拍摄电视新闻、电视专题片 6 部，并开设闭路电视向施工现场的职工和家属播放。1998 年，共拍摄制作电视专题片 4 部，电视新闻片 30 部，先后在吉林省电视台、四平电视台、省电力电视台和本公司吉林市住宅区播出。

三、各单位广播站

四平热电有限公司是开办广播站较好的单位之一。该公司在 1997 年就建立广播站，每天早、午、晚 3 次播音，每次 20 分钟，内容为厂内新闻报道。为配合各个时期的中心工作，该公司广播站开办“春检通讯”、“秋检通讯”、“电力法知识问答”、“医疗保险制度改革释疑”、“生活小常识”、“音乐欣赏”等专题节目。在 2000 年成立有线电视台前，厂内广播站是主要的宣传阵地。1998 年和 1999 年，分别播出稿件 360 篇和 587 篇。1999 年，厂广播站还开办“青年文明号”活动系列报道，“机组大修工作”系列报道等专题广播，同时对省电力公司和本厂的重要会议及重大事件进行了及时的报道，对企业重大改革和国家的方针、政策进行及时的宣传。

第三节 搞好新闻报道

省电力公司和各基层单位建立宣传报道机构，配备人员，积极开展新闻报道工作。省电力公司记者站，对外负责向国内各报刊、杂志、新闻单位、中国电力报、东北电力报提供文字、形象稿件，对内为吉林电力报、吉林电力电视台等新闻媒体提供稿件。为使本单位“报上有名，电台有声，电视有影”，各基层单位也积极开展新闻报道工作。宣传报道工作由党委宣传部负责，基层则由党支部负责，建立由专、兼职人员组成的宣传报道队伍。新闻报道人员，深入基层，深入生产第一线，采写了大量反映电力职工重大成就和创业者风采的文字和影像稿件，树立了吉林电力企业的良好形象，提高了企业的知名度。

一、省电力公司记者站

省电力公司记者站是“两站一对外”。一是中国电力报驻吉林记者站；二是东北电力报驻吉林记者站；三是对外宣传，负责对系统外社会媒体的宣传。

记者站主要是为《中国电力报》提供稿件，并做好《中国电力报》的发行和通讯员队伍的培训工作。记者站记者坚持深入采访基层发、供电企业、电建修造企业和科研、设计、教育等单位，深入采访县农电局、农村供电所，对发供电生产、电力建设、城农网改造、优质服务、科学管理以及科研、设计、文化教育等方面的工作做了很多报道，写出不少有分量的稿件。

2001 年，记者站参与完成先进典型人物贺广庭先进事迹的采访报道，参与完成新华出版社出版的《农民的儿子——贺广庭》一书的编纂。2002 年，记者站完成省电力公司“用电满意吉林行”大型宣传报道任务，在吉林日报等地方新闻媒体发表 30 多篇稿件。

二、各单位的宣传报道

各电业单位相继建立宣传报道机构，并配备人员。他们一方面搞好本单位的宣传报道工作，积极提供文字、录像、摄影稿件，同时也向本地区、省，上级主管部门直至中央的报纸、电台、电视台、杂志等宣传媒体提供各种宣传材料，通过积极开展宣传报道工作，宣传本单位的成就和职工风貌，树立本单位的良好形象，鼓舞广大职工为电力事业发展积极奋斗。

2001 年，二道江发电公司从事宣传报道工作的同志在本单位共制作、播出电视新闻 600 多篇，并为市级以上新闻单位供稿 70 多篇。2002 年，对本公司播出的电视节目做了调整，增设“班组生活”、“安全回顾”等栏目，并在“公司新闻”中增加“人物专访”。电视节目采编人员在设备大修时，不分白昼黑夜，跟班采访，增强了电视节目的感染力和宣传效果。是年，共制作广播、电视新闻近 700 篇，出版本公司报纸 22 期，并在市级以上新闻单位发表文章 30 余篇。

第三章 精神文明建设

省电力公司认真贯彻落实《中共中央关于加强社会主义精神文明建设若干问题的决议》，实施物质文明和精神文明两手都要抓，两手都要硬的方针，在加强物质文明建设的同时，加强社会主义精神文明建设。把握精神文明建设的正确方向，从尊重人、理解人、关心人的基点出发，以培养“四有”新人为目标，把建设高素质职工队伍当成根本任务。省电力公司系统加强领导，“党、政、工、青”齐抓共管，各单位都把“两个文明”建设纳入企业整体工作中去，实行承包考核一体化。各级领导一级抓一级，签订责任书，“两个文明”建设同规划，同布置，同考核，同奖惩。

各单位制定精神文明建设规划，积极开展文明单位、文明职工、文明市民、文明家庭、文明小区创建活动和文明生产活动。通过开展精神文明建设活动，促进职工和家属的思想道德建设、社会文明建设，增强了热爱祖国、爱岗敬业、勇于奉献的主人翁意识和责任感。

第一节 组织领导

省电力公司在双文明建设中建立起了党、政、工、青齐抓共管的机制，相应建立了领导机构。各级领导都把精神文明建设纳入自己的工作日程，加强对精神文明建设的领导。

各单位在开展创建活动时，制定和实施精神文明建设规划，文明单位建设规划，创建文明楼院文明街路规划，也制订实施年度创建计划，明确奋斗目标和任务，指导创建活动的开展。

各单位把“创文明分场、文明科室、文明班组，争当文明职工”（简称“三创一争”）竞赛活动当作精神文明建设的主要内容。吉林热电厂把双文明单位创建的重点定为抓好一体化工作，制定《双文明建设一体化管理办法和考评标准》，成立由13个职能部室组成的检查考评组。2000年，扩展精神文明考核内容，丰富创建活动层面，把精神文明创建活动延伸到住宅区，增加安全文明物业小区的创建活动。

省电力公司各单位，坚持检查、考评和表彰、奖励。浑江发电厂被全国总工会授予“全国模范职工之家”称号，首批跨入全国电力系统文明单位行列。1999年，白城电业局被中央精神文明建设委员会评为全国精神文明建设先进单位，被中共吉林省委评为吉林省精神文明建设标兵单位。

1996年度，吉林火电一公司被评为双文明单位，该公司四平分公司被评为双文明分场标兵，四平分公司热工温度压力班被评为双文明班组标兵。

第二节　思想道德教育

1996年，省电力公司把学习张家港精神，创一流企业，创建电力行业文明单位作为精神文明建设主要任务来抓，对职工进行文明意识和现代意识教育，加强职业道德、社会公德、家庭美德、个人品德教育。

各单位在开展思想道德教育时，注意针对本单位实际。1997年，双辽发电厂针对厂内一些不良风气，开展思想道德教育，他们组织职工到农村、工厂参观访问，开展对比教育，并在全厂范围内学习电业职工的楷模李庆长和周立君的事迹，用先进人物的思想道德教育职工。

各单位开展职业道德建设活动时，注意发挥党员的先锋模范作用带动职工，他们组织党员开展比政治理论学习，看谁树立正确人生观、价值观牢；比业务素质能力，看谁在安全文明生产工作中贡献大；比模范作用好，看谁的无私奉献境界高。

1999年，省电力公司系统把《全国电业职工守则》、《全国电业职工道德规范》、《岗位规范》等印发给职工，用以规范职工的道德行为。2002年，各单位把精神文明建设融入企业管理全过程，深入开展群众性精神文明创建活动，贯彻落实《公民道德建设实施纲要》，积极宣传“爱国守法、明礼诚信、团结友善、勤俭自强、敬业奉献”等基本道德规范，举办“公民道德建设实施纲要”知识问答，“安全在我心中”演讲比赛和公民道德建设知识竞赛。

在开展思想道德建设活动中，广大电业职工做到见义勇为，勇于奉献和开展学雷锋活动。

第三节　开展创建活动

省电力公司以人为本，组织广大职工和家属，积极地开展争创文明单位、文明职工、文明市民、文明生产活动和文明家庭、文明小区建设活动。在开展创建活动时，始终坚持先整体、先上级、再局部的顺序。通过开展这些活动，加强职工队伍和职工家属的社会主义思想道德建设、社会主义文化建设，培养教育职工和家属爱祖国、爱企业，做主人，关心他人，无私奉献，做一个好职工，好家属，好公民，为企业的发展大显身手，为祖国的繁荣昌盛作出贡献。

省电力公司以吉电政〔1999〕18号文表彰了全省电力系统1998年度双文明单位。吉林电业局把合格跨世纪吉电人作为当选文明市民的先决条件。该局有186名员工被评为文明市民，有24名员工被评为文明市民标兵，所占比例居全市各行业之首。

1997年，浑江发电厂开展文明小区建设，制定创建文明示范小区规划，是年7月，白山市在浑江发电厂召开了小区建设现场会。该厂建设的文明小区，于1998年被建设部命名为“全国城市物业管理优秀住宅小区”先进单位，被吉林省评为精神文明建设单位标兵。

第四章 行 风 建 设

1991～2002年，省电力公司，践行“人民电业为人民”的宗旨，开展行业作风建设。从加强领导入手，坚持纠建并举的方针，加强内部检查和社会监督，坚决纠正行业不正之风，对违法违纪行为和以电权谋私行为进行严肃查处。省电力公司系统通过开展优质服务，为用户排忧解难，做用户的贴心人，实现安全优质供电。

第一节 建立保证机制

1993年，省电力公司成立行风建设领导小组，对具体的建设工作提出要求，安排时间、步骤，采取具体措施和有效方法，坚决刹住以电谋私不正之风，进一步加强行风建设。1995年，省电力公司明确党政一把手共同抓行风建设的原则，达到扛两项指标，收两个成果的目的。各基层单位也加强对行风建设的领导，在开展优质服务和行风建设中，始终坚持“两手抓、两手都要硬”的方针。

1996年，各单位深入实施“党政一把手工程”，加强行风建设，并把这项工作列入领导政绩进行考核，对“一把手”实行“一票否决”。供电部门的窗口单位实行行风抵押金制度，并和各单位的经济利益挂钩。

全省的供电、农电部门，根据省电力公司要求，建立行风建设的保证机制，行风建设走向正常化、规范化、制度化，向社会和用户做出承诺，接受监督，开展优质服务活动，优化服务设施建设，学雷锋树新风活动和职业理想、职业道德、职业纪律、职业技能“四职”教育，为用户办实事办好事活动，不断把行风建设向前推进。他们加强内部检查和监督，促进良好行风建设。全省供电、农电部门，积极开展工作，降低农村电价，减轻农民负担，保证用户安全优质用电。

省电力公司系统的行风建设，取得了显著成绩。省电力公司被命名为吉林省精神文明建设先进系统。长春、白城等几个电业局被中共吉林省委、吉林省人民政府命名为“文明单位标兵”。省电力公司的19个直属企业、36个供电局、27个农电局被命名为省文明单位。

第二节 优化服务设施

省电力公司系统在开展行风建设的工作中，优化服务设施建设，制定并实施《规范服务窗口标准》和《规范服务细则》，安装用电查询触摸屏、电话咨询台，为用户了解情况、查询资料提供方便。1999年，通化电业局投资200万元新建集安、辉南、梅河供电局微机收费和查询系统，每个县级以上政府所在地都建成一个“文明服务窗口”。通化市江西、江东两个供电局的营业大厅保持了省、市两级命名的“青年文明号”和“中国文明皮”荣誉称号，光明营业大厅还被中央精神文明建设指导委员会命名为“创建精神文明先进集体”荣誉称号。

2001年，白城电业局继续加强营业窗口建设，新建和改建营业厅9个，增设收费点41个，104个供电营业窗口公开电价标准和服务程序，又有6个城市营业窗口，34个农村营业窗口达到规范化标准，有1个农村营业窗口被国家电力公司命名为“农村供电示范窗口”。

第三节　接受社会监督

省电力公司系统的行风建设，始终置于地方政府、社会和广大用户的监督之下，1993年，各供电部门领导亲自到地方政府、大企业、居民用户进行走访，听取意见，受到用户的好评。1994年，加强外部监督网络建设，发挥外部监督作用，全省各级供电部门共设用户监督员3299人，建立健全举报电话，设立举报信箱，建立局长接待用户制度，对违法违纪行为从严治理。全省电力系统建立的用户监督网络，收到明显效果。1996年，全系统共设举报电话92部，举报箱84个，行风监督员1462人，该年，共发征求意见卡14 000张，回收13 700张，用户满意率达95%。1997年，外部监督工作继续加强，这一年，各有关单位，在省内的民主测评中继续保持领先地位。长春电业局被国务院授予全国纠风工作先进单位称号。长春、吉林电业局被评为全国电力系统行风建设先进集体，长春电业局的宽城供电局被命名为全国电力系统为人民服务树行业新风“示范窗口”，前郭县农电局新立乡电管站被评为全省第一个农电优质服务窗口。2002年，全省电力系统继续履行8项服务承诺，建立投诉举报动态分析制度，全年共收到客户投诉举报3902件，处理3902件，受理率、查处率、反馈率均达到100%，回访率和满意率达到95%以上。

第四节　纠正行业不正之风

省电力公司系统的行业作风建设，一方面加强良好行风的建设，另一方面纠正行业不正之风。对一些职工利用手中的权力，以电谋私，对用户吃、拿、卡、要的行为进行认真清查和严肃处理，有力地遏制“人情电、关系电、权力电”现象。各单位在纠正行业不正之风的过程中，取消售电乱收费、乱加价和乱罚款，坚决执行合理的电价体系。纠正行业不正之风的工作得到地方政府的支持和广大用户的好评。

1993年，全省供电部门和农电部门清理乱收费和乱罚款，取消乱收费项目8项。白城电业局在开展自查、自纠工作中，共查出问题23件，违反规定的违纪人员3名，对查出的问题和违纪人员分别进行处理。取消 3 个收费项目：①农电系统取消“乡电管站收取的低压改造费”，共计 450 万元，全部退给农民；②取消代松原市政府收取的“技术工作费”（每千瓦·时加 1 分钱），共计 128 万元，全部退给松原市能源公司；③取消白城市保险公司开办的“部分居民用电保险业务”，共计 1.5 万元。

1994 年，因利用职权吃、拿、卡、要等违纪行为，共有 16 人受到处分。2001 年，省电力公司制定《关于员工违反行业规定行为的处理办法》，对违背职业道德，触犯职业纪律，利用岗位职务之便，以电谋私，勒索用户，吃、拿、卡、要，谋取好处，养用电黑户等电业职工进行坚决的查处。当年，省电力公司共处理违纪职工 460 人，其中开除 19 人，经济处罚金额达 75.60 万元。

第五章 纪检和监察工作

省电力公司系统，认真贯彻落实中央精神，在上级纪律检查、行政监察部门和省电力工业局党组领导下，标本兼治、突出治本，狠抓纪检监察工作，积极开展反腐败斗争。他们建立机构，配备人员，开展党风廉政建设，加强案件查处，加强行政监察，维护了党章和党内法规，发挥了为改革和电力生产建设保驾护航的重要作用。

第一节 机构和队伍建设

根据中共吉林省纪律检查委员会和省委组织部有关文件精神，1980年7月，成立中共吉林省电力工业局党组纪检组，在局党组和上级纪律检查委员会领导下工作，协助党组加强党风建设和组织协调反腐败工作。1988年纪检组曾改为纪律检查委员会，1990年恢复纪检组。此时，省电力公司成立监察处，纪检组与监察处合署办公，纪检组长为副局级，是党组成员，副组长兼监察处长为正处级，内部分综合、党风、案件三个方面的工作，1991年共配备9名工作人员。

1994年9月，省电力工业局监察处改为监察专员办公室，仍和纪检组合署办公。至2002年，仍是一套人马，两块牌子，设纪检组长1人（副局级），监察专员1人（正处级），内部分综合、党风、案件三个方面的工作，共计6人。1994年曾一度成立吉林省人民检察院派驻省电力公司检察室，同省电力公司纪检组、监察处合署办公，但时间不长，吉林省人民检察院又下文撤销。

1991～2002年，历任纪检组组长（纪委书记）为孟庆成、迟德贵、武洪举。

省电力公司各基层单位均设立纪检监察机构，纪委书记为基层单位领导班子成员，设2～6名专职干部，省电力公司各有关直属单位配备1名专职干部。

为加强对纪检监察工作的研究、信息交流，开展业务指导，推动这项工作的开展，1997年初，省电力公司成立中国电力监察分会吉林省电力支会。该组织成立后，积极开展活动，汇编印发有关资料，并组织开展课题研讨活动和论文撰写活动，2001年共组织撰写论文82篇，并编辑出版论文选编。

省电力公司系统的纪检监察干部，注意自身建设，努力学习邓小平理论和“三个代表”重要思想，认真贯彻中共十五大、十六大精神，学习中共中央关于加强党风廉政建设和反腐败斗争有关论述，提高政治思想和理论水平，不断提高自身素质，做好纪检监察工作，为推动党风廉政建设和反腐败斗争的深入开展做出了努力。

第二节 党风廉政教育

在党风廉政工作中，省电力公司各单位，以党员干部的廉洁自律教育为基础，提高政治思想觉悟，加强防范，增强纪律观念和遵纪守法自觉性。

1991年，省电力公司系统，重点抓党员、干部政治思想教育，开展党规党法学习活动，提高广大党员、干部的思想认识。1994年，电力系统广大党员、干部开展党风党纪学习教育活动，学习中共中央纪委会议文件，《邓小平文选》中有关加强党风廉政建设和反腐败方面的论述，以及中共党章和有关条例。1996年，各单位党委、纪委坚持以中共中央总书记江泽民提出的“三讲”、“四自”要求和“建设高素质的干部队伍”为指针，从提高党政领导干部理论素质出发，强化理论和政策学习。在党风廉政建设上，始终坚持教育领先、预防为主、育人为本的方针，在治本上下工夫。在党风党纪教育中，突出了党员干部这一重点，充分利用党员大会、干部大会、干部学习等机会和场合，采取集中办班上课，开展专题讨论、观看电视录像、传达文件通报、开展党纪政纪知识答卷等形式进行党风廉政教育。1999年，省电力公司各单位组织党员、干部集中观看反腐倡廉系列教育片《警钟》等，并组织在各单位的有线电视台播放。2001年，省电力公司组织公司机关党员、干部观看了中共吉林省委纪委主办的反腐教育展览，利用成克杰、王乐毅以及厦门远华走私案等反面典型，对党员、干部进行警示教育。2000年，通化供电公司辉南供电分公司经理姜恩泽被树为国家电力公司系统和省电力公司系统勤廉兼优先进典型，省电力公司总结宣传他的先进事迹。2001年，省电力公司组织广大党员干部，收看了吉林省水利厅厅长汪洋湖先进事迹专题片，进一步开展勤廉兼优先进典型的学习活动。

第三节 制度建设

为使广大党员、干部在党风廉政建设中有章可循，遵章守纪，自觉约束自己，也便于各级纪检监察部门和广大群众加强对党员、干部的监督，省电力公司加强了各项制度建设。1994年，按中共中央纪委提出的新老“五条规定”，制定《吉林省电力工业局各级领导干部廉洁自律的若干规定和监督办法（试行）》及6个专项监督办法。1995年，重新制定各级党组织民主生活会制度，各级领导干部考廉制度，以及领导干部住房审批、接待用餐标准、使用小轿车标准等制度，这些制度的执行，起到很好的规范制约作用。2002年，省电力公司又制定并实施《关于异地交流的省公司直管干部住房管理的暂行规定》、《关于严格控制境内外学习考察活动的通知》。

省电力公司重视各项规章制度的贯彻落实。1993年，根据上级有关领导干部廉洁自律的精神，公司重申继续执行《吉林省电力局相关保持廉洁的若干规定》和中共中央规定的“五不准”。在分房、招工、工程发包及结算、奖金分配等热点问题上坚持公开制度，充分体现公正、公平、公开的原则。1997 年，中共中央规定的领导干部个人收入申报、礼品登记、重大事项报告等项制度得到贯彻落实，大多数单位制定了实施细则。该年，全系统有 24 名领导干部向中共党的组织报告了子女结婚、升学、就业等家庭大事。进行收礼登记的有 36 人次，上交礼品礼金折合人民币 11 万多元。

1998 年，省电力公司进一步落实中共中央关于制止奢侈浪费的“八项规定”和《廉政准则》，把电话、会议、招待费等三个群众关注的热点问题作为工作重点，认真加以清理和整顿。省电力公司系统共清理不符合规定的住宅外线电话 452 台，移动电话 477 台，使电话费用比上年下降 19.46%。招待费用坚持按标准办事，一般人均 30～50 元，严控陪餐人数，使全公司的招待费比上年下降 14%。

在 1996 年年中工作会议上，省电力工业局党组书记、局长与基层 51 个单位的党政一把手签订了“党风廉政建设责任书”。1999 年，省电力公司认真落实党风廉政建设责任制，把实现处级干部零犯罪作为经营承包指标和风险抵押金挂钩。

2002 年，省电力公司加大检查的力度，抽调人员，组成 5 个检查组，采取定量和定性考核相结合的办法，对 38 个基层单位进行党风廉政建设责任制的检查和考核，通过对源头的综合治理，实现副处级以上干部连续四年无犯罪。

第四节　加　强　监　督

1996 年，省电力公司和基层单位领导班子，认真提高民主生活会的质量，以中共中央纪委提出的国有企业领导干部廉洁自律“四条八不准”为主要内容，召开专题民主生活会。会前广泛征求群众意见，做好准备；会上结合个人实际，对照“四条八不准”，以票子、经商、房子、车子、吃喝玩乐等问题和中共中央“三项制度”执行情况为重点，认真开展自查自纠，会后切实进行整改。在召开民主生活会的过程中，省电力公司领导和各基层单位领导班子成员，都能联系实际，认真开展批评和自我批评，以整风的精神解决在党风廉政建设方面存在的问题，并进行整改。

省电力工业局党组，为保证民主生活会的质量，实行对基层领导班子民主生活会的监督和领导机制，经常派人参加基层单位领导班子的民主生活会，掌握班子的情况，从廉政的角度进行监督，促进班子建设。省电力公司和各基层单位普遍设立党风监督员，制定兼职监察员制度，形成监督网络，使党员干部时刻处于群众监督之中，努力杜绝不廉洁行为。为加强监督，提高党员领导干部反腐倡廉的自觉性，省电力公司机关和基层单位普遍开展民主评议干部工作，使吃喝风有所收敛，对 2 名公费出国旅游的干部进行了处理。规定处级以上领导干部的住房分配由省电力公司审批。长春热电二厂纪检监察部门，针对违规购买“大哥大”事件，进行严肃清查，对规定范围外购买的 9 部“大哥大”进行作价处理，共节约资金 2 万余元。1998 年，这个厂的纪委，根据二级机构与厂签订的不设“小金库”军令状，复查各单位财务状况，对分、调房工作进行监督，编制了 4 期纪检简报。并通过清理陈欠资金、监督公车私用等工作，使通信费、应酬招待费大幅下降。

第五节　案　件　查　处

省电力公司和基层单位，依照党纪国法对违法违纪案件进行查处，坚决惩治腐败。一是加强纪检信访工作，完善信访工作制度，制订工作规划，热情接待群众来信来访，对反映出来的问题认真查办，使之真正成为揭露腐败，揭露违法违纪的重要手段。二是省电力公司和各基层单位加强案件的审理和检查，严肃认真，重证据，重调查研究，努力查清事实真相，坚持做到事实清楚，证据确凿，定性准确，查处恰当，手续完备。通过案件的查处，既惩治腐败，维护党纪国法，保护企业的利益，也使违法违纪者和广大职工受到教育，吸取教训，对加强党风廉政建设起到重要作用。

纪检部门对举报的问题进行认真查实，特别是对那些署名的举报信，每次都将调查的结果与举报人见面，进一步核实情况并征求意见，做到件件有着落，事事有回音。对来信来访的处理结果向有关上级汇报。公司和基层单位实行信访通知书和提醒谈话制度。2002年，省电力公司对3名处级干部发了信访通知书，对6名处级干部进行了提醒谈话。对群众来信来访，他们严格保密，保护揭发检举人，反对任何形式的打击报复，发现问题，严肃处理。

省电力公司各级纪检组织，采用集中力量的办法，查处大案要案。对于当年不能了结的案件，下一年继续查办，1997年，省电力公司处理上年遗留案件8件。2000年，省电力公司加大查案办案工作力度，当年立案45件，结案42件，是1991～2002年间立案结案最多的一年。

1997～2001年，省电力公司系统共有44人受到党纪处分，117人受到政纪处分，经查，没有发现对处分不执行的情况。1991～2002年，省电力公司案件查处情况见表14－5－1。

表14－5－1　　1991～2002年吉林省电力公司案件查处情况统计

年　份	立案（件）	结案（件）	查处人数（人）	挽回经济损失（万元）
1991	22	21	13	47
1992	23	22	22	16
1993	15	13		35
1994	25	14	14	458
1995	26	22	22	438
1996	16	6	9	2300
1997	19	18＋8*	13	
1998	28	24	33	60
1999	38	34	40	
2000	45	42	45	500
2001	17			360
2002	18	15	9	

*　处理1996年遗留案件8件。

第六节　行　政　监　察

省电力公司及各基层单位的监察部门，认真履行职责，全方位发挥作用，围绕重点、热点问题开展监察，实施超前监察，及早防范。为加大监督力度，省电力公司围绕中心工作积极开展行政监察，对查出的问题做到严肃处理，及时整改，并遏制违章违纪，打击经济领域的犯罪活动，对保证党风廉政建设的进行起到重要作用。

1991年，行政监察主要是围绕分房、招工、毕业生岗位分配等热点问题进行。1996、1997年，一些单位监察部门参与大、中专毕业生工种分配、电力技校招生，职工调分房等方面的监督，针对易出问题的单位和部门开展防范性的监督检查，收到良好的效果。1998、1999年和2000年，他们参与中层干部及一般干部竞争上岗、技师招聘、复员军人安置考试，以及电力技校招生、职工调分房、汽车司机等级考试、竞聘考试等监督工作，保证整个工作在公开、公平、公正中进行。

1992、1993年，省电力公司各级纪检、监察部门改进工作，提高实效，监察工作有许多创新。一是超前检查及早防范，从重点部位开展监督、监察，对容易发生违纪案件的部门及工作环节，如发电厂燃料处，各单位基建工程发包，材料采购供应、第三产业各类公司等群众关注的热点地方和热点问题，搞超前监督防范，有力地遏制了违法违纪。二是1996年，省电力公司对下半年效能监察工作提出安排意见，要求全公司系统从小车、公款吃喝、玩乐、赌博、小金库、乱投资、房子等8个方面入手，开展13项效能监察活动。全省电力公司系统按省电力公司的安排开展监察，避免经济损失210多万元。

1998年，纪检监察部门对《吉林省电力公司综合市场规定》实行一年来的情况进行监察，重点检查部分电业局、发电厂及施工、修造企业，使得到合理控制的工程造价和设备产值达2亿多元。通过检查，共对被检企业提出建议38条，协助建章建制30多项。

2002年，效能监察工作不断加强。一是对哈大电气化铁道供电工程中的有关问题，进行了3个月的监察，搞清事情的真相，使有关领导和有关部门从中吸取教训；二是突出对8个供电公司城镇电网改造工程竣工验收和二期农村电网改造工程的行政监察，对存在的问题提出改进意见。

第六章 工 会 工 作

省电力公司各级工会组织，在上级工会、中共本单位委员会领导下和企业行政大力支持下，认真贯彻落实《工会法》、工会章程，和中华全国总工会全国会员代表大会精神，加强自身建设，认真履行职责，开展职工民主管理，开展群众生产活动、合理化建议活动，献计立功活动，开展劳动竞赛，为生产建设任务的完成提供保障。工会组织保护职工的合法权益，加强劳动保护和安全生产监督，积极协助改善职工工作环境和职工生活，关心困难职工，开展送温暖活动，维护职工的切身利益，保护职工的积极性。工会组织在职工中开展以“四有教育”为中心的政治思想教育，鼓励职工为企业作贡献，协助企业做好有关工作，完成自己所承担的任务。

第一节 工 会 建 设

1991～2002 年期间，省电力系统根据全国总工会的统一安排部署，对工会组织进行整顿，加强了各级工会组织建设。各单位工会坚持实行会员代表大会制度，通过选举产生领导机构，并配备工作人员，积极开展工作，增强工会组织的活力，调动会员的积极性。各单位工会加强了学习和培训，提高工会干部和工作骨干的政治业务水平，增强了自身建设和自身活力，推动工会工作的开展。

一、组织建设

1991 年，省电力工会延续 1988 年的建制，设工会主席 1 人，办事机构为 5 部 1 室，定员 17 人。1994 年 9 月 1 日，省电力公司机关机构重新设置，省电力工会设主席 1 人(党组成员，副局级)，办事机构变为组织宣传、生产、生活女工、文体 4 个部和办公室(财务部)，均为副处级建制，定员 13 人。其中财务部与办公室合署办公。自 1996 年起，增设了副主席。1999 年，吉林省电力工会改称中国水利电力工会吉林省委员会，办事机构变为组织宣传，生产生活女工、财务部和办公室。1999～2002 年，办事机构定员 9 人。历任工会主席为张广智、冯雪原、曾凡华。

根据全国总工会的部署，省电力公司各基层单位，相应建立工会组织，分场、工区、车间建立分工会，班组建立工会小组。各基层单位工会受当地总工会和省电力工会委员会双重领导，并受中共本单位委员会直接领导。

各基层单位工会实行委员会制，设工会委员会和各专门委员会，并设主席、副主席。工会委员会的人数和专门委员会的个数，由各单位工会根据具体情况决定。各基层单位工会均设办事机构，配备人数不等的工作人员。

二、会员代表大会

省电力工会各级组织，依照工会法和工会章程规定，定期召开工会会员代表大会或会员大会。大会审议和批准本单位工会委员会的工作报告，审议和批准工会委员会的经费收支情况报告和工会经费委员会的工作报告，选举产生本单位工会委员会和经费审查委员会。省电力行业各单位工会会员代表大会的代表实行常任制，任期3～5年。

省电力工会第三次代表大会于1994年6月23日在长春市召开。参加会议的代表62人，代表全省电力系统66 775名会员。省电力工业局党组书记、公司总经理孙业堂到会讲话。大会听取并审议省电力工会主席张广智代表上届委员会所做的题为《把握全局、发挥特色、团结带领职工为发展吉林电力建功立业》的工作报告，听取并审议了上届委员会的财务工作报告及经费审查工作报告。大会授予吉林电业局工会等13个工会为模范工会；授予通化电业局工会主席姚宝山等8名同志为模范工会工作者；授予辽源发电厂工会主席王成才等32名同志为优秀工会工作者；授予浑江发电厂麻春平等84名同志为优秀工会积极分子；授予热情关心支持工会工作，并取得明显成绩的戴凤祥等29名党政领导同志为荣誉工会积极分子。通过大会，组成省电力工会第三届委员会，选举产生工会主席1人，常务委员会委员7人，经费审查委员会委员5人，其中主任1人，副主任1人。

三、建设“职工之家”

1984年，省电力工会根据上级的部署，在全系统内各单位工会开展建设“职工之家”活动。1991年之后，全省电力系统各级工会组织以增强基层工会活力为本，注重丰富建家内容，注意探讨建家的规律，提高建家质量，总结建家经验，经历了“整顿建家”、“深化建家”和“新时期建家”三个阶段，使职工之家建设做到常建常新，实现职工之家从“温馨型”向“维权型”的转变。

省电力系统职工之家建设工作成绩突出。长春热电二厂，双辽、辽源、榆树川发电厂，白山电业局和省电力公司机关被中华全国总工会授予全国模范职工之家荣誉称号；四平电业局梨树供电局、延边电业局敦化供电局、白城电业局大安供电局，吉林热电厂水泵站和吉林电业局舒兰一次变电所、哈达湾集控站，吉林省永吉县农电局西阳供电所被中华全国总工会授予模范职工之家荣誉称号。

第二节　职 工 民 主 管 理

省电力工业局党组和工会组织，为加强职工民主管理，充分发挥广大职工在企业生产发展中的作用。建立职工代表大会制度、总经理联络员制度，并实行厂务公开，把企业的经营管理置于广大职工的监督之下，让广大职工参与企业的经营决策，促进干部队伍的廉政建设，增强经营决策的科学性，调动广大职工的积极性，保证企业改革和生产建设工作的顺利开展。

一、坚持职工代表大会制度

职工代表大会是实行民主管理的基本形式，是职工行使民主管理权力的机构。省电力公司在实施民主管理的过程中，坚持职工代表大会制度，保证职工参与重大问题决策，保障职工的民主权利，实现上下和谐，团结一心，推动各单位的改革与发展。

省电力公司各单位一般每半年召开一次职工代表大会，每五年为一届。各单位的主要领导（局长、厂长、经理等）每半年向职代会报告一次企业管理和有关职工切身利益的问题。职代会召开期间，职工代表要听取并审议主要领导的工作报告，听取有关财务、审计、教育培训、安全劳保、工业卫生、招待费使用情况等方面的报告，并签订集体合同和部门、单位承包合同，民主评议中层以上领导干部，听取职代会决议执行情况报告和职工代表提案落实情况及采纳新提案的报告，大会还要表彰“双文明”先进单位和先进个人。工会是职工代表大会的工作机构，在职代会后，各专门工作委员会负责日常管理和监督工作，使职代会的提案和决议得到办理和执行。

省电力公司每年至少召开一次职工代表大会。根据客观形势的发展和工作的需要，省电力工会按照职代会程序规范要求，有时还要临时召开职代会代表团长会议，或以通信表决方式向各代表团征求有关方面的意见。1991～2001 年，省电力公司共召开了 11 次职工代表大会。大会审议通过总经理工作报告、关于承包经营和预算外资金收支情况的报告，职工代表提案解答报告，省电力公司关于加强社会主义精神文明建设的意见等。会议还通过了相应的决议。

二、实行联络员制度

为进一步健全和完善企业民主管理渠道，1992 年，省电力工会重新修订了总经理联络员制度和工作管理办法。

1992 年 12 月 8 日，省电力公司总经理联络员座谈会在长春举行。省电力公司总经理孙业堂、副总经理张广智，省电力工会有关部室的负责人和 13 名联络员参加会议。总经理孙业堂向联络员发聘书，通过总经理联络员工作制度。

1998 年 12 月 23 日，省电力公司召开总经理联络员会议。总经理王炳华、省电力工会主席冯雪原参加座谈并听取联络员们反映情况。总经理王炳华为获得 1998 年优秀联络员称号的长春热电二厂雷强、四平线路器材厂孙玉和、省送变电工程公司徐守琦三名同志颁发荣誉证书。来自直属和基层单位的 16 名联络员畅所欲言，分别在试行模拟电力市场、增供扩销、人才管理、农电管理、安全生产等方面提出建议。

2000 年 5 月 12 日，省电力公司召开总经理联络员会议。省电力公司总经理张志厚、省电力工会主席冯雪原出席会议。总经理张志厚新聘任了 20 名总经理联络员。各基层单位也相应实行联络员制度。

三、实行厂务公开

吉林省电力公司在建立健全职代会制度的基础上，按照中共十五大关于扩大基层民主和上级关于实行厂务公开的文件精神，制定了实行厂务公开的制度和工作方案，开展了厂务公开工作。1999 年 7 月 13 日，省电力公司召开厂务公开电视电话会议，传达国家及吉林省厂务公开会议精神，对公司厂务公开工作进行了部署。到 2000 年 9 月，省电力公司系统已经有 40 个单位建立了厂务公开制度。2001 年，中共吉林省电力有限公司党组下发《中共吉林省电力有限公司党组关于进一步推行厂务公开制度的实施意见》，主要在企业重大决策，企业生产经营管理、涉及职工切身利益，领导班子建设和党风廉政建设等方面，实行厂务公开。

各基层单位根据省电力公司的安排部署，实施厂务公开。规定收入分配、职工福利、民主评议及选聘干部、物资采购、工程项目招投标、企业经营状况、职工职称评定、职工培训和调动、中层及以上干部廉洁自律等为公开内容。对各二级单位和各班组公开内容也做了规定，并制定出双向检查措施、源头参与措施、目标责任措施、公开报告措施等四项监督措施。

2002 年 4 月 9 日，省电力工会在长春召开厂务公开座谈会，会议部署了 2002 年厂务公开工作，进一步推进全省电力企业实行三级公开。长春第二热电有限责任公司工会、辽源供电公司工会等 10 个单位介绍了厂务公开工作经验和做法。

第三节 群众生产活动

省电力公司各级工会，积极动员和组织职工提高生产技能，参加生产活动，为完成企业的生产建设任务作出贡献。各级工会组织和行政部门积极配合，组织职工开展岗位培训、岗位练兵，开展各种比赛，通过这些活动，提高职工队伍的技术业务水平，培养各个岗位的技术能手。工会还组织职工开展合理化建议活动、献计立功活动、增产节约活动、推动技术革新活动，为节约资金，提高效益，保证企业改革和生产建设任务的完成发挥了作用。

一、劳动竞赛

自 1991 年开始，省电力工会根据电力生产建设的重点与难点组织开展了局、厂“双文明”竞赛，重点工程对口赛，20 万千瓦机组安全、经济、文明生产一条龙竞赛，“双达标竞赛”，“双增双节”竞赛等生产技术竞赛。

为保证电能计量的准确性，交流电能计量技术，1997 年 8 月 19 日，省电力公司在通化电业局举办了省电力系统第八次电能计量技术竞赛。全省 8 个电业局 24 名选手参加了比赛，四平电业局张敏荣获得个人成绩第一名，长春电业局杨洁、雷鸣分获第二、三名。四平电业局、长春电业局代表队获团体总分第一、二名；白城电业局和吉林电业局代表队并列团体总分第三名。

1998 年 3 月，在东北电力集团公司工委和东北电力集团公司开展的 20 万千瓦红旗机组竞赛活动中，长春热电二厂 1 号、吉林热电厂 10、11 号、长山热电厂 8、9 号、浑江发电厂 5 号机组被评为 1997 年度红旗机组。在东北电力集团公司工委和东北电力集团公司开展的 500 千伏变电所局际竞赛中，长春电业局合心变电所被评为优胜变电所。1999 年 5 月，长春热电二厂的 1、2 号机，吉林热电厂的 10、11 号机，浑江发电厂的 5 号机，长山热电厂的 8 号机，双辽发电厂的 2 号机被评为 1998 年度东北电网红旗机组，其中长春热电二厂的 1 号机名列第三名。

二、合理化建议和献计立功

各基层单位工会积极组织职工开展了群众性的合理化建议和献计立功活动。1997 年，延边电业局工会发动职工提合理化建议 429 件，采纳 362 件，经济价值 388 100 元，修旧利废 442 项，经济价值 722 637 元，其他增收节支 134 项，经济价值 7 663 999.29 元，总经济价值 8 774 736.29 元，人均建议率、建议采纳率和实施率都比上年有了明显提高。

三、岗位练兵

为提高本职本岗能力，造就各岗位的技术能手，各单位积极地开展岗位练兵活动。1994 年，二道江发电厂重点抓岗位练兵和竞赛，评选出“运行排头兵”10 名，“检修排头兵”15 名，“运行技术能手”14 名和“检修技术能手”22 名。1996 年，吉林省火电第三工程公司为提高火电厂施工技术，组织职工开展岗位练兵 30 多次，参加练兵的 900 多人次，参加技术比赛的 160 多人次，使职工队伍技能有很大提高。1999 年，延边电业局深入开展岗位练兵活动、选树技术明星及“名师带徒”等项活动，提高职工的技术业务水平。当年，该局签订传帮带师徒合同 109 份，为培养技术能手开辟了新的途径。

第四节　关心职工送温暖

省电力公司各级工会，协助和督促企业行政，加强职工福利设施建设，管好职工的福利事业，积极改善物质文化生活条件，办好职工健康疗养，增进职工的身心健康。各级电力工会，特别关注困难职工的生活。省电力公司各级领导，经常探望走访有病职工和困难家庭，及时给他们送去温暖，帮助他们战胜困难，争取过上幸福的生活，充分体现共产党和国家对每个中华儿女的关爱之情。

第五节　开展职工文体活动

各级工会经常组织职工开展形式多样、各个层次、健康向上的文化体育活动，先后举办全省电力系统职工运动会，篮球、乒乓球、游泳比赛，培养了体育运动骨干，推动群众性体育活动的开展；举办职工文艺汇演，文化艺术节等职工文化娱乐活动。职工文化体育活动的开展，既活跃职工的文化生活，陶冶职工的情操，又寓教于乐，对职工进行思想道德教育；既增强职工的体质，又凝聚职工队伍的力量，推动两个文明建设的发展。

一、职工体育活动

省电力公司和各基层单位组织职工开展各种体育健身活动，组织多种体育比赛，检阅职工体育队伍，检查体育锻炼和训练的成果，推动职工体育运动的开展。

（一）大型田径运动会的举办

省电力系统于 1993 年 9 月 21～25 日和 1996 年 9 月 16～17 日，分别举办第四届和第五届职工田径运动会。第四届运动会在东北师范大学体育场举行，共有33个代表队，近千名运动员参加。运动员在比赛中表现了良好的体育道德和勇敢顽强的作风，有21人次打破6项上届赛会纪录。吉林、长山热电厂、长春电业局、长春热电二厂、浑江发电厂，省电力公司直属机关获团体总分前6名；二道江发电厂等20个单位获得体育道德风尚队称号；长春电业局等6个单位获得最佳精神文明单位称号；省电力公司机关事务局等12个单位获得精神文明单位称号；长春电业局等14个单位获得大会文艺节目表演奖；长春电业子弟学校、长春电力学校获得团体操表演突出贡献奖。

（二）举办各种单项比赛

省电力系统1991～1998年，先后举办了四次职工篮球赛。1998年9月举办的第七届职工篮球赛在长春举行。本届赛事共有25个男队、5个女队，348名运动员参加比赛。吉林、辽源供电公司，长山热电厂、辽源发电厂、吉林热电厂、吉林电力物业总公司、省电力公司机关、四平供电公司男队获得前八名。省电力公司机关、延边供电公司、省电力设计院、长春电力工业学校女队获得前四名。1992年12月17～19日，省电力系统在四平市举办第六届职工乒乓球比赛。1997年8月18日、2000年8月28日，省电力系统分别在吉林热电厂，双辽发电厂举办了首届和第二届职工游泳比赛，并取得成功。

（三）参加上级组织的各项比赛

省电力公司及各基层单位，组织职工参加上级单位举办的各项比赛。1998年9月，省电力公司组织82名运动员参加第十三届省运会。共夺取金牌16块、银牌10块、铜牌11块，获本届赛会职工组金牌榜第三名，以364分总成绩获第五名，同时获体育道德风尚奖。省电力公司组团参加省第十四届运动会。在职工组的比赛中，获得田径比赛团体第一名，金牌榜第一名；获游泳比赛团体第一名，金牌榜第一名。最后以金牌总数48枚、银牌总数49枚、铜牌总数31枚，团体总分1132分的好成绩获得本届运动会职工组团体总分第二名，金牌榜第二名。同时获得赛会道德风尚奖。

二、职工文化活动

省电力系统各级工会，组织动员职工开展多种多样的文化娱乐活动，寓教于乐，既给职工带来欢乐，也使职工受到教育，为增强企业活力，推进企业发展作出贡献。

（一）文艺汇演和文化艺术节的举办

省电力系统于1992年6月25～28日和1995年6月26～29日，先后举办第四届和第五届职工文艺汇演，又在1997年5月9日～7月29日，举办首届文化艺术节。全系统共有27个单位近400余名演员参加第四届职工文艺汇演，共有74个节目参加演出。项目包括声乐、器乐、舞蹈、曲艺及综合。白城发电厂的崔贵成等35人分别获音乐部分一、二、三等奖。榆树川发电厂创作的《白山明珠》等13个舞蹈分别被评为一、二、三等奖。火电二公司创作的小话剧《探亲记》等8个节目分别获综合类一、二、三等奖。长春热电一厂创作的男声小合唱《汽车驾驶员之歌》、白山电业局创作的相声《送电郎》分别获鼓励奖。部分获奖节目又于7月3～5日组团到长山热电厂、双辽发电厂施工现场进行了慰问演出。

在首届文化艺术节期间，全省有50多个单位开展了读书演讲、知识竞赛、大秧歌、卡拉OK、服装表演、篝火晚会、图片展览等多种形式、多层次的文化艺术活动，共组织50余场文艺节目演出，组织30多个美术、书法、摄影等艺术展览，创作了一批有行业特色、艺术特色和时代特色的文艺节目和各种文艺作品。在省电力公司举办的美术、书法、摄影展出的259件作品中，有41件作品获一、二、三等奖；在文学征文活动中，参赛的275篇散文、诗歌、小说作品中，有11篇作品分别获得一、二、三等奖；在文艺演出中，有27个节目获文艺表演奖；珲春发电厂、白城电业局等29个单位获优秀组织奖。

（二）组织职工参加多种文化活动

1991年11月26～29日，省电力系统举办职工业余歌手比赛，有2人、3人、4人分获美声唱法一、二、三等奖；有3人、4人、5人分获民族唱法一、二、三等奖；有2人、4人、5人分获通俗唱法一、二、三等奖。1993年4月27日，省电力系统第五届职工美术、书法、摄影展览在长春举办，共有160幅作品参加展出。1994年12月8日，省电力系统曲艺、小品、短剧大奖赛在长春举行，来自17个单位的100余名职工参加这次大奖赛。共评出曲艺一等奖1个，二等奖3个，三等奖5个；短剧一等奖1个，二等奖2个，三等奖3个。2001年省电力工会组织编写的职工诗歌集《阳光和弦》和散文集《走出星光》正式出版发行，近200名作者的400篇诗歌、散文被编辑到书中。作品以饱满的政治热情和生动的笔触，歌颂了电力改革发展的丰硕成果。

第六节　女职工工作

省电力系统各单位，对女职工工作十分重视，切实维护她们的合法权益。各单位工会把女职工工作纳入自己的工作范围，为加强女职工工作的管理，有的成立女工工作委员会，有的设立女工工作部，有的设立专职女工委员。他们以对女职工开展“四有”教育，培育“四有”女职工为中心，组织女职工学政治、学文化、学技术业务，并注意发挥女职工在两个文明建设中的重要作用。

中共各单位党组织、行政、工会组织对女职工在政治上给予关怀，在工作上给予信赖，在生活上给予照顾，为她们参政议政创造条件。并注意把优秀的女职工选拔到各级领导岗位。

各级领导和工会组织关心女职工的身体健康，将女职工特殊保护与科学地预防妇科病结合起来。对哺乳期和怀孕期有困难的女职工，工会配合行政协调解决调换她们的工作岗位。

省电力公司各单位，发挥女职工作用，通过开展争当“三八红旗手”、“岗位明星”，争创“双最佳”和“巾帼建功竞赛”等活动，调动了女职工的积极性和创造性。广大女职工自尊、自信、自立、自强，围绕深化企业改革，保证安全文明生产和提高企业经济效益，发挥了“半边天”作用。

各电力工会及女职工委员会，积极组织女职工开展“最佳文明女职工”、“最佳文明家庭”和“争当好婆媳”竞赛活动。广大女职工利用自身在家庭中的重要地位，以自己高尚的道德情操，影响家庭成员，教育好下一代，在“五好家庭”建设中，发挥了重要作用。至2002年，辽源发电厂共表彰“五好家庭”149户，有6个家庭先后被中国水利电力工会，吉林省妇联、省电力工会、辽源市总工会评为“文明家庭”。

第七章 共青团工作

省电力公司各单位共青团组织，在中共本单位委员会和上级团组织领导下，建立组织机构，组织广大团员、青年按照团章的规定，积极开展团的工作，对团员、青年进行政治思想教育，培养青工，努力造就各方面的接班人；组织团员、青年学习雷锋，奉献爱心，为灾区人民捐钱捐物，开展扶贫济困，积极参加社会和本单位的公益活动和献工活动。广大团员、青年，在团组织领导下，积极参加生产科技活动，充分发挥突击队和生力军作用。各级团组织，根据广大青年的喜爱和要求，针对他们的特点，开展健康向上的文化体育活动，活跃青年的生活，陶冶情操，也使他们受到深刻的政治思想教育。

第一节 组织机构

省电力公司于1992年成立青年工作处，为副处级建制。1994年，成立政工部，青年工作处划归政工部，由一名同志专门负责青年工作。1999年，青工处建制恢复，设在政工部内与直属机关团委合署办公。

省电力公司各单位，有党委建制的均组建共青团团委；党的组织为党支部、党总支建制的单位，一般组建团支部、团总支，少数团员、青年较多的单位，组建了团委。在基层班组，一般设有团小组。1991～2001年，省电力公司系统有团委36个。到2002年省电力公司系统的团委总数减少到31个。

为加强青年工作的领导，基层单位设有青年工作机构，有的成立青年工作科，与团委合署办公。

第二节 团员代表大会

各单位共青团委员会，依照团章，坚持按时召开团的代表大会，总结团的工作，部署团的任务，选举产生团委会领导班子，推动青工工作的开展。

双辽发电厂是个新厂，建厂初期，团员人数较少。1991年9月14日，共青团双辽发电厂建设管理处首届团员大会召开，出席团员42名，大会选举产生了共青团双辽发电厂建设管理处委员会，由4人组成。1994年，该厂有团员491人，是年7月15日，共青团双辽发电厂首届代表大会召开，出席会议的代表98名，大会通过了《共青团双辽发电厂第一次代表大会决议》，选举产生共青团双辽发电厂首届委员会，由9人组成。1999年，双辽发电厂有团员453人，5月4日，共青团双辽发电厂第三次代表大会召开，出席会议代表99人，会议通过了《共青团双辽发电厂第三次代表大会决议》，选举产生由9人组成的第三届委员会。

第三节　组　织　工　作

各单位团的组织逐步建立和完善各种制度，制定了工作考核标准和实施细则，坚持开展团的组织活动。为加强团支部工作，举办团支部书记培训班，各基层单位团支部书记、委员参加培训，并开展建设标准化团支部活动。各单位党委下发《关于进一步加强和改善共青团工作的意见》，为搞好团的工作提供有力的保证。为推动共青团工作的开展，各单位团委实行量化考核管理，制定合理的考核办法，修改、完善基层团组织量化考核管理办法。各单位加强共青团干部培养，组织部分团干部参加中央团校，团省委、团市委学习班，提高团干部的综合素质和工作能力。

各单位党的组织和共青团组织，开展了在优秀团员中发展党员的工作。1992～2002年，辽源发电厂团委共推荐23名优秀团员加入中国共产党。

第四节　培　养　教　育

省电力公司系统各单位，根据形势的发展，改革的深入和本单位青工的实际情况，开展了多种形式针对青年特点的教育，开展爱国，爱厂、爱岗敬业教育和面对新形势发展的教育，以及基本路线、基本国情、工人阶级基本常识、基本行为、安全规程、厂规厂法、法律常识教育，以及正确人生观、价值观、艰苦奋斗教育和跨越式发展与青年责任教育等。各单位加强培养接班人的工作，努力把青工培养成才。各级领导鼓励青年职工多读书，读好书，学技术，学业务，努力培养自己成为各行各业的状元和岗位能手，在经营管理和生产建设中发挥突击队和生力军的作用。

各单位为培养接班人做了大量扎实的工作。1993年，以青工教育为重点，坚持实践育人，围绕企业安全、文明生产，陆续开展“保安全、保质量，争做优秀青年施工组、优秀青年检修能手”、“青年监督岗”、“塑造青工形象，争创一流青年岗位”等竞赛活动，激发团员青年学先进、赶先进、争当先进的热情。各单位团组织通过开展“青年安全生产示范岗”、“导师带徒”、“四手建功”活动，充分发挥团员青年在企业经营管理和安全生产中的生力军作用。

第五节　发 挥 突 击 作 用

各单位团委，根据工作的紧急需要，组织团员、青年成立突击队，开展争当文明号和岗位能手活动。供电部门充分发挥团员青年在加强经营管理中的突出作用，成立青年查窃电突击队，利用业余时间追回、补收电费挽回经济损失。他们组建青年安全文明监督岗，开展以用电宣传和咨询为内容的青年志愿者活动，向广大市民宣传坐收电费制、电费储蓄、安全用电等知识和用电政策，并发放宣传单。

1998 年，吉林热电厂 11 号机组被共青团中央授予“青年文明号”称号。1998 年，长春热电二厂组织全厂青年职工争当文明号和岗位能手，该厂 1 号发电机组被共青团中央、国家电力公司命名为“全国青年文明号”；汽机分公司水泵班被省创建青年文明号活动组织委员会命名为“青年文明号”；运行青工王志伟被东北电力公司授予“青年岗位能手”称号；运行青工李晓峰被评为省电力公司“青年岗位能手”。

第八章　学会、协会、研究会

1991～2002年，吉林省电机工程学会、电力企业管理协会（电力行业管理协会）、电力企业职工思想政治工作研究会，坚持正确的办会方向，认真执行办会工作方针，努力实现办会宗旨，较好地发挥个人会员和团体组织作用，在开展科学技术、企业管理、思想政治工作研究和学术交流、经验推广、咨询服务等活动中，取得了较好成效。

第一节　吉林省电机工程学会

10多年来，吉林省电机工程学会发挥跨部门、跨行业的学术性群众团体作用，其成员为省内大专院校、科研单位、电力系统和电机制造行业（挂靠在省电力公司），在开展学术交流，普及科学知识，承担科技项目论证、咨询服务、科技成果鉴定，组织论文评审、出版科技刊物，建立科技工作者之家，开展科技夏令营活动等方面，做了大量工作，曾两次获中国电机工程学会授予的“学会之星”荣誉称号。

一、组织建设

省电机工程学会在中国电机工程学会和吉林省科学技术协会的领导下，完善组织建设，下设学术委员会1个，组织、咨询、编辑、科学工委会等4个和若干专委会，分别挂靠在东北电力设计院、东北电力大学、省电力勘测设计院、省电力科学研究院。2002年末，经重新登记，省电机工程学会个人会员3660名，会员来自吉林省各行各业223个单位。电力系统中火电、水电、供电、施工、修造、科研、设计等32个单位，相继成立了电机工程学会分支机构，并开展相关活动。

1997年12月19日，省电机工程学会第六次会员代表大会在长春召开，选举省电力公司总经理为理事长，5名副理事长，25名常务理事，63名理事，配备1名常务副秘书长，2名副秘书长。会上表彰了先进，评选奖励了优秀论文。有会员4956人，高级会员50人。

省电机工程学会下设基础理论、热能动力、电网系统、电力设备、城市供用电、农村供用电、电气自动化、安全技术、水力发电、水火电建设、计算机系统、电厂化学、金属化验、焊接技术14个专业性专委会。由挂靠单位有高声望的技术负责人担任专委会主任。

长春、吉林、四平、辽源、通化、白山、白城等7个城市和延边朝鲜族自治州也都建立了电机工程学会，受当地市（州）科学技术协会领导，业务受省电机工程学会领导，挂靠在各地区电业局（供电公司）。内设电力网、热能动力、供用电、自动化与计算机、水力发电、电力建设专委会，每个专委会挂靠在相应的技术专业都比较强的企、事业中，并组织开展活动。

二、学会活动

（一）学术交流

1991～2002年，省电机工程学会与各工作委员会、专委会按照促进科学发展、科学决策和科学人才成长，推广先进实用技术，促进科技与生产紧密相结合的宗旨，累计组织学术会议140次、讲座239次、报告172次，宣读论文2724篇，授奖465篇，参加人数1.18万人·次。

为迎接“八五”计划，在省科协领导下，省电机工程学会牵头，组织省内能源、煤炭、化工、金属、泥炭、铁道、公路等9个省级学会，开展学术交流历时近1年，收到论文68篇。在省电力公司召开了“吉林省能源开发与节约”学术研讨会，国家计委、能源部、中电联、中国科协、国家能源投资公司等部门领导参加会议；吉林省省长、人大主任、政协主席、中国电机工程学会理事长出席了大会，140名专家围绕吉林省能源发展、利用献计献策，大会最后提出“吉林省能源开发与节约的七点建议”，得到高度重视，并被采纳，列入吉林省能源发展规划。

1991年，热能动力专委会举办了“20万千瓦机组学术交流会”，从设备性能、产品、检修、安装及运行质量等进行分析、交流、探讨，查找不稳定因素和原因，为全省5台20万千瓦机组的治理提供了科学依据。同年7月21日，和国家计委经济研究所共同编制的《吉林省能源开发和电力建设研究成果》评审会在北京举行，该成果获得肯定并通过。学会电力设备分会召开的“高电压科学技术研讨会”，被吉林省科协评为“1991年度优秀学术活动”。

1994年，省电力公司和省电机工程学会召开的“吉林省城市电网发展规划”学术交流会，特邀国家电网调度中心、中国电机工程学会专家到会做学术报告。当年，在东北电网配电学术会议上，3篇论文获优秀论文奖。

1996年，学会与火电分会金属专委会共同组织的“全国第四届电站金属构件换效分析与寿命管理学术交流会”，中国电机工程学会评为“1994年度优秀学术会议”并获奖。同年，省电机工程学会召开了“风力发电学术研究会”，评估吉林省风力资源及风力发电前景；围绕风电场选址、设备选型、设备国产化道路以及相关政策进行研讨。

1998年元月，同省电科院等单位举办“火电厂节能技术与发展趋势”的学术报告会，副教授李秀云全面介绍了火电厂节能新技术、新理论、新方法、新系统。

1999年初，邀请西安交通大学教授谢恒坤、哈尔滨工业大学教授杨嘉祥举办了“高压电力设备在线监测、状态检修”、“变压器绝缘油特性”学术报告会。

2000年，省电机工程学会先后邀请清华大学教授夏清等，做“电力市场管理系统”、“适应电力市场需要的EMS/DTS一体化系统”、“电力系统安全稳定控制”、“电力电子与电机控制和在线监测”新产品、新技术的学术报告。

2001年，信息化专委会在长春举办两期“计算机网络技术”培训班，50多名网络科技人员参加了CICO的CCNA课程；举办两期80人参加的“网页制作技术”学术班。省电机工程学会等举办的“电力系统自动化”学术会议，宣读论文30多篇。

2002年，省电机工程学会和各专委会，开展学术活动8项，930多人参加，交流论文

296篇，部分论文发表在国家一、二级刊物及中国科协年会论文集，发挥了学术交流的主渠道作用。

（二）咨询服务

1991年，受省计委委托，省电机工程学会出面请求国家计委经济技术研究所，承担解决困扰吉林省能源紧张问题研究。7月，于北京召开“吉林省能源开发与电力建设成果论证会”，由能源部总工程师主持，有国家计委、能源部、铁道部、煤炭部，规划院、能源投资公司等19个部门和单位的23名专家参加。经过总体评价，得到通过；“在吉林省西部白城地区建设大型火电基础”的建议，纳入了省政府吉林省总体发展规划。同年10月，按照能源部等部委“关于举办全国节能宣传周活动的通知”精神，会同省政府有关部门承办“节约用电暨节电产品展览会”，94个单位参加，参展节电项目98个，节电产品、技术、录像带等114项。4天的展会，3000多人次同各节能企、事业单位进行了交流和产品销售。

1992年，受省电力公司的委托，组织专家组对省电力公司管理的“老、小电厂的出路”、“吉林热电厂改造方案”、“热电联产机组选型”等难题，开展咨询服务，提出了方案和建议。同年4月，又承担“采用泥炭发电和综合利用”新能源专题研究，历经一年多的努力，通过了调研论证和可行性报告。

1993年，农村供用电专委会对德惠变电所10千伏侧放电造成三相短路事故、“降低农村综合电价，减轻农民负担”课题进行调研，提出“用电监察方案”和打击窃电技术组织措施。

1996年，受省电力公司的委托，组织专家组对吉林省8个城市（州）二次电网专题调研。经过3个月的摸底调查，进行综合分析研究，提出解决办法，形成“吉林省城市二次电网可行性调研报告”。

2000年，农电专委会编制了《省电力公司农网建设与改造工程概（预）算管理细则》、《农村小型化变电所典型设计》、《配电线路典型设计样本》、《农网工程竣工验收实施细则》等技术规范；推广新型节能SN9型配电变压器8000台。城市供用电专委会统一了8个供电公司防窃电改造技术标准和技术图纸。安全技术专委会制定了《城网建设与改造安全管理办法》，为实现安全生产全过程管理提供了依据。

（三）出版报刊

1991～2002年，省电机工程学会主办了《吉林电力》、《吉林科普》、《学会动态》、《奔向21世纪世界电力之窗》等期刊、报刊。

《吉林电力》原名《吉林电力技术》，由电机工程学会和电科院共同主办的面向全国的学术性电力期刊。年出刊6期，刊登文章100～200篇，约40万～70万字，印刷3万份，发行全国229个单位，1993年，获省内优秀期刊称号。1994年，有关部门统计的几项指标列全国30家电力期刊的前5名，1995年，获电力工业部期刊协会编辑奖。参加电力部主办的电力科技期刊审读，评语为：“文章具有创新性”、“实用性强”、“服务的观念强”、“社会效益显著”。

《吉电科普》由电机工程学会和职工大学联合主办的电力学术性报刊。1997年前，年出版8期，每期采用文章30篇，年发行量3万多份；1998年开始，出版10期，发行量6万份。办报20年来，学会坚持交流、普及、推广电力科普技术，为电力生产建设服务的宗旨，积极办报，开展活动。建立了科普通讯员组织，并举办业务培训班，开展稿件评优活动。1995年，组织全省电力系统职工，参加全国科普知识竞赛，各单位积极订书答卷，参赛人数约5125人，答卷初审合格率为93%。1996年，学会获电力部“全国电力科普先进单位”。1998年，3篇科普作品获中国电机工程学会一等奖，数量居各兄弟省电机工程学会之首，5篇作品获二等奖。

1998年，学会主办的《奔向21世纪世界电力之窗》，翻译了国外刊物新发表文章。当年，第一期出刊，发表16篇译文，约13万字。之后，每年出刊3期，至2002年发刊13期，译文153篇，约216万字，均由离退休老科技人员所为。举办了4次科技讲座，还完成“500千伏带电作业”、“安全工器具调研”等课题任务。

（四）夏令营活动

学会科普及教育工作委员会连续20年举办青少年参加电力科技夏令营。参加活动的青少年来自全省8个市（州）电机学会会员子女的“三好”学生、优秀干部和部分长春市重点高中的优秀校、班干部，每期约40～60名，活动7～10天。夏令营活动是在青少年中普及电力科学技术知识的好形式。它把科普与爱国主义教育结合起来，使青少年了解和热爱电力事业，为电力事业后继有人做思想准备。多年来，夏令营活动取得较大成绩，受到中国电机工程学会的奖励与好评。

第二节 企协与行协

1991～2000年，吉林省电力企业管理协会，按照“从事电力企业管理的学术性群众团体”的办会方向，执行“服务、研究、交流、提高”的工作方针，坚持“为企业服务”的宗旨，结合省电力公司管理的企业重点、难点、热点问题，开展调查研究、咨询服务等活动。

2001年，在政府职能转变和电力管理体制深入改革的新形势下，以省电力企业管理协会为基础，成立了省电力行业管理协会并开展活动，这是市场经济快速发展、省电力工业体制深化改革的客观要求。

一、省电力企协

1992年，省电力企业管理协会召开第二届会员代表大会，通过新的协会章程，选举第二届协会理事会，通过理事单位及理事名单。至2000年，在省电力公司党组的支持下，围绕省电力公司的中心工作和目标，开展了各项管理服务工作。

（1）为实现省电力公司党组关于开展“双达标”和“创全网先进，奔全国一流”的目标，1991年，编写了《定置管理》一书；1993年，汇编《火力发电厂一流企业标准》，均发行全国电力系统；1994年，编撰《无泄漏火电厂全国经验交流会资料汇编》，同年开展《燃料综合效益》调研；1997年，汇编《经营发展战略论文集》；1999年，组织“厂网分开，竞价上网”专题研讨会，并出版论文集。

（2）10年来，省电力企协累计完成“达标、创一流”工作咨询240项次，质量认证咨询80余次，都收到良好效果。1998年，挂靠的质量管理协会被中国水电质量协会评为优秀质量协会。2000年，中国电力企业联合会授予省电力企协“优秀咨询单位”称号。

（3）以培训班、交流会、函授等形式，先后举办了“营业管理”、“电价管理”、“质量管理”、“企业升级管理”、“现代化管理”、“质量认证”、“企协秘书长培训”、“达标创一流经验交流会”、“企业管理咨询理论与方法”等各类培训和交流活动。其中，取得质量管理内部审核员资格的360余人，国家级见习审检员资格的25人，培训企业质量管理小组活动骨干400余人，企业管理咨询师资格的62名。

（4）1986年创办的《吉林电力企业管理》会刊，已出版80期，总发行量超过16万册。

此外，省电力企协还在企业中开展“评优选先”、发展组织网络和对外加强联系活动等方面，都取得较好的成效与经验。

二、省电力行协

吉林省电力行业协会（简称省电力行协）是在社会主义市场经济体制改革和电力体制改革不断深化的新形势下，实行政府宏观调控，企业自主经营，省电力公司政企分开、厂网分开的改革中，遵循有关法律、法规，依法成立的。

（一）行协的建立

按照国家经贸委要求及中国电力企业联合会的部署，经吉林省民政厅登记注册，吉林省电力行业协会于2001年6月8日正式成立，并召开第一届会员代表大会。

首届会员代表大会有72个单位的代表参加。代表审议了大会工作报告，审议通过了吉林省电力行业协会章程、第一届会员代表大会决议、会员会费收取办法；选举产生省电力行业协会会长1名、副会长3名，配备秘书长和副秘书长各1名；通过理事单位和理事名单、常务理事单位和常务理事名单，大会设立并通过了5个专业分会名单，即发电、供电、水电、施工和修造企业、直属（多经）分会。

（二）主要活动

1. 基础建设

2001年7月，学习湖北、河南两省行协内部建设经验，设立综合部、会员部、咨询培训部、科技信息部4个部门，并配备会计、出纳员，制定资金和财务管理制度，规定行业协会各部门及人员的岗位责任和权限，明确工作任务、办事程序及工作质量标准，奠定了行协的管理基础。同年，下达《省电力行协专业分会活动办法的通知（试行）》，规定活动的原则、范围、办法及要求。

2002年，制定行业协会会长、副会长、秘书长和副秘书长岗位标准，颁发《协会工作规则（试行）》。为作好服务与沟通，制定了行协与省经贸委、省民政厅工作联系制度。与省科协协商后，批准了《省电力行协科技咨询公司章程》。行协的管理工作制度基本健全。

2. 联络站建立

2001年7月，行协发出《关于建立联络站的通知》，并开始为期两个月的摸底调查，先后对通化等地区 32 个会员单位的生产、管理及队伍进行初步了解，为建立会员单位档案，开展信息交流创造条件。同时，发出《关于建立联络站制度的通知》。召开第一次联络员会议，并对与会的 72 个会员单位和 89 名联络员进行培训。

2002 年，72 个会员单位联络站建立，并确定联络员、信息工作员队伍；制定管理办法及联系办法，架起了行协与各会员单位之间双向交流的桥梁。

3. 开展培训

2001 年，根据省经贸委的要求，行协编撰了《电力法规和电力市场》培训教材。7 月 12 日，举办第一期培训班，各地、市（州）经贸委主管电力的主任、电力科（处）长等 42 人参加。8 月 4 日，举办第二期培训班，省经贸委直管的 14 座大型企业分管动力的经理、动力科科长（处长）70 多人参加培训。11 月 14 日，为省经贸委起草《吉林省电力职工培训考核办法》，规定行协在电力行政主管部门的领导下，负责全省电力职工培训和日常工作考核。12 月，根据地方和企业自备电厂的要求，举办了发电厂运行值长培训班。

2002 年 3 月，会同省电科院，举办了发电运行和试验人员培训班，培训 98 人，为考试合格者颁发资格证书。4 月，对培训过的 25 名地方和企业自备电厂的运行值长进行成绩考核，合格者，颁发值长岗位证书。8 月，对部分会员单位联络员进行培训。

4. 服务活动

2001 年 8 月，行协受省电力公司和松江河电厂的委托，会同有关部门对松山电厂水库大坝冻胀破损渗漏隐患进行现场调研，提出在不清除破损混凝土面的基础上，进行超面积补浇面板混凝土的建议和周围复涂防渗材料方案，实施后效果显著。同年，受吉林风电公司委托，参与临江五道沟梯级电站收购前的考察、论证和评价，同时提出再增容 1200 千瓦机组建议被采纳。11 月，组织专家组对白城、松原市的城市、农村电网“十五”规划进行咨询，风力发电规划提出改进意见，对松原城网管理体制提出建议。

2002 年 4 月，开始筹备创办电力行协信息期刊。8 月到长春、四平、吉林等供电企业，调查政企分开后电工管理和电气施工队伍管理的变化及对策，形成《关于吉林省进网作业电工管理和承装（修、试）电力设备管理情况的调查》报告。11 月，开展了延边朝鲜族自治州城市电网、农村电网规划方案咨询服务，提出全州 7 个县级市的城市电网、农村电网的发展建议。帮助长春一汽动力分公司组建吉林发电用煤质量监督检测中心一汽站。

5. 完成上级单位委托任务

2001 年 6 月，受中电联的委托，参加《电网经营企业产权多元化研究》课题第六部分的研究，7 月完成，报送课题专家组。2002 年 6 月，完成中电联委托的《电力行业协会经费问题研究》课题有关章节的编写任务，并报中电联课题组。

2001 年 12 月，受省经贸委委托，代行起草《吉林电力计量管理规定》。省经贸委同省质量技术监督局协商同意执行，并授权省电力公司（省电科院）行使全省电力计量装置的试验、检测和监督等管理职能。2002 年 3 月，应省经贸委要求，代行起草《吉林省电网进网作业电工管理办法》，并下发执行；8 月，按省经贸委要求，开展吉林省电力产业状况调查，为省经贸委提供了全省电力产业信息，并分析加入世界贸易组织后吉林省面临的机遇与挑战，对相关产业的影响，以及如何完善发展战略，提高竞争能力等建议。

2002 年 10 月 10 日，省民政厅授予省电力行协“2001 年度先进社会团体”称号。

第三节 吉林省电力企业职工思想政治工作研究会

吉林省电力企业职工思想政治工作研究会（简称省电力政研会），坚持正确的办会方向，执行“以研究为中心，研究的目的在于应用”的方针，在省电力公司党组的领导下，认真开展研究工作。1991～2002 年，政研会理事会经 3 次换届选举，年均征集优秀论文 120 余篇，编辑了 6 部《优秀论文集》，向主管部门推荐优秀论文 30 余篇，均获奖励，各级政研会在一定程度上，起到了各级党委的参谋助手作用。

一、组织建设

1990 年 6 月 28 日，召开代表会议，选举产生第三届理事会，省电力公司党组配备了专职秘书长。11 月，经省民政厅社团整顿办公室清理审查，确认省电力政研会为合法的、具有独立法人资格的、非盈利性的社团组织，是全省电力行业的群众性的学术团体，并成为吉林省职工思想政治研究会的团体会员单位。在省电力公司党组的直接领导和省社团管理局的监督管理下，开展研究工作，并接受中国电力政研会、东北电业政研会、省政研会的领导。

1991～2002 年，省电力政研会会长均由省电力公司党组书记兼任，常务副会长由主管政工工作的副局长（副总经理）兼任，设专职秘书长，理事会理事由会员单位党委书记兼任。会长均为中国电力政研会理事会常务理事、东北电业政研会的副会长。

省电力政研会按照民主办会原则，每 3 年召开一次会员代表大会，选举产生新一届理事会。1993 年，召开第四次会员代表大会，选举产生了新的理事会。1997 年 5 月 27 日，召开第五次会员代表大会，总结第四届理事会以来的工作经验和成果，选举产生新一届理事会理事，修改通过政研会新的《章程》，表彰吉林电业局等 19 个先进基层政研会，奖励程喜清等 24 名先进个人。

吉林省各基层电力企业建立职工思想政治工作研究会 39 个，划分发电、供电、施工修造、直属和关联单位 5 个学组开展活动。辽源发电厂、吉林电业局、省火电一公司等政研会会长，交流了工作经验和研究成果。

2000 年 11 月 1 日，召开第六次会员代表大会。大会在总结经验与成果的基础上，修改并通过省电力政研会章程和选举办法，产生了第六届理事会领导机构和理事会理事。会长做工作报告，明确政研会工作“以研究为中心，研究活动以基层为主，研究课题以当前为主，研究的目的在于应用”的方针。在这一方针指导下，政治工作研究开展得更加生动活泼。之后，建立了会员岗位、优秀论文评选制度等。

二、主要活动

20 世纪 90 年代初，省电力政研会重点进行“基本国策”、“基本路线”、“反和平演变”和“三项制度改革”研究。各会员单位拟出总体规划，充实研究力量，对重点课题开展研究。1994 年后，“企业文化建设”成为各会员单位研究的重点，共发表 100 多篇研究成果，对企业精神、宗旨、形象、经营理念和行为规范、价值观和道德观以及企业文化的设计、导入、实施等，进行广泛深入的探索。1997 年以后，重点开展现代企业制度建设及职工思想动态的研究。2001 年，以贯彻落实“三个代表”重要思想为课题，开展研究工作，组织会员单位开展成果交流，有的成果受到上级表扬和奖励。同年 4 月 24 日，省电力公司召开会议，副总经理李强作《关于立足省电力公司改革与发展，全面实施企业文化战略》的报告，电力企业文化建设战略开始整体运作。

专　　记

专　　记

一、长春电业局开展优质服务的做法

长春电业局践行“人民电业为人民”的宗旨，在社会主义市场经济条件下，坚持为社会为广大用户提供优质服务，不断提高服务质量。他们引导职工提高认识，组织全局开展优质服务工作，建立优质服务保证机制，既讲经济效益，也讲社会公益，急用户之所急，想用户之所想，积极为用户排忧解难，做用户的贴心人。他们的高质量服务得到了地方政府和广大用户的肯定，获得了一致的好评，被评为全国纠风工作先进集体、全国用户满意企业和吉林省满意服务单位、吉林省诚信服务标兵单位。

（一）引导职工提高认识

长春电业局在组织职工开展优质服务工作时，注意提高认识，增强自觉性，激发广大职工的热情，调动了大家的积极性，夯实了开展好优质服务的基础。

1. 开展优质服务是为践行“人民电业为人民”的宗旨

长春电业局既是企业，又是国家职能机构。这个局的领导和职工，在市场经济条件下，在开展为社会、为用户服务的过程中，既讲究经济效益，也讲究社会公益。他们在发展供电事业的工作中，注意加强经营，提高效益，也坚持为用户着想，为保证用户能安全优质地用上电作出了无私奉献。长春市有一些企业、中小学、社会用户，他们的经费紧张，保证用电有困难，这个局的职工就为他们免费维修，排忧解难，仅 1987 年，全局就为用户解决用电困难 1197 件，为用户带电抢修 19 次，避免经济损失 60 多万元。该局支援教育事业的发展，1995 年，无偿提供 10 多万元，使长春市宽城区奋进乡小学、南关区幸福乡小学新教学楼和教师宿舍实现了供电。敬老院、孤儿院、寺庙也是电业局主动上门服务的对象，不仅为他们免费维修线路和用电设备，而且还为他们解决了一些生活上的困难。就连很少有人登门的长春净土庵，他们也上门服务，做好事，为庵里 20 多位老人检查身体，打扫庭院，更换多年失修的破旧电线，让庵里能安全地用上电。他们看到庵里没有菜吃，还送去了土豆和白菜。僧尼们感激地说：长春电业局尽出好人啊！长春电业局的广大职工为广大用户做好事，长春市的工商企业和广大市民对他们的赞誉广为流传。

长春电业局的领导和广大职工，从用户的赞誉中受到了教育，感到无私为用户服务无上光荣。社会的肯定和鼓励鼓舞着他们：继续发扬“人民电业为人民”的精神，不断提高服务质量，既要发展供电事业，提高经济效益，也要为社会、为用户服好务，让电力行业为社会发展作出更多的贡献。

2. 提高服务质量是提高经济效益的需要

长春电业局广大职工，在提高服务质量的过程中认识到：作为电力行业，提高服务质量极其重要，服务质量的提高，会保证经济效益的提高。长春市新立城煤矿，1994 年时出现了严重亏损，企业陷入了困境，连工人工资都开不出去，更无钱交纳电费。长春电业局了解到该矿的情况后，决定帮助该矿走出困境。该局一方面帮助煤矿争取到银行贷款，一方面组织人力帮助煤矿销煤，使该矿正常运作起来，走出困境，取得了较好的经济效益。这样一来，不但煤矿得救了，拖欠的电费也交清了。煤矿的领导感激地说，你们这样做，再不交电费实在对不起人了。

长春市郊卢家屯，进入20世纪90年代后，由于居民不断增加，原有的供电设备容量满足不了用电的需要，220伏的电压降到只有80伏，电灯不亮，电动机不转，电视无影，供电设备需要增容改造，但屯里一时拿不出资金，给居民生产生活造成很大困难。为解决用户的困难，长春电业局二道供电局支援20万元，为卢家屯更新了线路，更换了变压器，使该屯居民能正常用电，不但推动了生产的发展和生活的提高，也使电业部门增加了电量的销售，提高了经济效益。

3. 开展优质服务可以提高职工队伍素质

进入21世纪，长春电业局虽经过减人增效的改革，至2002年，职工队伍（含农电职工）仍有六七千人，遍布全市城乡基层站所，担负着一百多万用户的供电任务，被群众称为光明使者。供电和农电系统具有点多、线长、面广等特点。改革开放以来，全市用电形势发生了很大变化，地方企业兼并、联营、转产、承包多种形式并存，小工厂、小商店遍地开花，在这种情况下，加强电力行业的行风建设，提高职工队伍的素质，尤为重要。长春电业局在开展优质服务的工作中，注意加强队伍建设，开展思想政治教育，评选和表彰先进，树立学习榜样。1989年，他们评出了7个排头单位，6个先进单位和42个优秀个人。他们开展了“学习宋宝贵，争做用户贴心人”活动，涌现出了朝阳供电局等3个先进集体和以孟祥奎为代表的一批先进个人。长春电业局制定了供电服务标准，规范了服务活动，这些措施的实施，推动了职工队伍建设。该局做到了教育和处罚相结合，对于搞不正之风者，严肃处理，决不手软。通过处理，吸取教训，并利用典型，对职工进行教育，加强了行风建设。

（二）建立保证机制

为保证优质服务工作深入持久地开展，长春电业局在实践中，逐步建立起了保证机制。这就是把优质服务作为一把手工程，党政一把手齐抓共管，并实行各级领导亲自抓的包保机制；以企业内外配套监督为核心的监督机制；制定标准，列入目标，实行检查验收的考评机制。如果有人搞不正之风，必须严肃处理，决不手软，对严重违纪者，严惩不贷。

1. 实行领导包保责任制

长春电业局的优质服务工作实行领导成员包干制。局领导班子成员在搞好各自主管业务的前提下，又分片负责一块基层单位的经济效益和服务质量。分管片中的服务质量不好，分管的领导要被扣分，要受罚。这个局为加强对优质服务工作的领导，实行一把手工程，从上到下的优质服务和纠风建设领导小组都由一把手担任组长，直接抓优质服务，抓纠风工作，对本单位出现的服务质量问题、纠风问题承担责任，作为考核一把手政绩的重要内容，成为一把手岗位责任的重要指标。市局一把手与各处室及县（市）区局的一把手，各县（市）区一把手与基层站所的一把手，层层分别签订包保合同书。1998年初，时任长春电业局局长的刘亚钦与基层单位签订了《行风建设包保合同》，各基层单位一把手与班组长，班组长与职工层层签订了行风建设合同书，把优质服务和行风建设的责任分解到人头。全局上下严格按合同办事。对出现服务质量问题、行业作风问题的单位，除对当事人和主管领导进行处理外，对一把手也要进行处罚。

2. 做出承诺，接受监督

在开展优质服务和行风建设中，长春电业局主动向社会和用户做出承诺，自觉接受社会和用户的监督，虚心听取意见和建议。1989 年，他们下发了《两公开一监督办事制度》，制定并下发了《监督工作条例》，在社会各界聘请了 53 名行风监督员。1993 年，他们在报纸上公布了加强行风建设的各项规定，公开了举报电话。

1996 年，按照电力工业部供电社会服务承诺制试点方案，长春电业局成为全国 35 个试点单位之一，实行了供电服务承诺制。1998 年，该局又向社会公布了 8 项服务承诺。2000 年，他们又做出了“人人是窗口”的承诺，实行了“一站式”办公，并开展了“首问负责制”活动。

为广泛听取社会和用户对优质服务、行风建设的意见和建议，长春电业局经常派人走访地方政府，走访用户。1993 年，他们组成 4 个小组，走访了全市 70 多家重要用户征求意见，向社会发出征求意见卡 5000 多份，收集到各种建议 400 多条。1999 年，该局广泛开展了优质服务活动，通过明察暗访的形式了解服务情况，定期走访用户征求意见。全年共召开客户座谈会 58 次，走访客户 86 次。

2001 年，电业局为便于接受社会监督，公开了举报电话，建立了举报信箱，设立了 87 万元的奖励基金，是年，共有 9 人获奖，奖励金额 19 999 元。

长春电业局的优质服务和行风建设，得到了社会和用户的肯定。1993 年和 1994 年，他们连续两年在吉林省、长春市组织的行风测评中夺得长春地区第一名。2002 年 1～11 月，吉林省和长春市软环境办公室联合组织了吉林省满意服务单位调查。在全省 2000 多家企业和 3000 多家窗口单位中，通过现场调查、客户走访、明察暗访、开座谈会等形式的调查走访，最终，长春电业局成为全省唯一获得“满意服务单位”称号的电力企业。

3. 加强考评和奖励

长春电业局的优质服务工作，对外接受社会和用户的监督，对内加强了考评和表彰奖励。1990 年 6 月，该局转发了《吉林省供电系统优质服务达标标准》和《检查验收细则》，下发了《长春地区供电系统优质服务达标考核标准》，并成立优质服务领导小组，加强了组织领导。1993 年 10 月，他们转发了《吉林省电力工业局纠正行业不正之风开展专项治理工作方案》，成立长春电业局专项治理工作领导小组，明确了检查内容、时间、要求，采取听、查、看、访的办法，开展了优质服务和行风建设大检查活动。

1998 年，长春电业局修订完善了《行风建设包保合同考核实施细则》，按照一票否决的原则，加大了奖惩的力度。这一年，该局组织职工开展了“树行业新风，创示范窗口”活动，制订了 140 多条考核细则，定期检查，加强考核，推动了示范窗口建设，也对行风建设再上新水平起到了促进作用。2002 年，该局实行了优质服务、行风建设与业务工作同部署、同检查、同考核、同兑现，使优质服务的考核奖励工作更加规范，更加有效，更加有利于优质服务工作的开展。

4. 预防和严肃处理相结合

长春电业局在宣传原水电部颁发的《供电职工服务守则》的基础上，又针对曾出现过的问题和容易出现问题的环节，本着“预防为主，职责分明”的原则，先后制定了《接待和走访用户制度》、《违章、窃电查处规定》、《用户工程管理办法》、《营业稽查工作条例》、《营业服务工作五项规定》等制度，使职工明确岗位责任和服务标准。在供电和营业工作中，预防发生各类违纪问题，在农村坚决杜绝“权力电”、“人情电”、“关系电”，对职工队伍中出现的违纪问题，决不迁就姑息，发现一起处理一起。1994 年 4 月，朝阳供电局低压班一工人到工地检查时，发现有人违章用电，但他不按规定处理，伙同社会上有关人员对违章用电者进行勒索，分得现金 1000 元。该局进行严肃处理，给予开展留用察看两年的处分。

长春电业局对严重违纪者严惩不贷，对一般搞不正之风的人也决不手软。二道供电局有一个抄收员，此前工作表现一贯很好。但有一次他到一个工厂催收电费，厂方安排他到饭店吃了午饭，并给他买了一条香烟。局里接到举报后，立即进行调查，尽管厂领导说明是厂方主动安排，为其说情，但长春电业局还是坚持进行严肃处理，责令这位抄收员如数补交饭费和烟款 150 元，扣发奖金 500 元，下浮一级工资，调离原工作岗位，并召开全局营业窗口职工大会进行了通报批评。

（三）开展优质服务活动

长春电业局以帮助用户排忧解难为重点，积极开展优质服务活动。他们为用户着想，帮助用户解决用电中的困难，做用户的贴心人。为提高服务水平，他们还建立了服务机构，规范了服务工作，并积极开展了优质服务竞赛，努力减轻农民的电费负担，为改革开放，为发展工农业生产，提高城乡人民生活水平作出了贡献。

1. 为用户排忧解难

长春电业局深化服务层次，急用户之所急，想用户之所想，为用户排忧解难，帮助用户解决用电中的困难，受到了用户的欢迎。1991 年，该局的行风建设和优质服务走上了主动进取、不断深化的道路，开展了超前服务和重点服务，努力拓宽服务领域，提高服务质量。1993 年，他们采取局领导现场办公的形式，为市里的重点工程解决用电难题。1994 年、1995 年和 1996 年，他们深入各用电客户，帮助解决用电困难，分别排忧解难 2563 件、991 件和 957 件。1998～1999 年，该局以“让全市人民更加满意”为宗旨，开展了为电力用户做好事，办实事活动。1999 年，他们为用户做好事 723 件，排除临时故障 8238 次，受到了政府和社会各界的好评。同年 7 月，国务院纠风办公室、国家电力公司监察室和省电力公司有关领导，对该局的行风建设和优质服务进行了调研，给予了鼓励和肯定。在同年召开的全国纠风大会上，长春电业局被命名为全国纠风工作先进集体。

2000 年，长春电业局的优质服务工作继续发展。是年，他们共受理市长公开电话 1952 次，接待用户咨询 17 577 次。2001 年，他们受理故障报修 19 662 件，处理 19 662 件，处理率为 100%，客户满意率达到 98.5%。当年，该局在全国质量管理协会和全国用户委员会组织的评比中，被评为“2001 年度全国用户满意企业”，被国家电力公司评为服务年活动先进单位。2002年，该局共受理业务20724件，故障报修19 570件，处理率和办结率均为100%，客户满意率达98.2%。

长春电业局不但帮助客户及时解决日常生产经营和社会生活中的用电难题，还积极帮助用户解决生产发展中的用电困难。长春老茂生糖果厂为了适应市场需要，准备与国外一个公司联营，对产品进行改型换代。正当该厂准备接待国外公司实地考查时，忽然停产。为保证该厂生产的发展，长春电业局电缆处为他们带电进行了处理，考虑到该厂财经比较困难，施工中的材料费和施工费全部免收。在农村，农电部门积极支持农业生产和农村经济的发展。2001年，全省农电系统成立了169支抗旱支农小分队，深入农村，无偿帮助农民打井抗旱，架设线路650千米，投入变压器155台，有力地支援了农业生产抗旱保丰收。

2. 提高优质服务质量

长春电业局主动进取，使优质服务工作不断深化，质量不断提高。他们建立服务机构，规范服务行为，努力为长春市的经济发展和社会生活提高作出贡献。

（1）建立服务机构

1992年8月6日，长春电业局建立了电力咨询服务网，成立了领导机构，由咨询服务中心负责日常管理。他们还在市内四个区供电局和五个县（市、区）供电局、农电局设立电力咨询服务站，依照规范开展管辖区域内的电力咨询服务工作。1999年，该局成立了报修中心，隶属于生产部。中心有主任1人，值班员7人，受理长春地区故障报修业务，并从该年年末开始，受理了市长公开电话业务。

为适应市场化、商业化运营的需要，2001年1月18日他们下发了《成立长春供电公司客户服务中心的通知》，2月，客户服务中心成立，隶属于公司用电营销部，并成为市长公开电话网络办理单位。该供电公司在供电、农电系统全方位开展“连心工程”活动，在市区共建立4025个用电服务站，在各县（市）建立了11 070个用电服务站，受到了市政府和广大用户的欢迎。

（2）规范服务工作

1990年9月，该局制定并下发《长春电业局供电服务标准》，内容包括语言标准、行为标准和工作标准，强化了职工服务规范。1995年8月，长春电业局积极参加电力部在全国供电企业中开展的“规范服务用语，提高服务质量”活动，组织职工认真学习电力部党组制定的“供电服务指标”和“供电文明服务用语”，把贯彻部党组的决定和本局开展的“供电服务1.3.1光明行”活动相结合，推广使用文明服务用语，禁用文明服务忌语。2001年7月，国家电力公司制定了《供电营业职工文明服务行为规范》，对职工的职业道德、仪容举止、接待会话、现场服务、文明用语、忌语等进行了明确和规范。是年9月，长春供电公司将国家电力公司制定的《行为规范》印发，通过培训、演习、示范等教育形式，使供电营业职工熟练掌握操作内容，落实各项条款，提高了优质服务和行风建设水平。

1997年，长春电业局在开展优质服务中，实行了挂牌服务，优化了服务环境。1998年，该局的职工践行“人民电业为人民”的宗旨，树立“长电企业”和“长电人”形象，开展了“树行业新风，创示范窗口”活动。他们制定了活动方案，制定了140多条考核细则，定期检查，不仅推动了窗口建设，也对行风建设再上新水平起到了促进作用。2001年，该局认真贯彻《国家电力公司2001—2003年职业道德建设规划》，2002年，又制定下发了《“规范服务行为，展示窗口风采”活动方案》，加强职业道德建设，规范了供电窗口服务行为。2002年6月，长春供电公司召开了由各窗口单位一把手参加的行风建设工作会议，就长春市行风测评工作进行部署。各窗口单位向辖区内政府部门、企事业单位和广大用户广泛征求意见和建议，有力地推动了行风建设和优质服务工作。

长春电业局的优质服务工作，得到了中央和地方有关领导部门的肯定。1995年10月24日，中国服务质量大写真记者，以“电力行业提高服务质量的机制和途径”为题，在《人民日报》上发表了对长春电业局服务工作的调查报告。1996年1月9日，电力工业部党组做出《关于学习长春电业局提高服务质量搞好行风建设的决定》，5月7日，在全国纠风工作会议上，印发了该局《适应社会主义市场经济需要，建立行风建设常态运行机制》的经验。是年6月5日，在吉林省纠风工作会议上，省纪委、监察厅、人事厅代表中共吉林省委、省人民政府授予长春电业局全省行业作风建设标兵称号。

3. 开展优质服务竞赛

长春电业局在开展优质服务工作时，组织职工开展了多种形式的竞赛，把群众的积极性调动起来，推动优质服务的深入开展。1996年8月，该局开展了“奉献在春城”百日活动，推动服务工作上新台阶。1997年1月，该局开展了优质服务百日竞赛活动，竞赛内容为推行文明用语、挂牌服务、提高工作效率、深化服务内容、优化服务环境，从1月20日～4月30日，为期100天。1998年4月，该局下发了《关于全局开展优质服务月活动的通知》，5月1～31日，在全局范围内广泛开展了“优质服务月”活动，以让全市人民更加满意为宗旨，为广大电力用户作出贡献。

长春电业局各群众组织，组织自己的成员积极参加了优质服务活动。2000年5月，共青团长春供电公司委员会决定在营销岗位团员中，开展“提高工作质量，深化服务承诺”活动，以“服务长春经济，奉献春城人民”为主题，组织和带领广大团员青年，提高服务质量。2002年4月，该局开展了文明服务礼仪大赛等形式多样的竞赛，促进了全公司行风建设和优质服务工作深入开展。

4. 减轻农民电费负担

在提高服务质量的过程中，长春电业局取消乱收费，并通过改造农村电网，减少损失，降低电价，减轻农民电费负担。

（1）取消乱收费

1994年，长春电业局在全地区农村停止了四项收费，即低压改造费、高能耗变压器改造费、农电工管理费和农村电表安装费。同时还清退了乡电管站文化技术素质较差的职工837人，为57个用电瘫痪的屯恢复了供电。通过这些措施，使电价降到了省电力公司规定的合理水平0.55元/（千瓦·时），与上年相比，减轻农民负担796万元。清退乡电管站人员减轻农民负担151万元。

（2）改造城乡电网

1997年，长春电业局无偿投资2100万元改造农村低压电网，减轻农民负担1400万元。1998年，该局针对农村电价高的问题，成立了农村电价调研组和供电调研组，对全市农村电价进行了普查，从加快农村低压电网改造、理顺农电管理体制、提高农电职工素质等方面入手，制定了16条改进措施，降低农村电价，全年可减轻农民负担3000万元以上。是年11月14日，中央电视台焦点访谈栏目专题报道了长春电业局榆树供电局加快低压电网改造、减轻农民负担的成果和经验。

1998年10月，国务院部署开展“两改一同价”工作。长春电业局充分利用这一大好时机，把加快城市电网和农村电网改造作为开展优质服务的重要内容，两项改造都取得了突出成绩。1999～2002年，长春市城网改造共完成投资121 218.5万元。新增66千伏变压器11台，变电容量36.35万千伏·安；改造66千伏变压器3台，变电容量11.15万千伏·安。新增66千伏输电线路105.66千米；改造66千伏输电线路68.6千米。新增10千伏变压器100台，变电容量5.14万千伏·安；改造10千伏变压器98台，容量2.45万千伏·安。新增10千伏配电线路388.81千米，改造10千伏配电线路13千米。新增0.4千伏低压线路258.11千米，改造0.4千伏低压线路10.5千米。

在城市电网改造中，重点是延伸高压输电线路，使10千伏配电线路尽可能接近负荷点。他们还采用新型标准变压器，缩小供电半径，增强供电的安全可靠性。

1999～2002年，长春市农村电网建设与改造共完成投资65 370.46万元，调整66千伏变电所和10千伏配电变压器布点，优化了电网结构，提高了供电能力，解决了农村用电急需，更换了简陋设备、三类设备和高能耗变压器，采用了新技术和新设备，使农村电网设备先进，供电能力增强，安全可靠。

通过农村电网改造，解决了电网供电半径大，设备老化，电网结构不合理等问题，提高了电能质量和供电可靠性。用户端电压合格率达到93%。全地区农村居民平均照明电价由0.80元/（千瓦·时）降至0.60元/（千瓦·时），2002年长春市农村售电量134 541.68万千瓦·时，农村居民生活用电量约占45%，依此计算，全年可减轻全市农村生活用电电费负担12 000多万元。

二、吉林省农村实现屯屯户户全部通电

吉林省是个农业大省，是国家主要商品粮生产基地，农业人口占全省总人口的70%。为发展农业生产、农村经济，提高广大农民的生活水平，该省加快发展农村电力。新中国成立后，农村电气化事业发展较快，至2002年，全省农村用电设备达416.90万千瓦，年用电量38.31亿千瓦·时。吉林省重视农村村屯全部通电和农户全部通电，至1989年末，村屯通电率达到99.9%。中共吉林省委、省政府提出，自1990年开始，拼搏3年，使剩余的162个无电村屯也都用上电，实现全省所有村屯全部通电。在省委、省政府和各市、县地方政府领导和支持下，有关部门合作，各级农电部门组织农电职工和农村电工加快勘察设计和工程施工，经过2年零7个多月的努力，于1992年8月18日，实现了全省6万个村屯全部通电，村屯通电率达100%。吉林省要让每户村民都用上电，他们狠抓户户通电工程，于1998年实现了全省农村户户通电，农户通电率也达到了100%，为推动农业和农村经济发展，提高广大农民的生活水平作出了重要贡献。

(一)

新中国成立初期，吉林省的农电事业落后。1949年，全省农村用电量只有153万千瓦·时，用电设备容量不足3000千瓦，只有靠城镇国家电网近的农村才有少数农民能用上电。新中国成立后，中共吉林省委、省人民政府重视农电事业，支持农电发展，早在1963年就成立了全国第一个省农电局——吉林省农电局，1986年，吉林省实现了农电归口管理。吉林省对农村电力发展投入了大量资金，并帮助解决了发展中的困难问题。各有关部门支持农电，农电部门积极工作，地方政府和广大农民积极办电，加快了农村电气化事业发展。至2002年，全省共有农村66千伏送电线路杆路长度4010.5千米，66千伏变电所主变压器总容量1 933 000千伏·安，10千伏配电线路69 102.5千米，10千伏配电变压器总容量4 509 945千伏·安，0.4千伏低压线路106 876.4千米。农村电网布局趋向合理，设备较为先进，生产经营管理有了很大提高。

吉林省农村电力建设是从建设小火电厂和小水电站开始的。1953～1964年，共建成小火电机组总容量15 804.88千瓦。由于小火电机组经济效益低，事故多，至1967年末，除个别电厂外，小火电厂绝大多数先后停运拆除。1947～1969年，小水电站建设属于自筹自建时期，群众办电积极性很高。至1969年，全省共建成小水电站93座，装机7500千瓦。这些小水电站由于设备简陋，质量较低，多数运行时间不长就停运了，只有少数机组经过改造，少数电站经过扩建才能正常运行。1970年以后，国家把小水电建设纳入计划管理，使其进入了正规化稳步发展时期，国家给予一定的投资，地方政府和群众也进行自筹。1983年之后，国家实施农村初级电气化县建设，大大推动了吉林省的小水电建设。至2002年，全省已建成中、小型水电站141座，装机总容量31.85万千瓦。并建成了通化县、临江市、抚松县、靖宇县、长白县、安图县等6个小水电县。

吉林省农村办电，采用办小火电、小水电和从国家电网接引送电线路并举的方针，1958年前后掀起了第一次办电高潮，农民自筹资金，自行采购电力器材，自行办电。此后，农村电网以国家电网为基础，得到了快速的发展。1978年，中共十一届三中全会以后，农村电网在调整和改造的基础上，加快了建设与发展速度，农村供电面迅速扩大，全省共有6万个农村村屯，至1989年末，绝大多数已通电，没有通电的村屯只剩下162个，没有通电的农户有6700多户。

(二)

为加快发展农业和农村经济，提高广大农民的生活水平，中共吉林省委、吉林省人民政府提出：自1990年开始，要拼搏3年，使全省162个无电村屯也都用上电，让全省所有村屯全部通电，实现全省农村一片光明。为此，需要资金1300万元。为解决资金问题，省政府召开了专题办公会，会议决定：省财政厅拨款400万元，省农电局、省水利厅、省民委各出100万元，省政府出台政策，由有关县（市）和农民自筹400万元，农电工程由农电部门免费设计，无偿施工节省 200 万元。通过上述措施，解决资金问题。

实现 6 万个村屯全部通电，成为全省共同的奋斗目标和广大农民群众的热切期盼。中共吉林省委、吉林省人民政府为支持农电事业的发展，多年来拨出大量专项资金用于农村电力建设，为实现全省最后 162 个无电村屯通电，省委、省政府多次召开会议，专题研究扶持农村办电，落实资金，落实政策，并帮助解决办电过程中遇到的具体困难问题。吉林省各有关部门，积极参与农村办电。省计经委、民委、财政厅、水利厅、农电局携手并肩，通力合作，林业厅、建行、农行等部门密切配合，顺利完成省委、省政府交给的办电任务。有关部门为农村办电创造了良好的环境，不但免收了有关费用，平价供应设备材料，还为农村办电筹措资金。吉林省各市、县、乡地方政府和广大农民群众，积极办电。吉林省的农村办电贯彻了“国家补助为辅，地方和群众自筹为主”的方针，充分调动了地方政府和群众办电的积极性，通榆县财政困难，县政府千方百计筹集资金办电。无电村屯有的村民，宁可晚结婚，也要把钱拿出来办电。县政府和群众为办电集资 500 多万元。至 1992 年，全省农村供电设备形成固定资产达 4 亿多元，其中地方政府和农民群众自筹资金形成的固定资产就达 3 亿多元。最后一批村屯办电，在省政府采取扶持措施的情况下，地方政府和农民群众仍然筹集了 1/3 的资金。

省、市、县各级农电部门是农村办电的主力。他们把村屯全部通电工程建设作为“三为”服务达标县建设的重要内容，搞好规划、搞好勘察设计，并组织农电职工和乡村电工克服困难，积极施工、保证了办电任务的完成。吉林省农电局计划处的工作人员，勘察了全省最偏远的 50 多个无电村屯。吉林省浑江市三道沟乡滴台村滴台屯，深居长白山深处，当地农民为发展农村经济，挖掘长白山的宝物，渴盼快一些用上电。为早日实现村民的热切期望，省农电局计划部门有关人员，冒着被毒蛇咬伤的危险，爬高山、越老林、踏着没膝深的山草，为该屯办电踏察送电线路。滴台屯沸腾了，村民们奔走相告：“管电的大干部给我们办电来了!”

通榆县是办电任务最重的县，3 年内要使 62 个无电村屯通电。为解决资金短缺问题，这个县农电局先后从局属两个公司垫付款 70 多万元。该县地处科尔沁草原，有的送电线路要通过沼泽地，给施工带来很大困难，该县农电局组织近百名职工，由局长带队，分成 4 个小队到各村屯施工。他们在为该县四井子乡西哈屯架线施工时，水洼泥沼，车不能入，有 11 基水泥电杆和其他设备就是靠人抬进去，肩扛进去。在沼泽地里施工，脚踏没膝深的烂泥，草根把工人们的腿和脚都划破了，每个人都是血淋淋的。但他们为了让想电盼电的乡亲们早日用上电，再苦再累也觉得心甜。

在省政府和各地方政府领导下，在有关部门大力支持下，经农电、水电部门和广大农民群众的努力，无电村屯通电工作取得了显著成绩，1990、1991 两年，162 个没通电的村屯中，已办电村屯达到 122 个。无电村屯办电，加快了全省农村电力的发展，至 1991 年末，全省农村已拥有 66 千伏送电线路杆路长度 3161 多千米，变电所 259 座，10 千伏配电线路 57 561.78 千米，配电变压器59 147多台，2 689 110 千伏·安，用电量已达 219 768万千瓦·时，占全省总用电量的 10.77%。

(三)

至1991年末，全省6万个村屯只剩下48个没有通电。对使最后的48个无电村屯也用上电，实现全省6万个村屯全部通电，省委、省政府非常重视，多次听取汇报，并抓紧进行了研究部署。1992年1月6日，副省长吴亦侠主持召开了有关厅局、有关部门参加的无电村屯办电会议，研究落实办电计划和有关政策。省政府于同年1月22日下发了《研究我省偏远村屯用电问题专题会议纪要》，要求多方筹措资金，确保及时到位，省政府补助资金250万元，不足资金由地方政府和群众自筹解决。资金出现缺口，由农行贷款解决。要求全省上下，抓紧落实，通力协作，努力完成全省村屯全部通电任务。吉林省农电局抓紧落实省委，省政府的安排部署，并于是年2月15日下发了《关于下达一九九二年无电村屯办电计划的通知》，对完成最后48个无电村屯的通电任务做了具体安排部署。

按照省政府的要求，各单位积极落实，在有关部门努力下，按计划下拨补助资金263万元。在政策上给农村办电优惠，建送电线路砍伐林木，林业部门免收补偿费，农电部门免收供电补贴费，所需材料、设备由农电、水利、物资部门负责解决，并平价供应。办电村屯所在市、县政府高度重视，把村村通电工作纳入了自己的工作日程，指定一名主管领导具体负责组织落实，及时协调解决出现的问题。省林业厅派专人深入工程现场，组织当地林业部门配合农电、水电部门勘察和办理林木砍伐报批手续。

全省农电部门根据省农电局的通知精神，及时组织人力，在2月末之前就完成了踏察、规划，并抓紧开展设计，同财政和计划部门衔接，落实计划，组织群众筹集资金，落实材料、设备，组织农电职工和农村电工，在“五一”之前就全面开展了工程施工。剩余的无电村屯集中在少数县、市，其中，通榆县、浑江市、靖宇县办电任务较重，省和各市、县农电部门，高度重视，抓住重点，认真落实。为早日实现全省村村通电，省、市、县农电部门，加快了施工进度。白山市八道江区三道沟乡，地处长白山区，山高林密，地形复杂，在崎岖陡峭的山坡上立杆、架线难度很大。白山市城郊农电局领导，带领全局职工迎难而上，克服困难，大干了60天，完成了4个村屯的通电任务。柳河县冰水乡老虎洞屯，建屯15年一直没有电，是当时该县唯一的无电村屯。为给这个屯的农民办电，县农电局投资3万元，为节省资金，全局抽调了20多名职工参加施工。由于地处深山，车辆进不去，电杆和其他材料设备只能靠肩挑背扛运进工地。该农电局领导和职工，不怕苦，不怕累，大干了10多天，完成了测量、立杆和架线任务。

在省委、省政府和各市、县地方政府的领导和大力支持下，经省、市、县有关部门通力合作，全省1500多名农电职工和农村电工，不分昼夜的奋战，以及广大农民群众的大力配合，经过7个多月的努力，村村通工程新建10千伏配电线路1500千米，10千伏配电变压器，变电总容量35 500千伏·安，0.4千伏低压线路3200千米，终于在1992年的8月18日，使吉林省最后一个无电村屯——通榆县十花道乡曙光村水龙山屯实现了通电。村民们搭彩门，放鞭炮，庆祝这个永远难忘的日子，庆祝吉林省完成了最后48个无电村屯的通电任务，实现了全省6万个村屯全部通电。这一天的到来比原计划提前了4个多月。

6 万个村屯通电，使吉林省成为继北京、天津、上海三个直辖市后，全国第一个实现村屯全部通电的省份。是年 8 月 29 日，省政府在长春市召开新闻发布会，宣告吉林省到本年 8 月 18 日实现全省村屯全部通电。民政部、国家民委、电力工业部等有关部、委发来了贺电，国内和省内各大媒体相继报道了吉林省实现村屯全部通电的消息。

为使热切盼望早一天用上电的村民们的愿望得以实现，吉林省在实现村屯全部通电后，又狠抓了户户通电工程。村民们积极筹措资金，购买材料设备。对确有困难的村民，村里设法给予补助。全省农电系统组织实施，乡电管站帮助施工，对居住偏远的村民，也要设法帮助他们用上电。经过 6 年的努力，到 1998 年，全省农村实现了户户通电。全省农村屯屯户户全部通电，使吉林省农村电气化建设上了一个新的台阶，推动了农村经济的发展和农村居民生活水平的提高。

三、全国第一家“国产设备一流火力发电厂”——长春第二热电厂纪实

1991 年，长春热电二厂一期工程两台 20 万千瓦机组投产后，按照国家能源部颁发的《关于开展电力生产企业“安全文明生产创水平达标”活动的若干规定（试行稿）》和省电力公司的要求，该厂确定了“安全文明生产创水平达标为全厂各项工作主线”的方针，适时制定“1991 年起步，1992 年深化，1993 年达标”的安全文明生产上水平的总体规划。同年 5 月 19 日，召开全厂“双达标”动员誓师大会，开始了瞄准先进达标投产的各项工作。经 1991 年立规矩、抓结尾、搞培训、打基础，1992 年组织开展标本兼治的双达标“四大战役”，到 1992 年末，通过省电力公司的检查、评议、验收后，被确认为安全文明生产达标基本合格单位。1993 年，电力工业部东北电管局检查组向电力工业部推荐长春热电二厂为达部标企业，并代表电力工业部进行考评，1994 年 6 月 27 日，长春热电二厂被电力工业部评为安全文明生产达标企业。

1993 年 3 月 19 日，按照省电力公司党组提出的“瞄准先进，勇创一流，求新务实，三年巨变”方针和建成吉林省一流火电厂“窗口”的要求以及电力工业部颁发的一流火电厂标准，长春热电二厂制定了“瞄准哈三超沈海，求新务实创一流，两台机组各项指标分别跨入网内 42 台 20 万千瓦机组前列，一步到位实现一流企业”的实施细则。以目标管理为实施、控制手段，层层分解落实，从严检查考核，强化科学管理，促进双达标水平的提高和创一流活动的发展。

1994 年末，长春热电二厂通过广大职工的共同努力，实现连续安全生产 782 天，创无人身轻伤及以上事故安全年；等效可用系数完成 95.57%，比一流考核标准高 6.47%；供电标准煤耗率 355 克/（千瓦·时），低于一流标准 1 克/（千瓦·时）；设备综合渗漏率为 0.145‰，比标准低 0.16‰；汽水损失率 1.37%，比标准低 0.13%；主业人员核定 792 人，为部颁（1983 年）定员标准的 47.70%。同年，电力工业部全国 138 台 20 万千瓦机组 14 届技术协作年会的竞赛考评中，2 号机组列国产机组第一，1 号机组位居第四。1995 年 3 月 22 日，经电力工业部 5 人考评组的两天检查考核，被评为一流火电厂。同年 10 月 17 日，电力工业部以电安生〔1995〕579 号文件《关于命名一流火力发电厂的通知》中，授予长春热电二厂“国家一流火电厂”称号。

在实施双达标、创一流企业过程中，领导班子成员分工不同，但目标一致，针对创一流活动的重点和难点，组织人员学习网内、国内企业创一流的经验，结合本厂实际开展创建一流火电厂活动。他们以设备为基础，管理为关键，人员做保证，以企业的现有指标，与全国一流企业标准中的 17 项主要经济技术指标，一项一项地对照，组成课题小组对影响设备运行参数的逐项进行攻关；摆出企业现有的管理方式，与网内、国内的先进企业的管理方式一项一项地加以比较，进行改进；以强化班组为突破口，夯实企业管理基础，稳定安全生产局面；在全厂倡导“高、严、细、实”的工作作风，全面提高企业的素质。长春热电二厂把创建一流企业作为一项全方位攀登一流管理水平的系统工程，牢牢抓住设备、管理、人员三个重点环节进行治理，企业发生了实实在在的变化，各项经济技术指标跃居国内国产机组领先水平。仅仅奋战 3 年时间，率先实现了全国第一个国产机组一流火电厂的目标。

（一）树立超前意识，激发后来居上的积极性

一座新建火电厂，能否短时间提前达到机组稳定，指标先进，后来居上，跨入一流水平，关键在于企业管理水平，在于领导班子有一种“起步高，干今年，想明年，顾后年”的超前意识和行为。

1. 抓规矩，及时确立行为规范

长春热电二厂是座新厂，针对职工来自全国 180 个单位，习惯、观念、行为等方面不一致的实际情况，在设备投产一年半后，确立了“以标准化管理指导生产经营活动”的指导思想，组织专业人员在吸取网内、国内先进电厂管理经验的基础上，结合本厂设备、管理、人员实际，建立了以技术标准为主体的企业管理标准化体系，其中包括技术标准 835 种，管理标准 228 种，岗位工作标准 458 种，并进行学习、落实，全厂职工从设备投产开始树立“按标准工作，照程序办事”的良好职业行为规范，企业各项管理工作较快地走上正轨。按照省电力公司的要求，两台机组投产后遗留的 297 项结尾工程和众多的设备缺陷，由于职工职责清楚，工作环节衔接明确，面对生产、基建交叉作业、机组运行不稳定的状况，做到了安排紧、行进有序，提前完成结尾工程和消缺项目，为保证机组转入稳定生产赢得了时间。

2. 抓关键，及时整治国产设备

结合国产发电机组“先天不足”，而造成频繁停机、待处理缺陷的实际，从 1991 年 6 月起，把全面整治设备当成达标创一流的中心环节狠抓不放，整治计划一年比一年细，整治标准一年比一年高，逐步提高安全、经济、文明生产水平。立足起步快、行动早，迅速组织设备渗漏治理，对全厂设备的 195122 个密封点进行普查，自下而上编制台账、清册，层层签约承包，落实到岗，形成人人围歼泄漏氛围，1992 年，共治漏点 2542 个，综合泄漏率降为 0.19‰；1993 年下半年起，不再下达渗漏指标，规定发现 1 个漏点扣罚责任者 100 元，设备泄漏率在逐年下降。尽早制定预防、消除隐患措施。针对 1 号机组投产半年因磨损、焊缝爆破造成停机 825.80 小时的现状，随即组织专人对正在安装的 2 号机组进行质量跟踪，防止类似隐患重演。对日夜不停运行设备存在的缺陷，规定发现后，白天 15 分钟、晚上 30 分钟到现场处理，主要检修班组夜间轮流值班，利用低谷消缺，防止事

故扩大酿成停机。超前做好设备检修准备，每次设备大、小修，提前1～2个月做好人员、项目、材料等准备，安排力求周密，措施得当，标准和非标准项目一项不漏地纳入计划；小修比照大修管理，重点检修项目执行大修标准；遇有临检，把所有需要停机处理的设备缺陷列入抢修项目，不留隐患。1992、1993年两台机组大修，通过采取周密组织、技术措施，用网络图控制工期，严把质量关，修后均全优，主设备全优率达100%，提前工期10天，多发电量7000万千瓦·时。1993年以来，主、辅设备完好率和主设备一类率始终保持100%。

3. 抓根本，及时搞好人员培训和班组建设

长春热电二厂针对人员杂、素质低、熟悉20万千瓦机组人员少的实际，以立足当前，顾及长远的思想强化培训。提前两年成建制地组织生产人员，赴系统内同类机组电厂进行职业技能培训，检修跟班实练，运行跟班见习，综合考核，记入档案。培养一专多能人才，以适应一流企业需要为目标，有的放矢地开展务实培训和按需施教。对运行培训，立足于培养全能值班员，连续两年从4～8月，变五值四倒为四值三倒，抽出一值集中培训一个月，实行全部上仿真机考试考核，持证上岗。1993年以来，运行人员面对前池水位骤降、凝汽器掉真空、6千伏厂用电谐振、锅炉灭火等10多起突发工况，及时准确处理，化险为夷，避免了事故的发生。对检修人员，立足于培养一批手到病除的行家里手，注重锤、铲、锉、磨、焊五项基本功训练，结合工艺质量不佳的实例，专项分析，模拟示范，找病因、教方法，提高多种技能，保证了投产后两次大修和十次小修项目优良率达100%。同时，加强班组建设，针对多数班组长缺少管理经验的实际，设备投产前制定6大方面、280项工作内容的班组管理升级考评细则，给班组下达安全工作、设备维修、文明生产、定置管理等10项具体目标，按达标、创一流要求，在不定期举办班长培训的基础上，采取平时抽查，典型引路，年终考评的办法，提高班组长的管理能力。1993年和1994年两年间，一、二级班组达到班组总数的43.30%。

（二）强化责任意识，造就求新务实的严细作风

根据火力发电厂技术密集、生产过程环环相扣的连续化生产的特点，长春热电二厂经常联系实际，对各级干部进行“管理是责任而不单是权力”的教育，推行高、严、细、实的运行机制，促进各级人员责任到位、工作到位。

1. 强化工序责任，确立标准高

长春热电二厂每年的目标管理计划，均按部颁达标、创一流考核标准的高限下达目标：安全上不下达轻伤、火警、考核事故指标；设备治理上，要求密封点一个不漏，地沟盖板一块不缺，现场照明一处不暗，转机防护一项不少；经济运行指标上，以网内、国内先进值为准；科技、节能项目上，以高于考核值5%为基点等，以高标准目标落实责任，变压力为动力。狠抓日常性管理工作到位，凡每天、每周现场、基层出现问题，首先从管理是否到位上找症结、追责任、抓整改，使各级干部随时自我约束，严于律己，用高标准纠正失误。全年组织4次方针目标诊断，所有项目按高标准验收，凡不符合要求的不讲情面，返工重来，直至达到高标准。1994年，在对年度创一流规划项目的考核诊断中，先后查出安全管理、设备整治、文明生产、现场防护、节能降耗等193项程度不一的问题，

按工序下达整改标准、完成期限并跟踪考核，促进了全厂创一流活动的深入发展。

2. 强化操作责任，施行考核严

依照事故呈“塔形”规律，严格控制塔底事故频发，防患于未然，加大考核力度，坚决查处习惯性违章。规定每月分场领导班子人均查出 4 人次，值长人均查出 3 人次，超额嘉奖，未查出被领导发现的，牵连处罚。强化考核手段，坚持轻伤按重伤对待，障碍按事故处理，未遂按已遂处罚，对防止事故发生事件立即嘉奖的做法，并将奖罚额在原基础上上调 5～10 倍，使考核真正起到奖勤罚懒、催人上进、痛改前非的作用。全厂形成了安全文明生产天天检查、随时曝光的三级从严考核管理体系，有效地抑制了事故苗头。1993 年实现无考核及以上事故年，1994 年无轻伤、无火警、无误操作，再创安全年。

3. 强化职业责任，着眼工作细

做到项目安排细、处理问题细，每年对全厂年度生产经营目标细化分解，落实到分场、班组、责任人，细到工作任务内容、标准、措施、时间“四明显”；每项较大施工、操作的实施方案、作业票单，细到作业项目的预防措施、技术措施、组织措施齐全，作业过程中严把防护关、监护关、验收关，细微检查，堵塞漏洞。职业责任的细化，有利于各层次管理干部分兵把口，尽职尽责。1993 年，厂下达双达标 10 项主要目标，50 项工作项目；1994 年，创一流下达 12 项主要目标，66 个工作项目，年末自检，完成率达 100%。

4. 强化岗位责任，制定措施实

厂以管理范围、工作标准、检查科目、考核方式落实责任制，做到生产指挥无断层，政令畅通无梗阻，大到每月的主要工作项目，不用行政干预，各级干部自觉主动地去完成；小到每台设备、每段管道、每个区域，及至每块玻璃，都有人管理，有人清扫，主要是工作措施务实。厂结合实际制定的 11 项反事故措施，必须由分场主任挂帅、布置到班；对发生的不安全事件，坚持“三不放过”，必须弄清原因，制定可操作的防犯措施；每周安全活动，必须分析一周来人员、设备的不安全现象，制定对策、谨防重复发生。厂、分场对基层制定的防范措施实行抽查，不符合要求，不具有实效的，重新制定，使各项防范措施，真正起到不伤害自己、不伤害别人、不被别人伤害的预防作用。

1993 年以来，各级管理干部指挥、组织、监督到位，带领职工迅速扭转了安全工作徘徊不前，经济指标位居下游的局面。2 台机组各项经济技术指标一跃跨入全网先进水平，未经网标，一步到位达部标；1994 年，各项指标又全面超过 1993 年，主要经济技术指标达到或超过一流火电厂考核标准。

（三）提高全员意识，增强争创一流的进取精神

厂领导认为，要在短时间内赶超先进，争创一流，关键将厂领导班子的决心变为全厂职工的自觉行动，造就全厂上下勇站排头，敢争上游的工作局面。为此，长春热电二厂注重在“要我达标创一流”，转化为“我要达标创一流”上下工夫。

1. 目标分解一贯到底，全面扛指标、压担子

坚定地相信群众、依靠群众，把年、季、月的工作目标、要求、困难，一项不漏地落在班组，发动职工想对策、找出路、提建议。实现达标创一流，机组非计划停运是一项主要考核指标。针对 1992 年锅炉“四管”运行中突然爆裂引发临检多的状况，1993 年，厂

提出小修、临检既要不误工期，也要大范围检查“四管”的方案，无疑给锅炉检修增加相当多的工作量。检修工人心想大局，集思广益制订安全可靠的施工检测措施。起重班工人顶着炉膛余热高温，钻进人孔，搭架吊筐，本体班工人逐层细心查找，共查出超标磨薄“四管”35根，及时切割更换，至少避免了10多起机组临检的发生。非计划停运次数由1992年的19次，降为1993年的4次，符合一流企业标准的规定值。

2. 专业指标一贯到底，全员识整体，攻难关

强调专业处室、管理干部为生产一线服务，实施经常性的帮助指导，目的使职工随时了解厂部工作意向，上下合拍，协力攻关。电气设备误操作是系统内造成人身伤害的频发性现象。1993年，专业管理人员下班组调研，及时总结出“三对照、三禁止、五不干”防止电气设备误操作措施，颁发到岗照章执行，从此电气运行各班经历大小操作20多万次，无一差错。1号汽轮机7瓦渗油，经多次整治效果不明显。1994年小修前，厂、分场管理干部到班组，与工人一起研究攻关方案，实施后彻底解决了7瓦渗油这一难题。

3. 增效降耗一贯到底，全员站排头，抓效益

投入少，产出多，经济指标先进，是创一流企业的重点工作。为调动运行人员争先创优的积极性，厂深入开展经济运行高标准、小指标选状元、调峰压谷比贡献等竞赛活动，并4次调整奖罚档次。广大运行人员坚持日分析、多巡视、勤调整、克煤必省、度电必争，根据负荷变化，采取送、吸风机高速倒低速、循环水泵一大一小运行，低谷停一台给粉机等措施，节能成为自觉行为。1994年以来，部、局考核的9项经济运行小指标，长春热电二厂有5项列国产同类型机组电厂的前茅。

4. 文明教育一贯到底，全员讲协作，创一流

长春热电二厂坚持以人为本，围绕双达标、创一流，开展了一系列活动。党内开展“党员身边无事故、无违章”、“党员包干责任区”活动；团内组织“展现共青团员风范”的系列教育；对占职工总数70%以上的青工，开展以“联系厂情看使命”为主题的脱产轮训，用实例进行前途、理想、爱厂敬业教育，激发他们与企业兴衰休戚与共、拼搏进取的责任感。班班制定了“奔先进、创一流”的工作规划，建立了标准明确、职责清楚、落实到人的文明生产责任制，从注意查死角、干细活入手，基本实现了厂区和生产现场24小时保持清洁，“窗口”电厂建设得到了省电力公司领导的认可。

（四）坚持改革意识，形成机制完善的前进动力

长春热电二厂人认识到，深化企业改革的目的是为了解放生产力，促进企业生产超常规发展，实现企业管理由传统、封闭式向改革发展、动态型转变，造就适应市场经济的激励、竞争、约束机制，是保证企业稳妥、快步前进的重要措施。长春热电二厂本着精干、高效的原则，提高生产经营管理水平为目标，努力探索向新厂、新体制的转变。

1. 突出主业，强化职能，改革现行管理体制

改变长期以来沿袭小分场制的管理模式，成立以发电分场为主体的大分场，其明显优势是在发电生产主体——运行系统的管理上，去除了生产指挥与行政管理相脱节的弊端，强化了值长指挥生产的权威性，显示出生产任务落实快、设备缺陷处理快、专业配合协调快的优越性，有利于保证机组安全经济稳定运行。发挥技术、装备优势，成立了检修工程

公司、燃料供销公司等6个联合公司，在保证厂内发电生产的前提下，挖掘专业队伍、技术装备的富余潜力，承揽外部工程，开展销售服务，走向社会创效，增加主业收入，稳定了职工队伍。发展厂办多种经营，安置富余人员315人，先后建成了防水卷材厂、粉煤灰节能砌块厂、建筑安装公司等6个多经企业。1994年前3个季度创利润28.50万元；年末，厂主业人员核定为792人，全员劳动生产率比上年同期提高31.70%。

2. 不拘一格，选贤任能，引入催人上进的竞争机制

坚持德才兼备、任人唯贤、注重业绩的用人原则，选拔管理干部，启用勇于创新、善于管理、勤政廉洁、不搞内耗又能转化矛盾的人才；着眼于企业未来发展培养后备干部，对大学生每隔一个时期换一次岗位，以培养和发现人才，及时将最佳人才在其最佳工期内放在最佳工作岗位上发挥作用；将激励、竞争机制引入培训工作全过程，培训期间奖金集中使用，按考试考核成绩定奖罚，不论检修、运行人员，培训成绩不合格，不发上岗证。前一年上岗证第二年作废，重新考取，以形成优胜劣汰局面，制造危机感和紧迫感，催人奋进。

3. 动态跟踪，注重监督，增强企业管理的实效性

长春热电二厂领导清醒地认为，一流企业要靠经常性一流管理做保证。为创造一个持续安全经济文明生产的工作秩序，厂里通过不断总结经验教训，认识规律，取其精华，制定了16项动态考核措施，以发电生产全过程随时跟踪监督，实行全面控制，动态抽查考核，不定时间，不下通知，不拘形式，要真实情况，真正起到激励、预防、约束作用。1993年以来，各级管理人员查出习惯性违章违纪2387人次，及时处理和纠正，较好地控制了各类事故苗头；围绕巩固达标成果，创全国一流，抽查共发现737项不符一流标准问题，随即下达整改通知单，限期改正，跟踪验收，保证了创一流火电厂年度目标的全面完成。

（五）全方位巩固、发展一流成果，努力向国际先进管理水平迈进

长春热电二厂认为，创一流活动是科学、有效管理企业的一种载体，而不是终点，不能一劳永逸，“一流”也绝非万事俱佳。要使企业在百舸争流的竞争环境中保持和发展优势，必须树立永不自满，全方位创一流思想。1996年以来，企业先后开展了“层层找差距，岗位争一流”和“精雕细刻三个百”活动，从厂到分场直至班组，找出100项重点整治项目，在狠找差距的基础上，精雕细刻。通过了《巩固一流“十项全无”措施》，即安全生产无责任事故，机组稳发无三类设备，发电生产无异常运行，人员素质无职岗不符，经营活动无损失浪费，基层建设无四级班组，职工队伍无违法违纪，管理处室无内耗失控，厂区环境无灰垢杂草，职工生活无后顾之忧。在落实“十项全无”措施的一年时间里，先后有180余家来自全国各地的电力企业到厂参观考察，长春热电二厂职工诚心诚意地征求每一位来访者的意见和建议，同时组成专题小组赴山东等地参观学习，出台了党政班子《巩固、完善、充实、提高，全方位创建一流火力发电厂决议》，踏上了全方位创一流的奋斗征程，以安全、高效、低耗、减排、高自动化为目标进行设备改造。1995年，两台20万千瓦机组在国产机组中率先实施发电自动控制系统改造，机组实现自动发电控制，全能值班，实现协调控制系统（CCS）、数据采集系统（DAS）、顺序控制系统

(SCS)、数字电液调节系统等（DEH)、自动发电控制（AGC）功能，自动装置投入率100%。“三废”治理取得重大进展，1998年，两台670吨/时锅炉的除尘器进行改造，静电除尘器效率达到99.70%，优于国家标准；1999年5月，实现生产废水和生活污水“零”排放；2000年3月18日，安全生产实现2685天；2002年，供电煤耗率343克/（千瓦·时),比一流标准低13克/（千瓦·时)。以定额管理为依据，建立动态闭式管理机制为平台，制定和执行了安全生产、经营管理、后勤工作、职工队伍建设《动态闭式管理细则》，实行全过程管理；以改革措施和机制建设为平台，企业先后开展了以效益为代表的扭亏为盈的攻坚工程，巩固和发展了创一流企业的大好形势。

四、开展核电建设前期工作

改革开放以来，吉林省国民经济发展很快，电力需求大增，电力供应严重不足，至1990年，全省已连续缺电10多年。1989年，吉林省全社会需用电量273亿千瓦·时，东北电网分给的电量只有130亿千瓦·时，仅占吉林省全社会需用电量的47.6%，有一多半的电量缺口。鉴于省内的缺电情况，吉林省计划经济委员会从保吉林省经济平稳运行和城乡居民用电需求的大计出发，利用省内发电厂机组检修提前发电和新增机组提前发电，组织计划外燃煤和燃油投入到发电厂进行计划外多发电以补充电力、电量的严重不足。由于采取上述措施，吉林省当年可多发电47亿千瓦·时，尽管这样，仍缺电96亿千瓦·时，缺电35%。为加快吉林省的改革和发展，提高人民生活水平，吉林省十分重视能源的开发与节约，加快发电厂建设。1990年初，受吉林省政府委托，吉林省电机工程学会等学术组织，积极开展了能源开发与节约的研讨，提出为解决吉林省能源不足应加快发展核电。省电力工业局党组做出决策，积极开发核电。为此，他们进行了发展核电的探讨，实施可行性研究，派员出国考察，引进核电技术和设备，推动吉林省核电的发展。

吉林省把开发核电列入议事日程，由吉林省电机工程学会牵头，联合省能源研究会，省煤炭、石油、铁道、公路等9个学会，开展了能源开发与节约研究，1990年收到论文68篇，发展核电是重要内容之一。

同年12月，吉林省科学技术协会在长春召开吉林省能源开发与节约学术研讨会，中国电力企业联合会理事长、中国电机工程学会理事长张凤祥、吉林省省长王忠禹、副省长王云坤参加会议并讲话。吉林省科协副主席丁经绪致开幕词，省电力工业局局长、省电机工程学会理事长李宝全致闭幕词。几位领导在讲话中，提出了吉林省开发能源应加快发展核电。140名与会代表，围绕吉林省能源开发与节约开展了学术讨论，也研讨了开发核电的问题。会议论文共61篇，有的论文专题研究了吉林省的核电建设。吉林省电力勘测设计院吕强等4人的论文《我省开发能源的长远之计是建设核电》就是其中之一。

省电力工业局加强了核电开发，成立了核电办公室，组织全省电力系统有关单位和人员，开展了发展核电的研讨。大家通过参加研讨会，发表研究论文，提出了对吉林省发展核电的见解和建议。1994年6月，省电力工业局副局长陈溶年，在《吉电科普》第55期上，以《发展核电是解决能源不足的最佳选择》为题，发表了关于吉林省建设核电的论文。

大家对吉林省发展核电的必要性和可行性进行了深入的探讨，指出：吉林省是贫煤省，煤炭储量仅占东北地区的2.9%，占全国储量不到0.3%。从外省区输入煤炭又受到供应、运输等多方制约，烧煤发电存在很大难度。烧油发电国家政策不允许。水力发电在吉林省开发较早，已不再具有能较大规模开发的未开发水电资源，所以吉林省开发能源应尽早建设核电，并开发风电、光伏发电和生物质发电。

发展核电需要水源，吉林省虽不靠海，但省内有松花江、辽河、鸭绿江、图们江和绥芬河5大水系，流域面积1万千米^2 以上的河流有15条。吉林省天然湖泊较多，水面在7千米^2 以上的大型湖泊有30处。吉林省已建成的丰满、白山、云峰3座大型水电厂共有4座大型水库。在正常高水位时，丰满发电厂水库库容81.1亿米^3，白山发电厂水库库容49.67亿米^3，该厂红石水电站水库库容1.49亿米^3，云峰发电厂水库库容37.20亿米^3。新建的大型水电厂松江河发电厂松山和小山水库，在正常蓄水位时，相应库容分别是1.23亿米^3 和0.97亿米^3。吉林省水资源比较丰富，具有发展核电的先决条件。大家还对核电站运行的安全性进行了分析，世界各国核电站运行的情况证明，核电站运行是安全可靠的。

省电力工业局委托东北电力设计院做建设核电站的前期工作，参与选择厂址。根据省电力工业局吉电计字（1986）601号文件，省电力工业局、东北电力设计院和吉林省电力勘测设计院，共同派人，开展了核电站新建工程初步可行性研究，为适应电源发展的需要，他们建议吉林省应在2005年建成第一座核电站，规模为2×90万千瓦，最终规模为4×90万千瓦。

1986年11月5～14日，上述3方围绕湖泊、水库和松花江沿线，组织了一次厂址初步现场踏勘。1987年7月2～18日，省电力工业局与东北电力设计院组成选厂组，又对白城、吉林和图们地区进行了踏勘。经过几次踏勘，初步选出了月亮泡、王府、大丰满屯、新华、庆荣、池地、北江、双沟等8个厂址。

省电力工业局组织有关人员对8个厂址进行了分析比较，认为荣庆、池地、月亮泡、大丰满屯和新华等5个厂址不宜作为推荐方案。他们推荐位于前郭县境内的王府，位于抚松县境内的北江、双沟3个厂址作为进一步研究的厂址方案。东北电力设计院写成了《吉林核电站新建工程初步可行性研究报告》，对各个厂址列举有关情况进行了详细地分析和比较。

为加强核电前期工作，1994年，省电力工业局在吉林省电力勘测设计院设立了火电核电前期工作处，积极开展了核电建设前期工作。1997年6月，省电力工业局又组织该局和省电力设计院有关人员，并经电力工业部规划设计院请来了有关专家，开展了新一轮核电站选址工作，经过地质、地震、气象、水源等几个方面比较，最后选定在靖宇县白山发电厂水库上游头道江边的赤松建厂。这个厂址条件较好，没有断裂带，水源也较好，可建百万以上大型核电站。该厂址通过了电力工业部规划设计院组织的审查，为发展吉林省的核电建设做了准备，核电开发迈出了重要一步。

1994年1月，省电力工业局派出3人，参加了吉林省组织的考察团赴加拿大考察、参观访问。吉林省考察团团长省计经委副主任暴学龙，代表吉林省和加拿大原子能公司坎杜总部负责中国事务的副总裁大卫·鲍克签订合作备忘录。加拿大原子能公司准备向中国出口设备和解决政府贷款。后因情况变化，进口的核电设备安装到国内其他核电站。

人　　物

人　物

人物志根据中国电力工业志（1991～2002）行文规范要求，劳动模范只记到国家级，干部只记到正式任命的副局级以上，不评不议，不作传记，只列简历。省部级劳动模范可列名单。排列顺序以任职和获奖时间先后为序。

一、领导干部简介

李宝全　男，汉族，1932年3月25日生，吉林省大安市人，1947年4月参加工作，中共党员，大学毕业，教授级高级工程师。

1947年4月，在辽北第三中学，经组织选调，参加土改工作。1948年9月，经组织选送，考入东北军区军事工业专门学校学习。1950年1月～1953年9月，在东北工学院学习。1953年9月毕业后任辽源电业局技术员、长春线路工区市内工段技术员、长春电业局技术员。1960年1月～1978年8月，任吉林省电业管理局科技办副主任、生技科副科长、生产基建办公室负责人、生产组组长。1978年8月～1982年12月，任吉林省电力工业局生技处副处长、处长。1982年12月～1988年8月，任吉林省电力工业局副局长、总工程师（兼）、党组成员。其中，1988年4月～1988年8月主持吉林省电力工业局全面工作。1988年8月～1990年6月，任吉林省电力工业局局长、总工程师（兼）、党委书记。1990年6月～1992年3月，任吉林省电力工业局局长、总工程师（兼）、党组书记。1990年8月～1992年3月，任吉林省电力公司总经理。1997年7月离休。

孙业堂　男，汉族，1936年10月27日生，山东省烟台市人。1951年10月参加工作，中共党员，大学毕业，教授级高级工程师。

1951年10月～1958年9月，长春基建工程公司技工学校学生，吉林省火电工程公司工人。1958年9月入吉林电力学院学习，1964年9月毕业后任吉林省火电工程公司汽机工地技术负责人，东北电管局对外处专业技术负责人。1975年5月～1978年5月，任朝鲜1600号电站中国专家工作组组长。1978年5月任吉林省火电工程公司工地主任。1983年7月任吉林省电力工业局基建处副处长、省电力工业局副总工程师，1984年10月～1990年6月，任吉林省电力工业局副局长、党组成员、党委成员，1990年6月～1992年3月，任吉林省电力工业局副局长、党组成员。1990年8月～1992年3月，任吉林省电力公司副总经理。1992年3月～1997年4月，任吉林省电力公司总经理、吉林省电力工业局局长、党组书记。2003年2月退休。

王炳华　男，汉族，1954年10月28日生，沈阳市人，1974年2月参加工作。中共党员，大专学历，教授级高级工程师。

1974 年 2 月沈阳电力学校毕业后到清河发电厂工作，先当工人后任值长、值长组组长。1984～1987 年在武汉水利电力大学学习。1987～1991 年，任清河发电厂副总工程师、副厂长兼总工程师。1991 年 9 月～1993 年 3 月，任锦州发电厂副厂长、厂长。1993 年 3 月任吉林省电力公司（吉林省电力工业局）总工程师，1995 年 12 月任吉林省电力公司副总经理、吉林省电力工业局副局长兼总工程师、党组成员。1997 年 4 月～1999 年 3 月，任吉林省电力公司总经理、吉林省电力工业局局长、党组书记。1999 年 3 月调出。

张志厚 男，汉族，1946 年 9 月 7 日生，山东省临清县人，中共党员，1969 年 9 月参加工作，研究生学历，教授级高级工程师。

1969 年 8 月北京电力学院毕业，1970 年 8 月任大兴安岭林管局技术员，1977 年 1 月～1982 年 11 月，任辽阳市农电处生技科技术员、副科长、科长，1982 年 11 月～1985 年 8 月，任辽阳电业局党委副书记、书记。1985 年 8 月～1993 年 2 月，任水电工会东北电力工作委员会副主任、主任，中共东北电业管理局党组成员。1993 年 2 月任黑龙江电力工业局副局长、党组副书记。1999 年 3 月～2001 年 3 月，任吉林省电力有限公司（吉林省电力工业局）董事、董事长、总经理、局长、党组书记。2001 年 3 月调出。

梁国庆 男，汉族，1956 年 2 月 23 日生，吉林省农安县人，中共党员，1977 年 2 月参加工作。研究生学历。高级经济师。

吉林省教育学院中文系毕业，1977 年 2 月～1984 年 10 月任吉林日报社记者。1984 年 12 月～1995 年 10 月，任吉林省政协办公厅秘书处副处长、吉林省政府办公厅秘书处副处长、吉林省政府常务会议秘书、办公厅综合办主任、调研室主任。1995 年 10 月～1999 年 3 月，任中共云南省委副秘书长、正厅级干部。1998 年 1 月东北师范大学工商管理学院毕业。1999 年 3 月任中国新星石油有限公司办公厅主任。1999 年 9 月任南方电力联营公司副总经理、党组副书记。1999 年 12 月任国家电力公司南方公司副总经理、党组副书记。2001 年 7 月起任吉林省电力有限公司董事、董事长、总经理、党组书记。自 2002 年 12 月起不再担任吉林省电力有限公司董事、董事长、总经理。

李书东 男，汉族，1949 年 5 月 18 日生，山东省诸城市人，1969 年 1 月参加工作，中共党员。研究生学历。教授级高级工程师。

1968 年 8 月长春电力学校毕业，参加工作后，为吉林热电厂燃料分场工人，后任组长、副主任。1982 年 9 月～1984 年 7 月在东北电力学院学习。1984 年 7 月～1997 年 7 月，任吉林热电厂燃料分场主任、厂联合企业公司经理、劳动服务公司经理、吉林热电厂副厂长、党委书记、厂长。1997 年 7 月～1999 年 1 月，任吉林省电力工业局多种经营局局长、省电力工业局副总经济师兼多种经营局局长。1999 年 1 月～2002 年 12 月，任吉林省电力有限公司（吉林省电力工业局）副总经理、副局长、党组成员。2002 年 12 月起任吉林省电力有限公司董事、董事长、总经理、党组副书记。

陈溶年　男，汉族，1927年8月11日出生，福建省永定县人。1949年5月参加工作，中共党员，大学毕业，教授级高级工程师。

1946年8月入厦门大学学习。1949年5月～10月参加永定县东北工作团任宣传员、培丰区农协副主席。1949年10月～1950年8月在厦门大学学习，该校毕业后分配到辽源发电厂任技术员。1952年1月～1958年12月，任辽源电业局技术员、生技股长、总办主任，1959年1月～1978年4月，任四平电业局副总工程师。1978年4月～1980年6月，任吉林省电力工业局副总工程师。1980年6月～1986年1月，任吉林省电力工业局副局长，党组成员。1993年4月1日离休。

张焕然　男，汉族，1934年8月7日生，长春市人。1958年9月参加工作，大学毕业，中共党员，教授级高级会计师。

1954年入东北财经学院学习，1958年9月毕业后到辽宁发电厂任工作人员。1962年3月～1977年3月，任吉林省电业管理局、吉林省电力工业局工作人员。1977年3月任长春水泥杆厂工作人员，1978年1月～1984年11月，任吉林省电力工业局工作人员、副处长、副总会计师。1984年11月～1995年12月，任吉林省电力工业局、省电力公司总会计师。1998年6月退休。

刘立新　男，汉族，1939年6月10日生，吉林省公主岭市人。1962年10月参加工作，中共党员，大学肄业，教授级高级经济师。

1962年7月吉林工业大学肄业，10月任东丰县五金公司保管员，1964年12月任四平专署农电处试验员，1973年9月任四平电业局农电科副科长、1981年任四平电业局副局长，1983年任党委书记。1984年2月任辽源电业局局长兼党委书记。1986年1月～1990年6月，任吉林省电力工业局副局长、党组成员、党委委员。1990年6月～1993年3月，任吉林省电力工业局副局长、党组成员。1990年8月～1993年3月，任吉林省电力公司副总经理。1993年3月～1995年12月，任东北电业管理局审计分局局长。1995年12月～1999年3月，任吉林省电力公司副总经理、吉林省电力工业局副局长、党组成员。2000年3月退休。

许　石　男，汉族，1934年6月24日出生，辽宁省义县人。1950年3月参加工作，中共党员，大学毕业，教授级高级经济师。

1950年3月～1958年3月，任东北电管局机电工程公司、南京送变电工程公司、北京送变电工程公司工人、工段长。1958年3月入水电部总局干校、北京电力学校干部专修班、北京电力学院学习，1964年8月毕业。1964年10月～1986年10月，任东北电管局长春设计室技术员，吉林省电力工业局计划处科员、副处长、处长，省电力工业局副总经济师。1986年10月～1990年6月，任吉林省电力工业局副局长、党组成员、党委成员（兼任总经济师）。1990年6月～1995年12月，任吉林省电力工业局副局长（除1991年

2月～1992年3月外，其余时间兼任总经济师）、党组成员。1990年8月～1995年12月，任吉林省电力公司副总经理。1998年5月退休。

张广智 男，汉族，1942年4月17日生，吉林省扶余市人。1962年参加工作，中共党员，工商管理硕士学位，教授级高级政工师。

1962年9月吉林电力学院（中专部）毕业，分配到吉林热电厂工作，1964年7月后历任汽机分场团支部书记、厂团委副书记，厂宣传科副科长、汽机分场党支部书记，1976年7月任厂革委会副主任、副厂长。1985年6月～1986年10月，任厂党委书记。1986年10月～1998年1月，任吉林省电力工委主任，吉林省电力工会主席，自1993年1月起任局党组成员。1998年1月任吉林省电力公司副总经理、吉林省电力工业局副局长、党组成员。1999年3月起，任吉林省电力有限公司副总经理，吉林省电力工业局副局长、党组成员。1999年10月，任党组副书记。2000年8月，任吉林省电力有限公司董事。2001年4月～2001年7月主持吉林省电力有限公司工作。2001年7月国家电力公司党组发文决定张广智的职级为正司局级。

孟庆成 男，汉族，1938年6月19日生，吉林省公主岭市人。1966年9月参加工作，中共党员，大学毕业，教授级高级政工师。

1966年9月吉林大学毕业分配到长春电力学校任教师。1969年3月起为长春发电设备总厂工人。1974年4月～1985年4月，历任吉林省电力工业局工作人员、办公室副主任。1985年4月～1988年12月，任中共吉林省电力工业局纪检组副组长、组长、党组成员、党委成员、经检委书记。1988年12月～1990年6月，任吉林省电力工业局副局长，局党委委员、纪检书记。1990年6月～1999年1月，任吉林省电力工业局副局长、党组成员，1990年8月～1999年1月，任吉林省电力公司副总经理。其中1990年8月～1993年12月，兼任纪检组长。2000年1月19日退休。

郭学崇 男，汉族，1940年4月18日出生，山东省威海人，1965年9月参加工作，中共党员，大学毕业，教授级高级工程师

1965年大连工学院水利工程系毕业，同年9月分配到水电部水利水电施工研究所任技术员。1970年7月～1983年6月，任水电部第一水电工程局科员、副科长、科长，副处长。1983年6月～1987年1月，任水电部第一工程局副总工程师、红石分局副局长（兼）、总工程师。1987年1月～1990年6月，任吉林省电力工业局副局长、局党组成员、党委成员。1990年6月～1999年3月，任吉林省电力工业局副局长，党组成员。1990年8月～1999年3月，任吉林省电力公司副总经理。1999年3月～2000年8月，任吉林省电力有限公司董事、副总经理、吉林省电力工业局副局长、党组成员。2000年8月1日退休。

金凤祥 男，汉族，1935年12月29日生，辽宁省法库县人。1955年7月参加工作，中共党员，大学学历，教授级高级工程师。

1955年7月长春电机高职毕业，分配到阜新发电厂工作，1955年7月以后任该厂技术员。1957年7月任富拉尔基发电厂汽机分场班长。1958年9月～1978年4月，任辽宁发电厂汽机分场班长、生技科运行组组长、值长组值长、值长组组长、厂副总工程师。1978年4月～1984年5月，任锦州发电厂副厂长。1984年5月～1986年11月，任通辽发电总厂厂长。1986年11月～1988年12月，任朝阳发电厂厂长。1988年12月～1990年6月，任吉林省电力工业局副局长，党委委员。1990年6月～1995年12月，任吉林省电力工业局副局长、党组成员。1990年8月～1995年12月，任吉林省电力公司副总经理。1992年3月～1993年3月，兼任总工程师。2000年1月19日退休。

陈兴铭 男，汉族，1949年11月生，长春市人。1968年参加工作，中共党员，大学毕业，获硕士学位。教授级高级经济师。

1968～1971年为下乡知识青年。1971年11月起为长春发电设备总厂财务科工作人员，吉林工业大学学生，1975年大学毕业后回长春发电设备总厂工作。1977年3月调入吉林省电力工业局，先做工作人员，后任副处长、处长、吉林电力实业公司经理等职。1990～1992年为吉林工大硕士研究生，毕业后获硕士学位。1991年2月任吉林省电力工业局（吉林省电力公司）总经济师，吉林热电厂党政主要负责人。1992年3月～1997年12月，任吉林省电力工业局（吉林省电力公司）副局长、副总经理、党组成员、党组副书记。1997年12月调出。

迟德贵 男，汉族，1941年4月15日生，吉林省公主岭市人。1962年9月参加工作，中共党员，大专学历。教授级高级政工师。

1962年9月，吉林电力学院（中专部）毕业分配到丰满发电厂工作，后任保卫处科员。1964年9月～1966年12月，参加吉林省农村“四清”工作队。1963年4月～1967年4月，吉林电力学院业余水电学院学习。1968年1月～1977年12月，任丰满发电厂党委组织部干事，厂职工医院党支部书记。1977年12月～1991年4月，任吉林省电力工业局干部处科员、副处长、处长，老干部处处长。1991年4月任吉林省电力工业局纪检组副组长兼监察处处长，1993年12月～2000年10月任吉林省电力公司、吉林省电力有限公司（吉林省电力工业局）纪检组长、监察专员。1995年12月～2000年10月，任党组成员。1999年3月～2000年10月，任公司监事。2001年9月退休。

赵首先 男，汉族，1954年1月1日生，长春市双阳区人，1970年10月参加工作，中共党员，大学学历，高级经济师。

1970年10月～1973年8月在双阳县水泥厂当工人。1973年9月～1975年9月长春电力学校学生。1975年9月毕业后到吉林省送变电工程公司工作。曾任吉林省送变电二程公司劳资科干部，第四工区副主任。1984 年 3 月～1992 年 4 月，任吉林省电力工业局劳资处科员，省电力工委组织宣传部部长，1992 年 4 月后，任省电力工业局干部处副处长、处长。1994 年 8 月，任省电力公司副总经济师。1994 年 9 月，兼任省电力公司政治部主任、政治部党政干部处处长。1995 年 8 月，毕业于南京通讯学院，1995 年 12 月～2000 年 8 月，任吉林省电力公司、吉林省电力有限公司副总经理、吉林省电力工业局副局长、党组成员。2000 年 8 月调出。

张立志　男，汉族，1945 年 8 月出生，山东省郯城县人。1968 年 9 月参加工作，中共党员，大学毕业，教授级高级工程师。

1968 年 9 月南京工学院毕业后，先做辽源发电厂工人，后任技术员、厂生技科专工，锅炉分场副主任，厂总工办负责人等职，1979 年 8 月～1980 年 9 月赴德国进修。1982 年 4 月～1984 年 8 月，任浑江发电厂科长、副厂长、1984 年 8 月任厂长，1991 年 4 月任长山热电厂厂长。1993 年 4 月～1997 年 8 月，任吉林省电力公司（吉林省电力工业局）副总工程师，生产部主任。1997 年 8 月任吉林省电力公司副总经理、吉林省电力工业局副局长兼总工程师，党组成员。1999 年 3 月起任吉林省电力有限公司副总经理、吉林省电力工业局副局长兼总工程师、党组成员。

冯雪原　男，汉族，1949 年 11 月 1 日生，吉林省大安市人，1968 年 10 月参加工作，中共党员。研究生学历，高级经济师。

1968 年 10 月～1970 年 8 月吉林省大安县联合乡知青。1970 年 9 月～1990 年 11 月，历任长山热电厂政工科干事，办公室秘书，厂工会生产委员，厂工会副主席，厂党委副书记、书记，1990 年 11 月任浑江发电厂党委书记。1992 年 5 月～1997 年 12 月，任吉林省电力公司办公室主任，多经局局长、实业公司总经理，省电力公司副总经济师兼多经局局长，名门集团总经理。1997 年 6 月毕业于吉林大学世界经济系。1998 年 1 月～2000 年 10 月，任吉林省电力工会主席，中共吉林省电力有限公司（吉林省电力工业局）党组成员。2000 年 10 月调出。

董蕴华　女，汉族，1951 年 3 月 11 日生，沈阳市人，1968 年 11 月参加工作，中共党员，大学学历，高级会计师。

1968 年 11 月～1971 年 11 月双阳县双阳河公社知青。1971 年 11 月～1981 年 9 月，先后任长春发电设备总厂财务科出纳员、厂团委副书记、厂财务科副科长。1981 年 9 月～1983 年 7 月，吉林财贸学院会统系学习。1983 年 7 月～1996 年 8 月，任长春发电设备总厂财务科科长，厂副总会计师、总会计师，副厂长兼总会计师。1996 年 8 月～1999 年 1 月，任吉林省电力公司副总会计师，副总会计师兼财务部主任。1999 年 1 月，任省电力有限公司总会计师并兼财务部主任至同年 8 月。2002 年 1 月起任吉林省电力有限公司副总经理兼总会计师，党组成员。

李大军　男，汉族，1950年2月6日出生，沈阳市人，1968年11月参加工作，中共党员，研究生学历，高级经济师。

1968年11月～1970年7月，吉林省镇赉农村插队知青。1970年7月洮南电机厂工人，1972年9月～1993年6月，历任白城电业局工会干事，用电科副科长、科长，副处长、处长，1993年6月～1996年1月，历任白城电业局副局长，局长。1996年1月～1999年9月，历任吉林省电力公司（吉林省电力工业局）机关管理处处长、机关管理部主任、用电营销部主任。1999年3月毕业于吉林大学行政学院，9月任省电力有限公司总经理助理。2000年8月起任省电力有限公司（省电力工业局）副总经理、副局长、党组成员。

李　强　男，满族，1954年4月12日生，吉林省伊通县人，1973年2月参加工作，中共党员，大学学历。高级经济师。

1973年2月吉林省伊通县新家乡知青。1976年3月～1984年9月，先做四平电业局伊通供电所工人，后任四平电业局供电所副主任，1984年9月任四平电业局机关党总支书记、工会副主席，1985年11月～1990年11月，任四平电业局党委书记。1990年11月～1994年4月，任白城电业局局长、党委书记，1994年4月任吉林电业局局长。1997年6月～1998年11月，任吉林省农电局副局长，吉林省电力公司农电部主任。1998年11月～2000年8月，任长春电业局局长，长春供电公司总经理。2000年8月～2001年7月，任吉林省电力有限公司（省电力工业局）副总经理、副局长、党组成员。2001年7月调出。

樊　军　男，汉族，1960年2月11日生，吉林省德惠市人。1982年7月参加工作，中共党员，大学毕业。教授级高级工程师。

1982年8月东北电力学院毕业，分配到吉林省送变电工程公司历任试验室技术员、主任，变电工程处主任，海南分公司经理，省送变电工程公司副经理，1995年7月任经理。2000年1月，任吉林省电力有限公司（电力工业局）副总工程师。2000年8月任吉林省电力有限公司（电力工业局）总经济师，兼任长春电业局局长，长春供电公司总经理。2001年7月起任吉林省电力有限公司副总经理、党组成员。

武洪举　男，汉族，1954年5月12日生，长春市人，1970年12月参加工作，中共党员，大学毕业，具有硕士学位，高级工程师。

1970年12月～1973年9月，长春发电设备总厂工人。1973年9月～1976年8月，大连工学院学生。1976年8月～1984年4月先后任长春发电设备总厂技术员、车间副主任。1984年4月～1996年1月，历任省电力工业局干部处科员、科长、副处长，科技干部处处长。1996年1月～1999年2月，任政治部主任，兼党政干部处处长。1997年5月吉林工大技术经济专业研究生毕业，获硕士学位。1999年2月，任省电力有限公司副总政工师，兼政治部主任、党政干部处处长。1999 年 7 月～2000 年 11 月，任省电力有限公司副总政工师，兼人董部主任。2000 年 10 月起任吉林省电力有限公司（吉林省电力工业局）监事、纪检组长、党组成员。

二、全国劳动模范简介

刘亚钦 女，1943 年 12 月生，山东省昌邑市人，中共党员，1962 年参加工作，曾任长春电业局党委书记兼副局长、局长，长春供电公司总经理等职。

刘亚钦思想解放，求新务实，实现了 23 项改革措施，领导广大职工创安全生产历史最高水平，城网建设取得长足进展，优质服务受到居民及政府好评，多种经营有了新的突破，两个文明建设达到了全国同行业先进水平。长春电业局先后被吉林省政府、电力部命名为先进企业、有突出贡献的企业，中共吉林省委、电力部和国家授予长春电业局先进基层党组织、全国思想政治工作优秀企业、全国供电系统为用户服务优秀集体等称号，被全国总工会授予五一劳动奖状。刘亚钦被长春市、中共吉林省委省政府评为优秀女企业家、优秀思想政治工作者、优秀党委书记。1994 年被评为全国电力工业特等劳动模范。1995 年 4 月被评为全国特等劳动模范。

周立君 男，1958 年 2 月生，吉林省九台市人，中共党员，1978 年 3 月参加工作，长春供电公司卡伦变电所所长。

周立君 1995 年 12 月同妻子到新建的卡伦变电所值班。他们自己动手，清理建筑垃圾，使新建变电所达到了安全生产的要求。他们先后拿出自己积蓄的 1 万多元钱在所内栽花种草，修建了观赏鱼池和凉亭假山，使变电所垂柳成行，松柏常青，鲜花盛开，达到了“三园化”变电所标准。

周立君值班巡视坚持做到眼勤、腿勤、嘴勤。他对所内设备，对每条线路所带负荷都能做到心中有数。他刻苦钻研业务，高温严寒天气，注重检查注油设备，大风阴雨天气注重检查进线、出线。一次，镇内线开关跳闸，由于他正确判断，及时报告，紧急采取安全措施，保障了行人安全，防止了事故扩大。

周立君关心他人，主动照顾过一位无儿无女，双目失明的孤寡老人张杨氏，直到为老人送终。他援助特困户王臣，帮他种上地，出学费帮他送孩子上学，出资 1 万多元帮王臣盖起失火被烧的房子。他的事迹在当地引起强烈反响，新闻媒体报道了他的事迹。周立君先后获得全国电力系统劳动模范称号、吉林省特等劳动模范称号，1999 年 4 月获全国五一劳动奖章，2000 年 4 月获全国劳动模范称号。

贺广庭 男，1953 年 2 月 22 日出生，江苏省沛县人，1974 年到桦甸市农电局工作，1989 年入党，先后任线路工、抄收工、桦甸市农电局城区农电所所长、桦甸供电局副局长等职。

1996 年以前，桦甸市城郊供电所辖区内的供电线路普遍存在线径小、线损大、接线乱、电价高的问题，220 伏的电压降到只有 80 多伏，每千瓦·时的电价高达 1 元左右。

为解决这个问题，贺广庭带领全所职工改造低压线路，从深秋干到隆冬。在十冬腊月里施工，气温降到零下20多度，寒风刺骨，手指冻得像猫咬似的。经过两个多月的苦干，终于完成了改造任务。贺广庭继续努力，他带领大家大张旗鼓地改造农村低压电网，得到了地方政府的认可，受到了农民群众的欢迎。

1995年7月31日，因遭遇特大洪水，桦甸市全市停电，人们都撤到较高地段，贺广庭顾不上父母和家人的安全。他设法先使地势较高的地区恢复供电。8月3日，贺广庭带领4名村电工，趟着齐腰深的泥水，经过十几个小时的奋战，终于使部分村屯恢复供电。1995年7月，桦甸市集厂子村养鱼场突然断电，为避免池鱼缺氧致死，贺广庭带领职工冒雨抢修到当日后半夜3点，使价值70多万元的渔场免遭损失。

贺广庭在1994年和1999年分别获得吉林省劳动模范、特等劳动模范称号，1997年和1998年分别获得吉林省五一劳动奖章和全国五一劳动奖章，2000年获全国劳动模范称号。

三、全国五一劳动奖章获得者简介

付少浩 男，1932年10月1日生，湖北省武汉市人，1953年9月天津大学毕业参加工作，中共党员，教授级高工，历任吉林省火电公司总工程师，吉林省电力工业局副总工程师等职。

付少浩常年工作在火电建设第一线。他任长山热电厂五期扩建工程副总指挥、总指挥期间，带领7千多名建设者，仅用两年时间建成投产两台20万千瓦发电机组。其中第一台机组仅用了28个月零21天，创造了全国北方严寒地区施工新纪录。第二台机组创造了机组整套启动等6个一次成功的佳绩，创造了全国大机组试运新纪录。

付少浩坚持做到质量从严，精益求精，新浇混凝土不合格时，要求重新浇注。他对安全施工十分重视，保证了人身设备安全。

付少浩一心扑在事业上，带病坚持工作，廉洁奉公，和群众同甘苦，受到广大职工一致好评。1989年被吉林省政府命名为劳动模范；1991年被中共吉林省委命名为优秀共产党员；1992年被全国总工会评为全国优秀科技工作者，授予五一劳动奖章。

李文成 男，1934年10月10日生，吉林省东辽县人，1951年12月参加工作，中共党员，高级工程师，先后任辽源发电厂副厂长、厂长等职。

李文成领导全厂建立健全了企业生产、管理的各项规章制度和岗位责任制，承包合同制。采用30多项较大节能措施，节约标准煤一万多吨，价值60多万元。他狠抓安全生产，使企业实现2900天无事故，连续17年保持无人身重伤事故，33年无人身死亡事故，34年无设备重大事故，35年无火灾事故，名列全国火电厂第一位。他励精图治，带领辽源发电厂进入了国家二级企业、能源部安全文明生产达标企业行列。曾先后被吉林省人民政府授予劳动模范称号，评为优秀企业家。他被评为全国能源工业劳动模范。1993年4月，被中华全国总工会授予五一劳动奖章。

孙锡利 男，1957年11月生，吉林省辽源市人，中共党员，1981年到辽源发电厂工作，任电气分场运行班长、副主任。

孙锡利刻苦学习，钻研技术，掌握了一套过硬的生产本领，荣获了吉林省总工会、吉林省经委、吉林省劳动厅授予的“青年技术能手”称号。他结合本专业特点，总结、完善了一整套“一严格、二熟练、三提前、四认真、五个一样”的运行工作方法。避免了运行中多次走错位置、误动运行设备事件的发生。1996年1月25日，他果断处理并避免了3号发电机失磁事故的发生。他实现了操作无差错，由他办理的工作票和倒闸操作票合格率均达到100%。1992年，孙锡利所在的班荣获全国五一劳动奖状，当年又被授予全国先进班组称号。1994年10月，他荣获吉林省劳动模范称号，1995年1月荣获东北电力系统劳动模范称号，1996年4月，获全国五一劳动奖章。

刘东杰 男，1947年8月出生，天津市宝坻人，1967年7月参加工作，中共党员，历任白山电业局局长兼党委书记、吉林省电力公司安全环保部主任、吉林风力发电股份有限公司总经理等职。

刘东杰创造了“安全立体防护法”，白山电业局采用此法加强安全生产管理后，安全基础不断巩固，曾实现安全供电715天，打破全省供电企业历史最高纪录。他领导白山电业局加强建设，缓解了白山市电力供应紧张局面。他所撰写的《白山电网建设》、《安全质量否决权》等获优秀论文奖。刘东杰1994年获白山市特等劳动模范称号，1996年4月获全国五一劳动奖章。

王晓燕 女，1965年生，吉林省德惠市人，中共党员，1985年中专毕业分配到白城电业局，在电能计量室工作。

王晓燕从电能表修校学起，很快成为独当一面的人才。1985年9月，她获得省电力工业局电能计量技术表演赛计量器组装第一名，单相表检修第二名。1986年，她被评为全省电能计量优秀检定员。1989年，吉林省举办电能计量技术大赛，王晓燕夺得第一名。1992年，能源部举办全国电能计量工人技术大赛，她获得第二名，被能源部授予“技术能手”称号。1995年，她被吉林省总工会评为电力校表技术明星。

1995年，她参与研制开发的“电能计量计算机处理系统”分别被省电力工业局、东北电力集团公司和吉林省科委评为科技进步一等奖、二等奖和三等奖。1994年，她被吉林省人民政府授予劳动模范称号，1997年，被中华全国总工会授予五一劳动奖章。

姜明举 男，1953年2月2日生，辽宁省大连市人，1969年4月参加工作，中共党员，先在长春铁塔厂当工人，后任车间主任、副厂长、厂长等职。

姜明举带领全厂走出了一条自我发展，自我完善的经营之路。1991年，该厂产品进入国际市场，并获好评。姜明举坚持铁塔厂依靠科技进步发展生产，引进三条先进铁塔加工流水线，在全国率先实行了微机放样。他参与研制的《计算机辅助绘图（CAD）塔材下料优化程序》、《RZM基合金热镀型钢及铁塔构件》、《热浸镀锌生产含酸废液回收治理新工艺》等科研成果，获得了省电力工业局、东北电网、吉林省人民政府、中国科学院一、二、三等奖，长春铁塔厂被国家命名为有突出科技贡献单位。

姜明举带领广大职工，经过十几年的努力，将一个"家属厂"建设成了年生产能力2万吨的铁塔加工企业。企业连续10年年均创利税百万元，跨入全国铁塔加工六强行列。姜明举1989年被能源部授予劳动模范称号，1998年获全国五一劳动奖章。

樊　军　男，1960年2月生，吉林省德惠市人，1982年7月参加工作，中共党员。先后任吉林省送变电工程公司经理、吉林省电力有限公司副总经理、党组成员等职。

1992年3月，当闻知海南省要上一条输电线路时，樊军率队，凭着过细工作，科学合理的报价，一举投中了全部工程的三个标段。他接任省送变电公司海南分公司经理，由于狠抓质量，注重信誉，塑造公司形象，在海南一炮打响，博得了海南电力局的信赖，共承建了大小20余项送变电建设工程。樊军大力推行分公司制，使企业从生产经营型向经营管理型转变，完善适应招投标机制，培养了一大批适应市场经济的复合型人才。

樊军曾被命名为"共和国重点工程青年建设功臣"，电力部"十大杰出青年"，"吉林省首届杰出青年"，"特殊贡献经营管理专家"，获全国电力系统劳模称号。1998年，被全国总工会授予全国五一劳动奖章。1999年，被国家电力公司授予劳动模范称号。

杨春来　男，1948年生，内蒙古自治区突泉县人，中共党员，白城发电厂燃料分场检修班班长。

杨春来，工作认真负责。他带领全班同志加强运行工作，一天24小时都有人监护煤场抓吊设备。就是夜间出故障，他也要到厂消除故障。他很少过上完整的节假日。多年未在家过春节，经常被找去维修设备。杨春来对工作严格要求，有时冒雨，高空作业，也要保质保量完成任务。当设备故障必须紧急处理时，就是在寒冷的冬天，他也带领班内工人冒着零下20多度的严寒，连夜抢修，并且自己留下来进行观察，保证修后安全运行。1997年，杨春来带领班里职工，利用业余时间自制了2.5吨新抓斗，不但保证了抓煤吊的需要，并为电厂节约了4万多元。

杨春来先后被白城市、吉林省电力工业局评为劳动模范、双文明职工标兵，1999年，获全国五一劳动奖章。

四、省部级劳动模范名单

（一）全国电力系统劳动模范名单

（1）1994、1995年，全国电力系统表彰一批特等劳动模范、劳动模范，吉林省电力公司系统获得这一荣誉的人员如下：

1）特等劳动模范

刘亚钦（女）　　长春电业局局长

2）劳动模范

张文波　　长春热电二厂厂长兼党委书记
江亚平　　吉林省火电第三工程公司副经理
王恩华　　中共吉林省火电第二工程公司党委宣传部长
苏　秦　　吉林省电力科学研究院工程师
王　海　　吉林热电厂锅炉分场班长
刘昌福　　长春发电设备总厂工人
刘运峰　　吉林省梨树县农电局局长
孟繁军　　吉林省农安县农电局新农乡供电所所长
夏淑范（女）　　吉林电业局直属供电局抄收员
张奎发　　吉林电业局吉林电力工程公司经理

(2) 1999 年，全国电力系统表彰一批劳动模范，吉林省电力公司系统获得这一荣誉的人员如下：

劳动模范
孙金国　　长春热电二厂厂长
樊　军　　吉林省送变电工程公司经理
周立君　　长春供电公司卡伦变电所所长
姚　恩　　双辽发电厂副总工程师
潘国琪　　长山热电厂热控检修分公司副主任
黄清林　　辽源发电厂实业有限责任公司副经理
蒋东篱　　吉林名门电力实业集团龙华热电股份有限公司经理
史洪起　　吉林省电力科学研究院锅炉室主任

（二）吉林省劳动模范名单

(1) 1994、1995 年，吉林省人民政府表彰一批劳动模范，吉林省电力公司系统获得这一荣誉的人员如下：

劳动模范
杨克杰　　长春发电设备总厂机械分厂工人
张文波　　长春热电二厂厂长兼党委书记
孙果夫　　吉林省送变电工程公司经理
王　海　　吉林热电厂锅炉分场班长
王林生　　吉林电业局一次变工区主任
郑　岩　　吉林省火电第三工程公司经理
贺广庭　　桦甸市农电局城区农电所所长
丛景泉　　四平电业局局长
王怀真　　辽源发电厂副厂长
孙锡利　　辽源发电厂班长
孙寿升　　辽源电业局用电营业部主任
滕芳圃　　通化电业局工人

姚宝山　　通化电业局工会主席

刘家明　　浑江发电厂厂长

郭闻远　　长山热电厂党委书记

王显和　　长山热电厂锅炉分厂瓦工班班长

王晓燕（女）　白城电业局检验员

胡宝山　　珲春发电厂锅炉分场班长

李承章　　吉林省电力科学研究院副总工程师

张佩峰　　吉林省伊通县农电局修试所党支部书记

（2）1995 年，吉林省电力系统获吉林省特等劳动模范称号的人员如下：

特等劳动模范

张连彬　　四平电业局高级工程师

（3）1997、1998、1999 年，吉林省人民政府表彰一批特等劳动模范、劳动模范，吉林省电力公司系统获得这一荣誉的人员如下：

1）特等劳动模式

李景喜　　中共浑江发电厂党委书记

王庆阳　　二道江发电厂总工程师

周立君　　长春供电公司卡伦变电所所长

贺广庭　　桦甸市农电局城区农电所所长

2）劳动模范

朱景文　　吉林热电厂厂长兼党委书记

盛大凯　　吉林省电力勘测设计院院长

杨绍臣　　白山电业局抚松供电局所长

张树勇　　辽源供电公司总经理

曹玉龙　　通化电业局局长

程喜清　　白城供电公司党委书记

于国利　　珲春发电厂工会主席

孟凡君　　珲春发电厂值长

辛克锋　　长春发电设备总厂主任

刁学广　　长春热电一厂厂长

戴凤祥　　长春热电二厂党委书记

杨庆武　　吉林电力管道工程公司工会主席

王晓波　　四平电业局局长

王成才　　辽源发电厂工会主席

安　涛　　长山热电厂锅炉检修分公司班长

赵　会　　白城发电厂锅炉检修班长

（4）2000 年，吉林省电力系统获吉林省劳动模范称号的人员如下：

劳动模范

王玉江　　吉林省公主岭市农电有限公司送配电检修工区党支部书记

(5) 2001 年，吉林省电力系统获吉林省劳动模范称号的人员如下：

劳动模范

张立纯　　吉林省公主岭市农电有限公司经理

(三) 吉林省五一劳动奖章获得者名单

1997 年，吉林省电力公司系统有 1 人获得吉林省五一劳动奖章：

贺广庭　　桦甸市农电局城区农电所所长

1998 年 4 月，吉林省电力公司系统有 1 人获得吉林省五一劳动奖章：

陈忠惠　　吉林电业局龙潭供电局配电班班长

2001 年 4 月，吉林省电力公司系统有 2 人获得吉林省五一劳动奖章：

吕清森　　吉林电业局桦甸供电局送电班副班长

刘长良　　长春发电设备总厂公安保卫部副部长

2002 年，吉林省电力公司系统有 2 人获得吉林省五一劳动奖章：

陈亚东　　吉林热电厂锅炉检修分公司副主任

艾玉林　　白城电业局洮南供电局局长

大　事　记

大 事 记

（1991～2002年）

1991年

1月1日 吉林省副省长王云坤等领导在吉林省电力工业局局长李宝全陪同下，慰问电力调度室节日里坚持生产运行的职工。

1月31日 1988年6月1日开工的长春热电二厂一期工程20万千瓦1号机组正式移交生产。吉林省副省长王云坤、长春市副市长李述、省电力工业局局长李宝全为移交仪式剪彩。1992年1月9日，一期工程20万千瓦2号机组移交生产。至此，一期工程建成，装机总容量40万千瓦。

2月5～7日 省电力工业局首届二次职工代表大会暨1991年工作会议在长春召开，全省电力工业局系统240余名代表参加会议。吉林省副省长王云坤、省计经委副主任包学龙、省总工会副主席杜福中、东北电管局副局长赵长海和黑龙江省电力工业局副局长熊良印等有关领导参加了开幕式。省电力工业局局长李宝全等有关领导，原省电力工业局老领导出席会议。

2月28日 东北电管局党组成员、副局长花承文代表东电党组宣布，陈兴铭任吉林省电力工业局总经济师（副局级），并明确为吉林热电厂党政主要负责人。

3月16日 吉林省省长王忠禹签发吉林省人民政府第45号令《关于违反〈电力设施保护条例〉行政处罚的若干规定》。

4月 浑江电业局临江变电所荣获全国五一劳动奖状。该变电所的安全记录已超过12 300天，居全国同类变电所之首。

5月11日 吉林省电力工业局多种经营管理局、集体企业局成立，与就业服务局三位一体，一个编制。

6月12～15日 东北电力总公司总经理赵希正、副总工程师徐珍懋一行先后到丰满发电厂、吉林电业局、吉林热电厂、长春电业局、长春热电二厂等基层单位、施工现场、分场、班组和多种经营单位调查研究，看望一线工人。赵希正在调研时强调：要把企业办成一流的社会主义企业，把东北电网建设成现代化电网。

7月6日 根据东北电管局《关于长春电业局组织机构改革方案的批复》，省电力工业局批转了长春电业局改革方案，成立长春供电公司（原长春电业局的职能不变，公司与局一套机构，两块牌子），隶属于吉林省电力公司。

8月23日 双辽发电厂开工建设。30万千瓦1号、2号汽轮发电机组分别于1994年9月15日和1995年12月11日移交生产。至此，吉林省有了30万千瓦火电机组（当时是最大机组）。30万千瓦3、4号机组先后于2000年12月2日和26日移交生产。至此，双辽发电厂建成，装机总容量 120 万千瓦。

11 月 1 日　中共吉林省委书记何竹康等领导在省电力工业局副局长孙业堂等陪同下，踏察了双辽发电厂工程施工现场，并请在场的建设、施工单位负责同志转达省委对全体参建人员的问候。

11 月 21 日　经吉林省人民政府批准，吉林省计划经济委员会、吉林省公安厅、吉林省电力工业局联合发布《关于坚决制止窃电的通告》。

12 月 6 日　白山发电厂二期扩建工程 1 台 30 万千瓦水轮发电机组投产发电。

12 月 30 日　浑江发电厂三期扩建工程 20 万千瓦 5 号机组投产，至此，浑江发电厂总装机容量达到 45 万千瓦。

12 月　丰满发电厂二期扩建工程第一台 8.5 万千瓦水轮发电机组建成投产。1992 年 6 月，该厂二期扩建第二台 8.5 万千瓦水轮发电机组建成投产。至此，二期工程结束，新装 8.5 万千瓦机组 2 台，该厂装机达到 10 台，总容量 72.25 万千瓦。

1992 年

1 月 28 日　吉林省副省长吴亦侠在省电力工业局副局长刘立新陪同下到省农电局视察工作并慰问全体职工。

2 月 3 日（除夕之夜）　吉林省省长王忠禹、副省长王云坤、省政府秘书长桑逢文、长春市市长米凤君等省市领导到长春电业局调度处和省电力调度指挥中心向坚守一线生产岗位的职工表示慰问。

2 月 14～16 日　省电力工业局首届三次职代会暨 1992 年工作会议在长春召开。副省长王云坤、省总工会主席朱忠民、东北电力总公司副总经理赵长海到会并讲话，省电力工业局局长李宝全等有关领导出席，原省电力工业局老领导等参加了大会。

3 月 23 日　东北电力总公司政治部主任陈训江代表东北电业管理局党组在省电力工业局机关全体职工及在长单位副处级以上干部大会上宣布，吉林省电力工业局、省电力公司干部任免通知：任命孙业堂为吉林省电力工业局局长、吉林省电力公司总经理，党组书记；任命金凤祥兼任省电力工业局、省电力公司总工程师；许石兼任省电力工业局、省电力公司总经济师；陈兴铭为省电力工业局副局长、省电力公司副总经理，党组成员；李宝全为省电力工业局、省电力公司技术顾问。东北电业管理局党组书记、局长赵希正在会上作重要讲话。

4 月 15 日　四平热电厂新建工程开工建设。施工过程出现资金不足，1997 年省政府决定引进资金，由省能源交通总公司和香港中国长江基建有限公司合资建设该工程项目，前者资本占 55%。该工程 5 万千瓦双抽式 1、2 号供热机组先后于 1998 年 1 月 12 日和 9 月 11 日移交生产；10 万千瓦单抽式 3 号供热机组于 1999 年 12 月 26 日移交生产。四平热电厂建成，总装机容量 20 万千瓦。

4 月　辽源发电厂电气运行二班和省电力工业局副总工程师付少浩分别荣获全国五一劳动奖状和劳动奖章。

5 月 22～23 日　副省长刘希林带领省、市有关部门负责同志到双辽发电厂现场办公，就地解决该厂施工征地及建设问题。

6月19日 省电力工业局局长孙业堂发布吉林省电力工业局《关于严格制止违章强化安全管理和整顿劳动纪律的指令》。

6月29日 省电力工业局成立吉林省电力建设局、吉林省电力工程总公司。电力建设局和电力工程总公司为一套机构，列为省电力公司直属单位，定员60人。撤销吉林省电力工业局基本建设处，原职责纳入电力建设局。

6月30日 500千伏东（丰）长（春）哈（尔滨）输电线路工程竣工。这是东北电网第一条500千伏南北输电大通道，吉林省东丰变电所到长春合心变电所150千米，合心变电所到哈尔滨哈南变电所240千米（吉林省境内167千米）。

7月23日 省电力工业局成立吉林省电力燃料总公司和火力发电厂燃料公司。两公司均为独立核算、自负盈亏、具有独立法人地位的全民所有制单位。主要经营计划外发电燃料等。

8月29日 吉林省政府召开全省村屯全部通电新闻发布会，宣告吉林省到本年8月18日，全省六万个村屯全部通电，成为全国继京、沪、津三个直辖市之后，第一个实现村村通电的省。9月12日，吉林省人民政府发出慰问信给省电力工业局并转全省农电、水利战线的同志们，对吉林省村屯全部通电表示慰问和感谢。

9月11日 吉林省副省长王云坤等一行10人来省电力工业局检查工作，到调度指挥中心看望一线职工。省电力工业局局长孙业堂汇报了省电力工业局1～8月工作情况。

11月21日 东北电管局党组书记、局长赵希正为首的东电双达标检查组一行12人代表东北电业管理局党组与省电力工业局党组进行了座谈，原东北电业管理局副局长毛锦辉代表检查组对吉林热电厂、长春热电二厂的双达标工作提出了中肯的评价和意见。省电力工业局局长、副局长，有关处室负责同志参加了会议。

12月10～11日 能源部部长黄毅成和国家能源投资公司总经理王文泽到长春热电二厂、长春热电一厂、省电力调度通信局、长春电业局视察。

1993年

2月2～4日 吉林省电力工业局第二届职工代表大会在长春召开。吉林省副省长魏敏学、省计经委主任郭永德、省总工会主席朱忠民、东北电管局副局长范承文、黑龙江省电力工业局副局长张志厚、省电力工业局局长孙业堂等领导，原省电力工业局老领导参加了会议。

2月23日 在吉林省八届人大一次会议上，省电力工业局局长孙业堂当选为全国人大代表。

3月4日 二道江发电厂改建工程安装1台10万千瓦汽轮发电机组建成投产。

3月5日 500千伏长春合心变电所建成投入运行，安装1组3台（另外备用1台）主变压器，单台容量26.7万千伏·安，总容量80.10万千伏·安。

3月15日 省电力工业局成立吉林省电力工业局地方电力处，为全省地方电厂、企业自备电厂和地方电力网的行业归口管理部门，正处级建制，与省电力工业局计划处合署办公。

4月2日 吉林省副省长魏敏学在省电力工业局副局长郭学崇陪同下到双辽发电厂现场办公，了解该厂建设进展情况，解决资金紧缺事宜。

4月20日 辽源发电厂厂长李文成获1993年全国五一劳动奖章，长春电业局、吉林电业局送电工区带电班、二道江发电厂汽机运行四班荣获五一劳动奖状。

6月11日 松原成立地级市，省电力工业局决定成立松原电业分局，隶属白城电业局，由白城电业局副局长兼松原分局局长。成立松原市农电局，受松原市政府和省农电局双重领导，负责松原地区农电工作。

8月19日 应省电力工业局邀请，日本北海道电力株式会社户田一夫社长一行来省电力工业局进行友好访问，双方签署了《友好交流协定书》。

8月30日 长春电力技校被评为国家级重点技校。

9月22日、24日、25日 吉林省电力系统第四届职工运动会在长春举行。

1994年

1月20日 吉林省电力工业局二届二次职工代表大会暨1994年工作会议在长春举行。吉林省副省长王国发、省总工会主席朱忠民、东北电业管理局副局长张玉书、黑龙江省电力工业局副局长张志厚等出席大会并讲话。

2月4日 东北电业管理局局长黄金凯、副局长张玉书来长春慰问吉林省电力职工。

3月1日 吉林热电厂发生因运行中的非受监重油母管（材质缺陷）突然爆炸，造成4人死亡2人轻伤的特大事故。事故中，12号炉、10号、11号炉控制室以及12号、13号炉控制室部分烧损，直接损失达1900万元。

3月10～23日 省电力工业局局长孙业堂赴京出席第八届全国人民代表大会第二次会议。

3月25日 白山电业局实现安全生产716天，突破了吉林省供电系统新中国成立以来安全生产历史最高纪录。

4月28日 长春市10大重点工程之一的长春热电一厂扩建工程开工。长春市副市长尹文，省电力工业局副局长郭学崇、孟庆成，省电力工会主席张广智分别为该工程剪彩。该工程原计划安装2.5万千瓦和5万千瓦双抽机各1台，2.5万千瓦背压机1台。由于热负荷的变化，1997年11月，将原设计的2.5万千瓦背压机改为5万千瓦单抽机。3台机组分别于1996年4月16日，1997年1月25日，1999年2月10日建成投产，总装机容量12.5万千瓦。

5月1日 长春电业局局长刘亚钦被评为全国电力工业特等劳模，长春热电二厂厂长兼党委书记张文波等10人被评为全国电力工业劳动模范，省送变电海南分公司、通化电业局梅河一次变电所被评为全国电力工业模范集体。

6月17日 中共吉林省委召集地、市、有关厅局的领导及吉林化学工业公司、第一汽车制造厂等省内100家大型企业党委书记到浑江发电厂，现场推广该厂坚持10年开展爱厂敬业教育，取得两个文明建设双丰收的经验。

6月28日 松江河发电厂小山电站主体工程开工，11月24日实现截流，1997年9月22日下闸蓄水，同年12月16日和1998年6月30日，8万千瓦2、1号水轮发电机组先后并网投产发电，总装机容量16万千瓦。

8月1日 浑江发电厂四期扩建工程开工，安装1台20万千瓦汽轮发电机组，1997年4月1日建成投产。至此，浑江发电厂共有6台机组，装机总容量65万千瓦。

9月1日 吉林省电力工业局、吉林省电力公司重新设置的机关机构有总经理工作部、计划发展部、劳动工资部、财务部、生产部、用电营业部、科技部、教育培训部、政治部、直属机关党委、纪检组（监察专员办）、审计局、吉林省电力公安处、机关管理处、吉林省电力工会。

9月29日 在国务院召开的第二次全国民族团结进步表彰大会上，吉林省电力工业局、白城电业局被命名为民族团结工作先进集体。

1995年

1月19～20日 省电力工业局二届三次职代会暨1995年工作会议在长春召开。吉林省副省长魏敏学，省总工会主席朱忠民，省电力工业局局长孙业堂及其他领导，省电力工业局老领导以及来自全省电力系统各单位职工代表、特邀代表和关联单位领导272人参加了会议。

3月28日 在中共吉林省委、省政府主管部门召开的“创建文明窗口”、“争当岗位明星”表彰会上，省电力工业局系统有14个供电局，5个县农电局被授予“文明窗口”，10人被授予“岗位明星”，10人被授予“优秀组织者”称号。

3月29日 省电力工业局局长孙业堂与东北电管局局长黄金凯在沈阳正式签订1995年承包经营合同。

4月18日 丰满发电厂三期扩建工程开工，安装14万千瓦水轮发电机组2台。1997年12月8日和1998年7月21日2台机组先后投产。三期扩建完成后，丰满发电厂共有12台机组，装机总容量达到100.25万千瓦。

4月29日 长春电业局局长刘雅钦被评为全国特等劳动模范。

5月10日 省电力工业局局长孙业堂与省电力工业局所属发电、供电、关联单位和省电力公司机关共37个单位的法人代表，分别签订了承包经营和线损承包合同书。

6月15日 在电力部召开的表彰“三为服务”达标单位的电话会议上，吉林省有15个（市）县农电局榜上有名。省电力工业局局长孙业堂、副局长许石和农电局有关领导参加了电话会议。

6月20日 在全国1994年度火电机组可靠性指标发布会上，吉林省10万千瓦及以上16台机组的等效可用系数指标在全国排列第一名，其中，20万千瓦机组等效可用系数达92.07%，排列全国第一；10万千瓦机组年等效可用系数为92.66%，排列全国第6位。

7月5日 长春电力学校30万千瓦全仿真机试运行，首批学员试培训。1996年3月30日，该校30万千瓦火电机组全仿真机工程竣工，并通过省电力工业局验收。

7 月 11 日　中共吉林省委书记张德江率长春市委、市政府领导到长春热电一厂扩建工地视察工程进展情况。省电力工业局党组书记、局长孙业堂及副局长郭学崇，电建局局长王文威陪同。

8 月 6 日　电力部副部长陆延昌、水电全委宣教部部长刘振祥、东北电管局副局长张贵行、省电力工业局总工程师王炳华一起冒雨到桦甸踏察灾情。

9 月 26 日　省电力工业局召开抗洪抢险表彰电话会议，局领导作重要讲话，会议表彰了吉林、通化电业局抗洪抢险先进单位，李强等 56 名同志被评为先进个人。

10 月 17 日　电力部水电安生〔1995〕579 号文件命名长春热电二厂为电力部一流火力发电厂。10 月 30 日下午，电力部副部长陆延昌、吉林省副省长魏敏学、省人大副主任尚振令、长春市代市长宋春华、副市长李述、省电力工业局局长孙业堂等领导参加长春热电二厂“全国一流火力发电厂”挂牌仪式及庆祝大会。电力部副部长陆延昌和副省长魏敏学为“一流火力发电厂”揭牌。全国实现第一台国产 20 万千瓦机组创一流。

10 月 24 日　省高级人民法院、省人民检察院、省公安厅和省电力工业局在长春联合召开反窃电工作会议，省局局长孙业堂参加会议并作了讲话。

10 月 24 日　《人民日报》发表了中国服务质量大写真记者的文章《电力行业提高服务质量的机制和途径》，文章对长春电业局优质服务工作给予充分的肯定。

11 月 14 日　省电力工业局党组作出决定，要求全省电力系统各单位向长春热电二厂和长春电业局学习，把省电力工业局双文明建设工作推向深入。

11 月 27 日　省电力工业局被中共吉林省委、吉林省人民政府命名为精神文明建设先进系统；局属 94 个单位被命名为文明单位标兵或文明单位；3 个单位被命名为军民共建先进单位。

12 月 12 日　省电力工业局批复同意以吉林省电力实业公司为核心组建名门集团。1996 年 4 月 26 日，吉林省电力系统首家多种经营企业集团——吉林名门电力实业集团公司举行成立庆典。

1996 年

1 月 4 日　东北电业管理局党组宣布吉林省电力工业局（吉林省电力公司）领导班子调整决定（东北电业管理局党组东电干任〔1995〕153 号）。任命王炳华为吉林省电力工业局（吉林省电力公司）副局长（副总经理）、党组成员，列陈兴铭之后；刘立新、赵首先为吉林省电力工业局（吉林省电力公司）副局长（副总经理）、党组成员；迟德贵为党组成员。免去金凤祥、许石的吉林省电力工业局（吉林省电力公司）副局长（副总经理）、党组成员职务；免去许石兼任的总经济师职务、张焕然的总会计师职务、李宝全的吉林省电力工业局（吉林省电力公司）技术顾问职务。

1 月 22～24 日　电力部部长史大桢到长春电业局、长春热电二厂、长春电力学校等 8 个基层单位视察，期间，中共吉林省委书记张德江，吉林省代省长王云坤会见了部长史大桢。

1 月 24 日　长春市委、市政府召开大会，命名长春电业局为全市行业作风建设排头兵。中国服务质量大写真组委会暨中国经济效益纵深行组委会副主任张磐，中纪委党风廉政建设办公室副主任、国务院行风办地方组组长王寿祥及电力部部长史大桢、副省长魏敏学出席大会并讲话。应邀到会的还有东北电业管理局局长、党组书记张贵行，省电力工业局局长、党组书记孙业堂及东北地区 13 个电业局的党委书记。

1 月 30～31 日 吉林省电力工业局二届四次职代会暨 1996 年工作会议在长春召开。吉林省副省长王国发、省总工会主席朱忠民、东北电业管理局副局长谢振华、省经贸委主任郭永德参加了大会。省电力工业局局长孙业堂等，省电力工业局老领导及职工代表、特邀代表 270 余人参加了会议。会议提出了全公司三年奋斗目标："深化改革，苦练内功，再拼三年，创建一流"，并号召全公司职工为创建一流管理的省电力公司而奋斗。

2 月 4～8 日 电力部部长史大桢到吉林省吉林、双辽、长春、白山等地 16 个电力企事业单位视察，东北电业管理局局长张贵行、省电力工业局局长孙业堂陪同。

2 月 17 日 吉林省省长王云坤、副省长魏敏学、长春市副市长李述一行代表省委、省政府、市委、市政府到长春热电二厂慰问职工，省电力工业局局长孙业堂、副局长王炳华等陪同。

3 月 31 日 省电力工业局局长孙业堂、副局长王炳华、刘立新、孟庆成、赵首先，工会主席张广智，纪检组长迟德贵等同长春近万名电业职工一道走上街头，宣传《电力法》。

4 月 16 日 吉林省省长王云坤到双辽发电厂现场办公，随同前往的有省计委、省经贸委、省财政厅、省农业厅、省水利厅、省工商行、省农行、省公安厅、省能源交通投资公司及四平市委、市政府等主要领导，省电力工业局局长孙业堂、副局长王炳华参加现场办公。

4 月 29 日 白山电业局、辽源电业局东丰 500 千伏变电所获全国五一劳动奖状，白山电业局局长刘东杰获全国五一劳动奖章。

4 月 辽源发电厂电气分场运行班长孙锡利获全国五一劳动奖章。

6 月 5 日 在吉林省纠风工作会上，长春电业局被省政府授予"吉林省行风建设标兵单位"。吉林省电力工业局，白城、白山、四平电业局被授予全省行风建设先进单位。

6 月 18 日 浑江发电厂荣获全国思想政治工作优秀企业称号，中共吉林省委副书记张岳琦代表中宣部、中组部、国家经贸委、全国总工会向浑江发电厂颁发了奖牌。

6 月 25 日 省电力工业局发出吉电劳〔1996〕181 号文件，成立四平热电厂。8 月 6 日，四平热电厂正式挂牌，四平市委书记臧胜业、市长骆德春、省电力工业局局长孙业堂、副局长王炳华参加挂牌仪式。

7 月 15～17 日 在北京召开的全国电力系统双文明单位表彰暨经验交流会上，省电力工业局所属的长春热电二厂，浑江发电厂，长春、通化、白山电业局被评为电力部双文明单位。

9 月 4 日 吉林省第一家电力股份制企业双辽发电有限责任公司董事会成立。吉林省计委副主任曹家兴，省电力工业局副局长郭学崇、赵首先出席成立大会。11 月 2 日，双辽发电有限责任公司成立。

9月18～20日　在全国20万千瓦发电机组技术协作会第十六届年会上，长山热电厂9号机组获全国20万千瓦机组评比一等奖。

10月23～25日　中共吉林省委书记张德江、副书记张岳琦及有关部门负责人到省电力工业局检查精神文明建设工作。

12月31日　省电力工业局实现连续19年对东北电业管理局电、热费结零。

1997年

1月30～31日　吉林省电力工业局二届五次职代会暨1997年工作会议在长春召开。吉林省副省长王国发、省总工会副主席李桂玲、东北电业管理局副局长谢振华出席会议并作重要讲话。省电力工业局局长孙业堂和其他局领导，省电力工业局老领导以及来自全省电力系统各单位的职工代表、特邀代表参加了会议。

2月4日　中共吉林省委书记张德江等省、市领导到长春热电一厂了解生产运行情况并给电力系统职工拜年。

4月10日　东北电业管理局党组副书记、副局长刘乃福在省电力工业局机关大会上宣布省局领导班子调整，王炳华任吉林省电力工业局（吉林省电力公司）局长（总经理），局党组书记。东北电业管理局党组书记、局长张贵行，中共吉林省委组织部副部长李才到会并讲话。

4月29日　白城电业局职工王晓燕被中华全国总工会授予五一劳动奖章。

5月11日　长春电业局荣获“全国纠风先进集体”称号。

5月27日　省电力工业局党组做出“关于开展向电业职工楷模——周立君同志学习的决定”。

6月3日　双辽发电厂1号机组在全国火电大机组竞赛中荣获国产30万“优胜机组”称号。

6月5日　省电力工业局下发通知，省电力工业局机关实行公开招聘管理人员，至12月末，先后有三批52人通过考评、考试，竞争进入省电力工业局机关管理岗位。

7月16日　省电力工业局局长、省电力公司总经理王炳华向雷强等16人颁发第三届总经理联络员聘书，并参加了本届联络员第一次会议。

7月17日　在全省纠风工作会议上，中共吉林省委、省政府命名长春电业局为全省行风建设标兵单位。

8月14日　东北电业管理局领导在省局局务会上宣布，东北电业管理局党组任命张立志为吉林省电力工业局（吉林省电力公司）副局长（副总经理）兼总工程师，党组成员。

8月15日　辽源发电厂技改工程主厂房开工建设，两台11万千瓦供热机组分别于2001年1月14日和11月5日正式移交生产，全厂装机总容量22万千瓦。

8月16日　松江河发电厂正式成立。

8月18日　吉林省电力工业局所属八个电业局同时挂牌成立供电公司。

8月20日　省电力投资公司成立，并成功地获得了光大银行贷款3000万美元、2900

万人民币，用于双辽发电厂1、2号机组，改变了两台机组的投资结构，缓解了施工和维修企业资金紧张的困境。

9月3日 长春电业局荣获全国总工会、中共中央宣传部、国家经贸委、国务院纠风办联合表彰的全国职业道德十佳单位称号。

国庆节前夕，在全国电力系统纠风工作会议上，长春电业局、吉林电业局被评为全国电力系统纠风工作先进集体，长春电业局宽城供电局被评为全国电力系统“为人民服务，树行业新风”示范窗口。

10月9日 辽源热电有限责任公司正式挂牌运营。

10月24日 省电力工业局党组作出“关于全省电力基建系统学习华能丹东电厂建设管理经验的决定”。

11月1～3日 省电力工业局在长山热电厂召开“学习贯彻十五大精神，深化改革，加快电力发展”研讨会，会议确定了“深化改革，转机建制，管理科学，实现一流”的经营发展战略。

11月6日 吉林热电有限责任公司正式挂牌营运。

11月13日 经东北电业管理局正式验收，浑江发电厂6号机达标投产，成为吉林省第一台达标投产机组。

11月14日 省电力工业局8个地调自动化系统全部通过实用化验收。

12月2日 东北电业管理局副局长陈训江在省局局务会上宣布，陈兴铭调任中国电力信托投资有限公司工作。

12月8日 吉林风力发电股份有限公司在长春成立。

1998年

1月9日 省电力工业局召开机关、有关单位干部大会，省电力工业局党组书记、局长王炳华代表东电党组宣布干部任免决定：任命张广智为吉林省电力工业局（吉林省电力公司）副局长（副总经理）；任命冯雪原为吉林省电力工会主席，局党组成员；免去张广智吉林省电力工会主席职务。

1月20～21日 省电力工业局第三届职工代表大会暨1998年工作会议在长春召开。东北电力工委主任郝郁邻到会祝贺并讲话。局长王炳华等省电力工业局领导，省电力工业局老领导出席大会。会上，省电力工业局局长，省电力公司总经理、党组书记王炳华作了《深化改革、转机建制、管理科学、实现一流、努力促进吉林省电力工业持续快速健康发展》的工作报告。

1月25日 吉林省省长王云坤在长春市市长李述、省电力工业局局长王炳华等领导陪同下，到长春一次变电所慰问一线工人，并代表中共吉林省委、省政府向全省电力职工拜年。

4月10日 中央电视台《焦点访谈》以“没电盼电，有电怕电”为题对长岭县东岭乡电管站乱收费问题进行曝光。省电力工业局以“东岭事件”为突破口，全面清理农村中用电三乱问题。

4月29日　吉林热电厂获全国五一劳动奖状，吉林省送变电公司经理樊军、长春铁塔厂厂长姜明举分别获全国五一劳动奖章。

7月11日　全国人大常委会委员长李鹏在东北电业管理局长、东北电力集团公司总经理张贵行的陪同下，到吉林省电力工业局视察工作，随同视察的还有中共吉林省委书记张德江、吉林省省长王云坤、全国人大法律工作委员会主任委员王维城、全国人大农业与农村工作委员会主任委员高德占等。

7月13～15日，国家电力公司在长春电力宾馆召开全国城市电网建设改造工作会议，全国电力行业各网局、省局，直辖市、省会市电业局、供电公司参加，国家电力公司总经理做动员讲话，副总经理陆延昌做工作报告，国家计委提出要为城市电网建设改造投入1200亿元，从此掀起全国城市电网建设改造高潮。

7月21日　中国银行总行与日本输出银行就吉林热电厂技改资金贷款协议在长春正式签订。吉林热电厂利用日本输出银行资金协力贷款6000万美元进行技改。吉林省常务副省长王国发、省电力工业局副局长郭学崇出席签字仪式。

7月28～29日　长春热电二厂，吉林热电厂，浑江、榆树川发电厂，长春、吉林、白城电业局，吉林省火电一公司等8个单位被国家电力公司命名为双文明单位，并在国家电力公司召开的双文明单位表彰暨经验交流会上受到表彰，省电力工业局副局长孟庆成代表省电力工业局在大会上发言。

8月21日　国家电力公司副总经理陆延昌和东北电力集团公司总经理张贵行到嫩江、松花江流域吉林省段慰问坚持在抗洪抢险一线的电力职工。

8月22日　国家电力公司、东北电力集团公司、吉林省电力工业局向吉林省灾区人民捐款180万元。

8月23日　吉林省通榆风电场一期工程开工。安装西班牙MADE公司生产的660千瓦风电机组11台，1999年10月30日正式竣工投产。自此，吉林省有了风力发电场。2000年6月10日，通榆风电场二期工程正式开工，安装丹麦NORDEX公司生产的600千瓦风电机组38台，同年12月20日工程竣工。两期工程共安装风力发电机组49台，装机总容量3.006万千瓦。

9月2日　二道江发电厂扩建工程开工，安装1台10万千瓦单抽供热机组，2000年12月1日正式移交生产。改建工程的10万千瓦机组供热改造于1999年10月完成。至此，该厂装有2台10万千瓦供热机组，装机总容量20万千瓦。

9月2日　吉林省电力投资有限责任公司与安图县两江水利枢纽管理局合资建设两江水电站协议签字仪式在长春举行。1999年1月和6月，两江水电站一期工程2台2万千瓦水轮发电机组安装工程开始，同年9月大坝施工完毕并于当月15日下闸蓄水，1999年12月18日和2000年6月1日，1、2号机组建成发电。二期工程于1999年11月开工，安装1台2万千瓦水轮发电机组，2001年3月26日建成发电。至此，两江水电站建成，装有2万千瓦3台机组，装机总容量6万千瓦。

9月　省电力工业局（公司）成立农电部并调整省农电局机构。省电力工业局（公司）农电部为省电力工业局二级职能机构，与吉林省农电局合署办公，实行一套机构、人员，两块牌子，具有两种职能。

9月29日 长春市城网改造工程动工，中共长春市委、市政府领导李述等和省电力工业局局长王炳华、副局长张立志参加建和变电所奠基仪式。

10月17日 吉林省农村电网建设与改造工程正式启动，并在镇赉县新丰村举行了启动仪式，省电力工业局局长王炳华及白城市、镇赉县有关领导参加。

10月22日 省电力工业局召开电视电话会议，总结防汛抗洪抢险工作，表彰抗洪抢险工作中涌现出来的先进集体和个人。授予白城电业局为抗洪抢险先进集体，李强等10人为抗洪抢险先进个人。省电力工业局局长王炳华做重要讲话。

11月14～15日 省电力工业局在长春召开深化电力体制改革，做好1999年工作研讨会，局长王炳华等省电力工业局领导出席会议。会议提出1999年工作总体思路为深化改革，加强管理，开拓市场，调整结构，多种产业，促进发展。

11月24日 国家电力公司命名长春电业局为首批全国电力系统“一流供电企业”。

12月20日 吉林省电力工业局举行庆祝成立四十周年大会，局机关和在长春单位参加。会上，老领导、青年专家和各方代表讲话。大会弘扬了吉林电力精神，总结了40年来的发展经验和伟大成就，提出了新的奋斗目标。会后，电机工程学会出版了《情系吉林电力》文集。

1999年

1月5日 省电力工业局被中国红十字会评为1998年抗洪抗震救灾先进集体，成为吉林省获此殊荣的三家单位之一。吉林省红十字会会长陈济雄一行4人，代表中国红十字会向省电力工业局颁发牌匾。

1月30～31日 省电力工业局三届二次职代会暨1999年工作会议隆重召开。局长王炳华等领导，省电力工业局老领导出席会议。东北电力集团公司工委、政治部负责同志出席大会。

1月31日 省电力工业局召开局管干部大会。会上，局长王炳华受东北电力集团公司党组委托宣读干部任免文件，任命李书东为吉林省电力工业局（吉林省电力公司）副局长（副总经理）党组成员；董蕴华为吉林省电力工业局（吉林省电力公司）总会计师；免去孟庆成吉林省电力工业局（吉林省电力公司）副局长（副总经理）党组成员职务。

3月3日 全国人大代表、吉林省电力工业局党组书记、局长王炳华赴京参加第九届全国人民代表大会第二次会议。

3月6日 经东北电力集团公司红旗机组竞赛考评小组的检查考评，双辽发电厂二号机以310.41分的优异成绩进入全网红旗机组行列，成为吉林省首台获此殊荣的30万千瓦机组。

3月16日 国家电力公司党组国电党〔1999〕13号文通知：根据工作需要，经研究并征得中共吉林省委同意，决定：一、成立中共吉林省电力有限公司党组。张志厚、郭学崇、赵首先、张立志、张广智、李书东、迟德贵、冯雪原任党组成员，张志厚任书记。成立中共吉林省电力有限公司党组纪检组，迟德贵任纪检组组长。二、张志厚任中共吉林省电力工业局党组成员、书记，免去王炳华中共吉林省电力工业局党组书记、成员职务；免去刘立新中共吉林省电力工业局党组成员职务。同日，国家电力公司国电任〔1999〕29号文通知，根据工作需要，经研究并征得中共吉林省委同意，决定张志厚任吉林省电力工业局局长；免去王炳华吉林省电力工业局局长职务；免去刘立新吉林省电力工业局副局长职务。同日，国家电力公司国电任〔1999〕30号文通知：根据工作需要，经研究并征得中共吉林省委同意，决定：一、委派张志厚、黄佳武、郭学崇、刘振鹏担任吉林省电力有限公司董事，张志厚任董事长。二、委派迟德贵担任吉林省电力有限公司监事，迟德贵为监事会召集人。三、委派黄佳武担任吉林省电力有限公司财务总监。

3月26日 吉林省电力有限公司成立大会隆重举行。原吉林省电力公司改制为吉林省电力有限公司。

4月2日 吉林省电力有限公司吉电政〔1999〕171号文通知：根据吉林省电力有限公司章程和国家电力公司推荐意见，经董事会首届一次会议研究，决定聘任张志厚为吉林省电力有限公司总经理。根据总经理提名，决定聘任郭学崇、赵首先、张立志、张广智、李书东为副总经理；张立志为总工程师（兼）；董蕴华为总会计师。

4月 长春电业局九台供电局卡伦变电所周立君，白城发电厂杨春来分别获得全国五一劳动奖章，浑江发电厂、吉林电业局分别获得全国五一劳动奖状。

6月末 吉林省电网内44个县的农电、供电企业全部完成合并，同时由省电力有限公司统一管理。

9月24日 正值中秋节，吉林省省长洪虎、秘书长孙耀庭到吉林省电力有限公司视察慰问。在总经理张志厚的陪同下，省长洪虎一行来到省电力调度局调度中心，慰问了值班工作人员。

9月30日 下午，总经理张志厚、副总经理赵首先、总会计师董蕴华及省公司有关部门领导分别走访慰问了长春热电一厂、长春热电二厂、长春供电公司、省电力调度局等单位，看望国庆期间坚守在生产岗位的职工并请他们向全公司在节日期间坚守生产岗位的职工转达问候。

10月12～13日 日本国北海道电力株式会社火力部部长佐野正一行6人，在省电力有限公司有关部门领导陪同下，到浑江发电厂进行了考察，双方还就技术合作问题进行了交流。

10月19日 国家电力公司党组国电党任〔1999〕61号文通知，根据工作需要，经研究并征得吉林省委同意，决定张广智任中共吉林省电力有限公司（电力工业局）党组副书记。

11月9日 受吉林省省长委托，省政府秘书长孙耀庭主持召开专项工作会议，研究解决全省企事业单位严重拖欠电费问题。据统计，至11月5日，全省各企事业单位已累计欠缴电费153 834.5万元。

2000年

1月20～21日 省电力有限公司召开2000年工作座谈会，所属各单位党、政、工主要领导、省电力有限公司各位副总、机关各部门及关联公司主要负责人参加，全面贯彻落实国家电力公司2000年座谈会议和中共吉林省委七届三次会议精神，共商省电力有限公司改革与发展大计。会议确立把省电力有限公司建设成为控股型、多元化、集团化、现代化的国内一流省电力公司的发展战略构想。

4月29日 长春供电公司九台供电分公司卡伦变电所所长周立君荣获全国劳动模范称号。

4月 吉林电业局桦甸供电局副局长贺广庭荣获全国劳动模范称号。

5月16～17日 省电力有限公司三届三次职代会暨2000年工作会议在长春召开，182名职工代表参加。会议传达贯彻了国家电力公司2000年工作会议精神，总结了1999年的工作，确立了省电力有限公司的发展战略，确定了2000年重点工作目标，部署2000年的工作任务，动员公司广大干部和职工，为在2003年前把公司建设成为国内一流的省电力公司而奋斗。

5月27日 吉林热电有限责任公司、香港英惠投资有限公司、中国电力技术进出口公司、吉林省电力有限公司的代表在吉林热电厂技改一期工程主机设备合同上签字。

5月27日 双辽发电厂举行“国家电力公司一流火力发电厂”揭牌仪式。国家电力公司发输电运营部副主任余卫国、国电东北公司创一流办公室负责人等领导参加了揭牌仪式，省电力有限公司、四平市、双辽市和省内各有关单位的领导同时参加。省电力有限公司总经理张志厚、副总经理张立志、工会主席冯雪原出席揭牌仪式。

5月30日 四平热电厂工程整体移交仪式在四平举行。吉林省副省长刘淑莹、省政协副主席孙耀廷、省计委主任马季春，省电力有限公司总经理张志厚，省能源交通总公司总经理张有宝等有关领导，香港长江基建集团有限公司执行董事关秉诚、长江基建中国能源部总经理伦柏林，中共四平市委书记荀凤栖、市长栗振国等领导以及省市有关单位领导应邀出席。

6月19～20日 吉林电力股份有限公司浑江发电公司、二道江发电公司先后挂牌成立。吉林省人大副主任李王堂，白山市委书记王纯，通化市委书记牛海军为两公司揭牌。两公司挂牌运营，标志着吉林省电力工业“网厂分开”改革迈出了重要一步。

7月6日 珲春发电有限责任公司挂牌成立。省电力股份有限公司总经理马俊龙宣布揭牌仪式开始，吉林省政府、延边州政府领导为珲春发电有限责任公司揭牌。

7月18日 吉林省电力有限公司党组作出决定，号召全公司职工向全国劳动模范，心系农民的供电局副局长贺广庭学习。

7月21日 凌晨4时20分左右，东北电网500千伏合南线发生倒塔事故。此次事故发生在吉林省德惠市天台镇境内，损失惨重。国家电力公司东北公司副总经理栾军、省电力有限公司总经理张志厚当天即带领有关部门领导和专业人员，并邀请设计、施工、气象专家和公安部门人员赶赴事故现场，调查事故原因并部署事故抢修工作。经过各方面专家综合会诊，初步认定这次事故为龙卷风袭击所致。省电力有限公司副总经理郭学崇等负责同志坐镇现场指挥抢修工作。8月5日，经过吉林省送变电公司第二分公司200名职工12个昼夜的全力抢修，提前3天全线竣工，8月7日上午正式恢复送电。

7 月底 省电力有限公司将吉林电力子弟学校移交长春市南关区政府。至此，省电力有限公司已先后将所属的 10 所子弟中小学中的 7 所以与地方合并或交地方政府管理的方式移交出去。榆树川发电厂子弟中、小学随电厂的关停自然解散，长山热电厂子弟学校因地处偏远地区，暂由该厂管理。到此为止，省电力有限公司向地方移交中小学校工作结束。

8 月 4 日 国家电力公司经研究并征得中共吉林省委同意，决定：张广智任吉林省电力有限公司董事；李大军、李强任吉林省电力有限公司（吉林省电力工业局）副总经理（副局长）、党组成员：樊军任吉林省电力有限公司（吉林省电力工业局）总经济师；免去郭学崇的吉林省电力有限公司董事、吉林省电力有限公司（吉林省电力工业局）副总经理（副局长）、党组成员职务并退休；免去赵首先的吉林省电力有限公司（吉林省电力工业局）副总经理（副局长）、党组成员职务，另有任用。

8 月 28 日 省电力投资公司控股的吉林两江水力发电有限责任公司转制成为吉林两江水力发电股份有限公司。公司成立大会在长春召开。省电力有限公司副总经理李强，省体改委有关领导，各股东代表参加了会议。

8 月 31 日 长春热电二厂被国电公司党组命名为双文明单位标兵；双辽发电厂，吉林、长山热电厂，白山、通化、白城供电公司、省送变电工程公司、省电力科学研究院、省电力勘测设计院、吉林电力工程公司、吉林供电公司桦甸市供电分公司、长春供电公司双阳区供电公司被命名为双文明单位。吉林热电厂被命名为思想政治工作先进单位，中共吉林供电公司党委书记林则学、中共长春热电二厂党委书记戴风祥被命名为思想政治工作先进工作者。

9 月 15 日 吉林省副省长李介车主持召开专项会议听取省电力有限公司工作汇报。省政府副秘书长刘仰义，省计委、省经贸委、省物价局、省煤炭局、省冶金控股公司有关领导参加了会议。省电力有限公司总经理张志厚，副总经理张广智、张立志、李强和省电力有限公司有关部门领导参加了会议。总经理张志厚向省政府领导汇报了省电力有限公司当年 1～8 月主要经济技术指标完成情况和有关工作情况，并表示，省电力有限公司将认真贯彻落实中共吉林省委、省政府关于做好经济工作的部署，继续采取积极措施，加大工作力度，促进全省国民经济持续、快速、健康发展。

11 月 10 日 省电力有限公司总经理张志厚受国家电力公司委托宣布国家电力公司干部任免文件。国家电力公司经研究并征得中共吉林省委同意，决定：武洪举任中共吉林省电力有限公司（工业局）党组成员、纪检组长并推荐为吉林省电力有限公司监事、监事会召集人；免去迟德贵中共吉林省电力有限公司（工业局）党组成员、纪检组长和吉林省电力有限公司监事、监事会召集人职务；免去冯雪原中共吉林省电力有限公司（工业局）党组成员、吉林省电力有限公司（工业局）工会主席和吉林省电力有限公司职工董事职务，另有任用；刘振鹏不再担任吉林省电力有限公司董事并退休；刘家明不再担任吉林省电力有限公司监事。

11 月 16 日 国家电力公司东北公司长春超高压局揭牌仪式在长春举行。中共长春市委、市政府有关领导柳有祥、国家电力公司东北公司总经理刘忱、副总经理陈峰、黄传兴、东北电力设计院院长曹宝君、省电力有限公司总经理张志厚及其他有关领导，各有关单位、部门领导，各新闻单位有关领导出席了揭牌仪式。

12 月 24 日 按照“山、散、洞”建设方针建设，1979 年 1 月建成投产的总容量 9.9 万千瓦中温中压榆树川发电厂，安装的是高能耗小机组，根据国家节能减排政策，吉林省电力有限公司关停了该厂，其电力负荷由新建的延吉市延西一次变电所承载。

12 月 南起沈阳沙岭变电所，中间经过四平市梨树开闭所、长春市合心变电所，吉林市包家变电所，北至黑龙江永源变电所的东北电网第二条 500 千伏南北输电大通道建成投产。

2001 年

1 月 8 日 长春第一热电有限责任公司举行揭牌仪式，长春市市长李述、市人大主任张明远、省政府副秘书长程文贵、省电力有限公司总经理张志厚及其他有关领导有关人员出席揭牌仪式。

1 月 15 日 吉林省电力科技有限公司揭牌仪式在长春举行，吉林省政府秘书长、省经贸委主任李树和省电力有限公司总经理张志厚为该公司揭牌。

1 月 16～17 日 省电力有限公司召开 2001 年工作座谈会，回顾和总结 2000 年工作，明确提出 2001 年工作的指导思想、主要工作目标和重点工作。总经理张志厚作了题为《推进跨越式发展，建设一流省电力公司》的工作报告。

1 月 17 日 国家电力公司党组做出决定，授予吉林省电力有限公司桦甸供电局副局长、桦甸市农电局城区农电所所长贺广庭“全心全意为人民服务的好职工”荣誉称号，并决定在国家电力公司系统广泛开展向贺广庭学习的活动。

1 月 省电力有限公司桦甸供电局副局长贺广庭被国电公司评为“十佳优质服务明星”，四平供电公司铁西电力客户服务中心被评为“优质服务先进集体”。

3 月 14 日 经国家经贸委正式批复，吉林省电力工业局撤销，其政府管理职能移交省经贸委。

4 月 4 日 省电力有限公司召开全省实行统一销售电价工作部署会议。4 月 15 日起，吉林省将进入全省统一销售电价的实施阶段，届时，原来执行的目录电价与指导性电价并存的双轨制运行的电价制度将终止。总经理张志厚、副总经理李大军出席会议并作重要讲话。省公司机关有关部室负责人，基层各有关单位、有关部门负责人参加了会议。

4 月 18 日 省电力有限公司召开机关副处级以上干部和关联公司、直属单位、在长单位党政正职参加的干部大会。国家电力公司人事与董事部主任程光杰宣布国家电力公司干部任免决定。免去张志厚中共吉林省电力有限公司党组书记、党组成员职务，不再担任吉林省电力有限公司董事长、董事、总经理职务，另有任用。党组副书记、副总经理孙广智主持吉林省电力有限公司全面工作。

5 月 30～31 日 省电力有限公司在中共中央宣传部、司法部在北京召开的第五次全国法制宣传教育工作会议上，荣获“三五”普法先进集体称号。

6 月 8 日 吉林省电力行业协会揭牌仪式在长春举行，吉林省政府副秘书长、省经贸委主任李树和中国电力企业联合会副理事长叶荣泗为其揭牌。省政府、中电联有关部门领导、72 个会员单位，省电力有限公司党组副书记、副总经理张广智，党组成员、副总经理张立志、李大军、李强，总经济师樊军出席了揭牌仪式。当日，行协召开第一届会员代表大会，张广智当选为会长，张立志、孙英臣、刘启贤当选为副会长，董化民当选为秘书长，盛德昌当选为副秘书长。

8 月 16 日 吉林风力发电股份有限公司、临江水电股份有限公司资产转让、合作组建吉林新能源临江水电股份有限公司签字仪式在长春举行。省电力有限公司副总经理李强、临江市副市长胡春光代表双方签字。中共临江市委书记柳忠诚、吉林风力发电股份有限公司领导和临江水电股份有限公司领导参加了签字仪式。

9 月 5 日 在中共吉林省委、省政府召开的精神文明建设总结表彰大会上，省电力有限公司再次被评为省精神文明建设先进系统。长春、吉林、白城供电公司、省电力有限公司机关 4 个单位荣获国家文明委 2000 年度精神文明建设先进单位称号；长春第二热电有限公司、吉林热电厂等 12 个单位荣获省精神文明建设标兵单位称号；省电力建设总公司等 16 个单位荣获省精神文明建设先进单位称号；公司系统 47 个县级单位同时荣获省精神文明建设先进单位称号。

9 月 24 日 国家电力公司人事与董事部副主任胡贵福宣布国家电力公司党组、国家电力公司干部任免决定。国家电力公司党组经研究并征得中共吉林省委同意，决定：梁国庆任中共吉林省电力有限公司党组成员、书记，吉林省电力有限公司董事、董事长、总经理；张广智职级为正司局级；樊军任中共吉林省电力有限公司党组成员、吉林省电力有限公司副总经理，不再担任总经济师职务；李强不再担任中共吉林省电力有限公司党组成员、吉林省电力有限公司副总经理职务，调任国家电力公司南方公司工作。

10 月 全国推动中小企业发展工作领导小组在北京发布了 100 户"重合同守信用"中小企业名单，吉林省送变电公司被评为国家级"重合同守信用"企业。

11 月 由吉林省电建总公司承建的华能丹东发电厂 2 号机组工程通过最后评审，获得了由建设部和中国建设行业协会联合颁发的国内建筑行业工程质量的最高荣誉——鲁班奖，即国家优质工程奖。成为全国电力施工企业第一批获鲁班奖项目成员，在吉林电建史上尚属首次。

12 月 国家电力公司对在"电力市场整顿和优质服务年"活动中涌现出的先进集体和先进个人进行表彰。长春、延边供电公司获"电力市场整顿和优质服务年"活动先进集体称号；辽源供电公司南康供电营业所抄收员胡勇获"电力市场整顿和优质服务年"活动标兵称号；长春供电公司朝阳供电分公司营业处经理李再峰获"电力市场整顿和优质服务年"活动先进个人称号。

12 月 国家电力公司党组作出决定，授予通化供电公司辉南县供电分公司原经理后为辉南县供电分公司工会主席的姜恩泽"勤廉兼优标兵"荣誉称号。2002 年 2 月 25 日，吉林省电力有限公司党组下发了"关于开展向勤廉兼优的好干部姜恩泽同志学习活动的决定"。

2002年

1月18日 吉林风电水力发电有限公司举行揭牌仪式，省电力有限公司副总经理、吉林风电水力发电有限公司董事长李书东和临江市副市长胡春光为公司成立揭牌。

2月5～6日 省电力有限公司在长春召开三届五次职代会暨2002年工作会议，传达国家电力公司2002年工作会议精神，总结2001年工作，研究和部署省电力有限公司2002年各项工作。吉林省副省长李介车，省人大副主任，省总工会主席李世学，省经贸委副主任赵炳辉，国家电力公司东北公司副总经理孙正运及其他领导出席会议。省电力有限公司党组书记、总经理梁国庆及省公司其他领导出席会议。梁国庆做工作报告。

2月11日 董蕴华任吉林省电力有限公司党组成员、副总经理，仍兼任总会计师。

2月11日 吉林省副省长李介车率省政府有关部门领导来省电力有限公司拜年，向全省电力职工及家属表达新春的祝福。

3月20日 吉林省副省长李介车在省电力有限公司副总经理张立志的陪同下视察了辽源热电有限责任公司，对该公司两台新机组的建设、投产给予充分肯定。

4月 在国家电力公司和共青团中央联合开展的青年创新创效活动中，长春供电公司副总经理关长祥被授予国家电力公司首届青年管理创新奖。

5月13日 松山引水工程通水验收。1992年12月11日，该工程的引水隧洞开工，1997年7月4日导流工程开工，1998年5月15日大坝工程开工，1998年9月15日大江截流，2002年3月29日，松山引水工程提前2天下闸蓄水。

6月10日上午 吉林省副省长李介车、长春市副市长安莉在省电力有限公司副总经理张立志的陪同下，到长春第二热电有限责任公司检查“安全生产月”活动开展情况。

7月5日 省电力有限公司总经理梁国庆结束了对延边地区电力系统的工作检查后，专程到桦甸市，看望全国劳动模范，全国电力系统先进典型贺广庭。

8月1日 国家电力公司副总经理贺恭率电源建设部主任石成梁等一行3人，在国家电力公司东北公司副总经理黄传兴陪同下，到吉林省电力有限公司调研。总经理梁国庆汇报了省公司工作。

8月23日 在全国火电20万千瓦级机组技术协作年会上，长山热电厂两台20万千瓦机组分别获得第二十届20万千瓦级机组技术指标竞赛一等奖和二等奖。

9月5日、6日、10日 省电力有限公司副总经理张立志、李书东、李大军率省公司有关部门领导，分别到吉林、白城、延边为获得“国家电力公司一流供电企业”称号的吉林供电公司、白城供电公司、延边供电公司揭牌。

9月10日 白山供电公司临江变电所安全生产45周年。

10月 辽源供电公司总经理秦江扬获国家经贸委、国家知识产权局、中国科协和共青团中央联合授予的全国青年创新创效奖。

11月17日 通化供电公司梅河口一次变电所实现连续安全生产16周年。

12月4日 国家电力公司国电任〔2002〕52号文通知，根据工作需要，经研究并征得中共吉林省委同意，建议李书东为吉林省电力有限公司总经理人选；梁国庆不再担任吉林省电力有限公司总经理职务。

12月13日 省电力有限公司召开干部大会。国家电力公司党组副书记、副总经理赵希正出席会议并作重要讲话。国家电力公司人事与董事管理部主任程光杰宣布国家电力公司党组、国家电力公司干部任免通知。根据工作需要，国家电力公司经研究并征得中共吉林省委同意，决定：李书东任吉林省电力有限公司董事、董事长、总经理、中共吉林省电力有限公司党组副书记。

12月17日 省电力有限公司召开干部大会，贯彻落实国家电力公司党组副书记、副总经理赵希正12月13日在省电力有限公司干部大会上的讲话精神。省电力有限公司总经理、党组副书记李书东及省电力有限公司其他领导，省电力有限公司老领导出席会议。李书东作重要讲话，部署重点工作，对加强机关建设和各单位领导班子建设提出具体要求。

附　　录

附　　录

中国东北电力总公司文件

东电办字〔1990〕第 829 号

关于成立吉林省电力公司并批准《吉林省电力公司章程》的通知

吉林省电力工业局：

经能源部同意，根据东北电网体制改革的需要，决定成立吉林省电力公司，并批准《吉林省电力公司章程》。请按规定到有关部门办理注册手续。

附件：吉林省电力公司章程

一九九〇年八月四日

抄报：能源部、吉林省人民政府

抄送：吉林省工商行政管理局

附件：

吉林省电力公司章程

第一章　总　　则

第一条　根据《中华人民共和国全民所有制工业企业法》和国务院批准的《电力工业管理体制改革方案》（国发〔1988〕72 号文件）的规定，依据能源部批准的《东北电网管理体制改革方案》和《中国东北电力总公司章程》制定吉林省电力公司章程。

第二条　公司名称为吉林省电力公司（以下简称公司），本部地址设在吉林省长春市斯大林大街 93 号。

第三条　公司为有限责任公司，是中国东北电力总公司（以下简称总公司）领导的公司，在总公司内实行分级核算的管理体制，具有法人资格。

第四条　公司为全民所有制企业，一切经营活动遵守国家法律、法规和政策，其合法权益受法律保护。

第五条　公司的宗旨是加速开发和有效经营本省电力事业，组织安全生产，经济运行，为全省国民经济发展和人民生活服务。

第六条　公司成立后，吉林省电力工业局的名称保留，行使省政府管电职能和行业归口管理职能。

第二章 经营范围和主要任务

第七条 公司按照总公司的统一规划、统一计划、统一调度、统一核算、分级管理的原则，经营管理总公司所属在吉林省内的电（热）力企、事业单位，同时经营管理各类合资电（热）力企业和委托管理的电（热）力企、事业单位。

第八条 公司实行电力开发、建设、生产、销售一体化经营方式，在公司的统一经营管理下，实行分级核算，多种承包经营和责任经营模式，各企业依法具有独立法人或委托法人地位。

1. 总公司和省属的企业，可由公司对总公司和省政府承包经营。

2. 公司对合资和委托管理的企业，按合同规定承包经营、企业实行独立核算、自负盈亏。

3. 公司对电力建设企业和修造企业实行公司领导下的自主经营、独立核算、自负盈亏的体制。

第九条 公司的主要任务是：

1. 负责编制和组织实施吉林省电力发展规划，年度电力工业生产和基本建设计划。

2. 负责所辖网内发供电企业的安全生产，并实行统一调度，分级管理，保证供电质量，加强经济运行工作，努力完成国家发、供电计划，增加有效供给。

3. 科学管理电力企业。制定各项规章制度，并组织贯彻实施，提高企业的管理水平和经济效益，增强自我发展能力。

4. 负责独立开发和合资开发管区内的电力工业。组织设计、施工企业合理利用能源，做好规划、勘测、设计工作，缩短建设周期，有效使用建设资金，加速电力工业发展。

5. 按照国家政策，挖掘企业的内部潜力，兴办多种经营企业和集体所有制企业。

6. 负责承办本省电力系统的对外技术交流、经济贸易、劳务输出、购电、合资办企业等业务。

7. 负责承办能源部、省政府和总公司委托办理的其他工作。

第三章 注册资金和建设资金筹集

第十条 公司的注册资金为 万元，其中固定资金 万元（其中银行贷款和债券资金为 万元）；流动资金 万元。

第十一条 公司通过国家贷款，征收电力建设资金，向地方和用户集资、出售用电权，发行电力建设债券等办法集资，也可引进省外、国外资金，或与外省、外商合资建设电厂，实行多渠道筹集电力建设资金。按照国家的多种电价政策，实行新电新价，增强企业还贷能力。

第四章 机构与组织

第十二条 公司除本部外，设有调度局、发电厂、电业局、热力公司、电力建设公司、设计院、物资局、学校及培训中心、试验及研究所等企事业单位，各司其职，从事一体化经营活动。

第十三条　公司实行总经理负责制，设总经理一名，副总经理若干名，根据工作需要设总工程师、总经济师、总会计师协助总经理工作。

第十四条　公司总经理的职责和权限：

1. 总经理是公司的法人代表，依据《全民所有制工业企业法》行使职权，贯彻国家和省制定的方针政策，执行能源部、省政府和总公司的有关规定，组织领导全公司的物质文明和精神文明建设，代表公司对外谈判和签约。

2. 总经理是公司负责安全生产的第一责任者，贯彻总公司对电网管理的有关规定，维护公司和全网的合法权益。

3. 对公司管辖的企业行使生产指挥权和经营决策权。

4. 主持编报全省电力工业发展规划、年度基建和生产经营计划，组织实施上级下达的各项计划。

5. 对公司自有的各项资金和基金，有分配和使用权。

6. 有权决定和调整内部机构设置和人员编制。

7. 对公司的副总经理和三总师的任免有建议权，对公司副总师、处室负责人和基层企事业单位的主要负责人按照程序有考核任免权。

8. 组织协调公司及企业搞好为社会各界的服务工作和公共关系。

9. 参加总公司的总经理会议，研究决定全网的生产、经营、分配和发展建设等重大事宜。

10. 承办能源部、省政府、总公司交办的事宜，并向他们负责和报告工作。

第五章　财务和人事管理

第十五条　公司的财务会计工作，严格执行《中华人民共和国会计法》以及财政部、能源部、省政府、总公司的有关规定。按国家规定和总公司的要求进行财务会计核算，编报公司的预、决算。

第十六条　公司严格按照国家税法和能源部、省政府有关规定照章纳税。

第十七条　公司接受审计机关的审计，并建立内部审计机构，实行内部审计监督。

第十八条　公司根据物价管理规定，参与制定电（热）价格，执行各级物价部门批准的多种电（热）价格。

第十九条　公司根据经营管理需要和国家劳动计划的有关规定，决定各级机构设置和定员编制，制定劳动定额，组织培训，提高职工素质。

第二十条　公司的工资制度执行国家、省和总公司的有关政策规定。

第二十一条　根据人事劳动管理有关规定，有权录用、调配、辞退职工，按照国家发布的《企业职工奖惩条例》以及省、总公司、公司的有关规定，对职工进行奖惩。

第二十二条　公司职工依法享受劳动保护、劳动保险待遇和本公司的生活福利等方面的待遇。

第二十三条 公司的干部任免，按中央和省的有关规定办理。公司总经理由能源部委托总公司商省后任免，副总经理和总工程师、总经济师、总会计师，由总经理提名，总公司商省后任免。公司副总工、副总经、副总会、各处室和基层企事业单位的主要负责人由公司任免。

第六章 附 则

第二十四条 本章程由总公司批准，自批准之日起生效，修改时间，本章程解释权属批准机关。

国家电力公司文件

国电政法〔1999〕29号

关于印发《中国东北电力集团公司体制改革总体方案》的通知

东北电力集团公司，吉林、黑龙江省电力公司：

《中国东北电力集团公司体制改革总体方案》（简称“总体方案”）已经国家电力公司党组讨论通过，现印发给你们，并结合当前电力改革与发展的新形势和东北的实际情况，提出如下要求，请一并贯彻执行。

一、按国办发〔1998〕146号文件要求，将中国东北电力集团公司改组为国家电力公司的分公司是国务院关于电力工业体制改革的重大决策，要高度重视，精心组织，周密安排，积极争取地方政府的指导和支持，保证试点工作顺利进行。

二、组建辽宁省电力公司、将原东北电力集团公司统一核算的吉林省电力公司和黑龙江省电力公司一并改制为国家电力公司的全资子公司，是企业制度的创新。要按照现代企业制度的要求，切实转换企业的经营机制，建立健全规范的法人治理结构，确立在市场经济体制下母公司与子公司之间的关系，为国家电力公司第二步改革创造经验。

三、要积极推行厂网分开的试点，引入竞争机制，推动建立规范有序的发电侧电力市场，在东北地区以至更大范围实现电力资源的优化配置，促进电力企业不断提高管理水平和服务质量。

四、要积极配合省政府搞好政企分开工作，各省电力公司承担的电力行政管理职能，将随同省政府机构改革移交：给省政府的综合经济管理部门。

五、各省电力公司要尽快根据总体方案提出实施意见，并制订各省电力公司章程，报国家电力公司审批。在1999年3月底前完成新公司成立的全部工作，1999年4月1日开始按新的体制运转。在方案实施过程中，必须做到确保东北电网的安全稳定，确保职工队伍的稳定，确保国有资产的安全和生产经营目标的完成。

六、分公司改革是一件新生事物，对东北电网来讲，更会遇到一些复杂的问题。要以十五大精神和国办发〔1998〕146 号文件为指导，结合实际，大胆探索，认真负责，勇于实践。改革中的重大问题要及时报告国家电力公司。要依靠各级政府，共同推进改革，总结经验，使东北电网体制改革有力地促进电力发展，为地方国民经济发展和人民生活水平的提高作出应有的贡献。

附件：中国东北电力集团公司体制改革总体方案

一九九九年一月二十二日

抄送：国家经贸委，辽宁、吉林、黑龙江省人民政府，内蒙古自治区人民政府。

附件：

中国东北电力集团公司体制改革总体方案

依据国务院国发〔1996〕48 号文件精神和国办发〔1998〕146 号文件确定的改革目标以及国家电力公司第二步改革战略部署，制定本方案。

一、体制改革的基本原则

1. 规范改制。坚持"政企分开、省为实体"的方针和建立现代企业制度的方向，按照《公司法》和国家有关政策推进改革，建立健全规范的法人治理结构，确立在市场经济体制下母公司与子公司、本公司与分公司的关系，转换企业经营机制。

2. 加快市场化进程。实行厂网分开的改革试点，积极引入竞争机制，打破垄断，推动建立规范有序的发电侧电力市场，在东北地区以至更大范围实现电力资源优化配置。

3. 合理调整利益格局。以 1997 年财政部批准的财务决算为基础，考虑历史形成的东北地区负荷分布不均与各省电力企业间资产不平衡的状况，合理调整三省在资产构成和承担利税方面的比例，最大限度地平衡辽、吉、黑三省公司间的利益，使之具有赢利能力和与资产状况相对应的效益水平，共同发展。

4. 稳中求进。改革试点是一项新事物，既要坚持确定的目标，又需考虑必要的过渡；既要有积极探索的勇气，又要有稳健扎实的作风。要不断总结经验，适时调整措施，保证试点工作顺利进行。

5. 确保安全与稳定。要正确处理好改革、发展与稳定的关系，在改革中必须做到确保东北电网的安全稳定、确保职工队伍的稳定、确保国有资产的安全和生产经营目标的完成。

二、体制改革的基本内容

1. 改组中国东北电力集团公司为国家电力公司在东北地区（包括辽宁省、吉林省、黑龙江省和内蒙古自治区东部国家电网营业区域，下同）的分公司，更名为国家电力公司东北公司（以下简称国电东北公司）。同时撤销中国东北电力集团公司。

国电东北公司是国家电力公司在东北地区的派出机构。按照国家电力公司的授权委托从事经营管理活动，对辽宁、吉林、黑龙江三省和内蒙古自治区东部地区实施区域战略、市场分析、资产保值增值的监督职能，对东北电网依法行使调度和管理的职能。

2. 组建辽宁省电力公司，使之成为国家电力公司的全资子公司，在体制上与国电东北公司分离。

原东北电力集团公司统一核算的吉林省电力公司与黑龙江省电力公司，改制为国家电力公司的全资子公司。

按照现代企业制度的要求，辽宁、吉林、黑龙江省电力公司要改制为规范的公司制企业，真正成为独立的法人实体和市场竞争主体。各公司承担的电力行政管理职能，将随同省政府机构改革移交给省政府的综合经济管理部门。

3. 对东北地区部分电源资产进行重组，组建若干独立发电公司，推进厂网分开的试点。

4. 按照国发〔1999〕2 号文件和国办发〔1998〕134 号文件的要求，在东北地区实施农村电力体制改革，用三年左右的时间实现文件规定的目标。

三、国家电力公司东北公司，辽、吉、黑三省电力公司的性质和主要职责

1. 国电东北公司的性质及主要职责

国家电力公司东北公司是国家电力公司的分公司，是国家电力公司在东北地区的派出机构。国家电力公司对国电东北公司实行法人授权制度和经营目标责任制度。其主要职责是：

（1）负责东北地区电力市场分析、电力发展规划工作，负责东北地区电力资源优化配置工作。

（2）受国家电力公司委托，负责对辽、吉、黑三省电力公司国有资产的保值增值实行监管。

（3）依法对东北电网实施调度管理，对辽、吉、黑三省电网实行安全监督，保证东北电网的安全、稳定、经济和优质运行。

（4）负责辽、吉、黑三省电力公司以及与各省（区）政府之间的有关事项的协调工作。

（5）协助国家电力公司管理辽、吉、黑三省电力公司的领导班子和董事会、监事会成员；辽、吉、黑三省电力公司调度部门和财务部门主要负责人，由国电东北公司会同子公司考核提名，由国电东北公司履行、任免手续；负责对辽、吉、黑三省电力公司后备干部的选拔、培养、考核与管理。

（6）按照国家电力公司授权，经营管理国家电力公司在东北地区（不含辽、吉、黑三省电力公司）直接经营管理的国有资产和控股、参股公司中由国家电力公司出资的国有法人股权，负责完成国家电力公司确定的年度经营目标。

2. 辽、吉、黑三省电力公司的性质和主要职责

辽宁、吉林、黑龙江省电力公司是国家电力公司出资设立的全资子公司，是其控股、参股公司相应国有法人资本的出资人，是经营省内电网并依法对省内电网实施调度管理的企业法人。其主要职责是：

（1）经营管理国家电力公司投入该省电力公司的资本和该省电力公司出资控股、参股公司中的国有法人股权，承担保值增值的责任；根据公司发展需要，开展经国家电力公司批准的投资、融资业务。

（2）经营管理该省电力公司所属的发电、供电、供热、施工、修造及其他企业或单位。

（3）依法对省内电网实施调度管理，统一调度省内电网和并网运行的发电厂（国家电力公司及国电东北公司调度机构的调度范围除外），负责省内电力市场的交易结算，保证省内电网的安全、稳定、经济和优质运行。

四、国家电力公司，辽、吉、黑三省电力公司法人财产的界定

1. 国家电力公司直接经营管理的资产

（1）500千伏骨干网架（含变电所）的资产。

界定范围：元宝山厂—董家变—辽阳变—东丰变—合心变—哈南变—大庆变—冯屯变—伊敏厂；绥中厂—董家变；绥中厂—沙河营变—董家变。

以上总资产35.5亿元（含变电所），负债26.9亿元，所有者权益8.6亿元，界定为国家电力公司的法人财产。

（2）220千伏跨省（区）联络线（不含变电所）的资产。

界定范围：宁城变—建平变；云峰厂—卧龙变；渭源厂—卧龙变；梅河变—李石寨变；梅河变—虎石台变；清河厂—四平变；清河厂—巨丰变；通辽厂—三丰变；通辽厂—双辽变；通辽变—长岭变；长山厂—新华厂；榆树变—双城变；丰满厂—五常变；敦化变—镜泊湖厂。

以上总资产1.26亿元，负债0.27亿元，所有者权益0.99亿元，界定为国家电力公司的法人财产。今后，随500千伏环网建设完成，220千伏省间联络线解网运行后，按行政区划交各省电力公司经营管理。

（3）赤峰市、哲里木盟输电网、配电网的资产。总资产8亿元，负债1.8亿元，所有者权益6.2亿元，界定为国家电力公司的法人财产。

2. 辽、吉、黑三省电力公司直接经营管理的资产

国家电力公司在辽宁、吉林、黑龙江省境内的国有资产，除已界定为国家电力公司直接经营管理的资产外，其余均按行政区划界定为辽、吉、黑三省电力公司直接经营管理的资产。

3. 股权界定

（1）火电股权。

①元宝山发电厂（150万千瓦）、赤峰发电厂（4.9万千瓦）：发电设备容量共154.9万千瓦，总资产50.9亿元，负债43.3亿元，所有者权益7.6亿元。资产评估后组建元宝山发电有限责任公司。股权结构为：国家电力公司60%，其余40%除辽宁省能源总公司、赤峰市基本建设投资公司的股权外，按三省统配电量分配比例界定为三省电力公司的股权。

②通辽发电总厂：发电设备容量83万千瓦，总资产10.5亿元，负债2.7亿元，所有

者权益 7.8 亿元。组建通辽发电有限责任公司，股权结构为：国家电力公司 40%，辽宁省电力公司 15%，吉林省电力公司 15%，黑龙江省电力公司 30%。原辽宁、吉林、黑龙江省政府在一期工程中为集资办电分别交付的 6500 万元和原中国有色金属总公司沈阳公司交付的办电集资款 3000 万元，可计入股权进入通辽发电有限责任公司。

③伊敏煤电有限责任公司：发电设备容量 100 万千瓦，总资产 92.5 亿元，负债 84.9 亿元，所有者权益 7.6 亿元。其中集团公司持有的 49%股权按三省统配电量分配比例界定给辽宁省电力公司 23.9%，吉林省电力公司 10.9%，黑龙江省电力公司 14.2%。

④清河发电有限责任公司：发电设备容量 120 万千瓦，总资产 10.497 9 亿元，负债 2.720 5亿元，所有者权益7.777 4亿元。股权结构为：中国电力投资有限公司 60%，辽宁省电力公司 40%。

（2）水电股权。

①丰满、白山发电厂：发电设备容量 257.25 万千瓦（丰满 87.25 万千瓦，白山 170 万千瓦），总资产 35.2 亿元，负债 13.8 亿元，所有者权益 21.4 亿元。组建丰白发电有限责任公司，按属地原则注册，参加吉林省养老保险统筹。股权结构为：国家电力公司 60%，吉林省电力公司 40%。对水库移民遗留问题，仍按国家有关规定妥善处理。

②桓仁、太平哨发电厂：发电设备容量 45.55 万千瓦（桓仁 29.45 万千瓦、太平哨 16.1 万千瓦），总资产 5.5 亿元，负债 0.3 亿元，所有者权益 5.2 亿元。组建桓回太发电有限责任公司，在本溪注册。股权结构为：辽宁省电力公司 60%，国家电力公司 40%。

（3）其他股权或资产。

①现东北电力集团财务有限责任公司：总资产 70.3 亿元，负债 65.4 亿元，所有者权益 4.9 亿元，调整后的股权结构为：国家电力公司 51%，辽宁省电力公司 21.34%，吉林省电力公司 10%，黑龙江省电力公司 13.33%，其他 4.33%。今后，在征得国家有关部门同意后，将东北财务公司改组为国家电力公司财务公司的分公司。

②原东北电力集团公司对光大银行的长期投资 4680 万元（2600 万股），其中界定给国家电力公司 1600 万股，辽宁省电力公司 400 万股，吉林省电力公司 300 万股，黑龙江省电力公司 300 万股。

③东北电力负荷预测中心大楼：总资产 3.7 亿元，负债 0 亿元，所有者权益 3.7 亿元。其中 30%界定为国家电力公司、70%界定为辽宁省电力公司的法人财产，由国电东北公司与辽宁省电力公司共同使用，辽宁省电力公司负责管理，有关费用按资产比例分摊。

④东北电力集团驻北京联络处：总资产 0.7 亿元，负债 0 亿元，所有者权益 0.7 亿元。其中 60%界定为辽宁省电力公司、40%界定为国家电力公司的法人财产，由国电东北公司与辽宁省电力公司共同使用，辽宁省电力公司负责管理，有关费用按资产比例分摊。

⑤丰满电力技术学校：总资产 0.6 亿元，负债 0 亿元，所有者权益 0.6 亿元。丰满电力技术学校整体并入丰白发电有限责任公司，改造为东北水电培训中心，面向网内外开展培训工作。

⑥南湖大酒店、原调度大楼及集团公司的其他关联公司等资产，均界定为辽宁省电力

公司经营管理的法人财产。

⑦集团公司长期投资形成的其他资产、股权、债权和相关权益（包括上市公司），除已界定为国家电力公司经营管理的资产、股权和长期投资外，其余均全部按行政区划分别界定为三省电力公司的法人财产，资产、负债、所有者权益同时划转。

4. 需要说明的有关事项

（1）为了维持电网的正常运营，合理收取500千伏骨干网架和220千伏跨省（区）联络线的输电费用。

输电费用应包括输电成本、税金和合理利润，具体标准另行确定。

①500千伏骨干网架输电费用试行按固定输电费用和电量输电费用分别收取。初步拟订固定输电费用与电量输电费用所占比重分别为40%和60%。

固定输电费用按国家电力公司经营管理的500千伏骨干网架在三省境内的资产比例结算；电量输电费用按500千伏骨干网架下网电量结算。

②220千伏跨省（区）联络线输电费按双向过往电量扣除过境电量结算。但考虑到辽、吉、黑三省电力公司之间的利益平衡，220千伏跨省（区）联络线的输电费在电价改革之前暂不收取。

（2）长春水利电力专科学校划入东北电力学院，由辽、吉、黑三省电力公司组成校董会进行管理，原资产隶属关系和经费来源渠道不变，需要补充的经费以辽宁省电力公司50%，吉林省电力公司20%，黑龙江省电力公司30%的比例分摊，将来按国务院的部署参加地方教育体制改革。

（3）中朝界河电厂：发电设备容量94万千瓦（云峰20万千瓦、渭源19.5万千瓦、水丰31.5万千瓦、太平湾23万千瓦），保持中朝两国现行的合作体制，其中属于国家电力公司的资产，不在本次法人财产界定范围。

五、国家电力公司，辽、吉、黑三省电力公司的资本经营和调度管辖范围

1. 国家电力公司的资本经营和调度管辖范围

（1）资本经营范围。

①国家电力公司在东北地区直接经营管理的资产；

②国家电力公司在东北地区控股、参股公司中持有的股权；

③国家电力公司在东北地区管理的长期投资或其他资产。

（2）调度管辖范围。

改制后的东北电网仍实行统一调度、分级管理，国家电力公司东北电力调度通信中心是东北电网的调度机构，依法调度和管理东北电网的运行，包括为保证电网正常运行所需的继电保护和安全自动装置、计量装置、电力通信、电网调度自动化等管理，制订实施《东北电网调度运行管理办法》。

调度原则如下：

①电网正常状态下对跨省（区）的电力、电量交换实行联络线关口调度与结算［联络线关口指跨省（区）500千伏、220千伏线路和国家电力公司直接经营和调度电厂的500千伏、220千伏送出线］；特殊异常或事故状态下网调可直调并网运行的所有相关的机组

或输变电设备。

②省调直调的火电机组启停由省调自行安排。

③全网 30 万千瓦及以上火电发电设备和全部水电发电设备检修计划由网调统一平衡审批，30 万千瓦以下火电发电设备检修计划由省调按网调确定的原则自行安排。

④网调负责全网频率调整的管理，网、省调共同参与全网频率调整并承担相应责任；发电自动控制（AGC）按联络线功率偏差（ACE）方式运行。在全网未实现按联络线功率偏差控制（ACE）进行跨省（区）联络线关口调度之前，全网日发电计划、频率调整和联络线潮流控制方式等将采取必要的过渡措施，并在《东北电网调度运行管理办法》中予以明确。

⑤网调负责全网安全稳定管理。为保证电网安全运行，在必要时有权下达全网电源调整及拉闸限电命令。

网调直调范围如下：

①直调 500 千伏骨干网架，具体范围包括：元宝山厂—董家变—辽阳变—东丰变—合心变—哈南变—大庆变—冯屯变—伊敏厂；董家变—王石变；王石变—辽阳变；绥中厂—董家变；绥中厂—沙河营变—董家变；沙岭变—辽阳变。

辽、长、吉、哈 500 千伏输变电工程建成后由网调直调。

②直调 220 千伏跨省（区）联络线，丰满、白山、界河水电厂送出线，赤峰、哲里木供电公司 220 千伏线路和部分与全网安全稳定运行有关的重要线路，其中部分线路根据电网具体情况委托省调调度（由网省调每年协商确定）。

③直调元宝山、通辽、伊敏、丰满、白山和界河电厂。

④为保证 500 千伏骨干网架和联络线关口调度的正常实施，保留对哈三、双辽、铁岭、绥中等发电厂的直接调度权。

2. 三省电力公司的资本经营和调度管辖范围

除国家电力公司的资本经营和调度管辖范围外，其余均按行政区划分别界定为辽宁、吉林、黑龙江三省电力公司的资本经营和调度管辖范围。

六、国电东北公司的领导体制和组织机构，辽、吉、黑三省电力公司的法人治理结构和组织机构

1. 国电东北公司的领导体制和组织机构

（1）领导体制。

国电东北公司设总经理 1 人，由国家电力公司任免。国电东北公司总经理通过国家电力公司法定代表人的授权委托，在授权范围内全面负责国电东北公司工作，并直接对国家电力公司总经理负责。

国电东北公司设副总经理 3 人、总工程师 1 人、总会计师 1 人，向国电东北公司总经理负责。副总经理、总工程师、总会计师由总经理提名，报国家电力公司任免。

国电东北公司各部门及所属单位负责人和国家电力公司授权国电东北公司管理的企业高级管理人员，除国家电力公司有明确规定的以外，均由国电东北公司总经理按照国家电力公司的授权和有关干部任免的程序任免与管理；国家电力公司授权经营管理的控股、参

股公司中的董事会和监事会成员，由国电东北公司总经理按有关规定选派。

（2）组织机构。

按照精简、效能和统一的原则，国电东北公司将根据实际工作需要设立内部机构。暂定为八部一中心：总经理工作部、财务部、发展计划部、人力资源部、生产运营部、水电管理部（中方业务处）、安全监督部、党群工作部（含机关党委、纪检监察室、机关工会、团委）、国家电力公司东北电力调度通信中心。定员编制由国电东北公司根据工作需要提出方案，报国家电力公司审批。

国家电力公司在国电东北公司设立审计分部。

国家电力公司向辽、吉、黑三省派出财务总监，经国家电力公司同意，财务总监可由国电东北公司副总经理或总会计师兼任。

保留中国水利电力工会东北电力工作委员会，精简机构与人员，以适应改革的需要。

2. 辽、吉、黑三省电力公司的法人治理结构和组织机构

（1）法人治理结构。

①各省电力公司董事会由 7～9 名成员组成，一名董事由职代会民主选举产生，其余董事会成员由国家电力公司委派并决定报酬；董事长由国家电力公司从董事会成员中指定，董事长是省电力公司的法定代表人；董事会可由国家电力公司授权行使股东会的部分职权，决定公司重大事项。董事会每届任期三年，董事任期届满，可以连选连任。

②由国家电力公司向辽、吉、黑三省电力公司分别派出监事，与各公司民主选举出的职工代表组成监事会，对各省电力公司重大经营活动实施监督。监事会由 3～5 人组成，监事会召集人由国家电力公司在监事会成员中指定。监事会每届任期 3 年，监事任期届满，可以连选连任；董事、总经理、副总经理及财务部门负责人不得兼任监事。

③各省电力公司设总经理 1 人，由董事会提名，经国家电力公司考核后，向董事会推荐，由董事会聘任；各省电力公司设副总经理 4 人和三总师各 1 人，由总经理提名经国家电力公司考核后，由董事会决定聘任或解聘，总经理对董事会负责。在充分保证总经理经营自主权的基础上，实行总经理任期责任制的契约管理，按照契约内容建立严格的考核制度，进行任期审计和职代会评议，离任时进行全面考核和审计。经国家电力公司同意，董事会成员可以兼任公司总经理。

（2）组织机构。

各省电力公司。本部的定员及组织机构的设置，由各省电力公司根据各自实际需要设定，其执行方案报国家电力公司与国电东北公司备案。

七、体制改革的实施步骤

1. 制订中国东北电力集团公司体制改革总体方案。

2. 根据国家电力公司党组通过的总体方案，各省电力公司提出实施意见，并制订各省电力公司章程报国家电力公司审批。上述工作应于 1999 年 2 月底前完成。

3. 根据国家电力公司下发的总体方案和核准的资本金开展工作，包括：

——确定国电东北公司的财务管理模式和法人授权书及经营目标责任制度。

——建立母子公司间的资本纽带，确定子公司的法人治理结构。

——由国电东北公司提出500千伏骨干网架和220千伏跨省（区）联络线输电费用收取办法，并报国家电力公司批准后实行。

——办理工商登记和领取新的营业执照。

——1999年3月末前举行揭牌仪式，1999年4月1日开始按新的体制运营。

国家电力公司文件

国电政法〔1999〕87号

关于吉林省电力公司改制的决定

吉林省电力公司：

按照国务院办公厅国办发〔1998〕146号文件确定的深化电力工业管理体制改革的要求，并根据国家电力公司《关于印发〈中国东北电力集团公司体制改革总体方案〉的通知》（国电政法〔1999〕29号）精神，国家电力公司决定将原由东北电力集团公司统一核算的吉林省电力公司改制为吉林省电力有限公司。

吉林省电力有限公司是由国家电力公司单独投资设立的有限责任公司，是国家电力公司的全资子公司，负责经营管理国家电力公司投入本公司的资本和公司所属的全资子公司、控股公司、参股公司中相应的国有法人资本，以及所属企业和单位的国有资产，承担保值增值责任，依法对省内电网实施调度管理，统一调度省内电网和并网运行的发电厂与小水电网（国家电力公司及国电东北公司调度机构的调度范围除外）。

经核定，国家电力公司对吉林省电力有限公司的出资为人民币62亿元。请据此调整账目，并抓紧制定吉林省电力有限公司体制改革实施意见和公司章程，经国家电力公司批准后进行工商登记。

一九九九年三月四日

抄送：国家经贸委，劳动保障部，吉林省人民政府。

国家电力公司文件

国电政法〔1999〕92号

关于《吉林省电力有限公司章程》的批复

吉林省电力公司：

《吉林省电力公司关于上报章程的报告》（吉电总〔1999〕94号）收悉。根据《公司法》的有关规定和国务院国发〔1996〕48号、国务院办公厅国办发〔1998〕146号文件精神，按照国家电力公司《关于印发〈中国东北电力集团公司体制改革总体方案〉的通知》（国电政法〔1999〕29号）的要求，经审核，同意《吉林省电力有限公司章程》。请据此到工商行政管理部门尽快办理公司注册登记手续。

附件：吉林省电力有限公司章程

一九九九年三月四日

抄送：国家经贸委，吉林省人民政府，东北电力集团公司（国电东北公司）。

附件：

吉林省电力有限公司章程

第一章　总　　则

第一条　为确立吉林省电力公司（以下简称公司）的法律地位和行为准则，保障公司的合法权益，根据国家的有关法律、法规，制定本章程。

第二条　公司中文名称：吉林省电力公司；公司英文名称：Jilin Electric Power Company；英文缩写：JEPC。

第三条　公司住所：中国吉林省长春市人民大街139号；邮政编码：130021。

第四条　公司经国家电力公司批准，并在吉林省工商行政管理部门登记注册后正式成立，具有独立的企业法人资格，其合法权益和经营活动受法律保护。

第五条　公司是由国家电力公司单独投资设立的有限责任公司；是其全资子公司及控股公司、参股公司中相应国有法人资本的出资者，是其所属企业和单位国有资产的出资者；是经营省内电网并依法对省内电网实施调度管理的企业法人。

第六条　公司宗旨：以安全文明生产为基础，以提高经济效益为中心，以加强现代化管理为手段；以科学技术进步为先导，加强精神文明。建设，坚持用户至上，注重节能环保，优化资源配置和电网结构，实现可持续发展，确保国有资产保值增值。

第七条　公司依法经营，照章纳税，接受有关政府部门的行政管理和指导。

第八条　公司内中国共产党的各级组织活动依照《中国共产党章程》进行。

第九条　公司职工依法组织工会。工会按章程开展活动，维护职工的合法权益。

第二章　注　册　资　本

第十条　吉林省电力公司的资本金为国有法人资本，公司的注册资本为人民币62亿元。

第三章　经营管理范围及主要业务

第十一条　公司经营管理范围

（一）经营管理国家电力公司投入本公司的资本和公司所属的全资子公司及控股、参股公司中相应的国有法人股权，承担保值增值的责任；根据公司发展需要，开展经国家电力公司批准的投资、融资业务。

（二）经营管理公司所属的发电、供电、供热、施工、修造及其他企业和单位。

（三）依法对省内电网实施调度管理，统一调度省内电网和并网运行的发电厂与小水电网（国家电力公司和国电东北公司调度机构的调度范围除外），负责省内电力市场的交易结算，保证省内电网的安全、稳定、经济和优质运行。

（四）根据国家有关法律和国家电力公司的有关规定，服从上级调度机构的调度管理。

第十二条　公司主营和兼营业务

主营：电力、热力生产与购销，电网经营。

兼营：燃料、物资营销，电力设备检修，电力工程勘测、设计、施工、安装调试；工程承包，工程监理，电力机械、设备、仪器、仪表，投融资及进出口贸易，通信与信息，劳务输出，高新技术开发、科研、培训、咨询等。

第四章　董　事　会

第十三条　公司设董事会，董事会是公司的决策机构，依照国家电力公司的授权行使股东会部分职权，决定公司的重大事项，但公司的合并、分立、解散、增减资本和发行公司债券，必须由国家电力公司决定。

公司董事会由七人至九人组成，除一名由职工民主选举产生的职工代表出任董事外，其余董事由国家电力公司按照任期委派或更换，并决定报酬。董事会每届任期三年，董事任期届满，由职工代表出任的董事连选可以连任。

董事会设董事长一人，可以视需要设副董事长一人，董事长和副董事长由国家电力公司在董事会成员中指定。董事长为公司的法定代表人。

第十四条　董事会对国家电力公司负责，行使下列职权：

（一）定期向国家电力公司报告工作，执行国家电力公司的决定。

（二）决定公司的经营计划和投资方案。

（三）制订公司的年度财务预算方案、决算方案。

（四）制订公司的利润分配方案和弥补亏损方案。

（五）拟订公司增加或者减少注册资本的方案，并上报国家电力公司批准。

（六）决定公司内部管理机构的设置。

（七）聘任或解聘公司总经理，根据总经理提名，聘任或解聘公司副总经理、总工程师、总经济师、总会计师，并决定其报酬。

（八）对全资子公司及控股、参股公司按投入该公司的资本额行使股东的资产受益和重大决策权利；按法定程序向全资子公司及控股、参股公司委派董事、监事，行使出资者权利；聘任或者解聘所属企业和单位的主要经营者。

（九）制定公司的基本管理制度。

（十）国家电力公司授予的其他职权。

第十五条　董事会每年度至少召开两次会议。会议应由二分之一以上董事出席方可召开。董事会会议由董事长召集和主持，董事长因特殊原因不能履行职务时，由董事长指定副董事长或者其他董事召集和主持。三分之一以上董事可以提议召开董事会会议。董事会会议于召开十日前以书面形式载明会议事项，通知全体董事。

第十六条　董事会对所议事项的决定作成会议记录，出席会议的董事应当在会议记录上签名。董事会对所议事项的决议承担责任，董事会决议违反国家法律、行政法规或者公司章程，致使公司遭受损失的，参与决议的董事对公司损失承担赔偿责任。但经证明在表决时曾表明异议并记载于会议记录的，该董事可以免除责任。

第十七条　董事会会议实行少数服从多数的组织原则和 1 人 1 票的表决制度。在表决与某董事利益有关的事项时，该董事应回避。

第十八条　公司董事长行使下列职权：

（一）召集、主持董事会会议。

（二）检查董事会决议的实施情况。

（三）签署公司发行的股票、债券。

（四）签署应由公司法定代表人签署的文件、报表。签发由董事会通过的决议、会议纪要等重要文件。

（五）向董事会提名总经理人选。

（六）在发生不可抗力条件下，对公司事务行使特别裁决权和处置权，但这种裁决权和处置权必须符合公司利益，并在事后向国家电力公司和公司董事会报告。

（七）董事会决议授予的其他职权。

第十九条　公司董事长、副董事长、董事、总经理、副总经理未经国家电力公司同意，不得兼任其他有限责任公司、股份有限公司或者其他经济组织的负责人。

第五章　监　事　会

第二十条　公司设立监事会，对公司董事、总经理、副总经理和其他高级管理人员实施监督，保证其行为符合公司利益。

监事会对国家电力公司负责并报告工作。

第二十一条　监事会成员由三人至五人组成，除一名是由公司职工民主选举产生的职工代表出任监事外，其余监事会成员由国家电力公司按照任期委派或更换，并决定报酬。公司董事、总经理、副总经理和财务部门负责人不得兼任公司监事。

监事会每届任期三年，由职工代表出任的监事连选可以连任。

监事会召集人由国家电力公司在监事会成员中指定。

第二十二条　监事会或者监事行使下列职权：

（一）检查公司财务。

（二）对董事、总经理和其他高级管理人员执行公司职务时违反法律、法规或者公司章程的行为进行监督。

（三）当董事、总经理和其他高级管理人员的行为损害公司的利益时，要求其予以纠正。

（四）提出对公司董事、总经理和其他高级管理人员的评价及奖惩建议。

（五）发现重大问题，直接向国家电力公司报告。

监事列席董事会会议。

第二十三条　监事会成员必须认真负责，公正无私，保守公司秘密，监事执行职务时，违反法律、行政法规或者公司章程的规定给公司造成损害的，应当承担赔偿责任。

第二十四条　监事会成员不得干预公司正常的生产经营管理活动，不得阻碍董事、总经理和副总经理正常行使职权。

第二十五条　监事会每年召开一至二次会议，经监事会召集人或三分之一以上监事提议可以召开监事会会议。

监事会会议决议须由三分之二以上监事表决同意。

第六章　经营管理机构

第二十六条　公司设总经理一名，副总经理四名，总工程师、总经济师、总会计师各一名。总经理由董事会提名，经国家电力公司考核后向董事会推荐，由董事会聘任或者解聘；总经理提名公司副总经理、总工程师、总经济师、总会计师，经国家电力公司考核后由董事会聘任或者解聘。

经国家电力公司同意，董事会成员可以兼任公司总经理。

第二十七条　总经理对董事会负责，在充分保证总经理经营自主权的基础上，实行总经理任期责任制的契约管理，按契约的内容建立考核制度，进行任期审计和职代会评议，离任时进行全面考核和审计。

第二十八条　总经理负责公司全面工作，对董事会负责，行使下列职权：

（一）主持公司的生产经营管理工作，组织实施董事会决议。

（二）组织实施公司年度经营计划和投资方案。

（三）拟定公司内部管理机构设置方案。

（四）拟定公司的基本管理制度。

（五）制定公司的具体规章。

（六）提请聘任或者解聘公司副总经理、总工程师、总经济师、总会计师。

（七）聘任或者解聘公司部门负责人和公司规定内的管理人员，国家电力公司另有规定的除外。

（八）董事会授予的其他职权。

总经理列席董事会会议。

第二十九条　总经理及其他高级管理人员对公司负有诚信和勤勉的义务，不得参与与本公司有竞争或者损害公司利益的活动。总经理及其他高级管理人员执行公司职务时违反法律、行政法规或者公司章程的规定，给公司造成损害的，应当承担赔偿责任。

第七章　财务会计与审计

第三十条　公司依据国家财政、审计等有关法律、法规和国家财政部的有关规定制定公司的财务会计制度和内部审计制度，并报财政、审计、税务有关部门备案。

第三十一条　公司会计期间采用公历年制，自公历每年1月1日起至当年的12月31日止为一个会计年度。

第三十二条　公司在每一会计年度终了时编制财务会计报告，报送国家电力公司。

财务会计报告应当包括下列财务会计报表及附属明细表：

（一）资产负债表。

（二）损益表。

（三）现金流量表。

（四）财务情况说明书。

（五）利润分配表。

（六）国家电力公司规定的其他报表。

第三十三条　公司依法缴纳各种税费、基金等，并接受国家财政、税务的检查监督。

第三十四条　公司分配当年税后利润时，应按下列顺序：

（一）弥补以前年度亏损。

（二）提取利润的10%列入公司法定公积金。

（三）提取利润的5%至10%列入法定公益金。

（四）经董事会同意，可以提取任意公积金。

公司法定公积金累计额为公司注册资本的50%以上时，则不再提取。

第三十五条　公司的法定公积金用于弥补公司的亏损，扩大公司的生产经营或转为增加公司资本，以转增后留存的法定公积金不得少于注册资本的25%为限。

第三十六条　公司提取的法定公益金用于公司职工的集体福利。

第三十七条　公司根据经营需要，经批准可分别开立人民币账户和外汇账户。

公司采用人民币为记账本位币。

第三十八条　公司实行内部审计制度，建立内部审计机构，配备内部审计人员。内部审计机构在董事会领导下工作，对董事会负责，对公司的账目、财务管理和经营管理等经营活动进行检查和监督；定期或专题向董事会提出内部审计报告，保证公司的经营活动符合法律、法规和公司章程。

第八章　劳动管理和工资、保险制度

第三十九条　公司遵守国家有关劳动人事的法律、法规，根据生产经营需要，依法制订公司的劳动工资制度、人事管理制度和员工培训制度。公司执行干部任期制、聘任制、交流制、员工合同制等国家规定的人事制度。

第四十条　公司遵守国家的劳动保护法规，执行政府颁布的社会保险制度，分别制订员工福利、奖励、安全生产及劳动保护、劳动保险制度，保证安全文明生产，保障员工的安全和健康。

第九章　章程修改及程序

第四十一条　公司可根据需要修改章程。

第四十二条　章程的修改程序为：

（一）由公司董事会会议通过修改章程决议，由董事长审定核准。

（二）将修改后的章程报国家电力公司审批。

（三）修改后的章程经国家电力公司批准后，按修改条款变更注册登记后生效，原章程同时废止。

第十章　附　　则

第四十三条　本章程条款如与国家法律、法规、政策相抵触的，以国家法律、法规、政策为准，并及时对本章程做相应修改。

第四十四条　本章程由吉林省电力公司董事会负责解释。

第四十五条　本章程经国家电力公司批准、法人登记机关核准后生效。

中华人民共和国国家经济贸易委员会

国经贸电力〔2001〕236号

关于撤销吉林省电力工业局的批复

吉林省经济贸易委员会：

你委《关于吉林省电力行政管理职能移交工作的请示》（吉经贸电力字〔2001〕95号）收悉。经研究，批复如下：

一、撤销吉林省电力工业局，自发文之日起施行。

二、请严格按照中编办、国家经贸委关于调整电力行政管理职能有关文件精神，实行政企分开，做好职能交接工作，确保衔接有序、平稳过渡，切实履行好电力行政管理职能。

三、政企分开后，你委和省电力公司要相互支持、相互配合，结合本省实际，不断深化电力工业改革，促进全省电力工业的持续、稳定、健康发展。

中华人民共和国国家经济贸易委员会

二〇〇一年三月十四日

国家电网公司文件

国家电网农〔2003〕454号

对吉林省电力公司《关于实施农村电力体制改革的请示》的批复意见

吉林省电力公司：

你公司呈报的《关于实施农村电力体制改革方案的请示》已收悉。经研究，原则同意你们的意见。

实施农电体制改革，要严格执行国家法律、法规和有关政策规定，遵循国家对电力体制改革总体要求和国发〔2002〕5号文件精神，进一步理顺农电资产关系和管理关系，防止国有资产流失，保证职工队伍稳定和安全供电，培育和建立农村电力市场，更好地向社会提供优质的电能服务。

希望你们按照国家有关政策，认真组织实施农电体制改革方案，明确省电力公司的出资比例或其作为出资的实物资产的价值，进一步明确对出资以外农电资产的所有权、经营权、收益权和还贷责任，积极争取地方政府领导和配套政策支持，促进省电力公司和农电工作协调发展。对操作过程中出现重大问题应及时报国家电网公司。

国家电网公司总经理工作部

二〇〇三年十一月五日

编 后 记

《吉林省电力工业志》(1991～2002)是《吉林省电力工业志》第一卷的续著。经全体编辑人员不辍笔耕，废寝忘食工作，终付梓印行，志书的编纂，是按照中国电力企业联合会编纂《中国电力工业志》丛书的统一部署，在东北电力工业志编写协作组的指导下，由吉林省电力有限公司牵头组织的一项重要工作。

吉林省电力有限公司高度重视《吉林省电力工业志》(1991～2002)的编纂工作，成立了由公司总经理任主任的编纂委员会，编纂委员会的副主任及成员由各电力企业主要负责人、省公司相关领导和部门负责人组成，编纂委员会下设编纂办公室，聘请了熟悉电力系统情况，文字功力深厚和责任心强的老同志具体负责编写工作。省公司领导十分重视和关心续志工作，并对续志工作作出批示，在人力、物力、财力、办公场所上予以保障，给续志人员以极大的鼓舞，增强了写成良志、佳志的信心和力量，推动着续修志书工作的开展。

开展编纂《吉林省电力工业志》(1991～2002)工作按四个方面进行。

落实任务，充分准备。2004 年 4 月省电力有限公司按中电联要求启动了续志工作，落实了编写责任主体，同年 8 月成立了编纂委员会，制订了编写计划，拟写了志书编写大纲和收集资料提纲。

积极组织、推动编纂工作开展。2004 年 12 月 24 日，召开了全省电力行业续修电力工业志电视电话会议，对志书编纂工作进行了安排部署。《吉林省电力工业志》编纂办公室续写省电力工业志，各地区供电公司续写本地区电业志，发电、送变电、电建公司、设计院等单位续写本单位志，并负责向《吉林省电力工业志》编纂办公室报送本单位资料，协助省电力工业志的编写工作。同时下发了《关于做好吉林省电力工业志续志工作的通知》，对续志工作提出了具体要求。2005 年 5～12 月，编辑室主任及有关编辑，深入全省电力行业有关单位，落实修志工作任务。为推动续志工作开展，在此后的编纂过程中，多次召开志书编纂工作会议和经验交流会议。

搜集资料、培训人员、开展撰稿。2005 年 1 月，向全省电力系统各单位分别发出了搜集资料提纲。对系统外的单位，加强联系，搜集资料工作全面展开。吉林省电力工业志编委会领导，带领编辑室人员开展了登门落实编纂任务和搜集资料工作。编纂人员查阅档案、报刊等有关材料，对知情人走访，搜集照片及音像等资料，为志书撰稿打下基础。

2005 年 4 月，召开了吉林省电力工业志主编、副主编、编辑和特约撰稿人的志书编纂研讨会。同年 5～12 月，按长春、吉林、通化、四平、延边、白山、辽源、白城和松原等八个区域，针对各单位不同情况，分别进行志书写作培训，参加培训达 300 多人·次。

2006 年三季度，编纂人员按照编写大纲，开始分工撰稿。对资料齐全的篇、章、节先行撰稿，对资料不齐的部分，边搜集资料边撰稿，经过两年多的努力，至 2008 年末写成初稿，全书160多万字。

对志书进行评议、审查、修改。2009年1月，编辑室将写成的志书征求意见稿分上、中、下3册印发全省电力行业各单位、省电力公司机关各部室、编委会各成员和省电力公司有关领导征求意见，并根据反馈意见进行修改，形成了协作组评审稿。2009年9月23日，东北电网公司组织网公司、辽宁、吉林、黑龙江三省电力公司有关领导和志书编纂人员并邀请中国电力史志编委会，有关电网公司、省、市电力公司领导和修志专家，对《吉林省电力工业志》评审稿进行了评审。根据评审会提出的修改建议，编纂人员对评审稿进行了大幅修改和调整，将原来的20篇合并为14篇，由原来的160多万字，压缩到85万字，形成了终审稿。2010年5月，将终审稿报送中国电力史志编委会，同年11月18日通过终审，并获好评。

《吉林省电力工业志》（1991～2002）的出版问世，是吉林省电力系统精神文明建设的又一丰硕成果，在历时几载艰辛的编纂过程中，得到了吉林省电力系统各单位以及系统外有关单位领导和职工的大力支持和真诚相助，在此谨表由衷的感谢。

修志工作是一项辛苦而繁重的文化建设工程，参加编纂工作的人员为成书付出了艰辛和努力，他们有的已届花甲、耄耋之年，7旬老人田康树赍志而殁，大家为之感叹，以“出书未竟身先去、长使同侪泪满襟”的对句缅怀，志书的刊行对故人也是一种告慰。

全体续志人员为写好《吉林省电力工业志》竭尽全力，但由于电力体制的变化，给资料搜集带来一定的困难，加之经验不足、水平有限，书中难免有疏漏、不妥之处，敬请广大读者、行家和电力同仁不吝赐教。

《吉林省电力工业志》编纂办公室

二〇一二年四月二十八日

图书在版编目（CIP）数据

吉林省电力工业志：1991～2002/吉林省电力有限公司编．—北京：中国电力出版社，2011.11

（中国电力工业志丛书）

ISBN 978-7-5123-2296-7

Ⅰ.①吉… Ⅱ.①吉… Ⅲ.①电力工业-工业史-吉林省-1991～2002 Ⅳ.①F426.61

中国版本图书馆 CIP 数据核字（2011）第 226326 号

中国电力出版社出版、发行

（北京市东城区北京站西街 19 号 100005 http://www.cepp.sgcc.com.cn）

北京盛通印刷股份有限公司印刷

各地新华书店经售

*

2012 年 6 月第一版 2012 年 6 月北京第一次印刷

787 毫米×1092 毫米 16 开本 52.5 印张 1198 千字 18 插页

定价 **358.00** 元